1. Auflage

Dirk Krüger

KUBA

D1618842

STEFAN LOOSE
TRAVEL HANDBÜCHER

Kuba

1 Havanna

Vielleicht Amerikas schönste Metropole:
Inmitten architektonischer Schätze aus
fünf Jahrhunderten pulsiert das Leben
Tag und Nacht. S. 176

2 | Las Terrazas und Soroa

Märchenhafte Naturidylle mit dichten Wäldern, Wasserfällen, sanften Hügeln und den verwunschenen Ruinen alter Kaffee-Fincas. S. 281

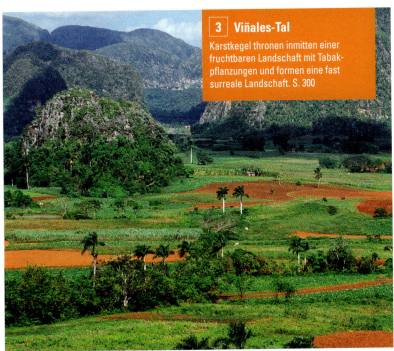

3 | **Viñales-Tal**

Karstkegel thronen inmitten einer fruchtbaren Landschaft mit Tabakpflanzungen und formen eine fast surreale Landschaft. S. 300

4 | Maria La Gorda

Eines der weltbesten Tauchgebiete lockt mit magischen Unterwasserwelten und einsamen Stränden. S. 312

5 **Varadero**

Im All-Inclusive-Himmel: kilometerlange Traumstrände, Hotels mit allem Komfort und jede Menge Sportprogramm zum Fitbleiben. S. 341

6 **Cienfuegos**

Die „Perle des Südens" ist Kubas
eleganteste Stadt und hat viel
französisches Flair. S. 371

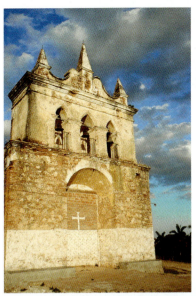

7 Trinidad

Auf Zeitreise gehen: Vor schöner
Naturkulisse verströmt das aristokra-
tische „Zuckerstädtchen" noch heute
die Atmosphäre der Kolonialzeit. S. 386

8 | Topes de Collantes

Zu Fuß durch dichten Bergwald streifen – für Abkühlung sorgen idyllische Wasserfälle. S. 405

HASTA LA VICTORIA SIEMPRE

9 | Santa Clara

Der Mythos lebt: Nirgendwo sonst strahlt die revolutionäre Energie noch so stark wie in der geschichtsträchtigen Che-Guevara-Stadt. S. 410

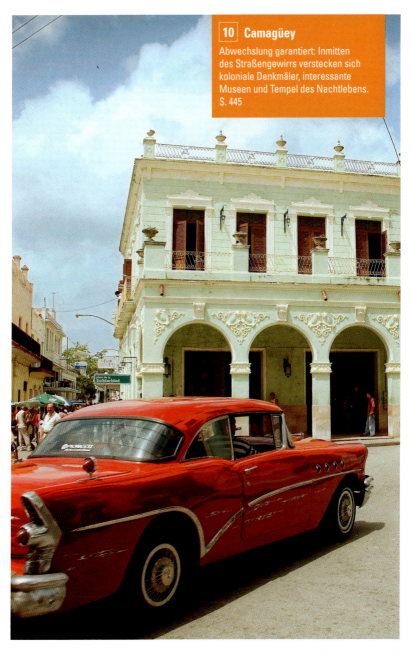

10 | Camagüey

Abwechslung garantiert: Inmitten des Straßengewirrs verstecken sich koloniale Denkmäler, interessante Museen und Tempel des Nachtlebens. S. 445

11 **Gibara**

Die „weiße Stadt" mit malerischem Hafen und neoklassizistischen Prachtbauten liegt noch abseits der touristischen Hauptrouten. S. 475

12 **Guardalavaca**

Feinsandige Buchten bieten Badefreuden pur und zu historischen Stätten ist es nur ein Katzensprung. S. 478

13 **Baracoa**

Ökoparadies am Ende der Welt: Kubas älteste Stadt lockt mit viel kolonialem Charme und Naturschätzen direkt vor der Haustür. S. 490

14 Parque Nacional Alejandro de Humboldt

Das artenreichste Naturschutzgebiet Kubas bewahrt einen der letzten Regenwälder der Großen Antillen. S. 499

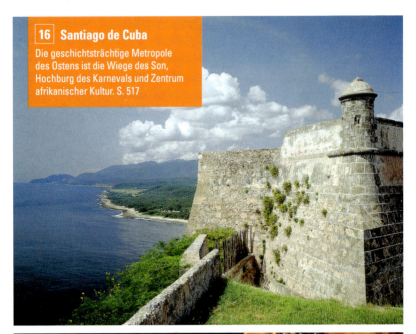

16 | Santiago de Cuba

Die geschichtsträchtige Metropole des Ostens ist die Wiege des Son, Hochburg des Karnevals und Zentrum afrikanischer Kultur. S. 517

Inhalt

Havanna

Der Westen 277

Canarreos-Archipel 315

Varadero und Umgebung 331

Zentrale Südküste 361

Themen

Anhang   543

Reiseziele und Routen

Kuba ist faszinierend vielfältig und hat auch jenseits der verbreiteten Karibik-Klischees jede Menge zu bieten. Nicht nur Strand- und Sonnenhungrige kommen auf ihre Kosten, auch Naturbegeisterte können auf grünen Pfaden wandeln und in magische Unterwasserwelten abtauchen. Musikfans frönen ihrer Leidenschaft auf einer Odyssee durch die besten Clubs. Kultur wird groß geschrieben: Historische Zeugnisse sind allerorten lebendig und reichen von indianischen Relikten über prunkvolle Kolonialarchitektur bis hin zu Kultstätten der Revolution. Kurzum: Kuba ist ein Land für Entdecker!

Reiseziele

Auf historischer Spurensuche

Wer Kuba wirklich verstehen will, muss seiner bewegten Geschichte nachspüren und hat dazu jede Menge Gelegenheit. Ständig wird man zu imaginativen Zeitreisen inspiriert.

Präkolumbische Kultur

Kuba hatte im Gegensatz zu Mittelamerika keine indianische Hochkultur und die Spanier wüteten hier vernichtend. Trotzdem gibt es sehenswerte Relikte präkolumbischer Besiedlung, vor allem in Ostkuba: Die bedeutendsten Hinterlassenschaften der Ureinwohner befinden sich im **Museo Indocubano** (S. 481) in Banes und auf dem Friedhof **Chorro de Maíta** (S. 479) unweit des Traumstrandes Guardalavaca sowie auf der Isla de la Juventud: die **Cuevas de la Punta del Este** (S. 326) mit Wandmalereien, die auf kosmische

Kenntnisse schließen lassen. Weitere archäologische Spuren findet man im **Parque Monumento Nacional Bariay** (S. 479) und inmitten von tropischem Trockenwald mit riesigen Kakteen, auf dem **Sendero Arqueológico Natural El Guafe** (S. 514) im Südwesten Granmas. In Baracoa befinden sich das **Museo Arqueológico Cuevas del Paraíso** (S. 494) sowie Hatuey-Statuen zum Gedenken an den berühmten Kaziken – Kubas ersten Widerstandskämpfer.

Kolonialgesellschaft

Nur wenige Kapitel der Geschichte Kubas wurden mit der Tinte der Freiheit geschrieben, am allerwenigsten die koloniale Plantagengesellschaft mit ihrer Sklavenarbeit. Die Ruinen des Zuckerzentrums **Valle de los Ingenios** mit dem Wachturm **Manaca Iznaga** (S. 400) bei Trinidad sowie jene des **Cafetal Angerona** (S. 281) bei Havanna, **Cafetal Buenavista** (S. 282) bei Las Terrazas und **Cafetal Isabelica** (S. 537) bei Santiago de Cuba (tolle Aussicht) sind steinerne Zeugnisse dieser Epoche, ebenso wie das **Museo de la Ruta de los Esclavos** (S. 336) in Matanzas. Unter den Forts zur Abwehr raubwütiger Piraten stechen vor allem der **Parque Histórico Militar Morro-Cabaña** (S. 259) in Havanna und das **Castillo de San Pedro del Morro** (S. 536) in Santiago de Cuba hervor, beides architektonische Meisterleistungen (die abendliche Kanonenschuss-Zeremonie nicht verpassen).

Die **Plaza de Armas** (S. 188), **Plaza de la Catedral** (S. 186), **Plaza Vieja** (S. 193), **Plaza de San Francisco** (S. 192) und der **Parque Central** (S. 198) in Havanna haben mit ihrer hohen Dichte an kolonialen Bauten und Palästen das Prestige förmlich in Stein gemeißelt. Auch Havannas rie-

In den Gassen der Kolonialstadt Trinidad schwebt die Atmosphäre vergangener Zeiten.

siger **Cementerio de Colón** (S. 210) konserviert die Vergangenheit in einem Meer monumentaler Gräber – z. T. von Persönlichkeiten der kubanischen Geschichte. Im kolonialen Stadtkern Santiago de Cubas steht das älteste Haus der Insel, das **Casa de Diego Velázquez** (S. 523) mit sehenswertem Museum. Das Städtchen **Trinidad** (S. 386) wirkt als Ganzes wie ein koloniales Freilichtmuseum. Auch **Baracoa** (S. 490), **Bayamo** (S. 504), **Camagüey** (S. 445) und **Sancti Spíritus** (S. 426) entstanden bereits Anfang des 16. Jhs. und sind in ihrer Kolonialarchitektur weitgehend gut erhalten. Dies gilt auch für die Kolonialstädtchen **Gibara** (S. 475) und **Remedios** (S. 420).

Unabhängigkeitskriege

Nationaldichter José Martí, der wichtigsten Symbolfigur des Widerstandes, begegnet man auf Schritt und Tritt, vor allem in Havanna im **Museo Casa Natal** (S. 196), im **Museo Fragua Martiana** (S. 203), im **Memorial José Martí** (S. 211) und im Mausoleum auf Santiagos **Cementerio Santa Ifigenia** (S. 526). In **Dos Ríos** (S. 516) in der Provinz Granma fiel Martí im Zweiten Unabhängigkeitskrieg gegen die Spanier. Militärischer Arm des Aufstands war General Antonio Maceo, dessen legendärer Kampfeswille im **Mausoleum Maceo** (S. 275) südlich von Havanna, im **Casa Natal** (S. 526) und im gigantischen **Monumento Antonio Maceo** (S. 526) in Santiago de Cuba lebendig gehalten wird.

Ansonsten konzentrieren sich die Zeugnisse des Widerstandes im Osten, der Wiege der vergangenen Aufstände. Auf seiner Plantage **La Demajagua** (S. 513) rief C. M. de Céspedes 1868 die Unabhängigkeit aus. In Bayamo steht das **Casa Natal** (S. 506) des „Vaters der Unabhängigkeit" sowie die **Plaza del Himno** (S. 504), wo im selben Jahr erstmals *La Bayamesa*, die Hymne der Unabhängigkeit, erschallte. **Guáimaro** (S. 458) in der Provinz Camagüey ist 1869 als Ort der ersten Verfassung Kubas in die Geschichte eingegangen, und beim **Loma San Juan** (S. 528) in Santiago de Cuba erlitt die spanische Kolonialmacht 1898 ihre letzte Niederlage.

Wie sehr Geschichte die Gegenwart prägen kann, sieht man an der **US-Basis Guantánamo** (S. 489), die Kuba schon kurz nach Ende des Zweiten Unabhängigkeitskrieges aufgezwungen wurde und bis heute von vielen Kubanern als Symbol US-amerikanischer Aggression wahrgenommen wird.

Viva la Revolución

Die Geschichte der Revolution ist eng verknüpft mit Fidel Castros Biographie und lässt sich an zahlreichen Orten nachvollziehen: Auf der **Finca Las Manacas** (S. 483) wuchs der *Máximo Líder* auf. Während seines Jurastudiums auf Havannas **Universität** (S. 209) war er bei zahlreichen Demos gegen Batista dabei. Im **Casa Museo Abel Santamaría** (S. 211) in Vedado schmiedete Castros Bewegung M-26-7 Pläne zum Sturz des Diktators. Der gescheiterte Angriff auf Santiagos **Moncada-Kaserne** (S. 525) startete von der Farm **Granjita Siboney** (S. 537) und gilt als Beginn der Revolution. Im **Parque Histórico Abel Santamaría** (S. 525) wird das Leben des hierbei gefallenen Märtyrers Abel Santamaría veranschaulicht. Dort hielt Castro auch seine berühmte Verteidigungsrede.

Fast zwei Jahre saß er im **Presidio Modelo** (S. 324) auf der Isla de la Juventud in Haft. Der zweite revolutionäre Anlauf begann im Südwesten bei der **Landungsstelle der Jacht Granma** (S. 513). Castros Vertraute Celia Sánchez versorgte die Rebellen mit Gütern und Informationen. Ihr wird in ihrem Geburtsort Media Luna mit dem **Museo Celia Sánchez** (S. 513) gedacht. Nach einer mehrstündigen Wanderung durch die wilden Wälder der Sierra Maestra erreicht man **Comandancia de la Plata** (S. 515), Fidels Hauptquartier während des Kampfes. Im kleinen Küstenort **Uvero** (S. 541) feierten die Rebellen 1957 ihren ersten militärischen Erfolg.

Während im selben Jahr der Aufstand in Santiago (**Museo de Frank y Josué País**, s. S. 526) und eine lokale Revolte in Cienfuegos scheiterten (**Museo Histórico Naval Nacional**, s. S. 374), konnten Che Guevara in Santa Clara (**Monumento del Tren Blindado**, s. S. 411) und Camilo Cienfuegos in Yaguajay (Provinz Sancti Spíritus) schon Ende 1958 die entscheidenden Siege erringen. Beide werden am Ort ihres Erfolges mit gigantischen **Denkmälern und Museen** (S. 412 und S. 431) verehrt. Am 2.1.59 verkündete Castro am **Parque Céspedes** (S. 522) in Santiago de Cuba den Triumph der Revolution. Wenig später richtete Che in Havannas Fortaleza de San Carlos de la Cabaña seine logistische Basis ein (**Comandancia del Che**, s. S. 260), und während der Kubakrise 1962 be-

zog er im Westen in der **Cueva de los Portales** (S. 287) Stellung.

Eine konterrevolutionäre Invasion scheiterte 1961 in der Schweinebucht (**Museo Girón**, s. S. 370). Im heutigen **Museo de la Comandancia** (S. 365) bei Jagüey Grande koordinierte Castro den militärischen Gegenschlag und verkündete wenig später bei der **Galeria 23 y 12** (S. 211) in Vedado erstmals den sozialistischen Charakter der Revolution. Im sehenswerten **Museo de la Revolución** (S. 200) in Havannas ehemaligem Präsidentenpalast wird der Verlauf der Revolution minutiös dokumentiert, während das **Museo de la Alfabetización** (S. 215) an den Erfolg der Alphabetisierungskampagne erinnert. Die **Plaza de la Revolución** (S. 211) mit sozialistischen Institutionen und die **Tribuna Anti-Imperialista** (S. 208) dienen als Massenkundgebungsplätze.

Cuba verde – Natur pur

Nur wenige Länder haben gemessen an ihrer Größe so viele Gebiete unter Naturschutz gestellt wie Kuba. Zwei der vielen Höhlen sind besonders sehenswert: Die **Cuevas de Bellamar** (S. 337) bei Matanzas und die **Gran Caverna de Santo Tomás** (S. 309) bei Viñales. Im grünen Westkuba locken Wanderwege durch die dicht bewaldeten Hügel um **Las Terrazas** (S. 281) und **Soroa** (S. 285) sowie durch die bizarren Kegelfelsen des malerischen **Viñales-Tals** (S. 300). Ein Paradies für Ornithologen ist die **Ciénaga de Zapata** (S. 363), das größte Sumpfgebiet der Karibik. Ein Netz schöner Wanderwege zieht sich durch die dichten Mittelgebirgs-Nebelwälder von **Pinares de Mayarí** (S. 484) und **Topes de Collantes** (S. 405), vorbei an Wasserfällen und Höhlen. Auch die Berge des idyllischen **Stausees Hanabanilla** (S. 384) lassen sich gut auf Schusters Rappen erkunden. Der märchenhafte Wasserfall **El Nicho** (S. 384) ist wohl der schönste der Insel.

Zu den größten Herausforderungen für Trekker gehört die Besteigung des **Pico Turquino** (S. 515 und S. 542), des mit knapp 2000 m höchsten Berges der Insel – mitten durch die geschichtsträchtige Sierra Maestra. Wunderschöne Ausblicke auf die zackigen Bergspitzen der

Sierra del Purial bietet die Passstraße **La Farola** (S. 490). Vom mächtigen Tafelberg **El Yunque** (S. 498) hat man eine tolle Sicht auf die kleine Kolonialstadt Baracoa. Bei Fahrten durch die unberührten Ökosysteme des **Río Toa** (S. 498) und **Boca de Yumurí** (S. 500) fühlt man sich wie zu Kolumbus' Zeiten. Der abgelegene **Parque Nacional Alejandro de Humboldt** (S. 499) in der Provinz Guantánamo zählt mit seiner immensen Artenvielfalt zu den ökologischen Hot-Spots Kubas.

Musik und Tanz

Musik liegt in Kuba überall in der Luft, aber in zwei Orten scheint diese davon regelrecht gesättigt zu sein: Havanna und Santiago de Cuba. Fast jeden Monat finden Musikfeste von internationalem Ruf statt (Feste, s. S. 51).

Ein „Muss" ist Havannas weltberühmtes **Cabaret Tropicana** (S. 240), das auch bei Matanzas (S. 338) und Santiago de Cuba (S. 532) über die Bühne wirbelt. Zu den angesagtesten Clubs der Insel zählen Havannas **Casas de la Música** (S. 237 und 238), **Macumba Habana** (S. 235), **Salon Rosado Benny Moré** (S. 235), **La Zorra y el Cuervo** (S. 239) und das **Jazz Café** (S. 239). Mit einer Flasche Rum ist man gerne gesehen bei spontanen Open-Air Partys auf dem **Malecón** (S. 204). Optische Zugaben zum akustischen Rausch bietet das **Museo de la Música** (S. 202). Das afrokubanische Erbe der Musik- und Tanzkultur ist gut in den Museen und Tempeln der Santería-Hochburgen **Regla** (S. 262) und **Guanabacoa** (S. 262) sowie in der bunten **Callejón de Hamel** (S. 203) und dem **Conjunto Folclórico Nacional** (S. 240) zu erspüren.

Ballett- und Opernfans kommen im **Gran Teatro Garcia Lorca** (S. 241) und im **Teatro Amadeo Roldán** (S. 238) auf ihre Kosten, z. B. bei der Show des Ballet Nacional de Cuba. Matanzas gilt als Zentrum afrokubanischer Musik und erwacht vor allem bei Rumba-Konzerten auf der **Plaza de la Vigía** (S. 334) zum Leben. Wer schon immer mal in einer Höhle abhotten wollte, hat dazu in Trinidads **Disco Ayala** (S. 397) die Gelegenheit. Überirdisch gute afrokubanische Rhythmen ertönen von Trinidads **Palenque de los Congos Reales** (S. 397). Besonders bunt und musikalisch

abwechslungsreich tobt das Nachtleben in Santa Claras **Club Mejunje** (S. 417). Das Kolonialstädtchen Remedios ist zur Weihnachtszeit ein heißer Tipp, wenn festliche Feuerwerksumzüge durch die Straßen drängen, festgehalten im **Museo de Parrandas** (S. 421).

Längst berühmt sind Santiago de Cubas **Casa de la Trova** (S. 532) und **Casa de las Tradiciones** (S. 531). Kubas wildesten Karneval kann man hier Ende Juli live oder im **Museo del Carnaval** (S. 524) erleben. Santiagos beste Adressen für afrokubanische Tanzshows sind das **Ballet Folklórico Cutumba** (S. 532) und das **Conjunto Folclórico de Oriente** (S. 532). Wissen über die Kultur der Santería vermittelt das **Museo de las Religiones Populares** (S. 528). Einzigartig, weil stark von Haitis Voodoo-Kultur beeinflusst, ist Guantánamos **Tumba Francesa** (S. 488).

Tauchen und Baden

Schwer zu erreichen, aber dafür noch nahezu unberührt, sind die **Jardines de la Reina** (S. 444), die als bester Tauch-Spot der Karibik gelten. **María La Gorda** (S. 312) im Westen und **Punta Francés** (S. 327) auf der Isla de la Juventud sind weitere Leckerbissen für Taucher und haben zudem schöne Strände. Auch bei **Cayo Levisa** (S. 310), einigen Cayos des **Archipiélago Sabana-Camagüey** (S. 424 und S. 443) mit dem zweitgrößten Korallenriff der Welt sowie **Santa Lucía** (S. 456) mit Haifütterungen und **Guardalavaca** (S. 478) lässt sich bei feinstem Strandgenuss in die magische Unterwasserwelt abtauchen.

Die **Playas del Este** (S. 265) sind als Hausstrand Havannas bei Touristen wie Einheimischen beliebt – eine interessante Mischung. Als Klassiker sticht die Strandhochburg **Varadero** (S. 341) mit der besten touristischen Infrastruktur Kubas hervor. **Cayo Largo** (S. 327) ist mit dem feinsten und weißesten Sand Kubas ein Strandparadies par excellence – allerdings fernab vom realen kubanischen Leben. **Playa Ancón** (S. 401) fällt im Vergleich deutlich ab, hat aber den besten Strand der Südküste, in Kombination mit der Kulisse der Sierra de Escambray und dem kolonialen Trinidad. **Cayo Coco**

Kuba lässt sich auch sehr gut mit dem Drahtesel erkunden. Tipps rund ums Radfahren gibt es im Kapitel Transport (s. S. 79). Es folgen einige der schönsten Strecken:

Von Havanna nach Viñales
■ 3 Tage, 215 km / 180 km

Zunächst geht es auf der nördliche Küstenstraße bis Mariel, dann südwärts nach Las Terrazas (Übernachtung) und über Soroa auf die Carretera Central bis San Diego de los Baños (155 km, Übernachtung). Von dort weiter über den Parque La Güira, die Cuevas de los Portales, San Andrés und La Palma nach Viñales (weitere 60 km). Alternativ: nördliche Küstenstraße bis San Vicente, dann nach Süden zum Viñales-Tal (180 km).

Von Jagüey Grande nach Cienfuegos
■ 2 Tage, 140 km

Bei Jagüey Grande den Víazul-Bus verlassen und nach Süden Richtung Schweinebucht, dann entlang der Küste über Playa Larga und Playa Girón (Übernachtung) bis Jagua (140 km, von dort mit der Fähre nach Cienfuegos oder Pasacaballos übersetzen). Ab Playa Girón gibt es nur noch eine abenteuerliche, nicht gepflasterte Piste.

Von Cienfuegos nach Sancti Spíritus
■ 2 Tage, 150 km

Man fährt die Küstenstraße am Fuß der Sierra del Escambray entlang bis Trinidad (80 km, Übernachtung). Lohnende Stopps sind die Villa Guajimico und die Hacienda La Vega. Von Trinidad geht's über den Circuito Sur am Valle de los Ingenios vorbei nach Sancti Spíritus (weitere 70 km).

Von Santa Clara nach Trinidad
■ 1–2 Tage, 85 km

Richtung Süden geht es über Manicaragua nach Topes de Collantes und dann runter nach Trinidad

(85 km). Für die z. T. steile Strecke sind Kondition sowie gute Gangschaltung/Bremsen nötig.

Von Guardalavaca nach Banes
■ 1 Tag, 35 km

Gemütlicher Tagesausflug durch eine rustikale, stark bäuerlich geprägte Region (35 km).

Von Santiago de Cuba nach Bayamo
■ 2 Tage, 150 km

Über die Basílica El Cobre geht es westwärts Richtung Filé bis zum nahe gelegenen Wasserfall El Saltón (75 km, Übernachtung). Von dort aus fährt man nordwärts bis Baire und folgt dann der Carretera Central gen Westen bis Bayamo (weitere 75 km).

Von Santiago de Cuba nach Manzanillo
■ 4–5 Tage, 300 km

Zunächst geht es die Küstenstraße entlang bis Chivirico (Übernachtung im Motel Guamá) und früh am nächsten Morgen weitere 90 km bis Marea del Portillo (Übernachtung). Am nächsten Tag weiter nach Niquero (Übernachtung). Hier ist ein Abstecher nach Süden zum nahen Parque Nacional Desembarco del Granma denkbar. Oder man fährt die Küste gen Norden bis Manzanillo.

Von Cajobabo über La Farola nach Baracoa
■ 1 Tag, 50 km

Zwar ist die Strecke nur 50 km lang, aber es muss eine gefährliche Passstraße überwunden werden (wegen der Serpentinen und Steigungen nur für geübte Radfahrer mit guter Gangschaltung und griffigen Bremsen zu empfehlen).

Von Baracoa nach Playa Maguana
■ 1 Tag, 25 km

Gemütlicher Tagesausflug gen Westen zum schönen Hausstrand Baracoas (25 km).

und **Cayo Romano** (S. 441) beeindrucken durch Traumstrände und riesige Flamingokolonien. Nicht minder schön und noch weniger erschlossen ist **Cayo Santa María** (S. 424). **Cayo Sabinal** (S. 457) begeistert mit einsamen Stränden und

rustikalen Unterkünften. **Marea del Portillo** (S. 516) besticht durch seine Lage am Fuß der Sierra Maestra und den dunklen Sandstrand – eine Seltenheit in Kuba.

Reiserouten

Kuba lässt sich auch fernab der All-Inclusive-Hochburgen gut bereisen. Fast alle Regionen sind für Touristen zugänglich. Ein dichtes Verkehrsnetz überzieht die gesamte Insel und die Hauptstraßen sind größtenteils erstaunlich gut in Schuss. Auch in manch kleinerem Ort abseits der Hauptrouten findet man Hotels oder Privatpensionen. Günstige *Campismos* (Campingplätze mit Bungalows) liegen oft in abgeschiedener Naturidylle. Wer in kurzer Zeit viel sehen und die Hauptrouten auch mal verlassen will, kommt um einen Leihwagen oder ein Leihmoped nicht herum, denn das Bus- und Zugsystem verbindet oft nur die Provinzhauptstädte miteinander. Innerprovinzieller öffentlicher Verkehr ist rar und äußerst unzuverlässig. Hier geht nichts ohne Zeit und Geduld. Inlandsflüge sind nur bedingt zu empfehlen, die Fluggesellschaft Cubana genießt nicht gerade den besten Ruf.

Kuba kompakt

- 1 Woche

Die meisten Reisenden mit derart wenig Zeit haben ein pauschales Strandpaket gebucht. Wer individuell mit nur sieben Tagen im Gepäck

anreist, sollte sich auf Havanna und Umgebung konzentrieren. Denn allein in Kubas Metropole könnte man locker zwei Wochen verbringen, ohne dass es langweilig wird.

Gemächlich
Nach Westen

In dem Wissen, eine der schönsten Städte der Welt zu sehen, plant man mindestens drei Tage in **Havanna** ein. Dann reicht die Zeit noch für einen der folgenden Ausflüge: Entweder geht es auf der Autopista über **Las Terrazas** (S. 281) oder **Soroa** (S. 285) nach **Viñales** (S. 300) und dann zurück über die schöne Küstenstraße mit einem erholsamen letzten Strandtag auf dem ruhigen und idyllischen Inselchen **Cayo Levisa** (S. 310).

Nach Osten

Alternativ lockt nur einige Kilometer östlich das kulturell bedeutende **Matanzas** (auch „Athen Kubas" genannt, s. S. 332) mit seinem malerischen **Valle de Yumurí** (S. 340) und den beeindruckenden **Cuevas de Bellamar** (S. 337). Unterwegs bietet die **Puente Bacunayagua** (S. 340) eine prächtige Aussicht. Auf der Rückfahrt kann man den Rest des Urlaubs an den **Playas del Este** (S. 265) ausklingen lassen.

Wer in Varadero ankommt und nicht nur Strand und Sonne sucht, findet bei Tagesaus-

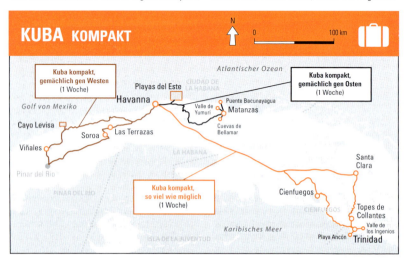

Das Viñales-Tal – für viele eine der schönsten Landschaften der Welt

flügen nach Havanna, Matanzas, Trinidad und/ oder Cienfuegos ein abwechslungsreiches Kulturprogramm.

So viel wie möglich

Wer etwas Stress nicht scheut und Selbstfahrer ist, könnte nach zwei Tagen **Havanna** die beiden Kurztouren miteinander kombinieren (ohne Cayo Levisa).

Absolut lohnenswert wäre aber auch ein Abstecher ins koloniale Trinidad, das jedoch nicht gerade vor der Haustür liegt (über 300 km). Zunächst kommt man relativ schnell auf der Autopista in die Che-Guevara-Stadt **Santa Clara** (S. 410). Von hier aus führt eine schlechtere, aber landschaftlich reizvolle Straße über Manicaragua gen Süden zum Mittelgebirgsort **Topes de Collantes** (S. 405). Nach einer Wanderung geht es weiter ins nahe gelegene **Trinidad** (S. 386), wo das **Valle de los Ingenios** (S. 400) und **Playa Ancón** (S. 401) zu Ausflügen einladen. Wer noch etwas Zeit hat, kann auf dem Rückweg der vom neoklassisch-französischen Baustil geprägten „Perla del Sur" **Cienfuegos** (S. 371) einen Besuch abstatten.

Kuba klassisch

■ 2–3 Wochen

Bei zwei bis drei Wochen Zeit lässt sich entweder die West- oder die Osthälfte der Insel intensiv bereisen. Mehr ist nicht sinnvoll. Günstige Ausgangspunkte sind Havanna für den Westen und Holguín für den Osten. Bei nur 14 Tagen Aufenthalt muss man die folgenden Routen kürzer halten und einzelne Etappen und Tagesausflüge einsparen.

Westtour

Nach der West-Schleife über **Las Terrazas**, **Soroa**, **Viñales** und **Cayo Levisa** (s. o.) geht es von **Havanna** über **Playas del Este** gen Osten nach **Matanzas**, **Santa Clara** (evtl. Abstecher nach **Remedios**, s. S. 420) und **Sancti Spíritus** (S. 426). Wer die längere Fahrt nicht scheut und drei Wochen Zeit zur Verfügung hat, kann von hier aus noch einen Abstecher zur sehenswerten Kolonialstadt **Camagüey** (S. 445) mit dem reichhaltigsten Nachtleben Zentralkubas oder zu einem der Strände der nördlichen Küste (**Santa María** (S. 424), **Cayo Coco** (S. 441) oder **Cayo Sabinal** (S. 457) einbauen. Das wenig besuchte Sancti

KUBA KLASSISCH UND INTENSIV

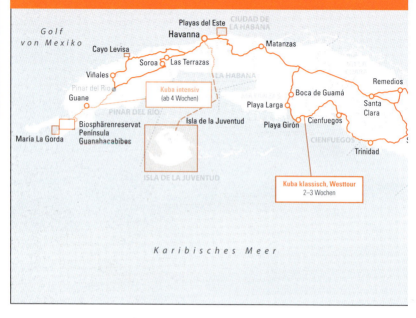

Spíritus gibt schon einen Vorgeschmack auf die koloniale Pracht von **Trinidad**, das von einigen Tagesausflugszielen umgeben ist. Entlang der schönen Südküste geht es dann nach **Cienfuegos** und schließlich über **Playa Girón** (S. 369), **Playa Larga** (S. 367) und **Boca de Guamá** (S. 365) zurück auf die Autopista gen Havanna.

Osttour

Die Ostroute führt von **Holguín** (S. 467), der Stadt der Parks, zur „weißen Stadt" **Gibara** (S. 475) und nach **Guardalavaca** (S. 478) und dann südwärts Richtung Santiago, mit möglichen Zwischenstationen in **Banes** (S. 481), **Birán** (Finca Las Manacas, s. S. 483) und **Pinares del Mayarí** (S. 484). In **Santiago de Cuba** (S. 517) gibt es Tagesausflugsmöglichkeiten, z. B. **El Cobre** (S. 539) und den **Parque Baconao** (S. 538).

Von dort aus kann man den Bogen west- oder ostwärts schließen und hat die Qual der Wahl zwischen zwei landschaftlich äußerst reizvollen Strecken (wer möglichst viel sehen will, kann bei drei Wochen auch beide Rundtouren miteinander kombinieren):

Gen Westen führt eine wunderschöne **Küstenstraße am Fuß der Sierra Maestra** entlang (mit Möglichkeit, zum **Pico Turquino** (S. 542) und im **Parque Nacional Desembarco del Granma**, s. S. 513 zu wandern) und dann wieder die geschichtsträchtige Westküste der Provinz Granma hinauf bis Manzanillo. Die ruhige und relativ untouristische Kolonialstadt **Bayamo** (S. 504) ist wie geschaffen, um sich von der langen Fahrt zu erholen und liegt in Reichweite eines Abstechers in die Sierra Maestra.

Ostwärts geht es von **Santiago** nach **Guantánamo** (S. 484) und dann über die atemberaubende **Passstraße La Farola** (S. 490) ins charmante **Baracoa** (S. 490), erste Stadt Kubas. Hier gibt es viele Möglichkeiten für Ausflüge ins Grüne. Eine schlechte, aber schöne Küstenstraße führt über **Playa Maguana** (S. 498) und **Parque Nacional**

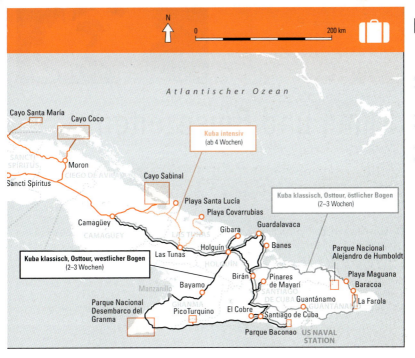

Alejandro de Humboldt (S. 499) zurück nach Holguín. Wer am Ende von einer der Rundtouren noch Zeit und Lust hat, stattet der lebhaften Provinzmetropole **Camagüey** (S. 445) mit ihren zauberhaften Kolonialplätzen und labyrinthartigen Gassen und/oder **Cayo Sabinal/Playa Santa Lucía** (S. 457 und S. 456) einen Besuch ab.

Kuba intensiv

- ab 4 Wochen

Ab vier Wochen lässt sich mit einem Leihwagen die ganze Insel bereisen, besonders wenn man einen Gabelflug gebucht hat, das heißt über Havanna ein- und über Holguín ausreist (oder umgekehrt). Man kann die obigen Touren miteinander kombinieren, wobei abhängig vom Zeitbudget einige Ausflüge wegfallen müssen. Wer alle aufgeführten Orte in Ruhe besuchen will, braucht fünf bis sechs Wochen.

Bei sechs bis acht Wochen sind weitere Abstecher abseits der touristischen Hauptpfade drin:

Von Viñales oder Pinar del Río kann man über **Guane** (S. 312) einen Abstecher zur abgelegenen und einsamen Tauchbasis **María La Gorda** (S. 312) mit dem **Biosphärenreservat Peninsula Guanahacabibes** (S. 313) unternehmen.

Im Süden der Provinz Havanna setzt in Surgidero de Batabanó eine Fähre über zur entspannten und untouristischen **Isla de la Juventud** (S. 317).

Wer von Sancti Spíritus ostwärts Richtung Holguín fährt, sollte sich Abstecher nach **Morón** (S. 437), **Cayo Coco** (S. 441) und **Camagüey** (S. 445) nicht entgehen lassen. Von Camagüey aus lohnt die Fahrt nach **Cayo Sabinal** (S. 457) und **Playa Santa Lucía** (S. 456). Touristisches Neuland und daher erfrischend authentisch ist die Stadt **Las Tunas** (S. 462, Ausflugsmöglichkeit nach **Playa Covarrubias** (S. 466).

Klima und Reisezeiten

Klima

In Kuba herrscht ein randtropisch-wechsel-feuchtes Klima mit ganzjährig hohen Temperaturen. In seinem **Tageszeitenklima** schwanken die Temperaturen während eines Tages stärker als während des Jahres. Die jährliche Durchschnittstemperatur der Insel beträgt 25 °C, wobei Januar als kältester (21 °C) und Juli als wärmster Monat (28 °C) herausstechen. In den heißen **Sommermonaten** klettern die Tageshöchstwerte über 30 °C. Der Osten ist ganzjährig noch etwas wärmer als der Westen. Der Nordost-Passat sorgt aber in fast allen Landesteilen für angenehme Meeresbrisen. Die Wassertemperaturen erfreuen mit 28 °C im Sommer bzw. 25 °C im Winter das Herz kältegeplagter Europäer. In den **Wintermonaten** kann die Temperatur abends oder bei Kaltlufteinbrüchen aus Nordamerika *(Nortes)* auf 18 °C absinken. Klimaprägend ist vor allem das Relief. Im Gebirge (insbesondere in der Sierra Maestra) können nächtliche Kälteeinbrüche die Quecksilbersäule mitunter bis unter

10 °C drücken. Trekker müssen dies bei der Ausrüstung berücksichtigen.

Die Niederschlagsmenge schwankt regional und vor allem saisonal. Das Jahresmittel beträgt 1400 mm, wovon gut drei Viertel in der sommerlichen **Regenzeit von Mai bis Oktober** niederprasseln. Dann wird eine Luftfeuchtigkeit bis zu 80 % gemessen. Generell liegt die Regenmenge im Osten etwas höher als im Westen. Während Zentral- und Westkuba drei bis fünf trockene Wintermonate haben, herrscht im Südosten der Insel immerfeuchtes tropisches Klima mit ca. 1500 mm Niederschlag im Jahr. Besonders in gebirgigen Regionen geht viel Regen nieder (durchschnittlich 2000 mm), mit Spitzenwerten bis zu 3400 mm in der Sierra Maestra. Innerhalb von Berglandschaften können unterschiedliche Mikroklimate herrschen, bedingt durch Steigungsregen und Regenschatten. Am deutlichsten wird das in der Provinz Guantánamo, an dessen Südküste sich Halbwüsten erstrecken (nur 600 mm Jahresniederschlag), während im regenreichen Norden üppige Regenwälder wuchern (bis zu 3000 mm Regen jährlich).

Reisezeit

Mit ihrem angenehmen Klima lässt sich die Insel ganzjährig besuchen, aber die beste Reisezeit ist die kühlere **Trockenperiode von November bis April** *(La Seca)*. Im Sommer sind kurze und heftige Regenfälle häufig, auf die aber schon kurze Zeit später wieder Sonnenschein folgt, der die Feuchtigkeit dampfend verschlingt (schöne Fotoeffekte). **Hauptsaison** ist von Dezember bis April. Dann gelten höhere Hotelpreise. Die Kubaner haben im Juli und August Ferien und besuchen dann in Scharen die Strände. An Weihnachten, Ostern, den Revolutionsfeiern um den 26. Juli und anderen Festtagen platzen die Städte aus allen Nähten (Feste, s. S. 51). Nicht ganz ungefährlich sind die Herbstmonate (vor allem Sept und Okt), besonders im Nordwesten. Über dem Atlantik bilden sich jährlich ca. zehn **Wirbelstürme**, von denen ein Teil Hurricane-Stärke erreicht und mit bis zu 250 km/h Richtung Kuba, Bahamas und Florida zieht. In den letzten Jahren hinterließen Hurricanes in Kuba und anderen Ländern der Region Verwüstungen mit Schäden in Millionenhöhe.

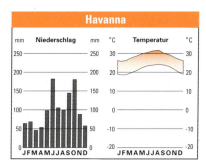

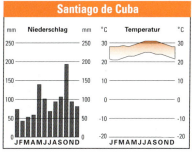

Reisekosten

Tagesbudget

Gemessen am karibischen Preisniveau ist Kuba noch relativ günstig, doch in vielen Ländern Zentral- und Südamerikas reist man billiger. Die durchschnittlichen Tagesausgaben schwanken je nach Reiseart und Region stark und liegen bei 40–60 CUC. Wer viel Zeit mitbringt, mit Fahrrad, Bahn oder auf Lastwagen reist, auf Bauernmärkten einkauft und in Privatunterkünften schläft, kommt auch mit weniger Geld aus. Doch selbst Traveller mit spartanischen Ansprüchen müssen Tagesausgaben von 20–30 CUC einplanen.

Reist man zu zweit, sinken die hohen Übernachtungskosten erheblich (Einzelzimmer sind fast so teuer wie Doppelzimmer). Auch abseits touristischer Hauptrouten wird es schnell billiger. Andererseits reißen organisierte Ausflüge, Reisen mit Mietwagen oder Taxi und längere Aufenthalte in Touristenzentren große Löcher in die Brieftasche. Strandurlaube sind in Kuba nur günstig, sofern man von Europa aus ein All-Inclusive-Angebot bucht.

Übernachtung

Die stark schwankenden Unterkunftskosten machen den Löwenanteil des Tagesetats aus. Am billigsten sind mit ca. 5 CUC p. P. die **Campismos**, die aber oft schwer erreichbar sind. Private Unterkünfte (**Casas particulares**) kosten 15–30 CUC für ein Doppelzimmer. Einfache **Staatshotels** (oft von der Kette Islazul) berechnen mindestens 30 CUC pro Doppelzimmer.

Der Zimmerpreis im Mittelklasse-Hotel eines Touristenzentrums beginnt bei 50 CUC und ist bei gehobeneren Ansprüchen weit nach oben ausdehnbar. Viele Hotels sind eher auf Pauschaltourismus ausgerichtet und für Individualtouristen kaum erschwinglich.

Essen und Trinken

In privaten Restaurants (**Paladares**) muss man 5–10 CUC für eine reichhaltige Mahlzeit veranschlagen. Billiger, aber qualitativ und quantitativ schlechter, sind **staatliche Peso- und Devisenrestaurants**. Erstere berechnen 30–50 Pesos (ca. 1–2 CUC) für ein einfaches Gericht, während die Preise in günstigeren Devisenrestaurants zwischen 3 CUC (Fast Food) bis 8 CUC (kreolisches Gericht) schwanken. Ein üppiges Buffet in den **Hotelrestaurants** schlägt mit 10–15 CUC p. P. zu Buche.

Die **Bauernmärkte** sind eine tolle Alternative: Selbstversorger kaufen hier sehr günstig in Moneda Nacional Grundnahrungsmittel (Obst, Gemüse, Fleisch) ein. Magenfüllende Pizzas oder Brötchen von **Straßenständen** kosten umgerechnet ca. 0,25 CUC; Fruchtsäfte und Kaffee sind noch billiger. Lebensmittel aus den **Devisenläden** sind dagegen fast doppelt so teuer wie in Deutschland.

Getränke rinnen zu folgenden Preisen die Kehlen hinunter: Bier für 0,75–2 CUC, Cola 0,40–1 CUC und *Mojito* und andere Cocktails 2–3 CUC. In Cabarets und Discos gelten höhere Preise. Eine gute Flasche Rum (Havana Club) ist abhängig vom Reifegrad für 4–12 CUC zu haben.

Ein Lächeln gibt's oft gratis dazu: Straßenverkäuferin in Santiago de Cuba.

Bett in einfacher Campismo-Hütte	5–10 CUC
DZ in einer Casa Particular	15–30 CUC
DZ im Hotel	30–150 CUC
Frühstück	2–5 CUC
Mittag-/Abendessen (Devisenrestaurant)	3–15 CUC
Mittag-/Abendessen (Pesorestaurant)	1–2 CUC
Snack vom Straßenstand	0,20–1 CUC
Einkauf auf dem Bauernmarkt	2–3 CUC
Wasser und Softdrinks	ab 0,50 CUC
Bier	0,50–1,50 CUC
Cocktail	ab 2 CUC
Eintritt zu Museen, Konzerten etc.	1–10 CUC
Organisierte Tagesausflüge	10–40 CUC
Reitausflug	3–5 CUC/Std.
Tauchgang	25–40 CUC
1 Stunde Internet	6 CUC
Wäsche waschen (Trommel)	2–3 CUC
Taxis	0,35 CUC/km (Überland), 1 CUC/km (Stadt)
Fahrrad-/Mofa-/Automiete	10–15/ 20–25/ 50 CUC pro Tag
Liter Benzin	1–1,10 CUC
Bus-/Zugfahrten	6–7 CUC/4 CUC pro 100 km

Transport

Hier ist die **Bahn** die günstigste Option: 100 km mit dem Zug kosten ca. 4 CUC, mit den **Touristenbussen** von Víazul 6–7 CUC. Lastwagen und Kurzstreckenbusse innerhalb einer Provinz sind noch deutlich günstiger, fahren aber sehr unregelmäßig.

Auch **Inlandsflüge** sind finanzierbar (für die 950 km lange Strecke, von Havanna nach Santiago de Cuba zahlt man 115 CUC).

Ein **Leihwagen** ist schon ein anderes Kaliber und liegt inklusive Versicherung bei mindestens 50 CUC pro Tag. **Benzin** ist mit 1 –1,10 CUC pro Liter günstiger als in Europa.

Mofas kosten täglich 20–25 CUC, **Fahrräder** 10–15 CUC.

Bei Überlandfahrten mit dem **Taxi** zahlt man mindestens 0,35 CUC/km, es sei denn, man erwischt ein Sammeltaxi (**Colectivo**). Dieses kostet voll besetzt ungefähr soviel wie die entsprechende Fahrt im Touristenbus. **Tagesausflüge** eines Reisebüros sind mit 10–40 CUC zu veranschlagen.

Eintrittspreise

Die Teilnahme am kulturellen Leben Kubas wird nicht am Geldbeutel scheitern: Der Eintritt in **Museen** ist mit 1–5 CUC relativ günstig. In **Discos** zahlt man 1–3 CUC, bei **Konzerten** und **Cabarets** zumeist 5–10 CUC – in angesagten **Clubs** von Havanna und den Strandzentren natürlich wesentlich mehr (bis hin zu 65 CUC für Havannas weltberühmte Tropicana-Show). **Theater** kann oft in Pesos bezahlt werden, **Sportveranstaltungen** und **Kino** immer.

Rabatte

Ein internationaler Studentenausweis bringt in Kuba kaum Preisermäßigungen. Wer dagegen an einer kubanischen Universität eingeschrieben ist, kann wie die Einheimischen viele Eintrittspreise in Moneda Nacional bezahlen. Kinder unter 12 Jahren zahlen oft nur den halben Preis (zum Beispiel für Hotels, Museen, Inlandsflüge).

Traveltipps von A bis Z

Adressen

Die Orientierung fällt in kubanischen Städten leicht, denn die Spanier orientierten sich im Straßenbau an einem relativ gradlinigen Koordinatennetz. Das architektonische Erbe des Schachbrettmusters dominiert noch heute. Stets befindet sich in der Stadtmitte ein Zentralpark, um den die meisten wichtigen Gebäude angeordnet sind. Straßen werden **Calles** genannt und die großen Alleen heißen **Avenidas**. Ein Straßenblock *(cuadra)*, d. h. die Entfernung von einer Straße zur nächsten, beträgt meist 100 Meter. Manche Straßen tragen statt eines Namens nur eine Nummer (z. B. in Havannas Stadtteil Vedado).

Leider werden in so mancher Stadt sowohl neue als auch **koloniale Straßennamen** verwendet. Auf den Straßenschildern (sofern vorhanden) stehen die neuen Namen, während die Bevölkerung noch gerne die kolonialen benutzt. Die Stadtpläne dieses Buches führen sie hinter den aktuellen Namen in Klammern.

Anreise

Mit dem Flugzeug

Aus Europa

Die Flugdauer von Europa beträgt 10–11 Stunden. Fast alle Maschinen landen auf den Flughäfen José Martí (Havanna) und Juan Gualberto Gómez (Varadero), manche auch auf dem Flughafen Frank País (Holguín). Die europäischen Abflughäfen werden von einem dichten Netz an Zubringerflügen versorgt. Mit manchen Fluggesellschaften kann man Hin- und Rückflug gabeln, d. h. über Havanna ein- und über Holguín oder Varadero ausreisen. Hier kann ein gutes Reisebüro beraten. Die wichtigsten Gesellschaften sind:

Air Berlin (LTU), ⌨ www.airberlin.com. Fliegt bis zu 3-mal wöchentlich über Berlin, Düsseldorf, Frankfurt, Hamburg, Hannover und Köln/Bonn nach Varadero.
Air Europa, ⌨ www.air-europa.com. Fliegt täglich von Madrid, Paris, Rom und London nach Havanna.

Air France, ⌨ www.airfrance.com. Fliegt täglich von Paris nach Havanna.
Condor, ⌨ www.condor.com. Fliegt mehrmals pro Woche über Frankfurt (die meisten Verbindungen), Hamburg, Berlin und München nach Havanna, Varadero, Holguín, Cayo Coco und Cayo Largo.
Cubana de Aviación, ⌨ www.cubana.cu. Startet bis zu 4-mal wöchentlich aus folgenden Städten nach Havanna: Barcelona, Brüssel, Genf, Las Palmas, London, Lissabon, Madrid, Manchester, Moskau, Paris und Rom. Bei einigen dieser Flüge wird in Holguín oder Santiago de Cuba zwischengelandet. Die Gesellschaft hat allerdings hinsichtlich der Flugsicherheit nicht den besten Ruf.
Edelweiss Air, ⌨ www.edelweissair.ch. Fliegt einmal wöchentlich von Zürich nach Varadero.
Iberia, ⌨ www.iberia.com. Fliegt täglich über Madrid nach Havanna.
Martinair, ⌨ www.martinair.com. Fliegt 5-mal wöchentlich von Amsterdam nach Havanna und einmal wöchentlich nach Varadero.

Von Mittelamerika und der Karibik

Aerocaribbean, ⌨ www.cubajet.com/airlines/aerocaribbean.asp. Hat Verbindungen zwischen Havanna und San Pedro Sula, Tegucigalpa, Belize und Managua sowie zwischen Santiago de Cuba und Port-au-Prince und Santo Domingo.
Air Jamaica, ⌨ www.airjamaica.com. Fliegt mehrmals wöchentlich von Kingston und Montego Bay nach Havanna.

Der Klimawandel ist vielleicht das dringlichste Thema, mit dem wir uns in Zukunft befassen müssen. Wer reist, erzeugt auch CO_2: Der Flugverkehr trägt mit einem Anteil von bis zu 10 % zur globalen Erwärmung bei.

Wir sehen das Reisen dennoch als Bereicherung: Es verbindet Menschen und Kulturen und kann einen wichtigen Beitrag für die wirtschaftliche Entwicklung eines Landes leisten. Reisen bringt aber auch eine Verantwortung mit sich. Dazu gehört darüber nachzudenken, wie oft wir fliegen und was wir tun können, um die Umweltschäden auszugleichen, die wir mit unseren Reisen verursachen.

Wir können insgesamt weniger reisen – oder weniger fliegen und länger bleiben, den Zug nehmen (wenn es einen gibt), Nachtflüge meiden (da sie mehr Schaden verursachen). Und wir können einen Beitrag an ein Ausgleichsprogramm wie 🖥 **www.atmosfair.de** leisten. Dabei ermittelt ein Emissionsrechner, wie viel CO_2 der Flug produziert und was es kostet, eine vergleichbare Menge Klimagase einzusparen. Mit dem Betrag werden Projekte in Entwicklungsländern unterstützt, die den Ausstoß von Klimagasen verringern helfen.

nachdenken • klimabewusst reisen

atmosfair

Copa, 🖥 www.copaair.com. Verbindet Panama City mit Havanna.

Cubana, 🖥 www.cubana.cu. Fliegt mehrmals täglich von Cancún nach Havanna sowie 2-mal wöchentlich von Mexiko City nach Havanna. Außerdem Verbindungen zwischen Havanna und Nassau sowie Santo Domingo. In Mittelamerika sind die Zielorte Guatemala City, Panama City und San José.

Grupo Taca, 🖥 www.grupotacaairlines.com. Startet von San José und San Salvador mehrmals wöchentlich nach Havanna.

Mexicana, 🖥 www.mexicana.com. Startet täglich von Cancún nach Havanna und einmal wöchentlich von Mexiko City oder Mérida nach Havanna.

Von Südamerika

Aeropostal, 🖥 www.aeropostal.de. Unterhält eine tägliche Verbindung von Caracas nach Havanna.

Cubana, 🖥 www.cubana.cu. Fliegt aus Bogotá, Caracas, Quito, Buenos Aires und São Paulo nach Havanna.

Lan Chile, 🖥 www.lan.com. Sorgt für den Flugverkehr zwischen Santiago de Chile und Havanna.

Tame, 🖥 www.tame.com.ec. Pendelt zwischen Guayaquil und Quito und Havanna.

Flugpreise

Die Karibikinsel wird von über 50 Städten mit Charter- oder Linienflügen angesteuert. Die Fluggesellschaften differieren preislich so stark, dass sich die Mühe eines Preisvergleichs lohnt. Last Minute-Charterflüge sind in der Nebensaison mitunter schon unter 500 € zu haben. Condor bietet sogar ein geringes Kontingent seiner Flüge zum „Fliegenpreis" von 99 € (one way) an. In der Hauptsaison (Mitte Dezember bis Ostern und Juli/August) liegen die Preise der Economy-Class (nur Flug) zwischen 600–1000 €, was fast schon einem zweiwöchigen All-Inclusive-Angebot entspricht.

Schnäppchenjäger beginnen viele Monate vor der Reise damit, sich im Internet umzuschauen und buchen frühzeitig.

Flüge online buchen

Um Flüge online zu buchen, muss man kein Reiseexperte sein. Allerdings ist die Zahl der Anbieter kaum noch zu überschauen. Folgende haben einen guten Ruf:

🖥 www.ab-reisen.de
🖥 www.billiger-reisen.de
🖥 www.billigflüge.de
🖥 www.billigfly.de
🖥 www.bye.bye.de
🖥 www.expedia.de

www.flug.de
www.flugboerse.de
www.kuba-fluege.de
www.lastminute.de
www.opodo.de
www.weg.de

Per Schiff

Wer per **Jacht** anreist, kann in María La Gorda, Havanna (Marina Hemingway und Marina Tarará), Varadero, Cienfuegos, Trinidad, Isla de la Juventud, Cayo Largo, Cayo Guillermo, Guardalavaca (Bahía de Naranjo) und Santiago de Cuba vor Anker gehen, muss sich aber vorher beim Red Costera Nacional (Kanal VHF 68 bzw. Kanal HF (SSB) 2760) oder beim Red Turística (Kanal VHF 16 oder HF 2790) anmelden.

Jachtenbummler sollten beachten, dass sie nach einem Kubabesuch aufgrund des US-Embargos sechs Monate lang keinen US-Hafen anlaufen dürfen!

Wer viel Zeit oder Flugangst hat, kann auch mit dem **Frachter** anreisen:

Hamburg-Süd Reiseagentur, Domstr. 20, 20095 Hamburg, ☎ 040-3705 2491 und 3705 2593, 🖥 www.hamburgsued-frachtschiffreisen.de. Abfahrtshafen für die dreiwöchige Überfahrt nach Havanna ist Rotterdam oder Antwerpen.

Frachtschiffe.de (Reisebüro Neumann), Schmiedestr. 9, 21493 Schwarzenbek, ☎ 04151-81107, 🖥 www.frachtschiffe.de. 32-tägige Rundreise von Genua nach Havanna und zurück (auch als Teilstrecke bis Havanna möglich), ab 1500 € p. P.

Botschaften und Konsulate

Die Botschaften sind auch während der Öffnungszeiten nur schwer zu erreichen, weil das Telefon ständig besetzt ist. Hier ist viel Geduld angesagt. Eine gute Übung für die spätere Kuba-Reise!

Vertretungen Kubas im Ausland

Deutschland

Botschaft der Republik Cuba, Stavanger Straße 20, 10439 Berlin, ☎ 030-9161 1811, 📠 916 4553, 🖥 www.botschaft-kuba.de. ⏰ Mo–Fr 9–11.30 Uhr.
Konsulat, im gleichen Haus, ☎ 030-4473 7023. ⏰ Mo–Fr 13–16 Uhr.
Außenstelle der Botschaft, Kennedyallee 22–24, 53175 Bonn, ☎ 0228-3090, 📠 309244. ⏰ Mo–Fr 9–12 Uhr.

Österreich

Botschaft der Republik Cuba, Kaiserstraße 84, 1070 Wien, ☎ 01-877 81-98, 📠 87781-9820, 🖥 http://emba.cubaminrex.cu/austria. ⏰ Mo–Fr 9–12 Uhr.

Schweiz

Botschaft der Republik Cuba, Gesellschaftsstraße 8, 3012 Bern, ☎ 031-302 2111, 📠 302 9830, 🖥 http://emba.cubaminrex. cu/suiza. ⏰ Mo–Fr 9–12, 14–16 Uhr.

Ausländische Vertretungen in Kuba (La Habana)

Deutsche Botschaft, Calle 13 No. 652 esq. B, ☎ 0053-7-833 25-39, -69 und 833 3188, 📠 833 1586, 🖥 www.havanna.diplo.de. ⏰ Mo–Fr 9–12 Uhr.
Österreichische Botschaft, 5ta Avenida A No. 6617 esq. 70, ☎ 0053-7-204 2825, 📠 204 1235, 🖥 www.bmeia.gv.at. ⏰ Mo–Fr 8–12 Uhr.
Schweizer Botschaft, 5ta Avenida No. 2005 e/20 y 22, ☎ 0053-7-204 2611, 📠 204 1148, 🖥 www.eda.admin.ch/havana. ⏰ Mo–Fr 9–12 Uhr.

Einkaufen

Kuba ist kein Einkaufsparadies. Zwar schossen vor allem in Havanna in den letzten Jahren viele neue Läden und sogar große Einkaufszentren

aus dem Boden, aber Qualität und Angebot entspricht meist nicht den europäischen Standards,
und so manche Ware ist auf der Insel wesentlich teurer. Denn die wichtigste Funktion der
staatlichen Einzelhandelsläden Caracol, Tiendas
Panamericanas, Artex, Cubalse und TRD Caribe
ist das Abschöpfen der kursierenden Devisen.
Lebensmittel und elektrische Geräte sind meist
Importgüter und daher weitaus teurer als bei
uns zu Hause. Grundnahrungsmittel bekommt
man billiger auf den Bauernmärkten. In größeren Läden und Kaufhäusern gibt es einen *Guar-
dabolsas*-Stand am Eingang, wo Taschen und
Rucksäcke abzugeben sind. Beim Verlassen des
Geschäfts ist der Einkaufsbon vorzuzeigen.

Das **Souvenirangebot** ist außerhalb von Havanna, Varadero und Santiago sowie fernab der
Hotelzentren recht eingeschränkt. Der eine oder
andere Kunsthandwerksmarkt und so manche
Musik-CD lässt sich auch in abgelegeneren Provinzen entdecken, aber arm wird man dort bestimmt nicht. Kunstwerke und Gemälde warten
in Galerien auf Käufer (bei wertvollen Stücken
unbedingt Ausfuhrgenehmigung ausstellen
lassen, da sie der kubanische Zoll sonst evtl.
einkassiert). Ansonsten gibt es Schmuck, Lederwaren, Musikinstrumente, Holzschnitzereien,
Puppen, Bücher, CDs, Rum, Kaffee und natürlich
Che-Guevara-T-Shirts und Zigarren. Manchmal
preisen Händler auch Naturprodukte wie Wild-
pflanzen, Tiere, Schmetterlinge, Krokodilleder,
Korallen, bunte Schneckengehäuse oder Schild-
krötenpanzer an. Hiervon sollte man unbedingt

die Finger lassen (die Ausfuhr ist mit Ausnahme
der in Hotelläden verkauften Exemplare streng
verboten). Feilschen ist in Geschäften nicht möglich, dafür aber auf den Kunsthandwerksmärkten
größerer Städte angesagt. Die Preise der Läden
in der Stadt oder auf dem Flughafen unterscheiden sich kaum.

Zur zollfreien Ausfuhr teurerer Gegenstände
benötigt man die Kaufquittungen, um nachzu-
weisen, dass die Waren nicht vom Schwarzmarkt stammen (besonders bei Zigarren). Die
Ausfuhrgrenzen einzelner Waren stehen unter
Zoll, s. S. 92.

Bücher

Es gibt mehrere Kategorien von Buchhandlun-
gen: Der **Devisen-Buchladen** hat ein für kubanische Verhältnisse breites Angebot, das aber
lediglich dem einer winzigen europäischen
Buchhandlung entspricht. Doch immerhin gibt es
hier oft ein englischsprachiges Regal, wo man
manchmal tolle Bildbände findet (um 25 CUC). In
Peso-Buchläden gehen die Bücher für Moneda
Nacional über den Tisch und dort ist die Dichte an revolutionären Schriften besonders hoch.
Englischsprachige Bücher sind sehr selten.
Antiquariate haben meist viel Flair und verkaufen manchmal in Devisen, manchmal in Pesos, je
nachdem wie touristisch die Gegend ist. In den
oft chaotischen Bücherbergen verbirgt sich das
eine oder andere russische, deutsche und englische Werk. **Straßenverkäufer** bieten weiteren
Stoff für Leseratten. Wie hoch deren Preise sind,
bzw. ob auch in Peso Cubano bezahlt werden
kann, hängt davon ab, ob in einer touristischen
oder abgelegeneren Ecke verkauft wird. Die
meisten und besten Büchermärkte gibt es in
Havanna.

Kleidung

Hoch im Kurs stehen T-Shirts mit Che Guevaras
berühmtem Konterfei. Es gibt zig Varianten und
fast jeder noch so kleine Hotelladen hat einige
im Angebot. Che würde sich bei dem Vermark-
tungswahn seiner Person als Pop-Ikone wahr-

Shoppen im Internet

Wer mit dem Shoppen nicht bis zur Reise
warten will oder vor Ort nicht alles bekommen
hat, wird im Internet fündig: In Berlin gibt es
die Tienda Cubana, 🖥 www.tiendacubana.de,
und in London die eng mit Solidaritätsprojekten
vernetzte Firma Cuba Connect, 🖥 www.cuba-
connect.co.uk. Weitere gute Adressen sind
🖥 www.soycubano.com und 🖥 www.discuba.
com (vor allem Musik). Danza y Movimiento,
🖥 www.dym.de, hat ein riesiges Musiklager in
Hamburg. Kunstfreunde schauen bei 🖥 www.
galeriascubanas.com rein.

scheinlich im Grabe herumdrehen! Seltener wird das leichte Baumwollhemd *guayabera* verkauft, das viele Kubaner tragen.

Kunst und Antiquitäten

Viele kubanische Künstler haben eine ausgezeichnete Ausbildung genossen und sind sehr talentiert. So findet man auf den Kunsthandwerksmärkten und in den Galerien neben dem üblichen Touristenkitsch wirklich tolle Stücke. Das beste Angebot hat mit Abstand Havanna (eine riesige Auswahl bietet z. B. der Markt in Habana Vieja). Doch die Qualität hat mittlerweile ihren Preis (zumindest in den Touristenzentren) und der Schwarzmarkt ist tabu. Denn alle wertvollen und antiken Waren brauchen eine Kaufquittung samt staatlicher Ausfuhrgenehmigung, die man nur in staatlichen Ateliers und bei privaten Künstlern mit Verkaufslizenz erhält. Gibt es diese nicht direkt vom Künstler, muss man sich die Genehmigung beim Registro Nacional de Bienes Culturales in der Calle 17 No. 1009 e/10 y 12 in Vedado für rund 20 CUC ausstellen lassen. Je größer der Gegenstand, desto mehr Wirbel veranstalten später die kubanischen Zollbeamten. Da sich viele Bilder gut rollen lassen, ist eine mitgebrachte Kunststoffröhre sehr praktisch zum Transport.

Musik

Zur Erinnerung an die kubanischen Rhythmen kann man den heimischen CD-Player mit zahlreichen CDs namhafter kubanischer Bands oder Samplern füttern. Das Angebot der Artex-Musikläden, die in jeder Provinzhauptstadt eine Filiale haben, entspricht ungefähr dem eines kleinen Plattenladens zuhause. Alle kubanischen Bands werden von der staatlichen Firma Egrem produziert und vermarktet. Auch Musikinstrumente wie die *maraca* (Rassel), *claves* (Rhythmushölzchen) oder Bongo-Trommeln sind ein schönes Andenken an das Musik-Paradies Kuba. Die landesweit beste Auswahl bieten der Laden Longina und die Casa de la Música, beide in Havanna (s. S. 244 und 245).

Rum und Kaffee

Kubas bekannteste **Rumsorte** Havana Club wird seit 1878 produziert. Andere bekannte Marken sind Ron Varadero, Caribbean Club, Matusalem, Caney, Mulata und Santiago. Durch unterschiedliche Reifegrade entstehen Qualitätsunterschiede zwischen hochwertigem siebenjährigem braunen *Añejo* (11,90 CUC), sechsjährigem *Añejo Reserva* (8 CUC), fünfjährigem goldenen *Añejo Oro* (5,90 CUC), dreijährigem *Añejo 3 Años* (5,55 CUC) und zweijährigem weißen *Añejo Blanco* (3,85 CUC). Die Preise gelten für 0,7 Liter-Flaschen, für die Liter-Pulle schlägt man noch mal rund ein Drittel drauf. Mit den beiden jüngsten Jahrgängen werden Cocktails gemixt, den fünf- und siebenjährigen trinkt man pur auf Eis. Neben spezialisierten Geschäften verkauft auch fast jeder Devisen-Lebensmittelladen die gängigen Marken zu identischen Preisen. In Europa kostet das edle Feuerwasser aus Kuba mindestens das Doppelte.

Das Exportprodukt **Kaffee** verkauft jeder größere Supermarkt. Die beste und bekannteste Marke ist Cubita.

Zigarren

Die weltberühmten kubanischen Zigarren landen in kleinen Zedernholzkisten á 25 Stück. **Qualitätsware** erkennt man an dem Aufkleber „Habanos" und am Stempel auf der Unterseite des Holzkästchens *(Habanos S.A. Hecho en Cuba, totalmente a mano)*. Zudem muss die Kiste mit der grünweißen Banknotenbanderole versiegelt sein. Seit kurzem gibt es zusätzlich ein fälschungssicheres Hologramm. Die besten und teuersten Marken, die auch Castro zu seinen Raucherzeiten bevorzugte, sind Cohiba und Montechristo. Auch Robaina, Partagás und Romeo y Julieta genießen Weltruf. Man bekommt die edlen Kunstwerke in Tabakfabriken und Verkaufsläden (Casas de Tabaco) der größeren Städte und gehobenen Hotels.

Das **Preisniveau** bekannter Marken schwankt stark: Je nach Marke, Länge, Stärke und Qualität der Glimmstängel sind im staatlichen Tabakladen pro Kiste 50–300 CUC zu berappen (in Europa kostet die exquisite Importware noch deutlich mehr). Finger weg von den billigeren Produkten auf dem Schwarzmarkt, denn man kann davon ausgehen, dass man dort fast immer übers Ohr gehauen wird. Gestohlene Schachteln mitsamt Aufklebern erwecken zwar den Anschein von Qualität, doch der glänzende äußere Schein trügt: Die Rauchware im Innern ist oft minderwertig. Eine hochwertige Zigarre muss eng gerollt sein, ein perfektes Deckblatt ohne Risse oder Unebenheiten aufweisen, sich glatt und samtig anfühlen und intensiv aromatisch riechen. Alle Zigarren einer Kiste sollten möglichst von gleicher Farbe und Größe sein.

Nach dem Kauf lagert man die Zigarren am besten bei einer Luftfeuchtigkeit von 65–70 % und einer Temperatur zwischen 16–18 °C. Am wohlsten fühlen sie sich in einem Humidor

Die besten Marken

Cohiba: Mild bis mittelkräftig. Altes Wort der Taíno-Indianer für Zigarre. Wird dreimal statt nur zweimal fermentiert, die letzte Fermentation dauert 18 Monate. Auswahl der besten Blätter. Kam erst 1982 auf den Markt und war zuvor für Diplomaten bestimmt.
Montechristo: Mittelkräftig bis kräftig. 1935 von einer spanischen Familie gegründet. Gibt es in verschiedenen Variationen und 13 verschiedenen Größen, den besten Ruf genießt die **No. 1**. Der Name stammt vom Roman *Der Graf von Monte Christo*, den die Arbeiter häufig vorgelesen bekommen wollten.
Romeo y Julieta: Mittelkräftig. Eine der bekanntesten Marken, deren Tradition bis 1875 zurückreicht. Von den über 60 Formaten ist die Winston Churchill-Sorte die bekannteste.
H. Upmann: Mittelkräftig. Upmann war ein Londoner Bankier, den seine Begeisterung für kubanische Zigarren nach Kuba trieb, wo er sich 1844 als Bankier und Zigarrenhersteller niederließ.
Partagás: Mittelstark. Eine der ältesten Marken, 1843 von Don Jaime Partagás gegründet.
Punch: Mild bis Mittelstark. Zweitälteste Marke, 1840 gegründet. Es werden über 40 Formate produziert.

(Holzbehälter mit günstigen klimatischen Lagerbedingungen im Innern).

Gute Infoquellen sind die Webseiten ▢ www.habanos.net, ▢ www.cigarweb.ch und ▢ www.zigarren-havanna.de.

Essen und Trinken

Die kubanische Küche, die auch mitunter kreolisch genannt wird, ist nicht gerade für kulinarische Höhenflüge berühmt, mit Ausnahme einiger wohlschmeckender Gerichte. Zwar brachten verschiedene Kulturen ihre Rezepte mit – vor allem spanische und afrikanische Elemente flossen ein – doch die spezifische Kulturgeschichte der Insel (s. Kasten) ließ nur eine geringe Bandbreite an Gerichten entstehen. Scharfe Gewürze wie Chili und Pfeffer finden nur selten den Weg in den Küchentopf, doch Knoblauch und Zwiebeln sind sehr beliebt. Den besten Ruf genießt die Küche Ostkubas rund um Baracoa, denn dort fließen wesentlich mehr Obst- und Gemüsearten und die weit verbreitete Kokosnuss in die Gerichte ein.

Hühnchengerichte (*pollo*) sind der Renner schlechthin und oft auch das Einzige, was die Speisekarte hergibt. Auch Schweinefleisch steht hoch im Kurs und „bereichert" die kurze Liste der angebotenen Gerichte manchmal. Viele Familien halten sich ein Schwein und mästen es bis zur nächsten Neujahrsfeier, so dass die Borstenviecher mitunter gar aus den Badewannen von Stadtwohnungen grunzen. Rindfleisch und Fisch landen dagegen selten auf dem Teller. Denn Kubas Kühe müssen die kostenlose Milchversorgung der Kinder übernehmen und ihr Fleisch geht größtenteils in den Export. Den schuppigen Meeresbewohner mögen die meisten Kubaner einfach nicht.

Vegetarier galten in Kuba lange als äußerst exotisch und mussten sich auf Märkten selbst versorgen. Inzwischen entstanden aber in einigen Städten Restaurantes Vegetarianos und mehr und mehr Privatvermieter und -restaurants gehen auf die Wünsche von Vegetariern ein. Die meisten diesbezüglichen Adressen findet man in Havanna.

Kulturgeschichte der kubanischen Küche

Von Lázara Izquierdo

Die kreolische Küche Kubas ist in ihrer Zusammenführung unterschiedlicher kultureller Geschmacksrichtungen und in der vielseitigen Verarbeitung nicht heimischer Nahrungsmittel einzigartig. Dabei ist ein kubanisches Gericht immer mehr als die Summe seiner Einzelteile. Es scheint fast, als hätten die Indios, Spanier, Afrikaner und Chinesen, welche die kubanische Küche beeinflussten, ihre Zutaten in einen gigantischen karibischen Kochtopf getan, der solange köchelte, bis nur die besten Eigenschaften jedes Gerichtes zurück blieben. Gerade deshalb verglich der berühmte Ethnologe Fernando Ortiz das kubanische Volk mit einem seiner traditionellsten Gerichte: dem *ajiaco,* einem Eintopf, der im Laufe der Jahrhunderte durch die Zutaten aller Herren Länder und Kulturen bereichert und verfeinert wurde – und an Hand derer sich die kubanische Geschichte von Kolonialherrschaft und Versklavung, Befreiungskämpfen und Einwanderungen nachvollziehen lässt.

Multikulturelle Suppentöpfe

Die ersten Spuren der kubanischen Küche gehen auf die **Ureinwohner** zurück. Als Jäger, Sammler und Ackerbauern ernährten sie sich von den natürlichen Reichtümern der Insel – tropische Früchte, Fisch, Schildkröten – und bauten zusätzlich Gemüse und Mais an. Mit der **spanischen Eroberung** der Antillen setzte sich schließlich die galizisch-asturianische Küche durch. Die Südeuropäer brachten Bohnen, Erbsen, Rüben, Auberginen, Knoblauch und Zwiebeln auf die Insel. Die häufigen Bohnengerichte auf dem kreolischen Esstisch sind eindeutig spanisches Erbe – ebenso die Gewohnheit, die Hauptgerichte mit Zwiebeln und Knoblauch abzuschmecken. Auch die schwarzen **Sklaven** beeinflussten die Küche Kubas nachhaltig. Als Hausangestellte und Köche ließen sie ihre eigenen Kochgewohnheiten in die europäischen Töpfe fließen und kreierten Gerichte mit Kochbananen, Süßkartoffeln oder anderem Gemüse. Von den **Chinesen**, die seit Mitte des 18. Jhs. als Plantagenarbeiter nach Kuba kamen, stammt hingegen der Reis, der heute neben den Bohnen das zweite Grundnahrungsmittel der Kubaner ist. Die **Engländer** schließlich, die Havanna in der zweiten Hälfte des 18. Jhs. kurz eroberten, setzten die großräumige Zuckerproduktion auf der Insel durch und verbreiteten als Nebeneffekt die Popularität von Rum und Süßspeisen.

Sozialistisch speisen: Satt werden statt Gaumenschmaus

Nach der Revolution von 1959 wurden in Kuba Lebensmittel nach neuen Prinzipien verteilt. Die Kochkünste des Bürgertums galten als dekadent, da sie einen gehobenen Verzehr teurer Nahrungsmittel für Wenige bedeuteten, während die Mehrheit des Volkes darbte. Im sozialistischen Kuba sollte kein Kubaner mehr mit leerem Magen ins Bett gehen müssen; ein hehres Ziel, durch das die Raffinessen der traditionell feineren Küche vernachlässigt wurden.

Diese Entwicklung verschärfte sich in den ökonomischen Krisenjahren der 90er-Jahre. Mit dem Zusammenbruch des sozialistischen Welthandels wurden Lebensmittel knapp und die Kubaner mussten sich in Improvisation üben: So wurde beispielsweise Hackfleisch mit Soja gestreckt – seither spricht man auf der Insel manchmal von „Sojalismus" statt vom Sozialismus.

Heute stellt sich die Versorgungssituation wieder entspannter dar. Auf den heimischen Bauernmärkten ist fast alles zu erstehen, was dem kubanischen Gaumen Freude bereitet – es ist höchstens noch eine Frage des Devisenbesitzes. Auch die Muße fürs Kochen ist zurückgekehrt. Die Zubereitung und der Genuss der täglichen Mahlzeiten ist für Kubaner dabei nicht nur ein soziales Ereignis, sondern auch eine ihrer größten Leidenschaften. Das spiegelt sich bereits in ihrer Sprache wider. Wer sich z. B. rundherum wohl fühlt, ist *como el calamar en su salsa* (wie der Tintenfisch in seiner Sauce) und eine Person, die „in Ordnung" ist, ist *mamey* (eine tropische Frucht). Wie sehr die kulinarischen Gaumenfreuden mit dem täglichen Leben verwoben sind, zeigt ein musikalisches Beispiel: Salsa, der aus dem kubanischen Son entstandene Tanzrhythmus, heißt ursprünglich übersetzt „Soße."

Grundlagen der kubanischen Küche

Das wichtigste Grundnahrungsmittel ist heute der von den Chinesen eingeführte **Reis**. Er ist für Kubaner das Symbol für Nahrung schlechthin – was angesichts des hohen Sättigungsgrades und der Lebensmittelknappheit der 90er-Jahre nicht

Kulinarische Klassiker

Es folgen ein paar Rezeptklassiker. Viele exotische Zutaten bekommt man zu Hause in Asialäden oder spanischen Geschäften.

Reis Congrí *(moros y cristianos)*

500 g Reis, 250 g Bohnen, 250 g Zwiebeln, 250 g Schweinefleisch, 70 g Speck, 3 Knoblauchzehen, eine Paprikaschote, 4 EL Schweineschmalz, 4 TL Salz, 1/2 TL Oregano und Kümmel, 5 Tassen Wasser.

Die Bohnen über Nacht einweichen und das Wasser bis auf drei Tassen abgießen. Das Schweinefleisch klein schneiden, auf niedriger Stufe anbraten und Zwiebeln und Knoblauch mit scharfem Paprika gewürzt andünsten. Dann die Bohnen mit dem Restwasser, Salz und Gewürzen hinzufügen und den Reis anbraten. Wenn die Bohnenmischung anfängt zu kochen, kommt der angebratene Reis mit der Hälfte des Specks hinzu. Abdecken und bei mittlerer Hitze köcheln, bis der Reis weich ist und dann den restlichen Speck hinzufügen.

Kreolischer Eintopf *(ajiaco criollo)*

Je 500 g Rind- und Schweinefleisch, 1/2 Huhn, 500 g rohe Schweinerippchen, 1 Paprikaschote, 1 Zwiebel, 2 Knoblauchzehen, 2 grüne Kochbananen, 2 Maniok, 2 Süßkartoffeln, 2 Yamswurzeln, 1/4 Kürbis, 2 Maiskolben, 2 EL Tomatenmark, 2 EL Zitronensaft, 1 1/2 EL Öl.

Das Huhn mit 5 l Wasser bei schwacher Hitze zugedeckt garen. Danach Rind- und Schweinefleisch und Rippchen hinzugeben und eine Stunde kochen lassen. Knoblauch, Paprika, Zwiebel, Kochbananen, Maniok, Kürbis, Yamswurzeln und Süßkartoffeln klein schneiden. Maiskolben entblättern und in Scheiben schneiden (2 cm dick). Öl erhitzen und Zwiebel, Knoblauch, Paprika, Tomatenmark und etwas Salz andünsten. Zusammen mit dem restlichen Gemüse und Zitronensaft zum Fleisch geben und auf kleiner Flamme ca. eine Stunde kochen lassen.

Ropa vieja

250 g Rindfleisch, 1 Zwiebel, 1/2 Paprika, 1 Knoblauchzehe, je 3 EL Öl und Tomatenmark, 3 EL Weißwein (trocken), 1 TL Salz, 1/8 TL Pfeffer und Oregano, 1 Lorbeerblatt.

Das Fleisch in feine Streifen schneiden. Die Knoblauchzehe klein hacken und mit dem Fett anbraten. Dann Fleisch, Zwiebel und Pfeffer hinzufügen. Einige Minuten andünsten lassen und dabei umrühren, damit nichts anbrennt. Dann die restlichen Zutaten hinzufügen, die Pfanne zudecken und auf kleiner Flamme 15–20 Minuten köcheln lassen.

Reis mit Hähnchen *(arroz con pollo)*

1 Hähnchen, 500 g Reis, 150 g Erbsen, 100 g eingelegte rote Paprikaschoten, 1 Zwiebel, 1 grüne Paprikaschote, 2 Knoblauchzehen, je 2 EL Öl und Tomatenmark, 1 TL Safran, 2 Lorbeerblätter, 2 l Hühnerbrühe, 3 EL Weißwein.

Das gewaschene Hähnchen vierteln, Knoblauch klein schneiden und zusammen mit dem Zitronensaft auf das Huhn streichen. Zwiebel und Paprika klein schneiden. Öl erhitzen und die Hähnchenstücke braun braten. Paprika, Zwiebel, Tomatenmark, Lorbeerblätter, Prise Salz, Safran, Hühnerbrühe und Weißwein hinzufügen und kochen. Dann den Reis unterrühren und alles bei mittlerer Hitze zugedeckt garen, bis der Reis weich wird. Danach die Erbsen unterrühren und die eingelegte Paprika zur Garnierung verwenden.

Fisch in Kokosmilch
(pescado en leche de coco)

1 Dose Kokosmilch, 500 g Kochfisch (Filetstücke), 250 g Tomaten, 2 Zwiebeln, 4 Knoblauchzehen, 1 Prise Salz und Kreuzkümmel, Petersilie.

Fischstücke in die kalte Kokosmilch legen. Die weiteren Zutaten hinzufügen und langsam erhitzen (Kochzeit 20–30 Minuten). Dazu wird Reis und Salat gereicht.

allzu sehr verwundert. Neben dem Reis dürfen heute **Bohnen**, die *frijoles,* bei keiner größeren kubanischen Mahlzeit fehlen. Ihren Siegeszug begannen sie mit der Eroberung der Spanier. Ihre Zubereitungsarten sind überaus vielseitig; der „Klassiker" ist die schwarze Bohnensuppe, die traditionell bei festlichen Gelegenheiten zubereitet wird.

Das beliebteste Nahrungsmittel ist allerdings **Fleisch**. Die Ureinwohner kannten viele Fleisch- und Geflügelsorten der heutigen Küche nicht, denn die kubanische Fauna ist ihrem Ursprung nach arm an Säugetieren. Erst die Spanier brachten Rinder und Hühner auf die Insel, um mit dem Viehhandel reich zu werden. Mit der steigenden Anzahl der Sklaven, die für ihre harte Plantagenarbeit entsprechend ernährt werden mussten, stieg die Nachfrage an Fleisch. Leicht zu konservierendes Dörrfleisch wurde zur wichtigsten Ernährungsquelle der Sklaven. Daraus entstand der Glaube, dass jemand umso gesünder ist, je mehr Fleisch er zu sich nimmt. In den Zeiten, in denen Fleisch in Kuba selten oder nur zu horrenden Preisen zu erstehen war, bezeichneten sich die Kubaner selbst humorvoll als „Zwangsvegetarier".

Tatsächlich lieben die Kubaner vor allem Fleisch – **Fisch** hingegen wird selten gegessen. Angesichts des reichlichen Angebots von Fischen und Meerestieren in den kubanischen Meeren ist das eigentlich unverständlich – doch die Abneigung gegenüber Fisch ist nicht grundlos: Als die Spanier Kuba eroberten, rotteten sie mit den Ureinwohnern auch die Gewohnheit des Fischessens aus. Mit der Sklaverei setzte sich endgültig die Fleischküche durch: Dörrfleisch war billig und verlangte in der Zubereitung wenig Zeitaufwand. Erst mit der Revolution wurde in Kuba eine Fischfangindustrie aufgebaut. Noch heute geht auf der Insel die Geschichte von dem Fernsehauftritt Fidel Castros um, wo er zur besten Sendezeit vor laufenden Kameras lustvoll einen Fisch verzehrte, um der Bevölkerung zu demonstrieren, dass Fisch nicht nur ein nahrhaftes und gesundes Essen ist, sondern auch sehr lecker sein kann. Doch die kubanische Bevölkerung ringt noch mit ihren Essgewohnheiten. „Das einzige, was ich zu Hause habe, ist Fisch" gilt immer noch als eine zerknirschte Entschul-

digung einer kubanischen Hausfrau, um keine Essenseinladung aussprechen zu müssen.

Weiterhin wird nach Möglichkeit zu jeder Mahlzeit **Gemüse** genossen. Allerdings nur als Beilage, vegetarische Hauptgerichte gelten als unvollständige Mahlzeiten oder als ungeliebte Notwendigkeit in Krisenzeiten. Dabei sind die kubanischen Gemüsegerichte Köstlichkeiten für Vegetarier. Für Kochbananen, Kartoffeln, Süßkartoffeln, Maniok und Taro benutzt man im Kubanischen den Oberbegriff *viandas*. Sie ersetzen in vielen Orten des Landes heute noch das Brot, sorgten allerdings auch schon für Verwirrung. So berichtete der Franzose Maurice de Walléffe zu Beginn des 20. Jhs., dass sich in Kuba die Armen hauptsächlich von Fleisch ernährten. Diese Meldung beruhte allerdings auf einem Irrtum: Dem Franzosen wurde nämlich in Havanna erläutert, dass die Ernährung der armen Leute hauptsächlich aus Gemüse *(viandas)* bestand. Er hingegen verstand *viande*, was im Französischen Fleisch bedeutet und die Bettelmänner Kubas eine Zeitlang zu kulinarischen Königen machte.

Als **Dessert** werden gekochte Früchte, Pudding oder süße Küchlein serviert. Ein gesüßter **Kaffee** schließt jede Mahlzeit ab. Das alkoholische Nationalgetränk ist ohne Zweifel **Rum**, pur oder in Cocktails. Das hochprozentige Wässerchen Havana Club ist für Kenner eine der besten Rumsorten der Welt. Während die alten Rumsorten *(añejo)* eher mit Cognac konkurrieren, eignen sich die jungen *(carta blanca)* gut für die Komposition von Cocktails. Allen ist eins gemein: *El sabor del Caribe* – der Geschmack der Karibik.

Über die Autorin: Lázara Izquierdo ist kubanische Literaturwissenschaftlerin und hat in Deutschland über kulturelle Identität promoviert. Ihre bekanntesten Veröffentlichungen sind das literarische Kochbuch Viva Cuba – Von Salsa bis Mojito, *München, 2001, sowie* Zwei Seiten Kubas? Identität und Exil, *Stuttgart, 2002.*

Gerichte und Zutaten

Vorspeisen und Salate

Beliebte Vorspeisen sind **Krebssalat** *(enchilada de cangrejos)* und **Krabbensuppe** *(sopa de ca-*

marones) mit Gemüsebeilagen. **Salate** sind in den meisten Fällen eher enttäuschend und bestehen nur aus ein paar grünen Bohnen, Gurken- und manchmal unreif schmeckenden Tomatenscheiben. Nicht selten kommt das Gemüse gar aus der Dose.

Fleisch und Fisch

Das typische Hauptgericht *criollo* besteht aus **Schweinefleisch** mit Reis, Bohnen, Yuca (Maniok) und gebratenen Bananen. Vor allem an Festtagen wird kubanischer Schweinebraten *(lechón asado)* serviert. Sehr verbreitet ist Reis mit **Hühnchen** *(arroz con pollo)*. Kreolisches Huhn *(pollo con salsa criolla)* wird mit einer Soße aus Tomaten, Zwiebeln und Knoblauch zubereitet, als Beilage serviert man Mais. Oft auf den Tisch kommt auch *pollo asado* (gegrilltes Hähnchen), *picadillo* (Hackfleisch) und *huevo frito* (Spiegelei). **Eintopf** *(ajiaco)* mit Schweinefleisch, Maniok, Süßkartoffeln, Ajipfeffer und Knoblauch steht häufig in Zentralkuba auf dem Speiseplan.

Lecker schmeckt *ropa vieja* (geschnetzeltes **Rindfleisch** mit Tomaten, Knoblauch und Zwiebeln), was aber leider in den Restaurants selten anzutreffen ist. Übersetzt bedeutet *ropa vieja* übrigens soviel wie „Altkleider", weil die Fleischstreifen ähnlich aussehen wie zerfranste Kleiderstücke.

Viele Kubaner mögen keinen **Fisch**, und „Fischiges" konzentriert sich auf die Touristenzentren. Eines der seltenen kubanischen Fischgerichte heißt *filete de pardo*.

Gemüsebeilagen

Grundnahrungsmittel schlechthin ist **Reis**, den es in verschiedenen Zubereitungsformen als Beilage zu fast allen Mahlzeiten gibt: z. B. als weißen Reis *(arroz blanco)*, *congrís oriental* (gemischt mit roten **Bohnen**) oder *moros y cristianos* (mit schwarzen Bohnen). Beliebte Beilagen sind Knollenfrüchte wie **Yuca** (Maniok), **Malanga**, **Kartoffeln**, *boníatos* (**Süßkartoffeln**), *plátanos* (Mehl- oder Kochbanane) und Tomaten. **Mais** ist als *harina de maíz* (Maismehl) Grundbestandteil zahlreicher Gerichte. *Tamales* sind Maismehltaschen mit unterschiedlicher Füllung.

Kochbananen *(plátanos verdes)* zählen zu den Hauptnahrungsmitteln der Insel. Gekochten

Bananenbrei mit Salz nennt man *fufú*, zerstampfte Kochbananen *tachino*. Gebraten und in feine Scheiben geschnitten wird die Kochbanane zu *chicharrita*, bei fingerdicken Scheiben spricht man dagegen von *tostones*. Yuca wird oft gekocht oder gebraten zubereitet zu *patatas fritas*.

Nachtisch

Hier schlägt der Zuckerreichtum der Insel voll durch: Viele Nachspeisen sind so süß, dass es einem fast die Zähne zusammenklebt. Oft serviert wird **Pudding**, insbesondere als Karamellpudding *(flan)*, Vanillepudding *(natilla)* und Reispudding, manchmal auch verfeinert mit Zimt oder Limetten. Lecker sind auch gebratene Bananen mit Zimt *(plátanos en tentación)*. *Churros* nennt man gezuckertes und fettiges **Gebäck**, Kekse heißen *galletas*.

In Ostkuba um Baracoa gibt es die leckere regionale Spezialität *cucurucho,* ein Brei aus Zucker, Kokosraspeln, Honig, Mandeln und Früchten. Das hervorragende kubanische **Speiseeis** ist sehr beliebt, wie die langen Schlangen vor den Eisdielen *(coppelias)* zeigen. Das Softeis, das Straßenverkäufer aus musealen amerikanischen Eismaschinen für nur 1 CUP hervorzaubern, ist allerdings nur robusten Mägen zu empfehlen.

Früchte

Reich ist das Angebot an tropischen Früchten wie **Kokosnüssen** *(cocos)*, **Limonen** *(limones)*, **Orangen** *(naranjas)*, **Grapefruits** *(toronjas)*, **Bananen** *(plátanos)*, **Ananas** *(piñas)*, **Mangos** *(mangos)*, **Papayas** *(fruta bomba)*, **Mameys** *(mameys)* und **Guaven** *(guayabas)*.

Man sollte übrigens nie nach Papayas fragen, sondern nach *fruta bomba*, sonst löst man unfreiwillig eine Welle der Erheiterung aus, gemischt mit Macho-Sprüchen („*papaya*" ist die vulgärsprachliche Bezeichnung für das weibliche Geschlechtsteil).

Getränke

Wasser und Softdrinks

Trinkwasser wird in Plastikflaschen der Marke Ciego Montero verkauft (auch mit Kohlensäure erhältlich, aber seltener). Man sollte auf keinen

Fall Leitungswasser trinken. Günstiger als die kleineren Flaschen kommt ein 5 Liter-Kanister für 1,90 CUC, den man in größeren Supermärkten sowie an Tankstellen und bei den Rápido-Imbissen erhält.

Neben den importierten Limonaden produziert die Firma Ciego Montero geschmacklich vergleichbare **Erfrischungsgetränke**. Vor allem die eigenen Cola-Marken (Tucola, seltener Tropicola und Supercola) reichen durchaus an das US-Original heran. Das war allerdings nicht immer so. Als die Kubaner sich nach der Revolution in das Abenteuer einer eigenen Cola-Produktion stürzten, wurden sie nach dem ersten Versuch heftig von Che Guevara kritisiert, der den Geschmack mit zerdrückten Kakerlaken verglich und den Produzenten zu größerem Ehrgeiz aufforderte. Erst daraufhin entstand die heutige Marke Tropicola.

Fruchtsäfte

Die Säfte der Straßenstände werden in Moneda Nacional verkauft. Ein Klassiker ist frisch gepresster Zuckerrohrsaft (guarapo), der eisgekühlt sehr erfrischend schmeckt.

Je nach Saison bekommt man auch frisch gepresste Säfte der unterschiedlichen tropischen Obstsorten, die nicht nur billiger, sondern auch wesentlich leckerer als die abgepackten Säfte der Devisenläden sind. Ein Hit sind die Frucht-Milchshakes (batidos), die es sowohl bei der Devisenkette Pan.com als auch an manchen Straßenständen gibt.

Die süßen Limonaden (refrescos) sollte man dagegen meiden, sie erinnern ältere Semester eher an eine übersüßte Tritop-Mischung aus der Kindheit. Im Osten der Insel trinkt man prú, ein fermentiertes Getränk aus Gemüse und Kräutern.

Kaffee und Tee

Kubaner lieben ihren starken schwarzen **Kaffee** (cafecito oder café criollo). Ein echter Energiedrink! Er entspricht einem starken Espresso und wird in kleinen Tassen mit viel Zucker serviert. Wenn man por favor, sin azúcar (bitte ohne Zucker) sagt, kann man selber süßen. Auch Milchkaffee (café con leche) und der weniger starke café americano sind zu empfehlen.

Tee (té oder yerba buena) ist dagegen rar auf der Karibikinsel. Teeliebhaber sollten sich ihren Vorrat mitnehmen und vor Ort selbst kochen.

Rum und Cocktails

Rum gibt es in mehreren **Altersstufen**. Die bekanntesten sind der dreijährige Añejo 3 Años (weiß), der fünfjährige Añejo Oro (goldfarben) und der siebenjährige Añejo (braun). Je älter der Jahrgang, desto weicher sein Aroma. Der Siebenjährige ist mit einem guten Cognac vergleichbar. Der Dreijährige eignet sich besonders gut für Cocktails (man kann dazu auch den noch jüngeren Añejo Blanco verwenden), während die Älteren aufgrund ihres weichen Charakters pur auf Eis getrunken werden. Die bekanntesten der über 50 Rumsorten heißen Havana Club, Ron Varadero, Caribbean Club, Matusalem, Caney, Mulata und Ron Santiago.

Aus Rum und anderen Zutaten werden die berühmten kubanischen **Cocktails** gemixt. Zu den absoluten Klassikern zählen der Daiquiri, Mojito und Cuba Libre (s. Kasten). Unbedingt einen Versuch wert sind auch Canchánchara (Honig, Limonensaft, Mineralwasser und Eis), Cubanito (Limonensaft, Salz, Eis, Tomatensaft), Saoco (Kokosmilch und Eis), Mulata (Limonensaft, Zucker, Kakaolikör und Eis) und Cuba bella (Granatapfelsirup, Pfefferminzlikör, Limonensaft, Frucht und Eis).

Weitere bekannte Cocktails heißen Isla de Pinos (Wermut, Zucker, Grapefruitsaft und Eis), Presidente (Rum und Martini oder Cinzano), Mary Pickford (Ananassaft, Granatapfelsirup und Eis) sowie Piña Colada (Ananassaft, Kokosnusscreme und Eis). Ein echter Alkohol-Hammer ist der **Zombie** (drei verschiedene Rumsorten, Zitronen- und Orangensaft, Granatapfelsirup, Früchte und Eis). Nach zu viel Genuss dieser Mischung dürfte man ähnlich umherwanken wie ein solcher.

Bier

Auf der Karibikinsel wird erstaunlich gutes Bier gebraut und die Kubaner lieben es ebenso wie ihren Rum. Schon mittags fließt der Gerstensaft in Strömen, und während den Kneipen und Restaurants des Öfteren Wasser und Softdrinks ausgehen, sind Bier und Rum immer vorrätig! Buca-

Kult-Cocktails

Daiquiri

Dieser Cocktail wurde von nordamerikanischen Ingenieuren im Ort Daiquiri (bei Santiago de Cuba) erfunden.

4 EL Zucker in der gleichen Menge Limettensaft auflösen. 45 ml Rum im Mixer mit 3 EL zerriebenem Eis mischen.

Mojito

Der Klassiker soll von afrikanischen Sklaven erfunden worden sein, die Schnaps mit Minze mischten. Auch die Sklavenhalter waren von der Mischung angetan und ergänzten sie mit Limettensaft.

Den Saft einer halben Limone mit einem Teelöffel Zucker verrühren. Minzbüschel mit Mörser zermahlen und hinzutun. Dann mit 45 ml Rum, 60 ml kohlensäurearmem Mineralwasser und einigen Eiswürfeln auffüllen.

Cuba Libre

Diese Wortschöpfung wurde von den US-Amerikanern kreiert, als sie in den Zweiten Unabhängigkeitskrieg eingriffen. Sie brachten dabei ihre braune Brause mit und vermischten sie mit Rum.

60 ml Rum mit Cola auffüllen und mindestens zwei Eiswürfel dazutun.

nero, Mayabe und Cristal zählen zu den besten Sorten. Seltener trifft man auf Hatuey und lokale Biersorten wie Tínima (Camagüey), Princesa (Pinar del Río), Manacas (Villa Clara) und La Matancera (Matanzas).

In Touristenorten gibt es auch importiertes Bier, häufig Heineken, das man gegen einen Aufpreis bestellen kann.

Likör und Wein

Die kubanischen Arbeiter und Bauern führen sich gerne einen Schnaps aus Zuckerrohr *(aguardiente)* zu Gemüte. In Pinar del Río erweitert der Likör Guayabita del Pinar aus der gleichnamigen Guavenfrucht das Alkoholangebot. Bei all den alkoholischen Köstlichkeiten kommen Weinliebhaber kaum auf ihre Kosten (außer in der Provinz Pinar del Río, wo es süße lokale Weine gibt). Gute Restaurants haben im Keller ein paar Importweine.

Restaurants

Devisenrestaurants

Kubas **staatliche Restaurants** haben keinen guten Ruf und gelten gemessen an der Qualität als überteuert. Die Bedienung ist oft langsam und unmotiviert und das Essen bestenfalls unterer Durchschnitt. Trotz umfangreicher Speisekarten beschränkt sich das tatsächliche Angebot vor allem in weniger bereisten Provinzen auf wenige Menüs: Es kommt auf den Tisch, was gerade da ist (meist Huhn mit Reis). Der Tourismusboom hat jedoch in letzter Zeit einige löbliche Ausnahmen entstehen lassen, vor allem in Havanna. Ein Gericht kostet durchschnittlich 3–8 CUC, wobei Havanna und Varadero auch deutlich höhere Preisklassen kennen. In diesem Reiseführer werden vor allem die besseren Staatsrestaurants aufgeführt (was auch einige gute Pesorestaurants einschließt, s. unten).

Auch jedes bessere **Hotel** ist mit Restaurant und Bar oder Cafetería ausgestattet. Hier dominieren internationale Gerichte die Speisekarte. Die günstigsten Preise für ein Mittags- oder Abendessen liegen bei 10 CUC und sind weit nach oben ausdehnbar. Ohne Buffet-Angebot ist das überteuert. All-Inclusive-Reisende sind kuli-

Traveltipps von A bis Z

Seit einigen Jahren darf das Personal des Tourismussektors **Trinkgelder** *(propinas)* wieder annehmen. Dies ist eine wichtige Zusatzeinnahme, denn vom staatlichen Gehalt allein kommt kein Kubaner über die Runden. Im Restaurant ist bei guter Bedienung (längst nicht selbstverständlich) 10 % der Rechnung angemessen, beim Zimmerpersonal 0,50 CUC pro Tag und bei Führern von Tagestouren 1 CUC p. P. Anstelle von Bargeld sind auch Konsumartikel (Kugelschreiber, Kosmetika, T-Shirts, Feuerzeuge) gerne gesehen.

narisch sorgenfrei: Zwei Mahlzeiten pro Tag (oft vom Buffet) sind in der Regel im Preis inbegriffen und das Essen in gehobenen Hotels entspricht oft dem internationalen Standard. Insbesondere Hotels mit ausländischem Management haben stark aufgeholt.

Privatrestaurants (Paladares)

Glücklicherweise wird das kulinarische Angebot seit 1995 durch *paladares* (wörtlich: Gaumen) bereichert. Die kleinen Privatrestaurants (maximal 12 Stühle) stellen die staatlichen Restaurants oft weit in den Schatten. In den meisten Provinzhauptstädten gibt es mindestens eines, nicht selten mitten im Haus einer kubanischen Familie gelegen. Von außen sind viele durch Schilder gekennzeichnet, ein paar jedoch ohne Nachfragen kaum zu finden *(dónde se encuentra un paladar cerca de aquí?)*. Hierbei muss man darauf achten, nicht an Vermittler zu geraten, die Touristen zu Privatrestaurants (legale wie illegale) führen und dafür eine Kommission kassieren, die dann auf die Rechnung aufgeschlagen wird.

Einige Privatrestaurants haben sich neben der kreolischen Küche bereits italienischen oder chinesischen Gerichten zugewandt. Die Portionen sind oft reichhaltig und lecker. Fleischgerichte mit Beilagen (meist Reis, Bohnen, gebratene Bananen und Salat) liegen bei 7–12 CUC, Meeresfrüchte kosten etwas mehr. Rindfleisch und Langusten dürfen eigentlich gar nicht serviert werden, landen aber trotzdem auf dem Teller. Einige *paladares* können in Pesos bezahlt

werden, aber die meisten verlangen Devisen. Um spätere Missverständnisse zu vermeiden, sollte man unbedingt vorher nach den Preisen fragen, wenn keine Speisekarte vorliegt.

Leider haben viele *paladares* angesichts hoher monatlicher Steuern von bis zu 800 CUC mittlerweile aufgeben müssen. Ebenso wie die Privatpensionen *(casas particulares)* bekommen auch sie keine staatliche Unterstützung und versuchen, dies durch den Aufbau von Netzwerken auszugleichen. Jeder Restaurantbesitzer kennt daher meist alle privatwirtschaftlichen Aktivitäten in der Nachbarschaft (private Vermieter und Taxifahrer), sodass man schnell und bequem weitere Informationen bekommt.

Pesorestaurants

Vor dieser Variante staatlicher Gaumenfreuden bilden sich oft lange Schlangen, da sich die meisten Kubaner nur diese Restaurants preislich leisten können. Jedes Mal, wenn ein Tische frei werden, winkt der Kellner eine Gruppe von Leuten herein. Nach einer Stunde Wartezeit vorm Eingang kann gut und gerne noch mal die gleiche Zeit dazukommen, bis der gefüllte Teller auf dem Tisch landet. Das Personal bewegt sich hier oft in einem derartigen Schneckentempo, dass es sich während des Bedienens auch die Schuhe neu besohlen lassen könnte (das gilt übrigens auch häufig für Devisenrestaurants).

Neben der typisch **kreolischen Küche** (Huhn und Schwein, oft serviert von der Kette Doña Yulla) gibt es auch **China-Restaurants**, die obige

Klassiker allerdings meistens nur etwas abwandeln, sowie **Pizzerias**, die Pizza und Spaghetti anbieten. Während die Pizza zumeist noch einigermaßen gelingt, kann man das von den weichgekochten Nudelgerichten kaum behaupten. Generell schwankt die Qualität in Pesorestaurants stark, ist aber oft nicht besonders gut, insbesondere was das Angebot angeht. Vor dem Sichten der Speisekarte sollte man überhaupt erst mal fragen, was davon aktuell vorrätig ist. Schnell reduzieren sich umfangreiche Listen auf drei bis vier, manchmal auch nur auf ein einziges Gericht.

Mehr als der Magen freut sich der **Geldbeutel**: Das Essen wird in Moneda Nacional bezahlt und ist sehr günstig (10–60 CUP). Doch Vorsicht: In touristischen Regionen verlangen manche Kellner von Touristen Devisen (ungefähr das Fünf- bis Sechsfache des Peso-Preises), was dann wiederum zu teuer ist. Spanisch sprechende Reisende sollten auf die Peso-Preise der Speisekarte verweisen. Getränke werden oft in Devisen berechnet, und so kann ein Bier mehr kosten als das Hauptgericht.

Zusätzlich zu den Pesorestaurants gibt es noch **Cafeterías** mit Snacks und sehr einfachen Tagesgerichten, die auf einer Tafel verkündet werden, solange der Vorrat reicht (meist nicht sehr lange).

Fast-Food-Ketten

McDonald's ist glücklicherweise noch fern, doch längst hat Kuba seine eigenen Schnellrestaurants aufgebaut. **El Rápido**, **Palmares** und **Piropo** heißen die bekanntesten Ketten, wo Hamburger, Pommes, Pizza und andere Snacks serviert werden. Die Qualität ist jedoch mäßig – z. B. haben kubanische Fast-Food-Pizzas immer einen dicken Teig und kommen direkt aus der Mikrowelle. Doch bei Preisen von 1–2 CUC pro Snack kann keiner meckern. Und die etwas teurere Kette **Dinos Pizza** ist auch zu Besserem fähig.

Auch die Kette **Dimar** kann sich sehen lassen, sie bringt ordentliche Meeresfrüchte auf den Tisch.

Ditú serviert den Hähnchen-Klassiker in einigen Varianten. **Pan.com** hat erstaunlich leckere Baguettes und Milchshakes im Angebot.

Da günstige Gerichte nicht selten fade schmecken, ist es keine schlechte Idee, stets ein kleines Gewürz-Set im Tagesrucksack zu haben. Außerdem fehlen in den Peso- und einigen Devisenrestaurants oft Servietten und die Wasserhähne im WC sind tot. Hier freut man sich über mitgebrachte feuchte Tücher. Da die Klimaanlage in kubanischen Restaurants meist auf „Alaska-Stufe" eingestellt ist, zieht man zudem am besten lange Kleidung an.

Anders als in Mitteleuropa ist es übrigens keineswegs verpönt, sich bei besonders großen Essensportionen den Rest einzupacken. Viele Kubaner haben deshalb kleine Tüten dabei, wenn sie essen gehen.

Märkte und Lebensmittelgeschäfte

Selbstversorger können versuchen, a lo cubano mit kubanischen Pesos auf Nahrungsmittelsuche zu gehen, was nicht immer einfach ist. Nur selten bekommt man alles Benötigte bei einer Quelle, daher empfiehlt es sich, immer auf Vorrat einzukaufen.

Bauernmärkte

Eine gute und günstige Versorgungsquelle sind die Bauernmärkte *(mercados agropecuarios)*, die es seit Ende 1994 in jeder größeren Stadt gibt. Dort bieten Kleinbauern, Kooperativen und staatliche Genossenschaften Agrarprodukte in Moneda Nacional an, zu für europäische Verhältnisse niedrigen Preisen.

Selbstversorger, die in einer Privatunterkunft wohnen, können hier frisches Obst, Gemüse und Fleischprodukte einkaufen und nebenbei das lebhafte Markttreiben bestaunen. Die Bandbreite des Angebots ist allerdings geringer als auf Märkten anderer tropischer Länder.

Wenn die Hurricanes dann noch so schlimm wüten wie 2008 und große Teile der Ernte vernichten, sind viele Stände wie leergefegt. In der Regel haben die Märkte täglich außer montags geöffnet.

Das Angebot an Kubas Straßenständen ist meist überschaubar.

Devisenläden

In Devisenläden bekommen kaufkräftige Touristen und Kubaner abgepackte und teure Lebensmittel. Denn alle Produkte, die nicht zu den Grundnahrungsmitteln zählen, gelten als Luxusgüter und vieles muss importiert werden. Bäckereiketten wie **Doña Neli** oder **Pain de Paris** bieten Brot und Kuchen auf Devisenbasis an. Kubanisches Brot kann dem Vergleich mit der deutschen Brotkultur allerdings nicht standhalten. Schon Che Guevara hatte sich darüber beschwert, dass Kubaner kein anständiges Brot backen könnten.

Straßenstände

An der Autobahn und anderen Hauptverkehrsstraßen stehen von Zeit zu Zeit **fliegende Händler**, die Obst, Gemüse und Süßwaren anbieten. Auch an den Zufahrtsstraßen der Städte, vor den Bahnhöfen, beim Bauernmarkt und im Zentrum findet man Essensstände mit Pizzas, belegten Brötchen, Süßigkeiten wie z. B. *maní* (Erdnussriegel) und Säften (1–5 CUP).

Peso-Pizzas haben meist einen dicken Teig und sind mit etwas Ketchup und Käse bestrichen: Sättigend, aber selten lecker. An manchen Stellen gibt es *cajitas* (Pappschachteln mit einer soliden Mittagsportion aus etwas Fleisch, Salat und viel Reis). Einen Löffel muss man selber mitbringen oder sich wie die Kubaner aus dem Pappdeckel einen basteln. Beliebt sind auch die „Kuba-Döner" (Brötchen mit Schweinefleisch). Viele Verkäufer scheinen es dabei zu mögen, den Schweinskopf zur Zierde aufzustellen – ein gewöhnungsbedürftiger Anblick.

Da die Stände ab und zu ihren Ort wechseln, muss man im Zweifelsfall nachfragen. Die Preise der Snacks sind stets in Moneda Nacional, auch wenn die Schilder oft Dollarzeichen ($) tragen. Ein Brötchen kostet 3–5 CUP, eine Pizza 5–15 CUP und eine *cajita* 25 CUP (1 CUC).

Feste und Feiertage

Gesetzliche Feiertage

Nicht an allen der folgenden Feiertage wird der Arbeitsbetrieb eingestellt.

1. Januar: Tag des Sieges der Revolution. Feierliche Ansprachen werden im Fernsehen übertragen. Zuvor wird Silvester gefeiert.
28. Januar: Geburtstag von José Martí (1853)
24. Februar: Fortsetzung der Unabhängigkeitskriege (1895)
8. März: Internationaler Frauentag
13. März: Jahrestag des studentischen Angriffs auf den Präsidentenpalast (1957)
4. April: Tag des Kindes
19. April: Jahrestag des Sieges in der Schweinebucht (1961)
1. Mai: Internationaler Tag der Arbeit
25.–27. Juli: Revolutionsfeiertage, der 26.7. ist der Jahrestag des Angriffs auf die Moncada-Kaserne (1953)
30. Juli: Tag der Märtyrer der Revolution
8. Oktober: Todestag von Ernesto „Che" Guevara in Bolivien (1967)
10. Oktober: Tag der kubanischen Kultur, Jahrestag des Beginns der Unabhängigkeitskämpfe (1868)
28. Oktober: Todestag von Camilo Cienfuegos (1959)
27. November: Gedenktag an die Erschießung von acht Medizinstudenten (1871)
2. Dezember: Jahrestag der Landung der Granma (1956)
7. Dezember: Todestag von General Antonio Maceo in den Unabhängigkeitskämpfen (1896)
25. Dezember: Weihnachten

Wichtige Feste

Die Daten einiger Feste wechseln jährlich. Genaue Angaben findet man unter www.paradiso.cu/eventos.asp oder unter www.cult.cu (bei den Homepages der Provinzen). Eine genauere Beschreibung bieten die Regionalkapitel unter „Feste".

Januar

Anfang Januar – **Cubadanza** in Havanna
12. Januar – **Incendio de Bayamo** in Bayamo
Mitte Januar – **FolkCuba** in Havanna
Ende Januar – **Feria Internacional de Artesanía** in Havanna (in ungeraden Jahren)

Februar

Anfang Februar – **Festival Internacional del Libro** (Buchmesse, zunächst in Havanna, zieht danach durchs ganze Land)
Mitte Februar – **Festival de Jazz Plaza** in Havanna
Ende Februar – **Karneval** in Havanna
Ende Februar – **Festival de Tabaco** in Havanna

März

Anfang oder Mitte März – **Festival de la Toronja** (Pampelmuse) auf der Isla de la Juventud
Mitte März – **Festival de la Trova** (traditionelle Musik) in Santiago de Cuba
Ende März – **Bienal Internacional del Humor** in San Antonio de los Baños

April

Ostern in Trinidad
Mitte April – **Festival Internacional del Cine Pobre in Gibara** (Kinofestival)
Zweite Aprilhälfte – **Festival Internacional de Percusión** in Havanna
Ende April – **Festival Nacional de la Danza** in Santa Clara

Mai

Anfang Mai – **Romerias de Mayo** in Holguín (Kulturfest mit katholischer Prozession)
Zweite Maiwoche – **Festival Internacional de Guitarra** in Havanna (in geraden Jahren)
Mitte Mai – **Feria Internacional Cubadisco** in Havanna

Juni

Mitte Juni – **Festival Boleros de Oro** in Havanna und Santiago de Cuba
Ende Juni – **Festival Folclórico Cucalambé** in Las Tunas
Ende Juni – **Festival San Juan** in Camagüey

Juli

Anfang oder Mitte Juli – **Festival del Caribe** in Santiago de Cuba
Ende Juli – **Karneval** in Santiago de Cuba

August

Erste Augusthälfte – **Festival del Rap Cubano** in Havanna
Mitte August – **Carnaval Acuático** an der Laguna de la Leche in Morón

September

8. September – **Día de la Virgen de la Caridad del Cobre** (Prozession) in El Cobre bei Santiago de Cuba.
7. September – **Día de Nuestra Señora de Regla** (Prozession) in Havannas Stadtteil Regla
Mitte September – **Festival Internacional Benny Moré** in Cienfuegos und **Santa Isabel de las Lajas** (in ungeraden Jahren)
Zweite Septemberhälfte – **Festival Internacional de Teatro** (in ungeraden Jahren) in Havanna

Oktober

Anfang Oktober – **Festival Matamoros Son** (traditionelle Musik) in Santiago de Cuba
Ab dem 10. Oktober – **Festival del Bailador Rumbero** (afrokubanisches Tanz- und Musikfest) in Matanzas
Um den 20. Oktober – **Fiesta de la Cultura Iberoamericana** in Holguín
Ende Oktober – **Festival Internacional de Ballet** (in geraden Jahren) in Havanna

November

Anfang November – **Fiesta del Tinajon** (Kulturfest im Zeichen der berühmten Tonkrüge) in Camagüey
Zweite Novemberwoche – **Fiesta de los Bandos Rojo y Azul** (Tanz- und Gesangswettbewerbe) in Majagua bei Ciego de Ávila
Ende November – **Festival del Coros** (Chormusik) in Santiago de Cuba

Dezember

Anfang Dezember – **Festival Internacional del Nuevo Cine Latinoaméricano** in Havanna (Kinofestival)

Anfang Dezember – **Fiesta Guantanamera** (Kulturveranstaltungen) in Guantánamo
17. Dezember – **Día de San Lazaro** (Prozession) in El Rincón bei Havanna
Ende Dezember – **Festival del Changüi** (afrokubanischer Musikstil) Elio Reve in Guantánamo
Ende Dezember – **Parrandas** (Feuerwerke) in Bejucual bei Havanna, Remedios, Caibarién und Zulueta

Fotografieren

Filme sind auf Kuba nur in Provinzhauptstädten und Touristenzentren erhältlich und kosten ungefähr das Doppelte wie zu Hause (5–8 CUC pro Markenfilm). Hotelshops sind noch um einiges teurer als die beiden Ketten Photo-Service und Videcuba.

Speicherkarten und Batterien gibt es nicht in jedem Fotoladen bzw. nur in einer beschränkten Auswahl (Ersatz mitnehmen). Diafilme sind vor Ort überhaupt nicht zu bekommen (in ausreichender Zahl mitnehmen, denn es gibt eine Unmenge von Fotomotiven). Die intensive Sonneneinstrahlung erfordert Filme mit niedriger Lichtempfindlichkeit (100 ASA/21 DIN). Mit dem Entwickeln sollte man bis zur Rückkehr nach Hause warten.

Das Ablichten von Militäranlagen ist strengstens verboten und auch bei Fabriken, Verkehrsanlagen, Forschungszentren und Polizisten sollte man vorher um Erlaubnis fragen. Viele Museen verlangen eine zusätzliche Fotogebühr (meist 1 CUC) und verbieten den Einsatz des Blitzlichtes.

Ansonsten ist Kuba ein Foto-Paradies, denn die fröhlichen und selbstbewussten Menschen lassen sich meistens sehr gerne ablichten und schmeißen sich gekonnt in Pose. Natürlich muss man bei jedem Bild vorher fragen *(me permite tomar una foto?)* und wird dann des Öfteren gebeten, einen Abzug zu schicken. Das sollte eine Selbstverständlichkeit sein. Manchmal wird für ein Foto auch 1 CUC verlangt.

Frauen unterwegs

Auch in Kuba haben allein reisende Frauen keinen leichten Stand – wie fast überall auf der Welt. Doch sind auftretende Probleme meist nerviger und nicht gefährlicher Art und mit gesundem Selbstbewusstsein leicht zu bewältigen. Daher sollte sich *frau* keinesfalls davon abhalten lassen, die Insel ohne männlichen Begleitschutz zu entdecken.

Machismo gibt es auch in Kuba, allerdings nicht ganz so stark ausgeprägt wie in anderen lateinamerikanischen Ländern. Vergewaltigungen kommen so gut wie nie vor und Frauen können sicher sein, dass im Notfall viele Kubaner zu Hilfe eilen. Trotzdem sollten gefährliche Situationen natürlich nicht provoziert werden, z. B. durch nächtliche Spaziergänge an einsamen Stränden oder in unbeleuchteten Vierteln. Verbreitet sind aufdringliche verbale Anmachen, Anstarren, Hinterherpfeifen etc. Damit müssen allerdings auch die einheimischen Frauen leben, die die Machos meist keines Blickes würdigen und stolz vorbeigehen. Komplimente *(piropos)* sind ebenfalls an der Tagesordnung und werden von den Kubanerinnen auch gerne gehört (zumindest die kreativeren Sprüche).

Viele Kubanerinnen mögen es, umworben zu werden und fallen gerne durch knappe, figurbetonte Kleidung auf. **Flirten** ist in Kuba ein alltägliches Spiel und kein Problem, wenn die Grenzen deutlich gemacht werden. Auch Berührungen sind bei den kontaktfreudigen Kubanern weit verbreitet und dürfen nicht gleich als Anmache verstanden werden. Wem der Körperkontakt (besonders beim Tanzen) zu eng wird, der gibt sich etwas reservierter und schafft größere Distanz. Wer sich weiterhin belästigt fühlt, weist sein Gegenüber mit einem *absolutamente no* in die Schranken. Wenn auch das nicht hilft, wirkt ein lautes *dejame en paz* oft Wunder. Eigentlich gilt die universelle Grundregel: Wer zu viele Grenzüberschreitungen zulässt, wird den aufdringlichen Typen später nur schwer wieder los. Bringt die Frau dagegen zum Ausdruck, dass sie sich belästigt fühlt, findet sie schnell Unterstützung von anderen Einheimischen. Und da kein Kubaner Schwierigkeiten mit der Polizei haben will, wird *frau* auch schnell wieder in Ruhe gelassen.

Das beliebteste Umfeld zum Aufreißen sind Diskotheken und Badestrände. Oft fördert auch falsches Verhalten der Touristinnen die Anmache, z. B. Oben-Ohne-Baden.

Über schnelle **Heiratsanträge** sollte eine ausländische Frau sich nicht wundern, denn viele Kubaner sehen Touristinnen als eine gute Möglichkeit, den eigenen wirtschaftlichen Problemen zu entfliehen und auf diese Weise in ein vermeintlich gelobtes Land zu gelangen. In dieser Hinsicht haben es allerdings allein reisende Männer keinen Deut leichter. Als Tourist(in) sollte man somit Liebesbeteuerungen nicht zu ernst nehmen. Ein falscher Ehering oder ein Foto des Freundes dürfte Missverständnisse verhindern und von vornherein für Klarheit sorgen.

Geld

Währungen

Bis November 2004 dominierte noch der **US-Dollar** *(fula)* in Kuba. Er hatte die Nationalwährung **Peso Cubano (CUP)** vielerorts ganz verdrängt, zumal den Kubanern 1993 der Besitz von Dollars gestattet wurde. In den Touristenzentren kursierten fast ausschließlich die kaufkräftigen grünen Scheine und auch außerhalb der Enklaven war der „Greenback" das Hauptzahlungsmittel für Touristen. Seit Mitte November 2004 kann man jedoch nicht mehr mit US$ bezahlen, sondern muss diesen in Banken in CUC umtauschen (s. Bargeld). Die Funktion einer Devisenwährung hat seither der bereits zuvor in geringem Umfang zirkulierende **Peso Convertible (CUC)** übernommen, der zunächst exakt an den US$ angelehnt war, dann aber um 8 % aufgewertet wurde. Die

Peso Convertible statt US-Dollar

Achtung: Seit November 2004 ist Kubas Devisenwährung nicht mehr der US-Dollar, sondern der Peso Convertible (CUC). Euro und Schweizer Franken können verlustfrei in CUC getauscht werden, beim US$ fällt dagegen eine Gebühr von 10 % an.

an Monopoly-Spielgeld erinnernden Banknoten gibt es im Wert von 3, 5, 10, 20, 50 und 100 CUC, dazu kommen Münzen im Wert von 5, 10, 25 und 50 Centavos sowie 1 CUC.

Bis hierhin wäre die Währungslandschaft noch überschaubar, doch Kuba hat ein kompliziertes duales Währungssystem. Offizielle Nationalwährung (Moneda Nacional) ist der **Peso Cubano (CUP)**, in dem auch alle Gehälter ausgezahlt werden. Er besteht aus Geldscheinen im Wert von 1, 3, 5, 10, 20, 50 und 100 Pesos. Die Münzen (umgangssprachlich *kilos* genannt) gibt es in der Größenordnung 1, 2, 5 und 20 Centavos sowie 1 und 3 Peso. Das 5 Centavo-Stück wird als *medio* bezeichnet und das 20 Centavo-Stück heißt *peseta*. Die 1 Peso-Münze (*menudo*) mit dem Konterfei von Che Guevara ist ein beliebtes Souvenir und wird oft an Touristen verkauft. Die wenigen für Pesos Cubanos erhältlichen Waren und Dienstleistungen sind (für Touristen) sehr billig, aber auf Folgendes beschränkt:

- Grundnahrungsmittel auf den Bauernmärkten
- Essensverkauf auf der Straße (z. B. Pizza, belegte Brote, Erdnussriegel, Getränke)
- einige Restaurants, Cafeterías und *paladares*
- Friseure
- Kinokarten, Briefmarken und nationale Telefongespräche außerhalb der Hotels
- einige Bücher
- Stadtbusse
- Lastwagenfahrten
- wenige Waren aus den Staatsgeschäften für den freien Verkauf *(venta libre)*

Wer nicht auf Bauernmärkten einkauft oder in Pesorestaurants isst, wird auf der ganzen Reise wahrscheinlich keine 400 CUP (15 CUC) ausgeben. Es ist oft nicht einfach zu erkennen, wann man welche Währung zücken muss, da alle Preise mit dem $-Symbol gekennzeichnet sind. Im Zweifelsfall sollte man einfach nachfragen, ob Pesos Convertibles – auch *dolares* oder *divisa* genannt – oder Pesos Cubanos gemeint sind. Je weiter man sich von den Touristenzentren entfernt, desto größer ist die Wahrscheinlichkeit, mit Pesos Cubanos bezahlen zu können. Wenn etwas für Moneda Nacional erhältlich ist, erkennt man das schnell an den langen Schlangen. Glücklicherweise hat der CUP in den letzten

Jahren wieder an Bedeutung gewonnen. Sobald man aber das Gefühl hat, dass die dafür angebotenen Waren und Dienstleistungen kaum für die einheimische Bevölkerung ausreichen, sollte man auch bei begrenzter Reisekasse wieder auf den Devisensektor ausweichen.

Geldwechsel

Die wichtigsten Geldinstitute wie die **Banco Financiero Internacional** (BFI) und die **Banco de Crédito y Comercio** (Bandec) findet man in jeder Provinzhauptstadt und in touristischen Regionen. ⏰ i. d. R. Mo–Fr 8–15 Uhr.

Kleine **Wechselstuben** (Casas de Cambio, Cadeca) zum Tausch der kubanischen Währungen gibt es auch in kleinen Orten. ⏰ i. d. R. Mo–Sa 9–18, So 8.30–12.30 Uhr.

Oft bilden sich lange Schlangen, weshalb man wie bei Bushaltestellen nach der letzten Person (*el último*) fragen sollte. Manchmal sind bestimmte Schalter für Kubaner und andere für Touristen und es kann vorkommen, dass man vom Wachpersonal an den richtigen verwiesen wird. Außerdem haben viele gehobene Hotels einen Wechselschalter, allerdings zu deutlich schlechteren Kursen als bei den Banken.

Bargeld

Beim Umtausch von US-Dollar in **Pesos Convertibles (CUC)** verliert man 10 % an Wechselgebühr (für zehn US$ gibt es neun CUC). Euro,

Kanadische und Australische Dollar, Britische Pfund sowie Schweizer Franken werden dagegen verlustfrei getauscht, wobei deren Wechselkurs zum US$ als Berechnungsgrundlage herangezogen wird. Es gilt also: Keine US$ mehr mitnehmen, sondern **Euro**.

Bei jedem Geldwechsel muss zudem der **Reisepass** vorgezeigt werden. Sehr frischen Banknoten eines hohen Betrages begegnen die Angestellten oft mit Misstrauen und notieren Reisepassnummer und Nummer der verdächtigen Geldscheine.

Beim Bezahlen mit dem Peso Convertible kann auf einen Schein mit großem Betrag oft nicht herausgegeben werden. Man sollte also bevorzugt kleinere Scheine sammeln und große Geldscheine zur Not in den Touristenhotels in kleinere stückeln lassen. Da der CUC außerhalb Kubas wertlos ist, sollte er vor der Rückreise wieder zurückgetauscht werden.

Pesos Cubanos (CUP) bekommt man in den Wechselstuben (Casas de Cambio oder Cadeca) jeder Stadt zum derzeitigen Kurs von 1:25 (für 1 Peso Convertible gibt es 25 Pesos Cubanos). Beim Tausch von US$ in CUP fallen erneut 10 % Gebühren an. Vor den Cadecas stehen oft lange Warteschlangen, weshalb man etwas Zeit mitbringen muss.

Kreditkarten

Seit einigen Jahren werden in Kuba zunehmend Kreditkarten akzeptiert, wenn sie nicht von einer US-Bank ausgestellt sind wie z. B. American Express. Diese können aufgrund des Handelsembargos der Vereinigten Staaten nicht eingelöst

werden. Mit Visa und Mastercard kann man dagegen vor allem in Havanna, Trinidad und den großen Strandzentren von Varadero, Guardalavaca, Cayo Coco und Cayo Largo bei zahlreichen Gelegenheiten bargeldlos zahlen. Auch im Rest des Landes nimmt die Zahl der Hotels und Restaurants, die das Plastikgeld akzeptieren, stetig zu. Bei Mietwagen ersetzt die Karte generell eine happige Kaution. Zudem kann man mittlerweile bei vielen Banken in den Provinzhauptstädten mit der Kreditkarte Bargeld abheben.

Da die Technik allerdings manchmal nicht funktioniert, sollte die Brieftasche auch stets mit Bargeld gefüllt sein, das zur Not für ein paar Tage ausreicht. Erste Geldautomaten tauchten vor einigen Jahren in Havanna auf und sind mittlerweile zumindest in den größeren Städten zu finden. Doch auf Dauer kommt eine übermäßige Kartennutzung teuer zu stehen: Sowohl beim Abheben als auch bei der Zahlung mit Karte wird pro Transaktion eine Gebühr von 11 % erhoben.

Kartenverlust

Rund um die Uhr lassen sich unter der internationalen Nummer 0049-1805 021021 oder 0049-116116 unter Angabe der Bankleitzahl und Kontonummer Karten sperren. Außerdem haben die Anbieter eigene Sperrnummern:

Mastercard, 🖥 www.mastercard.com, ☎ 001-636 7227111 (international).

Visa, 🖥 www.visa.de, ☎ 001-410 5819994 (international).

Wechselkurse		
1 CUC	=	25 CUP (Pesos Cubanos)
1 €	=	1,22 CUC (Pesos Convertibles)
1 CUC	=	0,82 €
1 SFr	=	0,81 CUC
1 CUC	=	1,24 SFr
1 CUC	=	1,08 US$
1 US$	=	0,93 CUC

Aktuelle Wechselkurse unter www.cubainfo.de/footer-navigation/waehrungsrechner.html

Reiseschecks und EC-Karten

Leider bieten Tomas Cook und der Nachfolger Travelex keine Reiseschecks mehr an, so dass American Express inzwischen das Monopol hat. Gerade die US-Schecks werden jedoch in Kuba wegen des Embargos nicht akzeptiert. Auch EC-Karten und Euroschecks sind auf Kuba nicht einsetzbar.

Gepäck und Ausrüstung

Es ist besser, möglichst viele Ausrüstungsgegenstände gleich von zu Hause mitzubringen, da vor Ort selbst in den Devisenläden manches gar nicht zu bekommen und anderes viel teurer als bei uns ist. Die meisten Privatvermieter ver-

Kleine Geschenke

In Kuba herrscht aufgrund des US-Embargos und der Wirtschaftskrise immer noch Knappheit an Grundbedarfsgütern (Lebensmittel, Schulsachen, Medikamente). Wer hier ein bisschen aushelfen will: Sehr beliebt sind Bleistifte, Kugelschreiber, Radiergummis, Schulhefte, Solartaschenrechner, Seife, Shampoo, Zahnpasta, T-Shirts (am besten bedruckt), Zigaretten, Feuerzeuge, kleine Wörterbücher (Spanisch-Englisch oder Spanisch-Deutsch), Einmalkameras, Musikkassetten sowie Postkarten und Bilder von zu Hause.
Zudem machen Autan und kleine Ferngläser den Führern in den Naturparks und Gitarrensaiten den zahlreichen Musikern eine große Freude. Die auf der Reise nicht benutzten Medikamente geben am Ende ebenfalls ein nützliches Geschenk ab. Wer schon zu viel Gepäck hat, bekommt einige dieser Sachen auch in Devisenläden vor Ort. Am wirkungsvollsten ist es, die Geschenke Freunden oder verantwortungsbewussten Personen in Schulen oder Krankenhäusern abseits der Haupttouristenorte zu übergeben. Auf keinen Fall sollte man die Sachen direkt auf der Straße verschenken, da so das Betteln gefördert wird.

stauen Gepäckstücke gerne, bis man von einem Ausflug zurück kommt (selbst über mehrere Wochen). Bei legalen Vermietern sind die Sachen auch in guten Händen.
Die nebenstehende Liste kann als Hilfe beim Packen dienen und dabei nach individuellen Bedürfnissen gekürzt oder ergänzt werden:

Gesundheit

Impfungen

Kubas Gesundheitssystem hat in den letzten 50 Jahren außergewöhnliche Fortschritte gemacht und liegt weit über dem Niveau anderer lateinamerikanischer Staaten (Gesellschaft, s. S. 131). Gelbfieber, Malaria und Diphtherie sind seit Jahren ausgerottet und Tuberkulose und Tetanus stark zurückgedrängt. Daher sind keine Impfungen vorgeschrieben (nur wer aus einem Gelbfiebergebiet anreist, muss eine Gelbfieberimpfung nachweisen). Tropeninstitute empfehlen dennoch Impfungen gegen Polio, Tetanus, Typhus sowie Hepatitis A und B. Eine kostenlose Impfberatung bieten die städtischen Gesundheitsämter.

Tropeninstitute
Deutschland
Berlin: Impfzentrum, Spandauer Damm 130, Haus 10, 14050, ☏ 030-301166, 🖥 www.bbges.de
Dresden: Institut für Tropen- und Reisemedizin, Friedrichstr. 39, 01067, ☏ 0351-480 3801, 🖥 www.khdf.de
Düsseldorf: Heinrich-Heine-Universität, Moorenstr. 5, Gebäude 11.31, 40225, ☏ 0211-811 7031, 🖥 www.uniklinik-duesseldorf.de
Göttingen: Tropeninstitut, Werner-von-Siemens-Str. 10, 37077, ☏ 0551-307500
Hamburg: Bernhard-Nocht-Institut, Bernhard-Nocht-Str. 74, 20359, ☏ 040-428180, 🖥 www.bni.uni-hamburg.de
Heidelberg: Institut für Tropenhygiene, Im Neuenheimer Feld 324, 69120, ☏ 06221-562905, 🖥 www.tropenmedizin-heidelberg.de
München: Abt. für Infektion und Tropenmedizin, Leopoldstr. 5, 80802, ☏ 089-2180-13500

Kleidung

- [ ] **Feste Schuhe*** (Wanderstiefel sind nicht unbedingt nötig)
- [ ] **Sandalen**
- [ ] **Badelatschen** (auch fürs Duschen wg. Pilzgefahr)
- [ ] **Hosen bzw. Röcke** (aus Baumwolle und leichten Materialien)
- [ ] **Kurze Hosen**
- [ ] **Hemden** oder **Blusen** (darunter elegantere Ausgehgarderobe)
- [ ] **T-Shirts**
- [ ] **Jacke** (für die An- und Abreise, kühle Nächte im Gebirge und AC-Busse)
- [ ] **Pullover**
- [ ] **Regenschirm oder Regenponcho*** (gut fürs Fahrradfahren)
- [ ] **Sonnenschutz**: Hut, Kappe, Brille in bruchsicherer Box, Sonnencreme (mit hohem Schutzfaktor)
- [ ] **Socken** (für den Abend dichte, nicht allzu kurze Socken als Moskitoschutz)
- [ ] **Unterwäsche** (aus Baumwolle und schnell trocknenden Materialien)
- [ ] **Badekleidung**

Hygiene und Pflege

- [ ] **Zahnbürste und Zahnpasta**
- [ ] **Shampoo**
- [ ] **Nagelschere und Nagelfeile**
- [ ] **Nassrasierer**
- [ ] **Kosmetika und Hautpflegemittel**
- [ ] **Papiertaschentücher**
- [ ] **Feuchties** (zur Hygiene unterwegs und falls es kein Wasser gibt)
- [ ] **Tampons**
- [ ] **Toilettenpapier** (nicht überall vorhanden)
- [ ] **Plastiktüten** (für schmutzige Wäsche und als Nässeschutz)
- [ ] **Nähzeug** (Zwirn, Nähseide, Nadeln, Sicherheitsnadeln)

Sonstiges

- [ ] **Adapter*** (für Flachstecker, 110 V)
- [ ] **Reisewecker**
- [ ] **Taschenlampe und Ersatzbatterien**
- [ ] **Taschenmesser*** (am Flughafen nicht ins Handgepäck nehmen)
- [ ] **Kamera und Filme***
- [ ] **Kleines Fernglas*** (zur Vogelbeobachtung)
- [ ] **Taucherbrille, Schnorchel und Schwimmflossen***
- [ ] **Reiseapotheke** (s. S. 58)
- [ ] **Notizbuch und Stifte**
- [ ] **Reisepass**
- [ ] **Impfpass** (oder Kopie)
- [ ] **Führerschein**
- [ ] **Geld** (Bargeld, Kreditkarte)
- [ ] **Flugtickets**
- [ ] **Reiseführer, Landkarten, Reiselektüre**
- [ ] **Geschenke** (s. Kasten)

Für einfache Unterkünfte

- [ ] **Seife** (in bruchsicherem Behälter)
- [ ] **Handtücher** (schnell trocknend)
- [ ] **Waschmittel in der Tube und Plastikbürste**
- [ ] **Insektenschutzmittel***
- [ ] **Moskitonetz*** (enge Maschen wegen der Kriebelmücken)
- [ ] **Schnur** (als Wäscheleine oder zum Aufspannen des Moskitonetzes)
- [ ] **Klebeband** (zum Verschließen von Löchern im Moskitonetz)
- [ ] **Reißzwecken** (zum Befestigen des Moskitonetzes)
- [ ] **Vorhängeschloss*** (und kleine Schlösser fürs Gepäck)
- [ ] **Kerzen** (bei Stromausfällen)
- [ ] **Leinenschlafsack** oder **Bettlaken** (sind z. B. in den Campismos kaum zu bekommen)

*Diese Gegenstände sind in Kuba nicht oder nur schwer erhältlich

Rostock: Abt. für Tropenmedizin und Infektionskrankheiten, Ernst-Heydemann-Str. 6-8, 15055, ✆ 0381-494 7511, 🖥 www.tropen.med. uni-rostock.de

Tübingen: Institut für Tropenmedizin, Kepplerstr. 15, 72074, ✆ 07071-298 2364, 🖥 www.medizin. uni-tuebingen.de/tropenmedizin

⊠ Tipps für eine Reiseapotheke

Von allen regelmäßig benötigten Medikamenten sollte man einen ausreichenden Vorrat mitnehmen. Nicht zu empfehlen sind Zäpfchen und andere hitzeempfindliche Medikamente.

Basisausstattung
- ☐ **Verbandzeug** (Schere, Pinzette, Pflaster, Mullbinden, sterile Kompressen)
- ☐ **Fieberthermometer**
- ☐ **Ohrstöpsel**
- ☐ **Mückenschutz** (Autan)
- ☐ **Sonnenschutz** mit UVA- und UVB-Filter
- ☐ **Kondome**

Schmerzen und Fieber
- ☐ **Paracetamol, Dolormin** (keine acetylsalicylsäurehaltigen Medikamente)
- ☐ **Buscopan** (bei krampfartigen Schmerzen)
- ☐ **Antibiotika*** gegen bakterielle Infektionen (in Absprache mit dem Arzt)

Magen- und Darmerkrankungen
- ☐ **Imodium akut** (bei Durchfall v. a. bei längeren Fahrten)
- ☐ **Elotrans und Mineralstofftabletten** (zur Rückführung von Mineralien)
- ☐ **Dulcolax Dragees, Laxoberal Tropfen** (gegen Verstopfung)
- ☐ **Talcid, Gaviscon** (gegen Sodbrennen)

Erkrankungen der Haut
- ☐ **Desinfektionsmittel** (Betaisadona-Lösung, Kodan-Tinktur)
- ☐ **Antibiotische Salbe** für infizierte oder infektionsgefährdete Wunden (Nebacetin RP)
- ☐ **Mittel gegen Juckreiz** nach Insektenstichen und Allergien (Soventol Gel, Azaron Stift, Fenistil Tropfen, Teldane Tabletten)
- ☐ **Cortison-Creme** für starken Juckreiz oder stärkere Entzündungen (Soventol Hydrocortison Creme, Ebenol Creme)
- ☐ **Wund- & Heilsalbe** (Bepanthen)
- ☐ **Fungizid ratio, Canesten** (bei Pilzerkrankungen)
- ☐ **Augentropfen** bei Bindehautentzündung (Berberil, Yxin)

Erkältungskrankheiten
- ☐ **Nasenspray**
- ☐ **Halsschmerztabletten**
- ☐ **Hustenstiller**

Reisekrankheit
- ☐ Superpep Kaugummis, Vomex

Bitte bei den Medikamenten Gegenanzeigen und Wechselwirkungen beachten und sich vom Arzt oder Apotheker beraten lassen. (* rezeptpflichtig in Deutschland)

Österreich
Wien: Zentrum für Reisemedizin, Zimmermanngasse 1a, 1090, ☎ 01-403 8343, 🖥 www.reisemed.at

Schweiz
Basel: Schweizerisches Tropeninstitut, Socinstr. 57, 4051, ☎ 061-284 8111, 🖥 www.sti.ch

Gesundheitstipps für die Reise

Zwar konnten regionale Epidemien des **Denguefiebers** in den letzten Jahren erfolgreich zurückgedrängt werden, doch trotzdem sollte man sich vor Mückenstichen durch lange Kleidung, mückenabweisende Mittel und ein Moskitonetz schützen. Zur Vorbeugung von **Magen-Darm-Krankheiten** gilt es, auf ungeschältes Obst und rohe Nahrungsmittel zu verzichten und bei den Straßenständen auf Hygiene zu achten. Eiswürfel sind nur in guten Restaurants unbedenklich. Wer **Durchfall** bekommt, braucht Ruhe, eine spezielle Ernährung (s. S. 558) und muss den Flüssigkeits- und Salzverlust mit Elektrolytlösungen ausgleichen. Nach 3–5 Tagen ohne Besserung ist ein Arzt aufzusuchen. Bei **Verstopfung** helfen Ballaststoffe und geschältes Obst.

Auch bei tropischen Temperaturen kann man sich schnell eine **Erkältung** einfangen, denn in

Restaurants und Bussen ist die Klimaanlage oft voll aufgedreht (lange Kleidung griffbereit haben). In der Unterkunft sollte die Klimaanlage nachts ausgeschaltet werden.

Näheres zu möglichen Krankheiten findet sich unter Reisemedizin zum Nachschlagen, s. S. 557.

Medizinische Versorgung

Kubas Gesundheitssystem gehört zu den besten Lateinamerikas (s. S. 132, Gesellschaft). In vielen Touristenhotels steht medizinische Betreuung zur Verfügung, die im Notfall sofort an einen Arzt verweist. In einigen Städten (Havanna, Cienfuegos, Trinidad und Santiago de Cuba) und Strandzentren (Varadero, Cayo Coco, Santa Lucía und Guardalavaca) gibt es moderne Kliniken der Gruppe **Servimed**, 🖥 www.servimedcuba.com, deren Angestellte Englisch sprechen und auf die Behandlung von Ausländern spezialisiert sind. In der Regel werden Touristen nur hier behandelt und müssen in Devisen bezahlen (und das nicht zu knapp). Daher ist der Abschluss einer Reisekrankenversicherung sinnvoll (siehe Versicherungen). Servimed bietet hochspezielle Behandlungsprogramme (u. a. gegen Nachtblindheit, Rheumatismus, Parkinson und Hautkrankheiten) und genießt einen ausgezeichneten Ruf. Dazu kommen Anti-Stress-Zentren (z. B. in Topes de Collantes) und Kurorte. Dies hat dazu geführt, dass sich mittlerweile der **Gesundheitstourismus** zu einem boomenden Wirtschaftszweig entwickelt hat.

Wie angeschlagen das kubanische Gesundheitssystem jedoch außerhalb touristischer Zentren ist, sieht man am besten bei den **Apotheken** *(farmacias)*. Allerorten herrscht Mangel und viele Medikamente sind ohne Devisen gar nicht zu bekommen. Teure Devisenapotheken *(farmacias internacionales)* für Touristen und zahlungskräftige Kubaner gibt es nur in größeren Städten und in einigen Hotels der gehobenen Klasse (Medikamente also in ausreichender Menge mitnehmen). Leider sind die meisten Hotels (mit Ausnahme der obersten Preiskategorie) und Transportmittel nicht behindertengerecht.

Wer **chronische Leiden** hat (wie z. B. Diabetes oder hohen Blutdruck) und regelmäßig Medikamente oder Spritzen benötigt, sollte sich das von seinem Arzt schriftlich in Englisch oder besser noch in Spanisch bestätigen lassen, zusammen mit einer kurzen Krankheitsbeschreibung. Für **Brillenträger** sind Ersatzbrille und Brillenpass ratsam. In Havanna und größeren Touristenzentren gibt es Optiker (Óptica Miramar).

Informationen

Infomaterial sammelt man am besten schon vor der Reise, denn die staatlichen Tourismusbüros vor Ort sind in erster Linie auf den Verkauf von Touren, Flügen, Mietwagen und Hotelübernachtungen spezialisiert und nicht für Reisen mit schmalerem Geldbeutel geeignet. Lediglich **Infotur** (mit mehreren Büros in Havanna, 🖥 www.infotur.cu) bietet eine gewisse Informationsdichte, allerdings nur über staatliche, nicht über private Institutionen *(casas particulares, paladares)*.

Die besten und aktuellsten Informationsquellen sind das Internet und das Fremdenverkehrsamt in Frankfurt, an das sich auch Schweizer und Österreicher wenden können:

Kubanisches Fremdenverkehrsamt
Kaiserstr. 8, 60311 Frankfurt,
📞 069-2883-22, -23, 🖥 www.cubainfo.de
🕐 Mo–Fr 9–12.30, 13.30–17.30 Uhr

Websites

Länderkundliche und Reiseinformationen
🖥 **www.stefan-loose.de/globetrotter-forum**
Forum der Stefan Loose-Community, das auch Themen rund um Kuba umfasst.
🖥 **www.stefan-loose.de/updates/amerika/kuba**
Aktuelle Updates von Lesern und Autoren zum Buch und zum Reisen durchs Land.
🖥 **www.stefan-loose.de/links-u-downloads/ amerika/kuba**
Auswahl von Links und Downloads der Stefan-Loose-Redaktion zu Kuba.

Für Kuba-Enthusiasten

Unter 🖳 www.paperball.de kann in deutschen Zeitungen effektiv nach Kubaartikeln recherchiert werden. Die Homepage 🖳 www.tvtv.de hält beim Stichwort „Kuba" über Fernsehbeiträge zur Karibikinsel auf dem Laufenden.

🖳 **www.lanic.utexas.edu/la/cb/cuba/**
Ausgezeichnete Linksammlung zu allen möglichen Themen (Englisch)

🖳 **www.cuba-individual.com**
Tolle Seite mit vielen Infos und Fotos (Deutsch)

🖳 **www.kubaforen.de**
In diesem ergiebigen Forum tauschen sich langjährige Kuba-Kenner aus.

🖳 **www.cuba-junky.com**
Viele Infos zu Landeskunde, Nachtleben, Restaurants und Unterkünften (Englisch)

🖳 **www.cubaweb.cu**
Ausführliche Infos zur touristischen Infrastruktur (Spanisch und Englisch).

🖳 **www.cubatravel.cu**
Reiseinformationen des kubanischen Touristenbüros (Deutsch)

🖳 **www.dtcuba.com**
Directorio Turístico mit einer Menge nützlicher Infos (Spanisch und Englisch)

🖳 **www.canalcubano.com**
Umfangreiche touristische Infrastruktur (Spanisch und Englisch)

🖳 **www.el-cubano.de**
Hilfreiche Links und Infos

🖳 **www.cuba-erleben.de**
Viele allgemeine Infos

🖳 **www.caiman.de**
Interessante Reiseberichte über ganz Lateinamerika

🖳 **www.visual-turn.blogspot.com**
Ambitionierte, noch im Aufbau befindliche Seite mit alternativen Reiseberichten und -tipps sowie Infos zu Musik und Kultur.

Politische Informationen
🖳 **www.cubagob.cu**
Homepage der kubanischen Regierung (Spanisch und Englisch)

🖳 **www.cubafreepress.org**
Berichte regimekritischer kubanischer Journalisten (Englisch)

🖳 **www.cepal.org**
Die Comisión económica para América Latina y el Caribe ist auf die ökonomische Entwicklung Lateinamerikas spezialisiert (Spanisch und Englisch)

🖳 **www.ila-web.de**
Die Ila ist eine kritische Zeitschrift zu sozialpolitischen Entwicklungen in Lateinamerika.

🖳 **www.npla.de**
Der Nachrichtenpool Lateinamerika e. V. bietet aktuelle Meldungen über Politik, Kultur und Gesellschaft Lateinamerikas.

Kulturelle Informationen
🖳 **www.cult.cu**
Seite des Kulturministeriums mit einer Unmenge von Links, auch zu den Kulturportalen der einzelnen Provinzen (Spanisch und Englisch)

🖳 **www.cubaliteraria.cu**
Alles rund um den kubanischen Blätterwald (Spanisch)

🖳 **www.cubacine.cu**
Alles rund um kubanische Filme (Spanisch)

🖳 **www.afrocubaweb.com**
Informative Seite zur afrokubanischen Kultur (Englisch)

🖳 **www.cubanow.net**
Kunst und Kultur (Englisch)

Sicherheits- und Reisehinweise
🖳 **www.auswaertiges-amt.de**
🖳 **www.bmeia.gv.at**
🖳 **www.dfae.admin.ch**
Wer Infos zur aktuellen Sicherheitslage in Kuba sucht, wird beim deutschen Auswärtigen Amt, beim Außenministerium Österreich und beim Eidgenössischen Departement für auswärtige Angelegenheiten fündig.

Kuba-Organisationen

Zahlreiche Verbände bieten interessante Möglichkeiten, die Insel kennen zu lernen und sich dabei sozial zu engagieren. Unter 🖳 www.

cubasolidarity.net/cubalink.html findet man Kuba-Organisationen aus aller Welt.

Deutschland

Netzwerk Cuba Informationsbüro
Weydingerstr. 14-16, 10178 Berlin
☎ 030-294 94260, 🖥 www.netzwerk-cuba.de
Koordinationsstelle der Cuba-Solidarität in Deutschland und Herausgeber der viermal jährlich erscheinenden Netzwerk-Cuba-Nachrichten.

Freundschaftsgesellschaft BRD-Kuba e. V.
Maybachstr. 159, 50670 Köln
☎ 0221-240 5120, 🖥 www.fgbrdkuba.de
Gibt die Zeitschrift Cuba libre heraus, bietet Workcamps und sozialpolitische Rundreisen an (die auch über das Reisebüro Soliarenas gebucht werden können) und hat eine Reihe eigener Solidaritätsprojekte ins Leben gerufen. Derzeit engagieren sich über 40 Regionalgruppen.

Freundschaftsgesellschaft Berlin-Kuba e. V.
Richardstr. 104, 12043 Berlin
🖥 www.fg-berlin-kuba.de
Vermittelt Plätze für einen Arbeits- und Bildungsaufenthalt (Aufbau eines Botanischen Gartens in Pinar del Río in Kombination mit Kursen zu Botanik und Ökologie).

Cuba Sí
Kleine Alexander Str. 28, 10178 Berlin
☎ 030-2400 94-55, -56, 🖥 www.cuba-si.org
Die Arbeitsgemeinschaft der Partei Die Linke bietet Workcamps und soziopolitische Rundreisen.

Verein zur Förderung der politischen Kultur
Postfach 210606, 50531 Köln
🖥 www.spw-rheinland.de
Organisiert Hilfsprojekte.

Solidaritätswerkstatt e. V.
Ludwigshöhstr. 42, 64285 Darmstadt
☎ 06151-64066, ✉ taller@link-f.rhein-main.de
Transportiert Ersatzteile, Maschinen, Werkzeug und Arbeitsmaterialien für Betriebe und soziale Institutionen nach Kuba.

Humanitäre Cuba Hilfe e. V. (Klaus Piel)
☎ 0234-288784, 🖥 www.hch-ev.de
Versorgt Krankenhäuser mit medizinischen Gütern und hilft beim Aufbau von Kliniken und Sozialzentren.

Österreich

Österreichisch-kubanische Gesellschaft
Seisgasse 1, Postfach 28, 1042 Wien
☎ 0043-1-505 3809, 🖥 www.cuba.or.at.

Schweiz

Vereinigung Schweiz-Kuba
Postfach 8608, 3001 Bern
Postfach 3196, 4005 Basel
Postfach 12, 4314 Zeiningen
☎ 0041-61-851 2583 (Zentralstelle),
🖥 www.cuba-si.ch

Medicuba
Langstr. 187, Postfach 1774, 8031 Zürich
☎ 0041-44-271 0815,
🖥 www.medicuba.ch

Camaquito
Nidelbadstr. 82, CH-8038 Zürich
☎ 0041-43-300 3390,
🖥 www.camaquito.org
Kinderhilfsorganisation mit Projekten für Bildung und Kultur.

Lateinamerika-Organisationen

Giga-Institut für Lateinamerika-Studien
Neuer Jungfernstieg 21, 20354 Hamburg
☎ 040-428 25561, 🖥 www.giga-hamburg.de
Ist beteiligt an zahlreichen Forschungsprojekten und bringt mehrere Fachpublikationen zum Kontinent heraus.

Ibero-Amerikanisches Institut Preußischer Kulturbesitz
Potsdamer Str. 37, 10785 Berlin
☎ 030-266 2500, 🖥 www.iai.spk-berlin.de
Hat die größte Bibliothek Europas zum iberoamerikanischen Raum.

Österreichisches Lateinamerikainstitut
Schlickgasse 1, 1090 Wien
☎ 01-310 7465, 🖥 www.lai.at

Landkarten und Stadtpläne

In deutschen Buchläden gibt es ein paar gute Landkarten. Die Kuba-Karte von Freytag & Berndt beinhaltet einige Stadtpläne und Hildebrands Travel Map umfasst praktische Hinweise und Ausschnitte von Havanna. Sehr brauchbar ist auch die Kuba-Karte von Reise Know-How mit Höhenschichten-Relief und detailliertem Straßennetz. Einzelne Stadtpläne gibt es hierzulande nicht.

In Kuba bekommt man den für Autofahrer unentbehrlichen *Guía de Carreteras* bei Infotur und einigen touristischen Buchläden. Neben sehr genauen Straßenkarten (spanische und englische Legende) enthält er einen umfangreichen Ortsindex sowie Routenbeschreibungen mitsamt allen vorhandenen Tankstellen. Sehr gut ist auch die *Mapa Turística Cuba* von Ediciones GEO (Instituto Cubano de Geodesia y Cartographía) mit Plänen von Havanna und anderen Provinzstädten. Das Institut veröffentlicht zudem Pläne aller Provinzen mitsamt deren Hauptstädten sowie kleine Touristenführer für Havanna, Varadero und Santiago de Cuba.

Die beste Auswahl an Kartenmaterial und Stadtplänen bietet der Laden El Navegante in der Altstadt Havannas. Am besten gleich hier alles einkaufen, was man für die Reise braucht, denn in den Provinzen ist Kartenmaterial erheblich seltener zu finden. Wanderkarten sind in Kuba bisher leider nicht erhältlich.

Internet

Die wenigen Internetanschlüsse in Kuba sind für wissenschaftliche und touristische Einrichtungen vorgesehen. Vor allem die staatliche Telefongesellschaft Etecsa bietet in größeren und touristischen Orten Internetservice an. Man kauft zum Einheitspreis von 6 CUC eine Art Telefonkarte mit einem Surf-Guthaben von einer Stunde, die dann in den meisten Büros gilt. Hinter einem Feld zum Abrubbeln verbirgt sich ein Code, den man vor jeder Benutzung eingeben muss. Auch einige gehobene Hotels bieten Zugang zum Web, doch dort ist der Tarif rund doppelt so hoch. Die Verbindungen sind wesentlich langsamer als in heimischen Internetcafés.

Kinder

Kubaner sind äußerst kinderlieb und schenken den Kleinen überall Aufmerksamkeit. Vor allem in Havanna gibt es einiges zu sehen, was Kindern Freude bereitet, z. B. das Acuario Nacional (Aquarium) (S. 214), Festungen (S. 260) und den Freizeitpark (S. 273). Auch die sonntäglichen Puppentheater in jeder größeren Stadt sind einen Besuch wert. Während die Spielplätze in Kuba schlechter als bei uns ausgestattet sind, können die Kleinen an den flach ins Wasser führenden Stränden der Nordküste nach Herzenslust herumtollen. Fast alle All-Inclusive-Hotels haben Kinderbetreuung im Programm. Viele Hotels bieten für Kinder unter zwölf Jahren Preisvergünstigungen. Bei Inlandsflügen fliegen Kinder unter zwei Jahren umsonst und bis zu zwölf Jahren zu vergünstigten Tarifen.

Die größten Anforderungen stellen die Belastungen des Klimas und die mitunter langen Wartezeiten dar. Wegwerfwindeln, Schnuller und Milchpulver sind in Kuba schwer zu bekommen und gehören in ausreichender Zahl ins Reisegepäck, ebenso wie ein Autokindersitz.

Maße und Elektrizität

In Kuba gilt das metrische System. Durch die Stromkabel fließen in der Regel 110 Volt (amerikanischen Flachstecker-Adapter mitnehmen). Immer mehr gute Hotels und einige Privatvermieter stellen aber auf 220 Volt um.

Medien

Kubas Medien blieben nicht von der Wirtschaftskrise der 90er-Jahre verschont. Die Radio- und Fernsehprogramme haben stark unter Stromknappheit gelitten und mussten ihre Sendezeiten einschränken. Bei Printmedien mussten Anfang der 90er-Jahre 80 % aller Publikationen aufgrund von Papiermangel eingestellt und die übrigen im Umfang deutlich reduziert werden. In den letzten Jahren hat sich die Situation zwar merklich entspannt, die Auflagenhöhe der Zeitungen bleibt aber nach wie vor stark limitiert.

Die Medien stehen unter strenger **staatlicher Kontrolle**, sodass es kaum außerparteilichen Diskussionsspielraum gibt, schon gar nicht für regierungskritische Positionen, die oft reflexartig und undifferenziert als konterrevolutionär eingestuft werden. Löbliche Ausnahme ist die renommierte Zeitschrift *Temas*, in der immer häufiger kritische sozioökonomische Debatten auftauchen. Sie erreichen aber aufgrund ihres akademischen Charakters nicht die breite Masse der Bevölkerung.

Noch brisanter wird die Lage dadurch, dass die USA über ihre Interessenvertretung in Havanna subversive Aktionen von Dissidentengruppen mit Millionenbeträgen fördern. Zahlreiche oppositionelle Journalisten lassen sich tatsächlich gerne kaufen und veröffentlichen über Miami neoliberale Positionen.

Doch auch progressiveren Journalisten und Intellektuellen, die das kommunistische System nicht stürzen, sondern reformieren wollen, schlägt oft der Vorwurf entgegen, mit dem Exil paktierende Konterrevolutionäre zu sein. Sie werden totgeschwiegen und müssen sich mangels Veröffentlichungsplattform im Land ans Ausland wenden.

Zeitungen und Zeitschriften

Größte nationale Tageszeitung ist das Parteiorgan *Granma*, das auch wöchentlich auf Englisch und monatlich auf Deutsch erscheint (kann über die Freundschaftsgesellschaft BRD-Kuba im Abo bezogen werden). In Kuba ist sie aufgrund ihrer begrenzten Auflage schnell ausverkauft. Einen großen Teil des Blattes nehmen die Reden hoher Parteifunktionäre, die neuesten wirtschaftlichen Entwicklungen und die Beziehungen zur USA (insbesondere das US-Handelsembargo) sowie zu Venezuela und anderen verbündeten Ländern ein.

Prensa Latina informiert täglich auf Englisch und Spanisch über Wirtschaft, Wissenschaft, Kultur, Sport und Tourismus. *Juventud Rebelde* (Organ des kommunistischen Jugendverbandes), *Trabajadores* (Organ der Arbeiter) und *Bohemia* (älteste noch existierende Zeitschrift Kubas mit Schwerpunkt Kultur) kommen einmal wöchentlich heraus. Zudem druckt jede Provinz eine eigene Wochenzeitung: Pinar del Río *(Guerillero)*, Isla de la Juventud *(Victoria)*, Matanzas *(Girón)*, Cienfuegos *(Cinco de Septiembre)*, Villa Clara *(Vanguardia)*, Sancti Spíritus *(Escambray)*, Ciego de Ávila *(Invasor)*, Camagüey *(Adelante)*, Las Tunas *(Periodico 26)*, Holguín *(Ahora)*, Granma *(La Demajagua)*, Santiago de Cuba *(Sierra Maestra)* und Guantánamo *(Venceremos)*.

Vierteljährlich informiert die Zeitschrift *Tablas* über Schauspiel und Theater. *Cauces* und *Siempreviva* tauchen in die Welt der Literatur ein. Über Sport kann man sich in *Record* auf dem Laufenden halten. Frauenspezifische Themen werden in der *Revista Mujeres* behandelt. *Habáname* ist eine Kulturzeitschrift mit sehr anspruchsvollen Artikeln für Spanischkundige. *La Jiribilla* ist ein Online-Kulturmagazin mit hohem Niveau. *Música Cubana* wird vom kubanischen Schriftsteller- und Künstlerverband vierteljährlich herausgegeben. In *Movimiento* kann man sich über die wachsende Hip-Hop-Szene auf dem Laufenden halten.

Temas ist eine bedeutende Zeitschrift mit politischen und soziokulturellen Beiträgen, ebenso wie die namhafte *Revolución y Cultura*. *Cuba Ahora* berichtet über Wirtschaft, Politik und Gesellschaft. Das Casa del Caribe in Santiago de Cuba bringt die anspruchsvolle Zeitschrift *Del Caribe* mit sozialwissenschaftlichen und historischen Artikeln über die Region Oriente heraus. *Caminos* widmet sich auf wissenschaftlichem Niveau soziologisch-ethnologischen Themen. *Prisma* ist ein Tourismusmagazin mit interessanten Artikeln zu einzelnen Reisezielen Kubas (erscheint auch auf Englisch). Die wöchentliche Zeitschrift für Handel, Finanzen und Tourismus heißt *Opciones*. Die Zeitschrift *Business Tips on Cuba* erscheint einmal pro Monat auf Englisch und Spanisch.

Einige Zeitungen und Zeitschriften bekommt man bei weißblauen Kiosk-Buden. In größeren

Buchläden sind ebenfalls viele Zeitschriften vertreten, oft für Moneda Nacional. Internationale Zeitschriften sind rar auf Kuba. Lediglich Havannas Luxushotels wie das Nacional und Habana Libre führen einige ältere Ausgaben.

Fernsehen

Fast jeder kubanische Haushalt besitzt einen Fernseher und viele Kubaner scheinen geradezu TV-süchtig zu sein: Oft läuft die Flimmerkiste rund um die Uhr, besonders allabendlich wird sie zum gesellschaftlichen Treffpunkt. Die Renner sind in der Regel melodramatische *Telenovelas,* sowohl kubanische wie auch brasilianische, die sich im täglichen Rhythmus abwechseln. Zur Sendezeit um 21 Uhr sind die Straßen oft wie leergefegt, weil halb Kuba vor den Bildschirmen sitzt.

Es gibt vier kubanische Fernsehsender, die in erfrischender Weise völlig werbefrei sind: *Tele Rebelde*, *Cubavision* (www.cubavision.cubaweb. cu) und seit 2003 die Bildungskanäle *Canal Educativo* sowie *Canal Educativo dos*. Dazu kommen noch 15 Provinzsender. Das tägliche Fernsehprogramm findet man in der Zeitung *Granma*. Für Sportübertragungen ist Tele Rebelde zuständig,

für Spielfilme und *Telenovelas* Cubavision. Die kubanische Version des „Tatort" heißt *Dia y Noche* und läuft Sonntagabends.

Überraschenderweise laufen neben historischen und kulturellen Sendungen auch viele Hollywoodfilme (mit spanischen Untertiteln). Samstags werden meist zwei Spielfilme hintereinander gezeigt. Auch Live-Konzerte kann man am Wochenende oft sehen.

Die gute Musiksendung *Mi Salsa* läuft am Sonntagabend. Dienstagabends spielt *Encuentro* Musik aus ganz Lateinamerika und Samstagabend bereichert das Kulturmagazin *Contacto* das Programm.

Die landesweit bedeutendste politische Diskussionsveranstaltung *Mesa Redonda* (Runder Tisch) läuft werktags am frühen Abend (früher oft unter Beteiligung von Fidel). Eine sprudelnde Infoquelle über kulturelle Veranstaltungen in Havanna und in den Provinzen ist *Huron Azul* (Donnerstagabend). Mehrmals pro Woche gibt es die Bildungsreihe *Universidad para todos*, wo man Fremdsprachen lernen und Kurse für Literatur, Geschichte und Naturwissenschaften verfolgen kann. Auch wenn die Programme zum Teil mit revolutionärer Propaganda überladen wirken, sind sie immer noch informativ und anspruchsvoll.

Die meisten **Hotels** besitzen Satellitenfernsehen, mit dem auch ausländische Programme empfangen werden können. Seit 2005 sendet der Non-Profit-Sender *Telesur*, ⌨ www.telesurtv. net, aus dem verbündeten Venezuela. Am Programm, das einen Gegenpol zum neoliberalen CNN-Mainstream bilden soll, wirken Mitarbeiter aus verschiedenen linksregierten Ländern Lateinamerikas mit, Kuba ganz besonders, denn schließlich basiert das Ganze auf einer Idee von Fidel Castro.

Radio

Die wichtigsten Rundfunksender sind *Radio Rebelde* (640 AM und 96,7 FM, ⌨ www.radiorebelde.cu), der Nachrichtensender *Radio Reloj* (950 AM und 101,5 FM, ⌨ www.radioreloj.cu) und der Touristensender *Radio Taíno* (1290 AM und 93,3 FM, ⌨ www.radiotaino.cubasi.cu), der sowohl kubanische als auch internationale Musik spielt. Darüber hinaus gibt es eine Vielzahl von Regionalsendern, z. B. *Radio Habana* (820 AM und 94,9 FM, 🖥 www.radiohc.org). Aus Miami schwappt über den Sender *Radio Martí* eine Menge Anti-Castro-Politpropaganda nach Kuba.

Öffnungszeiten

Reisende sollten unterwegs bedenken, dass Öffnungszeiten in Kuba äußerst dehnbar und willkürlich sind. Auch von einer ausgiebigen Mittagspause wird oft Gebrauch gemacht. In diesem Buch werden Öffnungszeiten nur dann angegeben, wenn sie von den folgenden Standardzeiten abweichen:

Apotheken: tgl. 8–20 Uhr, manchmal auch 24 Stunden.
Banken: Mo–Fr 8.30–15 Uhr (manchmal auch Samstagvormittag) bzw. Mo–Sa 9–18, So 8.30–12.30 Uhr bei den Cadecas (Wechselstuben zum Tausch von Pesos Convertibles in Pesos Cubanos).
Geschäfte: Mo–Sa 9–18 Uhr, große Kaufhäuser und Einkaufszentren haben oft bis 20 Uhr geöffnet.
Museen: Di–Sa 9–17, So 8–12 Uhr, montags meist geschlossen.
Post: Mo–Sa 8–18 Uhr (in großen Städten länger). Einige haben auch sonntags geöffnet.
Reisebüros: Mo–Fr 9–17, Sa 9–12 Uhr.
Restaurants und **Paladares**: tgl. 11–23 Uhr.

Post

Die Wahrscheinlichkeit, dass man vor seinen Urlaubsgrüßen wieder zu Hause ankommt, ist groß. Eine Postkarte oder ein Brief benötigt 3–6 Wochen nach Europa, Päckchen und Pakete noch länger – falls sie überhaupt ankommen. Viele Kubaner gehen auf Nummer sicher und bitten Touristen, ihre Post nach Europa direkt mitzunehmen.

Bei wichtigen Sendungen sollte man sich an die **Kurierdienste** in den Strandzentren, Havanna und anderen großen Städten wenden. Neben DHL, 🖥 www.dhl.com, gibt es Cubanacán Express, 🖥 www.cubanacan-express.com, und Cubapacks, 🖥 www.cubapack.cu.

Das **Porto** für Postkarten nach Europa (per Luftpost) beträgt 0,75 CUC. Briefe werden mit 0,75 (bis 20 Gramm) bis 2,15 CUC (bis 100 Gramm) berechnet. Briefmarken bekommt man in Postämtern, Souvenirläden oder großen Hotels.

Reisende mit Behinderungen

Leider sind nur wenige Hotels und *casas particulares* auf die Bedürfnisse von behinderten Menschen eingestellt, doch einige der neueren Bauten – insbesondere ab vier Sternen – haben zumindest ein paar behindertengerechte Zimmer. Havanna kann mit seinen hohen Bordsteinen und z. T. metertiefen Straßenkratern von Rollstuhlfahrern nur mit Mühe und im Slalomkurs erkundet werden. Das wird aber durch die enorme Hilfsbereitschaft der Kubaner oftmals mehr als ausgeglichen.

Reiseveranstalter

Nach wie vor dominiert in Kuba der All-Inclusive-Badeurlaub und die Strandhotel-Infrastruktur wird weiter rasant ausgebaut. Viele Touristen bekommen in ihrer abgeschotteten Hotelwelt von der kubanischen Realität bestenfalls auf Tagesexkursionen etwas mit und verklären die Insel schnell zum exotischen Tropenparadies. Doch seit den 90er-Jahren entwickeln sich mehr und mehr Alternativen zum Pauschaltourismus.

Die neuen Reiseformen wie (thematische) Rundreisen, Rad- und Trekkingtouren, Sprach- und Tanzkurse werden von spezialisierten deutschen Reisebüros bedient. Mit einem Mietwagen lässt sich die ganze Insel bereisen und private

Unterkünfte und Restaurants ermöglichen seit einigen Jahren auch Touristen mit schmalerem Geldbeutel, das Land auf eigene Faust zu entdecken.

Pauschalreisen

Alle großen Pauschalreiseveranstalter haben Kuba im Programm und befriedigen die Sehnsucht nach Strand und Sonne. Die Kataloge kann man sich in größeren Reisebüros besorgen.

Sie haben sich überwiegend auf Strandurlaube in Varadero, Cayo Coco, Cayo Largo, Santa Lucía und Guardalavaca spezialisiert, bieten aber neben recht preiswerten All-Inclusive-Paketen (mit Flug, Hotelunterkunft, Verpflegung und Freizeitaktivitäten) auch Rundreisen und Flexi-Fly & Drive (S. 68) an.

Wer bloß ein paar Wochen Sonne und Meer sucht und am Strand abhängen will, ist mit einem All-Inclusive-Angebot (zwei Wochen für 750–1250 € abhängig von Veranstalter und Zielort) bestens bedient, denn das ist bei Weitem billiger und weniger aufwändig als eine Organisation auf eigene Faust.

Rundreisen und Reisebausteine

Zum wirklichen Kennenlernen des Landes sind die Angebote eines Spezialreiseveranstalters gut geeignet. Wer wenig Zeit hat, aber trotzdem viel vom Land sehen möchte, wählt am besten eine organisierte Rundreise. Diese werden von einer bis drei Wochen Länge angeboten und decken viele Highlights einer Region oder der ganzen Insel ab. Die „Spezialisten" sind oft auf begegnungsorientierte Reisen mit soziokulturellen und/ oder ökologischen Schwerpunkten ausgerichtet.

Für nähere Informationen kann man sich einen Katalog zuschicken lassen oder einfach im Internet nachschauen. Auch einzelne Reisebausteine (z. B. Unterkünfte, Flüge und ein Sprach- oder Tanzkurs) lassen sich bequemer und günstiger über ein deutsches Reisebüro als vor Ort buchen.

Spezialreiseveranstalter in Deutschland

Aventoura Cubareisen, Rehlingstr. 17, 79100 Freiburg, ☏ 0761-211 6990, 🖳 www.aventoura.de. Der erfahrene Kuba- und Lateinamerika-Spezialist mit Büro in Havanna (s. S. 249) ist für seine Arbeit bereits mit der Goldenen Palme des Reisemagazins Geo ausgezeichnet worden und bietet eines der umfangreichsten Programme an: Soziokulturelle Besichtigungsreisen, Familienreisen, Rad- und Trekkingtouren, Reiten, Tauchen, Tanzreisen und -Workshops, Spanisch-Kurse und Fotoreisen. Einzelne Bausteine können auch individuell kombiniert werden.

Cuba Startravel, Kurfürstendamm 69, 10707 Berlin, ☏ 030-3276 6100, 🖳 www.cubastartravel.com. Informative Homepage. Spanisch- und Tanzkurse sowie interessante Themenreisen (z. B. Reiten, Zigarrentour, Besuch des Marathons).

Cuba-Diving, Fahrstr. 7, 91054 Erlangen, ☏ 09131-970 6771, 🖳 www.cuba-diving.de. Tauchspezialist mit umfangreichem Angebot und sehr informativer Webseite. Vor Ort informiert die Crystal Water-Niederlassung in Havanna (s. S. 249).

Danza y Movimiento, Kleine Rainstr. 3, 22765 Hamburg, ☏ 040-340328, 🖳 www.dym.de. Hat eines der breitesten Angebote an Reisen mit vielen Kursen zu den Schwerpunkten Tanzen und Trommeln, kombinierbar mit Sprachkursen.

Hauser Exkursionen, Spiegelstr. 9, 81241 München, ☏ 089-235 0060, 🖳 www.hauser-exkursionen.de. Hat auch Büros in Wien und Zürich. Der namhafte Trekkingspezialist bietet Wanderungen in Westkuba, der Sierra del Escambray und der Sierra Maestra an.

Kuba Reisen, Bahnhofstr. 3, 86926 Greifenberg, ☏ 08192-7460, 🖳 www.kuba-reisen.de. Neben Sprach- und Tanzkursen liegt der Schwerpunkt auf Gesundheitstourismus und Rundreisen in Ostkuba sowie Exkursionen in den Humboldt-Nationalpark.

Mundo Libre Reisen, Alt-Astheim 73, 65468 Trebur-Astheim, ☏ 06147-201520, 🖳 www.mundo-libre-reisen.de. Politisch engagierter Veranstalter mit breitem Angebot: Rundreisen mit soziopolitischem und

-kulturellem Schwerpunkt (z. B. Stadtentwicklung, Ökologie und Wohnungsbau, Bildende Künste), Solidaritätsbrigaden, Rad- und Trekkingtouren, Sprach- und Tanzkurse.

Nautilus Tauchreisen, Pfarrgasse 1, 82266 Inning, ℡ 08143-93100, ⌨ www.nautilus-tauchreisen.de. Bekannter Tauchspezialist.

Palmisol Reisen, Königsbrücker Str. 59, 01099 Dresden, ℡ 0351-563920, ⌨ www.palmisol-reisen.de. Sehr umfangreicher Informationsservice auf der Homepage. Mehrere Rundreisen, darunter eine Tanzreise, Sprachkurse und thematische Stadttouren in Havanna und Santiago de Cuba (z. B. Oldtimer, Zigarren, Hemingway).

Profil Cuba-Reisen, Friedrich-Ebert-Str. 117, 52531 Übach-Palenberg, ℡ 02451-490 1598, ⌨ www.profil-cuba-reisen.de. Einer der besten Spezialisten bei Radtouren, hat zudem Trekking- und Segeltouren sowie Sprachkurse im Angebot. Legt viel Wert auf authentische Themenreisen mit soziopolitischem und -kulturellem Schwerpunkt (z. B. Salsa und Revolution, Landwirtschaft, Ökologie und Wohnungsbau).

SoliArenas, Uferstr. 20, 52249 Eschweiler, ℡ 02403-555 2236, ⌨ www.soliarenas.de. Breites Angebot: Soziopolitische Reisen, Solidaritätsbrigaden, Themenreisen (z. B. afrokubanische Kultur, Tanzen, Architektur), Fahrrad- und Trekkingtouren, Sprach-, Tanz- und Trommelkurse.

Sprachcaffe Sprachreisen, Gartenstr. 6, 60594 Frankfurt, ℡ 069-610 9120, ⌨ www.sprachcaffe-kuba.com. Hat einen sehr guten Ruf als Anbieter für Tanz- und vor allem Sprachkurse.

Tropicana Touristik, Berliner Str. 161, 10715 Berlin, ℡ 030-853 70-41, -42, ⌨ www.tropicana-touristik.de. Deutsche Zweigstelle des kubanischen Reiseveranstalters Havanatur. Umfangreiches Angebot: Fahrrad- und Trekkingtouren, Tanzreisen, Eisenbahnreisen, sozialpolitische Rundreisen, Tauchpakete, Sprach- und Tanzkurse.

Kubanische Reiseveranstalter

Die staatlichen kubanischen Tourismusorganisationen haben ihr Hauptbüro in Havanna und Zweigstellen in Touristenzentren, größeren Provinzhauptstädten und besseren Hotels. Die Adressen befinden sich in den Regionalkapiteln. Preislich unterscheiden sie sich kaum voneinander, doch in der Regel ist es günstiger, Rundreisen, Hotels und Flüge schon von zu Hause aus über einen deutschen Reiseveranstalter zu buchen.

Cubamar, ⌨ www.cubamarviajes.cu. Der Spezialist in Sachen Öko- und Jugendtourismus kann im ganzen Land relativ preisgünstige Hütten *(campismos)* in abgelegeneren Gebieten reservieren. Auch Radrundreisen und Verleih von Wohnmobilen, ⌨ www.campercuba.com, zählen zum Programm.

Cubanacán, ⌨ www.cubanacan.cu. Die gigantische Kette leitet neben Reisebüros zahlreiche Hotels und Restaurants und ist mit vielen Büros im Ausland vertreten. Bietet neben Hotel- und Mietwagenbuchungen, Rundreisen und Inlandsflügen auch Exkursionen in Nachbarregionen wie Cancún, Jamaica, Bahamas, Dominikanische Republik, Venezuela und Guatemala und hat Verbindungen zum Gesundheitstourismus.

Cubatur, ⌨ www.cubatur.cu. Die älteste staatliche Reiseagentur bucht inselweit Hotels und Mietwagen (auch im Paket mit Hotelgutscheinen) und verkauft Inlandsflüge. Breites Angebot an Tagesausflügen und Rundreisen (auch Ökotourismus, Tauchen und Radtouren).

Havanatur, ⌨ www.havanatur.cu. Einer der größten kubanischen Reiseveranstalter, der mit vielen internationalen Reisebüros zusammenarbeitet. Bucht Hotels und Mietwagen und verkauft Inlandsflüge. Zahlreiche Exkursionen und Rundtouren durchs Land (auch Radtouren, Tauchen und Vogelbeobachtung) sowie Kurztrips zu anderen karibischen Zielen (Cancún, Mexico-City, Mérida, Guatemala, Nassau, Costa Rica, Venezuela und Santo Domingo).

Gaviota Tours, ⌨ www.gaviota-grupo.com. Ist dem kubanischen Militär unterstellt und betreibt einige Hotels. Gute Verbindungen zu Öko- und Gesundheitstourismus. Hat auch eine eigene Leihwagenfirma (Vía Rent-a-car) und einige Jachthäfen unter seinen Fittichen.

Paradiso, 🖳 www.paradiso.cu. Spezialisiert auf Kultur-Tourismus, bietet in diesem Segment sicherlich das interessanteste Programm: Rundreisen mit kulturellem Schwerpunkt, Tanz-, Trommel- und Spanisch-Kurse. Organisiert Besuche von namhaften soziokulturellen Zentren und Künstlern, Kulturveranstaltungen und Konferenzen.

Servimed, 🖳 www.servimedcuba.com. Zuständig für den Gesundheitstourismus, bucht Gesundheitszentren auf der ganzen Insel.

Auf eigene Faust

Wer viel Zeit und relativ wenig Geld hat, bucht nur den Flug. Das Abenteuer einer selbst organisierten Reise setzt aber Erfahrung (am besten aus anderen lateinamerikanischen Ländern), Geduld und Improvisationstalent voraus. Im Unterschied zu organisierten Reisen greift man nur selten auf die bequeme touristische Infrastruktur zurück und taucht oft in die kubanische Alltagsrealität mit all ihren Versorgungsengpässen ein. Spanisch-Kenntnisse sind wichtig, vor allem in ländlichen Gegenden.

Ohne Leihwagen oder Mofa braucht man zumindest abseits der Hauptrouten entweder ein Fahrrad oder muss auf kubanische Verkehrsmittel zurückgreifen (Transport, s. S. 74). Hilfreich sind in jedem Fall die Einzelleistungen (Flüge, Zimmerreservierung, Mietwagen etc.), die man am günstigsten bei den Kuba-Spezialisten buchen kann. Ein Flexi-Drive-Angebot bietet die ideale Kombination: Unabhängigkeit und bequemes Reisen.

Flexi-Drive

Wer viel sehen, aber nicht an feste Reiserouten gebunden sein möchte, sollte die Flexi-Drive Angebote vieler europäischer Reisebüros nutzen. Im Preis inbegriffen sind Mietwagen und Unterkunft in bestimmten Hotels, manchmal umfasst das Paket auch den Flug (Fly & Drive). Direkt nach der Ankunft bekommt man seinen Leihwagen für die gebuchte Dauer zusammen mit der entsprechenden Zahl von **Gutscheinen**, die für bestimmte Mittelklasse-Hotels auf der ganzen Insel gelten. Auf einer Karte sind die

Hotels, Mietwagenagenturen mit Werkstätten sowie die Tankstellen eingezeichnet. Da manche Hotels ausgebucht sein können, sollten sie mindestens einen Tag im Voraus telefonisch reserviert werden (möglichst nicht von der teuren Hotelrezeption aus, sondern von einer öffentlichen Telefonzelle). Unterwegs sind spanische Grundkenntnisse von Vorteil.

Sicherheit

Diebstahl und Betrug

Verglichen mit anderen lateinamerikanischen Ländern, aber auch europäischen oder US-amerikanischen Großstädten ist Kuba ein sehr sicheres Reiseland. Im Zuge von Massentourismus und wachsender sozialer Ungleichheit nahm die Kleinkriminalität zuletzt zwar zu, doch ist diese noch recht unorganisiert. Insbesondere Handtaschendiebstahl ist verbreitet, dafür kommen bewaffnete Überfälle sehr selten vor und Gewalt wird fast nie angewendet. Auch kleine Delikte werden von der Justiz geahndet und an touristischen Punkten gibt es eine starke Poli-

Hilfe im Notfall

In Notfällen sollte man zuerst die Hotelrezeption oder den Vermieter der Pension um Hilfe bitten. Im Falle eines Diebstahls muss auf der Polizeiwache **Anzeige** *(denuncia)* erstattet werden, denn die Versicherung zahlt später nur bei Vorlage einer offiziellen Bestätigung.

Bei Verlust wichtiger Papiere oder sämtlichen Bargeldes kann die entsprechende **Botschaft** in Havanna weiterhelfen (Kopien beschleunigen den Vorgang) bzw. ein **Asistur-Büro** in Havanna, Varadero, Cienfuegos, Camagüey, Cayo Coco, Guardalavaca und Santiago de Cuba (Adressen in den Regionalkapiteln).

Die landesweite Polizeinummer lautet 106, die Feuerwehr erreicht man unter 105. Die Nummern für einen Krankenwagen unterscheiden sich je nach Region und werden in den Regionalkapiteln angegeben.

Den Dieben keine Chance

Die wichtigsten **Wertsachen** (Geld, Pässe, Schecks und Tickets) lassen sich am besten körpernah in einem Hüftgurt aus Baumwollstoff (Geldkatze) aufbewahren. Unter der Hose fällt er kaum auf und lässt sich nur schwer stehlen. Ein zusätzlicher Brustbeutel ist sinnvoll, um die Wertsachen über mehrere Orte am Körper zu verteilen. In einem Geldgürtel können einige Scheine als Notreserve verstaut werden. Da dieser auf die Scheine abfärben kann, was dann beim Wechseln Probleme macht, sollten sie vorher in kleine Folientüten verpackt werden. Ein gutes Versteck ist auch eine in die Innenseite der Hose eingenähte Tasche.

Wichtig ist es, Kopien von allen wichtigen **Dokumenten** (Pass, Touristenkarte, Flugticket, Impfausweis) anzufertigen und diese getrennt von den Originalen aufzubewahren. Bei Flügen gehören die wertvollsten Dinge ins Handgepäck, da einzelne Sachen oder gar ganze Gepäckstücke verloren gehen können. Am Flughafen von Havanna kann man sämtliches aufgegebenes Gepäck in Folie einschweißen lassen.

zeipräsenz. Trotzdem sollte man natürlich keine Raubüberfälle durch falsches Verhalten provozieren und beispielsweise schwach beleuchtete Straßen nachts meiden (vor allem in Centro Habana).

Eine hochwertige Kamera gehört nach jedem Foto in eine sichere Tasche, auch wenn das Fotografieren dadurch etwas mühsam wird. Taschendieben macht man das Leben schwerer, wenn sich keine größeren Bargeldbeträge in der Tasche ansammeln (s. auch Kasten) und es generell nicht viel zu holen gibt: Wertsachen sind gut im Hotelsafe aufgehoben. Das Gepäck muss stets im Auge behalten werden, sei es im Zug, an der Bushaltestelle oder am Strand. Zudem kann es sich rächen, Wertgegenstände aus Bequemlichkeit im Auto oder Hotelzimmer offen sichtbar liegen zu lassen. Jedes Gepäckstück sollte mit einem Schloss gesichert werden, auch im Hotelzimmer.

Die Zunahme von Autoeinbrüchen verbietet es, den Wagen unbewacht stehen zu lassen,

vor allem nachts. In Ausnahmefällen kann es vorkommen, dass korrupte Polizeibeamte versuchen, Touristen Geld abzuknöpfen. Entschlossenes Auftreten (Name und Dienstnummer aufschreiben, den Namen des Vorgesetzten verlangen) wirkt hier oft Wunder. Notfalls sollte man Beschwerde einreichen.

Drogen

Sowohl harte als auch weiche Drogen kursieren inzwischen auch in Kuba. Der Staat verfolgt Dealer, aber auch Konsumenten, rigoros, denn Drogenmissbrauch gilt als ein Verbrechen aus vorrevolutionären Zeiten. Selbst kleine Mengen Haschisch können eine Gefängnisstrafe nach sich ziehen!

Deshalb also die Finger davon lassen. Rauschhafte Eindrücke kann man in Kuba ohnehin genug sammeln.

Sport und Aktivitäten

Golf und Tennis

Der größte Golfplatz des Landes (18 Löcher, Par 72) befindet sich in Varadero, 🖳 www.varaderogolfclub.com. Dort finden auch internationale Turniere statt. In Zukunft ist der Bau weiterer Golfplätze an verschiedenen Orten der Insel geplant. Einige größere Hotels besitzen Tennisplätze.

Radfahren und Reiten

Das **Fahrrad** ist ein ausgezeichnetes Verkehrsmittel auf Kuba. Ausführliche Informationen, wie man mit dem Drahtesel die Insel erkunden kann, finden sich in diesem Kapitel im Abschnitt Transport (s. S. 79).

Reitausflüge werden bei Touristen immer beliebter und daher inzwischen im ganzen Land angeboten. Vor allem in den Zentren des Ökotourismus kann man Pferde mieten (ca. 5 CUC/ Std.).

Wandern und Klettern

Im Zuge des Ausbaus des Ökotourismus nahm die Zahl der Wanderwege *(senderos)* deutlich zu (gutes Schuhwerk mitnehmen). Viele frei zugängliche Pfade durchziehen Viñales, Soroa, Las Terrazas, Guanahacabibes, Topes de Collantes, Guane, Hanabanilla, El Saltón, Santo Domingo, Gran Piedra, Baracoa und den Parque Nacional Alejandro de Humboldt. Mangelnde Ausschilderung und fehlendes Kartenmaterial machen jedoch einen (teuren) Führer oft unentbehrlich. Zudem ist es in manchen Regionen (z. B. in der Sierra Maestra) verboten, alleine aufzubrechen – wer erwischt wird, handelt sich eine Menge Ärger ein.

Zahlreiche Reisebüros und in abgelegenen Regionen die Naturschutzorganisation Flora y Fauna bieten **geführte Wanderungen** an. Alternativ kann man über seine Pension private (meist spanischsprachige) Führer anheuern. Besonders abenteuerlich, aber nicht einfach zu bewältigen, ist der mehrtägige Wanderweg durch die Sierra Maestra (Granma, s. S. 514 und Santiago de Cuba, s. S. 542). Das Viñales-Tal mausert sich zum Eldorado für Kletterfreaks, die Homepage www.cubaclimbing.com ist eine hervorragende Informationsquelle.

Höhlen können am besten im Viñales-Tal erkundet werden, z. B. die Gran Caverna Santo Tomás mit dem längsten Gangsystem Mittelamerikas.

Spektakulär sind auch die Cuevas de la Punta de Este auf der Isla de la Juventud mit ihren indianischen Wandzeichnungen, die Cueva Martín Infierno (bei Trinidad) mit dem längsten Stalagmiten Lateinamerikas oder die Cuevas de Bellamar (bei Matanzas). Aus der Cueva de Jabalí auf Cayo Coco wachsen sogar Bäume ans Tageslicht. In den Unterwasserhöhlen der Península de Zapata kann man tauchen. Dazu kommen noch viele weitere Höhlen, die oft nur lokale Führer kennen.

Ein besonderes Naturerlebnis auf Kuba, das bisweilen auch mit einer Wanderung kombiniert werden kann, sind **Vogelbeobachtungen**. Die besten Regionen hierfür sind Guanahacabibes bei María La Gorda, die Sierra de los Órganos und die Sierra del Rosario (Provinz Pinar del Río), die Ciénaga de Zapata (Provinz Matanzas), die Sierra del Escambray (Provinz Villa Clara), die Sierra Maestra (Provinz Granma), La Gran Pied-

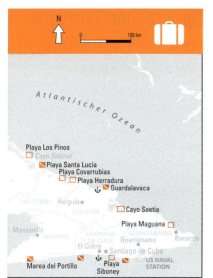

Eine Angellizenz kostet 25 CUC. Gerät kann in begrenztem Umfang geliehen werden, Angelfreaks bringen ihre Ausrüstung aber besser von zu Hause mit. Zuständig für Angelexkursionen ist in erster Linie Cubatur.

Baden

Kuba ist mit über 5000 km Küstenlinie und einer durchschnittlichen Wassertemperatur von 25 °C ein echtes Badeparadies. Vor allem an der Nordküste locken Traumstrände (s. Reiseziele S. 24). Ins Strandgepäck gehören Badeschuhe, da es mitunter Korallensteine und Seeigel gibt (vor allem an der Südküste). Eine rote Fahne signalisiert Schwimmverbot.

Schnorcheln

Die besten Schnorchelgebiete mit dem klarsten Wasser sind María La Gorda, Caleta Buena (bei Playa Girón) und Guardalavaca. Varadero hat Schnorchelfans dagegen nur wenig zu bieten. Da nicht alle Orte Masken und Schwimmflossen verleihen und die Ausrüstung oft abgenutzt ist, bringt man diese am besten von zu Hause mit.

ra (Provinz Santiago de Cuba), die Sierra Cristal (Provinz Holguín) und der Humboldt-Nationalpark (Provinz Guantánamo).

Bei all den durch die Luft schwirrenden Exoten gehört ein kleines Fernglas unbedingt mit ins Gepäck – mit dem man am Ende der Reise seinem Führer übrigens eine große Freude bereiten kann.

Wassersport

Für Strandurlauber gibt es zahlreiche Wassersportmöglichkeiten. Das Angebot reicht von Surfen und Segeln über Wasserski- und Kajakfahren bis hin zu Paragliding. Alle internationalen **Strandzentren** verleihen die nötigen Sportgeräte.

Angeln

Fischreiche Süßwasserreservoire sind die Stauseen Hanabanilla und Zaza (Provinzen Villa Clara und Sancti Spíritus), die Laguna Grande (Provinz Pinar del Río), Laguna del Tesoro (Provinz Matanzas) und Laguna La Redonda (Provinz Ciego de Ávila).

Segeln

Die traumhafte Inselwelt und günstige Winde bieten hervorragende Bedingungen für Segler. Seekarten verkauft in Havanna der Laden El Navegante, Calle Mercaderes No. 115 e/Obispo y Obrapía. Einige Jachthäfen *(marinas)* bieten Versorgungsmöglichkeiten. Vor Anker gehende Jachten müssen sich auf Frequenz HF 2760 oder 2790 oder auf Kanal VHF 68 oder 16 anmelden.

Surfen

Die besten Wellen schleudert der Passatwind von Dezember bis April an die Atlantik- und im August und September an die Karibikküste. Ein Surfparadies ist Kuba jedoch nicht. Surfbretter sind nicht überall zu bekommen und sollten daher besser mitgebracht werden. Informationen bietet die Homepage ☐ www.havanasurf-cuba.com.

Tauchen

Kubas Tauchgebiete zählen zu den besten der Welt, auch da sie lange von massentouristischen Entwicklungen verschont blieben, die andernorts schon in den 60er-Jahren einsetzten. Die schil-

Wer einen längeren Studienaufenthalt an einer kubanischen Universität plant, muss zunächst an seinem Institut klären, ob er sich die in Kuba besuchten Kurse anrechnen lassen kann und irgendwelche Beihilfen bewilligt werden. Im günstigsten Fall hat der Professor des eigenen Instituts schon Verbindungen aufgebaut und kann einen Platz vermitteln. Genauere Informationen zu den Studienmodalitäten bieten Universitur, ⌨ www.universiturcujae. cujae.edu.cu, und die Universität in Havanna, ⌨ www.uh.cu. Dort werden auch mehrwöchige Exkursionen unter bestimmten Studienschwerpunkten angeboten. Die Adressen stehen im Regionalkapitel Havanna.

lernde Unterwasserwelt mit 67 Korallen- und über 900 Fischarten kann in Riffen, steilen Wänden, Unterwasserhöhlen und Wracks erkundet werden. Um das empfindliche Gefüge nicht zu stören, gilt es, keine Fische zu füttern und keine Korallen und andere lebende Organismen zu berühren. Zu beachten ist auch das 24-stündige Flugverbot nach dem letzten Tauchgang.

Über 20 **Tauchbasen** bieten Ausflüge und international anerkannte Tauchscheine an, manchmal sogar Kurse für Unterwasserfotografie. Die landesweit über 500 Tauchgründe befinden sich in María La Gorda (39 Tauchstellen), Cayo Levisa (23), La Habana y Playas del Este (72), Isla de la Juventud (56), Cayo Largo del Sur (32), Varadero (32), Schweinebucht (14), Cienfuegos (46), Trinidad (21), Cayo Santa María (24), Cayo Coco (20), Archipel Jardines de la Reina (33), Santa Lucia (35), Guardalavaca (20), Santiago de Cuba und Parque Baconao (73) und Marea del Portillo (17).

Eine Taucheinheit kostet 30–40 CUC, wobei der Preis im Paket schnell sinkt. Nachttauchen liegt bei durchschnittlich 40 CUC. Ein Einführungskurs kostet 60–80 CUC, ein- bis zweiwöchige Tauchkurse mit international anerkanntem Zertifikat 350–400 CUC. Insbesondere in María La Gorda, Playa Larga (Schweinebucht), Parque Baconao und Marea del Portillo lässt sich das Unterwasser-Spektakel gut mit Wanderungen kombinieren.

Sprach- und Tanzkurse

Einen Sprach- oder Tanzkurs bucht man am besten über einen der Spezialreiseveranstalter, die vor Ort Schulen betreiben und mit Lehrern kooperieren (Reiseveranstalter, s. S. 65). Ansonsten kann man sich auch direkt bei der Universität in Havanna für einen Sprachkurs anmelden (Calle J No. 556 e/25 y 27, ✆ 07-870 4667, ⌨ www. uh.cu/infogral/estudiaruh/postgrado/englisch. html.

Telefon

Das alte und marode kubanische Telefonsystem wurde in den letzten Jahren modernisiert und hat sich seither deutlich verbessert. Leider ändern sich die Nummern immer noch häufig. Existiert eine Verbindung nicht mehr, meldet eine Stimme vom Band: *este número no existe por ningún o nada.*

Vor allem **Münztelefone** sind oft entweder kaputt oder mit langen Schlangen besetzt. Von manchen der antiquierten Apparate lassen sich nur lokale Gespräche führen. Dafür sind sie günstig und können in Moneda Nacional bezahlt werden. Man füttert sie mit den Münzen 5 und 20 Centavos sowie 1 Peso.

Weniger Probleme machen die mittlerweile recht verbreiteten **Kartentelefone**. Lokale und nationale Gespräche können sowohl von grau-

Am weitesten verbreitet und am besten einsetzbar ist die **Tarjeta propia**. Es gibt sie in Moneda Nacional (blau) und Devisen (grün). Die Karten werden nicht hineingesteckt und funktionieren von jedem Telefon aus (CUP und CUC, Karten- und Münztelefone), aber nur die Devisenkarten lassen internationale Gespräche zu. Man wählt eine Zugangsnummer, gibt dann seinen persönlichen Code ein und wählt zum Schluss die Rufnummer. Die Kosten werden vom Guthaben der Karte abgebucht, das sich jederzeit wieder aufladen lässt.

en Peso-Kartentelefonen als auch von blauen Devisen-Kartentelefonen aus geführt werden. Auslandsgespräche sind nur an den blauen Apparaten möglich.

Es gibt mehrere Kartentypen, die man bei der Telefonzentrale Etecsa, 🖥 www.etecsa.cu, bei der Post, bei Infotur und in guten Hotels und Souvenirläden bekommt. Die **Devisenkarten** gibt es zu 5, 10 und 25 CUC. Sie sind mit klassischen Kuba-Motiven verziert und besitzen daher auch einen gewissen Souvenirwert. Die dünneren **Karten in Moneda Nacional** gelten nur an den grauen Peso-Telefonen, die auf der Straße zwar nicht so verbreitet wie ihre blauen Devisenpendants sind, dafür aber 25-mal günstiger: Gespräche in andere Provinzen kosten abhängig von der Entfernung 0,35–1 Peso/Minute, lokale Gespräche 5 Centavos/Minute. Der gravierende Unterschied ist, dass Peso-Karten die gleiche Menge an Pesos Cubanos verbrauchen wie Devisen-Karten an Pesos Convertibles! Auf der Digitalanzeige kann man das Restguthaben der Karte verfolgen.

Mit beiden Karten kann man in größeren Städten von der Telefonzentrale, einigen Straßentelefonen und kleinen Telefonhäuschen *(minipuntos)* aus telefonieren. Oft sind sie rund um die Uhr geöffnet und mit einer Hilfskraft besetzt. Manchmal werden dort auch Postdienstleistungen angeboten *(telecorreos)*. Sucht man eine bestimmte Nummer, kann man nach den *paginas amarillas* fragen. Spanischkundige erreichen über ☎ 113 die Telefonauskunft.

Am teuersten sind die Gespräche vom Hotelzimmer oder der Hotelrezeption aus. Selbst für Inlandsgespräche kommen schnell mehrere Peso Convertible zusammen (das nächste Hotel also lieber vom öffentlichen Telefonzentrum aus reservieren).

Die Firma Cubacel, 🖥 www.cubacel.com, versorgt Handynutzer auch in Kuba. Zudem hat ein Großteil der europäischen Netzanbieter mittlerweile mit Kuba ein Roaming-Abkommen, so dass Urlauber ihre **Mobiltelefone** auch von der Insel aus einsetzen können, zu den landesüblichen Tarifen (derzeit 0,50–1 CUC/Minute). Ein Gespräch ins Ausland kostet ungefähr so viel wie vom Kartentelefon aus. Auch ein empfangener Anruf von zu Hause wird teuer, denn die

Vorwahlen

Camagüey (Provinz)	0132
Cayo Largo del Sur	0145
Ciego de Ávila (Provinz)	0133
Cienfuegos (Provinz)	0143
Granma (Provinz)	0123
Guantánamo (Provinz)	0121
Holguín (Provinz)	0124
Isla de la Juventud	0146
La Habana (Stadt)	07
La Habana (Provinz)	0147
Las Tunas (Provinz)	0131
Matanzas (Provinz)	0145
Pinar del Río (Provinz)	0148
Sancti Spíritus (Provinz)	0141
Santiago de Cuba (Provinz)	0122
Topes de Collantes	0142
Villa Clara (Provinz)	0142

Die Stadt Havanna hat inselweit die Vorwahl 07. Von der Hauptstadt Havanna aus in andere Provinzen wählt man nur die Null plus die letzten beiden Ziffern der Vorwahl, alle anderen provinzüberschreitenden Telefonate benötigen aber eine vierstellige Vorwahl, die stets mit 01 beginnt. Kubanische Handynummern haben landesweit die Vorwahl 01, außer von Havanna aus (nur die Null).

Internationale Vorwahlen

Bei internationalen Gesprächen entfällt die Null der jeweiligen Ortsvorwahl. Die Minuten-Tarife für Ferngespräche von Kuba aus betragen für Nordamerika 2,45 CUC, Zentralamerika/Karibik 3,40 CUC, Südamerika 4,45 CUC und für den Rest 5,85 CUC.

Kuba	0053
Deutschland	11949
Österreich	11943
Schweiz	11941

Vermittlungskosten ins fremde Netz zahlt der Empfänger.

Die genauen Tarife und Modalitäten (z. B. ob das Handy in den richtigen Frequenzbereichen funkt), erfragt man am besten beim Anbieter.

Transport

Kuba besitzt zwar ein gut ausgebautes Straßennetz und eine durchgehende Eisenbahnlinie, doch leidet das Transportsystem seit den 90er-Jahren unter Treibstoff- und Ersatzteilmangel. Venezuelas großzügige „Erdöl-Transfusionen" bringen inzwischen den Verkehr wieder halbwegs auf Trab. Alles in allem gestaltet sich das Reisen auf eigene Faust mit öffentlichen Verkehrsmitteln als schwierige, jedoch nicht unlösbare Aufgabe. Die zentralen Fortbewegungsmittel sind Bus, Bahn, Taxi, Flugzeug, Mietwagen, Mofa, Fahrrad und Trampen.

Busse

Es gibt in Kuba zwei Bussysteme: Astro versorgt die Einheimischen und Víazul transportiert Touristen.

Touristenbusse

Die moderne Busflotte von **Víazul**, 🖥 www.viazul.com, ist komfortabel, pünktlich, preiswert und nahezu pannenfrei. Da es die Kubaner lieben, Klimaanlagen auf die höchste Stufe einzustellen, wird es im Bus kühl (lange Hose und Pullover anziehen). Eine Toilette ist vorhanden. Leider sind die Víazul-Verbindungen auf die Provinzhauptstädte und einige wichtige Touristenzentren begrenzt. Es macht Sinn, sich den aktuellen Víazul-Fahrplan aus dem Internet auszudrucken (🖥 www.viazul.com) und auf die Reise mitzunehmen, da sich die im Buch angegebenen Abfahrtszeiten ändern können. Das Ticket sollte man sich spätestens eine Stunde vor der Abfahrt besorgen.

Einige touristische Routen, die nicht von Víazul abgedeckt werden, haben inzwischen **Minibusse** übernommen, zu ähnlich günstigen Preisen (z. B. Viñales-Soroa/Las Terrazas und Viñales-María La Gorda). Andere wichtige Tourismus-Routen wie z. B. Holguín-Gibara warten dagegen noch auf eine preiswerte Busverbindung. Wer die ausgetretenen Touristenpfade verlassen möchte, muss auf andere Verkehrsmittel zurückgreifen.

Andere regionale und überregionale Busse

Leider nimmt die überregionale Busgesellschaft **Astro**, die ein wesentlich breiteres Streckennetz abdeckt als Víazul, seit 2008 offiziell keine Touristen mehr mit. Bei Zeitnot kann man trotzdem sein Glück versuchen und den *jefe de turno* (Bahnhofsleiter) um eine Ausnahme bitten. Bezahlt wird dann in CUC (etwas weniger als bei Víazul). Astro hat zwar mittlerweile eine moderne Busflotte, aber immer noch zu wenige Fahrzeuge. Wenn mal wieder – wie so oft – alle Tickets vergriffen sind, lassen sich Kubaner auf eine **Warteliste** *(lista de espera)* setzen und warten dann in langen Schlangen auf den Rücktritt *(fallo)* eines Passagiers. Die ersten Personen auf dieser Liste haben noch relativ gute Erfolgschancen. Doch es kommt vor, dass Kubaner mehrere Tage auf einen Platz warten müssen und viele reservieren schon Wochen im Voraus! Kein Wunder, dass der Volksmund die Busbahnhöfe mit dem Begriff „Zitadellen der Verzweiflung" belegt hat. Der Film *Lista de Espera (Kubanisch reisen)* veranschaulicht dies sehr amüsant.

Größere Orte besitzen meistens zwei weit auseinander liegende **Busbahnhöfe**: den *terminal de omnibus nacional/interprovincial* und den *terminal de omnibus provincial/municipal*. Erstere verbinden überregionale Ziele, während die provinciales nur innerhalb der Provinz und die municipales/locales nur im jeweiligen Landkreis verkehren. Auch Touristen können in den provinciales in Moneda Nacional bezahlen, sofern sie einen Platz ergattern. Je früher man morgens am Bahnhof ist (am besten gegen 5 oder 6 Uhr) und je besser man Spanisch spricht, desto größer sind die Chancen.

Da es zu wenige Busse gibt und immer wieder welche ausfallen, kommen auch umgebaute Lastwagen zum Einsatz. Diese **Camiones** verfügen über Steh- und Sitzplätze, sind aber immer knallvoll und unbequem. Dafür können sie in Moneda Nacional bezahlt werden.

Eisenbahn

Infolge des Zuckerbooms war Kuba 1837 das erste Land Lateinamerikas, in dem die Lok ins Rollen kam (noch vor dem Mutterland Spanien). Heute ist es der einzige Karibikstaat, der noch über ein funktionsfähiges Eisenbahnnetz verfügt. Es verbindet alle Provinzhauptstädte miteinander und umfasst knapp 15 000 Schienenkilometer. Die zentrale Achse zwischen Havanna und Santiago de Cuba wurde bereits Anfang des 20. Jhs. errichtet. Seither hat sich das technische Niveau der Bahn kaum weiterentwickelt. Auf den Nebenstrecken fallen die Züge oftmals aus und so manche Strecke ist komplett zusammengebrochen. Eine umfangreiche Modernisierung, gestützt durch neue Loks und Ersatzteile aus China, soll den Eisenbahnsektor in den nächsten Jahren wieder in Schwung bringen. Dafür sollen Nebenstrecken gänzlich eingestellt und durch Busverkehr ersetzt werden.

Zugtypen

Die staatliche Eisenbahngesellschaft Ferrocarriles de Cuba besteht aus den Zugtypen *especial*, *regular* und einem Bummelzug, den der Volksmund als „Milchmann" *(lechero)* bezeichnet. Touristen können zwischen dem *tren especial* (der komfortabelsten und schnellsten Klasse) und dem *tren regular* wählen. Bei ersterem wird seit einiger Zeit ein eigener Waggon für Touristen angehängt. Es gibt eine erste und zweite Klasse. Die *primera especial* ist der hoffnungslos überfüllten und unbequemen zweiten Klasse *(segunda clase)*, für die man nicht vorausbuchen kann, vorzuziehen. Während der Fahrt sollte man auf sein Gepäck gut aufpassen. Das WC ist eine ziemlich unangenehme Sache: Zum einen gibt es kein Licht (nachts Taschenlampe mitnehmen), zum anderen muss man sich durch Pfützen kämpfen, die bestimmt nicht nur aus Wasser bestehen.

Verbindungen

Das Abenteuer einer Bahnfahrt bringt einen nah an den kubanischen Alltag. Zumindest auf den Hauptstrecken zwischen den Provinzhauptstädten verkehren einigermaßen regelmäßig Züge (mindestens einer pro Tag, zwischen Havanna und Santiago sogar drei bis vier Züge täglich). Doch ist die kubanische Eisenbahn für ihre Unpünktlichkeit und Langsamkeit berüchtigt. Da Abfahrtszeiten einen utopischen Charakter haben, werden sie im Buch auch nicht angegeben.

Die wichtigste Verbindung ist der jede Nacht fahrende *servicio especial* von Havanna nach Santiago de Cuba, der unterwegs an den wichtigsten Provinzstädten (Matanzas, Santa Clara, Guayos, Ciego de Ávila, Camagüey, Las Tunas und Cacocum) hält. Die Fahrt dauert 15–20 Stunden und kostet ca. 50 CUC (der *regular* ist noch etwas billiger, aber langsamer). Da die Klimaanlage auch nachts angeschaltet bleibt, braucht man einen Pullover. Während der Fahrt wird Kaffee verkauft und auf Bahnhöfen reichen fliegende Händler Snacks durch die Fenster. Trotzdem bringt man besser sein eigenes Essen mit. Auch einen Becher und Besteck muss man selber mitführen.

Die bedeutendsten Nebenstrecken sind Havanna-Pinar del Río und die elektrische Hershey-Bahnlinie zwischen Havanna und Matanzas. Hier ist noch mehr Langsamkeit und Unpünktlichkeit einzuplanen. Auf der Internetseite ⬚ www.cuba-individual.com sind die aktuellen Zugverbindungen einzusehen.

Fahrkarten

Touristen müssen zwar in Devisen bezahlen, dafür ist ihnen aber ein Ticket sicher und die Tarife sind mit rund 4 CUC pro 100 km äußerst günstig. Kinder bis 12 Jahre fahren für den halben Preis. Es ist wichtig, sich das Ticket möglichst früh im Voraus, mindestens einen Tag vor Abfahrt, zu besorgen.

In den meisten großen Städten gibt es den Fernverkehrsschalter Ladis *(larga distancia)*, der tgl. von 8–18 Uhr touristische Devisentickets ausstellt. Im Zweifelsfall kann einem ein Bahnhofsangestellter sagen, wo Devisentickets verkauft werden. Spätestens eine Stunde vor der Abfahrt muss man am Bahnhof sein.

Überlandtaxis

Wie beim städtischen Taxisystem gibt es auch für Überlandfahrten mehrere Taxitypen:

Sammeltaxis *(colectivos)* sind zumeist alte Ami-Schlitten aus den 50er-Jahren, die Strecken zwischen bestimmten Städten anbieten. Die Fahrer posaunen ihr Fahrziel bereits von Weitem heraus. Zum Teil sind ihre Gefährte in einem prächtigen Zustand; bei anderen wiederum fragt man sich, wann sie wohl endgültig auseinander fallen und ob man die Fahrt noch ohne Panne übersteht. Die *colectivos* warten vor Bus- oder Zug-Bahnhöfen und fahren erst ab, wenn sie voll sind. Der Preis ist verhandelbar und für Touristen ungefähr vergleichbar mit dem der Víazul-Busse (wenn vorher gehandelt wurde). Nicht belegte Plätze müssen mitbezahlt werden.

Private Fahrer *(particulares)* brauchen laut Gesetz eine Lizenz zur Beförderung von Touristen, doch bieten nicht wenige Fahrer ihre Dienste illegal an. Im Fall einer Polizeikontrolle wird der Tourist als guter Freund ausgegeben, mit dem man einen Ausflug macht. Trotzdem riskiert der Fahrer eine Strafe von 1500 CUP (rund vier Monatsgehälter). Der Preis muss unbedingt vorher ausgehandelt werden (insgesamt sollte man deutlich günstiger wegkommen als bei staatlichen Touristentaxis). Man kann auch ganztägige Touren vereinbaren, wobei der Preis bei 30–40 CUC liegen sollte (Benzin inklusive). Falls man Spanisch versteht, kann einem der Fahrer das eine oder andere interessante Detail vermitteln.

Wesentlich teurer sind die für Touristen vorgesehenen staatlichen Taxis. **Cubataxi** veranschlagt bei Überlandfahrten je nach Streckenlänge einen Tarif von 0,35–0,45 CUC pro Kilometer.

Flüge

Die relativ günstigen Inlandsflüge erweitern die Reisemöglichkeiten. Allerdings birgt das Fliegen in Kuba gemäß Unfallstatistiken ein über dem internationalen Durchschnitt liegendes Risiko.

Die Zentrale der wichtigsten Fluggesellschaft **Cubana de Aviación** befindet sich in Havanna, Calle 23 esq. Infanta, ✆ 07-834 4446 und 834 4949, 🖥 www.cubana.cu. Auch die Reisebüros können Flüge buchen. Das Inlandsflugnetz ist zentral auf Havanna ausgerichtet. Von dieser Drehscheibe aus fliegt Cubana nach Baracoa, Bayamo, Camagüey, Ciego de Ávila, Guantánamo, Holguín, Manzanillo, Moa, Nueva Gerona und Santiago de Cuba. Ansonsten gibt es nur noch Flugverbindungen zwischen Varadero, Holguín und Santiago de Cuba.

Aero Caribbean, Calle 24 No. 4313 e/43 y 45, ✆ 07-244 92-01, -02, 🖥 www.cubajet.com/airlines/aerocaribbean.asp, unterhält Verbindungen von Havanna nach Baracoa, Bayamo, Cayo Coco, Cayo Largo, Las Tunas, Manzanillo, Nueva Gerona, Holguín und Santiago de Cuba.

Grundsätzlich ist eine frühzeitige Reservierung anzuraten. Kinder bis zu 2 Jahren fliegen gratis, sofern sie keinen eigenen Sitzplatz in Anspruch nehmen, und für Kinder von 2–11 Jahren gilt der halbe Flugpreis. Man muss zwei Stunden vor Abflug einchecken und das Gepäck ist streng auf 20 kg begrenzt. Der Rückflug muss 72 Stunden vorher rückbestätigt werden.

Mietwagen

Am schnellsten und bequemsten lässt sich Kuba mit dem Leihwagen entdecken. Viele schöne Regionen – vor allem in der Natur – sind mit öffentlichen Verkehrsmitteln gar nicht zu erreichen. Doch mit einem eigenen fahrbaren Untersatz kommt man auf Kubas dichtem Straßennetz überall hin (und sei es auf heruntergekommenen Holperpisten). Zudem kann man nach Belieben Fotostopps oder Erholungspausen einlegen. Bevor das Abenteuer auf vier Rädern beginnen kann, gilt es jedoch, ein paar Sachen zu berücksichtigen.

Preise und Vertragsbedingungen

Leider hat die mobile Freiheit ihren Preis. Kubas staatliche Mietwagenagenturen bitten kräftig zur Kasse. Je nach Fahrzeug, Kilometerbegrenzung und Mietdauer müssen pro Tag 30–90 CUC berappt werden und die billigeren Wagentypen sind vor allem in der Hauptsaison häufig nicht vorhanden (daher rechtzeitig von zu Hause aus reservieren). Ermäßigungen erhält man bei

Kubas Mietwagengesellschaften heißen **Havanautos**, 🖥 www.havanautos.com, **Transtur/Cubacar**, 🖥 www.transtur.cu, und **Vía Rent a Car**, 🖥 www.gaviota-grupo.com. Ein Preisvergleich lohnt sich durchaus. Am günstigsten können die Wagen meist von Europa aus über die Spezialreiseveranstalter gebucht werden (s. S. 66). Gut und informativ sind auch die Webseiten 🖥 www.kuba-mietwagen.de und 🖥 www.cubacar.info. Über eine Buchung im Paket mit Flug und/oder Hotelunterkünften wird es noch einmal günstiger (Flexi-Drive, s. S. 68).

längerer Leihdauer (ab einer Woche). Auch bei einer Beschränkung auf 100 km/Tag gelten geringere Raten, allerdings schlägt dann jeder zusätzliche Kilometer mit 0,30–0,80 CUC zu Buche.

Zusätzlich zum Mietpreis fallen noch tägliche **Versicherungsgebühren** von 10–30 CUC an. Tarif A (ab 10 CUC/Tag) versichert gegen Unfälle, jedoch nicht gegen Diebstahl (leicht abzumontierende Teile wie Außenspiegel wechseln in Kuba häufig den Besitzer). Tarif B (ab 20 CUC/Tag) deckt auch den Diebstahl von Einzelteilen ab (mit Ausnahme der Reifen und oft auch des Autoradios). In jedem Fall besteht eine Selbstbeteiligung von 250–350 CUC.

Der Fahrer benötigt ein Mindestalter von 21 Jahren und den nationalen Führerschein (mindestens ein Jahr gültig). Ein zusätzlicher Fahrer kann gegen Gebühr in den Vertrag aufgenommen werden. Als **Kaution** müssen je nach Fahrzeugtyp 200–500 CUC hinterlegt werden, es sei denn, man zahlt mit Kreditkarte. Von dieser Kaution werden eventuelle Schäden oder auf dem Mietvertrag notierte Verkehrsstrafen bei Rückgabe des Wagens abgezogen. Man kann den Wagen auch in anderen Städten abgeben, muss dann allerdings den Rücktransport bezahlen (20–200 CUC je nach Entfernung).

Trotz der hohen Kosten hat der **Service** der Leihagenturen einen schlechten Ruf. So muss beispielsweise die Tankfüllung im Voraus bezahlt werden (kontrollieren, ob auch wirklich vollgefüllt ist). Man darf den Wagen dann zwar

leer zurückgeben, doch erhält die Verleihfirma auf diese Weise fast immer einige „geschenkte" Liter. Man sollte den Zustand des Fahrzeugs zudem vorher genau inspizieren (z. B. ob der Ersatzreifen auch wirklich vorhanden ist). Jeder kleine Kratzer muss im Vertrag notiert werden, wenn man bei der Rückgabe keinen Ärger erleben will. Auch die Wartung der Wagen lässt oft zu wünschen übrig. Selbst Öl und Wasser sind keineswegs selbstverständlich aufgefüllt.

Das kubanische **Tankstellennetz** ist mittlerweile flächendeckend ausgebaut. Die Devisenketten Servi-Cupet und Oro Negro haben zumeist durchgängig geöffnet. Ein Liter Super *(gasolina especial)* kostet 1,10 CUC, ein Liter Normal *(gasolina regular)* oder Diesel *(petróleo)* jeweils 1 CUC. Da es auch bei Devisen-Tankstellen gelegentlich zu Engpässen kommen kann, sollte man bei jeder Gelegenheit tanken und einen Reservekanister mitführen. Auch fernab von größeren Städten ist es ratsam, immer rechtzeitig für einen vollen Tank zu sorgen. Die Lage der Devisen-Tankstellen wird in den Regionalkapiteln angegeben.

Nachts sollte man den Mietwagen nicht unbewacht stehen lassen und ihn auch tagsüber nur auf Hotelparkplätzen oder am Zentralpark abstellen, wo sich meist jemand findet, der für 1 CUC einen halben Tag darauf aufpasst (über Nacht muss man dafür 1–2 CUC veranschlagen). Nach einem Unfall (und auch nach Diebstahl) muss man die Gesellschaft benachrichtigen und ihr den schriftlichen Bericht der Polizei *(denuncia)* einreichen, aus dem die eigene Unschuld hervorgeht.

Straßen- und Verkehrsverhältnisse

Mit über 12 000 km asphaltierter Straße besitzt Kuba eines der bestausgebauten Straßennetze in Lateinamerika. Dies sagt freilich noch nicht viel

Die Reiseagentur **Cubamar** (Reiseveranstalter, s. S. 67) verleiht mittlerweile auch Wohnmobile (115–150 CUC/Tag, abhängig von der Mietdauer) mit Platz für bis zu 4 Erwachsene und 2 Kinder. Nähere Infos unter 🖥 www.campercuba.com.

über die Straßenqualität aus. Von europäischen Schnellstraßen verwöhnte Fahrer werden sich selbst auf Kubas Autobahn gehörig umstellen müssen.

Das verkehrstechnische Vorzeigestück, die bis zu achtspurige **Autopista** *(ocho vías),* reicht von Pinar del Río im Westen bis Sancti Spíritus in Zentralkuba und deckt damit etwa die Hälfte der Insellänge ab. Im Osten ist dagegen bis auf kurze Teilstücke um Santiago de Cuba und Guantánamo nicht mehr viel von der Highway-Herrlichkeit zu sehen. Generell besitzt die Autobahn brauchbare Straßenqualität, doch Vorsicht: Nicht einlullen lassen, denn auch hier lauern manchmal riesige Schlaglöcher. Mittelleitplanke und Fahrbahnmarkierungen glänzen durch Abwesenheit und von Zeit zu Zeit kreuzen sogar Hunde, Pferde, Kühe und unbeschrankte Gleise die Fahrbahn!

Die andere Hauptstraße des Landes, die **Carretera Central** (CC), durchquert die gesamte Insel von Pinar del Río im Westen bis nach Guantánamo im Osten. Westlich von Santa Clara ist diese zweispurige Verkehrsachse relativ gut ausgebaut, doch nach Osten nimmt die Schlaglochdichte merklich zu. Wer nicht zu schnell fährt, hat aber kaum Stress, weil man sich die Straße lediglich mit wenigen LKWs, Fahrrädern, Ochsenkarren und Oldtimern teilen muss.

Weitere wichtige Straßenverbindungen sind die **Vía Blanca** entlang der Nordküste von Havanna nach Varadero, der **Circuito Norte** (CN) entlang der Nordküste zwischen Havanna und Morón, der **Circuito Sur** (CS) entlang der Südküste zwischen Colón und Sancti Spíritus und die Serpentinenstraße **La Farola** nach Baracoa (Provinz Guantánamo). Auf einigen Strecken (Matanzas-Varadero sowie vom Festland nach Cayo Coco, Cayo Sabinal und Cayo Jutías) werden **Maut-Gebühren** erhoben. Abseits der Hauptverkehrsstraßen nimmt die Straßenqualität stark ab und „versandet" schließlich in Schlaglochpisten im Osten Kubas, die jeder Rallye zur Ehre gereichen würden. Nicht asphaltierte Nebenstrecken sind besonders zur Regenzeit nicht befahrbar (vorher erkundigen). Löcher im Reifen bleiben bei mehrwöchigen Touren meist nicht aus. Sie werden an den zahlreichen *poncheras* fachkundig geflickt.

Die **Ausschilderung** muss man in Kuba leider noch als katastrophal bezeichnen. Verkehrsschilder sucht man mit der Lupe und selbst an Straßenkreuzungen und Ausfahrten fehlen oft Ortsschilder. Da hilft nur Nachfragen oder eine gute **Straßenkarte**, am besten der mehrsprachige Autoatlas *Guía de Carreteras,* auf dem auch Raststätten und Tankstellen eingezeichnet sind (bei Infotur und in manchen Buchläden für 8 CUC erhältlich). Provinzkarten und Stadtpläne erhält man in Habana Vieja im Geschäft El Navegante, Calle Mercaderes No. 115 e/Obispo y Obrapía.

Mag die Fahrt auf den leergefegten Überlandstraßen noch recht erholsam sein, ändert sich dies, wenn man in eine größere Stadt kommt. Schlingernde Fahrradfahrer, Pferdefuhrwerke, Fußgänger, spielende Kinder und Schlaglöcher erfordern höchste Konzentration. Zudem fehlen an einigen Straßenecken Schilder, sodass man einen aufmerksamen Beifahrer braucht, der sich anhand markanter Punkte des Stadtplanes orientieren kann und auf eventuelle Einbahnstraßen schnell reagiert. Am besten versucht man, sich die Route bis zur Unterkunft schon vor der **Ortseinfahrt** halbwegs einzuprägen.

Die **Geschwindigkeitsbegrenzung** liegt bei 50 km/h innerhalb von Ortschaften, 80 km/h auf der Carretera Central und 100 km/h auf der Autopista. **Kontrollen** gibt es insbesondere auf der

Anhalter mitnehmen?

Oft wird man unterwegs einheimischen Anhaltern begegnen. Dies ist eine ausgezeichnete Gelegenheit, mit Kubanern in Kontakt zu kommen und mehr über ihr Land zu erfahren. Zudem können die Einheimischen einen gut durch die Städte lotsen. Es haben sich aber leider in letzter Zeit Berichte über Diebstähle durch (vorwiegend jüngere) Anhalter gehäuft. Zudem geben sich einige *Jineteros* als Anhalter aus, um Touristen zu Privatvermietern zu schleusen. Wegen dieser Risiken sollte man nicht grundsätzlich an Anhaltern vorbeifahren, umsichtig die fremden Fahrgäste auswählen sollte man aber schon (z. B. Familien oder ältere Menschen).

Oldtimer-Odyssee: Pannen sind bei den US-Fossilen keine Seltenheit.

Autopista. Strafen für zu schnelles Fahren werden auf dem Mietvertrag des Wagens vermerkt und von der Kaution abgezogen (Polizisten daher nie direkt bezahlen).

Kubaner pflegen eine intensive Beziehung zu ihrer Hupe und benutzen sie fast ständig, sei es zur Warnung oder auch um jemanden zu grüßen, vor allem die schönen Frauen, an denen sie vorbeifahren. Vor jedem Überholmanöver und jeder Kurve sollte man sich dieser Hupfreudigkeit anschließen. In Ermangelung eines Blinkers strecken viele Autofahrer einfach den Arm aus dem Fenster, um anzuzeigen, dass sie abbiegen wollen. Am besten vermeidet man es, nachts zu fahren, denn die meisten Straßen und Fahrzeuge sind unbeleuchtet.

transportieren kann. Sie kosten je nach Leihdauer 15–25 CUC pro Tag bzw. 9/12/15 CUC für 1–3 Stunden und verbrauchen nur wenig Sprit (ca. 3 Liter auf 100 km). Da keine Versicherung abgeschlossen werden kann, muss man gut auf das Teil aufpassen und es nachts immer in ein Gebäude stellen. Eventuell ist es besser, ein gebrauchtes Mofa zu leihen. Das ist dann zwar etwas pannenanfälliger, aber man wird auch nicht wegen jedes kleinen Kratzers zur Kasse gebeten (vorher klären, wie kleinere Schäden gehandhabt werden). Leider kann das Mofa – für das man übrigens einen nationalen Führerschein vorweisen muss – ausschließlich an der primären Leihstelle wieder abgegeben werden und nicht in einer anderen Stadt.

Mofas

Mofas (motos) haben einen kleinen Stauraum und einen hinteren Gepäckträger, auf dem man einen gut befestigten, mittelgroßen Rucksack

Fahrräder

Kuba ist ein Paradies für Fahrradfahrer. Weite Landesteile sind flach und viele Straßen asphaltiert. Eigene Radwege gibt es zwar nicht, doch bei dem nach wie vor geringen Verkehrsaufkommen gehört einem die Straße oft ganz allein. Sogar auf der Autobahn ist die äußere Spur für Radler reserviert. Touristen, die das Land pedaltretend erkunden wollen, knüpfen auf jeden Fall leichter Kontakte und erregen Aufmerksamkeit. Denn der Drahtesel avancierte zwar im Zuge des Benzinmangels Anfang der 90er-Jahre zum Verkehrsmittel Nummer eins und wurde massenhaft aus China importiert. Doch haben die Kubaner ein pragmatisches Verhältnis zum Rad und benutzen es notgedrungen für den Weg zur Arbeit oder Schule. Die Idee einer Radtour als Freizeitbeschäftigung ist für sie sehr exotisch.

Fahrradmitnahme

Fahrräder werden in der Regel auf Langstreckenflügen problemlos transportiert. Das sieht auf Zubringerflügen anders aus, wenn es sich um kleine Propellermaschinen handelt. In diesem Fall muss der Drahtesel oft erst per Fracht zum Flughafen des Langstreckenfluges gelangen. Die verschiedenen Frachtgesellschaften sind im Telefonbuch unter dem jeweiligen Flughafen aufgelistet.

Die **Transportbedingungen und -kosten** schwanken stark. Manche Fluggesellschaften (z. B. Condor) stufen das Rad als Sportgerät ein und bieten sehr günstige Konditionen. Andere verlangen unterschiedlich hohe Gebühren, sobald das Höchstgepäck von ca. 20 kg überschritten wird. Wer viel Gepäck hat, sollte sich eine Fluglinie suchen, die das „Piece-Konzept" anbietet. Es erlaubt die kostenlose Mitnahme von 46–64 kg im Gegensatz zum „Weight-Konzept", das zumeist nur 20 kg zulässt.

Auch die **Haftungsregeln** bei Beschädigung des Rades sind nicht einheitlich: Manche schieben das Risiko auf den Kunden ab (Limited Release), andere bezahlen pro Kilo Gewicht ca. 25 €. Wenn man sich erfolgreich durch dieses Regel-Wirrwarr gekämpft hat, wird das Rad in einen Karton verpackt (bekommt man oft beim Radhändler), die Luft wird abgelassen, die Pedalen abgeschraubt und der Lenker in Fahrtrichtung verstellt.

Vor Ort verleihen einige Touristenzentren Räder (2 CUC/Std., 8–15 CUC/Tag). Privatpensionen können Fahrräder oft noch günstiger organisieren. Bei manchen Hotels gehören sie sogar schon zum All-Inclusive-Programm. Die meisten Räder haben keinen Gepäckträger. Kaufen kann man sie nur über gute Beziehungen, oft auch nur über den Schwarzmarkt. Am besten bringt man sein eigenes Gefährt mit, bevorzugt ein Mountain- oder Tourenrad mit breiten Reifen und vielen Gängen, da die schönsten Strecken etwas gebirgiger sind (s. S. 26, Reiserouten).

Werkstätten *(poncheras)* gibt es zwar an jeder Ecke, aber selbst dem enormen Improvisationstalent der Kubaner sind Grenzen gesetzt. Daher gehört ein komplettes Set an **Werkzeugen** und **Ersatzteilen** unbedingt ins Reisegepäck (s. Kasten). Gute Fahrräder sind Mangelware und daher heiß begehrt (gutes Schloss mitnehmen). Doch selbst von festgeschlossenen Rädern wird mitunter alles abmontiert, was nicht niet- und nagelfest ist. Daher ist es erste Radlerpflicht, sein Fahrrad stets dort abzustellen, wo man es im Auge hat, es abends mit aufs Zimmer zu nehmen oder einen der zahlreichen bewachten Fahrrad-Parkplätze *(parqueos)* zu nutzen. Sie kosten nur ein paar Pesos und befinden sich oft in der Nähe von Bauernmärkten und Bahnhöfen.

Bei der **Routenplanung** ist zu bedenken, dass der Wind zumeist von Osten nach Westen weht. Wegen der fehlenden Ausschilderung brauchen Radler ebenso wie Autofahrer eine gute Karte, am besten die *Guía de Carreteras*. In den größtenteils flachen Gegenden der Insel schafft man bei regelmäßigen Pausen und wenig Gepäck durchschnittlich 70–80 km/Tag. Und sollte mal die Puste ausgehen, nehmen die meisten Lastwagen auch Fahrräder mit. Auch Víazul-Busse transportieren gegen Aufpreis Fahrräder; Züge dagegen nur manchmal. Bei Inlandsflügen kann das Rad nur in größeren Maschinen mitgeführt werden (bei Cubana fragen).

Auf längeren Strecken sollte man die Mittagszeit meiden, denn dann knallt einem die Hitze sowohl von oben als auch vom Asphalt entgegen und erzeugt einen Backofen-Effekt. Also gilt: Möglichst früh aufbrechen, viel trinken, Siesta halten und vor Einbruch der Dunkelheit (gegen 17 Uhr) ankommen, damit

Ausrüstung für Radtouren

- [ ] Gutes Schloss
- [ ] Flickzeug
- [ ] Luftpumpe
- [ ] Ersatzschlauch
- [ ] Reifenheber
- [ ] Nippelspanner
- [ ] Kettennieter
- [ ] Innensechskantschlüssel und Gabelschlüssel
- [ ] Schraubendreher
- [ ] Draht, Isolierband
- [ ] Ersatzbremszug
- [ ] Ersatzschaltzug
- [ ] Ersatzspeichen
- [ ] einige Kettenglieder
- [ ] Putzlappen
- [ ] Ölfläschchen, Kettenöl

genug Zeit bleibt, eine Unterkunft zu suchen. Abends braucht man funktionierende Beleuchtung, auch in den Städten, wo oft Stromausfall herrscht (eine zusätzliche Klemmlampe kann nicht schaden). In jedem Fall ist es sicherer, nur tagsüber zu fahren.

Trampen

Trampen *(coger botella)* ist eine typisch kubanische Art des Reisens. Insbesondere in ländlichen Gegenden sieht man oft einen Pulk von Menschen an der Straße, meist im Schatten unter Brücken. Sie warten auf den nächsten LKW, bei dem sie auf der Ladefläche mitfahren können. Denn ein Gesetz verpflichtet staatliche Fahrzeuge mit ausreichend Platz zur Mitnahme von Anhaltern. Das Ganze wird an den Stadtausfahrten und großen Kreuzungen von gelb gekleideten Ordnungskräften *(amarillos)* beaufsichtigt und geregelt.

Wer zuerst kommt, fährt zuerst. Es ist selbstverständlich, sich hinten anzustellen, auch wenn einen die höflichen Kubaner oft nach vorne winken. In Anspruch nehmen sollte man diese Reiseform ohnehin nur, wenn es absolut nicht anders geht, denn für Kubaner sind die knappen Plätze auf der Ladefläche oft die einzige Möglichkeit, wegzukommen. Es ist außerdem alles andere als bequem, sich auf einer rappelvollen Ladefläche mehrere Stunden durchschütteln zu lassen. In jedem Fall sind mehrere Stunden Wartezeit einzuplanen, mit Glück kommt man auch schneller weg. Dabei gilt die Grundregel: Je später der Tag, desto weniger *camiones*. Auch Ausländer bezahlen normalerweise in Moneda Nacional (5–20 CUP, abhängig von der Distanz).

Bei Tagesexkursionen ist es auch möglich, mit einem Tourbus zum Ziel zu fahren, dort ein oder zwei Tage zu bleiben und dann den nächsten wieder zurück zu nehmen (mit dem Reisebüro abklären). Sieht man Tourbusse an touristischen Zentren stehen, kann man den Fahrer fragen, ob er einen mitnimmt.

Fähren

Die einzige überregionale Fähre verbindet Batabanó in der Provinz Havanna mit der Isla de la Juventud. Dazu kommen einige lokale Verbindungen, z. B. von Santiago de Cuba nach Cayo Granma, von Palma Rubia nach Cayo Levisa, von Cienfuegos zum Castillo de Jagua und von Habana Vieja nach Regla und Casablanca.

Nahverkehr

In den größeren Städten verkehren zwar Busse, doch wer sich nicht die Beine in den Bauch stehen will, greift besser auf Bicitaxis und Taxis zurück.

Bicitaxis

In Havanna und anderen größeren Städten sind die Fahrradtaxis, die man sonst eher von asiatischen Ländern kennt, ein preiswertes Transportmittel – auch wenn Touristen meist in Devisen zur Kasse gebeten werden (1–3 CUC je nach Länge der Fahrt, nur wer handelt, bekommt einen günstigen Preis).

Nur wenige Fahrer haben eine Lizenz zum Transport von Touristen, doch streng kontrolliert wird nur in Havanna.

Romantischer Ritt:
Pferdekutschen sind abseits
der Touristenpole noch eines
der Hauptverkehrsmittel.

Pferdekutschen

Die Fuhrwerke klappern die Hauptstraßen der
Provinzhauptstädte ab und sind mangels Bussen
das wichtigste Transportmittel. Sie sind zwar
recht langsam, aber dafür ist eine Fahrt auch
romantischer, als sich in einen überfüllten Bus
zu quetschen. Von der Peripherie (z. B. Busbahnhof) ins Zentrum zahlen Kubaner meist 1 CUP,
Touristen 1 CUC.

Stadtbusse und Rundfahrten

Stadtbusse (guaguas) sind äußerst günstig
(20–40 Centavos), jedoch auch sehr unzuverlässig und chronisch überfüllt. Die Bandbreite
der Gefährte reicht von modernen koreanischen
über alte ungarische bis hin zu antiquierten
kanadischen Schulbussen aus den 50er- und
60er-Jahren. Die Sattelschlepper-Busse mit riesigem angekoppeltem Anhänger für 300 Personen – wegen ihrer zwei Höcker auch camellos
genannt – lösten einst Havannas Transportpro-
bleme und kommen jetzt in den Provinzen zum
Einsatz.

Mittlerweile hat zumindest die Metropole ein
recht zuverlässiges Bussystem mit festen Routen und Haltestellen. In anderen Provinzhauptstädten verbringt man dagegen oft so viel Zeit
mit Warten, dass man zu Fuß schneller ist. Unter
den Wartenden besteht eine Reihenfolge – auch
wenn diese oft nicht erkennbar ist – und man
sollte immer nach dem Letzten (el último) fragen. Bezahlt wird entweder beim Fahrer oder in
Sammelboxen (passende Münze bereit halten).
Obwohl es Haltestellen (paradas) gibt, klopfen
die Fahrgäste manchmal auch ans Dach, wenn
sie dazwischen aussteigen wollen. Hat man
sich erfolgreich in die Sardinenbüchse ge-
quetscht, heißt es, stets in der Nähe der Türen
zu bleiben, sonst kommt man durch die Menschenmassen nicht rechtzeitig raus. Die Enge
schafft natürlich ein Eldorado für Taschendiebe,
also gut aufpassen.

In mehreren Touristenzentren (Viñales, Havanna, Varadero, Trinidad, Cayo Coco, Guardalavaca und Baracoa) bietet Transtur **Bus-Rund-
touren** nach dem Hop-on-Hop-off-Prinzip an. Für

5 CUC gibt es ein Tagesticket, mit dem man überall auf der Strecke an festen Haltestellen zusteigen kann. Eine tolle Sache!

Taxis

Kubas Taxisystem ist komplex und für Anfänger schwer zu verstehen. Am häufigsten sind die modernen **Touristentaxis**, die sich vor gehobenen Hotels sammeln und die Aufschrift ihrer Gesellschaft tragen (Habanataxi, Transtur-Taxi, Panataxi, Taxi OK oder Transgaviota). Wenn der Taxameter kaputt ist, was oft behauptet wird, muss der Preis ausgehandelt werden. Nicht wenige Chauffeure lassen dann einen Teil des ausgemachten Betrags in die eigene Tasche wandern, indem sie den Taxameter erst später anstellen. Normalerweise kosten Stadtfahrten eine Grundgebühr von 1 CUC plus weitere 0,50–0,85 CUC pro Kilometer (Panataxi ist oft am billigsten). In Havanna, Varadero, Trinidad und Santiago de Cuba stößt man auch auf eiförmige, halb offene Cocotaxis. Sie berechnen rund 0,50 CUC pro Kilometer und sehen wie Spielzeugautos aus.

Kuba-Kenner nutzen in Havanna oft die **Oldtimer** *(máquinas)* mit Taxi-Schild in der Windschutzscheibe. Sie verlangen in der Regel von Touristen Devisen, sind jedoch bei ausreichendem Verhandlungsgeschick günstig (Kubaner bezahlen 10–20 CUP pro Fahrt). Die *máquinas* sind für Kubaner vorgesehen und fahren nur auf festgelegten Routen.

Ohne kubanische Begleitung oder fließendes Spanisch wird es schwer, so ein Taxi zu ergattern (die Routen sind im Havanna-Kapitel angegeben).

Andere Taxi-Typen nehmen gar keine Touristen mit. Peso-Taxis zum Anhalten zu bewegen, ist derart schwierig, dass sie die Kubaner – um neue Wortschöpfungen noch nie verlegen – mit dem Begriff *los incapturables* (die Unfangbaren) beehrt haben.

Übernachtung

Grundsätzlich ist dies einer der Kostenpunkte, die den Geldbeutel am stärksten belasten. Zum Glück bieten die Privatunterkünfte *(casas*

Preiskategorien

Die in diesem Buch angegebenen Unterkünfte werden in die oben aufgeführten Kategorien eingestuft. Die Preise beziehen sich dabei immer auf ein Doppelzimmer.

❶   bis 15 CUC
❷   bis 25 CUC
❸   bis 40 CUC
❹   bis 60 CUC
❺   bis 80 CUC
❻   bis 100 CUC
❼   über 100 CUC

particulares) in größeren Städten und an den meisten touristischen Orten preisgünstige Alternativen.

Hotels

Die staatlichen Ketten **Cubanacán**, 🖳 www.cubanacan.cu, **Gaviota**, 🖳 www.gaviota-grupo.com, **Gran Caribe**, 🖳 www.gran-caribe.com, **Habaguanex**, 🖳 www.habaguanexhotels.com, und **Islazul**, 🖳 www.islazul.cu, verwalten über 300 Touristenhotels, die sich überwiegend auf die Pole Havanna und Varadero konzentrieren. Die Bettenkapazität wird derzeit rasant ausgebaut, oft in Kooperation mit ausländischen Joint-Ventures. Die architektonische Palette der Bauten deckt von prächtigen Kolonialpalästen bis hin zu sowjetisch-sozialistischen Plattenbauten alles ab.

Auf den Webseiten der deutschen Reiseveranstalter (s. S. 66/67) und kubanischen Hotelketten kann man **Reservierungen** vornehmen. Dies bringt insbesondere bei den Hotels der gehobenen Klasse (Cubanacán, Gran Caribe, Gaviota, Habaguanex) geringere Preise mit sich.

Die **Hauptsaison** erstreckt sich von Mitte Dezember bis Ende März und von Mitte Juli bis Ende August. In Havanna und Varadero sollte man auch außerhalb der Saison stets rechtzeitig reservieren. Einen Spitzenzuschlag von 25 % des Zimmerpreises zahlt man mancherorts vom 22.12.–3.1. sowie über Ostern. Beim Einchecken bekommt man eine Gästekarte *(tarjeta de huésped)*. Das Zimmer ist bis um 12 Uhr (manchmal auch 14 Uhr) zu räumen.

Einfache bis mittlere Preisklasse

Die Hotels der einfachsten Kategorie sind nur für Kubaner und nehmen keine Touristen auf. Oft sind sie so heruntergekommen, dass sich sowieso kein Ausländer dorthin verirren würde.

Die Mittelklasse-Hotels (zwei bis drei Sterne) der „Low-Budget-Kette" **Islazul** beherbergen sowohl kubanische als auch ausländische Besucher. Manche sind richtige Schnäppchen und bieten viel Ambiente für wenig Geld (25–40 CUC für ein DZ). Die Zimmer sind oft mit AC, Bad, TV, Kühlschrank und Radio ausgestattet. Zum Hotelkomplex gehören oft auch Restaurant und Bar sowie manchmal ein Pool, Laden und Cabaret. Einige Hotels beherbergen derzeit venezolanische Patienten, die in Kuba im Rahmen der *Operación Milagro* kostenlose Augenoperationen erhalten. Sie sind im Moment für den internationalen Tourismus geschlossen.

Gehobene Preisklasse

Vor allem die luxuriösen Etablissements bitten kräftig zur Kasse: Wer's hat, kann sich für 80–150 CUC pro Tag (oder noch mehr) verwöhnen lassen und vor allem in Havanna im adligen Ambiente ehemaliger Kolonialpaläste schwelgen. In den Strandzentren hat fast jeder Gast ein günstiges All-Inclusive-Paket gebucht, die mit Abstand ökonomischste Art, hier zu logieren. In den meisten Hotelkomplexen der Touristenzentren befinden sich angelagerte Dienstleistungen wie (Buffet-)Restaurants, Bars, Pool, Läden, Cabaret, Disco, Post, Reisebüros, Mietwagenagentur und Taxistand.

Privatunterkünfte

Privatunterkünfte *(casas particulares)* sind günstiger als Hotels und bieten einen guten Einblick in das kubanische Alltagsleben, da man oft in einem Haus zusammen mit der kubanischen Familie wohnt. Die Pensionen sind anfangs nicht leicht zu finden. Mit der Zeit bekommt man aber einen Blick für die weißen Aufkleber mit blauem

Gewiefte Abzocker

Achtung: Bei der **Zimmersuche** sollte man Schlepper tunlichst ignorieren, da sie Provision (meist 5 CUC/Tag) vom Vermieter kassieren, die dann auf den Mietpreis aufgeschlagen wird. Unkooperativen Vermietern bereiten sie Schwierigkeiten. Ähnlich läuft das auch bei **Privatrestaurants**. Die sogenannten *Jineteros* greifen tief in die Trickkiste, um ihre Opfer übers Ohr zu hauen: Sie bieten an, einen zur gewünschten Unterkunft zu begleiten, schleusen einen aber zu einer anderen Adresse, wo sie Provision kassieren können. Oder es wird einfach dreist gelogen, die gesuchte Pension gäbe es nicht mehr (ähnliche Tricks haben übrigens auch manche Taxifahrer drauf). Dabei legen viele ein beachtliches schauspielerisches Talent an den Tag und wirken ziemlich glaubwürdig.

Schon vor der Ankunft in einer neuen Stadt sollte man sich also die Lage der gewünschten Pension auf einem **City-Plan** genau ansehen und sie dann möglichst zielstrebig ansteuern (nicht von Fahrradfahrern verunsichern lassen, die winkend das Auto verfolgen). Je souveräner man auftritt, desto eher lassen einen die lauernden *Jineteros* in Ruhe. Wenn man sich bezüglich der Lage nicht sicher ist, am besten vorher in der Casa anrufen und mit dem Vermieter ein Treffen am Parque Central oder einem anderen zentralen Ort vereinbaren.

Hat man doch einmal vollkommen die Orientierung verloren und findet sich ohne die „Hilfe" der *Jineteros* nicht mehr zurecht, nimmt man die von ihnen angepriesene Casa nur für eine Nacht und sucht sich von dort aus in Ruhe eine neue Bleibe. Vielleicht entdeckt man auf dem Irrweg ja auch noch den Aufkleber einer anderen Privatunterkunft und kann sich schnell loseisen. Wenn man zu zweit mit öffentlichen Verkehrsmitteln reist, kann der eine mit dem Gepäck am Bahnhof warten und der andere zieht in Ruhe los und macht eine Unterkunft klar. Busreisende können auch darum bitten, vom Bahnhof abgeholt zu werden.

Dreieck (und der Aufschrift *Arrendatario Inscripto Divisas*), die alle staatlich angemeldeten Privatunterkünfte tragen müssen. Ein rotes Zeichen bedeutet, dass nur an Kubaner vermietet werden darf. Bei der Ankunft muss man Pass und Touristenkarte vorzeigen und sich in ein gelbes Heft eintragen lassen. Geschieht dies nicht, ist das Zimmer nicht angemeldet.

In diesem Reiseführer werden nur legale Pensionen erwähnt, zudem besitzen die meisten der in diesem Buch empfohlenen *casas particulares* jahrelange Erfahrung mit ausländischen Touristen. Leider bietet der Staat keinerlei Gegenleistung für die auf diesem Weg fließenden Steuereinnahmen. Die Reisebüros werben nur für staatliche Hotels und schweigen sich über Privatpensionen aus. Also haben die Vermieter untereinander ein beeindruckendes Netzwerk errichtet und vermitteln sich gegenseitig Gäste. Manche haben schon lange, landesweite Listen. Sollten die gewünschten Zimmer belegt sein, kennt fast jeder Vermieter gleichwertige Unterkünfte in der Nachbarschaft. Es bietet sich deshalb an, direkt vom Telefon der Privatunterkunft das Casa der nächsten Reiseetappe zu reservieren.

Immer mehr Privatvermieter haben inzwischen auch eine Mailadresse und können schon von Europa aus reserviert werden. Zusätzlich zu der Auswahl in diesem Buch können Reisende sich auch untereinander Tipps zu guten Unterkünften geben. Eine unerschöpfliche Infoquelle ist das Internet, z. B. unter:

🖳 www.casaparticularcuba.org (inselweites Netzwerk kubanischer Vermieter)
🖳 www.cuba-casas-particulares.com
🖳 www.cubacasas.net (sehr gut, auch viele andere Infos)
🖳 www.casaparticular.info
🖳 www.cubaguide.de

Ausstattung und Preise

Die Qualitätsbandbreite reicht von einfach bis luxuriös (alte Kolonialvillen). In der Regel haben die stets sauberen Zimmer zwei relativ schmale Doppelbetten (manchmal nur eines), AC, Ventilator und ein eigenes Bad (manchmal auch ein Gemeinschaftsbad auf dem Flur). Mitunter gehören auch Fernseher, Radio, Kühlschrank, Kochnische, Terrasse und ein eigener Aufenthaltsraum zur Ausstattung. Doppelzimmer kosten je nach

Jeder Vermieter muss eine Lizenz beantragen und monatlich pro Zimmer hohe Abgaben von 200–350 CUC bezahlen (unabhängig von Haupt- oder Nebensaison und der tatsächlichen Zahl empfangener Gäste). Jeder Quadratmeter, den die Touristen nutzen, wird zusätzlich berechnet. Dazu kommen monatliche Gebühren von 45 CUC für das optionale Aufhängen eines Werbeschildes und 30 CUC für die obligatorische Verköstigungs-Lizenz. Zudem kostet das knapp 100-seitige Heft, in das die Gäste eingetragen werden müssen, 15 CUC.

In regelmäßigen Abständen kontrollieren Inspektoren und verhängen selbst bei kleineren Verstößen z. T. drakonische Geldstrafen (bis zu 1500 CUC). Bei mehrmaligen Verstößen kann die Wohnung konfisziert werden. In letzter Zeit wurden Gesetzesverschärfungen erlassen. So muss nun jeder Vermieter die Zusatzgebühren für Mahlzeiten zahlen, egal, ob er welche anbietet oder nicht. Die Höchstzahl der vermietbaren Zimmer wurde auf zwei reduziert und pro Zimmer dürfen maximal zwei Touristen plus Kind übernachten. Strandzentren wie Varadero oder Guardalavaca verbieten private Zimmer sogar komplett.

Viele Vermieter haben inzwischen aufgegeben oder vermieten trotz strenger Kontrollen und Strafen schwarz. Zwar sind die illegalen Casas etwas billiger, aber als Gast sollte man nur die angemeldeten Vermieter unterstützen, die Monat für Monat die Steuergelder verdienen müssen, um die Lizenz nicht zu verlieren.

Region 10–35 CUC (meist 20–25 CUC, am teuersten ist bei weitem Havanna). Ein Einzelzimmer ist kaum günstiger.

In der **Nebensaison** oder bei längeren Aufenthalten kann man den Preis etwas herunterhandeln, aber wer nicht auf jeden Cent schauen muss, sollte dies nicht tun. Denn gemessen an den schwierigen Bedingungen der Vermieter (s. Kasten) sind die Preise in aller Regel schon äußerst fair. Gegen Aufpreis kochen die meisten Vermieter auch für die Gäste (Frühstück kostet 2–4 CUC, Abendessen 5–8

Privatunterkünfte bieten oft viel Luxus und Ambiente für wenig Geld.

CUC) und gehen dabei auch auf vegetarische Bedürfnisse ein. Die Portionen sind fast immer riesig und die Qualität übertrifft die der staatlichen Restaurants meist um Längen. Ansonsten verweisen die Vermieter auf den nächsten *paladar* und liefern auch sonst allerhand nützliche Informationen. In einigen Pensionen können die Gäste selbst kochen. Das Auto kann entweder in der Garage (nur in manchen Pensionen vorhanden) abgestellt oder für 2 CUC die Nacht bewacht werden.

Campingplätze

In Kuba handelt es sich bei Campingplätzen *(campismos)* nicht um Zelt- oder Caravanplätze, sondern um Ansammlungen von Hütten mit je vier bis zehn Betten. Von den landesweit etwa 80 *campismos* sind 85 % für die kubanische Bevölkerung vorgesehen, der Rest für den internationalen Tourismus. Bei *campismos* der Kategorie „nacional" muss man mit dem Leiter direkt oder mit dem nächstgelegenen Campismo Popular-Büro (meist in der Provinzhauptstadt) klären, ob eine Übernachtung möglich ist. Die Zentrale von Cubamar (Calle 3ra e/12 y Malecón, in Vedado) reserviert Campingplätze im ganzen Land und verkauft den *Guia de Campismos* mit allen Campingplätzen des Landes.

Viele Plätze sind an Wochenenden und während der kubanischen Sommerferien im Juli und August überfüllt, zu anderen Zeiten dagegen mitunter geschlossen (vorher nachfragen). Trotz ihres günstigen Preises (ca. 5 CUC für ein Bett) suchen nur wenige Touristen sie auf. Denn erstens braucht man ein eigenes Fahrzeug, um die abgelegenen Orte überhaupt erreichen zu können. Und zweitens sind die sanitären Verhältnisse oft nicht die besten, und es kommt häufig zu Strom- und Wasserausfällen (Bettlaken, Moskitonetz und Taschenlampe sollte man dabei haben). Diesen Mangel an Komfort gleicht aber die oft wunderschöne Lage mitten in der Natur aus. Auf einigen *campismos* kann man sogar Pferde leihen. Doch ruhig ist es selten, denn jeder Platz hat seine obligatorische Disco.

Wild campen ist offiziell verboten. Die freundlichen Bauern lassen einen zwar fast immer auf ihren Grundstücken das Zelt aufschlagen, das kann ihnen aber Ärger mit der Polizei einbringen. Da man diese netten Menschen nicht der Gefahr einer Geldstrafe aussetzen sollte, zeltet man besser nur auf den *campismos*.

Verhaltenstipps

Kubaner sind Fremden gegenüber sehr freundlich und aufgeschlossen. Die Mentalität ist viel offener und das Bedürfnis nach geselligem Austausch weitaus größer als bei uns (Gesellschaft, s. S. 140). Vor allem wer Spanisch spricht, knüpft auf der Insel leicht Kontakte. Die freundlichsten Kubaner wird man außerhalb touristischer Zentren in Alltagssituationen kennen lernen, sei es der Sitznachbar im Bus oder die Familie einer Privatunterkunft. Mit einem kleinen Fotoalbum kann man den stets neugierigen Kubanern den heimischen Lebensalltag präsentieren und einen interessanten Kulturaustausch starten. Auch eine kleine Fotosession auf dem Display der Digitalkamera macht den Kubanern Spaß. Große Begeisterung lösen Sofortbildkameras aus. Ein bisschen Menschenkenntnis gehört wie überall dazu, um sich vor schwarzen Schafen zu schützen.

Kleidung

Nacktbaden ist in Kuba nicht gerne gesehen und auch der Bikini sollte nicht zu knapp ausfallen. Das Tragen von kurzen Hosen auf der Straße ist dagegen kein Problem. Allerdings legen Kubaner großen Wert auf ein gepflegtes Äußeres. Besonders beim Ausgehen ziehen sie sich gerne schick an.

Viele Discos und Restaurants haben eine gewisse Kleiderordnung und akzeptieren keine Turnschuhe bzw. kurzen Hosen. Auch mit Jeans und T-Shirts ist man in manchen Läden „underdressed". Mindestens ein elegantes Ausgehstück gehört in die Reisegarderobe.

Lärm

Die meisten Kubaner mögen keine Stille und der kubanische Geräuschpegel kann europäischen Ohren bisweilen arg zusetzen. Verkehrsgetöse und bis zum Anschlag aufgedrehte Radios und Fernseher sind keine Seltenheit. In dieser Umgebung lernen die Kubaner, sehr laut zu sprechen, was auch zu ihrem aufgedrehten Naturell passt. Besonders im Zentrum Havannas, wo bis spät in die Nacht Musik ertönt, ist Ohropax ein wahrer Segen. Ruheliebende Hotelgäste sollten ein vom Pool abgewandtes Zimmer nehmen, da sich dort oft die Disco befindet.

Prostitution

Allein reisende Männer werden bevorzugt von Prostituierten *(Jineteras)* angesteuert und angesprochen. Solch ein offensives Verhalten gegenüber Touristen ist dagegen für die meisten Kubanerinnen untypisch, trotz ihres selbstbewussten Auftretens. Man erkennt die *Jineteras* relativ leicht an ihrer eleganten Kleidung und dem teuren Schmuck. Prostituierte gehen oft nicht so direkt vor wie in Europa. Zuerst verteilen sie charmant nette Worte und erwarten dafür im Gegenzug, eingeladen zu werden. Ganz nebenbei wird dann Stück für Stück zum eigentlichen Thema übergeleitet. Die sexuelle Beziehung hält oft nicht nur für eine Nacht, sondern für die gesamte Aufenthaltsdauer des Touristen. Weitere Infos zum Problem des Sextourismus bietet das Kapitel Gesellschaft, s. S. 135.

Schlepper

Die Jagd nach harter Währung hat längst begonnen und insbesondere in Havanna – und mehr noch in Santiago de Cuba – wird man häufig von den sog. *Jineteros* angesprochen. Das ist angesichts der schwierigen Versorgungslage zwar verständlich, kann aber irgendwann an den Nerven zehren. Bereits aus der Entfernung soll ein schlangenähnliches Zischen („Kssst, Kssst") Aufmerksamkeit erregen. Der erste Kontakt wird dann fast immer mit den Worten

„Amigo, where are you from" oder „De qué país" hergestellt. Mit einem „Alles klar?" stellen die Anmacher kurz ihre Sprachfertigkeiten vor (derartige Slogans haben sie natürlich für fast jede Nationalität parat). Dann wird auf Englisch behauptet, der Vetter arbeite in Frankfurt, die Schwester sei in Hamburg verheiratet usw. – die Fantasie ist grenzenlos, was zählt ist der Gesprächseinstieg. Wenn man sich drauf einlässt, folgt kurz darauf die obligatorische Frage, ob man Zigarren oder Rum kaufen möchte, eine Frau suche oder einen Peso Convertible übrig hätte. Andere bieten sich als Führer zu Privatpensionen oder -restaurants an.

In Kuba nennt man diese internationale Spezies des Touristenfängers *Jinetero,* was soviel heißt wie „Reiter" (auf dem Rücken des Touristen). Die meisten wird man schnell wieder los und man sollte auch nicht zu schnell unfreundlich werden. Schließlich ist für einen Kubaner jeder Tourist reich und viele werfen tatsächlich mit dem Geld auch nur so um sich und prägen so das Bild des *fula con patas* – des Dollars auf Füßen.

Im internationalen Vergleich (z. B. mit ihren Kollegen aus Marokko) sind die kubanischen Anmacher dagegen wirklich harmlos. Am besten fährt man mit der Taktik, ihnen keine Beachtung zu schenken und einfach weiterzugehen. Bei aufdringlicheren Typen hilft oft ein kurzer, am besten spanischer Satz wie *„no necesito nada"* (ich brauche nichts). Die nächste Stufe wäre dann *„no me moleste"* (stör mich nicht) und als letzter Ausweg schließlich ein entschlossenes *„dejame en paz"* (lass mich in Ruhe).

Ein beliebter Trick insbesondere bei Jugendlichen ist es, sich als Geburtstagskind zu outen und damit auf ein Geschenk oder eine Einladung zu spekulieren. Andere wollen sofort Freundschaft schließen und darauf ein Gläschen trinken. Wer die „Einladung" dann zahlt, ist sonnenklar.

Solidaritätsbrigaden

In sogenannten Solidaritätsbrigaden kann vor Ort in der Landwirtschaft oder bei der Konstruktion von Gebäuden mitgearbeitet werden. Dies ist eine ausgezeichnete Möglichkeit, mit Kubanern in Kontakt zu kommen und das Land intensiv kennenzulernen. Man wohnt in sehr einfachen Unterkünften mit kubanischen Studenten und unternimmt zusammen viele Aktivitäten (Besuch von Fabriken, Schulen, Krankenhäusern, politischen Veranstaltungen etc.). Doch auch Partys, Stadtbesichtigungen, Wander- und Badeausflüge kommen nicht zu kurz. Die Adressen zum Anmelden findet man unter den Stichworten Informationen und Reiseveranstalter (s. S. 61 und S. 67). Auch nach der Reise freuen sich die hiesigen Soli-Organisationen über Verstärkung.

Toiletten

Öffentliche Toiletten sind dünn gesät in Kuba und die hygienischen Verhältnisse können einem Europäer durchaus mal die Sprache verschlagen. So ansprechend und nett viele Restaurants und Bars auch wirken mögen, ihre Toiletten sind zumeist eine Katastrophe. Manch einer zieht bei oft fehlender Klospülung und Toilettenbrille, kaputten Wasserhähnen und großen Lachen am Boden den Gang in die Büsche vor.

Besser sieht es in den gehobenen Hotels und Restaurants aus, aber auch dort fehlt mitunter Toilettenpapier (also immer eine Rolle dabei haben). Benutztes Papier landet am besten im Papierkorb, denn die Klos sind anfällig gegen Verstopfung.

Sitzt eine Toilettenfrau vorm Eingang, erwartet sie ein kleines Trinkgeld (ca. 0,10 CUC).

Wartezeiten

Wer die Touristenenklaven meidet und überwiegend von Pesos Cubanos lebt, muss viel Zeit mitbringen und sich des Öfteren in lange Schlangen einreihen. Die Kubaner sind daran gewöhnt und sehen die Warterei ziemlich locker, denn Zeit ist eine der wenigen Dinge, die sie im Überfluss haben. Man sollte versuchen, sich darauf einzulassen und die mitteleuropäische Hektik und den heimischen Alltagsstress schnell abzulegen.

Versicherungen

Es gibt eine verwirrende Vielzahl von Versicherungspaketen, die Reiserücktritt-, Unfall-, Gepäck- und Auslandsreiseversicherung einschließen können. Letztlich liegt es im Ermessen jedes Einzelnen, was versichert werden soll. Wirklich wichtig ist nur eine Auslandskrankenversicherung, da die heimischen Kassen die Behandlung im Ausland nicht bezahlen.

Auslandskrankenversicherung

Auslandskrankenversicherungen mit Rücktransport werden von fast allen großen Versicherern und einigen Kreditkartenorganisationen angeboten.

Für eine Versicherung mit einem 30-Tage-Schutz zahlt man meist nur 6–10 € jährlich. Bei Langzeitreisen muss ein etwas teurerer Schutz in Anspruch genommen werden.

Im Krankheitsfall muss der Behandelte Geld vorstrecken. Die anfallenden Behandlungskosten werden von den Versicherungen meist erst später erstattet. Die bei der Versicherung einzureichende **Rechnung** sollte folgende Angaben erhalten:

- Name, Vorname, Geburtsdatum
- Behandlungsort und -datum
- Diagnose
- erbrachte Leistungen in detaillierter Aufstellung (Beratung, Untersuchungen, Behandlungen, Medikamente, Injektionen, Laborkosten, Krankenhausaufenthalt)
- Unterschrift des behandelnden Arztes
- Stempel

Ein Rücktransport wird nur gezahlt, wenn er „medizinisch notwendig" ist. Einigen Versicherern genügt es, wenn der behandelnde Arzt den Transport in die Heimat für sinnvoll hält. Weitere **Einschränkungen** gibt es bei Zahnbehandlungen (nur Notfallbehandlung) und chronischen Krankheiten (Bedingungen durchlesen).

Reiserücktrittsversicherung

Bei einer Pauschalreise ist manchmal eine Reiserücktrittsversicherung im Preis inbegriffen (nachfragen). Bei einer individuell geplanten Reise muss man sich selbst darum kümmern. Manche Reisebüros vermitteln derartige Versicherungen. Viele Reiserücktrittsversicherungen müssen kurz nach der Buchung abgeschlossen werden (in der Regel bis 14 Tage danach). Auch bei Krankheit oder Tod eines Familienmitglieds oder Reisepartners ersetzt die Versicherung die Stornokosten der Reise. Eine Reiseunfähigkeit wegen Krankheit muss ärztlich nachgewiesen werden. Die Kosten der Versicherung richten sich nach dem Preis der Reise und der Höhe der Stornogebühren und liegen meist zwischen 15 und 150 € p. P., teilweise auch mit Selbstbeteiligung.

Reisegepäckversicherung

Viele Versicherungen bieten die Absicherung des Verlustes von Gepäck an, oft als Teil eines Versicherungspakets. Allen ist gemein, dass die Bedingungen, unter denen die verlorenen Gegenstände ersetzt werden, sehr eng gefasst sind. Gepäck darf z. B. nicht unbewacht in abgestellten Kraftfahrzeugen zurückgelassen und Kameras müssen wegen möglicher Straßenräuber quer über die Brust und nicht nur über der Schulter getragen werden. Ohnehin sind diese Geräte oft nur bis zu einer bestimmten Höhe oder einem bestimmten Prozentsatz des Neuwertes versichert. Auch Schmuck und Bargeld unterliegen Einschränkungen.

Wer eine wertvolle Fotoausrüstung mitnimmt, kann eine Zusatzversicherung abschließen. Bei einem Schadensfall muss der Verlust sofort bei der Polizei gemeldet werden. Eine zuvor angefertigte **Checkliste**, auf der alle Gegenstände und ihr Wert eingetragen sind, ist dabei hilfreich. Alle wichtigen Gegenstände sollten generell im Handgepäck befördert werden. Eine Reisegepäckversicherung mit einer Deckung von etwa 2000 € kostet für 24 Tage ca. 30 €, ein Jahresvertrag 60–70 €.

Visa

Deutsche, Österreicher und Schweizer brauchen für Kuba einen noch mindestens sechs Monate über das Rückreisedatum hinaus gültigen Reisepass sowie die **Touristenkarte** *tarjeta de turista* (auch für Kinder unter zwei Jahren). Die Karte ist 30 Tage gültig und kostete 2009 ca. 25 €. Sie wird normalerweise vom Reiseveranstalter verkauft, kann aber auch über die kubanische Botschaft bestellt werden (http://emba.cubaminrex.cu/Default.aspx?tabid=9840). Man sollte dies bis spätestens zwei Wochen vor Abreise erledigt haben (Verrechnungsscheck über 22 € und frankierten Rückumschlag beilegen). Bei Last-Minute-Flügen erhält man die Karte direkt am Schalter der Fluggesellschaft. Durchreisende mit Flugreservierung dürfen sich ohne Touristenkarte und Visum bis zu 72 Stunden im Land aufhalten.

Bei der Einreise muss die ausgefüllte Touristenkarte vorgezeigt werden. Dabei ist es wichtig, dass auch das Stichwort „Unterkunft" ausgefüllt ist, am besten mit einem bekannten Hotel (bei Privatpensionen gab es in der Vergangenheit manchmal Probleme). Individualtouristen können aufgefordert werden, für jeden Aufenthaltstag 50 CUC vorzuweisen, obwohl dies in der Praxis kaum geschieht. Ein möglichst gepflegtes Erscheinungsbild ist hier vorteilhaft.

Gut aufheben

Wichtig: Die Touristenkarte muss bei der Ausreise wieder abgegeben und daher gut aufbewahrt werden.

Verlängerung

Die Touristenkarte kann bei der Oficina de Inmigración jeder Provinzhauptstadt mit Wertmarken für 25 CUC, die man bei Banken bekommt, um einen weiteren Monat verlängert werden. Wer länger als 60 Tage in Kuba bleiben will, muss erst einen Kurztrip in eine Nachbarregion buchen (z. B. nach Cancún in Mexiko) und kann dann mit einer neuen Touristenkarte wieder einreisen. Teuer und kompliziert, aber leider ohne Alternative.

Geschäftsvisum

Journalisten und Geschäftsreisende müssen bei der kubanischen Botschaft ein spezielles Visum beantragen. Das Formular sollte so früh wie möglich, spätestens 4 Wochen vor Reisebeginn angefordert werden; die bürokratischen Mühlen mahlen langsam. Das Visum kostete 2009 ca. 80 €. Dazu kommen für Journalisten noch einmal 60 CUC für den Presseausweis, den man beim Centro de Prensa Internacional in Vedado, Calle 23 esq. O, ☎ 07-832 05-26, -27, -28, erhält (Passfotos mitnehmen). Wer länger als 90 Tage im Land bleiben möchte, benötigt eine Ausreisegenehmigung, welche die Einwanderungsbehörde ausstellt.

Besuchervisum

Wer kubanische Freunde besuchen und bei ihnen wohnen will, muss seine Touristenkarte bei einer Inmigración für 25 CUC in ein A2-Besuchervisum umwandeln lassen, sonst droht der kubanischen Familie eine hohe Geldstrafe. Im Ausland lebende Kubaner, die ihre Familienangehörigen auf der Insel besuchen wollen, müssen bei der kubanischen Botschaft ein Visum beantragen. Nähere Infos zum Prozedere findet man auf der Homepage.

Weiterreise

Es ist sinnvoll, den Rückflug aus Kuba 72 Stunden vor dem Abflugtermin telefonisch zu bestätigen, denn so wird man über eventuell verschobene Flugzeiten informiert. Zwei bis drei Stunden vor Abflug muss man am Flughafen erscheinen. Bei der Ausreise wird eine Flughafengebühr erhoben (2009: 25 CUC). Dazu kauft man an einem Schalter eine Briefmarke, die aufs Ticket geklebt wird.

Zeit

Die kubanischen Uhren ticken der MEZ 6 Stunden hinterher. Wenn wir also Mittagspause machen (12 Uhr), ist in Kuba gerade die Sonne aufgegangen (6 Uhr). Von April bis Oktober gilt die Sommerzeit, d. h. die Uhren werden eine Stunde vorgestellt.

Zoll

Einreise

Persönliche Gegenstände und Devisen (Bargeld) dürfen uneingeschränkt eingeführt werden. Ansonsten ist die zollfreie **Einfuhr** folgender Dinge gestattet: 200 Zigaretten oder 50 Zigarren oder 250 g Tabak, 3 l Alkohol (ab 18 Jahren), Geschenke im Wert von bis zu 50 CUC.

Unter der Bedingung der **Wiederausfuhr** dürfen ebenfalls zollfrei eingeführt werden: Fotoapparate und Filme, Ferngläser, Videokameras, Handys, Laptops, CD-Player, Tonbandgeräte, Musikinstrumente und Sportgeräte (auch Fahrräder). Medikamente unterliegen bis zu einer Menge von 10 kg keinen Zollvorschriften. Im Land verbleiben dürfen Gegenstände nur bis zu einem jährlichen Höchstgesamtwert von 250 CUC – bei einem Besteuerungssatz von 100 %.

Die Einfuhr von Rauschgift, Waffen (mit Ausnahme von genehmigten Jagdwaffen) und Sprengstoffen ist natürlich streng verboten. Das Gleiche gilt für frische Lebensmittel, Motorfahrzeuge, Erotikmagazine und kubanische Pesos. Psychopharmaka dürfen nur bei Vorlage einer ärztlichen Bescheinigung eingeführt werden. Auch die Einfuhr von Pflanzen unterliegt Sondergenehmigungen. Haustiere sollte man aufgrund strenger Quarantäneregeln zu Hause lassen.

Ausreise

Bei der **Ausreise** dürfen folgende Waren zollfrei ausgeführt werden: 2 l hochprozentige Spirituosen, 500 g Kaffee, 200 Zigaretten oder 250 g Tabak und 23 einzelne Zigarren ohne Rechnung. Komplette Zigarrenkisten (bis zu einem Wert von 2000 CUC) benötigen dagegen die Quittung des Tabakgeschäfts und müssen mit offiziellen Siegeln und einem fälschungssicheren Hologramm gekennzeichnet sein. Für die Ausfuhr wertvoller Kunstgegenstände (Bilder, Antiquitäten) benötigt man eine spezielle Genehmigung vom Fondo de Bienes Culturales in Havanna (Calle 17 No. 1009 e/10 y 12, Vedado, ✆ 07-839658) sowie die Kaufquittung einer staatlichen Galerie.

Nach Möglichkeit sollte das Gepäck nicht zu schwer aussehen, denn die kubanischen Zollbehörden wiegen es manchmal, wenn sein Umfang auf mehr als 30 kg schließen lässt. Dann kann eine zusätzliche Zollgebühr erhoben werden, die nicht von Pappe ist (bis zu 20 CUC pro Kilo Übergewicht). Den neuesten Stand der Ein- und Ausreiseformalitäten erfährt man unter 🖥 www.cubainfo.de oder 🖥 www.aduana.co.cu (auch auf Englisch).

Die deutschen Zollbeamten gestatten Mitbringsel wie 200 Zigaretten oder 50 Zigarren oder 250 g Tabak, 1 l hochprozentigen Alkohol (oder 2 l unter 22 %), 500 g Kaffee sowie andere Waren bis zu einem Wert von 300 €. Näheres hierzu auf 🖥 www.zoll.de. Detaillierte Informationen zum österreichischen und schweizerischen Zoll sind erhältlich auf den Seiten 🖥 www.bmf.gv.at und 🖥 www.zoll.admin.ch.

Land und Leute

Land und Geografie

Fläche: 110 861 km² (Deutschland: 357 021 km²)
Max. Nord-Süd-Ausdehnung: ca. 150 km
Ost-West-Ausdehnung: ca. 1250 km
Größte Städte: La Habana/Havanna
(ca. 2,5 Mill. Einw.), Santiago de Cuba
(ca. 500 000 Einw.)
Längster Fluss: Río Cauto (343 km)
Höchster Berg: Pico Turquino (1974 m)

Kuba liegt am Eingang des Golfes von Mexiko, zwischen Windward-Passage, Straße von Yucatán und Floridastraße. Das Land wird umspült vom Atlantischen Ozean im Norden und dem Karibischen Meer im Süden. Die größte Insel der Großen Antillen hat nahezu die gleiche Fläche wie die ehemalige DDR. An der breitesten Stelle misst sie 150 km, an der schmalsten dagegen nur 35 km. Die geografische Lage reicht von 20 Grad nördlicher Breite bis knapp an den nördlichen Wendekreis.

Kubas Nachbarinseln und -staaten sind Haiti im Osten (77 km), die mexikanische Halbinsel Yucatán im Westen (210 km), Florida im Norden (180 km), die Bahamas im Nordosten (140 km) und Jamaika im Süden (140 km). Die Strecke von Frankfurt nach Havanna beträgt 8200 km.

Das größte Eiland der Karibik setzt sich aus der 1250 km langen Hauptinsel, der Insel der Jugend und knapp 4200 kleinen Inselchen und Riffen zusammen und wird wegen seiner markanten Form auch oft *Cocodrilo* (Krokodil) genannt. Die größten Inselketten sind der Canarreos-Archipel, die Jardines de la Reina, der Archipel Los Colorados und der Sabana-Camagüey-Archipel (Jardines del Rey) mit dem weltweit zweitgrößten Korallenriff nach Australiens Great Barrier Reef. Kubas Küste ist stolze 5746 km lang und weist knapp 300 Sandstrände und 200 Buchten auf. Die bekanntesten und touristisch bester-schlossenen Strände sind María la Gorda, Cayo Levisa, Playas del Este, Cayo Largo, Varadero, Playa Ancón, Cayo Santa María, Cayo Coco, Playa Santa Lucía und Guardalavaca (von Westen nach Osten).

Die Nordküsten-Städte Bahía Honda, Cabañas, Mariel, Havanna, Matanzas, Nuevitas, Puer-to, Padre, Gibara, Banes und Nipe liegen alle an einer Bucht, ebenso wie Cienfuegos, Santiago de Cuba und Guantánamo im Süden. Viele sind hervorragende Naturhäfen.

Gebirge

Gemessen an der Landesfläche ist Kuba eine der flachsten Inseln der Großen Antillen. Fast zwei Drittel der Oberfläche bestehen aus Ebenen und Hügelländern. Daraus stechen fünf Gebirgssysteme hervor: die **Cordillera de Guaniguanico** im Westen (bis 692 m), die zentrale **Sierra del Escambray** (bis 1156 m, auch Sierra de Guamuhaya genannt) sowie die **Sierra del Cristal** (bis 1231 m), das **Baracoa-Gebirge** (bis 1198 m) und im Osten die **Sierra Maestra** (bis 1974 m, mit dem höchsten Berg des Landes, dem Pico Turquino).

Die wohl eindrucksvollste Oberflächengestalt hat die tropische Karstlandschaft des Viñales-Tals in Westkuba, wo bizarre Kalksteintürme und -kegel *(Mogotes)* empor wachsen. Im Südosten Kubas fällt die Sierra Maestra entlang einer Bruchlinie steil zum Meer ab. Diese setzt sich auch unter Wasser fort und mündet in den 7000 m tiefen Cayman-Graben zwischen Kuba, Hispaniola und Jamaika. Viele Küstenregionen sind jedoch flach und werden von vorgelagerten Inselchen und Korallenriffen gesäumt.

Gewässer

Die schlanke Form der Insel lässt nur kurze Flüsse zu, die außerhalb der Regenzeit wenig Wasser führen – mit Ausnahme des größten Flusses **Río Cauto**, der nach 343 km in der ostkubanischen Provinz Granma ins Meer mündet. Von großer Bedeutung für die Wasserversorgung und Energiegewinnung sind daher die rund 600 Stauseen, die zum Großteil nach der Revolution angelegt wurden und das verfügbare Wasservolumen um das 145-fache steigerten. Größter Stausee und wichtigstes Wasserreservoir des Landes ist der **Embalse Zaza** (Provinz Sancti Spíritus), gefolgt vom **Embalse Céspedes** (Provinz Santiago) und **Embalse Ejército Rebelde** südlich von Havanna. Der **Embalse Hanabanilla** in der Provinz Villa Clara ist Kubas einziger Gebirgssee. Die größten natürlichen Seen der Insel sind die **Laguna de la Leche** in der Provinz Ciego de Ávila und die **Laguna del Tesoro** in der Provinz Matanzas.

Flora und Fauna

Pflanzenwelt

Kuba besitzt die größte biologische Artenvielfalt aller Antillen-Inseln. 8000 Baum- und Pflanzenarten, davon über die Hälfte endemisch, verliehen dem Land den Namen „grüne Insel."

Vegetationszonen

Tropischer Regenwald findet sich allerdings nur noch in wenigen Regionen, hauptsächlich im regenreichen Südosten mit jährlichen Niederschlägen zwischen 2000–3500 mm. Am urwüchsigsten und artenreichsten sind die Wälder der Sierra Maestra, Sierra del Cristal und der Alturas de Baracoa, vor allem entlang der Flüsse Toa und Duaba. Einzelne Bäume erreichen Höhen von über 40 m und sind mit einem dichten Kleid von Bromelien und anderen Aufsitzerpflanzen geschmückt.

Bergnebelwälder mit üppigem Moos- und Farnbewuchs stillen ihren hohen jährlichen Regenbedarf von über 2000 mm in der Sierra Maestra, Sierra del Cristal und in der Sierra del Escambray um Topes de Collantes, in Höhen zwischen 700 und 1600 m. **Kiefernwälder** sind weit verbreitet, besonders im Bergland. Viele wurden in Wiederaufforstungsprogrammen gepflanzt, um Erosion vorzubeugen. **Savannen** weiteten sich im Laufe der Zeit durch Weidewirtschaft und großen Holzbedarf der Zuckerfabriken stark aus. **Trocken-** und **Dornwälder** gedeihen in regenarmen Gebieten Zentral- und Ostkubas mit jährlich 500–800 mm Niederschlag (Sabana-Camagüey-Archipel, Südküste von Cienfuegos bis zur Zapata-Halbinsel, zwischen Maisí und Cabo Cruz sowie zwischen Imías und Guantánamo). Deren buschige Vegetationsformen erreichen nur Höhen bis zu 5 m.

Entlang der Küstenlinie gibt es **Mangroven-** und **Sumpfwälder** *(Rhizophora mangle, manglares)*, z. B. auf der Zapata-Halbinsel mit dem größten Sumpfgebiet der Karibik oder in den Sümpfen von Birama, Lanier und Remates. Man nennt diese dichten Vegetationsformationen auch „Gezeitenwälder." Abhängig vom Grad ihrer Salztoleranz dringen Mangrovenarten unterschiedlich weit vor, sodass Botaniker von mehreren Zonen mit spezifischen Charakteristika sprechen. Die dem Meeresspiegel fernen Arten werden nur noch bei Hochwasser überflutet und besitzen die geringste Salztoleranz. Die Samen keimen am Elternbaum, fallen dann als Stecklinge herunter und werden durch Gezeiten transportiert. Mangrovenpflanzen haben sowohl Stütz- als auch Atemwurzeln. Erstere, um von Ebbe und Flut nicht weggespült zu werden und letztere, um unter den Schlickmassen nicht zu ersticken. Vor zu hohem Salzgehalt schützen dicke Blätter mit wachsartigem Überzug. Außerdem kann Salz mittels Drüsen „ausgeschwitzt" werden. Mangroven dienen vielen Meerestierarten als „Kindergarten", denn ihr labyrinthartiges Wurzelgeflecht bietet dem Nachwuchs idealen Schutz vor Feinden. Sie bilden außerdem mehrere Kilometer dicke Gürtel und schützen so die Küste vor Meereserosion.

Botanische Vertreter

28 % der weltweiten Palmenarten (darunter 60 endemische, d. h. nur in einer Region vorkommende Arten) wachsen auf Kuba, unter ihnen Raritäten wie die 250 Millionen Jahre alte **Korkpalme** *(Microcycas calocoma)* oder die **Fasspalme** *(Colpothrinax whrightii)*, deren mittige Stammesverdickung ihr den Namen Bauchpalme oder schwangere Palme einbrachte. Die prächtige **Königspalme** *(Palma real, Roystonea regia)*, Nationalbaum der Insel, kann bis zu 40 m hoch werden. Holz und Blätter dieser anmutigen Pflanze werden von Bauern als Baustoffe genutzt.

Edelhölzer wie **Teak** *(Tectona grandis)*, **Mahagoni** *(Swietenia mahagoni)* und **Zeder** *(Cedrela odorata, cedro)* dienten in der Kolonialzeit zur Verkleidung der prächtigen Paläste, und aus duftendem Zedernholz werden heute noch Zigarrenschachteln gefertigt. Die **Ceiba** *(Ceiba pentandra)* gilt sowohl in der Santería- als auch in der Maya-Religion als heiliger Baum und spielt in Zeremonien eine wichtige Rolle.

Ein Teil des tropischen Blütenzaubers der Insel stammt eigentlich aus Südamerika, z. B. der **Blaue Palisander** *(Jacaranda minosiflia)* und die **Bougainvillea** mit ihrem flammenden Farbenmeer. Aus Mittelamerika stammen die **Weihnachtssterne** *(Euphorbia pulcherrima)* und der **Frangipani** *(Plumeria roba)* mit kelchförmigen Blüten, dessen Duft den gleichnamigen Italiener im Mittelalter zu einem Parfüm inspirierte. Mexiko bereicherte die Blütenpracht durch den **Goldkelch** *(Solandra)* mit glockenförmigen gelben Blüten. Das Holz seines Stammes ist so hart, dass daraus Eisenbahnschwellen hergestellt werden. Afrika spendete der Flora den **Tulpenbaum** *(Liriodendron tulipifera)* mit roten bis orangegelben Blüten und den im Sommer knallrot strahlenden **Flammenbaum** *(Flamboyant, Brachychiton acerifolia)*. Haushohe **Hibiskus**-Arten verschiedenster Farben leuchten schon von Weitem. **Fuchsschwanz** *(Amaranthus)*, **Korallenbäume** *(Erythrina spec.)*, **Goldregen** *(Laburnum anagyroides)* und **Hortensien** *(Hydrangea)* sprießen in vielen Gärten. Imposant ist der **Jagüey** *(Ficus crassinnervia)*, dessen meterlang herunterhängende Luftwurzeln ein undurchdringliches Dickicht bilden.

Die parasitäre **Würgefeige** *(Clusia rosea)* rankt zunächst als Liane vom Wirtsbaum herab und überzieht ihn dann nach und nach mit einem dicken Geflecht und schnürt ihm die Luft ab. Der **Kanonenkugelbaum** *(Couroupita guinensis)* trägt kopfgroße, mehrere Kilo schwere Früchte und ist mit prachtvollen Blüten ausgestattet. Zur Nationalblume Kubas wurde der Schmetterlingsstrauch **Mariposa** *(Hedychium coronarium)* erkoren, eine Jasminart, die in vielen Gärten gedeiht. Sie steht als Symbol für Reinheit, aber auch für Widerstand und Unabhängigkeit, denn schließlich haben sich in den Unabhängigkeitskriegen aktive Kubanerinnen die Blüten ins Haar gesteckt, um darin Nachrichten zu schmuggeln. Auch der **Cupey** *(Clusia rosca)* diente damals zum Austausch von Botschaften. Auf seinen harten ledrigen Blättern lässt sich hervorragend schreiben, sodass das damals knappe Papier ersetzten. Selbst auf einem vertrockneten Blatt ist die Schrift noch gut lesbar.

Beeindruckend sind auch die **Riesenbambus**-Arten *(Arundinaria gigantea)*, die meterhoch gen Himmel streben. Vor allem in Soroa kann man wunderschöne **Orchideen** bestaunen, von denen die meisten von November bis Januar blühen. Insgesamt gibt es in Kuba rund 300 Arten. Rar macht sich das endemische **Drachenbäumchen** *(Dracaena cubensis)*. Für so manchen Witz gut ist der **Touristenbaum** *(Almancigo, Bursera simaruba)*, dessen abblätternde rötliche Rinde die fantasievollen Kubaner mit der Haut eines Touristen mit Sonnenbrand assoziieren.

Die prächtigsten Vertreter aus der Familie der Farne sind der bis zu 10 m hohe **Baumfarn** *(Helechos árboles, Cyathea spec.)* und der **Nestfarn** *(Asplenium nidus)*. Unter den **Epiphyten** herrschen *Tilandsia*-Arten vor, die zu den Bromeliengewächsen gehören und Nährstoffe durch speziell dafür entwickelte Schuppen unmittelbar aus der Luft aufnehmen.

In die harten Blätter der **Sukkulenten** werden oft Initialen eingeritzt (z. B. bei Agaven), weshalb sie umgangssprachlich auch „Autogrammbäume" heißen. In der Ost-Provinz Guantánamo gedeihen viele der 31 kubanischen **Kakteen**-Arten.

Der dickblättrige, mit Traubenstauden behangene **Strandwein** *(Coccoloba uvifera, uva caleta)* teilt sich die Sandstrände oft mit Badenden. Er bildet eine natürliche Küstenbarriere gegen Wind und Wasser und besitzt eine hohe Salztoleranz.

Der **Yagruma** *(Cerompia peltata)* wird auch Wetterbaum genannt, weil seine Blätter den Feuchtigkeitsgrad anzeigen: Bei Trockenheit rollen sie sich zusammen, sodass die silbrig glänzende Unterseite zum Vorschein kommt.

Der **Árbol de viajero** *(Ravenala madagascariensis)* hat mit seiner Fähigkeit, Wasser zu speichern, schon Menschen vor dem Verdursten gerettet.

Pilgerstätten für Blumenfans

Viele Arten der tropischen Flora wuchern in den **Botanischen Gärten** von Havanna (s. S. 273) und Cienfuegos (Zentrale Südküste, s. S. 385) sowie im **Orchideengarten** von Soroa (Der Westen, s. S. 285).

Tierwelt

Wegen der isolierten Lage konnten auf der Insel nur insgesamt 42 Säugetier-Arten (darunter 27 Fledermausarten) heimisch werden. Wesentlich breiter ist das Spektrum bei Vögeln (350 Arten) und Reptilien (121 Arten, davon 91 endemisch). Rund 4000 Arten von Weichtieren kriechen über den Boden, und 7500 Insektenarten – unter ihnen 300 tagaktive Schmetterlingsarten und 400 Arten von Nachtfaltern – schwirren durch die Lüfte. Vor allem das marine Leben ist dank der hohen Riffdichte sehr reichhaltig. Schnorchler und Taucher können im nassen Element über 900 Fischarten begegnen.

Säugetiere

Diese Gattung wird von nachtaktiven Flugtieren dominiert. Die seltene **Schmetterlingsfledermaus** *(Murciélago mariposa, Natalus lepidus)* gilt als zweitkleinste der Welt. Riesenhaft wirkt dagegen die **Fischerfledermaus** *(Murciélago Pescador, Noctilio leporinus)*, die als einziger kubanischer Vertreter Fische fängt. Fledermäuse gehen nachts auf Beutezug und lassen dank ihres ausgeprägten Ortungssinnes und ihrer fantastischen Manövrierfähigkeit stündlich bis zu 1000 Insekten in den hungrigen Mäulern verschwinden.

Der 1850 eingeführte kleine **Weißschwanz-Hirsch** *(Odocoileus virginianus)* hat sich mittlerweile gut angepasst und ist in waldreichen Gebirgsregionen verbreitet. Ein Kuriosum ist das katzengroße **Almiquí** *(Solenodon cubanus)* aus der Familie der Schlitzrüssler. Das Insekten vertilgende Säugetier mit lang gezogener Schnauze kommt nur noch in Ostkuba und Haiti vor und steht auf der Liste bedrohter Tierarten. Hunde und Katzen haben es in unwegsame Bergregionen verdrängt.

Dies gilt auch für die **Jutía**, ein katzengroßes Nagetier, das vorwiegend auf Bäumen lebt (auch Baumratte genannt). Schon die Indianer jagten sie ihres schmackhaften Fleisches wegen. Die mit Meerschweinchen verwandten, scheuen Pflanzenfresser leben in abgelegenen Waldgebieten, da ihnen Ratten zunehmend den Lebensraum streitig machen. Alle Arten bis auf den Bodenbewohner *Jutía Conga (Capromys*

pilorides) sind mittlerweile sehr selten oder vom Aussterben bedroht.

Seekühe *(Manatís)* sind entfernte Verwandte der Elefanten und erreichen eine Länge von 3–4 m und ein Gewicht bis zu 1500 kg. Von den weltweit vorkommenden vier Arten ist der kubanische Vertreter der **Nagelmanatí** *(Trichechus manatus)*. Beheimatet sind die vom Aussterben bedrohten Tiere in den seichten Küstengewässern der Zapata-Halbinsel und des Humboldt-Nationalparks im Osten Kubas. Auf ihrem Speiseplan stehen Seegras und andere Meerespflanzen. Viele Seeleute hielten sie in ihrer blühenden, rumgetränkten Phantasie für Meerjungfrauen.

Der **Delphin** ist vor Kubas Küsten mit drei Arten vertreten, von denen der **Große Tümmler** *(Tursiops truncatus)* die bekannteste ist. Er kommt selten in Riffnähe, folgt aber des Öfteren Booten. Das Tier gilt als verspielt, springt mitunter aus dem Wasser und schwimmt manchmal gerne mit Schnorchlern.

Reptilien und Amphibien

Die beiden in Kuba heimischen Arten, das **Kuba-Krokodil** *(Crocodylus rhombifer)* und das **Amerikanische Krokodil** *(Crocodylus acutus)*, können eine Länge von 3–4 m erreichen und kommen vor allem in den Sümpfen der Zapata-Halbinsel und der Isla de la Juventud vor. Das spektakuläre Aufreißen des Mauls ist übrigens keine Drohgebärde, sondern dient der Regulation der Körpertemperatur. In der sehenswerten Krokodilfarm von Guamá (Zentrale Südküste, s. S. 365) werden die Panzerechsen systematisch gezüchtet und später z. T. wieder ausgewildert.

Ein lebendes Fossil ist der **Manjuarí** *(Atractosteus tristoechus)*, auch Knochenhecht oder Kaimanfisch genannt. Das hechtgroße Tier mit krokodilähnlicher Schnauze vereinigt Merkmale von Fisch und Amphibium. Mit seinem besonderen Blutzirkulationssystem kann es mehrere Stunden an Land überleben, und die lungenähnliche Schwimmblase lässt es in der heißen Jahreszeit und die fast gänzliche Austrocknung der Gewässer überstehen. Das Tier war lange vom Aussterben bedroht, wird mittlerweile aber erfolgreich nachgezüchtet und kommt in freier Natur vor allem auf der Zapata-Halbinsel und im Süden der Isla de la Juventud vor.

Land und Leute

25 glücklicherweise ungiftige Schlangenarten sind auf Kuba heimisch. Der Gigant unter ihnen, die **Majá de Santa Maria** *(Epicrates angulifer)*, wird bis zu 4 m lang und kann wie andere Boa-Arten durch Ausrenken des Unterkiefers Beutetiere verschlingen, die ihren Körperumfang um ein Vielfaches übertreffen (zur Hauptbeute zählen jedoch Ratten, Mäuse und Fledermäuse).

Zu den spektakulären Vertretern der Inselfauna gehören die urtümlich aussehenden **Felsleguane** *(Cyclura nubila nubila)* und **Stachelschwanzleguane** *(Ctenosaura palearis)*. Die größten Exemplare können vom Kopf bis zur Schwanzspitze enorme 185 cm erreichen. Beheimatet sind sie u. a. auf einer kleinen Insel vor Cayo Largo (Canarreos-Archipel).

Chamäleons *(Chamaeleonidae)* haben die faszinierende Eigenschaft, die Farbe ihrer Hautpigmente zu verändern und sie auf die jeweilige Umgebung abzustimmen. Dies dient nicht nur der Tarnung, sondern auch der Interaktion: Nach einem Kampf zwischen zwei Männchen feiert z. B. der Sieger in einem intensiven Grün, während der Verlierer in Braun klein beigibt.

Einer der weltweit kleinsten **Frösche** *(Sminthillus limbatus)* ist nur fingernagelgroß. Wenn man ihn überhaupt erspäht, hüpft der Winzling vor allem durch die Sierra del Rosario im Westteil der Insel. Sogar noch kleiner ist sein endemischer Artgenosse *Eleutherodactylus limbatus*, tatsächlich der kleinste Frosch der Welt. Zahlreiche unter einer Froschphobie leidende Kubanerinnen wünschten sich wahrscheinlich, alle Frösche wären so winzig! Die größte **Kröte** der Karibik *(Peltophryne fustiger)* dürfte dagegen mit ihren stolzen 18 cm Länge fast alle Cubanas in die Flucht schlagen.

Unter Kubas fünf Meeresschildkröten-Arten sind die **Unechte Karettschildkröte** *(Caretta caretta*, bis zu 250 kg schwer und 150 cm lang), die **Echte Karettschildkröte** *(Eretmochelys imbricata*, bis zu 75 kg schwer und 75–90 cm lang) und die **Suppenschildkröte** *(Chelonia mydas*, bis zu 200 kg schwer und 90–120 cm lang) am verbreitetsten. Wesentlich seltener zeigen sich die massige **Lederschildkröte** *(Dermochelys coriacea*, bis zu 540 kg schwer und 120–165 cm lang) und die kleine **Atlantische Bastardschildkröte** *(Lepidochelys kempii*, bis zu 45 kg schwer und bis zu 60 cm lang). Bei ersterer ist der Rücken statt der sonst üblichen Schildplatten mit zäher, lederartiger Haut bedeckt. Alle Arten werden noch immer trotz Verbots gejagt und sind wegen der Zerstörung und Ausbeutung vieler Nistplätze bedroht. Zur Brutzeit (April–Juni) legen die Weibchen bis zu 200 Eier in eine Sandmulde und buddeln diese dann wieder zu. Nur in dieser Zeit kommen die ansonsten marinen Reptilien an Land.

Vögel

Von Nov–März ist Kuba ein Paradies für Ornithologen, denn zwei Drittel der Vogelarten sind Zugvögel, die auf der warmen Karibikinsel überwintern oder dort Halt auf dem Weg nach Südamerika machen.

Nationalvogel Kubas ist der **Tocororo** *(Priotelus temnuris)* aus der Familie der *Quetzal*. Er hat wie seine mittelamerikanischen Verwandten einen langen fächerartigen Schwanz. Sein blaurot-weißes Gefieder symbolisiert die Farben der Staatsflagge. Der Vogel ist wie die Kubaner sehr freiheitsliebend: Kein Exemplar hat bisher in Gefangenschaft lange überlebt.

Nicht minder schön sind der **Vielfarbentodi** *(Cartacuba, Todus multicolor)* und der bunte, metallisch glitzernde **Hummelkolibri** *(Zunzuncito, Mellisuga helenae)*, auch Bienenelfe genannt. Nur knapp 1 g schwer und kaum 7 cm lang, saust der kleinste Vogel der Welt wie ein fliegender Edelstein durch die Lüfte. Sein Glanz kommt durch Lichtreflexionen an den Hornschichten des Gefieders zustande. Kolibris sind sehr manövrierfähig und können problemlos auf der Stelle, seit- und sogar rückwärts fliegen. Dabei bewegen sich ihre Flügel mit unglaublicher Schnelligkeit (bis zu 80 Schläge pro Sekunde) und erzeugen ein brummendes Geräusch ähnlich dem einer Hummel oder Biene. Bei ihren beeindruckenden Manövern machen sie sich sowohl Flugtechniken von Vögeln als auch von Insekten zunutze. Mit ihrer feinen Pinselzunge können sie auch aus tiefen Blütenkelchen Nektar schlürfen. Wegen ihres extrem schnellen und Energie verbrauchenden Stoffwechsels senken sie nachts ihre Körpertemperatur um die Hälfte.

Zu den schönsten Papageienarten zählt die grün gefiederte **Cuba-Amazone** *(Amazona l. leucocephala* bzw. *palmarum)*. Erstere Art

Morgendliche Besucher auf Cayo Coco – neben den Touristen fühlen sich auch Flamingos hier pudelwohl.

kommt im Osten vor, die andere im Westen. Da der Mensch ihnen seit der Kolonialisierung nachgesetzt hat, sind sie heute in ihrem Bestand gefährdet und stehen unter Schutz.

Zu den insgesamt 25 Endemiten der kubanischen Vogelwelt zählen **Kuba-Tyrann** *(Tyrannus cubensis*, weder Machado noch Batista spielten bei der Namensgebung eine Rolle)*, **Kuba-Fink** *(Tiaris canora)*, **Zapata-Ralle** *(Cyanolimnas cerverai)*, **Zapata-Spatz** *(Torreornis inexpecata)* und **Zapata-Zaunkönig** *(Ferminia cerverai)*. Letzterer hat wahrscheinlich das kleinste Habitat weltweit: Man hört ihn nur auf wenigen Quadratkilometern nördlich von Santo Tomás in der Ciénaga de Zapata.

Der **Flamingo** *(Phoenicopterus ruber)* lebt in großen Kolonien in salzhaltigen Lagunen, vor allem auf Cayo Coco und der Zapata-Halbinsel. Ihr rosarotes Gefieder bekommen die Tiere erst im erwachsenen Alter, die Jungtiere sind grauweiß. Mit seinem eigentümlich geformten Schnabel kann der Flamingo Kleintiere und Pflanzen aus dem Wasser filtern.

Zu den häufigsten Vögeln der Insel zählen der weiße **Kuhreiher** *(Ardeola ibis, Garza blanca)*, der auf Feldern dem Vieh Gesellschaft leistet und der **Truthahngeier** *(Cathartes aura)*, der am Himmel seine Bahnen zieht. Er erinnert mit seinem nackten Kopf auf den ersten Blick tatsächlich an einen Puter und übertrifft mit seinem stark ausgeprägten Geruchssinn sogar andere Geierarten. Sollte er trotzdem nicht fündig werden, kann er lange ohne Nahrung auskommen.

Einen majestätischen Eindruck hinterlässt der **Fregattvogel** *(Fregata magnificens, Rabihorcado)*, der mit einer stolzen Flügelspannweite von über 2 m Kubas Küsten entlang segelt. Besonders schön ist das Männchen, das seine rote Kehle bei der Balz zu einem imposanten Ballon aufblasen kann.

Die gleiche Spannweite erreicht auch der **Pelikan** *(Pelecanus occidentalis)*, dessen charakteristisches Kennzeichen sein markanter Schnabel ist, den er wie einen Kescher zum Fischfang einsetzt.

Insekten und Weichtiere

Die in Ostkuba heimische *Polymita picta* zählt zu den **Schneckenarten** mit den schönsten Schneckenhäusern der Welt. Die Gehäuse variieren in zahlreichen Farben und Mustern. Anhand der Querlinien lässt sich das Alter der Schnecken bestimmen. In afrokubanischen Zeremonien waren sie von großer Bedeutung, lange bevor sie das Interesse der Wissenschaftler erregten. Für die Medizinmänner galten die Muster auf dem Schneckenpanzer als Schlüssel zu Vergangenheit und Zukunft des Menschen.

Zu Kubas schönsten Schmetterlings-Arten zählt der **Glasflügler** *(Greta cubana, Mariposa de Cristal)*, der mit seinen transparenten Flügeln durch die Gebirgswälder flattert. Ein weiteres fliegendes Juwel, der *Parides gundlachius*, kommt nur im oberen Flussbecken des Río Cuyaguateje in der Sierra de los Órganos vor. Der *Brephidium exilis* ist mit rund 15 mm der kleinste Falter der Welt. Kubas Nachtfalter *Bruja negra (Ascalapha odorata)* gehört dagegen mit einer Spannweite von 116–190 mm zum Club der weltweit größten Schmetterlinge.

Fische

Kubas Meeresküsten sind mit über 900 Arten außerordentlich fischreich. Manche bilden je nach Altersstufe unterschiedliche Erscheinungsformen aus (z. B. Papageifische) und können im Laufe ihres Lebens das Geschlecht wandeln (z. B. Zackenbarsche). Einige Arten treten in großen Kolonien auf, vor allem, wenn sie am gleichen Ort bewachsene Korallen abgrasen.

Leider ist es in manchen Regionen zu einer starken Überfischung gekommen. Nachgesetzt wird vor allem dem „Sportfisch" **Weißer Marlin** *(Makeira albida)*, der schon bei Hemingway ganz oben auf der Liste stand. Auch der **Atlantik-Tarpun** *(Megalops atlanticus)* steht mit einer stattlichen Größe von 60–120 cm (max. 240 cm) bei Hochseeanglern hoch im Kurs. Als kulinarisches Highlight gilt die inzwischen selten gewordene **Karibik-Languste** *(Panulirus argus)*, die Längen bis zu 45 cm erreicht.

Die Riff-Klassiker

Häufige, farbenprächtige Vertreter der Riffe sind die flinken **Falterfische** *(Chaetodontidae)* und die

anmutig durchs Wasser gleitenden **Kaiserfische** *(Pomacanthidae)*. **Doktorfische** *(Acanthuridae)* weiden oft in Schwärmen Algenfelder ab. Ihren Namen verlieh ihnen der Dorn auf beiden Seiten der Schwanzflosse, der an das scharfe Skalpell eines Arztes erinnert und als Verteidigungswaffe dient.

Die zumeist farbenprächtigen **Grunzer** *(Haemulidae)* können durch Schlundzähne und Schwimmblase grunzende Laute erzeugen. Sie erreichen Größen zwischen 30–45 cm und treten oft in Schwärmen auf. **Schnapper** *(Lutjanidae)* sehen ähnlich aus, haben aber starke Kiefer mit Fangzähnen, mit denen sie bei der Jagd zuschnappen.

Kaum eine Familie prägt das Korallenriff so sehr wie die emsigen **Riffbarsche** *(Pomacentridae)*, die trotz ihrer geringen Größe (5–20 cm) ein aggressives Revierverhalten an den Tag legen, das sich sogar gegen viel größere Eindringlinge (auch Taucher) richtet. Häufig anzutreffen ist auch der **Gestreifte Sergeant** *(Abudefduf saxatilis)* mit seinen fünf schwarzen Querbändern. **Hamletbarsche** *(Serranidae)* ähneln in Körperform und Größe den Riffbarschen, sind aber meist bunter gefärbt. **Zackenbarsche** *(Serranidae)* variieren je nach Art zwischen 30 cm bis hin zum über 2 m langen und bis zu 6 Zentner schweren, seltenen **Judenfisch** *(Epinephelus* *itajara).* Die einzelgängerischen Fleischfresser können Beute in ihr dicklippiges großes Maul saugen. Kleine spitze Zähne bedecken Kiefer, Zunge und Gaumen. Die seltenen nachtaktiven **Seifenbarsche** *(Serranidae)* haben einen mit giftigem Schleim bedeckten Körper, der bei Bedrohung Seifenblasen produziert. Die bunten, bis zu fingergroßen **Feenbarsche** *(Grammatidae)* leben in Steilwänden, durch deren Löcher und Spalten sie sich sehr flink bewegen.

Die farbenprächtigen **Papageifische** *(Scaridae)* haben schnabelförmige Kiefer mit harten Zahnplatten. Damit können sie Algen und Polypen abschaben und Korallen zermahlen. Manche Arten vertilgen jährlich mehrere Tonnen Korallen und werden so zu den wichtigsten Sandproduzenten. Einige Arten können sich nachts während des Schlafes mit einer schützenden Schleimhülle umgeben. Die Größe der Vertreter reicht von 18–120 cm. Enge Verwandte sind die kleineren **Lippfische** *(Labridae)* die mit ihren Vorderzähnen Beutetiere aufknacken. Der **Schweinslippfisch** *(Bodianus pulchellus)* wühlt ähnlich wie sein terrestrischer Namensvetter im Boden nach Nahrung.

Die 8–30 cm großen **Soldatenfische** *(Holocentridae)* glänzen rötlich-silbrig und starren mit überproportional großen Augen in die See. Als nachtaktive Fische ziehen sie sich tagsüber in die Nischen des Riffs zurück.

Die länglichen **Grundeln** *(Gobiidae)* gehören zu den kleinsten Fischen im Riff (2,5–5 cm). Meist ruhen sie – auf ihre Brustflossen gestützt – auf dem Boden, wobei sie bei starker Strömung einen Saugnapf-Effekt erzeugen können. Einige Grundeln sind Putzerfische.

Kuriositäten-Kabinett

Manche Familien nutzen ihre skurrilen Formen für eigene Jagdtechniken. Dazu zählen die seltenen, bis zu 30 cm großen **Fledermausfische** *(Ogcocephalidae)* mit ihren zu „Beinen" umgebildeten Bauch- und Brustflossen, die sie eher zum Laufen als zum Schwimmen nutzen. Mit Sand bedeckt, warten sie gut getarnt am Boden auf ihre Beute. Ihre Tarnung nutzen auch die häufigeren **Skorpionsfische** *(Scorpaenidae)*, die sich zudem mit den giftigen Stacheln ihrer Rückenflosse schützen können. Von einem anderen Stern scheinen die gar nicht so seltenen, bis zu 20 cm großen **Anglerfische** *(Antennariidae)* mit kugelförmigem Körper und nach oben gerichtetem Maul zu kommen. Auch sie haben umgebildete Brust- und Bauchflossen, mit denen sie sowohl schwimmen als auch laufen können. Ein Flossenteil auf der Schnauze ist zu einem nach oben ragenden Stil umgebildet, den der Fisch als Köder benutzt. Die zusätzliche Fähigkeit, jede Färbung anzunehmen, ermöglicht ihm eine perfekte Tarnung. Bizarr wirken auch die seltenen **Seepferdchen und Seenadeln** *(Syngnathidae)*. Mit ihrem verlängerten Schwanz können sie sich um Objekte wickeln, um sich daran festzuhalten.

Wie aufgeblasene Ballons gleiten die 5–60 cm großen **Kugel- und Igelfische** *(Tetraodontidae)* durchs Wasser. Letztere werden dabei durch ihre stachelbewehrte Haut vor Feinden geschützt. Den **Kofferfischen** *(Ostraciidae)* bietet ein starker Knochenpanzer Schutz. Sie erreichen je nach Art 15–40 cm, ebenso wie die recht verbreiteten **Drückerfische** *(Balistidae)*. Diese können ihre vordere Rückenflosse mit dem hinteren Rückenflossenstrahl verbinden und diese beim Auftreten von Feinden sogar spreizen, um sich in Felsspalten zu verkanten. Der 45–75 cm große, häufige **Atlantik-Trompetenfisch** *(Aulostomus maculatus)* hat einen länglichen Körper und ein trompetenförmiges Maul. Er kann verschiedene Farbtöne annehmen und so mit dem jeweiligen Hintergrund verschmelzen. Häufig schwimmt er senkrecht, den Kopf nach unten gerichtet.

Raub- und Großfische

Muränen *(Muraenidae)* können über 2 m lang werden (auch wenn die meisten Arten unter 100 cm liegen) und leben in Höhlen und Spalten. Ihr schlangenartiger muskulöser Körper ist von einer schützenden Schleimschicht bedeckt. Da sie ständig das mit spitzen Zähnen bewehrte Maul öffnen und schließen, wirken sie sehr bedrohlich, obwohl sie dadurch nur Wasser durch ihre Kiemen strömen lassen, also atmen. Die Tiere sind nicht aggressiv, können aber bei zu aufdringlichen Tauchern sehr schmerzhaft zubeißen. Wenn überhaupt, strecken die zurückgezogen lebenden Tiere lediglich den Kopf aus ihrer Behausung. Jede Art besitzt eine eigene markante Zeichnung.

Der silbrig schimmernde **Riesen-Hornhecht** *(Tylosurus crocodilus)* fällt nicht nur durch seine Größe (60–100, max. 150 cm), sondern auch durch seinen nadelförmigen Körper mit spitzer Schnauze auf. Ebenfalls langgestreckt und dadurch pfeilschnell ist der **Große Barrakuda** *(Sphyraena barracuda)* mit einer Größe von 45–90 cm (max. 180 cm). Seinen aggressiven Charakter unterstreicht der Raubfisch durch lange zahnbewehrte Kiefer. Bedrohlich wirkt das häufige Öffnen und Schließen des Mauls, das aber ähnlich wie bei der Muräne lediglich der Unterstützung der Atmung dient. Tauchern gegenüber gilt der Großfisch als aufdringlich, aber nicht gefährlich.

Haie zählen zu den Knorpelfischen und haben eine raue Haut. Unter den 35 Haiarten in Kubas Gewässern sind der **Bullenhai** *(Carcharhinus leucas,* 180–270 cm), der **Karibik-Riffhai** *(Carcharhinus perezi,* 150–240 cm) und der **Seidenhai** *(Carcharhinus falciformes,* 150–210 cm) am weitesten verbreitet. Sie kommen jedoch sehr selten in flache küstennahe Gewässer. Der seltene **Walhai** *(Rhincodon typus)* ist mit einer Länge bis zu 16,5 m der größte Fisch der Welt und wiegt über 4 Tonnen. Er ist völlig ungefährlich und ernährt sich von Plankton, kleinen Fischen und Krebstieren.

Rochen segeln mit extrem vergrößerten Brustflossen durchs Wasser, wie Vögel mit ihren Flügeln durch die Lüfte. Ihr Maul befindet sich auf der Unterseite ihres scheibenförmigen Körpers. Recht verbreitet ist der **Amerikanische Stechrochen** *(Dasyatis americana)* mit

Symbiose – eine effektive Lebensgemeinschaft

Profitiert in parasitären Gemeinschaften nur der Parasit von seinem Wirt, so bringen Symbiosen beiden Lebewesen Vorteile. **Putzerfische oder -garnelen** fordern größere Fische mit einer Art rituellem Tanz auf, ruhig zu verharren, damit sie deren Körper von Parasiten und Hautresten säubern können. Dabei picken sie auch oft Essensreste aus Zahnlücken und übernehmen so zusätzlich die Funktion eines Zahnarztes. Während so die eine Seite gereinigt wird, kann sich die andere den Bauch voll schlagen. Einige kleinere Raubfische haben jedoch gelernt, den Symbiose-Tanz zu imitieren und beißen dem ahnungslos verharrenden Opfer dann Stücke aus dem Körper heraus! Im komplexen Ökosystem Korallenriff gibt es regelrechte Putzstationen, wo die „Putzer" auf ihre nächsten „Kunden", vor allem **Zackenbarsche** *(Epinephelus spp.),* warten. Fische mit dem Wunsch nach Reinigung signalisieren dies an den Stationen, indem sie eine entspannte Position einnehmen und sich von einer Seite zur anderen wiegen. Bei Haien, die sich häufig fern von Riffen aufhalten, übernimmt die Putzfunktion der **Gestreifte Schiffshalter** *(Echeneis naucrates),* der sich mit der Oberseite seines Kopfes festsaugen kann und auf diese Art einfach mit dem schnellen und mobilen Großfisch mitreist.

Eine klassische Symbiosegemeinschaft bilden auch **Anemonenfisch** *(Amphirion)* und Anemone, wobei der Fisch Feinde vertreibt und ihre Tentakel säubert, ohne von den giftigen Nesseln beeinflusst zu werden (wahrscheinlich hat er Resistenzen entwickelt). Im Gegenzug bietet die Anemone dem Fisch einen schützenden Wohnraum.

In einer interessanten Wohngemeinschaft leben auch **Zigarren-Wächtergrundel** *(Nes longus)* und **Pistolenkrebs** *(Alpheidae).* Der Fisch schiebt für das fast blinde Krustentier Wache und warnt vor nahenden Feinden. Dafür räumt der Krebs mit seinen Scheren regelmäßig die gemeinsame Höhle auf. Dieser kann übrigens sein größeres Scherenbein als „Knallschere" benutzen und damit zur Abwehr von Feinden einen Wasserstrahl bis zu 2 m weit schießen, mit einer Geschwindigkeit von 100 km/h! Bei dieser Druckwelle, die kleinere Meerestiere töten kann, entsteht ein Knall vergleichbar dem eines startenden Düsenjets!

Selbst bei der schönsten Nebensache der Welt kann die Symbiose Vorteile bringen: Einige Fische versorgen in ihrem Innern Leuchtbakterien mit Nährstoffen, die mit ihrer Leuchtkraft helfen, die Aufmerksamkeit eines möglichen Sexualpartners zu erregen.

90–120 cm Durchmesser. Er besitzt einen peitschenartigen, mit Giftstacheln bewehrten Schwanz und lebt vorwiegend in Bodennähe. Der **Manta** *(Manta birostris)* und der **Gefleckte Adlerrochen** *(Aetobatus narinari)* gleiten dagegen mit anmutigen Flossenschlägen durchs offene Meer. Letzterer erreicht Spannweiten von 120–195 cm, der riesige Manta sogar 180–420 cm (max. 660 cm)!

Umwelt und Naturschutz

Der kubanische Dichter und Nationalheld José Martí sagte 1883 in weiser Voraussicht: „Wo immer die Natur Blumen wachsen lässt, dort wächst auch ein Geist … Die entscheidende (Umwelt-)Frage ist es, die Wälder zu erhalten, wo sie bestehen; zu schützen, wo sie in einem schlechten Zustand sind und zu pflanzen, wo sie nicht existieren."

Bis weit ins 20. Jh. hinein war davon nicht viel zu spüren, ganz im Gegenteil. Der Raubbau an der ursprünglich fast vollständig bewaldeten Insel begann mit den Spaniern, deren Schiffbau Unmengen an Holz verschlang. Ein noch größerer Teil der Wälder musste riesigen Zuckerrohrplantagen und Viehherden (Weidewirtschaft) weichen. Der wachsende Energiebedarf, der bis in die 1950er-Jahre vorwiegend durch Holzkohle gestillt wurde, reduzierte das grüne Pflanzenkleid noch weiter. All dies ließ den Anteil der bewaldeten Fläche von der Zeit der Entdeckung bis 1959 von 90 % auf 14 % schrumpfen!

Erst nach der Revolution versuchten Umweltprojekte, dem entgegenzuwirken. Mit Hilfe von massiven Wiederaufforstungsprogrammen soll bis zum Jahr 2015 wieder eine Baumbedeckung von einem Viertel der Landesfläche erreicht werden. Ein ambitioniertes Ziel, dem man sich tatsächlich annähert, denn 2006 betrug der Grad der Waldbedeckung schon über 23 %. Allerdings weisen die Neupflanzungen längst nicht mehr die Artenvielfalt des zerstörten Primärwaldes auf. 1981 wurde das Gesetz „Zum Schutz der Umwelt und des rationalen Gebrauchs der natürlichen Ressourcen" erlassen. 1997 folgte ein weiteres Umweltgesetz, das sich mit seinen Nachhaltigkeitskriterien an den Richtlinien der Umweltkonferenz von Rio de Janeiro orientiert. Das überbürokratisierte zentralistische System ist dabei nicht immer effektiv, schützt aber andererseits vor unkontrolliertem ökologischem Raubbau, wie ihn global operierende Konzerne bei zahlreichen Großprojekten weltweit praktizieren. Seit dem Zusammenbruch der Sowjetunion wird zunehmend auf alternative und umweltverträgliche Energiequellen (Solar- und Biogasanlagen) gesetzt, und schon der allgegenwärtige Mangel zwingt zum intensiven Recycling. 2005 wurden im Rahmen einer Großkampagne (Jahr der Energie-Revolution) energiesparende Geräte an alle Haushalte verteilt (Wirtschaft, s. S. 148). Positive Ansätze lassen sich bereits feststellen.

Doch führte der Auf- und Ausbau der Touristenzentren z. T. zu schweren Eingriffen in das ökologische Gefüge: So verband man einige Cayos (z. B. Cayo Coco) durch aufgeschüttete Dämme mit dem Festland, behinderte den Wasseraustausch und schädigte so das ökologische Gleichgewicht. Viele Meeresregionen leiden mittlerweile an Überfischung. Die Luftverschmutzung ist ein weiteres Problem, zumal der Verkehr seit der „Erdöl-Transfusion" aus Venezuela wieder stetiger fließt. Nicht nur antiquierte Auspuffe stoßen giftige Wolken aus, sondern ebenso zahlreiche Industrieanlagen, deren veraltete Technik nicht im geringsten den ökologischen Mindestanforderungen entspricht (z. B. die Nickelverarbeitungsanlagen bei Moa, die Zementfabriken von Mariel oder die Verarbeitende Industrie in Cienfuegos). Sogar im Luxusstrandbad Varadero kann man bei Westwind die nahe gelegenen Erdölförderanlagen riechen. Ebenso belasten ungeklärte Abwässer aus Industrie und Landwirtschaft die Gewässer stark. So gilt die Bucht von Havanna trotz ökologischer Projekte nach wie vor als eine der verschmutztesten der Welt. In den Savannen und Weidewirtschaftsregionen Zentralkubas haben ein zu geringer Baumbestand, unsachgemäße Beregnungs- und Bepflanzungstechniken sowie zu hoher Viehtritt die Böden degeneriert.

Trotz aller ökologischen Probleme kam der World Wildlife Fund (WWF) in einer Studie zu dem

Ergebnis, dass Kuba als weltweit einziges Land als nachhaltig eingestuft werden könne. In der Untersuchung setzte man den sog. Human Development Index ins Verhältnis zum ökologischen Fußabdruck, der sich aus dem Pro-Kopf-Ressourcenverbrauch ergibt. In dieser ländervergleichenden Studie gelang es nur der Karibikinsel, knapp unter den Grenzwerten für eine nachhaltige Entwicklung zu bleiben, während beispielsweise US-Amerikaner das Sechsfache und Europäer das Drei- bis Vierfache der ihnen zustehenden Naturressourcen verbrauchen. Das außerordentlich gute Abschneiden Kubas lässt sich jedoch nur bedingt durch ein besonders ausgeprägtes ökologisches Bewusstsein erklären. Vielmehr resultiert die relativ geringe Umweltbelastung aus dem niedrigen Niveau der ökonomischen Produktivkräfte, die eine andere Lebens- und Konsumweise nach sich ziehen als in westlichen Industrienationen (vergleichsweise niedriger Industrialisierungs- und Motorisierungsgrad, geringere Verteilung von technischen Geräten, geringere Zahl von Einpersonenhaushalten etc.).

KUBA NATIONALPARKS

Schutzgebiete

In den letzten Jahrzehnten wurden zahlreiche Tier- und Pflanzenarten sowie Landschaften unter Naturschutz gestellt, besonders nach Gründung der Naturschutzbehörde *Sistema Nacional de Áreas Protegidas* im Jahr 1991. Heute gibt es bereits stolze 80 Naturreservate mit unterschiedlichem Schutzstatus, darunter 14 Nationalparks und sechs Biosphärenreservate. Damit steht knapp ein Viertel der Landesfläche unter Naturschutz. Allein die acht größten Ökoregionen umfassen rund 10 % des gesamten nationalen Territoriums.

Bedeutendstes Schutzgebiet ist der 60 000 ha große **Parque Nacional Alejandro de Humboldt** im Osten der Insel, seit 2001 Unesco-Weltnaturerbe. Das Gebiet ist eine Hochburg des Endemismus und weist die höchste Artenvielfalt der Antillen auf. Der 1980 gegründete **Nationalpark Sierra Maestra** umfasst zusammen mit den benachbarten **Nationalparks Desembarco de Granma**, **Gran Piedra** und **Turquino** eine Fläche von 250 km^2. Seit Mitte der 80er-Jahre deklarierte die Unesco mehrere Biosphärenreservate (Regionen mit der höchsten Artenvielfalt): **Sierra del Rosario** (25 000 ha) und **Guanahacabibes** (101 500 ha) in der Provinz Pinar del Río, **Cuchillas del Toa** (127 500 ha) in der Provinz Guantánamo, **Baconao** (80 000 ha) in der Provinz Santiago de Cuba und der **Gran Parque Nacional Montemar** (70 000 ha) auf der Zapata-Halbinsel in der Provinz Matanzas.

Weitere ökotouristisch gut erschlossene Schutzgebiete sind der **Parque Nacional Viñales** (21 600 ha) mit seinen bizarren Felskegeln und riesigen Höhlensystemen in der Provinz Pinar del Río, **Topes de Collantes** (12 500 ha) mit Naturschönheiten wie dem Wasserfall Caburní in der Sierra del Escambray und der **Parque Nacional La Mensura** (5340 ha) bei Mayarí.

Ökotourismus

Diese Form des „sanften Reisens" steckt in Kuba noch in den Kinderschuhen (es fehlen Unterkünfte, Straßen, Kartenmaterial, markierte Wanderwege). Er wird erst seit Mitte der 90er-Jahre regional ausgebaut, vor allem in der Provinz Pinar del Río, der Ciénaga de Zapata, der Sierra del

Escambray und der Sierra Maestra. Reiseveranstalter wie Cubamar und Havanatur bieten bereits Rundreisen mit ökologischem Schwerpunkt an, z. B. Vogelbeobachtung. Vor Ort stellt meistens die Naturschutz-Organisation **Flora y Fauna** hochausgebildete Führer. 2005 waren gerade mal 15 000 Ausländer als Besucher von Naturreservaten und Campismos erfasst. Die Zahl der Ökotouristen soll in einigen Jahren bis auf stolze 350 000 Besucher jährlich ausgebaut werden. Wie verträglich die Regierung diese neue Form des Tourismus steuern kann, wird die Zukunft zeigen.

Bevölkerung

Einwohner: rund 11,5 Mill., davon in der Hauptstadt **Havanna**: ca. 2,5 Mill.
Bevölkerungswachstum: 6 Promille jährlich
Durchschnittliche Bevölkerungsdichte: ca. 100 Einw./km²
Lebenserwartung: 76 Jahre
Säuglingssterblichkeit: 5,3 pro Tausend
Alphabetisierungsrate: 98 %
Bevölkerungszusammensetzung: Weiße (ca. 40 %), Mulatten (ca. 50 %), Schwarze (ca. 10 %)

Ethnische Zusammensetzung

Der Schriftsteller Alejo Carpentier bemerkte auf die Frage nach der Herkunft der kubanischen Bevölkerung: „Wir alle sind von den Schiffen heruntergestiegen." Fidel Castro hat einmal in einer Rede alle Kubaner als „latino-afrikanische Mischlinge" bezeichnet. Die ethnische Vielfalt auf Kubas Straßen ist ein Ergebnis 500-jähriger Geschichte und weckt oft Assoziationen zum kubanischen Eintopf *Ajiaco* aus einem Potpourri buntester Zutaten. Nach der Ausrottung der indianischen Urbevölkerung (Geschichte, s. S. 109) vermischten sich die anderen Ethnien in der Kolonialzeit. Viele Sklavinnen wurden Opfer von Vergewaltigungen durch ihre weißen Herren. Der mulattische Nachwuchs fand sich in „Rassekategorien" eingeordnet, denen ein biologistischer Rassismus zugrunde lag. Grundsätzlich galt: je höher der Anteil des „weißen Blutes", desto größer die gesellschaftliche Anerkennung und desto besser die Aufstiegschancen. Im 19. Jh. brachte das Kulisystem rund 150 000 chinesische Vertragsarbeiter auf die Insel. Heute stellen deren Nachfahren die kleinste ethnische Minderheit, und einige Kubaner tragen erkennbare asiatische Gesichtszüge.

Anfang der 60er-Jahre richteten sich die ersten *Exiliados* in den USA ein und bauten ein mächtiges Netzwerk kultureller und wirtschaftlicher Organisationen auf. Diese Auswanderer der ersten Stunde kamen hauptsächlich aus der Oberschicht und erklärten die Bekämpfung des Kommunismus zum Hauptziel. Die *Marielitos* der zweiten Welle hatten zum Teil auch nichtprivilegierte Schwarze in ihren Reihen und standen der Revolution weniger ablehnend gegenüber. Außerdem befanden sich unter ihnen viele Kriminelle, derer sich Castro auf diese Weise entledigen konnte. Die dritte Welle (*Balseros*, s. S. 128) bestand überwiegend aus Arbeitsemigranten, die in Kuba keine ökonomische Perspektive mehr sahen.

60 % aller Exilkubaner ließen sich in Miami nieder und gründeten dort den eigenen Stadtteil *Little Havanna*. Den Song *Ya viene llegando* („Es kommt schon") im Ohr, warteten die Miami-Kubaner Anfang der 90er-Jahre siegessicher darauf, dass Kuba als nächster Dominostein des kollabierenden sozialistischen Blocks umfallen würde. Auf Computerfestplatten wurden schon eifrig Pläne für die Machtübernahme und Privatisierungsoffensive nach Castros Sturz gebrannt.

Politischer Einfluss

Tonangebendes Sprachrohr in der Kuba-Politik der Exilkubaner war jahrelang die dollarschwere ultrarechte **Cuban American National Foundation**, die das kubanische Gesellschaftssystem beseitigen und ihre elitären politisch-ökonomischen Pläne auf Kuba verwirklichen will. Ämtervergabe wurde klientelistisch durch Geldzahlungen geregelt, und es gelang der Führungsspitze immer mehr, ihre wirtschaftliche Macht in politischen Einfluss umzumünzen. Als US-Staatsbürger sind die *Exiliados* bei Präsidentschaftswahlen ein entscheidender Faktor und können die amerikanische Außenpolitik maßgeblich mitbestimmen.

Seit dem Tod ihrer charismatischen Führungsperson Mas Canosa (1939–97) verliert die Rechte der Exilkubaner zwar zunehmend an Einfluss. Nichtsdestotrotz leitete sie mit einer gezielten Provokation den Helms-Burton Act ein (Die US-Handelsblockade, s. S. 124): Mehrere Piloten der anticastristischen Organisation **Brothers of the Rescue** drangen im Februar 1996 in kubanischen Luftraum ein und wurden dort nach ignorierter Warnung abgeschossen. Die Organisation skandalisierte den Vorfall und behauptete, ihre

Gesetzlich ist „die Diskriminierung aufgrund von Rasse, Hautfarbe, Geschlecht oder nationaler Herkunft verboten", doch zwischen Papier und Realität bestehen Unterschiede. Zwar schaffte die Revolution die institutionalisierte Rassendiskriminierung ab und verbesserte die sozialen Aufstiegschancen der zuvor benachteiligten, überwiegend dunkelhäutigen Menschen erheblich. Auch gibt es viele interethnische Freundschaften, was schon beim lockeren Umgang der Schulkinder miteinander auffällt. Verbal haben sich allerdings – hinter vorgehaltener Hand – rassistische Vorbehalte gegenüber der schwarzen Bevölkerung erhalten, die bestenfalls in Witzen, schlimmstenfalls in tiefem Misstrauen zum Ausdruck kommen. Ganz abschaffen ließ sich das tief verwurzelte, rassistische Gedankengut in den letzten 50 Jahren nicht, da es auf dem ideologischen Nährboden biologischer und

kultureller Wertigkeit über mehrere Jahrhunderte gut gedeihen konnte. Im Alltag begegnet man dem Rassismus aber wesentlich seltener als in anderen Ländern.

Die angebliche berufliche Gleichberechtigung muss man relativieren. Führungspositionen und Jobs in begehrten Wirtschaftsbranchen besetzen überwiegend Weiße, während die schwarze Bevölkerung von ökonomischen Härten stärker betroffen ist – insbesondere seit den 1990er-Jahren. Da sie kaum Verwandte im Ausland haben, die ihnen regelmäßig Geld schicken, müssen sie nach anderen Verdienstmöglichkeiten Ausschau halten und tauchen oft in der illegalen Schattenwirtschaft unter. Der Begriff „Schwarzmarkt" drückt in Kuba auch aus, von welcher Bevölkerungsgruppe er überwiegend kontrolliert wird. Dies reaktiviert alte Ressentiments, und Schwarze werden wieder häufiger

Maschinen seien über internationalem Gebiet abgeschossen worden, obwohl sie bereits in der Vergangenheit mehrfach den kubanischen Luftraum verletzt und sogar über Havanna Flugblätter abgeworfen hatten, die zum Sturz von Fidel Castro aufriefen.

Mediale Attacken, diverse Sabotageakte und terroristische Anschläge gehen ebenfalls auf das Konto von rechtsgerichteten Exilkubanern (Terror made in USA, s. S. 205). Welch wuchernde Blüten die Fantasie der rechtskonservativen amerikanischen Presse zu treiben imstande ist, zeigt ein Artikel, der Castro beschuldigte, Haie dazu abzurichten, vor den US-Küsten amerikanische Badegäste anzugreifen. Einige europäische Boulevardblätter wollten da natürlich nicht nachstehen und veröffentlichten den Artikel ebenfalls. Welch amüsante Geschichte wohl als nächstes kommen mag?

Versöhnung in Aussicht?
Doch die kubanische Exilgemeinde ist keineswegs ein homogener politischer Block. Es werden zunehmend Stimmen gemäßigter, reformorientierter Gruppierungen laut, die den Wunsch nach **Entspannungspolitik** äußern und die kubanische Souveränität anerkennen. Bereits über die Hälfte der *Exiliados* wünscht Umfragen zufolge einen auf Konfliktlösung ausgerichteten Dialog mit der kubanischen Regierung. Diese Bewegung speist sich vor allem aus der zweiten Generation der Exilkubaner, die der Revolution gegenüber oft moderater eingestellt ist und zunehmenden Einfluss in Politik, Medien und Universitäten erlangt. Sie wollen durch ökonomische Annäherung auf der Insel eine Demokratisierung mit bürgerlichen Rechten in Gang setzen.

Auch in Kuba werden die ehemaligen Emigranten jetzt freundlicher behandelt und sogar zu Versöhnungstreffen eingeladen, nachdem man sie lange als *Gusanos* (Würmer) bezeichnet hatte. Dem Exil werden inzwischen von kubanischer Seite Reiseerleichterungen und Investitionsmöglichkeiten eingeräumt. Besonders gern gesehen sind ihre Überweisungen *(remesas)*, die als bedeutendste Deviseneinnahmequelle den angeschlagenen Tropensozialismus am Leben hielt. Sprunghaft ins Rampenlicht rückten die Beziehungen zwischen Insel und Exil zuletzt 1999 durch den Flüchtlingsjungen **Elián** (Cárdenas, s. S. 354).

als arbeitsscheu und kriminell bezeichnet. Manche Vertreter der Staatsgewalt fahren durch überproportional häufige Ausweiskontrollen von schwarzen Kubanern ebenfalls diese Linie. Auch die Wohnverhältnisse spiegeln die interethnischen Schranken wider: In den baufälligen Vierteln Centro Habanas und Habana Viejas ist der Anteil schwarzer Bevölkerung deutlich höher, während in den vornehmeren Stadtteilen Vedado und Miramar die weiße Bevölkerung überwiegt. Aus nationaler Perspektive ist der Anteil der Weißen in Havanna besonders hoch, während in den ärmeren Ostprovinzen überdurchschnittlich viele Schwarze leben. Insgesamt sind die ökonomischen Benachteiligungen für Schwarze noch weit geringer als in den meisten anderen Ländern. Doch wenn sie weiter zunehmen, läuft die Revolutionsregierung Gefahr, eine traditionell besonders loyale Klientel zu verlieren.

Regionale Verteilung und räumliche Mobilität

Kuba weist eine hohe Migrationsdynamik auf. In mehreren großen **Fluchtbewegungen** nach 1959 erlitt die Insel Wanderungsverluste: Anfang der 60er-Jahre verließen ungefähr 200 000 und von 1966–71 rund 300 000 Menschen Kuba, darunter viele Fachkräfte der ehemaligen Mittel- und Oberschicht. 1980 kehrten noch einmal 120 000 Menschen über den Hafen Mariel bei Havanna der Insel den Rücken zu. Die jüngste Flüchtlingswelle zum Höhepunkt der Wirtschaftskrise Mitte der 90er-Jahre war mit rund 30 000 Flüchtlingen wesentlich kleiner. Heute leben rund zwei Millionen Kubaner außerhalb Kubas im Exil.

Kubas **Bevölkerungspyramide** weist trotz hoher Lebenserwartung noch nicht die Form entwickelter Industrienationen auf: Nur rund

15 % der Bevölkerung sind älter als 60 Jahre. Der hohe Verstädterungsgrad von 75 % ist für ein Entwicklungsland untypisch und gleicht dem der Industrieländer, ebenso wie die geringe jährliche Zuwachsrate der Bevölkerung. Mit Abstand größte Stadt ist Havanna (2,5 Mill. Einw.), gefolgt von Santiago de Cuba (500 000 Einw.). In Camagüey leben ca. 300 000, in Holguín rund 250 000 und in Santa Clara und Guantánamo je 200 000 Menschen. Mehr als 100 000 Einwohner haben Pinar del Río, Matanzas, Cienfuegos und Bayamo.

Nach der Revolution war es das Hauptziel, die regionalen wirtschaftlichen Stadt-Land-Unterschiede abzubauen und so der Slumbildung vorzubeugen. Dank starker Förderung ländlicher Regionen besitzt Kuba nicht den Metropolen- oder Wasserkopfcharakter anderer lateinamerikanischer Staaten. Doch im Zuge der Wirtschaftskrise stieg der Zustrom nach Havanna seit Anfang der 90er-Jahre wieder sprunghaft an und erreichte 1996 sogar ein vorrevolutionäres Ausmaß. Das 1997 erlassene Migrationsgesetz verschärfte die Kontrollen und schickt seither illegale Migranten in ihre Heimatprovinzen zurück. Ohne Registrierung haben die Migranten kein Anrecht auf die *libreta* (Karte für die Zuteilung von monatlichen Grundbedarfsgütern) und müssen in der Schattenwirtschaft untertauchen. Dass die Migrationsbereitschaft trotz allem hoch bleibt, weist auf verschlechterte ländliche Lebensbedingungen hin. Viele Migranten kommen vor allem aus den ärmeren Ostprovinzen und wollen vom wachsenden Tourismus in Kubas Hauptstadt profitieren.

Trotz verschärfter Kontrollen scheint sich die **Landflucht** nicht eindämmen zu lassen. Durch Zuwanderung in größere Städte, Tourismuszentren und landwirtschaftliche Gunsträume nahe der Absatzzentren werden sich die nach der Revolution erfolgreich abgebauten regionalen Disparitäten in Zukunft wohl wieder verstärken. Das verschärft die Wohnungsnot in Havanna noch. Doch obwohl mehr als die Hälfte der Wohnungen in schlechtem Zustand sind (ca. 10 % weisen sogar ruinöse Zustände auf und stehen vor dem Abriss, besonders in einigen Vierteln Havannas) und zwei Drittel aller Familien auf eine neue warten, ist die in anderen lateinamerikanischen Ländern verbreitete Obdachlosigkeit unbekannt.

Geschichte

Präkolumbische Kultur

Vermutlich gelangten die ersten Bewohner von der Küste Venezuelas über den Inselbogen der Kleinen Antillen nach Kuba. Es lassen sich drei Besiedlungsepochen indianischer Kulturen ausmachen. Die 4000 Jahre alte nomadische **Guanahatabey**- oder **Muschelkultur** gebrauchte Muscheln als Werkzeuge und Schmuck, lebte vom Jagen und Sammeln, wohnte in Höhlen und bestattete ihre Toten in Hügelgräbern aus Erd- und Muschelschichten.

Um 1000 v. Chr. besiedelten die **Siboney** die Insel. Deren halbnomadische Clans ernährten sich von Jagd und Fischfang und wohnten in einfachen Rundhütten *(Caneyes)* und Höhlen. Da sie aus Stein gefertigte Werkzeuge benutzten, bezeichnet man ihre Lebensweise als **Steinkultur**.

Es folgte die deutlich höher entwickelte **Keramikkultur** der **Taínos** (auch *Arawak* genannt). Diese flohen im 9. Jh. n. Chr. aus Brasilien vor den extrem kriegerischen Kariben, die sie auch *Caniba* nannten, woher unser Wort „Kannibale" stammt. Die Kariben setzten ihnen von einem Eiland zum anderen nach und vertrieben die *Arawak* schließlich von den kleinen Inseln. Bei ihrem Rückzug auf die größte Antilleninsel verdrängten die *Arawak* wiederum die *Siboney* in den Westen Kubas. Sie betrieben im neolithischen Stadium Ackerbau (Mais, Yucca, Süßkartoffeln und Tabak) und ergänzten ihren Speiseplan durch Fischfang. Als Jagdgeräte benutzten sie Netze, Pfeil und Bogen, Lanzen, Spieße und Keulen. Werkzeuge und Schmuck konnten sie kunstvoll und detailliert anfertigen. Sie konstruierten sogar große Kanus mit reich verzierten Rudern sowie *Bohíos*, den Prototyp des kubanischen Bauernhauses, der noch heute manche ländliche Gegenden prägt. Ihre Dörfer waren geometrisch um den mittigen Dorfplatz *(Batey)* mit Fest- und Versammlungshaus angeordnet. Hier fanden religiöse Zeremonien mit tranceartigem Tanz und Gesang statt, bei denen Maisschnaps, Tabakrauch und die rituellen Verse des Medizinmannes nicht fehlen durften. Die landwirtschaftliche Produktion beruhte auf Gemeineigentum und kollektiver Arbeit. Jeder

Wettkampf mit Bariay (bei Gibara): Trotz Denkmal war Baracoa wahrscheinlich erst die zweite Stelle, an der Kolumbus kubanischen Boden betrat.

Stamm hatte seinen *Kaziken* (Häuptling), der für die Stammesgesetze verantwortlich war und die Zeremonien durchführte, also sowohl die Rolle des Familienvaters als auch des religiösen Oberhaupts verkörperte. Untereinander waren die einzelnen Stämme nicht organisiert.

Entdeckung und Conquista

Am 27.10.1492 landete **Christoph Kolumbus** an Kubas Nordküste und ließ sich zu seinem berühmten Ausruf verzücken, der noch heute die Reiseprospekte prägt: „Es ist das herrlichste Land, das Menschenaugen je erblickt haben. Man möchte sein ganzes Leben bleiben." Der Admiral wähnte sich seinem Ziel China nahe und war auch nach einer Fahrt entlang der Südküste davon überzeugt, einen Ausläufer des asiatischen Festlandes vor sich zu haben. Die Eingeborenen bezeichnete er als sanft und schüchtern; im Umgang mit ihnen fehle nichts weiter, „als dass man ihre Sprache kenne und

ihnen befehle, denn alles, was man ihnen befehle, würden sie widerspruchslos tun." Kolumbus gab der Insel zunächst den Namen *Juana* zu Ehren der spanischen Thronerbin; später wurde sie dann *Fernandina* getauft.

Nach der erkundenden Vorarbeit von Kolumbus setzte die Eroberungsphase ein. 1511 ließ **Diego Velásquez** (1465–1524) von der Nachbarinsel Hispaniola gen Kuba Segel setzen. Er landete in der Bucht von Baracoa, die schon Kolumbus als günstigen Landeplatz gelobt hatte und errichtete dort den ersten Regierungssitz. Kurze Zeit später schwärmten die Spanier auf der Suche nach ihrem heiß ersehnten Gold über die ganze Insel aus.

Hernán Cortés (1485–1547) brachte die Mentalität der Konquistadoren auf den Punkt: „Ich kam, um Gold anzuhäufen, und nicht, um den Boden zu beackern wie ein Bauer." Trotz bescheidener Fundquote war die gesamte Insel bereits 1514 erkundet und offiziell in Besitz genommen. 1512–1515 entstanden die ersten sieben Städte: Baracoa, Bayamo, Havanna, Puerto Príncipe (heutiges Camagüey), Trinidad, Sancti Spíritus und Santiago de Cuba.

Einige Indianerstämme setzten den Spaniern erbitterten Widerstand entgegen und zogen sich in die Berge zurück. Dieser Kampf wurde vom Kaziken **Hatuey** angeführt, der die spanische Eroberungswut bereits in Hispaniola selbst erlebt hatte und von dort nach Kuba geflohen war. Laut einer Legende präsentierte Hatuey den kubanischen Ureinwohnern einen Korb voll Gold und behauptete, dies sei der Gott, den die Spanier verehrten. Daraufhin umtanzten die Indianer das gelbe Metall und warfen es in einen Fluss, aus Angst, von den Invasoren im Goldrausch getötet zu werden. Die überlegene spanische Militärtaktik und deren entschlossene Grausamkeit ließen den indianischen Widerstand scheitern. Hatuey geriet in Gefangenschaft und wurde 1512 zum Tode verurteilt. Vor seiner Erhängung bot ihm ein Priester die Taufe an, damit er in den Himmel käme. Als Hatueys Nachfrage, ob die Spanier denn auch dorthin kämen, bejaht wurde, lehnte der Häuptling ab: Er wolle nie wieder mit den Mördern seines Volkes zusammentreffen. Nach ihrer Niederlage begingen ganze Dörfer kollektiven Selbstmord. Andere Indianer zogen sich in den äußersten Westen der Insel, die Península de Guanahacabibes zurück, doch es dauerte nicht lange, bis die Besatzer auch dorthin vordrangen.

Eingeschleppte Pockenepidemien, Krieg und Zwangsarbeit dezimierten die indianische Urbevölkerung von über 500 000 zur Zeit Kolumbus in nur einem halben Jahrhundert auf 3000 Menschen. Die wenigen Überlebenden des Genozids wurden vollständig christianisiert und ihre Kultur praktisch ausgelöscht.

Plantagensystem und Sklavenhalter-Gesellschaft

Von der Encomienda zum Sklavenhandel

Die königlichen Gesetze von Burgos und die päpstliche Bulle von 1537 erkannten den Indianern den Status freier Menschen zu und gewährten ihnen so theoretisch Schutz vor Versklavung. Doch ließen sich diese Vorschriften leicht umgehen, um die zur Ausbeutung der Ressourcen nötige Arbeitskraft zu bekommen: Wer z. B. einen „gerechten Krieg" gegen rebellische Indianer führte, konnte diese dann gefangen nehmen und versklaven. Der spanische König verlieh den Kolonisten das Besitzrecht nicht nur über die Ländereien *(Mercedes)*, sondern zugleich auch über die dort ansässigen Indianer, die automatisch als seine Untergebenen galten. Im **Encomienda**-System verpflichteten sich die Kolonisten, für „Schutz" und Christianisierung der Ureinwohner zu sorgen und griffen zum Modell der religiösen Erziehung durch Arbeit. Zumindest in den ersten Jahren glaubte man, ein unerschöpfliches Arbeitskräftereservoir zu haben, und presste ohne Mindestversorgung das Maximum an Leistung heraus. Als daraufhin massenhaft Indianer starben, musste die an langfristigen Einkünften interessierte spanische Krone reagieren: 1542 wurden die *Encomiendas* per Gesetz abgeschafft *(Leyes nuevas)* und bis Ende des 16. Jhs. durch ein Sklavensystem ersetzt. Doch die Urbevölkerung fiel der kaum geringeren Arbeitsbelastung weiter zum Opfer. Dominikanermönch und „Indianerapostel" **Bartholomé de las Casas** (1474–1566) versuchte mit seinem Vorschlag, resistentere Sklaven aus Afrika zu importieren, zwar die indianische Bevölkerung zu retten, opferte dafür aber eine andere ethnische Gruppe.

Ab Mitte des 16. Jhs. stieg die Bedeutung der Viehwirtschaft, denn die Schiffsbesatzungen mussten auf ihren Reisen mit gesalzenem Fleisch versorgt werden. Die Frachträume der Schiffe füllten sich mit Mais, Tabak, Zucker, Baumwolle, Leder, Vieh und Holz für Spanien und stachen von dort wieder mit Manufakturwaren wie Kleidung, Stoffen, Schuhen, Maschinen, Wein, Öl und Seife gen Kuba in See. Da Piraten von dieser reichen Beute schnell Wind bekamen, erließ die spanische Krone, in dessen Schatullen ein Fünftel der Handelswaren wanderte, 1526 ein Gesetz, das besagte, dass im Konvoi zu segeln sei. Das spanische Handelshaus in Sevilla *(Casa de la Contratación)* besaß das **Handelsmonopol**, betrieb eine restriktive Preispolitik und unterdrückte den Aufbau eines kubanischen Handwerkes und Gewerbes. Der Grundstein der Unterentwicklung, unter der Kuba noch heute leidet, wur-

de früh gelegt. Lediglich der im Osten aufblü-
hende Tabakschmuggel konnte das königliche
Handelsmonopol etwas aufweichen. Zuckeranbau spielte in Kuba im Gegensatz zu anderen
Karibikinseln im 16. Jh. noch keine große Rolle.
Zwar pflanzte man das süße Gras, das Kolumbus auf seiner zweiten Reise in die Neue Welt
mitgebracht hatte, bereits 1548, doch mangelte
es in den ersten Jahrzehnten an Investitionska-
pital. Erst knapp hundert Jahre später sprang ein
kleiner Funke der karibischen Zuckerrevolution
auch auf Kuba über und die Felder breiteten sich
um Havanna ringförmig aus.

Ende des 16. Jhs. begann die Vormachtstel-
lung der spanischen Kolonialmacht in der Neuen
Welt zu bröckeln, vor allem nach der vernichtenden Niederlage der spanischen *Armada* 1587
gegen England. Fortan verschoben sich die Kräf-
tekonstellationen und England stieg zur größten
Seemacht auf.

Freihandel, Zuckerboom und Agroindustrialisierung

Spaniens Beteiligung an dem in Nordamerika tobenden Siebenjährigen Krieg (1756–63) bestraf-
ten die Briten mit der **Einnahme und Besetzung
Havannas** (1762). In dem knappen Jahr ihrer
Herrschaft stießen sie Kubas Tor zum Weltmarkt
auf und leiteten mit ihrer Freihandelsepoche den
Anfang vom Ende des spanischen Handelsmo-
nopols ein. Das System der Zuckerrohrplantagen
erhielt gewaltigen Auftrieb. Havanna entwickelte
sich schnell zum Zentrum des britischen Handels
mit den westindischen und nordamerikanischen
Kolonien. Eine neue Klasse feierte ihren Aufstieg
und gesellte sich zur spanischen Sklavenhalteraristokratie: Die aufstrebende kreolische Bour-
geoisie aus Händlern und Beamten sollte später
in den Unabhängigkeitskriegen eine bedeutende
Rolle spielen. Spanien bekam seine Insel zwar
1763 im Frieden von Paris im Austausch gegen
Florida zurück, doch das Handelsmonopol ließ
sich nicht mehr aufrechterhalten. Schritt für
Schritt wurden die Restriktionen gelockert.

Der nächste Qualitätssprung im Zuckerboom
ließ nicht lange auf sich warten. Als 1789–92
in Haiti die Revolution tobte, flohen die französischen Großgrundbesitzer – ihr technisches
Know-how im Gepäck – nach Kuba. Zudem

Der Dreieckshandel

Für das Geschäft mit dem „weißen Gold"
benötigte man jede Menge Arbeitskräfte.
Diesen Bedarf stillte zunehmend der im 17. Jh.
entstandene Dreieckshandel zwischen Europa,
Afrika und Westindien: Afrikanischen Händlern
kaufte man die Sklaven mit Textilien ab und
tauschte sie in den Kolonien gegen tropische
Produkte wie Zucker und Rum ein, die dann in
Europa wiederum industrielle Halbfertigwaren
einbrachten. War die Sklaveneinfuhr lange
Zeit durch Mengenbeschränkungen geregelt,
so durfte ab 1789 (nach dem sprunghaften
Anstieg der Zucker-Nachfrage auf dem
Weltmarkt) in unbeschränktem Maß versklavt
werden. Beim barbarischen Massentrans-
port über den Atlantik drängten die Händler
ihre Menschenfracht so eng wie möglich im
Schiffsrumpf. Man schätzt, dass 1780–1880
rund eine Million schwarze Sklaven nach Kuba
verschleppt wurden, von denen rund 15 % die
Überfahrt nicht überlebten. Trotzdem boomte
das Menschenhandelsgeschäft dermaßen,
dass schon 1841 die schwarze Sklaven fast
50 % der Inselbevölkerung ausmachten.

boten die unabhängigen Vereinigten Staaten
einen riesigen neuen Absatzmarkt, und mit der
industriellen Revolution konnte die Produktivität
erheblich gesteigert werden. 1792 tanzten die
Millionen zum ersten Mal und 1840 war Kuba
zum größten Zuckerproduzenten der Welt aufgestiegen. Wie ein Magnet zog die Insel Pflanzer,
Händler und Techniker an, die sich alle ihr Stück
vom Zucker-Kuchen abschneiden wollten.

Unter Extrembedingungen mit täglichen Ar-
beitszeiten bis zu 18 Stunden betrug die durchschnittliche Lebenserwartung eines Plantagen-
sklaven nur sieben Jahre. Anfang des 19. Jhs.
verschärfte der steigende Mechanisierungsgrad
die Ausbeutung noch, denn nun mussten die
einzelnen Arbeitsprozesse nahtlos ineinander
übergehen, und eine Zeit-ist-Geld-Mentalität
kam immer stärker auf. Auch wurden mit zunehmender Plantagengröße die Beziehungen
zwischen Grundherren und Sklaven immer
unpersönlicher, was die Behandlung weiter

verschlechterte. Man hing der Vorstellung an, dass die zivilisatorische Wirkung der Arbeit die Ungläubigen zum christlichen Glauben bekehre und dadurch vor der ewigen Verdammnis rette. Als Grundlage dienten rassistische Ideologien, die den Afrikanern den Status der Minderwertigkeit zuschrieben. Einige Sklaven beantworteten diese doppelte Form der Gewalt mit Selbstmord, wobei sie fest daran glaubten, in ein freies Leben wiedergeboren zu werden.

Damit unter den Sklaven kein Einheitsgefühl entstehen konnte, setzte man sie oft aus verschiedenen Stammesgesellschaften zusammen. Die meisten kamen aus Nigeria und Benin, dem Kulturraum der Yoruba. Aus Angst vor Aufständen ließ man den Sklaven Tanz und Gesang als emotionales Ventil, was diese effektiv zu nutzen verstanden. Um ihre Religion zu erhalten, verschmolzen sie den katholischen Heiligenkult mit altem afrikanischem Götterglauben zu einem religiösen Synkretismus. Hinter den akzeptierten katholischen Riten verbargen sich so die traditionellen afrikanischen Elemente.

Sklavenrevolten war im Gegensatz zu Haiti kein Erfolg beschieden: Die bedeutendsten Aufstandsversuche im Jahr 1843 wurden blutig niedergeschlagen. Erfolgreichste Widerstandsform war die Flucht: Sogenannte **Cimarrónes** schlossen sich in abgelegenen Berg- und Dschungelregionen zusammen, errichteten Wehrdörfer *(Palenques)* und betrieben Ackerbau. Um die Flüchtigen wieder einzufangen, stellten die Plantagenbesitzer Sklavenjäger *(Rancheadores)* ein, die mit Hunden die Verfolgung aufnahmen. Die drastischen Strafen reichten bis zur Hinrichtung bei wiederholtem Fluchtversuch, denn durch abschreckende Exempel sollte die Alternative der Flucht ausgelöscht werden.

Einen ersten Bedeutungsverlust erfuhr das Sklavensystem durch das internationale Verbot des Sklavenhandels (**Abolition**), das England 1817 im Zuge seiner rasanten industriellen Entwicklung verhängte. Die Briten ließen ihre Flotte vor den Antillen hin und her kreuzen, was den Sklavenpreis wegen des gestiegenen Risikos in die Höhe trieb. Dies schuf zusätzliche Motivation, die Zuckerproduktion noch weiter zu rationalisieren und mechanisieren. Die Dampfmaschine ermöglichte eine Arbeitsteilung in

Ernte und Raffinerie. Als die Eisenbahn ab 1837 Transport-Reichweite und -Geschwindigkeit deutlich erhöhte, uferten die Plantagen aus. Die entstehenden **industriellen Raffinerien** verschlangen immer mehr Zuckerrohr und Kapital und verlangten ein agrarisches Produktivitätswachstum, das die (teure) Sklavenarbeit allein nicht mehr sicherstellen konnte. Nun wurde es immer unrentabler, die Sklaven in der toten Zeit zwischen den Ernten zu versorgen. Neue kapitalistische Lohnarbeitsmodelle setzten sich durch. Jetzt sah man verarmte kanarische Bauern, vor Hungersnöten geflohene Iren und chinesische Kulis für Hungerlöhne auf den Feldern schuften.

Die Zeit der Sklavenarbeit war jedoch noch nicht vorbei. Theoretisch hätten zumindest die nach 1817 bei illegalen Transporten befreiten Sklaven wie normale Bürger *(Emancipados)* behandelt werden müssen (das galt natürlich nicht für die vor 1817 importierten Sklaven). Doch drängten Tricks auch die freien Schwarzen sofort wieder in den Zwangsarbeitsprozess: Man bot ihnen z. B. an, sie fünf Jahre im Christentum zu unterweisen und aufs Arbeitsleben vorzubereiten und versprach ihnen nach dieser Zeit die vollen Freiheitsrechte. Aus Mangel an Ausbildungsmöglichkeiten sagten viele Schwarze zu und fanden sich in furchtbaren Arbeitsverhältnissen wieder. Starb ein nicht befreiter Sklave, erschien auf dem Totenschein oft der Name eines *Emancipado*. So wurde dessen Existenz ausgelöscht und durch jene des gestorbenen, nicht befreiten Sklaven ersetzt. Korrupte Helfer für derartige Verbrechen fanden sich genug. Selbst die wenigen „freien" Schwarzen sahen sich immer noch starken Diskriminierungen ausgesetzt.

Die rückläufige Bedeutung der Sklavenarbeit war nicht im Interesse der spanischen Krone, die weiterhin das Sklavenhandelsmonopol besaß. Auch kam ihr die Angst der kreolischen Aristokratie vor einem Sklavenaufstand wie in Haiti bis dato sehr gelegen, rechtfertigte dies doch die starke Präsenz von „Schutztruppen".

Die Unabhängigkeitskriege

Ökonomisch gesehen war Kuba Nutznießer der Unabhängigkeitsbewegungen, die sich Anfang des 19. Jhs. in vielen lateinamerikanischen Ländern ausbreiteten. Im Verlauf der Kriege sackte die Zuckerproduktion von Konkurrenten wie Brasilien und Haiti in den Keller, während Kuba gleichzeitig seine eigene ausweiten konnte. Die spanische Krone hatte aber weiterhin ein Argusauge auf den Außenhandel und durch ihr dichtes Kontrollnetz konnten nur einige riskante Schmuggelgeschäfte durchschlüpfen. Dies war ärgerlich für die kubanischen Plantagenbesitzer, insbesondere da die Bedeutung von Zucker auf dem Weltmarkt wuchs.

Als sich die industriell-kapitalistische Produktionsweise durchsetzte und vor Kuba ein nordamerikanischer Markt entstand, wuchs der Wunsch nach nationaler Unabhängigkeit. Die koloniale Abhängigkeit ließ den *Hacenderos* kaum Entwicklungsmöglichkeiten. Seit Jahrhunderten bekleideten ausschließlich Spanier die wichtigsten Ämter; die Kreolen mussten sich mit ihrer Plantagenherrschaft begnügen und wurden auch noch mit hohen Abgaben an die spanische Krone geärgert. Da fielen der Geist der Aufklärung und der französischen Revolution sowie erfolgreicher Unabhängigkeitsbewegungen in Lateinamerika auf fruchtbaren Boden.

Erster Unabhängigkeitskrieg (1868–78)
Am 10.10.1868 begann mit der „Erklärung von Demajagua" in der Provinz Oriente der Erste Unabhängigkeitskrieg. Grundbesitzer **Carlos Manuel de Céspedes** (1819–74) ließ die Sklaven seiner Plantage frei, verkündete in seiner als *Grito (Schrei) de Yara* bekannt gewordenen Rede die Unabhängigkeit und übernahm die militärische Führung des Krieges, unterstützt durch

Ignacio Agramonte (1841–73), General **Máximo Gómez** (1836–1905) und General **Antonio Maceo** (1845–96). Jede noch so kleine Stadt zollt ihnen heute in Form von Straßennamen Dank und Anerkennung. Viele Sklaven traten dem Befreiungsheer bei, sodass der Kampf den Charakter eines Volkskrieges annahm und die Zahl der Aufständischen, die von den Spaniern verächtlich als *Mambises* (Banditen, Verbrecher) beschimpft wurden, bis Jahresende auf 26 000 stieg.

Céspedes symbolisierte wilde Entschlossenheit zum Kampf: Als die Spanier seinen Sohn entführten und für dessen Freilassung die Kapitulation forderten, entgegnete er, alle Kubaner seien seine Söhne, und er könne nicht deren aller Freiheit zugunsten der Freiheit eines Einzelnen opfern. Daraufhin erschossen die Spanier seinen Sohn. Maceo war mit seinem Leitspruch: „Die Freiheit erbittet man nicht, sondern man erkämpft sie" gefürchtet, Gómez galt als Experte des Guerillakriegs. Das strategische Wissen der beiden Generäle ließ die Aufständischen fast den gesamten Ostteil der Insel einnehmen. Am 10.4.1869 wurden die Erfolge mit einer unabhängigen Verfassung im Ort Guáimaro zementiert. Die Spanier kontrollierten zwar weiterhin Häfen und Großstädte, doch das Hinterland befand sich bald in der Hand der nahezu unsichtbaren *Mambises*. Aufgrund interner Streitigkeiten versäumten sie es jedoch zu lange, den befestigten Schutzgraben bei Camagüey zu überwinden und in den Westteil der Insel vorzudringen. Ein Teil der Aufständischen wollte zwar die Unabhängigkeit, aber keinesfalls soziale Reformen. Und je mehr Erfolge der Mulatte Maceo errang, desto größer wurde die Angst vor einer von Schwarzen regierten Republik. Erst 1874 überschritt Gómez die Barriere in den Westen. Nun rüsteten die Spanier ihre Streitmacht um weitere 100 000 Soldaten auf und schlugen hart zurück. In den folgenden Jahren führten sie einen regelrechten Vernichtungskrieg, bis die Aufständischen im Februar 1878, geschwächt durch Hungersnöte und nachlassenden Nachschub an Waffen, den **Friedensvertrag von Zanjón** akzeptieren mussten. Spanien hatte seine Macht noch ein letztes Mal gefestigt.

Eine wichtige sozioökonomische Folge des Krieges war die graduelle **Aufhebung der Skla-**

verei. Die schwarzen *Mambises* und alle nach 1868 geborenen Kinder wurden juristisch freigesprochen. Viel änderte sich jedoch nicht, denn man drängte sie sofort in ein anderes Abhängigkeitsverhältnis mit Hungerlöhnen, das *Patronat*. 1886 wurde die Sklaverei völlig aufgehoben und durch bezahlte Lohnarbeit ersetzt. Doch die Arbeitsbedingungen verbesserten sich dadurch nicht: Die durchschnittliche tägliche Arbeitszeit lag bei 14 Stunden und Anstellung gab es oft nur während der drei- bis viermonatigen Saison der Zuckerrohrernte. Analphabetismus und Arbeitslosigkeit waren weit verbreitet. Spanien war vollauf damit beschäftigt, die politische Kontrolle aufrechtzuerhalten und ließ ökonomische Liberalisierungen zu (Ausweitung des Handels, Senkung der Steuern und Schutzzölle). Nun floss immer mehr US-amerikanisches Kapital auf die Insel und die Vereinigten Staaten stiegen schnell zu Kubas wichtigstem Handelspartner auf.

Zweiter Unabhängigkeitskrieg (1895–98)

Der Wille zur Unabhängigkeit ließ sich nicht lange bremsen. Der zweite Aufstand wurde unter Leitung von **José Martí** (Havanna, s. S. 196/197) sorgfältig im US-Exil vorbereitet. Die Zeit für den nächsten Aufstand war reif, das Volk kochte. Schließlich hatte nun auch noch der europäische Rübenzucker für eine Zuckerkrise mit drastisch sinkenden Preisen gesorgt. Die Arbeiter mussten das in Form von Lohnsenkungen ausbaden. Am 24.2.1895 explodierte die Stimmung in den Ostprovinzen und manifestierte sich im Zweiten Unabhängigkeitskrieg unter Führung von José Martí, Máximo Gómez und Antonio Maceo sowie der Parole „Mit allen und für das Wohl aller." Besser organisiert und weniger zerstritten als im ersten Krieg, überwand das Unabhängigkeitsheer schon nach einigen Monaten den militärischen Wall in der Mitte der Insel und drang nach Westen vor. Mit der **Politik der verbrannten Erde** versuchte man, die Spanier von lebenswichtigen Versorgungsgütern abzuschneiden und zerstörte zahlreiche Zuckermühlen und Felder, die als wirtschaftliches Rückgrat der Kolonialmacht galten.

Doch der in den letzten Jahrzehnten erlittene Verlust fast aller Kolonien hatte Spaniens Weltmachtbewusstsein erheblich angeknackst. Umso erbitterter hielten die Iberer jetzt an ihrer kolonialen Perle fest und konzentrierten alle militärischen Mittel voll auf Kuba. Es gelte, „bis zum letzten Mann und bis zur letzten Pesete" *Cuba Española* zu verteidigen. In allen ihren Kolonien zusammen hatte die untergehende Großmacht während der dortigen Unabhängigkeitskämpfe nicht so viele Truppen mobilisiert wie jetzt auf Kuba. 1896 ging das Oberkommando an General Valeriano Weyler, der mit gnadenloser Härte gegen die Rebellen vorging. Um ihnen die Versorgungsbasis zu entziehen, ließ er **Reconcentración-Lager** errichten und zwang damit die gesamte Bevölkerung, sich in kontrollierten Dörfern zu sammeln – unter erbärmlichen Lebensbedingungen, denen Zehntausende zum Opfer fielen. Alle, die außerhalb dieser Gebiete angetroffen wurden, galten als zum Abschuss freigegebene Rebellen. Doch diese brutale Taktik brachte nicht den gewünschten Erfolg; im Gegenteil schürte die steigende Zahl von Toten den Hass auf die Spanier noch. Auch wenn die Aufstandsbewegung zunächst zurückgeworfen wurde, gelang es nicht, die Rebellen zu isolieren. Deren Guerillataktik ließ die Kriegskosten der Spanier ins Unermessliche steigen. Zähneknirschend bot man einen Autonomiestatus für Kuba an, doch die *Mambises* lehnten ab und setzten den Kampf fort.

1898 betrat mit den Vereinigten Staaten ein weiterer Akteur das politisch-militärische Parkett. Die wirtschaftlich schon länger in Kuba aktiven USA sahen jetzt den geeigneten Zeitpunkt für eine militärische Intervention gekommen. Eine politische Kontrolle sollte sowohl Rohstoffe für die amerikanische Industrialisierung als auch einen Absatzmarkt vor der Haustür sicherstellen. Den ideologischen Boden bereiteten absurde Analogien zu Naturgesetzmäßigkeiten: Kuba müsse der Gravitation der Vereinigten Staaten ebenso gesetzmäßig folgen wie ein zu Boden fallender Apfel. Bereits 1823 hatten die USA erstmals offen Interesse an der Insel bekundet und die „Theorie von der reifen Frucht", die man nicht auf dem Boden liegen lassen könne, formuliert. Die **Monroe-Doktrin** mit ihrer Losung „Amerika den Amerikanern" lieferte die gesetzliche Grundlage für die imperialistische Expansion der USA. Schon Mitte des 19. Jhs. hatte man versucht, die Insel den Spaniern abzukaufen. An eine militärische Invasion war damals noch nicht zu denken, denn man steckte in eigenen Kriegswirren (Bürgerkrieg des Nordens gegen den Süden von 1861–65). Doch einige Jahrzehnte später waren die Umstände günstiger: Ob die Explosion des US-Kriegsschiffes **Maine** im Hafen von Havanna von den Amerikanern selbst inszeniert wurde, ist umstritten. Jedenfalls bot dies einen willkommenen Anlass, Spanien am 20.4.1898 den Krieg zu erklären. Um die Kriegsstimmung anzuheizen, bauschten amerikanische Boulevardblätter den Vorfall ordentlich auf und titelten: „Remember the Maine, to hell with Spain". Theatralische Klagen über die Barbarei der spanischen Kolonialherrschaft ergaben – gemixt mit einigen absurden Geschichten über die Misshandlung US-amerikanischer Damen durch verrohte Spanier – den benötigten Anti-Spanien-Cocktail. Die gezielte Rechtfertigung US-amerikanischer Invasionspolitik sollte sich im Laufe der Geschichte noch in diversen Weltregionen wiederholen.

Schon ein halbes Jahr später gaben die USA der angeschlagenen spanischen Armee am San-Juan-Hügel in Santiago de Cuba den Rest. Auch zu Wasser wurde die spanische Flotte vernichtend geschlagen. Später sprachen die USA vom „splendid little war". Für Spanien war der Verlust seiner kostbarsten Kolonie sehr schmerzhaft. Noch heute gibt es ein spanisches Sprichwort: „No importa, más hemos perdido en Cuba! – Macht nichts, mehr haben wir in Kuba verloren!"

Die Zeit der (Pseudo-)Republik

Schnell wurde auch den Kubanern klar gemacht, wer jetzt das Sagen hatte. Nach der Einnahme von Santiago de Cuba verwehrte die neue Hegemonialmacht den Guerilleros den Zugang zur Stadt und hisste nicht die kubanische, sondern die US-amerikanische Flagge. Dies war eine schwere Demütigung für die *Mambises*, die den spanischen Gegner selbst schon an den Rand der Niederlage gebracht hatten. Die Kubaner fühlten sich um ihre lang ersehnte Unabhän-

gigkeit betrogen, was ein schweres nationales Trauma hinterließ. Der **Pariser Vertrag** vom Dezember 1898 stellte Kuba unter politisch-ökonomische Vormundschaft der USA, die von nun an Landwirtschaft, Bergbau und Zuckerproduktion kontrollierten. Die neuen Herren verloren keine Zeit, das Rebellenheer zu entwaffnen und die Revolutionäre Kubanische Partei aufzulösen. Ohne die im Krieg gefallenen Identifikationsfiguren Martí und Maceo hatte die enttäuschte und kriegsmüde kubanische Bevölkerung dem nichts entgegenzusetzen. Die Kämpfe hatten weite Teile des Landes verwüstet und die Produktion lahmgelegt. Hunger und Seuchen plagten die Bevölkerung.

Etablierung der neokolonialen US-Herrschaft

Unter Militärgouverneur Leonard Wood wurde bis 1901 eine Verfassung ausgearbeitet, die US-Interessen entsprach und im **Platt Amendment** gipfelte. Dieser Zusatz gewährte den USA militärisches Interventionsrecht, um die „Unabhängigkeit" der Insel zu verteidigen. Erst nach diesem Knebelvertrag, der gegen heftigen kubanischen Widerstand durchgesetzt wurde, zogen die USA ihre Truppen ab und entließen Kuba in die formelle Unabhängigkeit. Das Platt Amendment festigte die ökonomische und politische Kontrolle und sollte US-amerikanisches Eigentum vor Unruhen schützen. Zuvor war schon der **US-Flottenstützpunkt Guantánamo** errichtet worden, der bis heute besetzt wird (Guantánamo, s. S. 489). Stolz verkündete Wood: „Alles zeugt offenbar davon, dass die Insel absolut in unseren Händen ist ... Sie ist ein wirkliches Anhängsel der Vereinigten Staaten und als solches von unserer Gnade abhängig. Durch die Kontrolle über Kuba, die zweifellos schnell zu einer Herrschaft werden wird, werden wir praktisch den Welthandel mit Zucker kontrollieren. Das dürfte, so meine ich, ein sehr günstiger Erwerb für die Vereinigten Staaten sein."

Die systematische wirtschaftliche Ausbeutung der Insel begann 1902 mit dem **Reziprozitätsabkommen**, das den USA Vorzugszölle im bilateralen Handel einräumte: Zollsenkungen von 20 % für kubanische Exporte wie Tabak und Zucker standen solche zwischen 20–40 % für industrielle Importwaren aus den USA gegenüber. Eigene handwerkliche und industrielle Ansätze konnten der Konkurrenz aus dem Norden nicht standhalten, wodurch die strukturelle Abhängigkeit Kubas noch gefestigt wurde. In den 1920er-Jahren bezog Kuba schon mehr als zwei Drittel seiner Importe vom übermächtigen Koloss im Norden. Seit Ende des 19. Jhs. war der US-Kapitalstrom in die Zuckerwirtschaft zu mächtigen Wogen angeschwollen. Riesige halbindustrielle Komplexe *(Centrales)* prägten das Bild. Viele Kleinbauern mussten den ausufernden Zuckerplantagen weichen und sich dem Heer schlecht bezahlter Saisonarbeiter anschließen. Durch Anwerben noch ärmerer Tagelöhner von den karibischen Nachbarinseln drückten die Plantageneigner das Lohnniveau weiter nach unten. 1928 beherrschten die US-Großkonzerne drei Viertel der kubanischen Zuckerproduktion. Ganz vorn mit dabei war die **United Fruit Company**. Die „schneeweiße Dame Zucker" füllte damals gut fünf Millionen Tonnen, deutlich mehr als heute. Mit der exportorientierten *Cash-Crop*-Produktion nahm Kubas Abhängigkeit von Nahrungsmittelimporten stetig zu; ein koloniales Erbe, an der die Insel heute noch leidet. Neben der Landwirtschaft kontrollierten die USA Bergbau, Bankenwesen und Bauwirtschaft. Insgesamt floss ein Viertel aller US-amerikanischen Investitionen in Lateinamerika nach Kuba.

Ein wichtiges Investitionsfeld war auch der **Tourismus**, wuchs doch im Zuge der *Roaring twenties* die US-Mittelschicht mit unbändigem Appetit auf Urlaub und Vergnügung. Clubs, Hotels, Bars und Spielkasinos schossen in Havanna und Varadero wie Pilze aus dem Boden und wurden von einer Welle US-amerikanischer Touristen überflutet, die der Prohibition (1919–33) entfloh. Insbesondere Kubas Hauptstadt übte mit ihrem Slogan „conscience takes a holiday" eine magische Anziehungskraft aus. Die vor die Tourismus-Kutsche gespannten Zugpferde hießen „Sex, Drugs and Roulette".

Doch als 1929 der „Schwarze Freitag" die Börsen erschütterte, war es mit der Party erst einmal vorbei. Die **Weltwirtschaftskrise** warf die Insel auf das wirtschaftliche Niveau des vorigen Jahrhunderts zurück. Die Tore vieler Zuckerfabriken schlossen sich, Löhne sanken in den Keller

und Massenarbeitslosigkeit griff um sich. Mittels Quoten schränkten die USA ihre Zuckerimporte aus Kuba ein und überschwemmten die Insel gleichzeitig mit Industrieprodukten. Der Zweite Weltkrieg steigerte den US-Einfluss auf Kubas Wirtschaft noch, weil die europäischen Märkte zusammenbrachen.

Auf politischer Ebene nahmen die USA subtiler, aber nicht minder effizient Einfluss. Wahllisten standen stets unter US-Kontrolle und in den ersten Jahren tauchten dort nur Vertreter von zwei Parteien auf (Konservative und Liberale), die sich hinsichtlich Korruption und Vetternwirtschaft nichts nahmen und im Wahlkampf oft auch zu militärischen Mitteln griffen. 1902 konnte sich Tomás Estrada Palma in einer Wahl ohne Gegenkandidaten als erster (Marionetten-)Präsident der Republik feiern lassen, und die USA zogen ihre Truppen ab. Doch das Platt Amendment sollte schon bald zur Anwendung kommen, als der Korruptionssumpf und wachsende soziale Missstände 1906 einen bewaffneten Aufstand, den *Guerra Chiquita*, auslösten. Investoren aus den USA fürchteten um ihre Besitztümer und setzten zum Hilferuf an. US-Präsident Roosevelt ließ sich nicht lange bitten und etablierte bis 1908 eine provisorische US-amerikanische Regierung. Das Schauspiel von militärischen Interventionen und massiver Einflussnahme auf die kubanischen Präsidentschaftswahlen wiederholten sich in der Folgezeit noch einige Male. Sie nannten dies „Dollar-Diplomatie".

Umfassende soziale Reformen forderte in dieser Zeit lediglich die 1908 gegründete **Unabhängige Partei der Farbigen** *(Partido Independiente de Color)*, die aus jenen schwarzen Militärs bestand, die sich um die Früchte des Unabhängigkeitskampfes betrogen sahen. Denn insbesondere diese ethnische Bevölkerungsgruppe litt unter rassistischen Diskriminierungen, eingeschränktem Wahlrecht und fehlenden sozialen Aufstiegschancen. Sie tat ihren Unmut durch Proteste kund und rüttelte am Privilegiensystem der Weißen. Die weiße Elite verbot 1910 kurzerhand die Partei und schlug deren Aufstand blutig nieder. Der Rassismus blieb tief in der kubanischen Gesellschaft verwurzelt und selbst dem Präsidenten Batista wurde aufgrund seiner mulattischen Abstammung in den 40er-Jahren die Mitgliedschaft zum noblen Jacht-Club verweigert. Die Prados und Parks der Provinzstädte blieben weiterhin in Zonen für Weiße und Schwarze unterteilt.

Das Muster manipulierter Wahlen und daraus resultierender Revolten, die von der jeweils unterlegenen Partei angezettelt wurden, wiederholte sich mehrfach bis in die 30er-Jahre. Wahlbetrug nahm derart skurrile Formen an, dass die Zahl der abgegebenen Stimmen mitunter die Summe der Wahlberechtigten bei weitem übertraf. Mit Titeln wie „Haifisch" oder „Pesetendieb" charakterisierte die kubanische Bevölkerung ziemlich treffend die vorherrschende Moral der folgenden Präsidenten.

Julio Antonio Mella (1903–29) formulierte erstmals wieder ein sozialrevolutionäres Programm, das auf Martís Ideen basierte. 1923 begann er als Studentenführer seine politische Karriere, forderte Universitätsreformen und übte Kritik an der korrupten Pseudodemokratie. Als die Streikbewegungen zwei Jahre später ihren Höhepunkt erreicht und sich im nationalen Arbeiterbund Kubas organisiert hatten, gründete Mella die Kommunistische Partei. Im gleichen Jahr kam Diktator **Gerardo Machado** (1871–1939) an die Macht. Er hatte bei US-Investoren mit dem Satz „Wenn ich gewählt werde, wird unter meiner Regierung kein Streik länger als eine Viertelstunde dauern", Eindruck geschunden und wurde vom Volk bald „Schlächter" genannt. Spätestens unter seiner Amtszeit brach Kubas demokratische Fassade zusammen. Machados Schergen ermordeten zahlreiche KP-Mitglieder und lauerten Mella sogar im mexikanischen Exil auf. Paramilitärische Trupps zogen durch Havannas Straßen, ließen Oppositionelle verschwinden und verbreiteten Angst und Schrecken. Statusdenkmäler wie das Capitolio oder Straßenbauprojekte finanzierte der „tropische Mussolini" durch Steuererhöhungen auf Kosten der ärmeren Bevölkerung. Bei seiner Wiederwahl sah sich Machado mit einer breiten Widerstandsbewegung aus Studenten und Arbeitern konfrontiert. Die dramatischen Folgen der Weltwirtschaftskrise von 1929, die die Gewinne aus dem Hauptexportgut Zucker halbierten, verstärkten diese politische Krise noch. Todesschwadronen und Geheimpolizei griffen gnadenlos durch und schlugen alle Demonstrationen nieder. Die Universität wurde geschlossen und die Presse einer Zensur unterworfen. Als ein Volksaufstand immer näher rückte, zwangen die an Stabilität interessierten USA den Diktator 1933 zum Rücktritt.

Von der verordneten Demokratie zur Diktatur

Die USA änderten nun ihre Strategie und schlugen mit der „Politik der guten Nachbarschaft" (**New Deal**), einen gemäßigteren Kurs ein. Sozioökonomische Maßnahmen blieben aber auf ein minimales Sozialfürsorgeprogramm und lokale Subsistenz-Projekte beschränkt und ließen die US-Dominanz in den Handelsbeziehungen und der Zuckerwirtschaft unangetastet. Inzwischen schlossen studentische Gruppen ein Bündnis mit niederen Militärs. Im **Aufstand der Sergeanten** gegen ihre Kommandanten tat sich **Fulgencio Batista** (1901–73) hervor und stieg bald zum obersten Heerführer auf. Die Revolte wuchs sich zu einem politischen Umsturz aus und brachte den Medizinprofessor **Ramón Grau San Martín** ins Präsidentenamt, der die Verfassung von 1901 mitsamt dem Platt Amendment aussetzte und ein bis dahin beispielloses Reformprogramm umzusetzen begann (Achtstundentag und Mindestlöhne für alle Zuckerarbeiter, gewerkschaftliche Organisationsfreiheit, Verteilung von öffentlichem Land). Diese keineswegs revolutionären Maßnahmen waren den USA zu radikal. Sie verweigerten der Regierung die diplomatische Anerkennung und schlossen sie damit vom lebenswichtigen Zuckerabkommen aus. Unter diesen Bedingungen musste Grau nach nur vier Monaten abtreten.

Nun begann **Fulgencio Batistas** Aufstieg auf der politischen Bühne, erst im Hintergrund und später als Hauptdarsteller. Als starker militärischer Führer hatte er zunächst mit harter Hand für Ordnung im Sinne der USA zu sorgen und jegliche Organisation der Arbeiter zu unterdrücken. Erst jetzt, 1934, schafften die USA das Platt Amendment ab, ohne jedoch ihre Marinebasis aufzugeben. Armeechef Batista zog mit repressiven Maßnahmen und Unterstützung der USA die Fäden von einer Reihe kurzlebiger Marionettenpräsidenten, bis sich das parlamentarische

System Ende der 30er-Jahre wieder stabilisiert hatte. Nachdem jeglicher Widerstand gebrochen war, gaben die USA zur Vorbeugung vor weiteren Aufständen ein demokratisches Modell mit einigen bürgerlichen Freiheiten vor. Opportunist Batista sprang sofort auf den humanistisch-liberalen Zug auf, den die USA als Zeichen ideologischer Abgrenzung zum europäischen Faschismus ins Rollen bringen wollten. Das verschaffte ihm 1940–44 den Präsidentenposten, sogar unter Regierungsbeteiligung der Kommunistischen Partei.

Die neue **Verfassung von 1940** sah Mindestlöhne, Achtstundentag, Sozialversicherung, gewerkschaftliches Organisationsrecht und Begrenzung des Großgrundbesitzes vor. Verglichen mit früheren Zeiten waren das traumhafte Verhältnisse; allerdings klafften zwischen Papier und Wirklichkeit riesige Abgründe. Ganz in der Tradition früherer Machthaber galt Batistas Hauptinteresse der persönlichen Bereicherung und der Pflege von Klientelbeziehungen zu den USA. Seine Nachfolger verfielen ebenfalls der Korruption und ergriffen kaum Maßnahmen, um die Verfassung umzusetzen und die krassen sozialen Unterschiede abzumildern.

Während sich die Kommunistische Partei im Selbstfindungsprozess befand und ihr ein militanter Anti-Kommunismus mit gezielten Terroraktionen zu schaffen machte, gründete **Eduardo Chibás** 1947 die **Orthodoxe Partei**. Er orientierte sich an den Idealen José Martís und verurteilte politische Korruption und ausländische Einmischung aufs Schärfste. Mit seiner Forderung nach „wirtschaftlicher Unabhängigkeit, politischer Freiheit und sozialer Gerechtigkeit" gewann Chibás an den Universitäten schnell viele Anhänger, unter ihnen Fidel Castro. Nach einer flammenden Rede, in der er zur Revolution aufrief, beging er 1951 öffentlich im Rundfunk Selbstmord. Daraufhin stieg die Popularität der Partei so stark, dass die USA deren Wahlsieg befürchteten und **Batistas Staatsstreich** von 1952 duldeten. Der junge Rechtsanwalt Fidel Castro, der als Abgeordneter der Orthodoxen mit guten Siegeschancen kandidiert hatte, klagte gegen diesen rechtsstaatlichen Verstoß erfolglos vor Gericht. In diktatorischer Manier ließ Batista die Verfassung von 1940 abschaffen und bestach

oder verbot Presse, Kirche und Gewerkschaften. Korruption, soziale Ungerechtigkeit und Armut nahmen erheblich zu. Das Modell der parlamentarischen Demokratie war endgültig gescheitert.

Doch Batista sicherte sich die Zuneigung der USA, indem er ein extrem investitionsfreundliches Klima schuf. Havanna mutierte in den 50er-Jahren zur Vergnügungsmetropole für die zahlungskräftige **High-Society** und Mittelschicht. Batista verwandelte die Hauptstadt in eine „Spielhölle", indem er jedem Nachtclub oder Hotel mit mehr als einer Million US$ Wert die Eröffnung eines Casinos gestattete. Das Tourismus-Geschäft ging immer mehr mit organisiertem Verbrechen einher, denn viele Casinos und Bordelle befanden sich in Händen solch prominenter Mafiabosse wie Meyer Lanski, Frank Costello und Lucky Luciano. Der sozial unterprivilegierten Klasse, insbesondere Schwarzen und Mulatten, war der Zugang zu den noblen Clubs und Restaurants im „Paris der Tropen" verwehrt. Die glitzernden Vergnügungsinseln lagen inmitten eines Ozeans des Großstadtelends. Zulieferdienste sorgten für alles, was das Bourgeoisie-Herz begehrte (inklusive Prostituierte), sodass man unter sich war und die komfortablen Tempel gar nicht zu verlassen brauchte. 1959 gingen die Lichter von Havannas Glitzerwelt dann schlagartig aus, als Fidel Castro Glücksspiel und Prostitution verbieten ließ.

Die Revolution

Der erste Anlauf

Inmitten dieses gesellschaftspolitischen Klimas rief Castro 1953 die **Bewegung des 26. Juli** ins Leben und organisierte einen militärischen Aufstand. An genau jenem Spätjulitag sollte mitten im Karnevalstaumel in Santiago de Cuba die zweitgrößte Kaserne des Landes eingenommen werden. Der **Sturm auf die Moncada-Kaserne** gilt als Beginn der Revolution, endete jedoch in einem Desaster. Mangelhafte Ortskenntnis und die frühe Entdeckung der Rebellen machten ihr Überraschungsmoment zunichte und verwickelten sie sofort in Schießereien. Viele gerieten in Gefangenschaft, wurden brutal gefoltert und später getötet. Doch die grausamen Szenen wurden fotografiert und später veröffentlicht, was die Gefallenen zu Märtyrern machte und Batista starke Antipathien einbrachte. Als man den geflohenen Castro erwischte, hatte er Glück, dass ihn der kommandierende Offizier in ein Gefängnis brachte und nicht direkt der Kaserne auslieferte (was seinen sicheren Tod bedeutet hätte). Im Gerichtsverfahren verteidigte sich Castro selbst und hielt seine berühmte Rede **„Die Geschichte wird mich freisprechen"**, in der er die sozialökonomischen Missstände der Insel rigoros anklagte. Später schmuggelte er sie stückweise auf kleinen Zettelchen aus dem Gefängnis, sodass sie illegal verbreitet werden konnte. Der Angeklagte schloss mit den Forderungen nach Wiederherstellung der Verfassung von 1940 und einer Agrarreform zugunsten der Kleinbauern. Trotz des beeindruckenden Auftritts wurde Castro zu 15 Jahren Haft im Gefängnis Presidio Modelo auf der Isla de la Juventud verurteilt (Canarreos-Archipel, s. S. 324). 1955 sprach Batista die Gefangenen in einer **Amnestie** frei.

Der zweite Anlauf (1956–59)

Einige machten sich auf ins mexikanische Exil und organisierten dort sogleich eine neue Widerstandsbewegung. Auf den Spuren Martís bereiste Castro die USA auf der Suche nach Geldgebern. Nicht zuletzt gewann der charismatische Führer in Mexiko den argentinischen Arzt **Ernesto Che Guevara** (Santa Clara, s. S. 414/415) für die Bewegung. Man kaufte die kleine Jacht **Granma**, schlich im November 1956 in einer Nacht-und-Nebel-Aktion aus Mexiko und setzte Kurs Richtung Kuba. Auf das für zwölf Personen konstruierte Boot quetschten sich 82 Guerilleros. Laut Plan sollte es Ende November an der kubanischen Südküste landen, um zeitgleich mit Frank País' (1935–58) Aufstand in Santiago einen zweiten Brennpunkt zu schaffen. Doch verzögerte ein Unwetter die Ankunft der Jacht um einige Tage. In kürzester Zeit wurde der städtische Aufstand niedergeschlagen. Die Granma strandete Anfang Dezember 1956 schwer beschädigt an der Südostküste bei Niquero. Um ein Haar wäre die Revolution noch vor ihrem Beginn buchstäblich ins Wasser gefallen.

Batistas Luftwaffe erwartete die seekranken und völlig entkräfteten Rebellen bereits und bereitete ihnen ein Inferno. Lediglich Castro und einer Handvoll Leute, unter ihnen sein Bruder Raúl, Camilo Cienfuegos und Che Guevara, gelang der Rückzug in die Sierra Maestra. Gejagt von der Armee mussten sie auf ihrer Flucht jeden Tag große Distanzen zurücklegen. Dabei kam ihnen das dicht bewaldete Gelände der Sierra Maestra zugute, in dem sie kaum zu greifen waren und schnell untertauchen konnten. Im Laufe der Zeit bekam die zwölf Mann starke „Armee von Schatten" Zulauf. Einen moralisch wichtigen Sieg konnte Castro nach seinem Treffen mit Reporter Herbert L. Matthews von der *New York Times* feiern. Im Verlauf des Interviews ließ der gewiefte Taktiker Castro seine wenigen Mitstreiter nacheinander in mehreren Kompanien antreten, um den Eindruck militärischer Stärke zu erzeugen. Dazu mussten sich diese in Windeseile umziehen, um kurz nach ihrem Abzug erneut aufzumarschieren. Ob der alte Reporter-Hase sich davon hat täuschen lassen oder das Spielchen bereitwillig mitgespielt hat? Seine Story schlug jedenfalls hohe Wellen und steigerte Castros Popularität enorm. Denn Batista hatte zuvor vom Tod der Rebellen berichten lassen, und nun wusste die Bevölkerung, dass der Kampf weiter ging.

Mitte 1957 nahmen die Rebellen erste kleine Garnisonen der Sierra ein und die Armee zog sich in größere Städte zurück. Jetzt begann das sesshafte Stadium inmitten des „befreiten Gebietes." Che Guevara baute Gesundheitsposten auf und behandelte die Bevölkerung, was der Guerilla viele Sympathien und eine stetig wachsende Unterstützung einbrachte. Denn gerade in Ostkuba schliefen Massen von bitterarmen Tagelöhnern in kleinen Strohhütten auf nacktem Lehmboden, ohne Anschluss an Wasser, Elektrizität und medizinische Versorgung. Die Bauern revanchierten sich und hielten die Aufständischen über feindliche Truppenbewegungen auf dem Laufenden. Städtische Aufstandsaktionen waren dagegen erfolglos und auch nicht mit den Guerilleros koordiniert. Die Erstürmung des Präsidentenpalastes am 13. März 1957 unter José Antonio Echeverría endete für die Revolutionäre in einem Blutbad.

Das **Manifest der Sierra** vom 12.7.1957 stellte erstmals ein Bündnis aller oppositionellen

Kräfte her und setzte für die Zeit nach Batista einen sozialreformerischen Maßnahmenkatalog gemäß der Verfassung von 1940 auf. Ab Anfang 1958 warb Radio Rebelde für die revolutionäre Bewegung.

Zuerst hielt der mächtige Nachbar aus dem Norden zum Diktator: „Batista ist ein Hurensohn, aber immerhin ist er *unser* Hurensohn" tönte es aus Washington. Doch nachdem er mit seinen Blutbädern selbst beim amerikanischen Bürgertum in Ungnade gefallen war, ließ ihn die US-Regierung Anfang 1958 fallen wie eine heiße Kartoffel. Die Einstellung aller Waffenlieferungen war der Anfang vom Ende für Batista. Verzweifelt startete er im Frühjahr 1958 eine letzte Großoffensive – *Fin de Fidel* genannt – und schickte 12 000 Soldaten mit Panzern und Bombern zur Sierra Maestra.

Doch während es um die Moral der Truppe schlecht bestellt war, erfreuten sich die Rebellen steigender Beliebtheit. Schließlich behandelten sie die Bauern gut, stahlen nichts und versorgten jeden Gefangenen. Anders das Militär, das eine Spur der Verwüstung hinterließ und sich den Zorn des Volkes zuzog. Im Laufe der Zeit wuchs sich der Guerillakampf Vereinzelter immer mehr zum Volksaufstand aus, der sehr heterogene Bevölkerungsschichten vereinte. Hinzu kam die wachsende internationale Solidarität mit der kubanischen Revolution, die auch bürgerliche Gesinnungen erfasste.

Nach dem Scheitern des Großangriffs und dem Rückzug der Armee gingen die Rebellen in die Gegenoffensive und griffen unter Che Guevara, Camilo Cienfuegos und den Castro-Brüdern zeitgleich mehrere Ziele an. Die bedeutendste Rolle kam Che Guevaras Einheit zu: Nachdem es ihnen gelungen war, die Landverbindungen vom West- zum Ostteil zu sprengen und damit den Osten von militärischer Versorgung abzuschneiden, griffen sie Ende Dezember 1958 Batistas letzte Bastion, die Stadt Santa Clara, an und nahmen sie nach mehrtägigen erbitterten Kämpfen schließlich ein (Santa Clara, s. S. 410). Ein Generalstreik in Havanna gab Batista den Rest. Inmitten der Neujahrsfeiern setzte er sich in die Dominikanische Republik ab. Im Triumphzug marschierten die Guerilleros am 8.1.1959 in Havanna ein.

Machtübernahme der Guerilleros

Zunächst kam eine provisorische bürgerliche Regierung ins Amt. Die militärische Macht verblieb bei Fidel Castro, der auch nach und nach die höchsten Regierungsämter übernahm. Der alte Staatsapparat wurde gründlich auseinander genommen; Parteien, die Batista unterstützt hatten, verboten. In Prozessen gegen Batista-Anhänger, Militärs und Kriegsverbrecher wurden Hunderte zum Tode verurteilt, was internationale Proteste und eine erste Auswanderungswelle auslöste. Immer mehr Ämter gingen an ehemalige Guerilleros. 1960 bezeichnete Castro das parlamentarische Mehrparteiensystem als dekadent und setzte an die Stelle der zuvor angekündigten freien Wahlen mehrstündige Marathonreden, bei denen er dank seines Charismas, Idealismus und seiner rhetorischen Kraft massenhafte Zustimmung fand. Die temporäre Einheit gegen den gemeinsamen Feind Batista zerbrach, und es kam zu **Machtkämpfen** zwischen den verschiedenen politischen Kräften. Zwischen Rebellen und Liberalen klaffte schnell ein tiefer Graben, während die Kommunistische Partei auf Erstere zuging. Zwar gab es gemeinsame Ziele, doch sowohl Castro als auch Guevara bestritten anfangs, Kommunisten zu sein. Castro behauptete 1959: „Unsere Revolution ist weder kapitalistisch noch kommunistisch! (…) Die heutige Weltlage stellt uns vor die Wahl zwischen dem Kapitalismus, der die Menschen aushungert, und dem Kommunismus, der ihre wirtschaftlichen Probleme löst, aber dafür die Freiheiten unterdrückt, die ihnen teuer sind (…) Der Kapitalismus gibt den Menschen preis, der Kommunismus mit seinen totalitären Vorstellungen opfert seine Rechte auf. Wir sind weder mit dem einen noch mit dem anderen einverstanden (…) Unsere Revolution ist nicht rot, sondern olivgrün. Sie trägt die Farbe der Rebellenarmee aus der Sierra Maestra." Die USA konnten die Situation nicht einordnen und blieben zunächst in Wartestellung, überzeugt, Castro genau wie seine Vorgänger für sich instrumentalisieren zu können.

Schließlich schälte sich nach inneren Auseinandersetzungen eine einzige politische Organisation aus drei Parteien bzw. Bewegungen heraus. 1965 erhielt sie die Bezeichnung **Kommunistische Partei Kubas** (PCC) und übernahm die politische wie auch administrative Leitung des Staates. Ihr zentrales Element waren die paternalistischen Weisungs- und Gefolgschaftsbeziehungen, die sich um die Person Fidel Castro bildeten. Der Marxismus-Leninismus wurde zur herrschenden Ideologie erklärt.

Kubas Weg zum Sozialismus

Die 60er-Jahre: Aufbau von Cuba Socialista

Sozialpolitisch erfolgte eine für lateinamerikanische Verhältnisse beispiellose **Umverteilung**. Geballte Sozialprogramme (Wohnungsbau, um 30–50 % reduzierte Mieten, günstige Strom- und Wassertarife, Preissenkungen für Verkehrsmittel, Medikamente und Grundnahrungsmittel, Einführung einer Sozialversicherung mit Arbeitslosenhilfe, Invaliden- und Mutterschaftsrenten) sowie Lohnerhöhungen verbesserten die Lebensbedingungen der ärmeren Bevölkerung, insbesondere der Schwarzen, erheblich. Viele Villen der geflohenen Oberschicht wurden umfunktioniert zu Sozialzentren, Schulen und Krankenhäusern oder boten verarmten Familien aus den Slums ein neues Heim. Das Stadtreformgesetz von 1960 machte viele zu Eigentümern ihrer Wohnungen. 1961 schlossen die Privatschulen ihre elitären Pforten und ein integriertes Bildungssystem ersetzte das zweigleisige und bot allen Kubanern die gleichen Ausbildungschancen. Das Phänomen der Kinderarbeit verschwand nach und nach aus Kubas Alltag. Im selben Jahr zogen im Rahmen der **Alphabetisierungskampagne** über 250 000 Lehrer, Schüler und Studenten in abgelegene ländliche Regionen aus, um der Bevölkerung Lesen und Schreiben beizubringen. Bereits kurze Zeit später gab es landesweit kaum noch Analphabeten – ein bis heute in Lateinamerika beispielloser Erfolg.

Auch auf wirtschaftlichem Gebiet zeichneten sich schnell radikale Veränderungen ab. Vor der Revolution gehörte nur einem Prozent der Landeigner knapp 50 % der landwirtschaftlichen Nutzfläche, und 8 % der Farmen bewirtschafteten 70 % des Agrarlandes. Noch 1958 besaßen US-Gesellschaften knapp 50 % der Zuckerrohrfelder und kontrollierten zwei Drittel der Ölraffinerien sowie neun Zehntel der Telefon- und Elektrizitätsgesellschaften und des Bergbaus. Nach dem Sieg der Revolution wurden private Besitztümer in mehreren Etappen verstaatlicht. In der **Ersten Agrarreform** von 1959 gingen Ländereien über 400 Hektar in Staatsbesitz über; vor allem US-Agrarkonzerne mussten ihre Koffer packen. Auch Multis wie Coca-Cola und Bacardi wurden von dieser Enteignungswelle ergriffen. Ein Großteil der US-amerikanischen Industrie blieb aber zunächst unangetastet. Von wütenden US-Konzernen bedrängt, forderte die amerikanische Regierung Entschädigungszahlungen. Angesichts der von Batista geplünderten Staatskasse lehnte Castro ab und bot stattdessen Schuldverschreibungen an.

Die USA versuchten fortan, die Revolutionsregierung zu destabilisieren (und tun dies bis heute): Konterrevolutionäre Bewegungen, Bombenattentate und andere Sabotageakte stiegen sprunghaft an und gingen zumeist auf das Konto exilkubanischer Eliten, oft in Kooperation mit der CIA. Anfang 1960 reduzierten die Vereinigten Staaten den Ankauf kubanischen Zuckers. Diese aggressive Politik bereitete dem Bündnis mit der Sowjetunion den Nährboden. Denn Kuba brauchte einen Ersatz für seinen Haupthandelspartner und schloss das erste Zucker-Handelsabkommen mit der Sowjetunion ab. Als die USA ihre Erdöllieferungen einstellten, kaufte Kuba sowjetisches Erdöl, das damals das günstigste auf dem Weltmarkt war. Nun weigerten sich die US-Firmen, das „schwarze Gold" zu verarbeiten und wurden daraufhin enteignet. Dieses Szenario schaukelte sich immer mehr hoch und leitete auf beiden Seiten einen politischen Radikalisierungsprozess ein: Die USA stellten ihre Zuckerimporte vollständig ein, worauf Castro mit umfassender Enteignung von Banken, Elektrizitäts-, Telefon-, Eisenbahn- und Zuckergesellschaften reagierte. Dies beantworteten die USA 1962 mit einer massiven **Wirtschaftsblockade**, die bis heute Bestand hat – sogar in verschärfter Form.

Es verging nur wenig Zeit, bis die ausgewanderte exilkubanische Elite in Zusammenarbeit mit dem CIA Pläne zum Sturz Fidel Castros schmiedete. Die **Schweinebucht-Invasion** im April 1961 sollte Kuba „befreien", scheiterte jedoch nach nur drei Tagen (Playa Girón, s. S. 369). Diese

Die Kuba-Krise

Im Oktober 1962 blickte die ganze Welt auf Kuba und hielt den Atem an. Weitere US-Invasionen befürchtend, hatte Castro mit Chruschtschow einen Deal ausgehandelt und sowjetische Mittelstreckenraketen auf der Insel platziert, in Reichweite nahezu jeder US-amerikanischen Großstadt. Als US-Aufklärungsflugzeuge die Basen entdeckten, war die Kuba-Krise perfekt. Obwohl die USA ihrerseits in der Türkei Mittelstreckenraketen stationiert hatten – direkt vor der Haustür der UdSSR – wurden nun Bedrohungsszenarien vom Angriff des Kommunismus auf die freie Welt entworfen. Schnell entwickelte sich eine hochexplosive Stimmung, die fast in den Dritten Weltkrieg gemündet wäre. Präsident Kennedy musste lange Auseinandersetzungen mit dem US-Militär führen, das nun seine Stunde für eine militärische Intervention auf der Karibikinsel gekommen sah. Schließlich konnte er seinen Plan durchsetzen, Kuba mit einer Seeblockade von weiteren Waffenlieferungen abzuschneiden. Nach einem zähen Verhandlungspoker zog die Sowjetunion ihre Raketen ab, während die USA garantierten, zukünftig keine militärischen Invasionen nach Kuba zu unterstützen. Die kubanische Regierung konnte ihren radikalen Positionen kein Gewicht verleihen – sie blieb in den Verhandlungen außen vor, und Castro bezeichnete Chruschtschow als Verräter. Die Beziehungen Kubas zur Sowjetunion kühlten bis Ende der 60er-Jahre stark ab.

militärische Aggression hatte bedeutende Auswirkungen: Die Revolution radikalisierte sich und näherte sich weiter der Sowjetunion an. Castro verkündete erstmals öffentlich den **Sozialistischen Charakter der Revolution** und machte die Insel zum ersten sozialistischen Land der westlichen Hemisphäre. Viele Politologen und Historiker vertreten die These, erst die Big-Stick-Politik der USA hätte die Revolution vom nationalen Befreiungskrieg mit sozialer Transformation in Richtung sozialistisches Lager getrieben. Auf jeden Fall stärkte der Sieg das nationale Selbstbewusstsein eines Volkes, das vom Trauma einer

Jahrhunderte andauernden Fremdbestimmung gezeichnet war. Noch heute bezieht die kubanische Gesellschaft einen großen Teil ihres Nationalstolzes aus dieser „ersten großen Niederlage des Imperialismus in Amerika". Bereits ein gutes Jahr später schrieb die Insel mit der Kuba-Krise (s. Kasten) erneut Geschichte, diesmal von weltpolitischer Bedeutung.

Die USA verlagerten ihre Aggression fortan auf die wirtschaftliche Ebene. 1964 erreichten sie den Ausschluss Kubas aus der Organisation Amerikanischer Staaten. Bis auf Mexiko brachen alle Staaten Lateinamerikas ihre diplomatischen Beziehungen zu Kuba ab. Doch blieb den USA die „rote Insel" mit ihrer außenpolitischen Eigeninitiative ein Dorn im Auge. Mitte der 60er-Jahre wurde die **Trikontinentale** gegründet, um die Anti-Imperialismus-Bewegungen in Asien, Afrika und Lateinamerika zu koordinieren und zu bündeln, und Kuba förderte Revolutionsbewegungen in Afrika und Lateinamerika. Che Guevara scheiterte mit seinem Guerillaaufstand in Bolivien, wo er 1967 vom Militär ermordet wurde.

Innenpolitisch trieb Castro die Umwandlung des Wirtschaftssystems weiter voran und verteilte in der **Zweiten Agrarreform** von 1963 Grundbesitz über 65 Hektar an Staatsfarmen und Kleinbauern. Im Gegensatz zu anderen sozialistischen Staaten erfolgte keine Zwangskollektivierung; 30 % der landwirtschaftlichen Nutzfläche blieben in Privatbesitz. Rund 100 000 Siedler und Pächter bekamen Besitztitel verliehen.

Um das starke Stadt-Land-Gefälle abzubauen, wurde der ländlichen Entwicklung Vorrang eingeräumt und das Landschulen-System ausgebaut. Dort lehrte man die **Revolutionäre Pädagogik** (Verbindung von geistiger und körperlicher Arbeit unter Bezugnahme auf Che Guevaras Utopie vom Neuen Menschen). Mehrarbeit sollte die Wirtschaft ankurbeln und die Lebensbedingungen verbessern. Die Wirtschaftspolitik der 60er-Jahre zielte darauf ab, das koloniale Erbe der Abhängigkeit vom Zuckerrohr zu überwinden, die Landwirtschaft zu diversifizieren und die industrielle Produktion auszubauen, um Devisen für teure Importe zu sparen (**Importsubstitution**). Jedoch erschwerten Kapitalknappheit und massenhaftes Abwandern von qualifizierten Arbeitskräften in Richtung USA *(Brain Drain)* dies. Hinzu kam, dass Wirtschaftsminister Che Guevara trotz guter Vorsätze und großer Ambitionen kein ausgebildeter Ökonom war und ihm und anderen Planungsfehler unterliefen.

Die landwirtschaftliche Umstrukturierung verlief unkoordiniert und in der aufgeblähten Bürokratie des neuen Agrarministeriums versickerten viele Informationen. Um die verknappenden Güter gerecht zu verteilen, führte der Staat in der Folgezeit ein Bezugssystem mit Rationierungskarten (Libretas) ein. Hacer Cola, das alltägliche Schlangestehen für viele Waren, wurde fester Bestandteil des kubanischen Alltags.

Ab Mitte der 60er-Jahre genossen Ausbau und Modernisierung des Zuckersektors wieder oberste Priorität, da dieser komparative Kostenvorteile bot und sich die UdSSR zu festen Abnahmemengen bereit erklärt hatten. Seither lenkt der Staat in einem zentralistisch-bürokratischen Planungssystem nahezu die gesamte Wirtschaft und gibt Produktionsfaktoren, Waren, Mengen und Preise vor. In der **Revolutionären Offensive** von 1968 wurde sämtlicher nicht-landwirtschaftliche Privatbesitz verstaatlicht (u. a. mehr als 50 000 kleine Restaurants, Reparaturwerkstätten, Bars, Obst- und Gemüseläden und Handwerksbetriebe).

Von den grauen 70er-Jahren zu den goldenen 80er-Jahren

Als Kubas Ökonomie wegen niedriger Produktivität in die Knie zu gehen drohte, sollten ideologische Großkampagnen wie die **Gran Zafra** von 1970 ihr wieder auf die Beine helfen. Doch die Zehn-Millionen-Tonnen-Zuckerernte konnte trotz enormer „Produktionsschlacht" nicht eingefahren werden. Mit 8,5 Millionen Tonnen gelang zwar das bisher beste Produktionsergebnis. Doch ging dieser Erfolg zu Lasten anderer Wirtschaftszweige, denen man während der Erntezeit Arbeitskräfte entzog. Ungeschickterweise war das symbol- und schicksalhafte Ziel von vornherein so utopisch hoch angesetzt, dass es nur unter Idealbedingungen hätte erreicht werden können. Eine Demoralisierung der Bevölkerung und steigende Abwesenheitsraten bei der Arbeit waren die logische Folge. Die kubanische Wirtschaft erlebte die erste Krise seit der Revolution.

Angesichts dieser Situation vollzog Castro 1970 eine engere Bindung an die UdSSR und übernahm das **realsozialistische System** sowjetischen Typs. Kosten-Nutzen-Analysen und begrenzte materieller Anreize (Prämiensystem, höhere Löhne) sollten die unrentablen Betriebe wieder flott machen. Gleichzeitig erließ die Regierung Gesetze gegen Fernbleiben von der Arbeit (Ausentismo) und Arbeitsscheu (Vagancia). Sogar marktwirtschaftliche Elemente wie die Bauernmärkte erlebten eine Renaissance. Die Zuckerrohrernte wurde stärker mechanisiert und rationalisiert und an verwandte Industriezweige angebunden (Agroindustrialisierung).

Das US-Handelsembargo (s. S. 124) führte dazu, dass Kuba sich neuen Handelspartnern zuwandte. 1972 wurde die Insel Mitglied des sozialistischen Handelsblocks (**Rat für gegenseitige Wirtschaftshilfe**, RGW) und genoss fortan deutlich bessere Handelskonditionen als auf dem Weltmarkt. Waren es vor der Revolution die USA, die 70 % des kubanischen Außenhandels beherrschten, so nahm ab den 70er-Jahren die Sowjetunion die Rolle des bedeutendsten Handelspartners ein. Im Rahmen der sozialistischen Arbeitsteilung exportierte Kuba Agrarprodukte wie Zucker, Tabak, Kaffee und Zitrusfrüchte und bezog Erdöl, Maschinen, Nahrungsmittel und Ersatzteile. Der wirtschaftliche Aufschwung ab Mitte der 70er-Jahre verbesserte die Versorgungslage spürbar, sodass einige Waren aus dem Rationierungssystem in den freien staatlichen Verkauf übergehen konnten. Tausende von Kubanern wurden in der Sowjetunion, DDR und CSSR zu Industriearbeitern und Technikern ausgebildet. Die Kubaner nennen diese Zeit heute „die Jahre der fetten Kuh." Doch auch der neue, für Kuba vorteilhafte Handelsblock behob nicht das grundlegende Strukturproblem: die starke Abhängigkeit von einem Hauptexportgut (Zucker) und einem Handelspartner (nun UdSSR).

Außenpolitisch blieb Kuba äußerst aktiv und unterstützte in Nicaragua die sozialistischen Sandinisten. In Angola kämpften von 1975–89 über 300 000 kubanische Internacionalistas erfolgreich an der Seite der marxistischen MLPA gegen Invasionstruppen aus Südafrika. 1979 wurde Castro zum Vorsitzenden der Bewegung der Blockfreien gewählt.

Land und Leute

Zweimal verschärften die USA ihre Handelssanktionen, um Kubas Reintegration in den Weltmarkt zu verhindern. So untersagt der **Toricelli Act** von 1992 auch US-Tochtergesellschaften in Drittländern den Handel mit Kuba und weitete das Embargo auf Medikamente und Lebensmittel aus. Schiffe, die in Kuba vor Anker lagen, dürfen sechs Monate lang keinen US-Hafen anlaufen. 1995 wurde die Sanktionsschraube kurzzeitig etwas gelockert (Erleichterung von Reisen und Geldüberweisungen von Exilkubanern nach Kuba). Doch als im März 1996 zwei Flugzeuge einer exilkubanischen Organisation, die gezielt kubanischen Luftraum verletzt hatten, abgeschossen wurden, konnten Miamis Hardliner eine weitere Verschärfung durchsetzen. Präsident Clinton, der zuvor sein Veto gegen das neue Gesetz angekündigt hatte, musste sich deren Druck schließlich beugen. Wenige Wochen vor den Wahlen in Florida unterzeichnete er den **Helms-Burton Act** von 1996. Das Gesetzwerk der rechten Republikaner Jesse Helms und Dan Burton weitete das Embargo auf Drittländer aus: Ausländische Firmen können seither in den USA verklagt werden, wenn sie auf ehemaligem Besitz von US-Firmen und Exilkubanern operieren. Das betrifft also fast die ganze Staatswirtschaft der Insel. Gerade dieser Gesetz-Teil III ist umstritten: Der amerikanische Präsident kann den Paragraphen nicht ohne Zustimmung des Kongresses aufheben, sondern lediglich für sechs Monate außer Kraft setzen. Bisher wurde dieses Aufschubrecht bei europäischen Firmen eingesetzt, um sich die Handelsbeziehungen mit der EU nicht zu verscherzen. Trotzdem ließen sich mehrere Unternehmen durch angedrohte Klagen von Investitionen abschrecken. Teil IV des Gesetzes kann auf Kuba investierende Unternehmer zu unerwünschten Personen erklären und ihnen die Einreise in die USA verweigern. Hiervon wurde mehrfach Gebrauch gemacht. Weitere Ankerpunkte des Machwerks sind das Importverbot für US-Firmen von Produkten aus Drittländern, die kubanische Rohstoffe enthalten (z. B. Nickel) und die Möglichkeit von Sanktionen gegen Staaten und Institutionen (selbst IWF und Weltbank), die Kuba Kredite gewähren.

Das „ewige Embargo"

Helms, der schon ein Jahr zuvor wetterte, die einzige Frage sei, „wie Castro Kuba verlässt: ob in der Vertikalen oder in der Horizontalen", bezeichnete sein Machwerk als „letzten Nagel im Sarg von Fidel Castro." Die lange Liste von Bedingungen für die Anerkennung einer demokratischen Transition verstößt gegen internationales Recht. Selbst viele der kubanischen Dissidenten finden diesen hohen Grad an Fremdeinfluss unzumutbar. Obwohl das Embargo gegen internationales Handelsrecht verstößt und seit 1992 von nahezu allen Staaten auf der UN-Vollversammlung abgelehnt wird, blieben Protestaktionen gegen die USA aus. Die EU erließ eine Antiboykottverordnung, drohte mit einer Klage vor der WTO und arrangierte sich mit den USA, dass europäische Unternehmer von Klagen vor US-Gerichten ausgenommen werden. Kanada kündigte direkte Gegenklagen an. Im Mittelpunkt standen aber die eigenen Geschäftsinteressen und nicht die Solidarisierung mit dem Karibikstaat.

2004 wurde das Embargo auf internationale **Banken** ausgeweitet. Eine US-amerikanische „Gruppe zur Verfolgung Kubanischen Aktivvermögens" verwarnte immer mehr Bankhäuser für ihre Transaktionen mit Kuba und drohte an, US$ aus Kuba nicht mehr zu akzeptieren. Daraufhin ersetzte die kubanische Regierung den US$ durch den Peso Convertible (Geld, s. S. 53).

Auch wenn das „ewige Embargo" Castro politisch wohl eher den Rücken gestärkt hat, weil es von innenpolitischen Problemen ablenkt und den nationalen Zusammenhalt fördert, sind die **ökonomischen Schäden** groß und unbestritten: Schätzungen gehen von Zusatzkosten von 30 Milliarden US$ aus, die Kuba während der fast fünf Dekaden dauernden Handelssperre entstanden (kubanische Quellen sprechen sogar von 89 Milliarden US$). Auch den USA gehen jährlich Exporteinnahmen im Wert von 1–2 Milliarden US$ durch die Lappen. Selbst im Musterland des Wirtschaftsliberalismus müssen sich US-Unternehmer zumindest einem politischen Diktat beugen: dem umfassenden Investitionsverbot auf Kuba. Aus fast 50 Jahren Lehrzeit gescheiterter Embargopolitik zieht das Weiße Haus keine Konsequenzen. Kleinere Aufweichungen nach dem Prinzip „Zuckerbrot und Peitsche" stellen das Grundprinzip nicht in Frage. Nach wie vor geht es nicht darum, ob die Blockade aufgehoben wird, sondern in welcher Schärfe sie zur Anwendung kommt.

Bröckelnde Fronten

Doch langsam beginnt der Blockade-Betonblock zu bröckeln: 1997 schlossen sich US-Unternehmerverbände, die jahrelang über ihren Standortnachteil in Kuba klagten, zu einer eigenen Lobby-Organisation zusammen und machten Druck auf politische Vertreter. Im Herbst 2000 wurden Nahrungsmittel und pharmazeutische Produkte vom Embargo ausgenommen, und seither stiegen die USA innerhalb kürzester Zeit zum wichtigsten Lebensmittellieferanten und viertgrößten Handelspartner Kubas auf. Auf touristischer Ebene ließ sich dieser Erfolg jedoch nicht wiederholen. Präsident Bush blockierte mit seinem Veto Forderungen von Repräsentantenhaus und Senat nach Aufhebung des Reiseverbots für US-Bürger nach Kuba und setzte sogar noch Verschärfungen durch. Selbst Sondergenehmigungen für Journalisten, Studenten und Wissenschaftler sind drastisch eingeschränkt worden.

Seit 2004 dürfen Exilkubaner nur noch alle drei Jahre statt wie bisher einmal pro Jahr ihre Angehörigen auf der Insel besuchen. Geldüberweisungen wurden auf 100 US$ monatlich reduziert. Innenpolitisch schoss sich Bush mit dieser Aktion eher ein Eigentor, wie massive exilkubanische Proteste zeigten. Jeder US-Bürger, der sich über das Reiseverbot hinwegsetzt, muss mit empfindlichen Strafen rechnen (in der Regel 8000–10 000 US$). Seit Präsident Bushs Amtszeit hat sich die Zahl der verhängten Geldstrafen verdreifacht (prominenteste Opfer waren unlängst Oliver Stone und Michael

Moore). Trotzdem reisen jährlich rund 200 000 US-Bürger (darunter 130 000 *Cuban-Americans*) illegal über Kanada, Mexiko oder die Bahamas nach Kuba ein. US-Zollbehörden versuchen, diese „Verbrechen" mit strengeren Kontrollen aufzudecken, doch ihre cleveren kubanischen Kollegen stempeln nicht den Pass, sondern nur die Touristenkarte.

Bessere Aussichten?

2003 und 2006 veröffentlichte die US-Regierung zwei umfangreiche Strategiepapiere für den marktradikal-neoliberalen Umsturz der kubanischen Gesellschaft (**Commission Reports**). Zentrale Elemente sind der Ausbau der Blockadepolitik, verstärkte materielle Unterstützung der Dissidenten und die Intensivierung von Propagandakampagnen. In altbekannter imperialistischer Manier legt das Papier der Insel unzumutbare wirtschaftliche und politische Bedingungen für die Aufhebung des Embargos auf, ohne die kubanische Bevölkerung im Mindesten einzubinden. Diese Fremdbestimmung einer Transition „made in USA" verdeutlicht auch die 2005 eingerichtete Stelle eines „Koordinators für den Übergang in Kuba". Es gibt sogar einen geheimen Anhang, was in Kuba – geschürt durch die extrem militante Rhetorik einiger Exilkubaner – Spekulationen über eine mögliche US-Invasion anregte. Der kubanische Parlamentspräsident Ricardo Alarcon meinte dazu: „Was in aller Welt kann wohl in dem Geheimkapitel stehen, wenn schon der öffentliche Teil alle Prinzipien des Völkerrechts verletzt?"

Die Hoffnungen sind groß, dass der neue **US-Präsident Obama** in seiner Kubapolitik endlich einen anderen Weg einschlägt. Allerdings hat er schon angekündigt, das Embargo nicht aufheben (dies ginge auch nur mit Zustimmung des Kongresses), sondern nur einschränken zu wollen. Dies betrifft in erster Linie Erleichterungen für Reisen und Geldtransfers. Raúl Castro signalisierte bereits mehrfach Gesprächsbereitschaft. Mal sehen, ob Obama darauf eingeht, nachdem die USA das Verhandlungsangebot bisher zurückgewiesen hatten.

Mit großem Idealismus und sowjetischer Hilfe (Vorzugspreise, günstige Kredite, Entwicklungshilfe und Technologietransfer) konnte trotz stagnierender Binnenwirtschaft ein staatliches **Versorgungssystem** aufgebaut werden, das in ganz Lateinamerika seinesgleichen sucht und zu den Schokoladenseiten Kubas zählt. Von 1959 bis Mitte der 80er-Jahre hatten sich die Ausgaben für Bildung verzwanzigfacht! Soziale Indikatoren wie Sterberate, Lebenserwartung und Alphabetisierungsgrad glichen sich denen der Industrieländer an. Die Ärztedichte stieg stark und Tausende von Polikliniken mit kostenloser Behandlung entstanden auf dem Land. Fabriken stellten Arbeiter für den Wohnungsbau (Mikrobrigadisten) frei, die von Anfang der 70er bis Ende der 80er-Jahre rund 100 000 Wohnungen errichteten. Vor allem um Havanna entstanden riesige Vorstadtsiedlungen in Plattenbauweise für bis zu 150 000 Menschen (z. B. Alamar und Cotorro). Drei Viertel aller ländlichen Haushalte konnten bis 1980 an die Wasser- und Stromversorgung angeschlossen werden. Renten, Kranken- und Sozialversicherung sowie Mutterschutz wurden eingeführt. Mit diesen **sozialen Errungenschaften** galt und gilt Kuba noch immer als Modell und Vorbild für die ganze Dritte Welt.

Der Staat garantierte jedem einen Arbeitsplatz und schaffte offiziell die Arbeitslosigkeit ab, doch herrschte in vielen Betrieben Unterbeschäftigung und geringe Arbeitsproduktivität. Zudem verschlangen die veralteten russischen Technologien Unmengen an Energie, und Verzögerungen bei Ersatzteillieferungen legten oft die Produktion lahm. Die meisten Betriebe wirtschafteten unrentabel und verschlangen immer höhere Investitionen (oft in Form von Subventionen), um Produktionsergebnisse halten zu können.

Kubas hohes Importniveau stützte sich auch auf Kredite aus dem westlichen Ausland. Neue Probleme bahnten sich 1986 an, als das Land seine Zahlungsunfähigkeit bekannt gab und die Gläubigerstaaten eine Kreditsperre verhängten. Die Devisenimporte gingen von 1985–87 um 30 % zurück, und dementsprechend litt die Versorgung mit modernen Technologien des Weltmarktes.

Als Antwort auf das chronische Problem sinkender binnenwirtschaftlicher Produktivität leitete Castro 1986 die **Kampagne zur Korrektur von Irrtümern** (Rectificación) ein. Er verurteilte die Wirtschaftsöffnung der *Perestroika* und setzte dieser eine Rezentralisierung, auch *Castroika* genannt, entgegen. Die Bauernmärkte wurden als „Keimzelle des Kapitalismus" geschlossen. Damit ging eine Rückbesinnung auf Che Guevara einher und moralische Appelle rückten wieder in den Vordergrund. Arbeitsbrigaden sollten eine Vorbildfunktion erfüllen. Materielle Anreize und Liberalisierungsansätze wichen einer stärkeren staatlichen Wirtschaftslenkung und Korruptionsbekämpfung. Die zentralen Ziele der *Rectificación* schlugen jedoch fehl: Die Subventions-Ausgaben für unrentable Betriebe verfünffachten und das Haushaltsdefizit vervierfachte sich von 1986–89.

Die Sonderperiode

Den schwersten Schlag versetzte der kubanischen Wirtschaft zweifellos der **Zusammenbruch des RGW** Anfang der 90er-Jahre. Plötzlich isoliert, hatte die Insel mit der größten Wirtschaftskrise aller Zeiten zu kämpfen. In nur drei Jahren brachen die Importe von 7 Milliarden US$ 1989 auf knapp 2 Milliarden US$ 1992 ein. Das Bruttoinlandsprodukt sackte bis 1993 um schier unglaubliche 35 % in den Keller. Kubas Industriebetriebe standen still oder dümpelten auf niedrigster Stufe dahin, und auch in der Landwirtschaft sanken die Erträge, da Maschinen durch Zugtiere ersetzt werden mussten und auch Treibstoffe, Ersatzteile und Kunstdünger an allen Ecken und Enden fehlten. Die US-Handelsblockade, die auch den Zugang zu Krediten des IWF und der Weltbank verhinderte, wurde erstmals in voller Härte spürbar. Die USA wollten der „roten Insel" nun endlich den Rest geben und schnürten das Sanktions-Korsett noch enger (s. Kasten).

Außenwirtschaftliche Reformen

Wieder musste Kubas Außenhandel umgelenkt werden, diesmal in Richtung kapitalistischer Weltmarkt, wobei ein Schuldenberg von 11 Milliarden US$ im Wege stand. Ein Teil davon konnte bisher in Umschuldungsverhandlungen abgetragen werden. Importe und Exporte stabilisierten sich zunächst auf niedrigem Niveau und steigen seit 1994 wieder leicht, aber stetig an. Dafür sind mehrere Faktoren verantwortlich:

Kuba gelang nicht nur die Reintegration in regionale Wirtschaftsblöcke, sondern auch der Auf- und Ausbau von **bilateralen Handelsbeziehungen** zu EU-Staaten, vor allem Spanien. Deutschland hat sich in den letzten Jahren, vor allem durch die intensive Kooperation bayrischer Firmen, zum fünftgrößten Handelspartner der Insel entwickelt. Als einziges lateinamerikanisches Land bleibt Kuba jedoch von einem Kooperationsabkommen mit der EU ausgeschlossen, worin sich die politisch-ideologischen Differenzen ausdrücken. Die neuen Handelsverträge mit Russland basieren auf Weltmarktpreisen und sind alles andere als zuverlässig. Dafür schwoll der Waren- und Investitionsaustausch mit China stark an. Das Reich der Mitte ist mittlerweile zweitwichtigster Handelspartner und investiert vor allem in Nickelindustrie, Tourismus und Telekommunikation. Auch zu fast allen amerikanischen Ländern haben sich die bilateralen Beziehungen verbessert. Wichtigste Handelspartner sind Venezuela, Kanada, Mexiko und – im Agrarsektor – sogar die USA.

Kubas regionale Reintegration begann Mitte der 70er-Jahre, als die Bestimmungen der OAS aufgehoben wurden und die Mehrzahl der amerikanischen Staaten wieder diplomatische Beziehungen zur Insel aufnahm. Der Sturz vieler rechter Militärdiktaturen brachte ebenso wie der jüngste Linksruck weitere Kooperationsschübe (vor allem mit Venezuela und Bolivien, aber auch mit Argentinien, Brasilien und Uruguay). Ende 2004 unterzeichneten Kuba und Venezuela das Wirtschaftsabkommen der **Bolivarianischen Alternative für die Amerikas** (ALBA), ein sozialer Gegenentwurf zum US-dominierten Modell der Gesamtamerikanischen Freihandelszone (ALCA). Kuba erhält zu Vorzugsbedingungen Erdöl und schickt dem südlichen Nachbarn dafür 30 000 Ärzte sowie Hochschuldozenten zur Ausbildung medizinischer Fachkräfte. 2004 erreichte die Insel erstmals seit der Sonderperiode wieder eine positive Handelsbilanz. Insgesamt kann damit die US-amerikanische Isolationspolitik als weitgehend gescheitert betrachtet werden. Doch hat sich in den letzten Jahren wieder eine starke

Abhängigkeit von einem Handelspartner – diesmal Venezuela – eingestellt.

Im Rahmen der außenwirtschaftlichen Öffnung soll seit 1993 ein neues **Investitionsgesetz** ausländische Investoren (darunter auch Exilkubaner) ins Land locken, ohne das System der Planwirtschaft anzutasten. Mit Ausnahme von Gesundheits- Bildungs- und Militärsektor steht jede Branche den Auslandsbeteiligungen offen. Bedingt durch das günstige Investitionsklima (freier Gewinntransfer, niedrige Zölle und Steuern) stieg die Zahl ausländischer Joint Ventures von 20 in 1991 auf 400 im Jahr 2003, doch blieb das Investitionsvolumen im internationalen Vergleich gering. Es entstand ein **duales Wirtschaftssystem** aus staatlich gelenkter Binnenwirtschaft und exportorientierten Devisen-Enklaven (Nickel- und Erdölförderung, Telekommunikation, Tabak und Tourismus). Während letztere nach erfolgreicher Modernisierung hohe Wachstumsraten erreichen, stagniert die planwirtschaftliche Binnenwirtschaft. Trotzdem stabilisierten verbesserte Handelsbeziehungen Kubas Ökonomie soweit, dass es sich die Regierung seit 2005 leisten konnte, die Zahl der Joint Ventures auf 233 zu senken. Durch Begrenzung der Marktmechanismen will man wieder größere ökonomische Kontrolle erlangen. Betroffen sind nicht die Global Player, sondern vor allem mittelständische Unternehmen.

Binnenwirtschaftliche Reformen

1990 kam ein Notstandsprogramm zum Einsatz, das eigentlich für Kriegszeiten konzipiert war, die **Sonderperiode (Periodo Especial)**. Importe und zugeteilte Rationen sanken auf das überlebensnotwendige Minimum. Ein **Nahrungsmittelplan** sollte die Selbstversorgung mit Nahrungsmitteln verbessern. Um dem agrarischen Sorgenkind Beine zu machen, wurden städtische Arbeitskräfte aufs Land transportiert. Notwendige Inputs wie Treibstoffe, Düngemittel, Herbizide, Futtermittel und Ersatzteile reichten jedoch hinten und vorne nicht, und viele der städtischen Arbeiter verstanden von Feldarbeit nicht viel. Dementsprechend stand die Produktivität in keinem Verhältnis zum hohen Aufwand der Großaktion. Der Nahrungsmittelplan ging als einer der größten Misserfolge in die Geschichte der kuba-

Mitten auf dem Höhepunkt der kubanischen Wirtschaftskrise hatte der exilkubanische Propagandasender Radio Martí Falschmeldungen gestreut, die am 5.8.94 erstmals seit der Revolution Unruhen in Havanna auslösten, in deren Verlauf einige Fähren gekapert wurden. Der Druck im sozialen Kessel stieg und eine Explosion schien kurz bevor zu stehen. Daraufhin legalisierte Castro Mitte August 1994 die Auswanderung: Da die USA ihrer Verpflichtung, legale Ausreisevisa zu erteilen, nicht ausreichend nachkomme, könne Kuba nun die Grenze zur USA nicht mehr länger verteidigen und werde die illegale Ausreise tolerieren. Mit diesem taktischen Schachzug gelang es dem gewieften Strategen, zwei politische Riesenfliegen mit einer Klappe zu schlagen: die USA unter Druck zu setzen und gleichzeitig ein Ventil für die wachsende Unzufriedenheit im eigenen Land zu schaffen.

Auf Flößen mit Nussschalencharakter, zusammengebaut aus einem Sammelsurium von Kisten, Fässern, Schläuchen, Traktorreifen, Draht und Plastikplanen wagten über 30 000 Menschen die gefährliche Überfahrt zum 90 Meilen entfernten Florida. Ihre Beweggründe waren weniger politischer als ökonomischer Natur: Insbesondere junge und gut ausgebildete Kubaner sahen in ihrem Heimatland keine berufliche Perspektive mehr.

Die USA, die durch Embargo und reduzierte Visaquote erheblich zur Verschärfung der Lebensumstände beigetragen und so die illegale Ausreise gefördert hatten, machten bereits zwei Wochen später ihre Grenzen dicht. Kubanische Flüchtlinge, die bisher als politisch verfolgte Helden gefeiert und mit Eingliederungsbeihilfen verwöhnt wurden, fanden sich plötzlich auf einem Schiff Richtung US-Basis Guantánamo wieder und landeten dort zusammen mit haitianischen Flüchtlingen in Zeltstädten. Castro beschuldigte die USA, ein „Konzentrationslager auf kubanischem Boden" zu errichten. Mitte der 90er-Jahre wandelten die USA ihren Cuban Adjustment Act von 1966 ab: War zuvor jedem kubanischen Flüchtling die Aufenthaltsgenehmigung in den USA garantiert, gilt heute die „Politik des trockenen Fußes", die nur noch Flüchtlinge aufnimmt, die das amerikanische Festland erreichen, alle auf See aufgegriffenen Kubaner dagegen nach Kuba zurückschickt. Zwar erklärten sich die USA 1994 im bilateralen Migrationsabkommen bereit, jährlich 20 000 legale Visa auszustellen. Doch diese Zahl wird seit Jahren nicht eingehalten und ist in letzter Zeit sogar rückläufig.

nischen Wirtschaftspolitik ein: Von 1989–94 sank die Agrar-Produktion um über 50 %. Zwar ließen sich die sozialen Errungenschaften aufrecht erhalten, jedoch nur auf Kosten einer weiteren Vergrößerung des Staatshaushaltsdefizits.

Je mehr das staatliche Warenangebot schrumpfte, desto stärker bleiben die Pesos in den Taschen der Käufer kleben, und die Menge des Geldumlaufs stieg. Auf diesem Humus konnte ein **Schwarzmarkt** mit Wucherpreisen gut gedeihen. Schätzungen zufolge wurden dort 1993 bereits über die Hälfte aller Waren abgesetzt. Dies schuf erstmals seit der Revolution wieder eine spürbare soziale Ungleichheit, die sich noch verstärkte, als Castro 1994 zähneknirschend den **Dollar legalisieren** musste, um einen Staatsbankrott zu verhindern. Nun wurden zwar wieder Devisen zur Finanzierung der über-

lebenswichtigen Importe in die leeren Staatskassen gespült, vor allem mittels staatlicher Devisenläden, in denen erstmals auch Kubaner einkaufen durften. Der Preis war jedoch die Spaltung der Gesellschaft in Dollar- und Nichtdollarbesitzer. Gleichzeitig zog die einbrechende staatliche Produktion die Nationalwährung Peso Cubano gegenüber dem kaufkräftigen US$ in eine Abwertungsspirale. Je mehr der Peso an Wert verlor, desto bedeutender wurde der Verdienst von Dollars für das tägliche Überleben, vor allem, da die staatlich zugeteilten Güter nur knapp die Hälfte des Grundbedarfs deckten. Zu den sozialen Aufsteigern gehörten vor allem die Empfänger von Auslandsüberweisungen (Gesellschaft, s. S. 137).

Als der hoch verschuldete Staat vielen unrentablen Staatsbetrieben den Subventionshahn zudrehte, mussten diese rationalisieren. Der **Stellenabbau** war gemessen an den weltweit grassierenden neoliberalen Standards gering, doch fiel die sozialistische Garantie der Vollbeschäftigung der Realität zum Opfer: Die Arbeitslosenquote schnellte bis Ende 1997 auf knapp 7 % (informell Beschäftigte nicht eingeschlossen), verringerte sich dann aber bis 2005 schrittweise auf 1,9 %. Doch stehen viele Kubaner zwar auf Lohnlisten, sind aber chronisch unterbeschäftigt. Unpopulär war das vom Staat geschnürte Sparpaket mit Preiserhöhungen für Tabak, Alkohol, Strom, Wasser, Post- und Transportdienstleistungen, doch konnte es das Staatshaushaltsdefizit in nur einem Jahr deutlich senken. Außerdem wurden neoliberale Strukturanpassungsprogramme vermieden, die in anderen lateinamerikanischen Ländern wie Mexiko und Argentinien so verheerende Auswirkungen zeigten. Ganz im Gegenteil hat die kubanische Regierung den Sozialetat in den letzten Jahren sogar erhöht, um negative Folgen abzumildern. Ökonomische Gewinne kommen zu einem großen Teil dem Sozialsystem zugute.

Die am weitesten gehende Reform war die Umwandlung der riesigen staatlichen Agrarbetriebe in deutlich kleinere **Kooperationsgenossenschaften** *(Unidades básicas de producción cooperativa, UBPC)*. Der Staat verpachtet den Kooperativen das Land kostenlos und unbefristet und deren Mitglieder bestimmen Arbeitsorganisation und Beschäftigungspolitik basisdemokratisch und versorgen sich durch kleinparzellige Subsistenzwirtschaft selbst. Anbauprodukte und Abgabemenge (vier Fünftel aller Erzeugnisse zu Festpreisen) sind weiterhin staatlich vorgeschrieben. Den Rest können die Mitglieder auf Bauernmärkten verkaufen. Doch ein Großteil der UBPC kann nicht einmal das Plansoll erfüllen, da staatliche Subventionen eingestellt wurden und auch Transport- und Vermarktungshilfen bisher ausblieben. Unter diesen Umständen wird ein Teil der knappen Ressourcen illegal abgezweigt auf die Felder zur Eigenproduktion und für den Verkauf auf Bauernmärkten.

Im Oktober 1994, auf dem Gipfel der Versorgungskrise, durften private, genossenschaftliche und staatliche Anbieter auf **Freien Bauernmärkten** *(Mercados agropecuarios)* ihre Stände wie-

der füllen. „Um dem Volk zu essen zu geben, ist kein Risiko zu hoch", ließ Raúl Castro verkünden. Die Versorgungslage hat sich seither deutlich verbessert, und es entstand eine Alternative zum Schwarzmarkt, da zu deutlich günstigeren Preisen in Nationalwährung bezahlt werden kann. Der zu Hause gehortete Peso-Kaufkraftüberhang von durchschnittlich 15 Monatsgehältern kam wieder in Umlauf. Das steigende Warenangebot hat zur Erholung der Kaufkraft der Nationalwährung beigetragen: Der Schwarzmarktkurs fiel von 130 Pesos/US$ (1994) auf heute rund 25 Pesos. Da sich die Preise jedoch über Angebot und Nachfrage bilden und bei Oligopolstellung der Anbieter auf hohem Level halten, bleibt ein Großteil der Waren für Kubaner ohne Devisenzugang unerschwinglich, zumal die Peso-Reallöhne auf niedrigem Niveau stagnieren. So kostete 2008 ein Kilo Schweinefleisch mit 60 Pesos rund ein Siebtel eines durchschnittlichen kubanischen Monatslohns!

Eine weitere Reaktion auf den ausufernden Schwarzmarkt und die steigende Arbeitslosigkeit war die Lizenzvergabe zur **Arbeit auf eigene Rechnung** *(Trabajo por cuenta propia)* im September 1993. Das Spektrum privatwirtschaftlicher Aktivitäten reicht vom Taxifahrer, Gastwirt, Straßenverkäufer, Elektriker und Friseur bis zum Schuhmacher und Vermieter von Privatpensionen. Bei anfänglich günstigen Bedingungen (geringe Abgaben und Steuern) schnellte die Zahl der privaten Kleinunternehmer rasch in die Höhe, vor allem im Dienstleistungsbereich. Schätzungen zufolge beschäftigte der Privatsektor Mitte der 90er-Jahre 40 % aller Erwerbstätigen – legal und informell. Der Staat verschärfte 1996 seine Vorschriften und Kontrollen. Von massiven Steuer- und Abgabenerhöhungen zu Boden gedrückt, gaben bereits ein Jahr später 20 % der *Cuentapropistas* auf. Angesichts schwankender und z. T. restriktiver Gesetze ziehen nicht wenige ehemals legale Selbstständige es vor, wieder auf dem Schwarzmarkt unterzutauchen. Denn gelegentliche Strafen oder Bestechungsgelder schlagen günstiger zu Buche als permanent hohe Abgaben.

Dem kurzen „Sommer der Reformen" folgte ein langer „Winter der Stagnation", der einher ging mit moralisch-ideologischen Kampagnen zur „Perfektionierung des Sozialismus". Der zögerliche und wechselhafte Charakter der Reformen wird im Volksmund gerne als *Desahogamiento* bezeichnet, was soviel heißt, wie sich immer erst dann vor dem Ertrinken retten zu wollen, wenn das Wasser bereits bis zum Hals reicht. Vor lauter Strampelbewegungen kommt man aber nie dazu, systematisch das Schwimmen zu lernen. Dieser reformfeindliche Strukturkonservativismus und das starke Kontrollbedürfnis der Regierung werden unter anderem beeinflusst durch den externen Druck der USA, der das Risiko von – möglicherweise ungünstig verlaufenden – Reformen stark erhöht.

Dank mehrjähriger relativ hoher Wachstumsraten hat die kubanische Wirtschaft den Einbruch der schlimmsten Krisenjahre von 1990–94 inzwischen wieder ausgeglichen und den Stand von 1989 erreicht. Die Kubaner haben die schlimmsten Jahre hinter sich und blicken einer etwas besseren Zukunft entgegen. Entgegen dem heute weltweit vorherrschenden neoliberalen Sozialabbau bemüht sich das Land mit beachtlichem Erfolg, seine sozialen Standards aufrechtzuerhalten. Ob die ökonomische Stabilisierung jedoch nachhaltig genug ist, darf angesichts der nach wie vor bestehenden Wirtschafts- und Währungsspaltung bezweifelt werden.

Kuba nach dem Führungswechsel

Die jüngste Etappe in Kubas ereignisreicher Geschichte war **Fidel Castros schwere Erkrankung** im Juli 2006. Das absehbare Ende seiner Lebenszeit vor Augen, hatte er bereits zuvor Überlegungen zu seiner Nachfolge eingeleitet und im November 2005 erstmals seit seiner Amtszeit gemahnt, auf die Verteidigung der Revolution zu achten: Sie könne sich nur selbst aufgrund eigener Fehler zerstören. Zwei Wochen vor seinem achtzigsten Geburtstag zwang ihn eine Darmoperation, alle Amtsgeschäfte vorübergehend niederzulegen und an seinen nur fünf Jahre jüngeren Bruder Raúl zu übergeben. Der ehemalige Verteidigungsminister wirkt bereits seit Jahren

im Hintergrund und hat das Militär zu einem sehr effektiven ökonomischen Sektor ausgebaut (mittlerweile erwirtschaftet es zwei Drittel der staatlichen Deviseneinnahmen). Raúl ist laut Verfassung Fidels designierter Nachfolger und hat bereits mehrere Minister und Manager von Staatsbetrieben durch ranghohe Militärs ersetzt. Obwohl sich der *Máximo Líder* nach schweren Operationen wieder auf dem Weg der Besserung befindet und vom Krankenbett aus Artikel für die Parteizeitung *Granma* schreibt, ist er am 19.2.2008 endgültig von allen Ämtern zurückgetreten und hat eine 47-jährige Ära beendet. Damit hat weltweit kein anderer Staatschef auf der politischen Bühne so lange gewirkt wie er.

In Zukunft wird Fidel, der weiterhin Parlamentsmitglied bleibt, wohl nur noch repräsentative Funktionen eines *Elder Statesman* übernehmen. Eine **kollektive Führungsriege** mit seinem Bruder Raúl an der Spitze tritt das politische Erbe an. Mittelfristig steht ein Generationenwechsel an. Raúl Castro gilt als pragmatischer Wirtschaftsreformer und nennt seit seiner Amtszeit interne Defizite beim Namen, die zuvor kaum zur Sprache kamen: Ineffizienz, zu geringe Produktivität und das Missverhältnis zwischen Löhnen und Preisen. Er macht nicht mehr ausschließlich die US-Wirtschaftsblockade für Kubas Probleme verantwortlich, sondern gibt zu, dass manche Missstände auch hausgemacht sind. Als drängendste Probleme, die sich letztlich auf die zu geringe Produktivität der Staatswirtschaft zurückführen lassen, bezeichnet er zu Recht die Lebensmittelversorgung, den Wohnungsbau und den Personenverkehr. Während letzterer sich durch neue Busse und Lokomotiven aus Korea und China bereits spürbar verbessert hat, ist Raúls derzeitiger Fokus vor allem auf Agrarreformen gerichtet (Landwirtschaft, s. S. 149). Kürzlich rief er das Volk dazu auf, in ihren Arbeitszentren Kritik zu äußern und Vorschläge für den **zukünftigen Weg des Sozialismus** zu sammeln. Eine bemerkenswerte Aktion, weil solche Debatten früher des Öfteren von oben abgewürgt worden sind.

Auch in den **Medien** wehte ein neuer Wind der Kritik. Fünf Millionen Kubaner beteiligten sich in den *Foros Populares* und sparten nicht mit konstruktiver Kritik (exzessiver Zentralismus mit z. T. unprofessionellen Entscheidungen, zu geringe kommunale Entscheidungsmacht sowie Mangel an realer politischer Partizipation und kontroversen Mediendebatten). Sie hinterließen eine Fülle von Ideen, die auf eine Stärkung der Kooperativen und basisdemokratische Elemente abzielen und damit die bestehenden Mängel der Gesellschaftsordnung widerspiegeln. Die Voraussetzungen für einen besseren Sozialismus sind bereits jetzt in den Sozialmilieus angelegt: Viele soziale Akteure sind durch jahrelanges Training geübt in facettenreicher kollektiver Problemlösung und auch außerhalb staatlicher Institutionen sehr handlungsfähig. Seit Mitte der 90er-Jahre bewähren sich zarte Ansätze von ziviler Selbstorganisation: die **Proyectos Comunitarios**. Diese Bürgerinitiativen initiieren soziale und soziokulturelle Stadtteilprojekte und setzen diese dezentral um. Dies wären eigentlich beste Bedingungen, mehr Macht nach unten abzugeben, in Richtung einer Stärkung der kommunalen Selbstverwaltung.

Kubas sozialistische Zukunft in einer Post-Castro-Ära wird wohl stark von einer erfolgreichen Reformpolitik abhängen, besonders jetzt, da Erwartungen geweckt worden sind. Die anstehenden Aufgaben hat die kubanische Bevölkerung klar benannt:

- Änderung des **Wahlgesetzes**, sodass die Bevölkerung Kandidaten auch auf höherer Ebene auswählen kann
- **Dezentralisierung**, Stärkung der politischen Macht und Finanzmittel auf Gemeindeebene
- Abschaffung der **doppelten Währung** und des Bezugsheftes auf subventionierte, rationierte Waren, verbunden mit direkten Subventionen an einkommensschwache Personen, Lohnerhöhungen und Preisanpassungen
- Verteilung von **Krediten** und brachliegendem Land an Privatbauern und Kooperativen, Liberalisierung des Binnenmarktes für Agrarprodukte
- Überführen kleinerer **Dienstleistungen** an Privatpersonen oder Kooperativen
- Aufbau von **Transport- und Wohnungsbaukooperativen**, gestützt durch staatliche Kreditförderung

- bessere **Bezahlung** der Beschäftigten im Gesundheits- und Bildungssektor
- freie Lizenzvergabe zur **Arbeit auf eigene Rechnung**, gekoppelt an eine progressive verdienstabhängige Jahressteuerzahlung (Steuerbefreiung für Jahreseinkommen unter 1200 CUC)
- Gewerkschaften sollen **Arbeiterinteressen** vertreten, statt Richtlinien von oben zu vermitteln
- mehr **Mitbestimmung** im Produktionsprozess und bei der Gewinnverteilung bis hin zur sozialistischen Selbstverwaltung der Betriebe, demokratische Wahl einer abwählbaren Unternehmensführung

Gesellschaft

Was sind die drei größten Errungenschaften der Revolution? Gesundheit, Bildung und Sport. Und was sind ihre drei größten Mängel? Das Frühstück, das Mittag- und das Abendessen.

Kubanischer Witz

Kuba regt zum Polarisieren an wie kaum ein zweites Land und wird häufig mit den Stigmata „Paradies" oder „Hölle" belegt. Beides läuft völlig an der Realität vorbei: Beeindruckenden Erfolgen der Revolution stehen große Probleme gegenüber, die sich in der Krise der 90er-Jahre noch verschärft haben. Doch die wichtigsten Stützpfeiler des kubanischen Gesellschaftsfundaments – nationale Unabhängigkeit und soziale Gerechtigkeit – sind bisher nicht ins Wanken geraten.

Die sozialen Errungenschaften

Kuba besitzt eines der fortschrittlichsten Bildungs-, Gesundheits- und Sozialleistungssysteme Lateinamerikas.

Beindruckend ist dabei nicht nur, dass dieses hohe Niveau von einem Land der Dritten Welt erreicht worden ist, sondern dass es selbst in den schwersten Krisenjahren aufrechterhalten werden konnte.

Gesundheitswesen

Seit 1959 hat Kubas medizinische Versorgung enorme Fortschritte gemacht. Trotz *Brain-drains* (über die Hälfte der Ärzte floh nach der Revolution) praktizieren heute zehnmal so viele Mediziner wie vor 40 Jahren. Bis in den entlegensten Winkel durchzieht ein dichtes Netz von Polikliniken und Hausarztpraxen das Land, und jeder kann medizinische Dienste bis hin zu komplizierten Operationen kostenlos in Anspruch nehmen. Die **Säuglings- und Kindersterblichkeit** sank von 60 auf 5,3 bei 1000 Geburten (weltweit haben nur 20 Nationen einen Index von unter 8 Promille erreicht), und Mütter werden während der Schwangerschaft und Geburt betreut. Die durchschnittliche **Lebenserwartung** stieg von 60 auf 76 Jahre und liegt auf dem Niveau westlicher Industrienationen. Die Zahl der **Ärzte pro Einwohner** übertrifft mit 1 zu 176 deutlich jene der meisten westeuropäischen Länder (u. a. von Deutschland, Österreich und der Schweiz). Dort liegt die Rate zwischen 1:250 und 1:333 (in Deutschland kommt beispielsweise ein Arzt auf 274 Einwohner). Viele übertragbare Krankheiten wie Masern, Tuberkulose, Typhus und Malaria konnten von der Insel verbannt werden.

Seine **internationale Solidarität** demonstriert Kuba seit Jahrzehnten durch Entsendung von Ärzten und Krankenschwestern in Entwicklungsländer (derzeit über 30 000). Außerdem vergibt die Insel kostenlose Stipendien (gegenwärtig machen 43 000 Studenten aus 82 Nationen der Dritten Welt auf Kuba ihren Medizinabschluss). Dazu kommen Großaktionen wie die Aufnahme von 16 000 Tschernobyl-Opfern. Im derzeitigen Projekt Milagro bekommen Tausende mittelloser Venezolaner in kostenlosen Operationen ihr Augenlicht zurück. In Haiti decken kubanische Ärzte bereits knapp ein Fünftel der gesamten Gesundheitsversorgung ab. Die Bedeutung dieser Aktionen wird vor allem dann bewusst, wenn man sie an der ernüchternden Bilanz internationaler Entwicklungshilfe misst. All dies lässt sich die kubanische Regierung eine Menge kosten: 13 % der Staatseinnahmen wandern in das Gesundheitssystem.

Jedoch hinterließ die Wirtschaftskrise der 90er-Jahre auch im „Prunkstück" der Revolution Spuren. Viele Medikamente und Ersatzteile für technische Geräte sind schwer und z. T. nur gegen Devisen zu beschaffen. Wegen des **Medikamentemangels** erlebt die Alternativmedizin eine Renaissance. Heilpflanzen und Mineralien machen mittlerweile 5–10 % des Medikamentenverkaufs aus. Oft müssen Angehörige die Patienten mit Bettwäsche, Handtüchern und Verpflegung versorgen. Zwar wurde selbst in den härtesten Krisenjahren kein einziges Krankenhaus geschlossen. Doch kann der Ausbau des bestens ausgestatteten Gesundheitstourismus (Wirtschaft, s. S. 147) zum Glaubwürdigkeitsverlust führen, wenn sich nicht auch bald die öffentliche Gesundheitsversorgung spürbar verbessert.

Die Zahl medizinischer **Forschungszentren** hat sich von zwölf vor der Revolution auf 255 erhöht, die neue Medikamente entwickelten (PPG, Melagenin, Interferon und Impfstoffe gegen Hepatitis B und Meningitis B und C). Hohes Prestige besitzen Allgemeinmedizin und Naturheilkunde, Orthopädie, Augenheilkunde, Chirurgie, Neurologie und Psychiatrie. Kubas Aids-Forschung mischt an der Weltspitze mit und könnte den Forschungs-Wettlauf zu einem Impfstoff tatsächlich gewinnen. Das wäre nicht zuletzt eine Hoffnung für Millionen infizierter Afrikaner, die sich die Wucherpreise der Pharmazie-Multis nicht leisten können. Weitere Spezialgebiete sind Hauterkrankungen, Altersforschung, Drogenentzug und Stressbehandlung. Außerdem gibt es in Kuba die weltweit einzige erfolgreiche Therapie gegen die zur Erblindung führende Netzhauterkrankung *Retinitis Pigmentosa.*

Erziehungs- und Bildungssystem

Gebildet zu sein ist das einzige Mittel, frei zu sein. Lesen können heißt laufen können. Schreiben können bedeutet, sich zu entwickeln. (…) Jeder Mensch, der auf die Welt kommt, hat das Recht auf Bildung und dann die Pflicht, zur Bildung der anderen beizutragen.

(José Martí)

1961 leitete die Regierung eine landesweite **Alphabetisierungskampagne** ein. Während in den 50er-Jahren nicht einmal die Hälfte der schulpflichtigen Kinder die Schule besuchte, weil sie helfen mussten, das zum Überleben nötige Familieneinkommen zusammenzukratzen, ist die Analphabetenrate in Kuba heute auf 1,9 % gesunken und damit wesentlich niedriger als in den USA. Heute kommt auf neun Schüler ein Lehrer, und die maximale Klassengröße liegt bei 20 Schülern. Es arbeiten heute zehnmal so viele Lehrer wie 1958, ein Teil davon in Alphabetisierungsprogrammen in Haiti und Venezuela.

Das staatliche Versorgungsangebot greift bereits ab der **Vorschulerziehung**: So können Mütter ihre Säuglinge ab dem 45. Tag nach der Geburt in einer Krippe unterbringen, was ihnen eine durchgehende Erwerbstätigkeit ermöglicht. Sie haben Anspruch auf volle Lohnfortzahlung von 6 Wochen vor bis 12 Wochen nach der Geburt. Die Freistellung von der Arbeit kann um weitere 6 Monate verlängert werden, bei 60 % des zuletzt gezahlten Gehaltes, oder sogar bis zum 15. Lebensmonat des Kindes (unbezahlt). Allen Kindern ab dem Alter von 3 Jahren steht ein Kindergartenplatz zu.

Im Unterschied zu anderen lateinamerikanischen Staaten gibt es in Kuba eine neunjährige **Schulpflicht** mit breitem Bildungsangebot für alle Schüler unabhängig von ihrer sozialen Herkunft. Für Kinder mit körperlichen und geistigen Behinderungen wurden Sonderschulen mit ausgebildeten Fachkräften eingerichtet. Der Staat übernimmt sämtliche Kosten der Schüler und Studenten (Verpflegung, Lehrmaterialien, Schuluniformen, Unterkunft und Ausflüge aufs Land). Dies alles ist umso beeindruckender, weil es unter einer jahrzehntelangen US-Blockade erreicht wurde, die den wissenschaftlichen und technischen Austausch unterbunden hat.

Das kubanische **Schulsystem** ist dreigeteilt in Grund-, Mittel- und Hochschulen. In der Regel werden Kinder der Grund- und Mittelschule (jeweils 6 Jahre) ganztägig unterrichtet. In der Grundschule stehen Spanisch und Mathematik auf dem Lehrplan, später kommen dann Sport, Geschichte, Geografie, Naturwissenschaften, Staatsbürgerkunde und kreativ-künstlerische Angebote dazu. Die Mittelschulen sind in zwei Etappen á drei Jahren unterteilt: Während die allgemeine Phase zur Pflichtausbildung *(colegio)* gehört, berechtigt die weiterführende Phase *(preuniversidad)* von der 10.–12. Klasse zum Hochschulzugang. Mittlerweile zählen Englisch und Informatik zu den Pflichtfächern. Auf dem Lehrplan stehen auch militärische Übungen und die Vermittlung von revolutionär-sozialistischen Werten. In den Landschulen wird der Unterricht gemäß der Maxime der Revolutionären Pädagogik (Einheit von Erziehung, Studium und Arbeit) mit täglicher Feldarbeit verbunden.

2001 kam es zu einer ambitionierten **Reform**: Sogenannte *Profesores generales integrales* unterrichten seither vom 7.–9. Schuljahr alle Fächer. Durch reduzierte Klassengrößen von maximal 15 Schülern soll der Lehrer eine intensivere Bindung zu seinen Schülern herstellen, wichtiger Ansprechpartner für persönliche Probleme werden und sich stärker mit den Eltern austauschen. Um den gestiegenen Bedarf an Lehrkräften decken zu können, absolvieren die Nachwuchslehrer bereits nach ihrem 9. Schuljahr eine einjährige Ausbildung in Psychologie, Pädagogik und Soziologie, bevor sie vom zweiten Jahr an als Tutoren unter einem Mentor praktische Erfahrung sammeln. In den folgenden Jahren müssen die jungen Lehrer eine harte Doppelbelastung bewältigen und neben ihrem Hochschulstudium unterrichten. Nur in besonders intensiven Weiterbildungsphasen erfolgt eine längerfristige Freistellung von der Arbeit. Im Unterricht können sie auf Lernsoftware und Schulfernsehen zurückgreifen. Jede Schule verfügt mittlerweile in geringem Umfang über audiovisuelle Medien.

Auch im **Hochschulwesen** hat sich einiges getan. Im elitären vorrevolutionären Hochschulsystem hatten nur die (zumeist männlichen) Kinder der oberen Schichten Zugang zur Uni (insgesamt 15 000 Studenten). Es diente dazu, das System der Klassenspaltungen zu reproduzieren. Bereits 1959 verwies Castro darauf, dass „Kubas Zukunft (...) nur in der Zukunft seiner Wissenschaft begründet sein" kann. Dementsprechend wurden viele Kubaner in den 60er- und 70er-Jahren im sozialistischen Ausland zu Experten ausgebildet. Doch auch im Land selbst wurde die benötigte Infrastruktur ausgebaut. Gegenwärtig treiben rund 200 Zentren für naturwissenschaftliche Forschung den Erkenntnisstand voran, und laut Unesco besitzt Kuba heute pro Kopf mehr Wissenschaftler und Techniker als Spanien. Die Zahl der Hochschulen hat sich von 3 vor der Revolution auf 57 erhöht. Derzeit stellt

Land und Leute

der Staat rund 500 000 Studenten unabhängig von ihrer sozialen Herkunft einen Studienplatz zur Verfügung. Allerdings müssen sie zuvor in den Massenorganisationen (Politik, s. S. 142) ihre ethisch-moralische Gesinnung unter Beweis gestellt haben.

Insgesamt fließt rund ein Viertel des Staatshaushaltes in den Erhalt und Ausbau des Bildungssystems. Dieses endet nicht mit der Schule oder der Universität: Seit 2000 bieten ausgezeichnete Bildungssendungen wie *Universidad para todos* allen Kubanern die Möglichkeit, sich individuell in diversen Themen fortzubilden.

Doch auch im Erziehungs- und Bildungswesen werden **Mängel** sichtbar. Es fehlt an Schreibutensilien, Papier, Lehrmaterial und technischem Know-how. Dazu kommt, dass immer mehr Lehrer ihren schlecht bezahlten Beruf an den Nagel hängen. Man versucht, dem mit sozialen Appellen und Improvisationstalent entgegenzuwirken. Doch weist ein Rückgang der Studentenzahlen auf ein grundlegendes Motivationsproblem hin: Zwar ist fast jedem Hochschulabsolventen ein Arbeitsplatz und soziale Anerkennung sicher, doch reicht die Bezahlung nicht einmal zur Deckung des Lebensunterhalts. Immerhin bekamen die Beschäftigten der sozialen Sektoren 2005 eine längst überfällige, deutliche Lohnerhöhung um 30 %, und akademische Abschlüsse werden jetzt auch durch etwas höhere Vergütung honoriert.

Andere Sozialleistungen

Kubas umfangreiches Paket von Sozialleistungen ist einmalig in Lateinamerika. Es umfasst Sozialhilfe, Lohnfortzahlung bei Krankheit, Arbeitslosenunterstützung, Invaliditäts-, Hinterbliebenen- und Altersrente sowie Mutterschutz. Vom einheitlichen kubanischen **Arbeitsrecht** können Arbeiter in anderen Entwicklungsländern nur träumen (Acht-Stunden-Tag, Urlaubsanspruch und Überstundenregelung). Arbeitslose bekommen noch einen Monat lang das volle Gehalt und danach bis zu drei Jahre lang 60 % des letzten Einkommens.

Das **Renten**eintrittsalter liegt bei 60 Jahren für Männer und bei 55 Jahren für Frauen. Nach 15 Jahren Beschäftigung haben Pensionäre Anspruch auf 40 % des zuletzt bezogenen Loh-

nes, und für jedes weitere Jahr steht ihnen ein zusätzliches Prozent zu. Die Rentenkasse kann durch Zuverdienst aufgebessert werden, was viele Rentner – besonders jene ohne familiäre Unterstützung – auch müssen. Zudem hat jeder Ruheständler Anspruch auf einen kostenlosen Platz im Altenheim *(circulo de abuelos)*. Sozial schwachen Gruppen (Kinder, Alte, Schwangere, stillende Mütter, chronisch Kranke) stehen **Extrarationen** auf das Bezugsheft zu. Berühmt ist der tägliche Liter Milch für Kinder bis sieben und Alte über 65 Jahren. Außerdem profitiert ein Großteil der Bevölkerung (Schüler, Studenten, Sozialhilfeempfänger und staatliche Angestellte) täglich von kostenlosen bis stark subventionierten Mahlzeiten *(consumo social)*.

Dieses kostenintensive Sozialsystem kann sich nicht selbst tragen und ist auf Zuschüsse des Staates angewiesen. Bemerkenswerterweise setzte dieser trotz Wirtschaftskrise nicht auf neoliberale Sparmaßnahmen, sondern erhöhte seine Sozialausgaben noch um fast 50 %! Doch trotz allem kann damit allein die zu geringe Kaufkraft des Peso nicht ausgeglichen werden.

Emanzipation

Kubas Frauen zählten vor 1959 zu den meistunterdrückten Gruppen. Zugang zu Ausbildung und Arbeit hatte nur eine privilegierte Minderheit der Oberschicht. Vom öffentlichen Leben ausgeschlossen und abhängig vom Ehemann, gab es kaum Möglichkeiten, aus traditionellen Geschlechterrollen auszubrechen.

Castro bezeichnete den emanzipatorischen Weg als „Revolution innerhalb der Revolution." Dabei ist *frau* einige Schritte vorangekommen. Die Verfassung garantiert Frauen die gleichen Rechte wie Männern. Jedoch klaffen Papier und Realität auseinander, denn das **patriarchale Wertesystem** hat die kubanische Mentalität über fast 500 Jahre geprägt und ist noch immer stark in den Köpfen verankert. Der importierte christliche Zeitgeist, der sich in Europa in Hexenverfolgungen austobte und Frauen als Menschen zweiter Klasse ansah, verschonte auch die Kolonien nicht. Aktionsradius und Rolle der kubanischen Frau blieben bis ins 20. Jh. hinein auf das Haus beschränkt, während das Leben des Mannes nach außen gerichtet war und er sich amourösen Abenteuern hingeben konnte. Dies brachte einen „Macho-Habitus" hervor, der bis heute überlebt hat: Mit der Zahl weiblicher Eroberungen steigt das Ansehen eines Mannes. Da verwundert es nicht, dass nicht wenige Kubaner neben ihrer Ehefrau noch eine Geliebte oder *Mujer mala* (schlechtes Mädchen) haben.

Trotzdem konnte die geschlechtsspezifische Arbeitsteilung deutlich aufgeweicht werden: Heutzutage sind fast ebenso viele Frauen berufstätig wie Männer, und der Zugang zu Bildung steht beiden Geschlechtern offen. Anders als in vielen westlichen Industrienationen bekommen Männer und Frauen in Kuba für die gleiche Arbeit auch das gleiche Gehalt. Waren vor der Revolution die meisten Kubanerinnen in Niedriglohnsektoren oder als Hausmädchen angestellt, so sind heute über die Hälfte aller Studierenden und Promovierten weiblich. Erstaunlich viele Frauen bekleiden Führungspositionen (laut UN-Studie gehört Kuba diesbezüglich zu den 20 progressivsten Nationen). Höhere politische Ämter blieben allerdings Männerdomäne. Insgesamt stieg der Anteil erwerbstätiger Kubanerinnen von 13 % vor 1959 auf 40 % (im Erziehungs- und Gesundheitssektor stellen sie sogar die Mehrheit).

Ihre gestärkte Rolle demonstrieren Kubanerinnen in der Öffentlichkeit durch selbstbewusstes Auftreten. Innerhalb der Familie regiert jedoch oft noch der **Machismo**, und Hausarbeit wird als Frauensache angesehen. Hinzu kommt, dass jungverheiratete Männer jahrzehntelang im „Hotel Mama" verwöhnt wurden und sich von diesen lieb gewordenen Bequemlichkeiten nur ungern verabschieden. Zwar schreibt ein Gesetz vor, dass Hausarbeit und Kindererziehung zwischen den Ehepartnern aufgeteilt werden sollen. Die Realität verlangt vielen Frauen allerdings mit Hausarbeit und Beruf eine Doppelbelastung ab.

Die ausgeprägte Geselligkeit und Kontaktfreudigkeit der Kubaner führt dazu, dass Jugendliche schon früher als bei uns erste sexuelle Erfahrungen sammeln. Zwar gibt es für intime Zweisamkeiten kostenlose Stundenhotels *(posadas)*, jedoch nur nach Anmeldung mit festen Zeittakten. Da Verhütungsmittel unpopulär sind, machen relativ viele Kubanerinnen von kostenlosen Abtreibungen Gebrauch. Trotzdem gibt es

viele sehr **junge Mütter**, die mit breiter familiärer Unterstützung rechnen können – vor allem die Großmutter wird zur zweiten Erziehungsperson. Drei von fünf werdenden Müttern sind unverheiratet und auf die Hilfe z. T. dringend angewiesen, da nicht wenige Väter die Flucht vor ihrer Verantwortung antreten, ohne soziale Ausgrenzung befürchten zu müssen. Im Gegenteil: Männer, die Kinder mit vielen Frauen gezeugt und damit Potenz und Charme bewiesen haben, bekommen dafür oft die Anerkennung ihrer Geschlechtsgenossen.

Viele junge Paare müssen aufgrund von Wohnungsmangel bei ihrer Familie oder Verwandten leben. Die beengten Verhältnisse lassen kaum Raum für Privatsphäre und fördern Auseinandersetzungen. Untreue, zunehmende Alltagsprobleme und verstärktes Einfordern emanzipatorischer Rechte haben die Scheidungsraten stark ansteigen lassen, zumal die Formalitäten unkompliziert sind. Geschiedene Frauen sind zur Normalität im kubanischen Alltag geworden und werden im Unterschied zu früher nicht mehr ausgegrenzt. Doch nach wie vor sind **Ehe und Familie** sehr wichtige Werte für Kubanerinnen, und die meisten wünschen sich Kinder. Längere Zeit ohne festen Partner zu leben, gilt als unnatürlich.

Zum sozialen Problem, das z. T. minderjährige Frauen betrifft, hat sich die **Prostitution** entwickelt. Hauptantriebskraft ist nicht existenzielle Not, sondern der Wunsch, endlich aus dem Mangel des Alltags ausbrechen und mehr konsumieren zu können, vor allem durch Zugang zur touristischen Infrastruktur. Während manche mit dem verdienten Geld ihre Familien unterstützen, sehnen sich andere nach einem bequemen Leben und wollen von einem „Papiriqui con guaniquiqui" (reicher Zuckerpapi) rundum gut versorgt werden. Viele sehen in der Prostitution die Chance, einen Ausländer heiraten und dadurch ausreisen zu können (was manchmal sogar aufgeht). Zwar verbietet der Staat das horizontale Gewerbe, bestraft Zuhälter hart und versucht, Prostituierte aus Tourismuszentren zu verbannen. Doch wird man das Problem kaum in den Griff bekommen, solange Sex-Touristen keinerlei Konsequenzen zu befürchten haben.

Improvisation ist alles:
Jahrmarkt a lo cubano.

Cuba real –
Die Härten des Alltags

Die kubanische Gesellschaft ist seit Beginn der 1990er-Jahre einem tief greifenden sozialen Wandel unterworfen. Der Zusammenbruch des staatlichen Versorgungssystems und die alternativlose Marktöffnung höhlten das traditionelle Prinzip einer egalitären Gesellschaft mehr und mehr aus (Geschichte, s. S. 126) und führten zu Einkommens- und damit auch Versorgungsunterschieden in bisher nicht gekanntem Ausmaß. Doch trotz schwerer Wirtschaftskrise wird eine grundsätzliche soziale Balance aufrecht erhalten.

Dazu zählt die **Wohnungspolitik**, die auf einer Reform von 1960 basiert: Wer 20 Jahre lang maximal 10 % des Haushaltseinkommens auf ein Konto gezahlt hat, wurde zum Eigentümer seiner Wohnung. Diese darf zwar nicht verkauft, aber getauscht werden *(permuta)*. Der einkommensunabhängige Zugang zu Wohnraum machte der starken sozialräumlichen und ethnischen Trennung ein Ende. Leider wird größerer Wert auf den Neubau als den Erhalt alter Bausubstanz gesetzt. Doch errichtet der staatliche Bausektor nicht annähernd genug Wohnungen, und chronischer Baustoffmangel lähmt sowohl staatliche Bau- als auch private Restaurierungsvorhaben. Vor allem in großen Städten kommt es zu einer starken Überbelegung, was der Bausubstanz noch stärker zusetzt. Während viele Häuser äußerlich heruntergekommen wirken, ist ihr Inneres oft sauber und gemütlich und liebevoll (mitunter auch kitschig) eingerichtet. Zu fast jedem Haushalt gehört ein Fernseher und Kühlschrank.

Vielerorts springen die langen Schlangen vor staatlichen Geschäften *(Bodegas)* ins Auge. Dort bekommt jeder Kubaner auf Bezugsheft **(Libreta)** ein gewisses Sortiment hochsubventionierter Grundbedarfsgüter. Wer keinen Zugang zu Devisen hat (rund 40 % der Bevölkerung, vor allem Rentner und Schwarze), ist auf diese Bezugsquelle dringend angewiesen. Doch während die dort verteilten Nahrungsmittel zumindest knapp die Hälfte des monatlichen Bedarfs abdecken (auch wenn sie keine ausgewogene Ernährung bieten), mangelt es an Non-Food-Produkten. Viele der theoretisch erhältlichen Waren sind gerade nicht vorhanden, sodass man sein Glück an anderen Tagen erneut versuchen muss. Zusammen mit stets überfüllten Nahverkehrsodysseen, beengten Wohnverhältnissen, Stromausfällen und häufigem Organisationsstress verlangt dies den Kubanern viel Geduld und Energie ab.

Doch wird das Beste daraus gemacht. Notfalls lässt man den Ärger über stundenlanges Warten gemeinsam heraus und tauscht bei einem Schwatz Neuigkeiten aus. Wohnparteien unterstützen sich oft gegenseitig und wechseln sich bei Besorgungen ab. Die Versorgungsengpässe haben den traditionellen **Familienzusammenhalt** noch gestärkt. Häufig leben drei Generationen auf engem Wohnraum zusammen, greifen sich finanziell unter die Arme und teilen familiäre Aufgaben untereinander auf. Gemeinschaftssinn und gegenseitige solidarische Unterstützung stärken auch das dichte Netz **freund- und nachbarschaftlicher Beziehungen**, das sich jeder Kubaner geknüpft hat, um über die Runden zu kommen. Organisationstalent wird in einer Mangelwirtschaft groß geschrieben, und so entstanden effektive Interessensgemeinschaften zur Bewältigung der Alltagsprobleme. Dazu nutzen die pfiffigen Inselbewohner auch die **Selbstversorgung** (z. B. kleine Gemüsegärten, Hühner- oder Schweinezucht) und ein vielfältiges Tauschsystem, in dem Schwarzarbeit und -markt eine wichtige Rolle spielen. Kubaner sind Meister der Improvisation und können sich schnell auf neue Situationen einstellen. Sie setzen den Versorgungsschwierigkeiten eine gehörige Portion Zweckoptimismus und Galgenhumor entgegen. Irgendwie wird man sich schon durchschlagen und den Tag überstehen – am besten mit soviel Spaß wie möglich! Doch nicht alle kommen mit dem schwierigen Alltag zurecht. Drogen-, insbesondere Alkoholkonsum, hat in letzter Zeit zugenommen. Die Kriminalitätsrate stieg zwar an, bleibt aber im lateinamerikanischen Kontext relativ niedrig.

Kubaner ohne Deviseneinkünfte kommen trotz staatlicher Leistungen und Subventionen selbst mit spartanischer Lebensführung kaum über die Runden. Während sie ständig kämpfen, sich im Meer des Mangels über Wasser zu halten, sind kleine Inseln des Wohlstands entstanden. Wer von Verwandten aus den USA regelmäßig **Geldüberweisungen** erhält, kann sich glücklich schätzen und sorgenfrei leben. Schon länger kursiert der Slogan, man brauche „Fé" zum Überleben. In ihrem Faible für Zweideutigkeiten meinen die Kubaner damit nicht die wörtliche Übersetzung „Glauben", sondern „Familia extranjera" (Familie im Ausland). Auch im Tourismus und im legalen bis informellen Privatgewerbe fließen die begehrten „harten" Pesos Convertibles, die Zugang zu weiteren Versorgungsquellen mit hohen (Bauernmärkte) bis sehr hohen (Schwarzmarkt, Devisenläden) Preisen ermöglichen. Durch das duale Währungssystem sprudeln die Einkommensquellen in vollkommen unterschiedlicher Stärke: Im staatlichen Sektor tröpfeln sie bestenfalls, weil dort kaum Devisen gezahlt werden (der monatliche Durchschnittslohn beträgt umgerechnet nur 15 €). Die sich öffnende Einkommensschere beginnt das nach der Revolution geknüpfte soziale Band der Verteilungsgleichheit zu zerschneiden. Den Lebensstandard bestimmen längst nicht mehr die Einkünfte aus der offiziellen, sondern aus der informellen Tätigkeit.

Doch auch der Alltag von **privaten Kleinunternehmern** ist kein Zuckerschlecken, denn der Staat lässt ihnen wenig Freiraum. Die Selbstständigen dürfen keine lohnabhängigen Angestellten, sondern nur Familienangehörige beschäftigen. Sie müssen ihre Waren auf Bauernmärkten oder in überteuerten Devisenläden kaufen und dies mit Quittungen belegen. Der Handel mit staatlichen und ausländischen Firmen ist ihnen untersagt. Obwohl die meisten Privatunternehmer bestenfalls bescheidenen Wohlstand erlangen, ist der generelle Vorwurf persönlicher Bereicherung schnell verhängt. Eigeninitiative wird durch bürokratische Willkür bei der Erteilung von Lizenzen und Strafen sowie Anziehen der Steuer- und Abgabenschrauben (Verdreifachung von 1995–97) gebremst. Viele Kleinunternehmer zogen sich in die Illegalität zurück. Heute zahlen die „Arbeiter auf eigene Rechnung" progressive Einkommenssteuern von 5–50 % für Peso- und 10–50 % für Deviseneinkünfte. Darauf werden zwar die

Monatsabgaben angerechnet, doch sind gerade diese oft sehr hoch. Privatvermieter zahlen z. B. abhängig von der Region pro Zimmer monatlich 200–300 CUC an Abgaben (sowohl in der Haupt- als auch Nebensaison und unabhängig von der Gästezahl). Die Selbständigen tragen ein hohes soziales Risiko, denn sie erwerben keinen Anspruch auf Rente oder Arbeitslosengeld. Dazu kommt eine geringe Rechtssicherheit, denn die wenigen privatwirtschaftlichen Freiräume sind aus einer Krise heraus entstanden und nicht politisch gewollt (Geschichte, s. S. 129). Sie können bei anhaltendem wirtschaftlichem Aufschwung jederzeit wieder eingeschränkt werden. Doch trotz allem bietet der kleine Privatsektor zumeist noch deutlich bessere Verdienstmöglichkeiten als die Staatswirtschaft.

Angesichts niedriger Bezahlung ist die **Arbeitsmoral** in den Staatsbetrieben trotz revolutionärer Appelle gering. Der Spruch „Der Staat tut so, als würde er uns bezahlen und wir tun so, als würden wir arbeiten" dreht in Kuba häufig die Runde. Neben der Siesta wird von Pausen und geselligem Small-Talk ausgiebig Gebrauch gemacht, und eine Arbeitsstelle dient auch immer dazu, nützliche Kontakte aufzubauen. Aufgrund des geringen Konkurrenzdrucks ist das Betriebsklima oft sehr gut und das in unserer Ellbogengesellschaft so verbreitete Mobbing kaum bekannt.

Allerdings ist der Leistungsdruck auch in Kuba gewachsen: Heutzutage droht bei fehlendem Arbeitseifer und schlechtem Führungsbuch die Kündigung. Nicht wenige Angestellte lassen Güter aus den Betrieben mitgehen und versuchen, durch Schwarzmarkt-Verkäufe an Devisen zu kommen und so ihr karges Einkommen aufzubessern. Viele Kubaner haben angesichts der schwierigen Wirtschaftslage damit kein moralisches Problem und sprechen davon, dass sich halt jeder seinen Anteil nehme, weil im sozialistischen Kuba ja ohnehin alles dem Volk gehöre. Der Staat reagierte: Seit einigen Jahren bedienen Sozialarbeiter an Tankstellen die Zapfhähne, da zuvor bis zu 50 % des „schwarzen Goldes" in Schwarzmarktkanälen versickerte.

Auch auf Bauernmärkten prüfen sie, ob die Abgabequoten an den Staat eingehalten werden. Korruptionsbekämpfungs- und Energiesparmaßnahmen (Wirtschaft, s. S. 148) sollen die Staatskassen entlasten, damit es zukünftig wieder mehr zu verteilen gibt. Bevölkerungsstudien erfassen die Dimension sozialer Probleme, um gezielter die marginalisierten Schichten unterstützen zu können.

Kleine Erfolge sind schon sichtbar. Zu den traditionellen Vergünstigungen (betriebseigene Ferienanlagen für die Angestellten und ihre Familien) kamen in strategisch wichtigen Wirtschaftsbereichen zusätzliche leistungsbezogene Prämien *(Estímulos)* in Devisen oder Sachgütern (rund 125 US$ jährlich). In Zukunft sollen die Einheitslöhne stärker nach Leistung und Art der Tätigkeit gestaffelt werden. Bereits jetzt füllen **Gehaltserhöhungen** die Lohntüte der staatlichen Angestellten wenigstens etwas mehr. Der Mindestlohn stieg von 100 auf 225 Pesos, und auch Rentner bekommen jetzt mehr. Diese Entwicklung ist bemerkenswert, da sie im Gegensatz zum internationalen Trend steht. Doch vor dem Hintergrund der unverändert schwachen Kaufkraft des Peso sind diese Maßnahmen kaum mehr als ein paar Tropfen Wasser auf einen heißen Stein, denn die unproduktive Staatswirtschaft kann der Nationalwährung nach wie vor kein ausreichendes Warenangebot gegenüber stellen. Selbst mit dem Spitzengehalt von 850 Pesos (rund 30 €) monatlich kann man außerhalb der staatlichen Märkte nur wenig kaufen. Also ändert sich letztlich nichts Grundlegendes am Hauptproblem zu geringer Produktivität und Einkommen in der staatlichen Binnenwirtschaft – zwei Phänomene, die sich wechselseitig bedingen und verstärken.

Und solange das Missverhältnis zwischen Löhnen und Lebenshaltungskosten anhält, ist von der viel beschworenen sozialistischen Moral wenig zu spüren. Diese beginnt vor allem bei der jüngeren Bevölkerung zu bröckeln. Da über 70 % der Bevölkerung die vorrevolutionären Zeiten nicht miterlebt hat, wird das kubanische Gesellschaftssystem auf eine schwere Probe gestellt. Eine zunehmende Zahl junger Kubaner ist sichtbar entpolitisiert und hält das progressive Bildungs- und Gesundheitssystem für selbstverständlich. Manche fühlen sich auch überfordert, am Ideal des Neuen Menschen gemessen

Die westlichen Medien geizen nicht mit Kuba-Kritik und reproduzieren dabei oft undifferenzierte Klischees. Allzu viele Artikel sind unseriös, weil sie wesentliche Zusammenhänge ausblenden.

Beispielsweise wird oft das geringe monatliche Durchschnittseinkommen von ungefähr 400 Pesos (umgerechnet rund 15 €) kritisiert. Dies sollte man tun, doch legen viele Journalisten (aus ideologischer Absicht oder Unwissenheit) nicht die **realen Lebenshaltungskosten** vor Ort als Maßstab an und verschweigen die kostenlosen bzw. stark subventionierten **Leistungen des Staats**: Lebensmittel auf Bezugskarte für nur 15 Pesos pro Kopf und Monat, Mittagstisch in Betrieben und Schulen, kostenloses Gesundheitssystem bis hin zu hochspezialisierten Operationen, freier Zugang zu Bildung inklusive Verpflegung vom Kindergarten bis zum Universitätsabschluss, keine bis sehr geringe Mietkosten (85 % der Wohnungen sind Eigentum ihrer Bewohner), geringe Gas-, Strom- und Wassertarife sowie günstige Transport- und Telefonkosten und Eintrittspreise.

All dies ist eine Art **indirektes Einkommen** und muss ebenso wie das äußerst heterogene Preisniveau unterschiedlicher Versorgungsquellen zur Bewertung herangezogen werden, damit kein verzerrtes Bild entsteht. Ohne Frage herrschen auf der Insel Misswirtschaft und Mangel selbst an essentiellen Dingen, aber keine existenzielle Armut (Tod durch Hunger oder behandelbare Krankheiten, Obdachlosigkeit). Misst man Kuba an den Standards von Entwicklungsländern und nicht an denen von Industrienationen (wie es die Presse oft tut), schneidet die Insel trotz aller strukturellen Probleme ziemlich gut ab.

Immer wieder ist von **Menschenrechtsverletzungen** auf Kuba zu lesen. Diese Kritik ist ebenfalls berechtigt, aber nur innerhalb des Gesamtkontextes: Auf der Insel ist Systemkritik tatsächlich riskant, und allzu oft wurden progressive Debatten abgewürgt und selbst linksgerichtete Reformvorschläge als konterrevolutionär ausgelegt, wenn sie zu sehr vom Partei-Mainstream abwichen. Allerdings kommt diese Dünnhäutigkeit des Staates nicht aus dem Nichts. Denn seit Jahrzehnten missachten die USA Kubas Souveränität und versuchen, dessen System zu destabilisieren (s. Kasten S. 205). Dazu kommt die gezielte Subversion durch materielle und logistische Unterstützung von Oppositionellen über die US-Interessenvertretung. Unter diesem externen Druck stigmatisiert die kubanische Regierung Kritiker oft vorschnell und undifferenziert als „Diener des Yankee-Imperialismus" und „fünfte Kolonne des Feindes".

Die Verschärfung der US-Außenpolitik und die Repressionsschübe des kubanischen Staates gegen die innere Opposition bedingen sich gegenseitig. Wer die repressive Seite des kubanischen Systems kritisiert, darf auch die reaktionäre US-Außenpolitik nicht verschweigen. Doch blenden westliche Medien dies nicht nur häufig aus, sondern reproduzieren zudem ein sehr einseitiges, bürgerlich-liberales Menschenrechtsverständnis. Denn Menschenrechte bestehen nicht nur aus den in Kuba eingeschränkten Werten der freien Meinungsäußerung sowie Reise- und Pressefreiheit. Sie haben auch eine soziale Dimension, die jedoch äußerst selten erwähnt wird. Und gerade diese sozialen Menschenrechte sind in Kuba in einem (nicht nur) für Entwicklungsländer bemerkenswerten Ausmaß verwirklicht. Muss man die Kritik an Kuba nicht als einseitig und unseriös, wenn nicht sogar ideologisch bezeichnen, wenn diese wichtige Komponente ausgeblendet wird? Und ist es nicht eine Doppelmoral, wenn neoliberale Medien und Politiker in Westeuropa und den USA ihre Sozialstaaten demontieren und dann die Menschenrechtskritik überproportional häufig auf die ferne Karibikinsel fokussieren? Stattdessen täte eine differenzierte Grundsatzdebatte über Menschenrechte (inklusive ihrer sozioökonomischen Dimension) und Demokratieformen (inklusive partizipativer basisdemokratischer Modelle) dringend not. Innerhalb dieses Rahmens könnte Kuba dann im internationalen Kontext bewertet und kritisiert werden.

Land und Leute

zu werden. Konsumverzicht fällt ihnen ungleich schwerer als den Älteren (die noch das Elend der Batista-Ära kennen), zumal mit den Touristen auch deren Warenflut ins Land kommt. Der Wunsch nach **Konsum** wächst in dem Maße, in dem er von anderen vorgelebt wird. Einige Kubaner wünschen sich den Kapitalismus einer entwickelten Wohlfahrtsnation und verdrängen völlig, dass sie stattdessen den eines unterdrückten Entwicklungslandes bekommen würden. Zu den Privilegierten zählen neuerdings auch eigene Landsleute: Jeder Kubaner darf heutzutage Handy und Computer besitzen und touristische Einrichtungen nutzen (Hotels, Leihwagen etc.), sofern er das nötige Kleingeld hat. Außerdem wurden Besuche von Angehörigen im Ausland vereinfacht.

Das Auseinanderklaffen der sozialen Schere, die schleichende Rückkehr von Klassengegensätzen und die anhaltenden Entbehrungen der Mangelgesellschaft bergen Zündstoff, dessen Entschärfung für die Castro-Nachfolger an erster Stelle stehen muss. Denn anders als in der für Entwicklungsländer typischen **sozialen Pyramide** sind Kubas Risikogruppen weitgehend gut ausgebildet und gehen einer geregelten, jedoch schlecht bezahlten Arbeit nach (s. auch Tourismus, S. 147). Ihr hohes soziales Prestige steht in krassem Gegensatz zu ihrer materiellen Marginalisierung. Die Trennung der Berufsqualifikation vom Einkommen und somit auch vom Lebensstandard wirkt längerfristig destabilisierend auf das Gesellschaftssystem. So manche gut ausgebildete Fachkraft sieht in Kuba keine berufliche Perspektive mehr und träumt vom Ausland. Im Schnitt verlassen 35 000 Menschen pro Jahr die Insel, die meisten jung und hochqualifiziert.

Doch selbst die unzufriedensten Kubaner erfasst der Stolz auf ihr kleines Land, das der stärksten Macht der Welt erfolgreich Widerstand geleistet und weitgehende politische Unabhängigkeit erlangt hat. Kaum jemand will, dass die USA wieder das Schicksal Kubas bestimmen und die alten Eliten aus Miami zurückkehren. Dieser **Nationalstolz** wird von der Regierung seit fünf Jahrzehnten gezielt beschworen, um die kubanische Gesellschaft zusammenzuschweißen.

A lo Cubano: Wesenszüge der kubanischen Seele

Natürlich ist das Bild des typischen Kubaners ein Klischee. Doch fallen verbreitete Verhaltensweisen auf, die Besucher stark beeindrucken.

Hierzu zählt vor allem die Fähigkeit, sich nicht die gute Laune verderben zu lassen und das Leben zu genießen. Die meisten Kubaner sind verankert im Hier und Jetzt, kosten schöne Momente intensiv aus und lassen sich so oft wie möglich emotional fallen. Notfalls wird mit reichlich Rum, Musik und Tanz nachgeholfen, bis man sich in eine Euphorie hineingesteigert und die Nöte des Alltags vergessen hat. Eigentlich gibt es immer einen Anlass für ein rauschendes Fest. Eine derartige **Feierfreudigkeit** ist in unseren Breiten unbekannt, ebenso wie das Bedürfnis der Kubaner nach Geselligkeit.

Das ausgeprägte **Zusammengehörigkeitsgefühl** zeigt sich schon in der Wohnkultur: Offene Fenster und Türen verlängern den Lebensraum auf die Straße und laden andere förmlich zur Teilnahme ein. An jeder Straßenecke sieht man Gruppen, die sich unterhalten oder Domino spielen. Die kubanische Gesellschaft ist auch sehr kinderfreundlich. Die lieben Kleinen stehen stets im Mittelpunkt und werden überall mitgenommen – selbst auf Partys, die bis weit nach Mitternacht gehen.

Die Inselbewohner entfliehen Langeweile und trüben Gedanken durch **Kommunikation**. Damit diese möglichst dynamisch bleibt, wird mit leidenschaftlichen Gefühlsäußerungen, Witzen und Übertreibungen nicht gegeizt. Viele Kubaner unterstreichen ihr extrovertiertes Temperament mit ausgeprägter Mimik und Gestik und sprechen extrem schnell. Selbst über Alltagsthemen können nach unseren Maßstäben hitzige Diskussionen entbrennen. Kaum etwas ist vor kubanischer Ironie sicher; auch sich selbst nimmt man gerne auf die Schippe. Zwar sind die meisten Kubaner ausgesprochen lebenslustig und hedonistisch, doch wechseln sich euphorische Stimmungen mit Melancholie und **Apathie** ab. Der Spruch „No es fácil" (es ist nicht leicht) drückt ihren Alltagsfrust aus, und in der verbreiteten Redensart „Hay más tiempo que vida" (es gibt mehr Zeit als Leben) kommt die Langeweile zum Ausdruck, wenn sich

Kassetten (wenige Kubaner haben einen CD-Player) aller ausländischen Bands erwecken reges Interesse und geben am Ende der Reise ein tolles Geschenk ab.

mal wieder nichts bewegt. Wer auf alles warten muss, macht Geduld zu seiner Grundtugend und misst Zeit eine andere Bedeutung bei, zudem der kubanische Alltag selten von dringenden Terminen geprägt ist. Das lässige Zeitgefühl unpünktlicher Kubaner hat schon so manchen peniblen Mitteleuropäer auf die Palme gebracht.

Der Glaube, irgendwie werden sich Probleme schon lösen lassen, driftet manchmal in gleichgültig wirkende Gelassenheit und eine Fehleinschätzung der Lage ab. In der Regel sind die meisten Kubaner jedoch Meister der **Improvisation** und des „Resolviendo" (Durchwursteln durch kreative Problemlösung). Mit hohem Maß an Eigeninitiative und dichtem Beziehungsnetzwerk schlagen sie so mancher Entbehrung des Alltags ein Schnippchen. Auf helle Köpfe und hilfsbereite Hände können sich auch Touristen oft verlassen, wenn nicht alles nach Plan läuft. Doch Vorsicht: Manche Männer können aus Stolz nicht zugeben, auch mal ratlos zu sein (und haben schon so manchen nach dem Weg fragenden Reisenden in eine falsche Richtung geschickt).

Ihre ausgeprägte **Neugierde** befriedigen die Kubaner, indem sie regelmäßig den neuesten Tratsch austauschen. Auch Ausländern begegnen sie zumeist sehr kontaktfreudig und gastfreundlich, vor allem abseits der touristischen Hauptpfade. Es können sich schnell interessante und tief gehende Gespräche ergeben. Leider haben die meisten Familien nicht viel, um Gäste zu bewirten und erwarten unterschwellig, dass diese ihren Teil beitragen, z. B. durch Essenseinkäufe oder kleine Geschenke (s. S. 56). Das ist keine Berechnung, sondern angesichts der schwierigen Versorgungssituation verständlich. Höflichkeit und das Wohlbefinden des Gastes stehen an erster Stelle. Komplimente werden reichlich verteilt und auch gerne gehört. Bei Verständigungsschwierigkeiten ist es eine gute Idee, persönliche Fotos aus der Heimat zu zeigen.

Regierung und Politik

Von Hans-Jürgen Burchardt

Nach dem Sieg der kubanischen Revolution dauerte es viele Jahre, bis sich das politische System herausbildete, das die Insel bis heute nachhaltig prägt. Die Politik der ersten Stunde war kaum institutionalisiert und stark von den militärischen Erfahrungen des Guerillakampfes und von den durch die US-Blockade ausgelösten Belagerungsdenken geprägt. **Massenmobilisierungen** und die berühmt-berüchtigten mehrstündigen Reden Fidel Castros waren im Grunde die wichtigste Dialogform zwischen Regierung und Bevölkerung und dienten als Ersatz für politische Mitbestimmung. Erst 1965, also sechs Jahre nach Revolutionsende wurde die Partido Comunista de Cuba, also die KP Kubas (PCC) als einzige zugelassene Partei der Insel gegründet. Und erst 1976 wurde mit einer Volksabstimmung die erste Verfassung Kubas verabschiedet. Danach wurde mit der Einrichtung der Órganos de poder popular (Volksmacht) die **Institutionalisierung des politischen Systems** abgeschlossen. Angelehnt an den sowjetischen Staatsaufbau funktioniert die kubanische Regierung nach den Prinzipien des **„demokratischen Zentralismus"**; so kennt das System keine Gewaltenteilung zwischen Exekutive, Legislative und Judikative. Formal werden die politischen Willensbildungsprozesse in Kuba von der Regierung geregelt, die sich föderal aus Gemeinde-, Länder- und Bundesparlamenten zusammensetzt. Die wichtigste Entscheidungsebene ist die alle fünf Jahre von der Bevölkerung zu wählende **Asamblea Nacional** (Nationalversammlung). Diese wählt den Staatsrat – oberstes Organ des Staates – der zentrale Entscheidungsmacht innehat, den Ministerrat als oberstes Verwaltungsorgan, der für die Wirtschaftsplanung und den Staatshaushalt zuständig ist sowie den Obersten Gerichtshof und die Generalstaatsanwaltschaft.

Die 601 Parlamentsabgeordneten stellen sich auf einer Einheitsliste zur Wahl – eine Partei-Mitgliedschaft ist dabei für ihre Aufstellung nicht zwingend. Da die **Wahlen** nach einer Verfassungsänderung von 1992 frei und geheim abgehalten werden, entsprechen sie zwar noch nicht denen eines Mehr-Parteien-Systems, sind aber zumindest mit einer Volksabstimmung vergleichbar. Denn jedem kubanischen Bürger steht es offen, die gesamte Wahlliste oder einige ihrer Kandidaten abzulehnen, ohne daraus Konsequenzen befürchten zu müssen. In den letzten Nationalwahlen machte aber kaum jemand von dieser neuen Freiheit Gebrauch – bei einer extrem hohen Wahlbeteiligung stimmten über 90 % für die Einheitsliste. Internationale Beobachter bestätigten bisher, dass es bei den Auszählungen zu keinen Unregelmäßigkeiten gekommen ist. Bei den letzten Wahlen wurde mehr als die Hälfte der Abgeordneten ausgewechselt und das Parlament deutlich verjüngt – mehr als 50 % der neuen Delegierten ist jünger als 45 Jahre.

Das neue Wahlsystem weist gleichzeitig bemerkenswerte basisdemokratische Elemente auf: denn auf der untersten Ebene, dem Gemeindeparlament, müssen die Kandidaten nicht nur direkt von den Anwohnern vorgeschlagen werden, sondern buhlen immer mindestens zwei Kandidaten um die Gunst der Wähler. Allerdings haben weder die Gemeinde-, noch die Länderparlamente einen großen Einfluss auf die Politik und die Regierung.

Meist wird am kubanischen Wahlsystem kritisiert, dass es keine Opposition zur Einheitsliste zulässt. Doch viel prägnanter ist eigentlich die Bedeutungslosigkeit des kubanischen Parlamentarismus. Denn da die Nationalversammlung nur zweimal im Jahr zusammentritt, werden ihre Aufgaben faktisch vom **Staats- und Ministerrat** wahrgenommen, den sie kaum kontrollieren kann. So verschmelzen die beiden höchsten Regierungsorgane in ein einziges Machtorgan, in dem nur wenige Personen die Politik monopolisieren. Dieser Personenkreis – bis Juli 2006 unter der unangefochtenen Führung Fidel Castros – ist identisch mit den höchsten Kadern der KP Kubas.

Die **PCC** ist auf allen Ebenen mit dem Staat verflochten und stellt dessen Führungselite. Sie versteht sich als „Avantgarde der Arbeiterklasse und des ganzen Volkes, als oberste führende Kraft des Systems und der ganzen Gesellschaft." Mit ungebrochenem Selbstverständnis ließ sie ihren Führungsanspruch auch in der neuen Verfassung von 1992 (Artikel 5) festschreiben.

Analog zur staatlichen Organisation herrscht auch in der PCC das Prinzip des demokratischen Zentralismus. Formal ist der Parteikongress das höchste Parteiorgan, das die grundlegende Parteilinie festlegt. Die höchsten Gremien der Partei sind das Zentralkomitee und das daraus hervorgehende Politbüro als die wichtigste Entscheidungsebene. Beide werden auf dem in der Regel alle fünf Jahre zusammentretenden Parteikongress neu gewählt. Gleichzeitige Befugniserweiterungen für die Führungsspitze und Verkleinerungen der meisten Parteigremien haben während der Parteikongresse 1991 und 1997 dafür gesorgt, dass sich die Macht der Partei im Grunde immer stärker auf das Politbüro konzentriert. Das Zentralkomitee übt in Kuba heute eher Repräsentationspflichten aus und wurde während des letzten Parteikongresses konsequent um ein Drittel verkleinert. Noch weniger Einfluss haben die Provinz- und Gemeindeebenen der Partei.

Das elitäre Konzept der PCC hat sich in den 90er-Jahren etwas gewandelt: Sie versucht, sich in eine Massenpartei zu verwandeln. Nach eigenen Zahlen wuchs die Partei im letzten Jahrzehnt jährlich um knapp 50 000 neue Mitglieder. Danach sind ein Drittel aller Parteiangehörigen erst seit 1990 in die PCC eingetreten – sie zählt heute rund 800 000 Mitglieder. Die gleichzeitig wachsende Machtkonzentration an der Parteispitze lässt es allerdings bezweifeln, ob die Partei mit mehr Masse auch an mehr Meinungsvielfalt gewonnen hat.

Ihren Nachwuchs rekrutiert die PCC aus ihrem Jugendverband Union de Jóvenes Comunistas (UJC), dem man nur bis zum dreißigsten Lebensjahr angehören kann. Die wichtigste Voraussetzung für eine Mitgliedschaft ist ein „besonders hohes sozialistisches Bewusstsein." Früher musste man den Beweis dafür oft in schweißtreibender freiwilliger Arbeit oder in andauernden Nachtwachen erbringen. Heute beginnt auch die UJC ihre Exklusivität zu verlieren: zurzeit zählt sie rund eine halbe Million Mitglieder.

Institutionell und personell eng verbunden mit der KP Kubas sind die sogenannten **Massenorganisationen**, die schon in den 60er-Jahren gegründet wurden. Zu ihnen gehören: als größte

Organisation – in die man im Grunde „hineingeboren" wird – die Komitees zur Verteidigung der Revolution CDR, die in jedem Häuserblock und Dorf die Zelle revolutionärer Macht und Wachsamkeit darstellen sollen und direkt dem Innenministerium unterstehen. Die Einheitsgewerkschaft CTC, die nicht nur fast alle Beschäftigten Kubas vertritt, sondern – vielleicht als weltweites Unikum – sogar die Privatunternehmer und nicht-staatlichen Genossenschaften gewerkschaftlich organisiert. Der Kleinbauernverband ANAP repräsentiert die Privatbauern, die in der Landwirtschaft noch eine gewisse Rolle spielen, da es in Kuba niemals eine Zwangskollektivierung gegeben hat. Der Verband kubanischer Frauen FMC, der dafür sorgte, dass der Anteil an kubanischen Frauen in Führungspositionen und in der Wissenschaft weltweit einen Spitzenrang einnimmt und der sich in den letzten Jahren auch zaghaft feministischen Themen zuwendet. Sowie der Studentenbund FEU, die Schülervereinigung FEEM und die Pioniere für Kinder ab der ersten Schulklasse. Das Ziel der Massenorganisationen ist es, einmal wichtige gesellschaftliche Gruppen politisch zu vertreten – und sie gleichzeitig zu kontrollieren – sowie als „Transmissionsriemen" die Parteipolitik an die Basis zu vermitteln. Früher gelang es den Massenorganisationen durchaus, für die Interessen ihrer Mitglieder soziale Erfolge zu erzielen. Heute behindert ihre unbedingte ideologische Gefolgschaft gegenüber Staat und Partei aber oft eine pluralistischere Politik, die in der vielschichtiger und gegensätzlicher gewordenen kubanischen Krisengesellschaft immer nötiger erscheint.

Unterhalb der Machtfusion von Staat, Regierung, Partei und Massenorganisationen gibt es bisher auf Kuba nur wenige andere politische Akteure. Zivile Strukturen haben nach dem Sieg der Revolution spürbar an Bedeutung verloren. Insoweit sie die vorherige Diktatur stützten, waren sie diskreditiert und wurden auf die neue Staatspolitik ausgerichtet. Soziale Belange wie z. B. Rassismus oder Emanzipation der Frauen wurden ebenfalls vom Staat besetzt. So kannte Kuba bis Ende der 80er-Jahre nur eine sehr schwach ausgebildete **Zivilgesellschaft** – dies hat sich in den letzten Jahren allerdings teilweise geändert. Einmal sind die Freiräume für Religionen sichtbar gewachsen; zahlenmäßig muss hier vor allem die afrokubanische Santería genannt werden, die in den letzten Jahren enorm an Popularität gewonnen hat. Von größerer politischer Bedeutung ist aber die katholische Kirche, deren Einfluss seit dem Papstbesuch und dank internationaler Unterstützung erheblich gestiegen ist (Religion, s. S. 153). Zarte Ansätze einer Gegenöffentlichkeit finden sich vor allem in der Wissenschaft und in der Kultur; am bekanntesten ist hier die kubanische Filmproduktion.

Im Gegensatz dazu werden im oppositionellen Bereich die meisten organisierten Aktivitäten vom kubanischen Repressionsapparat verfolgt und unterdrückt. Initiativen, politische Gegen-Öffentlichkeit zu schaffen, werden vom Staat rigoros unterbunden – es gibt weder Versammlungs- noch Pressefreiheit. Doch trotz dieser Staatsraison ist der primäre Grund für das Nichtvorhandensein einer politischen **Opposition** deren Schwäche, glaubhafte Alternativen zu entwickeln, die der kubanischen Bevölkerung auch in Zukunft gewisse soziale Standards und die nationale Unabhängigkeit garantieren. Vorschläge dazu kann eine Opposition auch gar nicht entwickeln, solange sie im Spannungsfeld zwischen staatlicher Repression und nordamerikanischer Aggression zerrieben wird. Denn Kubas Oppositionelle werden nicht nur vom Staat gegängelt, sondern gleichzeitig von den USA aus instrumentalisiert. Von dort versucht vor allem das Exil in Miami gezielt Dissidentengruppen aufzubauen, die das kubanische Regime politisch destabilisieren sollen. Da abweichenden Meinungen auf der Insel jeglicher Zugang zur Öffentlichkeit fehlt, können sich oppositionelle Stimmen nur über Miami bemerkbar machen, was ihnen sogleich den Vorwurf des Vaterlandsverrates einbringt.

Die Wirtschaftskrise hat zusätzlich zu einer Schwächung möglicher Opposition geführt. Im Grunde macht sich auf der ganzen Insel parallel zum täglichen Überlebenskampf ein schleichender Prozess der **Entpolitisierung** breit. Stattdessen sind Individualisierung, der Rückzug auf Familien- oder Überlebensnetze und wachsende Kriminalität die augenfälligsten Symptome einer zukünftigen politischen Krise.

Was kommt nach Castro – Zukunftsperspektiven

Wer an Kuba denkt, hatte bis vor kurzem das Bild von Fidel Castro vor Augen. Und das nicht ohne Grund: Der *Comandante en Jefe* hat in allen Phasen der Revolution eine fundamentale Rolle eingenommen und hielt bis zu seiner schweren Erkrankung Ende Juli 2006 in der Regierung alle zentralen Positionen besetzt. Zusätzlich verfügt er über ein beeindruckendes Charisma: Immer wieder gelang es ihm, der Bevölkerung seine Politik glaubwürdig zu vermitteln.

Mit Blick auf Castros hohes Lebensalter drängte sich lange eine Frage fast zwangsläufig auf: Was kommt nach Castro? Die Antwort darauf ist seit kurzem beantwortet und genauso leicht wie unbefriedigend: Auf Castro folgt Castro! Denn sein jüngerer Bruder Raúl wurde schon auf dem Parteikongress von 1997 als Nachfolger bestimmt. Und nach einem Schwächeanfall unterstrich Fidel Castro im Frühjahr 2001 diese Entscheidung noch einmal in aller Deutlichkeit. Dies ist kein Ausdruck von Erbfolge – Fidel betonte dazu in einem Interview: „Kuba ist kein König-reich." Raúl Castro ist vielmehr der amtierende Staatspräsident, weil er als Chef der Streitkräfte auf die integerste und bestfunktionierende Organisation innerhalb Kubas zurückgreifen kann. Mit einer Machtübergabe an das Militär soll so der rasche Zusammenbruch des *castrismo* verhindert werden. Allerdings wird das Militär weder von der eigenen Bevölkerung noch von der internationalen Gemeinschaft lange als führende Kraft Kubas anerkannt werden. Eine Militärregierung hätte nur Übergangscharakter und könnte die erste Stabilisierung des Systems gewährleisten – also die Spielregeln und Spieler überwachen, bis die Karten gemischt sind und neu ausgeteilt werden. Dabei sind mindestens drei mögliche Szenarien vorstellbar:

Das Zusammenbruchs-Szenario

Das Militär muss nach dem Tod Fidel Castros die Glaubwürdigkeit der Revolution rasch wiedererwerben. Dies kann nur über Reformen gelingen, die für weite Bevölkerungsteile zu besseren Lebensverhältnissen führen. Mit anderen Worten: Verfolgt die nächste Regierung Kubas den gleichen Zickzackkurs an Reformen wie in den letzten Jahren, ist ein Systemzusammenbruch auf Dauer nur schwer zu verhindern. Dies könnte in Auseinandersetzungen münden, in denen verschiedene Machtgruppen ihren Anspruch auf Castros Erbe mit Waffengewalt durchzusetzen versuchen. Eine solche Entwicklung würde Kuba in eine lang anhaltende Krise stürzen und könnte sogar eine direkte oder indirekte Intervention der USA provozieren. Das Ergebnis wäre vermutlich der Versuch einer weitgehenden Restauration der vorrevolutionären Besitz- und Machtverhältnisse. Das erste Szenario würde also zwangsläufig in das zweite übergehen.

Das neoliberale Szenario

Gelingt eine erste Stabilisierung, hängt es davon ab, welche Politik sich durchsetzen kann. Schon heute gibt es auf der Insel zahlreiche Menschen, die von dem liberalisierten Devisensektor profitieren. Je nach Handlungsbereitschaft könnten diese eine Regierung stellen, die einen radikalen Umbruch forciert. Im Rahmen einer vermutlich formalen Demokratie und neopopulistischen Politik würde dann ein auf den Weltmarkt ausgerichtetes neoliberales Wirtschaftsmodell eingeführt, das sich nur an ökonomischer Effizienz orientiert, eine rasche Privatisierung aller Betriebe durchführt, die Binnenwirtschaft austrocknet und die öffentlichen Dienste drastisch abbaut. Damit würde die bisherige Dualisierung der Inselwirtschaft (Geschichte, s. S. 127) zementiert und eine Verarmung für weite Bevölkerungsteile eintreten – die Lateinamerikanisierung Kubas wäre die Folge.

Das reformistische Szenario

Nach dem reformistischen Szenario würde sich nach einer ersten Stabilisierung eine Reformallianz durchsetzen, die das System aus sich heraus reformieren will. Hierbei könnte es sich um Vertreter verschiedener Regierungsebenen handeln, die Angst vor völligem Statusverlust haben; um die staatlichen Erwerbstätigen, die um ihre Arbeit fürchten; um Menschen, die sich den ursprünglichen Zielen der Revolution noch verpflichtet fühlen und um zivile Gruppen, die mehr Mitbestimmung wünschen, diese aber nicht allein durchsetzen können. Aufbauend auf den wichtigsten Standortvorteil Kubas – dem Bildungsniveau – könnte ein Reformismus die Weltmarktintegration um eine binnenwirtschaftliche Förderung ergänzen. Ziel wäre ein Modernisierungsschub, der rasch den Wohlstand der Massen erhöht, die öffentlichen Dienste erhält, so die sozialen Kosten notwendiger Reformen verringert und eine solide Basis für einen sozial verträglichen Umbau bereitstellt – dies entspricht der Idee Kubas als „karibischem Tiger".

Werden diese drei Szenarien an der Realität gemessen, ist das neoliberale am wahrscheinlichsten. Denn wie schon in Osteuropa zu sehen war, geht es in der Stunde Null nicht um die „Entdeckung der Langsamkeit", sondern um rasches Handeln. Die gut organisierten Kader des Devisensektors sind am ehesten in der Lage, eine auf Vetternwirtschaft basierende neoliberale Politik schlagkräftig durchzusetzen und diese über kapitalkräftige Investoren aus dem Ausland zu finanzieren. Eine reformistische Allianz würde sich eher langsam entwickeln, da sie sich erst neu konstituieren, politisch definieren und dann verbünden müsste. Misst man hingegen nicht die Chancen, die die drei Szenarien haben, sondern die, die sie bieten, bleibt zweifelsohne festzustellen, dass das reformistische Szenario für die Zukunft der Insel am sympathischsten ist. Es könnte Kuba auch in Zukunft zu einem Modell für Lateinamerika machen...

Über den Autor: Prof. Dr. Hans-Jürgen Burchardt leitet den Lehrstuhl für Internationale Politik an der Universität Kassel (www.international.uni-kassel.de und www.socialglobalization.uni-kassel.de). Er hat zahlreiche Bücher und Artikel über Kuba veröffentlicht. Seine bekanntesten Publikationen sind Kuba – Im Herbst des Patriarchen, Stuttgart, 1999 und Zeitenwende – Politik nach dem Neoliberalismus, Stuttgart, 2004.

Staatssymbole

Kubas **Staatsflagge** wehte zum ersten Mal 1850 in Cárdenas. Aufständische hatten sich gegen die Kolonialmacht aufgelehnt und als provokanten Akt die Fahne gehisst. Die drei blauen

La Bayamesa

Kubas **Nationalhymne** wurde erstmals am 20. Oktober 1868 in Bayamo während des Unabhängigkeitskrieges gegen Spanien gesungen. Ihr Text lautet:

Al combate corred, bayamesas,
que la Patria es contempla orgullosa,
no temais una muerte gloriosa
que morir por la Patria, es vivir.
En cadenas vivir es vivir
en afrentas y oprobios sumidos,
del clarín escuchad el sonido
a las armas, valientes, corred.

Auf zum Kampf, Bayameser,
das Vaterland wird stolz auf euch sein,
Fürchtet keinen glorreichen Tod,
denn fürs Vaterland zu sterben, heißt leben.
In Ketten zu leben ist ein Leben
in Schande und Unterwerfung
Hört den Klang der Trompete,
zu den Waffen, ihr Tapferen, lauft.

Streifen stehen für die drei Regionen, in die Kuba damals unterteilt war (Occidente, Centro und Oriente), während zwei weiße Streifen die Reinheit des Verlangens nach Unabhängigkeit symbolisieren. Die Seiten des roten Dreiecks versinnbildlichen die drei Eckpfeiler der Französischen Revolution (Freiheit, Gleichheit und Brüderlichkeit), und seine Farbe steht für das Blut, das in den Kriegen reichlich vergossen wurde. Der weiße Stern soll die Freiheit Kubas unter den Völkern darstellen.

Das **Wappen** enthält ebenfalls eine hohe Symboldichte, z. B. einen Schlüssel als Kennzeichen für Kubas geostrategische Lage am Golf von Mexiko, zwischen Yucatans Kap Catocha und Floridas Kap Sable. Eine aufgehende Sonne scheint auf die junge aufstrebende Republik. Links werden die Streifen der Nationalfahne und rechts eine typisch kubanische Landschaft mit der Königspalme im Mittelpunkt dargestellt. Die Spitze des Wappenschildes ziert eine Phrygische Mütze (Kopfbedeckung französischer Revolutionäre), die zusammen mit ihrem Stern für

Freiheit steht, während ihre rote Farbe an das viele vergossene Blut der Unabhängigkeitskriege erinnert. Den Rahmen bilden ein Lorbeer- und Eichenzweig, die Stärke und Siegeswillen ausdrücken.

Kubas **Nationalblume** ist die *Mariposa (Hedychium coronarium koenig)*. Mit ihrer weißen Farbe symbolisiert sie den Widerstandsgeist während der Unabhängigkeitskriege.

Im Federkleid des **Nationalvogels** *Tocororo (Priotelus lemnurus)* aus der Familie der *Quetzals* spiegeln sich die Farben der Nationalfahne wider.

Der **Nationalbaum** ist die majestätische Königspalme *(Palma Real* oder *Roystonea regia).*

Wirtschaft

Allgemeine Wirtschaftsdaten 2007
Wachstum: 7,3 %
Inflation: 3,6 %
Bruttoinlandsprodukt (BIP): 47,3 Mrd. US$
BIP pro Kopf: 4213 US$
Agrarsektor: 3,2 % (2006)
Industriesektor: 18,2 % (2006)
Dienstleistungen: 76,1 % (2006)
Export: 3,7 Mrd. US$ (mit Dienstleistungen 11,8 Mrd. US$)
Import: 10,1 Mrd. U$-$ (mit Dienstleistungen 11,5 Mrd. US$)

Erst wenn das kubanische Volk einmal aufhört, Sklave des Zuckers zu sein, werden ihm seine Mahlzeiten süßer munden und sein Leben wird würziger sein.

Fernando Ortiz

Seit der Sonderperiode hat sich die kubanische Wirtschaft deutlich stabilisiert. Es bestehen aber große sektorale Unterschiede, und während in der ineffizienten staatlichen Binnenwirtschaft größtenteils Flaute herrscht, zieht der exportorientierte Devisensektor unter Auslandsbeteiligung mit Volldampf davon, sodass sich die **Spaltung der Wirtschaft und Währung** verfestigt. Anhaltendes Wirtschaftswachstum und bilaterale Handelsintensivierungen (v. a.

mit Venezuela, Brasilien, China, Spanien und Kanada) schufen ein größeres Devisendepot in der Staatskasse. Am meisten füllen den **Export**warenkorb Zucker und dessen Derivate (z. B. Rum), Nickel, Meeresfrüchte, Tabak sowie Erzeugnisse aus Pharmazie und Biotechnologie. Die **Import**-Palette setzt sich vor allem aus Maschinen, Erdöl und Nahrungsmitteln zusammen. Nach vorsichtigen binnenwirtschaftlichen Reformen in den 90er-Jahren (Geschichte, s. S. 127) strebt Raúl Castro durch weitere regulierte Marktmechanismen einen Wandel innerhalb des Sozialismus an.

Fast alle Wirtschaftszweige, vor allem die Landwirtschaft, werden alljährlich durch schwere **Wirbelstürme** in Mitleidenschaft gezogen. 2008 fegte Hurricane Ike über fast alle Provinzen hinweg, richtete Schäden im Wert von 7 Milliarden US$ an und machte über 200 000 Menschen obdachlos.

Tourismus

Hatte Fidel Castro der touristischen Diva nach der Revolution die Tür vor der Nase zugeknallt und sie bis in die 80er-Jahre geschlossen gehalten, trat Mitte der 90er-Jahre ein radikaler Wandel ein. Javier Sotomayor, der kubanische Star-Hochspringer, gab die neue Richtung vor: Werbewirksam stellte er sich vor die Latte, die auf 2 m Höhe lag und die 2 Millionen Touristen symbolisierte, die man anpeilte. In diesem Sinne wird der Tourismus seither in rasantem Tempo ausgebaut und hat sich heute zum ökonomischen Hauptstandbein entwickelt. Die staatlichen Tourismusketten Cubatur, Cubanacán, Gran Caribe und Gaviota gingen **Joint Ventures** mit ausländischen Partnern wie Sol Meliá, Iberostar, Barcelo, Occidental (alle Spanien), Accor (Frankreich), Golden Tulip (Niederlande), Riu/LTI (Deutschland) und SuperClubs (Jamaica) ein. Dabei stellt Kuba Hotelbauten und Angestellte und der ausländische Partner Management und Vermarktung. Vor allem in den Tourismuspolen Havanna und Varadero wachsen ständig neue Hotelanlagen mit angegliederter Infrastruktur aus dem Boden. Aber auch Städte wie Santiago de Cuba, Trinidad und Cienfuegos und Strände wie Cayo Coco, Cayo Largo, Guardalavaca und Santa Lucia werden stark ausgebaut. Die meisten Gelder fließen in das Segment des kurzfristigen **Pauschaltourismus** mit gehobenem Hotelneubau (vier bis fünf Sterne). Wie in den Nachbarländern handelt es sich oft um von der Bevölkerung abgeschottete Strandenklaven. Doch auch andere Konzepte wie Rundreisen, Gesundheits- und Ökotourismus werden zunehmend umgesetzt. Bereits bis Mitte der 90er-Jahre hatte sich die Zahl der Zimmer verdreifacht.

Der **Gesundheitstourismus** genießt dank medienwirksamer Kampagnen wie dem Drogenentzug des argentinischen Fußballstars Diego Maradona einen exzellenten Ruf. Die landesweit 37 Kliniken, die auf die Behandlung von Ausländern spezialisiert sind, brauchen einen Vergleich mit ihren europäischen und US-amerikanischen Pendants nicht zu scheuen, bieten aber durchschnittlich um 50 % geringere Behandlungskosten.

Wachstumsentwicklung

Die Strategie, den Tourismus mit hohen staatlichen Investitionen zum Zugpferd der Wirtschaft zu entwickeln, scheint aufzugehen. Die **Wachstumsraten** sind beeindruckend: Verloren sich 1991 gerade mal knapp 500 000 Touristen auf dem großen Eiland, so bereisten es 1998 bereits 1,7 Millionen (darunter kaum US-amerikanische Touristen, denen von Seiten der USA die Einreise verboten wird). Durch diesen rasanten Anstieg haben sich die Bruttoeinnahmen mehr als verzehnfacht und machen rund ein Viertel der gesamten Deviseneinnahmen aus. Kubas jährliche Zuwachsraten waren in den 90er-Jahren rund viermal so hoch wie diejenigen seiner karibischen Nachbarn. Auch die Arbeitsplatzeffekte des Fremdenverkehrs sind mit 130 000 neu geschaffenen Stellen (direkt und indirekt) beachtlich. Doch im Rausch solcher Superlative wird leicht übersehen, dass zwei Drittel der hohen Bruttoeinnahmen wieder abfließen, weil viele touristische Konsumgüter importiert werden müssen und Investoren einen Großteil ihrer Gewinne in ihr Heimatland transferieren. Zudem mangelt es noch an Verflechtungen des Fremdenverkehrs mit vor- und nachgelagerten Bereichen der Binnenwirtschaft, auch wenn eine Reihe touristischer Konsumgüter bereits vor Ort hergestellt wird.

Der Anschlag in New York vom 11. September 2001 und die in neoliberalen Zeiten weltweit nachlassende Kaufkraft machten den optimistischen Prognosen kubanischer Tourismusexperten einen Strich durch die Rechnung. Anfang 2000 stagnierten die Besucherzahlen erstmals, und es kam sogar vorübergehend zu einem leichten Rückgang. Erst 2004 konnte die magische Zahl von 2 Millionen Touristen überschritten werden (derzeit sind es 2,3 Millionen). Mittlerweile sind die Besucherzahlen erneut leicht rückläufig. Die mit Abstand meisten Besucher stellt Kanada; es folgen England, Italien und Spanien und knapp dahinter Deutschland (mit ca. 100 000 Touristen jährlich). Die Schweiz kommt auf 17 000 und Österreich auf 10 000 Besucher pro Jahr. Bei Aufhebung des Embargos könnte mit einer weiteren Million US-Touristen gerechnet werden. Unlängst hat Raúl Castro die Start- und Landegebühren ausländischer Fluggesellschaften und die Kerosinpreise gesenkt, um das lahmende touristische Zugpferd wieder auf Trab zu bringen.

Schattenseiten des Tourismus

Dem Großteil der Bevölkerung galoppiert es bereits mit vollem Tempo davon: Aus der Schattenseite des Tourismus treten Prostitution (trotz verschärfter staatlicher Kontrollen), Kleinkriminalität, Schwarzmarktgeschäfte und zunehmende **sozioökonomische Disparitäten** hervor. Im Tourismussektor verdienen nämlich Fremdenführer, Taxifahrer und einfache Angestellte wie Kofferträger, Kellner und Zimmermädchen mittels Trinkgelder in Devisen ein Vielfaches des Monatsgehaltes einer hochausgebildeten Fachkraft. In dieser umgekehrten sozialen Pyramide landen ehemals angesehene Berufsgruppen wie Ärzte, Lehrer und Ingenieure am Sockel, und das Interesse an Ausbildung und gesellschaftlich nützlicher Arbeit nimmt ab.

Am Hang dieses Lohngefälles droht das egalitäre Wertesystem der Revolution abzurutschen. Unzufriedenheit und **Sozialneid** werden dadurch gefördert, dass ein Großteil der Kubaner nach wie vor einen Alltag des Mangels bewältigen muss und gleichzeitig täglich das reichhaltige touristische Waren- und Dienstleistungsangebot vor Augen hat. Erschwerend kommt hinzu, dass einige ehemalige Pesorestaurants heute nur noch für Devisen auftischen. Mit Ausbau des Strandtourismus verwandelten sich immer mehr Traumstrände, die ehemals allen Kubanern zugänglich waren, in ausländische Enklaven. Viele sehen das als Dollar- bzw. Touristen-Apartheid. Seit kurzem dürfen auch Kubaner wieder die Touristenhotels besuchen, doch nur sehr wenige können sich diesen Luxus leisten. Im Gegensatz zu kapitalistischen Entwicklungsländern werden die negativen Folgen des Reiseverkehrs zumindest abgemildert, da ein Teil der Gewinne den Sozialsystemen und damit der gesamten Bevölkerung zugute kommt.

Energie

1995 musste das Land mit der Hälfte der Energiemenge auskommen, die ihm noch 1990 zur Verfügung stand. **Energiemangel** durchdrang zahlreiche Bereiche des kubanischen Alltags und der öffentliche und private Verkehr brach fast völlig zusammen. Aus China importierte Fahrräder stiegen zum Verkehrsmittel Nummer eins auf und Ochsen ersetzten in der Landwirtschaft die alte sowjetische Technologie. Auch die Bauwirtschaft litt stark unter dem Einbruch. Betriebe und Haushalte mussten auf Sparflamme wirtschaften. Stromausfälle *(apagones)* von bis zu acht Stunden täglich waren die Norm. Mittlerweile fließt der Strom wieder regelmäßiger. Allerdings bleibt die Energieversorgung eine Achillesferse: 2004 fielen mehrere zentrale **Kraftwerke** aus, was zum temporären Zusammenbruch der nationalen Stromversorgung führte. Über 100 Fabriken mussten zeitweilig ihre Produktion einstellen. Seither wurde eine devisenschwere Dezentralisierung und Modernisierung des Stromnetzes eingeleitet, und effektive Dieselgeneratoren aus Deutschland und Südkorea unterstützen zukünftig die Elektrizitätswerke bei der Energieproduktion.

Nach einem gescheiterten Ausflug Richtung **Atomkraft** (Cienfuegos, s. S. 372) beschreitet Kuba einen vielversprechenden Weg und investiert in Wind- und Sonnenenergie und Biogasanlagen. Diese **alternativen Energiequellen** kommen vor allem in ländlichen Regionen bereits erfolgreich zum Einsatz. Zudem liefern viele **Stauseen** hydroelektrische Energie an die umliegenden Gebiete. Große Torfvorkommen auf der Zapata-Halbinsel werden als Brennstoff genutzt. In Zukunft könnten sich weitere Lösungen anbahnen. Seit 1995 steigern ausländische Investitionen im Norden der Provinzen Havanna und Matanzas die **Erdölförderung**, sodass heute die Hälfte des Energiebedarfes aus eigenen Ölquellen gedeckt werden kann. Außerdem liefert Venezuela Öl zu günstigen Konditionen und modernisiert kubanische Raffinerien. Im Golf von Mexiko – innerhalb kubanischer Gewässer – vermuten Experten weitere riesige Vorkommen. Es bestehen bereits Joint Ventures mit ausländischen Fördergesellschaften, die für Tiefseebohrungen benötigte Technik stellen.

2006 rief Fidel Castro die **Energetische Revolution** aus, ein landesweites Energiesparprogramm. Tausende von Sozialarbeitern versorgten nach und nach alle Haushalte mit kostenlosen Energiesparlampen und günstigen Elektroherden, Kochtöpfen und Ventilatoren. Dazu kommen subventionierte Kühlschränke, die schrittweise die stromfressenden US-Fossile ersetzen sollen. Um ein energiesparendes Verhalten durchzusetzen, erhöhte die Regierung Ende 2005 die Strompreise. Die unterste Verbrauchskategorie bis 100 kwh bleibt allerdings hochsubventioniert, und bei den mittleren Kategorien fallen die Erhöhungen moderat aus. Nur die Stromrechnungen energieintensiver Haushalte (z. B. Betreiber von Privatrestaurants) ziehen deutlich an – um bis zu 1400 %.

Bergbau

Kuba ist reich an Bodenschätzen (z. B. Kobalt, Kupfer, Chrom, Gold, Mangan und Eisen). Kalk- und Gipsvorkommen liefern die Grundlage für die Zementindustrie. Auf der Isla de la Juventud wird hochwertiger Marmor abgebaut. Um die Stadt Moa in der Provinz Holguín befinden sich die zweitgrößten Nickelreserven der Welt. Obwohl dank kanadischer und neuerdings auch chinesischer Investoren die ineffizienten russischen Förderanlagen modernisiert und dadurch große Produktionssteigerungen erzielt werden konnten, leiden die Nickelexporte zwischenzeitlich immer wieder unter schwankenden Weltmarktpreisen.

Fischerei

Kubas Fischereiflotte wurde nach der Revolution stark ausgebaut. Die Hauptfanggebiete liegen allerdings nicht in nationalen Gewässern (mit Ausnahme der Exportschlager Garnelen und Langusten), da die größten Fischschwärme die kalten, planktonreichen Gewässer des Nordatlantiks aufsuchen.

Kooperationspartner aus Frankreich und Kanada fischen derzeit mit moderner Technik nach etwas anderem: Die Schätze gesunkener Galeonen sollen ihnen glänzende Gewinne bescheren und Kubas marode Staatskasse aufbessern.

Industrie

Zu den Industriezweigen zählen die Zucker-, Erdöl- und Nahrungsmittelverarbeitung und die Textil-, Chemie-, Zement- und Maschinenbauindustrie. Nach dem Zusammenbruch des sozialistischen Handelsblocks (RGW) betrug der Auslastungsgrad des verarbeitenden Gewerbes zeitweise nur 15 %. Krisenbranchen wie die Textilindustrie, die besonders unter dem Ausfall russischer Rohstofflieferungen (Baumwolle) litten, konnten durch Auslandsinvestitionen wieder auf wackelige Beine gestellt werden. Andere Bereiche wie die Bauwirtschaft erhielten durch den Tourismusboom einen Aufschwung. In der Leichtindustrie kam es zu Kooperationen in der Nahrungsmittelverarbeitung (vor allem Getränkeindustrie) und Produktion von Hygieneartikeln, denn hier besteht ein nationaler Absatzmarkt in Devisen. In dem Zusammenhang gewannen staatliche Einzelhandelsgesellschaften zur Vermarktung kubanischer Erzeugnisse (z. B. Cimex, TRD, Caracol und Cubalse) an Bedeutung. Rund die Hälfte der in Devisenläden abgesetzten Artikel stammt mittlerweile aus kubanischer Produktion.

Landwirtschaft

Nach den beiden Agrarreformen Anfang der 60er-Jahre bewirtschafteten riesige **Staatsfarmen**, deren Anbau und Vermarktung zentralistisch gesteuert wurde, 80 % der landwirtschaftlichen Nutzfläche. Diese waren stark abhängig von Subventionen und Großtechnologie. Als nach dem Zusammenbruch des RGW beides ausfiel, konnten die Felder nicht mehr effizient bearbeitet werden. Wegen des daniederliegenden Transportsystems verrottete ein Großteil der Ernte auf den Feldern. Die Nahrungsmittelproduktion sank auf den Tiefpunkt, und zugleich fehlten Devisen für essentielle Lebensmittelimporte. Diese Krise setzte die dritte Agrarreform in Gang: Ein Großteil der Staatsbetriebe wurde aufgelöst und in kleinere **Produktionsgenossenschaften** (Unidades básicas de producción cooperativa) umgewandelt (Geschichte, s. S. 129).

Zu den rund 14 000 Genossenschaften kommen noch 70 000 **private Kleinbauern**, die etwa 15 % der landwirtschaftlichen Nutzfläche bearbeiten. Sie sind seit 1961 in der Vereinigung für Kleinbauern (ANAP) organisiert und produzieren im Auftrag des Staates, dürfen aber seit 1994 Überschüsse auf freien **Bauernmärkten** verkaufen. Obwohl die Staatsgüter bei der Zuteilung von Maschinen, Düngemitteln und Krediten bevorzugt werden, produzieren die Kleinbauern gemessen an ihrem Anteil an der Bodenfläche überdurchschnittlich viel (vor allem Tabak, Kaffee und Grundnahrungsmittel). Auch innerhalb der Städte werden immer mehr Flächen zum genossenschaftlichen Anbau genutzt und die Ernte direkt an den Parzellen günstig an die Bevölkerung verkauft (**Organopónicos**). Dies hat die urbane Versorgung deutlich verbessert. Raúl Castro ließ 2008 staatliches Brachland an Privatbauern und Kooperativen verteilen und einige Aufkaufpreise zugunsten der Bauern erhöhen (z. B. Milch und Kartoffeln). Doch müssen diese alle Arbeitsmittel selbst stellen bzw. besorgen, und zwar ausschließlich in Devisen.

Zucker

Schon vor 1989 erzeugte der Agrarsektor nur knapp die Hälfte der benötigten Nahrungsmittel; der Rest musste aus dem RGW importiert wer-

Zuckerrohr wogt in vielen Regionen Kubas immer noch bis an den Horizont, nimmt aber an Bedeutung ab.

den. Vor allem die **Zuckerproduktion** hat unter dessen Zusammenbruch gelitten: Sie halbierte sich von 7 Mill. t 1990 auf 3,3 Mill. t 1995, was ungefähr dem jährlichen Volumen des letzten Jahrhunderts entspricht. Zwischenzeitlich kam es zwar wieder zu geringen Produktionssteigerungen, doch steht dieses Ziel seit einigen Jahren gar nicht mehr im Mittelpunkt. Vielmehr wurde angesichts konstant niedriger Zucker-Weltmarktpreise endlich die Notwendigkeit erkannt, einen Strukturwandel einzuleiten. 2003 schlossen die Hälfte der 150 Zuckermühlen, die z. T. noch auf dem technischen Stand des letzten Jahrhunderts produzierten, ihre Tore. Schritt für Schritt weichen Zuckerrohrflächen dem Nahrungsmittelanbau, um endlich der Lebensmittelimportabhängigkeit zu entrinnen. Dank ausländischer Technologie gelingt es den verbliebenen Mühlen zunehmend, den industriellen Verarbeitungsprozess zu modernisieren und zu diversifizieren. Dies gibt nicht nur der Rumproduktion Auftrieb, sondern schafft auch aus Abfallprodukten des Zuckerrohrs Neben-

produkte wie Papier, Alkohol, Hefe, Futtermittel, Pharmazeutika und Holzkohle. Außerdem können neue Verarbeitungsmethoden die Verbrennungsenergie der *Bagasse* nutzen und so den Energieengpass überbrücken.

Weitere Produkte

Die wichtigsten Anbauerzeugnisse neben dem Zuckerrohr sind Tabak, Kaffee, Kakao, Mais, Reis, Bohnen, Kartoffeln, Yuca und **tropische Früchte** wie Ananas, Bananen, Mango und Zitrusfrüchte. Letztere werden vor allem im Zentrum (besonders um Jagüey Grande) und auf der Isla de la Juventud angepflanzt und wandern zum Großteil in den Exportwarenkorb.

Der **Tabak**sektor hat sich durch ausländische Investitionen zu einem wichtigen Wirtschaftszweig entwickelt, und die berühmten Zigarrenmarken sind heute der bedeutendste agrarische Exportschlager. Ein Großteil des Anbaus befindet sich in privater Hand. Sowohl die Bauern als auch die Manufakturarbeiter werden mit Leistungszulagen in Devisen motiviert.

Kubanischer Rum?

Rum war in Kuba lange Zeit gleichbedeutend mit **Bacardi**, doch nach der Revolution wurde deren Besitz verstaatlicht und die Familie floh nach Puerto Rico. Nach langer Unterstützung von konterrevolutionären Bewegungen in Kuba, Nicaragua und Angola (in Kooperation mit rechten exilkubanischen Organisationen) verletzt der millionenschwere Multi mit der Fledermaus seit einigen Jahren Namensrechte und verkauft in den USA widerrechtlich Rum unter dem Namen **Havana Club**. Zudem übt Bacardi Druck auf den kubanischen Vertriebspartner Pernod-Ricard aus, damit dieser den Verkauf des kubanischen Original-Produkts einstellt, das sich in den letzten Jahren zu einem der Hauptkonkurrenten auf dem internationalen Markt entwickelt hat. Kuba protestierte gegen diesen Markenraub, doch das Patentamt entschied 2006, der Markenschutz für Pernod-Ricard sei abgelaufen und werde nicht verlängert. Dagegen haben die Insel und die französische Firma nun Klage eingereicht. Die beste Möglichkeit des Protestes scheint derzeit im persönlichen Boykott von Bacardi zu liegen. Über die Hintergründe der politischen Machenschaften des Bacardi-Konzerns findet man reichhaltige Informationen im Buch von Hernando Calvo Ospina: *Im Zeichen der Fledermaus. Bacardi und der geheime Krieg gegen Kuba*, Köln, 2002. Sehr erhellend ist auch der Film *Das Geheimnis der Fledermaus*, der sogar in den USA prämiert worden ist.
Nichtsdestotrotz läuft die Kooperation mit Pernod-Ricard hervorragend. Havana Club wird in 120 Ländern vertrieben und belegt mittlerweile auf der Liste der weltweit meistverkauften Getränke Platz 50. Mit Hilfe einer neuen Destillerie soll das Produktionsvolumen in den nächsten fünf Jahren verdoppelt werden.

In der **Viehwirtschaft** dominieren Rinder und Schweine. Besonders die Versorgung mit Schweinefleisch hat sich dank zunehmender privater Zucht deutlich verbessert. Ein Verdienst der Revolution war es, Alten und Kindern ihre **tägliche Milchration** zu garantieren. Die DDR stützte diese beachtliche Sozialleistung, indem sie jährlich 22 000 t Milchpulver lieferte. Nach der Wiedervereinigung stellte die Bundesregierung die Verträge ein, obwohl sie durch eigene Überproduktion auf einem riesigen Milchpulverberg sitzen blieb. Als dann auch noch die Futterlieferungen gekürzt wurden, sank Kubas Milchproduktion um mehr als die Hälfte, weil viele Kühe an Unterernährung starben. Man begann, neue widerstandsfähige und milchreiche Rassen zu züchten, sodass heute zumindest den Kindern bis zum siebten Lebensjahr ihre tägliche Milchration gesichert ist (s. auch Kasten auf S. 317).

Zusätzlich zu den strukturellen Problemen setzen der kubanischen Landwirtschaft immer wieder **Naturkatastrophen** zu. 2004 richtete die größte Dürre seit über 100 Jahren schwere Schäden an und 2008 verwüstete Hurricane Ike einen Großteil der Ernte.

Biotechnologie und Pharmazeutik

Dank des ausgezeichneten Bildungssystems entstand in Kuba ein für Entwicklungsländer völlig untypischer **High-Tech-Sektor**. Schon seit den 80er-Jahren werden gezielt Zentren für Biotechnologie, Gentechnik und medizinische Forschung gefördert und mit hochrangigen Wissenschaftlern besetzt.

Herzstück ist das **Centro de Ingenería Genética y Biotecnología** in Havanna, das inzwischen inselweit rund 200 Institute mit über 30 000 Mitarbeitern umfasst. Selbst in den härtesten Zeiten der Wirtschaftskrise der 90er-Jahre geriet der Zufluss von Fördermitteln kaum ins Stocken. Der wissenschaftliche Erkenntnisstand kann sich mit dem westlicher Industrieländer messen und übertrifft diese auf einigen Gebieten sogar noch. Insbesondere bei der Herstellung von Interferon und Impfstoffen gegen Hepatitis B, Meningitis B, Lepra, Malaria und Cholera sowie bei der Aids- und Krebsforschung genießt Kuba auch international einen sehr guten Ruf. Mit Hilfe von Biotechnologie werden auch resistentere und ertragreichere Pflanzensorten für die Landwirtschaft gezüchtet. Der biotechnologische und medizinisch-technische Sektor produzierte mittlerweile 160 konkurrenzfähige Produkte.

Doch trotz hoch entwickelter Technologien, qualifizierter Arbeitskräfte und komparativer Kostenvorteile leidet der Verkauf der Produkte an zu geringen Marketingkenntnissen und vor allem am protektionistischen Weltmarkt, den wenige pharmazeutische Großkonzerne mit ihren Normen und Patentgesetzen dominieren. Der Absatz bleibt daher auf lateinamerikanische Staaten wie Brasilien, Mexiko und Uruguay sowie China und Russland beschränkt, obwohl die kubanischen Produkte auf dem Weltmarkt deutlich billiger sind. Das Management- und Vermarktungsdefizit sollen ausländische Kooperationspartner künftig ausgleichen helfen. Langsam können die Früchte intensiver Forschungsarbeit geerntet werden: 2005 flossen 300 Millionen Euro durch den Export von biotechnisch hergestellten Medikamenten in die Staatskassen.

Informationstechnologie und Kommunikation

Die weltweite Marktdominanz der USA auf diesem Sektor hat Kubas IT-Entwicklung stark gebremst. Das Microsoft-Betriebssystem und dessen Software darf nicht eingeführt werden. Daher greift die Insel verstärkt auf das freie Betriebssystem Linux zurück und bildet die ersten Computerspezialisten aus. Wegen des Embargos ist Kuba als einziges lateinamerikanisches Land nicht an das unterseeische **Internet**-Glasfaserkabelnetz angeschlossen und muss auf die wesentlich langsamere und teurere Satellitenübermittlung zurückgreifen. Doch hat Venezuela vor kurzem mit der Verlegung einer Breitbandverbindung nach Kuba begonnen, die in ca. zwei Jahren abgeschlossen sein soll und die Internet-Kapazitäten der Insel voraussichtlich um das Tausendfache steigern wird.

Internetzugang ist nach wie vor überwiegend auf wissenschaftliche, industrielle und kulturelle Institutionen beschränkt. Dazu kommen landesweit über 600 Clubs Jovenes de Computación, in denen Kubaner kostenlos den Umgang mit dem Computer lernen und das Internet nutzen können (ein Zentrum hat aber nur durchschnittlich 10 Computer). Zudem verfügt jede kubanische Schule über mindestens einen PC. Eine Großbestellung von 300 000 Computern aus China soll die Versorgungsdichte zukünftig erhöhen. Seit 2008 dürfen auch Privatpersonen einen PC besitzen, sofern sie ihn sich leisten können.

Das marode **Telefonsystem** konnte durch ausländische Investoren modernisiert werden, doch ist die Zahl privater Telefonanschlüsse weiterhin niedrig. Seit 2008 dürfen Kubaner Handys besitzen, doch wegen der hohen Preise können sich nur wenige diesen Luxus leisten.

Religion

Nach Kubas Conquista im Namen Gottes stellte die **Katholische Kirche** einen bedeutenden Machtfaktor mit großem Landbesitz dar. Ihre Priester herrschten zusammen mit Plantagenbesitzern und Sklavenhändlern und viele Zuckermühlen trugen die Namen katholischer Heiliger. Während der Säkularisierung nach der Unabhängigkeit verlor der Klerus zahlreiche Privilegien und es kam zur Trennung von Staat und Kirche. In der Folgezeit übertrafen sich die religiösen Vertreter in ihren Bemühungen, mit der herrschenden Klasse zu kooperieren – von wenigen Ausnahmen abgesehen (z. B. Guerilla-Priester Sardinas, der sich Castros Truppen anschloss, Bischof Perez, der sich nach Castros Gefangennahme für ihn einsetzte und natürlich Félix Varela, der während der Kolonialzeit entschieden für die kubanische Unabhängigkeit kämpfte). Diese Anpassungsbereitschaft verhinderte auf Kuba die Entstehung einer Kirche der Armen. Die Identifizierung mit dem kapitalistischen System ging so weit, dass sogar Banktresore gesegnet wurden.

Nach der Revolution kam es schnell zu Auseinandersetzungen zwischen Regierung und Kirche. Konnte Batista unter ihrem Segen schalten und walten, wie er wollte, veröffentlichten die Kirchenoberen nun eine Reihe von Hirtenbriefen gegen die neuen Machthaber. Der Klerus stand mit seiner Anhängerschaft aus Ober- und Mittelschicht schnell in Opposition zu den Zielen der Revolution und plante aus Angst vor dem Verlust seiner Besitztümer ihren Umsturz. Einige Gottes-häuser unterstützten konterrevolutionäre Sabo-tageaktionen und entwickelten sich schnell zum Sammelbecken oppositioneller Kräfte. Nach der Beteiligung katholischer Priester an der Schwei-nebucht-Invasion wurden die kirchlichen Erzie-hungs- und Bildungseinrichtungen, die z. T. hohe Schulgelder verlangt hatten, verstaatlicht. Viele Priester verließen das Land nach dieser Enteig-nungswelle, die ihre Haupteinnahmequelle zum Versiegen brachte.

Unter dem Vorwurf der konterrevolutionä-ren Haltung der katholischen Kirche wurde die **Religionsfreiheit** indirekt eingeschränkt. Gläu-

Der Papst beehrte Kuba

Die Verwirrung unter den Kubanern war Anfang 1998 groß. Der Papst sollte ausgerechnet nach Kuba kommen, das ja nicht gerade als katholi-sche Hochburg galt. Und das nicht nur unter Duldung der Regierung, sondern im Rahmen eines medienwirksam inszenierten Spektakels. Sämtliche Differenzen zwischen den beiden Ideologien wurden für die Dauer des Besuches beigelegt. Dabei hätte man annehmen können, zwei Erzfeinde träfen sich. Derselbe Papst Karol Woityla, der in den 80er-Jahren US-Präsident Reagan sein Bündnis im Kampf gegen das kommunistische „Reich des Bösen" zugesagt und die lateinamerikanische Theologie der Befreiung behindert hatte, wurde nun auf einmal als Verbündeter der kubanischen Revolution und Kämpfer für die Dritte Welt ausgegeben. Die Ku-baner, noch nie um sarkastische Bemerkungen verlegen, kommentierten den Besuch sofort: „Der Papst ist nach Kuba gekommen, um zu sehen, wie man von Wundern leben kann." Auch der Satz „der Papst besucht unseren Papst" machte die Runde.
Jedenfalls bekam die katholische Kirche durch den fünftägigen Besuch einen bedeutenden **Aufschwung**. Staat und Kirche näherten sich einander an und Weihnachten wurde wieder zum Feiertag erklärt. Die Papst-Messen waren stets gut besucht, bis hin zu 500 000 Menschen auf der Abschlusskundgebung in Havanna. Das darf allerdings nicht als Maß tiefer Religiosität missinterpretiert werden: Die Kubaner bekamen an dem Tag arbeits- und schulfrei und lassen sich, neugierig wie sie sind, Großereignisse ungern entgehen. Viele wurden auch von der Partei motiviert, den Papst freundlich zu emp-fangen. Mit seinem weltfremden Verbot von Abtreibung und Empfängnisverhütung und der verstaubten Sexualmoral drang das Oberhaupt der katholischen Kirche zu den meisten Kuba-nern nicht durch. Im Gegenteil machten bald bissige Papstwitze die Runde.
Indem das als Antikommunist bekannte Vatikan-Oberhaupt das US-Handelsembargo verurteilte, traf er die religiösen Exilkubaner tief und nahm ihnen etwas Wind aus den Segeln. Auch kam der Papstbesuch einer **internationalen Aner-kennung** der kubanischen Regierung gleich. Die Ziele des strategischen Zweckbündnisses wurden also auf beiden Seiten erreicht.

Mit den afrikanischen Sklaven wurden nicht nur die Menschen eines anderen Kontinents nach Kuba verschleppt. Erreichten die Schwarzen die Insel auch meist nackt, brachten sie doch ihre Kultur, ihre Götter und ihren Glauben mit – besonders der Yoruba-Kult aus dem Gebiet Nigerias und Benins war stark vertreten. Musik, Tänze, Gewohnheiten und Religionen aus einem anderen Teil der Welt gelangten so auf die Karibikinsel.

Sie verschmolzen über die Jahrhunderte mit den anderen kulturellen Einflüssen Kubas und entwickelten sich zu einem Erbe, das alle politischen Systeme überdauerte, bis heute Bestand hat und gerade in der letzten Zeit wieder an Popularität gewinnt.

Entstehung der Santería

Neben verschiedenen afrikanischen Kulten, die teilweise immer noch in Kuba praktiziert werden, hat vor allem eine afrokubanische Religion große Verbreitung gefunden. Im Volksmund als Santería bekannt, wird sie eigentlich als *Regla de Ochá-Ifá* bezeichnet. Die ersten Sklaven wandten ihren Zauber hauptsächlich an, um sich damit vor den von ihnen so gefürchteten katholischen Gottheiten der Spanier zu wehren. Schließlich gingen sie dazu über, anhand der katholischen Heiligenbilder ihre Götter *(Orishas)* zu verehren und überlisteten somit das Verbot der eigenen Religionsausübung. Aus dieser Praxis entstand eine Fusion von im Grunde völlig unterschiedlichen Glaubenswelten *(Synkretismus)*. Beispiele sind die heilige Barbara, die mit Chan-

gó, dem Gott der Musik, der Männlichkeit, des Krieges und des Feuers gleichgesetzt wird; die Jungfrau Caridad del Cobre, die gleichzeitig als Ochún, der Göttin der Liebe und Fruchtbarkeit gefeiert wird; der Heilige Antonio, der mit Eleguá, dem Gott des Glücks identifiziert wird und der Heilige Lazarus, der Babalú Ayé, dem Gott der Krankheiten entspricht. All diesen afrokubanischen Göttern werden jeweils spezifische Charaktereigenschaften und Vorlieben, sogar menschliche Launen und Schwächen, Farben und Festtage zugeschrieben.

Religiöse Rituale und soziokulturelle Bedeutung

Auch die Santería besitzt eine gewisse priesterliche Abstufung und setzt zum Erlangen verschiedener Grade bestimmte **Initiationsrituale** voraus. Am meisten verbreitet sind die Santeros oder Santeras. Diese Glaubensanhänger haben sich entschlossen, „Väter" oder „Mütter" einer bestimmten Gottheit zu werden und führen dafür besondere Zeremonien durch. Üblich ist z. B. bei diesem *hacerse santo* (seinen Heiligen zu machen) das bis zu einem Jahr andauernde Tragen von rein weißer Kleidung, der man auf den Straßen Kubas immer wieder begegnet. Die Santeros haben dann die Möglichkeit, in einem langjährigen Prozess, während dem sie sämtliche religiöse Rituale und die dazu gehörigen Gebete, Gesänge und Geschichten der Santería erlernen müssen, die höchste priesterliche Ehre zu erlangen. Man wird zum *babalawo*, zum Vater des Geheimnisses, denn

bige Christen hatten bis in die 90er-Jahre mit Benachteiligungen zu rechnen, und der Aufstieg in höhere Positionen blieb ihnen verwehrt. Ganz im Sinne von Marx' Maxime „Religion ist Opium für das Volk" galten lange Zeit nur Atheisten als gute Revolutionäre. Mitte der 80er-Jahre etablierte sich die linksgerichtete soziale Bewegung der Theologie der Befreiung in Lateinamerika und ein Interview des brasilianischen Befreiungstheologen Frei Betto mit Fidel Castro erschien als Buch. Castro äußerte darin:

„Meiner Meinung nach ist die Religion in sich selbst aus politischer Sicht weder Opium noch Wunderheilmittel. Sie kann Opium sein oder ein Heilmittel in dem Maße, wie sie dazu dient, entweder die Unterdrücker und die Ausbeuter oder die Unterdrückten und die Ausgebeuteten zu verteidigen."

Seither forderte der kubanische Präsident zu mehr Toleranz gegenüber Gläubigen auf, und seit Anfang der 90er-Jahre dürfen Christen wieder der Partei beitreten.

in der Sprache der Yoruba bedeutet *babá* Vater und *awó* Geheimnis.

Zur Ausübung ihrer Religion versammelten sich die Gläubigen einst in Brüderschaften *(Cabildos)*. Viele von diesen Verbindungen haben im Laufe der Zeit ihre religiöse Bedeutung verloren – sodass heute gerade noch einmal bestimmte Karnevalskostüme an ihre frühere Existenz erinnern. Andere schufen eigene Tempelhäuser *(Casas-templos)*, in denen die Santeros zur Ehre ihrer *Orishas* kulturelle Riten zelebrieren und die heute teilweise noch existieren. Allerdings verfügt die Santería allgemein nicht über feste Gotteshäuser wie Kirchen oder Tempel, die einen öffentlichen Charakter haben.

Die in früheren Zeiten der Revolution eingeschränkte Ausübung der Religionsfreiheit ließ auch die Santería eher im Stillen gedeihen. Nach der Liberalisierung der Religionspolitik vor ca. 20 Jahren hat sie in Kuba hingegen den Charakter einer **Volksreligion** gewonnen. Sie wird nicht mehr nur von Schwarzen praktiziert, sondern von Kubanern verschiedener Herkunft, Hautfarbe und sozialer Schicht. Immer wieder gibt es Gerüchte, dass sogar Fidel Castro Anhänger der Santería ist und gelegentlich mit einem Opfer die Götter für seine Revolution milde stimmen möchte. Die meisten Kubaner haben hingegen bescheidenere Anliegen: Für sie ist die Santería eine Stütze im Alltag, die man um Rat befragt und bei der man in Schwierigkeiten oder bei Krankheiten Hilfe sucht; mancher findet in ihr sogar den Sinn des Lebens. Man trägt Perlenketten in den verschiedenen Farben der Gottheiten um den Hals oder am Handgelenk, die der Öffentlichkeit zeigen, wen man verehrt und von wem man Beistand erwartet. In den Häusern werden bescheidene Altäre errichtet und kleine Opfergaben erbracht; selten wird eine Flasche Rum angebrochen, ohne die ersten Tropfen in eine Ecke zu gießen – natürlich zum Wohle der Götter.

Über die *Orishas* wird auch Kontakt mit den Seelen der verstorbenen Ahnen aufgenommen. Dies geschieht durch **zeremonielle Tänze**, bei denen der Gott unter rhythmischen Trommelklängen von einem in Trance gefallenen Tänzer Besitz ergreift. Diese mystische Besitznahme gilt für die betroffenen Personen als eine besondere Gnade und zeigt, dass sie die übernatürlichen Kräfte eines Mediums besitzen. Mit magischen Formeln wird die besessene Person dann wieder aus ihrer Trance erweckt. Heute werden solche Zeremonien immer häufiger Touristen als Folklore-Veranstaltung angeboten. Die Santería ist offensichtlich nicht nur als Teil der kulturellen Identität Kubas wieder voll akzeptiert, sondern scheinbar auch dabei, sich für die Zukunft zu wappnen ...

Von Lázara Izquierdo

Lázara Izquierdo ist kubanische Literaturwissenschaftlerin und hat in Deutschland über kulturelle Identität promoviert. Ihre bekanntesten Veröffentlichungen sind das literarische Kochbuch Viva Cuba – Von Salsa bis Mojito, *München, 2001 sowie* Zwei Seiten Kubas? Identität und Exil, *Stuttgart, 2002.*

Die postrevolutionäre Entwicklung hatte die Mitgliedschaft von Kubanern in einer religiösen Vereinigung bis Mitte der 90er-Jahre auf 15 % der Gesamtbevölkerung sinken lassen, ein für lateinamerikanische Verhältnisse sehr niedriger Anteil. Von fünf Millionen getauften Kubanern gingen nur 500 000 regelmäßig zum Gottesdienst. In den letzten Jahren befindet sich die katholische Kirche aber wieder deutlich im Aufwind, nicht zuletzt durch den Papstbesuch von 1998. Kürzlich tagte sogar die lateinamerikanische Bischofskonferenz erstmals auf der Karibikinsel. Seit den 80er-Jahren dienen die Gotteshäuser wieder als Auffangbecken für oppositionelle Intellektuelle, die mehr demokratische Freiheiten fordern. Kritik an der Politik der Regierung hat inmitten dieses Forums deutlich zugenommen.

Das derzeitige Verhältnis von Kirche zu Staat lässt sich am besten als friedliche Koexistenz beschreiben. Zwar tritt die Kirche heute stärker für Dialog und sozialen Ausgleich ein und mindert durch Verteilung von Hilfsgütern die

Versorgungsnot spürbar (ihre Hilfsorganisation Caritas ist nach dem kubanischen Staat die größte soziale Institution auf der Insel). Doch ein aufmerksamer Blick auf Geschichte und Gegenwart anderer lateinamerikanischer Länder lässt befürchten, dass Kubas religiöse Institutionen ihre reaktionäre hierarchische Seite bisher verdeckt halten und nicht für demokratische Freiheiten, sondern für größeren Machteinfluss kämpfen und in diesem Sinne gezielt um neue Anhänger werben. Ein bedeutender Anteil ihrer Spenden stammt von Exilkubanern. Dass viele von ihnen nicht in erster Linie humanitäre Ziele verfolgen, scheint fast so sicher wie das Amen in der Kirche.

Von geringerer Bedeutung ist der Protestantismus mit über 50 Kirchen und rund 300 000 Anhängern im ganzen Land. Doch keine der christlichen Strömungen kann einer anderen, weitaus populäreren Religion das (Weih)wasser reichen: Denn im heutigen Kuba bekommt die afrokubanische Santería den weitaus stärksten Zulauf.

Sport

Von Knut Henkel

Kubas Sportler gehören zu den Aushängeschildern der roten Insel. Die gilt als die **herausragende Sportnation** der Region. Doch in den letzten Jahren hat das Hochglanzbild der revolutionären Athleten tiefe Risse bekommen. Nicht nur im Boxen und im Baseball (Béisbol) gibt es markante Rückschläge. Das hat vielfältige Gründe.

Als „Botschafter der Nation" hat Revolutionsikone Fidel Castro einst seine Sportler bezeichnet. Da errangen die Athleten von der Insel gleich reihenweise die Medaillen. Beeindruckt zeigten sich nicht nur die so genannten Entwicklungsländer von so illustren Athleten wie Teofilo Stevenson oder Félix Savón, die sämtliche Offerten aus dem Profisport mit einem Lächeln ausschlugen und darauf verwiesen, dass sie einzig für ihre elf Millionen Landsleute die Boxhandschuhe schnüren würden. Nicht viel anders lag der Fall bei Weitspringer Iván Pedroso, beim Weltrekordler Javier Sotomayor oder der Gazelle der Antillen, bei Ana Fidelia Quirot. Die gehörte

in den 90er-Jahren zu den besten 800-Meter-Läuferinnen der Welt, und so manchen Titel widmete sie ihrem Comandante Fidel Castro.

Doch damit ist es weitgehend vorbei, denn sendungsbewusste Sportstars werden auf der Insel seltener, und immer wieder kehren Athleten dem sozialistischen Sportsystem den Rücken. Bestes Beispiel für den **Substanzverlust** ist das einstige Aushängeschild des kubanischen Sports: die Boxstaffel. Über Jahrzehnte waren es die Boxer, die für ordentlich goldenen Glanz im olympischen Medaillenspiegel sorgten. Doch damit ist es vorbei, denn gleich vier der fünf Olympiasieger von Athen (2004) schnüren die Handschuhe im Profilager und haben den großen Titel und das große Geld im Visier. Entsprechend mager fiel die Olympiabilanz der Kubaner 2008 in Peking aus – statt wie in Athen im Medaillenranking unter den ersten zwölf zu stehen, rutschte man in Peking unter ferner liefen ab und musste nicht nur Jamaika, sondern auch Brasilien den Vortritt im Ranking lassen. Für die ehrgeizigen Sportfunktionäre in Havanna ein Desaster, denn die Sporterfolge wurden nur zu gern als Erfolge des revolutionären Systems der Insel verkauft. „Das ist heute kaum mehr möglich, denn der Einbruch in Peking hat viele Probleme des kubanischen Sportsystems offengelegt", sagt Iván Garcia. Der unabhängige Journalist und Sportfan denkt dabei nicht nur an die fehlenden Perspektiven, die viele herausragende Sportstars dazu veranlasst, im Ausland nach besseren Chancen zu suchen, sondern auch an die aktuelle Generation, die oftmals als zu leicht befunden wird.

„Wir haben nicht den **Nachwuchs**, den wir brauchen, weil die Ernährungssituation in den 90er-Jahren so schlecht war, dass die Jugendlichen manchmal die körperlichen Voraussetzungen nicht erfüllen". Das macht den Trainern nicht nur im Boxen zu schaffen, sondern auch im Béisbol, im Volleyball und in der Leichtathletik, den Paradedisziplinen des kubanischen Sports. Da hilft auch das beste Nachwuchssystem der Welt nicht. Das haben die großen Cracks, sei es Félix Savón oder Dayron Robles, 110-Meter-Hürden-Superstar und Olympiasieger, durchlaufen. Doch auch die besten Trainer stoßen an ihre Grenzen, wenn die materielle Absicherung und der materielle Anreiz der Spieler nicht mehr stimmt. „Wie sollen sie sich auf ihren Job konzentrieren, wenn sie Schwierigkeiten haben, ihre Familien zu versorgen?", so der kubanische Béisbol-Jugendtrainer Enrique Paumien Aluazez. Er spricht aus eigener Erfahrung, denn auch sein karger Lohn reicht hinten und vorne nicht, um seine Frau und die drei Kinder über die Runden zu bringen. „Ich liebe meine Arbeit mit den 7–8-jährigen hier, aber ein Angebot aus dem Ausland würde ich meiner Familie zuliebe nicht ausschlagen", bekennt er achselzuckend.

Selbst die überaus populären Baseballspieler leben ausgesprochen bescheiden auf der Insel. „Zwar erhalten die absoluten Topstars durchaus Prämien in konvertiblen Pesos (in Kuba die harte Währung), zudem werden sie in modernen Reisebussen über die Insel gekarrt und in Luxushotels untergebracht, aber dem Reiz, sich mit den Besten der Welt zu messen, erliegen immer wieder Spieler" erläutert García. Ende Dezember 2008 setzen sich die vorerst letzten beiden Cracks ab und flohen illegal nach Mexiko. Yardel Martí und Yasser Gómez heißen sie, und Martí gehörte zu den wurfgewaltigen Pitchern (Werfern) der kubanischen Nationalequipe. Ein herber Verlust für diese, denn bei den Werfern ist das Defizit besonders groß. Die bescheidenen Lebensbedingungen und die andauernde Bevormundung waren die Gründe für die Republikflucht der beiden Sportler.

Ideologisches Sendungsbewusstsein gedeiht schlecht in der kubanischen Mangelwirtschaft. Selbst die Stars müssen außerhalb der Saison, wenn keine großen Wettkämpfe anstehen, Sportklamotten verkaufen, um über die Runde zu kommen. Wer aus dem Kader für Auslandsreisen gestrichen wird, hat dann schon schlechte Karten. Der **Run auf Devisen** bestimmt auch das Dasein der Sportcracks, und die Trainer kalkulieren genau, bei wem in das Flugticket investiert wird und bei wem nicht. Ohne Aussicht auf Siegprämien bei Leichtathletik-Events oder Auflaufprämien oder Preisgelder läuft wenig. „Autofinanciamento" (Selbstfinanzierung) heißt das Zauberwort, denn auch der Sportbetrieb wird schon lange nicht mehr umfassend gefördert, denn schließlich fehlt es an Ressourcen. Auch ein Grund, weshalb kaum ein Land so viele

im Ausland arbeitende Trainer hat wie Kuba. In Venezuela, Nicaragua, Bolivien, aber auch in Frankreich oder der Türkei haben kubanische Sportlehrer schon gearbeitet, um den Devisenfonds des Nationalen Sportinstituts (INDER) zu füllen. Das Geld wird dringend benötigt – nicht nur, um Athleten zu versorgen, sondern auch, um Anlagen zu erhalten. Der Zahn der Zeit nagt an den Sportanlagen, für deren Erhalt kaum Mittel zur Verfügung stehen. Auch Ausrüstung, Kleidung, Boxhandschuhe und Co. sind latent knapp, und selbst in größeren Boxschulen werden die Boxhandschuhe gehütet wie ein Schatz.

Zum Alltag gehört aber auch das ausgefeilte **Talentsichtungssystem**, über das nach wie vor das Gros der Talente der Insel aufgespürt werden. „Grundlage unserer Sporterfolge sind die Schulspiele", erzählt Alberto Juantorena, selbst ehemaliger Weltrekordler und Doppelolympiasieger von Montreal über 400 und 800 Meter. Jedes Jahr im Juli findet diese Talentbörse in allen 14 kubanischen Provinzen statt. Juantorena wurde selbst dort entdeckt und kam daraufhin an die „Einführende Sportschule" (EIDE). Mit 13 Jahren wechselte er dann an die „Schule für sportliche Perfektionierung" (ESPA), wo er an den Leistungssport herangeführt wurde. „Die ehemalige DDR hatte ein ähnliches System. Wir übernahmen einige Ideen aus diesem System und passten sie den kubanischen Verhältnissen an", erläutert der kraushaarige Ex-Athlet. Das ganze System verläuft pyramidenförmig. An der Spitze steht die Nationalmannschaft, wo sich auch die Topstars immer wieder neu qualifizieren müssen.

Auch ein Grund für die Republikflucht von Odlanier Solís und Yuriorkis Gamboa. Die beiden Ausnahmeboxer, beide in Athen mit der Goldmedaille geschmückt, vermissten den Respekt der Vorgesetzten und boxen jetzt für den Hamburger Arena Boxstall. Dort sind noch drei weitere Kubaner unter Vertrag, sodass die Hälfte der kubanischen Staffel von 2005 nun professionell durch den Ring tänzelt. Hoch ist auch die Abwanderungsquote bei den Keulenschwingern, den Baseball-Cracks. Für die ist die US Major League Baseball wie ein Magnet und dort werden sie mit Kusshand genommen. Auch ein Grund, weshalb Compañero Fidel seinen Botschaftern nicht mehr so gern zuguckt, denn schließlich könnten sie schon morgen beim Klassenfeind, den USA, spielen.

Über den Autor: Knut Henkel lebt und arbeitet als freier Autor in Hamburg und reist regelmäßig nach Lateinamerika. Zuletzt war er im Herbst 2008 in Kuba.

Kunst und Kultur

Lesen heißt Wachsen.
Leitspruch der Buchmesse von Havanna

Schon in der Kolonialzeit genoss Havanna einen guten Ruf als „Kulturhauptstadt der Karibik." Seither brachte die Karibikinsel zahlreiche namhafte Künstler hervor und gilt bis heute als eine der kulturellen Hochburgen Lateinamerikas. Vor der Revolution hatte aber nur ein kleiner Teil der Bevölkerung, das Bildungsbürgertum, Zugang zu kulturellen Institutionen. Nur wenige konnten sich den Luxus des Bücherlesens leisten. Auch Sportveranstaltungen standen nur den oberen Klassen offen und waren in wenigen privaten Clubs institutionalisiert. Bei Events, besonders bei Boxkämpfen, Pferde- und Hunderennen, flossen große Summen – nicht selten in dunkle Kanäle korrupter Wettgeschäfte. Boxen und Baseball standen vollständig unter US-amerikanischer Vermarktung und wurden regelmäßig ausverkauft. Man sprach von einer **Kultur der Minoritäten**.

Gebäude wie das Capitolio und die Nacional City Bank brachten als Wahrzeichen amerikanischer Kultur die US-Hegemonie zum Ausdruck. Zusammen mit der Flut US-amerikanischer Konsumgüter drang auch der „American way of life" ein, den reiche kubanische Familien imitierten. In kubanischen Studios wurde ein großer Teil der TV-Produktionen abgedreht und US-Medienkonzerne warfen hier ihre Druckerpressen an, um über den Brückenkopf Kuba den lateinamerikanischen Markt mit Zeitschriften zu beliefern. Diese Dominanz brachte den USA den Vorwurf des **Kulturimperialismus** ein. Staatliche Fördermittel für kubanische Künstler schrumpften dagegen immer mehr zusammen.

Nicolás Guillén brachte die Abhängigkeiten am Beispiel der Literaturszene gut auf den Punkt: „Der Autor eines Buches musste zu einer Druckerei gehen, denn es gab keine Verlage. Er bekam sein Werk gedruckt, aber nicht seine Edition, und er bezahlte dafür, wie er für einen Boxkampf oder ein Menü bezahlt haben könnte. Wenn er arm war (und das war die Regel), musste er eine Handvoll Pesos zusammenkratzen, die er seiner Bequemlichkeit, seinen Bedürfnissen, seinem Lohn abrang. Die Druckerei gab ihm schließlich sein Buch heraus, und der Autor wusste nicht, was er damit anfangen sollte. Manchmal verkaufte er es, aber auf eine erniedrigende Art und Weise: indem er Magnaten besuchte, Neureiche, Politiker nach der Art des Landes, und ihnen das Produkt seines Talents anbot. Sie kauften es oder auch nicht. Im ersten Fall für ein paar Centavos; im zweiten genügte es, ihm die Tür vor der Nase zuzuschlagen. Der Warteraum des Senats, des Repräsentantenhauses und der Stadträte sah so die Schriftsteller defilieren, die versuchten, ihr Buch unterzubringen. Aber normalerweise verschenkte es der Autor unter Freunden und Bekannten."

Ausbau der Kultur

Die Revolution initiierte einen staatlich gelenkten Ausbau der Kultur, galt es doch, jahrhundertlange Fremdbestimmung abzuschütteln und eine eigene nationale Identität zu entwickeln. In diesem Sinne startete 1961 eine landesweite **Alphabetisierungskampagne**. Anfang der 60er-Jahre brachten wandernde Künstler die Menschen in den hintersten Winkeln des Landes erstmals mit Kultur in Berührung. Laiengruppen entstanden auf dem Lande und rund 250 **Kulturzentren** (Casas de la Cultura) wurden auf der ganzen Insel aufgebaut. Außerdem entstanden namhafte Institutionen wie der kubanische Schriftsteller- und Künstlerverband (1961, Unión de Escritores y Artistas de Cuba, Uneac) und das Casa de las Américas (1959), das sich mit Literaturwettbewerben und Ausstellungen zum bedeutendsten Forum für lateinamerikanische Schriftsteller entwickelte. 1962 wurde die erste nationale Kunsthochschule und 1967 das Instituto Cubano del libro ins Leben gerufen. 1976 folgten das **Kulturministerium** und das Instituto Superior de Arte, die bedeutendste Kunstakademie der Insel. Auf der Biennale in Havanna treffen sich kubanische Künstler mit Kollegen aus anderen Entwicklungsländern. Auf dem renommierten Festival des Neuen Lateinamerikanischen Films wird alljährlich der *Coral*, der Oscar Lateinamerikas, verliehen.

Nach der Revolution sanken die Eintrittspreise für kulturelle Veranstaltungen und wurden damit für ein breites Publikum erschwinglich. Außerdem finanziert der Staat **Künstlerdörfer**, in denen die Künstler Unterstützung und gute Austauschmöglichkeiten erhalten, aber auch unter staatlicher Kontrolle stehen. Subventionen ermöglichen es den Kunstschaffenden, sich vom Vermarktungszwang ihrer Produkte zu befreien.

Kontrolle und Zensur

Allerdings erlebte die **künstlerische Freiheit** in Kuba hinsichtlich der politischen Zensur Höhen und Tiefen. Che Guevara war zu Beginn der Revolution ein scharfer Kritiker des sozialistischen Realismus und setzte sich für die Vielfalt kulturellen Ausdrucks ein. Castros „Worte an die Intellektuellen" thematisieren die Meinungsfreiheit und schließen mit dem berühmten Satz: „Innerhalb der Revolution: alles. Gegen die Revolution: nichts". Abstufungen fehlten in diesem schematischen, absoluten Pro-Contra-Modell völlig. So wird noch heute selbst graduelle und differenzierte Kritik am kubanischen Gesellschaftssystem mitunter voreilig in die konterrevolutionäre Ecke eingeordnet.

In den frühen 60er-Jahren war der Staat relativ tolerant gegenüber abweichenden Meinungen, doch mit der politisch-ökonomischen Annäherung an die Sowjetunion in den 70er-Jahren begann die dogmatischste Phase der kubanischen Kultur. Das institutionelle sowjetische Modell hielt in fast alle gesellschaftlichen Bereiche Einzug und die Kreativität erlitt einen Rückschlag. Man spricht vom „grauen Jahrfünft" der 70er-Jahre, eingeleitet durch die **Padilla-Affäre**. Der Schriftsteller (1932–2003) wurde 1968 zunächst für seinen Gedichtband *Außerhalb des Spiels* mit dem Literaturpreis des Uneac ausgezeichnet, dann aber von der politischen Führung wegen dieser „konterrevolutionären Tätigkeit"

schwer kritisiert und sogar verhaftet. Sein Buch wurde verboten, er selbst zu einer öffentlichen und unterwürfigen Selbstanklage genötigt, was einen internationalen Proteststurm hervorrief, an dem sich bedeutende Intellektuelle wie Jean-Paul Sartre und Hans Magnus Enzensberger beteiligten. Viele Schriftsteller verließen seither das Land; sie sind bis heute die am stärksten von politischer Zensur betroffenen Künstler.

Als sich die Insel in den 80er-Jahren ideologisch wieder von der Sowjetunion distanzierte und auf die eigene kulturelle Identität rückbesann, entstanden wieder mehr künstlerische Freiräume. In den 90er-Jahren warfen die wirtschaftlichen Probleme ihre Schatten auch auf das künstlerische Leben: Die Buchproduktion musste aus Papiermangel drastisch eingeschränkt werden und die Zahl der produzierten Filme ging deutlich zurück. Beides konnte inzwischen wieder gesteigert werden und bleibt stark subventioniert. Besorgniserregend ist in letzter Zeit eher das zunehmende Interesse der Jugendlichen an oberflächlicher Unterhaltung.

Literatur

Eine erste Kubanisierung erlebte die Literatur im 19. Jh., als sich die Kreolen von den spanischen Kolonialherren abgrenzten und sogenannte *Costumbristas* die eigene Identität und Lebensweise hervorhoben. Ende des 19. Jhs. nahmen auch antirassistische und Sklaverei verurteilende Werke zu.

Typisch für das heutige Kuba sind **Literaturwerkstätten** *(talleres literarios)*, die sich Mitte der 60er-Jahre gründeten. Hier können wöchentlich Hobbyschriftsteller ihre Werke vorstellen und untereinander sowie mit dem oft sehr heterogenen Publikum diskutieren. Seit Anfang der 70er-Jahre werden regelmäßig auf Stadt,- Provinz- und Landesebene lebhafte Wettbewerbe veranstaltet und Preise vergeben. Havanna avancierte sogar zum bedeutenden Treffpunkt lateinamerikanischer Autoren. Heute genießt kubanische Literatur auch international einen guten Ruf, wozu sowohl die Schriftsteller der Insel als auch jene des Exils beigetragen haben. Werke bekannter Autoren werden in mehrere Sprachen übersetzt und in zahlreiche Länder exportiert.

Autoren

Die bekanntesten Werke der folgenden Autoren werden im Anhang beschrieben (s. S. 544).

(s. S. 544)

Klassiker des 19. Jahrhunderts

José Maria Heredia (1803–39) widmete sich vor allem romantisch-politischen Gedichten. Er setzte sich als erster Dichter für die Unabhängigkeit ein und sagte den Spaniern mit der Feder den Kampf an. Dafür musste er den Großteil seines Lebens im Exil verbringen. **José Martí** (1853–95) und **Julián de Casal** (1863–93) begründeten Ende des 19. Jhs. den *Modernismus* als neuen Stil und befreiten sich erstmals von den europäischen und nordamerikanischen Einflüssen auf die Literatur. Aus Martís Fülle an literarischem Material stechen seine *Versos libres, Versos sencillos* und der seinem Sohn gewidmete Gedichtband *Ismaelillo* hervor (zu seiner Person s. S. 196/197).

Cirilo Villaverde (1812–94) schrieb mit *Cecilia Valdés*, einer Tragödie über die Liebe einer Mulattin und eines Weißen in Zeiten der Sklaverei, sein Meisterwerk. Aufgewachsen auf einer Zuckerplantage kannte er das Leben der Sklaven aus eigener Anschauung. In dieser Phase entstanden eine Reihe sozialkritischer Sklavenromane. Anfang des 20. Jhs. setzte sich der Ethnologe **Fernando Ortiz** (1880–1969) in wissenschaftlicher Form mit dem Thema auseinander.

Die Stars der Insel

Nicolás Guillén (1902–89) setzte die von Heredia und Martí eingeleitete Bildung einer kubanischen Identität fort, erfasste in seinen gesellschaftskritischen Gedichten auch die afrikanischen Wurzeln und rückte den Afrocubanismus stärker in den Vordergrund. In seinen *Motivos de Son* widmet er sich dieser Musikrichtung, die er „unsere Seele" nannte. Nach persönlichen Erfahrungen im Spanischen Bürgerkrieg nahmen seine Beiträge an politischer Schärfe zu. In der Sammlung *West Indies Ltd.* schlägt dies in Form von Kritik an Imperialismus und Neokolonialismus am deutlichsten durch. 1953 trieb Batista den Querulanten ins Exil, von wo aus er seiner Heimat eines seiner berühmtesten Gedichte

widmete: *Eidechse lang und grün*. Nach der Revolution kehrte Guillén begeistert nach Kuba zurück, verfasste das „Revolutionsgedicht" *Ich habe (tengo)* und übernahm den Vorsitz des kubanischen Schriftsteller- und Künstlerverbandes. 1961 erhielt er den Titel „Nationaldichter".

Der bekannteste kubanische Romanschriftsteller **Alejo Carpentier** (1904–80) war ein weiterer Vertreter dieser *Negrista*-Bewegung. Vor der Revolution lebte er im Pariser Exil und kehrte erst nach 1959 auf die Insel zurück. Carpentier vertrat sein Land zeitweilig als kubanischer Botschafter in Frankreich und förderte junge Talente. 1978 wurde er als erster Lateinamerikaner mit dem höchsten spanischen Literaturpreis ausgezeichnet. Mit seiner Erzählform des „magischen Realismus", in der sich Mythologie, fantastische Elemente und Realität miteinander vermischen, hat er die lateinamerikanische Literatur nachhaltig beeinflusst.

Auch **Nancy Morejón** (1944) widmet sich der Identität der Schwarzen, allerdings mit stärkerem Fokus auf feministische Themen.

Dulce María Loynaz (1902–97) zählt ebenfalls zur namhaften Dichterszene. Sie entstammte einer bedeutenden Adelsfamilie und hatte mit der Revolution nicht viel am Hut, blieb jedoch in Kuba. Fünf Jahre vor ihrem Tod wurde sie mit dem bedeutenden spanischen Cervantes-Preis ausgezeichnet.

Als wichtigste Revolutionsromane gelten *Bertillón 166* von **José Soler Puig** (1916–96), der den Guerillakampf beschreibt und **Manuel Pereiras** (1948) *Kommandant Veneno*. Pereira zog mit 13 Jahren aus Havanna in ein Dorf in der Sierra Maestra, um bei der Alphabetisierungskampagne zu helfen und lebte bei einer Bauernfamilie. Seine Erfahrungen hat er in dem autobiographischen Roman festgehalten.

José Lezama Limas (1910–76) bekanntestes und komplexestes Werk, an dem er 20 Jahre saß, heißt *Paradiso*. Die Bandbreite der Kritikermeinungen reicht von überdreht-chaotisch bis genial. Auf alle Fälle liest sich sein vor Wissen, Metaphern und Insiderbemerkungen überbordendes Buch nicht leicht. Ein argentinischer Kollege pries es als Meisterwerk mit einem „Wortgebäude unglaublichen Reichtums", fügte jedoch hinzu: „Lezama Lima zu lesen ist eine der härtesten und oft auch ärgerlichsten Tätigkeiten, die es geben kann." In Kuba wurde der nicht mit der Revolution sympathisierende Schriftsteller lange Zeit ignoriert. Erst in den 80er-Jahren drang seine Kunst in intellektuelle Kreise vor und wurde dort begeistert aufgenommen.

Miguel Barnet (1940) fängt in seinen Romanen, die Lebensgeschichten einfacher Leute ein. Weltberühmt ist die Geschichte eines entlaufenden Sklaven *(Der Cimarrón)*, für die Barnet den 106-jährigen ehemaligen Sklaven Estebán Montejo befragte. Seine Romane schildern die Geschichte in einer Art Zeitzeugenbericht *(novela testimonio)*. Er selbst bezeichnet sich als „Dichter mit der Berufung eines Ethnographen", der die „Geschichte der Leute ohne Geschichte" schreibt. Mit Interviews, Tonbandaufnahmen und Archivstudien machte er sich dabei die Techniken von Historikern und Ethnologen zu eigen.

Ähnlich arbeiteten auch **Lisandro Otero** (1933–2008) mit *Bolero* und **Cintio Vitier** (1921) mit dem Roman *Straße in Alt-Havanna*.

Nicht zu vergessen ist **Senel Paz** (1950), der mit *Der Wald, der Wolf und der Neue Mensch* in Europa einen Preis für die beste lateinamerikanische Kurzgeschichte gewann. Mit diesem Rummel aufgeladen, verbreitete sie sich in Kuba in Windeseile und wurde wegen der zu geringen Auflage zum meistkopierten Buch in der Geschichte Kubas. Später hat Regisseur Gutierrez Alea mit staatlicher Unterstützung die Geschichte zum Film *Erdbeer und Schokolade* verarbeitet. Film wie Buch verbinden in geschickter Weise Kritik am System mit der Forderung nach Menschlichkeit und Toleranz.

Die Stars im Exil

Reinaldo Arenas (1943–90) beendete sein bekanntestes, künstlerisch umstrittenes Buch *Bevor es Nacht wird*, das mit namhaften Schauspielern verfilmt wurde, im Endstadium seiner HIV-Krankheit. Im lesenswerten Werk verbindet er Etappen seiner Lebensgeschichte mit Anklagen an die Revolutionsregierung (er sah sich bis zur Auswanderung 1980 als Schriftsteller wie Homosexueller immer wieder staatlichen Repressionen ausgesetzt).

Guillermo Cabrera Infante (1929–2005) war der bedeutendste Exil-Autor. Er galt als schärfs-ter Castro-Kritiker und distanzierte sich schon in den 60er-Jahren deutlich vom System.

Jesús Díaz (1941–2002) beschreibt in *Die Initialen der Erde*, wie ein Mensch auf die Frage, ob er ein vorbildlicher Revolutionär sei, sein ganzes Leben rückblickend reflektiert und dabei zu keiner eindeutigen Antwort kommt. Ende der 80er-Jahre trat Díaz laut für innere Reformen ein und musste sich im spanischen Exil niederlassen, wo er weitere Klassiker verfasste.

Das Meisterwerk der 1995 nach Paris ausgewanderten **Zoé Valdés** (1959) heißt *Das tägliche Nichts* und ist ein stark erotisch geprägter Roman mit viel Kritik an der kubanischen Gesellschaft der 90er-Jahre.

Film

Nur wenige kubanische Produktionen entstanden vor der Revolution. Eine der besten ist der Film *El Mégano* von 1955, der die harten Arbeitsbedingungen der ausgebeuteten Köhler im Sumpfgebiet der Zapata-Halbinsel zeigt. Daraufhin wurden die Regisseure Alea und Espinosa verhaftet und der Film beschlagnahmt.

1959 wurde die eigene Filmindustrie **ICAIC** (Instituto Cubano del Arte e Industria Cinematográficos) gegründet, deren Produktionen Kuba zu einem der bedeutendsten Filmländer der Dritten Welt machten. Vor der Revolution hatte sich die Amerikanisierung auch in der kubanischen Kinolandschaft breitgemacht, und die Insel diente als Tropenkulisse für viele Unterhaltungsfilme aus Hollywood. Dies änderte sich nach der Schweinebucht-Invasion, als die US-Filmgesellschaften enteignet wurden. Man vertrat die Maxime eines „nicht perfekten Kinos", um sich von der aufwändigen Hollywood-Filmkultur abzugrenzen und den materiellen Beschränkungen Rechnung zu tragen. Die technisch begrenzten Möglichkeiten (bis Mitte der 70er-Jahre konnten keine Farbfilme gedreht werden), wurden allerdings durch eine begeisterte Aufbruchsstimmung mehr als ausgeglichen.

Nicht nur flimmerten bald kubanische Filme auf den Leinwänden von über 100 neuen Kinos. Es entstand sogar ein **mobiles Kino** *(Cine movil)*, das mit Lastwagen und Maultieren auch in abgelegenste Regionen vordrang. Der Kurzfilm

Por primera vez (Zum ersten Mal) von Octavio Cortázar fängt die Reaktion der Bauern auf das unbekannte Medium ein. Im Laufe der Zeit bekamen viele kleine Orte eigene Video-Kinos. Anfang der 70er-Jahre begann die audiovisuelle Alphabetisierung über das Medium Fernsehen.

Mit dem **Nuevo Cine** entstand eine neue Art von Filmen, die sich bemühten, die kubanische Geschichte aufzuarbeiten und die eigene kulturelle Identität zu stärken, z. B. durch Dokumentarfilme über den revolutionären Prozess. Alea, den Kollegen für einen der größten Cineasten der Geschichte halten, äußerte sich dazu folgendermaßen: „In den ersten Jahren war unsere Wirklichkeit sehr bewegt, sehr reich an Ereignissen, an gewaltigen Veränderungen. Man brauchte nur die Kamera zu nehmen, auf die Straße zu gehen und loszudrehen. Da konnte man ein vitales, direktes, organisches Kino machen. Die Wirklichkeit lieferte alles und forderte den Dokumentaristen heraus." Eine Wochenschau unter Leitung von **Santiago Álvarez** (1919–98) entstand. Der erste Dokumentarfilm hieß *Esta tierra nuestra (Unser Land)* und thematisiert die Vertreibung einer Bauerfamilie von ihrem Land durch Großgrundbesitzer in den 50er-Jahren. Álvarez ließ in den 60ern weitere Klassiker folgen, z. B. *Hanoi Martes 13*, *79 Primaveras*, *Now* und *Hasta la victoria siempre*. Andere politisch motivierte Produktionen der ersten Jahre waren Aleas *Historias de la Revolución* mit Episoden des Guerillakampfes und *Cuba Baila* von **Julio García Espinosa** (1926). Im Film *Die Abenteuer des Juan Quinquin* (1967), einer Anspielung auf Don Quichote, führte er ebenfalls Regie und erzielte einen der größten Publikumserfolge jener Zeit. Einer seiner neueren Filme trägt den Titel *Reina y Rey* (1994). *El Brigadista (Der Lehrer)* von **Octavio Cortázar** (1935–2008) hat die Zeit der Alphabetisierungskampagne auf Leinwand gebannt. Den *Machismo* behandelt der Film *Retrato de Teresa* (*Portrait von Teresa*, 1979) von **Pastor Vega** (1940–2005). *Lucía* (1968) von **Humberto Solás** (1941–2008) beschreibt die Emanzipationsversuche der Hauptperson in drei unterschiedlichen historischen Epochen. 2001 hat er *Miel para Oshún* in die Lichtspielhäuser gebracht, ein Roadmovie, das u. a. mit tollen Landschaftsaufnahmen besticht.

Da im ICAIC mehrere angesehene und einflussreiche Führungspersönlichkeiten des Filmetiers wirkten, genoss es immer besondere künstlerische Freiheiten, doch in den 80er-Jahren erlebte die kubanische Filmproduktion einen Rückschlag. Die Mehrheit der Regisseure ordnete sich der **Zensur** der Funktionäre unter und wagte es nicht mehr, über die realen gesellschaftlichen Verhältnisse im revolutionären Kuba zu berichten. Damit entfernten sie sich wieder ein Stück von der Realität, die sie ja einfangen wollten. In der Zeitschrift *Bohemia* beklagten sich Künstler: „Die gesellschaftliche Wirklichkeit spiegelt sich immer weniger in der Kunst wider, und die Freiheit des künstlerischen Ausdrucks, die Fidel in seinen Worten an die Intellektuellen angekündigt hatte, wurde vergessen, manchmal offen deformiert. In dem Maße, in dem sich in unserer Gesellschaft die Bürokratie und der Dogmatismus durchsetzten, tauchten die Kontrollen auf. ... Das Risiko, das zu jedem Kunstwerk dazugehört, die Experimentierfreudigkeit sowie der Wagemut der Sprache verschwanden allmählich."

1986 gründete der berühmte kolumbianische Schriftsteller Gabriel Garcia Márquez zusammen mit dem kubanischen Staat die **Escuela Internacional de Cine y Televisión** in San Antonio de los Baños bei Havanna. Man nennt sie auch „Schule der drei Welten", weil dort Nachwuchsfilmer aus Lateinamerika und der Karibik, Afrika und Asien ihren Abschluss machen. Ihre Lehrmeister sind gestandene Regisseure, was die Ausbildung sehr praxisnah macht.

In den 90er-Jahren fiel so manche Filmproduktion den Kürzungen der Wirtschaftskrise zum Opfer, und die Zahl der Koproduktionen mit anderen Ländern nahm zu. Der abnehmenden Quantität der kubanischen Filme steht noch immer eine erstaunlich hohe Qualität gegenüber. Derzeit wird ein Filmfonds gegründet, der die Projekte junger Talente fördern soll. Auch international hat sich das kubanische Kino längst einen Namen gemacht.

Die bekanntesten Regisseure und Filme

Kubas Regielegende **Tomás Gutiérrez Alea** (1928–96) gelang mit seinen Filmen *Fresa y Chocolate* (*Erdbeer und Schokolade*, 1994) und *Guan-*

tanamera (1995) der internationale Durchbruch. Ersterer setzt sich kritisch mit der Ausgrenzung von Homosexuellen im Kuba der 70er-Jahre auseinander und plädiert für mehr Toleranz gegenüber Andersdenkenden. Das beeindruckende Werk wurde in und außerhalb Kubas zum Publikumserfolg und erhielt sogar als erster kubanischer Film überhaupt eine Oscar-Nominierung. In *Guantanamera* geht es um die chaotische Fahrt eines Sarges, die ein engstirniger und lächerlich wirkender Bürokrat in Gang setzt. *Tod eines Bürokraten* (1966) schildert humorvoll die Odyssee eines Kubaners durch die Mühlen der Bürokratie, an der er schließlich verzweifelt. Aleas bekanntestes Frühwerk ist *Erinnerungen an die Unterentwicklung* (1968), wo ein Mann aus dem Bürgertum seine Privilegien verliert und mit Armut konfrontiert wird, damit aber keinen Umgang findet. Sein bisheriges Leben fällt zusammen wie ein Kartenhaus, und er vereinsamt immer stärker. *Die Überlebenden* (*Los sobrevivientes*, 1978) handelt vom Rückzug einer ehemaligen Herrschaftsfamilie in ihr inneres Exil. In ihrer Isolation büßen die Familienmitglieder immer mehr soziale Fähigkeiten ein und entwickeln sich zurück bis zur Barbarei. In *Das letzte Abendmahl* (*La última cena*, 1988) geht es um einen Sklavenhalter, der seine Sklaven im Christentum unterrichtet und gleichzeitig blutig unterdrückt.

Eine andere Film-Größe ist **Daniel Diaz Torres** (1948), der 1991 mit seinem umstrittenen Werk *Alicia im Ort der Wunder* beim Staat aneckte. Der Film spielt in einer surrealistischen Welt, in der die kubanische Gesellschaft überspitzt dargestellt und kritisiert wird. Er kam in Kuba nicht in die Kinos und darf bis heute nicht gezeigt werden. *Kleines Tropicana* (1997) ist eine überdrehte Krimikomödie, in der die Kuba-Odyssee eines Deutschen und die Nazis aufs Korn genommen werden. In Torres jüngstem Streich *Der Cuba Coup (Hacerse el Sueco)* von 2001 geht es ebenfalls um einen interkulturellen Austausch der etwas anderen – diesmal schwedisch-kubanischen – Art. Auch dieser Film ist im Kriminalgenre angesiedelt und nicht weniger abgedreht.

Kubanisch reisen (*Lista de Espera*, 2000) von **Juan Carlos Tabio** (1943) zeichnet am Beispiel der Verkehrssituation ein humorvolles Bild von Mangelwirtschaft und ineffizienter Bürokratie.

Kuba im Film

Einen guten cineastischen Eindruck erhalten Besucher des Filmfestivals, das jährlich im Dezember in Havanna stattfindet (www.habanafilmfestival.com). Jährlich findet in Frankfurt das Festival „Kuba im Film" statt (www.cubafilm.de).

Menschen warten tagelang auf einer Busstation, machen das Beste draus und setzen der verfahrenen Situation ihre Träume entgegen.

La vida es silbar - das Leben ist Pfeifen von **Fernando Pérez** (1944) wurde 1998 beim Filmfestival mit mehreren Preisen ausgezeichnet. Im humorvollen Film suchen die Protagonisten auf verschiedene Weise nach Liebe und Lebensglück im heutigen Havanna. Der Dokumentarfilm *Suite Habana* (2003) zeigt den schwierigen Alltag von zehn Kubanern in Havanna. *Hello Hemingway* (1990) spielt im Vorfeld der Revolution und erzählt die Geschichte von Larita, die in den USA studieren möchte, während ihr Freund sich am Widerstand gegen Batista beteiligt. Ihr innerer Konflikt lässt sie immer mehr in die Welt von Hemingways Roman *Der alte Mann und das Meer* eintauchen.

Havanna Blues (2005) von **Benito Zambrano** (1964) zeigt das Leben einiger Musiker aus der jungen Underground-Szene (Rap, Rock, Ska, Punk), die Perspektiven fast nur noch im Ausland sieht. Bei einem konkreten Tourneeangebot stellt sich aber eine Gewissensfrage, denn als Gegenleistung für den Karriereschub werden antikubanische Aussagen erwartet.

Arturo Sotto (1967) präsentierte mit *La Noche de los Inocentes* von 2007 einen Krimi mit vielen satirischen Anspielungen auf die Vorurteile der kubanischen Gesellschaft, z. B. anhand des Themas Travestie.

Bildkunst

Malerei

Auch hier manifestierte sich Kubas Suche nach eigener Identität: Anfang des 20. Jhs. setzte sich die *Vanguardia*-Bewegung durch und räumte mit romantisch verklärten Heile-Welt-Darstellungen für die Kolonialherren auf. In den Motiv-Vordergrund rückte das authentisch Kubanische, d.h. ländliche Gebiete und die Landbevölkerung mit verschiedenen Ausbeutungssymbolismen. Bedeutende Vertreter waren **Victor Manuel** (1897–1969, *Gitana Tropical*), **Carlos Enriquez** (1900–57, *Die Reiter* und *El rapto de las mulatas*), **Eduardo Abela** (1889–1965, *Guajiros*) und **Marcelo Pogolotti** (1902–88, *Kubanische Landschaft*). Zu den frühen Avantgardisten zählen auch **Raúl Martinez** (1927–95) und **Amelia Peláez** (1896–1968), die karibische und europäische Elemente mit kolonialen Barockmotiven kombinierte und sich stark vom großflächigen mexikanischen *Muralismo* (Wandgemälde) beeinflussen ließ. Martínez wurde als Meister der Pop-Art bekannt und entwarf sowohl knallig-bunte Portraits der Revolutionshelden *(Martí und der Stern)* als auch Plakate für die Filmindustrie.

Zu den bedeutendsten Malern des 20. Jhs. zählt **Wifredo Lam** (1902–82). Der „Dschungelmaler" entwickelte einen surrealistischen Stil und ließ sich dabei von berühmten Vorbildern wie Picasso inspirieren, der ihn auch förderte. Lam lebte zehn Jahre in Spanien und längere Zeit in Paris, wo er eng mit der europäischen Kunstszene in Berührung kam. Seine chaotischen Bilder mit den fantastisch-metamorphen Wesen strahlen immer etwas Wildes und Bedrohliches aus und drücken einen „seelischen Zustand" aus, wie er einmal sagte. Erzählungen seiner schwarzen Amme brachten ihn das erste Mal mit der Santería in Berührung, deren mythisch-religiöse Elemente er dann in seine Bilder einbaute. Sein Meisterwerk *(Der Dschungel)* ziert das Museum of Modern Art in New York.

Manuel Mendive (1944), ein Vertreter des magischen Realismus, verwendet ebenfalls afrokubanische Symbole, doch sind seine Bilder wesentlich farbenfroher und überschreiten zuweilen die Kitsch-Schmerzgrenze. Bestes Beispiel ist sein Gemälde *Che*.

René Portocarrero (1912–85) wird auch „Chagall von Kuba" genannt. Seine bekanntesten Gemälde sind *Sammlung von Havanna, Floren* und *Karneval*.

In perfekter Manier bannt der in Miami lebende **Tomás Sánchez** (1948) Landschaften auf

Bildgewaltig

Einen ausgezeichneten Eindruck über die Vielfalt der Stile in der kubanischen Malerei bietet das Museo Nacional de Bellas Artes (Havanna, s. S. 199).

die Leinwand *(Lagune und Meer)*. Seine Bilder sind in den USA Verkaufsrenner.

Im Zuge der *Rectificación* Ende der 80er-Jahre wandelte sich die Kunstszene und nahm provozierendere Züge an. Die Künstler prangerten innergesellschaftliche Abstumpfung und Entpolitisierung an und verlegten ihren Arbeitsplatz mit Sack und Pack auf die Straße. Der Begründer der *Arte Calle*-Bewegung **Carlos Cárdenas** (1962) entwarf z. B. das Kunstwerk *Reviva la Revo* und stellte darunter symbolisch einen Teller, um für die Revolution zu spenden. Einige Kunstwerke gingen der Regierung zu weit und wurden verboten. In den 90er-Jahren setzte sich die Kritik an gesellschaftlichen Missständen fort. **Alexis „Kcho" Leyva** (1970) stellte z. B. ein Bild aus, das den gesamten Horizont mit Flüchtlings-Flößen ausfüllt. International feiert die kubanische Kunst seit den 90ern Erfolge, doch setzt seither eine verstärkte Kommerzialisierung ein.

Fotografie

Aus Kuba stammt eines der berühmtesten und meistveröffentlichten Motive in der Geschichte der Fotografie. Wer kennt es nicht, das Foto mit dem ernst und entschlossen in die Ferne blickenden Kopf von Che Guevara, das als Poster in fast jeder WG der 68er-Generation hing und noch heute Millionen T-Shirts ziert? Dem kubanischen Fotografen Alberto Díaz Gutierrez (Künstlername **Alberto Korda**, 1928–2001) gelang der Schnappschuss 1960 bei einer Begräbniszeremonie zum Gedenken an die Opfer der Explosion des Schiffes La Coubre. Das Motiv wurde nach seiner Entdeckung kapitalistisch angeeignet und ab 1967, als nach Ches Ermordung in Bolivien ein Mythos um dessen Person entstand, überall in die Welt exportiert. Dabei sah Urheber Korda nicht nur keinen Peso, sondern wurde nicht einmal über die Massenvermarktung informiert. So blieb der Künstler im Gegensatz zu seinem Meisterwerk weitgehend unbekannt. Auch in Kuba begegnet man dem kunstvollen Motiv heute überall, wobei der inselweit größte Che-Kopf das Innenministerium an der Plaza de la Revolución in Havanna ziert. Nach der Revolution stieg Korda zum Lieblingsfotografen Castros auf und wurde von ihm beauftragt, die Geschichte der Revolution zusammen mit seinen namhaften Kollegen **Roberto Salas** und **Raúl Corrales** in Bildern festzuhalten, da die Mehrzahl der Bevölkerung noch nicht lesen konnte.

Architektur

Kuba quillt über vor architektonischen Schätzen, besonders in den historischen Zentren von Havanna und Trinidad, die als besterhaltene Zeugnisse spanischer Kolonialarchitektur von der Unesco zum Weltkulturerbe erklärt wurden. Seit den 90er-Jahren steht die Restauration alter Gebäude für den Tourismus im Vordergrund. Hier sind in erster Linie Havannas Altstadt und der Stadthistoriker **Eusebio Leal** (1942) zu nennen

(Havanna, s. S. 181). Als Relikte der präkolumbischen Zeit überlebten die von *Siboney-* und *Taíno-*Indianern errichteten rechteckigen Hütten *(bohíos)* sowie Rundhütten mit kegelförmigem Dach *(caneyes)*. Die *Bohíos* setzen sich aus einem Holzskelett, Wänden aus Palmwedeln und Schilfrohr und Dächern aus den Blättern der *Guaní-*Palme zusammen. Noch heute findet man viele Bauernhäuser im *Bohío-*Stil.

In den Städten legten die reicheren Spanier Gebäude im maurischen *Mudéjar-Stil* an. Die Dächer trugen bald keine Palmblätter mehr, sondern die heute so malerischen roten Ziegel. Typische Elemente eines Herrenhauses sind die Vorhalle *(zaguán)*, wo die Kutsche postiert war und der große, stark begrünte und von Säulengängen flankierte Innenhof *(patio)* mit zentralem Brunnen. Hier fand, abgeschottet von der Öffentlichkeit, das gesellschaftliche Leben statt. Im unteren Stock waren Geschäftszimmer und Lagerräume untergebracht, und eine Etage höher wohnte die Familie. Für ausreichend Ventilation im heißen tropischen Klima sorgten riesige Tü-

Ein Blick fürs Detail lohnt immer - schmuckes Wohnhaus in Sancti Spíritus.

ren und Fenster. Im Parterre wurden die Fenster durch Holz- oder verzierte Eisengitter *(rejas)* geschützt. In die massiven Tore ließ man oft noch kleinere Türchen ein, durch die mit Leuten auf der Straße kommuniziert wurde. Die Decken der Herrenhäuser und Kirchen schmückten oft reich verzierte Holzverkleidungen *(alfarjes)*. Im Zuge des Zuckerbooms Ende des 18. Jhs. nahm die Zahl der barocken Prunkbauten stark zu. Schon die Hauseingänge *(portadas)* ließen auf den Reichtum im Innern schließen. Viele Fenster wurden mit fantasievollen bogenförmigen Buntgläsern (*vitrales*) bestückt.

Anfang des 20. Jhs. hielten Baustile wie *Jugendstil* und *Art-déco* Einzug in die Städte. Nach der Revolution wurden zahlreiche Paläste in Wohngebäude umfunktioniert, was zwar dringend benötigten Wohnraum schuf, den Verfall der nun überbelegten Kolonialbauten aber beschleunigte. Nach dem Motto „Pragmatismus kommt vor Kunst" entstand seit den 70er-Jahren neuer Wohnraum im Plattenbaustil. Auf monumentale Repräsentationsbauten im sozialistischen Stil wie in Osteuropa verzichtete man dagegen zum Glück ganz.

Architektonische Spuren der besonderen Art hinterließen die Bildhauer **Rita Longa** (1912–2000), **Florencio Gelabert** (1904–95) und **José Delarra** (1938–2003). Während erstere ihrem Land u. a. die Ballerina des Tropicana, den Hahn von Morón und die nachgebaute Indianersiedlung in Guamá hinterließ, hat sich Delarra mit dem Che Guevara-Monument in Santa Clara verewigt. Gelaberts Meisterwerke sind die Krebsskulptur in seiner Heimatstadt Caibarién und der Brunnen vor dem Hotel Habana Riviera.

Musik und Tanz

Die afrokubanische Musik ist Feuer, Charme und Duft; sie ist honigsüß, aufregend und entspannend wie ein klingender Rum, den man mit den Ohren trinkt. Sie bringt die Menschen einander näher und vereint sie; sie bringt die Lebensgefühle zum Kochen. Die geniale Musikalität des ganzen kubanischen Volkes ist unüberhörbar.
Fernando Ortiz

Kuba ist ein Land der Musiker und Dichter. Sie wachsen wie die Pflanzen im Wald.
Miguel Barnet

Musik und Tanz sind wichtige Bestandteile des kubanischen Lebensgefühls. Viele Kubaner verstehen es meisterhaft, ihre Lebenslust und Stimmungen darin auszudrücken. Über die mitreißenden Rhythmen tauchen sie ein in eine rauschartige Welt und tanken Kraft für die Bewältigung des harten Alltags. Musik und Tanz gehören so eng zusammen, dass es heißt, man müsse die kubanischen Klänge mit den Füßen verstehen, also erst tanzen und dann hören. Vielerorts wird man dazu bewegt, das Tanzbein zu schwingen (die Kubaner nennen das „echar un pie").

Kubanische Musik war schon immer im Hier und Jetzt verankert, sodass auch aktuelle Texte vom gegenwärtigen kubanischen Alltag handeln, gespickt mit erlebten Widersprüchen und ironischen Kommentaren der Musiker. In den Casas de la Música und Casas de la Trova treffen sich Profis wie Amateure, um ihr Können unter Beweis zu stellen und das Publikum in Ekstase zu versetzen. Da alle eine staatliche Ausbildung durchlaufen, wimmelt es auch bei unbekannten Gruppen von Talenten. Die Verdienstmöglichkeiten sind jedoch selbst für namhafte Combos schlecht.

Kleine kubanische Musikgeschichte

Fernando Ortiz bezeichnete die kubanische Musik als „Liebesgeschichte zwischen afrikanischen Trommeln und spanischen Gitarren, ein lebendiges Beispiel für interkulturelle Besamung." Diese Vermischung fand im 19. und 20. Jh. statt. Klassische Musikelemente, Gitarre, Klavier sowie Versformen stammen aus Spanien, während rituelle Gesänge, Trommel-Rhythmen und Tänze mit den afrikanischen Sklaven einreisten.

Kubas musikalische Schatztruhe ist prall gefüllt mit Idolen und internationalen Stars. Viele Musikstile wie Rumba, Mambo, Cha-Cha-Chá, Salsa, Latin Jazz, Danzón und Son wurden im Herzen der Insel kreiert und gelangten dann abgewandelt rund um die Welt. Kubanische Musik hat nicht nur Lateinamerika stark geprägt, sondern schwappte auch nach Europa und vor allem in die USA. In den 20er-Jahren hatten Danzón und Son Hochkonjunktur, in den 30er-, 40er- und 50er-Jahren feierten dagegen kubanische Tänze wie Rumba, Cha-Cha-Chá und Mambo ihren Siegeszug in den Tanztempeln der Welt.

Música Campesina

Traditionelle Volksmusik *(Música Guajira)* erklingt vor allem auf dem Lande und ist sowohl vom Gesang als auch von der Gitarrenbegleitung her stark spanisch beeinflusst. Sie zählt wie der afrikanisch geprägte Son-Vorläufer *Changüí* zur *Música Campesina*, der ältesten kubanischen Musikform. Zum bekanntesten Lied Lateinamerikas stieg der 1929 vom "König der Melodien" **Joseíto Fernandez** (1908–79) vertonte und von José Martí getextete Titel *Guajira Guantanamera* (Bauernmädchen aus Guantánamo) auf. Die Melodie des Klassikers dürfte auch hierzulande jeder kennen, spätestens seit deutsche Fußballfans 2002 „Es gibt nur einen Rudi Völler" grölten.

Eine weitere bekannte Vertreterin der *Música Guajira* ist **Celina Gonzales** (1929) mit ihrem berühmten Stück *Que viva el Changó*. Die Sängerin mit der fantastischen Stimme feierte 1998 ihr 50-jähriges Bühnenjubiläum und ist nicht nur in Kuba, sondern in vielen Ländern Lateinamerikas ein Star. Mit dabei im Club der bekanntesten Ohrwürmer ist auch *Cuba que linda es Cuba* von **Eduardo Saborit** (1911–63).

Rumba

Dies ist Kubas ältester und bekanntester Tanzstil. Die wilde Mischung aus verschiedenen Rhythmen und Bewegungen hat ihre Wurzeln in den Zeremonien afrokubanischer Religionen und setzte sich Ende des 19. Jhs. durch. Ihre Ursprünge gehen zurück auf einen Fruchtbarkeitstanz, der das Balzverhalten der Vögel imitierte. Die zahme Salon-Rumba, die in den ersten Jahrzehnten des 20. Jhs. über das Parkett eleganter europäischer Tanzsäle glitt, hatte nichts mehr mit der ursprünglichen Form zu tun. An arbeitsfreien Sonntagen veranstalteten Sklaven auf den Plantagen spirituelle Tänze und beschworen mit Trommeltechniken ihre Gottheiten. Für jeden der 400 Götter gab es einen eigenen Rhythmus. Da Trommeln auch zur Nachrichtenübermittlung genutzt werden konnten, schürten sie die Angst der Plantagenbesitzer vor Aufständen und wurden zeitweise verboten. In diesen Zeiten kamen Kisten zum Einsatz, was den Begriff *Rumba de Cajón* (Kistenrumba) prägte. Rumba-Musik besteht aus drei verschiedenen Typen, die gleichzeitig Tänze sind: *Yambú*, *Guanguancó* und *Columbia*. Die ersten beiden werden paarweise getanzt und haben einen stark erotischen Touch, wobei es beim *Yambú* gemächlicher zugeht. Die *Columbia* ist ein akrobatischer Einzeltanz, begleitet vom wechselnden Gesang zwischen Solist und Chor. Sie ist bekannt geworden als Tanz der *Macheteros*, die auf den Zuckerrohrfeldern schufteten. Der *Guanguancó* wurde zum Sound der Vorstädte und Arbeitersiedlungen, die viele

Guantanamera – das bekannteste Lied Kubas

Yo soy un hombre sincero de donde crece la palma,	Ich bin ein einfacher Mensch und komme von dort, wo die Palmen wachsen,
y antes de morirme quiero echar mis versos del alma.	und bevor ich sterbe, möchte ich meine Seele erleichtern.
Mi verso es de un verde claro y de un carmín escondido,	Mein Lied ist von hellem Grün, aber auch blutrot wie die Flamme.
mi verso es un siervo herido que busca en el monte amparo.	Mein Lied ist wie ein verwundeter Hirsch, der Schutz in den Bergen sucht.
Con los pobres de la tierra quiero yo mi suerte echar,	Mit den Ärmsten der Erde möchte ich mein Los teilen,
y el arroyo de la sierra me complace más que el mar.	der Wildbach der Berge lockt mich mehr als das Meer.

Es heißt, man müsse die kubanische Musik mit den Füßen verstehen – also erst tanzen, dann hören.

ehemalige Zuckerrohrarbeiter anzogen. Den Grundrhythmus geben Stöckchen *(Claves)* vor, die zusammen mit zwei großen Fasstrommeln *(Congas)* einen dynamischen Klangteppich erzeugen. Bei den *Congas* unterscheidet man zwischen der tiefen *Tumbadora* und der hohen *Quinto*. Rumba-Musik untermalt heute die Karnevalsumzüge *(Comparsas)* vieler Musik- und Tanzgruppen. Auf ihrer Rhythmik, sowie der des *Son*, basiert fast die gesamte kubanische Musik.

Son

Herausragend in der kubanischen Musiklandschaft ist der Son, den Kubas Nationaldichter Nicolas Guillén als „klingenden Rum, der mit den Ohren getrunken wird" beschrieben hat. Die Musikrichtung entstand Ende des 19. Jhs. und verbindet spanische Versmaße und Harmonien mit afrikanischen Rhythmen. Im Gegensatz zur Rumba fließen nicht nur Rhythmus- sondern auch Melodieinstrumente wie Gitarre (oft die dreiseitige *Tres*), Kontrabass, Klavier und Bläser in das Musikarrangement ein. Außerdem kommen durch Bongo-Trommeln, Rasseln *(Mara-*

cas) und *Marímbulas* (Zupfzungeninstrumente) weitere rhythmische Elemente zum Einsatz. Den ersten Teil eines Son-Tanzliedes, den aus Spanien stammenden *largo*, singt eine Solostimme, während sich im zweiten Teil *(montuno)* Solostimme und Refrain-Chor abwechseln. Seine Geburtsstunde erlebte der Son in den ländlichen Ostprovinzen, von wo aus ihn *Campesinos* nach Havanna trugen. In den harten Milieus der Armenviertel *(solares)* verlieh die Musik ein Stück Lebenskraft und half, die Identität zu bewahren. Hier ging der Son Mischformen mit der Rumba und afrokubanischen Santería-Tänzen ein, weshalb er auch als *música mulata* bezeichnet wird. Seine Verbindung mit dem Armenmilieu, seine teilweise sozialkritischen Texte und seine starke erotische Ausstrahlung trugen ihm bis in die republikanische Zeit ein Verbot ein. So blieb die als primitiv geltende „Musik vom Lande" zunächst auf die unteren Bevölkerungsschichten begrenzt, bis sie ab den 1920er-Jahren auch Mittel- und Oberschicht begeistern und den *Danzón* als Nationalmusik ablösen konnte. Das **Sexteto Habanero** (Soneros spielen oft zu sechst) trat in den

30er-Jahren seinen Siegeszug durch die Hauptstadt an. Musiklegende **Benny Moré** (1919–63) entwickelte in den 50er-Jahren den Son weiter, indem er Jazzelemente einbaute. Bekannt war der „Barbar des Rhythmus" für die ihm eigene Technik der Tempowechsel während des Sologesangs, mit der er seine Band auf Trab hielt.

Vom Danzón bis zum Mambo und Cha-Cha-Chá

Der *Danza Criolla*, den Einwanderer aus Haiti und New Orleans mitgebracht hatten, war im 19. Jh. Kubas beliebtester Tanzstil. Er entwickelte sich Anfang des 20. Jhs. zum Danzón weiter und war insbesondere in bourgeoisen Kreisen beliebt. Es bestand noch eine starke Bindung zur europäischen Musik, vor allem zum französischen *Contredanse,* der durch kubanische Perkussionsinstrumente erweitert wurde. Als Meister des Danzóns galt in den 30er-Jahren **Antonio Arcaño** (1911–94), auch „der Monarch" genannt. Aus diesem langsamen Musikstil entwickelte **Dámaso Pérez Prado** (1916–89) 1949 in New York den deutlich temporeicheren und durch Bläser aufgepeppten Mambo. Auf Pérez Prado geht auch die Urform des Klassikers *Mambo No. 5* zurück, mit dem zuletzt Lou Bega die Hitparaden stürmte. Der Mambo war die Zwischenstufe auf dem Weg zum Tanzstil Cha-Cha-Chá, den **Enrique Jorrín** (1926–87) Anfang der 50er-Jahre ins Leben rief, indem er ein Vorspiel vor seine Mambos setzte.

Bolero

Dieser wichtige Musikbeitrag aus Andalusien fusionierte in Kuba zu einer Kombination von spanischer Operette, italienischer Romantik und französischen Balladen. Ende des 18. Jhs. eroberten die romantisch-tragischen Stücke die Paläste der Reichen. Die Kubaner entwickelten ihre eigene Stilrichtung, die *Habanera*, mit dem weltbekannten Stück *La Paloma.*

Salsa

Diese Musikrichtung hat ihre Wurzeln im traditionellen Son und entstand durch die Vermischung verschiedener Musikstile zu einer „Soße". Diese ergoss sich über ganz Lateinamerika und jedes Land hat eigene Formen entwickelt, doch alle basieren auf den ursprünglichen kubanischen Rhythmen. Salsa hat bis weit über die lateinamerikanischen Grenzen hinweg Berühmtheit erlangt und zog über Nordamerika auch in Westeuropas Discos ein.

Trova und Nueva Trova

Mit Gitarre im Gepäck reisten seit Ende des 18. Jhs. Sänger von Dorf zu Dorf, um die neuesten Nachrichten, in sentimentale Balladen verpackt, zu präsentieren, ähnlich wie die Troubadoure im europäischen Mittelalter. Einer dieser poetischen „Barden", denen man später die Casas de Trova widmete, war **Sindo Garay** (1867–1968) mit seinem legendären Lied *La Bayamesa.* Es drückt tief verwurzelten Patriotismus aus und handelt von einer Frau aus Bayamo, die im Ersten Unabhängigkeitskrieg ihr Haus anzündet, um es nicht in die Hände der Spanier fallen zu lassen. Nach der Revolution sollte Musik mit prorevolutionären Texten und Heldenverehrung den Ton angeben. Diese Richtung repräsentierte vor allem **Carlos Puebla** (1917–1989) mit seinem schmachtenden Klassiker *Hasta Siempre, Comandante Che Guevara,* der in Touristenbars rauf und runter gespielt wird.

Ende der 60er-Jahre kam, vertreten von **Pablo Milanés** (1943) und **Silvio Rodríguez** (1946) eine neue Form auf, die Nueva Trova. Deren Texte waren ebenfalls kritisch und nachdenklich, befassten sich aber stärker mit Alltagsproblemen, vor allem mit der Liebe. Neuere Musiker dieser Richtung sind **Gerardo Alfonso** (1958) mit seinem Hit *Sabanas Blancas* und der stark in Richtung Rockmusik tendierende **Carlos Varela** (1963). Sehr kritisch setzte sich **Pedro Luis Ferrer** (1952) mit der Revolution auseinander. Nachdem er einige Tabuthemen angesprochen hatte, bekam er in den 80er-Jahren Auftritts- und Publikationsverbot, seit einigen Jahren gewährt man ihm aber wieder mehr Freiheiten.

Die derzeit beliebtesten Musiker und Gruppen

US-amerikanische und europäische Pop- und Dancefloor-Musik aus dem Mainstream-Genre ist längst auch in Kuba zu hören. Doch führt dies nicht zu einer musikalischen Entfremdung. Kubaner experimentieren gerne und saugen neue Musikelemente begierig auf, um sie in das eigene Klangmosaik einzubauen. Dabei bleiben sie jedoch ihren Wurzeln verhaftet. *Música cubana* steht immer stark im Vordergrund und kommt vor allem mehr von Herzen als viele Retorten-Hits aus dem immer schnelleren Karussell der kommerziell-kühlen MTV-Musikindustrie.

Salsa und Co.

In den letzten Jahren bewegte sich Kubas Musikszene stark. Neben bekannten Größen wimmelt es insbesondere in Havanna von begabten Son- und Salsa-Bands, die auf ihren internationalen Durchbruch hoffen. Zu den neueren Stars am kubanischen Musikhorizont zählen **Manolín**, **el Médico de la Salsa** und **Paulito F. G. y su Elite**. Daneben boomen nach wie vor alte Hasen wie **Sierra Maestra**, **NG La Banda** und **Los Van Van**, die seit über 40 Jahren zu den besten Bands zählen und 2000 mit *Llegó...Van Van* einen Grammy für die beste Salsa-Platte des Jahres einheimsten. Deren Gründungsmitglieder haben mittlerweile andere namhafte Bands ins Leben gerufen: So gründete der ehemalige Spitzen-Trommler des Nachtclubs Tropicana 1995 seine eigene Band **Giraldo Piloto y Klimax**, die eine interessante Mischung aus Jazz und Timba präsentiert. Kultstatus genießt seit 1972 Chucho Valdés Gruppe **Irakere**, die afrikanische Riten, Tänze und Rhythmen wiederbelebte und mit Jazz, Rock, Son, Danzón und Samba mischte. Diese wilde Fusion spiegelt sich auch im Bandnamen wider – Irakere bedeutet in der afrikanischen Yoruba-Sprache „Urwald". Das Markenzeichen der mehrfach preisgekrönten Band ist der Latin Jazz.

Die von allen Kubanern als „Königin der Salsa" bewunderte Musikerin **Celia Cruz** (1925–2003) kehrte der Insel nach der Revolution den Rücken zu und feierte in den USA bis ins hohe Alter Triumphe. Die Gruppe **Charanga Habanera**, die Funk, Jazz und Rap mischt und auch bei brisanten Themen wie Prostitution und Schwarzmarkt kein Blatt vor den Mund nimmt, ist beim jüngeren Publikum sehr angesagt. Stark im Kommen ist auch **Isaac Delgado** (1962), der mit *La vida es un carneval* einen der größten Hits der letzten Jahre produzierte.

Son und Co.

1997 begab sich der amerikanische Gitarrist Ry Cooder in Havanna auf die Suche nach guten Musikern und wurde mit den bereits in Vergessenheit geratenen Altstars **Compay Segundo** (1907–2003), **Rubén González** (1919–2003), **Ibrahim Ferrer** (1927–2005), **Eliades Ochoa** (1946) und **Omara Portuondo** (1930) fündig. Er buddelte mit ihnen alte Son-Schätze aus und spielte sie auf der weltberühmten und mit dem Grammy gekrönten Platte **Buena Vista Social Club** ein, die sich weltweit über eine Million Mal verkaufte und den Altmeistern den Weg zu vielumjubelten Welttourneen bahnte. Wim Wenders bannte das Ganze im gleichnamigen Film auf Leinwand und brachte das Kuba-Fieber auch in die Kinosäle.

Das Lebensgefühl, das dabei rüberkommt, ist zwar etwas einseitig und romantisch verklärt, nimmt aber jeden gefangen. Einige der Buena-Vista-Stars gingen unter dem Bandnamen **Afro Cuban All Stars** auf Tour und nahmen Platten auf.

Internationale Erfolge feierten auch die fünf Musiker der Gruppe **Vieja Trova Santiguera**, die zusammen rund 400 Jahre auf dem Buckel haben. Ihnen wurde der Dokumentarfilm *Lagrimas Negras* gewidmet. **Roberto Fonseca** (1975) trat im Club der Buena-Vista-Stars die Nachfolge des großen Rubén González an und hat Ibrahim Ferrer auf mehreren Platten und über 300 Konzerten begleitet. Der junge Tastenzauberer geht mittlerweile mit seiner eigenen Mischung aus Jazz und afrokubanischen Elementen seinen eigenen musikalischen Weg und gilt bereits als einer der größten Pianisten der Insel.

Dieser internationale Boom rückte traditionellere Musikstile wie Son, Guaracha und Bolero auch in Kubas Musikhäusern wieder stärker in den Mittelpunkt. Jüngere Musiker berufen sich wieder mehr auf Son-Größen der 50er-Jahre wie **Miguel Matamoros** (1894–1971), der mit *Son de la loma* einen der meistgespielten Titel schrieb, und ältere wie der Sonero **Adriano Rodríguez** (1923) feiern Comebacks. Eine weitere Institution in Sachen Son-Musik ist **Adalberto Alvarez y su Son** (1948). Sängerin **Anais Abreu** (1958) ist mit ihrer tollen Stimme zur neuen Diva des Bolero aufgestiegen.

Latin Jazz

Kubas Jazzszene ist relativ klein, stellt aber bekannte Musiker wie den blinden Pianisten **Frank Emilio** (1921) oder die Trompeter **Yasek Manzano** (1976) und **Julio Padrón** (1971). Die international bekanntesten Jazzer Kubas, **Paquito d`Rivera** (1948) und **Arturo Sandoval** (1949), leben im Ausland und sind begeisterte Anhänger der US-Ikone Dizzy Gillespie. Virtuos fliegen **Gonzalo Rubalcabas** (1963) Hände über die Tasten seines Pianos. Auch das musikalische Aushängeschild **Irakere** hat den kubanischen Jazz entscheidend geprägt.

Rock cubano – von Nueva Trova bis Metal

Neben den traditionellen Musikformen befinden sich neue alternative Richtungen wie Rock und Rap seit Mitte der 90er-Jahre deutlich im Aufwind. Hier wächst eine kleine Subkultur heran, deren Musik immer stärker die Probleme von Jugendlichen in der *Periodo especial* (z. B. Rassismus, Prostitution, Dollarisierung und den Überlebenskampf auf der Straße) behandelt. Der beste Ort für Konzerte von musikalischen Randgruppen ist oft die Casa del Joven Creador.

Das rockige Spektrum reicht von Gitarrenpop (**Paisaje con Río**) über Crossover (**Garaje H**) zu Punk (**Porno para Ricardo**, **Kill the Fish**) bis hin zu Death Metal (**Combat Noise**), Rap-Metal (**Escape**), Nu Metal (**Rice and Beans**, **Tribal**) und Trash Metal (**Zeus**). Die letzten drei Bands und vor allem die Gruppe **Síntesis** (Nominierung für den Grammy Latino) sind derzeit am angesagtesten und hatten z. T. schon Auslandsauftritte. Doch allen Bands mangelt es an geeignetem Equipment und ihre Auftrittsmöglichkeiten bleiben begrenzt. Immerhin sendet das staatliche Programm Radio Sabarock mittlerweile Rockmusik, weil der exilkubanische Sender Radio Martí mit Rocksendungen immer mehr Jugendliche anzog, und seit einigen Jahren gibt es das Festival de Rock Havana. Der internationale Durchbruch ist bei den meisten Bands nicht zu erwarten, zumal die *Roqueros* kaum staatliche Unterstützung genießen.

Ausnahmen bestätigen wie immer die Regel: **Moneda Dura** gelten in der alternativen Rockmusik-Szene als erfolgreichste Band und

genießen trotz sozialkritischer Texte das Privileg staatlicher Unterstützung. Ihre Mischung aus Indie-Rock, Pop, Reggae, Funk und traditioneller Musik trifft genau den Geschmack der kubanischen Jugend. Die Band gründete sich 1997 und hat mittlerweile auch über die Landesgrenzen hinaus Popularität erlangt und Preisauszeichnungen erhalten. **Polito Ibañez** (1965) schrieb den wohl bekanntesten Rock-Song Kubas: *Doble Juego* lief als Titelsong der beliebten gleichnamigen Telenovela über ein Jahr im Fernsehen und thematisiert ebenso wie die Serie Kubas vielschichtige Alltagsprobleme. **Buena Fé**, ein Männerduo der Richtung Nueva Trova, heimste mehrere nationale Preise in Folge ein und trat bereits im Ausland auf. Ihre poetischen Texte zeichnen sich durch viel Gefühl und Tiefgang aus und bringen starkes politisches und soziales Engagement rüber. Musikalisch liegen sie mit ihrem Stilmix aus Trova, Son, Salsa, Hip Hop, Pop und Rock voll im Trend.

Rap

Im Unterschied zum US-amerikanischen und europäischen Hip-Hop klingt der kubanische melodischer und weicher. Außerdem bindet er auch traditionelle Musikelemente ein. Mittlerweile konnten zahlreiche Bands auf mehreren *Festivales de Rap Cubano* in der Hauptstadt ihr jugendliches Publikum begeistern. Doch auch die *Raperos* haben kaum Zugang zu geeigneter Ausrüstung. Die staatliche Plattenfirma Egrem öffnet ihre Aufnahmestudios nur wenigen der landesweit über 500 Gruppen. So konnte die Gruppe **Obsesión** inzwischen zwei CDs herausbringen und sogar ein Konzert in den USA geben. **Los Paisanos** sind bei der Rapperszene inzwischen eine feste Größe und haben es auch schon auf Auslandskonzerte geschafft. Die Frauengruppe **Instinto** hofft ebenfalls auf den internationalen Durchbruch. **Freehole Negro** hat zwar einen großen Fankreis auf der Insel, kommt aber mit ihren sozial- und regierungskritischen Texten nicht gut beim Staat an. Ganz oben im Rapper-Himmel schwebt momentan die in Frankreich lebende Gruppe **Orishas**, die auch Elemente aus Son, Rumba, Danzón und Cha-Cha-Chá in ihre Musik einbezieht und als bisher einzige kubanische Rap-Band kommerziellen Erfolg hat.

Land und Leute

Eine gute Kollektion, die 70 Jahre kubanische Musikgeschichte auf vier CDs mitsamt detailliertem Heft umfasst, ist *Cuba – I am Time*. Auch die CDs der Serie *Antología de la Música Cubana* sind für Einsteiger zu empfehlen. Wer dagegen in die alternative Musikszene eintauchen will, besorgt sich am besten den Soundtrack des Films *Havanna Blues* oder den Sampler *Cuban Hip Hop All Stars Vol. 1*.

Reggaeton

Cubanito 20.02 brachten 2002 eine neue Welle ins Rollen, die inzwischen zu einer mächtigen Woge angeschwollen ist. Reggaeton ist eine rhythmische Mischung aus elektronischem Dancehall, Hip Hop und Reggae und stammt ursprünglich aus Puerto Rico und Panama. Sein Tanzstil heißt *Perreo* (Perro = Hund), weil er sehr anzüglich wirkt und an „Sex mit Kleidern" erinnert. Auch in Kuba wird die Musik immer populärer, kommt aber textlich wesentlich zahmer (doch auch weniger sexistisch) rüber als in den Ursprungsländern. Ihre Kooperation mit staatlichen Sponsoren und kommerzielle Vermarktung hat der Band scharfe Kritik von Seiten der *Raperos* eingebracht. Unbestrittener Träger der Reggaeton-Krone ist derzeit die Gruppe **Gente de Zona**, dessen Hits überall auf den Straßen dröhnen. Doch die Szene brummt und Bands wie **Clan 537** und **Eddy K** sowie die Stars aus Puerto Rico hört man fast schon genauso oft.

Klassik

Ars Longa ist Kubas einziges Orchester für alte klassische Musik. Es hat seinen Sitz in Habana Vieja und wirkt auch als soziales Projekt: Ein eigenes Jugendorchester soll Jugendliche vor den schädlichen Einflüssen der Straße (Kriminalität, Drogen etc.) fernhalten. **Leo Brouwer** (1939) ist ein berühmter Komponist und klassischer Gitarrist. Als Pioniere der kubanischen Sinfonie gelten **Amadeo Roldán** (1900–39) und **Alejandro García Caturla** (1906–40), die beide klassische Elemente mit afrokubanischen Rhythmen kombinierten.

Havanna [1] HIGHLIGHT
und Umgebung

Stefan Loose Traveltipps

Altstadt   Die Calle Obispo und fast 500 Jahre alte Plätze verströmen kolonialen Charme. S. 183ff

Museo Nacional de Bellas Artes und Museo de la Revolución   In den besten Museen der Insel auf den Spuren von Kunst und Geschichte wandeln. S. 199 und S. 200

Malecón   Die Uferpromenade verwandelt sich abends in eine Open-Air-Party. S. 204

Cementerio Colón   Im überwältigenden Gräbermeer ruht das „Who is who" der kubanischen Geschichte. S. 210

Callejón de Hamel und Casas de la Música   Die Musikszene hautnah erleben, von der afrokubanischen Straßenparty bis zu den besten Salsa-Stars. S. 202 und S. 237

Tropicana   Sich von einer der weltbesten Cabaret-Shows verzaubern lassen. S. 240

Parque Histórico Militar Morro Cabaña   Eine der bedeutendsten Festungen Lateinamerikas beeindruckt durch Größe, Panorama und Kanonenschusszeremonie. S. 259

Playas del Este   Havannas feinsandige Hausstrände bieten Erholung von der quirligen Metropole. S. 265

Havanna ist nicht nur die **Metropole** Kubas, sondern auch die größte Stadt der Karibik. 2,5 Mill. Einwohner, also jeder fünfte Kubaner, leben hier – fünfmal mehr als in Santiago de Cuba, der zweitgrößten Stadt der Insel. In Havanna schlägt das **Herz des Landes**: ökonomisch, politisch und kulturell. Neben zahlreichen Industrien besitzt die Stadt den größten Hafen der Insel, wo ein Großteil des Exports und Imports abgewickelt wird. Die wichtigsten staatlichen Forschungszentren und Dienstleistungsunternehmen sind hier mit Hauptsitz angesiedelt. Auch der Tourismus brummt: Fast jeder Reisende hat die geschichts- und kulturträchtige Metropole ganz oben auf seiner Besuchsliste stehen. Dafür sorgen nicht nur die kolonialen Plätze und erstklassigen Museen, sondern auch das Nachtleben, das in unzähligen Bars, Cabarets, Discos, Kinos und Theatern pulsiert. Die Straßen und Clubs quellen über vor heißen Rhythmen und tanzfreudigen Menschen. Salsa, Rumba, Latin Jazz, Rap und Reggaeton – die Bandbreite ist enorm. Dazu kommen die besten Cabaret-Shows des Landes und Ballett- und Opernensembles sowie Festivals mit internationalem Ruf. In punkto Kulturangebot spielt landesweit nur noch Santiago de Cuba in einer ähnlichen Liga.

Eine typische Hauptstadt also? Keineswegs. Havanna ist anders. Einzigartig. Symbole der Moderne sieht man kaum. Weder die kühlen funktionalen Geschäfts- und Bürogebäude, die weltweit die Großstädte überflutet haben, noch die anderswo so üblichen überdimensionalen Werbereklamen sind hier zu erblicken. Havannas Straßen verströmen keinen gesichtslosen Kommerz, im Gegenteil, alles wirkt sehr authentisch. Und gerade dieses ungekünstelte **Alltagsleben** auf der Straße ist vielleicht sogar die größte Sehenswürdigkeit der Stadt.

Jeder der zahlreichen Stadtteile hat seinen eigenen Charakter und unterscheidet sich von seinen Nachbarvierteln. Aber alle faszinieren durch ihre **pulsierende Lebendigkeit**. „Lärmend und schwatzhaft war die kubanische Straße zu allen Zeiten", so beschrieb es Alejo Carpentier. Bis tief in die Nacht spielt sich auf ihr das Leben ab, sei es durch Straßenkonzerte, Baseball spielende Kinder, in angeregte Gespräche vertiefte Jugendliche oder Domino spielende Alte.

Viele Wohnungstüren stehen offen und lassen das Familienleben nach draußen strömen, oft untermalt von lauter Salsa- oder Reggaeton-Musik. Auf den Balkonen oder in den *portales,* den kolonialen Hauseingängen, sieht man Gruppen von Menschen leidenschaftlich miteinander diskutieren, scherzen und streiten. Überall sind Menschen unterwegs, treiben den Lautstärkepegel nach oben. Doch es liegt kaum Stress in der Luft. Hektik ist hier Fehlanzeige. Die *Habaneros* scheinen mehr Zeit zu haben als westliche Großstädter. Man lässt sich eher im Raum treiben als ihn zügig zu durchqueren.

An jeder Straßenecke grüßen amerikanische Buick, Chevrolet, Pontiac, Studebaker und Cadillac aus den 50er- und 60er-Jahren, einige liebevoll aufpoliert und zu Taxis umfunktioniert. Neben den US-Relikten fahren noch anderswo rar gewordene Ladas und Moskovitchs, alte kanadische Schulbusse und andere Kuriositäten durch das weltweit größte „Freiluft-Transportmuseum". Auch die **Architektur** zieht den Besucher in den Sog einer Zeitreise: Ob koloniale Adelspaläste mit rund 500-jähriger Geschichte, neoklassizistische Villen oder Hochhäuser im US-Stil der 50er-Jahre, bauliche Zeugnisse verschiedener Epochen findet man in Hülle und Fülle. Und alle liegen in Wohnvierteln und damit mitten im kubanischen Alltag. Vielfach vermischen sie sich zu einem Potpourri an Stilrichtungen, dem Eklektizismus, der jedem Stadtteil eine andere Prägung verleiht. Havannas reichhaltiges architektonisches Erbe, das in ganz Amerika seinesgleichen sucht, geht auf die zahlreichen Einwanderergruppen zurück, die im Laufe der Jahrhunderte angezogen wurden (Engländer, Iren, Franzosen, Deutsche, Süd- und Osteuropäer, Araber, Afrikaner, Indianer aus Yucatán, Nord- und Südamerikaner).

Wer durch Havannas Straßen wandelt und seine Atmosphäre in sich aufsaugt, hat vielerorts das Gefühl, die Zeit sei stehen geblieben. Und doch verändert keine Stadt in Kuba derzeit schneller ihr Gesicht: In den touristischen Bereichen schreitet die Restaurierung mit beeindruckender Geschwindigkeit fort, während schon in den Nachbarregionen der Kampf gegen den baulichen Verfall verloren scheint. Mehr und mehr Läden öffnen devisenschweren Reisen-

PROVINZ HAVANNA

den ihre Pforten, schließen aber Einheimische mit Nationalwährung aus. Während Touristen in schicken Bars ihre Cocktails genießen, stehen viele *Habaneros* nur wenige Straßen weiter nach rationierten Waren an. Nirgendwo sonst wird der Unterschied zwischen Luxus und Konsum auf der einen sowie Mangel auf der anderen Seite so sehr und auf so engem Raum sichtbar wie in Havanna, vor allem in der Altstadt und in Vedado. Nicht nur in ihrem Wechsel zwischen Konstanz und Veränderung zeigt Havanna, dass sie eine **Stadt der Gegensätze** ist.

Wesentlich ruhiger und langsamer plätschert das Leben in der 5731 km² großen **Provinz Havanna** dahin, die sich südlich an den Großraum der Metropole anschließt und erst 1975 in Verbindung mit der neuen politisch-administrativen Gliederung Kubas entstand. Historisch rückte die Region ins Rampenlicht, als hier 1837 im Zuge des Zuckerbooms die Loks auf Kubas erster Eisenbahnstrecke (Havanna-Bejucal-Güines) entlang schnauften und 1980 die bedeutendste Emigrationswelle über den Hafen von Mariel die Insel verließ (Bevölkerung, s. S. 107). Die Provinz Havanna zählt zu den am stärksten industrialisierten Gegenden Kubas (Textil, Zement, Erdöl, Elektrizität u. v. m.). Andere wichtige Einnahmequellen sind die Landwirtschaft (Zucker, Obst, Gemüse, Viehzucht und Fischerei) und natürlich der Tourismus. Denn auch Stadtrand und Umland bestechen durch ihre Vielfalt: Von Traumstränden zu interessanten Museen, erholsamen Parks und sehenswerten Landschaften ist für jeden Geschmack etwas dabei. Eine Reihe von lohnenswerten Zielen liegt in Reichweite eines Tagesausflugs.

Im Osten der Stadt bieten **Regla** und **Guanabacoa** einen Einblick in die afrokubanische Religion. In **Cojímar** und auf der **Finca La Vígia** kann man auf Hemingways Spuren wandeln. Noch weiter östlich laden die grünen Hügel der **Escaleras de Jaruco** zu Wanderungen ein und Havannas Hausstränden **Playas del Este** locken zum Baden. Letztere stehen in ihrem attraktivsten Abschnitt dem Traumstrand Varadero kaum nach. Wer Einsamkeit sucht, wird an der noch weiter östlich gelegenen **Playa Jibacoa** fündig.

Südlich der Stadt bieten die grünen Lungen **Parque Lenin** und **Jardín Botánico Nacional** Erholung vom Großstadttrubel. Der **Santuario de San Lázaro** wird einmal jährlich am 17. Dezember zur zweitgrößten Wallfahrtsstätte Kubas und lohnt auch sonst einen kurzen Besuch. Wer Sinn für Humor hat, sollte **San Antonio de los Baños** einen Besuch abstatten.

1 HIGHLIGHT

Havanna

„Surrealistische Stadt", „Wunder" und „Herrin der Zeit". Dies sind nur einige der Prädikate, die die karibische Metropole im Laufe der Zeit einheimste. Kubas Hauptstadt verzückt seine Besucher seit Jahrhunderten. Schon Alexander von Humboldt schrieb um 1800: „Der Anblick Havannas am Eingang des Hafens ist einer der lachendsten und malerischsten, dessen man an der Küste des äquinoktialen Amerika ... sich erfreuen kann." Ernest Hemingway, der hier über 20 Jahre lebte, hielt sie für eine der schönsten Städte der Welt, übertroffen nur von Paris und Venedig. Auch heute kommt man bei einem Havanna-Besuch aus dem Staunen nicht heraus. Das beginnt bereits beim Landeanflug, wenn sich ein riesiges Häusermeer bis zum Horizont erstreckt. Doch trotz dieser Größe konzentrieren sich die touristischen Sehenswürdigkeiten in wenigen Stadtteilen, die von ihrer Ausstrahlung und ihren gewachsen Milieus her so unterschiedlich sind, als seien es eigene Städte. Alle befinden sich nahe der Küste und die ersten drei werden im Norden von der kilometerlangen **Uferpromenade Malecón** begrenzt, der Lebensader, die tagsüber und abends fest in der Hand von Anglern, Liebespaaren, Joggern und Gruppen von Jugendlichen ist.

Die wichtigsten Stadtteile

Wer durch **Habana Vieja** spaziert, trifft an allen Ecken auf Stein gewordene Geschichte. 5 km² misst die größte zusammenhängende koloniale Altstadt in Lateinamerika. Knapp 2000 historische Bauwerke drängen sich hier; ein Viertel davon stammt aus der frühen Kolonialzeit. An allen Ecken grüßen prunkvolle Repräsentationsbauten der ehemaligen adligen Eliten. Enge Gassen führen an unzähligen Arkaden, barocken Fassaden, Kirchen, Museen und Palästen vorbei. Der ausladende spanische Barock ist garniert mit starkem arabischen Einschlag (*Mudéjar*-Stil), der sich in Ornamenten, eisernen Arabesken, geschwungenen Bögen und zahlreichen Innenhof-Brunnen manifestiert. Ein Blick fürs Detail lohnt immer: Balkone mit schmiedeeisernen Gittern *(guardavecinas)*, verzierte Hauseingänge *(portadas)* und Türklopfer *(aldabas)* bilden kleine Zeugnisse der kolonialen Epoche.

Doch die 70 000 Bewohner der Altstadt leben in einem Stadtteil der Gegensätze: Während in einer Straße die frisch restaurierte Pracht touristischer Sehenswürdigkeiten blüht, leiden andere Kolonialbauten, in denen heute zahlreiche Familien wohnen, unter jahrzehntelangem, fortschreitenden **Verfall**. Zwar entstand ein erfolgreiches Konzept der Altstadtsanierung (s. S. 181), das 10 000 Arbeitsplätze schuf und inzwischen auch in Trinidad, Camagüey und Santiago de Cuba angewendet wird. Doch im südlichen Teil Habana Viejas sieht man ein anderes Bild als jenes der Touristenbroschüren. Hier wirkt die Bausubstanz wie ein zerbröselnder Keks und man würde am liebsten auf Zehenspitzen gehen, um jede Erschütterung zu vermeiden. Müll breitet sich in den Straßen aus. Doch auch wenn der Charme langsam dahin bröckelt ist die Altstadt ohne Frage das „Juwel in der Krone Havannas".

Im benachbarten **Centro Habana** nimmt die Dichte an historischen Bauten spürbar ab. Dementsprechend fließen die Restaurationsgelder an diesem Stadtteil weitgehend vorbei und die Bausubstanz vieler Häuser ist noch angegriffener. Dafür ist man hier mitten im kubanischen Leben und kommt dem Alltag besonders nah.

Im moderneren **Vedado** konzentrieren sich die Nachtklubs, Theater, Restaurants, Bars, Cafés, Hotels und Unternehmen. Der Stadtteil weitete sich erst im Zuge des Zuckerbooms nach dem Zweiten Weltkrieg aus, architektonisch angelehnt an US-amerikanische Vorbilder. Die Straßen und Plätze sind wesentlich weiträumiger und Hochhäuser und Bürogebäude im Stil der 1950er-Jahre

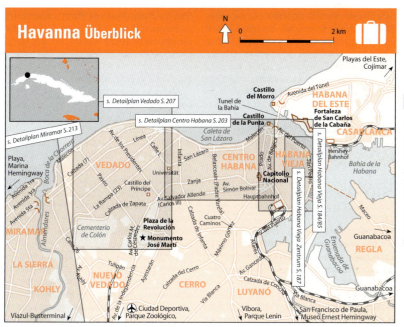

N 0   2 km

s. Detailplan Vedado S. 207
s. Detailplan Centro Habana S. 203
s. Detailplan Miramar S. 213

Playas del Este, Cojímar

Castillo del Morro
Avenida del Túnel
HABANA DEL ESTE
Túnel de la Bahía
Fortaleza de San Carlos de la Cabaña
Castillo de la Punta
CASABLANCA
Caleta de San Lázaro
Malecón
Av. del Puerto
Hershey Bahnhof
Bahía de la Habana

Playa, Marina Hemingway
Línea
Calle L
Calle L
Infanta
San Lázaro
CENTRO HABANA
Prado
HABANA VIEJA
San Pedro
s. Detailplan Habana Vieja S. 184/85

VEDADO
Av. de los Presidentes
Calzada (7)
Paseo
Universität
Belascoaín (Padre Varela)
Zanja
Capitolio Nacional

Castillo del Príncipe
La Rampa (23)
Calzada de Zapata
Av. Salvador Allende (Carlos III)
Av. Simón Bolívar
Hauptbahnhof
s. Detailplan Habana Vieja Zentrum S. 187

Cementerio de Colón
Plaza de la Revolución
★ Monumento José Martí
Cuatro Caminos
Av. de Infanta
Máximo Gómez
Av. del Puerto

Guanabacoa
REGLA
Ensenada de Guanabacoa
Mazo

MIRAMAR
Calle 20
Av. Carlos M. de Céspedes

LA SIERRA
Tulipán
Ayestarán
Av. Gancedo
Calzada del Cerro

KOHLY
NUEVO VEDADO
Av. de la Independencia
CERRO
LUYANÓ
Vía Blanca
Calzada de Concha
Vía Blanca
Guanabacoa

Víazul-Busterminal
⚓ Ciudad Deportiva, Parque Zoológico,
Víbora, Parque Lenin
San Francisco de Paula, Museo Ernest Hemingway

Havanna und Umgebung

ragen immer wieder aus dem Häusermeer. Daneben findet man viele neoklassizistische Villen.

Im ehemaligen Villenviertel **Miramar** konzentrieren sich Havannas eleganteste Gebäude (unter anderem viele ausländische Botschaften). Der Stadtteil strahlt eine gediegene und gehobene Atmosphäre aus. Hier geht das Leben einen Gang ruhiger zu als im übrigen Havanna.

Südlich dieser ufernahen „Touristenzone" schließt sich ein dicker Ring an Wohnbezirken an, der Besuchern außer ungeschminktem authentischem Leben nicht viel zu bieten hat.

Orientierung

Havanna ist riesig und entspricht mit seiner Ausdehnung von 750 km² ungefähr der Fläche Hamburgs. Die Stadt setzt sich aus 15, teilweise miteinander verwachsenen, doch vom Charakter unterschiedlichen, **Munizipien** zusammen. Von Westen nach Osten sind dies: Boyeros, La Lisa, Playa (mit dem Stadtteil Miramar), Marianao, Plaza de la Revolución (mit dem Stadtteil Vedado), Cerro, 10 de Octubre, Arroyo Naranjo,

Centro Habana, Habana Vieja, Regla, San Miguel del Padrón, Cotorro, Guanabacoa und Habana del Este (mit dem Stadtteil Cojímar).

Trotz dieser Größe muss man keine Angst haben sich zu verlieren, denn die für Touristen interessantesten Stadtteile beschränken sich auf Habana Vieja, Centro Habana, Vedado und Miramar, die alle nah am Meer liegen und außer Miramar im Norden am Malecón enden. Am besten ist es, diese „**Touristenzone**" Stadtteil für Stadtteil zu erkunden. Vor allem im weitläufigen Vedado oder Miramar braucht man entweder dicke Schuhsohlen, Durchblick beim System der wichtigsten Buslinien oder ein kleines Vermögen für Taxis. Auch wer sich nur auf die Highlights dieser vier Stadtteile konzentriert, sollte als Minimum eine Woche Aufenthalt einplanen. Wer weniger Zeit hat, sollte sich auf Habana Vieja konzentrieren.

Durch die **schachbrettartige Anlage** der Straßen ist die Orientierung einerseits relativ einfach. Andererseits gibt es in Centro Habana und Habana Vieja viele schmale und unüberschaubare Straßen, die sich oft ähneln und nur selten Straßenschilder tragen. Mit Stadtplan kommt man aber ganz gut zurecht. Verwirrung können einige Straßen auslösen, die sowohl einen alten als auch einen neuen Namen haben. Der neue Name steht zwar auf den Straßenschildern, die *Habaneros* benutzen aber oft noch den alten (in den Cityplänen in diesem Buch steht der alte Name jeweils in Klammern hinter dem aktuellen).

Drei Forts flankieren die **Hafeneinfahrt** im Osten von Havanna: das Castillo de los Tres Reyes del Morro, das Fortaleza de la Cabaña und das Castillo de la Punta. Von hier aus zieht sich die Uferpromenade, der **Malecón** 8 km gen Westen die Stadtteile Habana Vieja, Centro Habana und Vedado entlang bis zur Mündung des Río Almendares.

Ein Tunnel unter der Hafeneinfahrt verbindet den Westen mit **Habana del Este**. Östlich des Hafens erstrecken sich die sehenswerten, stark afrokubanisch geprägten Stadtteile Casablanca, Regla, Guanabacoa und Cojímar bis zum Trabanten-Vorort Alamar mit seinem endlosen Plattenbauten-Meer für über 100 000 Menschen. Noch 15 km weiter östlich beginnt Havannas traumhafter Hausstrand, die Playas del Este.

An der Westseite des Hafens liegt die **Altstadt** (Habana Vieja) mit der größten Ansammlung von Sehenswürdigkeiten. Ihren Mittelpunkt bildet die direkt am Hafen gelegene Plaza de Armas. Das historische Ambiente lässt sich am besten an den alten Kolonialplätzen in der nördlichen Hälfte erspüren (Plaza de la Catedral, Plaza de Armas, Plaza de San Francisco und Plaza Vieja). Im südlichen Wohnbereich gibt es dagegen nur wenige Sehenswürdigkeiten. Folgt man der Einkaufsmeile Calle Obispo nach Westen, gelangt man zum Parque Central mit dem Capitolio Nacional und dem Gran Teatro. Von hier aus

führt der Prado (Paseo de Martí) nordwärts bis zur Hafeneinfahrt. Er bildet heute die Trennlinie der Altstadt zu Centro Habana. Die alte Stadtmauer, die *Havana intramuros* vom Rest trennte, lief halbkreisförmig an der Av. de las Misiones und der Av. de Bélgica entlang.

Mitten in **Centro Habana**, südlich der Ost-West-Hauptstraße Calle Zanja, liegt das kleine Chinesenviertel *(Barrio Chino)*. Die weiteren wichtigen Ost-West-Achsen sind die Calle San Lázaro und die Avenida Simón Bolívar, die im Westen in die Avenida Salvador Allende übergeht. Von Norden nach Süden kreuzen die Hauptstraßen Avenida de Italia (Galiano), Padre Varela (Belascoain) und Calzada de Infanta den Stadtteil. Erstere ist zusammen mit der Calle San Rafael die Haupteinkaufsstraße der Einheimischen, letztere bildet im Westen die Grenze zum Nachbarstadtteil Vedado.

Westlich der Calzada de Infanta beginnt der Stadtteil **Vedado** mit der Universität, der Plaza de la Revolución und dem Cementerio de Colón. Die von Osten nach Westen – parallel zum Malecón – verlaufenden Straßen tragen ungerade Zahlen, die nach Süden zunehmen. Die wichtigsten Ost-West-Achsen sind die Calle 23 (die nördlichen 500 m werden wegen ihres Gefälles auch La Rampa genannt), die Calle Línea und die Calle Zapata. Die von Norden nach Süden verlaufenden Straßen tragen westlich der Hauptachse Paseo gerade Zahlen und östlich vom Paseo alphabetisch ansteigende Buchstaben von A bis P. Die weiteren wichtigen Nord-Süd-Hauptstraße neben dem Paseo heißen Calle 12, Avenida de los Presidentes (G) und Calle L.

Der Fluss Almendares trennt Vedado vom Villenviertel **Miramar**, wo heute zahlreiche Botschaften ihren Sitz haben. Über die marode kleine Fußgängerbrücke Puente Hierro oder die große Puente Almendares kann man den Fluss überqueren. Alternativ führen zwei Tunnel in den Stadtteil. Die Hauptstraße Avenida 5 durchquert von Nordosten nach Südwesten den ganzen Stadtteil. Im Süden von Miramar schließt sich Marianao mit dem weltberühmten Tropicana-Nachtclub an. Am südwestlichen Stadtrand, ca. 20 km vom Zentrum entfernt, erstrecken sich der Flughafen José Martí, der Zoo und der Parque Lenin, größte Grünfläche der Stadt.

Havanna von oben genießen

Einige **Aussichtspunkte** bieten einen tollen Überblick über die Stadt, z. B. der oberste Stock des Hotels Habana Libre, das Restaurant La Torre, das José Martí-Monument an der Plaza de la Revolución (alle in Vedado) oder die Christusstatue in Habana del Este.

Der Übersichtlichkeit halber werden einige Rubriken in die Stadtteile Habana Vieja, Centro Habana, Vedado und Miramar unterteilt. Ist dies nicht der Fall, wird immer von Ost nach West aufgezählt, also von Habana Vieja bis nach Miramar.

Geschichte

Erstmals 1515 von Panfilo de Narváez unter dem Namen San Cristóbal de la Habana an der Südwestküste (beim heutigen Ort Batabanó) gegründet, wurde die Ansiedlung erst vier Jahre später an ihren heutigen Ort verlegt. 1553 verlegte der Gouverneur seinen Sitz von Santiago de Cuba nach Havanna und 1607 stieg die Stadt zur Hauptstadt der spanischen Kolonie auf. Der Hafen besaß wegen seiner Nähe zu den anderen spanischen Kolonialgebieten auf dem lateinamerikanischen Festland eine große geostrategische Bedeutung. Diesen Aufstieg zum **„Tor zur Neuen Welt"** symbolisiert Havanna durch sein **Wappen** mit drei Festungstürmen und einem darunter liegenden Schlüssel. Ihre günstige Lage an einer natürlichen tiefen Bucht trug dazu bei, dass sich die Stadt im Laufe der Zeit zur wichtigsten Hafen- und Handelsstadt Westindiens entwickelte. Mehr und mehr spanische Galeonen gingen hier vor Anker, die Schiffsbäuche bis zum Bersten gefüllt mit Gold, Silber und anderen Rohstoffen aus ihren Raubzügen vom lateinamerikanischen Festland. Man schätzt, dass noch heute vor der Küste Havannas 400 Wracks mit Schätzen im Wert von 100 Mrd. € auf ihre Bergung warten.

Havannas rasanter wirtschaftlicher Aufschwung lockte natürlich auch **Piraten** und Freibeuter aller Nationen an. Schon 1555 überfiel die französische Korsar Jacques de Sores die Stadt und plünderte sie restlos aus. Dies bot den Anlass, die Stadt von See her zu befestigen und man begann mit dem Bau der Festung Real Fuerza. Der **militärische Schutz** wurde umso dringlicher, seit das königliche Dekret von 1561 Havanna zum Sammelpunkt aller Schiffe mit Kolonialwaren aus Lateinamerika für das Mutterland Spanien erkoren hatte. 1586 wurde Ha-

vanna vom berüchtigten Korsaren Sir Francis Drake bedroht, der kurz zuvor schon Santo Domingo eingenommen hatte. Seine riesige Flotte füllte den Horizont aus. Zum Glück für die Stadt zwang ihn eine Seuche, die unter seiner Besatzung ausgebrochen war, zur Umkehr. Havanna war noch einmal mit dem Schrecken davongekommen und ließ nun weiter aufrüsten: Von 1589–1620 entstanden zwei weitere Festungen, die Batería de la Punta und das Castillo de los Tres Reyes del Morro. Als dann von 1674–1740 das nächste Großprojekt, der Bau einer Stadtmauer abgeschlossen wurde, fühlte man sich endlich ausreichend geschützt.

Doch stellte sich dies schnell als Trugschluss heraus. 1762 wurde die Stadt erneut erobert, diesmal von den Engländern. Mit einer mächtigen Flotte von 200 Schiffen, bestückt mit 22 000 Mann, landeten sie vor Havannas „Hintereingang", ein wenig östlich beim heutigen Cojímar. Von dort nahmen sie den Cabaña-Hügel ein und beschossen die strategisch bedeutende und als uneinnehmbar geltende Festung Morro, bis die Stadt schließlich aufgab. Schon elf Monate später erhielten die Spanier ihr koloniales Kleinod im Austausch gegen Florida zurück. Doch der Schock saß tief: Nun wurde auch der strategisch wichtige Hügel mit einer weiteren Festung bestückt, wozu der italienische Baumeister Antonelli schon lange zuvor geraten hatte. Das Fortaleza de San Carlos de la Cabaña schloss 1774 den Festungswall ab und machte Havanna zur bestbefestigten Stadt der Neuen Welt.

Die **englische Besatzungszeit** war nur kurz, doch sie veränderte vieles grundlegend. Denn die Briten schafften das königliche spanische Handelsmonopol ab und machten Havanna damit zum Magneten für Händler aus allen Nationen der Erde. Diese einmal eingeführten **Handelsliberalisierungen** ließen sich nicht mehr umkehren. Ende des 18. Jhs. liefen jährlich 1200 Handelsschiffe in den Hafen von Havanna ein. Sie luden Luxusgüter für die einheimische Oberschicht ab, nahmen Zucker und andere Kolonialwaren auf und nutzten die günstige Strömung der Florida-Straße zur Heimfahrt nach Europa. Zwei weitere Faktoren trugen zum Aufblühen des Handels bei: Die Unabhängigkeit der Vereinigten Staaten (1776), die viele Händler in die Stadt brachte und der erfolgreiche Sklavenaufstand in Haiti (1789–92), der die französische Pflanzeraristokratie aus Kubas Nachbarland gefegt und damit einen wichtigen Zucker-Konkurrenten ausgeschaltet hatte. Eine Elite aus Beamten, Zucker- und Tabakbaronen ließ sich in Havanna nieder und brachte den Handel auf Touren. Der Wirtschaftsboom ließ die Bevölkerung schnell anwachsen. 1861 musste die Stadtmauer um die Altstadt niedergerissen werden, weil die Stadt schnell ausuferte und aus allen Nähten zu platzen drohte.

Der Reichtum, den das auf Sklavenhandel gestützte Zuckerplantagensystem und der Bau der ersten Eisenbahnstrecke (1837) der Stadt vor allem im 18. und 19. Jh. bescherten, drückt sich noch heute in vielen Bauwerken aus (Paläste, prunkvolle Herrenhäuser mit Arkaden und Innenhöfen, Parks, Plätze und Prachtstraßen). Auch die Bohème fühlte sich von der Hauptstadt unwiderstehlich angezogen und machte Havanna zur **Kulturmetropole** der Karibik. Namhafte Architekten konnten das Geld ihrer Auftraggeber verpulvern und tobten sich in diversen Baustilen aus – von Barock, Jugendstil, Art Déco, Neoklassik und Neugotik bis hin zum *Eklektizismus*. Gleichzeitig lebte die Mehrheit der Bevölkerung in bitterer Armut – es war die Zeit der krassesten Gegensätze zwischen Arm und Reich.

1898 schrieb die Stadt ein weiteres Mal Geschichte: Als das US-Kriegsschiff Maine im Hafenbecken explodierte, bot dies den USA einen willkommenen Anlass, in den Zweiten Unabhängigkeitskrieg einzugreifen. Wenig später bestimmten sie als neokoloniale Herrscher die Geschicke der Hauptstadt. Von 1902–59 dauerte die Zeit der **Pseudo-Republik**, während der die Vereinigten Staaten im Hintergrund die Fäden zogen. Anfang des 20. Jhs. investierte die US-Oberschicht in Prestige- und Luxusbauten wie den Havana Jacht Club und den American Club of Havana. Überall entstanden Spiegelbilder der US-Kultur. Das Capitolio, eine Kopie des Weißen Hauses, drückt die damalige enge Verbindung mit dem großen Nachbarn aus. Havanna wurde mehr und mehr zum Treffpunkt der **High Society** aus den USA. Vor allem in den 1930er- bis 50er-Jahren hinterließ der **American Way of Life** seine Spuren, als vergnügungssüchtige US-

Touristen aus der Mittelschicht folgten. Überall schossen Luxushotels, Bars, Casinos und Bordelle aus dem Boden, um die amerikanische Klientel bei Laune zu halten. Das Geschäftsviertel Vedado entstand und drückte der Stadt mit seinen Hochhäusern den Stempel des damaligen US-Baustils auf. In den Villenvierteln Miramar und Marianao ließen es sich die Eliten gut gehen. Eine riesige Autoflotte aus Cadillacs, Buicks und Chevrolets chauffierte die zahlreichen Besucher zu den von der Mafia kontrollierten Casinos und Nachtclubs. In kein anderes Land der Welt exportierte die USA in den 50er-Jahren mehr Oldtimer als nach Kuba. Die Stadt wurde zum Zentrum von Prostitution, Glücksspiel und internationalem Drogenhandel. Die US-Medien bezeichneten Havanna oft als „**Monte Carlo der Karibik**", Hemingway nannte die Stadt dagegen „die große Hure". Havanna hatte sich zu einem riesigen Bordell entwickelt und galt in den 30er-, 40er- und 50er-Jahren als dekadenteste Stadt der Welt, in der das sündige Nachtleben hemmungslose Orgien feierte. Ganz nebenbei brummte auch die bildungsbürgerliche Kulturszene und Havanna bekam so manche Berühmtheit zu sehen: Sarah Bernhardt, Igor Strawinsky, Garcia Lorca ließen sich inspirieren und Stars wie Spencer Tracy und Gary Cooper prassten in vollen Zügen. Auch Diktator Batista gab sich den süßen Ausschweifungen hin und ließ sich nach der Show im Tropicana die schönsten Mulattinnen auf riesigen Tabletts am Tisch servieren. Die große Masse der verarmten Bevölkerung indes war mit ihrem ökonomischen Überlebenskampf beschäftigt und bekam von diesem Glamour nichts mit.

Die **Revolution** von 1959 legte den Casino-Sumpf trocken und ergriff erstmals nennenswerte Maßnahmen zur Bekämpfung der Armut. Bereits in den 50er-Jahren war die Bucht von Havanna untertunnelt worden, so dass die Stadt nun auch nach Osten ausuferte. Hier begann die Revolutionsregierung mit dem Bau von **Trabantenstädten** in Fertigbauweise, wie z. B. Alamar. Um die Wohnungsnot zu beheben, wurden viele Luxusbauten, deren Besitzer geflohen waren, zu Wohngebäuden umfunktioniert. Nach und nach verschwanden die Slums. Allerdings wurde die „Perle der Karibik" und die „Stadt der Säulen"

(Alejo Carpentier) baulich vernachlässigt, als es darum ging, das riesige Stadt-Land-Gefälle abzubauen und den ländlichen Raum verstärkt zu fördern. In dieser Hinsicht galt die Erhaltung und Erneuerung der Hauptstadt als zweitrangig. Die weit verbreitete Behauptung, der Sozialismus trage die Hauptschuld am **Verfall der Häuser**, ist allerdings ein Irrtum, denn schon in den vorherigen Jahrzehnten flossen kaum Gelder in den Erhalt alter Bausubstanz (s. Kasten). Es bestanden sogar Pläne, die Altstadt abzureißen um dort Parkraum zu schaffen, so wie es zu jener Zeit in zahlreichen anderen lateinamerikanischen Altstädten geschehen ist. Die miserablen Wohnbedingungen vor 1959 waren noch wesentlich schlimmer als heute, wo ca. ein Drittel der Häuser in der Altstadt nur über gemeinschaftlich genutzte Sanitäranlagen außerhalb der Wohngebäude verfügen, marode Wasserleitungen des Öfteren ihren Geist aufgeben und Balkone einzustürzen drohen.

Nach langen Jahren der Vernachlässigung ist der Kampf gegen den Verfall heute ein Wettlauf gegen die Zeit. Jedes dritte der als historisch wertvoll eingestuften Bauwerke ist in einem bedenklichen Zustand. Noch schlimmer sieht es bei den Wohnhäusern aus. Dass die Altstadt zu den am dichtesten bevölkerten Regionen der Erde zählt, ist ein weiteres Problem. Oft lebt eine ganze Familie in einer Ein-Zimmer-Wohnung. Viele Gebäude können dieser Überbelastung nicht standhalten und sind stark einsturzgefährdet – jährlich kommt es zu mehr als tausend Hauseinstürzen.

Mit der **Wirtschaftskrise** *(periodo especial)* der 90er-Jahre (Geschichte, s. S. 126) begann für Havanna eine neue Epoche. Der Zwang zur touristischen Öffnung sorgte erstmals seit langem wieder für einen Modernisierungsschub, der das Gesicht der Stadt veränderte. Jahr für Jahr entstehen mehr Luxusbauten (vorwiegend Hotels und Restaurants des gehobenen touristischen Bedarfs). Der **Massentourismus** erwirtschaftet zwar dringend benötigte Devisen, schafft aber neue Wohlstandsinseln und soziale Ungleichheiten. Schon besiegt geglaubte Phänomene wie **Schwarzhandel und Prostitution** tauchten wieder auf. Auch wenn sich die Versorgungslage für die lokale Bevölkerung in den letzten Jahren

entspannt hat, ist ein Teil der städtischen Infrastruktur nur Touristen und Devisen besitzenden Kubanern zugänglich.

Altstadtsanierung in Havanna

Von Sönke Widderich

Wer durch die Altstadt Havannas schlendert, ist beeindruckt. Die Prachtbauten an der weitläufigen Flaniermeile Prado, die ehemaligen Adelspaläste an der Plaza de Armas und an der Plaza de la Catedral, das Nebeneinander verschiedener Architekturstile in den engen und quirligen Gassen vermitteln das Bild eines authentischen, über verschiedene Epochen gewachsenen Viertels. Aufgrund seines einmaligen kulturhistorischen Wertes erklärte die Unesco Havannas historisches Zentrum 1982 zum **Kulturerbe der Menschheit**. Doch die Zeit ist an der einstigen „Perle der Antillen" nicht spurlos vorübergegangen. Nach jahrzehntelanger Vernachlässigung ist ein Großteil der knapp 4000 Gebäude, die sich zwischen dem Prado (bzw. der Straße Cárdenas) und der Hafenbucht befinden, baufällig und einsturzgefährdet. Wie ist es zu dieser Entwicklung gekommen?

Ein wenig Geschichte

Über Jahrhunderte hatte das spanische Kolonialreich durch zunehmenden Handel Reichtümer akkumuliert, die sich in vielen Prunkbauten manifestierten. Doch änderte sich die Situation in der Altstadt grundlegend, als Kuba 1898 unabhängig wurde und die spanischen Adelsfamilien die Insel verließen. Da der koloniale Stadtkern mit seiner kompakten Bebauung nicht mehr den Erfordernissen eines modernen, sich am US-amerikanischen Vorbild orientierenden Lebensstils gerecht werden konnte, entwickelte sich die Altstadt zum Massenquartier. Die nun leer stehenden Häuser und Paläste wurden durch Trennwände und Zwischendecken in kleine Wohneinheiten aufgeteilt und an arme Bevölkerungsgruppen vermietet. Damit war der Degradierungsprozess des historischen Zentrums eingeleitet. Unter den Despoten Machado und Batista entstanden in den 1920er- respektive in den 50er-Jahren Pläne, die kubanische Hauptstadt zu einer gigantischen Metropole auszubauen. Das historische Zentrum spielte in diesen Szenarien keine Rolle und diente lediglich als Auffangbecken für Einwanderer und Migranten aus dem armen Ostteil der Insel. Auch durch den Sieg der kubanischen Revolution (1959) änderte sich nur wenig. Die neue Regierung verfolgte eine Politik, die auf eine Verbesserung der Lebensverhältnisse in der Provinz abzielte. Dadurch konnte zwar verhindert werden, dass sich – im Gegensatz zu den meisten anderen lateinamerikanischen Metropolen – in Kuba Elendsviertel bildeten. Doch die Kehrseite der Medaille war die anhaltende bauliche Vernachlässigung der innerstädtischen Bereiche Havannas.

Erst als die Altstadt zum Weltkulturerbe ernannt wurde, also nach acht Jahrzehnten des Verfalls, fand ein allmähliches Umdenken statt. Erste übergreifende Sanierungsmaßnahmen wurden eingeleitet, die allerdings nach kurzer Zeit ein abruptes Ende fanden. Als Kuba Anfang der 90er-Jahre durch die politischen Veränderungen in Osteuropa von der bisher schwersten Wirtschaftskrise erschüttert wurde, war einfach kein Geld für die Erhaltung der Altstadt übrig. Doch das tropische Klima und der Zahn der Zeit nagten weiter an der maroden Bausubstanz. Viele Gebäude stürzten einfach ein. Wenn man das Weltkulturerbe nicht verlieren wollte, musste ein neues Sanierungskonzept her.

Ein neues Sanierungskonzept entsteht

Als erster Schritt wurde im Oktober 1993 das Decreto-Ley No. 143 erlassen. Es überträgt dem Büro des Stadthistorikers die Verantwortung für die Sanierung des historischen Zentrums. Um das zuvor bestehende Kompetenzwirrwarr und bürokratische Hemmnisse zu überwinden, ist das Büro seitdem direkt dem Staatsrat unterstellt. Der Leiter der Behörde, der Stadthistoriker Eusebio Leal, ist früher Abgeordneter des kubanischen Parlaments gewesen und pflegt ein freundschaftliches Verhältnis zu Fidel Castro. Nicht zuletzt aus diesem Grunde sind dem Büro des Stadthistorikers Kompetenzen zugestanden worden, die für kubanische Verhältnisse außergewöhnlich sind: Es darf eigenständig mit ausländischen Institutionen und Firmen kooperieren, Geschäfte in harter Währung abwickeln und Unternehmen gründen. Die Sanierungsphilosophie

ist denkbar einfach: Die Instandsetzung des historisch wertvollen Gebäudebestandes kostet Devisen, also müssen die sanierten Häuser nach dem Abschluss der Arbeiten auch Devisen abwerfen, um dann weitere Sanierungsprojekte durchführen zu können. Auf diese Weise kann sich die Altstadtsanierung selbst tragen, ohne dass der kubanische Staat irgendwelche finanzielle Leistungen erbringen muss.

Eine Schlüsselrolle im Sanierungsprozess kommt dem Unternehmen **Habaguanex S. A.** zu, das 1994 zur touristischen und kommerziellen Wiederbelebung der Altstadt als hundertprozentige Tochtergesellschaft der Leal-Behörde gegründet worden ist. Unter der Führung von Habaguanex entstanden seither 18 Hotels, 30 Restaurants, 80 Geschäfte sowie 60 Cafeterías und Bars, die jährlich steigende Umsätze und Gewinne erwirtschafteten.

Neben Habaguanex gründete Leal noch andere kommerziell arbeitende Tochtergesellschaften: die Baufirma Puerto Carenas, den Gartenbaubetrieb La Begonia, das Immobilien- und Taxiunternehmen Fénix sowie den Reiseveranstalter San Cristóbal. Der Gewinn aus den Unternehmen fließt in die Kasse des Stadthistorikers, der über die Verwendung des inzwischen mächtig gewachsenen Geldstromes entscheidet.

Durch den beachtlichen wirtschaftlichen Erfolg von Habaguanex und den anderen Unternehmen konnten die Sanierungsarbeiten in der Altstadt rasch vorangebracht werden. Die Ergebnisse sind beeindruckend, sofern man sich in der Einkaufsstraße Obispo und auf den großen *plazas* aufhält oder durch die Straßenzüge Mercaderes und Oficios spaziert, die die Plätze miteinander verbinden. Wer aber abseits des Touristenstroms den südlichen Teil der Altstadt besucht, erkennt das ganze Ausmaß des Verfalls. Denn während immer neue Devisenshops, Museen, Hotels und andere Einrichtungen für den Fremdenverkehr entstehen, bleiben die Wohnhäuser der Altstadtbevölkerung von den Instandsetzungsmaßnahmen weitgehend ausgespart. Der Stadthistoriker stellt nur einen geringen Anteil seines Haushalts für diesen Zweck zur Verfügung. Vor diesem Hintergrund drängt sich die Frage auf, für wen die Sanierung eigentlich durchgeführt wird.

Sanierung für wen?

Havannas Altstadt leidet unter zwei Problemen. Zum einen ist die Bevölkerungsdichte extrem hoch. In dem nur 2 km² großen historischen Zentrum leben etwa 70 000 Menschen. Damit sind die meisten Häuser und Wohnungen hoffnungslos überbelegt. Die Hälfte des Wohnungsbestandes der Altstadt sind Substandard-Behausungen, die nur aus einem einzigen, durch provisorische Trennwände und Zwischendecken aufgeteilten Zimmer bestehen. Diese *ciudadelas* genannten Unterkünfte – ein Erbe aus der postkolonialen Zeit (s. o.) – beherbergen ganze Familien. Über kurz oder lang wird wohl ein Großteil der *ciudadela*-Bewohner, die in ihren Unterkünften zum Nießbrauch wohnen und keine Eigentumstitel haben, aus der Altstadt wegziehen müssen, wobei bisher noch von einem freiwilligen Umzug der Betroffenen in bereitgestellte Ersatzwohnungen ausgegangen wird.

Das zweite Problem ist der **schlechte Bauzustand** des historischen Zentrums, der durch die mangelnde Instandhaltung und durch die hohe Bevölkerungsdichte verursacht wird. Über 400 Gebäude, also mehr als 10 % des gesamten Baubestandes der Altstadt, sind bereits vollständig oder in großen Teilen eingestürzt. Ein weiteres Voranschreiten des Verfalls ist zu befürchten. Schon jetzt hat rund die Hälfte aller in der Altstadt liegenden Wohnungen undichte Dächer oder Risse im Mauerwerk, und bei einem Viertel sind Teile des Fußbodens eingebrochen. Zudem befinden sich die Wasser-, Abwasser- und Gasleitungen, die teilweise noch aus dem 19. Jh. stammen, in einem kläglichen Zustand.

Die Dimension der Degradierung des Wohnungsbestandes erfordert ein entschlossenes Handeln. Zwar ist es begrüßenswert, dass immer mehr historisch und architektonisch wertvolle Gebäude detailgetreu restauriert werden und dass es dabei nicht zu einem (Aus-)Verkauf des Weltkulturerbes kommt, sondern alles in kubanischer Hand bleibt. Und auch die Verschönerung von Straßen und Plätzen durch ein neues Pflaster oder durch einen Marmorbrunnen sind an sich keine schlechten Maßnahmen. Doch entspricht ein solches Vorgehen den wirklichen Bedürfnissen der ansässigen Bevölkerung? Schon 1993 erklärte der Stadthistoriker Leal in einem Interview: „Es macht keinen Sinn, hier eine Art Disneyland zu schaffen; vielmehr wollen wir die lebendige Stadt erhalten." Es sollte also nicht so sehr darum gehen, adäquate Bedingungen für den zweifellos wichtigen Wirtschaftsfaktor Tourismus zu schaffen, sondern darum, die Verbesserung der Wohn- und Lebensverhältnisse im Stadtteil voranzutreiben. Angesichts des enormen Profits, den die Leal-Behörde mittlerweile verzeichnet, ist es wohl auch eine Frage der Prioritätensetzung, für was man das Geld investiert. Das Maß für den Erfolg des Sanierungskonzeptes kann nicht allein die Zahl der restaurierten Gebäude sein, sondern vor allem die Zufriedenheit der Altstadtbewohner. Die in letzter Zeit gestiegenen Ausgaben für Sozialprogramme (Errichtung von Schulen, Kulturzentren, Altenbegegnungsstätten, medizinische Einrichtungen etc.) sind in dieser Hinsicht zwar ein Fortschritt, ändern aber letztlich kaum etwas am Hauptproblem des prekären Wohnalltags.

Über den Autor: Sönke Widderich ist Geograph, er hat seine Diplomarbeit über die Altstadtsanierung in Havanna geschrieben und über die sozialen Auswirkungen des kubanischen Transformationsprozesses promoviert. Seit 2004 arbeitet er für die Frankfurter Hilfs- und Menschenrechtsorganisation medico international e. V.

Habana Vieja

Die Altstadt von Havanna hat eine der weltweit höchsten Dichten an historischen Sehenswürdigkeiten. Neben architektonischen Augenweiden befinden sich hier naturwissenschaftliche, archäologische, historische und Kunstmuseen, viele davon hervorragend ausgestattet und mit großer Liebe zum Detail gestaltet. Beim Flanieren durch die Straßen hat man das Gefühl, eine Zeitreise durch fünf Jahrhunderte Geschichte zu machen. Über 150 Gebäude stammen aus dem 16. oder 17. Jh. Allein in diesem Stadtteil gibt es so viel zu sehen, dass man mindestens drei Tage einplanen sollte. Ganz oben auf der Liste sollten die wichtigsten **kolonialen Plätze** (Parque Central, Plaza de la Catedral, Plaza de Armas, Plaza de San Francisco und Plaza Vieja)

Havanna und Umgebung

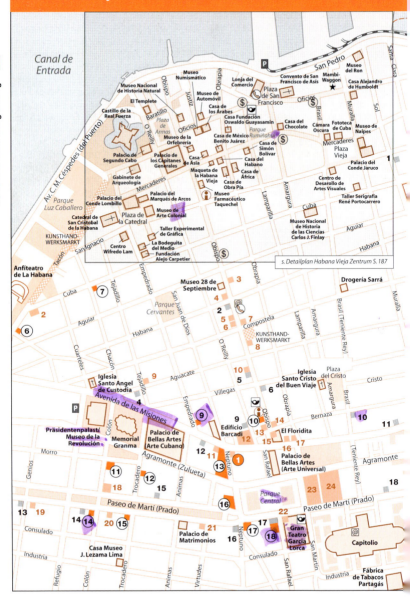

Canal de Entrada

Museo Nacional de Historia Natural
El Templete
Castillo de la Real Fuerza
Plaza de Armas
Museo de la Orfebrería
Palacio de Segundo Cabo
Palacio de los Capitanes Generales
Gabinete de Arqueología
Palacio del Conde Lombillo
Parque Luz Caballero
Catedral de San Cristobal de la Habana
KUNSTHAND-WERKSMARKT
Plaza de la Catedral
Centro Wifredo Lam
Museo de Arte Colonial
Taller Experimental de Gráfica
La Bodeguita del Medio
Fundación Alejo Carpetier

Museo Numismático
Museo de Automóvil
Casa de los Árabes
Casa Fundación Oswaldo Guayasamín
Casa de México Benito Juárez
Casa de Asia
Maqueta de la Habana Vieja
Casa de Obra Pía
Museo Farmacéutico Taquechel

Lonja del Comercio
Plaza de San Francisco
Convento de San Francisco de Asís
Mambi-Waggon ★
Museo del Ron
Casa Alejandro de Humboldt
Oficios
Casa del Chocolate
Cámara Oscura
Fototeca de Cuba
Museo de Naipes
Mercaderes
Plaza Vieja
Palacio del Conde Jaruco
Centro de Desarrollo de Artes Visuales
Taller Serigrafía René Portocarrero
Museo Nacional de Historia de las Ciencias Carlos J. Finlay

Casa del Habano
Casa de Simón Bolívar
Casa de África
Parque Rumiñahui

s. Detailplan Habana Vieja Zentrum S. 187

Anfiteatro de La Habana

Museo 28 de Septiembre
Parque Cervantes
KUNSTHAND-WERKSMARKT
Drogería Sarrá

Iglesia Santo Angel de Custodia
Avenida de las Misiones
Iglesia Santo Cristo del Buen Viaje
Plaza del Cristo

Präsidentenpalast/ Museo de la Revolución
Memorial Granma
Palacio de Bellas Artes (Arte Cubano)
Edificio Barcadi
El Floridita
Palacio de Bellas Artes (Arte Universal)

Paseo de Martí (Prado)
Parque Central
Paseo de Martí (Prado)

Palacio de Matrimonios
Gran Teatro García Lorca
Capitolio

Casa Museo J. Lezama Lima
Fábrica de Tabacos Partagás

Übernachtung:
1. Hostal Armadores de Santander
2. Eugenio y Fabio
3. Migdalia
4. Olga
5. Convento Santa Clara
6. Hostal San Miguel
7. Hostal O'Farrill
8. Jesús y María
9. Casa Mariveli
10. Vivian
11. Hotel Park View
12. Hotel Sevilla
13. Hotel Plaza
14. Hotel Caribbean
15. Casa del Científico
16. Hotel Parque Central
17. Hotel Telégrafo
18. Hotel Inglaterra
19. Hotel Saratoga

Essen:
1. La Mulata del Sabor
2. Variedades Obispo
3. Don Lorenzo
4. La Primera de Aguacate
5. El Bosque Bologna
6. La Casa de Escabeche
7. Puerto de Sagua
8. El Baturro
9. La Julia
10. Hanoi
11. Caracalla
12. Asociación Canaria
13. Las Terrazas del Prado
14. Doña Blanquita
15. El Gijonés
16. Prado y Neptuno
17. Café Louvre
18. Los Nardos

Sonstiges:
1. Gimnasio de Boxeo Rafael Trejo
2. Palacio de la Artesanía
3. Foto Obispo
4. La Lluvia de Oro
5. Longina
6. Opticas Arrinda
7. La Dichosa
8. Asociación de Artesanos Artistas
9. El Angel de Tejadillo
10. Taller Visual J. Salas
11. Bar/Cine Actualidades
12. Harris Brothers
13. Librería La Internacional
14. Librería La Moderna Poesía
15. Casa de Ron y Tabaco
16. La Zaragozana
17. Castillo de Farnés
18. Teatro Fausto
19. Centro Andaluz
20. Asistur
21. Foto Prado
22. Cabaret Nacional
23. Cine Payret
24. Kid Chocolate

Transport:
1. El Orbe
2. Provinz-Busse

mit ihren Palästen stehen. Auch ein Bummel auf der Prachtallee **Paseo del Prado** und den gut restaurierten Straßen **Calle Obispo** und **Calle Mercaderes** ist ein Muss. Unter den zahlreichen Museen sind das **Museo de la Revolución**, das **Museo Nacional de Bellas Artes** und das **Museo de Ron** mit ihren riesigen Ausstellungen zu Recht Zuschauermagneten. Nach Süden hin nimmt die Dichte an Sehenswürdigkeiten deutlich ab, doch dafür lässt sich hier besonders gut ins quirlige Straßenleben eintauchen.

Plaza de la Catedral und Umgebung

Bevor die ersten Bauten im 17. Jh. entstanden und einen der schönsten Altstadtplätze säumten, musste erst ein Sumpf trockengelegt werden. 1770 begann man dann, die Calle Empedrado („gepflastert") als erste Straße der Stadt zu pflastern, um die Erosion zu stoppen. Heute verleihen Frauen in Kolonialkostümen, die gegen Bezahlung für ein Foto posieren, dem Platz Farbe.

Die schöne Barockfassade der **Kathedrale**, eines der stolzesten Bauwerke der Altstadt, erhebt sich im Nordwesten des Platzes. Schriftsteller Alejo Carpentier schwärmte von „Stein gewordener Musik." Besonders gut ist die Atmosphäre am Abend zu erspüren, wenn sich der Platz oft mit Musik und Leben füllt. Das Bauwerk wurde 1787 nach 40-jähriger Bauzeit fertiggestellt und stand bis 1767 unter der Obhut der Jesuiten des heiligen Ignaz, ehe diese nach Machtkämpfen mit dem spanischen König vertrieben wurden. Danach wurde das Gotteshaus zur größten Pfarrkirche des Landes und einem der bedeutendsten kirchlichen Bauwerke der Neuen Welt ausgebaut und erhielt 1793 den Status einer Kathedrale. Wegen der immensen Baukosten blieb für die Innenausstattung nicht mehr viel übrig. Im schlichten Innern fallen lediglich die vom französischen Maler Jean Baptiste Vermay erstellten Gemälde *Auferstehung*, *Letztes Abendmahl* und *Die Macht der Kirche* sowie die Fresken von Giuseppe Perovani hinter dem Hochaltar ins Auge. Der Hauptaltar selber wurde in Rom aus edlen Hölzern gefertigt und dann nach Havanna verschifft, ebenso wie eine 7 t schwere Glocke. Die kleinere San Miguel-Glocke stammt aus Matanzas. Im Innern befindet

sich auch eine Holzstatue des hl. Christopher, des Schutzheiligen der Reisenden aus dem Jahr 1633. Die ehemals größte Sehenswürdigkeit ist allerdings längst verschwunden: Bis zum Ende der spanischen Kolonialherrschaft 1898 lagen hier die Gebeine von Kolumbus, die dann nach Sevilla verschifft wurden. 1982 erklärte die Unesco das Kirchenhaus zum Weltkulturerbe. ☉ tgl. vormittags, Hauptmesse So 10.30 Uhr, Eintritt frei.

Gegenüber liegt der Palacio de los Condes de Bayona aus dem Jahr 1720 mit dem **Museo de Arte Colonial**. Es liegt in einem typischen herrschaftlichen Wohngebäude dieser Zeit mit hohen Fenstern, reichverzierten Holzdecken *(alfarjes)* und riesigem, von Säulen umstandenem Innenhof. Die Ausstellung vermittelt einen Eindruck von der luxuriösen Lebensweise der kubanischen Oberschicht des 19. Jhs. und zeigt vor allem adliges Mobiliar und Porzellan vom 17. bis 19. Jh. Außerdem geht es um die koloniale Architektur und die verschiedenen Typen der Buntglasfenster *(vitrales)*. Ab und zu finden hier Theateraufführungen, Konzerte und Ausstellungen statt. ☉ tgl. 9–17 Uhr, Eintritt 2 CUC, Führung 1 CUC, Fotos 2 CUC.

In der kleinen Callejón del Chorro liegt die **Taller Experimental de Gráfica**, die beste Druckwerkstatt des Landes. Hier kann man bei der Arbeit zuschauen und Werke kaufen. ☉ Mo–Sa 9–16 Uhr, Eintritt frei. In der ehemaligen Casa del Marqués de Aguas Claras mit Innenhof und Marmorbrunnen serviert heute das edle **Restaurant El Patio** (s. Essen).

Das **Centro Wifredo Lam** zeigt Ausstellungen asiatischer, afrikanischer und lateinamerikanischer Künstler, darunter der surrealistische „Dschungelmaler" Lam, dessen Stil ein Mix aus Picasso und afrikanischer Volkskunst zu sein scheint (s. auch Kunst und Kultur, S. 164). Insgesamt präsentieren sich über 1000 Werke den Besuchern. Die Kunstmesse Bienal de la Habana findet hier alle zwei Jahre im November statt. ☉ Di–Sa 10–17 Uhr, Eintritt 2 CUC.

Nur wenige Meter entfernt liegt die berühmte Bar **La Bodeguita de Medio** mit starkem künstlerischem Einschlag. Im Innern rangeln Tausende von Unterschriften und Sprüchen von Gästen um den knappen Platz an der Wand,

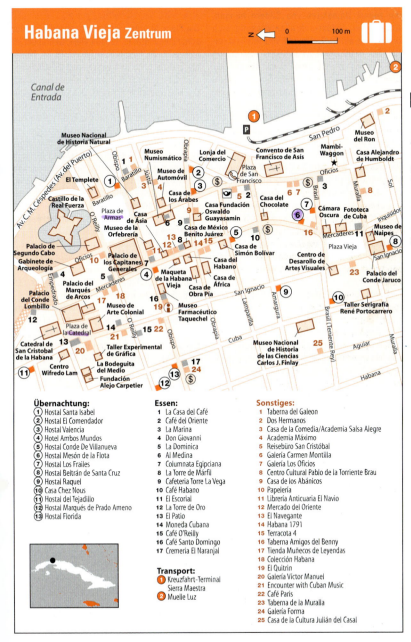

Übernachtung:
1. Hostal Santa Isabel
2. Hostal El Comendador
3. Hostal Valencia
4. Hotel Ambos Mundos
5. Hostal Conde De Villanueva
6. Hostal Mesón de la Flota
7. Hostal Los Frailes
8. Hostal Beltrán de Santa Cruz
9. Hostal Raquel
10. Casa Chez Nous
11. Hostal del Tejadillo
12. Hostal Marqués de Prado Ameno
13. Hostal Florida

Essen:
1. La Casa del Café
2. Café del Oriente
3. La Marina
4. Don Giovanni
5. La Dominica
6. Al Medina
7. Columnata Egipciana
8. La Torre de Mārfil
9. Cafetería Torre La Vega
10. Café Habano
11. El Escorial
12. La Torre de Oro
13. El Patio
14. Moneda Cubana
15. Café O'Reilly
16. Café Santo Domingo
17. Cremería El Naranjal

Transport:
1. Kreuzfahrt-Terminal Sierra Maestra
2. Muelle Luz

Sonstiges:
1. Taberna del Galeon
2. Dos Hermanos
3. Casa de la Comedia/Academia Salsa Alegre
4. Academia Máximo
5. Reisebüro San Cristóbal
6. Galería Carmen Montilla
7. Galería Los Oficios
8. Centro Cultural Pablo de la Torriente Brau
9. Casa de los Abánicos
10. Papelería
11. Librería Anticuaria El Navio
12. Mercado del Oriente
13. El Navegante
14. Habana 1791
15. Terracota 4
16. Taberna Amigos del Benny
17. Tienda Muñecos de Leyendas
18. Colección Habana
19. El Quitrin
20. Galería Víctor Manuel
21. Encounter with Cuban Music
22. Café Paris
23. Taberna de la Muralla
24. Galería Forma
25. Casa de la Cultura Julián del Casal

Havanna und Umgebung

wo zudem Unmengen von Bildern hängen. Anfang der 1940er-Jahre entwickelte sich die Bar zu einem Treffpunkt von Intellektuellen. Der wohl berühmteste Gast war in den 50er-Jahren Ernest Hemingway, der seiner Stammkneipe den berühmten Spruch: „Meinen Mojito in der Bodeguita, meinen Daiquirí im Floridita" widmete. Doch nicht nur der US-Schriftsteller ist in der rustikalen Bar oft abgestürzt, auch Erol Flynn bezeichnete sie als „a great place to get drunk" und seine Starkollegen Humphrey Bogart und Marlene Dietrich gaben sich hier gerne die Kante. Nicolas Guillén und Alejo Carpentier sowie Claudia Cardinale, Brigitte Bardot und Nat King Cole pflegten ebenfalls einzukehren. Weitere berühmte Gäste waren Gabriel Garcia Marquez, Salvador Allende und Pablo Neruda. Doch die Bohème-Zeiten sind längst passé, heute ist der Ort ein Touristenmagnet und wird regelmäßig von Reisegruppen geflutet. Die Berühmtheit des Hauses, der Mojito, ist gut, aber auch teuer (6 CUC). Die kreolische Küche ist den überhöhten Preis (ca. 15 CUC) nicht wert. ⏰ tgl. 10–24 Uhr.

Im Barockgebäude der heutigen **Fundación Alejo Carpentier** schrieb der kubanische Schriftsteller (Kunst und Kultur, s. S. 160) seinen bekannten Roman *Explosion in der Kathedrale*. Hier finden regelmäßig kulturelle Veranstaltungen statt. An der Ostseite des Platzes befindet sich der **Palacio del Conde Lombillo** aus dem Jahr 1740. Hier lebten die reichen Adelsfamilien Pedroso und Lombillo. Heute ist an dieser Stelle das Bildungsmuseum untergebracht, doch der größte Blickfang ist das prächtige Gebäude selbst. ⏰ tgl. 9–17 Uhr, Eintritt frei.

Unmittelbar daneben liegt der **Palacio del Marqués de Arcos**, der im 19. Jh. eine Poststation beherbergte und im Obergeschoss noch einige sehenswerte Balkone und Buntglasfenster *(vitrales)* besitzt. Im Arkadengang befindet sich ein alter kolonialer Briefkasten in Form einer griechischen Tragödienmaske. Damit wird der Zustand des kubanischen Postwesens auch heute noch ganz gut beschrieben … ⏰ tgl. 9–17 Uhr, Eintritt frei.

An der Calle Tacón esq. Empedrado beginnt bereits das lebhafte Treiben eines **Kunsthandwerksmarktes** (s. Einkaufen).

Plaza de Armas und Umgebung

Die Plaza de Armas ist der älteste und einer der schönsten Plätze in Habana Vieja. Gegründet im frühen 16. Jh. fungierte er bis ins 19. Jh. hinein als Exerzierplatz und wurde zum Zentrum der politischen und militärischen Macht der Stadt. Die Mitte des Platzes ziert eine Marmorstatue von Carlos Manuel de Céspedes, dem „Vater des Vaterlandes" und Anführer des Ersten Unabhängigkeitskrieges 1868–78. Sie entstand Mitte der 1950er-Jahre im Rahmen eines Wettbewerbs, den der Künstler Sergio López Mesa für sich entschied. Die Flanken des Platzes schmücken eine Reihe historisch bedeutender Gebäude im Barockstil. Zudem findet hier jeden Tag Havannas größter **Büchermarkt** statt.

Im Norden befindet sich der **Palacio del Segundo Cabo** aus dem 18. Jh. Er war ehemals Sitz hochrangiger Militärverwalter und beherbergt heute das Instituto Cubano del Libro mit Buchladen und Galerie. Die gelungene Architektur diente als Vorbild für viele Bauten. ⏰ Mo–Sa 9–18 Uhr, Eintritt frei.

Im Westen schließt sich der **Palacio de los Capitanes Generales** an, eines der schönsten Barockbauwerke der Stadt. Im 1781 fertiggestellten Palast residierten von 1791–1898 die spanischen Gouverneure. Das Gebäude besaß sogar einen Thronsaal, der jedoch nie eingeweiht werden konnte, weil sich die spanische Königsfamilie nie in ihren Kolonien blicken ließ. Von 1898–1902 bezogen hier die US-Besatzer Quartier. Bis 1920 war das Prachtgebäude erster Präsidentenpalast und bis 1967 Rathaus. Heute befindet sich hier das **Museo de la Ciudad**. Der Boden vor dem Palast wird übrigens nicht von Kopfsteinpflaster bedeckt, sondern von Holzbohlen. Der damalige Gouverneur ließ sie einsetzen, um von den klappernden Kutschen nicht aus seinen süßen Träumen gerissen zu werden. Gleich am Eingang stößt man auf zwei große Glocken, die auf den Zuckerplantagen die Sklaven zur Arbeit trieben. Im Innenhof stehen ein Kolumbusstandbild und der älteste Grabstein der Stadt aus dem Jahr 1557. An manchen Tagen finden hier Konzerte und Dichterlesungen statt. Die sehenswerte Ausstellung zeigt Interieur aus der Kolonialzeit, z. B. Möbel aus edlen Hölzern, Baccarat-Kristall, Kutschen, Kanonen, Wandtep-

Playmobil meets Graffiti:
Cocotaxi vor Wandgemälde.

piche, Silber- und Bronzegegenstände, Sevres- und Meißner Porzellan. Ein Saal befasst sich mit *Cuba Heroica*, der Geschichte der Unabhängigkeitskämpfe. In der Spiegelhalle übergaben die Spanier den USA 1898 die Kontrolle über die Insel. ⏱ tgl. 9.30–18.30 Uhr, Eintritt 3 CUC, Führung 1 CUC, Fotos 2 CUC.

In dem Ende des 18. Jhs. erbauten **Palacio del Conde de Santovenia** hielt früher die High-Society rauschende Bälle ab. Heute genießen hier zahlungskräftige Gäste den Fünf-Sterne-Komfort des schmucken Hotels Santa Isabel.

Das kleine **Castillo de la Real Fuerza** wurde zum Schutz der spanischen Schatzflotte erbaut und ist nicht nur eine der ältesten Festungen Lateinamerikas, sondern auch die erste in diesem Baustil. Das älteste Gebäude Havannas wurde 1558–77 von den Baumeistern Bartholomé Sanchez und Francisco Calona wieder aufgebaut, nachdem ein Angriff des französischen Korsaren Jaques de Sores es dem Erdboden gleich gemacht hatte. Ursprünglich lag an dieser Stelle die Hafeneinfahrt, ehe man das weiter nördlich gelegene Gebiet um die späteren Festungen La Punta und El Morro aufschüttete. Bis 1762 residierten in den wuchtigen Gemäuern die spanischen Militärgouverneure, seit 1959 ist hier das Archiv der Nationalbibliothek untergebracht. Das Dach krönt seit 1630 eine Wetterfahne aus Bronze, die **Giraldilla**. Sie ist die älteste Schmiedearbeit Kubas und gilt als Wahrzeichen Havannas. Die Figur, dessen Original sich im Stadtmuseum befindet, stellt angeblich Doña Inés de Bobadilla dar, die Frau des kubanischen Gouverneurs Hernando de Soto. Laut einer Legende soll sie jeden Abend sehnsüchtig gen Horizont geblickt und auf die Rückkehr ihres Mannes von seinem Eroberungszug in Florida gewartet haben. Doch statt der Quelle der ewigen Jugend, wegen der er ausgezogen sein soll, begegnete er der Malaria und fand den Tod am Mississippi. Doña Inés starb aus Kummer, als sie vom Schicksal ihres Mannes erfuhr. Die Figur trägt in der Hand das Banner mit dem Kreuz des spanischen Calatrava-Ritterordens, dessen Mitglied de Soto war. Heute ziert sie als Emblem das Etikett der Rum-

Reden ist Silber ...

Direkt neben dem Hotel Santa Isabel schließt sich ein kleiner, neoklassizistischer Tempel im griechisch-römischen Stil an. Der 1828 erbaute **El Templete** markiert genau die Stelle, an der Havanna 1519 seine Gründungsmesse erlebte. Die Gemälde des Franzosen Jean-Baptiste Vermay im Innern stellen die erste Messe und Gemeindeversammlung *(cabildo)* dar. Auf einer Säule ist ein stilisierter Ceiba-Baum abgebildet, neben dem Tempel steht ein echter. Schon die indianischen Ureinwohner verehrten ihn als heiligen Baum. Auch im Christentum spielt er eine große Rolle: Laut Legende schützte der Baum die Jungfrau Maria und das Jesuskind auf einer Flucht durch ihren Dornenüberzug. Die afrikanische Mythologie schließlich sieht in der Krone die Heimstatt der Götter *(orishas)*. In der Nacht des 15. November findet hier eine Zeremonie statt. Eine lange Menschenschlange wartet geduldig darauf, den Baum dreimal zu umrunden, denn laut Legende soll der dabei geäußerte Wunsch in Erfüllung gehen. Bei jungen Frauen soll dies bewirken, dass ihnen bald darauf der Traummann über den Weg läuft, allerdings nur, wenn sie nach der Zeremonie schweigend nach Hause gehen. Deswegen hat die Prozedur auch so wenig Erfolg bei den *Habaneras* – so der Volksmund. Auch Fidel Castro nahm 1986 an der Zeremonie teil. Was er sich wohl gewünscht haben mag? ⊙ tgl. 9.30–18.30 Uhr, Eintritt 1 CUC.

Marke Havana Club und wurde dadurch weltberühmt. Im Innern der Festung befindet sich das **Museo Nacional de la Cerámica** mit der größten Keramiksammlung Kubas. Die bekanntesten Werke stammen von Künstlern wie René Portocarrero, Wifredo Lam, Amelia Peláez und Mariano Rodríguez. Es gibt auch einen Verkaufsladen. ⊙ tgl. 9–17 Uhr, Eintritt 1 CUC.

Das **Museo Nacional de Historia Natural** ist das inselweit größte seiner Art und besteht aus einer erdgeschichtlichen Abteilung, einem Saal über die Flora und Fauna Kubas sowie den kubanischen Naturwissenschaftler Felipe Poey, dazu ein Bereich über Säugetiere, Vögel und Reptilien aus anderen Ländern. ⊙ Di–So 8–19.30 Uhr, Eintritt 3 CUC, Fotos 2 CUC. Die Cafeteria im fünften Stock bietet einen tollen Ausblick auf den Hafen und die Plaza de Armas.

In einem Gebäude aus dem 17. Jh. lockt das **Gabinete de Arqueología** mit präkolumbischen Relikten aus Kuba und anderen lateinamerikanischen Ländern. Es gibt auch eine Bibliothek. ⊙ Di–Sa 10–17 Uhr, Eintritt 1 CUC.

Das **Museo Numismático** zeigt die landesweit bedeutendste Sammlung kubanischer Münzen und Geldscheine (über 1500 Stück aus verschiedenen geschichtlichen Epochen). Darunter befinden sich auch Falschgeld sowie einige Banknoten, die Che Guevara als Präsident der Nationalbank unterzeichnet hat. ⊙ Di–Sa 9–17, So 9–13 Uhr, Eintritt 1 CUC.

Das **Museo de Automóvil** lässt die Herzen von Oldtimer-Fans höher schlagen. Zwar fährt so mancher der alten Schlitten noch auf den Straßen des großen Freiluftmuseums Havanna umher, doch umfasst die Ausstellung auch ausländische und noch ältere Modelle (bis 1905). Auch Che Guevaras Chevy ist zu sehen. ⊙ tgl. 9–16.30 Uhr, Eintritt 1 CUC, Fotos 2 CUC.

In der **Casa de los Arabes** befindet sich eine Nachbildung eines arabischen Marktes und ein moslemischer Gebetssaal, der einzige in Kuba. Prächtige Schmuckstücke, Waffen und Teppiche aus dem Orient zieren die Räume. ⊙ Di–Sa 9.30–16.30, So 10.30–15 Uhr, Eintritt 1 CUC.

Rund um die Calle Obispo

Die **Calle Obispo** verdankt ihren Namen den zahlreichen Bischöfen (Obispo = Bischof), die auf ihr einst entlang spazierten. Heute shoppen hier Touristen und Kubaner, die Devisen besitzen. Die auffallend gut restaurierte touristische Vorzeigestraße verbindet zwei wichtige Plätze miteinander: den Parque Central und die Plaza de Armas. In einer der bedeutendsten Einkaufsmeilen Havannas konzentrieren sich vor allem Läden, Galerien, Bars und Restaurants.

Das **Museo de la Orfebrería** stellt Meisterstücke der Gold- und Silberschmiedekunst vom 18. bis 20. Jh. zur Schau (Medaillen, Waffen, Juwelen und Münzen). ⊙ Di–Sa 9–16.30 Uhr, Eintritt 1 CUC.

Im rosafarbenen **Hotel Ambos Mundos** schrieb Ernest Hemingway in den 1930er-Jah-

Die **Komitees zur Verteidigung der Revolution** (CDR) wurden 1960 gegründet, als konterrevolutionäre Organisationen unter Mithilfe der USA zahlreiche Terroranschläge auf das Land verübten. Dem sollte mit verstärkter Wachsamkeit auf lokaler Ebene vorgebeugt werden. Im Laufe der Zeit setzten die revolutionären Zellen dann verstärkt die Sozialpolitik der Regierung auf Gemeindeebene um. Allein in Havanna führen über 15 000 dieser Nachbarschaftsvereinigungen stadtteilbezogene Aufgaben durch (Lebensmittelverteilung, medizinische Vorsorgeuntersuchungen, Reinigung öffentlicher Plätze, Organisation von Feiern und Arbeitsbrigaden, Gründung von kulturellen Laiengruppen etc.). Gleichzeitig üben sie eine Kontroll- und Überwachungsfunktion aus, damit die sozialistische Moral nicht ins Wanken gerät. Dies drückt sich schon in ihrem Symbol aus, einer Person mit Machete und der Aufschrift „Con la guardia en alto" (mit höchster Wachsamkeit).

Angesichts jahrzehntelanger äußerer Bedrohung hat sich die kubanische Bevölkerung stark militarisiert: Fast alle Erwachsenen sind für den Fall einer möglichen US-Invasion für den Kampf an Waffen ausgebildet worden. Dieser hohe Organisationsgrad kommt in letzter Zeit häufig bei der **Hurricane-Vorsorge** zum Einsatz, die von den Vereinten Nationen als vorbildlich gelobt wurde. Denn während die Regierungen der Nachbarinseln und auch der USA (z. B. New Orleans) die Bevölkerung oft ihrem Schicksal überlässt und Tausende von Menschen bei Naturkatastrophen zu Tode kommen, setzt Kuba effektive Evakuierungsmaßnahmen in Gang. Dabei können die evakuierten Menschen ihr wertvollstes Eigentum (z. B. Vieh, Fernseher und Kühlschränke) mitnehmen und werden in den Schutzräumen vom bekannten medizinischen Personal ihrer Wohngebiete versorgt. Regelmäßige Übungen des Zivilschutzes gewährleisten den reibungslosen Ablauf dieser komplexen Maßnahmen.

ren seinen berühmten Roman *Wem die Stunde schlägt*. Sein im Originalzustand belassenes Zimmer Nr. 511 im fünften Stock kann besichtigt werden. ☉ tgl. 10–17 Uhr, Eintritt 2 CUC.

Das **Museo Farmacéutico Taquechel** aus dem Jahr 1898 zeigt alte Porzellan- und Glasbehälter ab dem 18. Jh. und verkauft noch heute als Apotheke viele homöopathische Mittel. ☉ tgl. 10–18.30 Uhr.

Das **Museo 28 de Septiembre** veranschaulicht anhand von Fotos, Ausweisen, Medaillen und Zeitungsartikeln die Bedeutung der „Komitees der Verteidigung der Revolution" (CDR, s. Kasten). Inselweit gibt es rund 138 000 solcher CDRs, in denen über 80 % der Bevölkerung über 14 Jahren organisiert sind. Zum Schluss wird ein 20-minütiger Film über die historische Entstehung der Komitees gezeigt. ☉ Di–Sa 9–17 Uhr, So 9–13 Uhr, Eintritt 2 CUC, Fotos 2 CUC.

Calle Mercaderes

Den Namen Mercaderes erhielt die Straße von den vielen Händlern, die hier im Erdgeschoss ihre Läden eröffneten. Eine Etage darüber

schlossen sich Wohnungen an. Am nördlichen Abschnitt der Straße erstreckt sich ein riesiges **Wandgemälde**, das 67 bedeutende Personen der kubanischen Geschichte zeigt, unter ihnen Carlos Manuel de Céspedes, Ignacio Agramonte, José Antonio Echeverría und Cirilo Villaverde.

Die **Maqueta de la Habana Vieja** zeigt ein detailliertes Miniaturmodell (Maßstab 1:500) der Altstadt mit 3500 verschiedenen Gebäuden. An ihm wurde drei Jahre gebaut. Die Geräusch- und Lichteffekte machen das Ganze besonders stimmungsvoll. ☉ tgl. 10–17 Uhr, Eintritt 1 CUC, Fotos 2 CUC.

Die **Casa de Asia** präsentiert Waffen, Porzellan und Kleidung aus dem Fernen Osten, darunter auch ältere Stücke. Außerdem gibt es eine Ausstellung asiatischer Kunst. Nebenan verkauft ein Laden Waren aus Asien. ☉ Di–Sa 9–17, So 9–13 Uhr, Eintritt 1 CUC.

Die **Casa del Habano** ist zugleich Tabakladen und einziges Tabakmuseum Kubas. Die winzige Ausstellung umfasst Zigarrenzubehör wie Schneidemesser, Pfeifen, Anzünder und diverse Bauchbinden. ☉ Di–Sa 9–17 Uhr, Eintritt frei.

Havanna und Umgebung

Die prächtige **Casa de la Obra Pía** aus dem 17. Jh. war einst die Villa eines spanischen Generals. Draußen prangt ein beeindruckendes riesiges Familienwappen. Das heutige Museum widmet sich dem bewegten Leben des Schriftstellers Alejo Carpentier (Kunst und Kultur, s. S. 160). Unter den Ausstellungsstücken befinden sich einige Ausgaben seiner Bücher, die in zahlreiche Sprachen übersetzt wurden. Sogar sein kleiner VW Käfer, den er als kubanischer Botschafter in Paris fuhr, schmückt den Raum. Das Obergeschoss verdeutlicht anhand von einigen Räumen mit antiker Einrichtung aus dem 19. Jh. den luxuriösen adligen Lebensstil. Der Name *obra pía* (gute Tat), den das Haus und die Straße tragen, rührt daher, dass der Besitzer des Hauses, Don Martín Calvo de la Puerta, jährlich einen Teil seines Vermögens zur Unterstützung von fünf Waisenmädchen stiftete. ⊙ Di–Sa 9–17, So 9–12 Uhr, Eintritt frei.

Die **Casa de México Benito Juárez** zeigt Kunsthandwerk aus verschiedenen Regionen Mexikos. Auch eine Bücherei und die Sociedad Cubano-Mexicana de Relaciones Culturales befinden sich hier. ⊙ Di–So 9.30–17 Uhr, Eintritt 1 CUC.

In der sehenswerten **Casa de África** konzentrieren sich auf drei Etagen mehr als 2000 Geräte und Kultgegenstände der afrokubanischen Kultur, u. a. der Santería-Religion. Die Sammlung umfasst Exponate aus 59 afrikanischen Staaten, darunter sehr wertvolle Geschenke, die Fidel Castro bei Staatsbesuchen in Afrika erhielt. Die meisten Stücke stammen aus der Sammlung des kubanischen Ethnologen Fernando Ortiz. Vom 6.–9. Januar findet hier jährlich ein afrokubanisches Fest statt. ⊙ Di–Sa 10–16.30, So 10–12 Uhr, Eintritt frei, keine Fotos.

Die **Casa Fundación Oswaldo Guayasamin** klärt über die Geschichte und Kultur Ecuadors auf und zeigt Werke des berühmten ecuadorianischen Malers, darunter Portraits von Fidel Castro. Guayasamin errichtete auch die Skulptur im nahe gelegenen **Rumiñahui-Park**. Sie stellt den Anführer eines indianischen Widerstandes in Ecuador gegen die spanischen Eroberer dar. ⊙ Di–So 9.30–17 Uhr, Eintritt 1 CUC.

Die **Casa de Simón Bolívar** informiert über den bedeutendsten Freiheitskämpfer Südame-

---

---

rikas und Begründer der Souveränität vieler Staaten (1783–1830). Nach dem Nationalhelden Südamerikas wurde das Land Bolivien benannt. ⊙ Di–Sa 9–17, So 10–12.30 Uhr, Eintritt 1 CUC. An der Straßenkreuzung Calle Mercaderes esq. Obrapía liegt die schöne Plaza de Bolívar mit einer **Statue von Simón Bolívar** und schönem Wandmosaik. Ideal für eine Pause.

Plaza de San Francisco und Umgebung

Zwischen der Plaza de San Francisco und der Plaza de Armas hatten zur Kolonialzeit zahlreiche Beamte ihre Büros. Daher nannte man die Verbindungsstraße zwischen den beiden Plätzen **Calle Oficios**. Während an der Plaza de San Francisco in der Kolonialzeit die Sklaven von Bord gingen, spucken heute am Terminal Sierra Maestra Kreuzfahrtschiffe ihre Touristen aus.

Direkt auf dem Platz steht der elegante Brunnen **Fuente de los Leones** aus Carrara-Marmor. Er wurde 1836 gebaut und geht wie die Fuente de la India auf das Konto des italienischen Bildhauers Giuseppe Gaggini.

Die **Lonja del Comercio** wurde 1909 von der US-Kompanie Henderson unter Leitung eines spanischen Architekten gebaut. Heute wird die Tradition des alten Handelshauses fortgeführt: Im modern gestalteten Innern befinden sich viele internationale Firmen. Auf der Kuppel erhebt sich die Statue des römischen Handelsgottes Merkur, eine Kopie des Originals aus Florenz.

Das **Convento de San Francisco de Asís** zählt mit seinem 40 m hohen Turm zu den höchsten religiösen Bauwerken Lateinamerikas. Von hier aus genießt man einen schönen Ausblick

---

auf die Altstadt und den Hafen. Der ursprüngliche Kirchenbau aus dem Jahr 1608 wurde von 1719–38 rundum erneuert. Um die Warenmassen des von ihnen forcierten Handels verstauen zu können, funktionierten die Engländer während ihrer kurzen Besatzungszeit das kirchliche Gebäude 1762 zu einem Zoll-Lagerhaus um. Diese Funktion übernahm rund 150 Jahre später die Lonja del Comercio. Die hervorragende Akustik des Gebäudes wird jeden Samstag von Klassik-Orchestern genutzt (s. Nachtleben). Im Innern befindet sich das **Museo de Arte Religioso** mit Gemälden und sakralen Gegenständen des Katholizismus (u. a. feinen Silberarbeiten). ☉ tgl. 9–18 Uhr, Eintritt 2 CUC, Fotos 2 CUC.

Beim Kircheneingang steht die Bronzestatue des **Caballero de Paris**, eines stadtbekannten Clochards, der früher auf Havannas Straßen lebte. Viele *Habaneros* glauben daran, dass es Glück bringt, seinen Bart zu berühren. Der **Mambi-Waggon** wurde 1900 in den USA gebaut und transportierte die High-Society der damaligen Zeit. Das Zugabteil ist noch mit Original-Mobiliar ausgestattet.

Museo de Ron

Das direkt am Hafen gelegene **Rummuseum Fundación Havana Club** ist ein Muss für kulturhistorisch Interessierte und schlägt sein Pendant in Santiago de Cuba um Längen. Das schöne mehrstöckige Kolonialgebäude widmet sich in zwölf Sälen der Entstehungsgeschichte und dem Produktionsprozess des kubanischen Rums (Auspressen des Zuckerrohrsaftes, Gärung, Destillation, Filtrieren, Reifephase, Mischung und Abfüllung) – alles gut veranschaulicht anhand von Originalgeräten aus den letzten beiden Jahrhunderten. Highlight des liebevoll gestalteten Museums ist das riesige, detailgetreue Modell einer industrialisierten Zuckerfabrik aus dem 19. Jh., durch das sogar eine Modelleisenbahn schnauft. Im Gebäude gibt es auch einen Souvenirladen und die Havana Club Bar (9–24 Uhr) mit regelmäßigen Live-Konzerten (s. Nachtleben). Im oberen Stock gibt es ab und zu Ausstellungen bekannter kubanischer Künstler. ☉ tgl. 9–17 Uhr, Eintritt 7 CUC (gute deutschsprachige Führung und Kostprobe inklusive). Mehr Infos unter 🖳 www.havanaclubfoundation.com.

Casa Alejandro de Humboldt

In diesem kleinen Palast betrieb Alexander von Humboldt (1769–1854) während seiner Havanna-Aufenthalte 1801 und 1804 Forschungen. Heute befindet sich im Innern eine Dauerausstellung mit Gemälden, Lithografien, Fotos und Karten von seinen Forschungsreisen. Die wichtigsten Exponate sind eine Erinnerungsschrift von der Berliner Humboldt-Gesellschaft von 1969, Reproduktionen der von Humboldt erforschten Pflanzenarten, Instrumente für astronomische Messungen sowie reproduzierte Seiten des Humboldt'schen Werkes *Politischer Essay über die Insel Kuba*. Außerdem gibt es Fotoausstellungen zum Thema Natur oder Reise. Das Haus gehörte dem Grafen O'Reilly, dem Humboldt als Dank für seine Gastfreundschaft zwei große Bonbonnieren aus böhmischem Kristall schenkte. Da sich das Universalgenie nicht nur für die naturwissenschaftlichen, sondern auch für die sozialen Zusammenhänge der Karibikinsel interessierte und seiner Zeit mit humanistischem Gedankengut weit voraus war, wird Humboldt heute als der „zweite Entdecker" Kubas bezeichnet und von vielen Kubanern hoch geachtet. ☉ Di–Sa 9–17 Uhr, Eintritt frei. Gegenüber befindet sich ein schöner kleiner Park, ideal für eine Rast.

Plaza Vieja und Umgebung

Schon 1587 errichtet, stieg der Platz Ende des 17. Jhs. zum bedeutendsten Markt- und Handelsplatz der Stadt auf. Batista unterhöhlte das historische Erbe einfach mit einer Tiefgarage. Heute ist die Plaza mit ihren prächtigen Gebäuden ein Musterbeispiel gelungener Sanierungsarbeit.

Die **Cámara Oscura** ist ein Teleskop auf dem 35 m hohen Turm des Edificio Gómez Villa. In einer Dunkelkammer wird auf einer 2 m breiten Parabolfläche ein 360-Grad-Livepanorama der Altstadt erzeugt. Während man die Straßen vorbeiziehen sieht, werden wichtige Sehenswürdigkeiten kommentiert. ☉ tgl. 9–17 Uhr, Eintritt 2 CUC.

Die **Fototeca de Cuba** zeigt wechselnde Ausstellungen künstlerischer Fotografie. ☉ Di–Sa 10–17 Uhr, Eintritt frei. Das **Museo de Naipes** zeigt rund 2000 Spielkarten aus aller Welt, z. T.

Rum – der edle Tropfen

Rum galt lange Zeit als minderwertiges Feuerwasser, bestimmt für die Piraten der Karibik und das „Lumpenproletariat". Die feinere Gesellschaft hielt sich zunächst von diesem Teufelsgetränk fern. Das änderte sich, als der nach Santiago de Cuba ausgewanderte spanische Weinhändler **Don Fernando Bacardi** zu Beginn des 19. Jhs. neue Herstellungsmethoden entwickelte (z. B. Holzkohlenfilterung, Reifung in Eichenfässern). Mit diesem neuen Verfahren in der Tasche kaufte er eine einfache Destillerie, in deren Dachgebälk eine Fledermauskolonie lebte. Die Tiere, die als Sinnbild für Glück und Geschick galten, wurden daraufhin zum Markenzeichen der 1862 gegründeten Bacardi y Compañia erkoren.

Die modernen **Herstellungsmethoden** gehen auf Don Fernando zurück: Zuckerrohrmelasse wird mit destilliertem Wasser und Hefe versetzt. Diese Hefekulturen verleihen jeder Marke ihren eigenen Geschmack. Diese Mischung wird dann ca. 30 Stunden fermentiert. Dann folgt die Destillation, in deren Verlauf die Melasse erhitzt und Wasser und Alkohol getrennt werden. Es entsteht „brennendes Wasser", der 75-prozentige *Aguardiente.* Dieser tröpfelt nun durch die Holzkohlefilterung, um alle Unreinheiten zu beseitigen. Zum Reifen benutzt man idealerweise innen ausgebrannte Eichenfässer, die dem Rum Fülle und Aroma verleihen. Luftfeuchtigkeit und Außentemperatur spielen dabei ebenfalls eine wichtige Rolle. Während der Reifephase verdampft ein Teil des Alkohols, was die Kubaner scherzhaft so interpretierten, dass Don Fernando sich aus dem Himmel immer noch Kostproben holen würde. Nach mindestens zwei Jahren wird der Aguardiente dann mit Quellwasser auf 40 % Alkoholgehalt gebracht und ein weiteres Mal gefiltert. Die pur getrunkenen Sorten müssen mindestens fünf Jahre reifen. Je länger die Reifezeit, desto edler der Tropfen.

Der **Palacio del Conde Jaruco** aus dem 18. Jh. beeindruckt mit seinen bunten Glasfenstern im zweiten Stock. Um den Arkadenhof versammeln sich die Kunstgalerien des staatlichen Kulturfonds (**Fondo Cubano de Bienes Culturales**). Im **Centro de Desarollo de Artes Visuales** werden Werke junger kubanischer Künstler ausgestellt. ⊙ Di–Sa 10–16, So 10–14 Uhr, Eintritt frei.

Die **Taller Serigrafía René Portocarrero** nutzt als einzige Druckerei Kubas noch eine Druck- und Reproduktionstechnik, die in Europa in den 20er-Jahren und in Kuba seit den 50er-Jahren zum Einsatz kam. Die Geräte der Werkstatt, die 1983 mit Hilfe des berühmten Malers gegründet wurde, muten demensprechend museal an. Die Drucke von Portocarrero kosten 40–200 CUC. ⊙ Mo–Sa 10–17 Uhr, Eintritt frei.

Im **Museo Nacional de Historia de las Ciencias Carlos J. Finlay** war im 19. Jh. die Real Academia de Ciencias Médicas, Físicas y Naturales untergebracht. Das Gebäude aus dem Jahr 1678 diente bis dahin den Augustinermönchen als Kloster. Es ist im eklektischen Stil gebaut und trägt barocke und neoklassizistische Züge. In der Sala de la Real Academia gab der Mediziner Finlay 1881 seine spektakuläre Entdeckung bekannt, dass Gelbfieber von Moskitos übertragen wird. Es kostete aber noch eine Reihe Menschenleben, ehe seine Forschungsergebnisse anerkannt und weiterentwickelt wurden. Hier wurde auch Albert Einstein bei seinem Besuch in Havanna 1930 geehrt. Im Salón de los Bustos geben sich die wichtigsten kubanischen Wissenschaftler der letzten beiden Jahrhunderte die Ehre. Ein Saal ist der Geschichte des Apothekenwesens in Kuba gewidmet und zeigt Nachbildungen von Instrumenten, die Kopernikus und andere Astronomen im 16. Jh. benutzten sowie Porzellanstücke vom 17. bis 19. Jh. Außerdem werden persönliche Gegenstände des französischen Wissenschaftlers André Voisin ausgestellt. Ein wissenschaftliches Labor aus dem 19. Jh. und eine Bibliothek mit mehr als 95 000 Büchern und Dokumenten vom letzten Jahrhundert bis heute runden das Ganze ab. ⊙ Mo–Sa 9–17 Uhr, Eintritt 2 CUC.

Südliches Habana Vieja

Die **Drogería Sarrá** stammt aus dem Ende des 19. Jhs. und wurde zum glanzvollen Museum

mit originellen und witzigen Motiven. Es gibt einen kleinen Verkaufsladen. ⊙ Di–So 9–18 Uhr, Eintritt 1 CUC.

aufpoliert, fungiert aber weiterhin auch als Apotheke. Das gut erhaltene Originalinterieur, z. B. Porzellanbehälter, füllt noch die Edelholzregale. Tafeln verkünden die Biografie des Spaniers Dr. José Sarra, dessen Apotheke einst das umfangreichste Angebot Havannas bot. ⊙ tgl. 9–18 Uhr, Eintritt frei.

Am südlichen Hafenabschnitt wandelt man auf der ältesten Promenade Havannas, der **Alameda de Paula**. Hier stolzierte die Aristokratie, bis sich das Hafenviertel ausweitete und Kneipen und Bordelle für die Seeleute entstanden. Das heruntergekommene Hafenmilieu bot natürlich nicht mehr das passende Ambiente für die feine Gesellschaft. Naserümpfend zog man um zum Prado.

In der Casa del Conde Barreto, die einst einem berüchtigten Sklavenjäger *(rancheador)* gehörte, befindet sich das **Centro de Artes Plásticas y Diseño**. ⊙ Di–So 9–17 Uhr.

1643 baute die Ordensgemeinschaft aus dem kolumbianischen Cartagena die **Iglesia y Convento Santa Clara**, eine Edel-Verwahranstalt für unverheiratete Frauen und Mädchen reicher Familien. Die Nonnen wahrten unter dem Schutz der Patronin Santa Clara de Asis nicht nur ihre Ehre und ihren guten Ruf, es mangelte ihnen auch nicht an Komfort. Allerdings verlangte der exklusive Club eine Aufnahmegebühr von 2000 Dukaten. Präsident Zayas wollte das Gebäude Anfang des 20. Jhs. an eine Immobilienfirma verkaufen, musste sich aber schließlich dem Protest des Frauenclubs von Havanna beugen. Das älteste Nonnenkloster von Havanna ist heute der Sitz des **Centro Nacional de Conservación, Restauración y Museología**. Von hier aus kommen entscheidende Impulse zur Restauration der kolonialen Baudenkmäler. ⊙ Di–Sa 10–17, So 9–13 Uhr, Eintritt 2 CUC inkl. Führung. Es lassen sich sogar Zimmer inmitten dieses kolonialen Ambientes mieten (s. Übernachtung).

Die **Iglesia y Convento de Nuestra Señora de Belén** ist Havannas größtes religiöses Gebäude. Ursprünglich entstand es 1718 als Krankenhaus; später wurden hier Priester ausgebildet. Hier ist hier eines der Sozialprojekte der Altstadtsanierung untergebracht, ein physiotherapeutisches Zentrum und eine Altenbegegnungsstätte. Zusammen mit dem schön bewachsenen Hof wirkt

das Gebäude von außen beeindruckender als im schlichten Innern. ⊙ Mo–Sa 9–17 Uhr, Eintritt frei.

In der von afrikanischen Sklaven erbauten **Iglesia Espíritu Santo** wurde der erste Bischof Havannas begraben. In einer Gruft unter der Kirche befinden sich die Gebeine von reichen Spaniern, die 1636 bestattet wurden. Eine 200 Jahre alte, gut erhaltene Christusstatue aus Holz ruht in einem Nebenaltar. ⊙ Mo–Sa 8–12, 15–18, So 9–12.30 Uhr, Messe Mo–Fr um 18, Sa um 17 und So um 11.30 Uhr.

Die **Iglesia Nuestra Señora de la Merced** aus dem Jahre 1746 ist eine der besterhaltenen Kirchen der Stadt. Mit ihrem pompösen Innern zog sie die Reichen zu den Gottesdiensten in Massen an. Vergoldete Altäre, Buntglasfenster, opulente Gemälde und reich verzierte Wanddekorationen berühmter Künstler machen einen Besuch noch heute zum Augenschmaus. ⊙ tgl. 8–12, 15–17.30 Uhr, Messe tgl. 9 Uhr.

Die **Iglesia de San Francisco de Paula** ist eine prächtige Kirche eines ehemaligen Frauenkrankenhauses aus dem 17. Jh. Trotz schwerer Zerstörungen im Laufe der Zeit wurde das Gotteshaus immer wieder neu aufgebaut und besticht mit seiner Barockfassade und bunten Fenstern. Abends finden öfters Konzerte statt, u. a. vom bekannten mittelalterlichen Orchester Ars Longa. ⊙ tgl. 9–18 Uhr.

Das **Monumento Mártires del Vapor La Coubre** ist aus Wrackteilen des belgischen Frachters La Coubre zusammengesetzt, der Waffen für die Castro-Regierung liefern sollte und am 4. März 1960 im Hafen von Havanna von konterrevolutionären Terroristen in die Luft gejagt wurde. Das Denkmal erinnert an die Opfer der Explosion.

Etwas weiter nördlich stehen noch Reste der ehemaligen **Stadtmauer**. Schon 1603 errichtete man einen ersten Schutzwall aus Baumstämmen, bis dann 1674 der Bau einer Steinmauer begann, die gegen sämtliche Feinde abschirmen sollte. Das 1740 fertig gestellte Bollwerk war 4,5 km lang, 10 m hoch und mit neun Wachtürmen bestückt. Bereits rund 100 Jahre später, Mitte des 19. Jhs., erwies es sich jedoch als Hindernis bei der Stadterweiterung und musste weichen. Eine Bronzetafel veranschaulicht den ursprünglichen Verlauf der Mauer.

Poet, Apostel, Märtyrer: José Martí genießt viele Titel und wird noch heute im ganzen Land verehrt. Es gibt keinen Ort, in dem nicht mindestens eine Büste steht und selbst auf dem höchsten Berg Pico Turquino erinnert ein Denkmal an den Nationalhelden, der als einer der bedeutendsten **Intellektuellen** Lateinamerikas gilt. Er wurde am 28.1.1853 als Sohn einer armen Familie spanischer Herkunft in Havanna geboren. Da sein Vater für die spanische Armee arbeitete und Josés Nationalismus nicht teilte, entbrannten schon früh familiäre Konflikte. Martí konnte mit Unterstützung seiner Mutter seinen intellektuellen Neigungen nachgehen und verschlang ein Buch nach dem anderen. Schon als 15-jähriger Jugendlicher schloss er sich den Aufständischen des Ersten Unabhängigkeitskrieges an und veröffentlichte im Untergrund sein Gedicht *!10 de Octubre!* (Zehnter Oktober). Kurze Zeit später wurde Martí verhaftet und nach sechs Monaten Gefängnisstrafe ins spanische Exil abgeschoben, wo er die intellektuellen Freiheiten voll auskostete.

Politische Schriften im Exil

Dort verfasste er die politische Schrift *Der politische Kerker in Kuba,* in der er die Kolonialmacht scharf kritisierte und an das moralische Bewusstsein der Politiker und Journalisten appellierte – ohne Wirkung. 1874 verließ er Spanien mit zwei Abschlüssen (Jura und Philosophie), um sich auf eine Reise durch verschiedene amerikanische Staaten zu begeben. In New York ließ er sich von 1880–95 nieder und

veröffentlichte seine Meisterwerke *Ismaelillo* und *Versos sencillos* (1891), die ihn zu einem der größten Poeten Lateinamerikas machten. Auch die Verse des berühmten, von Joseíto Fernández vertonten Liedes *Guantanamera* entstammen seiner Feder. In dem Maße, wie sein literarischer Ruf wuchs, gewann er in den Vereinigten Staaten immer mehr Anhänger (insbesondere unter Exilkubanern, in deren Kreisen er seine Unabhängigkeitsideen verbreitete). 1892 gründete er zusammen mit Antonio Maceo und Máximo Gómez die **Revolutionäre Kubanische Partei** (PRC) und brachte die Zeitschrift *Patria* heraus. Neben der Organisation eines Aufstandes veröffentlichte er Artikel über die innen- und außenpolitischen Probleme lateinamerikanischer Staaten.

Der große Gegner USA

Martí verband nationalen Patriotismus mit Antiimperialismus und sozialrevolutionären Forderungen. Dies richtete sich nicht nur gegen die spanische Kolonialmacht. Auch in den Ideen des Annexionismus (Anschluss an die USA) sah er nur eine andere Form der **neokolonialen Herrschaft** und Abhängigkeit: „Den Herren zu wechseln bedeutet nicht, frei zu sein." Nachdem er lange Zeit in den großen atlantischen US-Industriestädten gelebt hatte, konnte er sich gut vorstellen, was aus der kubanischen Gesellschaft werden würde, sollten die US-Amerikaner ihre imperialistischen Interessen durchsetzen. Aufs heftigste kritisierte Martí – anfangs ein Bewunderer der US-Gesellschaft und ihres

Havannas Hauptbahnhof, die **Estación Central de Ferrocarriles** ist Kubas zentrale Drehscheibe des Schienenverkehrs. Der monumentale zweitürmige Bau im Renaissancestil wurde 1912 in Hafennähe errichtet, um ein schnelles Umladen der Güter vom Zug aufs Schiff zu ermöglichen und strahlt noch heute den damaligen Wirtschaftsboom aus. Kubas erste Eisenbahnlinie entstand bereits 1837 und verband Havanna mit Bejucal.

Etwas weiter nördlich, im **Parque de Locomotoras**, stehen vier alte Dampfloks unter freiem

Himmel. Die angerosteten Stahlrösser, von denen das älteste aus dem Jahr 1842 stammt, wären Schmuckstücke in jedem Industriemuseum.

Gegenüber vom Bahnhof liegt das **Museo y Casa Natal de José Martí**. Hier wurde Kubas größter Dichter und Unabhängigkeitskämpfer (s. Kasten) geboren und hier verbrachte er seine Kindheit. Ausgestellt sind Auszüge aus seinen Werken, Fotos und diverser Hausrat sowie persönliche Gegenstände. ☉ Di–Sa 9–17 Uhr, Eintritt 1 CUC, Fotos 2 CUC.

technologischen Fortschritts – die ungleichen sozialen Entwicklungen im „Innern des Ungeheuers" und die damit einhergehende soziale Verelendung der Masse der Bevölkerung. Die Dominanz des Geldes führe zu einer „Metallisierung des Menschen" und zu einem sozialdarwinistischen Kampf der Menschen gegeneinander. „Ich habe lange in dem Ungeheuer gelebt und kenne seine Eingeweide: meine Schleuder ist die Davids", sagte er schon frühzeitig den US-amerikanischen Großmachtinteressen den Kampf an. Denn Martí befürchtete, dass die USA ihren Worten Taten folgen lassen und die Insel als **„reife Frucht"** ernten würden. Zudem wusste er, dass das immense Wirtschaftswachstum der USA Ende des 19. Jhs. Außenexpansionen erforderte, um eine Überproduktionskrise zu verhindern.

Zum Wohle Lateinamerikas

Martí erkannte schon früh die Absichten der Vereinigten Staaten, Lateinamerika als Hinterhof mit billigen Arbeitskräften und Rohstoffen zu nutzen und mahnte: „Das Volk, das kauft, befiehlt. Das Volk, das verkauft, muss ihm dienen." Seine Sicht war dabei nicht auf Kuba beschränkt, sondern schloss den ganzen lateinamerikanischen Kontinent ein. Er sprach in seinen Schriften von „Nuestra América – Unser Amerika." Den Expansionsbestrebungen der USA wollte er als Gegengewicht ein **freies und unabhängiges Lateinamerika** gegenüberstellen. Kuba sah er dabei als Bollwerk an, dem eine Vorreiterrolle zukommen sollte. Es gelte, „durch

die Unabhängigkeit Kubas rechtzeitig zu verhindern, dass sich die Vereinigten Staaten über die Antillen ausbreiten und mit der auf diese Weise ausgedehnten Macht in die Länder Unseres Amerika einfallen. ... Die Völker Amerikas sind umso freier und glücklicher, je mehr sie sich von den Vereinigten Staaten abwenden." Mit diesen Idealen erlangte sein Denken weit über die Grenzen seiner Heimat hinaus politische Bedeutung, so dass Martí heute in einem Atemzug mit Simón Bolívar, dem anderen großen Befreier Lateinamerikas, genannt wird. Da er sich stark um die wirtschaftliche und soziale Entwicklung der ehemaligen Kolonien sorgte und in zunehmendem Maße für eine egalitäre Gesellschaft eintrat, wird er zu Recht als „Mann der Dritten Welt" bezeichnet. Martí war der festen Überzeugung, dass eine grundlegende Veränderung der herrschenden Verhältnisse nicht auf parlamentarischem, sondern nur auf bewaffnetem sozialrevolutionärem Weg zu erreichen sei. Mit dem Traum einer kontinentalen Befreiung und Vereinigung machte er sich Kuba auf und wurde zum Führer der Unabhängigkeitsbewegung. Neben einer Agrarreform richtete sich sein Augenmerk besonders auf eine Reform des Erziehungs- und Bildungswesens: „Gebildet zu sein ist das einzige Mittel, frei zu sein. Lesen können heißt laufen können. Schreiben können bedeutet, sich zu entwickeln." Martí nahm an den Kämpfen des Zweiten Unabhängigkeitskrieges teil und fiel am 19.5.1895 in einer der ersten Schlachten bei Dos Ríos (Provinz Granma) im Alter von 42 Jahren.

Der **Palacio de las Ursulinas** gilt als bedeutendes Beispiel des *Mudejar*-Stils aus dem 17.–19. Jh. Das damalige *Barrio Arabe* befand sich in den Straßen rund um die Calle Monte. Während die Zahl der arabischen Gemeindemitglieder Anfang der 30er-Jahre fast 10 000 betrug, ist sie heute auf 100 geschrumpft.

Der **Christo-Platz** sieht relativ wenige Touristen. In der **Iglesia Santo Christo del Buen Viaje**, einer der ältesten Havannas aus dem Jahr 1732, erbaten früher die Seeleute Schutz vor ihren

Fahrten. Die ansonsten schlichte Kirche besitzt eine der schönsten Holzdecken Kubas, ein Zeugnis der Handwerkskunst kubanischer Zimmerleute. ◷ leider nur sporadisch, vor allem zu den abendlichen Messen um 19 Uhr.

Parque de la Fraternidad

Im Zentrum des „Parks der Brüderlichkeit" wurde nach der 6. Panamerikanischen Konferenz 1928 ein Kapokbaum gepflanzt, der die inneramerikanische Freundschaft symbolisieren soll.

Dementsprechend stammt die Erde aus allen Ländern Nord- und Südamerikas. Auf einer Tafel mahnen die Worte José Martís zur Vernunft: „Nur die Bande der Freundschaft, Brüderlichkeit und Liebe vereinen die Völker." Simón Bolívar, US-Präsident Abraham Lincoln und andere wichtige Personen der Geschichte des Kontinents werden mit Büsten geehrt. Der Platz ist ein Knotenpunkt des öffentlichen Stadtverkehrs.

Der kunstvolle Brunnen **Fuente de la India** aus dem Jahre 1837 zeigt eine indianische Frau auf einem Thron, zu ihren Füßen vier Delphine, in der Hand das Stadtwappen. Man nennt sie auch *La Noble Havana,* da sie die Stadt symbolisiert.

Im **Museo de las Orishas** gibt es eine Ausstellung über 32 Götter der Santería, dargestellt als Tonskulpturen in Lebensgröße. Man bekommt Informationen zur Legende und den Mächten jeder Gottheit. Manchmal werden Workshops oder Musik- und Tanzunterricht angeboten. Jeden Sonntag ab 17 Uhr ertönt afrokubanische Musik. ☼ tgl. 10–17 Uhr, Eintritt inkl. Führung 10 CUC.

Der **Palacio de Aldama** von 1844 ist ein beeindruckendes Beispiel neoklassizistischer Baukunst. Seine Außenseite schmücken mächtige ionische Säulen und im schönen Innenhof gibt es sehenswerte Wandgemälde. Heute befindet sich hier das **Museo del História del Movimiento Comunista y de la Revolución Socialista de Cuba.** ☼ Mo–Fr 8–16 Uhr, Eintritt 2 CUC.

Parque Central und Umgebung

Den lebhaften Parque Central krönt eine **Statue von José Martí** mit Gehrock, Weste und Fliege. Es war sein landesweit erstes Denkmal, errichtet im Jahr 1905. Martís Arm zeigt nach Osten, von wo die Unabhängigkeitsbewegung ihren Ausgang nahm. Flankiert wird der Platz von 30 m hohen Königspalmen. An der *esquina caliente* (heiße Ecke) diskutieren täglich Baseballfans leidenschaftlich über ihren Sport. Viele der den Platz umgebenden Paläste wurden nach der Revolution zu Wohnhäusern umgewandelt.

Das 1915 erbaute **Gran Teatro Garcia Lorca** gehört mit 2000 Plätzen zu den weltgrößten Theatern und ist die Bühne für die Staatsoper und das Nationalballett, das Ballett, Folklore und modernen Tanz aufführt und von der berühmten Primaballerina Alicia Alonso geleitet wird. Das

prächtige Gebäude, das um ein bereits bestehendes Theater aus dem Jahr 1838 entstand, besticht schon von außen durch eine interessante Mischung der Baustile Barock, Renaissance, Rokoko und Neoklassizismus und ist eine pure Augenweide. Auf den vier Turmspitzen recken sich elegante Engel empor. Benannt wurde es nach dem Dichter Lorca, der im Spanischen Bürgerkrieg ermordet wurde. Berühmte Künstler wie Anna Pavlova, Sarah Bernhardt, Enrico Caruso und Sergej Rachmaninow gaben sich hier die Ehre. ☼ Mo–Sa 9–17, So 9–13 Uhr, Eintritt 2 CUC inkl. Führung, Vorstellung 10 CUC.

Das marmorschwere und säulengewaltige **Capitolio**, eine originalgetreue Kopie des Washingtoner Kapitols, ließ Diktator Machado 1929–32 auf dem Gelände der ersten Bahnstation Havannas erbauen. Es symbolisiert dessen damalige Verbundenheit mit dem mächtigen Nachbarn aus dem Norden und ist ein Spiegelbild der Amerikanisierung der kubanischen Gesellschaft zu diesem Zeitpunkt. Direkt am Eingang thronen die 7 m hohen Statuen der Arbeit und Gerechtigkeit, deren Ausmaße gemessen an der damaligen gesellschaftlichen Realität im umgekehrten Verhältnis zu ihrer Bedeutung standen. Auf den wuchtigen Bronzetüren prangen bedeutende Ereignisse der kubanischen Geschichte. Am Konterfei der Diktatoren Machado und Batista entlud sich der aufgestaute Volkszorn – sie wurden nach dem Sieg der Revolution ausgekratzt. Bis 1959 tagten im Capitolio Senat und Parlament, heute die Akademie der Wissenschaften und die Nationalbibliothek für Wissenschaft und Technologie. Der riesige **Salón de los Pasos Perdidos** (Halle der verlorenen Schritte) im Eingangsbereich glänzt durch kunstvolle Verzierungen. Hier prunkt die 17 m hohe, goldüberzogene und 49 t schwere **Statue der Republik**. Es ist die drittgrößte in einem Gebäude aufgestellte Statue der Welt, nach dem goldenen Buddha im japanischen Nava und dem Lincoln-Memorial in Washington. Den Fußboden schmückt ein falscher 24-karätiger Diamant, der das Stadtzentrum symbolisiert, von dem aus alle Entfernungen auf der Insel gemessen werden. ☼ tgl. 9–20 Uhr, Eintritt 3 CUC, Fotos 2 CUC. Rechts vom Haupteingang liegt das Internetcafé, eines der ersten Kubas.

Die **Fábrica de Tabacos Partagás** versteckt sich hinter dem Capitolio. Kubas älteste Tabakfabrik zählt zu den berühmtesten der Welt und wurde 1845 vom Spanier Jaime Partagás gegründet. Hier werden täglich bis zu 20 000 Zigarren von Top-Qualität für den Export produziert. Für literarische Unterhaltung der Belegschaft sorgt ein Vorleser mit einer Romanlektüre am Vormittag und den aktuellen Nachrichten aus der Tageszeitung *Granma* am Nachmittag. Bei ca. 45-minütigen Touren kann man den 400 Arbeitern auf die Finger gucken und viel über die Zigarrenproduktion lernen. ☉ Touren Mo–Fr im Viertelstundentakt von 9.30–11 und 12.30–15 Uhr, 10 CUC.

Es heißt, die **Bar El Floridita** gehört zu den sieben berühmtesten Gaststätten der Welt. Immerhin erkor sie Hemingway zu seinen Stammkneipen und kippte hier regelmäßig seinen Daiquiri. Der berühmte Barmann Constante bereitete sie so eisig und frisch-herb zu, dass Hemingway sie im Roman *Inseln im Sturm* würdigte, „... dass sie nicht nach Alkohol schmeckten, und wenn man sie herunterkippte, schmeckten, als führe man mit Skiern einen verschneiten Gletscher hinunter, und der sechste oder achte schmeckte, als führe man einen Gletscher hinunter und wäre nicht angeseilt." Kein Wunder, enthielt doch seine Spezialvariante, die er sich stets servieren ließ, doppelt so viel Rum wie die normale! Eine lächelnde Bronzestatue des großen Schriftstellers begrüßt die Besucherscharen und scheint zuzugucken, wie sein Lieblingsdrink massenhaft über die Theke wandert. ☉ tgl. 11–24 Uhr.

Das ehemalige **Edificio Bacardi** wurde 1930 im Art-Déco-Stil gebaut. Die Konstruktion mit der bronzenen Fledermaus auf der Spitze gewann sogar den Nationalen Architekturpreis. Nach der Revolution floh die Bacardi-Familie

Museo Nacional de Bellas Artes

Im **Palacio de Bellas Artes (Arte Cubano)** befindet sich eines der besten Museen Kubas. Mit über 1200 Werken ist das gesamte Spektrum kubanischer Malerei vom 17. Jh. bis heute abgedeckt. Dem Auge bietet sich ein überwältigender Mix an verschiedensten Stilmitteln und Ausdrucksformen.

Die erste Abteilung zeigt Gemälde aus der Kolonialzeit (17.–19. Jh.), vor allem Landschaften und teilweise stilisierte Szenen des bäuerlichen Alltags. Bedeutendster Vertreter dieses *costumbrismo* ist Guillermo Collazo. Die nächste Abteilung widmet sich der Periode um 1894–1927, die sich deutlich von der Malerei der Kolonialzeit abhebt.

Die Epoche von 1927–60 wird in der dritten Abteilung abgebildet. Rafael Blanco wird nachgesagt, als erster Maler den Schritt zur modernen Kunst vollzogen zu haben, doch am hervorstechendsten sind die Werke von Wifredo Lam. Die Sektion zeitgenössischer Kunst räumt vor allem den nach der Revolution groß gewordenen Künstlern Raum ein, z. B. Raul Martinez. Die Suche nach der eigenen Identität und Auseinandersetzung mit den afrokubanischen Wurzeln steht im Vordergrund. Im Erdgeschoss gibt es ein Café und einen Verkaufsladen.

Die internationalen Gemälde der **Colección de Arte Universal** sind in ein prächtiges Gebäude ausgelagert worden. Auch dieses Museum ist sehenswert, wenn auch nicht so beeindruckend wie der kubanische Kunsttempel. Die Arbeiten (Gemälde, Skulpturen, archäologische Fundstücke) sind nach Kontinenten und einzelnen Ländern unterteilt, und das Spektrum reicht von antiken Fundstücken aus Ägypten, Griechenland, dem alten Rom, Etrurien und Phönizien über europäische Gemälde vom 15.–19. Jh. (Italien, Deutschland, Belgien, Holland, Spanien, Frankreich und Großbritannien) bis hin zu Kunstwerken aus den USA und Lateinamerika. Die einzelnen Säle sind jedoch recht klein. Will man beide Kunstmuseen besichtigen, sollte man schon einen halben Tag einplanen. ☉ Di–Sa 10–18, So 10–14 Uhr, Eintritt je 5 CUC oder 8 CUC für ein Kombi-Ticket, leider keine Fotos. Unter ☎ 07-863 9484 und 861 0241 kann man eine Führung buchen. Nähere Infos unter 🖳 www.museonacional.cult.cu.

aus Kuba und verlegte ihren Firmensitz auf die Dominikanische Republik. Heute operieren im achtstöckigen Gebäude nationale und internationale Firmen. Es gibt auch eine schicke Bar. Vom Dach hat man einen tollen Panoramablick. Kuba klagt seit einiger Zeit gegen Bacardi, da die Firma den Markennamen Havana Club benutzt und damit Namensrechte verletzt (Wirtschaft, s. S. 151).

Am Paseo del Prado

Havannas **Prachtallee** blickt auf eine lange Geschichte zurück und ist noch heute die schönste Promenade der Stadt. Sie wurde 1772–1852 gebaut und erstreckt sich ungefähr 2 km vom Malecón bis zum Parque de la Fraternidad, verläuft also parallel zur ehemaligen Stadtmauer, die Habana Vieja umgab. Die Übersetzung „Wiese" verrät, dass dieses außerhalb der Stadtmauer gelegene Stück der Stadt früher kaum bebaut war. Später wurde die Allee nach Vorbildern der Ramblas in Barcelona und Madrid zum Prachtboulevard gestaltet und avancierte zur neuen Flaniermeile für die Aristokratie Havannas. Mit dem aufkommenden Autoverkehr wurde der Prado 1902 als erste Straße Havannas asphaltiert. An der breiten baumbestandenen Allee lässt es sich schön entlang schlendern. Messinglöwen, elegante Marmorbänke und verzierte eiserne Straßenlaternen zeugen noch heute von der Pracht. Viele der ehemaligen Prachtbauten im Art-Déco- und Jugendstil lechzen allerdings nach Renovierung.

Im früheren Casino Español liegt der prächtige **Palacio de Matrimonios** (Hochzeitspalast) aus dem Jahr 1914. Die Ehen, die hier vor allem vormittags am Wochenende geschlossen werden, geraten schnell zu einem Volksfest, wenn der ganze Anhang des Brautpaares gratuliert. ◷ Di–So 15–18 Uhr, Eintritt frei.

In der **Casa Museo José Lezama Lima** lebte Kubas außergewöhnlicher Schriftsteller von den 1930er-Jahren bis zu seinem Tod 1976 (Kunst und Kultur, s. S. 160). Hier schrieb er seine berühmtesten Gedichte und Novellen, u. a. den Roman *Paradiso*. Eigene Stücke aus seiner Kunstsammlung und Geschenke von Mariano Rodriguez, Victor Manuel und René Portocarrero werden ausgestellt. ◷ Di–Sa 9–17, So 9–13 Uhr, Eintritt 1 CUC.

Museo de la Revolución und Umgebung

Wenn man auf der gesamten Kuba-Reise nur ein einziges der zahlreichen Revolutionsmuseen gesehen haben sollte, dann ist es dieses. Denn der prächtige ehemalige **Präsidentenpalast**, von wo aus auch Batista regierte, beinhaltet die mit Abstand größte und abwechslungsreichste Ausstellung (9000 Stücke), die auch andere Epochen der kubanischen Geschichte umfasst. Doch auch das Gebäude selbst hat turbulente Zeiten erlebt, z. B. als Studenten am 13. März 1957 erfolglos versuchten, es zu stürmen oder als Fidel und Raúl Castro, Che Guevara und Camilo Cienfuegos sich nach dem Sieg der Revolution von der Nordterrasse aus an das Volk wandten. Der Rundgang, den man am besten in chronologischer Reihenfolge von den oberen Stockwerken nach unten macht, umfasst die Geschichte des Befreiungskampfes von der Kolonialherrschaft bis zum Sieg der Revolution und informiert auch auf Englisch. Im Obergeschoss stehen die Unabhängigkeitskriege mit ihren zentralen Figuren und die vorrevolutionären Jahrzehnte im Rampenlicht. Schaukästen zeigen Waffen, Dokumente und persönliche Gegenstände der Aufständischen, bis hin zu den blutgetränkten Uniformen der Moncada-Kämpfer und einem Stein, auf den ein Soldat während der Schweinebucht-Invasion kurz vor seinem Tod das Wort „Fidel" mit seinem eigenen Blut schrieb. Die größte Sehenswürdigkeit sind die täuschend echt aussehenden Wachsfiguren der Guerilleros Che Guevara und Camilo Cienfuegos. Es folgen Ausstellungen über die ersten Jahrzehnte nach der Revolution, die *periodo especial* und den Guerillakampf Che Guevaras in Bolivien. Ein Saal ist zur „Ecke der Schwachköpfe" ernannt worden und zeigt Karikaturen von Batista, Reagan und Bush. Das Museum ist so groß, dass man locker fünf Stunden hier zubringen kann. ◷ tgl. 10–17 Uhr, Eintritt 5 CUC (inkl. Führung), Info ▯ www.cnpc.cult. cu/cnpc/museos/musRevul/pcpal.htm.

Den Eingang bewacht der Panzer, den Fidel Castro höchstpersönlich 1961 bei der Bekämpfung der Schweinebucht-Invasion einsetzte. Außerdem findet man Überreste der alten Stadtmauer. Die **Motorjacht Granma**, mit der Castro und seine Mitstreiter von Mexiko nach Kuba gelangten, gilt als heiliges Relikt der Revolution und ruht hinter dem Museum in einem Glaskasten, flankiert von Panzern und Flugzeugen, die während der Invasion zum Einsatz kamen. Ehrenwachen, die keine Miene verziehen, bewachen das Ganze. Auf dem Gelände befindet sich auch ein kleiner Postbus, mit dem Studenten im März 1957 versuchten, den Präsidentenpalast zu stürmen und Batista zu stürzen. An den Einschusslöchern erkennt man, dass die Aktion nicht gut ausgegangen ist. Auf dem Hof lodert stets ein Feuer, das die ewige Flamme der Revolution symbolisieren soll.

Viel zu erzählen hätte sicherlich die im neugotischen Stil erbaute Kirche **Santo Angel Custodia**. Am Eingang steht die Büste von Cirilo Villaverde, dem Autor des Romans *Cecilia Valdés*. Der tragische Held des Buches ersticht nach der Hochzeit den Ehemann der von ihm begehrten Mulattin Cecilia auf den Stufen der Kirche. Ansonsten wurde hier noch 1853 der kleine José Martí getauft. ☉ in der Regel vormittags.

La Punta und Umgebung

An der Hafeneinfahrt liegt das **Castillo de San Salvador de la Punta**, das Ende des 16. Jhs. zusammen mit der gegenüberliegenden Festung El Morro vom berühmten italienischen Militäringenieur Juan Bautista Antonelli erbaut wurde. Zu beiden Seiten der Einfahrt prangten Reihen von Kanonen, um unliebsame Gäste ins Kreuzfeuer nehmen zu können. Bis zum traumatischen Jahr 1762 (Geschichte, s. S. 111) galt Havanna als einer der sichersten Häfen der Karibik. Während der Unabhängigkeitskriege wurde das Gemäuer als Kerker genutzt, in dem viele politische Gefangene ums Leben kamen. Von 1905–59 beherbergte die Festung das Flottenoberkommando. Heute befindet sich hier ein **Museum**, das die Geschichte der Schifffahrt seit der Kolonialzeit sowie Schätze versunkener spanischer Galeonen ausstellt. ☉ Mo–Sa 10.30–17, So 10.30–13 Uhr, Eintritt 2 CUC.

Etwas südlich liegt das **Mahnmal für die acht Medizinstudenten**, die 1871 hingerichtet wurden, weil man sie der Schändung des Grabes eines spanischen Journalisten verdächtigte. Umge-

ben von einem kleinen Tempel stehen Reste der Wand, an die man sie sie stellte. Ihre Schuld konnte nie nachgewiesen werden. Vom benachbarten **Cárcel de La Habana**, einem 1838 errichteten berüchtigten Stadtgefängnis, in dem auch José Martí einsaß, stehen nur noch zwei Zellen.

Das pompöse und mit viel Symbolik bestückte **Reiterdenkmal** zu Ehren des Generals Máximo Gómez (1836–1905), eines bedeutenden Anführers der Unabhängigkeitskriege, thront in Siegerpose auf einem dorischen Freiheitstempel. Die geflügelte Siegesgöttin führt das versklavte Volk zur Unabhängigkeit und wilde Pferde symbolisieren den Drang nach Freiheit.

Das **Museo de la Música** in einem kolonialen Adelspalast führt Besucher in die Geschichte der Musik und der Musikinstrumente in Kuba vom 16.–20. Jh. ein. Es werden auch CDs und Musikinstrumente verkauft. ☉ Di–Sa 10–18, So 9–12 Uhr, Eintritt 2 CUC, Fotos 2 CUC.

Centro Habana

Dieses Stadtviertel entstand im 19. Jh. und schließt sich westlich des Prados an die Altstadt an. Hier gibt es relativ wenig Sehenswürdigkeiten, dafür viel **authentisches Straßenleben**. So vermittelt die Calle San Rafael e/Av. de Italia y Prado beispielsweise einen guten Eindruck einer „kubanischen" Einkaufsstraße.

Während einige Straßen dieses Stadtteils in ihrem Verfallsstadium noch einen gewissen morbiden Charme ausstrahlen, wirken andere so, als hätten sie gerade einen Krieg überstanden. Hier zeigt sich die Metropole von ihrer ungeschminkten und gerade deshalb besonders interessanten Seite.

Ein Spaziergang sollte unbedingt die wunderschöne **Uferpromenade Malecón**, das kleine **Chinesenviertel** mit seinen Restaurants und die **Callejón de Hamel**, wo das afrokubanische Herz des Stadtteils schlägt, beinhalten.

Malecón und Umgebung

Pläne zum Bau einer kilometerlangen Uferstraße bestanden schon seit 1860, scheiterten jedoch an den immensen Kosten. Erst unter amerikanischer Regierung entstand 1902 zwischen der Calle Crespo und dem Prado das erste Teilstück des **Malecón**. Bis 1921 war man dann schon bis Calle 23 am Ostrand von Vedado vorgestoßen. Dieser historische Abschnitt zeichnet sich durch eine hohe Dichte von Restaurants, Hotels und Läden aus, alle verbunden durch einen durchlaufenden fünf Meter hohen Säulengang. Des Weiteren fallen die in die Felsen des Ufers gehauenen Becken auf, in denen sich die badefreudige Bevölkerung Havannas schon zur Jahrhundertwende tummelte. An den einst stattlichen Villen der Promenade haben die aggressive Seeluft und der Zahn der Zeit kräftig genagt. Doch seit den 1990er-Jahren wird kaum eine andere Region von den Restauratoren des Stadthistorikers so aufpoliert wie diese und Jahr für Jahr erstrahlen mehr Gebäude in ihrem einstigen Glanz.

Im Parque Maceo steht das beeindruckende **Monumento Antonio Maceo**, eine Bronzestatue des Anführers der Rebellen in den beiden Unabhängigkeitskriegen. Das **Museo Fragua Martiana** widmet sich in einer kleinen Ausstellung José Martí und markiert die Stelle, wo der Nationalheld als Gefangener in einem ehemaligen Steinbruch schuften musste. ☉ Mo–Fr 8–16 Uhr, Eintritt frei.

Barrio Chino

Nach dem Ende der Sklavenarbeit mussten chinesische Lohnarbeiter die Lücke füllen: 150 000 sogenannte Kulis aus dem Fernen Osten wurden ab Mitte des 19. Jhs. mit falschen Versprechen für die Zuckerrohrernte angeworben. Ihre Arbeitsbedingungen waren noch schlechter als die der Sklaven und die Bezahlung so gering, dass an eine Rückkehr nach Ende der mehrjährigen Vertragszeit nicht zu denken war. Später kamen chinesische Händler aus Kalifornien hinzu. Anfang des 20. Jhs. entstand so in Havanna ein eigenes isoliertes Viertel mit einer von Chinesen geprägten Infrastruktur. Zwischen 10 000 und 25 000 Chinesen lebten bis 1950 in Havanna und machten ihren Bezirk um die Calle Zanja zum größten chinesischen Viertel Lateinamerikas. Nach der Revolution verließen viele chinesische Händler die Insel und Kubaner zogen in das Viertel. Heute ist die Zahl der Chinesen in der Stadt auf 300 geschrumpft, doch dazu kommen wesentlich mehr Nachfahren aus chinesisch-

kubanischen Beziehungen, wie man an den verbreiteten asiatischen Gesichtszügen sieht. Kulturelle Spuren aus dem Reich der Mitte findet man noch immer:

Durch ein 13 m hohes **Tor**, das 1995 von der chinesischen Regierung gestiftet wurde, betritt man die Chinatown, die von den Calles Zanja, Salud, Rayo und Manrique umschlossen wird. Mitten im Herzen des Barrio Chino liegt eine kleine bunte Gasse mit chinesischen Essensständen und Restaurants, die **Calle Cuchillo**. Hier werden Chop Suey, Frühlingsrollen und Nasi Goreng serviert. Außerdem bieten Händler Gewürze und traditionelle chinesische Heilkräuter an, die aufgrund des Medikamentemangels immer stärkeren Absatz finden. Leider wurde die Gasse als Touristenattraktion aufgemotzt, so dass sie mittlerweile recht künstlich wirkt. Die besseren Essenstempel findet man in der untouristischen Chinatown (s. Essen).

Hier ragt wie ein Turm das beeindruckende Gebäude der staatlichen Telefongesellschaft **Etecsa** mit seinem reichverzierten Turm empor. In der pompösen Eingangshalle glaubt man sich um ein Jahrhundert zurückversetzt. Es gibt auch ein kleines Telefonmuseum. ☉ Di–Sa 9–18 Uhr.

Die **Casa de Artes y Tradiciones Chinas** ist eines der Sozialzentren, in dem die chinesische Kultur mit Veranstaltungen aufrecht erhalten wird. ☉ Mo–Fr 9–17 Uhr.

Callejón de Hamel

Hier schlägt das Herz der afrokubanischen Kultur und besonders stark pulsiert es zum sonntäglichen Domingo de la Rumba (s. Unterhaltung und Kultur). Aber auch an anderen Tagen lohnt der Ort unbedingt einen Besuch. Der Künstler und Santería-Anhänger Salvador González begann hier 1990, die gesamte Häuserzeile mit bunten Graffitis zu bemalen, die vor afrokubanischen Symbolen nur so strotzen. Bald kamen Skulpturen hinzu, die wie Totems aufragen, und die Gasse wurde als Zentrum für afrokubanische Trommelzeremonien immer populärer. So hat sich die sonntägliche Rumba-Zeremonie als fester Termin etabliert. Trotz steigender Touristenzahlen ist die Veranstaltung kein Folklore-Kitsch, sondern wird für die überwiegend schwarzen Kubaner veranstaltet. Salvador Gon-

Havanna und Umgebung

Centro Habana

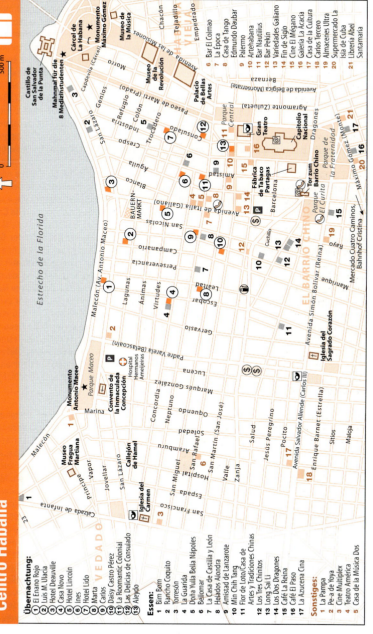

Übernachtung:
1. El Enano Rojo
2. Luis M. Ulacia
3. Hotel Deauville
4. Casa Novo
5. Hotel Lincoln
6. Ines
7. Hotel Lido
8. Marta
9. Carlos
10. Daisy Castro Pérez
11. La Roomantic Colonial
12. Las Delicias de Consulado
13. Aleydo

Essen:
1. Bim Bom
2. Rancho Coquito
3. Torresón
4. La Guarida
5. Doña Yulia Bella Nápoles
6. Bellomar
7. La Casa de Castilla y León
8. Helados Alondra
9. Amistad de Lanzarote
10. Min Chih Tang
11. Flor de Loto/Casa de Artes y Tradiciones Chinas
12. Los Tres Chinitos
13. Long Sai Li
14. Los Dos Dragones
15. Café La Reina
16. Café El Paso
17. La Azucena Cina

Sonstiges:
1. La Pampa
2. Pe-a de Yoya
3. Cine Multiplex
4. Teatro América
5. Casa de la Música Dos

Essen:
6. Bar El Colmao
7. La Época
8. Casa de Tango
9. Edmundo Daubar Palermo
10. Artehabana
11. Bar Nautilus
12. Bar Pekin
13. Variedades Galiano
14. Fin de Siglo
15. Cine El Mégano
16. Galería La Acacia
17. Casa de la Cultura
18. Carlos Tercero
19. Almacenes Ultra
20. Supermercado La Isla de Cuba
21. Librería Abel Santamaria

Havanna und Umgebung

zález verkauft seine Kunstwerke selbst in einem kleinen Laden.

Weitere Sehenswürdigkeiten

Die **Iglesia del Carmen** ist eine der größten Kirchen Havannas. Auf ihrem 60 m hohen Hauptturm ruht die über 7 m hohe und 9 t schwere Bronzefigur der Heiligen Carmen. Das Kircheninnere kann durchaus mithalten: Barockgemälde, mit Mosaiken verzierte Säulen, ein prächtiger Hauptaltar mit zahlreichen Heiligenfiguren, riesige Fresken mit Bibelszenen – es gibt viel zu entdecken. ☉ tgl. 8–11, 16.30–19 Uhr, Messen tgl. 8 und 18.30 Uhr.

Die **Iglesia del Sagrado Corazón** aus dem Jahre 1922 gehört zu den imposantesten Kirchen Kubas. Nicht nur die äußere Fassade im neogotischen Stil ist beeindruckend. Auch im Innern lassen sich unendlich viele Verzierungen entdecken. Der im byzantinischen Stil gefertigte Hauptaltar, die Buntglasfenster mit Kirchenmotiven und die reichverzierten Säulen sind der Hauptblickfang. ☉ tgl. 8–12, 15–17 Uhr, Messen tgl. 8 und 16.30 Uhr.

Der **Mercado Cuatro Caminos** liegt in einer riesigen Markthalle aus dem 19. Jh. und ist einer der größten Bauernmärkte des Landes. Allein die lebhafte Atmosphäre lohnt einen Besuch.

Vedado

Bis ins Jahr 1859 war das Bauen auf diesem Gebiet noch untersagt, um den Wachen nicht die Sicht auf herannahende Feinde zu versperren. Die Siedlungspolitik änderte sich jedoch radikal seit der neokolonialen Herrschaft der USA. Vor allem seit den 1920er-Jahren strömte verstärkt US-Kapital in den Stadtteil und manifestierte sich in neokolonialen Villen und zahlreichen Hochhäusern im damaligen **US-Stil**. Kein Stadtteil bekam so stark den architektonischen Stempel der nördlichen Wirtschaftsmacht aufgedrückt wie Vedado. Bis heute wirkt die Stadtsilhouette wie die einer US-Stadt aus den 50er-Jahren, denn seit der Revolution von 1959 veränderte sich das bauliche Gesicht nur wenig. Das verschafft dem Besucher das Gefühl einer Zeitreise. **Wahrzeichen** wie das

Hotel Habana Libre, **Hotel Nacional** oder das **Edificio Focsa** ragen aus dem Häusermeer und bieten tolle Aussichtspunkte. In einer Vielzahl von Hotels, Restaurants, Bars, Reisebüros, Banken, Cabarets, Discos und Theatern sowie der Universität schlägt hier das ökonomische und kulturelle Herz der Millionenmetropole. Außerdem wird von Vedados monumentaler **Plaza de la Revolución** aus ganz Kuba regiert. Hier gibt es mit dem **Memorial José Martí** die landesweit umfangreichste Ausstellung zum Nationaldichter und -helden. Im vergleichsweise großen Stadtteil verteilen sich die Sehenswürdigkeiten viel weitläufiger als in Centro Habana oder Habana Vieja: Die **Uferpromenade Malecón** wird besonders abends zur riesigen Open-Air-Party und auch um die Hauptgeschäftsstraße **Calle 23** (**La Rampa**) tobt das Nachtleben. Das skurrile, aber idyllisch gelegene Gebäude der **Coppelia** hat wegen seines guten Eises schon einen legendären Ruf. Die schöne **Universität** beeindruckt nicht nur architektonisch, sondern auch durch ihr Bildungsangebot. Das **Museo Napoleonico** wirkt mitten in der Karibik sehr exotisch, ist aber absolut sehenswert, ebenso wie das umfangreiche **Museo de los Artes Decorativos** in einer herrschaftlichen Villa. Das riesige Gräbermeer des **Cementerio de Colón** bietet anhand der hier zahlreich begrabenen Prominenz gute Einblicke in Kubas interessante Geschichte.

Am Malecón

Die bogenförmige, 8 km lange Küstenpromenade zwischen Habana Vieja und Vedado führt entlang an pastellfarbenen Häuserfassaden und modernen Bürobauten und erstreckt sich von der östlichen Hafeneinfahrt bis zur Mündung des Río Almendares im Westen. Man arbeitete sich seit 1902 etappenweise von Osten nach Westen vor, bis man endlich in den späten fünfziger Jahren das westliche Ende am Río Almendares erreichte. Heute ist die berühmte Uferpromenade eine der Lebensadern der Stadt, und es scheint, als flaniere hier halb Havanna entlang. Die Brüstung, auf der sich Angler, Liebespaare, Gruppen von Jugendlichen und viele mehr versammeln, eignet sich wunderbar, um die Meeresbrandung oder das lebendige Treiben zu beobachten. Abends wird die ganze

Gerade jene Nation, die vorgibt, weltweit den Terrorismus bekämpfen zu wollen, hat selber vielfältige Erfahrung mit seiner Anwendung. Dies zeigte die Weltmacht nicht nur in ihren letzten Kriegsfeldzügen. Auch Kuba wird seit Jahrzehnten systematisch bekämpft. Neben der völker- und menschenrechtswidrigen **Handels-blockade** setzen die USA dazu einen breiten Strategiemix ein. Dank massiver medialer Ideologiekampagnen, die nicht bei den beliebten Vorwürfen von Menschenrechtsverletzung enden, sondern sich auch einer systematischen Angstproduktion bedienen, gelingt es, eine Anti-Kuba-Stimmung zu erzeugen. So wurde die Insel von der Bush-Regierung in die „Achse des Bösen" eingereiht und ohne Beweise des Besitzes von biologischen und bakteriologischen Massenvernichtungsmitteln angeklagt. In US-Talkshows konnte daraufhin offen über eine mögliche Invasion Kubas debattiert werden und der US-Botschafter der Dominikanischen Republik, Hans Hertell, kommentierte den Angriff auf den Irak als „ein sehr positives Signal und gutes Exempel für Kuba." Die exilkubanische Rechte forderte eine Seeblockade und tönte auf Demonstrationen „Irak jetzt, Kuba danach".

Zwar konzentrierten die USA ihre militärischen Aggressionen auf andere Regionen und waren schon damit überfordert, sodass der militanten Rhetorik zum Glück keine Taten folgten. Doch führen die Spuren einiger **Terroranschläge** auf der Karibikinsel nachweislich in die Vereinigten Staaten. Dies beginnt bei den zahlreichen Anschlägen auf Fidel Castro, die die CIA mittlerweile zugibt und deren Akten bereits teilweise freigegeben wurden. Außerdem wurden in der Vergangenheit immer wieder US-amerikanische Flugzeuge beim Versprühen einer Flüssigkeit beobachtet – in Gebieten, in denen kurz darauf eine Pflanzenseuche ausbrach. Vor allem sind es die in den USA operierenden exilkubanischen Organisationen, die den Strom des Terrors speisen, und hier sticht ein Name besonders hervor: **Luis Posada Carriles**. 1998 führte die *New York Times* ein Interview mit dem berüchtigten exilkubanischen Terroristen. Aus diesem geht

hervor, dass er 1976 mit Geldern der Kubanisch-Amerikanischen Nationalstiftung und unter dem Wissen des CIA in Barbados ein Bombenattentat auf ein Cubana-Flugzeug organisiert hat, bei dem 73 Menschen starben. Aus der gleichen Geldquelle speisen sich die Bombenattentate von 1997 auf mehrere Hotels von Havanna. Im Jahr 2000 plante Carriles, Fidel Castro durch einen Bombenanschlag in der Universität von Panama umzubringen. Zwar wurde er dabei vor Ort verhaftet, jedoch schon kurze Zeit später amnestiert. Carriles genießt in den USA Schutzstatus und wird weder an Kuba oder Venezuela ausgeliefert noch vor Ort wegen Terrorismus angeklagt. Dies, obwohl die gesetzlichen Vollmachten eines *Patriot Act* auf ihn angewendet werden könnten, zumal kürzlich veröffentlichte Geheimdokumente den Terrorismusverdacht bestätigen und er manche Verbrechen selbst zugegeben hat.

Dies mutet seltsam an, wird aber verständlicher bei näherer Betrachtung seiner Biografie: Denn laut eigener Aussage hat Carriles eine 25-jährige **Karriere in der CIA** hinter sich, die auch durch historische Dokumente belegbar ist. So zog er Anfang der 1970er-Jahre während der Militärdiktatur beim berüchtigten venezolanischen Geheimdienst die Fäden (Beweise für zahlreiche Folterungen und Morde unter seinem Kommando liegen vor) und war in die blutige *Operation Condor* (länderübergreifendes „Verschwindenlassen" von Oppositionellen durch Todeskommandos) sowie in den Krieg der Contras gegen Nicaraguas Sandinisten involviert. Ein Prozess würde also unangenehme Verstrickungen der CIA in terroristische Aktivitäten ins Licht der Öffentlichkeit rücken und wäre wohl keine gute Werbung für Amerikas „Krieg gegen den Terror".

Eine lesenswerte Dokumentation des Terrors der letzten fünf Dekaden bietet Horst Schäfer in seinem Buch *Im Fadenkreuz: Kuba*, das sich nahezu ausschließlich auf offizielle Dokumente der CIA, des Weißen Hauses und des State Departments stützt. Eine aufschlussreiche Quelle über die Mentalität rechter Exilkubaner ist *Originalton Miami* von Hernando Calvo Ospina und Katlijn Declerq.

Havanna und Umgebung

Kaimauer für die *Habaneros* zum verlängerten Wohnzimmer: Überall sitzen Gruppen von Jugendlichen und Alten und genießen den Abend. An vielen Stellen erklingt Musik aus Radios und mitgebrachten Instrumenten. Die Zahl der Prostituierten, die hier bis vor wenigen Jahren ihre Dienste anboten, wurde durch starke Polizeikontrollen deutlich reduziert. In den Wintermonaten peitschen die Nordwinde *(nortes)* oft die Gischt der Wellen über die Kaimauer bis an die Häuserfronten.

Auf einem Hügel thront wie ein Schloss das 1930 errichtete **Hotel Nacional**, eines der teuersten Hotels Kubas. Es hat bewegte Zeiten gesehen: 1933 wurde hier beim Aufstand der Sergeanten Geschichte geschrieben, als von Batista geführte Truppen gegen höherrangige Offiziere um die militärische Vorherrschaft kämpften. Nach dem Zweiten Weltkrieg trafen sich hier Nordamerikas Mafia-Größen bei einem Sinatra-Konzert, um zu besprechen, wie sie die Stadt in ein Zentrum für Drogenhandel, Prostitution und Glücksspiel umwandeln könnten. Berühmte Gäste waren Winston Churchill, Charles de Gaulle, Nat King Cole, Errol Flynn, Marlon Brando, Frank Sinatra und Ava Gardner. Von seinem Zimmer im ersten Stock soll Olympia-Schwimmer und Tarzan-Darsteller Johnny Weissmuller in den Pool gehechtet sein. Noch heute strahlt das Hotel den Glanz vergangener Tage aus. Im Salón 1930 hat man kürzlich eine lebensgroße Skulptur vom berühmten Sonero Compay Segundo aufgestellt. Die **Tanagana-Höhle** auf dem Hotelgelände wurde nach der US-Invasion auf die Schweinbucht und der Oktoberkrise 1962 als strategischer Stützpunkt auserkoren und soll gegebenenfalls Schutz vor US-Luftangriffen bieten. ☉ Führungen tgl. 10, 15 und 17 Uhr (Anmeldung an der Hotelrezeption), Eintritt frei.

Gegenüber steht das **Monumento a las Víctimas del Maine** von 1926. Es geht zurück auf die Explosion des US-Kriegsschiffes Maine im Jahr 1898 im Hafen von Havanna (Geschichte, s. S. 115), bei der 260 Matrosen ums Leben kamen. Das schlichte, kleine Denkmal wird von zwei Kanonen der Maine flankiert. Vor dem Sieg der Revolution saß ein US-Adler auf der Spitze der Säulen. Heute steht geschrieben (übersetzt):

Sonstiges:

1	Centro Camilo Cienfuegos	50	Patio de Maria
2	Café Gato Tuerto	51	Teatro Nacional,
3	Teatro Nacional de Guiñol		Café Cantante,
4	Club Scheherazada		Pianobar Delirio Habanero
5	Turf Club	52	Teatro Buen Día
6	1830	53	Inmigración
7	Centro Cultural Bertolt Brecht	54	Ciudad Deportiva,
8	Club 21	55	Club de Golf
9	Casa del Tabaco	56	Estadio Latinoamericano
10	Cine La Rampa		
11	Cátedra de Danza		
12	Teatro Amadeo Roldán, Opus-Bar		
13	Karachi Club		
14	Club La Red		
15	Pabellón		
16	La Zorra y el Cuervo		
17	Club Ticoa		
18	Photo-Service		
19	Pain de Paris		
20	Librería Centenario del Apóstol		
21	Galerías de Paseo, Jazz-Café		
22	Cabaret Las Vegas		
23	Cine Yara/Poster		
24	Club Imágenes		
25	Humor Club Cocodrilo		
26	Artex La Habana Sí		
27	Uneac		
28	Teatro Hubert de Blanck		
29	Videcuba		
30	Centro Vasco		
31	Cine-Teatro Trianón		
32	Teatro Mella		
33	Librería Fernando Ortíz		
34	Tienda 24		
35	El Gran Palenque/Conjunto Folclórico Nacional		
36	Teatro El Sótano		
37	Casa de los Estudiantes		
38	Café G		
39	Cine Riviera		
40	Paradiso		
41	Casa de la Cultura de Plaza		
42	Librería Ateneo		
43	Campismo Popular		
44	La Madriguera		
45	Fondo de Bienes Culturales (Ausfuhrgenehmigung)		
46	Fresa y Chocolate		
47	Cine 23 y 12		
48	Cine Charles Chaplin		
49	Kubanisches Filminstitut (Icaic)		

Transport:

1	Rex
2	Cubacar/Transtur
3	Cubamar
4	Büros der Fluggesellschaften
5	Cubanacán Viajes
6	Cubana de Aviación (Inlandflüge)
7	Cubatur
8	Havanatur
9	Transtur-Hauptzentrale (Habana Bus Tour)
10	Havanautos
11	Martinair
12	Nationaler Astro-Busbahnhof
13	Estación 19 de Noviembre

N

0   500 m

Übernachtung:

(1) Hotel Presidente
(2) Hotel Nacional
(3) Hotel Capri
(4) Hotel Universitario
(5) Hotel Victoria
(6) Hotel Saint John´s
(7) Hotel Riviera
(8) Hotel Meliá Cohiba
(9) Hotel Vedado
(10) Hotel Habana Libre
(11) Mirian y Alberto
(12) Hilda Alvarez
(13) Jorge
(14) Hotel Colina
(15) Eddy Gutiérrez Bouza/
     Javier González Gutiérrez
(16) Angela
(17) Blanca
(18) Carlos y Mary
(19) Ana Maria Rad Paneque
(20) Antonio Llibre Artigas
(21) Mirtha
(22) Casa Suárez

Essen:

1 La Casona de 17
2 Dimar
3 Le Chansonnier
4 El Conejito
5 Monseigneur
6 Los Amigos
7 La Roca
8 Wakamba
9 Carmelo
10 Hurón Azul
11 Trattoria Marakas
12 Dinos Pizza
13 La Terraza Vegetariana
14 Monguito
15 Siete Mares
16 Biki
17 Casa del Perro Caliente
18 How Yueng
19 Pizzeria Buona Sera
20 El Decameron
21 Gringo Viejo
22 Aries
23 Pizza Celina
24 El Rápido
25 Los Tres Mosqueteros
26 Las Mercedes
27 Pan.com
28 Cafetería Varsovia
29 Cinecitta
30 Yang Tse

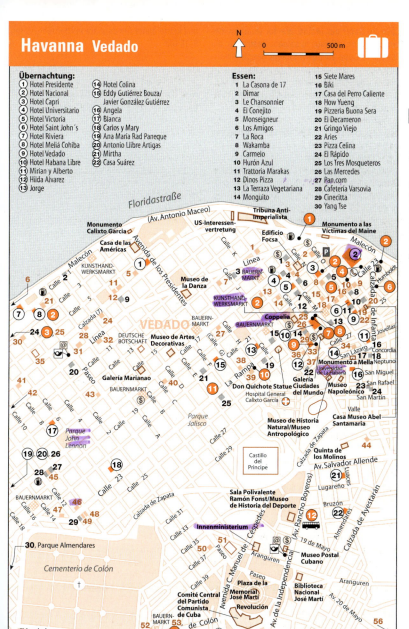

„Für die Opfer der Maine, die der Unersättlichkeit des Imperialismus in seinem Bestreben, die Macht in Cuba zu übernehmen, geopfert wurden." Dieser Satz basiert auf der These, die USA hätten die Explosion selbst inszeniert, um Spanien den Krieg erklären und die Iberer als Besatzungsmacht Kubas ablösen zu können.

Weiter westlich ragt das siebenstöckige graue Gebäude der **US-Interessenvertretung** empor (die USA haben keine Botschaft auf der Insel). Von hier aus werden Oppositionelle seit Jahren massiv unterstützt (mit Internetservice, Computerkursen, elektronischen Geräten, subversiver Literatur und monatlichen Gehältern bis zu 1500 US$). Ein freches Schild mit einer witzigen Karikatur macht sich über die Weltmacht lustig: Auf ihm ist ein grinsender Kubaner abgebildet, der von einem in Rage geratenen Uncle Sam angefaucht wird. Darunter steht: *Señores Imperialistas! No les tenemos absolutamente ningún miedo!* (Ihr Herren Imperialisten! Wir haben überhaupt keine Angst vor euch!).

Im Zuge der Elián-Proteste (Cárdenas, s. S. 354) wurde hier im Jahr 2000 ein riesiger Platz errichtet, die **Tribuna Anti-Imperialista**, auf der bis heute Massenproteste gegen die US-Regierung stattfinden. Sie heißt daher im Volksmund auch *protestódromo*. Am Ostende des Platzes richtet eine Martí-Statue anklagend den Finger auf die US-Institution, auf dem Arm ein Kind, das Elián symbolisiert. Auf Bronzetafeln stehen die Namen zahlreicher (latein)amerikanischer Widerstandskämpfer von Túpac Amaru II bis Malcolm X. Als die Interessenvertretung 2003 damit begann, in riesigen elektronischen Lettern direkt am Gebäude antikubanische Propaganda zu verbreiten, reagierte Castro mit dem „**Fahnenberg**": 138 Fahnen an langen Stangen dienen als Sichtblende, symbolisieren die Kampfjahre seit 1868 und stehen für die gefallenen Märtyrer infolge von US-gestützten Terroranschlägen.

Das **Monumento Calixto Garcia** erinnert an den kubanischen General sämtlicher Unabhängigkeitskriege. Mehrere Bronzetafeln rund um das Reiterstandbild informieren über seine Person. Ganz in der Nähe kann man über einen Flohmarkt (**Mercado Artesano**) mit Second-Hand-Büchern, Holz- und Keramikarbeiten sowie Textilien und Schuhen schlendern. Eine schöne

und kunterbunte Atmosphäre in Ufernähe. ⏱ tgl. 9–18 Uhr.

Calle 23 und Umgebung

Im nördlichen Abschnitt nahe des Malecóns wird die Calle 23 auch **La Rampa** (die Rampe) genannt, denn sie führt bergab Richtung Meer. In diesem Abschnitt nimmt sie immer mehr den Charakter einer Einkaufs- und Amüsiermeile an. Hier ballen sich eine Reihe von Bars, Nachtclubs, Restaurants und Büros (z. B. fast alle nationalen und internationalen Fluggesellschaften).

Besonders ins Auge fällt das 25-stöckige **Hotel Habana Libre**. Das höchste Hotel der Stadt wurde 1958, kurz vor dem Sieg der Revolution, fertig gestellt. Nach ihrem Einzug in Havanna enteignete die Revolutionäre das US-Hotel der Hilton-Kette und tauften es auf den Namen Habana Libre um. Äußerlich gibt der graue Klotz nicht viel her: Die Architektur besticht lediglich durch die gläserne Innenkuppel, durch die das riesige Foyer tagsüber beleuchtet wird. Etwas Farbe bringt das mächtige Wandmosaik von Amelia Peláez vor dem Eingang ins Spiel. Von der Bar im Obergeschoss lässt sich die gesamte Stadt überblicken. In den 60er- und 70er-Jahren besuchten viele linke Intellektuelle aus Europa das Hotel und tauschten sich mit Che Guevara, Fidel Castro und anderen kubanischen Revolutionsführern aus. Zum Hotel gibt es auch eine nette Anekdote: Fidel Castro, der nach dem Sieg der Revolution hier des Öfteren mit seinen Vertrauten tagte, soll in die Runde gefragt haben: „Quién es economista? – Wer ist Ökonom?" Nun war die Akustik in dem riesigen Gebäude nicht gerade die beste. Che Guevara soll verstanden haben: „Quién es comunista?" und meldete sich natürlich sofort. So soll angeblich, glaubt man den Gerüchten, Ches Werdegang zum Wirtschaftsminister begonnen haben.

Die **Galería Ciudades del Mundo** zeigt sehenswerte Ausstellungen zu Havanna und anderen Städten. ⏱ Mo–Fr 9–17 Uhr, Eintritt 1 CUC.

Die riesige Eisdiele **Coppelia** liegt sehr schön in einem schattenspendenden Park und erinnert irgendwie an die Form einer Untertasse. Die „Kathedrale des Eises" serviert seit 1966 und wurde durch den Film *Erdbeer und Schokolade* weltberühmt. Die Einheimischen stehen häufig stundenlang Schlange, um in den Genuss des leckeren Eises zu kommen. Seit einigen Jahren wird der Eisverkauf in Devisen und Peso Cubano aufgeteilt. Touristen kommen in der Devisenschlange natürlich wesentlich schneller an die Reihe als die Kubaner und es ist schon etwas bitter, diese Zweiklassengesellschaft hautnah mitzuerleben. ☉ Di–So 11–22 Uhr.

Die bronzene **Reiterstatue von Don Quichote**, dem Romanhelden des spanischen Schriftstellers Miguel Cervantes, reckt sich in angriffslustiger Pose an der Calle 23 esq. J empor.

Avenida de los Presidentes und Umgebung

Die Avenida de los Presidentes, eine breite Allee mit vielen Bänken und Schatten spendenden Bäumen, zollt diversen wichtigen Personen der lateinamerikanischen Geschichte Respekt, z. B. in Form der **Statue von Salvador Allende** an der Ecke Calle 23. Der Marxist war bis 1973 Präsident Chiles, ehe ihn General Pinochet durch einen Militärputsch stürzte und er sich vor der Erstürmung des Präsidentenpalastes selbst erschoss. Ein leidenschaftliches Portrait zeichnet der Film *Der letzte Tag des Salvador Allende* (Infos unter 🖥 www.allende-der-film.de). Weitere Statuen zeigen **Benito Juárez** (e/17 y 19), den ehemaligen Präsidenten Mexikos und **Simón Bolívar** (e/19 y 21), den Befreier Lateinamerikas. Etwas weiter westlich, an der Kreuzung Calle 23 esq. F, steht eine Statue von **Martin Luther King**.

Die **Casa de las Américas** wurde 1959 von der Revolutionärin Haydee Santamaría im ehemaligen Gebäude einer Privatuniversität errichtet und zählt zu Kubas namhaftesten Kulturinstitutionen. Sie bringt mehrere wissenschaftliche Zeitschriften heraus. Zudem ist sie ein wichtiger Ort für Tagungen. In mehreren Kategorien findet hier jährlich einer der prestigeträchtigsten Literaturwettbewerbe Lateinamerikas statt. Im Eingangsbereich gibt es eine kleine Gemäldegalerie und eine umfangreiche Bibliothek mit Werken kubanischer und lateinamerikanischer Autoren. ☉ Di–Sa 10–16.30, So 9–13 Uhr, Infos 🖥 www.casadelasamericas.org.

Das **Museo de la Danza** stellt Kostüme des kubanischen Nationalballetts sowie eine private Kollektion der berühmten kubanischen Tänzerin Alicia Alonso aus. Es gibt verschiedene Abteilungen: Tanz im 19. Jh., Romantik und russisches Ballett, Alicia Alonso, Moderner Tanz, Folklore sowie Tanzskulpturen. ☉ Di–Sa 11–18.30 Uhr, Eintritt 2 CUC, Fotos 5 CUC.

Das **Museo de Artes Decorativas** ist vollgefüllt mit wertvollen Prunkstücken des aristokratischen Lebensstils. Zur umfangreichen Sammlung zählen europäische und asiatische Dekorationsobjekte des 16.–20. Jhs. sowie eine große Porzellansammlung mit Stücken aus Sèvres, Meißen und sogar China. Dazu kommen edle Teppiche und Möbel, darunter ein Sekretär von Frankreichs letzter Königin Marie Antoinette, die am Vorabend der Französischen Revolution dem hungernden Volk die zynischen Worte „Wenn sie kein Brot haben, sollen sie doch Kuchen essen" entgegen schleuderte. ☉ Di–Sa 10.30–18, So 9–12 Uhr, Eintritt 3 CUC, Fotos 5 CUC.

Universität und Umgebung

Die Universität wurde schon 1728 von Dominikaner-Mönchen gegründet und befand sich damals in der Altstadt. Erst 1902 zog sie an den heutigen Ort um. Der Blick auf den monumentalen Treppenaufgang der **Universidad de la Habana** beeindruckt. Die Lehranstalt strahlt etwas Großes, Mächtiges und Ehrwürdiges aus. Die Aula Magna zieren riesige Gemälde, die die Wissenschaft und die Kunst darstellen. Auf der Treppe thront die Bronzestatue **Alma Mater**, die Mutter der Weisheit. Da der Zugang bis zur Revolution den Kindern der Reichen vorbehalten war, sah sie so manche Demonstration, vor allem gegen die Unrechtsregime Machados und Batistas. Heute werden 30 000 junge Kubaner unabhängig von ihrer sozialen Herkunft von 1700 Professoren und Dozenten in den Natur- und Sozialwissenschaften unterrichtet. Auf dem Universitätsgelände (am Wochenende geschlossen) erstreckt sich eine schöne Parkanlage mit Bänken, wo man sich ausruhen und dem bunten Treiben der Studenten zusehen kann. Das **Museo de Historia Natural** liegt im hinteren Hofbereich im Edificio Felipe Poey.

Es wurde 1847 von der königlich-spanischen Akademie der Naturwissenschaften ins Leben gerufen und zeigt eine Ausstellung der damaligen kubanischen Tier- und Pflanzenwelt. Es ist das älteste Museum Kubas. ☉ Mo–Fr 9–16 Uhr, Eintritt 1 CUC. Das **Museo Antropológico** ein Stockwerk darüber veranschaulicht die Kultur der Ureinwohner Amerikas anhand von archäologischen Funden. Wichtigstes Exponat ist eine aus Holz geschnitzte Figur einer Tabak-Gottheit aus dem 10. Jh. ☉ Mo–Fr 9–16 Uhr, Eintritt 1 CUC.

Das **Monumento a Mella** befindet sich gegenüber der Treppe und trägt die Aufschrift: „Für die soziale Revolution in Amerika zu kämpfen ist keine Utopie von Fanatikern und Verrückten. Es ist der nächste Schritt in der historischen Weiterentwicklung." Diese Worte stammen von Julio Antonio Mella, einem Studentenanführer und Mitbegründer der Kommunistischen Partei Kubas, den Diktator Machado 1929 im mexikanischen Exil ermorden ließ. Heute wird Mella in Kuba sehr verehrt und sein Antlitz ziert neben Che Guevara und Camilo Cienfuegos das Abzeichen des Kommunistischen Jugendverbandes UJC.

Sehenswert ist auch das nahegelegene **Museo Napoleónico**, das mit über 7000 Exponaten die größte Sammlung zur Person des französischen Heerführers außerhalb Frankreichs besitzt. Sie umfasst neben Gemälden auch Kunstgegenstände, Möbel, Münzen, Waffen und Kleidung aus der napoleonischen Epoche. Die meisten Stücke stammen aus dem persönlichen Besitz eines ehemaligen kubanischen Politikers. Wichtigste Objekte sind Napoleons Totenmaske von 1821 und seine Pistolen aus der Schlacht um Borodino. Es gibt auch eine eigene Bibliothek mit mehreren tausend Büchern über den Korsen. ☉ Di–Sa 10–18, So 9–12.30 Uhr, Eintritt 3 CUC, Führung 2 CUC, Fotos 2 CUC.

Das verwilderte Gelände des **Quinta de los Molinos**, einstiger Botanischer Garten der Universität, ist ein schöner Ort für ein Päuschen. General Máximo Gómez machte die einstige Gouverneursvilla 1899 nach dem Sieg im Zweiten Unabhängigkeitskrieg zu seiner Basis. Heute ist hier eine magere Ausstellung zu seiner Person zu sehen. ☉ Di–Sa 9–17 Uhr, Eintritt 1 CUC.

Cementerio de Colón

Durch das starke Bevölkerungswachstum und eine Choleraepidemie im 19. Jh. stieß das bisherige Bestattungssystem an seine Grenzen – die Krypten der Kirchen quollen über vor Toten und kleinere Friedhöfe platzten aus allen Nähten. Also errichtete man 1870 auf einem riesigen Gelände einen der **größten Friedhöfe der Welt**. Er bekam den Namen des berühmten Entdeckers, da Kolumbus ursprünglich hier bestattet werden sollte. Am nördlichen Eingangsportal prangen die drei christlichen Tugenden *la fé* (Glaube), *la esperanza* (Hoffnung) und *la caridad* (Barmherzigkeit). Die 800 000 zumeist prunkvollen Gräber und Mausoleen, die von Kubas berühmtesten Künstlern geschaffen wurden, sind wie bei einer kleinen Stadt entlang eines Straßennetzes angelegt und verteilen sich auf 56 ha. Aus dem monumentalen Gräbermeer ragt der Pomp in allen architektonischen Stilrichtungen empor – denn die Reichen hielten ihr persönliches Denkmal für unverzichtbar und maßen sich noch nach dem Tod in einem Status-Wettstreit um das prächtigste Grab. Für die ärmere Bevölkerung blieben dagegen nur unscheinbare Massengräber.

Blickfang ist unter anderen die **Capilla Central** aus dem Jahr 1886. Die 28 m hohe Kapelle im Zentrum des Geländes wurde im romanischen Stil erbaut und wirkt sehr majestätisch. Das Innere zieren Fresken vom kubanischen Künstler Miguel Melero, die *Das jüngste Gericht* darstellen. Das mächtigste und am reichsten verzierte Grab ist jenes der Feuerwehrleute, die 1890 bei einem Brand ums Leben kamen. Ein weiterer architektonischer Höhepunkt ist das **Mausoleo a los Estudiantes de Medicina**, das 1890 vom Kubaner Jose Vilalta Saavedra in Italien angefertigt wurde und in dem die sterblichen Überreste der gefallenen Studenten im Ersten Unabhängigkeitskrieg begraben wurden. Viel Prominenz fand hier die letzte Ruhe und ein Spaziergang durch die Totenstätte wird zur Lehrstunde über kubanische Geschichte und Kultur: Máximo Gómez, Calixto García, Antonio Guiteras Holmes, Eduardo Chibás, die Schriftsteller Alejo Carpentier und Cirilo Villaverde, der Ethnologe Fernando Ortiz, Musiker Ibrahim Ferrer sowie die Kämpfer der Revolution in einer separaten Ehrenhalle – sie alle haben ihren Beitrag zur kubanischen Identität geleistet.

Doch kein Grab ist berühmter als das von **La Milagrosa** (die Wundertätige). Die Marmorstatue von Amelia Goyri de la Hoz umfasst mit ihrer einen Hand ein Kreuz und hält mit der anderen einen Säugling. Laut Legende wurde die Verstorbene, die bei einer Totgeburt ums Leben kam, mit ihrem Säugling zwischen den Beinen begraben. Als man das Grab Jahre später öffnete, lag das Kind an ihrer Brust. Seither spricht man ihr übernatürliche Kräfte zu. Besonders Schwangere und Mütter von Kleinkindern pilgern hierher, um für die Gesundheit ihrer Kinder zu beten und bedanken sich mit einem Meer von Blumen. Viele, aber längst nicht alle, der sehenswerten Gräber befinden sich um die zentrale Hauptkapelle oder entlang der Hauptstraße Avenida Cristóbal Colón, die vom nördlichen Haupteingang zu dieser führt. Wer den Friedhof jedoch genauer erkunden will, braucht unbedingt den kleinen Führer mit Karte, der am Eingang in spanischer und englischer Sprache verkauft wird (5 CUC). Mindestens zwei Stunden Zeit sollte man zur Besichtigung mitbringen. ◔ tgl. 9–17 Uhr, Eintritt 1 CUC.

Gegenüber von der Totenstadt befindet sich der deutlich kleinere, aber sehenswerte **chinesische Friedhof**. Es ist schon etwas seltsam, mitten in der Karibik auf so viele chinesische Schriftzeichen zu stoßen. ◔ tagsüber (wenn der Wärter da ist), kein Eintritt (Trinkgeld).

Eine **Bronzetafel** an der Calle 23 esq. 14 kennzeichnet die Stelle, wo Fidel Castro am 16.4.1961 erstmals den sozialistischen Charakter der Revolution verkündete.

Plaza de la Revolución und Umgebung

Dieser riesige kahle Platz im Herzen des modernen Havanna mutet realsozialistisch an. Tatsächlich lagen die Konstruktionspläne schon seit den 1940er-Jahren vor, wurden dann aber auf Eis gelegt, ehe sie Batista 1952 wieder hervorholte und hier einen Kundgebungsplatz errichten ließ. Heute dient er als politisches Zentrum und Symbol der kubanischen Revolution. Jeden 1. Mai und 26. Juli finden hier gewaltige politische Aufmärsche statt. Mehr als eine Million

Kubaner reisen aus allen Landesteilen an und es wogt ein Meer von Menschen, kubanischen Flaggen und Spruchbändern – ein atemberaubendes Schauspiel.

In der Mitte des Platzes ragt das **Memorial José Martí** 142 m in die Höhe. Davor steht die 1958 errichtete, mit 17 m größte Martí-Statue des Landes. Am Fuße des gigantischen Monuments sind dessen Worte zu lesen: „Die Rechte gewinnt man nicht mit Tränen, sondern mit Blut" und „Die Kinder sind die Hoffnung der Welt". Im Innern des sternförmigen Turmes verehrt ein Museum Kubas Nationalhelden mit Fotos und Dokumenten aus seinem bewegten Leben. Aus einer Keramikwand leuchten bedeutende Verse des Dichters in goldenen Lettern hervor. Ganz oben befindet sich der höchste Aussichtspunkt (Mirador) der Stadt. ◔ Mo–Sa 9–16.30 Uhr, Eintritt 3 CUC (Museum), 2 CUC (Mirador), Fotos 1 CUC.

Mehrere wichtige Regierungsgebäude gruppieren sich um den Platz: Dem Monument gegenüber liegt das kubanische **Innenministerium**, das von einem riesigen Che-Guevara-Kopf mit dem Spruch *„hasta la victoria siempre* – für immer zum Sieg" geziert wird. Das **Comité Central del Partido Comunista de Cuba**, Hauptwirkungsstätte des kubanischen Präsidenten, kann man hinter dem Memorial José Martís erkennen. Diese Institutionen sind für Touristen jedoch nicht zugänglich.

Die **Biblioteca Nacional José Martí** ist seit über 100 Jahren die bedeutendste Bücherei der Insel. In den 14 Stockwerken füllen über eine Million Bücher die Regale. Die Bücher und Dokumente können nur in den Lesesälen eingesehen werden. ◔ Mo–Sa 8–18 Uhr.

Weiter nördlich zeigt das **Museo de Historia del Deporte** eine Sammlung von Medaillen und persönlichen Gegenständen kubanischer Sportler. ◔ Di–So 10–17 Uhr, Eintritt 1 CUC. Im **Museo Postal Cubano** liegen alte Schriftstücke und Stempel sowie Briefmarken aus fast 100 Ländern. ◔ Mo–Fr 9–16 Uhr, Eintritt 1 CUC.

Weitere Sehenswürdigkeiten

In der **Casa Museo Abel Santamaria** schmiedete Abel zusammen mit seiner Schwester Haydee, Fidel und Raúl Castro sowie anderen Mitstrei-

Im **Parque John Lennon**, auf einer Bank in Vedado, sitzt der Bronze gewordene Beatles-Sänger und harrt der Fans, die ihn besuchen. Auch wenn Lennon nie in Kuba war, hatte er genau wie der karibische Inselstaat seine Probleme mit der Regierung der USA. Fidel Castro lobte das revolutionäre Potenzial des Musikers (z. B. seine kritische Haltung zum Vietnamkrieg) und erkannte wohl dessen Bedeutung als Vorbild für die kubanische Jugend. Höchstpersönlich weihte er den Park im Jahr 2000, zu Lennons 20. Todestag, ein. Will man ein Foto von der Beatles-Legende machen, erscheint flugs ein Parkwächter und setzt Lennon seine Nickelbrille auf. Denn das „Nasenfahrrad" war zuvor so oft gestohlen worden, dass es seither auf diese Weise sicher verwahrt werden muss.

tern Pläne zum Sturm auf die Moncada-Kaserne in Santiago de Cuba. Das ganze Interieur der ehemaligen Wohnung des Widerstandskämpfers ist im Originalzustand belassen und befindet sich in einem normalen Wohngebäude. Doch

Santamaría konnte nie zurückkehren. Er wurde in Santiago de Cuba gefangen genommen und kam unter grausamer Folter ums Leben. ☉ Mo–Fr 9–17 Uhr, Eintritt frei.

Die sehenswerte **Galería Marianao** widmet sich in zehn Sälen diversen Kunstgegenständen (Musikinstrumente, Handwerk, Textilien, religiöse Utensilien) aus den meisten Ländern Lateinamerikas. Besonders sehenswert ist die mexikanische Fiesta de los Muertos mit einem Zapata-Skelett, ein haitischer Voodoo-Altar, ein Teufelchen der kubanischen Abakua-Sekte sowie eine Sammlung von Masken. ☉ Mo–Fr 9–17, Sa 9–13 Uhr, Eintritt 1 CUC.

Miramar und die westlichen Randbezirke

Zu den weitläufigen westlichen Stadtteilen Havannas gehören die Bezirke **Playa**, **Marianao** und **Santa Fé**. Die meisten Sehenswürdigkeiten bietet mit Abstand der sich westlich an Vedado anschließende Stadtteil **Miramar** im Bezirk Playa. Havannas Botschaftsviertel besticht durch breite Prachtalleen und wunderschöne Villen. Auf einem Spaziergang entlang der Av. Primera kann der Blick über die Weite des Atlantiks schweifen. Nicht umsonst bedeutet der Name Miramar „Aufs Meer schauen". Wer Ruhe und Erholung vor den quirligen Stadtteilen des Zentrums sucht, wird sich hier wohl fühlen. Das elegante und gediegene Ambiente lockte die Reichen der Stadt in den 1930er- und 50er-Jahren in Massen an. Es gehörte zum guten Ton, in Miramar zu wohnen. Nach dem Sieg der Revolution trat die High Society vor allem aus diesem Luxusviertel die Flucht in die USA an und in viele der Herrenhäuser zogen Institutionen der sozialistischen Regierung ein. Andere Häuser stellte man wohnungssuchenden Familien zur Verfügung.

Der Stadtteil scheint auch den Botschaftern vieler Nationen zu gefallen, die von hier aus ihr Land vertreten und dafür sorgen, dass der einstige elitäre Touch Miramars nicht ganz verblasst. Daher ist der Stadtteil auch nicht nur sauberer, sondern auch teurer als andere. Doch ist die sozialräumliche Segregation im internationalen Vergleich relativ gering: Miramars

N
0   1 km

Übernachtung:
1. Hotel Copacabana
2. Hotel Chateau Miramar
3. Alexis
4. Hostal Icemar
5. Mauricio
6. Hotel Panorama
7. Hotel Meliá Habana
8. Hotel Mirazul
9. Hotel Occidental Miramar
10. Hotel Comodoro
11. Aparthotel Montehabana
12. Antonio Llibre Artigas
13. Mayda Bellón Trueba
14. Hostal Emma
15. Hotel El Bosque
16. Hotel Kohly

Essen:
1. Don Cangrejo
2. Vistamar
3. El Palio
4. La Esperanza
5. El Tocororo
6. Cafetería 3 y 62
7. Calle Diez
8. Fontana
9. La Casa de Quinta
10. Kasalta
11. La Ferminia
12. Paladar El Buganvil
13. La Vicaria
14. Mi Jardín
15. Dos Gardenias
16. El Aljibe
17. Pavo Real
18. Pan.com
19. Yang Tse
20. Cactus de 33
21. El Lugar
22. Paladar La Paila

Sonstiges:
1. Teatro Carlos Marx, Discoclub Juventud 2000
2. Irakere Jazz Club
3. 1830
4. Centro Comercial
5. Club Habana
6. Foto Club
7. Casa del Tabaco
8. Botschaft Schweiz
9. Club Le Select
10. Diplo-Supermercado
11. Botschaft Österreich
12. Quinta y 42 (mit Doñaneli)
13. Sprachcaffe
14. Optiker
15. La Maison
16. Casa de la Música
17. Servimed
18. Hospital Internacional Cira Garcia
19. Anfiteatro Parque Almendares
20. El Chévere
21. Salón Rosado Benny Moré
22. Barbaran Club
23. Macumba Habana

Transport:
1. Havanautos
2. Cubacar/Transtur
3. Vía Rent a Car
4. Busbahnhof Víazul

Die **Maqueta de la Capital** ist ein riesiges Stadtmodell im Maßstab 1:1000, das sich auf einer Fläche von 144 m² erstreckt. Alle Gebäude der Stadt werden detailgetreu in verschiedenen Farben dargestellt, wobei jede Farbe eine historische Epoche repräsentiert. An der Maqueta wurde 12 Jahre gebaut, bis sie Anfang der 90er-Jahre fertig gestellt wurde. Zunächst diente sie zu Stadtplanungszwecken, ehe sie ins Museum wanderte. Das freundliche Personal kann auf Spanisch viele Fragen beantworten. ⊙ Di–Sa 10–17.30 Uhr, Eintritt 3 CUC, Fotos 2 CUC.

Bewohner setzen sich aus unterschiedlichen Hautfarben, Berufen und Einkommensverhältnissen zusammen – auch wenn besser gestellte Weiße überwiegen. Besucher finden die Highlights bei einem Bummel entlang der Avenida 5, z. B. in den sehenswerten Ausstellungen des **Museo Compay Segundo**, die sich der Buena-Vista-Legende widmet, oder der **Fundación Naturaleza y El Hombre**, die ganz im Zeichen der Expeditionen von Kubas berühmtesten Geografen Antonio Nuñez Jiménez steht. Ein Muss ist das südlich von Miramar gelegene, weltbekannte **Cabaret Tropicana** (s. Kasten). Die **Maqueta de la Capital** ist Kubas größtes und beeindruckendstes Stadtmodell. Einen entspannten Erholungstag verspricht die idyllische **Parque Almendares**.

Sehenswertes

Der ehemals heruntergekommene **Parque Almendares** in Havannas Stadtwald Bosque de la Habana am Río Almendares hat sich nach einer Restaurierung wirklich gemausert. Heute liegt hier – umgeben von dichter Vegetation – ein schönes Erholungsgebiet mit Minigolfplatz, Tretbootverleih, Cafés und Anfiteatro. Man kann inmitten alter Baumriesen am Fluss entlang spazieren. ⊙ tgl. 10–18 Uhr.

Das **Museo del Ministerio del Interior** widmet sich vor allem den zahlreichen Attentatsversuchen des CIA gegen Fidel Castro. ⊙ Di–Sa 9–17 Uhr, Eintritt 2 CUC, Fotos 5 CUC.

Das **Museo Compay Segundo** zollt der Musik-Legende der Band Buena Vista Social Club Respekt (Musik und Tanz, s. S. 170) und befindet sich in dessen ehemaligem Wohnhaus. Die Sammlung zeigt Fotos, Gemälde, Preisauszeichnungen und persönliche Gegenstände des Musikers, der 2003 verstarb. ⊙ Mo–Fr 10–16 Uhr, Eintritt frei.

Im **Parque de Los Ahorcados** wurde mit einer Statue bzw. Büste zwei sehr unterschiedlichen Widerstandskämpfern ein Denkmal gesetzt. Während Emiliano Zapata, der Anführer der mexikanischen Revolution, den bewaffneten Kampf wählte („Lieber aufrecht sterben als auf Knien leben"), schloss der Pazifist Gandhi jede Form von Gewalt aus.

Im **Acuario** tummeln sich Vertreter der einheimischen Meeresfauna. Neben einer relativ kleinen Abteilung mit tropischen Fischen gibt es z. B. Meeresschildkröten zu sehen. Das Aquarium ist aber in einem schlechten Zustand und den hohen Preis insgesamt nicht wert. Ein Besuch lohnt höchstens in Kombination mit der Delfinshow (11, 15 und 17 Uhr), doch man sollte lieber vorher anrufen, um sicherzugehen: ✆ 07-203 6401, 202 5872, 🖥 www.acuarionacional.cu). ⊙ Di–So 10–18 Uhr, Eintritt 7 CUC (Kinder 5 CUC).

Die **Fundación Naturaleza y El Hombre** steht ganz im Zeichen des berühmten kubanischen Geografen Antonio Núñez Jiménez. Unter seiner Leitung reiste ein Expeditionsteam 1987 den Amazonas entlang und weiter bis zu den Bahamas, auf derselben Route, die 8000 Jahre zuvor die Indianer bei der Besiedlung der Antillen zurückgelegt hatten. Insgesamt passierte das Team dabei 20 Staaten und legte über 17 000 km zurück. Hauptblickfang ist das 13 m lange Kanu der Expedition sowie verschiedene Gegenstände von indianischen Stämmen der Region. Darunter befinden sich auch kleine Keramikfiguren, die verschiedene Positionen des Geschlechtsverkehrs darstellen, was unterstreicht, dass nicht nur die Verfasser des *Kamasutra* eine entwickelte sinnlich-erotische Fantasie hatten. Außerdem gibt es eine große Fotosammlung und Bücher von Núñez Jiménez zu sehen. Einen Besuch muss man unter ✆ 07-204 0438 anmelden. ⊙ Mo–Fr 10–16 Uhr, Eintritt 3 CUC.

Die romanische **Iglesia Jesús de Miramar** ist wegen ihrer riesigen, aus 5000 Pfeifen bestehenden Orgel und der Gemälde mit Kreuzweg-Stationen sehenswert. ⏰ tgl. 8–12, 16–18 Uhr.

Das **Museo de la Alfabetización** liegt südlich von Miramar im Schulkomplex Ciudad Libertad. Es beschreibt detailliert die Alphabetisierungskampagne von 1961, als Tausende junger Lehrer und Freiwillige in alle ländlichen Regionen auszogen, um der Bevölkerung Lesen und Schreiben bei- und die Ideale der Revolution nahezubringen. ⏰ Mo–Fr 8–16.30, Sa 8–12 Uhr, Eintritt frei.

Der **Palacio de las Convenciones** in der Calle 146 e/11 y 13 (Stadtteil Cubanacán) ist das wichtigste Konferenzzentrum Kubas. Hier tagt die Nationalversammlung (Kubas Parlament) zweimal jährlich. Nähere Infos unter 🖥 www.cpalco.com.

Der große Jachthafen **Marina Hemingway** in der Av. 5 esq. 248, ✆ 07-204 1150, wirkt mit seinen Schiffen, Restaurants, Geschäften, Unterkünften, Disco und Apotheke fast wie ein eigenständiger kleiner Ort. Vor dem Restaurant Papa's hatte Hemingway 1960 sein einziges Treffen mit Fidel Castro. Jährlich im Mai und September finden Angelwettbewerbe statt, die auf die Tradition Hemingways zurückgehen. Jachten melden sich über die Frequenz VHF Kanal 16 bzw. 72 oder SSB 7462 an. Das Tauchzentrum **La Aguja** bietet u. a. Ausflüge zu riesigen Schnapperschwärmen. Die Preise sind jedoch nicht für das schmale Reisebudget geeignet.

Heilige Hallen der Forschung

Berühmt, aber für Besucher unzugänglich, sind die wissenschaftlichen Institutionen im Stadtteil Cubanacán (Wirtschaft, s. S. 151). Prunkstücke sind vor allem das renommierte und mit reichlich Mitteln geförderte **Centro de Ingenería Genética y Biotecnología**, Calle 190 esq. 31, 🖥 www.cigb.edu.cu. 500 m weiter nördlich liegt das **Centro Internacional de Restauración Neurológica (Ciren)**, Calle 158 esq. 25, 🖥 www.ciren.cu, wo weltbekannte Therapien zu neurologischen Erkrankungen angeboten werden. Als weiteres Symbol erfolgreicher Forschung gilt das **Centro Nacional de Investigaciones Científicas**, Calle 158 esq. 25, 🖥 www.cnic.edu.cu, in dessen Laboratorien das Wundermedikament PPG entwickelt wurde.

Übernachtung

Von luxuriösen Palästen im Kolonialstil bis hin zu schlichten, oft baufälligen Unterkünften: Havanna verfügt über eine Vielzahl von Hotels für alle Geldbeutel. Viele haben Geschichte geschrieben (wie z. B. das Nacional, Inglaterra und Sevilla) und sind als alte Kolonialgebäude nicht nur Übernachtungsmöglichkeit, sondern auch **Sehenswürdigkeit**.

Die meisten Unterkünfte konzentrieren sich in den Stadtteilen **Habana Vieja**, **Centro Habana**, **Vedado** und **Miramar**. Da die schönsten Hotels oft ausgebucht sind, sollte man schon von zu Hause aus über das Internet **reservieren** (insbesondere in der Hauptsaison von Nov–April).

Preise: Gemessen am lateinamerikanischen und auch am Landesdurchschnitt sind die Hotels Havannas ziemlich teuer. Mittelklassehotels beginnen bei 50 CUC für ein Zimmer, Hotels der oberen Preisklasse veranschlagen mindestens 80 CUC, z. T. deutlich mehr (meist inkl. Frühstück).

Die **Mittelklasse- und Luxushotels** akzeptieren in der Regel Kreditkarten und besitzen alle eine ähnliche Infrastruktur, die zumeist aus Restaurant, Cafetería, Bar, Disco, Läden, Safe und Wechselstube besteht. Oft kommen noch Taxistand, Post, Reisebüro, Autovermietung und Parkplatz hinzu. Man bekommt eine Gästekarte, auf der die Zimmernummer und die Art der Verpflegung notiert werden. Zur Zimmerausstattung gehören stets AC, Bad, TV und Telefon. Manche haben auch ein Radio, Minibar/Kühlschrank, Safe und eine Terrasse/Balkon.

Günstigere Hotels (30–50 CUC für ein DZ) sind in der Metropole recht selten. Am ehesten findet man sie in Centro Habana und Vedado. Dagegen hat jeder Stadtteil ein breites Angebot an **Privatpensionen** *(casas particulares)*. Da nicht alle Casas Schilder besitzen, sind sie von außen nicht immer leicht zu erkennen (auf blauweiße Aufkleber an den Türen achten). Die Pensionen gewähren einen Einblick in den Alltag einer kubanischen Familie in Havanna und haben oft Tipps zu Veranstaltungen und Sehenswürdigkeiten parat. Sie sind in Havanna etwas teurer als in anderen Städten Kubas

(20–35 CUC für ein DZ), aber immer noch günstiger und auch komfortabler als ein billiges Hotel. **Wichtig**: Nicht von Schleppern hinführen lassen, denn diese kassieren pro Nacht 5 CUC Kommission.

Bei der **Lage** seiner Unterkunft ist zu bedenken, dass sich die meisten Sehenswürdigkeiten in der Altstadt (Habana Vieja) konzentrieren, sich hingegen das Nachtleben vor allem in Vedado abspielt – und dass in der Altstadt und in Miramar das höchste Preisniveau herrscht. Centro Habana ist wegen seiner günstigen Lage zwischen Altstadt und Vedado eine gute Wahl. Allerdings ist es auch oft sehr laut und abseits der Hauptstraßen nachts nicht immer sicher (lieber mit einem Taxi heimkehren).

Habana Vieja

Karte S. 185 und 187

Privatpensionen

Olga, Calle Cuba No. 611 e/Luz y Santa Clara (Apto. No. 1), ✆ 07-867 4561. DZ mit AC, Ventilator, Gemeinschaftsbad und Balkon mit Blick auf die Straße. Parkplatz und Innenhof mit Vögeln. Im gleichen Gebäude befinden sich noch zwei weitere, ähnlichen Casas. ❷

Migdalia, Calle Santa Clara No. 164 (OG, Apto. F) e/Cuba y San Ignacio, ✆ 07-861 7352, ✉ casamigdalia@yahoo.es. Großes altes Kolonialgebäude. 2 DZ mit AC, Ventilator, Bad und Balkon. Schöner Mosaikfußboden. Parkplatz. ❷

Vivian, Calle Obispo No. 528 (altos) e/Bernaza y Villegas, ✆ 07-867 1772 und 01-5275 2534

Koloniale Pracht

Casa Chez Nous, Calle Brasil No. 115 e/Cuba y San Ignacio, Habana Vieja, ✆ 07-862 6287, ✉ cheznous@ceniai.inf.cu. Prachtvolles Kolonialhaus mit schönem Innenhof mit vielen Vögeln, Hund und Katzen. 2 DZ mit Ventilator, Balkon, antikem Bad mit Badewanne, Antiquitäten und TV. Eine abenteuerliche Wendeltreppe führt auf die schön begrünte, mit Liegen bestückte Terrasse. Englisch und Französisch. Wichtig: früh reservieren, das Haus ist sehr beliebt. ❸

(mobil), ✉ pleyva@infomed.sld.cu. DZ mit AC, Ventilator, Bad, Kühlschrank und Balkon mit Blick auf die lebhafte Hauptgeschäftsstraße der Altstadt. Die geschäftstüchtige Vermieterin kann auch Tanzkurse (10 CUC/Std.) und Ausflüge zu einem Santería-Priester (25 CUC) organisieren. Englisch. ❷–❸

Jesús y María, Calle Aguacate No. 518 e/Sol y Muralla, ✆ 07-861 1378, ✉ jesusmaria2003@yahoo.com. 2 DZ (ein kleines unten und ein großes oben) mit AC, Ventilator, Kühlschrank und Bad. Oben befindet sich zudem eine hübsche Terrasse. Innenhof mit schönen Pflanzen. ❷–❸

Eugenio y Fabio, Calle San Ignacio No. 656 e/Jesús Maria y Merced, ✆ 07-862 9877, ✉ fabio.quintana@infomed.sld.cu. Koloniales Haus mit 2 kleinen DZ mit AC, Ventilator und Bad (eines davon auf dem Flur). Schöne grüne Dachterrasse mit Schaukeln und Liegestühlen. Parkplatz. ❷–❸

Casa Mariveli, Calle Empedrado No. 509 e/Villegas y Monserrate, ✆ 07-867 1522, ✉ mariveli@web.de, 🖥 www.mariveli.net. 2 DZ (eins oben direkt bei der Dachterrasse) mit AC, Ventilator und Bad. Die mit schönen Gemälden geschmückte Pension wird von der sehr hilfsbereiten Deutschen Marita betrieben, die mit dem Kubaner Evelio verheiratet ist und seit 15 Jahren in Havanna lebt. Die Dachterrasse dürfte nach dem Ende der Umbauten sehr nett werden. Hunde und Katzen. ❷–❸

Hotels

Preiswerte Hotels sind rar in der Altstadt. Ist die Brieftasche aber besser gefüllt, lockt ein kolonialer Traum nach dem anderen. Viele der vom Stadthistoriker restaurierten kleinen Hotels der Kette Habaguanex waren ehemals Wohnhäuser der adligen Oberschicht und haben musealen Charakter, lohnen also auch dann einen Besuch, wenn man sich ein Zimmer nicht leisten kann oder will. Deutlich günstiger als vor Ort kann man die Hotels über die jeweiligen Internetseiten buchen.

Caribbean, Prado No. 164 esq. Colón, ✆ 07-860 8210, 🖥 www.islazul.cu. 25 schmucklose und dunkle DZ mit Bad, AC oder Ventilator, TV und Radio. Eine der günstigeren Hoteloptionen, aber

Convento Santa Clara, Calle Cuba y Santa Clara, Habana Vieja, ✆ 07-866 9327. Kolonialgebäude mit viel Ambiente aus dem 17. Jh. (s. Sehenswertes). Acht einfache aber geräumige DZ mit Ventilator und Bad. Die Suite bietet mehr Komfort, kostet aber 35 CUC p. P. Großer schöner Innenhof, Cafeteria und Dachterrasse. ❸

viel Komfort darf man nicht erwarten. Beliebt bei Budgettravellern. Bar, Safe und Taxis. ❹

Park View, Calle Colón No. 101 esq. Morro, ✆ 07-861 3293, 🖥 www.habaguanexhotels.com. Das Hotel war in den 1920er-Jahren der Stolz Havannas. 55 DZ mit antiken Möbeln und Marmor, manche mit Balkon. Restaurant mit schöner Aussicht. ❺–❻

Marqués de Prado Ameno, Calle O'Reilly No. 253 e/Cuba y Aguiar, ✆ 07-862 4127, 🖥 www.habaguanexhotels.com. 16 noble DZ in einem alten Adelspalast, der immer noch mit aristokratischer Atmosphäre gesättigt ist. In dem Haus diente der schwarze Sklave Juan Francisco Manzano, ehe er dank Verhandlungen einflussreicher Leute seine Freiheit gewann und zum bedeutenden Dichter wurde. Schöner Innenhof. ❼

Hostal El Comendador, Calle Obrapía No. 55 esq. Baratillo, ✆ 07-867 1037, 🖥 www.habaguanexhotels.com. Palast mit 14 DZ und vielen maurischen Elementen. Der Garten wurde zu Ehren von Lady Di angelegt. Schöne Bar. ❼

Hostal Valencia, Calle Oficios No. 53 esq. Obrapía, ✆ 07-867 1037, 🖥 www.habaguanexhotels.com. Charmantes Kolonialgebäude. 10 edle DZ mit Balkon um den hübschen Innenhof. Sehr gutes Restaurant (Spezialität Paella), Zigarrenladen, gemütliche Bar. Reservieren, da oft ausgebucht. ❼

Los Frailes, Calle Brasil No. 8 e/Oficios y Mercaderes, ✆ 07-862 9383, 🖥 www.habaguanexhotels.com. Stilvolles und luxuriöses kleines Hotel mit 22 DZ (davon 4 Minisuiten) und Kunstwerken, u. a. einer Mönchsskulptur am Eingang. ❼

Beltrán de Santa Cruz, Calle San Ignacio No. 411 e/Muralla y Sol, ✆ 07-860 8330, 🖥 www.habaguanexhotels.com. Die ehemalige Villa eines Grafen hat 11 DZ, darunter eine Suite. Viele berühmte Adlige haben es sich hier seit dem 18. Jh. gut gehen lassen und auch Humboldt wurde hier empfangen. ❼

Hostal del Tejadillo, Calle Tejadillo No. 112 esq. San Ignacio, ✆ 07-863 7283, 🖥 www.habaguanexhotels.com. Altes Kolonialgebäude mit dicht bewachsenem Innenhof und viel antiquarischem Interieur. Darin 32 ruhige und komfortable DZ, mehr als die Hälfte haben eigene Küche. ❼

Inglaterra, Parque Central, ✆ 07-860 85-95, -96, -97, 🖥 www.gran-caribe.com. Das älteste Hotel Kubas entstand 1875 aus dem berühmten Café El Louvre und wurde zum Nationalmonument erklärt. Im Louvre-Bankettsaal hielt Martí in den 1870er-Jahren leidenschaftliche Reden. Noch heute strahlt das neoklassizistische Gebäude mit seiner schönen Fassade, Mosaiken, Kacheln, vergoldetem Stuck an den Wänden und schmiedeeisernen Gittern den Glanz vergangener Epochen aus. Vor dem Eingangsbereich haben sich kubanische Künstler mit Mosaiken auf dem Boden verewigt. Die bronzene Statue einer Tänzerin verleiht der Bar Eleganz. Im wunderschönen Innenhof liegt eine Cafetería. Die Dachterrasse bietet eine

Casa del Científico, Prado No. 212 esq. Trocadero, Habana Vieja, ✆ 07-862 16-07, -08. Das beste und charmanteste der billigeren Hotels ist eine gute Wahl: Im wunderschönen Kolonialgebäude mit Marmortreppen, Säulen und stuckverzierten Decken wohnte einst Präsident José Miguel Gómez. Im 2. Stock liegen sechs große DZ mit AC, TV, Kühlschrank und Gemeinschaftsbad (kaltes Wasser). Im 3. OG befinden sich fünf weitere, etwas teurere DZ mit AC, TV, Kühlschrank und Bad sowie eine Suite. Hier gibt es auch eine Terrasse, von der aus man einen schönen Ausblick auf den Prado hat. Restaurant, Bar, Taxi, Laden und kleines Cabaret. ❸–❹ schöne Aussicht auf die Altstadt. Ach ja, gut übernachten kann man hier auch: Es gibt 83 DZ mit kolonialem Mobiliar. ❼

Plaza, Parque Central, ☎ 07-860 8583, 🖥 www.hotelplazacuba.com. 1909 im neoklassizistischen Stil erbaut, kommt die Atmosphäre dieses Hotels mit seinen bunten Glasfenstern, grün bewachsenen Innenhöfen, Marmorfußböden und antiken Kunstwerken voll zum Ausdruck. 188 DZ mit kolonialen Möbeln, schöne Dachterrasse mit tollem Ausblick, Pianobar. ❼

Telégrafo, Prado No. 408 esq. Neptuno, ☎ 07-861 1010, 🖥 www.habaguanexhotels.com. Schon Ende des 19. Jhs. wurde das Gebäude von einem Händlerehepaar zu einem der besten Hotels Lateinamerikas ausgebaut und genoss einen fantastischen Ruf. Vor allem der Innenhof strahlt mit seinen Arkaden viel koloniales Flair aus. 63 geschmackvoll und luxuriös eingerichtete DZ mit Blick auf den Prado. Die Suiten sind deutlich teurer. Gutes Restaurant. ❼

Ambos Mundos, Calle Obispo No. 153 esq. Mercaderes, ☎ 07-860 9530, 🖥 www.habaguanexhotels.com. In Zimmer 511 hat Hemingway in den 30er-Jahren gewohnt und an dem Roman *Wem die Stunde schlägt* geschrieben. Er bezeichnete das Hotel als „einen guten Ort, um zu schreiben". Derart mit der Essenz einer Berühmtheit aufgeladen, erfreut sich das Hotel noch heute vieler Gäste, die in 52 schön eingerichteten DZ logieren, darunter 3 Minisuiten. Hübscher Dachgarten mit toller Aussicht, stilvolle Pianobar. ❼

Hostal Conde De Villanueva, Calle Mercaderes No. 202 esq. Lamparilla, ☎ 07-862 92-93, -94, 🖥 www.habaguanexhotels.com. Die schöne Villa wurde nach einem Grafen benannt, der in der ersten Hälfte des 19. Jhs. den Tabakhandel forcierte. Dementsprechend zieht es noch heute vor allem Zigarrenliebhaber an, die in gediegenem Ambiente ihre Rauchwaren probieren und genießen wollen. Man schläft in 9 kolonial eingerichteten DZ, die z. T. sogar mit Whirlpool locken. Zudem gibt es einen Innenhof mit Brunnen, ein stilvolles Restaurant, Tabakladen und Konferenzraum. ❼

Hostal San Miguel, Calle Cuba No. 2 esq. Peña Pobre, ☎ 07-862 7656, 🖥 www.habaguanexhotels.com. Der ehemalige Palast, in dem früher Bankette stattfanden, präsentiert sich noch heute mit seinen Marmortreppen und Bronzeverzierungen von seiner strahlendsten Seite. Das gilt auch für die 10 luxuriösen DZ und die schöne Dachterrasse mit tollem Ausblick auf den Hafen. ❼

Florida, Calle Obispo No. 252 esq. Cuba, ☎ 07-862 41-27, -89, 🖥 www.habaguanexhotels.com. Das prächtige Kolonialgebäude aus dem Jahr 1836 ist ein architektonischer Leckerbissen und strahlt viel Eleganz aus. 25 komfortable DZ (davon 4 Suiten), Pianobar und schönes Café im Innenhof. Abends gibt es ab 21 Uhr tolle Live-Konzerte und danach Disco. ❼

Armadores de Santander, Calle Luz No. 4 esq. San Pedro, ☎ 07-862 8000, 🖥 www.habaguanexhotels.com. Das prächtige Gebäude im eklektizistisch-neoklassizistischen Baustil gehörte dem Grafen von La Mortera, dessen Schiffsflotte zwischen Kuba und Santander hin- und herpendelte und dessen Schiffskonstrukteure hier wohnten. 39 komfortable DZ, davon vier mit Terrasse und Blick auf den Hafen, sowie Dachterrasse mit Hafenblick. ❼

Hostal O'Farrill, Calle Cuba No. 102 esq. Chacón, ☎ 07-860 5080, 🖥 www.habaguanexhotels.com. Den Namen hat das edle Etablissement von seinem früheren Besitzer, einem irischen Kaufmann, der im 18. Jh. viel Geld mit dem Sklavenhandel verdiente und mehrere Zuckermühlen besaß. Im Laufe der Zeit wurde die Familie O'Farrill immer berühmter und ihr Einfluss stieg derart, dass einige Mitglieder zeitweise zu den 18 reichsten Männern Havannas zählten und bedeutende Ämter in Armee und Verwaltung bekleideten. Auch architektonisch spiegelt das Gebäude die wechselvolle Familiengeschichte vom 18.–20. Jh. wider, das Gleiche gilt für die 38 DZ (darunter 3 Suiten). ❼

Hostal Raquel, Calle Amargura No. 103 esq. San Ignacio, ☎ 07-860 8280, 🖥 www.habaguanexhotels.com. Das edle Hotel im Jugendstil mit Buntglasfenstern und Bibelmotiven strahlt museale Atmosphäre aus. 25 DZ mit allem

Komfort, manche mit Balkon. Fitnessraum, Sauna. ❼

Sevilla, Calle Trocadero No. 55 e/Prado y Agramonte, ✆ 07-860 8560, 🖥 www.gran-caribe.com. Das Hotel Sevilla eröffnete bereits 1908 als erstes Luxushotel der Stadt. Die arabische *Mudéjar*-Architektur mit ihren Säulen und Mosaiken ist beeindruckend und der Luxus im Innern blendet einen förmlich. Schwarzweißfotos zeigen die Berühmtheiten, die hier bereits abgestiegen sind, darunter Enrico Caruso. Berühmt wurde das Hotel durch Graham Greenes Roman *Unser Mann in Havanna* und auch durch den Rum-Ananas-Cocktail Mary Pickford, der hier erfunden worden sein soll. Das Hotel bietet 178 DZ mit allem Komfort sowie eine umfassende Infrastruktur (auch Fitnessstudio). Dazu gibt es ein exquisites Restaurant im obersten Stock mit fantastischer Aussicht, das tolle Frühstücksbuffet kostet 10 CUC (bis 10 Uhr). ❼

Santa Isabel, Plaza de Armas, ✆ 07-860 8201, www.habaguanexhotels.com. Der ehemalige Kolonialpalast aus dem Jahr 1867 ist eines der luxuriösesten Hotels in Havanna. Die 27 DZ (davon 10 Suiten) haben teilweise Terrasse und Antiquitäten. Schöner Innenhof mit Springbrunnen, Gemälde und Skulpturen bekannter Künstler, Cafeteria mit Terrasse. Das Hotel ist oft ausgebucht, auch da es sehr beliebt bei Hochzeitsreisenden ist … selbst der frühere US-Präsident Jimmy Carter stieg hier schon ab. ❼

Saratoga, Prado No. 603 esq. Dragones, ✆ 07-868 1000, 🖥 www.habaguanexhotels.com. Schon in den 1930er-Jahren war es ein berühmtes Hotel, in dem sich das kulturelle Leben der High Society abspielte. Noch heute strahlt der Luxus dieser Epoche förmlich aus jeder Ecke. Von den Terrassen der 96 DZ hat man eine fantastische Sicht auf das Capitolio, Gran Teatro und die Tabakfabrik Partagás. Es gibt einen Pool auf dem Dach plus Fitnesscenter. ❼

Parque Central, Parque Central, ✆ 07-860 66-27, -28, -29, 🖥 www.nh-hotels.com. Das Hotel hat 278 luxuriöse DZ (darunter zwei behinderten-gerechte) und einen schönen Blick vom Dachgarten mit Swimming- und Whirlpool. Gehobene Infrastruktur mit allem, was sich gehört, deswegen auch von Geschäftsleuten gerne nachgefragt. Das ausgezeichnete Restaurant El Paseo serviert auch am Buffet. ❼

Centro Habana
Karte S. 203

In diesem Stadtteil befinden sich die günstigsten Unterkünfte, darunter drei Hotels, die jedoch teurer als Privatpensionen sind und zudem weniger Komfort bieten. Die Pensionen kosten im Schnitt 20–25 CUC pro DZ – rund 5 CUC billiger als in Habana Vieja und Vedado.

Privatpensionen

Daisy Castro Pérez, Calle Manrique No. 362 e/San Miguel y San Rafael, ✆ 07-863 3078, ✉ daisycastro@yahoo.com. 2 große DZ (Doppelbett) mit AC, Ventilator, schönem Bad, hoher Decke, TV und 220 Volt-Anschluss. Der schöne Innenhof und Stuckdecken sorgen für koloniales Ambiente. Daisy spricht fließend Englisch und ist sehr hilfsbereit. ❷

La Roomantic Colonial, Calle Amistad No. 178 (altos) e/Neptuno y Concordia, ✆ 07-862 2330, ✉ casapuig@tripod.com. 2 große DZ in schönem Kolonialhaus mit AC, Ventilator, Bad und Kühlschrank. Nettes junges Paar. Vor dem Wohnzimmer ist ein Balkon mit Blick auf die Straße. Ruhige Lage. ❷

Marta, Calle Lealtad No. 308 e/Neptuno y San Miguel, ✆ 07-878 5038, ✉ casamarta308@ yahoo.com. 2 ruhige DZ mit AC, Ventilator, hoher Decke, Kühlschrank und Bad. Keine Fenster. An den Wänden hängen viele Che-Poster. Sehr hilfsbereite Familie mit vielen Infos. ❷

Havanna und Umgebung

Freundlich, ruhig und zentral

Carlos, Calle Neptuno No. 404 (2. OG) e/San Nicólas y Manrique, Centro Habana, ☎ 07-867 9842, ✉ carlovalvi@yahoo.es, 🖥 www.cuba-individual.com. So viel Ruhe und Privatsphäre findet man in dieser Gegend selten. DZ und EZ mit AC, Ventilator, Bad, Safe und 220 Volt-Anschluss. Eigenes Wohn- und Esszimmer mit Kühlschrank. Vom Balkon hat man einen tollen Ausblick auf die quirlige Straße. Sehr herzliche Familie. Englisch. ❷

Las Delicias de Consulado, Calle Consulado No. 309 (Apto. B) e/Neptuno y Virtudes, ☎ 07-863 7722 (Mercedes verlangen). Kleines EZ mit AC, Ventilator und Bad sowie großes DZ mit AC, Ventilator, Bad, TV und Kühlschrank. Sehr freundliche Dame mit Papagei. Im ehemaligen *paladar* wird man nach wie vor hervorragend bekocht. ❷

Aleydo, Calle San Rafael No. 108 (altos) e/Consulado e Industria, ☎ 07-861 3455 und 01-5293 0688 (mobil), ✉ malinamc@infomed.sld.cu. 2 gemütliche DZ mit AC, Ventilator, Bad, TV, Musikanlage und viel Plüsch und Seide. Das Haus ist hübsch eingerichtet mit roten Sofas, Vorhängen und bunten Bildern. Der lustige und sehr nette schwule Vermieter kann Tipps zur Gay-Szene geben. Gutes Essen. ❷

Casa Novo, Calle Concordia No. 406 e/Escobar y Gervasio, ☎ 07-863 1434, 🖥 www.geocities.com/diporro. Schönes Kolonialhaus, DZ mit AC, Ventilator, Bad, Kühlschrank, TV und Antiquitäten. ❷

Luis M. Ulacia, Calle Campanario No. 63 e/San Lázaro y Lagunas, ☎ 07-863 6203, ✉ casa1932lm@yahoo.com. Schönes Kolonialhaus mit hübscher Inneneinrichtung, vielen Antiquitäten und Buntglasfenstern. 2 große DZ mit AC, Ventilator, Bad und TV. Der nette Vermieter hat viele Infos und spricht Englisch. Kleiner grüner Innenhof. ❷

El Enano Rojo, Malecón No. 557 e/Lealtad y Escobar, ☎ 07-863 5081 (Magda verlangen) und 864 5116. Moderne Casa mit großem Aufenthaltsraum. Die Charlie-Chaplin-Gemälde an den Wänden versprühen viel Charme und

auch sonst ist das Haus schön eingerichtet. 2 DZ mit AC, Ventilator, Telefon, Kühlschrank und Balkon mit Blick aufs Meer (ein Zimmer hat TV). Sehr nette Vermieterin mit Hund. ❷ – ❸

Hotels

Lido, Calle Consulado No. 210 e/Ánimas y Trocadero, ☎ 07-867 1102, 🖥 www.islazul.cu. Das Hotel wirkt etwas marode, ist aber eines der günstigsten und zentralsten der Stadt. 63 etwas dunkle DZ mit Bad (kaltes Wasser), AC, TV und Telefon. Am besten nichts Wertvolles im Zimmer lassen, da es angeblich öfter zu Diebstählen kommt. Geldwechsel, Safe, Taxis und Dachbar mit solidem Essen. ❸ – ❹

Lincoln, Calle Virtudes No. 164 esq. Av. de Italia, ☎ 07-862 8061, 🖥 www.islazul.cu. Das Hotel verbreitet viel 50er-Jahre-Charme und hat Geschichte geschrieben: 1958 entführte Castros Bewegung M-26-7 den hier logierenden Grand-Prix-Weltmeister Juan Manuel Fangio, ließ ihn aber einige Tage später wieder frei. Fidels Charisma ließ den Argentinier allerdings nicht unbeeindruckt: Er war voll des Lobes über seine Entführer und traf sich 20 Jahre später mit dem *Máximo Líder*. Von der Dachterrasse, die sich am Wochenende in eine angesagte Open-Air-Disco verwandelt, hat man einen schönen Ausblick. Mehrere Restaurants, Bar, Nachtclub, Geldwechsel, Safe und Taxis. 135 DZ mit AC, Bad, TV, Radio, Telefon und Kühlschrank. ❸ – ❹

Spartanisch, kubanisch, gut

Ines, Calle Virtudes No. 211 e/Aguila y Amistad, Centro Habana, ☎ 07-863 4004, ✉ angelika wolkenstein@gmx.de. 2 einfache DZ mit AC, Ventilator und Bad. Interessante Familie: Frank, der Mann der Vermieterin, ist Musiker und lädt Gäste gerne zu seinen Konzerten ein, der herzliche Bruder Manolo ist Vorsitzender des CDR des Viertels und zeigt einem stolz die Orden, die er für seinen Kampf gegen die Invasoren in der Schweinebucht bekommen hat. Die Hälfte des Jahres lebt hier auch eine Deutsche, über die man reservieren kann. ❷

Deauville, Av. de Italia y Malecón, ☎ 07-866 8812, 🖥 www.islazul.cu, www.hotetur.com. Das ziemlich hässliche Hochhaus wurde kürzlich außen und teilweise innen (Zimmer) renoviert und bietet für die Preisklasse recht viel Komfort und eine tolle Aussicht. Neben den 144 DZ mit AC, TV, Safe, Telefon und Balkon gibt es eine Dachterrasse, Pool und Disco. Insgesamt breite Infrastruktur, aber das Essen hat einen schlechten Ruf. ❹–❺

Vedado
Karte S. 207

Privatpensionen (östlich der Avenida de los Presidentes)
Mirian y Alberto, Calle San Lázaro No. 1156 (Apto. 3) e/Infanta y N, ☎ 07-878 1693, ✉ alberto.cardenas@infomed.sld.cu. 2 kleine DZ (Doppelbett) mit AC, Ventilator, kleinem Bad, TV und 220 Volt-Anschluss. Ein Zimmer hat zusätzlich einen winzigen Innenhof mit Kühlschrank und Kochmöglichkeit. Den einfachen Standard gleichen der geringe Preis und die sehr netten und witzigen Vermieter mehr als aus. ❷

Angela, Calle San Miguel No. 1116 e/Mazón y Basarrate, ☎/☏ 07-879 6851, ✉ amrubio@enet.cu. Großes Haus mit Kolonialelementen (Lampen, *Mamparas*) und schönem Wandmosaik. 2 DZ (Doppelbett) mit AC, Ventilator und Bad. Eines hat mit TV. Parkplatz, Hund. ❷

Mirtha, Calle Luaces No. 16 e/Salvador Allende y Lugareño, ☎ 07-878 2837, ✉ mirthadiaz2002@yahoo.es. Schmuckes Haus im neokolonialen Stil. 2 DZ mit AC, Ventilator, Bad, Kühlschrank, 220 Volt-Anschluss und Frühstück. Kleiner grüner Innenhof, die netten Vermieter sprechen etwas Englisch. ❷

Casa Suárez, Calle Almendares No. 110 e/Bruzón y Desagüe, ☎ 07-870 0664, ✉ oskar2k2006@yahoo.com.mx. Schmucke Villa. Das kleine DZ unten hat AC, Ventilator, Bad und Kühlschrank, das große DZ oben zusätzlich Terrasse. ❷

Hilda Alvarez, Calle 25 No. 359 e/L y K, ☎ 07-832 8915. Schönes großes Haus mit netten Vermietern. DZ (Doppelbett) mit AC, Bad, Ventilator, Kühlschrank, TV, Radio, Telefon und eigenem Eingang. Parkplatz. ❷

Jorge, Calle I No. 456 (Apto. 11) e/23 y 21, ☎ 07-832 9032, ✉ jorgepotts@correo decuba.cu, 🖥 www.havanaroomrental.com. Großes DZ mit AC, Ventilator, Telefon, Kühlschrank und schönem Bad. Aufenthaltsraum mit TV. Englisch. ❸

Privatpensionen (westlich der Avenida de los Presidentes)
Blanca, Calle 13 No. 917 e/6 y 8, ☎ 07-833 5697, ✉ cb917@hotmail.com. Schöne Kolonialvilla mit Antiquitäten und prächtigem Garten. DZ mit AC, Ventilator, Bad, CD-Player und Safe. Englischsprachige Vermieter mit vielen Tipps. ❷

Ana María Rad Paneque, Calle 17 No. 1219 e/18 y 20, ☎ 07-830 0471, mariapaneque@yahoo.es. Schönes Haus. 2 große schöne DZ mit AC, Ventilator, Gemeinschaftsbad, TV und Kühlschrank. ❷–❸

Eddy Gutiérrez Bouza, Calle 21 No. 408 e/F y G, ☎ 07-832 5207, ✉ carmeddy2@yahoo.es, 🖥 www.cuba-individual.com. 2 große DZ mit AC, Ventilator, Bad (ein großes), Kühlschrank und unabhängigem Eingang. Ein Zimmer hat zusätzlich eine kleine Küche. Angenehme Atmosphäre und viel Komfort in einer Kolonialvilla mit Antiquitäten. Hund. ❸

Javier González Gutiérrez, Calle 21 No. 408 (altos) e/F y G, ☎ 07-832 3446 und 01-5268 9735 (mobil), ✉ javiervedado@yahoo.es. Eddys Bruder bietet ebenso gute Konditionen. Großes DZ mit AC, Ventilator, großem Bad (gegenüber), Kühlschrank und TV. Die Wände zieren sehenswerte Gemälde. Schöner Balkon. Hund. ❸

Havanna und Umgebung

Politische Pension

Antonio Llibre Artigas, Calle 24 No. 260 e/17 y 19, Vedado, ☎ 07-833 7156. Riesiges neokoloniales Haus mit Antiquitäten. Dahinter eigenes Apartment mit riesigem Innenhof, unabhängigem Eingang, 2 Garagen, 2 DZ mit AC, Ventilator und Bad, Aufenthaltsraum und Küche. Der Rechtsanwalt und überzeugte Revolutionär hat an Fidels Seite in der Sierra Maestra gekämpft und zeigt Gästen stolz die entsprechenden Fotos an den Wänden. Mit dem kommunikationsfreudigen und sehr belesenen Menschen kann man äußerst interessante Gespräche über Geschichte und Politik führen. ❸

Hotels

Universitario, Calle 17 esq. L, ☎ 07-838 2373, ✉ hoteluni@enet.cu. Das Beste an diesem einfachen Hotel mit 21 spartanischen DZ sind die zentrale Lage und die niedrigen Preise. Mit Restaurant. ❸

Colina, Calle L y 27, ☎ 07-836 4071, 🖥 www.gran-caribe.com. Angenehmes kleineres Hotel in unmittelbarer Uni-Nähe. 79 etwas verwohnte DZ mit AC, Bad, TV, Safe und Telefon. Des Öfteren Dichterlesungen. Restaurant, Bar, Reisebüro. ❹

Saint John's, Calle O No. 206 e/23 y 25, ☎ 07-833 3740, 🖥 www.gran-caribe.com. 88 DZ mit AC, Bad, TV und Radio. Im OG befindet sich die Bar Pico Blanco, wo häufig Live-Bands Musik aus den 40ern nachspielen. Dachterrasse mit tollem Ausblick und kleinem Pool, Taxis, Reisebüro. ❺

Vedado, Calle O e/Humboldt y 25, ☎ 07-836 4072, 🖥 www.gran-caribe.com. 203 kleine DZ mit AC, Bad und TV. Pool und Nachtclub El Cortijo mit Show. Wie das St. John's von außen nicht gerade eine Schönheit. Fitness-Raum, Sauna. ❺

Capri, Calle 21 e/N y O, ☎ 07-833 3747. 210 DZ mit AC, Bad und TV. In den 50er-Jahren vergnügte sich hier die US-amerikanische Mafia-Prominenz (Lucky Luciano und Meyer Lansky), nachdem sie in ihren Casinos die Gäste um einiges erleichtert hatten. Das Hotel, in dem Szenen des Films *Der Pate* gedreht wurden,

strahlt noch immer die Atmosphäre der wilden 50er-Jahre aus. Italienisches Restaurant mit guter Pizza, Dachpool und -terrasse mit tollem Ausblick, angesagtes Cabaret Salon Rojo. Post, Reisebüro, Autoverleih, Parkplatz. ❺

Victoria, Calle M y 19, ☎ 07-833 3510, 🖥 www.hotelvictoriacuba.com. Kleines Hotel im neoklassizistischen Stil mit 31 DZ (3 Suiten). Vorwiegend für Geschäftsleute (Computer, Fotokopier-, Fax- und Mailservice, Sekretär- und Übersetzungsdienste). Schon Marlon Brando, Errol Flynn und Nicolas Guillén gaben sich hier die Ehre. Kleiner Pool. ❺ – ❻

Riviera, Paseo y Malecón, ☎ 07-836 4051, 🖥 www.habanarivierahotel.cu. Der hässliche Hochhausklotz aus den 50er-Jahren wurde von US-Mafiaboss Meyer Lansky gebaut. Gangsterboss Lucky Luciano empfing hier seine Freunde, unter anderem Frank Sinatra. Von den 352 DZ (zwei davon behindertengerecht) haben einige Meerblick. Die boomende Disco Palacio de la Salsa mit Liveauftritten der besten Salsa-Bands befindet sich im Haus. ❼

Presidente, Calzada y G, ☎ 07-838 1801, 🖥 www.gran-caribe.com. 158 edel ausgestattete DZ (darunter zwei behindertengerechte). Prächtige Einrichtung. Viele Geschäftsleute. Pool, Fitnessraum, Sauna. ❼

Habana Libre, Calle 23 esq. L, ☎ 07-834 6100, 🖥 www.solmeliacuba.com, www.gran-caribe.com. Imposanter, aber hässlicher Bau mit 572 großen DZ. Hier feierten und tagten die Guerilleros nach der siegreichen Revolution. Heute steigen viele Geschäftsleute ab. Cabaret und Bar El Turquino im 25. OG mit fantastischer Aussicht. Komplette Infrastruktur mit vielen Souvenirläden. ❼

Nacional, Calle O esq. 21, ☎ 07-836 3564, -65, -66, -67, 🖥 www.hotelnacionaldecuba.com, www.gran-caribe.com. 457 DZ (darunter 34 Suiten) mit allem Komfort. Das wohl imposanteste Hotel Havannas thront wie ein Schloss auf einem Hügel und ist mit historischer Atmosphäre beladen (s. Sehenswertes). Die Infrastruktur lässt nichts zu wünschen übrig. Eine Oase der Ruhe ist die sehr schöne Gartenanlage mit Blick auf den Malecón. Auch Nichtgäste können den tollen Pool für 10 CUC benutzen. Hier findet auch die berühmte Show

des Cabaret Parisien statt. Es gibt sogar eine Präsidentensuite (für schlappe 1000 CUC). ❼
Meliá Cohiba, Paseo e/1 y 3, ☎ 07-833 3636, 🖳 www.solmeliacuba.com. Das große und exklusive Hotel mit 405 DZ ist zwar keine Schönheit, aber der Inbegriff von Luxus und Komfort. Hier bekommt man das volle Verwöhn-programm – wenn man es sich leisten kann. ❼

Miramar
Karte S. 213
Privatpensionen
Wegen der hohen Steuern und der Entfernung zum Zentrum sind Pensionen teurer und seltener als in anderen Stadtteilen.
Mauricio, Calle A No. 312 e/3 y 5, ☎ 07-203 7581, ✉ mauricioydiana@gmail.com. Apartment mit AC, Ventilator, Bad, Küche und Kühlschrank. Vom 9. Stock aus hat man einen tollen Ausblick auf den Malecón. Englisch. ❷
Mayda Bellón Trueba, Av. 33 No. 3404 e/34 y 36, ☎ 07-203 4490. Schöne neokoloniale Villa mit 2 unabhängigen kleinen Apartments mit Park-platz, kleinem Aufenthaltsraum sowie schönen DZ mit AC, Ventilator, Bad, TV und Kühlschrank. Die sehr nette ältere Dame spricht Englisch. ❸
Alexis, Av. 1 No. 2803 (5. OG) e/28 y 30, ☎ 07-209 3955. Schönes Apartment mit AC, Bad, edlen Möbeln und Meerblick. Parkplatz. ❸
Hostal Emma, Calle 28 No. 4113 (Apto. A) e/41 y 43, ☎ 07-202 6434, ✉ hostalemma@hotmail. com. Apartment mit separatem Eingang, DZ mit AC, Ventilator, Bad, Küche, Kühlschrank und Terrasse. Überwucherter Garten. Englisch und Französisch. ❸

Hotels
Hostal Icemar, Calle 16 e/1 y 3, ☎ 07-209 6959 und 202 1244. 54 einfache DZ mit AC, Bad und TV. Kleines Hotel mit Pool. ❸
Mirazul, Av. 5 No. 3603 e/36 y 40, ☎ 07-204 0045, -88. Kleines elegantes Hotel mit 8 DZ mit AC, Bad und TV. Restaurant und Bar. ❹
El Bosque, Calle 28 A e/Av. 49 A y B, ☎ 07-204 0240, 🖳 www.gaviota-grupo.com. Nahe einem schönen Waldstück am Río Almendares gelegen, ist das Hotel ideal zum Entspannen von der Großstadthektik. Umfassende Infrastruktur mit Taxiservice. 62 DZ, einige mit Terrasse. ❹

Kohly, Av. 49 y 36, ☎ 07-204 0240, 🖳 www.gaviota-grupo.com. Ruhige Lage am Wald des Río Almendares. 136 DZ mit Terrasse, Pool und zahlreiche Sportmöglichkeiten. Parkplatz und Taxistand. ❺
Montehabana, Calle 70 e/5 y 7, ☎ 07-206 9595, 🖳 www.gaviota-grupo.com. Modernes und elegantes Aparthotel. 88 Apartments mit Wohnzimmer, Küche, Bad, AC, TV, Safe, Kühlschrank und Balkon sowie 76 DZ mit Standardausstattung. ❺ – ❻
Copacabana, Av. 1 e/44 y 46, ☎ 07-204 1037, 🖳 www.gran-caribe.com. Luxushotel am Meer mit Disco, Pool und umfangreichem Sportangebot. 168 komfortable DZ. ❻ – ❼
Chateau Miramar, Av. 1 e/60 y 70, ☎ 07-204 1952, 🖳 www.cubanacan.cu. Der fünfstöckige Bau bietet viel Komfort und wirkt angenehmer als seine großen Nachbarn. 50 DZ, z. T. mit Meerblick. Umfangreiche Infrastruktur (auch für Geschäftsreisende). Pool direkt am Meer, Parkplatz. ❻ – ❼
Comodoro, Av. 3 y 84, ☎ 07-204 5551, 🖳 www.cubanacan.cu. Zu den 336 Bungalows im mediterranen Stil mit Schlaf- und Wohnzimmer, Kitchenette, Bad/WC, AC, Telefon, Radio, TV und Balkon oder Terrasse kommen 134 DZ im Hauptgebäude. Die Bungalows sind etwas teurer, aber wesentlich angenehmer. Schöner großer Pool und kleiner künstlicher Strand. Komplette Infrastruktur. ❻ – ❼
Panorama, Av. 3 esq. 70, ☎ 07-204 0100, 🖳 www.gaviota-grupo.com. Bombastischer Glasbau, der aber architektonisch nicht gerade ein Leckerbissen ist. 317 komfortable bis luxuriöse DZ mit Meerblick. Toller Pool. ❼
Occidental Miramar, Av. 5 e/72 y 76, ☎ 07-204 3584, 🖳 www.occidental-hoteles.com, www. gaviota-grupo.com. 427 DZ (darunter 16 Suiten) vom Feinsten. Von außen wenig ansprechend, aber schöner Garten mit Pool, breites Sportangebot und kostenloser Shuttle-Bus ins Zentrum. ❼
Meliá Habana, Av. 3 e/76 y 80, ☎ 07-204 8500, 🖳 www.solmeliacuba.com. Außen pfui, innen hui – so präsentiert sich eines der luxuriösesten Hotels Havannas. 397 noble DZ (darunter 16 Suiten). Großes Sportangebot. ❼

Essen

Havanna ist nicht gerade für kulinarische Höhenflüge berühmt, doch gemessen am Rest des Landes findet man hier eine breite Auswahl an verschiedenen Küchen und guten – allerdings auch recht teuren – Esstempeln. Wenn nicht anders angegeben, haben die Restaurants tgl. von 12–24 Uhr geöffnet.

Habana Vieja
Karte S. 185 und 187
Paladares
La Mulata del Sabor, Calle Sol No. 153 A e/Cuba y San Ignacio, ✆ 07-867 5984. Hübsch eingerichtet. Kombinationen für 8–12 CUC und große Getränkeauswahl. Spezialität ist das Hühnchen *Pollo a la Mulata*. ⏱ Mo–Sa 12–24 Uhr.
Don Lorenzo, Calle Acosta No. 260 A e/Habana y Compostela, ✆ 07-861 6733. Gemütlicher, sehr

professionell geführter Dachpaladar mit Blick auf eine belebte Straße. Die enorm große Auswahl von insgesamt 57 Menüs (neben dem Üblichen gibt es Krokodil, Kaninchen, Lamm, Ente, Truthahn, Fischgerichte und Vegetarisches) rechtfertigt die hohen Preise von 15–25 CUC (inkl. Beilagen). Auch die Weinkarte ist ellenlang. ⏱ tgl. 12–24 Uhr.
La Julia, Calle O'Reilly No. 506 A e/Bernaza y Villegas, ✆ 07-862 7438. Klein und gemütlich. Fleischgerichte für 8–10 CUC, schneller und freundlicher Service. ⏱ tgl. 12–23 Uhr.
Doña Blanquita, Prado No. 158 e/Colón y Refugio, ✆ 07-867 4958. Breite Auswahl an Fleischgerichten ab 8 CUC, Tortillagerichte ab 6 CUC. Schöne Terrasse mit Blick auf den Prado. Reservieren. ⏱ tgl. 12–23 Uhr.

Den Durchblick behalten

Staatliche Devisenrestaurants
Manche tischen ordentliche bis exquisite Speisen zu angemessenen Preisen auf, während andere mit mäßiger Qualität, schlechtem Service und überteuerten Rechnungen ärgern – reine Touristenfallen eben. Während man in Centro Habana und Vedado noch relativ günstige Optionen findet, ziehen die Stadtteile Miramar und Habana Vieja deutlich im Preisniveau an. Vor allem in der Altstadt stolpert man förmlich alle paar Meter über Restaurants, die oft in alten Palästen servieren. Hier zahlt man für das tolle Ambiente (u. a. die häufige Live-Musik) mit, das die Qualität der Gerichte oft um Längen übertrifft. Wenn **Buffetrestaurants** der gehobenen Hotels auch für Nichtgäste zugänglich sind (in der Regel 10–15 CUC), darf man hier getrost zuschlagen.

Privatrestaurants (Paladares)
Reichhaltiges und leckeres Essen landet am ehesten im Privatrestaurant *(paladar)* oder zuhause in der Privatunterkunft auf dem Teller. Dabei finden neben den traditionellen kreolisch-kubanischen Zutaten immer häufiger auch chinesische, italienische und spanische Einflüsse Anwendung. Die Preise liegen durchschnittlich

um 7–15 CUC, wobei man die meisten und günstigsten *paladares* in Centro Habana und Vedado findet. Oft bieten die Privatvermieter ein gleichwertiges Essen für 2–3 CUC weniger.

Pesorestaurants
Wer seinen Geldbeutel mal durchatmen lassen will, ist mit den Pesorestaurants gut bedient. Doch der günstigere Preis (20–60 CUP, umgerechnet 1–2 CUC) hat seinen Preis: Schlangestehen, geringe Auswahl und oft mäßige Qualität sind wesentliche Bestandteile der einfacheren Esskultur. Vorsicht: Einige Restaurants dieser Kategorie legen Touristen Speisekarten in Devisen vor, was dann der totale Nepp ist.

Peso-Snackstände
Den Magen füllende, z. T. durchaus auch leckere Peso-Snackstände sind in Centro Habana und Vedado weit verbreitet. Die Renner sind Pizzas und Mittagsportionen in Pappschachteln *(cajitas)*, gefolgt von Brötchen, Süßigkeiten und Säften. Die *Habaneros* wissen, wo gerade die besten Stände sind (oft um die Bauernmärkte herum). Eine Pizza kostet 5–15 CUP und eine *cajita* 25 CUP (1 CUC).

Havanna und Umgebung

Klein aber fein

Moneda Cubana, Calle San Ignacio No. 77 e/O'Reilly y Callejón de Chorro, Habana Vieja, ✆ 07-867 3852. Geldscheine aus rund 200 Ländern und diverse Visitenkarten zieren die Wände dieses winzigen Paladares. Man kann zwar nicht in Moneda Cubana bezahlen, aber mit 8–10 CUC für ein leckeres und reichhaltiges Gericht halten sich die Preise in Grenzen. Die Mojitos (3 CUC) zählen zu den besten in ganz Kuba. Speisekarte in verschiedenen Sprachen. ⊙ So–Fr 12.30–23.30 Uhr.

Devisenrestaurants

La Paella, Hostal Valencia, ✆ 07-867 1037. Verschiedene Sorten von Paella ab 8 CUC. Die Einrichtung allein lohnt einen Besuch.

Al Medina, Calle Oficios No. 12 e/Obispo y Obrapía, ✆ 07-867 1041. Berühmtes arabisches Restaurant, das zur Casa de los Árabes gehört. Im gleichen Gebäude ist auch die Bar Chawarma. Gut sind die Lammgerichte, das *pollo al ajonjolí* und *couscous y chenan*. Sogar vegetarische Gerichte wie Falafel und Hummus stehen auf dem Plan. Die Preise liegen zwischen 5–15 CUC. Guter Rotwein, abends regelmäßig Bauchtanz-Vorführungen. ⊙ tgl. 9–1 Uhr.

El Bosque Bologna, Calle Obispo No. 460 e/Aguacate y Villegas. Rundum gelungener Mix aus viel Grün, Wandmalereien und -mosaiken und Live-Musik. Für einen Laden mitten auf der Touristenmeile sind die Preise angemessen.

La Torre de Oro, Calle Empedrado No. 4 esq. Tacón. Chinesische Küche (*pollo tip pan* 3 CUC, *chop suey de pollo* 2,50 CUC, andere Gerichte 3–4 CUC). Günstige Cocktails. Schöner Innenhof mit schattigen Bäumen.

La Torre de Márfil, Calle Mercaderes No. 121 e/Obispo y Obrapía. Elegantes chinesisches Restaurant (mit roter Seide überzogene Ballonlampen, kleine Buddhastatuen, kalligrafische Motive). Die freundlichen Kellner servieren Spezialitäten wie *cerdo chow mein* (4,50 CUC), *pollo tip pan* (10 CUC) und *sopa china* (2 CUC). Im Hintergrund ruht eine kleine Pagode und man kann sogar chinesische Lebensmittel kaufen.

Don Giovanni, Calle Tacón No. 8 esq. Empedrado. Das Gebäude wurde vor zwei Jahrhunderten vom berühmten Architekten Bautista Antonelli errichtet, der auch das Castillo El Morro gebaut hat. Es wurde früher als Gericht, Kloster und Schule für Architekten genutzt und bietet heute gute, aber teure italienische Küche (Spezialität Nudeln). Schöner Ausblick von der Terrasse auf die Bucht von Havanna, netter grüner Innenhof.

Los Nardos, Paseo No. 563 e/Dragones y Brasil, Habana Vieja, ✆ 07-863 2985. Viele Kubaner signalisieren bereits, dass dies eine gute kulinarische Wahl ist (reservieren oder Wartezeit einplanen). Spanische Küche bis hin zu Paella, gute Weinauswahl. Edle Inneneinrichtung. Die meisten Hauptgerichte liegen zwischen 4–10 CUC.

La Dominica, Calle O'Reilly No. 108 esq. Mercaderes. Stilvolles italienisches Restaurant der gehobenen Preisklasse mit gutem Essen. An den Wänden hängen Gemälde des Venezianischen Karnevals. Teure Pizzas (ab 7 CUC steil aufwärts) und diverse Fisch- und Fleischgerichte von 9–25 CUC (Languste).

El Patio, Plaza de la Catedral. In einem alten spanischen Palast aus dem 18. Jh. werden Gerichte ab 9 CUC serviert, bis zur Languste für 25 CUC. Das Essen ist eher durchschnittlich und daher überteuert, aber das Ambiente ist toll. Also lieber auf einen (leckeren) Kaffee vorbei schauen. Im Brunnen des grünen Innenhofs schwimmen Wasserschildkröten. Man kann auch direkt am Platz sitzen. Rund um die Uhr spielen Live-Bands.

Café del Oriente, Plaza de San Francisco. Marmor, Spiegel und wertvolle Antiquitäten, wohin man auch blickt. Man könnte meinen, sich in einem Schloss zu befinden. Die Gerichte sind gut, aber nicht nur das Essen, sondern auch die Preise sind gesalzen (zwischen 12–30 CUC). Umfangreiche Weinkarte.

Hanoi, Calle Brasil esq. Bernaza, ✆ 07-867 1029. Am Wochenende recht beliebt und voll (Reservierung empfohlen). Hat mit vietnamesischer Küche nicht allzu viel zu tun, bietet aber solides und günstiges Essen (komplette Gerichte für 2–3 CUC). Dazu günstige Cocktails und ein nettes Ambiente.

Caracalla, Av. de Bélgica No. 469 e/Brasil y Muralla. Dieses schöne Open-Air-Lokal wirkt wie eine Oase der Ruhe mitten im quirligen Zentrum. Große Pizzaauswahl (2–7 CUC). Fischgerichte sind teurer.

El Gijonés, Prado No. 309 e/Ánimas y Trocadero. Eines der zahlreichen spanischen Zentren in dieser Region. Menüs, darunter Paella und Rindfleisch, sind für rund 5 CUC zu haben. Im OG gibt es eine Bar.

Prado y Neptuno, an gleichnamiger Straßenkreuzung. Der stilvoll eingerichtete Laden bietet kleine Snacks und mit die besten Pizzas der Stadt zu relativ günstigen Preisen (ab 5 CUC). Auch ansonsten große Auswahl (u. a. viele Weine), aber die Preise liegen mit 8–10 CUC pro Gericht recht hoch.

El Baturro, Av. de Bélgica No. 661 e/Jesús Maria y Merced. Beliebtes und schönes Restaurant im Stil einer spanischen Taverne. Große Weinkarte. Viele einfache Menüs kosten nur 2–4 CUC (Fischgerichte etwas teurer). Günstige Cocktails.

Puerto de Sagua, Av. de Bélgica No. 603 esq. Acosta. Eleganter und teurer Laden, der auf Fischgerichte spezialisiert ist (10–20 CUC). Die Kellner servieren im Frack, der Barkeeper mixt eine große Auswahl an Cocktails für 2–3 CUC. Direkt daneben liegt die für einfache und billigere Snacks zuständige Cafetería (Spaghetti und Pizza). ☺ tgl. 8–24 Uhr.

Pesorestaurants

La Casa de Escabeche, Calle Obispo No. 507 esq. Villegas. Eines der letzten Pesorestaurants in der touristischen Zone der Altstadt.

Hoffentlich bleibt das auch so, denn 2008 wurde der Laden renoviert, bot aber immer noch gute *cajitas* in einem kleinen Verkaufsstand an.

Cafeterías und Snacks

Columnata Egipciana, Calle Mercaderes No. 107 esq. Obispo. Sehr schönes Kolonialhaus mit antikem Interieur. Tee/Kaffee für 1 CUC, Cocktails 2 CUC, Snacks 1–3 CUC. Der portugiesische Schriftsteller de Queiroz kehrte hier des Öfteren ein. Abends ab 19 Uhr gibt es häufig gute Live-Musik von alten Meistern ihres Faches. ☺ tgl. 10–22 Uhr.

La Marina, Calle Oficios esq. Brasil. Freiluftlokal mit Live-Musik unter einem wunderschönen Blätterdach. Günstige Huhn- und Fleischgerichte, Spezialität Shrimps (ab 5 CUC). Große Cocktailauswahl (3 CUC). ☺ tgl. 8–23 Uhr.

Las Terrazas del Prado, Prado esq. Genios. Nette Biergartenatmosphäre bei lauter Musik. Am Wochenende ab 22 Uhr oft Live-Musik. Einige kleine Snacks ab 2 CUC, Hauptgerichte nur wenig teurer. Große Getränkeauswahl. ☺ tgl. 9–2 Uhr.

Cremeria El Naranjal, Calle Obispo No. 253 esq. Cuba. Leckere Süßspeisen und Eis in einem schönen Kolonialgebäude mit Gemälden. ☺ tgl. 10–22 Uhr.

Café Santo Domingo, Calle Obispo No. 161 e/San Ignacio y Mercaderes. Guter Kaffee, leckere Backwaren und mäßiges Brot. Man kann sich die süßen Sachen unten in der Bäckerei kaufen und dann oben in der

Cafetería bei einem Getränk genießen.
🕐 tgl. 8–24 Uhr.

La Casa del Café, Calle Baratillo e/Obispo y López. Hier liegt das Eldorado für Koffein-Junkies! Frisch gemahlener Kaffee dampft in verschiedenen Versionen aus den Tassen. Es gibt auch einen Verkaufsladen. 🕐 Mo–Sa 9–17 Uhr.

El Escorial, Plaza Vieja. Auch hier wird der Kaffee in mehreren Varianten serviert, mit und ohne Alkohol. Am Tresen werden verschiedene Mischungen abgepackt verkauft. 🕐 tgl. 10–21 Uhr.

Café Louvre, im Hotel Inglaterra. Direkt am Parque Central gelegen, eignet sich das gemütliche Café gut zum „Leute beobachten". Die Tische sind mit Motiven von einigen der besten Maler Kubas verziert.

Cafetería Mirador de la Bahia, Plaza de Armas (im 5. OG über dem Naturkundemuseum). Toller Ausblick auf die Bucht und den Platz. Bei gut gefüllter Brieftasche ein schöner Ort, um sich einige Cocktails (3–6 CUC) zu gönnen.

Café O'Reilly, Calle O'Reilly No. 203 esq. San Ignacio. Eine abenteuerliche Wendeltreppe

---

Mehr als nur „Erdbeer und Schokolade"

La Guarida, Calle Concordia No. 418 e/Gervasio y Escobar, Centro Habana, 📞 07-866 9047 und 863 7351 (unbedingt reservieren), 🖥 www.laguarida.com. Kubas berühmtester Paladar liegt in einen wunderschönen alten Gebäude, in dem zahlreiche Wohngemeinschaften leben, und das viele Besucher schon vom Film *Erdbeer und Schokolade* her kennen, der hier gedreht wurde. Schon Star-Schauspieler wie Jack Nicholson, Danny Glover, Jean-Paul Belmondo oder der spanische Kult-Regisseur Pedro Almodóvar speisten hier.
Die künstlerische Einrichtung allein lohnt einen Besuch (viele Gemälde an den Wänden, Che-Portraits, viele Antiquitäten). Sowohl die Qualität des Essens als auch die Auswahl an Getränken (auch Weine) und Gerichten (ab 11 CUC) ist klasse!
🕐 Mo–Fr 12–16, 19–24, Sa–So 19–24 Uhr.

---

führt in den 1. Stock. Geschmackvolles rustikales Interieur und schöner Blick vom Balkon auf die Straße. Das Ambiente ist wesentlich besser als das Essen, und die Cocktails kann man sogar ganz vergessen.

Café Habano, Calle Mercaderes No. 210 esq. Amargura. Ein authentisches Stück Havanna mitten im Touristenbezirk gefällig? Bitte sehr. Hier treffen sich die Einheimischen zu einem Plausch und einer Tasse Kaffee für 1 CUP. Manchmal gibt der Laden auch kleine Snacks in Moneda Nacional her. 🕐 tgl. 24 Std.

La Primera de Aguacate, Calle Aguacate esq. Tejadillo. Wenige billige Gerichte in Moneda Nacional. 🕐 Mo–Sa 12–22 Uhr.

Variedades Obispo, Calle Obispo esq. Habana. Hier kann man seinem Geldbeutel mal eine Erholungspause gönnen und sich mit Snacks (Brötchen, Pizza, Hühnchen, Eis) in Moneda Nacional versorgen. 🕐 tgl. 9–18 Uhr.

Centro Habana
Karte S. 203
Paladares
Torresón, Malecón No. 27 e/Prado y Carcel, 📞 07-861 7476. Fleisch- und Fischgerichte für 7–8 CUC. Schöner Ausblick vom Balkon auf den Malecón. 🕐 tgl. 12–24 Uhr.

Bellomar, Calle Virtudes 169 A esq. Amistad, 📞 07-861 0023. Kleiner gemütlicher Paladar mit großen Portionen (Fisch- und Fleischgerichte um 10 CUC). Sehr nette Betreiber. An den Wänden haben sich zahlreiche Gäste verewigt. 🕐 tgl. 12–24 Uhr.

Amistad de Lanzarote, Calle Amistad No. 211 e/Neptuno y San Miguel, 📞 07-863 6172. Fisch- und Fleischgerichte für 10 CUC. Riesige Portionen. Elegant eingerichtet. 🕐 tgl. 12–24 Uhr.

Devisenrestaurants
La Casa de Castilla y León, Calle Neptuno e/Lealtad y Perseverancia. Riesige Gemälde und eine Fotowand gedenken der spanischen Kultur. Das Essen ist ganz gut, bei zivilen Preisen (Spaghetti 2–3 CUC, Fleischgerichte 2–4 CUC, Fisch 4–7 CUC).

Rancho Coquito, Malecón No. 107 e/Crespo y Genios, Centro Habana. Die Speisekarte ist

lang: Pizza und Nudelgerichte kosten um
3 CUC, Fleischgerichte sind nicht viel
teurer und selbst Languste ist für 10 CUC
zu haben. Vom Balkon hat man einen
tollen Ausblick aufs Meer. Abends
Live-Musik.

La Azucena Cina, Calle Cienfuegos esq.
Máximo Gómez. Nettes kleines Restaurant
im chinesischen Stil mit wenigen
chinesisch-kreolischen Gerichten um
2–3 CUC (z. B. *chop suey*). Allzu viel darf
man bei den niedrigen Preisen aber nicht
erwarten.

Cafeterías, Snacks und Essenstände

Café El Paso, Calle Máximo Gómez e/Aponte y
Factoría. Ein netter Ort zum Frühstücken
(günstige belegte Brötchen). Cocktails für

1,50 CUC, Fleischgerichte 2–3 CUC.
🕑 tgl. 10–22 Uhr.

Café La Reina, Av. Simón Bolívar e/Aguila y Av.
de Italia. Peso-Laden mit verhältnismäßig
großer Auswahl. 🕑 tgl. 8–18 Uhr.

Doña Yulla Bella Nápoles, Calle Trocadero esq.
Consulado. Sehr billige und einfache Gerichte in
Moneda Nacional.

Helados Alondra, Calle Neptuno esq. Manrique.
Eine der bekanntesten Eiscafé-Ketten (in
Devisen).

Bim Bom, Calle Infanta esq. 23. Gutes Eis für
Devisen.

Auf der Calle San Rafael e/Av. de Italia y
Prado und um den zwei Straßen westlich
vom Parque de la Fraternidad gelegenen
Parque El Curita gibt es einige **Peso-
Essenstände**.

Abwechslung in Chinatown

Der kulinarische Geheimtipp der Hauptstadt
versteckt sich in Centro Habana, südwestlich vom Capitolio: das **Chinesische Viertel
(Barrio Chino)**. Hier sorgen sowohl private als
auch staatliche Restaurants mit asiatischen
Kochkünsten für etwas Abwechslung im faden
kreolischen Einheitsbrei, und dies zu erstaunlich
günstigen Preisen. Auch wenn die Gerichte oft
nur chinesisch angehaucht sind, bieten einige
Läden das wohl beste Preis-Leistungsverhältnis
in der ganzen Stadt.

Sehr touristisch, aber trotzdem lebhaft ist die
kleine **Vorzeigegasse Cuchillo**, wo sich ein
Restaurant ans nächste reiht. Die beste Wahl
ist hier wohl das **Tien Tan** mit fast 200 Gerichten. Auch das **Huang Hu** ist gut und günstig
(3–4 CUC). Die Speisekarte ist so lang wie die
Teller voll. Ebenso zählen das **Guangzhou** und
La Muralla China zu den empfehlenswerten
Esstempeln à la China. Am günstigsten ist jedoch der kleine rustikale Imbiss **La Parillada** mit
tamales (gefüllte Maismehltaschen), Schwein-,
Huhn- und Fischgerichten mit Reis und Gemüse
(50 CUP) und den wohl besten *cajitas* in ganz
Havanna (25 CUP).

Einige weitere hervorragende kleine Restaurants
mit chinesisch geprägter Küche sind:

Min Chih Tang, Calle Manrique No. 513 e/Zanja
y Dragones. Pizzas sowie die meisten Fleisch-
und Fischgerichte gibt es für 4–6,50 CUC,
chau mein für 3,50 CUC. Am günstigsten, aber
auch lecker ist *arroz frito* für 2,50 CUC. Schöne
Einrichtung.

Flor de Loto, Calle Salud No. 313 e/Gervasio
y Escobar, 📞 07-860 8561. Die meisten Gerichte
liegen um 3 CUC und sogar Languste gibt's bereits für 7,50 CUC. Eine Riesenportion *Arroz frito
Lien Fa* kostet nur 3,50 CUC. Fr und Sa gibt es ab
21 Uhr Live-Musik oder Shows.

Los Tres Chinitos, Calle Dragones No. 355-357
e/Manrique y San Nicolás, 📞 07-863 3388. Die
große Auswahl an Kombinationen für nur 4 CUC
lockt viele Kubaner an. Viele Pizzas. Wirkt wie
eine kleine gemütliche Bar.

Los Dos Dragones, Calle Dragones No. 311 e/
Rayo y San Nicolás, 📞 07-862 0909. Große Auswahl an Gerichten und Cocktails für 2 CUC. Auch
hier stimmen sowohl das chinesische Ambiente
als auch das Essen.

Long Sai Li, Calle Dragones No. 313 esq.
San Nicolás, 📞 07-862 2757. Schön eingerichtet
im chinesischen Stil. Vorspeisen 1,50–3 CUC,
viele Pizzas um 3,50 CUC, Fleischgerichte um 4–5
CUC (Fisch etwas teurer).

Vedado

Karte S. 207

Paladares

Vedados Paladar-Szene hat einen ausgezeichneten Ruf. Daher ist Reservieren Pflicht, wenn man nicht auf einen Platz warten will.

Monguito, Calle L No. 408 e/23 y 25, ✆ 07-831 2615. Fisch- und Fleischgerichte für 5–8 CUC. Empfehlenswert sind das *bistec uruguayo cordon bleu* und das *pollo a la cacerola* (gebackenes Huhn in Tomatensauce). ⊙ Fr–Mi 12–23 Uhr.

El Decameron, Calle Linea No. 753 e/Paseo y 2, ✆ 07-832 2444. Pizza und Nudeln kosten 3–7,50 CUC, während die große Auswahl an anderen Gerichten mit 8,50–15 CUC zu Buche schlägt. Sehr gemütlich. ⊙ tgl. 12–24 Uhr.

Le Chansonnier, Calle J No. 257 e/13 y 15, ✆ 07-832 1576. Gutes Essen in stilvollem Ambiente (viele Antiquitäten). Die originelle Speisekarte verlässt sogar die typisch kreolischen Gefilde und dringt bis zu Kaninchen, Lamm und Ente vor, und dies zudem finanzierbar (um 10 CUC). Die schöne blaue Villa wurde während der Recherche gerade restauriert. ⊙ tgl. 13–1 Uhr.

Los Tres Mosqueteros, Calle 23 No. 607 (altos) e/E y F, ✆ 07-831 0723. Der kleine gemütliche *paladar* tischt riesige Portionen mit allem Drum und Dran für 10–12 CUC auf. ⊙ tgl. 11–24 Uhr.

Gringo Viejo, Calle 21 No. 454 e/E y F, Vedado, ✆ 07-831 1946. Der erstaunlich große Paladar ist wie eine gemütliche Kneipe eingerichtet und oft voll (reservieren). Breite Auswahl leckerer und ausgefallener Gerichte internationaler Küche ab 10 CUC. ⊙ Mo–Sa 13–23 Uhr.

Augen- und Gaumenschmaus

Hurón Azul, Calle Humboldt No. 153 esq. P, Vedado, ✆ 07-836 3434, 879 1691, Interessanter und edler Paladar mit Kunstausstellung. Leckere Fleisch- und Fischgerichte um 9–10 CUC (auch Lamm und Kaninchen). Pasta und vegetarische Speisen sind billiger. Desserts 3–4 CUC, Cocktails um 2,50 CUC. ⊙ tgl. 12–24 Uhr.

Las Mercedes, Calle 18 No. 204 e/15 y 17, ✆ 07-831 5706. Gemütliches Holzhäuschen. Fleisch- und Fischgerichte (große Portionen) kosten samt Beilagen und Getränk einheitlich 17 CUC (man scheint den Preis aber noch etwas herunterhandeln zu können). Vorspeisen ab 3,50 CUC. ⊙ tgl. 12–24 Uhr.

Aries, Av. Universidad No. 456 e/J y K, ✆ 07-832 4118, 831 9668. Einer der wenigen Paladare aus der Gründerzeit der 90er-Jahre. Auch vegetarische Gerichte für 7–12 CUC. ⊙ tgl. 12–24 Uhr.

Los Amigos, Calle M No. 253 esq. 19, ✆ 07-830 0880. Gute kreolische Speisen um 10 CUC in gemütlichem Ambiente. ⊙ tgl. 13–24 Uhr.

Devisenrestaurants

Monseigneur, Calle 21 esq. O, ✆ 07-832 9884. Edles Restaurant mit Pianisten. Vor allem die Fischgerichte haben Klasse. Schöner Blick auf den Malecón und das Hotel Nacional. Das Strohhäuschen davor ist nett für einen Drink.

La Casona de 17, Calle 17 No. 60 e/M y N. Für das schöne koloniale Ambiente und die stimmungsvolle künstlerische Einrichtung bewegen sich die Preise in erfreulich niedrigen Dimensionen. Reisgerichte gibt es schon ab 4 CUC, Meeresfrüchte sind natürlich teurer. Viele Getränke.

Trattoria Marakas, Calle O No. 260 e/23 y 25. Pizza um 5 CUC und auch sonst gute italienische Gerichte zu annehmbaren Preisen.

El Conejito, Calle M No. 206 esq. 17, ✆ 07-832 4671. Edles Restaurant mit erträglichen Preisen. Spezialität Kaninchenfleisch (ca. 10 CUC).

Wakamba, Calle O e/23 y 25. Serviert schon seit den 60er-Jahren günstige Pizzas, Spaghetti u. a. Es gibt auch Menüangebote für 2–5 CUC mit Getränk.

Siete Mares, Calle 23 esq. J. Breites Angebot: Frühstück 1,50–3 CUC, Hähnchen 5,50 CUC, Pasta 2,40–4 CUC, Menüs um 15 CUC. Spezialität Meeresfrüchte. ⊙ 24 Std.

La Roca, Calle 21 esq. M. Günstige Menüs für 4–5 CUC. ⊙ tgl. 12–2 Uhr.

Für Vegetarier

Vegetarier haben wie überall in Kuba auch in Havanna keinen leichten Stand und werden von den Kellnern oft mit großen Augen angeschaut. Doch in den letzten Jahren ist Bewegung in die Speisekarten gekommen. Immer häufiger findet man beispielsweise vegetarische Pizza und vor allem die Betreiber der *paladares* haben dazugelernt und stellen sich auch auf die Wünsche von Vegetariern ein. Außerdem wird man im Barrio Chino und im arabischen Restaurant Al Medina fündig. Dazu kamen in den letzten Jahren eine gute Handvoll vegetarischer Restaurants:

Biki, Calle Infanta esq. San Lázaro, Vedado. Lässt mit seinem umfangreichen Angebot das Herz jeden Vegetariers höher schlagen, und das zu unfassbar günstigen Peso-Preisen. ☉ Do–Di 12–22 Uhr.

Carmelo, Calle Calzada esq. D, Vedado. Hat sehr günstige vegetarische Gerichte. ☉ tgl. 12–22 Uhr.

La Terraza Vegetariana, Calle M esq. 25, Vedado. ☉ tgl. 10–22 Uhr.

El Bambú. Das beste vegetarische Restaurant Havannas liegt etwas abgelegen im Jardín Botánico Nacional (s. S. 273).

Yang Tse, Calle 23 y 26. Preiswerte asiatische Gerichte für 1,50–3 CUC. An Wochenenden Wartezeiten einplanen. ☉ tgl. 14–23 Uhr.

Pesorestaurants

Cinecitta, Calle 23 esq. 12. Die günstigen Nudelgerichte und Pizzas haben sich bei den *Habaneros* rumgesprochen, die schnell Schlangen bilden. Die Inneneinrichtung ist der Welt des Kinos gewidmet.

Pizzeria Buona Sera, Calle 23 e/I y H. Peso-Pizza um 10 CUP. ☉ Di–So 11–22 Uhr.

How Yueng, Calzada de Infanta e/ Neptuno y Concordia. Hier gibt es einfache Peso-Gerichte mit asiatischem Anstrich für umgerechnet ca. 1 CUC. Viele Einheimische.

Snack-Bars, Cafés und Essenstände

Dinos Pizza, Calle 23 e/L y M. Gute Auswahl an Pizzas.

Dimar, Malecón esq. C. Auf Meeresfrüchte geeichte Kette.

Pan.com, Calle 10 esq. 17. Spezialisiert auf Sandwiches und Baguettes mit variationsreichem Belag sowie leckere Milchshakes. ☉ tgl. 10–1 Uhr.

Café TV, Calle N e/17 y 19 (im Edificio Focsa). Hier dreht sich die Einrichtung um die Geschichte des kubanischen Fernsehens. Gut zum Frühstücken. ☉ tgl. 8–4 Uhr.

El Rápido, Calle Infanta esq. San Rafael. Das übliche Fast-Food-Angebot. Weiterer Laden der Kette in der Calle 3 esq. 10.

Casa del Perro Caliente, Calle San Lázaro e/Infanta y N. Günstiges Bier und gute Hot Dogs (10 CUP). ☉ tgl. 10–22 Uhr.

Cafetería Varsovia, Calle 12 esq. 17. Einfache kreolische Küche für Moneda Nacional.

Coppelia, Calle 23 esq. L. Eine Institution in Sachen Eis (s. S. 208). ☉ Di–So 11–22.30 Uhr bzw. 24 Std. (Devisenabteilung). Auf der Calle San Lázaro gibt es einige **Pizzastände**.

Miramar und westliche Randbezirke
Karte S. 213
Im Unterschied zu Vedado kommen günstige Restaurants und Snack-Bars in Miramar kaum vor. Das Diplomatenviertel kann da schon eher ein gutes Dutzend Luxusrestaurants vorweisen.

Paladares
Calle Diez, Calle 10 No. 314 e/3 y 5, ✆ 07-205 3970 und 209 6702. Gut und relativ günstig

Mobile Pizza

Die **Pizza Celina**, Calle Infanta esq. San Rafael, Vedado, ist ein wunderbares Beispiel für kubanischen Erfindungsreichtum: Sie wird von Hector auf dem Dach des Hauses zubereitet und in einem Eimer am Seil runtergelassen, in den man auch das Geld steckt. Also keine Hemmungen haben und einfach die Bestellung lauthals nach oben rufen. Eine Pizza kostet nur 8–10 CUP.

Comida mexicana

Mi Jardín, Calle 66 No. 517 esq. Av. 5 B, Miramar, ℡ 07-203 4627. Günstige mexikanische Küche (z. B. *tacos* für 5 CUC). Auch gute Fischgerichte um 10 CUC. Man kann im angenehmen Garten speisen. ⏲ tgl. 12–24 Uhr.

(große Portionen unter 10 CUC). Die Renner sind *Filet de Pargo con frutas de mar* und Lammfleisch. Schönes rustikales Ambiente im Grünen. ⏲ tgl. 12–23 Uhr.

Cactus de 33, Av. 33 No. 3405 e/34 y 36, ℡ 07-203 5139. Seinen Namen hat das elegante Haus von den großen Kakteen, die im prächtigen Garten sprießen. Sehr gute kreolische Küche, aber recht hohe Preise (um 20 CUC). ⏲ tgl. 11–24 Uhr.

La Esperanza, Calle 16 No. 105 e/1 y 3, ℡ 07-202 4361. Der Besitzer gehört zur Familie der ehemaligen Besitzer der Polar-Brauerei, die als eine der wenigen die Insel nicht nach der Revolution verlassen haben. Unternehmergeist strahlt das Lokal noch heute aus, denn die Preise liegen deutlich über dem Durchschnitt. Dafür hat der Laden aber echt Stil – viele Antiquitäten verleihen ihm den Touch eines Kunstmuseums. Die Qualität des Essens ist ausgezeichnet. Die lange Speisekarte umfasst auch vegetarische Gerichte. Reservieren. ⏲ Fr–Mi 12–15, 19–23 Uhr.

Vistamar, Av. 1 No. 2206 e/22 y 24, ℡ 07-203 8328. Bietet nicht nur Meerblick, sondern auch einige gute Fischgerichte (10–20 CUC). ⏲ tgl. 11–24 Uhr.

Fontana, Calle 3 A No. 305 esq. 46, ℡ 07-202 8337. Zwar bezahlt man hier über 20 CUC für ein Gericht, doch dafür liegt die Qualität des Gartenlokals deutlich über dem kubanischen Standard (auch für *paladares*). Also genau das Richtige, wenn man seinen Gaumen mal richtig verwöhnen will. ⏲ tgl. 12–24 Uhr.

El Palio, Av. 1 No. 2402 e/24 y 26, ℡ 07-202 9867. Das ansprechende kleine Restaurant mit offenem Grill serviert internationale und italienische Küche (auch vegetarische Speisen). Geld sollte allerdings bei Preisen um 15 CUC pro

Gericht keine große Rolle spielen. ⏲ tgl. 12–24 Uhr.

La Paila, Av. 51 A No. 8827 e/88 B y 88 C, ℡ 07-267 1771 und 205 3970. Der weite Weg lohnt sich, vor allem in Verbindung mit einem Besuch des Tropicana. Man sitzt gemütlich im Garten und bekommt ein gutes Essen ab 5 CUC. ⏲ tgl. 12–15, 18–23 Uhr.

El Buganvil, Calle 190 No. 1501 e/15 y 17, ℡ 07-271 4791. In einem hübschen Gärtchen gelegen, lockt der *paladar* mit breiter Auswahl zu relativ günstigen Preisen (um 8 CUC). ⏲ tgl. 12–23 Uhr.

Devisenrestaurants

Don Cangrejo, Av. 1 No. 1606 e/16 y 18, ℡ 07-204 3837. Kolonialgebäude mit schönem Meerblick. Gute Auswahl an Meeresfrüchten zu für diese Gegend angemessenen Preisen.

El Aljibe, Av. 7 e/24 y 26, ℡ 07-204 15-83, -84. Überdachtes Terrassenrestaurant mit exzellenter kubanischer Küche. Die Spezialität des Hauses ist Brathähnchen mit Reis, schwarzen Bohnen, Salat und leckerer Soße (15 CUC). Gemessen an den riesigen Portionen sind die Preise in Ordnung, und besser zubereitet wird man dieses Nationalgericht kaum bekommen. Im Weinkeller werden mehr als 450 Sorten aus 15 Ländern gelagert.

Dos Gardenias, Av. 7 y 26, ℡ 07-204 2353. Verschiedene gastronomische Einheiten: Terrassenrestaurant, Snackbar, Luxusrestaurant und Bar. Dementsprechend vielfältig ist das Preisniveau und Speiseangebot (von italienischer bis zu asiatischer Küche). Täglich Live-Musik mit hervorragenden Bolero-Gruppen ab 22 Uhr (Eintritt 10 CUC). ⏲ tgl. 12–1 Uhr.

El Lugar, Calle 49 C esq. 28 A (Parque Almendares), ℡ 07-204 5162. Schicker Laden mit Gerichten zwischen 5 CUC *(Pollo)* bis 12 CUC (Filet Mignon). Vegetarisches ist schon ab 3,50 zu haben. Angegliedert ist auch eine günstige Pizzeria.

La Ferminia, Av. 5 No. 18207 esq. 184, ℡ 07-273 6786. Im noblen „Diplomatenrestaurant" (viele Botschafter speisen hier) kann man sich den Bauch mit Grillspezialitäten vollschlagen, auf *All you can eat*-Basis (15 CUC). Gute Auswahl an Weinen.

El Tocororo, Calle 18 No. 302 esq. 3, Miramar, ☎ 07-204 2209. Eine der besten Adressen in Havanna: Edles koloniales Ambiente, große Weinkarte, schöner Garten, schnelle Bedienung und tolles Essen. Die Spezialitäten des Hauses sind *pechitos de camarones*, *hors d'oeuvre* und kreolische Gerichte. Auch die Meeresfrüchte sind gut, besonders Hummer. Allerdings ist es hier sogar für diese Region teuer mit rund 30 CUC pro Hauptgericht. Dafür gibt es sogar Japanisches, z. B. Sushi. ⊙ Mo–Sa 12–24 Uhr.

La Vicaria, Av. 5 esq. 13 (Rpto. Flores), ☎ 07-273 9100. Anders als in den vielen teuren Gourmettempeln gib es hier keine Gaumenfreuden der hohen Kunst, aber ordentliche Kost, und das bei einem sehr guten Preis-Leistungs-Verhältnis. Die vielen kubanischen Gäste können nicht irren.

Kasalta, Av. 5 y 2. Pizza, Hamburger, Pasta und Hot Dogs, die nach sportlichen Disziplinen benannt werden. Dazu passen auch die Billardtische. Die Preise der Gerichte liegen zwischen 3–12 CUC (leider sind laute Geräuschkulisse und kühlschrankartige Temperaturen inbegriffen).

La Casa de Quinta, Av. 5 esq. 16. Fisch- und Fleischgerichte zu moderaten Preisen (ab 10 CUC).

Pavo Real, Av. 7 No. 205 e/2 y 4. Das asiatische Essen ist mäßig, aber bei Preisen zwischen 3–5 CUC freut sich die Brieftasche. ⊙ tgl. 11–23 Uhr.

Pan.com, Av. 7 esq. 26. Guter Fastfood-Laden mit Sandwiches und Milchshakes.

Cafetería 3 y 62, Av. 3 esq. 62. Günstige Snacks. ⊙ tgl. 8–23 Uhr.

Havanna schäumt über vor Lebenslust. In der ganzen Karibik gibt es keine Stadt mit so viel Nachtleben. Um darin einzutauchen, muss man gar nicht durch die zahlreichen Clubs tingeln. Ein Abendspaziergang genügt: Auf den Straßen und in den Wohnungen wird Musik gehört, gespielt, gesungen und getanzt, in einem Wort: gelebt. Vor allem der **Malecón** ist so eine Arterie pulsierenden Lebens. Dessen Kaimauer kann kaum alle Kubaner aufnehmen, die sich mit Gitarren, Ghettoblastern und häufig sogar nur mit Flaschen, Stöcken, Dosen und anderen improvisierten Trommelgeräten treffen, um die Uferpromenade zu einer einzigen großen Open-Air-Party zu machen. Dazu kommen unzählige Profi-Musiker, die Tag und Nacht durch die **Restaurants und Kneipen der Altstadt** ziehen, um dort für Touristen die Buena Vista-Klassiker und mehr zum Besten zu geben. Und in Vedado lassen Tänzer und Tänzerinnen in den **Cabarets** die Beine wirbeln, bekannte Bands in Kubas besten **Clubs** ihre Instrumente glühen und DJs mit Salsa-, Reggaeton- und Rap-Hits die tanzwütige Menge toben. Auch das afrokubanische Erbe der Musik ist allgegenwärtig: Rumba-Rhythmen erklingen in zahlreichen religiösen **Santeria-Zeremonien**, besonders in den Stadtteilen Centro Habana, Regla und Guanabacoa.

Leider sind die Eintritts- und Getränkepreise vieler Veranstaltungszentren für die meisten Kubaner zu hoch. Das gilt vor allem für die sehr touristische Altstadt und für einige Bereiche Vedados, weniger für Centro Habana, dessen Straßen nachts aber nicht durchgehend sicher sind. Viele Clubs ziehen auch Prostituierte und *Jineteros* magnetisch an, ihr Ziel: Touristen, die den Eintritt und möglichst viele Getränke spendieren. Um die nervige Anmache zu vermeiden, gehen allein reisende Männer oder Frauen am besten in Begleitung aus (z. B. kann man jemanden aus der Familie seiner Pension einladen).

Wo gerade etwas los ist, erfährt man in den Veranstaltungszeitschriften oder durch Plakataushänge, z. B. vor dem Cine Yara. Insbesondere jüngere Vermieter sind oft eine gute Quelle für Ausgehtipps.

Die Zeitschrift **Cartelera** erscheint Anfang des Monats kostenlos zweisprachig auf Spanisch und Englisch und ist sogar im Internet vertreten (🖥 www.cartelera.com). Sie liegt an vielen Hotelrezeptionen aus (z. B. im Nacional, Inglaterra und Riviera). Leider ist das Heft ziemlich dünn und die Tipps vor allem auf den Touristen-Mainstream zugeschnitten.

Taverne mit Tradition

Taberna Amigos del Benny, Plaza Vieja. Das alte Gebäude aus dem Jahr 1772 war Havannas erstes Café. Viele Bilder von Benny Moré und anderen Musikgrößen aus den 1940er- und 50er-Jahren verströmen ein historisches Ambiente und tragen zur netten Atmosphäre bei. Hochklassige Live-Musik gehört hier zum guten Ton. Das Essen ist überteuert, aber die Cocktails liegen im preislichen Durchschnitt. ⏰ tgl. 11–24 Uhr.

Das Büro des Stadthistorikers bringt monatlich auf Spanisch das **Programa Cultural** heraus (auf Habana Vieja beschränkt). Zu bekommen ist es über das Reisebüro San Cristóbal, Calle Oficios e/Amargura y Lamparilla, ✆ 07-861 91-71, -72) in der Altstadt oder in manchen Hotellobbys. Im Internet unter 🖥 www.ohch.cu.
Der Veranstalter Paradiso, Calle 19 No. 560 esq. C, ✆ 07-832 6928, 832 95-38, -39, hat **Infos zu Kulturveranstaltungen** (Jazzfestival, Festival des Lateinamerikanischen Films usw.) und gibt Tipps zu Museen, Galerien und Theater.
Eine gute Informationsquelle, was gerade abgeht, sind auch die Sender **Radio Taíno** (93,3 FM) und **Radio Habana** (94,9 FM).

Bars

Havanna wimmelt von Bars, in denen auch oft eine Live-Combo aufspielt, bei meistens toller Stimmung. Die meisten dieser nächtlichen Anlaufstellen ballen sich in Habana Vieja, doch leider sind die Getränkepreise für viele Kubaner dort zu hoch.

Altstadt und Centro Habana

La Bodeguita de Medio, Calle Empedrado No. 207 e/Cuba y San Ignacio, ✆ 07-867 13-74, -75. Der Laden ist durch Hemingway berühmt geworden, der hier seine Kneipenzüge mit einigen Mojitos startete (s. Sehenswertes). Das schlägt sich heute im Preis nieder, sowohl in der Bar (Mojito für 5 CUC) als auch im Restaurant. Trotzdem fluten viele Tourgruppen die Kneipe, die tatsächlich immer noch viel Charme ausstrahlt. ⏰ tgl. 10–24 Uhr.

El Floridita, Calle Obispo No. 557 esq. Monserrate, ✆ 07-867 1300, 867 1299, 🖥 www.floridita-cuba.com. Hier, in der Wiege des Daiquiri, ist der US-Schriftsteller dann regelmäßig abgestürzt (s. Sehenswertes). Das Ambiente wirkt sehr viel luxuriöser als in der Bodeguita. Schon die Türsteher im eleganten roten Anzug kündigen die Pracht an. An den Wänden hängen zahlreiche Bilder von Papa Hemingway und an der Theke schaut er als Bronzestatue den Gästen beim Trinken zu. Der wirklich ausgezeichnete Daiquiri wird hier in zahlreichen Varianten zubereitet, kostet aber stolze 6 CUC. Auch die Fischgerichte und Meeresfrüchte sind gut, aber man bezahlt für das Ambiente mit, und das heftig. Ein Besuch lohnt sich, wenn nicht gerade wieder Tourgruppen hereinstürzen, um Fotos zu schießen. ⏰ tgl. 11–24 Uhr.

Café Paris, Calle San Ignacio No. 202 esq. Obispo. Häufige Live-Musik, recht günstige Getränke und Gerichte für den kleinen Hunger sowie ein bunt gemischtes Publikum sorgen in dem stets vollen Laden für gute Stimmung. ⏰ 24 Std.

La Lluvia de Oro, Calle Obispo No. 316 esq. Habana. Eine der angesagtesten Touristenbars, die auch bei Kubanern beliebt ist. Mehrmals tgl. Live-Musik. Cocktails 2 CUC. Recht günstige kleine Gerichte für 2–3 CUC. ⏰ 24 Std.

Bierfans aufgepasst!

Taberna de la Muralla, Plaza Vieja. Das einzige Brauhaus Havannas wurde 2003 von einer österreichischen Firma eröffnet. Gegenstände des Bierbrauens stehen in allen möglichen Ecken und verleihen dem Kolonialgebäude einen musealen Touch.
Zum frisch gezapften Bier (auch Pilsen und Bavaria) gibt es Grillspeisen, wie z. B. Würstchen. Durstige bestellen gleich eine Drei-Liter-Röhre und zapfen selbst am Tisch.
Im Freien auf dem kolonialen Platz schmeckt der Gerstensaft noch mal so gut. ⏰ tgl. 12–24 Uhr.

La Dichosa, Calle Obispo No. 303 esq. Compostela. Kleine Bar mit Snacks, Cocktails und viel Live-Musik. ☉ 24 Std.

La Barrita, Edificio Bacardi. Die schicke Bar aus den 1920er-Jahren im Art-déco-Stil befindet sich im ehemaligen Firmengebäude des Bacardi-Clans und ist noch mit dem Original-Interieur ausgestattet. Günstige Snacks. ☉ tgl. 9–21 Uhr.

La Zaragozana, Av. de las Misiones No. 352 e/ Obispo y Obrapía. Abendliche Live-Musik. Gleichzeitig ist der Laden das älteste Restaurant der Stadt (von 1830), doch die Gerichte sind nur mäßig und zudem noch überteuert. ☉ 24 Std.

Castillo de Farnés, Av. de las Misiones No. 361 esq. Obrapía. Das Ambiente der spanischen Einrichtung lohnt einen Besuch. Nach dem siegreichen Einmarsch in Havanna schaute Fidel Castro hier mit seinem Bruder Raúl und Che Guevara vorbei. Abends gibt es traditionellen spanischen Tanz und Gesang.

Dos Hermanos, Av. San Pedro No. 304 esq. Sol. Hier kann man die Nächte durchmachen. *Lo mejor de los mejores*, wie an der Theke steht, ist der Laden zwar nicht, bietet aber oft Live-Musik, viele Drinks (gute Mojitos für 2,50 CUC) und Snacks zu annehmbaren Preisen. Die Bar ist im Originalstil erhalten. Neben Hemingway kehrte hier in den 1930-ern oft der spanische Dichter Frederico Garcia Lorca ein. Heute trifft man ebenso viele Kubaner wie Touristen.

Plaza de Armas, Hotel Ambos Mundos. Von der Dachbar hat man einen tollen Ausblick auf den Platz und den Hafen. Sollte man sich nicht satt sehen können und Hunger bekommen, gibt es auch ein Restaurant. Oft spielt eine Band. ☉ tgl. 8–23 Uhr.

Havana Club, Museo del Ron. Hier sitzt man direkt an der Rum-Quelle und kann das edle Nass an der schönen Theke aus dem 19. Jh. genießen. Abends Live-Musik. ☉ tgl. 9–23 Uhr.

El Angel de Tejadillo, Calle Aguacate esq. Tejadillo. Die für eine Altstadtkneipe sehr günstigen Getränke locken viele Kubaner an. Wenige günstige Gerichte zum Frühstücken. ☉ tgl. 8–22 Uhr.

Actualidades, Av. de las Misiones No. 264 esq. San Juan de Dios. Dunkle „Peso-Tankstelle" mit viel Stimmung, billigem Bier und günstigen Cocktails. ☉ tgl. 7–2 Uhr.

Pekín, Calle Manrique esq. Zanja. Klein und gemütlich. Viele Kubaner. ☉ tgl. 9–24 Uhr.

Nautilius, Calle San Rafael e/Prado y Consulado. Sieht aus wie ein langer dunkler Schiffsbauch. Billige Snacks, Rum und Cocktails. Nur wenige Touristen verirren sich hierher. ☉ 24 Std.

El Colmao, Calle Aramburu No. 366 e/San Martín y San Rafael. Rustikale Peso-Bar. Manchmal Flamenco-Shows.

Vedado

Havana Café, Hotel Meliá Cohiba, 🖳 www.solmeliacuba.com. Zelebriert den US-Stil der 50er-Jahre. Ein Buick, ein Chevy, eine Harley Davidson und sogar ein an der Decke baumelndes Flugzeug sorgen zusammen mit den vielen alten Schinken an den Wänden für Las-Vegas-Atmosphäre. Eine interessante Umgebung, aber die Preise sind gesalzen, und Kubaner sieht man hier selten. Jeden Abend um 21 Uhr gibt es eine Varieté-Show, Eintritt 5 CUC.

La Torre, Calle 17 No. 155 e/M y N (Edificio Focsa). Exquisites französisches Restaurant mit Bar. So teuer das kulinarische Angebot auch ist, sollte man zumindest auf einen Drink vorbeischauen, denn das Panorama von einem der höchsten Gebäude Havannas (33 Stockwerke) ist atemberaubend. Mitte der 50er-Jahre zählte es zu den höchsten Betonbauten der Welt. ☉ tgl. 12–24 Uhr.

Literatur-Café

Café G, Calle 23 esq. Av. de los Presidentes, Vedado. Cooler Laden im Stil einer Studentenkneipe. Dementsprechend viele junge und interessante Leute treffen sich hier in künstlerischem Ambiente. Als literarisches Projekt gegründet, darf natürlich auch die Bücherecke mit breiter Auswahl an Zeitschriften nicht fehlen. Abends oft Live-Musik und Lesungen. Cocktails kosten 2 CUC, einfache Gerichte 3–4,50 CUC. ☉ tgl. 11–23.30 Uhr.

Fresa y Chocolate, Calle 23 y 12. Kino-Kneipe mit Cocktails (1,50–3,50 CUC) und kleinen Snacks zum gleichen Preis. An den Wänden hängen Fotos des berühmten kubanischen Films *Fresa y Chocolate,* und im Nebensaal laufen manchmal Filme (Programm hängt aus). Am Wochenende ergänzen Shows und Live-Musik (auch der alternativen Szene) das Programm. Der Laden ist bei Schauspielern und Regisseuren angesagt. Do–So gibt es ab 22 Uhr Shows. ① tgl. 10–24 Uhr.

Opus, Calle Calzada esq. D (Teatro Amadeo Roldán). Gemütlich-kitschige Bar im 50er-Jahre-Stil.

Club Imágenes, Calle Calzada No. 602 e/B y C. Exklusiver Laden mit Piano-Musik und stilvollem Gesang der ruhigeren Art. Gutes Tapas-Menü. ① tgl. ab 21 Uhr.

Discos

Club Ticoa, Calle 23 No. 177 e/N y O. Am Wochenende ist es rappelvoll und Kubaner und Touristen tanzen zu Pop und Salsa. Allerdings gehen auch viele *Jineteras* auf Beutezug.

El Turquino, Calle L e/23 y 25. Hier im obersten Stock des Hotel Habana Libre liegt einem die Stadt zu den tanzenden Füßen. Manchmal Konzerte namhafter Bands. Eintritt 5 CUC, bei Konzerten 10–15 CUC.

Palacio de la Salsa, Hotel Riviera. In diesem exklusiven und sehr angesagten Schickimicki-Club erklingen die neuesten Salsa-Hits. Manchmal Konzerte (hier sind schon Megastars wie Los Van Van aufgetreten). Eintritt 10 CUC.

Club Havana, Av. 1 y 84 (im Hotel Comodoro). Riesige Disco mit Pop-Salsa-Mix. Das schicke Ambiente ist Geschmackssache. Schon die Getränkepreise (5 CUC für ein Bier) können so manche schmale Geldbörse verschrecken. ① Mo–Sa, Eintritt 10 CUC.

Macumba Habana, Calle 222 esq. 37, ✆ 07-273 0568. Größte und beliebteste Disco Kubas, die allerdings erstaunliche Öffnungszeiten hat. ① So–Fr 17–23, Sa 17–24 Uhr, Eintritt 10–15 CUC.

Salón Rosado Benny Moré, Av. 41 esq. 46, ✆ 07-206 1282. Im besten Club Miramars finden auch Live-Konzerte namhafter Bands statt. Sehr gute Stimmung am Wochenende. Eintritt 10 CUC für Touristen (Kubaner zahlen dasselbe in CUP).

Viel Tanz für wenig Geld

Einige größere Hotels in Havanna verfügen über eigene Clubs, die aber kaum Kubaner einlassen. Andere schließen viele *Habaneros* schon allein wegen des hohen Eintritts aus. Daher zieht es die Einheimischen zu den günstigen Clubs (Moneda Nacional bis maximal 1–2 CUC Eintritt):

La Terraza, Dachterrasse des Hotel Lincoln, Centro Habana. Von dieser Open-Air-Disco hat man einen schönen Ausblick aufs Meer. Die günstigen Getränkepreise sorgen am Wochenende für einen guten Mix aus Budget-Travellern und Kubanern. Neben Salsa-Rhythmen erklingen auch Techno-Beats.

Club La Red, Calle 19 No. 151 esq. L, Vedado. Die Disco wird vor allem von jungen Kubanern besucht. Fr–So gibt es zuvor Live-Musik.

Karachi Club, Calle 17 esq. K, Vedado. Kleiner Nachtclub (auch Pop).

Café Cantante, s. S. 238. Ein Geheimtipp sind die Disco-Nachmittage von Do–So 16–18 Uhr.

Club 21, Calle 21 y N, Vedado. Am Wochenende Disco für jüngeres Publikum.

Turf Club, Calzada No. 452 esq. F. Beliebter Laden.

El Túnel, Calle Patrocinio esq. José A. Saco (ca. 5 km südlich der Plaza de la Revolución im Stadtteil Vibora). Touristen verirren sich fast nie hierher. Umso angesagter ist der Laden bei den *Habaneros*. Authentischer geht's kaum. ① Do–So ab 21 Uhr.

Auch die Läden der alternativen Szene (s. Kasten S. 239) sind sehr günstig.

Discoclub Juventud 2000, Av. 1 y 10 (im Teatro Carlos Marx), ✆ 07-203 0801. Hat oft auch namhafte Live-Musik zu bieten. ① Fr–So.

Club Le Select, Calle 28 e/5 y 7, ✆ 07-204 4098. Gleichzeitig Bar und Disco. Lockt mit seinen günstigen Bier- und Cocktailpreisen viele Besucher an.

Live-Musik

Havanna ist eine Hochburg der Live-Musik. Von der riesigen Konzerthalle bis hin zur kleinsten

Havanna und Umgebung

Von Daniela Kälber

Die Salsa ist ansteckend, lebendig, flexibel. Sie entwickelt sich beständig weiter und verschmilzt mit den Rhythmen von Hip Hop, Reggaeton und Bachata zu neuen Stilen.

Bachata, ein langsamer Bolero, stammt eigentlich aus Kuba, wurde aber in der Dominikanischen Republik bekannt. Der besonders unter Verliebten populäre Musikstil im 4/4-Takt sticht in der kubanischen Klangwelt durch unharmonische Gitarrenbegleitung hervor. Hat man sich aber an die Rhythmen und Gesänge gewöhnt, entpuppen sie sich als variantenreiche Mischung. Stilelemente der Musikgeschmäcker vergangener Generationen vermischen sich mit neuen Klängen.

Heute ist **Reggaeton** die lauteste Stimme der Straße. Der hämmernde Gleichklang elektronischer Bassinstrumente wurde eigentlich in den sozial benachteiligten Vierteln Puerto Ricos erfunden. Nun tönt er aus den Radios der Cadillacs und den Soundsystems der Straßen in immer neuen kubanischen Abwandlungen, auch in Form der sozialkritischen Variante Cubaton. Der dazugehörige Tanz *perreo* gilt im Straßenslang als „afuegito" (heiß, feurig) – aber fast ausschließlich innerhalb der jungen Generation. Manche alten Herrencombos schütteln den Kopf über den äußerst sinnlichen Tanz zur Reggaeton-Musik. Beim *perreo* wird Rivalität tänzerisch ausgefochten. Dass die Frau dabei wie in einem Sandwich zwischen zwei Männern tanzt, ist keine Seltenheit.

Zusätzlich kam der Begriff **Timba** als Bezeichnung für einen eigenen Musikstil auf. Die halbkommerzielle Timba wurde von Künstlern wie David Calzado repräsentiert, der damals noch gemeinsam mit seiner Gruppe Charanga Habanera auftrat. Der sich selbst als „ciclón de La Habana" bezeichnende Leadsänger wirbelt wahrhaftig wie ein Sturm über die Bühne, begleitet von den typischen Instrumenten Klavier bzw. Keyboard, Bass, Schlagzeug, den Percussion-Instrumenten *timbales* und *congas* sowie einem Bläsersatz. Die einst kahlrasierte Frontfrau der durch den Jazz geprägten Gruppe Bamboleo ist eine der wenigen weiblichen Vertreter dieser Musikrichtung. Bei Timba-Konzerten werden meist Anleitungen zu einer leicht nachzuahmenden Choreografie gegeben. Diese soll das Publikum einbinden, ebenso wie Ausrufe wie „Ahí na' ma'" (etwa: hier geht's ab) oder „Aché" (Glück, positive Energie).

Bevor der Reggaeton Kuba erreichte, rappten bereits die Timba-Sänger und Sängerinnen. Im Gegensatz zu vielen heute populären Interpreten des Reggaeton genossen sie jedoch die klassische kubanische Musikerausbildung an prestigeträchtigen Konservatorien. Deshalb sind auch deren Texte weniger sozialkritisch.

Altstadtkneipe: Jeden Tag spielen irgendwo hochklassige Bands Son, Bolero, Salsa, Danzón oder Rumba – und in letzter Zeit auch zunehmend Rap und Reggaeton. Und nirgendwo ist die Chance größer als hier in der Metropole, mal die Superstars des kubanischen Musikhimmels live zu erleben.

Altstadt und Centro Habana

Convento de San Francisco de Asis, Plaza de San Francisco. Jeden Abend ab 19 Uhr Klassik-Konzerte. Eintritt 3–10 CUC (je nach Platzkategorie).

Noche en la Plaza, Plaza de la Catedral. Einen Sa im Monat ab 21 Uhr erklingt hier ruhige Live-Musik. Der Fassade der Kathedrale ist dann in romantisches Licht getaucht. Eine wunderschöne Atmosphäre! Das Restaurant El Patio kennt das genaue Datum.

Encounter with Cuban Music, Calle San Ignacio No. 78 e/O'Reilly y Callejón del Chorro, ✆ 07-861 0412. Jeden Mo Abend lassen Musiker auf der Dachterrasse Folklore-Musik erklingen, während unter den Gästen die Rumflasche kreist. Unter Kubanern schon längst eine Institution, wird die Veranstaltung auch bei Touristen immer beliebter. Eintritt 5 CUC.

Centro Cultural Pablo de la Torriente Brau, Calle Muralla No. 63 e/Oficios e Inquisidor, ✆ 07-861 6251, ⌨ www.centropablo.cult.cu und

Die besten Tanztempel

Um zu wissen, was gerade angesagt ist, sollte man sich auf die kubanische Zeit einstellen und bereits vor Einbruch der Dunkelheit eine der **Matinées** (Disco-Nachmittage) aufsuchen:

Casa de la Música, Av. 35 esq. 20, Miramar, ℘ 07-204 0447, 202 6147, 🖥 http://promociones. egrem.co.cu/. Die Einheimischen warten meist ausnahmsweise pünktlich um 17 Uhr vor den Türen dieses Tanzschuppens im eklektizistischen Miramar. Sind die ersten Gläser geleert, lösen lokale Bands den DJ ab und präsentieren ihren jeweils eigenen Mix von Salsa über Son bis Reggaeton. Auch wenn die Lautstärke für europäische Verhältnisse übermäßig und die Tonmischung ungewöhnlich erscheinen mag, so ist doch hier der lockere Kontakt mit den Einheimischen viel eher möglich als in sämtlichen Lokalitäten des für den kommerziellen Tourismus berüchtigten Altstadtkerns. Nach 21 Uhr folgt eine Disco oder ein zweites Konzert für zahlungsbereites ausländisches Publikum (oft namhafte Bands). Hier warten dann auch die *Jineteros* auf Einladungen zum Drink oder direkt ins Ausland. ⏰ Di–So 17–3 Uhr, Eintritt 5–25 CUC.

1830, Malecón No. 1252 esq. 20, Vedado, ℘ 07-838 3090, -91. Wer gerne unter freiem Himmel feiert, ist in diesem direkt am Meer gelegenen Tanzclub mit angelagertem Restaurant und Café richtig. Er sticht weniger durch sein Ambiente als durch die berühmte improvisierte *Rueda de Casino,* die kubanische Salsapoker (spielerischer Gruppentanz mit bestimmten Figuren), heraus. Diese folgt eigenen Regeln, die immer neu erfunden werden. Jeder Tanz ist Improvisation. Nicht alle Figuren sind so einsichtig wie „el tren" (der Zug), bei dem die Tanzenden als Parade im Kreis vorwärts wie rückwärts laufen und hüpfen. Spätestens bei „confusión" wird der Uhrzeigersinn gebrochen, und wer zu viel *ron collins* getrunken hat, verliert dabei unter Umständen seine vorbeitanzende Partnerin. Das Lokal 1830 ist am frühen So Abend den langen Spaziergang am Malecón wert. An einigen Samstagen spielen stadtbekannte Bands ihre Timba-Kreationen und bringen selbst sitzende Zuschauer ins Schwitzen. Eintritt 5 CUC (Sa) bzw. 3 CUC (So).

Hotel Florida, Calle Obispo No. 252 esq. Cuba, Habana Vieja. Wesentlich gediegener präsentieren sich die Räumlichkeiten des Hotels Florida in Habana Vieja. Der Tanzsaal öffnet täglich kurz vor 23 Uhr. Eine Stunde später beginnt die Band mit ihrem unverwechselbaren Standardprogramm. Der Laden ist auch beliebt bei anderen Musikern und Tanzlehrer/innen, die hier eine heiße Sohle aufs Parkett legen. Der Abend endet mit Reggaeton. Eintritt 5 CUC (inkl. 2 Drinks).

www.aguitarralimpia.cult.cu. Dichterlesungen und Live-Musik *Guitarra limpia* im Nueva Trova-Stil.

Casa de la Cultura Julián del Casal, Calle Aguiar No. 509 e/Amargura y Brasil, ℘ 07-863 4860. Fast jeden Abend ab 20 Uhr erklingen unterschiedliche Musikrichtungen (s. Aushang). So Nachmittag des Öfteren Danzón und Rap. Manchmal Theateraufführungen und Tanzkurse. In Centro Habana liegt das Kulturhaus in der Av. Simón Bolívar esq. Aramburu.

Pe-a de Yoya, Calle San Lázaro No. 667 Apto. 9 e/Padre Varela y Gervasio. Jeden Fr Abend um 22 Uhr treffen sich *Filin*-Musiker (romantische Gitarrenballaden) im Haus von Lucy, der Schwester der verstorbenen Yoya, die diese Abende vor 20 Jahren ins Leben gerufen hatte.

Casa de la Música Dos, Av. de Italia e/ Concordia y Neptuno, ℘ 07-860 8296, -97, 🖥 http://promociones.egrem.co.cu/. Seit 2002 hat der berühmte Musiktempel von Miramar einen kleinen, fast ebenso beliebten Bruder, denn auch hier geben sich die Musikstars der Insel die Klinke in die Hand. Leider ist der Laden aber auch „*Jinetera*-Zone". Getanzt wird auf zwei Etagen. ⏰ Di–So 17–20, 23–2 Uhr (zwei Konzerte pro Tag). Die Preise schwanken je nach Popularitätsgrad der Band zwischen 5–25 CUC (Kubaner

Jazz Cubano

Havannas Jazzszene ist klein aber fein. Die besten Läden sind:

La Zorra y el Cuervo, Calle 23 e/N y O, Vedado, ☎ 07-833 2402. Fast schon legendärer kleiner Jazzclub mit Jamsessions von einigen der größten Musiker. Auch Chucho Valdés spielt hier regelmäßig (am besten das Personal nach dem nächsten Termin fragen). Man sollte früh erscheinen, wenn man noch einen guten Sitzplatz bekommen will. ◷ tgl. 22–2 Uhr, Eintritt 10 CUC (inkl. Getränke für 5 CUC).

Pianobar Delirio Habanero, Paseo y 39 (im Teatro Nacional, Vedado), ☎ 07-878 4275, ▭ http://promociones.egrem.co.cu/. Jeden Abend ab 22 Uhr spielen Live-Bands Jazzmusik. Danach kann man im Café Cantante im selben Gebäude abhotten. Der kuschelige Laden ist klein und am Wochenende schnell voll, daher reservieren. Eintritt 5–15 CUC.

Jazz-Café, Paseo esq. 1, Vedado, ☎ 07-838 3556. Im Einkaufszentrum Galería de Paseo treten jeden Abend ab 23 Uhr gute Live-Bands auf. Oft wird es sehr voll. Eintritt 5 CUC.

Irakere Jazz Club, Calle A No. 314 e/3 y 3 A, Miramar. Ebenfalls eine Super-Adresse für Jazz-Liebhaber. Mitunter spielen alte Hasen, aber auch die Newcomer haben es drauf. Eintritt 10 CUC (inkl. Getränke für 5 CUC).

dürfen erfreulicherweise in Moneda Nacional zahlen).

Callejón de Hamel, südlich der Calle San Lázaro e/Aramburu y Hospital. Rumba-Musik jeden So von 11–16 Uhr (s. Sehenswertes). Tolle Atmosphäre! Ab und zu auch Straßentheater.

Palermo, Calle San Miguel No. 252 esq. Amistad, ☎ 07-861 9745. Nichts für Schüchterne: In dem ziemlich verfallenen Schuppen lassen die Einheimischen die Sau raus – Havanna pur! Die runde Theke soll die längste von ganz Kuba sein. Di, Do und Sa ab 24 Uhr Live-Musik und Cabaret. Eintritt 3 CUC. Fr und So gibt es auch eine Matinée von 16–20 Uhr (nur 25 CUP Eintritt). ◷ tgl. 23–6 Uhr.

Vedado

Café Cantante, Paseo y 39 (unter dem Nationaltheater), ☎ 07-878 4273, -75, ▭ http://promociones.egrem.co.cu/. Zuerst spielen Salsa-Livebands, danach Disco mit Bombenstimmung. Am Wochenende bilden sich vor dem Eingang schon früh lange Schlangen. ◷ Di–Sa, Eintritt 5–15 CUC.

Centro Vasco, Calle 4 esq. 3, ☎ 07-830 9836. Gelungene Mischung aus Nachtclub, Bar und Restaurant (von Fischgerichten bis zu Paella) zu annehmbaren Preisen. Jeden Abend gibt es eine Show mit Live-Musik, gefolgt von Disco (viel Reggaeton).

Uneac, Calle 17 No. 351 e/G y H, ☎ 07-832 4551, ▭ www.uneac.org.cu. Auf dem schönen Gelände des kubanischen Schriftsteller- und Künstlerverbands spielen am Wochenende Live-Bands. Sa ab 21 Uhr ist Trova-Tag, Mi und Do um 17 Uhr gibt es afrokubanischen Tanz. Die Stimmung ist oft super. Viele intellektuelle Künstler tummeln sich auf dem schönen Gelände, wo auch regelmäßig Lesungen und Kunstausstellungen stattfinden. Eintritt 5 CUC.

Casa de los Estudiantes, Calle 27 esq. K. Die Federación de Estudiantes (FEU) veranstaltet regelmäßig auf dem Universitätscampus Konzerte und Partys mit Superstimmung. Einfach mal nachfragen.

Pico Blanco, Calle O No. 206 e/23 y 25, ☎ 07-833 3740. Auf der Dachterrasse des Hotels St. Johns gibt es abwechslend Comedy, Karaoke und Live-Musik, gefolgt von Disco. ◷ Di–So 22–3 Uhr, Eintritt 5 CUC.

Boleros für die Boheme

Café Gato Tuerto, Calle O No. 14 e/17 y 19, Vedado, ☎ 07-838 2696. Der „einäugige Kater" hat echt Stil! Der Laden war schon in den 50ern vor allem in der Künstlerszene angesagt und verströmt noch heute den Charme einer Künstlerkneipe. Jeden Abend ab 23 Uhr Comedy oder traditionelle Live-Musik der ruhigeren Art (Son, Bolero etc.). Essen zu akzeptablen Preisen gibt es auch. Eintritt 3 CUC.

Wem Salsa schon aus den Ohren rauskommt, oder wer einfach mal ein bisschen Abwechslung zu Son, Rumba und Co. sucht, der geht am besten in folgende Läden:

Teatro América, Av. de Italia No. 253 e/Concordia y Neptuno, Centro Habana. Manchmal Rap- und Rock-Konzerte (s. Aushang).
La Madriguera, Calzada de Infanta e/Av. Salvador Allende y Salud (Parque Quinta de los Molinos, Vedado), ☎ 07-879 8175. Untersteht der Asociación Hermanos Saíz (dem Jugendverband des Uneac). Abwechselnd Rock-, Rap- und Reggae-Konzerte. ☉ Mo–Sa 9–19 Uhr (Do bis 24 Uhr).
Anfiteatro Parque Almendares, Calle 23 esq. Río Almendares, Vedado. Schön am Fluss gelegen. Hier lassen Kubaner am Wochenende ab 16 Uhr zu Reggae- und Rap-Konzerten die Sau raus.

Pabellón, Calle N No. 266 esq. 23, Vedado, ☎ 07-832 3511. Kulturveranstaltungen des Kommunistischen Jugendverbandes UJC. Es gibt eine Disco und einen breiten Konzert-Mix von Salsa, Rap, Rock und Reggae (s. Aushang).
La Pampa, Malecón esq. Vapor, Centro Habana. Klein und extrem stimmungsvoll. Hier geht die Post ab mit Salsa, Rap und Reggaeton. ☉ Di–So.
Patio de Maria, Calle 37 No. 262 e/Paseo y 2, Vedado, ☎ 07-881 0722. Hier schlägt das Herz von Havannas Subkultur. Am Wochenende Rockkonzerte, gefolgt von Disco. Der Laden hat sich auch als engagiertes Sozialprojekt (Anti-Aids- und Anti-Drogen-Kampagnen) einen Namen gemacht. ☉ tgl. 8–23 Uhr.
Wer sich für die Underground-Rockerszene interessiert, sollte sich zu deren Treffpunkt am **Parque de los Roqueros** (Calle 23 y G, Vedado) aufmachen.

Casa de la Cultura de Plaza, Calle Calzada No. 909 esq. 8, ☎ 07-831 2023. Schöner Innenhof mit Wandmalereien. Vor allem am Sa Abend Konzerte. ☉ Mo–Sa 9–22 Uhr.
Teatro Amadeo Roldán, Calzada y D, ☎ 07-832 4521, -22. Hochburg klassischer Musik und Sitz des Orchestra Sinfónica Nacional, das jeden So um 17 Uhr auftritt. Im Oktober findet hier das Festival de Música Contemporânea statt. Eintritt 5 CUC.
Barbaran Club, Calle 26 e/45 y 47, Nuevo Vedado, ☎ 07-881 1808. Breites Programm von Trova über Salsa bis zu Jazz.

Miramar
El Chévere, Av. 49 C esq. 28 A, ☎ 07-204 4990. Tgl. ab 22 Uhr angesagte Open-Air-Disco. Eintritt 6 CUC.
Teatro Carlos Marx, Av. 1 y 10, ☎ 07-203 0801. Der Laden ist noch ein Geheimtipp: An Wochenenden treten hier oft gute Bands auf. Man kann in Peso Cubano bezahlen, muss sich jedoch schon am Vormittag die Karte besorgen und Wartezeit einplanen. Doch die Stimmung ist super: Das größtenteils einheimische Publikum

bleibt nicht auf den Plätzen hocken, sondern versucht, in den engen Sitzreihen zu tanzen. Ein Erlebnis, das man sich nicht entgehen lassen sollte.

Unterhaltung und Kultur

Cabaret und Show
Im Unterschied zu unseren politisch-satirischen oder Comedy-Kabaretts lebt die kubanische Variante vom Las Vegas-Flair und strotzt vor Tanz-, Gesangs- und Comedy-Einlagen. Die Kubaner lieben diesen Glamour der 50er-Jahre und gehen während der Show begeistert mit und können sich danach noch bei Disco-Musik richtig austoben. Tickets sollten einen Tag vorher gekauft werden. Bei den bekanntesten Shows wie z. B. Tropicana oder Parisien verkaufen die Reisebüros in den Luxushotels und die Infotur-Büros Karten.

Cabaret Nacional, Parque Central (unter dem Gran Teatro), ☎ 07-863 2361. Die recht günstige, aber trotzdem sehenswerte Show beginnt um 23 Uhr. Danach Disco. Eintritt 10 CUC.

Centro Andaluz, Prado No. 104 e/Refugio y Genios, ℡ 07-863 6745. In der Ecke ist eine kleine Bühne, wo Fr–Sa ab 20.30 Uhr Live-Musik und Flamenco-Tanz stattfindet. Tagsüber kann man hier ganz gut essen. ⌚ Di–Do 13–18, Fr–Sa 12–spät.

El Gran Palenque, Calle 4 No. 103 e/Calzada y 5, Vedado, ℡ 07-836 9075, 833 4560. Hier vermitteln die Tänzer und Trommler des Conjunto Folclórico Nacional jeden Sa um 15 Uhr beim *Sábado de la Rumba* einen imposanten Eindruck vom Ursprung afrokubanischer Musik. Eintritt 5 CUC.

Cabaret Parisien, Calle 21 esq. O (im Hotel Nacional), ℡ 07-833 3564. Das nach dem Tropicana bekannteste Kabarett bietet um 22 Uhr eine sehr sehenswerte Show mit fantastischen Kostümen. ⌚ Fr–Mi 21–2.30 Uhr, Eintritt 35–60 CUC.

Cabaret Turquino, Calle L e/23 y 25 (Hotel Habana Libre), ℡ 07-834 6100. Nicht nur die Show, sondern auch der spektakuläre Ausblick vom 25. Stock lohnen einen Besuch. ⌚ tgl. 22.30–5 Uhr, Eintritt 10 CUC.

Cabaret Salon Rojo, Calle N y 21 (im Hotel Capri), ℡ 07-833 3747. In der Show *Habana Mía* wird ein historischer Streifzug durch verschiedene Musikstile Havannas von den wilden 50er-Jahren bis heute präsentiert. ⌚ Di–So ab 22 Uhr, Eintritt 10 CUC (inkl. Getränke für 5 CUC).

Cabaret Las Vegas, Calle Infanta No. 104 e/25 y 27, ℡ 07-836 7939. Die Show wird überwiegend von Kubanern besucht, die danach zu Disco-Rhythmen abtanzen. Eintritt 5 CUC.

Club Scheherazada, Calle M esq. 19. Täglich wechselndes Programm von Cabaret über Karaoke zu Humor-Shows für nur 1–2 CUC (s. Aushang).

Copa Room, Paseo y Malecón (im Hotel Riviera), ℡ 07-836 4051. Sehr angesagte Show. ⌚ Do–Sa 21–3 Uhr, Eintritt 25 CUC.

La Maison, Calle 16 No. 701 esq. 7, ℡ 07-204 15-43, -46, -48. Die prachtvolle Villa liegt in einem schönen Gartengelände. Auf der Bühne wechseln Modeschauen mit Live-Musik (s. Aushang). Es gibt auch eine Piano-Bar. ⌚ Mo–Sa ab 21 Uhr, Eintritt 10 CUC.

Showtime im „Paradies unter Sternen"

Cabaret Tropicana, Calle 72 No. 4504 esq. 43, Marianao, ℡ 07-267 1717 und 267 0110, 🖥 www.cabaret-tropicana.com. Das weltweit berühmteste kubanische Kabarett liegt im südlich an Miramar angrenzenden Stadtteil Marianao und blickt auf eine lange, schillernde Vergangenheit zurück: Seit 1939 wirbeln hier die besten und schönsten Tänzerinnen und Tänzer Kubas in atemberaubenden Kostümen unter freiem Himmel über die Bühne. Der legendäre Nachtclub zählt zu Kubas renommiertesten Touristenattraktionen und bietet eine der vier weltweit größten Shows, an der schon Superstars wie Benny Moré und Nat King Cole teilgenommen haben. Mehr als 200 Tänzer und Tänzerinnen präsentieren in einer wahren Kostümschlacht eine farbenprächtige Parade im „Paradies unter Sternen". Höhepunkt der Show ist der „Tanz der Kandelaber", bei dem die Tänzerinnen auf dem Kopf mit Glühbirnen bestückte Leuchter tragen. Jede kubanische Familie träumt davon, mindestens einmal im Tropicana zu Gast zu sein und lässt sich dies einiges kosten. Die zweistündige Show beginnt um 22 Uhr. Danach geht es in der **Disco Arcos de Cristal** bis fünf Uhr morgens weiter. Eine Reservierung über Infotur oder ein Reisebüro ist dringend angeraten, da oft viele Reisegruppen zu Gast sind. Es gibt auch Restaurant, Bar, Café und Souvenirladen. ⌚ Di–So 20.30–2 Uhr, Eintritt 65 CUC (inkl. Cuba Libre und Zigarre).

Theater

Die meisten Theater befinden sich im Stadtteil Vedado. In der Regel finden die Vorführungen Fr–Sa um 20.30 Uhr und So um 17 Uhr statt. Einige können in Moneda Nacional bezahlt werden.

Casa de la Comedia, Calle Baratillo y Justiz, ℡ 07-863 9282. Fr und Sa ab 20 Uhr gibt es komische Performances. Eintritt 5 CUC.

Gran Teatro García Lorca, Parque Central, ℡ 07-861 3077. Reichhaltiges Angebot von Ballett, Oper und Theater bis zu Konzerten (s. Aushang). Hier ist auch die Ópera Nacional, die Comedia Lírica und das Ballet Nacional de Cuba

(🖳 www.balletcuba.cult.cu) unter der Leitung von Alicia Alonso zu Hause. Letzteres bietet wechselweise Ballett, Folkloretänze und modernen Tanz. Karten
gibt es von Mo–Sa 9–18, So 9–15 Uhr, Eintritt 10 CUC.

Teatro Fausto, Prado No. 201 esq. Colón, ☏ 07-863 1173. Am Wochenende oft humoristische Shows um 20.30 Uhr (5 CUC).

Teatro América, Av. de Italia No. 253 e/ Concordia y Neptuno, ☏ 07-862 5416. Do um 21 Uhr Humorshow, Fr/Sa um 20.30 und So um 17 Uhr Theaterstücke. Manchmal Konzerte. Eintritt 5 CUC.

Teatro El Sótano, Calle K No. 514 e/25 y 27, ☏ 07-832 0630. Überwiegend Autorentheater, lateinamerikanische und kubanische Dramaturgien. Vorführungen Sa 20.30 und So 17 Uhr.

Teatro Nacional de Guiñol, Calle M e/17 y 19. Puppenspieltheater, das über 100 Stücke im Repertoire hat, toll für die Kleinen. ⊙ Vorführungen Sa 17, So 10.30 und 17 Uhr.

Centro Cultural Bertolt Brecht, Calle 13 esq. I, ☏ 07-832 9359. Wie der Name schon sagt, werden u. a. Stücke von Brecht aufgeführt. Ansonsten treten kleinere Projekte wie das *Karibische Theater* und das *Kleine Theater von Havanna* auf.

Kultur für jeden Geschmack

Teatro Nacional, Calle Paseo esq. 39, Vedado, ☏ 07-879 3558, 879 6011. Größtes Theater Havannas mit hochklassigem Theater-, Ballett- und Musikprogramm (s. Aushang). Manchmal spielt hier das Orchestra Sinfónica Nacional, manchmal auch ausländische Ensembles. Es gibt zwei große Säle, die Piano-Bar Delirio Habanero, das Café Cantante Mi Habana (s. Nachtleben), Kunstausstellungen und einen schönen Garten mit Statuen von kubanischen Künstlern. Eintritt 10 CUC.

Teatro Buen Día, Calle Loma esq. 39, ☏ 07-881 6689. In einer russisch-orthodoxen Kirche. Besonders gut ist das Stück *Requiem für Jarine*.

Teatro Mella, Calle Línea No. 657 e/A y B, ☏ 07-833 8696. Eines der größten Theater Havannas. Theaterstücke, Folklore (Sitz des Conjunto Folclórico Nacional) und moderner Tanz. Hauptaustragungsort des Festivals „Los días de la danza."

Teatro Hubert de Blanck, Calle Calzada No. 654 e/A y B, ☏ 07-830 1011. Am Wochenende Aufführungen. Eintritt 5 CUC.

Humor Club Cocodrilo, Calle 3 e/10 y 12, ☏ 07-837 5305. Jeden Abend ab 22 Uhr Comedy. Eintritt 5 CUC.

Kinos

Havanna ist eine echte Kinohochburg. Die riesigen Filmtempel aus den 30er-Jahren faszinieren und haben tausendmal mehr Charme und Atmosphäre als unsere sterilen, hypermodernen Glaspaläste. Kinokarten werden in Moneda Nacional bezahlt und sind äußerst günstig. Bei den meisten Kinos hängen draußen die Programme mehrerer Filmtempel aus. Die größten und bekanntesten sind:

Actualidades, Av. de las Misiones No. 262 esq. San Juan de Dios. Ab 16.30 Uhr Vorführungen.

Payret, Parque Central. Ende des 19. Jhs. erbaut, ist dies ist eines der größten und ältesten Kinos der Stadt mit einer Menge Charme und mehreren Vorführungen täglich (ab 12.30 Uhr).

Besonders interessant für Cineasten ist der Dezember. Dann werden auf dem Kinofestival die neuesten lateinamerikanischen und spanischen Filmproduktionen vorgeführt. Da die filmbegeisterten Einheimischen lange Schlangen vor den Filmtempeln bilden, sollte man sich die Karten schon früh an der Vorkasse besorgen. Nähere Infos unter 🖥 www.habanafilmfestival.com.

Multiplex, Calzada de Infanta e/Neptuno y San Miguel. Modernstes Kino der Stadt mit mehreren Vorstellungen täglich.
El Mégano, Calle Industria esq. San Martín.
La Rampa, Calle 23 e/O y P. ⏲ Do–Di ab 16.30 Uhr. Überwiegend US-Filme.
Yara, Calle 23 y L. Mehrere Vorführungen tgl. Überwiegend spanische und kubanische Filme.
Riviera, Calle 23 y H. ⏲ tgl. ab 16 Uhr.
Trianón, Línea e/A y Paseo. Vorführungen ab 16.30 Uhr. Fungiert am Wochenende auch als Theater.
23 y 12, Calle 23 e/12 y 14.
Charles Chaplin, Calle 23 No. 1155 e/10 y 12. Künstlerkino. Fr–Mi Vorführungen um 17 und 20 Uhr.

Sportveranstaltungen

Schon die zahlreichen Baseball spielenden Kinder und Jugendliche machen deutlich, welchen Raum der Sport in Havanna einnimmt. Der Eintritt in Sportstätten kann in Moneda Nacional gezahlt werden und ist daher sehr günstig.
Kid Chocolate, Prado esq. Brasil, ✆ 07-861 15-46, -48. Die Mehrzweckhalle, eine der ältesten Sportarenen des Landes, wurde nach dem ersten kubanischen Boxweltmeister benannt, der alle seine 21 Profikämpfe durch K.O. gewann. An den Wochenenden finden hier manchmal Kämpfe (Boxen, Kickboxen, Judo) sowie Badminton-Spiele statt.
Gimnasio de Boxeo Rafael Trejo, Calle Cuba No. 815 e/Merced y Leonor Pérez. Hier trainiert der Boxnachwuchs. Am Wochenende manchmal Kämpfe.

Estadio Latinoamericano, Calle Pedro Pérez No. 302 e/Patria y Sarabia, ✆ 07-870 6526. Von Okt–April spielen hier die beiden erfolgreichen Baseball-Teams Industriales und Metropolitanos (Di–Do um 19.30 und Sa–So um 13.30 Uhr).
Basketball und Volleyball kann man sehen in der **Sala Polivalente Ramón Fonst**, Av. Independencia esq. Bruzón, ✆ 07-882 0000, und im **Coliseo de Deportes** (**Ciudad Deportiva**), Vía Blanca esq. Av. de la Independencia.
Estadio Pedro Marrero, Av. 41 No. 4409 e/44 y 50, ✆ 07-203 4698, 209 5428. Hier finden Fußballspiele statt, die langsam populärer werden.
Estadio Olímpico Panamericano, Av. Monumental KM 4 1/2 (Habana del Este), ✆ 07-766 4140, -44, -45. Hier wurden 1991 die Panamerikanischen Leichtathletik-Meisterschaften ausgetragen.

Feste

Havannas Festivals sind so zahlreich, dass sie gar nicht alle erwähnt werden können. Manche genießen sogar Weltruf. Bei **Paradiso** (s. Touren) kann man sich über die genauen Daten informieren.

Januar

Anfang Januar – Cubadanza: Festival zu traditionellen und modernen kubanischen Tanzstilen.
Mitte Januar – FolkCuba: Das Conjunto Folclórico Nacional präsentiert mit folkloristischer Musik, Tänzen und Kostümen farbenprächtig und lebhaft die afrokubanische Kultur.
Ende Januar – Feria Internacional de Artesanía (jedes ungerade Jahr): Internationale Kunsthandwerksmesse auf dem Gelände der Pabexpo im Stadtteil Siboney (westlich von Miramar) mit Ausstellungen aus aller Welt und diversen Workshops.

Februar

Anfang Februar – Festival Internacional del Libro: Große Buchmesse in der Festung San

Carlos de la Cabaña mit bekannten kubanischen und lateinamerikanischen Schriftstellern.

Mitte Februar – Festival de Jazz Plaza: Treffen von Spitzenmusikern aus Kuba und der ganzen Welt. Eines der weltbesten Jazz-Festivals, unter der Leitung von Chucho Valdéz. Nähere Infos unter 🖳 www.festivaljazzplaza. icm.cu

Ende Februar – Festival de Tabaco: Größtes Zigarrenfestival der Welt. Seminare über die edle Rauchware werden im Palacio de las Convenciones angeboten. Sogar Fidel war oft zugegen und signierte bei Auktionen verkaufte Zigarren.

Ende Februar – Karneval: Ein riesiger Umzug tanzt den Malecón entlang.

März

Anfang März – Festival de Música Electro-acústica (jedes gerade Jahr): Konzerte im Castillo Tres Reyes del Morro und in der Altstadt.

April

Zweite Aprilhälfte – Festival Internacional de Percusión (Percuba): Klassik-, Pop- und Folk-Konzerte, Tanz und Theater sowie Trommelwettbewerbe.

Letzte Aprilwoche – Los Dias de Danza: Festivitäten rund um verschiedene Tanzstile.

Mai

1. Mai (Tag der Arbeit): Auf der Plaza de la Revolución findet eine beeindruckende Massendemonstration mit rund 1 Mio. Kubanern statt. Höhepunkt war lange Zeit die Rede von Fidel Castro. Jetzt sind sein Bruder Raúl und andere kubanische Persönlichkeiten auf der Ehrentribüne zu sehen.

Zweite Maiwoche – Festival de Guitarra de La Habana (jedes gerade Jahr): Zwei Wochen lang können Konzerte und Wettbewerbe in klassischer Gitarre besucht werden.

Mitte Mai – Feria Internacional del Disco (Cubadisco): Musikmesse mit vielen Bands. Die neuesten Titel der kubanischen Musikwelt werden auf dem Gelände der Pabexpo gespielt. Nähere Infos unter 🖳 www.cubadisco. soycubano.com.

Juni

Mitte Juni – Festival Boleros de Oro: Wird vom Uneac in den Theatern Havannas veranstaltet. Die Tanz- und Musikrichtung des Bolero steht im Vordergrund.

August

Erste Augusthälfte – Festival de Rap: In Alamar (Habana del Este) gibt sich die wachsende kubanische Hip-Hop-Szene, unterstützt von ausländischen Bands, ein Stelldichein.

September

Anfang bis Ende September – Sala de Arte Contemporáneo Cubano: An verschiedenen Orten (z. B. Centro de Desarrollo de Artes Visuales, Fototeca, Centro de Arte Wifredo Lam) werden die Werke junger kubanischer Künstler ausgestellt. Diese können sich in Seminaren austauschen.

7. September – Día de Nuestra Señora de Regla: Katholiken und Santería-Anhänger tragen eine der berühmtesten Madonnenfiguren des Landes in einer feierlichen Prozession durch die Straßen des Stadtteils Regla.

28. September – Festival de los CDR: Die Komitees zur Verteidigung der Revolution machen in jedem Straßenblock bis spät nachts Party. Die ganze Stadt ist geschmückt und abends treffen sich die Anwohner jedes Viertels, es wird ein leckerer Eintopf *(Caldosa)* gereicht und viel getanzt. Touristen, die bei Privatvermietern im Block wohnen, sind natürlich willkommen.

Zweite Septemberhälfte – Festival Internacional de Teatro (jedes ungerade Jahr): Für Theater-Fans mit ausreichenden Spanisch-Kenntnissen bietet das Theaterfestival ein reichhaltiges Programm unterschiedlicher Stilrichtungen (von klassischen Theaterstücken, Tanzperformances bis hin zur Satire). Rechtzeitig Programm und Karten besorgen, da der Andrang sehr groß ist.

Oktober

Anfang Oktober – Festival de Música Contemporánea: Im Teatro Amadeo Roldán und der Basílica de San Francisco de Asis finden Konzerte statt.

Ende Oktober – Festival Internacional de Ballet de La Habana (jedes gerade Jahr): Klassisches und zeitgenössisches Ballet, geleitet von der berühmten Alicia Alonso. Veranstaltungsorte sind das Gran Teatro, das Teatro Nacional und das Teatro Mella. Nähere Infos unter 🖳 www.balletcuba.cult.cu.

Ende Oktober – Internationale Handelsmesse (Fihav): Dies ist eine der drei wichtigsten Handelsmessen in Lateinamerika. Veranstaltungsgelände ist die Pabexpo im Stadtteil Siboney.

November

Anfang November – Bienal de La Habana (Anfang November): Riesige Ausstellungen von Künstlern, vor allem aus der Dritten Welt.
Mitte November – Marathon Marabana.
Zweite Novemberhälfte – Festival de Raíces Africanas Wemilere: In Guanabacoa steht die afrokubanische Kultur in Musik, Tanz und Ausstellungen im Mittelpunkt.

Dezember

Anfang Dezember – Festival Internacional del Nuevo Cine Latinoaméricano: Berühmtestes Filmfestival in ganz Lateinamerika, das auch Schauspieler und Regisseure anzieht. Es werden auch US-amerikanische und europäische Filme gezeigt. Nähere Infos unter 🖳 www.habanafilmfestival.com.

17. Dezember – Día de San Lázaro: Eine feierliche Prozession zieht durch Santiago de las Vegas zu Ehren des katholischen Heiligen bzw. des Orisha-Gottes Babalú Ayé.

Lass es krachen!

Wer am 24.12. in Havanna ist, sollte einen Ausflug in die 10 km südlich des Flughafens gelegene Kleinstadt **Bejucal** (20 000 Einw.) machen, denn an diesem Tag finden sehr lebhafte Straßenumzüge *(charangas)* mit festlich geschmückten Umzugswagen und Feuerwerk statt, in denen zwei Stadtteile im Wettstreit gegeneinander antreten. Von der Zugstation Cristina in Centro Habana (Arroya esq. Av. de México, ✆ 07-878 4971) fahren 2x tgl. Züge.

Einkaufen

Havanna ist kein Einkaufsparadies im klassischen Sinne. Wer große Malls und glitzernde Konsumtempel erwartet, wird enttäuscht. Dafür hat die boomende Kulturszene eine Vielzahl von **Galerien** hervorgebracht, die Stücke von ausgezeichneter Qualität verkaufen. Einen Einblick gibt die Seite 🖳 www.galeriascubanas.com. Havannas **Kunsthandwerksmärkte** sind beeindruckend und suchen im ganzen Land ihresgleichen. Auch die **Musikauswahl** ist groß.
Im Zentrum Vedados um das Hotel Habana Libre ballen sich viele Läden für die **klassischen Souvenirs**: Zigarren, Rum, T-Shirts und Kunsthandwerk. Die zentrale touristische **Einkaufsstraße** in Habana Vieja ist die Calle Obispo. Ihr Peso-Pendant in Centro Habana ist El Bulevar (Calle San Rafael e/Prado y Av. de Italia). Wer wertvolle Antiquitäten und Kunstwerke ausführen will, braucht eine staatliche Ausfuhrgenehmigung, die das Fondo de Bienes Culturales in Vedado, Calle 17 No. 1009 e/10 y 12, ausstellt.

Kunsthandwerk und Souvenirs

Palacio de la Artesanía, Calle Cuba No. 64 e/Cuarteles y Peña Pobre. Große Auswahl an allen möglichen Souvenirs. ⏱ tgl. 9.30–19.30 Uhr.
Terracota 4, Calle Mercaderes e/Obrapía y Lamparilla. Verkauft Keramik. ⏱ Mo–Fr 10–19 Uhr.
Habana 1791, Calle Mercaderes esq. Obrapía. Parfümladen, der das kostbare Nass in alten Flakons verkauft. ⏱ Mo–Sa 10–18 Uhr.
Longina, Calle Obispo No. 360 e/Habana y Compostela. Große Auswahl an CDs und Musikinstrumenten. ⏱ Mo–Sa 10–19, So 10–13 Uhr.
Asociación de Artesanos Artistas. Calle Obispo No. 411 e/Aguacate y Compostela. Kleiner Gemischtwarenladen für Souvenirs. Ideal zum Stöbern. ⏱ Mo–Sa 10–19 Uhr.
Mercado del Oriente. Calle Mercaderes No. 109 e/Obispo y Obrapía. Gut für asiatischen Kitsch. ⏱ Mo–Sa 10–19, So 10–13 Uhr.
Casa de los Abánicos, Calle Obrapía No. 107 e/Mercaderes y Oficios. Handgefertigte Fächer,

dessen Motive man sich zuvor selbst aussuchen kann. ⏲ tgl. 10–17 Uhr.

El Quitrín, Calle Obispo No. 163 e/San Ignacio y Mercaderes. Verkauft die typisch kubanischen *Guayabera*-Hemden. ⏲ tgl. 9–17 Uhr.

Colección Habana, Calle Mercaderes No. 113 esq. O'Reilly. Geschenkartikel. ⏲ tgl. 8.30–19 Uhr.

Tienda Muñecos de Leyendas, Calle Mercaderes e/O'Reilly y Empedrado. Hier werden handgemachte Fantasy-Puppen verkauft. Leider ist die Auswahl recht klein. ⏲ Di–Sa 10–17 Uhr.

Artehabana, Calle San Rafael No. 110 esq. Industria. Musik und Kunsthandwerk. ⏲ Mo–Sa 9–17, So 9–13 Uhr.

Fin de Siglo, Calle San Rafael esq. Aguila. Antiquariat mit Büchern und Kunstgegenständen. ⏲ Mo–Sa 9–17, So 9–13 Uhr.

Artex La Habana Sí, Calle 23 y L. CDs, Musikkassetten, T-Shirts und schöne Postkarten mit Alltagsmotiven. ⏲ Mo–Sa 9–21, So 10–14 Uhr.

Casa de la Música, Av. 35 esq. 20. Reiches CD-Sortiment. ⏲ tgl. 10–22 Uhr.

Galerien

Horacio Ruíz, im Palacio del Segundo Cabo (Plaza de Armas). ⏲ tgl. 10–16.30 Uhr.

Los Oficios, Calle Oficios No. 166 e/Amargura y Brasil. Sehenswerte Ausstellung des bekannten Künstlers Nelson Domínguez. Teure Gemälde, Skulpturen, Keramik, Drucke und Postkarten. Toller Garten. ⏲ Mo–Fr 10–17.30 Uhr.

Carmen Montilla, direkt daneben. Wurde mit Hilfe der venezolanischen Malerin gegründet. Ausstellungen von Werken verschiedener kubanischer und lateinamerikanischer Künstler. Den idyllischen Garten zieren einige außergewöhnliche Skulpturen und ein großes Keramik-Wandmosaik von Alfredo Sosabravo. ⏲ Di–Sa 10.30–17.30, So 9–13 Uhr.

Diago (Fondo de Bienes Culturales), Plaza Vieja. Café im schönen Innenhof. ⏲ Mo–Sa 10–17 Uhr.

Víctor Manuel, Plaza de la Catedral. Große Auswahl an Landschaftsgemälden, Schmuck und Keramik. Schön, aber teuer. ⏲ tgl. 9–21 Uhr.

Forma, Calle Obispo No. 255 e/Cuba y Aguiar. Große Auswahl an Bildern, Keramik, Lederwaren, Plastiken und Holzschnitzereien. ⏲ tgl. 9.30–21 Uhr.

Asociación Artesanos, Calle Obispo No. 411 e/Aguacate y Compostela. Bunte Masken und Puppen sowie Nippes, Schuhe und Lederwaren. ⏲ Mo–Sa 10–18 Uhr.

Taller Visual J. Salas, Calle Obispo e/Villegas y Aguacate. Sehenswerte Gemälde und Plastiken. Die Werke von José Salas wurden mittlerweile in über 70 Ausstellungen präsentiert. ⏲ tgl. 12–18 Uhr.

La Acacia, Calle San Martín No. 114 e/Industria y Consulado, 🖥 www.artnet.de/acacia.html. Besonderheiten sind u. a. Keramiken und Pianos aus dem 18. Jh. ⏲ Di–Sa 10–16 Uhr.

Tienda 24, Calle San Lázaro No. 1202 e/M y N. Charmanter kleiner Gemäldeladen. ⏲ Mo–Sa 11–18 Uhr.

Kaufhäuser

Harris Brothers, Calle O'Reilly e/Bernaza y Villegas. Großes Kaufhaus auf drei Etagen mit Cafeteria. ⏲ tgl. 9–21 Uhr.

La Época, Calle Neptuno esq. Av. de Italia. Großes Kaufhaus aus den 50er-Jahren mit mehreren Etagen. ⏲ Mo–Sa 10–19, So 10.30–13.30 Uhr.

Variedades Galiano, Av. de Italia esq. San Rafael. Großes Kaufhaus aus US-bestimmten Zeiten. ⏲ Mo–Sa 10–18, So 10–13 Uhr.

Carlos Tercero, Av. Salvador Allende e/Retiro y Arbol Seco. Kaum ein Ort bietet mehr zum Shoppen als diese große Mall mit einer bunten Mischung aus Geschäften, Cafeterías und Restaurants. ⏲ Mo–Sa 10–18 Uhr.

Galerías de Paseo, Paseo esq. 1. In exklusivem Ambiente kann man auf mehreren Ebenen Lebensmittel, Haushaltsartikel, Kosmetika und Bekleidung kaufen. ⏲ Mo–Sa 10–20, So 10–14 Uhr.

Centro Comercial, Av. 3 e/80 y 84. Großes Einkaufszentrum mit einer Vielzahl unterschiedlicher Läden. ⏲ Mo–Sa 10–18, So 9–13 Uhr.

Quinta y 42, Av. 5 y 42. Größeres Kaufhaus mit angelagerten Restaurants. ⏲ Mo–Sa 10–17, So 10–14 Uhr.

Havanna und Umgebung

Märkte

Feria de Obispo, Calle Obispo e/Aguacate y Compostela. Kleiner Kunsthandwerksmarkt. ☉ Di–So 9–18 Uhr.

Feria de la Rampa, Calle 23 e/N y M. Muschel- und Holzfiguren, Schmuck, Lederwaren, Schuhe, Kleider u. a. Sehr touristisch. ☉ Di–So 9–17 Uhr.

Feria de la Artesanía, Malecón e/D y E. Rund 300 Stände bieten Kunst, Handwerk, Second-Hand-Bücher u. v. m. ☉ Di–So 9–18 Uhr. Die Adressen der **Bauernmärkte** (Mercados Agropecuarios) sind unter der Rubrik Lebensmittel aufgeführt.

Buch und Presse

Ausländische Zeitschriften sind rar in Havanna. Am ehesten wird man in den Hotels Nacional, Inglaterra und Habana Libre fündig.

Papelería, Calle Tacon No. 22 esq. O'Reilly. Schreibwaren, Bürobedarf und Kopierer. ☉ tgl. 10–18.30 Uhr.

Büchermarkt, Plaza de Armas. Viele Klassiker politischer Literatur und auch sonst allerhand Interessantes. Die Bücher sind überwiegend gebraucht, kassiert wird allerdings in Devisen (und das nicht zu knapp), so dass man handeln sollte. ☉ Mo–Sa 9–18 Uhr.

Zwei **Buchläden** mit einer großen Auswahl an Zeitschriften in Spanisch und Englisch befinden sich im Palacio del Segundo Cabo an der Plaza de Armas. ☉ tgl. 9–17 Uhr.

Librería Anticuaria El Navio, Calle Obispo No. 119 e/Oficios y Mercaderes. Gebrauchte Bücher.

Librería La Internacional, Calle Obispo No. 528 esq. Bernaza. Historische, soziologische und

Librería Centenario del Apóstol, Calle 25 No. 164 e/Infanta y O. Der Laden ist voll auf Revolution getrimmt und hat eine große Abteilung sozialpolitischer Werke, darunter Berge gebrauchter Bücher, alles in Moneda Nacional. Das Schaufenster schmückt eine breite Palette an kubanischen Zeitschriften. Auch die Literaturabteilung kommt nicht zu kurz und man findet sogar englischsprachige Romane. ☉ tgl. 9–20 Uhr.

politische Texte (auch auf Englisch). Außerdem Postkarten, kubanische Zeitschriften, Poster und Musik. ☉ Mo–Sa 10–17.30, So 10–13.30 Uhr.

Librería La Moderna Poesía, gegenüber. Wirklich modern und etwas steril. Auf Hochglanz poliert, unterscheidet sich Kubas größte Buchhandlung kaum von einer europäischen, auch preislich nicht. Die Auswahl ist groß, Schreibwaren werden ebenfalls verkauft. ☉ tgl. 10–18 Uhr.

Librería Abel Santamaría, Calle Máximo Gómez e/Economía y Cárdenas. Viele Bücher in Moneda Nacional. ☉ tgl. 9–16 Uhr.

Librería Fernando Ortíz, Calle 27 No. 160 esq. L. Viel sozial- und natur-wissenschaftliche Literatur, Bildbände (auch englischsprachig) runden das Angebot ab. Gutes Angebot, aber in Devisen. ☉ Mo–Fr 10–17, Sa 9–15 Uhr.

Librería Ateneo, Calle Línea No. 1057 e/12 y 14. Viele Zeitschriften. ☉ Mo–Fr 9–20 Uhr.

Librería Casa de las Américas, Calle 3 y G. Politisch-historische Literatur und CDs. ☉ Di–Sa 10–16.30, So 9–13 Uhr.

Tienda Chaplin, Calle 23 e/10 y 12 (im gleichnamigen Kino). Literatur zu Kunst und Film. Daneben verkauft das **Kubanische Filminstitut (Icaic)** Poster und Videos. ☉ Mo–Sa 9–17 Uhr.

Posterladen, Calle 23 esq. L. Viele Film-plakate für 5–10 CUC pro Stück. ☉ Mo–Sa 10–18 Uhr. Daneben gibt es einen kleinen Straßenstand mit gebrauchten Büchern. ☉ tgl. 9–18 Uhr.

Der **Kunsthandwerksmarkt** der Altstadt ist der größte der Insel und erstreckt sich an der Calle Tacón e/Chacón y Empedrado. Das Angebot ist wahrscheinlich so groß wie bei allen Souvenirläden der Stadt zusammen und umfasst Gemälde, Holzfiguren, Stoffe, Masken und vieles mehr. Hier kann nach Herzenslust gefeilscht werden. ☉ Mi–Sa 9–19 Uhr.

Havanna und Umgebung

Zigarren und Rum

Casas del Tabaco gibt es an folgenden Orten:
Calle Mercaderes No. 120 e/Obispo y Obrapía.
🕐 Di–Sa 9–17 Uhr.
Calle Cuba No. 64 (Palacio de la Artesanía).
🕐 tgl. 9.30–19.30 Uhr.
Calle 23 e/O y P. 🕐 Mo–Sa 9–18 Uhr.
Centro Comercial, Av. 3 e/80 y 84.
🕐 Mo–Sa 10–18, So 9–13 Uhr.
Av. 5 No. 1407 e/ 14 y 16. Riesige Auswahl
mit über 300 Zigarrensorten. 🕐 Mo–Sa
10.30–18.30 Uhr.

Fábrica de Tabacos Partagas, Calle Industria
e/Barcelona y Dragones. Verkaufsraum und
Raucherbar. 🕐 Mo–Sa 9–17, So 9–12 Uhr.
Außerdem sind Zigarren in vielen **Hotels**
erhältlich (gute Auswahl im Hotel Parque
Central, Hostal Conde de Villanueva, Nacional,
Meliá Cohiba und Meliá Habana).
Casa de Ron y Tabaco, Calle Obispo esq.
Bernaza. Verkauft neben der edlen Rauchware
auch diverse Rumsorten. 🕐 tgl. 10–18 Uhr.
Museo del Ron, Calle San Pedro No. 262 esq.
Sol. Der Museumsladen verkauft auch die
schönen Havana-Club-Rumgläser.
🕐 tgl. 9–21 Uhr.
Taberna del Galeon, Calle Baratillo e/Obispo
y Jústiz. Über 30 Rumsorten unterschiedlicher
Preisklassen von 4–60 CUC. Kostproben
an der Theke. 🕐 Mo–Sa 9–17, So 9–13 Uhr.
Das **Casa del Café Mamá Inés** nebenan
verkauft Kaffee. 🕐 Mo–Sa 10–17,
So 10–13 Uhr.

Lebensmittel
Bauernmärkte
Die Märkte sind in der Regel Mo geschlossen
und haben So nur vormittags geöffnet.
Mercado Agropecuario Sol, Calle Sol e/Habana
y Compostela.
Mercado Agropecuario Egido, Av. de Bélgica
e/Apodaca y Corrales.
Agromercado Cuatro Caminos, Máximo Gómez
esq. Manglar. Havannas größter Bauernmarkt in
einer Markthalle.
Organopónico Plaza, Av. de Colón esq.
Bellavista. Der riesige Markt ist schon allein für
einen Bummel sehenswert.

Weitere Agrarmärkte:
Calle San Nicolás esq. Trocadero,
Calle 19 e/A y B,
Calle 19 esq. 16,
Calle J esq. 21,
Calle 17 e/F y G,
Calle 17 e/K y L.

Supermärkte
Supermercado La Isla de Cuba, Calle Máximo
Gómez No. 213 esq. Factoría. Große Auswahl.
🕐 Mo–Sa 10–18, So 9–13 Uhr.
Almacenes Ultra, Av. Simón Bolívar No. 109 esq.
Rayo. Lebensmittel. 🕐 Mo–Sa 9–18,
So 9–13 Uhr.
Die **Kaufhäuser** (s. oben) haben alle gut sortierte
Lebensmittelläden.
Diplo-Supermercado, Av. 3 y 70. Einer der
größten Supermärkte Kubas mit reichhaltigem,
aber teuren Lebensmittelangebot (viele
Importwaren). 🕐 Mo–Sa 9–18, So 9–13 Uhr.

Backwaren
Café Santo Domingo, Calle Obispo esq. San
Ignacio. 🕐 tgl. 8–24 Uhr.
Die Kette **Pain de Paris** mit leckerem Kuchen,
Heißgetränken und für kubanische Verhältnisse
gutem Brot hat z. B. Filialen in der Calle 25
e/Infanta y O und im Nationalen Busbahnhof.
🕐 24 Std.
Doñaneli, Paseo esq. 1. Weitere Filiale auf der
Av. 5 esq. 42. 🕐 Mo–Sa 7–17, So 7–13 Uhr.

Aktivitäten
Diverses
Club Habana, Av. 5 e/188 y 192 (Reparto Flores),
☎ 07-204 5700, 204 3300. Tauch- und
Segelschule, Schwimmbad, Tennisplätze,
Fitnesszentrum, Restaurant. Für 10 CUC (Mo–Fr)
bzw. 15 CUC (Sa/So) bekommt man einen
Tagespass, mit dem man Strand und Pool
benutzen kann. 🕐 tgl. 9–18 Uhr.

Golf
Club de Golf, Carretera de Vento KM 8
(Capdevila), ☎ 07-649 8918. Der Parcours verfügt
über 18 Löcher und kostet 30 CUC (plus 10 CUC
Ausrüstung). Außerdem gibt es hier noch eine
Bowlingbahn (5 CUC/Std.). 🕐 tgl. 8–20 Uhr.

Schwimmen

Für ca. 5 CUC kann man in fast jedem Hotel der Stadt den ganzen Tag am Pool abhängen.

Tauchen

Centro de Buceo La Aguja, Marina Hemingway, ☎ 07-204 1150. 15 Tauchstellen.

Tennis

Tennisplätze haben die Hotels Nacional, Meliá Habana, Copacabana und der Club de Golf.

Kurse

Sprachkurse

Academia Máximo, Calle Jústiz No. 21 (Altstadt, Gebäude der Union Latina), 🖳 www.academia-maximo.com. Einzelunterricht oder in Kleingruppen (Mindestdauer 20 Std.). Auch in Kombination mit einem Tanzkurs möglich. Im gleichen Gebäude studieren auch Kubaner romanische Sprachen. Über das Reisebüro Aventoura zu buchen (s. Touren). 20 Std. Gruppenunterricht kosten 130 €, 40 Std. 240 €.
Universität, Calle J No. 556 e/25 y 27, ☎ 07-870 4667, 832 4245, 831 3751, 🖳 www.uh.cu/infogral/estudiaruh/postgrado/english.html.
Hier kann man sich für einen Kurs anmelden. Es werden auch Unterkünfte für Kursteilnehmer angeboten. Der Unterricht findet Mo–Fr von 9–13 Uhr statt, die Kurse beginnen jeden ersten Montag im Monat. Ein einwöchiger Kurs (20 Std.) kostet 100 CUC, zwei Wochen (40 Std.) 200 CUC, drei Wochen (60 Std.) 240 CUC und vier Wochen (80 Std.) 250 CUC. Es sind auch thematische Kurse (z. B. Literatur, afrokubanische Religion, Tanz, Musik, Kino) und Langzeitkurse bis zu 6 Monaten möglich (z. B. kostet ein 320-stündiger Kurs über die kubanische Kultur 920 CUC, 480 Std. kosten 1390 CUC).
Paradiso, Calle 19 No. 560 esq. C, ☎ 07-832 9538, 832 6928, 🖳 www.paradiso.cu. Tanz- und Sprachkurse.
Sprachcaffe, Calle 7 e/32 y 34, Miramar, ☎ 07-204 5433, 🖳 www.sprachcaffe-kuba.com

Tanzkurse

Tanzkurse kann man wie Sprachkurse schon in Deutschland bei einigen Reiseveranstaltern

inklusive Unterkunft und Verpflegung buchen. Alles in allem kommt das billiger als vor Ort.
Centro Andaluz, Prado e/Refugio y Genios, ☎ 07-863 6745. Manchmal werden hier Flamenco- und Gitarrenstunden angeboten, einfach nachfragen.
Academia Salsa Alegre, Calle Justiz esq. Baratillo (in der Casa de la Comedia), 🖳 www.salsa-alegre.com. Hier kann man das Tanzbein zu Salsa, Merengue, Rumba und Cha Cha Chá schwingen (mind. 10 Std. für 125 €, 20 Std für 235 €). Getanzt wird in der Regel in Gruppen von 4–12 Pers., aber auch Einzelunterricht ist möglich. Außerdem Trommelkurse: 10 Std. kosten 160 €, 20 Std. 300 €. Buchbar vor Ort über das Reisebüro Aventoura (s. Touren).
Conjunto Folclórico Nacional, Calle 4 No. 103 e/Calzada y 5, ☎ 07-833 9075, 833 4560. Tanz- und Trommelkurse. Ein zweiwöchiger Tanzkurs für Anfänger und Fortgeschrittene mit Mambo, Son, Cha Cha Chá, Conga, Rumba u. a. kostet 500 CUC. Percussion-Kurse liegen in der gleichen Preisklasse.
Cátedra de Danza, Calzada e/D y E, ☎ 07-832 4625, 🖳 www.balletcuba.cult.cu. Das Ballet Nacional de Cuba bietet Ballettkurse für 250 CUC/Monat an.

Touren

Die meisten **Touranbieter** der Insel haben ihren Hauptsitz in Havanna und zudem Zweigstellen in den großen Luxushotels. Da sie alle staatlich sind und sich keine Konkurrenz machen, unterscheiden sich die Preise kaum. Cubatur, Havanatur und Infotur haben das breiteste Exkursionsprogramm und buchen zudem landesweit relativ günstig Unterkünfte und Transport. Manche Touren finden nur bei einer Mindestanzahl von Personen statt (vorher nachfragen). Der Ausflug muss einen Tag vorher gebucht werden.

Die **klassischen Ausflüge** von Havanna aus sind: Playas del Este (30 CUC), Boca de Guamá (44–50 CUC), Cayo Largo del Sur (119–150 CUC), Viñales (44–50 CUC), Cienfuegos/Trinidad (115–150 CUC, mit Übernachtung), Varadero (35/50 CUC, ohne/mit Essen), Soroa (29 CUC, mit Essen), Las Terrazas (38 CUC), Cayo Coco (130–150 CUC, mit Essen, Flug und Übernachtung), Santa Clara/Trinidad (150 CUC, mit Flug und Essen), Cayo Levisa (65–75 CUC, mit Essen), Santa Clara (50–55 CUC, mit Essen) und Santiago/Baracoa (159 CUC, mit Flug, Übernachtung und Essen). Auch der Besuch der **Cabarets** kann über die Touranbieter gebucht werden: Cabaret Tropicana (65–100 CUC), Cabaret Parisien (35/55 CUC, ohne/mit Essen).

Infotur, s. Informationen S. 251, bietet Stadttouren für 15–25 CUC an.

Aventoura-Cubareisen, Av. de Bélgica e/Progreso y Empedrado (Edificio Bacardi). ℘ 07-863 2800, 861 5629. Deutsches Reisebüro

mit Niederlassung in Havanna. Touren nach Casablanca, Regla und Guanabacoa (35 CUC), Teilnahme an einer traditionellen Santería-Zeremonie (40 CUC) und Stadtrundgänge mit verschiedenen Schwerpunkten (ca. 30 CUC). Auch überregionale Exkursionen, Radtouren und Tauchkurse. Kann auch Hotels und Mietwagen buchen. ⏰ Mo–Fr 9–13, 14–18, Sa 10–13 Uhr.

Crystal Water Diving, Edificio Bacardi (Oficina 318), ℘ 07-866 4233. Deutsche Tauchveranstalter.

Tourcom, Edificio Bacardi (Oficina 306), ℘ 07-866 4734, 🖳 www.kuba-tours.de. Weitere deutsche Niederlassung. Bietet unter dem Schwerpunkt Architektur und Geschichte Rundgänge in Habana Vieja und Trinidad an. Außerdem Zigarren- und Rumseminare sowie Ökotourismus (z. B. Rad- und Trekkingtouren).

Cubatur, Calle 23 e/L y M, ℘ 07-833 3569, 🖳 www.cubatur.cu. ⏰ tgl. 8–20 Uhr.

Paradiso, Calle 19 No. 560 esq. C, ℘ 07-832 9538, 832 6928, 🖳 www.paradiso.cu. Eine Institution in Sachen Kultur-Tourismus. Bietet Kurse (z. B. Themen wie afrokubanische Religion oder kubanisches Wirtschaftssystem) und ein Programm zu Kulturveranstaltungen (Jazzfestival, Festival des Lateinamerikanischen Films). Dazu gibt es Tipps zu Museen, Galerien, Theater usw. Stadtrundgänge mit kulturellen Schwerpunkten (z. B. Santería in Regla und Guanabacoa, Hemingway, José Martí), Rundreisen mit kulturellem Schwerpunkt. ⏰ Mo–Fr 9–18, Sa 9–13 Uhr.

Cubanacán Viajes, Calle 23 e/N y O, ℘ 07-833 4090, 🖳 www.cubanacan.cu. Verschiedene Stadttouren (z. B. Hemingway-Tour für 24–36 CUC) und Ausflüge (auch Tauchen). Verbindungen zum Gesundheitstourismus. ⏰ tgl. 8–19 Uhr.

Cubamar, Calle 3 e/12 y Malecón, ℘ 07-833 25 -23, -24, 🖳 www.cubamarviajes.cu. Reserviert günstige Campismos im ganzen Land und vermittelt Tauchkurse. Hat auch Radtouren im Programm. Verleih von Wohnmobilen (Campertour). ⏰ Mo–Fr 9–17, Sa 9–12 Uhr.

Havanatur, Av. 1 esq. 74, ℘ 07-201 97-76, -81, 🖳 www.havanatur.com. Neben Touren durchs Land auch Exkursionen zu anderen karibischen

Zielen. Auch auf der Calle 23 esq. M,
☎ 07-836 3100. ☉ tgl. 8–20 Uhr.
Servimed, Calle 18 No. 4304 e/43 y 47,
☎ 07-204 4811, -12, -13, 🖥 www.servimedcuba.
com. Zuständig für den Gesundheitstourismus.
Bucht Gesundheitszentren auf der ganzen Insel.
☉ Mo–Fr 8–18 Uhr.

Sonstiges

Apotheken
Devisenapotheken befinden sich in der Calle
Obispo e/Mercaderes y San Ignacio und im
Centro Camilo Cienfuegos in der Calle 13
e/L y M. ☉ 8–19.30 Uhr. In Miramar auch im
Hospital Internacional Cira Garcia, Av. 41
esq. 20. ☉ 24 Std. Auch die Hotels Plaza, Sevilla,
Habana Libre und Comodoro haben Apotheken.

Autovermietungen
Cubacar/Transtur, Plaza de San Francisco
(Terminal Sierra Maestra), ☎ 07-866 0284 und
Av. 5 e/76 y 78 (Miramar Trade Center),
☎ 07-204 9081. Zweigstellen in der Calle J y 19,
☎ 07-837 5604, Calle 21 e/N y O, ☎ 07-833 1944,
23 y Malecón, ☎ 07-870 2257, und am Paseo
esq. 3, ☎ 07-833 2164. Auch im Flughafen sowie
in den Hotels Sevilla, Inglaterra, Deauville,
Habana Libre, Nacional, Parque Central,
Comodoro, Copacabana, Meliá Habana und
Chateau Miramar.
Havanautos, Calle 23 y H, ☎ 07-837 5901, und
auf der Av. 3 e/68 y 70. Weitere Büros in den
Hotels Deauville, Nacional, Riviera, Habana
Libre und Sevilla. Zweigstelle in der Calle 23
esq. M, ☎ 07-833 3484.
Vía Rent a Car, Av. 47 No. 3418 e/34 y 41 (Rpto.
Kohly), ☎ 07-207 90-55, -56, -57. Hat auch Büros
im Hotel Sevilla, Habana Libre, Kohly, El Bosque,
Panorama und Occidental Miramar. Die Wagen
sind zwar etwas teurer als bei den anderen
Anbietern, dafür aber auch besser in Schuss.
Rex, Calle 15 y Malecón, ☎ 07-835 6830,
🖥 www.rex.cu. Limousinen mit Fahrer zu
Preisen, die man lieber nicht erwähnen möchte.

Botschaften und Konsulate
Deutschland, Calle 13 No. 652 esq. B, ☎ 07-833
25-39, -69 und 833 3188, 🖥 www.havanna.diplo.
de. ☉ Mo–Fr 9–12 Uhr.

Österreich, Av. 5 No. 6617 esq. 70, ☎ 07-204
2825, 🖥 www.bmeia.gv.at. ☉ Mo–Fr 8–12 Uhr.
Schweiz, Av. 5 No. 2005 e/20 y 22, ☎ 07-204
2611, 🖥 www.eda.admin.ch/havana. ☉ Mo–Fr
9–12 Uhr.

Filme, Fotoarbeiten und Fotokopien
Foto Obispo, Calle Obispo No. 307 e/Habana
y Aguiar. Gute Auswahl. ☉ Mo–Sa 10–19,
So 10–13 Uhr.
Im Kaufhaus **Harris Brothers** gibt es einen
Fotoservice. ☉ tgl. 9–21 Uhr.
Foto Prado, Prado esq. Virtudes. Fotokopien
0,30 CUC pro Seite. ☉ Mo–Sa 9–19, So 9–13 Uhr.
Photo-Service, Calle 23 e/M y N. Große
Auswahl an Filmen und Fotozubehör.
Fotokopierer (Kopie 30 Cents).
☉ tgl. 8.30–24 Uhr. Im Focsa-Gebäude,
Calle M e/17 y 19, und im Hotel Habana Libre
gibt es weitere Fotogeschäfte.
Videcuba, Calle L e/23 y 25.
Foto Club, Av. 3 A esq. 84. ☉ Mo–Sa
10–18 Uhr.

Geld
Asistur, Prado No. 208 e/Colón y Trocadero,
☎ 07-866 8339, 866 8920, 🖥 www.asistur.cu.
Hilft bei Verlust von Bargeld und arrangiert
Geldüberweisungen. ☉ 24 Std. Notdienst.
BFI, Calle Brasil esq. Oficios. Weitere Filialen in
der Calle Línea y O, im Einkaufszentrum Carlos
Tercero (Av. Salvador Allende e/Retiro y Arbol
Seco), im Hotel Habana Libre, in der Calle 18
e/1 y 3 und in der Av. 5 y 92.
Bandec, Calle Amargura esq. Mercaderes.
Zweigstellen in der Av. Padre Varela No. 452
esq. Zanja und in der Av. de la Independencia
esq. 19 de Mayo.
Cadecas, Calle Oficios esq. Lamparilla. Die
Wechselstube in der Calle Obispo No. 257
e/Aguiar y Cuba hat auch mehrere
Geldautomaten und So bis 21 Uhr geöffnet.
Centro Habanas Wechselstube tauscht in der
Calle Padre Varela e/Zanja y Salud (mit
Geldautomat). In Vedado wird man auf der Calle
19 e/A y B, Calle 23 e/K y L (mit Geldautomat)
und beim Focsa-Gebäude (17 y M, mit
Geldautomat) fündig. Miramar hat eine im
Einkaufszentrum auf der Av. 5 esq. 42 und eine

weitere in der Av. 3 esq. 70, am Eingang zum Supermarkt.

Banco Nacional de Cuba, Av. de Italia esq. San Martín. Geldautomat.

Banco Metropolitano, Calle Línea No. 63 esq. M. Kaum Schlangen, schneller Service. Geldautomat. Eine weitere liegt im Astro-Busbahnhof.

Informationen

Die freundlichen Mitarbeiter von **Infotur**, ⌨ www.infotur.cu, beantworten Fragen, verkaufen bzw. verteilen Stadtpläne und Broschüren, reservieren Zimmer und buchen Touren. In der Regel sind die folgenden Büros tgl. von 8.30–20.30 Uhr geöffnet:
Calle Obispo No. 258 esq. San Ignacio, ✆ 07-863 6884,
Calle Obispo e/Bernaza y Villegas, ✆ 07-866 3333, 862 4586,
Flughafen, ✆ 07-642 6101,
Av. 5 y 112, ✆ 07-204 7036.

Campismo Popular, Calle 15 No. 752 esq. Paseo, ✆ 07-866 2523, -24. Infos zu allen Campingplätzen der Provinz und des Landes. Sofern vorrätig wird ein kleiner Führer verkauft, wo diese gelistet sind. ☉ Mo–Fr 9–18, Sa 9–12 Uhr.

Veranstaltungstipps bekommt man in der Zeitschrift *Cartelera,* in einem Programmheft des Büros des Stadthistorikers, bei Paradiso und bei den Radiosendern (s. Kasten S. 232).

Internet

In Havanna feierten die **Internet-Cafés** noch keinen derartigen Siegeszug wie in anderen Metropolen der Welt. Im Gegenteil: Man muss sie fast noch mit der Lupe suchen. Dazu kommen langsame Verbindungen und hohe Preise von 6 CUC/Std.

Cibercafé, im Capitolio. Zuerst lässt man sich auf eine Warteliste setzen. Dann bestellt man sich in Ruhe einen Kaffee oder geht noch eine halbe Stunde spazieren. Die Zeit im Internet ist für jeden auf eine Stunde begrenzt. ☉ tgl. 9–20 Uhr.

Etecsa, Calle Obispo esq. Habana. Weitere Hauptzentrale in der Calle Águila esq. Dragones. ☉ tgl. 8.30–19.30 Uhr.

Telecorreo, Línea esq. Paseo. ☉ tgl. 24 Std.

Correos de Cuba, Av. de la Independencia (im Nordosten der Plaza de la Revolución). ☉ tgl. 24 Std.

Die meisten Vier- bis Fünf-Sterne-**Hotels** bieten ebenfalls Internetservice, allerdings zu etwa doppelt so hohen Preisen.

Karten und Stadtpläne

Das detaillierteste **Kartenmaterial** über die Altstadt enthält der mehrsprachige *La Habana Vieja Guia Turística,* herausgegeben vom Instituto Cubano de Geodesia y Cartografía, mit vielen Ausschnitten der Altstadt und einer Menge Informationen über die Sehenswürdigkeiten. Ein guter Stadtplan ist auch *Ciudad de La Habana* von Ediciones GEO. Auch der *Guía de Carreteras* und die *Páginas amarillas para el turista* enthalten sehr gute Stadtpläne – vom gesamten Großraum Havanna.

El Navegante, Calle Mercaderes No. 115 e/Obispo y Obrapía. Hat die größte Auswahl an Stadtplänen und dazu Landkarten von allen Provinzen. ☉ Mo–Fr 8.30–17, Sa 8.30–12 Uhr.

Medizinische Hilfe

In Havanna befinden sich Gesundheits-einrichtungen mit hohem wissenschaftlichen Standard und fachkundiger Betreuung. Hier werden modernste Therapien und Behandlungsmethoden angeboten. Spezial-gebiete sind z. B. die Augenmikrochirurgie, Knochenmarktransplantationen und die Behandlung der Parkinsonschen Krankheit. Das Reisebüro **Servimed** (s. Touren) vermittelt Kuren oder Aufenthalte in Krankenhäusern. Außerhalb dieser modernen Einrichtungen gibt es jedoch fast überall Medikamentenmangel und ohne Devisen läuft kaum etwas.

Ópticas Arrinda, Calle Obispo e/Compostela y Habana. ☉ Mo–Fr 10–18, Sa 9–13 Uhr. Weitere **Optiker** befinden sich im Centro Comercial Carlos III und in Miramar in der Av. 7 esq. 24.

Hospital Hermanos Ameijeiras, Calle San Lázaro No. 701 esq. Padre Varela, ✆ 07-876 1000. Aushängeschild des kubanischen Gesundheitssystems und größtes Krankenhaus Lateinamerikas. Hier – im höchsten Gebäude

Havanna und Umgebung

von Centro Habana – werden überwiegend kubanische Patienten behandelt, es gibt aber auch einen Abschnitt für Touristen.
Centro Camilo Cienfuegos, Calle L No. 151 esq. 13, ✆ 07-833 3886, 833 3539, ⌨ www.sld.cu/ instituciones/retinosis/indice.html. Spezialisiert auf Augenkrankheiten wie *Retinitis pigmentosa* und Nachtblindheit.
Hospital Internacional Cira Garcia, Av. 41 esq. 20, ✆ 07-204 2811, ⌨ www.cirag.cu.
Frank País Hospital Ortopédico, Av. 51 No. 19603, La Lisa. ✆ 07-262 7022, 273 6480. Größtes auf Orthopädie spezialisiertes Krankenhaus der Welt.
Centro International de Restauración Neurológica (Ciren), Av. 25 No. 15805 e/158 y 160, ✆ 07-271 6999, ⌨ www.ciren.cu. Behandelt Erkrankungen des Nervensystems (z. B. Parkinson und Alzheimer).

Notfälle

Krankenwagen: ✆ 07-838 1185, 838 2185.
Feuerwehr: ✆ 105.
Polizei: ✆ 106.

Post

Die wichtigsten **Filialen** sind:
Calle Obispo No. 518 e/Bernaza y Villegas, ☉ tgl. 9–18 Uhr. Briefmarken, Fotokopien, einige kubanische Zeitschriften und Bücher, Telefonkarten und Telefone.
Calle Oficios No. 102 esq. Lamparilla. ☉ tgl. 8–18 Uhr.
Prado esq. San Martín (im Gran Teatro, mit DHL). ☉ tgl. 8–18 Uhr.
Av. Simón Bolívar esq. Padre Varela. ☉ tgl. 8–18 Uhr.
Calle Concordia esq. Infanta. ☉ Mo–Sa 8–20 Uhr.
Av. de la Independencia e/19 de Mayo y Aranguren. ☉ Mo–Sa 8–20 Uhr.
Av. Línea esq. Paseo. ☉ Mo–Sa 8–20 Uhr.
Hotel Habana Libre und Hotel Nacional. Auch **DHL**-Kurierdienst. ☉ tgl. 24 Std.
Av. 1 esq. 26. Zentrale des Kurierdienstes **DHL**. ☉ Mo–Fr 9–18, Sa 9–12 Uhr.
Av. 5 y 112 in Playa. Kurierdienst **Cubapost** ☉ Mo–Fr 8–16, Sa 8–14 Uhr.

Darüber hinaus bieten die meisten größeren Hotels der Innenstadt einen Post-Service.

Telefon

Eine Telefonkarte (erhältlich bei Infotur und in vielen Souvenirläden) ist anzuraten, weil viele Münztelefone kaputt sind. Man sollte keine Hemmungen haben, den Vermieter zu fragen, ob man mal telefonieren darf (gegen eine kleine Aufmerksamkeit), denn draußen ist der Lärmpegel zumeist sehr hoch.
Der Turm der **Etecsa-Hauptzentrale** ragt an der Calle Águila No. 565 y Dragones empor. In der Altstadt liegt sie in der Calle Obispo esq. Habana. ☉ tgl. 8.30–19.30.
Kleine **Telefonzentren** befinden sich im Erdgeschoss der Lonja del Comercio, auf der Av. de Italia esq. San Miguel und esq. Simón Bolívar sowie auf der Calle 23 esq. P.
Cubacel, Av. 5 y 76 (Edificio Barcelona), ✆ 07-880 2222, ⌨ www.cubacel.com. Für Mobiltelefone.

Visaangelegenheiten

Inmigración, Calle Factor final y Santa Ana (ca. 1 km südlich der Plaza de la Revolución), ✆ 07-206 3218. Vor der Verlängerung der Touristenkarte muss man sich bei einer Bank Wertmarken für 25 CUC kaufen. Man sollte bereits gegen 8 Uhr morgens erscheinen, da sich schnell eine lange Schlange bildet. ☉ Mo–Fr 8.30–12 Uhr.

Nahverkehr

Kubas Metropole ist auch für durchtrainierte Fußgänger nur beschwerlich zu erkunden. Solange man sich auf Centro Habana und Habana Vieja konzentriert, kommt man gut zu Fuß zurecht, aber schon in Vedado kann man sich Blasen laufen. Das öffentliche Verkehrssystem ist verglichen mit anderen Metropolen schlecht ausgebaut und erholt sich erst langsam von der schweren Wirtschaftskrise der 90er-Jahre.

Stadtbusse

Trotz stetiger Verbesserung in den letzten Jahren durch den Import von chinesischen Bussen ist der Nahverkehr immer noch ein

Problem, und häufig sieht man riesige Menschenschlangen *(colas)* an der Bushaltestelle *(parada)* warten. Zwar gibt es feste Routen, aber keine Fahrpläne, und wenn man Pech hat, fährt der nächste Bus wegen Überfüllung gleich durch. Falls das alles immer noch nicht abschreckt, hier der Bus-Knigge: Um sich in die Warteschlange einzureihen, muss zunächst der Letzte mit der Frage (el último?) ausgekundschaftet werden. Der Einstieg liegt in der Mitte, wo dem Kontrolleur 20 Centavos (passend) überreicht werden. Drinnen gilt es zum einen, auf Taschendiebe zu achten, die die Busse zu ihrem Arbeitsplatz erklärt haben, und zum anderen in der Nähe der Türen zu bleiben, um durch die Menschenmassen rechtzeitig herauszukommen.

Haltestellen: Viele Busse halten in Habana Vieja am Parque de la Fraternidad, in Centro Habana am Hospital Ameijeiras und an der

Havanna und Umgebung

Metrobusse – die neue Effizienz

Im Folgenden werden die wichtigsten Haltestellen der 16 Metrobus-Linien gelistet (Busse fahren in beide Richtungen, Endhaltestellen jeweils fett). Den kompletten **Linienplan** mit allen Haltestellen kann man sich ausdrucken unter 🖥 www.cuba-si.de/reisen/stadtplan/stadtplan.html:

P 1: Playa – 3 y 70 – Teatro Carlos Marx – Miramar – Tunel de Línea – Línea y Paseo – Línea y G – Rampa – Infanta y San Martín – Cuatro Caminos – Luyano – **La Rosita**

P 2: Vedado (Línea y G) – G y 23 – Astro-Busbahnhof – Av. de la Independencia y Cerro – Ciudad Deportiva – San Francisco de Paula – Parque Cotorro – **Alberro**

P 3: Tunel de Linea – 26 y 23 – 26 y Av. Zoológico – Ciudad Deportiva – Vibora – Guanabacoa – **Alamar**

P 4: Hauptbahnhof – Parque Fraternidad – Infanta y San Martín – Rampa – Coppelia – G y 23 – 23 y Paseo – 23 y 12 – 26 y 23 – Kohly – 41 y 42 – 19 y 44 – 19 y 70 – 19 y 84 – Playa – El Náutico – Av. 5 y 222 – **San Agustin**

P 5: Hauptbahnhof – Muelle Luz – Tunel de la Bahía – Malecón y Av. de Italia – Hospital Ameijeiras – Rampa – Coppelia – Línea y G – Línea y Paseo – Tunel de Línea – Miramar – 31 y 30 – 31 y 56 – 31 y 66 – 51 y 114 – Plaza Marianao – La Lisa – 51 y 250 – **San Agustin**

P 6: Vedado (Coppelia) – Hospital Ameijeiras – Cuatro Caminos – Vibora – **Reparto Eléctrico**

P 7: Parque Fraternidad – Cuatro Caminos – Luyano – San Francisco de Paula – Cotorro – **Alberro**

P 8: Villa Panamericana – La Cabaña – Tunel de la Bahía – Parque Fraternidad – Cuatro Caminos – Vibora – **Reparto Eléctrico**

P 9: Playa – 41 y 42 – Kohly – 26 y 23 – 23 y 12 – 23 y Paseo – 23 y G – Coppelia – Rampa – Hospital Ameijeiras – Cuatro Caminos – **Vibora**

P 10: El Náutico – Playa – 3 y 70 – 19 y 70 – 100 y 51 – 100 y Av. de la Independencia – **Vibora**

P 11: Vedado (G y 23) – Parque Fraternidad – Tunel de la Bahía – La Cabaña – Villa Panamericana – **Alamar**

P 12: Parque Fraternidad – Astro-Busbahnhof – Av. de la Independencia y Cerro – Ciudad Deportiva – 100 y Av. de la Independencia – Flughafen-Terminal 1 (Inlandsflüge) – **Santiago de las Vegas**

P 13: Vibora – Parque Lenin – Flughafen-Terminal 1 (Inlandsflüge) – **Santiago de las Vegas**

P 14: Parque Fraternidad – Av. de la Independencia y Cerro – 100 y 51 – 51 y 114 – Plaza Marianao – La Lisa – 51 y 250 – **San Agustin**

P 15: Parque Fraternidad – Hauptbahnhof – Estación La Coubre – Regla – Guanabacoa – **Alamar**

P 16: Hospital Ameijeiras – Rampa – Coppelia – G y 23 – Astro-Busbahnhof – Av. de la Independencia y Cerro – Ciudad Deportiva – 100 y Av. de la Independencia – Capdevila – Flughafen-Terminal 1 (Inlandsflüge) – **Santiago de las Vegas**

Ganz Havanna für nur 5 CUC

Seit einiger Zeit gibt es eine tolle Möglichkeit, sich nach Ankunft in der riesigen Stadt erst mal einen Überblick über die wichtigsten Straßen und Stadtteile zu verschaffen – die **Habana Bus Tour**: Für nur 5 CUC (frei für Kinder unter 6 Jahren) kann man den ganzen Tag von 9–21 Uhr drei Buslinien benutzen und jederzeit ein- und aussteigen. Manche der Busse haben nach dem Vorbild der Londoner Sightseeing-Busse oben eine zweite Freiluftetage. Der **T1** fährt eine Runde vom Parque Central zur Plaza de la Revolución und zurück, während der **T3** die Passagiere vom Zentrum bis zur Playa Santa Maria del Mar (Playas del Este) und zurück transportiert. Der **T2** deckt die Route von der Plaza de la Revolución bis zur Marina Hemingway (Playa) ab. Die Busse fahren im 40-Minuten-Takt, haben aber wie in Kuba üblich gerne mal Verspätung. Genaue Fahrpläne mit Abfahrzeiten und Haltestellen bekommt man bei Infotur und der Transtur-Hauptzentrale, Calle L No. 456 e/25 y 27, Vedado, ✆ 07-831 7333, 🖥 www.transtur.cu.

Kreuzung Cuatro Caminos, in Vedado auf der Calle 23 (La Rampa) esq. Infanta, esq. L und esq. G und Richtung Süden an der Av. de la Independencia esq. Vía Blanca (Ciudad Deportiva).
Die wichtigsten Routen werden seit einiger Zeit von den regelmäßig verkehrenden, recht modernen **Metrobussen** (s. Kasten) abgedeckt, die die ehemaligen Sattelschlepperbusse *(camellos)* ersetzt haben.
Weitere **wichtige Linien** sind:
No. 3: Guanabacoa – Calle Chacón esq. Tacón
No. 5: Regla – Calle Agramonte esq. Genios
No. 15: Lawton – Calle Habana esq. Desamparados
No. 19: Cerro – Av. del Puerto
No. 20: Terminal Palatino – Miramar
No. 34: Marianao – Calle Dragones esq. Industria
No. 58: Cojímar – Parque Central
No. 64 und 132: Playa – Hauptbahnhof
No. 67: Terminal Palatino – Hauptbahnhof

No. 95: Guanabacoa – Calle Corrales esq. Agramonte
No. 106: Regla – Calle Agramonte esq. Refugio
No. 119: Cerro – Parque de la Fraternidad
No. 167: Cerro – Av. de Bélgica e/Muralla y Brasil
No. 190 und 298: Miramar – Vedado
No. 222: Terminal La Lisa – Calle Galiano esq. Zanja
No. 264: Playa – Calle Desamparados e/Picota y Compostela
No. 400: Guanabo – Hauptbahnhof

Taxis

Taxifahren ist die beste, aber auch teuerste Alternative, um die man manchmal einfach nicht herumkommt. **Taxistände** befinden sich vor den großen Hotels in Vedado und vor großen Plätzen und Hauptverkehrsstraßen, z. B. vor der Coppelia, am Malecón auf der Höhe des Hotel Nacional, vor dem Capitolio, vor dem Cementerio de Colón, an der Plaza de la Revolución an der Calle Tacón esq. Empedrado und an der Plaza de San Francisco.

Staatliche Taxis

Es gibt mehrere Gesellschaften, die sich preislich unterscheiden.
Die weißen Ladas von **Panataxi** sind am billigsten: Vom Hotel Habana Libre zum Parque Central zahlt man 3 CUC, zur Plaza de Armas rund 5 CUC. Vom Hotel Comodoro in Miramar bis zur Plaza de Armas muss man mit 8 CUC rechnen. Gelbe Panataxis, Habanataxi und *oferta especial* von Taxi OK kosten nur geringfügig mehr. Die normalen Tarife von Taxi OK sind dagegen deutlich höher, ebenso wie jene von Fénix. Als Richtlinie gilt 0,50–0,85 CUC/km.

Staatliche Taxigesellschaften

Panataxi, ✆ 07-855 5555
Taxi OK, ✆ 07-877 6666
Habanataxi, ✆ 07-648 9090, -86
Transgaviota, ✆ 07-267 1626
Fénix, ✆ 07-866 6666
Cocotaxi, ✆ 07-873 1411

Alle **Taxameter** beginnen mit der Einstellung 1 CUC.

Zudem gibt es witzige Gefährte, die wie ein offenes Ei aussehen: die **Cocotaxis**. Da sie keinen Taximetro haben, müssen die Preise ausgehandelt werden, wobei als Berechnungsgrundlage der Tarif von 0,50 CUC/km gilt. Billiger als andere staatliche Gesellschaften sind sie daher kaum, allerdings ist es sehr angenehm, sich in diesen Open-Air-Kugeln durch die Stadt fahren zu lassen. Sammelpunkte sind z. B. vor dem Capitolio, dem Cine Yara in Vedado oder auf der Plaza de la Revolución.

Private Taxis

Bei privaten Taxifahrern mit Lizenz besteht ein breiterer Verhandlungsspielraum. Darunter gibt es die so genannten **Máquinas**, US-Oldtimer, die mit viel Improvisationstalent gehegt und gepflegt werden. Einige Máquina-Fahrer besitzen leider keine Konzession für den Transport ausländischer Fahrgäste und da die Polizeikontrollen besonders in Havanna verschärft wurden, weigern sie sich, Ausländer mitzunehmen. In jedem Fall stets vorher den Preis klären. Die Oldtimer haben meist ein Taxischild im Innern und fahren bestimmte **Routen** ab, z. B.:

- **Prado esq. Neptuno** (beim Capitolio) – Calle Neptuno – Calle San Lázaro – Universität – Calle L – Calle 23 – Endpunkt **Calle 23 y 26**.
- **Calle Neptuno** – Calle Padre Varela – Calle San Lázaro – Malecón – Calle Línea – Endpunkt **Línea y 24** (vor dem Tunnel).

Jede dieser Routen kostet Kubaner 10 CUP p. P., unabhängig von der tatsächlich gefahrenen Strecke. Von beiden Vedado-Endpunkten kann man weiter zum Stadtteil Playa fahren (dann kostet es 20 CUP):

- Kreuzung **23 y 26** – Puente Almendares – Calle 41 – Calle 42 – Rotonda (Kreisel) – Parque de Diversiones – **Restaurant La Cecilia**.
- **Línea y 24** – Tunel de Línea – Calle 31 – Calle 10 – Teatro Karl Marx – Av. 3 – **Rotonda** (Kreisel) in Playa.

Weitere **Hauptrouten** sind:

- **Parque de la Fraternidad** – Calle Máximo Gómez – Cuatro Caminos – Cristina – Vía Blanca – Calzada 10 de Octubre (bis hierher 10 CUP) – **La Palma** (Arroyo Naranjo, 20 CUP).
- **Parque de la Fraternidad** – Calle Máximo Gómez – Cuatro Caminos – Cristina – Vía Blanca – Calzada 10 de Octubre – Calzada de Luyano – Virgen del Camino (bis hierher 10 CUP) – San Miguel del Padrón – Diezmero – Cotorro – **San Francisco de Paula** (20 CUP).
- **Parque El Curita** – Av. Simón Bolívar – Plaza de la Revolución – Av. de la Independencia – Aeropuerto – **Santiago de las Vegas** (20 CUP).
- **Parque de la Fraternidad** – Calle Máximo Gómez – Calzada del Cerro – **Av. de la Independencia** (10 CUP). Von hier aus optional weiter über Calle 51 bis **Marianao** (20 CUP).

Bicitaxis

Durch Havanna strampeln Heerscharen von Fahrradtaxis – ein Bild, das man sonst vor allem aus Asien kennt. Die Fahrer warten z. B. am Malecón (in der Umgebung des Hotels Nacional), auf der Calle Infanta esq. San Rafael, auf der Av. de Italia esq. San Miguel, esq. Neptuno und esq. Dragones oder in Habana Vieja. Eine kurze Strecke sollte 1 CUC, eine längere (z. B. von Vedado nach Habana Vieja) 3 CUC kosten (Preis stets vorher aushandeln). Manche Bicitaxis haben nur eine Transport-Lizenz für Kubaner und lehnen es wegen des zu großen Risikos ab, Touristen mitzunehmen.

Fahrrad

Mit einem Fahrrad lässt sich die Stadt trotz ihrer Größe gut erkunden. Zu beachten ist, dass der **Tunel de la Bahía** Richtung Habana del Este nur mit dem Ciclobus passiert werden darf. Bei einem Stopp ist das Rad in den zahlreichen öffentlichen Fahrradparkplätzen (**Parqueos**) gut untergebracht. Zusätzlich sollte man es immer mit einem guten Schloss anschließen. Nachts ist besondere Vorsicht geboten, denn kubanische Fahrräder haben selten Licht, und

Havanna und Umgebung

El Orbe, Calle Monserrate No. 304 e/O'Reilly y San Juan de Dios (im Manzana de Gómez), ✆ 07-860 2617. Endlich ein guter Fahrradverleih in Havanna! Hochwertige Drahtesel mit Gangschaltung kosten 2 CUC/Std., 12 CUC/Tag, 60 CUC/Woche und 75 CUC für zehn Tage. Bei längerer Leihdauer sinkt der Preis: Vom 2.–7. Tag werden 8 CUC/Tag berechnet, vom 8.–15. Tag 5 CUC/Tag und ab dem 16. Tag nur noch 2 CUC für jeden weiteren Tag. Zum Verleih ist die Vorlage des Reisepasses nötig. ◷ Mo–Sa 9.30–16 Uhr.

Straßenbeleuchtung ist ebenfalls nicht immer vorhanden. Neben offiziellen Fahrradverleihern (s. Kasten) können manche Privatvermieter ebenfalls ein Rad organisieren.

Fähren

Von der Muelle Luz in der Altstadt (Calle San Pedro esq. Santa Clara) fahren Fähren *(lanchas)* für nur 10 Centavos nach Casablanca (linke Schlange) und nach Regla (rechte Schlange). Feste Abfahrtszeiten gibt es allerdings nicht und mitunter muss man lange warten. Räder kann man mitnehmen.

Pferdekutschen

Kutschen bieten touristische Rundfahrten durch die Altstadt für 10 CUC/Std. an. Sie warten an den alten Kolonialplätzen und vor dem Capitolio auf Kundschaft.

Transport

Von Havanna sind es 25 km zu den Playas del Este, 70 km nach Las Terrazas, 90 km nach Soroa, 115 km nach Pinar del Río, 130 km nach Varadero, 145 km nach Viñales und 150 km nach Playa Larga.

Selbstfahrer

Havanna ist keine einfache Stadt für Autofahrer. Der Verkehr hat in den letzten Jahren stark zugenommen und oft wimmeln die Straßen vor Menschen und Fahrrädern, insbesondere in Centro Habana. In der Altstadt sind manche

Gassen so eng, dass sich kaum noch ein Auto hindurchquetschen kann. Zudem haben Schilder Seltenheitswert. Insbesondere am Stadtrand grenzt es an ein Wunder, wenn man sich nicht verfährt. Daher sollte man den Wagen stehen lassen, wann immer es geht.

Nach **Westen** kann man die Stadt entweder verlassen über die Av. 5 (durch Miramar und Marianao), die in die Küstenstraße nach Mariel übergeht, oder südwärts über die Av. de la Independencia, die zur Autopista führt. Gen **Osten** führen der Tunnel de la Bahía (über den Malecón) oder die Vía Blanca (zuerst die Máximo Gómez, dann die Av. de México nach Süden). Über die Autopista Nacional im Südosten gelangt man nach **Cienfuegos** und **Santa Clara**. Die Ringstraße Calle 100 (Circunvalación) zieht sich halbkreisförmig am südlichen Stadtrand entlang.

Bewachte Parkplätze sind für eine Metropole dieser Größenordnung rar. Die meisten besseren Hotels (z. B. Sevilla, Inglaterra, Habana Libre) und einige Pensionen haben einen. Am Malecón (z. B. vor dem Hotel Nacional), in der Av. de Italia esq. San Martín, am Terminal San Francisco in Habana Vieja und vor dem Revolutionsmuseum gibt es ebenfalls Parkmöglichkeiten (1–2 CUC).

Die **Tankstellen** in Vedado befinden sich am Malecón y Paseo, Calle 12 esq. 17, Calle L y 17, Calle 23 esq. Infanta und Malecón y 15. In Centro Habana gibt es eine Tankstelle an der Zanja esq. Lealtad. In Miramar pumpen die Zapfhähne an der Av. 7 e/2 y 4, Av. 31 y 18, Calle 84 y 13, Av. 5 y 90, Av. 5 y 112, Av. 5 y 120 und Calle 72 esq. 41 (beim Tropicana).

Busse

Busterminal Víazul, Av. 26 y Zoológico, ✆ 07-881 1413, 881 5652, 🖳 www.viazul.com. Die Busse sind modern, zuverlässig und klimatisiert (an warme Kleidung oder eine Decke denken). Es gibt ein Gepäcklimit von 20 kg. Das Ticket sollte bis spätestens eine Stunde vor Abfahrt gekauft werden. ◷ tgl. 9–23 Uhr.

Nationaler Astro-Busbahnhof, Av. de la Independencia e/Bruzón y 19 de Mayo,

℡ 07-870 9401. In der Regel fährt Víazul auch über Havannas größten Busbahnhof, der wesentlich zentraler liegt und wo man mehr Hotels und Privatunterkünfte in der Nähe findet. Es bietet sich also an, dort aus- oder einzusteigen – es sei denn, man will am nächsten Tag zum Flughafen. Ein Taxi bis Centro Habana kostet 4–6 CUC.

Verbindungen Víazul
HOLGUÍN (8.40 und 20.30 Uhr, 10 1/2 Std., 44 CUC). Hält meistens (nachfragen) in SANCTI SPÍRITUS (23 CUC), CIEGO DE ÁVILA (27 CUC), CAMAGÜEY (33 CUC) und LAS TUNAS (39 CUC).
SANTIAGO DE CUBA (9.30, 15, 18.15 und 22 Uhr, 16 Std., 51 CUC). Hält meistens (nachfragen) in SANTA CLARA (18 CUC), SANCTI SPÍRITUS (23 CUC), CIEGO DE ÁVILA (27 CUC), CAMAGÜEY (33 CUC), LAS TUNAS (39 CUC), HOLGUÍN (44 CUC) und BAYAMO (44 CUC).
TRINIDAD (8.15 und 13 Uhr, 5 1/2 Std., 25 CUC). Fährt über ENTRONQUE DE JAGÜEY (12 CUC) und CIENFUEGOS (20 CUC). Der frühe Bus hält in der Hauptsaison evtl. auch in PLAYA GIRÓN (nachfragen).
VARADERO (8 und 12 Uhr, ca. 3 Std., 10 CUC). Fährt über MATANZAS (6 CUC) und Flughafen Varadero (10 CUC). In der Hauptsaison wird der Service etwas aufgemotzt: zwei zusätzliche Busse fahren um 10 und 18 Uhr, der früheste auch über Guanabo (PLAYAS DEL ESTE).
VIÑALES (9 Uhr, ca. 3 Std., 12 CUC). Fährt über PINAR DEL RÍO (11 CUC).

Die einzige für Touristen relevante Astro-Verbindung nach SURGIDERO DE BATABANÓ (Fährhafen zur Isla de la Juventud) wird im Kapitel Canarreos-Archipel beschrieben, s. S. 324.

Provinz-Busse, Calle Apodaca No. 53 e/Agramonte y Economía. Nur wer früh erscheint, ergattert ein Ticket in den überfüllten Bussen (vielleicht sogar in Moneda Nacional). Sie fahren nach GÜINES, JARUCO, MADRUGA, NUEVA PAZ, SAN JOSÉ, SAN NICOLÁS und SANTA CRUZ DEL NORTE.

Überlandtaxis
Die Colectivo-Máquinas warten vor dem Astro-Busbahnhof bis genug Fahrgäste zusammenkommen und fahren dann überregionale Strecken ab, z. B. nach:
CIENFUEGOS: 80 CUC (20 CUC p. P.)
PINAR DEL RÍO: 55 CUC (14 CUC p. P.)
SANTA CLARA: 72 CUC (18 CUC p. P.)
TRINIDAD: 100 CUC (25 CUC p. P.)
VARADERO: 45 CUC (11 CUC p. P.)
Bei genügend Fahrgästen sind die Preise also vergleichbar mit denen von Víazul.

Eisenbahn
Estación Central (Hauptbahnhof), Av. de Bélgica esq. Arsenal, ℡ 07-862 1920, 861 2959. Die meisten Züge kommen hier an. Zusätzlich gibt es ein neueres Bahnhofsgebäude 500 m weiter südlich an der Calle Desamparados: die **Estación Coubre**, ℡ 07-862 10-00, -06. Beide Stationen liegen zentral in der Nähe von einigen Hotels und Privatunterkünften. Ein Bicitaxi sollte nicht mehr als 1–2 CUC kosten.
Von Havanna aus lassen sich per Bahn alle Provinzhauptstädte erreichen, doch sind die Züge unpünktlich und sehr pannenanfällig, also nur was für Leute mit Zeit und Abenteuerlust. Touristen zahlen die **Fahrscheine** stets in Devisen am **Ladis-Büro** in der Calle Arsenal e/Cienfuegos y Apontes, ⏰ tgl. 8–18 Uhr. Man sollte sich die Tickets einen Tag im Voraus besorgen und eine Stunde vor Abfahrt des Zuges am Bahnhof sein. Abfahrtszeiten werden hier nicht angegeben, da sie sich ständig ändern und Verspätungen die Norm sind.

Estación Central nach:
BAYAMO (1x tgl., 25,50 CUC). Fährt über AGUACATE (2 CUC), MATANZAS (3,50 CUC), JOVELLANOS (5 CUC), COLÓN (6 CUC), SANTA CLARA (10 CUC), GUAYOS (12,50 CUC), CIEGO DE ÁVILA (15,50 CUC), CAMAGÜEY (19,50 CUC), SANTA LUCÍA (22 CUC), JOBABOS (23 CUC), GUAMO (24,50 CUC) und RÍO CAUTO (25 CUC).
CAMAGÜEY (1x tgl., 20 CUC)
HOLGUÍN (1x tgl., 26,50 CUC)
MORÓN (1x tgl., 24 CUC)

PINAR DEL RÍO (2x tgl., 6,50 CUC)
SANCTI SPÍRITUS (1x tgl., 13,50 CUC)
SANTIAGO DE CUBA (4x tgl., regular 30 CUC/
especial 62 CUC. Fährt über MATANZAS, SANTA
CLARA, GUAYOS, CIEGO DE ÁVILA, CAMAGÜEY,
LAS TUNAS, CACOCUM und COMBINADO.

Estación Coubre nach:
CIENFUEGOS (2x tgl., 9,50 CUC)
GÜINES (1x tgl., 1 CUC)
MORÓN (1x tgl., 24 CUC)
MATANZAS (2x tgl., 3 CUC)
PINAR DEL RÍO (1x tgl., 6.50 CUC)
SANTIAGO DE CUBA (2x tgl., regular 30 CUC/
especial 62 CUC)

Zusätzlich gibt es noch eine Elektrobahn von
Casablanca nach Matanzas (s. S. 262).

Flüge

Flughafen José Martí, Av. de la Independencia
(20 km südlich des Zentrums), ℡ 07-649 5666,
266 4133. Internationale Flüge landen und
starten bei Terminal 3, nationale bei Terminal 1.
Unter ℡ 07-266 4010 bekommt man
Informationen zum nationalen Flugverkehr,
unter ℡ 07-266 4431 zum internationalen. Im
Flughafen gibt es eine Bank, ein Touristenbüro
und Leihwagenbüros. Die Flughafensteuer bei
der Ausreise beträgt 25 CUC.
Die **Taxifahrt** vom Flughafen zum Zentrum kostet
ca. 20 CUC. Am billigsten sind die roten Wagen
von Habanataxi, ℡ 07-648 9090, -86, sowie die
gelben von Panataxi, ℡ 07-855 5555 – die
weißen Panataxi-Ladas sind sogar noch mal
20 % günstiger. Vom Terminal 3 zum Terminal 1
kostet es ca. 5 CUC.
Da die meisten Flüge abends ankommen, sind
Busse nicht zu empfehlen. Es gibt keine
Fahrpläne und die wenigen Gefährte sind stets
rappelvoll. Zudem muss man umsteigen. Mit
Gepäck ein aussichtsloses Unterfangen!

Nationale Fluggesellschaften
Cubana de Aviación, Calle 23 No. 64 esq.
Infanta (für internationale Flüge), ℡ 07-834 4446
🖳 www.cubana.cu. Das Büro für Inlandsflüge
befindet sich in der Calle Infanta esq. Humboldt,
℡ 07-834 4949. Inlandsflüge gehen nach:

BARACOA (2x wöchentl.), BAYAMO
(2x wöchentl.), CAMAGÜEY (5x wöchentl.),
CIEGO DE ÁVILA (1x wöchentl.), GUANTÁNAMO
(5x wöchentl.), HOLGUÍN (1x tgl.), LAS TUNAS
(2x wöchentl.), MANZANILLO (1x wöchentl.),
MOA (1x wöchentl.), NUEVA GERONA (1–2x tgl.),
SANTIAGO DE CUBA (1–2x tgl.) und VARADERO
(1x tgl.)
Aero Caribbean, Calle 23 No. 64 esq. P,
℡ 07-879 7524, 🖳 www.cubajet.com/airlines/
aerocaribbean.asp. Die Chartergesellschaft von
Cubana fliegt zu etwas teureren Preisen nach
BARACOA, CAYO COCO, HOLGUÍN, SANTIAGO
DE CUBA, TRINIDAD und VARADERO.
Ins benachbarte **Ausland** starten die Maschinen
der beiden Gesellschaften tgl. nach CANCÚN
und 1–2x wöchentl. nach BELIZE, GUATEMALA
CITY, MANAGUA, MEXICO CITY, NASSAU,
PANAMA CITY, SAN JOSÉ, SAN PEDRO SULA,
SANTO DOMINGO und TEGUCIGALPA.

Internationale Fluggesellschaften
Wenn nicht anders angegeben, befinden sich
die Büros auf Vedados Hauptgeschäftsstraße
Calle 23 e/Infanta y P.
Aeroflot, Av. 5 e/76 y 78 (Miramar Trade Center),
℡ 07-204 3200, 🖳 www.aeroflot.ru.
Aeropostal, ℡ 07-838 4000, 838 4203,
🖳 www.aeropostal.de.
Air Canada, ℡ 07-836 32-26, -27,
🖳 www.aircanada.com.
Air Caraibes, Aeropuerto José Martí (Terminal
3), ℡ 07-649 7463, 🖳 www.aircaraibes.com.
Air Europa, Av. 5 y 78 (Miramar Trade Center),
℡ 07-204 6904, 🖳 www.air-europa.com.
Air France, ℡ 07-833 2642,
🖳 www.airfrance.com.
Air Jamaica, ℡ 07-833 24-47, -48,
🖳 www.airjamaica.com.
Bahamasair, Aeropuerto José Martí (Terminal
3), ℡ 07-649 7311, 🖳 www.bahamasair.com.
Cayman Airways, Aeropuerto José Martí
(Terminal 3), ℡ 07-649 7311,
🖳 www.caymanairways.com.
Copa, Av. 5 e/70 y 76 (Miramar Trade Center),
℡ 07-204 1111, 🖳 www.copaair.com.
Iberia, Av. 5 e/70 y 76, ℡ 07-204 3444,
🖳 www.iberia.com.
Lan Chile, ℡ 07-831 6186, 🖳 www.lan.com.

GROSSRAUM HAVANNA

N
0   10 km

(Map labels:)

LA HABANA (HAVANNA)

Santa María del Mar · Celimar · Playas del Este · Guanabo
La Habana del Este · Cojímar · Alamar · Casablanca · Santa Cruz del Norte · Playa Jibacoa
El Vedado · La Habana Vieja · Santa Fe · Barreras
Miramar · Centro Habana · Regla · Guanabacoa · Bacuranao · Minas
Plaza de la Revolución · Embalse Bacuranao · CIUDAD DE LA HABANA
Playa · Cerro
Marina Hemingway · Jaimanitas · Diez de Octubre · San Miguel del Padrón · Finca La Vigía (Museo Ernest Hemingway) · Peñalver
Santa Fe · La Lisa · Marianao · Arroyo Naranjo · San Francisco de Paula · Santa María del Rosario
Cangrejeras · LA HABANA · Reparto Electrico · Cotorro
El Cano · Fontanar · Zoo · Parque Lenin · Calabazar · Cuatro Caminos · Tapaste
Punta Brava · El Chico · Wajay · El Globo · Embalse Ejército Rebelde · Las Guásimas · LA HABANA
Guatao · Rancho Boyeros · Jardín Botánico Nacional/Expocuba · La Portada
Murgas · Aeropuerto José Martí · Santiago de las Vegas
Bauta · Managua
San Antonio de los Baños · Mausoleo Antonio Maceo · El Rincón · San José de las Lajas

Havanna und Umgebung

Lloyd Aereo Boliviano, ☎ 07-835 3964, 🖥 www.labairlines.com.bo.
LTU und Condor, ☎ 07-833 35-24, -25, 🖥 www.condor.com.
Martinair, Calle 23 esq. E, ☎ 07-833 3730, 🖥 www.martinair.com.
Mexicana de Aviación, ☎ 07-833 35-32, -33, 🖥 www.mexicana.com.
Taca, Hotel Habana Libre, ☎ 833 3114, 🖥 www.taca.com.

Östlich von Havanna

Wer mal aus dem Trubel der Metropole ausbrechen will, sollte in Richtung des abwechslungsreichen, ländlich geprägten Ostens ausschwärmen. Entspannung pur in Kombination mit tropischer Naturidylle bieten die Strände Playas del Este, Playa Jibacoa und der „Dschungelpark" Escaleras de Jaruco. Kulturell Interessier-

te kommen in den östlich der Hafenbucht gelegenen Festungen und den Santería-Hochburgen Regla und Guanabacoa auf ihre Kosten.

All diese Ziele liegen in Reichweite eines Tagesausflugs, wobei sich vor allem die Naturregionen auch für längere Aufenthalte anbieten.

Parque Histórico Militar Morro-Cabaña

Dieser historisch-militärische Park liegt direkt gegenüber der Altstadt an der Ostseite der Hafenbucht. Er birgt mit seinen Festungen gleich zwei große Sehenswürdigkeiten, die auf einem halbtägigen Ausflug von Havanna aus einfach und schnell zu erreichen sind und zudem eine tolle Aussicht auf Havannas Häusermeer bieten. Noch besser ist der Panoramablick nur von der Christusstatue im benachbarten Stadtteil Casablanca (s. Kasten).

Das direkt an der Nordspitze der Hafenmündung gelegene und 1589–1630 erbaute **Castillo de los Tres Reyes del Morro** ist eine der ältesten Festungen in der Karibik. Zwölf schwere Geschütze mit den Namen der zwölf Apostel sollten der Stadt den nötigen Schutz vor Piratenüberfällen verschaffen. Die Spanier spannten nachts von hier bis zur gegenüberliegenden Festung La Punta eine schwere Kette aus Eisenringen und Holzbohlen, um unerwünschten Besuchern die Einfahrt in den Hafen zu versperren. Seit 1844 weist der Leuchtturm El Morro Handelsschiffen den Weg in den Hafen. Heute beherbergen die Mauern ein **Seefahrtsmuseum**. Der Blick bei Sonnenuntergang auf den Malecón ist spektakulär. Lange galt die Festung als uneinnehmbar, bis sie 1762 von den Briten über die Landseite gestürmt wurde. Auch die heutigen „Invasoren" nehmen die Festung im Sturm, nur tragen sie Shorts und Kameras statt Schwerter und Musketen. Besonders deutlich wird dieses Schauspiel um die Mittagszeit, wenn eine Flut von Tourbussen aus Varadero hereinbricht. Also besser am Nachmittag kommen. ☉ tgl. 10–22 Uhr, Eintritt 4 CUC, Museum 1 CUC.

Nur einen kurzen Fußmarsch entfernt, rund 800 m weiter südlich, liegt das riesige **Fortaleza de San Carlos de la Cabaña**. Es wurde von 1763–74 erbaut, als den Spaniern die englische Besatzungszeit noch in den Knochen steckte. Nie wieder sollte die Stadt erobert werden! Man hatte seine Lektion gelernt, erkannte endlich die große strategische Bedeutung des Cabaña-Hügels und errichtete eben dort ein neues Festungsgemäuer, das alle bisherigen in den Schatten

stellen sollte. Baumeister aus Italien, Spanien und Frankreich wurden engagiert, um die größte spanische Festung in Lateinamerika zu konstruieren. Die Baukosten waren so immens, dass der spanische König auf dem Balkon seines Palastes in Madrid ein Fernrohr verlangte. „Sie hat mich so viel gekostet, dass man sie eigentlich von hier aus sehen müsste", soll er gesagt haben.

Militärisch spielte das Fort dann tatsächlich keine Bedeutung mehr, doch politisch geschah hinter den wuchtigen Mauern noch so einiges: Im 19. Jh. kamen in den Verliesen kubanische Patrioten zu Tode und die Diktatoren Machado und Batista ließen in dem stets gut gefüllten Militärgefängnis so manchen politischen Gefangenen verschwinden. Im Dezember 1958 nahm Che Guevara die Festung ein und errichtete hier den Militärstützpunkt **Comandancia del Che**, heute ein Museum, in dem die verschiedenen Lebensetappen des Volkshelden mit Text und Bildern gewürdigt werden. Außerdem befindet sich das **Museo Fortificaciones y Armas** mit der umfangreichsten Waffensammlung des Landes auf dem Gelände. Der abendliche **Cañonazo** (Kanonenschuss) um 20.30 Uhr stellt eine Zeremonie aus der spanischen Kolonialzeit nach. Dieser Schuss kündigte früher die Schließung der Stadtmauern an und ist heute ein Touristenspektakel. Tagsüber ist die sehenswerte Festung jedoch weit weniger besucht als ihr kleineres Pendant **El Morro**. Wer im Februar hier ist, kann auf dem Gelände die riesige Internationale Buchmesse besuchen (s. Feste). ☉ tgl. 10–22 Uhr, Eintritt 4 CUC bzw. 6 CUC (inkl. Cañonazo).

Havanna mal von oben

Etwa einen Kilometer südlich der Cabaña-Festung schließt sich der kleine Stadtteil **Casablanca** an. Hier thront **El Cristo** auf einem Hügel. Die 20 m große Figur wurde 1958 auf Wunsch der Gattin des Diktators Batista gebaut. Auf dem Mirador (Aussichtspunkt) gibt es eine Cafeteria mit Getränken und kleinen Snacks. Von hier hat man einen wunderschönen Ausblick auf die Bucht von Havanna. ☉ tgl. 10–18 Uhr, Eintritt 1 CUC.

Essen

Die folgenden Restaurants bieten einen tollen Blick auf die Altstadt:
Los Doce Apóstoles, am Fuß der Festung El Morro, ☏ 07-863 8295. Teure und gute kubanische Küche. Zwölf Kanonen bewachen den Eingang und verleihen dem Restaurant seinen Namen.
La Divina Pastora, Nordende der Festung San Carlos de la Cabaña, ☏ 07-860 8341. Piekfeines Luxusrestaurant (unter 10 CUC ist nichts zu haben). Neben der Spezialität Meeresfrüchte gibt es erlesene Weine und abends eine

Blick auf Havannas Hafen-
einfahrt und den Leuchtturm
der Festung El Morro

Havanna und Umgebung

Folkloreshow. Tourgruppen stürmen des Öfteren das Restaurant.

Die **Bar El Mirador** liegt nur einige Meter weiter und hat etwas günstigere Gerichte.

Transport

Der **Ciclobus** (s. S. 255) fährt regelmäßig vom Ostende des Malecóns in Habana Vieja zu den Festungen (erste Station nach dem Tunnel aussteigen). Auch die Nahverkehrsbusse **P 8** und **P 11**, die am Parque de la Fraternidad abfahren, sowie der **T3 der Habana Bus Tour** (Abfahrt vom Parque Central) halten dort. Per **Taxi** kostet eine Fahrt von der Altstadt rund 3 CUC.

Nach Casablanca kommt man am besten mit der **Fähre** von der Muelle Luz in der Altstadt Habana Vieja (linke Schlange). An der Anlegestelle angekommen, geht man links den Hügel hinauf und ist nach 10 Min. am Ziel. Direkt bei der Fähranlegestelle in Casablanca startet übrigens die einzige **elektrische Eisenbahn** Kubas, ✆ 07-862 4888. Sie wurde bereits 1917 von der Hershey Chocolate Company errichtet und fährt 3x tgl. nach MATANZAS (5 Std., 3 CUC, über GUANABO (Playas del Este) und JIBACOA).

Regla und Guanabacoa

Diese beiden benachbarten Stadtteile sind Hochburgen der **afrokubanischen Kultur** und Religion. Dies liegt in ihrer Geschichte begründet, die bis ins 16. Jh. zurückreicht. Die schon früh als Schmugglernester genutzten Orte entwickelten sich nämlich im Laufe der Zeit zu Zentren des Sklavenhandels. Im Zuge des ökonomischen Aufstiegs wurde Guanabacoa bereits 1743 der Stadttitel verliehen. 1762 schrieb der Ort Geschichte, wenn auch keine rühmliche: In diesem Jahr nahmen die Briten von hier aus Havanna ein. Doch rettete der damalige Bürgermeister José Antonio Gómez, auch Pepe Antonio genannt, die Ehre der Stadt, indem er den Besatzern mit einem Guerillakampf zusetzte. Heute stechen beide Stadtteile in erster Linie durch ihre sehr angenehme, ursprüngliche Atmosphäre hervor. Vor allem in Regla leben viele Santería-

Priester *(babalawos)*, die ihre Häuser zu kleinen Tempeln umgestaltet haben und die Bevölkerung oft in schwierigen Lebenslagen beraten und unterstützen. Einer der bekanntesten ist **Santero Eberardo Marero** in der Calle Nico López No. 60 e/Coyola y Camilo Cienfuegos.

Sehenswertes

Direkt an der Fähranlegestelle liegt die schöne **Iglesia de Nuestra Señora de Regla**. Sie beeindruckt im Innern durch ihren vergoldeten Altar und einige Heiligenfiguren. Die bedeutendste Reliquie ist die schwarze **Jungfrau von Regla**. Sie wird in der afrokubanischen Kultur als Yemayá, Schutzpatronin der Fischer angebetet. Gemäß der Legende soll die Statue Mitte des 5. Jhs. von ihrem Ursprungsort Afrika nach Spanien transportiert worden sein und dort einen schweren Sturm in der Straße von Gibraltar überstanden haben. Seit 1714 ist sie Schutzpatronin der Bucht von Havanna. Mitte der 90er-Jahre erbaten viele flüchtige *balseros* ihren Segen für die gefährliche Überfahrt nach Florida. Jedes Jahr am 7. September pilgern die Massen hierher und wogen mit der Figur in einer großen Prozession durch die Straßen. ⊙ tgl. 8–17 Uhr, Messen Di–Mi und Fr–Sa 8, So 8 und 17 Uhr.

Weitere Informationen über Yemayá und die Kultur der Yoruba bekommt man im **Museo Municipal de Regla** in der Calle Martí No. 158 e/Facciolo y La Piedra (nur 500 m südöstlich der Fähranlegestelle). Desweiteren wird die Stadtteilgeschichte dokumentiert. ⊙ Di–Sa 9–18, So 9–13 Uhr, Eintritt 2 CUC.

Das Denkmal **Colina Lenin** liegt ungefähr 1,5 km südöstlich des Museums, an der Calle Vieja e/24 de Febrero y Rotaria. Es wurde in Lenins Todesjahr 1924 errichtet, kurz bevor der US-freundliche Diktator Machado an die Macht kam. Von hier hat man einen guten Ausblick auf die Hafenbucht. Angeschlossen ist ein kleines Museum. ⊙ Di–Sa 9–18 Uhr, Eintritt frei.

Im großen **Museo Histórico de Guanabacoa**, Calle Martí No. 108 e/E. V. Valenzuela y Quintin Bandera, geht es um die afrikanischen Einflüsse in die kubanische Kultur sowie bedeutende lokalgeschichtliche Ereignisse (z. B. die Einnahme Havannas durch die Briten). Die zahlreichen Ausstellungsstücke afrokubanischer Kulte (Regla

de Ocha, Regla Conga, Palo Monte und der frei-
maurerische Elemente besitzende Geheimbund
Abakuá) bilden eine der wichtigsten ethnogra-
phischen Sammlungen über die afrokubanische
Religion. Im Hof befindet sich eine alte Zucker-
rohrmühle *(trapiche)*. ⊙ Di–Sa 10–16.30 Uhr, Eintritt 2 CUC, Fotos 5 CUC.

Die 1748 erbaute **Iglesia de Parroquial Mayor** am Parque Martí von Guanabacoa prunkt mit
ihrem reichverzierten Hauptaltar und der Holzdecke mit maurischen Elementen. ⊙ Mo–Fr 8–11,
14–17 Uhr, Messen Mo–Sa 19, So 9.15 Uhr.

Sehenswert ist auch das neobarocke **Convento de Santo Domingo** in der Calle Santo
Domingo No. 407 esq. Rafael de Cárdenas, von
wo aus Mitte des 18. Jhs. der Franziskanerorden
waltete. ⊙ tgl. 9–12, 15–17 Uhr, Messen Di–Sa 8,
So 10.30 Uhr.

In Regla ist die Hauptstraße Calle Martí voller
kleiner **Peso-Läden**.
In Guanabacoa gibt es Peso-Läden am Parque
Martí und auf der Calle Martí, z. B. die **Coppelia**
(Eisdiele), das **Café La Viña**, die **Pizzeria
Bambino** und **Doña Yulla**.
Das **Restaurante Las Orishas**, Calle Martí
No. 175 e/Cruz Verde y Lamas in Guanabacoa,
✆ 07-794 7878, hat das beste kulinarische
Angebot. Es serviert in einem schönen Innenhof
(rund 10 CUC für ein Gericht, aber auch
günstigere Snacks). Fr ab 21 Uhr gibt's
afrokubanische Live-Musik (Eintritt 15 CUC/
Paar), Sa-So Disco (Eintritt 2 CUC p. P.).
⊙ tgl. 10–24 Uhr.

Das geringe Angebot konzentriert sich auf
Guanabacoa:
Galería de Arte Concha Ferrant, Parque
Martí. Zwischen afrokubanischen
Kunstausstellungen spielen hier ab und
zu Bands (s. Aushang). ⊙ Di–Sa 9–17,
So 10–14 Uhr.
Casa de la Trova, Calle Martí No. 111 e/San
Antonio y Versalles. Manchmal traditionelle
Live-Konzerte.
Cine-Teatro Carral, Calle Pepe Antonio e/Rafael
de Cárdenas y Martí.

Die Fähre von der Muelle Luz in Habana
Vieja (rechte Schlange) verbindet die Altstadt
mit Regla. Von dort aus kann man entweder die
5 km ins benachbarte Guanabacoa laufen oder
den Bus Nr. 29 von der Anlegestelle nehmen.

Cojímar

Das einstige Fischerdorf **Cojímar** liegt 6 km östlich der Hafenbucht von Havanna und ist heute
ein recht heruntergekommener, aber authentisch wirkender Stadtteil, dem vor allem zwei
Ereignisse etwas Bekanntheit verleihen und einen kurzen Besuch rechtfertigen. Zum einen landeten hier 1762 die britischen Truppen, um von
Land aus Havanna einzunehmen. Vor allem aber
gelangte Cojímar durch Hemingways Roman *Der
alte Mann und das Meer* in das Bewusstsein
der Öffentlichkeit, denn der Ort bildete die Ro-
manvorlage und inspirierte den Schriftsteller zu
seiner Story, zusammen mit dem hier lebenden
Bootsmann seiner Jacht. Bis vor einigen Jahren
erzählte dieser Gregorio Fuentes noch lebhafte
Geschichten über Hemingway und bot Führungen an, bis er Mitte Januar 2002 im Alter von
104 Jahren starb.

Östlich an Cojímar schließt sich ein Meer von
Plattenbauten an: **Alamar**. Doch auch in dieser
auf den ersten Blick trostlosen Betonwüste, in
einem in den 70er-Jahren von Mikrobrigaden
hochgezogenen Stadtteil, gibt es einiges an Leben zu entdecken. So bildet z. B. der intensive
Lebensmittelanbau auf den Freiflächen einen
interessanten Kontrast zum Grau der Häuser. Im
gesamten Stadtgebiet von Havanna soll es ca.
30 000 kleine Gemüsegärten geben und viele von
ihnen gedeihen hier. Die Erzeugnisse werden
direkt an der Anbaufläche auf so genannten Organopónicos verkauft. Dies soll die Selbstversorgung der Metropole stärken und Transportkos-
ten sparen. Außerdem hat Alamar eine starke
Rapper-Szene. Ende August findet hier alljährlich
das Rap-Festival statt (Feste, s. S. 243).

Sehenswertes

Am Hafen von Cojímar, in der Calle 152 (Martí
Real) No. 161 esq. 3 B, steht **La Terraza**, die Fi-

scherkneipe aus dem Roman. Hier ließ sich Hemingway gerne seinen frisch gefangenen Fisch
zubereiten. Auf den Tellern landen noch heute
Meerestiere, allerdings zu etwas überhöhten
Preisen. Zahlreiche Fotografien des berühmten
Schriftstellers zieren die Wände. Natürlich dürfen auf der Karte einer Hemingway-Location
auch Cocktails nicht fehlen. Häufig kehren hier
Busgruppen ein. ⏱ tgl. 12–23 Uhr.

500 m weiter nördlich an der Calle 152 esq.
1 D liegt der **Torreón de Cojímar**, ein winziges
spanisches Fort aus dem Jahr 1649. Es hatte der
britischen Invasion von 1762 jedoch nichts entgegenzusetzen.

Gegenüber liegt das **Hemingway-Denkmal**,
das die Bewohner ihm zu Ehren 1962 errichteten: Die von Säulen umgebene, vergoldete
Büste wirkt unspektakulär, zeigt jedoch die tiefe
Verbundenheit, die die einfachen Fischer dem
Schriftsteller gegenüber empfanden. Sie ließen
dafür nämlich zahlreiche ihrer Schiffsschrauben
einschmelzen.

Übernachtung

Einige Privatvermieter in Cojímar bieten
Zimmer an:
Acela Amador Peraza, Calle 3 C (Carmen)
No. 9809 e/Pezuela y 152 (Martí Real), ☎ 07-765
1297. DZ (Doppelbett) mit AC, Ventilator, TV, Bad
und Kühlschrank. Große Eingangshalle,
Terrasse. Sehr nette Vermieterin mit Hund. ❷
Casa Cheny (Arsenio Rivas), Calle 3 E
(Espartero) No. 98 e/92 (Los Pinos) y 94 (Maceo),
☎ 07-765 2962. DZ (Doppelbett) mit AC,
Ventilator, Bad, Kochgelegenheit, Kühlschrank
und TV. Eigene Terrasse. Parkplatz. ❷
Alejandro, Calle 92 (Los Pinos) No. 315
e/5 A (29) y 5 F (30), ☎ 07-765 0876. Apartment
mit Bad, AC, Ventilator und eigener Küche.
Schönes Haus mit Innenhof und Parkplatz.
Englisch. ❷
Villa Rita, Calle 92 (Los Pinos) No. 76 e/1 D
(Victoria) y 1 E (Foxa), ☎ 07-762 3572. 2 DZ mit
TV, AC, Ventilator und Bad. Eigener
Aufenthaltsraum, Parkplatz und Terrasse.
❷–❸
Villa Vicky, Calle 90 ✉ No. 509 e/5 (28)
y 5 A (29), ☎ 07-766 0108, 203 5194 (Vicky

verlangen), ✉ villavickycuba@yahoo.com.
DZ (Doppelbett) mit AC, Ventilator und Bad.
Englisch und Italienisch. ❷–❸

Essen

In Cojímar gibt es ein paar gute kulinarische
Optionen:
Paladar La Terracita, Calle Villanueva No. 9606
e/96 (Máximo Gómez) y Pezuela, ☎ 07-765 7118.
Die Kombination aus gutem Essen und
günstigen Preisen (Fleischgerichte 40–100 CUP,
Fischgerichte 55–75 CUP, Cocktails 25–30 CUP)
lockt viele Kubaner an, die bereits auf dem
Terrassendach warten (nach „el último" fragen
oder besser noch: frühzeitig reservieren). Bei
dem schönen Ausblick vergeht aber auch die
Wartezeit, garniert mit einigen Bieren, wie im
Flug. ⏱ tgl. 12–22.45 Uhr.
Paladar Yemayá, Calle Pezuela No. 226
e/3 E (Espartero) y 3 C (Carmen), ☎ 07-765 2396.
Nettes afrokubanisches Ambiente und schöne
Aquarien, sehr freundliche Betreiber. Pizza und
Spaghetti sind für 2–3 CUC zu haben, während
Fisch- und Fleischgerichte mit moderaten
5–7 CUC zu Buche schlagen. Cocktails kosten
1,50 CUC. ⏱ tgl. 12–24 Uhr.
Rincón Criollo, Calle A y Av. Central. Spezialität
ist *Grillada Rincón Criollo* (Rindfleisch,
Schweinefleisch und Huhn mit Getränk für
5 CUC).

Transport

Ein **Taxi** von Centro Habana nach Cojímar
kostet ungefähr 10 CUC. Alternativ kann man
die **Metrobusse** P 8 und P 11 vom Parque de la
Fraternidad nehmen und dann die dritte
Haltestelle hinter dem Tunnel de la Bahía an
der Villa Panamericana aussteigen. Dort hält
auch der T3 der **Habana Bus Tour**. Allerdings
sind es von dort noch ca. 4 km nach Nordosten
zu laufen, bis zum Hemingway-Denkmal.
Zentraler, nämlich in der Calle 92 (Los Pinos),
hält **Bus Nr. 58**, Zustieg in Havanna ist möglich
zwischen den Stationen Krankenhaus Calixto
Garcia, Universität Vedado, am nördlichen
Abschnitt des Prado (Prado esq. Colón) in
Centro Habana sowie an der Villa
Panamericana.

Playas del Este

Etwa 17 km östlich von Havanna beginnen Havannas Hausstrände, die sich über 14 km wie an einer Perlenschnur aufgereiht die Küste entlang ziehen. Die unter dem Sammelbegriff bekannten Playas del Este (wörtlich: Strände des Ostens) bilden eines der wenigen Strandzentren, wo sich der internationale Tourismus mit dem nationalen vermischt. Als erstes erreicht man von Havanna kommend die Strände von Bacuranao, Tarará und Mégano. Am schönsten und am besten erschlossen sind jedoch die danach folgenden Strandorte Santa María del Mar, Boca Ciega und Guanabo, wo ein 6 km langer goldfarbener Sandstrand in das in verschiedensten Blautönen leuchtende Meer übergeht.

Trotz ihrer Nachbarschaft trennen die einzelnen Strände jedoch Welten: Während sich **Santa María del Mar** mit seiner All-Inclusive-Infrastruktur in Zukunft zu einem Mini-Varadero entwickeln könnte, bleiben **Boca Ciega** und **Guanabo** fest in der Hand der Einheimischen (in den Sommermonaten kommt halb Havanna hierher). Das etwas sterile Santa María bietet zwar den besten Strandabschnitt, dagegen verfügen die beiden Nachbarn über ein sehr authentisches Stadt- und Strandleben. Zudem strahlen Boca Ciega und Guanabo eine geradezu beschauliche Ruhe aus und sind ideal, um dem Trubel der Metropole zu entfliehen. Weiterhin fällt auf, dass die Einwohner hier in wesentlich besseren Verhältnissen wohnen als die *Habaneros*, zum überwiegenden Teil sogar in schönen Bungalows mit einem Hauch von Villencharakter – von denen einige auch an Touristen vermietet werden. Nur in Boca Ciega und vor allem in Guanabo gibt es legale Privatpensionen, wohingegen an den anderen Strandabschnitten komfortable, aber deutlich teurere Hotels Gäste aufnehmen, zumeist im All-Inclusive-Paket. Besonders Boca Ciega ist in erster Linie noch ein Wohnort und daher deutlich ruhiger als Guanabo, wo sich zahlreiche günstige Restaurants und Kneipen für Kubaner befinden.

Orientierung

Die westlichsten Strände Playa Bacuranao und Playa Tarará sind sehr klein. Der größte zu-

sammenhängende Abschnitt beginnt bei Santa María del Mar und erstreckt sich entlang der Hauptstraße Av. de las Terrazas 3 km gen Westen bis zur Mündung des Río Itabo. Östlich davon beginnt die Playa Boca Ciega, die noch weiter östlich in die Playa Guanabo übergeht (zusammen weitere 4 km Strand). Die Hauptstraße von Guanabo heißt Avenida 5, verläuft parallel zum Strand und durchquert den Ort von West nach Ost. Nach Osten hin nimmt die Strandqualität dann ab, dafür die Dichte an guten Pensionen zu. Daher bietet es sich an, sich in Guanabo einzumieten und tagsüber zum schönsten Strandabschnitt westlich der Flussmündung zu spazieren (zu Fuß ca. 30 Minuten). Nur 1–2 km südlich der Strände verläuft die Vía Blanca nach Havanna und Matanzas. Einen schönen Überblick über den Hauptabschnitt der Playas del Este verschafft der Mirador de Bellomonte an der Vía Blanca KM 24,5.

Übernachtung

Ob komfortabel bis luxuriös mit All-Inclusive-Verwöhnprogramm oder familiär-freundlich, kubanischer Alltag eingeschlossen – Havannas Hausstrände bieten Unterkünfte für jeden Geschmack. Die meisten gehobenen Hotels mit All-Inclusive-Angebot befinden sich in Santa María del Mar. In Guanabo findet man einfache Hotels und vor allem Privatunterkünfte. Die Unterkünfte werden im Folgenden von West nach Ost gelistet, also von Playa Bacuranao über Santa María Richtung Guanabo.

Bacuranao und Tarará

Villa Bacuranao, Vía Blanca KM 15,5, ☎ 07-765 7645, 🖳 www.islazul.cu. Das nächstgelegene

Playas del Este

Strandhotel von Havanna befindet sich an einer kleinen Badebucht. 51 Bungalows mit AC, Bad und TV stehen auf dem großen Gelände. Restaurant, Cafetería, Pool, Disco. ❸–❹

Villa Tarará, Calle 9 esq. 14, ✆ 07-797 1462. 94 Villen mit 1–6 Zimmern, alle mit AC, Bad sowie Aufenthaltsraum mit Telefon, Radio, TV, Küche und Kühlschrank. Pool, Restaurants, Cafeteria, Laden, Disco. ❼

Santa Maria del Mar

Zur Infrastruktur jedes Hotels gehören Restaurants, Bars, Pool, Geschäfte und ein breites Sportprogramm, manchmal auch Reisebüro und Autoverleih.

Villa Mégano, Vía Blanca KM 22,5, ✆ 07-797 1610, 🖥 www.hotelescubanacan.com. 103 DZ mit Bad, AC, Telefon, TV und Safe. Großer Pool und Garten. ❹

Villa los Pinos, Av. de las Terrazas No. 21 e/4 y 5, ✆ 07-797 13-61, -67, 🖥 www.villalos pinos.com. 24 komfortable Apartments für 2–4 Pers. mit Kochgelegenheit. Schöner Garten. ❼

Tropicoco Beach Club, Av. del Sur y Av. de Las Terrazas, ✆ 07-797 13-71, -76, 🖥 www.cubanacan.cu. Lang gestreckter hässlicher Hotelbau. 188 einfache DZ mit AC, Bad, TV, Safe und teilweise Balkon und Telefon. Breites Sportangebot. ❺–❻

Aparthotel Las Terrazas, Av. de las Terrazas e/9 y 10, ✆ 07-797 1315, 🖥 www.islazul.cu. 83 einfache Ein- bis Drei-Zimmer-Apartments mit Bad, TV, Wohn- und Schlafzimmer, Kochnische, Kühlschrank, Balkon oder Terrasse. ❸–❹

Club Atlántico, Av. de las Terrazas e/11 y 12, ✆ 07-797 10-85, -86, -87, 🖥 www.gran-caribe. com. 92 DZ mit Bad, AC, Telefon, Safe, Kühlschrank, TV und Balkon. Viel Sport, u.a. der Club Náutico. ❼

Aparthotel Atlántico, gegenüber, ✆ 07-797 1315, 🖥 www.islazul.cu. Ein- bis Drei-Zimmer-Apartments mit insgesamt 62 Zimmern mit Bad, AC, TV, Telefon und Kochnische. Viele Familien. ❸–❹

Blau Club Arenal, an der Laguna Itabo, ✆ 07-797 1272, 🖥 www.blau-arenal-club.de. Schönstes und luxuriösestes Hotel in ruhiger

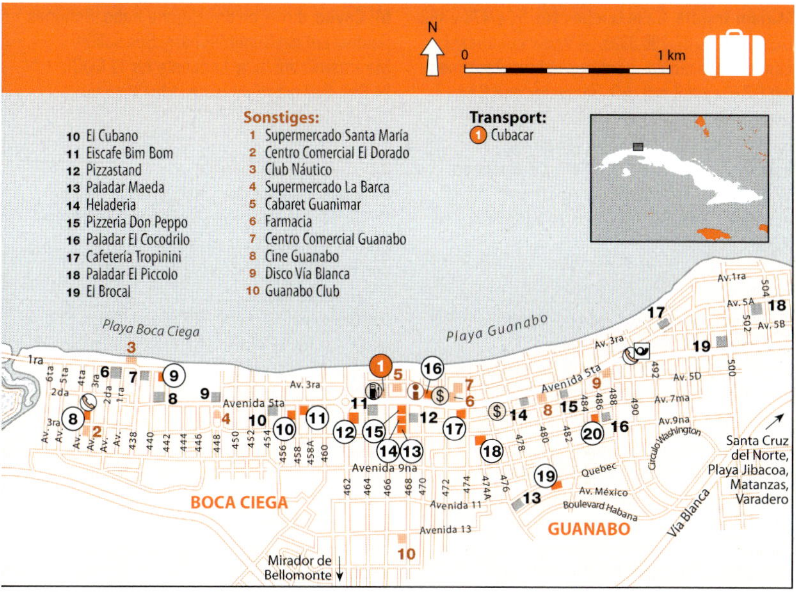

N
0
1 km
10 El Cubano
11 Eiscafe Bim Bom
12 Pizzastand
13 Paladar Maeda
14 Heladeria
15 Pizzeria Don Peppo
16 Paladar El Cocodrilo
17 Cafetería Tropinini
18 Paladar El Piccolo
19 El Brocal
Sonstiges:
1 Supermercado Santa María
2 Centro Comercial El Dorado
3 Club Náutico
4 Supermercado La Barca
5 Cabaret Guanimar
6 Farmacia
7 Centro Comercial Guanabo
8 Cine Guanabo
9 Disco Vía Blanca
10 Guanabo Club
Transport:
1 Cubacar
Playa Boca Ciega
Playa Guanabo
Avenida 5ta
Avenida 9na
Avenida 11
Avenida 13
Av. 3ra
Quebec
Av. México
Boulevard Habana
Vía Blanca
Circulo Washington
BOCA CIEGA
GUANABO
Mirador de Bellomonte
Santa Cruz del Norte, Playa Jibacoa, Matanzas, Varadero

und einsamer Lage. 166 große DZ (z. T. Suiten) mit allem Komfort. ❼

Boca Ciega und Guanabo

Privatpensionen

Isabel y Fanjul, Av. 3 No. 320 e/2 y 3, Boca Ciega, ✆ 07-796 5678. Schönes modernes Apartment mit DZ (Doppelbett) mit AC, Ventilator, Bad sowie TV, Kühlschrank und Küche. Terrasse im OG. ❸

Carmen, Calle 458 No. 504 e/5 y 7, Boca Ciega, ✆ 07-796 2185. Schönes eigenständiges Apartment mit AC, Ventilator, Bad, Kühlschrank und TV. ❸

Gloria Gonzales, Av. 5 No. 45804 e/458 y 458 A, Boca Ciega, ✆ 07-796 2012. 2 DZ mit AC, Ventilator, Bad sowie Gemeinschafts- und Speiseraum. ❷

Magdalena, Calle 468 No. 508 e/5 y 7, Guanabo, ✆ 07-796 4192. Komfortables Apartment mit DZ mit Doppelbett, Bad, AC und Ventilator. Großer Aufenthaltsraum, eigener Essraum und Küche. Terrasse im großen Garten. Sehr nette ältere Dame. ❷–❸

Esperanza y Conrado, Calle 468 No. 512 A e/5 y 7, Guanabo, ✆ 07-876 3419 (nach Esperanza fragen), ✉ conrado@tokmakjian.cu, proyest_espe@gms.minbas.cu. Einfaches, aber günstiges DZ mit AC, Ventilator, Bad und Kühlschrank. Nettes älteres Ehepaar. Hunde. ❷

Evelio León Diaz, Calle 470 No. 305 e/3 y 5, Guanabo, ✆ 07-796 5753. DZ mit AC, Ventilator, Bad und Terrasse. ❷–❸

Ofelia Rodríguez Ojitos, Calle 7 No. 47406 e/474 y 476, Guanabo, ✆ 07-796 6921. Eigenständiges Apartment mit AC, Ventilator und Bad. Wunderschönes altes Haus mit netter älterer Dame und viel Grün. ❷–❸

Grüne Oase mit viel Komfort

Mileydis y Julito, Calle 468 No. 512 e/5 y 7, Guanabo, ✆ 07-796 0100. Apartment mit AC, Ventilator, Bad, Safe, Küche und Aufenthaltsraum. Behindertengerecht. Sehr freundliches und hilfsbereites Ehepaar. Ruhige Lage und großer schöner Garten. ❸

Miriam Trujillo, Calle Quebec No. 55 e/478 y 482, Guanabo, ☎ 07-796 3325, 🖥 www.cubanasol.com/casaparticular/casatrujillo.htm. Apartment mit DZ (Doppelbett), AC, Ventilator und Bad. Sehr schön gestaltetes Haus mit schönem Garten. Englisch und Französisch. ❸

Yojaida, Calle 486 No. 7802 e/7 y 9, Guanabo, ☎ 07-796 4742. Schmuckes Apartment mit AC, Ventilator, Bad und Aufenthaltsraum. Parkplatz. Nette Leute. ❸

Hotels

Villa Boca Ciega, Av. 1 e/440 y 442, Boca Ciega, ☎ 07-796 2271, 🖥 www.islazul.cu. Ein EZ für 25–28 CUC, zwei DZ für 34–36 CUC, drei Dreibettzimmer für 41–43 CUC, zwei Vierbettzimmer für 43–45 CUC und ein Fünfbettzimmer für 45–50 CUC. Alle haben TV, Küche, Kühlschrank und AC. ❸ – ❹

Gran Vía, Av. 5 esq. 462, Guanabo, ☎ 07-796 2271, 🖥 www.islazul.cu. 10 einfache DZ mit AC, TV und Bad. Pool, Restaurant. ❸

Villa Playa Hermosa, Av. 5 D e/472 y 474, Guanabo, ☎ 07-796 2774. 47 DZ mit TV, Bad (kein Warmwasser) und AC. Pool, Bar, Disco und Restaurant. ❷ – ❸

Essen

Die Restaurants und Snackbars werden ebenfalls von West nach Ost gelistet. Am günstigsten sind sie in Guanabo.

Santa María del Mar

La Parillada, Playa El Mégano. Günstiges Snackrestaurant direkt am Strand. ⏱ tgl. 10–18 Uhr.

Mi Rinconcito, Av. de las Terrazas esq. 4. Spezialität Spaghetti Los Pinos (mit Languste, Camarones und Fisch) für 5,50 CUC. Fisch 8 CUC, Languste 23 CUC, Pizza 2–4 CUC. ⏱ tgl. 10–18 Uhr.

Cafetería Pinomar, Av. del Sur esq. 7. Günstige Snacks, auch zum Draußensitzen. ⏱ 24 Std.

Mi Casita del Coral, Av. del Sur esq. 8. Nettes kleines Häuschen, in dem man schön auf der Terrasse speisen kann: Languste 15 CUC, Fisch 4–8 CUC, Pollo 3 CUC, Pizza 2–3 CUC, Filet Mignon 7 CUC. Gutes und günstiges Eis. ⏱ tgl. 12–22 Uhr.

Mi Cayito, direkt an der Lagune Itabo. Schönes Restaurant mit Schilfdächern, Spezialität Meeresfrüchte (u. a. Languste für 12 CUC). 24 Std.-Bar mit recht lauter Musik. ⏱ tgl. 10–18 Uhr.

Boca Ciega und Guanabo

Bodegón del Este, Av. 1 esq. 1, Boca Ciega. Schönes rustikales Restaurant mit kreolischen Gerichten und Meeresfrüchten. Man sitzt auf der Terrasse mit Blick auf den Strand. ⏱ tgl. 12–19 Uhr.

Los Caneyes, Av. 1 esq. 438, Boca Ciega. Snacks und Pizza für 1–3 CUC, aber auch Languste für 19 CUC. Menüs um 5 CUC. Schöne Bar. Do–So ab 22.30 Live-Musik. ⏱ 24 Std.

Casa del Pescador, Av. 5 e/440 y 442, Boca Ciega. Fischspezialitätenrestaurant mit breitem Angebot vom Fischfilet für 8 CUC bis zur Languste für 25 CUC.

El Cubano, Av. 5 esq. 454, Boca Ciega. Sandwiches für den großen und kleinen Hunger sowie einige Gerichte für 4–6 CUC. Nette Atmosphäre.

Auf der Av. 5 esq. 448 in Boca Ciega gibt es einen Stand mit **Schweinebrötchen**. ⏱ tgl. 11–18 Uhr.

Eiscafe Bim Bom, Av. 5 esq. 464, Guanabo. Neben Eis gibt's Pizza, Pasta und Pollo. ⏱ tgl. 10–24 Uhr.

Pizzastand, Calle 468 No. 507 e/5 y 7, Guanabo. Bis vormittags 12 Uhr einzelne Stücke und

Kulinarischer Volltreffer

Paladar Maeda, Calle Quebec No. 115 e/476 y 478, Guanabo, ☎ 07-796 2615. Das Lokal hat wegen seines ausgezeichneten Essens mittlerweile landesweite Bekanntheit erlangt, und das zu Recht. Man speist im wunderschön begrünten Innenhof mit Papageien und plätschernden Brunnen. Insgesamt ist das Preisniveau recht hoch (über 10 CUC für ein Gericht), aber unter der riesigen Auswahl befinden sich auch einige Spezialangebote (Fleisch- und Fischgerichte für 5 CUC samt 2 Beilagen). Bier kostet 1,75 CUC, Cocktails 3 CUC. Dazu kommt dann noch ein Aufschlag von 10 % für den Service. ⏱ Mo–Sa 18–23, So 12–23 Uhr.

Bunt und stolz: Kubas Kunstszene drückt stets die eigene
kulturelle Identität aus – hier
ein Wandgemälde in Boca
Ciega (Playas del Este).

Pizza, Fußball und mehr

Pizzeria Don Peppo, Av. 5 esq. 482, Guanabo, ☏ 07-796 4229. Das gemütliche kleine Restaurant mutet mit seinen Schals und Wimpeln von zahlreichen europäischen Topvereinen wie eine Fußballkneipe an (auch einige Bundesligaclubs sind vertreten). Die gute Küche ist klassisch italienisch (Nudelgerichte 3–6 CUC, Pizzas 4–7 CUC), hat aber auch einige Fleisch- und Fischgerichte im Angebot. ◷ tgl. 12–24 Uhr.

danach ganze Bleche, von denen zwei Personen satt werden (einfach klingeln). Der Preis ist abhängig vom Belag: Käse 50 CUP, Zwiebeln 60 CUP, Schinken 90 CUP, Thunfisch 100 CUP.
Heladeria (Eisdiele), Av. 5 e/478 y 480, Guanabo. Neben Eis gibt es auch Kaffee, Milchshakes und kleine Snacks. ◷ tgl. 10–22 Uhr.
Paladar El Cocodrilo, Calle 486 e/Av. 7 B y 9, Guanabo, ☏ 07-796 4170. Spaghetti, Fleischgerichte und Salate, Hauptgerichte sind ab 3–4 CUC zu haben (Fisch etwas teurer). ◷ tgl. 12–22 Uhr.
Cafetería Tropinini, Av. 5 A No. 49213 e/492 y 494, Guanabo, ☏ 07-796 4517. Gemäßigte Preise (Fleischgerichte 5–7 CUC) bei guter Qualität. Spezialität des gemütlichen Holzrestaurants sind Sandwiches. ◷ tgl. 13–21 Uhr.
El Brocal, Av. 5 esq. 500, Guanabo, ☏ 07-796 2892. In einem hübschen Holzhaus landet mexikanisches Essen, darunter viele Fischgerichte, auf dem Teller. Dank der vernünftigen Preise sehr beliebt.
Paladar El Piccolo, Av. 5 A e/502 y 504, Guanabo, ☏ 07-796 4300. Gute Pizza und Nudelgerichte ab 4 CUC. Schöne Terrasse. ◷ tgl. 12–24 Uhr.

Nachtleben und Kultur

Disco Habana Club, beim Aparthotel Las Terrazas, Santa María del Mar. ◷ tgl. ab 22 Uhr, Eintritt 5 CUC.
Cabaret Guanimar, Av. 5 esq. 468, Guanabo, ☏ 07-796 2947. Tgl. Show oder Live-Musik von 21–2 Uhr, Eintritt 5 CUC.
Guanabo Club, Calle 468 e/13 y 15, Guanabo, ☏ 07-796 2884. Open-Air-Disco mit vielen Kubanern. ◷ Fr–Mi ab 21 Uhr, Eintritt 2 CUC.

Bar Mirador Bellomonte, Guanabo. Terrassen-Bar an der Vía Blanca auf einem Hügel mit schönem Panoramablick über Guanabo. Am Wochenende ab 22 Uhr Shows. ◷ Mo–Do 12–21, Fr–So 12–2 Uhr, Eintritt 3 CUC.
Disco Vía Blanca, Av. 5 e/486 y 488, Guanabo. 24-stündiger Barbetrieb. Das nächtliche Tanzvergnügen findet von 22–3 Uhr statt.
Cine Guanabo, Av. 5 esq. 480, Guanabo.

Einkaufen

Supermercado Santa María, Av. de las Terrazas esq. 7. ◷ tgl. 9–18 Uhr.
Centro Comercial El Dorado, Av. 3 esq. 3, Boca Ciega. Am Wochenende ab 22 Uhr Disco. Am Tag Pool-Bar. ◷ tgl. 8–18 Uhr.
Supermercado La Barca, Av. 5 esq. 448, Boca Ciega. ◷ tgl. 9–18 Uhr.
Centro Comercial Guanabo, Av. 5 e/472 y 474, Guanabo. ◷ tgl. 8–18 Uhr.

Aktivitäten

Marina Tarará, Vía Blanca KM 18, ☏ 07-797 14-62, -42. Ausflüge zu mehr als 20 Tauchplätzen (u. a. zu Korallengärten, Steilwänden und Wracks) sowie Tretbootverleih. Jachten melden sich unter VHF 16 und 77 an. Halbtägige Seafaris entlang der Küste kosten 55 CUC (inkl. Schnorcheln und Essen).
Der **Club Náutico** in Boca Ciega, Av. 1 esq. 438, vermietet Tretboote (6 CUC/Std.) und Kajaks (3 CUC/Std.). ◷ tgl. 9–19 Uhr. Auch beim Club Atlántico und an der Laguna Itabo, jeweils in Santa María del Mar, gibt es einen Verleih. Nichtgäste können sich in den meisten Hotels in Santa María del Mar für 25 CUC einen **Tagespass** besorgen und damit alle Einrichtungen (inkl. Buffet) benutzen.

Sonstiges

Apotheken
Farmacia, Av. 5 e/472 y 474, Guanabo. ◷ tgl. 9–19 Uhr.

Autovermietungen
Cubacar hat in Santa María del Mar Büros in den Hotels Las Terrazas, Tropicoco und Arenal. In Guanabo findet man ein Büro auf der

Av. 5 esq. 464 (bei der Tankstelle),
📞 07-796 6967.

Geld
Bandec, Av. 5 e/470 y 472, Guanabo.
Cadeca, Av. de las Terrazas e/10 y 11, Santa
María del Mar. Weitere Wechselstube in der
Av. 5 e/476 y 478, Guanabo. Mit Geldautomat.

Informationen
Infotur, Av. de las Terrazas e/11 y 12,
Santa María del Mar, 📞 07-796 1111,
🖥 www.infotur.cu. Weiteres Büro in Guanabo
in der Av. 5 e/468 y 470, 📞 07-796 6868.
🕐 tgl. 8.30–20.30 Uhr.

Medizinische Versorgung
Clínica Internacional, Av. de las Terrazas
e/8 y 9, Santa María del Mar, 📞 07-797 1032,
796 1810. Mit Apotheke. 🕐 24 Std.

Post
Av. de las Terrazas e/10 y 11 und Av. 5
e/490 y 492, Guanabo. 🕐 Mo–Sa 8–18 Uhr.

Telefon
Etecsa, Av. de las Terrazas esq. 11,
Santa María del Mar. Weitere Telefonzentren
in Boca Ciega in der Av. 3 esq. 2 und in
Guanabo in der Av. 5 e/490 y 490 A.
🕐 tgl. 7.30–18.30 Uhr.

Transport
Selbstfahrer
Am schnellsten kommt man mit einem
Leihwagen zu den Playas del Este. Man fährt in
Havannas Altstadt durch den Tunnel de la Bahía
und folgt der Vía Monumental, bis man auf die
Vía Blanca trifft. Dann immer weiter nach Osten.
Eine **Tankstelle** liegt in Guanabo in der Av. 5
esq. 464. **Parken** kann man den Wagen in Santa
María an folgenden Orten: in der Av. del Sur
esq. 7, an der Av. de las Banderas esq. Av. del
Sur sowie an einigen Stellen entlang der Av. de
las Terrazas.

Taxi
Ein Taxi vom Zentrum Havannas kostet
15–20 CUC (eine Strecke).

Busse und Lastwagen
Der öffentliche **Bus Nr. 400** fährt von der Altstadt
nach Guanabo (Abfahrt auf der Av. Agramonte
e/Gloria y Misión, nördlich vom Zugbahnhof).
Richtung Havanna bekommt man diesen Bus
auf der Av. 5 in Guanabo. **Bus Nr. 464** fährt nach
Guanabacoa. Der **T3 der Habana Bus Tour**
(Kasten, s. S. 254) fährt vom Parque Central in
Havanna über Habana del Este, Villa Bacuranao
und Villa Tarará zu den Hotels der Strandzone
von Santa María del Mar und von dort die
gleiche Route wieder zurück.
In den Ferienmonaten Juli und August trifft sich
halb Havanna an den Stadtstränden.
Hartgesottene können sich dann auf einen
Lastwagen quetschen.

Züge
Vom Hershey-Bahnhof in Casablanca fahren
3x tgl. Züge nach Matanzas, die auch an der
Station Guanabo halten (2 km östlich des Ortes).

Playa Jibacoa und Umgebung

Genau in der Mitte zwischen Havanna und Varadero liegt **Playa Jibacoa**. Wegen seiner abgeschiedenen Lage bietet der einsame Strand
Erholung pur. Weniger der mäßige Strand lohnt
einen Besuch, als vielmehr die wunderschöne
Klippenlandschaft, in die er eingebettet ist. Viele
Kubaner machen hier auf Campismos Urlaub, die
meisten sind jedoch für Touristen gesperrt.

In **Santa Cruz del Norte**, 10 km westlich von
Playa Jibacoa und 30 km östlich von Playas del
Este, produziert seit 1919 die größte **Rumfabrik**
Kubas die berühmte Marke Havana Club. Die
mittlerweile auch in Deutschland sehr beliebte
Marke wurde 1878 von der wohlhabenden Fami-
lie Arrechabala aus Cárdenas ins Leben gerufen.
Leider kann man die Fabrik nicht besichtigen. In
der Umgebung des Ortes sieht man zahlreiche
Ölförderanlagen, der gewonnene Rohstoff fließt
zur Weiterverarbeitung in die hiesige Ölfabrik.

5 km südlich liegen die Gärten **Jardines de
Hershey**, eine verwilderte Anlage der ehemaligen Zuckersiedlung Central Camilo Cienfuegos,
die nach dem Vorbild von Chocolate Town in
Pennsylvania gestaltet wurde. Bereits 1926 war

sie zur größten und modernsten Zuckermühle ihrer Zeit aufgestiegen. Sie gehörte dem reichen US-Schokoladenfabrikanten Hershey, der 1917 auch die elektrische Eisenbahn von Casablanca nach Matanzas errichtet hatte. Noch heute halten die Züge in der immer noch Hershey genannten Station im Ort Camilo Cienfuegos.

Übernachtung

Touristen können an der Playa Jibacoa an folgenden Orten übernachten:
SuperClub Breezes, ℡ 0147-295122, 🖳 www.superclubscuba.com. Luxusanlage mit schöner Architektur und allem, was Pauschaltouristen Freude macht. Nur für All-Inclusive-Gäste finanzierbar. 250 große,

Dschungelhügel am Rande der Großstadt

Das Naturgebiet **Parque Escaleras de Jaruco** liegt 6 km westlich der Stadt Jaruco und 40 km östlich des Zentrums von Havanna und ist ein schönes Ausflugsziel von Havanna oder Playas del Este aus. Mehrere grüne, von Höhlen und Kalksteinterrassen durchzogene Hügel ragen aus der Ebene empor. Zudem kommt recht bald hinter Havanna echtes Dschungel-Feeling auf, wenn man sich die Straße durch die dicht bewachsene Landschaft hinauf schraubt. Ganz oben von den Kuppen kann man den Blick an klaren Tagen bis zur Küste schweifen lassen. Leider benötigt man einen eigenen Wagen für die Anfahrt. Diese führt entweder über den Ort Jaruco oder über Tapaste (von dort ca. 10 km gen Osten).

Übernachtungsmöglichkeit vor Ort bietet das charmante **Hotel Escaleras de Jaruco**, ℡ 07-8731-92, -21. Von hier bietet sich eine schöne Aussicht. Die 36 DZ haben AC, Bad und Kühlschrank, zudem gibt es ein Restaurant und Pool und es können Reitausflüge organisiert werden. ➌

Das **Restaurant El Arabe** scheint direkt aus dem Orient hierher verpflanzt worden zu sein. Nicht nur die maurische Gestaltung bietet was fürs Auge; auch die Aussicht ist spektakulär. Das günstige Essen in Moneda Nacional kann sich ebenfalls sehen lassen. ☉ tgl. 12–22 Uhr.

helle DZ mit Bad, AC, Telefon, TV, Safe, Balkon oder Terrasse. Tauchstation, umfangreiches Sportangebot, schöner Strandabschnitt. Kinder unter 16 Jahren haben keinen Zutritt. ➐
Campismo Los Cocos, ℡ 0147-2952-31, -32, 🖳 www.cubamarviajes.cu. 90 Bungalows (20 davon für Touristen) mit AC, Ventilator und Bad. Pool, Restaurant, Disco und viele Wandermöglichkeiten. Beliebt bei Kubanern. ➌
Villa El Trópico, ℡ 0147-295205. All-Inclusive-Bungalowkomplex mit 110 komfortablen DZ mit AC, Bad, TV, Safe und Kühlschrank. Breite Infrastruktur. ➏
Villa Loma, einige km weiter westlich, direkt an der Vía Blanca, ℡ 0147-295316, 🖳 www.islazul. cu. 13 Bungalows auf einem Hügel mit bis zu 4 Zimmern, Gemeinschaftsbad und TV-Raum. Restaurant, Bar, Pool. Diese schöne Anlage ist auch bei Kubanern sehr beliebt und oft ausgebucht. ➌

Transport

Der Strand ist ohne eigenes Transportmittel schwer zu erreichen. Die beste Alternative ist der zwischen Matanzas und Havanna verkehrende Víazul-Bus, der einen auf Wunsch evtl. hier herauslassen kann (Fahrer fragen). Ansonsten kann man die Hershey-Bahn von Matanzas oder Varadero nehmen, in Jibacoa Pueblo aussteigen und die letzten 5 km zu Fuß zurücklegen.

Südlich von Havanna

Aufgrund der größeren Entfernung vom Stadtzentrum Havannas bietet sich das südliche Umland für Tagesausflüge an, auf denen man die folgenden Orte auch miteinander kombinieren kann. Abwechslung ist dabei garantiert, denn die Bandbreite reicht von schönen Parklandschaften (Parque Lenin, Jardín Botánico) über kulturelle Sehenswürdigkeiten (Hemingway-Museum, Humor-Museum) bis hin zu religiösen Stätten ersten Ranges (Santuario de San Lázaro).

Havanna und Umgebung

Parks und Gärten

Parque Lenin

Der 1972 fertig gestellte **Parque Lenin**, ✆ 07-643 1165, 643 1533, liegt an der Calzada de Bejucal y Av. Zoo-Lenin im Stadtteil Arroyo Naranjo, 20 km südöstlich des Zentrums und 4 km östlich des Flughafens, und ist zu erreichen mit dem Metrobus P 13 von Vibora. Der Park ist gleichzeitig grüne Lunge und größtes Naherholungsgebiet der Metropole und wird vor allem an den Wochenenden von Erholung suchenden *Habaneros* überflutet. Im Sommer finden hier oft Open-Air-Konzerte statt. Auf dem 670 ha großen Gelände sprießen viele alte tropische Bäume. Nach längerer Zeit der Verwahrlosung fließen seit einigen Jahren auch wieder Restaurationsgelder in den Park, sodass er hoffentlich bald in alter Schönheit glänzt.

Im Süden des Parkgeländes erstreckt sich ein großer See, der **Embalse Paso Sequito**. Vor allem das hier befindliche 9 m hohe und 1200 t schwere **Lenin-Denkmal**, eines der letzten in der Welt, sowie eine der weltweit ersten Loks (von 1845) ziehen die Blicke auf sich. Am östlichen Ende des Gewässers kann man Ruderboote mieten. Südlich befindet sich die sehenswerte **Galería de Arte** mit Kunstwerken von Amelia Peláez, ein Aquarium und ein Amphitheater. Es gibt auch eine Mini-Eisenbahn für Kinder, und der Club Hípico am nördlichen Eingang verleiht Pferde für 3 CUC/Std. Jeden zweiten Sonntag findet

Safari in Kuba

Nur 1 km westlich vom Lenin-Park, auf der Carretera de Capdevila KM 3 1/2, liegt der **Parque Zoológico Nacional**, ✆ 07-643 8063, 644 1870. Das fast 4 km² große Gelände wirkt wie ein **Safari-Park** und umfasst einen Bereich mit afrikanischen Wildtieren, ein großes Löwengehege sowie einige Käfige mit Affen und Großkatzen. Man kann mit dem eigenen Wagen oder einem Bus durch das weitläufige Gelände fahren. ⏱ Mi–Sa 9–16 Uhr (wegen saisonal schwankender Zeiten am besten vorher anrufen), Eintritt 3 CUC, Kinder 2 CUC. Autofahrer bezahlen 5 CUC, unabhängig von der Anzahl der Insassen.

um 15 Uhr eine Rodeo-Show statt. ⏱ Mi–So 9–17 Uhr, Eintritt frei.

Ein kulinarisches Highlight befindet sich im Süden des Parks. Das berühmte Edel-Restaurant **Las Ruinas**, ✆ 07-643 8286, ist eines der teuersten in ganz Havanna. Es bietet eine stimmungsvolle Kombination aus bewachsenen Mauern einer alten Villa einer Zuckerfarm und luxuriösem Interieur. Bunte Mosaikglaslampen und Glasfenster des berühmten Künstlers René Portocarrero zieren das obere Stockwerk, im Erdgeschoss werden in einer Pianobar exzellente Cocktails serviert. ⏱ Mi–So 12–20 Uhr.

Jardín Botánico Nacional und Expocuba

4 km südlich vom Parque Lenin, an der Carretera del Rocio KM 3 1/2 im Stadtteil Boyeros, liegt der **Jardín Botánico Nacional**, ✆ 07-697 91-59, -70, 🖥 www.uh.cu/centros/jbn. Der 1968 angelegte Garten erstreckt sich über 600 ha und umfasst zwei Zonen (Pflanzen aus Kuba und aus anderen Kontinenten), in denen insgesamt rund 4000 tropische und subtropische Pflanzen sprießen, darunter über 200 Palmenarten. Am Eingang befinden sich zwei Gewächshäuser, eines mit tropischen Pflanzen und das andere mit Kakteen. Der **Rundweg** durch den Park umfasst ca. 10 km und lässt sich am besten mit einem eigenen Fahrzeug zurücklegen. Für 3 CUC zuckelt alternativ ein kleiner Traktor Besucher durch das Gelände. Sehenswert ist auch der harmonisch angelegte **Japanische Garten**, den das asiatische Land als ein Symbol der Freundschaft zu Kuba 1989 im Süden des Geländes errichten ließ. ⏱ Mi–So 9–16 Uhr, Eintritt 4 CUC inkl. Führung, Kinder 1 CUC.

Ganz in der Nähe des Japanischen Gartens verlockt noch das vegetarische **Restaurant El Bambú** zu einer Stärkung. Das stets gut besuchte Restaurant zählt zu den besten und bekanntesten seiner Art in Kuba, der Besuch am üppigen Buffet kostet 15 CUC. ⏱ Di–So 12–17 Uhr.

Das Ende der 80er-Jahre fertig gestellte Ausstellungsgelände **Expocuba**, ✆ 07-697 9111, liegt gleich gegenüber vom Botanischen Garten. 25 thematische Pavillons (Landwirtschaft, Viehzucht, Fischerei, Bauindustrie, Tourismus,

Sport etc.) informieren über die ökonomischen und wissenschaftlichen Errungenschaften des Landes. Ein Vergnügungspark erfreut die jüngeren kubanischen Besucher und mehrere Restaurants und Cafeterías ziehen deren Eltern an. Jedes Jahr Anfang November findet hier die landesweit größte **Industriemesse** (Feria Internacional de La Habana) statt. ① Mi–So 9–17 Uhr, Eintritt 1 CUC.

Transport

Die Anfahrt zu Park- und Expo-Gelände ist am einfachsten mit einem **Taxi** (15 CUC einfache Fahrt). **Selbstfahrer** fahren von Havanna südwärts auf der Calzada de Infanta, die in die Calzada de Diez de Octubre und danach in die Calzada de Bejucal übergeht. Man kann auch die Av. de la Independencia südwärts fahren und dann auf die Av. de San Francisco links abbiegen.

Eine andere Option ist die **Bahn**, hier sollte man zunächst beim Zentralbahnhof anrufen und nach den Verbindungen fragen, ✆ 07-862 1920, 861 2959. Zur Expocuba fahren Züge von der **Estación 19 de Noviembre**, Calle Tulipán esq. Hidalgo in Nuevo Vedado (südlich der Plaza de la Revolución), ✆ 07-881 4431. Der Zug fährt morgens um 9.30 Uhr los und kommt gegen 17 Uhr zurück. Er passiert dabei auch den Leninpark.

Besuch bei Hemingway

Auf der 10 km südöstlich von Havannas Zentrum in San Francisco de Paula gelegenen **Finca La Vigía** kommen Hemingway-Fans voll auf ihre Kosten. Hier lebte der berühmte US-Autor von 1939–60 und schrieb seine Bestseller *Der alte Mann und das Meer*, *Inseln im Strom* und andere Klassiker. Dabei hatte er durchaus seine Eigenheiten, so begann er schon morgens um 6 Uhr mit dem Schreiben, tippte im Stehen und zählte am Ende des literarischen Schaffens alle geschriebenen Wörter. Nachdem sich der zuletzt manisch-depressive Schriftsteller 1961 nach seiner Rückkehr in die USA erschossen hatte, schenkte seine Frau die Villa dem kubanischen Volk.

Castro war es, der die Finca zum **Hemingway-Museum** ausbauen ließ. Nichts wurde verändert und es sieht so aus, als könne „Papa Hemingway" jeden Augenblick zurückkommen: Seine Schreibmaschine steht noch auf dem Tisch, die Bücherregale sind gefüllt mit Unmengen von dicken Wälzern und Zeitschriften (insgesamt mehr als 9000) und an den Wänden hängen Jagdtrophäen des Großwildjägers und Hochseefischers. Zwischen zahlreichen Andenken und Möbeln steht auch die große Plattensammlung. Man darf das Haus zwar nicht betreten, aber immerhin lässt sich ein Blick durch die Fenster werfen (kleines Fernglas mitnehmen). Außerdem darf man im großen Garten herumspazieren und dort den Hundefriedhof und Hemingways Jacht El Pilar besichtigen. Da das Anwesen auf einem Hügel liegt, bietet es zugleich einen schönen Ausblick auf das Häusermeer Havannas. In einem Souvenirladen können Fans dann noch Hemingways Bücher erstehen.

Die alte Finca und ihr Interieur sind mittlerweile stark renovierungsbedürftig. Zu diesem Zweck wollte eine Gruppe von US-amerikanischen Architekten und Hemingway-Experten Know-How und Gelder zur Verfügung stellen und beantragte, vom Embargo ausgenommen zu werden. Dies wurde zwischenzeitlich von den US-Behörden mit der Begründung abgelehnt, diese Maßnahme unterstütze den kubanischen Tourismus. Erst 2006 konnte die Zusammenarbeit beginnen. Seither wurden zahlreiche Gegenstände aus Hemingways Besitz in die USA geflogen, um dort digitalisiert und restauriert zu werden. In Kürze soll nun Phase II, die Gebäude-Restauration, beginnen. Über den aktuellen Stand informiert die Internetseite ▢ www.fincafoundation.org.

Anfahrt: Um zum Anwesen zu gelangen, fährt man die Carretera Central südlich der Bucht nach Südosten. Ein Taxi kostet hin und zurück 20–25 CUC. Die Metrobusse P 2 (von der Calle Línea y G in Vedado) und P 7 (vom Parque de la Fraternidad) halten in der Nähe. ① Mo–Sa 10–17, So 9–12 Uhr, Eintritt 3 CUC inkl. Führung, Fotos 5 CUC.

Religiöse Stätten

Santa María del Rosario

Am Stadtrand von Havanna, rund 5 km südöstlich vom Hemingway-Museum, liegt dieser Ort, der trotz seiner Lage direkt am Rand der Millionen-Metropole ein überraschend ländliches Ambiente besitzt. Hin kommt man mit den Bussen P 2 und P 7 (Richtung Cotorro) von der Calle Línea y G (Vedado) bzw. vom Parque de la Fraternidad (Centro Habana).

Die **Kirche** gleichen Namens liegt in der Calle 24 e/31 y 33 und zählt zu den schönsten Barockkirchen des Landes. Als die Heilkraft einer in der Nähe sprudelnden Quelle den Grafen des Hauses Bayona von seiner Gicht befreite, ließ er 1720 als Dank an Ort und Stelle das Gotteshaus errichten. Er schenkte sogar dem Sklaven, der ihn zur Quelle geführt hatte, die Freiheit. Auf dem Deckengemälde sind Sklave und Herr verewigt. Außerdem gibt es ein Selbstportrait des Künstlers José Nicolás de la Escalera. Der reich verzierte Altar aus Edelhölzern wurde im spanischen Sevilla gefertigt und hierher transportiert. Unter ihm befinden sich auch die Grabkammern. ◷ tgl. 8–12 Uhr, Messe So 17 Uhr.

Der Maler Manuel Mendive lebt im Ort und hat seine Visitenkarte in Form eines beeindruckenden **Wandgemäldes** an der Casa de la Cultura gegenüber der Kirche hinterlassen.

Santiago de las Vegas

Nur wenige km südwestlich vom Botanischen Garten liegt der untouristische Stadtteil Santiago de las Vegas. Er würde wahrscheinlich noch auf lange Zeit unbeachtet bleiben, befände sich hier nicht eine der wichtigsten religiösen Kultstätten des Landes: Im benachbarten Dorf El Rincón liegt nämlich in einer kleinen Kirche der heilige Schrein **Santuario de San Lázaro**. Dort im Hof wird aus einer Quelle heiliges Wasser in Flaschen abgefüllt und an den Straßen des Dorfes stehen Verkäufer, die Blumen, Kerzen und Heiligenfiguren unters Volk bringen. Besonders stark liegt diese religiöse Aura am **Día de San Lázaro** am 17. Dezember in der Luft, wenn sich bis zu 100 000 Pilger durch die Straßen drängen, um dem Heiligen zu huldigen. Damit ist El Rincón neben El Cobre in der Provinz Santiago de Cuba der wichtigste Wallfahrtsort der Insel. In den Massen befinden sich sowohl Katholiken als auch Santería-Anhänger, denn San Lázaro entspricht im afrokubanischen Glauben Babalú Ayé, dem Gott der Kranken, dem Heiler so vieler Gebrechen. Viele Gläubige haben große Mühen auf sich genommen, um hierher anzureisen. Manche hängen sich sogar Gewichte um und kriechen kilometerweit über die Straßen, um ihre Leidensfähigkeit unter Beweis zu stellen oder eine versprochene Buße einzulösen.

Auf dem Weg zur religiösen Kultstätte kommt man auch an einer bedeutenden weltlichen Einrichtung vorbei, dem **Aids-Sanatorium Los Cocos**. Hier werden Aidskranke so lange untergebracht, bis man der Meinung ist, sie als sexuell verantwortungsbewusste Personen wieder in die Gesellschaft entlassen zu können – in der Regel ist das nach einigen Monaten der Fall. Dies mag zwar zunächst autoritär anmuten, andererseits ist die kostenlose Versorgung der Einrichtung so gut, dass einige Patienten gar nicht mehr weg wollen.

8 km südlich vom Flughafen kurz hinter Santiago de las Vegas liegt El Cacahual, das **Mausoleum von General Antonio Maceo**. Hier informiert eine kleine Ausstellung über den Nationalhelden, der am 7. Dezember 1896 im Zweiten Unabhängigkeitskrieg in der Nähe von Bauta ums Leben kam. Maceo war der einzige General mulattischer Abstammung und wird wegen seines Mutes bis heute als „Bronzetitan" verehrt. ◷ tgl. 24 Std., Eintritt frei.

Transport

Anfahrt mit den Metrobussen **P 12** (vom Parque de la Fraternidad in Centro Habana), **P 13** (von Vibora) oder **P 16** (von der Coppelia in Vedado).

San Antonio de los Baños

Die 35 km südwestlich von Havanna gelegene, 40 000 Einwohner zählende Kleinstadt wurde 1794 vom Marquis de Monte Hermoso am Ufer des Río Ariguanabo gegründet. Hier wohnt die lebende Musiklegende Silvio Rodríguez, der wie kaum ein anderer den Stil Nueva Trova geprägt hat (Musik und Tanz, s. S. 169). Vor allem aber ist der Ort zum Lachen: Seit 1979 findet hier jedes ungerade Jahr Ende März die **Bienal Internacional del Humor** statt, und seit über 20 Jahren stellt das **Humor-Museum**, Calle 60 esq. 45, Zeugnisse des Witzes aus, z. B. politische Satire und Comics. ☉ Di–Sa 10–18, So 9–13 Uhr, Eintritt 2 CUC. Mehr Infos unter 🖥 www.cnpc.cult.cu/museos/humor/index_esp.html.

Die Filmschule **Escuela Internacional de Cine y Television**, Carretera Villa Nueva KM 4,5, 🖥 www.eictv.org, verhalf der Stadt zu landesweiter Bekanntheit. Hier lernen Nachwuchsregisseure aus Kuba und anderen Ländern der Dritten Welt alles über das Filmmetier. Die Schule genießt einen ausgezeichneten Ruf und wurde vom berühmten kolumbianischen Schriftsteller Gabriel García Márquez großzügig gefördert.

Eine **Galerie** befindet sich in der Calle 58 No. 3708 e/37 y 39. ☉ Mo–Fr 13–17 Uhr, Eintritt frei. Außerdem gibt es noch ein **Museo de Historia** in der Calle 66 No. 4113 e/41 y 45. ☉ Di–Sa 10–18, So 9–13 Uhr, Eintritt 1 CUC.

Live-Musik ertönt am Wochenende in der schönen **Taberna de Tío Cabrera** in der Calle 56 No. 3910 e/39 y 41. Es ist eine der ältesten Kneipen des Landes (1760 gegründet).

Beim westlich gelegenen Dorf La Loma lockt inmitten von tropischer Vegetation der **Río Cappellonia** zu einem erfrischenden Bad.

Von San Antonio de Los Baños fährt man 10 km gen Westen bis zum Ort Vereda Nueva und dann noch einmal 10 km nach Südwesten bis zum Fluss.

Übernachtung und Essen

Hotel Las Yagrumas, Calle 40 y 210, ✆ 0147-384460, 🖥 www.islazul.cu. Gediegenes Hotel in idyllischer Lage direkt am Río Ariguanabo. Hier machen auch viele Kubaner Urlaub. 74 DZ mit AC, Bad, TV und Balkon. Verleih von Ruderbooten und Fahrrädern, Pool, Tennisplatz. ❸–❹

Peso-Stand, Av. 41 No. 6831 e/68 y 70. Leckere Pizza, belegte Brötchen, Saft und Süßigkeiten für Moneda Nacional. ☉ tgl. 7.30–23 Uhr.

Transport

Busse fahren in Habana Vieja von der Calle Apodaca e/Agramonte y Av. de Bélgica, Züge von der Estación Tulipán in Nuevo Vedado.

Der Westen

Stefan Loose Traveltipps

2 **Las Terrazas und Soroa**
Zu Fuß durch die Wälder der wildromantischen Sierra del Rosario mit Ruinen
alter Kaffeefincas und Wasserfällen. S. 281
und S. 285

San Diego de los Baños Abenteuerlustige
suchen in der Regenwaldhöhle Cueva
de los Portales noch Spuren der Kuba-
Krise, Erholung suchende relaxen in
Thermalbädern. S. 287

3 **Viñales-Tal** Von geheimnisvollen
Höhlen durchzogene Karstkegel und
malerische Tabakplantagen bilden eine der
bizarrsten Landschaften der Welt. S. 300

Cayo Jutías und Cayo Levisa Entspannung
an einsamen weißen Sandstränden. S. 310

4 **María La Gorda** Kilometerlange
palmenbestandene Traumstrände,
ein Biosphärenreservat und eines der
weltbesten Tauchgebiete lohnen den weiten
Weg. S. 312

Golfo
de México

Archipiélago de los

Bahía Santa
Lucía
CAYO JUTÍAS

Santa Lucía

Minas de
Matahambre
Baja
Pons

CAYO
RAPADO GRANDE   Dimas
Santa
Rita

Mina
La Ceja de   Francisco
CAYOS DE   Izquierdo
BUENAVISTA   Santa   Sumidero
María
Santa
Pino Gordo   Felicia
Arroyos de
Mantua
Mantua   Cuyaguateje
Salto de
los Portales
Veinte   Guane
de Mayo   El Sábalo
Golfo de   Isabel Rubio   Playa de Galafre
Guanahacabibes   Bolívar   Playa Bailén   Bahía
Sandino   San   Santa   de
Laguna Grande   Julián   Teresa   Cortés
Bahía Guadiana   Le Fé
Cortés
Manuel Lazo   Laguna
Carabelita   Alcatraz
Grande   Babiney
Playa Las   PARQUE NACIONAL
Tumbas   La Bajada   PENÍNSULA DE   Las
GUANAHACABIBES   Martinas   La Furnia
Cabo de San   Los   Los Ingleses
Antonio   Cayuelos   María la Gorda
Bahía de   Uvero Quemado
Corrientes
Cabo
Corrientes

Karibisches Meer

Sierra de los Órganos
Cordillera
Península de Guanahacabibes

N

0 10 20 30 40 km

Colorados

Bahía de Cabañas

La Boca

Playa San Pedro
Pablo de la
Torriente Brau
Quiebra
Hacha
Mariel

CAYO
PARAÍSO
Playa el
Morrillo
El
Volador
San Juan
de Dios
Cabañas
Guanajay

CAYO LEVISA

Bahía Santa
Lucía
Las
Pozas
Bahía
Honda
Las Terrazas
Eduardo García
Lavandero

Puerto
Esperanza
Palma Rubia
La Mulata
Los
Gayós
Cayajabos
Cafetal Angerona
Artemisa

San José
Pan de Guajaibón
Orquídareo
Soroa
Las
Mangas

San
Cayetano
El
Rosario
La Palma
Sierra del Rosario
San
Cristóbal
Candelaria
Playa
Guanimar

San Vicente
Cueva del
Indio
Mina La
Constancia
Parque Natural
Mango Jobo
José Martí
Playa
Majana

Valle
Ancón
San Andrés
Cueva de los
Portales
PARQUE
LA GÜIRA
San Diego
de los Baños
Santa Cruz de
los Pinos
Mural de la
Prehistoria
Viñales
Entronque
de Herradura
La Güira
Jelena

Gran Caverna
Santo Tomás
Hayo
Ja Mar
Los Palacios
El
Pinar

Consolación
del Sur
Paso Real de
San Diego

Reparto
Conchita
Herradura
Golfo
de Batabanó

Puerta de
Golpe
Cubanacán

Santa
Damiana
Pinar
del Río
Playa Dayaníguas
CAYOS DEL
HAMBRE

San Juan y Martínez
Alonso
de Rojas
Canal de la Pipa

San Luis
El Corojo
El Rosario
La Coloma
ISLAS DE
MANGLES
CAYOS
ALACRANES
CAYO LA
MONTECA

Punta de
Cartas
PINAR DEL RÍO
**ISLA DE LA
JUVENTUD**

Cayos de San Felipe
Punta de
los Barcos
Playa
Paraíso
Playa
Bibijagua

PARQUE NACIONAL DE
LOS INDIOS - SAN FELIPE
Ensenada de
los Barcos
Nueva
Gerona
Chacón
Presidio
Modelo

CAYOS LOS
INDIOS
Finca El Abra
Júcaro

La Demajagua
Laguna del
Soldado
Mina
de Oro
La
Melvisa
Loma la Cañada
303
Llano Septentrional
La Fé

ISLA DE LA JUVENTUD
Sierra de la Cañada
Santa
Isabel
La
Reforma

Cabo
Francés
Punta
Corúas
Playa Roja
PARQUE NACIONAL
DE CIÉNAGA
DE LANIER
Cayo
Piedra
Criadero de
Cocodrilo

PARQUE NACIONAL MARINO DE PUNTA
FRANCÉS - PUNTA PEDERNALES
Ensenada de
la Siguanea

Der Westen

Kubas Westen schmückt sich mit den Auszeichnungen „grüne Provinz" oder „Garten Kubas". 30 % der inselweiten endemischen Flora und Fauna kommen hier vor und können auf zahlreichen ökologischen Wanderwegen bestaunt werden. Schon Mitte der 80er-Jahre wurde der ökologische Reichtum dieser Region gezielt gefördert, als man die Sierra del Rosario und die Península de Guanahacabibes zum Biosphärenreservat erklärte. Damit liegt ein Drittel der inselweiten Naturschutzgebiete dieses Typs in der Provinz Pinar del Río. Dazu kommt mit dem **Nationalpark Viñales** noch ein weiteres Naturparadies mit hohem Schutzstatus. Mehr als 10 000 Höhlen, zum Teil noch unerforscht, durchziehen das Gestein, unter ihnen die Caverna de Santo Tomás mit dem längsten Gangsystem Mittelamerikas. Ein Faszinosum ist die archaische Korkpalme *(Mycroclycas carcoma)*, ein lebendes Fossil, dessen urzeitliche Form schon vor 250 Mill. Jahren spross. Die Tierwelt besticht durch ihr Format: In den Hügeln tummeln sich kaum sichtbar der zweitkleinste Frosch der Erde, die Schmetterlings-Fledermaus, eine der kleinsten Arten der Welt, und der kleinste Kolibri (Zunzún).

Die südliche Ebene **Vueltabajo**, in der sich neben der Provinzhauptstadt auch die besten Tabakanbaugebiete der Welt befinden (San Juan y Martinez und San Luis), zählt zu den ältesten geologischen Formationen Kubas. Im Zentrum durchziehen zwei Bergketten aus Kalkstein und Tonerde die Provinz: Die **Sierra del Rosario** im Osten und die **Sierra de los Órganos** im Westen (das Bergkuppenpanorama ähnelt von Ferne betrachtet einer Orgel). Sie bilden zusammen das Gebirgsmassiv der **Cordilleras de Guaniguanico**, das sich über 180 km quer durch die ganze Provinz Pinar del Río erstreckt. Höchster Punkt dieses montanen Rückgrats ist der 699 m hohe Pan de Guajaibón nahe des Heilbades San Diego de los Baños. Nördlich daran schließt sich wieder eine Ebene an, mit Naturstränden wie Cayo Jutías, Cayo Paraiso und Cayo Levisa. Zusammen mit María La Gorda zählen sie zu der Handvoll an Traumstränden der Provinz.

In der Bilderbuchregion, dem **Viñales-Tal**, gehen Natur- und Kulturlandschaft eine nahezu perfekte Symbiose ein: *Mogotes* (Kegelfelsen) heben sich wie Domkuppeln aus fruchtbaren Tabakfeldern empor. 80 % des inselweiten Tabaks gedeihen in Kubas westlichster Provinz, hauptsächlich in der Region des Vuelta Abajo. Die hiesige **Tabakkultur** blickt auf eine lange Tradition zurück: Bereits 1719 wurden die ersten Pflänzchen gesät – von armen Kleinbauern, die Zuckerbarone aus anderen Teilen Kubas hierher vertrieben hatten. Zufällig erwiesen sich Klima und Boden als ideal für die empfindlichen Tabakpflanzen. Die Spanier nannten das fruchtbare Land am Ufer der Flüsse *Vegas*. 1996 verlieh man den Zigarren des Vuelta Abajo in San Juan y Martínez den Namen *Vegueros*.

Doch längst nicht allerorten sprießen die edlen Blätter. Weite Teile der landwirtschaftlichen Nutzfläche dominieren wogende Zuckerrohrfelder (im Osten) und sumpfige Reisfelder (südlich von Los Palacios). Zitrusfrüchte prägen das Bild im Westen um Sandino. Ansonsten wird Viehwirtschaft betrieben.

Ungefähr 750 000 Menschen leben in der Provinz Pinar del Río, die mit einer Fläche von 10 931 km² die drittgrößte der Insel ist. Die gleichnamige Hauptstadt zählt 130 000 Einwohner. Bezüglich des Lebensstandards machte der Westen nach der Revolution eine beeindruckende Entwicklung von einer der ärmsten Provinzen zur reichsten durch. In Kuba sagt man, die ehemalige *Cenicienta* (Aschenputtel) hätte sich zur *Princessa* (Prinzessin) gemausert. Für diesen Aufschwung sorgt nicht zuletzt der seit den 1980er-Jahren stetig gewachsene Tourismus. Gerade in den letzten Jahren setzten der Provinz aber immer wieder Wirbelstürme zu (z. T. mehrere pro Jahr), die verheerende Schäden anrichteten.

Von Havanna nach Pinar del Río

Wer Kubas pulsierende Metropole gen Westen verlässt, taucht schon bald in eine ruhige, entspannte Atmosphäre ein. Autopista und Carretera Central führen durch eine stark ländlich geprägte Region, die immer grünere und idyllischere Züge trägt, je weiter man nach Westen vorstößt. Auf dem Weg zum rund 150 km entfernten Pinar del Río, der einzigen Großstadt des Westens, passiert man zahlreiche verschlafene Nester und ein paar Kleinstädte. An einigen Orten ist ein Zwischenstopp fast schon Pflicht:

Antiguo Cafetal Angerona

Bei KM 46 (Höhe Cayajabos) kann man von der Autopista links abbiegen zu den 5 km entfernten Ruinen. Der Zug fährt von Havanna bis zur 7 km östlich gelegenen Kleinstadt Artemisa. In den ersten Dekaden des 19. Jhs. zählte die Plantage des Deutsch-Franzosen Cornelius Sansse zu den einträglichsten der Region. Ihr Name stammt von der römischen Göttin Angerona, der die Sansse eine Skulptur errichten ließ. Er verhielt sich nicht ganz gemäß den damaligen Herrschaftskonventionen, da er eine schwarze Haitianerin heiratete und seine Sklaven relativ gut behandelte. 1837 starb Sansse und seine Frau kehrte der Plantage den Rücken zu und überließ sie dem Verfall. 1989 wurde der geschichtsträchtige Ort zum Nationalmonument erklärt. Es stehen zwar nur noch die Ruinen des Herrenhauses, ein Aquädukt und Teile der Mauern um die Sklavenbaracken, aber die überwuchernde tropische Vegetation verleiht dem Ort ein wildes, verwunschenes Ambiente. Eine der sehenswertesten Kaffeeruinen Kubas!

2 HIGHLIGHT

Las Terrazas

Eingebettet in die gleichnamige Hügelkette liegt Kubas ältestes Biosphärenreservat **Sierra del Rosario**. Es umfasst eine Fläche von 250 km^2 und genießt wegen seiner großen Zahl endemischer Tier- und Pflanzenarten höchsten Schutzstatus. Mitten im Grünen versteckt sich die kleine Öko- und Künstlerkommune Las Terrazas, die viele Naturliebhaber in den Bann zieht. Eine Reihe von Wanderwegen führt durch wildromantische Hügellandschaft mit üppigen Wäldern und hoher Vogeldichte zu murmelnden Bächen, idyllischen

Wasserfällen und überwucherten Ruinen ehemaliger Kaffeeplantagen.

Kurioserweise leiteten massive ökologische Verwüstungen den Aufstieg des Ortes ein, denn diese waren der Auslöser eines einmaligen Projektes. Kahlschlag, Waldbrände und fehlerhafte Anbautechniken hatten die Gebirgshänge fast vollständig entwaldet, und das Gebiet zählte zu den ärmsten und unterentwickeltsten der Provinz. 1971 entschied die Regierung im Rahmen ihrer ländlichen Entwicklungsprogramme, an dieser Stelle eine Modellsiedlung zu errichten und ein Wiederaufforstungsprogramm ins Leben zu rufen. Seither wurden Tausende von Bäumen gepflanzt. Das Projekt verlief derart erfolgreich, dass sogar die Unesco den Ort 1985 unter ihre Obhut nahm und Las Terrazas zu einem der bedeutendsten **Ökotourismuszentren** des Landes aufstieg, mit einer Fläche von 5000 ha. Die 900 Menschen des Ortes profitieren stark von seinem touristischen Potenzial und leben ansonsten überwiegend von der Arbeit auf Kaffeeplantagen, Holzverkauf und Viehwirtschaft. Eine weitere wichtige Einnahmequelle ist das Kunsthandwerk. Es gibt Werkstätten für Holzschnitzerei, Seidenmalerei *(Serigraphía)* und Keramik.

Am Ufer des **Lago San Juan** stechen die weißroten Häuser des Dorfes wie bunte Farbtup-

Kaffeeplantagen

So malerisch deren Ruinen heute anmuten, sie sind vor allem ein historisches Zeugnis der Plantagengesellschaft, die auf Ausbeutung von Sklavenarbeit basierte. Überreste ehemaliger Behausungen (wie z. B. auf dem Cafetal Buenavista) veranschaulichen die extrem beengten Wohnverhältnisse der über 100 Sklaven, die hier schuften mussten. Französische Pflanzer, die vor dem in Haiti tobenden Sklavenaufstand geflohen waren, ließen sich 1802 in dieser Region nieder, importierten ihr Know-How und lösten einen Kaffeeboom aus, der sich in über 50 Kaffeeplantagen allein im Gebiet um Las Terrazas manifestierte. Doch nach einigen florierenden Jahrzehnten begann der Niedergang der braunen Bohne, als die brasilianische Konkurrenz übermächtig wurde.

Um die San-Pedro-Plantage rankt sich eine unheimliche Legende: Einem Sklaven (angeblich der Sohn des Königs von Guinea) gelang die Flucht in die Berge. Eines Tages kam er zurück, um seine Geliebte zu befreien und wurde dabei von seinem ehemaligen Vorarbeiter überrascht. Beide gingen wütend mit Macheten aufeinander los und töteten sich gegenseitig. Noch heute wollen Bauern an dieser Stelle dem Geist des Sklaven begegnet sein oder die alten Trommelrhythmen der Sklaven gehört haben.

fer hervor. Ohne die Anzeichen tropischer Vegetation könnte man sich auch in einem idyllischen europäischen Mittelgebirgsdorf wähnen. In der Umgebung sprudeln kleine Wasserfälle inmitten von dichten Wäldern. Wie sehr die Siedlung in die umgebene Natur integriert ist, zeigt schon das Hotel, durch dessen Dach ein Baum wächst! Der kleine Ort ist angenehm zum Durchschlendern, die größte Sehenswürdigkeit ist allerdings die umliegende Natur.

Las Terrazas ist zusammen mit **Soroa** das beste Gebiet für Wanderungen in der Sierra del Rosario und besticht durch seinen hohen Anteil an endemischem Leben (11 % der Pflanzen und knapp 50 % der Tiere kommen nur hier vor). Vogelliebhaber können bis zu 70 Arten entdecken (darunter Finken, Nachtigallen und den Nationalvogel Trogon), Pflanzenfreunde über 850 Arten bewundern. Hinzu kommen interessante Amphibien wie Wasserechsen *(Anolis vermiculatus)* und einer der kleinsten Frösche der Erde *(Sminthilus limbatus)*, kaum größer als ein Centstück. Die höchste Erhebung von Las Terrazas ist der Loma del Salón mit 565 m. Die bedeutendsten Flüsse San Juan und Bayate besitzen einige natürliche Schwimmbecken.

Wanderungen

Das **Informationszentrum** neben der **Rancho Curujey**, ☎ 0148-778555 und 578700, bietet Vogelbeobachtungen und Wanderungen mit Führer an (auch englischsprachig, rund 20 CUC p. P.). Leider bekommt man selbst hier kein gutes Kar-

tenmaterial (evtl. aber wenigstens eine mäßige Überblickskarte). Angesichts fehlender Wegmarkierungen ist man daher auf einen Führer angewiesen (problemlos alleine zu bewältigen sind lediglich der Sendero San Juan und die Ruta de la Cañada del Infierno). ⏰ tgl. 9–17 Uhr.

Größte Herausforderung ist der 13 km lange **Sendero Cascadas del San Claudio**, der zu einem 20 m hohen Wasserfall mit Bademöglichkeit führt. Dort kann in rustikalen Hütten übernachtet werden. Allerdings gehört die Wanderung noch nicht zum Standardprogramm und wird nur für ausreichend große Gruppen angeboten (nachfragen).

Die 3 km lange **Ruta del Río San Juan** ist die bekannteste Wanderung. Der Weg entlang des Flusses führt an den Ruinen der Kaffeeplantage La Victoria vorbei. Am Ziel, den schwefelhaltigen Naturschwimmbecken des Flusses, kann man baden (Eintritt 2 CUC). An diesem paradiesischen Ort enden auch die längeren Wege Sendero El Taburete (6 km, über den 452 m hohen Hügel El Taburete) und Sendero El Contento (7 km, über das Cafetal San Idelfonso).

Der **Sendero Las Delicias** führt über den gleichnamigen Hügel (schöne Aussicht) nach 3 km zum **Cafetal Buenavista**, das ebenfalls einen schönen Panoramablick bietet (auch der **Sendero Buenavista** endet hier). Hier befindet sich die einzige Rekonstruktion einer Kaffeeplantage. Ein riesiger Mahlstein steht auf dem Gelände und der ehemalige Speicher dient heute als Restaurant.

Der **Sendero La Serafina** (6 km) führt durch dichten Wald, passiert die Kaffee-Ruine Santa Serafina und bietet hervorragende Möglichkeiten zur Vogelbeobachtung. Man hat sogar gute Chancen, auf den Nationalvogel *Tocororo* (Flora und Fauna, s. S. 98) zu stoßen.

Ungefähr nach 6 km Richtung Soroa zweigt links die **Ruta de la Cañada de Infierno** ab. Nach 1,5 km stößt man auf den Río Bayate, in dessen kristallklarem Wasser sich gut baden lässt. Hier liegt eine rustikale Bar mit recht günstigen Preisen. Nach 2 bzw. 4 km verstecken sich die stimmungsvollen **Ruinen der Kaffeeplantagen San Pedro und Santa Catalina** aus dem 19. Jh. am Wegesrand, überwuchert von dichter Vegetation.

Sehenswertes im Ort

Einen schönen Ausblick hat man von der **Plaza Comunal**, dem Versammlungsort mit Disco, Kino, Post und kleinem Museum zur Regionalgeschichte.

Der kleine Ort hat erstaunlich viele **Künstlerateliers**. Ein Muss ist die Werkstätte des international renommierten Malers Lester Campa. Ebenfalls einen Besuch lohnen die Estudios Duporté und Ariel sowie der Bazar El Cusco im Callejon del Moka. ⏲ tgl. 8–16 Uhr.

Das **Museo Peña de Polo Montañez** befindet sich direkt am See im ehemaligen Wohnhaus des *Guajiro*-Musikers und dokumentiert das Leben des Künstlers. Polo Montañez arbeitete in der Region als Holzfäller und tauschte abends die Axt gegen die Gitarre ein. 2001, mit 46 Jahren, stellte sich endlich der späte verdiente Erfolg ein, doch nur ein Jahr später kam Montañez bei einem schweren Autounfall ums Leben. Heute erhält die tragische Held dafür umso mehr die Aufmerksamkeit, die ihm im Leben erst spät zuteil wurde. ⏲ tgl. 9–17 Uhr.

Übernachtung und Essen

Campismo El Taburete, 2 km östlich vom Hotel Moka, ✆ 0148-578670. Schöne Naturlage. 47 marode Kabinen mit 2–4 Betten für 5 CUC p. P. Cafetería. Am Wochenende überfüllt. Man kann günstig Pferde mieten. ❶

Campamento del San Juan, wunderschön gelegen direkt an den Baños del Río San Juan (zu buchen über das Hotel Moka). 5 rustikale

Das Baumhotel

Hotel Moka, bei Haus 7 führen Stufen hoch (erhebliche Abkürzung), ✆ 0148-5786-00, -01, 🖥 www.laterrazas.cu. Mitten im Wald gelegen, zählt es zu den schönsten Hotels Kubas, ein Baum wächst sogar durch das Dach. 27 komfortable, geräumige und helle DZ mit AC, Bad, Radio, Telefon, TV und Safe. Toller Terrassen-Ausblick. Auch Kabinen am See werden vermietet. Tennisplatz, Pool, Autoverleih, Mountainbikes, Wanderungen und Pferdeausritte (5–6 CUC/Std.). ❻

Las Terrazas

Essen:
1 Paladar Fonda de Mercedes
2 Café de Maria
3 El Romero
4 Cafetería El Almácigo
5 Casa de Botes

★ Canopy

Hütten auf Stelzen. Restaurant. Man kann auch sein Zelt aufschlagen (5 CUC p. P.). ❷

Rancheria del San Claudio, 13 km nördlich vom Hotel Moka. Hier können Wanderer des Sendero Cascadas del San Claudio mitten in der Wildnis in sehr einfachen Hütten übernachten (5 CUC p. P.). ❶

Das Hotel Moka (s. u.) vermittelt auch Unterkünfte bei Familien im Dorf (**Habitaciones comunitarias**), die schönen DZ haben AC, Bad, TV und Telefon. ❺

Paladar Fonda de Mercedes (La Fondita). Billigste und beste Option mit schönem Blick vom Balkon. ⏲ Sa–Do.

Café de Maria. Eine nette alte Dame serviert in ihrem gemütlichen Wohnzimmer Kaffee, Rum und andere Getränke. ⏲ tgl. ab 7 Uhr.

Cafetería El Almácigo. Billige Snacks, gezapftes Cristal für Pesos und viel Atmosphäre. Schön am See gelegen.

Casa de Botes. Dieses Restaurant ragt auf Stelzen in den Lago San Juan hinein und ist auf Fischgerichte spezialisiert (ab 5 CUC). Fleischliebhaber gehen aber ebenfalls nicht leer aus. Auf der großen Terrasse sitzt es sich sehr idyllisch.

Wenige Kilometer nachdem man Las Terrazas in Richtung Soroa verlassen hat, erscheint linkerhand das **Restaurant Casa del Campesino**,

Der Westen

Der Westen

Rancheria del San Claudio
Loma El Mulo
Loma Las Peladas
Santa Serafina
San Francisco
Sendero Buenavista
Lomas de Mango Rubio
Sendero Las Delicias
Buena Vista
Sendero La Serafina
Rancho Curujey
Lago Palmar
Estación Ecológica
Soroa (10 km)
Lago de San Juan
Casa del Campesino
Gemeinde
Hotel Moka
San Idelfonso
Hacienda Union
s. Detailplan Las Terrazas S. 283
Campismo El Taburete
Loma La Gloria
Baños del Río Bayate
San Pedro
Ruta del Río San Juan
Sendero El Taburete
Loma El Taburete
Sendero El Contento
Havanna (51 km)
Bayate
Ruta de la Cañada de Infierno
Loma El Salon
San Juan
El Contento
Loma Tres Picos
Campamento del San Juan
Santa Catalina
Baños del Río San Juan
Pinar del Río (51 km)

Öko-Schmaus

El Romero. Vegetarier aufgepasst! Sowas gibt es in diesem Land nicht alle Tage: Ein gutes Öko-Restaurant mit recht großer Auswahl, das zudem seine Zutaten aus eigenem organischen Anbau bezieht.

direkt neben den Ruinen der alten Kaffeeplantage Hacienda Unión gelegen. Gemütliches Bauernhof-Flair, nur das traditionell im Holzkohleofen zubereitete Essen ist etwas überteuert. ☉ tgl. 12–17 Uhr.

Aktivitäten

Canopy

Was in Costa Rica schon weit verbreitet ist, hält jetzt auch in Kuba Einzug. In Baumkronenhöhe spannt sich ein Drahtseil, an dem man wie an einer Seilwinde von Plattform zu Plattform sausen kann (insgesamt fünf Stück über 800 m). Der Spaß kostet 25 CUC und wird über das Hotel

Moka gebucht oder unter ✆ 0148-778555, 🖥 www.lasterrazas.cu.

Schwimmen und Wassersport

Das Informationszentrum am **Lago Palmar** neben der Rancho Curujey, ✆ 0148-778555 und 578700, vermietet für 2–3 CUC/Std. Ruderboote, Kajaks und Tretboote. Hier lässt es sich gut baden und es gibt auch ein ordentliches Restaurant.

Weitere hervorragende Badeplätze mit Naturschwimmbecken und guten Restaurants sind die **Baños del Río San Juan** (tgl. 9–19 Uhr, Eintritt 2 CUC) und die **Baños del Río Bayate** (tgl. 9–17.30 Uhr, Eintritt 2 CUC).

Transport

Selbstfahrer

Autofahrer von Havanna biegen bei KM 51 von der Autopista rechts ab und fahren weitere 5 km bis zum Eingangstor (4 CUC Eintritt).

Busse

Die zwischen Viñales und Havanna pendelnden Víazul-**Busse** machen manchmal am Lago Palmar eine Pause (beim Busfahrer nachfragen) oder halten zumindest auf Wunsch an der Autobahnabfahrt. Allerdings sind es von dort noch 8 km bis in den Ort, und Autos und Taxis machen sich ziemlich rar. Zur Not kann über das Hotel La Moka ein **Überlandtaxi** bestellt werden.

Leider ist Las Terrazas bisher noch unzureichend an den öffentlichen Verkehr angebunden. So gibt es z. B. noch keinen Busservice zum zweiten wichtigen Ökotourismuszentrum SOROA, obwohl eine nur 20 km lange Straße beide Orte verbindet. Doch langsam geht es voran: Zumindest in der Hauptsaison verkehrt nun 1x tgl. ein Minibus von Cubanacán (Viñales, s. S. 308) von VIÑALES über PINAR DEL RÍO, SOROA und LAS TERRAZAS nach HAVANNA sowie in die umgekehrte Richtung (Abfahrt 10.30 Uhr Richtung Havanna und 15.45 Uhr Richtung Viñales).

Soroa

Nur 15 km südwestlich von Las Terrazas liegt ein weiterer kleiner Ort, der bereits 1959 zum Ökotourismus-Zentrum ausgebaut wurde und heute ebenfalls als Teil des **Biosphärenreservates Sierra del Rosario** unter dem Schutz der Unesco steht. Mitten im Flusstal des Río Manantiales gelegen und von waldreicher Hügellandschaft umgeben, ist Soroa zum Ausspannen ideal. Schließlich verlieren sich neben dem Hotel gerade mal ein paar Häuser und Bauerngehöfte entlang der Zufahrtsstraße im üppigen Grün – selbst die nächste Bank liegt in Candelaria. In dieser einsamen Umgebung leben einige nur hier heimische Tierarten. Namensgeber des Ortes war der Franzose Ignacio Soreaux, der nach seiner Flucht vor dem Sklavenaufstand in Haiti 1791 die erste Kaffeeplantage gründete, der nicht wenige folgen sollten. So sieht man noch heute in der Umgebung viele Kaffeeplantagen und -ruinen. 1896 führte der „Bronzetitan" General Antonio Maceo in dieser Region eine siegreiche Schlacht gegen ein spanisches Fort. Nach dieser Niederlage begannen die Spanier, sich aus abgelegenen Gebirgsregionen zurückzuziehen.

Orchideengarten

Auf dem 35 000 m² großen Gelände des **Orquidareo**, Carretera Soroa KM 8, kommt Regenwald-Feeling auf. 6000 Pflanzenarten aus allen Erdteilen wuchern hier, darunter Vertreter aus dem Kuriositäten-Kabinett (Elefantenfuß und Kanonenkugelbaum) neben Klassikern wie der Königspalme, die auch Kubas Wappen ziert, und der Nationalblume *Mariposa*, die sich in den Unabhängigkeitskriegen aktive Kubanerinnen ins Haar steckten, um in den Blüten Nachrichten zu schmuggeln. Ein heißer Anwärter für jeden Schönheitswettbewerb ist die *Rosa de Porcellana*. Auch altbekannte Zimmerpflanzen gibt es hier, allerdings zehnmal so groß wie ihre in Blumentöpfe gezwängten Artgenossen. Hauptattraktion des Parks aber sind seine 700 Orchideenarten, deren intensiver Duft bis hin zum Schokoladenaroma reicht und deren „Superstar" *Bleytya Purpurea* heißt. Hauptblütezeit ist von Dezember bis März.

Übrigens wachsen nur 30 % der Pflanzen des Parks auf dem Grund, der Rest rankt als Epiphyten von Bäumen. Mit etwas Glück sieht man eine der kleinsten Kolibriarten der Welt und den kubanischen Nationalvogel *Tocororo* durch das grüne Dickicht schwirren. Der Orchideengarten wurde 1943 vom wohlhabenden Rechtsanwalt Camacho gegründet, der von den Kanaren ausgewandert war. Nach dem krankheitsbedingten Tod seiner Tochter errichtete er der Blumenliebhaberin zu Ehren einen Blumengarten, den er nach und nach durch seltene Pflanzen aus aller Welt aufstockte. Auf dem Gelände steht noch das ehemalige Wohnhaus des Gründers. Nach der Revolution ging der Garten an die Universität von Pinar del Río über. ⏲ tgl. 8–16 Uhr, Eintritt 3 CUC (inkl. Führung), Fotos 2 CUC, Video 4 CUC.

Wasserfall Arco Iris

Über 20 m stürzt das Nass des Wasserfalls **Salto del Arco Iris** hinab. Zuerst spaziert man wie durch einen Tunnel unter gebogenen Baumstämmen entlang bis zu einem Aussichtspunkt direkt auf den Wasserfall. Dann geht es eine steile Treppe hinab zum Fuß des „Regenbogen Kubas". Nicht selten macht er seinem Namen alle Ehre, wenn sich Sonnenstrahlen am Wasser brechen. Ein schönes Plätzchen zum Baden. Oben am Eingang befindet sich ein mäßiges Restaurant. ⊙ tgl. 8.30–16 Uhr, Eintritt 3 CUC (inkl. Getränk an der Bar).

Gegenüber liegen die **Baños Romanos**, Carretera Soroa KM 8, wo man für 7–10 CUC eine Massage genießen kann. Im Innern des Steinhauses lockt ein Pool mit heißem, schwefelhaltigem Wasser. ⊙ tgl. 9–17 Uhr.

Aussichtspunkte

Hinter den Baños Romanos führt ein Weg einen Hügel hinauf zum **Mirador de Venus**. Auf dem halbstündigen Spaziergang begegnet man vielen Vögeln, Echsen und Insekten. Oben gibt´s als Belohnung einen wunderbaren Ausblick, an klaren Tagen bis zur Isla de la Juventud.

Das vollständig aus Natursteinen erbaute **Castillo de las Nubes** (Wolkenschloss) scheint aus einem Märchenbuch zu stammen und liegt auf einem Hügel mit schönem Ausblick. Es lässt sich gut mit dem Auto erreichen. Essen kann man dort leider nicht mehr, das ehemalige Restaurant hat vor einigen Jahren den Betrieb eingestellt.

Übernachtung und Essen

Virginia y Rolando Gonzalez Méndez, Carretera Soroa KM 5, kein Telefon. Schönes Haus, großes DZ mit AC, Ventilator, Bad und eigenem Eingang. Für Alleinreisende machen die Besitzer auch ein günstigeres Angebot. ❷

Casa Mayra y Carlos, Carretera Soroa KM 8,5 (blaues Haus auf der rechten Seite 500 m hinter dem Hotel Soroa). Riesiger Garten mit Palmen und Zitrusbäumen. Apartmentcharakter, eigener Eingang. Großes DZ mit Bad, AC, Ventilator, Kühlschrank und eigenem Aufenthaltsraum. Das Beste an diesem Casa ist nicht das eher spartanische Zimmer, sondern die wundervolle Aussicht von der Terrasse und die ruhige Lage. Direkt nebenan liegt eine kleine Künstlerwerkstatt. ❷

Villa Soroa, Carretera Soroa KM 8, ✆ 0148-523534, 🖳 www.cubanacan.cu. 49 schöne

Bauernhof-Feeling

Casa Los Sauces (Jorge y Ana), Carretera Soroa KM 3 (linkerhand nur 1 km von der Autobahn entfernt), ✆ 01-5228 9392 (mobil), ✉ tamyg@infomed.sld.cu (an Ana Lidia). Sehr schönes großes DZ mit AC, Ventilator, Bad, Kühlschrank und eigenem Eingang. Wunderschöner riesiger Garten, der mit seinen 150 Pflanzenarten einem zweiten Orquidareo nahe kommt. Schließlich arbeitet Vermieterin Ana genau dort und sammelt seit Jahren leidenschaftlich Pflanzen. Katze, Hund und herumstreunende Truthähne verstärken das Bauernhof-Feeling. Parkplatz. ❷

Cabañas mit Bad, AC, Telefon und TV. Außerdem 10 gediegene kleine Villen in Hanglage für bis zu 5 Pers., z. T. mit Pool (45–85 CUC, abhängig von der Zahl der Gäste). Restaurant mit gutem Abendbuffet (10 CUC). Wanderungen, Pferdeausflüge und Vogelbeobachtung. Verleih von Autos, Mopeds und Fahrrädern. ❹–❺

Campismo la Caridad, 1 km nördlich von Soroa, ✆ 0148-98487. 23 kleine, spartanisch eingerichtete Hütten mit 3 Betten kosten zwischen 5–8 CUC p. P., je nach Belegung. Bäuerliche Atmosphäre. ❶

Gegenüber dem Campismo liegt **Merendero El Mango** mit solider Bauernvesper. Nette familiäre Atmosphäre in einem Bauernhof. Eine freundliche Frau serviert Pollo con Papas y Arroz für 3–4 CUC (riesige Portionen). Am besten vorher vorbeischauen und sagen, wann man essen möchte. ⊙ tgl. ab 10 Uhr.

Nur 200 m von der Autobahn entfernt an der Straße nach Soroa befindet sich ein gutes **Restaurant im Holzhüttenstil**. Große Portionen für rund 5 CUC.

Transport

Autofahrer von Havanna biegen bei KM 63 (bei Candelaria) von der Autopista rechts ab und folgen der leicht ansteigenden Straße. Auch die Víazul-**Busse** halten auf Wunsch an dieser Abzweigung. Von dort aus muss man sehen, wie man die letzten 7 km nach Soroa bewältigt.

Der **Bahnhof** in Candelaria liegt 10 km südöstlich von Soroa. Es gibt keine Taxis, aber Pferdewagen können einen bis zur Autobahn bringen.

Taxis pendeln des Öfteren zwischen SOROA und LAS TERRAZAS und können von den Hotels aus angefordert werden (ca. 10 CUC für eine Strecke). Wer weiter nach VIÑALES, PINAR DEL RÍO oder HAVANNA will, nutzt entweder den in der Hauptsaison 1x tgl. verkehrenden **Minibus** (Abfahrt 10.15 Uhr Richtung Havanna und 16 Uhr Richtung Viñales, s. auch S. 308) oder wartet wie die Kubaner unter der Autobahnbrücke auf den nächsten Bus oder Lastwagen.

San Diego de los Baños und Umgebung

Der hübsche Kurort San Diego de los Baños (2500 Einw.) ist berühmt für seine schwefelhaltigen **Heil- und Thermalquellen** und liegt genau zwischen den Mittelgebirgszügen der Sierra de los Órganos im Westen und der Sierra del Rosario im Osten. Seine geschichtlichen Wurzeln reichen bis ins Jahr 1632, als angeblich ein kranker Sklave einen Schluck aus einer Quelle nahm und sich die Nachricht von seiner Genesung wie ein Lauffeuer verbreitete. Die Heilkräfte des Wassers wurden derart überhöht, dass Massen von Kranken hierher pilgerten und sich der Ort im 18. Jh. zum Kurzentrum entwickelte. Die Spanier eröffneten schließlich im Jahre 1891 den heutigen Bäderkomplex. Heute werden im bekanntesten Heilbad Kubas Haut- und Nervenkrankheiten, Rheuma sowie Atem- und Verdauungsprobleme behandelt, und Schlammbäder dienen der Schönheitskosmetik. In Kombination mit dem reizvollen waldbedeckten Hügelland, das zum Wandern förmlich einlädt, ist dies für die überwiegend kubanischen Besucher die perfekte Anti-Stress-Therapie. Zudem liegen mit dem **Parque La Güira** und der **Cueva de los Portales** zwei schöne Ausflugsziele in unmittelbarer Umgebung.

Parque La Güira

Der **Freizeitpark** liegt nur 5 km westlich von San Diego de los Baños. Er wurde Ende der 1920er-

Jahre vom Rechtsanwalt José Manuel Cortina errichtet, der seinen Wohnsitz Hacienda Cortina umgestaltete und dabei seiner Kreativität freien Lauf ließ. Schon am Eingang grüßen hohe, mittelalterlich anmutende Türme, und auf dem Gelände stehen chinesische Pavillons und gotische Festungstürmchen im Miniaturformat. Man kommt sich ein bisschen wie in einem Märchenpark vor. Bambushaine, mit Seerosen bewachsene Teiche, überwucherte und verfallene Skulpturen und Gebäude verleihen dem riesigen Gelände ein verwunschenes, wildromantisches Ambiente. Das Park-Motel La Palma ist leider nur für Kubaner. In der Bar und im Restaurant kann man in Pesos bezahlen, aber die Auswahl ist sehr begrenzt.

Cueva de los Portales

12 km weiter westlich am Río Caiguanabo liegt inmitten des üppigen Regenwaldes eine wunderschöne Höhle, die 1960 zeitweise von Fidel Castros Sekretärin und Gefährtin Celia Sánchez bewohnt wurde. Ins Rampenlicht rückte die Kaverne zwei Jahre später, als Che Guevara hier während der Kuba-Krise im Oktober 1962, als Kuba eine militärische Invasion der USA befürchtete, seine Operationsbasis aufbaute. Im großen, bis zu 30 m hohen Höhlenkomplex steht eine kleine, spartanisch eingerichtete Hütte, die ihm als Schlaf- und Arbeitsplatz diente. Zu den weiteren Einrichtungen zählten eine *Sala de Comunicación*, Küche, Wachposten und ein geheimes Besprechungszimmer, wo Che mit 30 höherrangigen Offizieren Strategien diskutierte. Der Revolutionär hatte seinen festen Platz, an dem er Tagebuch schrieb und Schach spielte. An einigen Bäumen sieht man Spuren seiner Schießübungen. ⏰ tgl. 9–17 Uhr. Führungen kostenlos, ein Trinkgeld für die ambitionierten Führer sollte aber selbstverständlich sein, sie sprechen auch ein bisschen Englisch.

Übernachtung und Essen

Julio Gil Marquez, Calle 29 No. 4009 e/40 y 42, ☎ 0148-37845 und 01-5228 4842 (mobil). 2 große DZ mit Ventilator, Bad und separatem Eingang. Im Garten kann man gemütlich sitzen. ❶–❷
Gabriel Rodríguez, Calle 33 No. 3490 e/34 y 36, ☎ 0148-37824. Großes DZ mit Ventilator, Bad,

Kühlschrank und Radio. Der Besitzer hat in Havannas Hotel Sevilla als Barkeeper gearbeitet und spricht ein bisschen Englisch. Sehr gutes Essen (riesige Portionen). Parkmöglichkeit. Der Preis ist verhandelbar. **❶–❷**

Hotel Mirador, Calle 23 Final, ☎ 0148-778338, 🖥 www.islazul.cu. Einziges Hotel für ausländische Touristen. 45 große DZ mit AC, Bad, Radio und TV, einige mit Terrasse. Schöne Gartenanlage und hübscher Pool mit Brücke. Am Abend oft Live-Musik. Gutes Restaurant (neben den Privatpensionen die einzige empfehlenswerte "Futterquelle"). Vom Hotel werden Wanderungen angeboten. **❹**

Campismo Cueva de los Portales, ☎ 0148-32749. Übernachten kann man in 6 einfachen Hütten vor der Höhle für 5 CUC p. P. Auch Zelten ist möglich. Kleines Restaurant. Mückenschutz erforderlich. **❶**

Aktivitäten

Balneario, Calle 23 Final (gegenüber dem Hotel Mirador), ☎ 0148-778180. Es gibt zahlreiche lohnenswerte Behandlungen: Baño individual/ colectivo (4–6 CUC, je 15 Min.), Massage (25 CUC, 1 Std.), Fango (10–20 CUC), Gesichtsmassage (30 CUC), Akupunktur (20 CUC). ⏲ Mo–Fr 8–16 Uhr.

Transport

Selbstfahrer

Von Havanna kommend, muss man die Autopista bei KM 103 (Paso Real de San Diego), ca. 8 km hinter Los Palacios, verlassen. Nach weiteren 16 km gen Norden erreicht man San Diego de los Baños (an der östlichen Ortseinfahrt liegt die Tankstelle). Die Straße zwischen LA GÜIRA und der CUEVA DE LOS PORTALES ist in sehr schlechtem Zustand (viele Schlaglöcher). Alternativ ist die Höhle von der Carretera Central oder Autopista aus zu erreichen: Man biegt an der Entronque de Herradura bzw. bei KM 116 (Autobahn, von Havanna aus) ab, fährt ca. 15 bzw. 22 km nach Norden und zweigt dann nach rechts ab. An der nächsten Kreuzung nach links und nach einem weiteren Kilometer ist man am Ziel.

Abseits der ausgetretenen Pfade

Warum nicht einfach direkt **von der Höhle** auf unkonventionellem Wege weiter **nach Viñales** fahren? Die 43 km lange Strecke über Arroyo Naranjo, La Palma und Mina La Constancia ist zwar nicht gerade gut in Schuss, dafür aber landschaftlich absolut sehenswert. Alternativ ist es von La Palma nicht mehr weit bis Cayo Levisa.

Busse

Theoretisch fährt 1x tgl. ein Bus nach HAVANNA, 3x tgl. nach LOS PALACIOS. Nach PINAR DEL RÍO fahren tgl. Camiones. Das Hotel Mirador bietet **Taxiservice** zu den wichtigsten Touristenzentren der Provinz an (recht teuer).

Pinar del Río

Die größte Stadt Westkubas (130 000 Einw.) empfängt erstaunlich wenige Besucher. Liegt dies an der übermächtigen Konkurrenz des Viñales-Tals oder an den schlechten Kritiken in so manchem Reiseführer? Letzteres hat sie jedenfalls nicht verdient. Denn Pinar del Río ist ein besonders schönes Beispiel für eine typisch ländliche Provinzstadt und zudem eine gute Basis für Ausflüge in die reizvolle Umgebung. Die Uhren ticken hier deutlich langsamer als im temperamentvollen und hektischen Havanna. Pinars klassische Sehenswürdigkeiten sind zwar schnell abgehakt, doch tut dies dem Gesamtambiente keinen Abbruch: Viele Häuser bringen mit ihren roten Dachziegeln Farbe in die Stadt. Jede Menge sehenswerter und erstaunlich gut erhaltener Gebäude des Klassizismus und Jugendstils ziehen sich wie an einer Perlenkette die Hauptstraße entlang. Manche sind im eklektischen Stil erbaut, d. h. sie vereinen Merkmale mehrerer Baustile und Epochen. Auch einige schöne Kolonnaden (Säulengänge), zum Teil mit schmiedeeisernem Geländer, prägen das Stadtbild. Pinar del Río schmückt sich nicht zu Unrecht mit dem Titel *El paraíso de las columnas* (das Paradies der Säulen).

Die Stadt ist stolz auf einige bekannte Stars: So wurde der Schriftsteller Cirilo Villaverde hier geboren, und Omar Linares, einer der besten Baseballspieler des Landes, lebte hier und hat schon ein 40-Millionen-Dollar-Angebot aus den USA abgelehnt! Auch Kubas legendärer Maler Pedro Pablo Oliva hat in Pinar del Río sein Atelier.

Manchen Kubanern aber scheint das wenig zu imponieren; sie sehen ihre westlichen Landsleute lieber als „Ostfriesen Kubas", und so mancher Deppen-Witz dreht inselweit die Runde. Spöttelnde Zungen behaupten z. B., dass in Pinar del Río die Feuerwehr abgebrannt sein soll oder sich ein Bautrupp selbst in einem Haus eingemauert habe. Auf alle Fälle nehmen die sympathischen Pinareños vieles mit Humor und gelten als die gastfreundlichsten Menschen Kubas. Beste Bedingungen also, um einen guten Einblick in das ländliche Leben Kubas zu bekommen und sich mit der einheimischen Bevölkerung auszutauschen.

Geschichte

Bereits in der vorkolumbianischen Epoche siedelten in dieser Gegend Indianer vom Stamm der Guanahatabeyes. Erste spanische Ansiedlungen in der südlichen Schwemmlandebene gehen bis Ende des 16. Jhs. zurück. 1774 verlieh man der westlichen Region den Namen *Nueva Filipina*. Die Stadt erhielt jedoch schon vier Jahre später unter dem heutigen Namen ihren ersten Eintrag in die Geschichtsbücher. Namensgeber waren die Pinienwäldchen, die früher das Ufer des Flusses Guamá säumten. Viele vom Latifundiensystem vertriebene Tabak-Kleinbauern siedelten sich hier an, so dass sich die Region bald zum wohlhabenden Tabak-Zentrum mauserte. Findige Tabakpflanzer schmuggelten ihre Erzeugnisse über den nahe gelegenen Hafen La Coloma außer Landes, um das spanische Handelsmonopol zu umgehen. Trotzdem kam es immer wieder zu heftigen Protesten gegen die restriktiven Bestimmungen der Krone. Doch diese verteidigte ihre Privilegien brutal – der Marsch tausender Tabakbauern nach Havanna endete für viele in einem Blutbad.

Im 19. Jh. stand Pinar del Río noch einmal im historischen Brennpunkt: Als General Antonio Maceo die Stadt 1896 besetzen ließ, war das einer der Gründe für die USA, zwei Jahre später in den Unabhängigkeitskrieg einzugreifen. Schließlich sollte der drohenden kubanischen Unabhängigkeit ein Riegel vorgeschoben werden. Nach der Revolution füllte die Region sogar einige Seiten im Buch der Weltgeschichte: Denn es war eben diese gemütliche Provinz Pinar del Río, wo sich einer der Hauptbasen jener sowjetischen Mittelstreckenraketen befand, die 1962 die Kuba-Krise auslösten.

Orientierung

Von Havanna kommend, mündet die Autobahn direkt in die städtische Hauptachse **Calle Martí**, die mitten durch die Stadt verläuft und im Westen in die **Plaza de la Independencia** mündet. Die meisten Sehenswürdigkeiten, Restaurants und Unterkünfte liegen entweder direkt an dieser Hauptachse oder nur wenige Blocks entfernt. Die Avenida Isabel Rubio durchquert die Stadt von Norden nach Süden und geht im Norden in die Carretera Central über. Südlich der Calle Martí tragen die Straßen den Zusatz Sur, nördlich kennzeichnet man sie mit Norte. Bezüglich der West-Ost-Ausrichtung der Straßen ist die Calle Gerardo Medina die zentrale Achse.

Sehenswertes

Tabakfabrik Francisco Donatién

In der großen Manufaktur ist die Luft gefüllt vom Aroma getrockneter Tabakblätter, die von geschickten Händen bis zum kunstvollen Endprodukt gerollt, geschnitten und geklebt werden – zügig wie am Fließband. Von den rund 140 Beschäftigten schaffen die Besten mehr als 100 Zigarren pro Tag. Sie werden dabei von einem Vorleser unterhalten, der abwechselnd aus der Parteizeitung Granma und einer Novelle liest. Das schöne Gebäude wurde 1868 errichtet und diente als Krankenhaus und Gefängnis, bis es die Revolution zur Kunstakademie umfunktionierte.

Seit 1961 wird das Gebäude als Tabakfabrik genutzt. ⏰ Mo–Sa 9–12, 13–17 Uhr, Eintritt 5 CUC (die Führung ist leider sehr kurz und nicht gerade informativ, und – noch schlimmer – Fotos sind verboten).

Palacio Guasch mit Museo de Ciencias Naturales

Vor diesem kuriosen Gebäude weiten sich die erstaunten Augen. Das schönste Haus der Stadt ist eine Orgie des Eklektizismus und vereint verschiedene Baustile wie Barock und Gotik mit ägyptischen und arabischen Einflüssen. Es wurde 1909–1914 von Dr. Francisco Guasch Ferrer errichtet. Die fein gearbeiteten Säulengänge sind mit Drachen und anderen Fabelwesen verziert. Mit dem vielversprechenden Äußeren kann die ziemlich wild zusammengewürfelte Ausstellung von Vögeln, Säugetieren und Insekten aus Kuba und anderen Ländern allerdings nicht mithalten. Doch der Innenhof hält mit Dinosaurier-Skulpturen (Tyrannosaurus und Stegosaurus) sowie einer seltenen Korkpalme weitere Überraschungen bereit. Vom Dach hat man einen tollen Ausblick. ◷ Mo–Sa 9–17, So 9–12 Uhr, Eintritt 1 CUC, Fotos 1 CUC.

Museo Provincial de Historia

In diesem kleinen Museum kann man die Lokalgeschichte von den Ureinwohnern bis zur Gegenwart nachvollziehen und Gegenstände des Musikers Enrique Jorrín (Erfinder des Cha-Cha-Chá) sehen. Recht gute (spanischsprachige) Informationstafeln zur Sozialgeschichte des Tabaks, Kaffees und der Sklavenarbeit. Ausstellung von Möbelstücken und Gläsern aus dem 19. Jh. ◷ Mo 12–16.30, Di–Sa 8.30–22, So 8–12 Uhr, Eintritt 1 CUC.

Fábrica de Bebidas Casa Garay

Pinars zweite Fabrik von touristischer Bedeutung ist schon von weitem am Geruch zu erkennen. Hier wird der berühmte Branntwein Guayabita del Pinar nach 200 Jahre alten Rezepten gebraut. In einer kurzen Führung (auch englischsprachig) bekommen Besucher den Herstellungsprozess vor Augen geführt. Grundprodukt sind die kleinen, olivenartigen und alkoholhaltigen Früchte des Guayabita-Strauches, der lediglich in dieser Gegend vorkommt. Je nach Alkoholgehalt und Reifungszeit unterscheidet man zwischen einer trockenen und einer süßen Art. Im Verkaufsladen gibt es eine Kostprobe. ◷ Mo–Fr 9–15.30 Uhr, Eintritt 1 CUC (inkl. Führung).

Casa del Pintor Pedro Pablo Oliva

Das Atelier eines der besten Maler Kubas befindet sich in der Calle Martí No. 160 im Osten der Plaza de la Independencia und beinhaltet eine Reihe sehenswerter Werke von Oliva und anderen Künstlern. Am beeindruckendsten ist das berühmte, riesige Gemälde El gran Apagón (Der große Stromausfall). Mehr Infos über die Werke Olivas bieten die Homepages 🖳 www.pinarte.cult.cu/oliva/ und www.pedropablooliva.com. Reservieren kann man eine Führung unter ☎ 0148-753117 und 758376. Sie ist zwar kostenlos, aber Spenden und Geschenke wie Farbe, Pinsel oder auch Bücher sind gerne gesehen. ◷ Mo–Do 9–17 Uhr.

Teatro Milanés

Pinars schönstes Theater stammt aus dem Jahre 1845 und bietet 500 Zuschauern Platz. Der neokoloniale Bau hat über zehn Jahre auf seine Renovierung warten müssen. Nun ist sie abgeschlossen und das Ergebnis eine wahre Pracht!

Weitere Sehenswürdigkeiten

Im Westen der Plaza liegt das **Centro de Hermanos Loynaz**, ein kleines, den Geschwistern Loynaz gewidmetes Museum: Sie fühlten sich allesamt von der Muse geküsst und gaben sich

---

Vorsicht Falle!

Trotz der netten Atmosphäre ist Pinar del Río nicht unproblematisch, da besonders in der Hauptsaison relativ viele **Jineteros** versuchen, Touristen eine Pension oder ein Privatrestaurant aufzudrängen oder Zigarren minderwertiger Qualität anzudrehen. Sie nerven zwar auch in anderen Städten, aber Pinar del Río scheint in dieser Hinsicht eine Hochburg zu sein. Als beliebter Ansprechtrick dient die Behauptung, man studiere an der Tourismusschule. Warum nur sieht man die „Studenten" dann jeden Tag an derselben Ecke auf neue Opfer warten? Andere verfolgen Touristen beharrlich mit Fahrrädern und versperren Autofahrern sogar manchmal den Weg. Stur bleiben, sich nicht beirren lassen und zur Not mit der Polizei drohen!

Pinar del Río

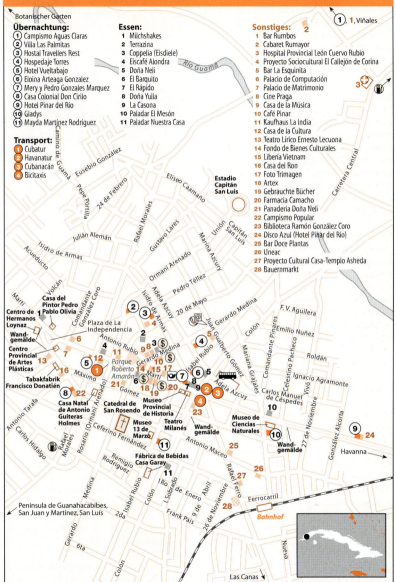

N 0   100 m

(1) **1**, Viñales

Botanischer Garten

Übernachtung:
1. Campismo Aguas Claras
2. Villa Las Palmitas
3. Hostal Travellers Rest
4. Hospedaje Torres
5. Hotel Vueltabajo
6. Eloina Arteaga Gonzalez
7. Mery y Pedro Gonzales Marquez
8. Casa Colonial Don Cirilo
9. Hotel Pinar del Río
10. Gladys
11. Mayda Martínez Rodríguez

Transport:
1. Cubatur
2. Havanatur
3. Cubanacán
4. Bicitaxis

Essen:
1. Milchshakes
2. Terrazina
3. Coppelia (Eisdiele)
4. Eiscafé Alondra
5. Doña Neli
6. El Barquito
7. El Rápido
8. Doña Yulia
9. La Casona
10. Paladar El Mesón
11. Paladar Nuestra Casa

Sonstiges:
1. Bar Rumbos
2. Cabaret Rumayor
3. Hospital Provincial León Cuervo Rubio
4. Proyecto Sociocultural El Callejón de Corina
5. Bar La Esquinita
6. Palacio de Computación
7. Palacio de Matrimonio
8. Cine Praga
9. Casa de la Música
10. Café Pinar
11. Kaufhaus La India
12. Casa de la Cultura
13. Teatro Lírico Ernesto Lecuona
14. Fondo de Bienes Culturales
15. Librería Vietnam
16. Casa del Ron
17. Foto Trimagen
18. Artex
19. Gebrauchte Bücher
20. Farmacia Camacho
21. Panadería Doña Neli
22. Campismo Popular
23. Biblioteca Ramón González Coro
24. Disco Azul (Hotel Pinar del Río)
25. Bar Doce Plantas
26. Uneac
27. Proyecto Cultural Casa-Templo Asheda
28. Bauernmarkt

Anfang des 20. Jhs. der Dichtkunst hin. Den Durchbruch schaffte Dulce Maria Loynaz, die für ihre Novellen mit mehreren Preisen ausgezeichnet wurde und 1997 in hohem Alter starb. Neben den Ausstellungsräumen gibt es eine Bücherei, in der man herumstöbern kann. ⏰ tgl. 8–17 Uhr, Eintritt frei.

Das **Centro Provincial de Artes Plásticas** liegt im Süden der Plaza de la Independencia und stellt lokale Kunstwerke aus. ⏰ tgl. 9–21 Uhr, Eintritt frei.

Beim Rathaus liegt die 1883 erbaute, kürzlich restaurierte **Catedral San Rosendo**. Von außen wirkt sie schlicht, aber das Innere zieren Vergoldungen, bunte Fenster mit religiösen Motiven und Holzschnitzereien. ⏰ in der Regel Mo–Fr 14–18 Uhr. Die Messe findet Mo, Mi, Fr um 17.30, Di, Do, Sa um 8 und So um 7.30 und 10 Uhr statt.

Das **Museo de Antonio Guiteras Holmes** ist das ehemalige Wohnhaus des berühmten Rebellen, der 1935 von Regierungstruppen erschossen wurde. Die magere Ausstellung besteht nur aus ein paar Waffen und Fotos, aber die Führung auf Spanisch ist sehr informativ, wenn man an die Direktorin gerät. ⏰ Mo–Fr 8–12, 13–17, Eintritt frei.

Im nahe gelegenen **Museo 13 de Marzo** wohnte Ormani Arenado, eines der 16 lokalen Mitglieder des Aufstands vom 13. März 1957 (Angriff auf den Präsidentenpalast und den Sender *Radio Reloj* in Havanna), von denen zwölf dabei ums Leben kamen. Es gibt eine magere Sammlung einiger persönlicher Gegenstände zu sehen. ⏰ Mo–Fr 8–12, 13–17 Uhr, Eintritt frei.

Eine pittoreske Sehenswürdigkeit sind auch vier über die Stadt verteilte große **Wandgemälde (Murales)**, die z. T. in Zusammenarbeit mit deutschen Malern entstanden (s. Stadtplan).

Übernachtung

Es gibt nur zwei Hotels für Touristen, aber eine breite Auswahl an Pensionen. Die Peso-Hotels entlang der Hauptstraße nehmen keine Touristen auf.

Privatpensionen

Eloina Arteaga Gonzalez, Calle Isabel Rubio No. 14 (Apto. 4) e/Martí y Adela Azcuy (nur 200 m vom Busbahnhof), kein Telefon.

Wohnen im Museum

Wie ein Museum wirkt das **Casa Mery y Pedro Gonzales Marquez**, Calle Martí Este No. 51 (altos) e/Colón e Isabel Rubio, ✆ 0148-752264. Riesige antike Bibliothek mit 15 000 Büchern! Mosaikfußböden, Säulen, Wendeltreppen und vor allem die Kunstgegenstände aus allen Kontinenten versetzen einen in eine andere Zeit. Zwei große DZ mit Ventilator, AC, Radio, Bad mit Badewanne, antikem Interieur und Balkon. Sehr nettes älteres Ehepaar, das auch Englisch spricht. Riesige Dachterrasse mit Blick auf die ganze Stadt. ❷

Großes DZ mit Ventilator, Bad und Kühlschrank. Das Essen ist sehr gut. Große Terrasse und ruhige Lage. Es wird etwas Englisch gesprochen. ❶–❷

Hospedaje Torres, Calle Adela Azcuy No. 7 e/ Gerardo Medina y Isabel Rubio, ✆ 0148-771561. Kleines, aber hübsch eingerichtetes Haus. DZ mit AC, Ventilator, Bad und witzigen Bildern. Ein bisschen Englisch. ❶–❷

Villa Las Palmitas, Calle Pedro Telles No. 53 esq. Ormani Arenado, ✆ 0148-754247. Die zwei Palmen vor dem Eingang haben dem schicken Häuschen seinen Namen verliehen. Nettes und sehr kommunikatives älteres Ehepaar. Im 2. Stock (separat) liegt 1 DZ mit Aufenthaltsraum, AC, Ventilator, Bad, Kühlschrank und Balkon mit schönem Ausblick. Dachterrasse. ❶–❷

Casa Gladys, Calle Comandante Pinares No. 15 e/Martí y Máximo Gómez, ✆ 0148-779698. Schmuckes rosa gestrichenes Haus mit 2 DZ mit AC, Ventilator, Bad und Kühlschrank. Schöner grüner Innenhof, Pool, Garage. ❶–❷

Mayda Martínez Rodríguez, Calle Isabel Rubio No. 125 Sur e/Maceo y Ceferino Fernández, ✆ 0148-752110. 2 unabhängige Apartments (EZ und DZ) mit Aufenthaltsraum, AC, Ventilator, Bad, Kühlschrank, TV und Kochmöglichkeit. Schöner Ausblick von der Terrasse. Es wird Englisch gesprochen. Garage. ❷

Casa Colonial Don Cirilo, Calle Maceo No. 115 e/Antonio Tarafa y Rafael Morales, ✆ 0148-753122. Das Haus wirkt wie eine

Hostal Travellers Rest, Calle Isidro de Armas No. 70 e/1ro de Mayo y Pedro Téllez, ☎ 0148-777349 (am besten ab 18.30 Uhr), ✉ wpbjc@ gmx.com. Schönes Kolonialhaus. 2 DZ mit AC, Ventilator und Bad. Vermieter Juan Carlos ist sehr nett und hilfsbereit und hat viele Infos zu möglichen Exkursionen und kann beim Zigarrenkauf beraten. Von Nov-April führt er Gruppen für 3 CUC zu einer Tabakplantage. Der ehemalige Lehrer (überall bekannt als „the teacher") gibt seinen Gästen kostenlose Spanischstunden und spricht fließend Englisch, Französisch und Italienisch. Gutes Essen. ❷

koloniale Zeitreise. 2 schöne große DZ mit Antiquitäten, Ventilator, Bad und Radio. Schöner Hof mit Vögeln aus Afrika, Australien und Südamerika. Es wird Englisch gesprochen. Günstige Cocktails. Garage. Hund. ❶–❷

Hotels

Pinar del Río, Calle Martí final y Autopista, ☎ 0148-7550-70, -71, -72, -73, -74, 🖥 www. islazul.cu. Unattraktiver Plattenbau mit 149 verwohnten DZ (davon 13 Cabañas) mit AC, TV, Radio und Kühlschrank. Bei all den Alternativen eigentlich nicht zu empfehlen, auch wenn die Disco als beste der Stadt gilt. Gerade dies ist aber nachts eine nicht zu unterschätzende Lärmquelle. Großer Pool. Eigenes Ausflugsprogramm. ❸
Vueltabajo, Calle Martí No. 103 esq. Morales, ☎ 0148-7593-81, -82, -83, 🖥 www.islazul.cu. Vor

Campismo Aguas Claras, 8 km in Richtung Viñales, ☎ 0148-778427, 🖥 www.cubamarviajes. cu. Weitläufige Bungalowanlage auf wunderschönem bewaldetem Naturgelände. 50 DZ mit Bad, Ventilator, TV und Radio. Die engagierten Angestellten bieten Wanderungen und Ausritte in die Umgebung sowie interessante Kurse an (z. B. Salsa, Cocktails mixen). Restaurant, Pool. Abends ist Mückenschutz erforderlich. ❸

wenigen Jahren eröffnetes Hotel in prächtigem Kolonialgebäude (Bj. 1890) mit 39 schönen großen DZ mit Bad, AC, TV, Minibar und Safe. Gutes Restaurant. Leider etwas laut. ❹–❺

Einige der Restaurants können in Moneda Nacional bezahlt werden und haben ordentliche, z. T. sogar gute Qualität, bei Preisen von umgerechnet maximal 2 CUC.
Vorm Busbahnhof gibt es **Pizzastände**. Leckere **Milchshakes** *(Batidos)* fließen auf der Calle Alameda gegenüber dem Etecsa-Gebäude (nördlich des Parque de la Independencia).
Coppelia, Calle Gerardo Medina No. 33 e/ Antonio Rubio e Isidro de Armas. Gutes Eis. ◷ Di–So 11–24 Uhr. Das **Eiscafé Alondra** ist das Pendant in Devisen, Calle Martí esq. Rafael Morales.
Doña Yulla, Calle Martí e/Colón e Isabel Rubio. Sehr günstige und große Portionen, aber auch beliebter Treffpunkt von Jineteros.
Terrazina, Calle Antonio Rubio esq. 20 de Mayo. Eines der besten Peso-Staatsrestaurants, italienische Küche. Schöne begrünte Terrasse. ◷ tgl. 11.30–15, 18–23.30 Uhr.
Doña Neli, Calle Adela Azcuy esq. Colón (gegenüber vom Busbahnhof). Brot, Kekse und Getränke.
El Rápido, Calle Martí No. 65 e/Colón e Isabel Rubio. Wie immer Fast-Food a lo cubano.
La Casona, Calle Martí esq. Colón. Im schönen Gebäude gibt's günstige und leckere Gerichte für 2–4 CUC (z. B. Huhn oder Nudeln). Nette Bar im Innenhof.
El Barquito, Calle Martí No. 8 e/Gerardo Medina e Isabel Rubio. Noch etwas günstiger als La Casona. Trotz seiner netten maritimen Einrichtung sind nicht etwa Meeresfrüchte die Spezialität des Hauses, sondern Pasta und Pizza.
Café Pinar, Calle Gerardo Medina e/Martí e Isidro de Armas. Schöner Innenhof mit Snacks und vielen Getränken (günstige Cocktails). Täglich bis 14 Uhr werden hier gute Nudelgerichte serviert (rund 3 CUC).

Der Westen

Rustikale Spezialität

Wer gutes Essen mit einer tollen Show verbinden will, hält sich ans **Restaurant Rumayor** (Straße nach Viñales), ✆ 0148-763051 und 763007. Afrokubanische Einrichtung mit Masken und Holzschnitzereien. Buffet 7 CUC. Die leckere Spezialität *Pollo ahumado* (geschmort) kostet 3 CUC, Mojitos 2 CUC, ebenso eine Flasche Rum. Ein guter Zeitpunkt zum Essen ist abends um 20 Uhr, vor der Show.

Paladar Nuestra Casa, Calle Colón Sur No. 161 e/Ceferino Fernández y Primero de Enero, ✆ 0148-755227 und 775143. Schön auf einer Dachterrasse gelegen. Huhn, Schwein oder Fischgerichte samt Beilagen für 8 CUC.
Paladar El Mesón, Calle Martí Este No. 205 e/ Comandante Pinares y Celestino Pacheco, ✆ 0148-752867. Oft sehr voll (reservieren). Gute Auswahl und große Portionen, Hauptgerichte 4–6 CUC, Salat 1 CUC. ⊕ Mo–Sa.

Nachtleben

Bar La Esquinita, Calle Isabel Rubio esq. Juan Gomez. Hat meist nur Rum für Pesos.
Bar Doce Plantas, Calle Máximo Gómez esq. Rafael Ferro (12. Stock des Hochhauses). Günstiges Bier, viele Einheimische und vor allem der Ausblick lohnen einen Besuch.
Palacio de Matrimonio, Calle Gerardo Medina esq. G. Coro. Am Wochenende manchmal Hochzeitsfeiern. Es gibt hier gleich zwei schöne Bars: Eine im prachtvollen Innern, wo man bei einem Drink die Architektur bewundern kann. Und eine Open-Air-Bar mit gezapftem Bier im schönen Garten, wo Sa abends und So um 11 Uhr Live-Musik gespielt wird. Ein sehr ruhiger Ort ohne Jineteros.
Bar Rumbos, ca. 2 km Richtung Viñales. Hier kann man viel Prominenz kennen lernen, denn die Akteure des Cabaret Rumayor kommen nach der Show mit her.
Disco Azul (im Hotel Pinar del Río) gilt als beste der Stadt. ⊕ Di–So.
Café Pinar, Calle Gerardo Medina No. 34 e/ Antonio Rubio e Isidro de Armas. Ab 23 Uhr eine der angesagtesten Discos, vorher oft Live-

Musik und Karaoke. Tolle Stimmung, aber Vorsicht vor Jineteras und Taschendieben.
Casa de la Música, Calle Gerardo Medina Norte No. 31 esq. Antonio Rubio. Hier kann man am Fr und Sa traditioneller Musik (Bolero, Danzón, Música Campesina) lauschen. Manchmal finden Poesie-Lesungen statt.
Proyecto Sociocultural El Callejón de Corina, Calle 20 de Mayo No. 27 e/Isidro de Armas e Antonio Rubio. Sa oder So ertönt hier von 15–17 Uhr Live-Musik (Rumba, Guaguancó und Folklore).
Im **Parque Roberto Amarán**, e/Gerardo Medina y Ormani Arenado (nahe der Casa de la Música), finden So um 9 Uhr Live-Konzerte statt (Mambo, Rumba, Cha-Cha-Chá).

Unterhaltung und Kultur

Kulturzentren, Theater und Kinos

Teatro Milanés, Calle Martí esq. Colón. Shows oder Konzerte. ⊕ Fr–So ab 21 Uhr, Eintritt 5 CUC.
Proyecto Cultural Casa-Templo Asheda, Calle Rafael Ferro No. 119 e/Maceo y Ferrocarril, ✆ 0148-726406 und 759420, ✉ jlorenzo@ cubarte.cult.cu. Das ambitionierte Projekt mit Ausstellungen der bekanntesten Künstler der Provinz sowie Festen und Kursen zur afrokubanischen Religion wird vom Santería-Priester Enrique Machin Hernandez geleitet.
Uneac, Calle Maceo No. 178 e/Comandante Pinares y Rafael Ferro. Videovorführungen und abends manchmal Konzerte.
Casa de la Cultura, Calle Martí No. 65 e/Rafael Morales y Ormani Arenado. Verschiedene Veranstaltungen, wie z. B. traditioneller Tanz und Theater. ⊕ tgl. ab 21 Uhr.
Teatro Lírico Ernesto Lecuona, Calle Antonio Maceo Oeste No. 163 e/R. Ajete y A. Guiteras. Oft finden Gesangsstunden statt, vormittags ist Ballettunterricht. ⊕ Mo–Fr 8–16.30 Uhr.
Palacio de Computación, Calle Martí esq. González Coro. Fidel Castro weihte das schöne Haus im Kolonialstil höchstpersönlich ein. Hier können Schüler und Studenten kostenlos den Umgang mit Computern erlernen. Theater und Cafetería im Innern.
Cine Praga, Calle Gerardo Medina Norte No. 31 e/Antonio Rubio e Isidro de Armas.

Der Westen

Cabaret-Fieber

Das **Cabaret Rumayor**, ☎ 0148-763051 und 763007, an der Straße nach Viñales (3 km nördlich vom Zentrum) bietet eine sehenswerte Show, die sowohl viele Einheimische als auch Touristen anzieht. Das Open-Air-Event beginnt um 23 Uhr, danach gibt es noch 1–2 Std. Disco. Der beste Tag ist Sa, denn dann finden gleich zwei Shows statt. Wer einen Sitzplatz bekommen möchte, sollte insbesondere am Wochenende frühzeitig da sein. Ein Bicitaxi bis hierher kostet ungefähr 1 CUC. Man kann mit dem Fahrer vereinbaren, dass er einen nach der Show wieder abholt. ◷ Mi–So 23 Uhr, Eintritt 5 CUC.
Das **Cabaret Criollo** genießt hingegen keinen guten Ruf; zu oft wirbelten hier nicht nur die Beine der Tänzerinnen, sondern auch die Fäuste betrunkener Gäste!

Einkaufen

Fast alle Devisenläden befinden sich auf der Calle Martí.
Artex, Calle Martí Este No. 36 e/Isabel Rubio y Gerardo Medina. Hat kubanische Musik (Kassetten und CDs), Videos und Musikinstrumente im Angebot.
Casa del Ron, Calle Antonio Maceo esq. Antonio Tarafa. Verkauft neben zig Rumsorten auch Tabak (daneben ein Musikladen). ◷ tgl. 8.30–16.30 Uhr.
Habanos S. A., gegenüber der Tabakfabrik. Hier werden die berühmten *Vegueros*-Zigarren vertrieben. ◷ tgl. 9–16.30 Uhr.
Fondo de Bienes Culturales, Calle Martí No. 17 esq. Gerardo Medina. Verkauft Kunsthandwerk.
Librería La Internacional, Calle Martí No. 113 esq. Colón. Recht breites Buchsortiment in Devisen, wenige auch in Englisch.
Librería Vietnam, Calle Martí No. 5 e/Isabel Rubio y Gerardo Medina. Guter Laden zum Stöbern. Viele interessante Bücher und Zeitschriften in Pesos.
Gebrauchte Bücher (unter ihnen ein paar nichtspanische) kann man in Moneda Nacional auf der Calle Martí e/Gerardo Medina e Isabel Rubio direkt in einem Hauseingang erstehen.

Lebensmittel

Der **Bauernmarkt** liegt in der Av. Rafael Ferro gegenüber vom Zugbahnhof.
Panadería Doña Neli, Calle Gerardo Medina esq. Máximo Gómez. Brot und Süßwaren.
La India, Calle Martí esq. Ormani Arenado, ist das größte Kaufhaus. ◷ Mo–Sa 9–18, So 9–13 Uhr.

Aktivitäten

Reiten

Pferde kann man beim **Campismo Aguas Claras**, 8 km Richtung Viñales, ☎ 0148-778427, für 4 CUC/Std. leihen.

Schwimmen

Auch Nichtgäste können im **Hotel Pinar del Río** (Calle Martí final y Autopista, ☎ 0148-7550-70, -71, -72, -73, -74) und **Hotel Aguas Claras** (8 km in Richtung Viñales, ☎ 0148-778427) für je 2 CUC den ganzen Tag im Pool planschen.

Touren

Die folgenden Reisebüros haben neben einer Stadttour (10 CUC) auch die bedeutendsten Sehenswürdigkeiten der Provinz im Programm (zu nahezu identischen Preisen): Pinar del Río/Viñales (48 CUC inkl. Essen), Cayo Levisa (35 CUC inkl. Essen), Tabak-Tour nach San Juan y Martínez und zur Tabakfabrik (38 CUC), Las Terrazas (71 CUC, inkl. Essen), Soroa (25 CUC).
Cubatur, Calle Martí No. 51 esq. Ormani Arenado Sur, ☎ 0148-778405. Größtes Angebot. Bietet auch Tauchkurse an und nimmt Hotelreservierungen für ganz Kuba vor. ◷ Mo–Fr 8–17, Sa 8–12 Uhr.
Cubanacán, Calle Martí No. 109 esq. Colón, ☎ 0148-773015. Neben dem recht breiten Exkursionsangebot ist vor allem der Transportservice interessant, z. B. zur Tauchbasis María La Gorda (Di, Do, Sa und So, 7.30 Uhr Abfahrt, 18.30 Rückkehr, 25 CUC hin und zurück, nur in der Hauptsaison). Außerdem gibt es in der Hauptsaison einen tgl. Minibus nach Soroa und Las Terrazas (8.30 Uhr, 11 CUC). ◷ Mo–Fr 8–17, Sa 8–12 Uhr.
Havanatur, nebenan im gleichen Gebäude wie Librería La Internacional, ☎ 0148-778494.

Gleicher Transport-Service wie Cubanacán.
Mo–Fr 8–18, Sa 8–16 Uhr.

Sonstiges

Apotheken
Farmacia Camacho, Calle Martí No. 62 esq. Isabel Rubio (unterm Hotel Globo). Hat 24 Std.-Service.

Autovermietung
Transtur, ☎ 0148-778178 und 778078, im Hotel Pinar del Río. Nicht selten muss man mehrere Tage auf einen Wagen warten.

Baseball
Im **Estadio Capitán San Luís**, ☎ 0148-777931, spielt das Baseballteam der Stadt, das zu den besten des Landes zählt.

Bibliotheken
Biblioteca Ramón González Coro, Av. Colón Sur No. 3 e/Martí y Máximo Gómez. Große Auswahl an Büchern verschiedener Themen. Mo, Mi, Fr 8–18, Di, Do 8–22, Sa 8–17 Uhr.

Fahrrad- und Motorradverleih
Transtur, beim Hotel Pinar del Río, ☎ 0148-778078 und 778178. Verleiht Mofas, die aber nicht immer vorhanden sind. Bei Fahrrädern sieht es besser aus.

Feste
In der ersten Juliwoche findet der **Karneval** statt. Anfang bis Mitte März: **Festival de Tabaco**.

Filme und Fotoarbeiten
Foto Trimagen, Calle Martí e/Isabel Rubio y Gerardo Medina.
Das Hotel Pinar del Río, Calle Martí final y Autopista, hat einen gut sortierten **Fotoladen**.

Geld
Banco Financiero Internacional, Calle Gerardo Medina Norte No. 46.
Cadeca, Gerardo Medina Norte No. 35 esq. Isidro de Armas. Weitere Zweigstelle in der Calle Martí No. 46.
Banco de Crédito y Comercio, Calle Martí Este No. 32.

Informationen
Bei Fragen zu Exkursionen helfen die Reisebüros (s. Touren).
Campismo Popular, Calle Antonio Maceo e/ Rafael Morales y Antonio Tarafa, ☎ 0148-755316. Hat Infos zu den Campingplätzen der Provinz und nimmt Reservierungen vor. Mo–Fr 8–17, Sa 8–12 Uhr.

Internet
Telepunto, Calle Gerardo Medina No. 127 esq. Juan Gómez. tgl. 9–22 Uhr.

Medizinische Hilfe
Hospital Provincial León Cuervo Rubio, 2 km nördlich des Zentrums an der Carretera Central, ☎ 0148-754443.
Einen **Krankenwagen** ruft man unter ☎ 0148-762317.

Post
Calle Martí Este No. 49 esq. Isabel Rubio. Fax und DHL. tgl. 8–20 Uhr.

Telefon
Telepunto, Calle Gerardo Medina esq. Juan Goméz. tgl. 9–22 Uhr.
Öffentliche Telefone befinden sich im Busbahnhof und vor dem Hochhaus Doce Plantas.

Nahverkehr
Fahrer der Gesellschaft **Cubataxi**, ☎ 0148-752229, warten vor dem Hotel Pinar del Río. Mehr als 3 CUC sollte eine Fahrt zum Stadtrand, z. B. zum Cabaret Rumayor nicht kosten.
Ein weiteres typisches Verkehrsmittel sind die **Bicitaxis**. Sammelpunkte befinden sich vor dem Busbahnhof und in der Av. Rafael Ferro esq. Martí. Für längere Fahrten innerhalb der Stadt ist 1 CUC angemessen.
Ein Parqueo für **Fahrräder** befindet sich im Busbahnhof. tgl. 7–18 Uhr.

Transport
Von Pinar sind es rund 25 km nach Viñales, 60 km nach San Diego de los Baños, 80 km nach Cayo Levisa, 90 km nach Soroa, 100 km nach

Der Westen

Las Terrazas und 150 km nach Havanna und María La Gorda.

Selbstfahrer
Von Havanna kommend, geht die Autopista direkt in die Hauptstraße Martí über. **Bewachte Parkplätze** befinden sich vor dem Hotel Pinar del Río und vor dem Restaurant Terrazina. **Tankstellen** findet man auf der Calle Rafael Morales esq. Frank País (Richtung San Juan y Martínez) und auf der Calle Isabel Rubio (die nach Norden in die Carretera Central übergeht), 200 m hinter der Abzweigung nach Viñales.

Busse
Die meisten Touristen kommen am zentral gelegenen **Busbahnhof** in der Calle Adela Azcuy e/Colón y Pinares an, ℡ 0148-7525-71, -72 und 753891. Dort werden sie schon von aufgeregt winkenden Privatvermietern erwartet.
Fahrscheine verkauft der Schalter im 2. Stock mit der Aufschrift Devisas. ⏰ tgl. 8–19 Uhr.
Verbindungen Víazul:
HAVANNA (8.45 Uhr, 2 1/2 Std., 11 CUC). Manchmal hält der Bus auch in LAS TERRAZAS oder man kann sich zumindest an den Kreuzungen nach Soroa oder Las Terrazas absetzen lassen (den Busfahrer fragen). VIÑALES (12 Uhr, 1 Std., 6 CUC).
Zusätzlich bieten die Reisebüros **Minibusse** nach MARIA LA GORDA und SOROA an (s. Touren).

Sammeltaxis (Colectivos)
Der einzige Stand für Touristentaxis befindet sich vor dem Hotel Pinar del Río. Dort kann ein **Cubataxi** für Überlandfahrten gerufen werden, ℡ 0148-752229. Günstigere **Colectivos** halten vor dem Busbahnhof. Die Preise (p. P.) sind nur Richtwerte und hängen neben der Zahl der Fahrgäste vor allem vom Verhandlungsgeschick ab.
CAYO JUTÍAS bzw. CAYO LEVISA: 50 CUC, hin und zurück.
HAVANNA: 10 CUC p. P.
SAN DIEGO DE LOS BAÑOS: 35 CUC, hin und zurück.
VIÑALES: 10 CUC p. P.

Eisenbahn
Der **Bahnhof** liegt ebenfalls zentral, in der Av. Rafael Ferro esq. Comandante Pinares, ℡ 0148-752272. Viele Einheimische raten ab, die wenigen Verbindungen zu nutzen, denn die Züge sind extrem langsam. Tickets sollten am Vortag gekauft werden. ⏰ tgl. 8–18.30 Uhr. GUANE (1x tgl., 2 Std., 2 CUC), über San Luís und Sábalo.
HAVANNA (1x tgl., 6 Std., 7 CUC), hält in Candelaria in der Nähe von Soroa.
LOS PALACIOS (1x tgl., 2 Std., 2 CUC).

Die Umgebung von Pinar del Río

Mitten in der südlichen Ebene des Vueltabajo gelegen, eignet sich Pinar del Río hervorragend für den Besuch einer Tabakplantage. Fast vor der Haustür befinden sich die besten Tabakanbaugebiete der Welt.

Das ebenfalls in bequemer Reichweite eines Tagesausflugs gelegene Viñales-Tal ist so bedeutend, dass ihm ein eigenes Kapitel gewidmet wird (s. S. 300).

Tabakzentren San Luís und San Juan y Martínez
Die beiden kleinen Dörfer bilden die „Hochburg des Tabaks" und liegen an der Carretera Central, ca. 25 km im Südwesten von Pinar del Río. Bei San Luís liegt die **Casa de Robaina**, ℡ 0148-797470, eine 1845 von kanarischen Einwanderern gegründete Tabakplantage. Hier ging vor einigen Jahren ein neuer Stern am Tabakhimmel auf: Eine der weltbesten Zigarrenmarken bekam den Namen Robaina verliehen, benannt nach dem Hausherren der berühmtesten Plantage der Region. Mittlerweile spielt der neue Exportschlager neben Cohiba, Montechristo, Romeo y Julieta und Partagas ganz vorne mit in der Liga der „Großen". Man sagt, der alte Robaina sei mittlerweile fast bekannter als Fidel Castro. Heute wachsen auf dem riesigen Gelände 200 000 Pflanzen. Man unterscheidet hinsichtlich Dicke und Qualität fünf verschiedene Arten, sogenannte *Vitolas* (kaufen kann man die exqui-

Die Geschichte des Tabaks geht zurück bis in die präkolumbische Zeit. Als Kolumbus 1492 in Kuba an Land ging, fand er schon rauchende Einheimische vor. Priester Bartholomé de Las Casas verdanken wir eine der ersten **Tabakbeschreibungen**: „Einige trockene Kräuter wurden in ein trockenes Blatt eingeschlagen und zu etwas gerollt, was sehr jenen kleinen Musketen gleicht, welche unsere Knaben am Osterfest aus Papier machen, um sie dann an einem Ende zu entzünden. Vom anderen Ende sogen oder zogen oder nahmen sie mit jedem Atemzug eine Art Rauch, von dem man sagt, er schläfere das Fleisch ein und mache einen beinahe trunken, aber so, dass man nie müde wird. Diese Patronen oder was auch immer nennen die Indianer *tabacos*."

Während die Konquistadoren das Rauchen anfangs als Unkultur der Wilden ablehnten, zelebrierten es die Indianer als ein **heiliges Ritual**. Als die ersten Blätter im 16. Jh. Europa erreichten, war das Misstrauen groß. Die spanische Obrigkeit verurteilte das unbekannte Kraut als „gefährliche Versuchung des Teufels" und würzte es gleich mit einer Prise Kulturrassismus: „Die Indianer helfen dem Teufel bei seinen Machenschaften". Einige der Kirchenoberen schrieben sogar die Heilige Schrift um und behaupteten, Adam sei kein Apfel, sondern Tabak gereicht worden. In vielen Gebieten wurde der Tabakkonsum strengstens verboten, und nicht nur entdeckte Pflanzen, sondern auch deren Konsumenten gingen in Flammen auf.

Doch der Reiz des Verbotenen schien unwiderstehlich, und schon ab Mitte des 17. Jhs. begann sich der Tabak als wichtigstes Handelsgut in der Alten Welt durchzusetzen und hielt sogar Einzug in die Königshäuser. Die abhängig machende Wirkung tat ein Übriges, um die Nachfrage nach oben schnellen und bis heute anhalten zu lassen. Und waren es in der Kolonialzeit des 18. Jhs. Schmuggler, die das königliche Handelsmonopol umgingen, so versuchen heute Schwarzmarkthändler, den Staat auszutricksen. Denn die kubanische Zigarre hat **Weltruf** erlangt und ist zu einem lukrativen Geschäft geworden. Markennamen wie Cohiba, Partagas, Montechristo, Bolívar, Romeo y Julieta, H. Upman und Robaina zählen zu den besten der Welt. Schon das gebräuchliche Wort *Puro* (rein, unverfälscht) lässt auf die Qualität dieser Rauchware schließen, der auch Fidel Castro bis 1985 verfallen war, ehe er auf Anraten seines Arztes das Rauchen aufgab.

Die Produktion einer Zigarre

Die empfindlichen Tabakpflanzen stellen sehr **hohe Ansprüche** an ihren Standort. Sie wachsen nur entlang der Schwemmlandböden der Flüsse bei Pinar del Río sowie in manchen Regionen der Provinzen Ciego de Ávila, Villa Clara, Holguín und Bayamo. Zu viel oder zu wenig Sonne und Niederschlag setzen ihr sofort zu. Kubas Tabakbauern verfügen über weitreichende Kenntnisse über diese sensible Pflanze, die von Generation zu Generation weitergegeben werden. Insgesamt sind von der Aussaat bis zur fertigen Zigarre mehr als **160 manuelle Arbeitsschritte** erforderlich.

Anfang Oktober beginnt die **Aussaat im Gewächshaus** *(semillero)*. Nach 30 Tagen sind die Pflänzchen bereits 10 cm hoch und können auf die **Felder** gepflanzt werden. Nach drei weiteren Monaten erreichen sie ihre maximale Größe von zwei Metern. Anfang Januar fällt der Startschuss für die **Ernte**, ein sehr arbeitsintensiver und anspruchsvoller Prozess, der viel Feingefühl erfordert und nicht mechanisiert werden kann. Nicht umsonst lautet ein kubanisches Sprichwort: „Den Tabak kann man nicht einfach pflanzen, man muss ihn heiraten."

Von den **16 Blättern einer Tabakpflanze** besitzen jene im Zentrum die höchste Qualität. Sie werden in acht Ernten zu je zwei Blättern abgeschnitten, wobei man unten anfängt. Dann wird die Krone *(corona)* gestutzt und schließlich die mittleren Blätter, von denen man die besten als Deckblätter *(capa)* verwendet. Die noch grün gefärbte Ernte landet dann bündelweise auf Stangen in den **Trockenscheunen** *(secaderos)*. Dort bleibt sie ca. zwei Monate unter täglicher Begutachtung hängen, möglichst unter optimalen Bedingungen von 70 % Luftfeuchtigkeit und Temperatur um 25 °C. Ständig wird neu

entschieden, welche Blätter auf welcher Höhe hängen müssen. Getrocknete, braune Blätter werden in Pakete *(gabillas)* abgepackt und dann fermentiert. Auch für diesen 6–18-monatigen Prozess, der den Blättern ihr charakteristisches Aroma und Aussehen verleiht, ist viel Fachwissen erforderlich.

In der **Fabrik** werden die Blätter zunächst nach Farbe, Größe, Textur, Elastizität und Form sortiert, angefeuchtet und einige Stunden gelagert, damit die Feuchtigkeit einziehen kann. Dann trennt man die Zentralrippe heraus, sortiert die Blatthälften nach den Kriterien Aroma, Stärke und Brennbarkeit *(escogida)* und übergibt sie in die geschickten Hände der *torcedores*, der Zigarrenroller. Sie sind die Filigrankünstler unter den Tabakarbeitern und bedienen sich einfacher Werkzeuge, wie dem Rundmesser *(chaveta)* sowie einer Hohlform aus Holz *(molde)*.

Eine Zigarre wird aus **fünf verschiedenen Blattsorten** gemacht: Drei sind für den Geschmack verantwortlich (*Volado* für die Brennfähigkeit, *Seco* für das allgemeine Aroma und *Ligero* für den feinen Geschmack). Ein weiteres Stabilisierungsblatt *(Capote)* verleiht Struktur und Form. Das Ganze wird in der Hohlform zurecht gepresst und dann mit einem Mundstück versehen, das mit Pflanzengummi festgeklebt wird. Zu guter Letzt sorgt das makellose Deckblatt *(Capa)* für eine samtige Oberfläche.

Gute Arbeiter schaffen von diesen Kunstwerken etwa 100–120 pro Tag. Die fertigen Zigarren bekommen von der *anilladora* ihr **Markenzeichen**, die Bauchbinde *(vitola)*, verliehen, und der *escogedor* sortiert sie dann nach 70 verschiedenen Farbschattierungen. Übrigens werden in Kuba insgesamt 32 unterschiedliche Marken in über 60 verschiedenen Formen und Größen *(Vitolas)* hergestellt. Da es auch verschiedene Formen derselben Marke gibt, sind über 220 verschiedene Zigarren im Umlauf.

Bei einer **Fabrikbesichtigung** tönt oft die laute Stimme eines Vorlesers durch den Raum, der aus der Tageszeitung *Granma* oder Erzählungen und Romanen *(novelas)* rezitiert. Was gerade vorgelesen wird, entscheiden die Arbeiter in demokratischen Abstimmungen. Einige Zigarrenmarken (Montechristo, Romeo y Julieta) verdanken ihren Namen den Lieblingsromanen der Arbeiter. Diese *Lectura* blickt auf eine Tradition seit 1866 zurück und war politisch lange Zeit umkämpft. Denn die relativ gebildeten Tabakarbeiter initiierten immer wieder Protestbewegungen und waren dementsprechend gefährlich für die Machthaber. An der Idee der nationalen Unabhängigkeit hatten auch die Werkstätten der Zigarrenfabriken einen bedeutenden Anteil. Kein Wunder also, dass die Spanier das Vorlesen immer wieder verboten.

siten Glimmstängel hier allerdings nicht). Am beeindruckendsten ist der Besuch in der Tabaksaison von Oktober bis Februar. Die Führung ist sehr informativ.

Am besten erreicht man die Casa de Robaina mit dem eigenen Wagen oder Mofa (Pinar del Río südwärts über die Av. Rafael Morales verlassen). Bereits auf der Fahrt springen die malerischen, mit Palmwedeln gedeckten Tabak-Trockenhäuser ins Auge, in deren schweißtreibendem Innern der Tabak seine Reifephase durchläuft.

Leider lässt die Ausschilderung zur Plantage zu wünschen übrig: Aus Fahrtrichtung von Pinar del Río nach 12 km dem Feldweg, der links von der Straße abgeht, 2 km folgen und dann bei der kleinen Kirche rechts abbiegen. Im Zweifelsfall einfach die Bauern fragen. ⊙ Mo–Sa, Eintritt 2 CUC.

Botanischer Garten

Im Jahr 2003 öffnete der Jardín Botánico von Pinar del Río erstmals seine Pforten. Er befindet sich immer noch in der Aufbauphase, unterstützt von fleißigen Helfern der Freundschaftsgesellschaft Berlin-Kuba.

Auf dem 62 ha großen Gelände werden fünf unterschiedliche Vegetationszonen der westlichen Provinz nachgestellt. Hauptsächliche Ziele sind die Erforschung von 225 bedrohten Arten und der integrierte Nutzpflanzenanbau (zum Verzehr und für medizinische Zwecke) – alles unter der Maxime einer nachhaltigen regenerativen Landwirtschaft nach den Kriterien der Agenda 21. Außerdem soll die Grünfläche der Erholung dienen. Geplant ist auch ein vegetarisches Ökorestaurant. Mehr Wissenswertes vermittelt die Homepage 🖥 www.jbpr.com. Die Freundschaftsgesellschaft Berlin-Kuba organisiert jedes Jahr eine Solidaritätsbrigade (Informationen, s. S. 61).

Anfahrt: Man folgt in Pinar del Río zunächst der Calle Martí nach Nordwesten – vorbei am Parque Independencia – und biegt nach ca. 500 m rechts in die Calle Méndez Capote. Hier zweigt man nach knapp 1 km links ab in den Camino de Guamá. Nun über den Fluss rüber und etwa 3 km diesem holprigen Weg folgen und dann wieder links bis zum Ziel.

Viñales-Tal

Nach einer Fahrt durch pinienbewachsene Hügel taucht 30 km nördlich von Pinar del Río plötzlich eine der größten Naturschönheiten Kubas auf, das **Valle de Viñales**. Das 10 km lange und 4 km breite Tal liegt mitten im Zentrum der Sierra de los Órganos. Es zieht Touristen wie ein Magnet an und zählt zu den meistbesuchten Orten der Insel. Zu Recht, denn hier breitet sich eine der schönsten Landschaften Kubas, wenn nicht sogar der Welt, aus. Globetrotter fühlen sich an Vietnams Halong-Bucht oder an Südchinas Provinz Guangxi erinnert, wo ähnlich spektakuläre Felsformationen gen Himmel wachsen.

Romantiker und Naturliebhaber kommen voll auf ihre Kosten: Aus rot gefärbten Talböden steigen grün überwachsene **Kegelfelsen** *(Mogotes)* wie Domkuppeln empor, von den Einheimischen auch liebevoll Elefantenrücken genannt. Besonders bei Sonnenaufgang, wenn die urzeitlichen Buckel wie Inseln aus einem Meer tief hängender, dicker Nebelschwaden ragen und in goldenem Licht glühen, ist das Ambiente atemberaubend. In dieser malerischen Landschaft ist die Natur eng mit **Tabakkultur** verwoben. Die verstreuten, mit Palmwedeln gedeckten Trockenschuppen und Bauernhäuser im traditionellen Bohío-Stil verleihen der Szenerie eine rustikale Note. Hier halten die Bauern Hühner, Schweine und Pferde und pflanzen auf rotbraunen, fruchtbaren Äckern neben Tabak auch Kaffee, Reis und Gemüse an. Ihre Arbeitsbedingungen sind jedoch alles andere als idyllisch: Die meisten müssen auf traditionelle Anbaumethoden zurückgreifen und den Boden in Schwerstarbeit mit archaisch anmutenden Ochsengespannen pflügen.

Geologen aus aller Welt finden im Tal ein hochinteressantes Studienfeld, denn hier im Westen liegt Kubas älteste geologische Formation: Vor rund 170 Mill. Jahren tauchte das Gebiet der heutigen Provinz Pinar del Río erstmals aus den Meeresfluten auf. Die Genese der **Kalk-**

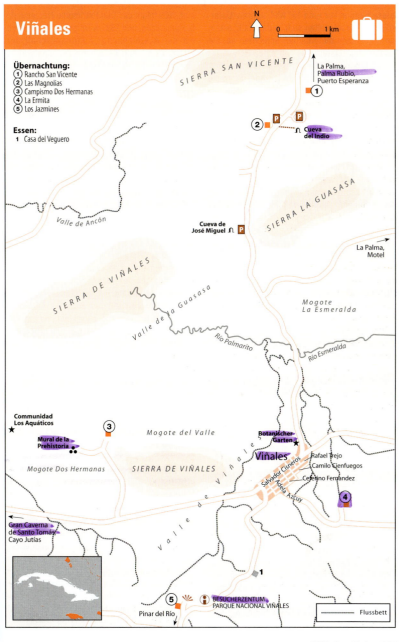

Viñales

N

0   1 km

Übernachtung:
1. Rancho San Vicente
2. Las Magnolias
3. Campismo Dos Hermanas
4. La Ermita
5. Los Jazmines

Essen:
1. Casa del Veguero

SIERRA SAN VICENTE

La Palma,
Palma Rubio,
Puerto Esperanza

(1)

(2) P P
⋒ Cueva
del Indio

SIERRA LA GUASASA

Cueva de
José Miguel ⋒ P

La Palma,
Motel

Valle de Ancón

SIERRA DE VIÑALES

Valle de la Guasasa

Río Palmarito

Mogote
La Esmeralda

Río Esmeralda

Communidad
Los Aquáticos
★

(3)

Mogote del Valle

Botanischer
Garten
★

Mural de la
Prehistoria

Viñales

Rafael Trejo

Camilo Cienfuegos

Salvador Cisneros

Adela Azcuy

Ceferino Fernandez

(4)

Mogote Dos Hermanas

SIERRA DE VIÑALES

Valle de Viñales

Gran Caverna
de Santo Tomás
Cayo Jutías

1

(5)

BESUCHERZENTRUM
PARQUE NACIONAL VIÑALES

Pinar del Río

·········· Flussbett

felsen begann vor rund 150 Mill. Jahren. Unterirdische Flüsse gruben sich in das Kalkgestein ein und trugen die weichen Schichten ab. Sie höhlten das Gestein aus wie einen Schweizer Käse, bis die Höhlendecken schließlich einstürzten und Täler entstanden. Nun modellierten die Wasserläufe, unterstützt durch Regenfälle, die charakteristischen, bis zu 400 m hohen Kegel dieser tropischen Karstlandschaft heraus. Noch heute nagen unterirdische Flüsse am Gestein, wovon riesige Höhlen wie die Cueva del Indio und die Gran Caverna de Santo Tomás ein Zeugnis ablegen. Die *Mogotes* weisen aufgrund ihres trockenen Wachstumsmilieus (das Regenwasser versickert sofort) einen eigenen Vegetationstyp auf. 20 endemische Arten sprießen nur hier im Viñales-Tal, z. B. der Drago, die Palmita de la Sierra *(Gaussia princeps),* Ceibón *(Bambacopsis cubensis)* und Roble Caimán *(Ekmanianthes actinophylla).* Der exotischste Vertreter der reichhaltigen Flora dieser Region ist die **Korkpalme** *(Microcycas Calocoma),* dessen Art schon seit 250 Mill. Jahren ihre urtümlichen Blätter dem Licht entgegen streckt und als lebendes Fossil bezeichnet wird.

Seit 1976 wurde das 400 km² große Gebiet etappenweise immer mehr unter Naturschutz gestellt: 1978 erklärte man es zum Nationaldenk-

---

Fantastisches Tal

Zur Geschichte der Entdeckung des Tales gibt es eine schöne und wahre Anekdote: Der Maler vom Viñales-Tal, Domingo Ramos, dessen Büste man vor dem Hotel Los Jazmines sieht, präsentierte sein Gemälde in den 1940er-Jahren auf einem Kongress in New York. Niemand wollte ihm glauben, dass es eine derartig schöne Landschaft geben könne, und man stempelte es als Fantasiegemälde ab. Doch auf der Tagung war auch ein kubanischer Landsmann, der Viñales mit eigenen Augen gesehen hatte und dem nun, von den Erinnerungen ergriffen, die Tränen kamen. Jetzt besann man sich eines Besseren und beschloss die wissenschaftliche Erkundung des Tales. 1952 zogen die Geografen Salvador Massip und Sara Ysalgué als erste aus, um Viñales systematisch zu erforschen.

mal, 1989 folgte der Titel Patrimonio Nacional de la Humanidad, und 1999 würdigte es die Unesco mit der Auszeichnung „Kulturlandschaft der Menschheit." 2001 deklarierte der Staatsrat es schließlich zum Nationalpark.

Viñales und Umgebung

Inmitten dieses Szenarios verliert sich das kleine, 1879 gegründete Städtchen Viñales mit rund 7000 Einwohnern. Mit seinen bunten neoklassischen Häusern mit roten Ziegeldächern und von Pinien gesäumten Straßen ist der Ort harmonisch in die Natur eingebettet. Der Name Viñales stammt vom Begriff *Viñedos* (Weintrauben). Diese wurden hier nämlich Ende des 19. Jh. von einer reichen spanischen Familie versuchsweise angebaut, bis sich das Klima als äußerst ungünstig herausstellte. Geblieben ist von diesem Fehlexperiment nur der Name.

Wer die Jinetero-Szene in Pinar del Río erlebt hat, den wird die natürliche und entspannte Atmosphäre von Viñales angenehm überraschen. Der Ort selbst ist sehr klein und besteht eigentlich nur aus einer von Bäumen und Kolonnaden gesäumten Hauptstraße (Calle Salvador Cisneros), an die sich südlich noch zwei parallel verlaufende Nebenstraßen anschließen (Calle Rafael Trejo und Calle Camilo Cienfuegos). Viñales ist eine ideale Basis für Ausflüge zu den wichtigsten Sehenswürdigkeiten der Umgebung. Es gibt so viel zu entdecken, dass man locker eine Woche in der Region verbringen kann. Wer nicht so viel Zeit hat, sollte auf alle Fälle die **Cueva del Indio**, **Gran Caverna de Santo Tomás**, den **Botanischen Garten**, das **Mural de la Prehistoria** und eine **Wanderung** ins Programm nehmen. Die Highlights des Tales befinden sich 4 km westlich von Viñales bzw. entlang der nördlichen Ausfallstraße nach Puerto Esperanza und sind am besten mit eigenem fahrbaren Untersatz oder dem neuen Pendelservice von ViñalesBus-Tour zu erreichen (s. S. 308).

Sehenswürdigkeiten, die außerhalb der Reichweite eines Tagesspaziergangs (d. h. mehr als 10 km vom Ort entfernt) liegen, stehen in den Unterkapiteln Westlich von Viñales (s. S. 309) und Nördlich von Viñales (s. S. 310).

Stress Fehlanzeige: Unbeeindruckt vom Tourismus plätschert das ländliche Leben im Viñales-Tal vor sich hin.

Mural de la Prehistoria

4 km westlich von Viñales, am Mogote Dos Hermanas, leuchtet einem das 120 m hohe und 180 m breite Wandgemälde schon von weitem entgegen. Das monumentale Kunstwerk soll die Evolutionsgeschichte bis zur Menschheit darstellen und wurde 1961 unter Anleitung des mexikanischen Künstlers Leovigildo González Morillo, Schüler des berühmten Diego Riviera, gemalt. Fünf lange Jahre wurden die Pinsel geschwungen und mehr als 6000 l Farbe sog das Gestein auf. Bauern ohne künstlerische Ausbildung hingen damals an Seilen vor der Wand und zogen die Umrisse, während der Künstler das Ganze mit dem Teleskop verfolgte und per Lautsprecher Anweisungen erteilte. Dementsprechend beeindruckt das Wandgemälde vor allem aufgrund seiner Größe. Der künstlerische Wert ist nur schwer zu entdecken; ein Sechsjähriger könnte wohl das Gleiche produzieren. Die Ammoniten vor blauem Hintergrund symbolisieren das frühe aquatische, der grüne Teil hingegen das erste terrestrische Leben. Die untere schwarze Linie zeigt den früheren Meeresspiegel an. Der blau hinterlegte *Plesiosaurus* war ein im Wasser lebender Planktonfresser, die *Megalodons*, die sich vor dem grünen Teil der Felswand recken, ernährten sich dagegen von Pflanzen auf dem Land. ⏱ tgl. 9–19 Uhr, Eintritt 1 CUC.

Comunidad Los Aquáticos

Die aus wenigen Hütten bestehende Dorfgemeinschaft lebt in 300 m Höhe am Hang eines Hügels in der Nähe vom Mogote Dos Hermanas. Gründerin Antoñica Izquierdo pries Mitte der 1940er-Jahre die heilende Kraft des Wassers und verzeichnete bei ihren Heilzeremonien beeindruckende Erfolge. Nachdem sich ihre Fähigkeiten herumgesprochen hatten, wurde die „Jungfrau von Cayos" von zahlreichen Bauern, die sich keine medizinische Behandlung leisten konnten, aufgesucht. Ihre Anhängerschaft wuchs täglich, und viele Privatärzte verloren ihre Patienten. Den Politikern gelang es nicht, den heilenden Superstar für ihre Zwecke zu instrumentalisieren. Ganz im Gegenteil blieb Antoñica den korrupten Lokalwahlen fern und viele ihrer Anhänger taten es ihr nach. Mit diesem Verhalten hatte sie sich mächtige Feinde gemacht, die sie nun für geisteskrank erklärten und in eine Psychiatrie verfrachteten, wo sie auch starb. Trotz des heute dichten Netzes an Krankenhäusern mit kostenloser Behandlung wurden die Zeremonien mit dem nassen Element noch bis Ende der 1990er-Jahre nachgefragt, bis zum Tod des letzten Priesters. Die bis zuletzt hohe Akzeptanz erklärt sich wohl auch daraus, dass das für Lateinamerika nach wie vor vorbildliche Gesundheitssystem einige Einbußen hat hinnehmen müssen und zahlreiche Medikamente nur noch gegen Devisen erhältlich sind. Es wurden einige Bücher über den Kult geschrieben und sogar ein Film gedreht *(Los días del agua)*.

Cueva de José Miguel

Die Höhle liegt 4 km nördlich von Viñales und erhielt ihren Namen vom damaligen Präsidenten José Miguel Gómez, der angeblich an einem Bankett in der Höhle teilgenommen haben soll. Vor dem Eingang steht eine alte *Guarapera*, die früher Zuckerrohrstängeln ihren Saft heraus presste. Im riesigen Höhleninnern befinden sich eine Bar (24 Std. geöffnet) und eine Disco (Di–Sa). Eine Cabaret-Show, ✆ 0148-796290, wirbelt samstags ab 22.30 Uhr durch die Kaverne, Eintritt 5 CUC. Ein kleiner Gang führt zur Rückseite der Höhle, wo sich eine Sammlung von Waffen, Geräten und Werkzeugen befindet, die einen ziemlich dürftigen Einblick über das Leben entlaufener Sklaven *(Cimarrones)* vermittelt. Die Geflohenen sollen sich in diesem abgelegenen und infrastrukturell unerschlossenen Gebiet versteckt haben. Wie unseriös diese Widerstandsform der Sklaven behandelt wird, sieht man an der kitschig-folkloristischen Trachtenparade der Angestellten des Restaurants, das nachmittags oft von Tourgruppen heimgesucht wird. Dann kommt man auch in den „Genuss" einer afrokubanischen Folkloreshow. ⏲ tgl. 8–18 Uhr, Eintritt 1 CUC.

Cueva del Indio

Die nächste berühmte Höhle liegt nur 2 km weiter nördlich und wurde 1920 entdeckt. Sie war sowohl Zufluchtsort als auch Grabstelle für die von den Spaniern vertriebenen Indianer des Stammes der Arawak. Vom 1750 m langen, z. T. beleuchteten Gangsystem, können nur die ersten 300 m zu Fuß erkundet werden. Dann beginnt der unterirdische Fluss, den man per Boot bis zu einem kleinen Wasserfall befahren kann. Während der Fahrt weist der Führer auf interessante Stalagtiten-Formationen hin. Der immer noch sehenswerte Ort entwickelt sich leider immer mehr zur Massenabfertigungsstelle, wo in Rekordzeit eine Busladung nach der anderen durchgeschleust wird. ⏲ tgl. 8–17.30 Uhr, Eintritt 5 CUC (inkl. 15 Min. Flussfahrt) oder 2 CUC (ohne Bootsfahrt).

Sehenswertes im Ort

Im **Museo Adela Azcuy** in der Calle Salvador Cisneros No. 115 lebte die Unabhängigkeitskämpferin Adela Azcuy (1861–1914), die im Zweiten Unabhängigkeitskrieg bis zum Hauptmann aufstieg. Vor dem Eingang steht eine Büste von ihr. Im Museum gibt es historische und naturkundliche Ausstellungen, darunter eine Höhlennachbildung. Im Innern hängt eine detaillierte topographische Karte der Region. Hoch spezialisierte Führer bieten Ausflüge an (s. S. 308). ⏲ Di–So 9–12, 13–22 Uhr, Eintritt 1 CUC.

Im verwunschenen **Botanischen Garten** von Barbara Caridad und Carmen Miranda blüht und gedeiht seit 1918 eine Unmenge von Pflanzen und Bäumen (Orchideen, *Hierba Buena*, *Lluvia de Oro*, *Cola de Gato*, Hibiskus, Tamarinda, Kakao, Avocado, verschiedene Farnarten, Bromelien, Guayaba, um nur einige zu nennen). Die beiden netten Schwestern, deren Vater mit der Anpflanzung des Paradieses begann, leben in einem mitten im Grünen versteckten Häuschen und empfangen gerne Touristen. Oft gibt es Kostproben einiger im Garten wachsender Früchte. ⏲ tgl. 9–19 Uhr, kein Eintritt (aber Spenden erwünscht).

Übernachtung

Privatpensionen

Gemessen an seiner Größe ist Viñales mit über 250 **Casas Particulares** gut für den Massentourismus gerüstet. Viele Schilder springen sofort ins Auge, wenn man die Hauptstraßen Salvador Cisneros, Rafael Trejo

und Camilo Cienfuegos entlang geht. Bei so großer Konkurrenz sind die Preise oft verhandelbar (zumeist 15–20 CUC für ein DZ).
Casa El Pollo, Calle Salvador Cisneros No. 52, ✆ 0148-796022. Großes schönes DZ mit Bad, Ventilator, AC sowie eigenem Essraum und Innenhof. Eigener Eingang. Garten. Englischsprachig. ❶

Oscar Jaime Rodríguez, Calle Adela Azcuy No. 43, ✆ 0148-793381. 2 DZ mit Ventilator und Bad. Innenhof. Basis für Felskletterer (Aktivitäten, s. S. 307). ❶

Casa La Campestre, Calle Camilo Cienfuegos No. 60, kein Telefon. DZ mit AC, Ventilator und Bad. Vermieterin Berito ist sehr lustig und temperamentvoll und zudem eine gute Köchin. ❶

Nenita, Calle Salvador Cisnero Interior No. 6 (hinter der Poliklinik links, dann die nächste unbefestigte Straße rechts und nach ca. 100 m auf der rechten Seite), ✆ 0148-793367, ✉ emiliadiaz@yahoo.com. 2 große DZ mit AC, Ventilator, Minibar und Bad. Das hübsche Haus ist etwas schwer zu finden, aber die Lage mit Blick auf die *Mogotes* ist unschlagbar. ❶–❷

Hostal Travellers Rest, Calle Salvador Cisneros No. 20, ✆ 0148-793261, ✉ wpbjc@gmx.com. 2 DZ mit AC, Ventilator und Bad. Der nette Vermieter Ernesto ist eine gute Infoquelle. Er hat über 30 Jahre als Barkeeper im Hotel Los Jazmines gearbeitet und seine Mojitos genießen einen legendären Ruf. Gutes Essen. ❶–❷

Villa Azul, KM 25 Carretera Pinar del Río (gleich am Ortseingang, wenn man von Pinar del Río kommt), ✆ 0148-793288. Großes DZ mit Ventilator und Bad. Schöner großer Garten mit vielen Obstbäumen und kleinem Bach, in dem man baden kann. ❶–❷

Villa Omar y Barby, Calle Adela Azcuy No. 12, ✆ 0148-793183. DZ mit Bad, Ventilator und AC. Schöne Einrichtung, Garage, großer Garten. Omar ist ein Original und kann viel über die Region erzählen. Die Familie ist sehr hilfsbereit. ❶–❷

Villa Cristal, Calle Rafael Trejo No. 99, ✆ 01-5270 1284 (mobil). DZ mit AC, Ventilator und Bad. Parkplatz, schöner Garten, gutes Essen. Die freundlichen Vermieter sprechen

Englisch und sind gerne beim Organisieren von Ausflügen behilflich. ❶–❷

Villa Los Reyes, Calle Rafael Trejo No. 134, ✆ 0148-793263, ✉ yoanreyes@yahoo.es. DZ mit Bad, Ventilator und Kühlschrank. Terrasse, Innenhof und Parkplatz. Sehr nette Familie mit Hund. Im Garten steht ein Traktor, der Vater arbeitet auf einer Finca, die besichtigt und auf der gegessen werden kann *(Cena campesina)*. Der Sohn hat als Barmann gearbeitet (gute Cocktails), spricht Englisch und bietet Exkursionen an. ❶–❷

Casa Jardin Dulce Junco, Calle Salvador Cisneros No. 44, ✆ 0148-793297. DZ mit AC, Ventilator, Bad und kleiner Bücherei. Schöner Garten. ❶–❷

Yolanda, Calle Salvador Cisneros No. 186, ✆ 0148-793208. DZ mit Ventilator und Bad. Garage. Schöner Innenhof mit Orchideen. ❶–❷

Villa Ricardito, Calle Salvador Cisneros No. 46, ✆ 0148-793269. Vermietet 2 DZ (eins mit Ventilator, eins mit AC) mit Bad und Terrasse, die getrennt vom Wohnbereich der Familie liegen. Großer Innenhof. Schönes Wohnzimmer. ❶–❷

Hotels
Die wenigen Hotels sind schön und oft überbelegt (daher rechtzeitig buchen). Nur das La Ermita und das Los Jazmines sind vom Ort aus bequem zu Fuß erreichbar.

Der Westen

Campismo Dos Hermanas, ✆ 0148-793223, 🖥 www.cubamarviajes.cu. Traumhafte Lage am Mural de la Prehistoria und zudem billigste Option in Viñales. 54 Cabañas mit Bad und Ventilator (z. T. mit AC). Frühstück gibt es gegen geringen Aufpreis. Pool, Restaurant, Bar, kleines naturkundliches Museum. Am Wochenende oft überlaufen mit Einheimischen. TV-Raum, Disco (besonders im Sommer laut). Pferdeausflüge und günstige Exkursionen (z. B. zu den Aquáticos). ❶

Motel, ✆ 0148-793270 (Koch des Motels). Nach 2 km auf der Straße Richtung La Palma liegt dieses Motel direkt an einem See. 4 DZ mit AC, Gemeinschafts-Bad und Aufenthaltsraum mit TV. Es werden *Cena campesina* sowie Exkursionen zu nahegelegenen Tabak- und Kaffeeplantagen und den Höhlen Jaruco und El Cable angeboten. Bootsverleih bei ausreichendem Wasserstand (Sep–April, 2 CUC/Std.). ❶ – ❷

Las Magnolias, 6 km nördlich von Viñales (gegenüber der Cueva del Indio), ✆ 0148-796280. Das Restaurant vermietet 3 hübsche DZ (eines mit eigenem Bad) mit Radio, TV und AC. Großer Aufenthaltsraum und Terrasse. Für 5 CUC p. P. kann man auch im Zelt übernachten. Die Bar gegenüber hat 24 Std. geöffnet. ❷

La Ermita, 2 km östlich von Viñales Richtung Carretera de Ermita, ✆ 0148-796071, 🖥 www. cubanacan.cu. Zusammen mit dem Los Jazmines eines der schönsten Hotels in Kuba, auf einem Hügel mit fantastischer Aussicht gelegen. 64 behindertengerechte DZ mit großem Balkon, AC, Bad, Telefon, Radio und TV. Pool, Restaurant mit Terrasse und reichhaltigem Buffet. Massage. Tennisplatz, Pferdeausflüge und Wanderungen. ❺

Rancho San Vicente, im Valle de San Vincente (7 km nördlich von Viñales), ✆ 0148-796201 und 796110, 🖥 www.cubanacan.cu. Traumhafte Lage mitten in der Natur. 34 hübsche und komfortable Bungalows mit AC, Bad und viel Privatsphäre. Pool, Pferdeausflüge. Kleine Schwefelquellen auf dem Gelände (30 Min. für 5 CUC), Massage und Fangotherapie kosten je 15 CUC, eine Gesichtsmaske 3 CUC. ❺

Wie so oft schlagen die Mahlzeiten in den Casas Particulares die wenigen staatlichen Restaurants um Längen.

Auf der Calle Salvador Cisneros No. 130 gibt es **Peso-Pizza**. Ebenso bei No. 77 (auch Eis und Erdnussriegel für Moneda Nacional).

Las Brisas, Calle Salvador Cisneros No. 96. Ziemlich heruntergekommen, aber billige Huhn- und Fischgerichte. Guter Mojito für 1,50 CUC. ⊙ tgl. 11–14 und 18–21 Uhr.

Cafetería Cubanito, am Ortsausgang an der Straße zum Hotel La Ermita. Günstige Snacks (Pizza, Brötchen). ⊙ 24 Std.

El Rápido, Calle Salvador Cisneros No. 83. ⊙ tgl. 7–20.30 Uhr. Weiterer kleiner **Imbissladen** bei der Tankstelle.

Beim **Restaurant Jurásico** am Campismo Dos Hermanas isst man gut und günstig direkt bei den *Mogotes*. Der Cocktail Dos Hermanas ist eine Kostprobe wert. ⊙ tgl. 11–18 Uhr.

Casa del Veguero, 1 km südlich vom Ortseingang. Recht günstige kreolische Gerichte. Der Besitzer des Restaurants zeigt auch gerne seinen Trockenschuppen und verkauft Zigarren. ⊙ tgl. 9–16.30 Uhr.

Casa Don Tomás, Calle Salvador Cisneros No. 140. Schönstes und ältestes Gebäude im Dorf. Man kann auch im großen Garten sitzen. Im populärsten Restaurant des Ortes wird mäßige Paella für 10 CUC zubereitet (Delicias de Don Tomás). Eine weitere Spezialität ist der Cocktail Trapiche aus Rum, Ananassaft und Honig. Auch günstigere Gerichte. Abends Live-Musik.

Hotel La Ermita. Auch Nichtgäste können im Restaurant des Hotels die reichhaltige Speisekarte durchstöbern und dabei den Ausblick genießen.

Mural de la Prehistoria, Carretera Moncada KM 2,5. Sehr gut, aber mit 15 CUC auch überteuert, ist der gegrillte Schweinebraten mit Beilagen. ⊙ tgl. 12–17 Uhr.

Discomusik erschallt im Hotel Los Jazmines und im Innenhof der Casa de la Cultura (am Wochenende). Im **Patio del Decimista**, Calle Salvador Cisneros No. 112 A, spielen abends ab

17 Uhr gute Bands, bei den Einheimischen der angesagteste Ort. Am Wochenende knallvoll und Superstimmung. Schräg gegenüber liegt die **Bar Los Viñaleros**, Calle Salvador Cisneros No. 105. Am Abend Live-Musik.

Unterhaltung und Kultur

Die **Casa de la Cultura** am Zentralplatz ist eines der ältesten Gebäude des Ortes (1879) und zählt zu den schönsten Kulturzentren des Landes. Das Innere zieren antike Möbelstücke aus der Kolonialzeit. Theatersaal im 2. Stock mit sporadischen Aufführungen. Eine Tafel verkündet die jeweiligen Veranstaltungen.
Ebenfalls am Platz liegt das neue **Centro Cultural Polo Montañez** mit nächtlicher Live-Musik ab 22 Uhr. Es ist dem gleichnamigen *Guajiro*-Musiker gewidmet, der 2002 auf dem Höhepunkt seiner Karriere bei einem Verkehrsunfall tödlich verunglückte.
Das Kino **Cine Viñales** liegt in der Calle Ceferino Fernández esq. Rafael Trejo.

Einkaufen

Kunst, Literatur und Musik

Artex ist ein Musikladen neben der Bar Patio del Decimista. In der **Galeria de Arte** am Zentralplatz stellen lokale Künstler ihre Gemälde zum Verkauf aus. Der **Künstler** Alberto Fernandez Bejerano verkauft Bilder und Skulpturen in der Calle Camilo Cienfuegos No. 13. Auf der Straße nach Moncada stößt man nach 5 km rechts auf das **Casa-Taller Raice**, wo der Künstler Noel Diaz Gala Holzskulpturen herstellt. In der **Librería**, Calle Salvador Cisneros No. 65, gibt es sowohl eine Abteilung in Devisen als auch in Moneda Nacional.

Lebens- und Genussmittel

Bei der kleinen Tabakfabrik an der Straße zur Cueva del Indio gibt es **Rum** und **Zigarren**. **Lebensmittel** verkauft der Laden **El Mogote** gegenüber vom Parque Central. 100 m vom südlichen Ortseingang Richtung Mogote Dos Hermanas versorgt der **Bauernmarkt**. Gleich daneben verkauft eine **Panaderia** Brot in Moneda Nacional.

Aktivitäten

Klettern

Die Region gilt unter Kennern als Paradies für **Felskletterer**, auch wenn das bei den staatlichen Tourismusbüros noch nicht angekommen ist. Wichtiger Treffpunkt für Kletterfreaks ist das Haus von Oscar Jaime Rodríguez in der Calle Adela Azcuy No. 43, ☎ 0148-793381. Nähere Informationen liefert die hervorragende Internetseite 🖳 www.cubaclimbing.com.

Reiten

Pferdeverleih (3–5 CUC/Std.) bieten die Hotels La Ermita, Los Jazmines, Rancho San Vicente sowie der Campismo Dos Hermanas an. Viele Privatvermieter können ebenfalls Pferdeausflüge organisieren.

Schwimmen

Für 3 CUC kann man die **Pools** der Hotels Los Jazmines und Ermita benutzen und dabei den Ausblick auf die Kegelberge genießen. Ungefähr 3 km nördlich von Viñales biegt rechts die Straße nach República de Chile und La Palma ab. Dieser folgt man weitere 2 km bis zu einem **See** inmitten der Kegelberge – ein sehr ruhiger und traumhaft schöner Ort. Am Ufer befinden sich Bar/Restaurant und einige Unterkünfte (s. S. 306). Bei ausreichend hohem Wasserstand (Sep–Ende März) kann man auch Boote mieten (2 CUC/Std.).
Auf dem Gelände der Rancho San Vicente laden **Schwefelquellen** zu einem Bad ein und man kann Massagen und Fangopackungen bekommen.

Wandern

Im **Besucherzentrum Parque Nacional Viñales**, Carretera a Pinar del Río KM 2, werden alle 14 Wanderungen angeboten (jede kostet 6 CUC). Die bekanntesten sind: Cocosolo Palmarito (11 km vom Hotel La Ermita bis zum Mural de la Prehistoria, mit Besuch eines Tabakgehöfts), En el corazón del Valle (10 km), Maravillas de Viñales (4 km Rundweg beim Ort El Moncada 17 km westlich von Viñales, mit einer Vielzahl endemischer Flora und Fauna) und San Vincente Ancón (startet bei der Ranch Vaguera

Das ganze Tal für nur 5 CUC

Rundfahrtbusse (**ViñalesBusTour**) fahren tgl. von 9–19 Uhr alle Sehenswürdigkeiten im Tal ab, und man kann an folgenden Haltestellen jederzeit aus- und zusteigen: Hotel La Ermita, Casa del Veguero, Centro de Visitantes, Hotel Los Jazmines, Mural de la Prehistoria, Hauptplatz Viñales, Estanco No. 2, Palenque de los Cimarrones, Cueva del Indio und Rancho San Vicente. Das Tagesticket gibt's für 5 CUC.

San Vincente zwischen der Cueva José Miguel und der Cueva de los Indios. Außerdem gibt es jede Menge natur- und kulturgeschichtliche Informationstafeln und ein detailliertes geologisches Modell der Region. ⏱ tgl. 8–17 Uhr.

Das **Museo Adela Azcuy** in der Calle Salvador Cisneros No. 115, ✆ 0148-793395, hat ebenfalls sehr informative und günstige Wanderungen im Programm, mit natur- und kulturhistorischen Schwerpunkten (Start um 9 Uhr). Sehr zu empfehlen ist der Führer Ismael Gutierrez Ravelo, der auch Englisch und Französisch spricht.

Der **Campismo Dos Hermanas**, ✆ 0148-793223, bietet eine Wanderung zur Dorfgemeinschaft Los Aquáticos an.

Auch die **Privatvermieter** kennen viele Führer und arrangieren gerne eine Wanderung.

Touren

Die folgenden Reisebüros haben ebenfalls die klassischen Wanderungen im Programm (allerdings zu höheren Preisen) und bieten zusätzlich Exkursionen zu überregionalen Zielen an.

Cubanacán, Calle Salvador Cisneros No. 63 C, ✆ 0148-796393. In der Hauptsaison werden günstige Ausflüge angeboten nach María La Gorda (25 CUC Hin- und Rückfahrt, um 7 Uhr hin und um 17 Uhr zurück, 3 Std. Fahrt), Palma Rubia zur Fähre nach Cayo Levisa (6 CUC, Abfahrt um 8 Uhr) sowie Soroa und Las Terrazas (11 CUC eine Strecke, Abfahrt um 8 Uhr). ⏱ tgl. 8.30–12.30 und 13.30–21 Uhr.

Cubataxi nebenan bietet Transportservice zu folgenden Orten: Cienfuegos (48 CUC), Trinidad (57 CUC), Playa Girón/Playa Larga (40 CUC) und Santa Clara (50 CUC).

Havanatur, Calle Salvador Cisneros Final (bei der Tankstelle), ✆ 0148-796162. Exkursionen nach Cayo Jutías (25 CUC) und Cayo Levisa (mit Fähre, Essen und Schnorcheln, 40 CUC). Außerdem Minibustransport zu Tourismuszentren der Provinz (María La Gorda, Soroa, Las Terrazas) und nach Havanna.

Sonstiges

Apotheken
Farmacia, 100 m westlich vom Platz in der Calle S. Cisneros. ⏱ 24 Std.

Autovermietungen
Transtur, Calle Ceferino Fernández No. 6 e/ Salvador Cisneros y Final, ✆ 0148-796060.

Bibliotheken
Bücherei, Calle Salvador Cisneros No. 158. ⏱ Mo–Sa 8–17 Uhr.

Fahrrad- und Motorradverleih
Transtur, Calle Ceferino Fernández No. 6 e/ Salvador Cisneros y Final, ✆ 0148-796060.
Cubanacán, Calle Salvador Cisneros No. 63 C, ✆ 0148-796393.

Feste
Mitte März: **Dias de la Cultura** mit guten Bands und Modenschau.

Filme und Fotoarbeiten
Fotoladen, Calle Cisneros No. 67 (neben der Librería).

Geld
Banco de Crédito y Comercio, Calle Salvador Cisneros No. 58.
Banco Popular de Ahorro, direkt daneben.
Cadeca, Calle Salvador Cisneros No. 90.

Informationen
Über Ausflüge in die Umgebung informieren die Reisebüros und vor allem das **Centro de Visitantes** (s. Aktivitäten).

Internet

Surfen kann man bei **Etecsa**, Calle Ceferino Fernández No. 3, und **Cubanacán**, Calle S. Cisneros No. 63 C. ⊙ tgl. 8–20 Uhr.

Post und Telefon

Calle Ceferino Fernández No. 14. ⊙ Mo–Sa 9–18 Uhr. Gegenüber befindet sich ein kleines Telefonzentrum.

Transport

Selbstfahrer

Eine **Tankstelle** befindet sich am **nördlichen**, ein bewachter **Parkplatz** am südlichen **Ortseingang.** Autofahrer nach Havanna können statt der Autobahn die attraktive Küstenstrecke wählen (4–5 Std.). Zwischen Cabañas und Mariel ist die Straßenqualität allerdings ziemlich schlecht.

Busse

Die Busstation liegt gegenüber dem Zentralplatz in der Calle Salvador Cisneros No. 63, ℡ 0148-793195.

Víazul fährt nach HAVANNA (8 Uhr, 3 Std., 12 CUC), über PINAR DEL RÍO (6 CUC). Zusätzlich bietet Cubanacán (s. Touren) in der Hauptsaison einen **Minibus** um 8 Uhr nach HAVANNA (15 CUC, über SOROA und LAS TERRAZAS). Zudem geht es tgl. um 7 Uhr nach MARÍA LA GORDA (3 Std., 15 CUC).

Überlandtaxis

Ein **Taxi** nach PALMA RUBIA (Fähre nach Cayo Levisa) kostet ca. 25 CUC, nach CAYO JUTÍAS 20 CUC, zur CUEVA DE SANTO TOMÁS 8 CUC und nach PINAR DEL RÍO 10 CUC. Der für **Cubataxi** arbeitende Fahrer Beta, ℡ 0148-793245, ist jamaikanischer Herkunft und spricht als Einziger Englisch.

Westlich von Viñales

Verlässt man Viñales gen Westen, ist vom Massentourismus bald nichts mehr zu spüren. Dabei lohnen sich die Abstecher allein schon wegen der reizvollen hügeligen Landschaft.

El Moncada

Bei El Moncada, 17 km südwestlich von Viñales, befinden sich zwei Sehenswürdigkeiten. Im Ort wurde 1999 ein riesiges **Denkmal** errichtet. Eine knapp 20 m hohe Büste thront auf dem Gedenkplatz und blickt, das Gewehr erhoben, auf die umliegende Bergwelt. Es handelt sich nicht um eine der beiden populärsten Ikonen – Che Guevara und José Martí – sondern um Leandro Rodríguez Malagón, den Anführer der **Malagones**. So hieß eine Gruppe von zwölf Bauern, die im August 1959 die erste Bürgermiliz Kubas bildete und in nur 18 Tagen die konterrevolutionäre Bande überwältigen konnte, die mit ihren Überfällen die umliegenden Ortschaften unsicher gemacht hatte. Als der steinerne Hüne zu seinen Lebzeiten das stolze Alter von 90 Jahren erreicht hatte, gab es eine riesige Fiesta, zu der sogar Raúl Castro persönlich vorbeischaute. Auf dem Gelände befinden sich eine Korkpalme und ein kleines Museum mit Fotos. In den umliegenden Hügeln verläuft der ökologische **Wanderweg** Maravillas de Viñales. ⊙ tgl. 10–18 Uhr, Museumseintritt 2 CUC.

Ins größte Höhlensystem Mittelamerikas

Nur 1 km vom Ort El Moncada erstreckt sich die **Gran Caverna de Santo Tomás** über acht Ebenen und bildet mit ihrem 45 km langen Gangsystem die größte Höhle Mittelamerikas. Die Höhle wurde erstmals 1954 unter Leitung des berühmten Geografen Antonio Núñez Jiménez erforscht. Ihre Fauna besteht aus Fröschen, Krabben und Fledermäusen. Im Innern wachsen sogar kleine Pflänzchen fernab jeglicher Lichtquelle. Vor allem aber „blühen" Stalagmiten und -titen in bizarrsten Formen aus dem Gestein, in Abteilungen mit so klangvollen Namen wie Salón de Chaos, Increíble (Unglaublich) und Tinieblas (Finsternis). In der Cueva de las Avispas hat man den Eingang zu einem schönen Aussichtspunkt ausgebaut. Im Höhlenforschungszentrum, ℡ 0148-793145, kann man sich Ausrüstung und Führer besorgen und dann ins Abenteuer stürzen (10 CUC für 1 1/2 Std. und 5 CUC für 45 Min.). ⊙ tgl. 9–17 Uhr.

Öffentlichen Verkehr nach El Moncada gibt es nicht, ein Taxi kostet ca. 8 CUC (eine Strecke).

Cayo Jutías

Nach dem Höhlen-Abenteuer führt die Straße über Pons, Minas de Matahambre und Santa Lucía weiter zu einem der schönsten Cayos dieser Provinz (noch 40 km). Am Damm, der die Insel mit dem Festland verbindet, wird eine Gebühr von 5 CUC verlangt (inkl. Getränk im Strandrestaurant). Der Traumstrand ist bisher kaum touristisch erschlossen, doch bestehen Pläne zum Bau eines Hotels.

Übernachtung

Campismo Copey, ℡ 0148-38398. Die einzige einigermaßen nahe gelegene Unterkunft hat 30 Cabañas (je 5 CUC p. P.). Wenn man von Cayo Jutías auf die Küstenstraße gelangt, biegt man rechts ab und folgt dieser 10 km. Weitere 3 km gen Küste stößt man auf den Campingplatz. Aber zuvor bei Campismo Popular in Pinar del Río, ℡ 0148-755316, erkundigen, ob er geöffnet ist und Touristen aufnimmt.

Aktivitäten

Das Strandrestaurant verleiht Schnorchelausrüstung (5 CUC/Tag), Tretboote (4 CUC/Std.) und Kajaks (2 CUC/Std.). Ansonsten ist der einsame, 7 km lange Strand ideal für einen lauen Erholungstag.

Transport

Zu erreichen ist Cayo Jutías nur mit eigenem Fahrzeug oder teurem Taxi. Ansonsten bieten die Reisebüros in Viñales Exkursionen zu annehmbaren Preisen an (s. S. 308).

Nördlich von Viñales

Valle Ancón

12 km nordwestlich des Valle de Viñales liegt ein weiteres sehr reizvolles Tal, das weit weniger besucht und erschlossen ist und dessen Höhlen sich nur mit Hilfe der Einheimischen offenbaren. Sehenswert ist eine **Kaverne mit unterirdischem Fluss**, in dem man schwimmen kann. Um dorthin zu gelangen, biegt man zunächst hinter dem Ho-

tel San Vicente an der Entronque al Valle Ancón links ab und folgt der z. T. steilen Straße 4–5 km, bis man rechts die Schule „Valle de Ancón" sieht. Gegenüber führt ein Feldweg nach links, dem man 500 m bis zu einem Bauerhaus folgt, das heute als kleines **Museum** fungiert, weil dort Fidel Castro am 29.8.59 übernachtet hat.

Ein Fluss zum Baden (**Río Rebaloso**) befindet sich 12 km nördlich von Viñales beim Ort Mina la Constancia an der Carretera a La Palma.

Puerto Esperanza

20 km nördlich vom Valle Ancón liegt der verschlafene Küstenort Puerto Esperanza, wo man einen mäßigen Strand und vor allem viel Ruhe und authentisches kubanisches Leben findet, das in wohltuender Langsamkeit vor sich hin plätschert. Zudem gibt es einen kleinen Jachthafen und ein paar nette Privatunterkünfte mit gutem Essen, z. B. **Villa Dos Palmas**, Calle 13 de Marzo No. 19, ℡ 0148-793865; **Villa Dora Gonzáles Fuentes**, Calle Pelayo Cuervo No. 5 (direkt am Meer), ℡ 0148-793805 und **Villa Blanco**, Calle Hermanos Caballeros No. 41, ℡ 0148-793949. Alle ❶

Cayo Levisa

Rund 50 km nordöstlich von Viñales liegt **Palma Rubia**, der Ausgangspunkt für Ausflüge nach Cayo Levisa. Die kleine Insel gehört zum **Archipiélago de los Colorados** und erfüllt sämtliche Paradiesvorstellungen: Ihr weißer Sandstrand an der Nordküste zählt zu den schönsten der Provinz, und das Meer schimmert in verschiedensten Blautönen. Im Hinterland wachsen üppige Mangroven- und Pinienwälder. Außer in María La Gorda kann der Westen nirgendwo so gut erschnorchelt und ertaucht werden wie hier. Das nur 3 km lange und maximal 200 m breite Eiland ist ein ruhiges Plätzchen und sieht deutlich weniger Besucher als andere Strandzentren, auch wenn es kein Geheimtipp mehr ist wie sein westlicher Nachbar Cayo Jutías.

Auch Hemingway wusste diese Idylle zu schätzen: Er ging in den 40er-Jahren des Öfteren 10 km östlich, vor Cayo Paraíso, fischen und ließ sich von diesem Ambiente zu seinem Roman *Inseln im Strom* inspirieren. Während des Zweiten Weltkriegs lief er von hier mehrfach mit seiner Jacht Pilar aus, um zu helfen, deutsche U-Boote aufzuspüren. Joe Russeel alias Pepe Ronco nutzte die Insel in Zeiten der Prohibition als Basis, um Schnaps und Rum in die USA zu schmuggeln.

Übernachtung

Cabañas Cayo Levisa, ✆ 0148-756501, 🖳 www.cubanacan.cu. Einzige Übernachtungsmöglichkeit, daher reservieren. 31 geräumige und komfortable Bungalows mit Veranda, AC, Bad und TV. Gutes Restaurant (auch für Nichtgäste), Bar. ❺

Motel La Mulata, 12 km östlich von Palma Rubia. Wer die Fähre verpasst hat und die Nacht in der Nähe verbringen will, kann sein Glück in diesem maroden Motel versuchen. Das ist aber eine Notlösung, denn eigentlich ist es nur für Kubaner. ❶

Aktivitäten

Das **Tauchzentrum Diving World** liegt gleich beim Hotel, ✆ 0148-756501. Vor der Küste liegen 23 Tauchgründe im Mangrovengürtel und an Riffen mit schwarzen Korallen und Schiffswracks (z. B. das mit Schwämmen und Korallen dicht überwucherte 50 m lange La Draga). Besonders gut soll die Tauchstelle La Corona de San Carlos sein, wo man Rochen bestaunen kann und mit etwas Glück auch Barrakudas und Muränen sieht.
Im Sommer kann man auch **Segeln** und **Surfen**. Das Hotel bietet **Exkursionen** an nach Cayo Paraíso (20 CUC inkl. Mahlzeit, Min. 4 Pers.) und zu einem Korallenriff (14 CUC mit Schnorchelausrüstung). Ansonsten ist Entspannung pur angesagt.

Transport

Die **Fähre** vom Festland fährt von PALMA RUBIA 1x tgl. um 10 Uhr. Um 17 Uhr geht es zurück. Wer nicht übernachten will, sollte zusehen, dass er pünktlich ist. Die Überfahrt dauert 15 Minuten und kostet 25 CUC (Hin- und Rückfahrt). Reisebüros in Viñales, Pinar del Río und Havanna organisieren Touren nach Cayo Levisa.

Von Pinar del Río nach María La Gorda

Von Pinar del Río nach Westen liegen noch satte 159 km bis zum Tauchparadies María La Gorda vor einem. Da bietet es sich an, unterwegs einen oder mehrere Zwischenstopps zur Erholung einzulegen. Bis **Guane** kann man noch halbwegs mit öffentlichen Verkehrsmitteln gelangen (s. S. 312), aber weiter westlich ist im wahrsten Sinne des Wortes Endstation. Ohne eigenes Auto ist die Strecke eigentlich nicht zu bewältigen. Da die letzte Tankstelle in Sandino liegt, sollte der Tank stets gut gefüllt sein. Selbstfahrer müssen auf zahlreiche Schlaglöcher achten, denn die Straßenqualität nimmt westlich von Pinar del Río rapide ab. In **La Fé** (der Glaube) endet die Carretera Central und wird von Pisten fortgesetzt, die einem nicht geländegängigen Fahrzeug einiges abverlangen. Ab hier muss man wirklich einen festen Glauben in Gefährt und Fahrkünste haben! Die Vegetationsdichte nimmt sichtbar zu, und man fährt fortan durch dichte Buschlandschaft. Die Landschaft ist bis **Isabel Rubio** sehr reizvoll, danach nimmt sie zunehmend flache und monotone Züge an. Je weiter es gen Westen geht, desto einsamer und verlassener wird die Gegend.

Playa Bailén

45 km südwestlich von Pinar del Río an der Bahía de Cortés liegt einer der besseren Strände der Südküste. Wer Traumstrände kennt, wird allerdings enttäuscht sein. Die 2 km lange Playa Bailén bekommt hauptsächlich Einheimische zu Gesicht, was sich auch in der rudimentären Infrastruktur niederschlägt. Außerhalb der Monate April bis September wirkt der Ort sehr verlassen. In der Nähe gibt es eine **Krokodilfarm**. 🕐 Mo–Fr 8–16 Uhr, Eintritt 2 CUC.
    Einzige Übernachtungsmöglichkeit ist die **Villa Playa Bailén**, ✆ 0148-829 6145. Kubaner belegen die meisten der 163 maroden Cabañas. Touristen bezahlen 15 CUC für eine Hütte für 4 Personen. Am Strand gibt es ein paar Peso-Restaurants und Cafeterías mit sehr mäßiger Qualität. **Anfahrt**: Der Zug nach Guane stoppt 6 km entfernt in Sábalo und theoretisch fahren

Der Westen

auch Busse von Pinar del Río. Selbstfahrer folgen der Ausschilderung und biegen von der Carretera Central links ab, von dort sind es noch 8 km bis ans Ziel.

Guane

30 km weiter westlich liegt diese malerische Kleinstadt, die ihren Namen dem Indianerstamm der Guanahatabey verdankt und als älteste Stadtgründung der Provinz gilt. Hier befindet sich eine sehenswerte **koloniale Kirche**. Dies ist der letzte Ort, der per Zug von Pinar del Río aus erreicht werden kann (s. S. 297).

5 km nördlich von Guane liegt der wunderschön ins Gebirge eingebettete **Campismo de Salto**, ℡ 0148-497347, mit 52 sehr einfachen Kabinen mit Bad für 5 CUC p. P. (reservieren bei Campismo Popular in Pinar del Río, ℡ 0148-755316). Es gibt ein Restaurant und einen Fluss zum Baden. Zahlreiche Wanderwege führen zu Höhlen im Umland. In der Nähe liegt der Wasserfall **Salto de los Portales**.

Laguna Grande und Umgebung

Ein guter Ort für einen Zwischenstopp ist dieser kleine See 20 km westlich von Isabel Rubio und 18 km nordwestlich von der Carretera Central. Man erreicht ihn, indem man kurz vor Sandino rechts abbiegt und nach 10 km links einer unbefestigten Straße vorbei an Zitrusplantagen bis zum Hotel folgt: **Villa Laguna Grande**, ℡ 0148-3453, 🖳 www.islazul.cu. Das Hotel hat 12 DZ mit AC oder Ventilator, Bad, Radio, TV und Kühlschrank sowie ein Restaurant. In der einsamen Umgebung kann man sich gut erholen und Angler treffen auf äußerst beißfreudige Fische (viele Forellen). Das Hotel verleiht auch Fahrräder und Pferde (5 CUC/Std.) sowie Ruderboote. ❷–❸

Das **Casa Alexis**, Zona L No. 33, ℡ 0148-843282, liegt im langweiligen Ort Sandino, ist aber gut für eine Zwischenübernachtung. 2 kleine DZ mit AC, Ventilator, TV (in einem) und Bad. Ruhige Lage, schöner Innenhof, Garage. ❷

María La Gorda und Umgebung

Hinter Manuel Lazo an der Straße nach La Bajada bietet sich das Restaurant Bazar für eine letzte Stärkung an. Nach weiteren 33 km kommt man an den Kontrollpunkt La Bajada (Reisepass vorzeigen). Hier geht es links weiter entlang der Küste mit kilometerlangen Traumstränden bis zum nahe gelegenen Ziel.

María La Gorda ist mit seinen riesigen Korallenbänken und Schwammkolonien eines der besten **Tauchgebiete** der Insel, ja von ganz Zentralamerika. Sogar Reisebüros von der benachbarten mexikanischen Halbinsel Yucatán bieten Ausflüge in die kubanische Unterwasserwelt an. Auch einige Jachten gehen in der schönen **Bahía de Corrientes** vor Anker. Das Meer schimmert in verschiedensten Blautönen und ist von derart transparenter Klarheit, wie man sie selbst in Kuba nur selten findet. Der kilometerlange Sandstrand hat viele abgeschiedene und einsame Ecken. Ob das noch lange so bleiben wird, ist jedoch fraglich, denn es bestehen Pläne, alle Strandabschnitte mit Bungalows zu bebauen.

Hier im abgelegenen Westzipfel lagen wichtige Schlupfwinkel der Piraten, von denen aus sie die Silberflotte der Spanier angriffen. Auch den von Konquistadoren verfolgten Indianern diente das Gebiet als eines der letzten Rückzugsgebiete. Die hier ansässige archaische Kultur der Guanahatabey war bereits vor Kolumbus Ankunft untergegangen, hat jedoch deutliche archäologische Spuren hinterlassen, die derzeit Stück für Stück erkundet und freigelegt werden. Zahlreiche Piratenüberfälle hinterließen hier eine der höchsten Wrackdichten Kubas, heute ein ganz besonderer Schatz für Taucher. So zählen die küstennahen Meeresgründe mit ihren versunkenen Reichtümern zu den potentiell größten Schatzgebieten der Insel. Stimmt die Legende, dann harrt irgendwo unter Korallenriffen eine kostbare Statue noch ihrer Entdeckung: Der

Schatz von Mérida, der Cristo de Veracruz, fiel Piraten in die Hände und ging mit ihnen inmitten eines Sturms irgendwo vor den hiesigen Küsten unter.

Wie ein langgestreckter Zeigefinger ragt die **Península Guanahacabibes** noch weiter nach Westen. Das fast menschenleere Gebiet wird auch „Paradies der Welt" genannt. Es wurde 1987 von der Unesco zum Biosphärenreservat erklärt (mit fast 1200 km² das größte dieser Provinz). Die Nordküste besteht zum größten Teil aus Mangrovensümpfen, während sich auf der Südseite Sandstrände und scharfkantige Korallenbänke, sog. *Diente de perros* (Hundezähne), abwechseln. Die Halbinsel ist weitgehend waldbedeckt und besitzt eine außergewöhnlich hohe Artenvielfalt. Neben Hirschen, Wildrindern und Jutías durchstreifen der kleinste Vogel der Welt, der Hummelkolibri, die Papageienart Cotorra, Leguane, Tauben und Enten die Wildnis. Zudem ist Guanahacabibes eines der größten Zugvogelgebiete Kubas und von Mai bis Oktober legen nachts Meeresschildkröten am Strand ihre Eier ab. Beeindruckend sind auch die Massen umherstreifender roter Krabben. Leider ist die Halbinsel in den letzten Jahren immer wieder von Wirbelstürmen heimgesucht und teilweise schwer verwüstet worden.

Der Westen

Pfundige Geschichte

María La Gorda heißt übersetzt „die dicke Maria." Laut Legende soll eine beleibte Venezolanerin dieses Namens mit hiesigen Seeräubern Handel getrieben haben. Als sie Opfer einer Entführung wurde, verkaufte sie auch ihren Leib – und wurde von den Piraten nach hinreichendem Körpereinsatz am Leben gelassen und wieder ausgesetzt. Nun ließ sich Maria hier nieder und gründete eine Schänke und ein Bordell, das vorbeiziehende Schiffe mit „Frischfleisch" jeglicher Art versorgte. Auch Kubas Macho-Kultur scheint es die dicke Madame angetan zu haben, heißt doch eine Gesteinsformation „Las tetas de María La Gorda – die Brüste der dicken Maria".

Villa Cabo de San Antonio, am westlichen Ende der Halbinsel Guanahacabibes, ☎ 0148-757655, ⌨ www.villacabosanantonio.com, www.gaviota-grupo.com. 16 große und elegante Holzhäuschen mit AC, Bad, TV, Minibar, Telefon und Safe wurden kürzlich am Playa Las Tumbas, 3 km nördlich des Leuchtturms, errichtet. Restaurant, Laden, Tauchbasis. Sehr ruhig und einsam. ❺

Übernachtung und Essen

Hotel María La Gorda, ☎ 0148-778131 (Reservierung empfohlen), ⌨ www.villamarialagorda.com, www.gaviota-grupo.com. Das Hotel liegt direkt am Strand der Bahía de Corrientes und hat 35 DZ in schönen Cabañas mit AC, TV, Bad und Minibar sowie 29 neue Holzhütten in idyllischer Waldlage (Mückenschutz erforderlich). Dazu Autovermietung, Restaurant, Bar, Laden, Post und Geldwechsel. Für jede Mahlzeit im Buffet-Restaurant muss man noch mal 15 CUC drauflegen. ❺
Alternative zum Hotel-Restaurant gibt es kaum, höchstens einige Snacks bei der 15 km entfernten **Estación Meteorológico La Bajada**, ☎ 0148-771306. Die Station vermietet zudem 6 DZ mit AC und Bad, und man kann auch sein Zelt aufschlagen, wenn diese belegt sind. ❶

Aktivitäten

Tauchen und Schnorcheln

Nicht wenige halten die hiesigen Unterwasserwelten für die spektakulärsten und artenreichsten Kubas, wenn nicht sogar Lateinamerikas. Es gibt 50 Tauchplätze mit viel versprechenden Namen wie Paraíso Perdido, El Laberinto, La Cadena misteriosa, El Encanto und El Jardín de las Gorgonias. In der Nähe befindet sich Kubas größtes Riff schwarzer Korallen und sogar schluchtenartige Unterwasserformationen, die den *Mogotes* im Viñales-Tal ähneln. Im Salón de María, einer 20 m tiefen Höhle, stößt man auf riesige Fächerkorallen.
Centro Internacional de Buceo María La Gorda, ☎ 0148-778131 und 7730-72, -73, -74, ⌨ www.villamarialagorda.com. Exkursionen zu Riffen, Unterwasserhöhlen und spanischen Wracks. Schnorcheln kostet 12 CUC inkl. Ausrüstung.

Seit kurzem gibt es die **Marina Cabo San Antonio**, ☎ 0148-750116, 🖥 www.villacabosanantonio.com, mit 27 Tauchplätzen. Sie bietet Ausflüge zu Walhaien, alten Galeonen und dem 120 m tiefen Blue Hole (mit Hammerhaien und Langustenschwärmen) an.

Wandern

Zwar steckt der Ökotourismus noch in den Kinderschuhen, doch diese beginnen zu wachsen. In La Bajada bietet die **Estación Ecológica Guanahacabibes**, ☎ 0148-750366, 🖥 www.ecovida.pinar.cu, schon einige Wanderungen auf der Halbinsel an, z. B. den Sendero Cueva Las Perlas (3 km, 3 Std., 8 CUC), Sendero Bosque al Mar (1,5 km, 2 Std., 6 CUC) oder Sendero Guanahacabibes antes de Colón. Derzeit sind neue Wanderwege geplant (nachfragen). Gut ist der englischsprachige Führer Osmani,

☎ 0148-751007. Mückenschutz erforderlich. ⏰ tgl. 8–16 Uhr.

Touren

Wer einen eigenen Wagen stellt, kann einen Ausflug zur 55 km entfernten Westspitze **Cabo San Antonio** unternehmen (10 CUC p. P.). Ohne Genehmigung und Führer darf das Gebiet nicht betreten werden (in La Bajada bei der Estación Ecológica besorgen, ☎ 0148-750366). Neben der schönen Natur lohnt sich vor allem ein Besuch der 4 km langen **Playa Las Tumbas**, wo sich ein 1849 erbauter Leuchtturm, eine Tauchbasis und ein kleines Hotel befinden.

Transport

Wer keinen fahrbaren Untersatz hat, kommt nur mit dem Bus von Cubanacán hin (7 Uhr) oder weg (17 Uhr), der tgl. zwischen Viñales und María La Gorda pendelt (s. S. 308, Viñales).

Canarreos-Archipel

Stefan Loose Traveltipps

Nueva Gerona   Kubanische Geschichte erspüren im wuchtigen Gefängnis Presidio Modelo, wo die Castro-Brüder fast zwei Jahre in Haft saßen. S. 324

Cueva de la Punta del Este   Die Höhle mit den bedeutendsten indianischen Felszeichnungen der Antillen wird wegen ihres kulturhistorischen Wertes auch „Sixtinische Kapelle der Ureinwohner" genannt. S. 326

Ensenada de la Siguanea   Früher trieben sich Piraten in der abgelegenen Bucht herum, heute sind es Touristen, die die fantastischen Tauchgründe zu schätzen wissen. S. 327

Cayo Largo   Feinkörniger schneeweißer Sandstrand für Erholungssüchtige, Kolonien halbzahmer Leguane für Naturbegeisterte. S. 327

CANARREOS-ARCHIPEL

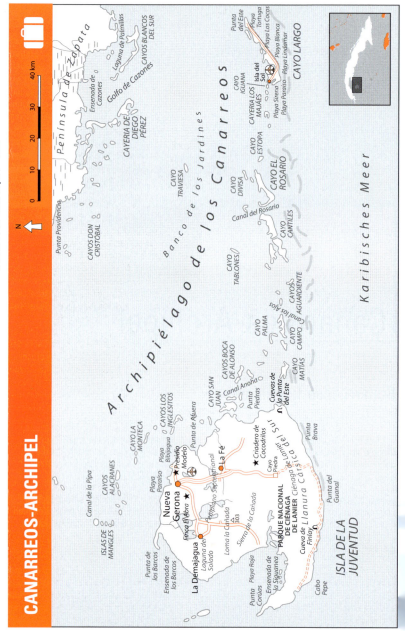

Peninsula de Zapata

Laguna de Palmillas

CAYOS BLANCOS DEL SUR

Ensenada de Cazones

Golfo de Cazones

CAYERIA DEL DIEGO PÉREZ

Punta del Este

Playa Los Cocos

Punta Tortuga

Playa Blanca

Isla del Sol

CAYO LARGO

CAYO IGUANA

CAYERIA LOS MAJAES

Playa Sirena

Playa Paraíso — Playa Lindamar

B a n c o   d e   l o s   J a r d i n e s

A r c h i p i é l a g o   d e   l o s   C a n a r r e o s

CAYO TRAVIESA

CAYO ESTOPA

CAYO DIVISA

CAYO EL ROSARIO

Canal del Rosario

CAYO CANTILES

K a r i b i s c h e s   M e e r

Punta Providencia

CAYOS DON CRISTÓBAL

CAYO TABLONES

CAYO PALMA

CAYOS AGUARDIENTE

Canal de los Indios

CAYO CAMPO

CAYO MATIAS

CAYOS BOCA DE ALONSO

Canal Anoha

CAYO SAN JUAN

Punta Piedras

Cuevas de la Punta del Este

Punta Brava

CAYO LA MONTECA

CAYOS LOS INGLESITOS

Punta de Afuera

Playa Bibijagua

Presidio Modelo

La Fé

★ Criadero de Cocodrilos

Punta del Guanal

Playa Paraíso

Nueva Gerona ★★

Finca El Abra ★

La Demajagua

Laguna del Solado

303

Loma la Cañada

Sierra de la Cañada

Llano del Sur

Cayo Piedra

Ciénaga de Lanier

L l a n u r a   C á r s i c a

PARQUE NACIONAL DE CIÉNAGA DE LANIER

Cueva de Punta Finlay

ISLA DE LA JUVENTUD

Cabo Pepe

Punta Coruas

Punta Playa Roja

Ensenada de la Siguanea

Canal de la Pipa

CAYOS ALACRANES

ISLAS DE MANGLES

Punta de los Barcos

Ensenada de los Barcos

Llano del Este

N

0   10   20   30   40 km

www.stefan-loose.de/kuba

Von den fünf Inselarchipelen vor dem kubanischen Festland nimmt der Canarreos-Archipel die größte Fläche ein. Dies liegt vor allem an der **Isla de la Juventud**, der mit 2200 km² zweitgrößten Insel des kubanischen Territoriums. Die dünn besiedelte Hauptinsel – auch kurz Isla genannt – ist ein Naturparadies, deren Fauna von Pelikanen, Papageien und Schildkröten bis zu Krokodilen und Leguanen reicht. Östlich des dicken Brockens schließt sich eine Kette von mehr als 300 kleinen Cayos an, durch dessen Lüfte mehr Vogelarten schwirren als auf dem Boden Menschen. Nur eines der Inselchen tanzt aus der Reihe dieser Einsamkeit, dies aber gleich richtig: Denn ein mächtiger Touristmusstrom ergießt sich „volle Kanne" über **Cayo Largo**, während er an der Isla de la Juventud weitgehend und an den anderen kleinen Cayos völlig vorbeischwappt. In diesem All-Inclusive-Paradies ist man allerdings komplett abgeschottet vom kubanischen Alltag, den die Isla in Reinkultur bietet.

Auf dem gesamten Inselbogen hinterließen Seeräuber ihre Spuren, zumindest in Form von Geschichten und Sagen, die sich dann im Roman *Die Schatzinsel* niederschlugen. Noch heute legen über 200 vor den Küsten verstreute Schiffswracks ein Zeugnis von dieser bewegten Vergangenheit ab. Die kubanische Regierung plant, deren Schätze in Kürze zu bergen, um ihre nicht gerade üppig gefüllten Devisenkassen aufzubessern.

Isla de la Juventud

Die Hauptinsel des Canarreos-Archipels liegt im Golfo de Batabanó, 100 km von der kubanischen Südküste entfernt. Schon während der Überfahrt mit der Fähre fasziniert das Farbenspiel der karibischen See, das von Königsblau bis hin zu traumhaften Türkisnuancen reicht. Bei der Hauptstadt **Nueva Gerona** tauchen kuppelartige Hügel in den Morgenstunden geheimnisvoll aus dem Nebel auf, ähnlich wie in der Provinz Pinar del Río. Größtenteils ist die Insel flach und überzogen von Buschsavannen, Mangroven und Pinienwäldern (daher trug sie eine Zeitlang auch

Sozialistische Super-Kuh

Ubre Blanca (weißes Euter) hat in Kuba einen legendären Status und wurde zu Lebzeiten fast wie ein Held der sozialistischen Arbeit verehrt. Denn diese Kuh, eine Kreuzung zwischen deutschem und kubanischem Rind, hat den Kubanern eine **Rekord-Milchproduktion** beschert: Mit rund 110 l an ihrem besten Tag und insgesamt 25 000 l in einem Jahr floss aus ihren Eutern viermal so viel Milch wie bei einer normalen Artgenossin – Weltrekord! Da ließ es sich selbst Fidel Castro nicht nehmen, höchstpersönlich zur Milchfarm in La Victoria zu reisen und das Tier zu streicheln. Ubre Blanca wurde von der Regierung zum Sinnbild erfolgreicher sozialistischer Landwirtschaft stilisiert, und nach ihrem Tod 1985 veröffentlichte das Parteiorgan *Granma* eine ganzseitige Todesanzeige. Dass dieser Kuh sogar ein Denkmal gewidmet wurde, zeugt davon, welche Bedeutung der Milchproduktion auf Kuba beigemessen wird. Fidel Castro erteilte seinen Wissenschaftlern prompt den dringenden Auftrag, die Super-Kuh zu klonen, bisher jedoch ohne Erfolg.

Für die Bevölkerung symbolisiert das Tier vor allem *los años de vacas gordas* (die Jahre der fetten Kühe) der 1980er, als die Versorgungslage wesentlich entspannter war. Doch nach dem Zusammenbruch des Ostblocks erfasste die Wirtschaftskrise auch die Milchproduktion. Denn diese Rasse frisst hauptsächlich Kraftfutter, das bis Ende der 80er-Jahre aus der damaligen DDR stammte. Die Lieferung des Futters wurde nach der Wiedervereinigung abrupt gestoppt, laufende Verträge nicht mehr eingehalten. Aufgrund dieser widerrechtlichen Maßnahme der Bundesrepublik reduzierte sich die Milchproduktion dieser Rinderrasse enorm – ein Einbruch, den die kubanische Milchwirtschaft bis heute nicht überwunden hat.

den Namen Isla de los Pinos). Im Süden erstreckt sich über 1200 km² Kubas zweitgrößtes Sumpfgebiet, die **Ciénaga de Lanier**, ein Paradies für Vögel, Krokodile und Schildkröten. Um **Punta Francés** im Westen befinden sich über 50 hervorragende Tauchgebiete mit 40 Korallen- und

600 Fischarten. Wichtigste ökonomische Standbeine der Isla sind die Zitrusplantagen, Keramikwerkstätten und Marmorförderung (hier befinden sich die größten Marmorvorkommen des Landes). Die Viehweide- und Milchwirtschaft, ein in dieser Region traditioneller Wirtschaftszweig, erlebte in den 1980er-Jahren einen Boom, als die hier lebende Rekordkuh „Ubre Blanca" für Furore sorgte (s. Kasten).

Zwar diente das Eiland als Vorlage für Stevensons *Die Schatzinsel*, doch in der Realität geht es weit gemächlicher zu als im Roman. Die Uhren ticken auf „La Isla" noch langsamer als im übrigen Kuba. Die periphere Lage und die stundenlange Überfahrt haben bis heute dazu beigetragen, dass nur wenige Touristen die Insel besuchen und so das typisch kubanische Am-

biente erhalten blieb. Die Inselbewohner haben ihre wunderbar unbefangene und herzliche Art beibehalten. Wer aus Havanna anreist, wird den Unterschied sofort spüren.

Geschichte

Kolumbus entdeckte die Insel 1494 und nahm sie unter dem Namen *El Evangelista* für die spanische Krone in Besitz. Aufgrund der isolierten Lage abseits der Handelsrouten schenkte man dem Eiland jedoch keine große Beachtung. Es gab zudem kaum geeignete Ankerplätze und Rohstoffe, und so geriet die Isla in Vergessenheit und blieb über Jahrhunderte unerschlossen. Um 1800 lebten hier nur ein paar hundert Menschen, von denen nicht wenige einen äußerst zweifelhaften Ruf innehatten. Denn vom 16.–

ISLA DE LA JUVENTUD

N
0   10 km

Übernachtung:
① Villa Isla de la Juventud
② Motel Los Codornices
③ Rancho El Tesoro
④ Hotel Colony

18. Jh. war die Isla de la Juventud eine berüchtigte Pirateninsel. Berühmten Freibeutern wie Henry Morgan, Thomas Baskerville, **Sir Francis Drake** und John Hawkins diente sie nach ihren Überfällen auf Küstenstädte und die spanische Silberflotte als sicherer Unterschlupf, denn bis hierhin reichte der Arm des Gesetzes der Kolonialregierung nicht. In der wildromantischen Landschaft ist die mysteriöse Aura immer noch spürbar, genährt durch hunderte von Legenden über versteckte, vor Gold überquellende Schatztruhen. Als die Spanier Anfang des 19. Jhs. ihre militärische Kontrolle ausbauten und 1830 die Hauptstadt Nueva Gerona gründeten, zogen sich die Piraten zurück oder ließen sich von den Kolonialmächten kaufen (Francis Drake und Henry Morgan sind die bekanntesten Beispiele). Die Insel blieb jedoch ein Hort der Gesetzlosigkeit, denn den Freibeutern folgten Schmuggler und später Gefangene. Besiedlungsprogramme verliefen dagegen weitgehend im Sande. So funktionalisierten die Spanier das bald als „Teufelsinsel" verrufene Eiland zur Strafkolonie für politische Häftlinge um, der prominenteste unter ihnen war **José Martí**. Die Diktatoren Machado und Batista schlossen sich dieser unrühmlichen Tradition an und inhaftierten hier ebenfalls politische Gefangene, unter ihnen **Fidel Castro**. In den 1950er-Jahren deklarierte Batista die Isla de la Juventud zur Freihandelszone für Finanzkapital und begann mit ihrem Ausbau zum Urlaubsparadies, bis ihm die Revolution einen Strich durch die Rechnung machte.

Castro hatte dagegen völlig andere Pläne und erkor die Insel zu einem der Hauptproduktionsgebiete für Exportfrüchte. So hat sich die Anbaufläche für Zitrusplantagen seit 1959 vervierzigfacht, gestützt durch zahlreiche Stauseen zur Bewässerung und Zehntausende junger Studenten, die hierher zogen. Das Eiland wurde zum Zentrum der Landmittelschulen, deren pädagogisches Konzept geistige und manuelle Arbeit miteinander verbindet. Vom stark ausgebauten Bildungssystem profitieren seit 1976 auch Zehntausende junger Studenten aus anderen Entwicklungsländern (u. a. Angola, Nicaragua und Vietnam, in jüngster Zeit vor allem Bolivien und Venezuela), denen der kubanische Staat die Ausbildung spendiert. Sie arbeiten dafür zusammen mit kubanischen Studenten auf den Zitrusplantagen. Um ihrer großen Bedeutung Rechnung zu tragen, wurde die Insel 1978 in Isla de la Juventud (Insel der Jugend) umbenannt. Leider musste das ambitionierte Projekt in der Sonderperiode der 1990er-Jahre deutlich heruntergefahren werden, und viele der ehemals 60 Schulen haben seither ihre Pforten geschlossen.

Nueva Gerona

Von den 70 000 Inselbewohnern leben rund die Hälfte in dem 1830 gegründeten Ort Nueva Gerona. Kubas kleinste Provinzhauptstadt liegt im landschaftlich reizvollsten Teil der Insel: Sie wird von den rund 250 m hohen Hügelketten der Sierra de las Casas und Sierra de Caballos eingerahmt und hat gleichzeitig fast schon Hafenstadt-Charakter, weil sie nahe der Mündung des Río Las Casas errichtet wurde. Das erlebt man hautnah bei der Hafeneinfahrt über die enge Wasserstraße, wenn links und rechts die Dächer vorbeiziehen.

Nueva Gerona ist touristisch kaum erschlossen und besitzt einen überschaubaren Stadtkern im eklektizistischen Baustil. Am hervorstechendsten sind nicht die Sehenswürdigkeiten (die kann man an einer Hand abzählen), sondern das authentische, vom Massentourismus verschonte Alltagsleben der Bewohner. Dementsprechend gastfreundlich treten sie Fremden gegenüber auf.

Orientierung

Die Straßen mit geraden Zahlen verlaufen von Westen nach Osten und die ungeraden von Norden nach Süden. Ausgehend vom Parque Central findet man auf der Calle 39 (auch Martí genannt und zwischen Calle 18 bis Calle 28 als Fußgängerzone ausgebaut) viele Restaurants und Geschäfte.

Sehenswertes

Die Ausstellung im **Museo Municipal**, dem ehemaligen Rathaus aus dem Jahr 1853, versprüht im Unterschied zu anderen Provinzmuseen keine Langeweile, sondern Seeräuberromantik (alte Seekarten, Totenkopfflaggen etc.). Dazu kommen Exponate zur Schifffahrt, z. B. ein Modell der Fähre Pinero, die Fidel Castro und die anderen Gefangenen nach deren Freilassung zur Hauptinsel schipperte. ☉ Di–Sa 9–16, So 9–12 Uhr, Eintritt 1 CUC.

Die kleine Kirche **Iglesia de Nuestra Señora de los Dolores** aus dem Jahre 1929, die sich ebenfalls am Zentralpark erhebt, wurde im mexikanischen Kolonialstil erbaut. Ein Nebenaltar ist der Virgen de la Caridad gewidmet. Guillermo Sardiñas zog 1957 von hier als einziger katholischer Priester aus, um an der Seite von Fidel Castro zu kämpfen. ☉ Mo–Fr in der Regel vormittags. Die Messe wird So um 9 und um 17 Uhr gehalten.

In der eher mageren Sammlung des naturwissenschaftlichen Museums **Museo de Ciencias Naturales y Planetario** werden ausgestopfte Tiere sowie archäologische und geologische Funde ausgestellt. Highlight ist die Nachbildung der Höhlenmalereien der Cuevas da la Punta del Este. Zudem gibt es eine Ausstellung über den berühmten kubanischen Geologen Antonio Núñez Jiménez, der 1987 mit seiner Exkursionsgruppe in Kanus über 17 000 km in einem Jahr zurücklegte (von Ecuador bis zu den Bahamas). Auf derselben Route waren lange vor Christi Geburt Indianerstämme von Südamerika auf die karibischen Inseln gelangt. Nach der Besichtigung kann man in Absprache mit dem Personal im Planetarium den Tropenhimmel durch Teleskope betrachten. ☉ Di–Sa 9–17, So 9–12 Uhr, Eintritt 1 CUC, Fotos 1 CUC.

Wie ein gestrandeter Wal liegt das 1920 aus Holz und Stahl erbaute **Fährschiff El Pinero** auf dem Ausstellungsplatz. Es schipperte noch bis in die 1970er-Jahre Passagiere zwischen der Isla de la Juventud und der Provinz Havanna hin und her. Seinen berühmtesten Fahrgast transportierte es am 15.5.1955: Fidel Castro trat auf dieser Fähre nach seiner Freilassung aus dem Gefängnis Presidio Modelo die Reise zur Hauptinsel an. Das reicht in Kuba, um ein Fahrzeug vor der Verschrottung zu retten und zum wichtigen Denkmal zu küren.

In der Werkstatt **Taller de Cerámica Artística** kann man den Künstlern beim Töpfern zuschauen. Dieses Handwerk hat auf der Isla traditionell einen hohen Stellenwert, was schon durch den ofenförmigen Eingang symbolisiert wird. ☉ Mo–Fr 8–17 Uhr, Eintritt frei.

Die Ausstellung des **Museo de la Lucha Clandestina** beschreibt die Rolle der Pineros während der Revolution anhand von Fotos, Schriften und anderen Gegenständen, u. a. eine Zigarre, in der Nachrichten geschmuggelt wurden. ☉ Di–Sa 9–17, So 8–12 Uhr, Eintritt frei.

Privatpensionen

Villa Margarita, Calle 37 No. 2613 A e/26 y 28, ✆ 0146-324896. Schöner Innenhof mit Kochgelegenheit (Selbstversorgung möglich). 2 DZ mit AC oder Ventilator und Bad. Sehr freundliche Vermieter mit vielen Infos. ❶

Casa Rubicelda, Calle 10 No. 3707 e/37 y 39, ✆ 0146-326308 und 322345, ✉ casper81@correodecuba.cu. 2 DZ mit AC, Ventilator und Gemeinschafts-Bad. Alte Kolonialmöbel. Ruhig gelegen im Norden der Stadt. Sehr nette Vermieter, die Gäste auch gern mit ihren Kochkünsten verwöhnen. ❶

Casa de la Alegría, Calle 43 No. 3602 e/36 y 38, ✆ 0146-323664. 2 DZ mit AC oder Ventilator und Bad. Netter Innenhof, Parkplatz. Nach Marie Bell oder Ramoncito fragen. ❶–❷

Villa Ninita, Calle 32 No. 4110 e/41 y 43, ✆ 0146-321255. 2 DZ mit AC, Kühlschrank und Bad. Schöner Ausblick auf das Panorama der nahe gelegenen Berge. ❶–❷

Renaldo Sallas, Calle 36 No. 4101, e/41 y 43, ✆ 0146-323337. 2 DZ mit separatem Eingang, AC, Ventilator, 220 Volt-Anschluss, Kühlschrank, Küchenbenutzung und Terrasse. ❶–❷

Luis Rodriguez Marzo, Calle 36 No. 3506 e/35 y 37, ✆ 0146-326425. DZ mit AC, Ventilator, Bad, Kühlschrank, Terrasse, Küche (für Selbstversorger) und Garage. ❶–❷

Casa García, Calle 45 No. 3606 e/36 y 38, ✆ 0146-323520. 2 DZ mit AC, Ventilator, Bad, Kühlschrank, Stereoanlage und eigener Küche. Außerdem locken ein schöner Innenhof mit Bar und eine Dachterrasse. ❶–❷

Villa Mas, Calle 41 No. 4108 e/8 y 10 (Apto. 7), ✆ 0146-323544. Schönes DZ mit AC, Ventilator und Bad. Schöne Dachterrasse mit Springbrunnen und Vögeln. Ausgezeichnetes Essen. ❶–❷

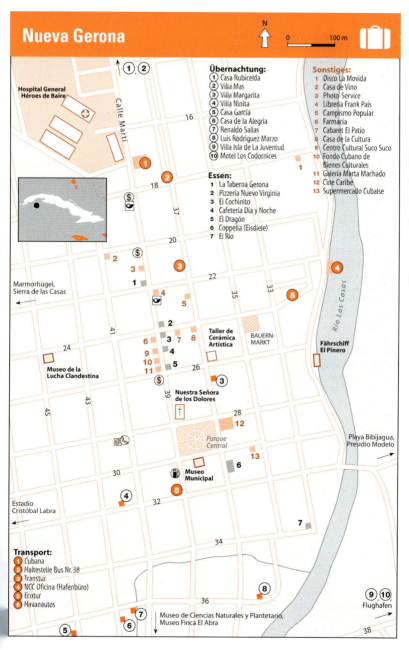

Nueva Gerona

N
0   100 m

**Hospital General
Héroes de Baire**

Calle Marti

16

18

37

20

Marmorhügel,
Sierra de las Casas

24

**Museo de la
Lucha Clandestina**

41

43

45

30

32

**Estadio
Cristóbal Labra**

34

36

Übernachtung:
1. Casa Rubicelda
2. Villa Mas
3. Villa Margarita
4. Villa Ninita
5. Casa García
6. Casa de la Alegría
7. Renaldo Sallas
8. Luis Rodríguez Marzo
9. Villa Isla de La Juventud
10. Motel Los Codornices

Essen:
1. La Taberna Gerona
2. Pizzería Nuevo Virginia
3. El Cochinito
4. Cafetería Día y Noche
5. El Dragón
6. Coppelia (Eisdiele)
7. El Rio

**Taller de
Cerámica
Artística**

BAUERN-
MARKT

**Nuestra Señora
de los Dolores**

28

Parque
Central

**Museo
Municipal**

Sonstiges:
1. Disco La Movida
2. Casa de Vino
3. Photo-Service
4. Librería Frank País
5. Campismo Popular
6. Farmacia
7. Cabaret El Patio
8. Casa de la Cultura
9. Centro Cultural Suco Suco
10. Fondo Cubano de
    Bienes Culturales
11. Galería Marta Machado
12. Cine Caribe
13. Supermercado Cubalse

Canarreos-Archipel

Río Las Casas

**Fährschiff
El Pinero**

22

35

33

26

39

12

13

6

7

Playa Bibijagua,
Presidio Modelo

Transport:
1. Cubana
2. Haltestelle Bus Nr. 38
3. Transtur
4. NCC Oficina (Hafenbüro)
5. Ecotur
6. Havanautos

8

Museo de Ciencias Naturales y Planetario,
Museo Finca El Abra

9 10
Flughafen

38

Hotels

Motel Los Codornices, ca. 5 km südlich von Nueva Gerona nahe dem Flughafen, ☏ 0146-324981. Kleine, ziemlich heruntergekommene Hotelanlage mit 17 DZ mit AC, Bad und TV. Pool. ❷

Villa Isla de Juventud, Carretera La Fé KM 1,5 (ca. 2 km südlich vom Zentralpark), ☏ 0146-323290, ✆ 323089, ✉ servitec@turisla.co.cu. Schön gelegene Anlage mit Pool, Restaurant und Disco. 20 DZ sind mit Bad, Kühlschrank, AC und TV ausgestattet. ❸

Rancho El Tesoro, Carretera La Fé KM 2,5, ☏ 0146-323035, ✆ 323089, ✉ servitec@turisla. co.cu. 34 einfache DZ mit AC, Bad und TV. Restaurant. ❸

Essen

In der Fußgängerzone der Calle 39 befinden sich die meisten Restaurants und Geschäfte. Hier kann man gut und günstig essen und findet auch Stände mit kleinen Snacks oder Pizza. Manche Restaurants verlangen von Touristen Devisen, doch selbst dann ist man mit nur 3–5 CUC für ein Gericht dabei. Paladares gibt es nicht, aber die Privatpensionen servieren gutes Essen.

El Dragón, Calle 39 esq. 26. Sehr günstige asiatisch angehauchte Gerichte mittelmäßiger Qualität, z. B. Chop Suey mit Rind oder Schwein, Schnitzel und Geflügel. Cocktails für 2 CUC. Längere Wartezeiten. ☉ Di–So.

El Cochinito, direkt daneben. Hier werden gute und schmackhafte kreolische Speisen serviert, hauptsächlich Schweinefleisch mit Reis. Spezialität des Hauses ist *Pierna de Cerdo* (vergleichbar mit hiesiger Schweinshaxe) für 3,50 CUC.

La Taberna Gerona, Calle 39 esq. 22. Bietet Fleischgerichte.

Cafetería Día y Noche, Calle 39 e/24 y 26. Hat mitunter nur Erfrischungsgetränke und Bier, aber dafür 24 Std. geöffnet.

Pizzería Nuevo Virginia, Calle 39 esq. 24. Während man die Nudelgerichte getrost vergessen kann, sind die Pizzen (1–3,50 CUC) ganz brauchbar. Die angegliederte Cafetería verwandelt sich abends in eine Disco.

Rustikales Weinlokal

Casa del Vino, Calle 20 esq. 41. Beliebte Bar, im netten Seeräuberambiente wird man mit den Einheimischen schnell in Kontakt kommen. Wegen der billigen Weinpreise ist immer was los. Ein Tourist verirrt sich nur selten an diesen etwas schmuddeligen, aber sehr sympathischen Ort, wo auch kleine Snacks zu haben sind. Es gibt den schweren Brindisrotwein und Fruchtweine. Aufgepasst: Kubaner haben eine andere Einstellung zu Wein und lieben ihn eisgekühlt und sehr süß. ☉ tgl. 18–23 Uhr bzw. immer dann, wenn Wein da ist!

El Río, Calle 34 esq. 35. Ist auf Fischiges spezialisiert. Bei den niedrigen Peso-Preisen eine ganz gute Wahl.

Coppelia, Calle 37 esq. 32. Eisdiele.

Nachtleben

Cabaret El Patio, Calle 24 e/37 y 39, ☏ 0146-322346. Kabarettshow und Tanz, gefolgt von Disco. ☉ Di–So 21–4 Uhr, Eintritt 5 CUC.

Casa de la Cultura, Calle 37 esq. 24. Hier spielen hauptsächlich am Wochenende einheimische Bands der ruhigeren Gangart.

Centro Cultural Suco Suco, Calle 39 e/24 y 26. Wie der Name schon andeutet, geben hier Bands am Wochenende die lokale Variante des Son zum Besten. Der schöne Innenhof lädt zu einem Drink ein.

Disco La Movida, beim Fluss in der Calle 18. Da Kubaner in Pesos zahlen können, ist es ziemlich voll am Wochenende. Weitere Tanzschuppen befinden sich in der Villa Isla de la Juventud und neben der Pizzeria Nueva Virginia.

Einkaufen

In Nueva Gerona gibt es relativ wenig Geschäfte, dafür jedoch eine Menge an **Second-Hand-Ständen** und -Läden, in denen man stöbern kann (zumeist in der Fußgängerzone der Calle 39).

Galería Marta Machado, Calle 39 esq. 26. Kunsthandwerk. ☉ Mo–Fr 10–17 Uhr.

Taller de Cerámica Artística, Calle 37 esq. 26.

Fondo Cubano de Bienes Culturales, Calle 39 e/24 y 26. Neben dem üblichen Kunsthandwerk viele Tonwaren der Region. ⊙ tgl. 9–20 Uhr.
Librería Frank País, Calle 39 esq. 22. Kleine Auswahl an Büchern und Zeitschriften.

Lebensmittel
Bauernmarkt, Calle 24 esq. 35 und **Supermercado Cubalse**, Calle 35 e/30 y 32. ⊙ Mo–Sa 10–18 Uhr.

Touren
Ecotur, Calle 24 e/31 y 33, ✆ 0146-327101, bietet folgende Exkursionen an, die auch zu einer mehrtägigen Tour kombiniert werden können: Cuevas de la Punta del Este (38 CUC), ökologischer Lehrpfad Sierra de la Cañada und Jungla de Jones (31 CUC), Dorf Cocodrilo (36 CUC), Krokodilfarm, Jungla de Jones, Presidio Modelo und Stadttour (39 CUC) sowie Refugio Ecológico Los Indios (33 CUC). Preise p. P. inkl. Ausflugsgenehmigungen, mehrsprachigen Führern, Essen und Transport. ⊙ Mo–Sa 8–17 Uhr.

Sonstiges
Apotheken
Farmacia, Calle 39 esq. 24. ⊙ Mo–Sa 9–23 Uhr.

Autovermietungen
Transtur, Calle 37 e/20 y 22, ✆ 0146-326666, vermietet auch Mofas. ⊙ tgl. 8–18 Uhr.
Havanautos, Calle 32 esq. 39, ✆ 0146-324432. Mitunter reicht das Wagenangebot nicht. ⊙ tgl. 7–19 Uhr.

Baseball
Estadio Cristóbal Labra, Calle 32 esq. 51, ✆ 0146-322826.

Feste
Anfang oder Mitte März wird das **Grapefruitfest** (Festival de la Toronja) gefeiert, bei dem u. a. der Tanz *Sucu sucu*, eine regionale Variante des Son, aufgeführt wird. Von Do–So gibt es Wagenumzüge und es wird Tag und Nacht mit *Congas* und kunterbunten Verkleidungen gefeiert. Überall in den Straßen locken Getränke und Essensstände.

Filme und Fotoarbeiten
Photo-Service, Calle 39 No. 2010 e/20 y 22.

Geld
Banco de Crédito y Comercio, Calle 39 No. 1802 esq. 18.
Banco Popular de Ahorro, Calle 39 esq. 26.
Cadeca, Calle 39 No. 2002 esq. 20. Auch Geldabhebung mit Kreditkarten.

Informationen
Campismo Popular, Calle 37 No. 2208 esq. 22, ✆ 0146-324367. Hier kann man fragen, ob der Campismo am Playa Bibijagua auch Touristen aufnimmt. ⊙ Mo–Fr 10–18, Sa 8–12 Uhr.

Internet
Etecsa, Calle 41 No. 2802 esq. 28. ⊙ tgl. 9–19 Uhr.

Kino
Das **Cine Caribe** liegt am Parque Central.

Medizinische Hilfe
Hospital General Héroes de Baire, Calle 39 A e/41 y 45. ✆ 0146-323012.
Krankenwagen: ✆ 0146-324170.

Post
Calle 39 No. 1810 e/18 y 20. ⊙ Mo–Sa 8–18 Uhr.
DHL-Kurierdienst gibt es auf der Calle 39 e/22 y 24.

Telefon
Centro de Llamadas, Calle 41 No. 2802 esq. 28. ⊙ tgl. 9–19 Uhr.

Transport
Selbstfahrer
In der Calle 30 esq. 39 befindet sich eine **Tankstelle**.

Taxis
Cubaxi, ✆ 0146-326666 und 323121.
Privattaxis (Tagesausflug ca. 40 CUC) findet man um den Zentralplatz.

Canarreos-Archipel

Fähre und Schnellboot

Nach NUEVA GERONA: Vom Nationalen Busbahnhof in Havanna dauert die Fahrt zur Südküste der Provinz Habana in die Hafenstadt Surgidero de Batabanó 1 1/2 Std. und kostet 5 CUC (früh morgens eintreffen, Abfahrt ist um 8 Uhr). Im **Büro Naviera Cubana Caribeña** des Busbahnhofs (℡ 07-878 1841, ⊙ Mo–Fr 7–11.30 Uhr) bekommt man auch die Reservierungsscheine für die Überfahrt, die man dann im Hafengebäude von Batabanó in Bordtickets einlöst (auch dort noch einmal anrufen und sichergehen, dass sich diese komplizierte Prozedur und vor allem die Abfahrtszeiten nicht geändert haben, ℡ 0147-588535).

Generell fahren jeden zweiten Tag klimatisierte russische Schnellschiffe, **Kometas** genannt (11.30 und 15.30 Uhr, 50 CUC, 2 1/2 Std.). Die **Fähren** decken die Tage ab, an denen die Kometa nicht fährt und transportieren auch Autos. Sie sind deutlich langsamer (6 Std., 50 CUC plus 40 CUC für den Wagen) haben aber ein großes Deck mit besserem Ausblick aufs Meer, wo man mit Glück auch Delphine sehen kann (allemal spannender als die Actionfilme, die unter Deck gezeigt werden). Beide Verkehrsmittel bieten Getränke und Verpflegung in Moneda Nacional an, und das Freigepäck beträgt 20 kg. Da in den letzten Jahren Versuche unternommen wurden, Schnellboote und Fähren in Richtung USA zu entführen, gibt es verschärfte Sicherheitskontrollen (ähnlich wie auf Flughäfen).

Zurück nach SURGIDERO DE BATABANÓ kann man beim **NCC Oficina (Hafenbüro)** am Río Las Casas, Calle 31 e/22 y 24, ℡ 0146-324406 und 324977, Plätze reservieren und Fahrscheine kaufen (so früh wie möglich, am besten gleich bei der Ankunft). Abfahrt ist um 8 Uhr. ⊙ tgl. 7–16 Uhr.

Flüge

Der **Aeropuerto Rafael Cabrera Mustelier** liegt 10 km südöstlich der Inselhauptstadt Nueva Gerona, ℡ 0146-322300. Im **Cubana**-Büro, ℡ 0146-324259, Calle 39 No. 1415 e/16 y 18, kann man tgl. Flüge nach Havanna für 60 CUC (Hinflug) buchen. ⊙ Mo–Fr 9–12, 13–15, Sa 8–12 Uhr.

Bei der Ankunft nimmt man entweder eines der staatlichen Taxis (5–6 CUC) oder den Zubringer-Bus (Servicio Aéreo) nach Nueva Gerona.

Die Umgebung von Nueva Gerona

5 km von Nueva Gerona entfernt, in bequemer Reichweite eines Fahrradausflugs, liegt die wohl beklemmendste Sehenswürdigkeit der Isla: die ehemalige **Haftanstalt Presidio Modelo**. Sie wurde 1925, während der Machado-Diktatur nach dem Vorbild eines Knastes im US-Bundes-staat Illinois gebaut und scheint mit seinen vier wuchtig-riesigen Rondellen einem futuristischen Film entsprungen zu sein. Die seltsame Bauwei-se – einzigartig in Lateinamerika – hatte einen tieferen Sinn, denn so konnten vom mittigen Wachturm aus alle Zellen eingesehen werden, im Notfall von nur einem einzigen Wärter. Klei-ne Fenster und enge Zellen zeugen heute noch von den unmenschlichen Haftbedingungen, die durch Foltermethoden wie ständige Beleuch-tung verschärft wurden. Da den 5000 Häftlingen phasenweise die Kommunikation untersagt war, nannte man das Gefängnis auch „Ort des fünf-tausendfachen Schweigens."

Nach dem gescheiterten Versuch des Sturms auf die Moncada-Kaserne wurden **Fidel Castro** und seine Mitstreiter von Oktober 1953 bis Mai 1955 fast 20 Monate im Presidio Modelo inhaf-tiert. Im Museumsgebäude befinden sich die Zellen der politischen Häftlinge, die von den anderen Gefangenen abgesondert wurden. Erstaunlicherweise – wohl in einem Anflug arro-ganter Überheblichkeit – gestattete man den Moncadistas sogar die Gründung der Abel-Santamaría-Akademie, in der Guerilla-Taktiken und Revolutionstheorien studiert wurden. Unter diesen Bedingungen gelang es Fidel Castro, ei-nen derartigen Organisationsgrad aufrechtzuer-halten, dass Batista bei einem Besuch mit dem Gesang revolutionärer Lieder verspottet wurde. Zur Strafe musste Castro zehn Monate in Isola-tionshaft verbringen, einen Teil davon sogar in völliger Dunkelheit.

Während seiner fast zweijährigen Haft las der Máximo Líder viel, denn die Gefangenen hatten Zugang zur Bibliothek. Angeblich hat er das *Das Kapital* von Karl Marx erfolgreich mit der Begründung angefordert, dass er damit seine berufliche Karriere nach der Entlassung vorbereiten und viel Geld verdienen wolle. Zu besichtigen sind der Schlafsaal der Gefangenen mit Fotos über den Betten sowie Fidel Castros Einzelzelle, von ihm geschriebene Briefe und seine berühmte Rede „Die Geschichte wird mich freisprechen", die er in kleinen Zetteln aus dem Gefängnis geschmuggelt hatte. Außerdem kann man architektonische Pläne des Vorläufers aus Illinois betrachten. ☉ Di–Sa 8–16, So 8–12 Uhr, Eintritt 2 CUC, Fotos 3 CUC.

Weitere Ausflüge
Playa Bibijagua
An die Besichtigung des Presidio Modelo kann man einen Ausflug zum 5 km weiter östlich gelegenen Hausstrand von Nueva Gerona anschließen. Er ist täglich außer Sonntag mit dem Bus Nr. 38 zu erreichen. Die Haltestelle befindet sich im Zentrum, Calle 18 esq. 37. Ein Taxi kostet 5–6 CUC. Dieser durch den Marmor der nahe ge-

legenen Caballos-Hügel dunkel gefärbte Sandstrand ist touristisch unerschlossen und in den Wintermonaten nahezu menschenleer. Es gibt nur eine eher mager bestückte kleine Snack-Bar. Dementsprechend sollte man auf Nummer sicher gehen und Proviant mitnehmen.

Der **Campismo Arenas Negras** ist des Öfteren geschlossen oder nimmt keine Touristen auf. Daher Informationen bei Campismo Popular in Nueva Gerona einholen, Calle 37 No. 2208 e/22 y 24, ✆ 0146-324517.

Aussichtspunkt
Die Calle 22 stadtauswärts Richtung Westen führt zu einem Feldweg, von dem ein Pfad in den Wald eines **Marmorhügels** führt. Nach einem Aufstieg von etwa 45 Min. lässt sich oben eine schöne Aussicht genießen.

Museo Finca El Abra
Das schöne Anwesen liegt nur 4 km südwestlich von Nueva Gerona, am Rande der Sierra Las Casas. Die von vielen Eukalyptusbäumen gesäumte Strecke ist etwas unwegsam, aber land-

Im berüchtigten Gefängnis Presidio Modelo saßen die Castro-Brüder fast zwei Jahre in Haft.

schaftlich sehr attraktiv. Hier hielt sich 1870 der 17-jährige José Martí zwei Monate unter Hausarrest auf, nachdem er bereits in Havanna eine wesentlich härtere Haftstrafe mit Zwangsarbeit im Steinbruch verbracht hatte und dort erkrankt war. Martís Vater hatte seine guten Beziehungen zum spanischen Militär spielen lassen und erreicht, dass sein Sohn unter die Aufsicht des bekannten Landeigners Sardá kam. José nutzte diese Erholungspause und schrieb am Text *El presidio político en Cuba* (Das politische Gefängnis in Kuba) – eine der wichtigsten theoretischen Grundlagen des Unabhängigkeitskampfes. Schließlich verbannte man den jungen Rebellen wegen seiner zunehmenden politischen Aktivitäten ins spanische Exil.

Heute ist das Landgut ein Museum und dokumentiert Martís Leben. Vor dem Gebäude steht eine sehenswerte alte Sonnenuhr. Den Besuch der Finca kann man gut mit einer Wanderung auf die Hügel der Sierra de las Casas verbinden. ◷ Di–Sa 9–16, So 9–12 Uhr, Eintritt 1 CUC, Fotos 1 CUC.

Richtung Südküste

Die südliche Zone der Insel ist größtenteils militärisches Sperrgebiet. Um ins Naturschutzgebiet **Ciénaga de Lanier** südlich der Krokodilfarm zu gelangen, braucht man Zugangsgenehmigung und Führer. Beide bekommt man bei Ecotur in Nueva Gerona (Touren, s. S. 323). Außerdem muss man am Militärposten Cayo Piedra den Reisepass vorzeigen.

La Fé

Der mit nur 8000 Einwohnern zweitgrößte Ort auf der Insel liegt 25 km südlich von Nueva Gerona. Zwar sprudelt eine Heilquelle unmittelbar beim Ortseingang, die neben Haut-, Magen- und Nie-

Invasion der Moskitos

Wer nach einer Exkursion ins südliche Sumpfgebiet nicht wie ein Streuselkuchen aussehen will, sorgt besser mit einer großen Flasche Mückenschutzmittel vor.

renbeschwerden auch Rheuma, Asthma und Leberleiden lindern soll. Doch hat der in den 80er-Jahren des 19. Jhs. gegründete Bäderkomplex seine besten Zeiten schon lange hinter sich und ist in einem maroden Zustand. Solange hier nicht renoviert wird, kann man getrost durchbrausen.

La Jungla de Jones

6 km westlich von La Fé liegt dieser prächtige **Botanische Garten**, wo über 80 Baum- und Pflanzenarten aus aller Welt wuchern. Anfang des 20. Jhs. vom US-amerikanischen Ehepaar Jones gegründet, wurde er nach dem Tod seiner Besitzer jahrzehntelang sich selbst überlassen. Erst Ende der 1990er-Jahre begann man wieder mit der Pflege und legte einen Rundweg und eine Cafetería an. Besonders beeindruckend ist die riesige, sogenannte Bambuskathedrale. ◷ Di–So 8–18 Uhr, Eintritt 5 CUC.

Criadero de Cocodrilos

Die nach Guamá zweitgrößte Krokodilfarm Kubas liegt 5 km östlich des Ortes Julio Antonio Mella und 12 km südlich von La Fé. Über 2000 Jungtiere und mehrere Hundert erwachsene Tiere tummeln sich hier, vom kleinen Babykrokodil bis zu ausgewachsenen Drei-Meter-Exemplaren. Der Komplex ist stark in die umgebende Wildnis eingebettet; es gibt nur wenige Gehege und einen großen Freilandbereich. Denn langfristiges Ziel ist die Auswilderung möglichst vieler Tiere in die Ciénaga de Lanier. Die Panzerechsen werden getrennt nach Alter gehalten, da größere Tiere dazu neigen, die Kleinen zu fressen. Einige Pfade führen über das sumpfige Gelände in den nicht abgesperrten Bereich (nur mit Führer). ◷ Mo–Fr 8–17, Sa–So 8–16 Uhr, Eintritt 3 CUC.

Cuevas de la Punta del Este

Ungefähr 60 km südöstlich der Hauptstadt befinden sich die wohl berühmtesten Höhlen Kubas. In ihnen hat man Anfang des 20. Jhs. die ältesten und bedeutendsten Felszeichnungen der Antillen gefunden, über 200 an der Zahl, datierend aus der Zeit um 800 n. Chr. Archäologen schwärmen von der „Sixtinischen Kapelle der prähistorischen Kunst". Am beeindruckendsten sind die 28 konzentrischen Kreise in der Haupthöhle, gemalt mit roter und schwarzer Farbe. Sie könnten die Tage und Nächte eines Mondjahres darstellen. Dies würde bedeuten, dass die damals hier lebenden Siboney bereits über eine hoch entwickelte Kosmologie verfügten.

Dorf Cocodrilo und Criadero de Tortugas

Tief im Westen des Sumpfgebietes, 91 km von Nueva Gerona entfernt, liegt das **Fischerdorf Cocodrilo**. Man fährt eine schlechte Holperpiste entlang der Südküste und kommt dabei an einigen **schönen Stränden** vorbei. Die winzige Siedlung wurde von Einwanderern der Cayman-Inseln gegründet und hieß ehemals Jacksonville. Neben dem hier noch zu hörenden karibischen Englisch ist die **Aufzuchtstation für Meeresschildkröten** exotisch, in der Tausende der großen Meerestiere gehalten werden. ⏲ tgl. 8–18 Uhr, Eintritt 1 CUC.

Ensenada de la Siguanea

Im Norden der Bucht liegt das **Refugio Ecológico Los Indios**, eine 4000 ha große Mangroven- und Sumpflandschaft mit artenreicher Flora (u. a. fleischfressende Pflanzen) und über 150 Vogelarten. Es ist eines der landesweit größten Brutgebiete der Kuba-Amazone und des Kranichs. Ecotur in Nueva Gerona bietet Exkursionen und Führer an (Touren, s. S. 323).

Hotel Colony, 46 km südwestlich von Nueva Gerona, ✆ 0146-398181 und 398282, 📠 0146-398420, (E) reservas@colony.turista.co.cu. Von dem Hotel aus können Tauch- und Schnorchelgänge gebucht werden. Die 77 DZ haben AC, Bad, Minibar und Telefon. Zur Plattenbau-Anlage gehören Pool, Disco, Restaurant und Autoverleih. Diverse Sportmöglichkeiten. ❺
Marina Siguanea, 2 km südlich vom Hotel Colony, ✆ 0146-398181, 🖥 www.nauticamarlin.com. Besitzt ein ähnliches Tauchangebot wie das Hotel, zu insgesamt 56 Tauchgründen, vor allem im Meerespark Punta Francés. Selbst unter Experten steht das hügelige Unterwasserparadies – wo man sogar auf

Ein weiteres Highlight der Insel sind die Tauchgründe in der Ensenada de la Siguanea im Südwesten von Nueva Gerona. Von der Tauchbasis beim Hotel Colony starten Ausflüge in den 180 km² großen **Meerespark Punta Francés** am anderen Ende der Bucht, dessen 56 Tauchstellen Kenner zu den schönsten Kubas zählen. Hier befinden sich riesige Korallenformationen, Tunnelsysteme und Schwärme von Großfischen. Die **Playa El Francés** wurde nach dem französischen Piraten Latrobe benannt, der hier der Legende nach einen Schatz vergraben haben soll, und gilt als bester Strand der Insel.

Mantarochen und Walhaie stoßen kann – hoch im Kurs. Jachten melden sich unter VHF 16 oder VHF 19 an.

Cayo Largo

114 km von der Isla de la Juventud und etwa 170 km von Havanna und Varadero entfernt, liegt Cayo Largo, die mit 38 km² zweitgrößte Insel des Canarreos-Archipels. Bei 25 km langen weißen Sandstränden, glasklarem Wasser und äußerst fischreichen Korallenriffen verwundert es kaum, dass sich das kleine Eiland zu einem der bedeutendsten Strandzentren Kubas entwickelt hat. Wer nur Strand, Sonne und Komfort sucht, findet hier ein Paradies wie aus dem Bilderbuch. Mit Kuba hat diese abgeschottete All-Inclusive-Enklave aber nicht viel zu tun. Es gibt noch nicht einmal eine historisch gewachsene Siedlung, sondern nur ein künstlich wirkendes Touristendorf (Isla del Sol), wo auch die Hotelangestellten leben. Sie arbeiten 20 Tage im Monat und fliegen danach nach Hause zu ihren Familien, meist in Havanna und Nueva Gerona. Im einzigen Ort des Cayos, auch „El Pueblito" genannt, befinden sich Bank, Souvenirläden, Restaurant sowie die Bar Taberna del Pirata.

Die insgesamt sechs **Traumstrände**, an denen auch Nacktbaden möglich ist, liegen alle an der Südküste. Ihr feiner Oolithsand ist so weiß, dass er sich nicht erwärmt. Alexander von Humboldt hielt ihn für etwas Einzigartiges. Tatsächlich wurde dieser Sandtyp von fast mikroskopisch kleiner Korngröße sonst nur noch auf den Bahamas und am Kaspischen Meer gefunden.

An der Nordküste erstrecken sich dichte **Mangrovenwälder** mit einer Unmenge an Vögeln (u. a. Flamingos, Kraniche, Pelikane und Hummelkolibris). Die hiesigen Tauchgründe sind ideal zum Wracktauchen, denn zwischen 1563 und 1784 sanken hier den Chroniken zufolge rund 200 Schiffe.

Sehenswertes

Das Highlight des Cayos sind natürlich seine Strände, zu denen alle Hotels Shuttle-Busse anbieten. Der schönste ist die 2 km lange **Playa Sirena**, 5 km westlich vom Hotel Pelicano, wohin allerdings auch die vielen Tagesausflügler geführt werden. An dieser besonders windgeschützten Stelle gibt es ein Restaurant, Palmen und viele Sonnenschirme (da die Strände kaum natürlichen Schatten bieten, ist dies nicht ganz unwichtig). Südlich schließt sich die **Playa Paraiso** an, der wichtigste FKK-Strand der Insel. Hier stillt eine Bar durstige Kehlen. An der ebenfalls schönen **Playa Lindamar** liegen alle Resorts.

Die weiter entfernten **Playa Blanca**, **Playa Los Cocos** und **Playa Tortuga** im Osten sind die einsamsten (Proviant mitnehmen). Ersterer liegt in der Nähe von Cayo Pájaros, wo viele Meeresvögel auf den Felsen brüten. An Letzterem kann man mit etwas Glück Meeresschildkröten sehen, die hier zwischen April und Oktober ihre Eier ablegen. Die östlichen Sandzonen sind generell am schmalsten und am stärksten von Stranderosion betroffen (besonders bei Hurricanes). Übrigens: Rote Fahnen zeigen Schwimmverbot an.

Eine **Schildkrötenfarm** befindet sich im Ort Isla del Sol. Eingesammelte Eier landen hier in der Brutfarm. Die geschlüpften Jungtiere werden dann aufgezogen, um sie später in die Freiheit zu entlassen. Manchmal bieten die Angestellten Exkursionen zu den Stränden der Eiablage an (April–Sep). ⊙ Di–Sa 9–18 Uhr, Eintritt 1 CUC.

Im **Turmgarten** an der Straße zwischen dem Hotel Sol Pelicano und Villa Lindamar werden Blumen für die Hotels gezüchtet. ⊙ Mo–Fr 8–17 Uhr, Eintritt frei.

Übernachtung

Die sieben gehobenen und komfortablen Hotels der Kette Gran Caribe, 🖥 www.gran-caribe.com, bieten allesamt All-Inclusive, das in jedem Hotel gilt. Bis auf die Villa Marinera liegen sie an der Playa Lindamar auf der Südseite des Cayos. Alle Zimmer sind mit AC, Bad, TV, Kühlschrank und Safe ausgestattet. Am besten bucht man ein All-Inclusive-Angebot schon von zu Hause oder bei Cubatur in Havanna. Die Hotels werden von West nach Ost gelistet:

Villa Marinera, ✆ 0145-248384 und 248214, ✉ comercial.marina@repgc.cls.tur.cu, 🖥 www.cayolargodelsur.cu. Liegt im nordwestlichen Zipfel beim Ort Isla del Sol. Trotz breiter Infrastruktur muss All-Inclusive extra gebucht werden. Nur 16 komfortable DZ. Hier liegt auch die **Clínica Internacional**, ✆ 0145-2482-38, -39. ⊙ 24 Std. ❺–❻

Sol Club Cayo Largo, ✆ 0145-248260, 🖥 www.solmeliacuba.com und www.sol-cayolargo.com. Gebäude im Kolonialstil mit 296 DZ mit Terrasse oder Balkon. Breites Animationsprogramm, Reisebüro, Auto- und Fahrradverleih. Das Feinschmeckerrestaurant genießt nicht zuletzt aufgrund seiner umfangreichen Weinkarte einen guten Ruf. ❼

Hotel Sol Pelicano, ✆ 0145-2483-33, -34, -35, -36, 🖥 www.solmeliacuba.com und www.sol-pelicano.com. Größte Anlage mit 307 DZ. Rühmt sich, die besten Bars und Restaurants zu haben. Mit Disco und Reisebüro. ❼

Villa Lindamar, ✆ 0145-2481-11, -18, 🖥 www.cayolargodelsur.cu. 55 hübsche geräumige Holzhütten mit viel Privatsphäre und Hängematten vor der Terrasse. Wechselstube. Schöner Garten. ❼

Villa Soledad, ✆ 0145-2481-11, -18, 🖥 www.cayolargodelsur.cu. Kleine Anlage mit 24 DZ in rustikalen Bungalows. Fahrrad- und Mofaverleih. ❼

Abgelegenes Inselparadies im Süden: Cayo Largo.

Villa Coral, ✆ 0145-2481-11, -18, 💻 www.cayo largodelsur.cu. 55 DZ in mehreren quietsch-bunten Bungalows mit großer Terrasse. Wechselstube. Die kinderfreundliche Anlage ist im Stil eines kubanischen Dorfes errichtet. ➐
Club Isla del Sur, ✆ 0145-2481-11, -18, 💻 www. cayolargodelsur.cu. 59 DZ in einem zwei-stöckigen Block. Ist noch das günstigste der Hotels. Reisebüro, Fahrrad-, Mofa- und Autoverleih. Medizinische Station, Bank, Ladengalerie, Post. Umfangreiches Sport- und Animationsangebot. ➐
Hotel Barceló, ✆ 0145-2480-71, -72, 💻 www. cayolargodelsur.cu. Das neueste Hotel mit 306 DZ und breitem Sportangebot ist architek-tonisch nicht gerade ansprechend, aber sehr komfortabel. Wechselstube, Reisebüro und Autoverleih. Der nächstgelegene und recht einsame Strand ist die Playa Blanca.

Aktivitäten und Touren

Die **Marina Cayo Largo**, ✆ 0145-2482-13, -14, 💻 www.nauticamarlin.com, bietet Tauchkurse und Ausflüge zu 32 Tauchgründen an, u. a. zu einem 30 km langen Riff mit schwarzen Korallen. Jachten melden sich unter Kanal VHF 16 oder VHF 19 an. Jährlich findet ein Internationales Angel- und Untersee-Foto-Turnier statt.

Die Marina und die Reisebüros der Hotels bieten **Katamaranfahrten** zu den Leguaninseln **Cayo Iguana** oder **Cayo Rico** (69–73 CUC) sowie in den **Sonnenuntergang** (73 CUC) an (jeweils inkl. Essen und Schnorcheln). Weitere **Sportmöglichkeiten** sind Windsurfen, Segeln, Schnorcheln (vor den Weststränden), Kajakfahren, Reiten, Volleyball und Tennis (vor allem am Strandabschnitt des Hotels Pelicano).
Die **Disco Iguana Azul** liegt nördlich des Flughafens. Alle Hotels bieten ab 23 Uhr einen Busservice an.

Transport

Man erreicht den 2 km nordwestlich der Hotels liegenden **Flughafen Vilo Acuña**, ✆ 0145-248207 und 248141, von Havanna und Varadero aus. Ein einfacher Flug kostet ab Havanna 90 CUC, eine Tagesexkursion (mit Rückflug) ca. 140 CUC. Internationale Flugverbindungen bestehen hauptsächlich mit Kanada, Deutschland und Italien. Es gibt keinen Fähr- oder Flugverkehr zwischen Cayo Largo und der Isla de la Juventud, aber von der Marina Cayo Largo fahren **Fähren** zur Playa Sirena und Playa Paraíso.

Canarreos-Archipel

Varadero und Umgebung

Stefan Loose Traveltipps

Matanzas und Umgebung Das einstige „Athen Kubas" schreibt Kultur groß und lockt mit einem malerischen Tal und imposanten Höhlen. S. 332

Río Canímar Eine Bootsfahrt durch den Urwald lässt Dschungelfeeling pur aufkommen. S. 340

5 Varadero Ein paradiesischer Sandstrand, All-Inclusive-Verwöhnwelten, Nachtclubs und sportliche Aktivitäten – das ist Kubas berühmtestes Ferienzentrum. S. 341

Cárdenas Die entspannte Stadt ist ideal, um den Varadero-Besuch mit einem Schuss „Cuba real" anzureichern. S. 354

An der Nordküste der zweitgrößten Provinz Matanzas liegen zwei Welten direkt nebeneinander, die unterschiedlicher kaum sein könnten. In den Küstenstädten **Matanzas** und **Cárdenas** offenbart sich Besuchern die ungeschminkte Realität des Landes. Doch zwischen baufälligen Häusern und Straßen schimmern immer wieder architektonische Perlen, die ein Zeugnis der wirtschaftlichen Blütezeit sind, die das „weiße Gold" Zucker im 18. und 19. Jh. in dieser Region auslöste. Noch heute wuchert das süße Gras bis an den Horizont. Daneben fließen Devisen vor allem durch den Export von Zitrusfrüchten in die Staatskassen, aber auch durch das „schwarze Gold", das von Ölförderanlagen entlang der Küste zwischen Matanzas und Varadero zutage gefördert wird. Am stärksten jedoch sprudelt die Devisenquelle des Tourismus: In **Varadero** zeigt sich die Region von ihrer glänzendsten Seite. Das älteste, bekannteste und einnahmestärkste All-Inclusive-Strandbad der Insel zieht bis heute die Massen wie magnetisch an. Sein kilometerlanger weißer Traumstrand wird von tausenden sonnenhungrigen Gästen angebetet und genießt einen legendären Ruf – auch unter Kubanern, denen das Paradies aber meist verschlossen bleibt. Als touristischer Devisenbringer Nummer Eins des Landes bekommt Varadero die meisten staatlichen Investitionen, sodass sich mittlerweile über 50 Hotels die Küste entlang ziehen. Längst belegt Varadero unter den wichtigsten Strandzentren der Karibik einen Spitzenplatz.

Matanzas und Umgebung

Die 120 000 Einwohner zählende Küstenstadt befindet sich ca. 100 km östlich von Havanna und 35 km westlich des Badeparadieses Varadero und ist ein wichtiger Industriepol. Im Norden der Bucht befinden sich u. a. eine Zuckerraffinerie, eine Textilfabrik, Düngemittelfabriken und ein Chemiewerk. Das lädt nicht gerade zu einem Besuch ein und die meisten Touristen brausen auch gleich durch nach Varadero. Dabei gibt es gute Gründe, hier vorbeizuschauen. Denn Ma-

tanzas war im 19. Jh. eine der **Kulturhochburgen** des Landes und befand sich auf Augenhöhe mit Havanna (s. Geschichte). Die einst üppigen Blüten der Kulturlandschaft sind jedoch mittlerweile weitgehend verwelkt und die meisten Prachtbauten lechzen nach Renovierung. Ausnahme hiervon ist lediglich das **Teatro Sauto**, das zu den wichtigsten und schönsten Kulturstätten des Landes zählt.

Den großen Glanz ihrer Blütezeit vermag die verschlafen wirkende Provinzhauptstadt heute nicht mehr auszustrahlen und manche nennen sie folgerichtig auch *Ciudad dormida* (schlafende Stadt). Doch bleibt Matanzas bis heute die heimliche Hauptstadt der Rumba und wichtigstes **afrokubanisches Zentrum** Westkubas. Seit über 50 Jahren sorgt die berühmte Rumba-Band Los Muñequitos de Matanzas für Furore. Dazu kommen einige gute Museen und nicht zuletzt das legendäre **Cabaret Tropicana**, das hier in einer Zweigstelle über die Bühne wirbelt. Die größten Sehenswürdigkeiten befinden sich aber nicht innerhalb, sondern direkt vor den Toren der Stadt. Nur einen Katzensprung vom Zentrum entfernt locken das malerische **Valle de Yumurí** mit sanft gerundeten Kegelfelsen, der wilde „Dschungelfluss" **Río Canímar** sowie eine der sehenswertesten Höhlen des Landes, die **Cuevas de Bellamar**.

Geschichte

Bereits das Wort Matanzas (Schlachten) lässt auf eine besonders blutige Vergangenheit schließen. Tatsächlich besagt eine Legende, dass hier die die ersten Indianeraufstände von den Spaniern grausam niedergeschlagen worden sein sollen – doch gibt es dazu keine historischen Dokumente. Wahrscheinlicher ist es, dass der hiesige **Schlachthof** nicht nur für die nötige Frischfleischzufuhr spanischer Schiffe, sondern auch für die entsprechende Inspiration bei der Namensgebung sorgte. Die Bucht von Matanzas wurde 1508 vom spanischen Eroberer Sebastián de Ocampo zum ersten Mal in Augenschein genommen, doch erst 1693 siedelten sich hier auf königliche Anweisung die ersten Spanier an und betrieben Viehzucht und Tabakanbau. Nachdem der holländische Pirat Piet Hein die Gegend mehrmals unsicher gemacht hatte, entschloss man sich 1734 zum Bau der Festung San Severi-

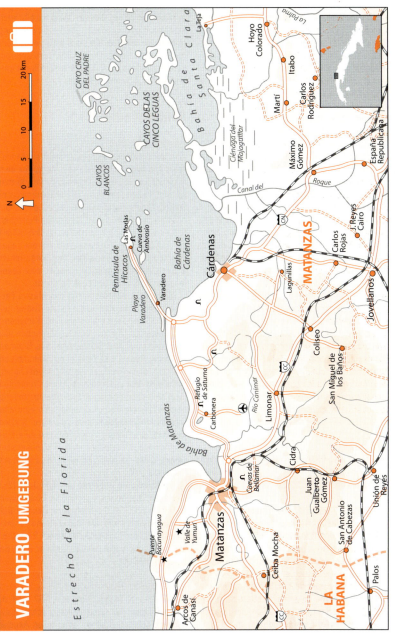

VARADERO UMGEBUNG

Estrecho de la Florida

CAYO CRUZ DEL PADRE

CAYOS DE LAS CINCO LEGUAS

CAYOS BLANCOS

Bahía de santa Clara

La Teja

La Palma

Hoyo Colorado

Itabo

Martí

Carlos Rodríguez

Ciénaga del Majaguillar

Máximo Gómez

España Republicana

Canal del

Roque

J. Reyes

Cairo

Las Morlas

Cueva de Ambrosio

Península de Hicacos

Playa Varadero

Varadero

Bahía de Cárdenas

Cárdenas

MATANZAS

Carlos Rojas

Lagunillas

Jovellanos

Coliseo

San Miguel de los Baños

Refugio de Saturno

Carbonera

Río Canímar

Limonar

Bahía de Matanzas

Cidra

Cuevas de Bellamar

Juan Gualberto Gómez

Unión de Reyes

Puente Bacunayagua

Valle de Yumurí

Matanzas

San Antonio de Cabezas

Ceiba Mocha

Palos

Arcos de Canasí

LA HABANA

N

0 5 10 15 20 km

no. Bis Mitte des 19. Jhs. wurde der Zuckerrohr- und Kaffeeanbau zur Haupteinnahmequelle in der Region – dank der gegen Ende des 18. Jhs. aus Haiti geflohenen Franzosen und des Anschlusses an das Eisenbahnnetz. Damit wuchsen nicht nur das Ansehen, sondern auch die Ausmaße des Ortes: Matanzas stieg im Laufe des 19. Jhs. zur zweitgrößten Stadt Kubas auf und mauserte sich zu einem blühenden Handelszentrum.

Neben Havanna lag hier das wichtigste Zentrum des Zuckerrohranbaus und einer der größten Sklavenhandelshäfen. Rund die Hälfte der nationalen Zuckerproduktion kam aus Matanzas. Noch heute spiegeln die überdurchschnittlich zahlreich vertretenen Menschen schwarzer Hautfarbe diese Epoche der Sklavenhalterzeit wider. So war es denn auch Matanzas, wo in den 1840er-Jahren einer der bedeutendsten Sklavenaufstände blutig niedergeschlagen wurde. Der Reichtum der süßen Kristalle manifestierte sich in zahlreichen repräsentativen Kolonialpalästen und einem Kulturboom. So verließ in Matanzas 1813 die erste kubanische Tageszeitung die Druckerpressen, gründete sich hier die erste philharmonische Gesellschaft und schwebte erstmals der Danzón übers Tanzparkett. Und in Matanzas erblickten die Poeten Gabriel de la Concepción Valdés (1809–44), José Jacinto Milanés (1814–63) und Cintio Vitier (1921) das Licht der Welt. Viele Künstler und Intellektuelle fühlten sich unwiderstehlich angezogen und bereicherten das Kulturleben noch mehr. Kein Wunder, dass Matanzas den Titel „**Athen Kubas**" erhielt.

Orientierung

Das Zentrum von Matanzas ist relativ überschaubar und erstreckt sich zwischen dem nördlichen Río Yumurí und dem südlichen Río San Juan. Nördlich des Zentrums liegt das von Franzosen gegründete Viertel **Reparto Versalles**, südlich das Viertel **Pueblo Nuevo**, das an der Südseite der Bucht in das **Reparto Playa** übergeht. Von Norden gelangt man über die Puente Concordia, von Süden über die Puente Calixto García in den Stadtkern. Die meisten Sehenswürdigkeiten liegen um den **Parque de la Libertad** und um die **Plaza de la Vigía**. Im schachbrettartigen Straßensystem verlaufen die Straßen mit geraden Nummern von Nord nach Süd und jene mit un-

geraden Zahlen von Ost nach West (es gibt auch koloniale Straßennamen, die die Bevölkerung noch gerne benutzt). Die Vía Blanca von Havanna führt vom Nordosten der Bucht am Zentrum vorbei und dann als Calle 129 an der Bucht entlang weiter Richtung Varadero.

Sehenswertes

Parque Libertad

Auf dem schönen Zentralplatz steht ein Monument des Nationalhelden José Martí, vor dem die Statue einer indianischen Frau ihre Ketten sprengt. In den zahlreichen Baumkronen veranstalten Vogelscharen ein beeindruckendes Orchester. Bei einem derart idyllischen Plätzchen fällt es schwer, sich vorzustellen, dass hier 1844 die Anführer einer Sklavenrevolte bei der sogenannten Escalera-Verschwörung hingerichtet wurden, nachdem man sie zuvor an eine Leiter (escalera) gebunden und gefoltert hatte.

Besonders interessant ist das **Museo Farmacéutico**, 1882 vom Arzt Ernesto Triolet gegründet. Seine Frau erhielt als erste Kubanerin den Doktortitel. Antike Porzellanfläschchen aus Frankreich und alte Glasbehälter aus Böhmen füllen die Regale aus Zedernholz. Anhand von Mörsern, alten Glasflaschen, Porzellanschalen, Destillierkolben und medizinischen Instrumenten lässt sich die damalige Arzneimittelherstellung nachvollziehen. Im Hof befindet sich eine alte Destillationsanlage. In einer Bücherei stehen alte Bände, in denen insgesamt rund eine Million Rezepte für Naturheilmittel verzeichnet sein sollen! ☉ Mo–Sa 10–17, So 10–14 Uhr, Eintritt mit Führung 3 CUC.

Im **Palacio de Gobierno** aus dem Jahr 1853 tagt heute die Provinzregierung. Im ehemaligen Casino Español ist die **Biblioteca Gener y Del Monte** untergebracht, die 1835 während der kulturellen Blütezeit als eine der ersten Bibliotheken Kubas gegründet wurde. ☉ Mo–Fr 9–22, Sa 9–15, So 9–13 Uhr.

Plaza de la Vigía

Das imposante **Teatro Sauto** von 1862 zählt zu den schönsten und bekanntesten Schauspielhäusern Kubas und ist mit einer tollen Akustik

Matanzas

N

0   200 m

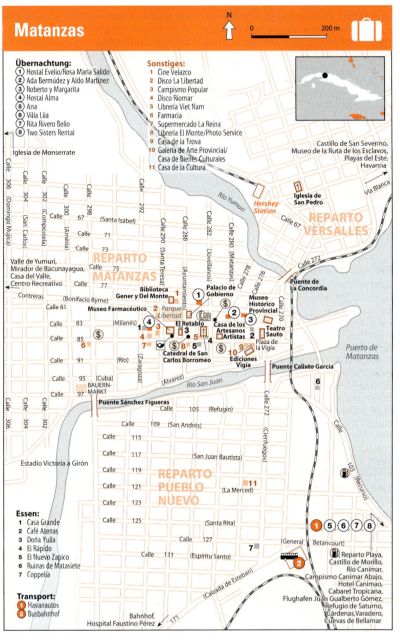

Übernachtung:
1. Hostal Evelio/Rosa Maria Salido
2. Ada Bermúdez y Aldo Martínez
3. Roberto y Margarita
4. Hostal Alma
5. Ana
6. Villa Lila
7. Rita Rivero Bello
8. Two Sisters Rental

Sonstiges:
1. Cine Velazco
2. Disco La Libertad
3. Campismo Popular
4. Disco Riomar
5. Librería Viet Nam
6. Farmacia
7. Supermercado La Reina
8. Librería El Monte/Photo Service
9. Casa de la Trova
10. Galería de Arte Provincial/
    Casa de Bienes Culturales
11. Casa de la Cultura

Iglesia de Monserrate

Castillo de San Severino,
Museo de la Ruta de los Esclavos,
Playas del Este,
Havanna

Vía Blanca

Varadero und Umgebung

Iglesia de San Pedro

REPARTO VERSALLES

Calle 306 (Domingo Mujica)
Calle 304 (San Carlos)
Calle 302 (Compostela)
Calle 300 (Amelia)
Calle 298
Calle 292

Calle 67 (Santa Isabel)
Calle 71
Calle 73

Calle 290 (Santa Teresa)
Calle 288
Calle 282
Calle 280 (Matanzas)

Río Yumurí

Hershey-Station

Calle 67

Calle 272

Valle de Yumurí,
Mirador de Bacunayagua,
Casa del Valle,
Centro Recreativo

Calle 75

REPARTO MATANZAS

Calle 77 (Llovellanos)

(Ayuntamiento)

Calle 278
Calle 276

Puente de La Concordia

Contreras

(Bonifacio Byrne)

Calle 81

Biblioteca Gener y Del Monte

Palacio de Gobierno

Museo Histórico Provincial

Calle 270

Calle 83 (Milanés)

Museo Farmacéutico

Parque Libertad

El Retablo

Casa de los Artesanos

Teatro Sauto

Calle 85 (Río)

Catedral de San Carlos Borromeo

Plaza de la Vigía

Puerto de Matanzas

Calle 91

Ediciones Vigía

Puente Calixto García

Calle 95 (Cuba)
Calle 97

BAUERN-MARKT

(Alvarez)

Río San Juan

Calle 272

Puente Sánchez Figueras

Calle 105 (Refugio)
Calle 109 (San Andrés)

Calle 306
Calle 304
Calle 302

Estadio Victoria a Girón

Calle 115
Calle 117
Calle 119
Calle 121
Calle 123
Calle 125

REPARTO PUEBLO NUEVO

(San Juan Bautista)

(Cienfuegos)

(La Merced)

(Santa Rita)

Calle 103 (Recurso)

Calle 127

Calle 131 (Espíritu Santo)

(General Betancourt)

Essen:
1. Casa Grande
2. Café Atenas
3. Doña Yulla
4. El Rápido
5. El Nuevo Zapico
6. Ruinas de Matasiete
7. Coppelia

Reparto Playa,
Castillo de Morillo,
Río Canímar,
Campismo Canímar Abajo,
Hotel Canimao,
Cabaret Tropicana,
Flughafen Juan Gualberto Gómez,
Refugio de Saturno,
Cárdenas, Varadero,
Cuevas de Bellamar

Transport:
1. Havanautos
2. Busbahnhof

(Calzada de Esteban)

Bahnhof,
Hospital Faustino Pérez

ausgestattet. Den kostspieligen Bau des neo-klassizistischen Gebäudes finanzierte der reiche Apotheker Ambrosio de la Concepción Sauto. Hier sang schon Enrico Caruso und auch heute treten berühmte Künstler auf. Den Eingangsbereich zieren Marmorstatuen griechischer Götter, die auf die Anfänge der Theaterkunst hinweisen, und auf dem Bühnenvorhang prangt die Puente de la Concordia. Aufwendige Deckenmalereien und drei Balkone, die als Logenplätze dienen, schließen das Bild der prachtvollen Innenausstattung ab.

Das **Museo Histórico Provincial** ist im ehemaligen Palast des Zuckerbarons Vincente de Junco untergebracht und informiert über die Lokalgeschichte, u. a. über Piratenüberfälle und die Lebens- und Arbeitsbedingungen der Sklaven auf den Plantagen. ⊙ Di–Fr 10–18, Sa 13–21, So 9–12 Uhr, Eintritt 2 CUC.

Im Südwesten des Platzes lohnen die Buchwerkstatt **Ediciones Vigía** (s. Einkaufen) und die **Galería de Arte Provincial** einen Besuch. ⊙ Mo–Sa 10–17 Uhr, Eintritt 1 CUC.

Weitere Sehenswürdigkeiten im Zentrum

El Retablo ist eine der interessantesten Galerien Kubas und lässt nicht nur Kinderherzen höher schlagen. Hier stapeln sich die Marionetten von Puppenspielern aus mehreren Jahrzehnten. Am Wochenende gibt es manchmal Aufführungen. ⊙ Di–Sa 9–16 Uhr, Eintritt 1 CUC.

Die reich verzierte, neoklassizistische **Cate-dral de San Carlos Borromeo** von 1755 steht an

der Stelle der ersten Holzkonstruktion aus dem Jahre 1693, die nicht lange überdauert hat. Leider ist sie in einem maroden Zustand. ⊙ Mo–Sa 9–17, So 9–12 Uhr.

In der **Casa de los Artesanos Artistas** werden sehenswerte Kunstgegenstände lokaler Künstler ausgestellt und verkauft. Allein das schöne, ruhige und günstige Café im Innern lohnt einen Besuch. Samstags um 20 Uhr finden Tanz- oder Theateraufführungen statt. ⊙ Mo–Sa 8–18 Uhr.

Reparto Versalles und nördlich des Zentrums

Nördlich des Río Yumurí breitet sich das französische Viertel Reparto Versalles aus, in dem sich die im 19. Jh. erbaute Kirche **Iglesia de San Pedro** befindet. Die Franzosen importierten ihren eleganten Kultur- und Lebensstil, der sich unter den abblätternden Fassaden allerdings nur noch erahnen lässt.

Das **Castillo de San Severino** liegt ca. 2 km nordöstlich der Puente de La Concordia. Die 1734 erbaute Festung diente nicht nur als Verteidigungsanlage, sondern auch als Gefängnis: Zunächst hielt man hier die Sklaven bis zu ihrem Verkauf auf den Märkten fest. Im 19. Jh. saßen zahlreiche Unabhängigkeitskämpfer in den dunklen Verliesen, bevor sie hingerichtet wurden. 1998 wurde die Anlage mit Geldern der Unesco renoviert und es entstand das sehenswerte **Museo de la Ruta de los Esclavos**, das die afrokubanische Religion und die Geschichte der Sklaverei dokumentiert. ⊙ Di–Sa 9–16, So 9–13 Uhr, Eintritt 2 CUC, Fotos 5 CUC.

Eine tolle Aussicht auf die Stadt und das Yumurí-Tal hat man von der **Kirchenruine Iglesia de Monserrate**. Autofahrer nehmen die Calle 306 nach Norden, zu Fuß kommt man auch über die mit Schlaglöchern übersäte Calle 312 dorthin.

Übernachtung

Viele Hotels warten noch auf ihre fällige Renovierung.

Privatpensionen
Zentrum
Hostal Evelio, Calle 79 No. 28201 e/282 y 288, ✆ 0145-243090, ✉ evelioisel@yahoo.es,

Direkt vor den Toren der Stadt, ungefähr 5 km südöstlich des Zentrums, liegt eine der schönsten und größten Höhlen Kubas. Die bizarren, rund 300 000 Jahre alten Höhlenformationen der **Cuevas de Bellamar** umfassen ein Gangsystem von mehr als 20 km Länge (davon 3 km touristisch zugänglich). Bereits 1850 entdeckte ein chinesischer Arbeiter die Höhlen, doch ihre Erkundung begann erst rund 100 Jahre später unter Leitung des kubanischen Geografen Antonio Núñez Jiménez. Lange glaubte man, Dämonen trieben dort unten ihr Unwesen. Die Expedition von Jiménez entdeckte u. a. spektakuläre Fossilien des prähistorischen Säugers *Megalocnus* und des Riesenhais *Carchadoron Megalodon*. Eine eindrucksvolle 12 m hohe Kalksteinformation (*El Manto de Colón*) wächst im Salon Gótico empor. Ansonsten klingen schon die Namen stimmungsvoll: Tempel-Salon, Quellen der Jugend und der Liebe, Bad der Amerikanerin. An letzterem Ort soll laut Legende eine Amerikanerin beim Baden verschwunden sein. Vor der Höhle gibt es ein Restaurant und Souvenirläden. ⏰ tgl. 9–17 Uhr, Eintritt 5 CUC inkl. Führung (ab 9.30 Uhr stdl.), Fotos bzw. Videos je 5 CUC.

Anfahrt: An der Südseite der Bucht biegt man bei Calle 254 rechts ab und folgt der Straße bis zum Ende. Dort geht es nach links unter einer Brücke hindurch bis zum 3 km entfernten Ziel. Ein Taxi vom Busbahnhof kostet rund 4 CUC.

Varadero und Umgebung

💻 www.cubacasas.net. 2 schöne DZ mit AC, Ventilator, Bad, TV, Kühlschrank und Radio. Netter Vermieter. ❶–❷

Rosa Maria Salido, Calle 79 No. 28201 e/282 y 288, 📞 0145-243281. DZ mit AC, Ventilator, Bad und Balkon. Nette Familie mit Hund. ❶–❷

Ada Bermúdez y Aldo Martínez, Calle 280 No. 7911 e/83 y 79, 📞 0145-242304. DZ mit AC, Ventilator und Bad. ❶–❷

Roberto y Margarita, Calle 79 No. 27608 e/276 y 280, 📞 0145-242577. 2 DZ mit AC, Ventilator, hoher Decke und Bad. Kolonialhaus und sehr nette familiäre Atmosphäre. Schöner Innenhof. Garage. ❷

Reparto Playa

Die folgenden Pensionen liegen im Süden der Bucht, 4 km südöstlich des Zentrums.

Ana, Calle 129 No. 21603 e/216 y 218, 📞 0145-261576, ✉ ana.triana@yumuri.mtz. sld.cu. 2 DZ mit unabhängigem Eingang, AC, Ventilator, Bad, TV und Küche. Großer Garten mit Pool. ❷

Rita Rivera Bello, Calle 129 No. 20812 e/210 y 212, 📞 0145-261351. DZ mit AC, Ventilator und Bad. Garage. ❷

Two Sisters Rental, Calle 208 No. 13109 e/131 y 133, 📞 0145-262120. DZ mit Terrasse, AC, Ventilator und Bad. ❷

Haus am Meer

Villa Lila, Calle 127 No. 21011 e/210 y 212, Reparto Playa, ✆ 0145-262176, 🖵 www.rent villalilacuba.com. Schönes DZ mit AC, Ventilator, Bad, Terrasse und Garten in einem hübschen Haus, sehr ruhig. Eine kleine Treppe führt direkt ins Wasser. Sehr nettes älteres Ehepaar (Ärztin und pensionierter Sporttrainer). Englisch. ❷ – ❸

Hostal Alma, Calle 83 No. 29008 (altos) e/290 y 292, Zentrum, ✆ 0145-242449. Schönes Kolonialhaus mit sehr herzlichen Vermietern und vielen Tipps. 2 DZ mit AC, Ventilator, Bad, Radio und Kühlschrank. Große Dachterrasse mit tollem Ausblick. Gute Küche. ❷

Essen

Dank des Verbots an Privatrestaurants erreicht Kubas sowieso schon mäßige Küche in Matanzas einen ihrer Tiefpunkte.
Casa Grande, Calle 83 No. 29010 e/290 y 292. Eine der besseren Optionen: Große Portionen in Pappschachteln (Pollo frito für 45 CUP, Chuletas de Cerdo für 35 CUP). Leider kann man nicht im wunderschönen Innenhof des Kolonialhauses speisen, da es sich um ein Stehrestaurant handelt. ☉ Mo–Fr 11.30–20 Uhr.
Doña Yulla, Calle 83 esq. 288. Günstige kreolische Speisen für Peso Cubano.
El Nuevo Zapico, Calle 85 e/282 y 288. Wenige Gerichte, Bier und Rum in Moneda Nacional. ☉ 24 Std.
Café Atenas, Plaza de la Vigía. Snacks (Pizza, Spaghetti, Pollo Frito und andere Fleischgerichte) für 1–4 CUC. Sauber und nett eingerichtet, man kann sowohl drinnen als auch draußen sitzen. Nebenan ist ein kleines **Eiscafé**. ☉ tgl. 9–21 Uhr.
Ruinas de Matasiete, südöstlich der Puente Calixto García. In den Ruinen eines ehemaligen Zuckerdepots gibt es günstige Snacks in Devisen. Man kann auch draußen auf der Terrasse sitzen. Am Wochenende abends Live-Musik. ☉ 24 Std.

El Rápido, Calle 85 esq. 282. Gemütlicher Schnellimbiss.
Coppelia, Calle 272 esq. 127. Eis in Moneda Nacional.

Nachtleben und Unterhaltung

Disco La Libertad, Plaza de la Libertad. Der Laden ist tagsüber ein Café und wird abends zur Disco. Eintritt 5 CUC.
Disco Ríomar, Calle 85 e/290 y 292.
Casa de la Cultura, Calle 272 e/119 y 121. Tgl. wechselndes Unterhaltungsprogramm (s. Aushang).
Casa de la Trova, Plaza de la Vigía. Jeden Abend gute Live-Bands. Besonders der **Sábado de la Rumba** am Samstag lohnt sich, weil dann die besten Rumba-Gruppen auf dem Platz auftreten.
Teatro Sauto, Plaza de la Vígia. Zählt zu den schönsten und besten Schauspielhäusern Kubas. Auch berühmte Tanz- und Theaterensembles treten hier auf. Für die Vorstellungen am Wochenende s. Aushang. Eintritt 5 CUC.
Cine Velazco, Parque Libertad.

Feste

In einer der afrokubanischen Hochburgen Kubas tobt im Juni (alle zwei Jahre) das **Festival de Rumba**. Der **Karneval** wird bunt und laut Ende August gefeiert. Mitte Oktober geht es weiter mit dem **Festival del Bailador Rumbero**. **Cubadanzón** findet jedes ungerade Jahr Ende November statt.

Einkaufen

Die Haupteinkaufsstraßen befinden sich zwischen der Calle 79 und 85 in der Umgebung des Parque Libertad.

Star-Cabaret

Tropicana, 8 km östlich des Zentrums neben dem Hotel Canimao, ✆ 0145-265555 und 265380. Die Tänzerinnen und Sänger brennen Di–Su um 22 Uhr ein glamuröses Feuerwerk ab, das durchaus mit dem legendären Original in Havanna mithalten kann. Danach folgt eine Disco. Eintritt ab 35 CUC.

Einzigartige Bücher

Ediciones Vigía, Plaza de la Vigía. Vom Papier bis hin zur Bindung: In dieser Werkstatt wird alles per Hand gemacht. So gehen wunderschöne, vom Autor signierte Bücher in stark beschränkter Auflage in den Verkauf (5–15 CUC). ⏰ Mo–Fr 8–16 Uhr.

Casa de Bienes Culturales, Plaza de la Vigía. ⏰ Mo–Sa 9–18 Uhr.

Librería Viet Nam, Calle 85 e/282 y 288. Viel politische und sozialwissenschaftliche Literatur in Moneda Nacional. ⏰ Mo–Fr 9–17, Sa 9–16 Uhr.

Librería El Monte, Calle 85 esq. 288. Bücher und etwas Bürobedarf in Devisen. ⏰ tgl. 9–19 Uhr.

Lebensmittel
Bauernmarkt, Calle 97 esq. 298.
Supermercado La Reina, Calle 85 e/290 y 292. ⏰ Mo–Sa 9–17, So 9–12 Uhr.

Sonstiges

Apotheken
Farmacia, Calle 298 esq. 85. ⏰ tgl. 8–22 Uhr.

Autovermietungen
Havanautos, Calle 129 esq. 208 (4 km in Richtung Varadero), ☎ 0145-253294.

Baseball
Estadio Victoria a Girón, Av. Martín Dihigo final, ☎ 0145-243881.

Filme und Fotoarbeiten
Photo Service, Calle 288 esq. 85. Auch Fotokopien und Videos. ⏰ tgl. 8.30–20.30 Uhr.

Geld
BFI, Calle 85 esq. 298.
Bandec, Calle 85 esq. 288. Weitere Filiale in der Calle 83 esq. 282.
Cadeca, Calle 85 e/282 y 280.

Informationen
Campismo Popular, Calle 290 e/83 y 85, ☎ 0145-243951. ⏰ Mo–Fr 9–17 Uhr.

Internet und Telefon
Etecsa, Calle 83 esq. 282. ⏰ tgl. 9–19 Uhr.

Medizinische Hilfe
Hospital Faustino Pérez, südwestlich der Carretera Central, ☎ 0145-247016. ⏰ tgl. 24 Std. **Krankenwagen**: ☎ 0145-285023.

Post
Calle 85 esq. 290. Mit DHL. ⏰ Mo–Sa 8–20 Uhr.

Nahverkehr
Die Stadt ist problemlos zu Fuß zu bewältigen. Taxis, **Pferdewagen** und **Bicitaxis** warten am Parque Libertad oder am Bus- und Zugbahnhof. **Cubataxi** erreicht man unter ☎ 0145-244350.

Transport
Von Matanzas sind es 35 km nach Varadero, 75 km nach Guanabo (Playas del Este), 105 km nach Havanna und 118 km nach Playa Larga.

Selbstfahrer
In der engen und verwinkelten Innenstadt mit ihren vielen Einbahnstraßen lässt man den Wagen am besten stehen. Für die umliegenden Sehenswürdigkeiten ist ein Leihwagen aber sehr praktisch. Die **Tankstelle** liegt 4 km außerhalb der Stadt auf der Calle 129 esq. 208 in Richtung Varadero.

Busse
Busbahnhof, Calle 171 esq. 272, ☎ 0145-291473.

Verbindungen Víazul
HAVANNA (8.50 und 12.10 Uhr, 2 Std., 7 CUC). In der Hauptsaison fahren evtl. zusätzliche Busse um 16.25 und 18.55 Uhr, letzterer auch über Guanabo (PLAYAS DEL ESTE).
VARADERO (10.05 und 14.05 Uhr, 1 Std., 6 CUC). In der Hauptsaison auch um 12.05 und 20.15 Uhr.

Eisenbahn
Bahnhof, südliches Ende der Calle 181, ☎ 0145-292409. Ein Taxi ins Zentrum kostet rund 3 CUC. Züge fahren nach:
BAYAMO (1x tgl., 13 Std., 23 CUC)
HAVANNA (3–4x tgl., 2 Std., 5 CUC)
HOLGUÍN (1x tgl., 13 Std., 23 CUC)

Varadero und Umgebung

SANTIAGO DE CUBA (2x tgl., 13 Std., 27 CUC). Fährt über SANTA CLARA (9 CUC), CIEGO DE ÁVILA (15 CUC), CAMAGÜEY (19 CUC) und LAS TUNAS (24 CUC).

Hershey-Station, Calle 282 esq. 67, ☎ 0145-244805. Die Fahrt mit Kubas einziger elektrischer Eisenbahn lohnt sich schon wegen der landschaftlich reizvollen Strecke durchs Yumurí-Tal.
HAVANNA (Bahnhof Casablanca) (5x tgl., 4 Std., 3 CUC). Fährt über GUANABO (Playas del Este).

Flüge
Flughafen Juan Gualberto Gómez, ca. 20 km östlich von Matanzas (Varadero, s. S. 354).

Río Canímar und Umgebung

An der Küstenstraße nach Varadero, kurz vor der Brücke über den Río Canímar führt links eine kleine Straße zur spanischen Festung **Castillo de Morillo** aus dem Jahr 1720 (ca. 7 km östlich von Matanzas). Im Innern dokumentiert ein Museum die von der Machado-Diktatur geprägten 1930er-Jahre und erinnert an den Studentenführer und Widerstandskämpfer Antonio Guiteras Holmes (1906–35), der die revolutionäre Gruppe *Joven Cuba* (Junges Kuba) gründete und 1934 zum Studentenaufstand aufrief. Er wurde mit einigen seiner Mitstreiter auf der Flucht ins mexikanische Exil 1935 in Matanzas von den Truppen des Machado-Nachfolgers Batista erschossen. ☉ Di–So 9–17 Uhr, Eintritt 1 CUC.
Links hinter der Brücke führt die Straße hinunter bis zur Anlegestelle am „Dschungelfluss" **Río Canímar**, wo täglich um 12.30 Uhr schöne Bootsausflüge angeboten werden (mind. 6 Pers., 3–4 Std., 20 CUC ohne Essen oder 30 CUC mit Essen und Pferdeausflug), ☎ 0145-261516 und 281259. Hier liegt auch eine schöne Bar. Das Ganze kann auch als Jeep-Safari von Varadero aus gebucht werden (Touren, s. S. 352).
Nahe der Vía Blanca Richtung Varadero liegt beim Ort Carbonera die überflutete Höhle **Refugio de Saturno**, die tauchend erkundet werden kann. Während der Unabhängigkeitskriege diente der Ort den Mambises als Unterschlupf. Am

Eingang ist eine Cafetería. ☉ tgl. 8–18 Uhr, Eintritt 5 CUC (inkl. Schnorcheln).

Campismo Canímar Abajo. Der Campismo liegt sehr idyllisch unter der Brücke und kostet nur 5 CUC p. P., allerdings braucht man Mückenmittel und Moskitonetz. Anfahrt: von Matanzas kommend vor der Brücke links abbiegen und dann eine steile und holprige Piste rechts runter. ❶
Hotel Canimao, Carretera Varadero KM 3,5 (rechts vor der Brücke), ☎ 0145-261014, 🖥 www.islazul.cu. Angenehme Anlage, in der auch Einheimische ihre Ferien verbringen. 160 DZ mit AC, TV, Safe, Kühlschrank und Bad. Pool, Restaurant, Bars. ❷–❸
Vor der Brücke über den Río Canímar gibt es ein schönes **Restaurant** mit günstigen Preisen und schöner Aussicht auf den Dschungelfluss.

Valle del Yumurí

Rund 5 km westlich von Matanzas erstreckt sich das 8 km breite **Valle del Yumurí**, das vom gleichnamigen Fluss geschaffen wurde. In dem malerischen Tal siedelten schon die Indianer. Angesichts der brutalen Gewalt, mit der die Konquistadoren die Region überzogen, sollen sich viele Ureinwohner laut einer Legende mit dem Schrei „yu murí" (ich sterbe) von den Kalksteinfelsen gestürzt haben – daher der Name.
Leider ist dieses schöne Tal bisher noch nicht ausreichend für den Ökotourismus erschlossen.

Spektakuläre Aussicht

Der **Mirador de Bacunayagua** liegt 18 km nordwestlich von Matanzas an der Vía Blanca nach Havanna. Kubas größte Brücke wurde 1959 von Fidel Castro und Celia Sánchez eröffnet. Es gibt einen Aussichtspunkt mit Bar und Souvenirläden. 103 m hoch und 300 m lang bietet die Brücke einen tollen Ausblick auf das Yumurí-Tal.

Übernachtung und Essen

Casa del Valle, Carretera de Chirino KM 2 (4 km nordwestlich von Matanzas), ✆ 0145-614584. Schöne Lage im Wald. Nach letztem Stand wurden nur noch Kubaner aufgenommen. Also vor der Anfahrt erkundigen. ❸ – ❹

Centro Recreativo, beim Hotel-Schild nicht rechts abbiegen, sondern noch ca. 10 km weiter geradeaus fahren. Auf dem Weg passiert man ein kleines Dorf. Am Ziel direkt am Fluss gibt es Liegestühle, Restaurant und Verleih von Ruder- und Tretbooten. Ein Tagespass inkl. Pferdeausritt, Essen und Bootsfahrt kostet 8 CUC.

Transport

Die Hershey-Bahn fährt direkt durch das Tal und hält an der Station Mena 1 km südlich vom Hotel. Um aber im Tal mobil zu sein, braucht man ein eigenes Fahrzeug.

5 HIGHLIGHT

Varadero

Fast alle Kubaner und ein Großteil der Touristen sind sich einig: Varadero ist ein Muss! Der **20 km lange Traumstrand** gilt als bester Kubas und zieht sich an der Nordküste der Halbinsel Hicacos entlang, die wie ein ausgestreckter Zeigefinger in den Atlantik ragt. Hier reiht sich ein Luxushotel ans nächste. Die meisten davon sind Joint Ventures, d. h. der ausländische Partner sorgt für Management und Marketing und der kubanische Staat stellt Arbeitskräfte und Hotelinfrastruktur. Sol Meliá, Accor, Barceló, Oasis, Hoteles C und Iberostar sind die bedeutendsten Investoren.

Über 50 Anlagen mit rund 15 000 Zimmern schaffen im **größten Ferienzentrum der Karibik** ein idyllisches Paradies, wenn man Sonne, Strand und Erholung sucht. Für Pauschalurlauber ist Varadero schlichtweg der All-Inclusive-Himmel, vor allem, weil das Angebot von Aktivitäten ellenlang ist und zum Besten der Insel zählt (u. a. Wassersport, Rund-um-die-Uhr-Animation, zahlreiche Ausflüge, gute Discos und Cabarets). Trotzdem ist es schwer vorstellbar, dass rund ein Drittel aller Touristen ausschließlich in dieser Devisen-Enklave ihren gesamten Kuba-Urlaub verbringt und dabei fast nichts vom Land und seiner Alltagsrealität sieht. Denn letztlich ist Varadero vor allem ein **„Sun and Fun"-Ort**, wie man ihn überall auf der Welt von Agadir über Cancún bis Mallorca findet. Mit dem wahren Kuba hat das herzlich wenig zu tun.

Und trotzdem ist Varadero angenehmer als andere Hochburgen des Massentourismus. Man muss den Planern zugute halten, dass zumindest zum Teil mit Augenmaß gebaut wurde: Zersiedlung, Versiegelung und andere architektonische Sünden kommen selten vor. Derart stark auf touristische Bedürfnisse ausgerichtet, wirkt der Ort zwar etwas gekünstelt, aber keineswegs hässlich. Von der Disneylandatmosphäre vieler US-amerikanischer Orte ist Varadero noch weit entfernt (einzelne Resorts einmal ausgenommen). Die Hotels verteilen sich über den lang gezogenen Strand und halten den gesetzlich vorgeschriebenen Mindestabstand ein, so dass hier kein „Ölsardinengefühl" wie am Mittelmeer aufkommt. Dazwischen stehen viele schöne Bungalows, in denen die Ortsbevölkerung (15 000 Einw.) lebt, darunter sogar einige alte Karibik-Holzhäuser. Und wer mal aus seiner Touristenenklave ausbrechen will: „Cuba real" liegt mit Matanzas und Cárdenas in Reichweite eines Tagesausflugs.

Geschichte

Bereits zur Kolonialzeit nutzten die Spanier die Halbinsel Hicacos als Holz- und Salzlieferant für die Konservierung der Fleischvorräte auf den langen Schiffsüberfahrten nach Europa. Der Ort selbst blickt auf eine kürzere historische Tradition zurück: Ende des 19. Jhs. begeisterte der Strand zum ersten Mal reiche erholungssüchtige Zuckerbarone, die hier ihre Sommervillen aufbauten. Von 1887–1930 entstand das „romantische Holzzeitalter" (Holz war das dominierende Baumaterial). Die Villa Abreu (heute das Museo Municipal) und einige Gebäude zwischen den Calles 26 und 30 spiegeln diese Zeit wider. In den 1930er-Jahren stieg der Ort rasant zum Ferienzentrum internationaler Klasse auf.

Es folgte das Zeitalter der „Steinrevolution" (1930–50), dessen bedeutendste architektonische Zeugnisse das Hotel Pullman, die Mansion Xanadú und die von DuPont gesponserte Iglesia Saint Elvira sind. Es war vor allem der US-Waffen- und Chemie-Großmagnat DuPont, der ab 1930 einen Bauboom auslöste und einen Jachthafen, Golfplatz, Flughafen und einige Villen errichtete. Dabei kaufte er spottbillig Land auf, das er später mit riesigem Profit verkaufte. Der Investitionswut schlossen sich andere Großkapitalisten wie der berüchtigte Mafiaboss Al Capone und sogar Diktator Batista an. Mächtige Wellen von US-Touristen überschwemmten ihr neu erkorenes Lieblings-Seebad direkt vor ihrer Haustür. In den 50er-Jahren hielt die Moderne endgültig Einzug und manifestierte sich im Hotel Internacional, Hotel Oasis und den Gebäuden um Punta Blanca. Nach der Revolution war es mit dem Luxusleben der High Society zunächst vorbei. Varadero wurde zum Ferienort für verdiente Parteimitglieder umfunktioniert, ehe es seit den 80er-Jahren wieder zum Zentrum des internationalen Tourismus avancierte. Dieser Trend verstärkte sich noch in den 90er-Jahren, als der Staat immer mehr auf das ökonomische Zugpferd Tourismus setzte. In den nächsten Jahren soll die Zimmerkapazität auf 30 000 ausgebaut werden.

Orientierung

Die Orientierung ist einfach, weil der Ort nur aus wenigen, z. T. sehr langen West-Ost-Avenidas besteht. Man erreicht Varadero entweder über die Vía Blanca von Havanna kommend oder über die Straße von Cárdenas. In beiden Fällen führt eine Brücke über die Laguna de Paso Malo in den Ort. Links hinter der Brücke gen Westen kommt man in den Stadtteil **Kawama** mit vielen Clubs und Hotels. Dieses Nobelviertel zieht sich an der Avenida Kawama 2 km parallel zur Laguna de Paso Malo bis zum Westende der Halbinsel entlang. Hinter der Brücke geradeaus weiter geht es in den Ort Varadero, den wenige West-Ost-Hauptstraßen durchziehen: die Strandpromenade **Avenida de la Playa** (von Calle 30 bis 54) sowie parallel im Süden die **Avenida 1ra** (längste Straße mit den meisten touristischen Einrichtungen) und die **Avenida 3ra** (bis Calle 35). An diese

Lebensadern reihen sich ungefähr 5 km wie an einer Perlenkette die **Nord-Süd-Straßen von 1 bis 65**, die von West nach Ost ansteigen.

Das Zentrum ist der **Parque Central** zwischen Calle 44 und 46. **Östlich des Ortes** schließt sich ein langer Strandabschnitt mit der „All-Inclusive-Zone" an. Hier reiht sich ein Luxushotel ans nächste. Zunächst erstrecken sich einige „Hoteldorf-Komplexe" an der **Avenida de las Américas**, die die Avenida 1ra noch 4 km nach Osten fortsetzt. An der gesamten Südseite der Halbinsel führt die **Autopista Sur** entlang, die bis zum östlichen Ende der Halbinsel führt und im östlichen Abschnitt Carretera Las Morlas heißt. Je weiter es nach Osten geht, desto weniger dicht ist die Bebauung. Allerdings entstehen hier auch die meisten Neubauten.

Sehenswertes

Außer dem Strand sind die Sehenswürdigkeiten an einer Hand abgezählt. An architektonischen Kostbarkeiten gibt es nichts, höchstens an Kuriositäten (Hotelbauten). Wer ältere Bauten sucht, sollte sich lieber an Matanzas und Cárdenas halten. Ein wenig historisches Flair strahlen noch die **karibischen Holzhäuser** aus dem romantischen Holzzeitalter an der Av. 1ra esq. 26, esq. 30 und esq. 48 aus. Die 1938 im Kolonialstil gebaute **Iglesia de Santa Elvira** an der Av. 1ra esq. 47 zählt zu den ältesten Gebäuden. Gegenüber steht ein Monument der Revolutionshelden der 50er-Jahre.

Das **Museo Municipal** in der Calle 57 esq. Playa liegt in einem sehenswerten Holzhaus aus dem Jahr 1921. Es zeigt Ausstellungen zu Lokalgeschichte, Sport und Naturwissenschaft. Daneben gibt es ein paar Kunstgegenstände und

Der goldene Sandstrand von Varadero erstreckt sich über stolze 20 km.

einen schönen Balkon mit Meerblick. ◷ Di–So 10–19 Uhr, Eintritt 1 CUC.

Der **Parque Josone** gegenüber ist ein idyllischer Landschaftspark mit kleinem See, Pavillons, Cafés und Restaurants. Alles wirkt sehr sauber und planvoll angelegt im Stil einer gepflegten englischen Grünanlage. Manchmal finden hier Shows statt (s. Anschlag am Eingang). Der Bootsverleih am See kostet 3 CUC pro Std. ◷ tgl. 9–23 Uhr.

Die **Mansion Xanadú**, die ehemalige Privatvilla des US-Magnaten DuPont, liegt 4 km weiter östlich und ist ein Vorzeigeobjekt vorrevolutionärer Dekadenz. Es wurde 1929 für die damals enorme Summe von 600 000 US$ konstruiert. In den großen Hallen, bestückt mit Marmor aus dem Vatikan und Möbeln aus wertvollen Hölzern aus Europa und dem Fernen Osten, strahlt der Prunk aus jedem Winkel. Chemie-Milliardär DuPont besaß neben seiner Residenz einen eigenen Flugplatz, Park, Golfplatz und eine Orgel für 1 Mill. US$. Die Bibliothek im Erdgeschoss ist heute ein exquisites Restaurant und auf dem Dach lockt eine Bar mit schönem Ausblick. ◷ tgl. 12–24 Uhr, Eintritt 3 CUC (inkl. Cocktail).

Im **Delfinario**, Autopista Sur KM 12, ✆ 0145-668031, gibt es tgl. zwei Shows (11 und 15 Uhr). Für schlappe 85 CUC kann man mit den Delfinen im Wasser planschen (9.30, 10.30, 11.30, 14 und 16 Uhr). ◷ tgl. 9–17 Uhr, Eintritt 10 CUC, Fotos 5 CUC, Videos 10 CUC.

Im Osten, bei der Autopista Sur KM 17, liegt das letzte Stück unverbaute Natur der Halbinsel. 1997 bekam das 3 km² große **Reserva Ecológica Varahicacos** Schutzstatus verliehen und blieb so von den um sich greifenden Bautätigkeiten verschont. Das Informationszentrum am Eingang bietet drei geführte Wanderungen an (3–5 CUC). Einer führt zur **Cueva de Ambrosio**, in der Ureinwohner gelebt haben sollen. 72 indianische Wandzeichnungen mit geometrischen Mustern, die einen prähistorischen Kalender darstellen könnten, legen davon Zeugnis ab. Ein anderer Weg passiert die Cueva de Musulmanes und der dritte und längste, bei dem man auch an einem riesigen, über 500 Jahre alten Kaktus vorbeikommt (**El Patriarca**), endet bei der Laguna Mangón. Dort liegt die Playa Las Calaveras, einer der unberührtesten Strandabschnitte.

Cayo Piedras del Norte liegt 8 Seemeilen nördlich vom Schutzgebiet und ist ein Unterwasserpark mit versunkenen Schiffen und Flugzeugen, u. a. einer 102 m langen Fregatte. Dorthin werden Tauchausflüge angeboten.

Übernachtung

Privatunterkünfte sind in Varadero leider verboten (dennoch gibt es ein paar illegale Anbieter). Der Staat besitzt das absolute Unterbringungs-Monopol und fürchtet wohl die Konkurrenz der Privatanbieter, was eigentlich unnötig ist, da die meisten Urlauber sowieso All-Inclusive buchen. Für die wenigen Individualtouristen gibt es kaum Alternativen zu den Hotels der mittleren und gehobenen Preisklasse. Backpacker können aber auf eine günstige Privatpension im benachbarten Cárdenas ausweichen (s. S. 357) und dann die 15 km pendeln.

Die **günstigeren Hotels** befinden sich alle im Ort Varadero. Östlich der Calle 64 nehmen dagegen Preisniveau und Konzentration an All-Inclusive-Tempeln merklich zu. Diese sind oft dermaßen abgeschottet, dass man ohne die hoteleigenen Armbänder nicht mal das Eingangstor passieren darf. Insbesondere östlich des Delfinarios entstehen noch weitere Hotelbauten, so dass es hier evtl. zu Baulärm kommen kann.

Zum **Standardangebot jedes Mittel- und Oberklasse-Hotels** gehören mehrere Restaurants (auch Buffet) und Bars, Pool, Geldwechsel, Safe und Geschäfte. Die meisten haben außerdem Post, Reisebüro, Disco, Autovermietung, Sauna, Whirlpool,

Pauschal oder pleite

Die meisten Reisenden kommen mit einem bereits von zu Hause aus gebuchten Pauschalpaket unter; die einzig finanzierbare Art, wenn man keine prall gefüllte Brieftasche hat. Denn im Durchschnitt bewegen sich die Preise der Luxushotels zwischen 100–180 CUC für ein EZ und 150–250 CUC für ein DZ (pro Nacht).

Krankenstation, Parkplatz und Taxistand. Vor allem die gehobenen Hotels bieten zudem ein breites Animationsprogramm an. Die **Standard-Zimmerausstattung** besteht aus Bad, AC und TV. Bei den gehobenen Hotels gehört oft noch Terrasse/Balkon, Telefon, Radio, Safe und Minibar dazu.

Beim **Sportprogramm** übertreffen sich die großen Hotels gegenseitig: Ob Volleyball, Basketball, Tischtennis, Tennis, Billard, Sauna, Massage, Fitness-Center, Badminton, Windsurfen, Segeln, Kajak oder Wasserski – die meisten haben alles oder zumindest vieles im Programm. Viele bieten auch Taucheinführungen im Pool und eine **Betreuung für Kinder** von 4–12 Jahren. Sauna, Massage, Safe, weitere Tauchstunden und motorisierte Sportgeräte müssen dagegen oft als Extraleistungen zusätzlich bezahlt werden. Die Hotels werden im Folgenden **von West nach Ost** gelistet und es sind nur ihre Besonderheiten hervorgehoben. Für weitere Informationen leisten Internet und Hochglanzbroschüren der Reiseveranstalter gute Dienste.

Preiswert (bis 75 CUC/DZ)

Acuazul-Varazul, Av. 1ra e/13 y 15, ☎ 0145-667132, 🖥 www.islazul.cu. 78 einfache DZ und 79 Apartments mit Küche und Balkon. Pool. ❹

Villas Sotavento, Camino del Mar esq. 14, ☎ 0145-667132, 🖥 www.islazul.cu. 39 Apartments mit insgesamt 108 Zimmern. Ideal für Familien und Leute, die schnell Kontakt zu anderen Touristen suchen. ❺

Mar del Sur, Av. 3ra y 30, ☎ 0145-612246 und 667481, 🖥 www.islazul.cu. Hässlicher Hotelklotz mit 323 DZ, davon 141 Apartments mit Küche und Wohnzimmer sowie 42 Studio-Apartments. Sehr großer Pool, Kinderspielplatz. Großes Angebot an Infrastruktur für diese Preiskategorie. ❹–❻

Herradura, Av. Playa e/35 y 36, ☎ 0145-613703 und 667214, 🖥 www.islazul.cu. 78 große DZ, z. T. mit Balkon und TV. Das hufeisenförmige Gebäude zählt nicht gerade zu den architektonischen Perlen und hat keinen Pool, dafür ist aber kein anderes Hotel dermaßen dicht ans Meer gebaut. ❹–❺

Villa La Mar, Av. 3ra y 29, ☎ 0145-613910, ⌨ www.islazul.cu. 264 DZ mit Terrasse oder Balkon. Eines der wenigen Hotels, in dem auch kubanische Gäste ihren Urlaub verbringen. Diese gesunde Mischung sollte im ganzen Land weiter verbreitet werden. Restaurant, Bar, Pool. ❹

Ledo, Av. Playa y 43, ☎ 0145-613206, ⌨ www.islazul.cu. Klein und gemütlich (20 DZ). Nicht viel Komfort, aber recht günstig. ❹

Pullman, Av. 1ra e/49 y 50, ☎ 0145-612702, ⌨ www.islazul.cu. Das kleinste Hotel in Varadero (15 schöne DZ) sieht aus wie ein kleiner Schlossturm. Sehr angenehme Atmosphäre und recht großer Anteil an Backpackern. Kein Pool. ❺

Dos Mares, Av. 1ra y 53, ☎ 0145-612702, ⌨ www.islazul.cu. Kleines Hotel mit viel Privatatmosphäre, Rundbögen und Dachziegel verleihen ihm ein wenig koloniales Ambiente. 33 etwas dunkle DZ, Restaurant, Bar, kein Pool. ❺

Mittlere Preisklasse (bis 150 CUC/DZ)

Oasis, Vía Blanca 5 km westlich von Varadero, ☎ 0145-667380 und 613911, ⌨ www.islazul.cu. Architektonisch ansprechende Bungalowanlage mit 147 DZ. Super-Sportangebot (allein 5 Tennisplätze mit Flutlicht) und stündlicher Shuttle-Bus in die Stadt. Ziemlich kleiner Pool, Whirlpool. Der Strandabschnitt zählt nicht zu den besten. Insgesamt ist der Preis überhöht. ❼

Playa Caleta, Av. Kawama final, ☎ 0145-6671-20, -21, ⌨ www.hotelesc.es. 255 DZ in hässlichem 7-stöckigem Hauptgebäude, doch guter Komfort und breite Infrastruktur. Tolle Poollandschaft. 3x tgl. Shuttle-Bus in den Ort. ❻ – ❼

Club Karey, Av. Kawama y 0, ☎ 0145-667296, ⌨ www.gran-caribe.com. Hübsches Hotel im Hacienda-Stil. 107 DZ in 2-stöckigen Gebäuden.

Villa Tortuga, Calle 7 e/Camino de Mar y Av. Kawama, ☎ 0145-614747, ⌨ www.gran-caribe. com. Die riesige Anlage ist angenehm mit Grün aufgelockert, riesiger Pool, umfangreiches Sportangebot. 281 DZ. ❼

Sunbeach, Calle 17 esq. 2, ☎ 0145-667490, ⌨ www.hotetur.com. 272 DZ, davon 174 mit Balkon und Terrasse. Großer Pool, aber hässlicher Bau. ❼

Club Tropical, Av. 1ra y 21, ☎ 0145-613915 und 6671-45, -46, ⌨ www.cubanacan.cu. Moderner 3–4-stöckiger Hotelbau mit großem Pool, 173 DZ. Überteuert. ❼

Los Delfines, Av. Playa e/39 y 40, ☎ 0145-6677-20, -21, ⌨ www.islazul.cu. Schönes klosterähnliches Gebäude direkt am Strand, das ein bisschen Kolonialatmosphäre aufkommen lässt. 100 große DZ. ❻ – ❼

Mercure Cuatro Palmas, Av. 1ra e/60 y 62, ☎ 0145-667040, ⌨ www.gran-caribe.com. 316 DZ und 8 Suiten im schönen Hotelgebäude oder in Bungalows. Angenehme Lage, gegenüber befinden sich das Centro Comercial Caiman und der Parque Johnson. ❼

Palma Real, Av. 2da y 64, ☎ 0145-614555, ⌨ www.hotetur.com. 466 DZ in einem 2- und einem 5-stöckigen Gebäude. Wenig gelungene Bau- und Farbkomposition, aber großes Angebot und viel Komfort. Gleich um die Ecke liegt die Disco Havanna Club. ❼

Internacional, Av. Las Américas KM 1, ☎ 0145-6670-38, -39, ⌨ www.gran-caribe.com. Das ehemalige Hilton war das erste Hotel in Varadero und liegt an einem der besten Strandabschnitte. Hier tummelte sich in den 30er-Jahren die amerikanische High-Society. Trotz seiner Tradition ist der 4-stöckige Bau (162 DZ) nicht gerade ein architektonischer Leckerbissen, neben dem Palma Real aber die am ehesten finanzierbare Option für Leute, die Komfort suchen, ohne ein Paket gebucht zu haben. Hat eines der besten Cabarets Kubas, das Continental. ❼

Oasis Las Morlas, Av. Las Américas KM 1, ☎ 0145-667233, ⌨ www.hotelesoasis.com. Hübsche Anlage mit großem Pool sowie schönem Garten mit vielen Palmen. 148 DZ auf 4 Etagen.

Club Coralia Playa de Oro, Carretera Las Morlas KM 12,5, ☎ 0145-668566, ⌨ www.accorhotels.com. In diesem 5-stöckigen futuristischen Bau befinden sich

385 DZ. Hat eines der umfangreichsten Sportprogramme. ❼

Oasis Turquesa, Carretera Las Morlas KM 12,5, ☎ 0145-6684-71, -72, -73, -74, 🖳 www.hotelesoasis.com. 268 DZ in 36 Bungalows. Großer Pool. ❼

Obere Preisklasse (ab 150 CUC/DZ)
Im Ort

Club Puntarenas, Av. Kawama final, ☎ 0145-667125, 🖳 www.gran-caribe.com. 255 DZ, teilweise im hässlichen, 9-stöckigen Hauptgebäude. Viele Familien, riesiger Pool, gutes Sportangebot. Hausdisco La Salsa. ❼

Villa Punta Blanca, Mitte der Av. Kawama, ☎ 0145-667004, 🖳 www.islazul.cu. Zahlreiche einstöckige Villen erstrecken sich weitläufig am Strand, 268 DZ. ❼

Club Kawama, Av. Kawama y 0, ☎ 0145-6144-16, -17, 🖳 www.gran-caribe.com. 1–2-stöckige Villen im mediterranen bis kolonialen Baustil wechseln auf einem riesigen Gelände mit modernen Trakten – architektonisch sehr gelungen. Die 336 schönen DZ sind z. T. behindertengerecht. Mehrmals tgl. Bus in die Stadt. Großes Sportangebot und großer Pool. ❼

Club Barlavento, Av. 1ra e/9 y 12, ☎ 0145-667140, 🖳 www.hotelesc.com. 276 komfortable DZ in 2–3-stöckigen Gebäuden im mediterranen Stil. Behindertengerecht und kinderfreundlich. Großer Pool, viel Sport und Animation. ❼

Arenas Blancas, Calle 64 e/1 y Autopista, ☎ 0145-614450, 🖳 www.gran-caribe.com. 354 DZ und 4 Suiten, z. T. behindertengerecht. Riesige schöne Poollandschaft. Babysitter und Kindergarten. ❼

Östlich vom Ort

Barceló Solymar, Beginn der Av. Las Américas, ☎ 0145-614499, 🖳 www.barcelosolymar.com. Zum großen Hauptgebäude (332 DZ) kommen mehrere Villen mit je 4 Zimmern (193 insgesamt). Familienfreundlich. ❼

Villa Cuba, Av. Las Américas KM 1,5, ☎ 0145-668280, 🖳 www.gran-caribe.com. Protziger All-Inclusive-Tempel mit 365 DZ, darunter auch behindertengerechte. Die

Meliá Varadero, Autopista Sur KM 7, ☎ 0145-6670-13, -34, 🖳 www.solmeliacuba.com. Das sternförmige Hotel mit seinen 490 gehobenen DZ fällt schon von Weitem auf und zählt zu den komfortabelsten in Kuba. Bereits beim Betreten der Lobby wird einem vor lauter Luxus schwindlig. Wasserfälle und gläserne Lifte leuchten, es strahlt prunkvoll an allen Ecken und Enden und herabhängende Tropenpflanzen machen die Eingangshalle zu einem botanischen Garten. Großer Pool. ❼

Gebäude (auch 23 Villen mit Wohnzimmer und Küche) verteilen sich auf sehr großem Areal. Großer Pool. ❼

Sol Club Sirenas-Coral, Av. Las Américas esq. K, ☎ 0145-668070 und 667240, 🖳 www.solmeliacuba.com. Riesiger, durch Parks aufgelockerter Gebäudekomplex mit 660 schönen DZ. Sehr kinderfreundlich. Breites Sport- und Animationsprogramm und kulinarische Vielfalt. Riesiger Pool. Viele deutsche Gäste. ❼

Tuxpán, Av. Las Américas KM 3, ☎ 0145-667560, 🖳 www.cubanacan.cu. 233 DZ, breites Sportangebot. Gäste haben freien Eintritt zur berühmten Hausdisco La Bamba. Das Essen hat einen sehr guten Ruf. ❼

Meliá Las Américas, Autopista Sur KM 7, ☎ 0145-667600, 🖳 www.solmeliacuba.com. 220 DZ und 120 Suiten (sogar zwei Präsidentensuiten). Die luxuriöse Anlage im griechisch-römischen Stil wirkt sehr geschmackvoll. In der Nähe liegt das Einkaufszentrum Plaza América. Breites Sportangebot, mehrere Pools. Man hat auch direkten Zugang zum Golf-Club. Babysitter. ❼

Sol Palmeras, Autopista Sur KM 8, ☎ 0145-667009, 🖳 www.solmeliacuba.com. Hufeisenförmiger Komplex in schöner und ruhiger Lage, von üppigem Grün umgeben. 375 DZ, 32 Suiten und 200 Bungalows mit je 4 Wohneinheiten. Großer Pool. Viele Sportmöglichkeiten. Die prächtige Hotellobby lädt zum Verweilen ein. Shuttle-Bus nach Varadero. ❼

Oasis Playa Varadero 1920, Autopista Sur KM 11, ☎ 0145-668288, 🖥 www.gaviota-grupo.com. Ein Teil der 534 DZ befindet sich im Hotelkomplex, andere in kleinen Villen. Umfangreiche Sportmöglichkeiten und viel Animation, zudem liegt das Cabaret Cueva del Pirata gleich um die Ecke. ➐

Oasis Brisas del Caribe, Carretera Las Morlas KM 12,5, ☎ 0145-668030, 🖥 www.hoteleosasis.com. 440 DZ und 4 Suiten. Viel Sport und Animation (auch für Kinder). Recht origineller Bau in einem riesigen Park. ➐

Arenas Doradas, Carretera Las Morlas KM 12,5, ☎ 0145-668150, 🖥 www.hotelesc.com. 316 DZ in mehreren 2-stöckigen Gebäuden. Schöne Parkanlage. Architektonisch leicht orientalisch angehaucht. Busservice nach Varadero. Breites Sport- und Animationsprogramm. ➐

Iberostar Taínos, Carretera Las Morlas KM 12,5, ☎ 0145-668656, 🖥 www.iberostar.com. 272 komfortable DZ. Die Hotelanlage im Stil eines karibischen Dorfes liegt irgendwo zwischen kitschig und originell. ➐

Meliá Las Antillas, Carretera Las Morlas KM 14, ☎ 0145-668470, 🖥 www.solmeliacuba.com. 350 sehr elegante und komfortable Suiten. Große Parkanlage und großer Pool. Gilt als bestes Familien-Resort. ➐

Blau Varadero, Carretera Las Morlas KM 14, ☎ 0145-667545, 🖥 www.blauhotels.com. Luxuriöser und bombastisch-futuristischer Bau mit 395 schönen DZ. Da lässt natürlich auch das Sportangebot nichts vermissen. ➐

Aguas Azules, Carretera Las Morlas KM 14, ☎ 0145-668243, 🖥 www.hotelesc.com. Riesiger, nicht besonders attraktiver Gebäudekomplex mit 411 DZ, 6 Suiten und 8 Junior-Suiten. Gutes Unterhaltungsprogramm, umfangreiche Sportmöglichkeiten. Nebenan liegt der Mambo-Club. Shuttle-Bus nach Varadero. In der Umgebung wird viel gebaut. ➐

Sandals Royal Hicacos, Carretera Las Morlas KM 15, ☎ 0145-668844, 🖥 www.sandalshicacos.com. 404 Suiten mit allem erdenklichen Luxus. Nur für Paare. Schöne Poollandschaft. Großes Sport- und Wassersportangebot. ➐

Iberostar Varadero, Carretera Las Morlas KM 16, ☎ 0145-669999, 🖥 www.iberostar.com. Hübsch gestaltete Anlage im Kolonialstil

Meliá Paradisus Varadero, Punta Rincón Francés, ☎ 0145-668700, 🖥 www.solmeliacuba.com. Luxus vom Feinsten inmitten einer wunderschönen großen Parkanlage. Teuerstes und vielleicht bestes Hotel Varaderos mit 421 luxuriösen DZ in 2-stöckigen Villen. Das Sport- und Animationsangebot lässt nichts zu wünschen übrig und auch kulinarisch überzeugen die zahlreichen Restaurants auch anspruchsvolle Gaumen. ➐

mit schönem Garten. 324 noble DZ und 62 Suiten. ➐

Tryp Península Varadero, Parque Natural Punta Hicacos, ☎ 0145-668800, 🖥 www.solmeliacuba.com. Nette Anlage mit 2-stöckigen Gebäuden und stolzen 591 DZ. Schön gelegen, tolles Angebot für Kinder. ➐

Sirenis La Salina, Av. Las Américas KM 2, ☎ 0145-667599, 🖥 www.hotelsirenislasalina.com. Erst 2007 errichtetes Hotel mit sage und schreibe 1035 eleganten DZ. Breites Sport- und Animationsprogramm. Weitläufige Gartenanlage mit schöner Poollandschaft.

Iberostar Playa Alameda, Carretera Las Morlas KM 19,5, ☎ 0145-668822, 🖥 www.iberostar.com. Schönes Luxus-Hotel im Stil einer römischen Tempelanlage mit 391 DZ und dem für die Kette gewohnt breiten Angebot an Infrastruktur und Sportmöglichkeiten. Familienfreundlich. ➐

Paradisus Princesa del Mar, Carretera Las Morlas KM 19,5, ☎ 0145-667200, 🖥 www.solmeliacuba.com. 434 prächtige Suiten, umgeben von Luxus, der nichts zu wünschen übrig lässt. Nur für Paare.

Barceló Marina Palace, Ostende der Halbinsel, ☎ 0145-669966, 🖥 www.barcelomarinapalace.com. 548 edle Suiten. Schöne Architektur und Poollandschaft. Großes Wassersportangebot. ➐

Essen

Legale Paladares gibt es in Varadero nicht, dafür eine große Anzahl von Restaurants verschiedener nationaler Küchen, vom kleinen Imbiss bis hin zum gehobenen Gourmet-Tempel.

Varadero und Umgebung

Die kulinarische Abwechslung ist hier größer als überall sonst auf der Insel (außer Havanna), da auch internationale Gerichte in den Töpfen brutzeln. Völlig unüblich für Kuba hängt hier bei vielen Restaurants schon draußen eine Speisekarte aus. Angebote in Moneda Nacional sind zwar rar, doch sorgt die große Konkurrenz für eine Reihe günstiger Angebote. Die meisten der gehobenen Hotels lassen auch Nichtgäste an ihre hervorragenden Buffets (10–15 CUC, vorher anrufen). In der Regel sind die Restaurants täglich von 11–23 Uhr geöffnet, sie werden von West nach Ost gelistet.

Restaurants

Castel Nuovo, Av. 1ra esq. 11. Spezialität ist Pizza. Es gibt aber auch Menüangebote aus einem Hauptgericht, 2 Getränken und Dessert für 7 CUC.

Mi Casita, Camino del Mar e/11 y 12. Hübsches kleines Restaurant im Bungalowstil. Insbesondere Meeresfrüchte.

Arrecife, Camino del Mar esq. 12. Günstige Meeresgerichte (ab 7 CUC) in schöner Strandlage.

El Criollo, Av. 1ra esq. 18. Typisch kubanische Gerichte zu recht günstigen Preisen (um 5 CUC).

Lai Lai, Av. 1ra esq. 18. Chinarestaurant in einer eleganten Villa mit Gerichten um 10 CUC.

Steakhouse El Toro, Av. 1ra esq. 25. Wer's deftig liebt und satt werden will, ist hier richtig. Dicke Steaks füllen für günstige Preise die Teller.

Pizzería La Góndola, Av. 1ra esq. 25. Schöne Einrichtung und gute italienische Speisen um 3 CUC.

Guamairé, Av. 1ra e/26 y 27. Im schönen Holzhaus kann man Krokodilfleisch probieren (10 CUC). Andere Gerichte kosten mit Beilagen 5–7 CUC.

El Coral, Av. 1ra esq. 30. Vielfältiges Angebot von Hähnchen über Rindfleisch bis hin zu Pizza (um 5 CUC).

La Vega, Av. Playa esq. 31. Schönes Holzgebäude mit edler Innenausstattung und Terrasse zum Meer. Leckere Fischspezialitäten.

El Idilio, Av. 1ra esq. 32. Ist als eines der wenigen Peso-Restaurants unschlagbar günstig: Einfache Hühnchen- und

Esquina Cuba, Av. 1ra esq. 36. Breite Preisspanne: Einfache, aber gut schmeckende Fleischgerichte (darunter *Ropa Vieja*) beginnen bei 5 CUC. Musiklegende Compay Segundo schaute hier regelmäßig vorbei. Die historischen Varadero-Fotos an den Wänden verleihen dem Laden Ambiente.

La Vicaria, Av. 1ra esq. 37. Abends gut gefüllt. Gemessen am Preis-Leistungs-Verhältnis wohl eines der besten Restaurants. Nette Biergarten-Atmosphäre.

Schweinefleischgerichte für umgerechnet 1 CUC. ⏰ 24 Std.

El Bodegón Criollo, Av. Playa esq. 40. Hübsches Gebäude am Strand im Bodeguita del Medio-Stil, d. h. mit Graffitis an den Wänden wie in Havannas berühmter Kneipe. Gutes Essen (auch Rind) zu vernünftigen Preisen.

Pizzeria Capri, Av. Playa esq. 43. Günstige Pizza oder Spaghetti.

Chong Kwok, Av. 1ra y 55. Kleines und gemütliches koreanisches Restaurant. Chop Suey und Hühnchengerichte für 3–5 CUC. Languste süß-sauer für 13 CUC.

Die **Restaurants des Parque Josone** haben alle ein sehr nettes Ambiente, sind aber auch ziemlich teuer.

El Rancho, Av. 1ra esq. 58. Restaurant im Holzhaus-Stil mit rustikalen Gerichten ab 5 CUC.

Antigüedades, Av. 1ra esq. 59. Ist nicht nur ein Gaumen-, sondern auch ein Augenschmaus, denn es macht seinem Namen alle Ehre und ist im Innern über und über mit Antiquitäten und alten Fotos von Hollywood-Stars bestückt. Da wundert es nicht, dass die Preise zwischen 10–25 CUC liegen.

Albacora, Calle 60 y Playa. Spezialität Meeresfrüchte. Schöne Lage mit Terrasse direkt am Strand. Es gibt ein „Todo el dia"-Angebot: 2 Gerichte, Cocktail, Livemusik und Bootsverleih für 12 CUC.

Mallorca, Av. 1ra e/61 y 62. Spezialität Paella (14 CUC für 2 Pers.). Große Portionen. Andere Fisch- und Fleischgerichte für 6–8 CUC, Languste 25 CUC.

(Seitenleiste links: **Varadero und Umgebung**)

Casa del Queso La Fondue, Av. 1ra esq. 62. Fonduegerichte von 7–20 CUC. Große Auswahl an Weinen.

La Barbacoa, Av. 1ra esq. 64. Steakhaus mit „All you can eat"-Angeboten um 10 CUC. Ansonsten Fisch- und Fleischgerichte zwischen 5–14 CUC und einige günstige Kombinationen für 3–4 CUC.

Mesón del Quijote, Av. Las Américas KM 1, ☏ 0145-667796. Angesagte spanische Küche ab 4 CUC. Rustikales Interieur, daneben steht eine Reiterstatue von Don Quijote. Reservierung empfohlen.

Las Américas, Carretera Las Américas KM 8,5, ☏ 0145-667750. Das Luxusrestaurant im Mansion Xanadú ist das edelste (und teuerste), was Varadero zu bieten hat.

Snack-Bars und Cafeterías

Rico y Barato, Av. 1ra esq. 8. Günstige Snack-Bar mit Hamburgern, Pizza, Sandwiches.

Snack-Bar La Arboleda, Av. 1ra esq. 18. Bis auf die Getränke in Moneda Nacional. ⏲ 24 Std.

Cafetería El Caribeño, Av. 1ra esq. 18. Günstige Snacks. ⏲ 24 Std.

FM 17 und FM 27, Av. 1ra esq. 17 bzw. 27. Günstige Snack-Bars. ⏲ 24 Std.

Casa de la Miel, Av. 1ra e/25 y 26. Eis und Snacks.

Doña Yulla, Av. 1ra esq. 32. Einfache Gerichte in Moneda Nacional.

Coppelia, Av. 1ra e/44 y 46. Eis in Devisen. ⏲ tgl. 14–22 Uhr.

El Rápido, Av. 1ra esq. 47. Fast-Food. ⏲ tgl. 24 Std.

Cafetería La Vigía, Av. 1ra e/48 y 49. Sehr nett, schöne Wandgemälde. ⏲ 24 Std.

Nachtleben

Das Nachtleben findet zu großen Teilen in den Clubs und Cabarets der Hotels statt, doch auch im Ort gibt es einige Vergnügungsstätten. Bei einigen Clubs ist schicke Kleidung angesagt, wenn man dabei sein will. Auch die Rubriken Nachtleben und Kultur werden von West nach Ost gelistet.

Discos und Live-Musik

La Salsa, Club Puntarenas. Touristen sind hier weitgehend unter sich.

Karaoke 440, Av. 1ra e/14 y 15. Hier wird – richtig geraten – Karaoke geboten, ebenso wie im **La Descarga** neben dem Club Kawama oder im **Splash** vor dem Club Puntarenas.

La Red, Av. 3ra e/29 y 30. Am Wochenende eine ungewöhnlich gut ausgewogene Mischung von Einheimischen und Touristen. Eintritt 3 CUC.

El Castillito, Av. Playa esq. 49. Heiße Rhythmen direkt am Strand. Eintritt 3 CUC.

Centro Cultural Artex, Av. 3ra esq. 60. Di–So Live-Musik ab 22 Uhr. Mit **Piano Bar La Noche Azul**.

Havana Club, Av. 2da esq. 63. Größte Disco der Stadt und meist gut gefüllt (auch Kubaner). Hier ist jedoch die Anmache mitunter penetrant. Eintritt 10 CUC (inkl. aller Getränke).

Centro de Convenciones, Plaza América. Jeden Mittwoch treten Mitglieder der legendären Band Buena Vista Social Club auf. Eintritt 30 CUC.

Mambo Club, Carretera Las Morlas KM 14, ☏ 0145-668565. Hat einen fast schon legendären Ruf. Hier spielen des Öfteren Live-Bands Jazz aus den 50ern. ⏲ tgl. ab 23 Uhr, Eintritt 10 CUC (inkl. Getränke).

Bars

Benny, Camino del Mar e/12 y 13. Fotos der Musiklegende Benny Moré zieren die Wände und auch aus den Boxen ertönt kubanische Musik aus den 50er- und 60er-Jahren. Große Auswahl an günstigen Cocktails.

Bolero Record, Av. Playa esq. 46. Mischung aus Café und Sportzentrum. Es gibt eine Bowlingbahn (2 CUC) und Billardtische. ⏲ 24 Std.

La Casona, Av. 1ra esq. 52. Dunkle kleine Bar mit gezapftem Bier und günstigen Cocktails. Billardtisch. Gegenüber, im Hotel Dos Mares, gibt es eine gemütliche und stimmungsvolle Bar.

Top-Club

La Bamba, Hotel Tuxpán (2 km östlich des Ortes). Es heißt, dies sei eine der besten Diskotheken Kubas. Dazu kommen Live-Auftritte von Top-Stars. Eintritt 10 CUC (inkl. *all you can drink*).

Luxus-Kneipe

Mirador, Autopista Sur KM 7. Allein das edle Ambiente der im OG der DuPont-Villa gelegenen Bar lohnt den Abstecher. Die schöne Aussicht lässt sich vor allem bei Sonnenuntergang genießen. Dazu passt die Happy Hour von 17–19 Uhr. Eintritt 2 CUC.

Pianobar La Noche Azul, Av. 3ra esq. 60. Stilvolles Ambiente.
Snack-Bar Calle 62, Av. 1ra esq. 62. Hier gibt es zwar auch billige Snacks für 1–2 CUC, vor allem aber viel Alkohol und abendliche Live-Musik unter freiem Himmel. ⏱ 24 Std.

Unterhaltung und Kultur
Cabaret
Anfiteatro Varadero, Vía Blanca esq. Autopista Sur (am westlichen Ortseingang), ✆ 0145-619938.
Mediterraneo, Calle 54 e/Playa y 1. Tgl. ab 22 Uhr Open-Air-Show. Sonntags ist afrokubanischer Tanz angesagt, danach Disco. Eintritt 10 CUC (inkl. Drinks) oder 25 CUC (inkl. Buffet). Reservierung ab 18.30 Uhr unter ✆ 0145-612460.
Im **Parque Josone** gibt es des Öfteren am Wochenende afrokubanische Shows (auf Aushänge achten).
Habana Café, Av. de las Américas (2 km östlich der Stadt), ✆ 0145-668070. Mit den Schwarz-Weiß-Fotos an den Wänden und dem alten Schlitten im Wohnzimmer fühlt man sich in die 50er-Jahre versetzt. Abends tritt ein gut besuchtes Cabaret auf, mit anschließender Disco. Eintritt 10 CUC.

Varaderos beste Show

Continental, Hotel Internacional, ✆ 0145-667038. Die beste Show Varaderos hat zwar noch nicht die Perfektion des Tropicana, reicht aber schon nahe heran. Sie beginnt Di–So um 22 Uhr und kostet 25 CUC (40 CUC mit Abendessen). Reservierung unbedingt erforderlich. Nach der Show folgt eine Disco.

Cueva del Pirata, Autopista Sur KM 11, ✆ 0145-667751. Abgefahrene Piraten-Show in einer Höhle, danach Disco. ⏱ Mo–Sa ab 21 Uhr, Eintritt 10 CUC (inkl. Getränke für 5 CUC).

Sonstiges
Casa de la Cultura, Av. 1ra esq. 34. Kulturveranstaltungen unter freiem Himmel. Manchmal werden Tanzkurse angeboten.
Cine Varadero, Av. Playa e/42 y 43. Eintritt 2 CUC.
Cine Hicacos, Carretera Cardenas y 7, Santa Marta, ✆ 0145-619484.

Einkaufen
Auch Varadero bietet keine Konsummeilen à la USA oder Westeuropa, doch für kubanische Verhältnisse lässt es sich hier gut shoppen. Die meisten Läden konzentrieren sich im östlichen Drittel der Stadt, also östlich vom Parque Central. Auch hat fast jedes Hotel einen oder mehrere Souvenirläden.

Einkaufszentren
Todo en uno, Calle 54 esq. Autopista. Es gibt ein Lebensmittelgeschäft mit großer Auswahl, ⏱ tgl. 9–21 Uhr, einen 24 Std. geöffneten Rápido, sowie Billard, Bowling und Shuffle-Puck.
Centro Comercial Caimán, Av. 1ra e/61 y 62. ⏱ tgl. 9–19 Uhr.
Centro Comercial Copey, Av. 3ra e/61 y 63. ⏱ tgl. 9–17 Uhr.
Centro de Convenciones Plaza América, 7 km östlich des Zentrums. Varaderos größte Ladenmeile ist die beste Adresse für Markenklamotten und das obligatorische Che-T-Shirt. Außerdem befindet sich hier ein Tabakladen, ein Artex-Laden mit Musik und die Galerie des Fondo de Bienes Culturales. ⏱ tgl. 9–20 Uhr.

Souvenirs
Librería Hanoi, Av. 1ra esq. 44. Spanisch- und englischsprachige Literatur, CDs, Musikkassetten und Souvenirs. ⏱ tgl. 9–21 Uhr.
Artex, Av. 1ra y 46. Großes Musikangebot. Weiterer Laden in der Av. 1ra y 35. ⏱ tgl. 9–21 Uhr.

Galería de Arte, Av. 1ra e/59 y 60. Bilder, Kunstgegenstände und Keramik. In der Keramikwerkstatt nebenan kann man den Künstlern bei der Arbeit zuschauen. ⊙ tgl. 9–19 Uhr.

Kunsthandwerksmarkt, Av. 1ra esq. 61. ⊙ Mo–Sa 9–18 Uhr. Ebenso am Parque Central sowie an der Av. 1ra esq. 12, esq. 46 und esq. 57. ⊙ tgl. 9–20 Uhr.

Kawama Sport, Av. 1ra y 61. Sportartikel. ⊙ tgl. 9–19 Uhr.

Casa del Habano, Av. 1ra esq. 63. Reichhaltiges Zigarrenangebot. Weiterer Laden auf der Av. 1ra esq. 39. ⊙ tgl. 9–19 Uhr.

Max Musik, Calle 63 e/1 y 2. Breite Auswahl an CDs. ⊙ tgl. 9–19 Uhr.

Casa del Ron, Av. 1ra esq. 63. Große Auswahl an Rumsorten. ⊙ tgl. 9–21 Uhr.

Bazar Cuba, Av. 1ra esq. 64. Große Souvenir-Auswahl.

Joyería Coral Negro, Av. 2da y 63. Edle Schmuckwaren und Parfüm. ⊙ tgl. 10–20 Uhr.

Lebensmittel

Supermercado La Ilusion, Av. 1ra esq. 28. ⊙ Mo–Sa 9–19 Uhr.

Doña Neli, Av. 1ra esq. 43. Bäckerei. ⊙ 24 Std.

Aktivitäten

Es gibt in ganz Kuba keinen Ort mit so vielen Sportmöglichkeiten (darunter mehrere Tauch- und Wassersportzentren) wie Varadero. Viele bessere Hotels verleihen Tretboote, Kajaks und motorisierte Wassersportgeräte für 3–5 CUC/Std. Trotz des traumhaften Strandes ist Varadero mit Ausnahme der nahe gelegenen Cayos zum Schnorcheln nur bedingt geeignet.

Bootsausflüge

Varasub ist ein Glasbodenboot, das tgl. um 8, 10.30, 12 und 14.30 Uhr vom Club Puntarenas an der Laguna de Paso Malo abfährt. Der 90-minütige Ausflug in die Unterwasserwelt kostet 35 CUC inkl. Transfer (buchbar über Havanatur).

Marina Gaviota, östliches Ende der Halbinsel, ✆ 0145-6677-55, -56. Neben der Funktion als Jachthafen werden hier Segeltouren angeboten. Ein Ausflug nach Cayo Blanco und zum Korallenriff Rancho Cangrejo kostet 85 CUC (9–16.30 Uhr, inkl. Essen und Schwimmen mit Delfinen). Ein kürzerer Ausflug bis 13.30 Uhr oder eine Sonnenuntergangstour kosten 40 CUC.

Aquaworld Marina Chapelin, Autopista Sur KM 12, ✆ 0145-667550 und 667800. Eine **Seafari** auf einer Segeljacht nach Cayo Blanco kostet 75 CUC p. P. (inkl. Open Bar, Essen und Schnorcheln). Außerdem gibt es eine **Jungle-Tour**: 2-std. Ausflug inkl. halbstündigen Besuchs eines Wildgeheges für 39 CUC. Von 9–16 Uhr jede volle Stunde. Das Projekt steht unter deutscher Leitung, ✆ 0145-668440.

Fallschirmspringen

Centro de Paracaidismo, Vía Blanca KM 31 1/2 (beim alten Flughafen, südlich vom Ortsteil Kawama), ✆ 0145-667256. Bei günstigem Wetter tgl. 3 Sprünge (9.30, 11.30 und 14 Uhr, mind. 3 Pers.). Man springt im Tandem zusammen mit einem Profi. Der Spaß kostet 150 CUC, ein 36er-Film oder ein 10–15-minütiges Video des Sprungs zusätzlich je 50 CUC.

Golf

Varadero Golf Club, Carretera Las Américas, vor der DuPont Mansion, ✆ 0145-668482, ⌨ www.varaderogolfclub.com. 18 Löcher (par 72) auf einer Fläche von 67 Hektar. 9/18 Löcher kosten 48/70 CUC. Ab 17 Uhr gilt der Twilight-Tarif: 25 CUC für 9 Löcher. Das imposante schlossähnliche **Mansion Xanadú** dient als Clubhaus mit französischem Luxusrestaurant und Bar mit Aussichtsterrasse. Der überschwängliche Luxus des Gebäudes aus dem Jahr 1928 strahlt aus allen Ecken. Einen Tag vorher reservieren. ⊙ tgl. 7–19 Uhr.

El Golfito, Av. 1ra e/41 y 42. Minigolf mit günstiger Bar. ⊙ 24 Std., Eintritt 3 CUC.

Tauchen

Von Varaderos 32 Tauchstellen stechen die riesige Unterwasserhöhle Ojo de Mégano hervor sowie der Parque Marino de Cayo Piedras del Norte, auf dessen Grund eine Jacht, eine Fregatte und ein Transportflugzeug ruhen. **Centro Internacional de Buceo Barracuda**, Av. 1ra e/58 y 59, ✆ 0145-611852. ⊙ tgl. 8–17 Uhr.

Acua, Av. Kawama No. 201 e/2 y 3,
☎ 0145-6680-63, -64 und 614448.
Marina Gaviota, östliches Ende der Halbinsel,
☎ 0145-6677-55, -56. ⏱ tgl. 9–17 Uhr.

Touren

Viele Hotels haben ein oder mehrere
Reisebüros, die zahlreiche Ausflüge anbieten,
z. B. Cárdenas (25 CUC bzw. 39 CUC mit Fahrt in
Dampflok), Cuevas de Bellamar und Matanzas
(25 CUC), Tropicana Matanzas (49 CUC), Valle de
Yumurí (73 CUC mit Jeep-Safari), Río Canímar
(55 CUC bzw. 73 CUC mit Jeep-Safari),
Schweinebucht und Boca de Guamá (59 CUC),
Santa Clara (69 CUC), Trinidad und Cienfuegos
(71 CUC), El Nicho (91 CUC), Viñales (81 CUC)
oder Havanna Colonial (67 CUC, mit Show
Tropicana 129 CUC). Bei manchen Exkursionen
ist eine Mindestzahl von Teilnehmern notwendig
(vorher nachfragen).
Havanatur, Av. 3ra e/33 y 34, ☎ 0145-667027 und
667589. Zweigstellen sind in der Av. de las
Américas KM 3,5, in der Av. 1ra y 65 und in der
Av. Playa y 31. ⏱ tgl. 9–17 Uhr
Cubatur, Av. 1ra esq. 33, ☎ 0145-667217.
⏱ tgl. 9–20 Uhr.
Paradiso, Calle 27 e/1 y 3, ☎ 0145-614759 und
614877. Spezialisiert auf Kulturveranstaltungen.
⏱ tgl. 9–17 Uhr.

Sonstiges

Apotheken

Clínica Internacional, Av. 1ra esq. 61. Gut
sortierte Apotheke. ⏱ 24 Std. Weitere **Farmácia**
auf der Plaza de las Américas. ⏱ tgl. 9–21 Uhr.

Autovermietungen

Havanautos, Av. 1ra esq. 55, ☎ 0145-614465.
Zweigstelle in der Av. Kawama e/8 y 9,
☎ 0145-613733.
Cubacar, Av. 1ra esq. 31, ☎ 0145-667029.
Zweigstelle in der Av. 1ra esq. 54.
Auch am Flughafen und in einigen guten Hotels
haben die Leihfirmen Schalter.

Fahrrad- und Motorradverleih

Mofas kosten 9/12/15 CUC für 1/2/3 Std.
und 5 CUC für jede weitere Stunde. Ein ganzer
Tag schlägt mit 25 CUC zu Buche. Drahtesel

leiht man zu folgenden Tarifen: 2/4/6 CUC
für 1/2/3 Std. bzw. 15 CUC für einen ganzen
Tag. Entlang der Hauptstraße Av. 1ra
findet man in regelmäßigen Abständen
Leihstände.

Feste

Der **Karneval** Varaderos Ende Januar/Anfang
Februar ist mehr oder weniger eine
Touristenattraktion und mit dem Santiagos
oder Havannas nicht vergleichbar.

Filme und Fotoarbeiten

Photo-Service, Av. 2da esq. 63. Ein weiterer
auf der Av. 1ra esq. 42. ⏱ tgl. 9–21 Uhr.

Geld

BFI, Av. 1ra esq. 32.
Bandec, Av. 1ra e/35 y 36.
Banco de Ahorro, Calle 36 e/1 y Autopista.
Cadeca, Av. Playa e/41 y 42.
Asistur, Av. 1ra e/42 y 43, ☎/🖅 0145-667277.
⏱ Mo–Fr 9–16.30 Uhr.
In vielen Hotels kann man ebenfalls tauschen,
oft jedoch zu ungünstigeren Kursen.

Informationen

Infotur, Av. 1ra esq. 13, ☎ 0145-662960,
🖥 www.infotur.cu. Stadtpläne und Infos zu
Ausflügen. ⏱ tgl. 9–20 Uhr.

Internet

Etecsa, Av. 1ra esq. 30. ⏱ 24 Std.
Weitere Büros in der Av. 1ra y 13 und
in der Av. 1ra e/39 y 40. ⏱ Mo–Sa 9–20,
So 9–17 Uhr.

Medizinische Hilfe

Clínica Internacional, Av. 1ra esq. 61,
☎ 0145-6677-10, -11. ⏱ 24 Std.
Ópticas Miramar, Av. 1ra No. 4204 e/42 y 43,
☎ 0145-667525.
Krankenwagen: ☎ 0145-662306.

Post

Av. 1ra esq. 36. ⏲ Mo–Sa 8–19 Uhr.
Weitere Filiale an der Calle 64 e/1 y 2.
⏲ tgl. 9–19.30 Uhr.
DHL, Av. 1ra e/39 y 40. ⏲ Mo–Sa 9–17 Uhr.

Telefon

Etecsa, Av. 3ra esq. 18, Av. 1ra esq. 30 und
Av. 1ra esq. 15. ⏲ tgl. 8–21 Uhr.
Cubacel, Av. 1ra esq. 42. Verkauft Handys und
Zubehör. ⏲ Mo–Fr 8–17 Uhr.

Visaangelegenheiten

Inmigración, Av. 1ra esq. 39. ⏲ Mo–Fr 8–15.30,
Sa 8–11.30 Uhr.

Nahverkehr

Wer die Halbinsel zu Fuß erkunden will, braucht
gute Sohlen. Die Hauptstraße Av. 1ra durchzieht
den ganzen Ort, die Autopista Sur sogar die
ganze Halbinsel. In der Stadt kommt man noch
ganz gut zu Fuß zurecht, für die gesamte
Halbinsel braucht man allerdings einen
fahrbaren Untersatz. Die **Pferdefuhrwerke** sind
in Varadero eine Touristenattraktion und daher
nicht billiger als ein Taxi.
Taxis warten vor zahlreichen Hotels,
z. B. Taxi OK, ✆ 0145-614444 und 611616, oder
Cubataxi ✆ 0145-610555. Eine Fahrt durch
den ganzen Ort von Calle 1 bis 64 kostet rund
5 CUC.

Transport

Mit einem eigenen Wagen kann man bequem
Tagesausflüge unternehmen, z. B. nach
Cárdenas (15 km), Matanzas (35 km), Playa
Larga (105 km) und Havanna (140 km).

Selbstfahrer

Gerade in Varadero ist ein eigener Wagen sehr
praktisch, denn die Halbinsel zieht sich über
20 km entlang. Viele Hotels und auch die
Einkaufszentren haben eigene bewachte
Parkplätze. Tankstellen befinden sich an der
Vía Blanca (2 km vor der Brücke), an der
Autopista Sur y 17 und an der Autopista Sur y
54. An der Vía Blanca, 2 km westlich der Brücke
nach Varadero, kassiert ein Kontrollpunkt 2 CUC
Mautgebühren.

Varadero Beach Tour

Täglich von 9–19 Uhr pendeln Doppeldecker-
busse die gesamte Halbinsel entlang der Av.
Kawama, Av. 1ra, Av. Las Américas sowie Autopista Sur und halten alle paar Hundert Meter
an wichtigen Hotels und Sehenswürdigkeiten.
Für 5 CUC gibt es ein Tagesticket. Die genauen
Zeiten und Stopps stehen an jeder Haltestelle
und in Plänen, die die Reisebüros verteilen.

Busse

Busbahnhof, Calle 36 y Autopista, ✆ 0145-
612626 und 614886. ⏲ tgl. 7–18 Uhr. Einige
Hotels im Ort können von hier zu Fuß erreicht
werden. Ein Taxi zu den weiter abgelegenen
Hotels kostet abhängig von der Entfernung
5–10 CUC.

Verbindungen Víazul

HAVANNA (8 und 11.25 Uhr, 3 Std., 10 CUC).
Fährt über FLUGHAFEN VARADERO und
MATANZAS (jeweils 6 CUC). In der Hauptsaison
stehen evtl. zusätzliche Busse um 15.30 und
18 Uhr zur Verfügung, letzterer mit zusätzlichem
Stopp in Guanabo (PLAYAS DEL ESTE).
SANTIAGO DE CUBA (21.25 Uhr, ca. 15 Std.,
50 CUC). Fährt über CÁRDENAS (6 CUC),
COLÓN (6 CUC), SANTA CLARA (11 CUC),
SANCTI SPÍRITUS (17 CUC), CIEGO DE ÁVILA
(19 CUC), CAMAGÜEY (25 CUC), LAS TUNAS
(33 CUC), HOLGUÍN (39 CUC) und BAYAMO
(44 CUC).
TRINIDAD (7.30 Uhr, 6 Std., 20 CUC). Fährt über
SANTA CLARA (11 CUC) und CIENFUEGOS
(16 CUC).
Auf einen **lokalen Bus** nach CÁRDENAS
wartet man am besten an der Autopista esq. 36
(Busbahnhof) oder esq. 17 (Tankstelle).
Ab 15.30 Uhr kommen hier regelmäßig Busse
vorbei, welche die Arbeiter zurück nach
Cárdenas bringen. Man bezahlt nur 1 CUC,
ein **Taxi** kostet hingegen rund 10 CUC.

Schiffe

Marina Puertosol Darsena, Vía Blanca KM 31,
westlich der Stadt, ✆ 0145-6680-60, -61, -62).
Hier oder an der **Marina Gaviota** im äußersten

Varadero und Umgebung

Osten der Halbinsel, ☎ 0145-667755, gehen Jachten vor Anker (anmelden über VHF 16 oder 68).

Flüge

Flughafen Juan Gualberto Gomez, 23 km westlich in Richtung Matanzas, ☎ 0145-613016 und 612133. Die Fahrt mit dem **Flughafenbus** zu den Hotels kostet 10 CUC (30–45 Min.). Viele Hotel- und Tourbusse holen ihre Gäste direkt vom Flughafen ab und haben eventuell noch ein paar Plätze frei. Ein Taxi bis nach Havanna kostet rund 60 CUC, bis nach Varadero 25 CUC. Günstiger ist der über den Flughafen fahrende Víazul-Bus nach Havanna (8.30 und 11.45 Uhr, 6 CUC) bzw. nach Varadero (10.30, 12.30 und 14.30 Uhr, 6 CUC).

Cubana, Av. 1ra e/54 y 55, ☎ 0145-6118-23, -24, bietet tgl. Flüge nach SANTIAGO DE CUBA (76 CUC) oder HOLGUÍN (90 CUC) sowie in einige Nachbarstaaten der Region. ⊘ tgl. 8–20 Uhr.

Cárdenas

Nur 15 km vom pulsierenden Varadero entfernt beginnt das ungeschminkte kubanische Leben. Die 100 000 Einwohner zählende Stadt Cárdenas liegt an der gleichnamigen Bucht und wirkt trotz ihrer Nähe zum strukturstarken Touristenpol Varadero ziemlich heruntergekommen. Die Einnahmen aus dem Tourismusgeschäft scheinen also kaum in Richtung Peripherie zu fließen, was wohl daran liegt, dass die internationalen Hotelketten einen Großteil der Gewinne abschöpfen und der kubanische Staat den Rest direkt in Varadero reinvestiert.

Nur wenige Besucher verirren sich nach Cárdenas. Dabei ist die ehemalige **Zuckerpflanzerstadt** durchaus einen Besuch wert und hat viel mehr historisches Ambiente und Leben als das sterile Strandbad.

Viel verändert hat sich hier bis heute nicht: Noch immer ist Cárdenas ein wichtiger Zuckerexporthafen mit vielen Industrieanlagen, u. a. der Rumfabrik Arrechabala, die den edlen Trop-

1999 wurde der damals 5-jährige Elián González vor der Küste Floridas treibend von einem US-Fischerboot gerettet. Seine Mutter und die meisten anderen der *Balseros* hatten die Überfahrt von Kuba nicht überlebt. Der Junge kam zunächst zu Verwandten in Miami. Schnell brach zwischen diesen und Eliáns auf Kuba lebendem Vater, der nicht über die Flucht informiert worden war, ein Streit um das **Sorgerecht** aus, in den sich die Regierungen Kubas und der USA einschalteten. Der völlig überforderte Junge wurde von seinen Verwandten und anderen Exilkubanern mit Geschenken überhäuft und zu der Behauptung genötigt, er wolle in den USA bleiben.

Es entstand eine hochgradig polarisierte Debatte, in der einige US-Medien Eliáns Flucht aus Kuba zum Symbol der Freiheit stilisierten und daraus ein Politikum machten. Über mehr als sechs Monate schaukelten sich die Emotionen hoch, genährt durch die für Kubaner traditionell große Bedeutung der Familie. Rechte exilkubanische Gruppen nutzten die Situation für einen **ideologischen Feldzug** und missbrauchten das Kind als politische Waffe gegen Castro. Der kubanische Präsident setzte indes auf der Insel eine Reihe von **Massenmobilisierungen** in Gang, die Eliáns Rückkehr forderten – und überdies von innenpolitischen Problemen des Landes ablenkten.

Mitte 2000 entschied der Oberste Gerichtshof der USA, der Junge sei in seine Heimat zurückzuführen. Weil sich die Verwandten weigerten, das Urteil anzuerkennen, musste das Haus von einer Sondereinheit des FBI gestürmt werden. Sein Vater nahm Elián in den USA in Empfang, nachdem er Bestechungsangebote in Höhe von 2 Mill. US$ im Falle der Beantragung von Asyl ausgeschlagen hatte.

Vater und Sohn kehrten im Juni 2000 nach Kuba in Eliáns Geburtsstadt Cárdenas zurück. In den darauf folgenden Jahren wurde die Wiederkehr des Jungen, der vermutlich gar nicht wusste, wie ihm geschah, in Kuba als Symbol des erfolgreichen Widerstands gegen die USA gefeiert.

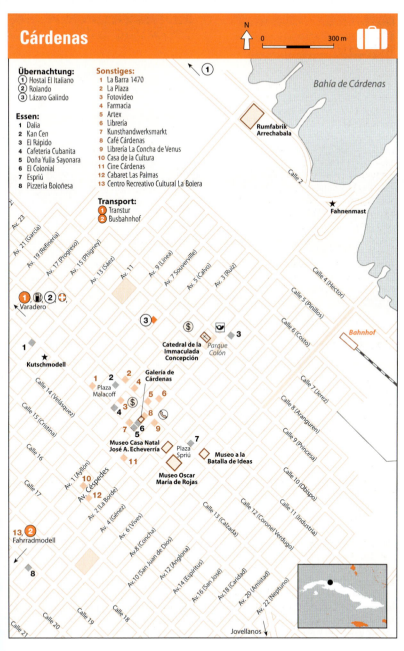

Cárdenas

N
0 ——————— 300 m

Übernachtung:
1. Hostal El Italiano
2. Rolando
3. Lázaro Galindo

Essen:
1. Dalia
2. Kan Cen
3. El Rápido
4. Cafetería Cubanita
5. Doña Yulla Sayonara
6. El Colonial
7. Espriú
8. Pizzeria Boloñesa

Sonstiges:
1. La Barra 1470
2. La Plaza
3. Fotovideo
4. Farmacia
5. Artex
6. Librería
7. Kunsthandwerksmarkt
8. Café Cárdenas
9. Librería La Concha de Venus
10. Casa de la Cultura
11. Cine Cárdenas
12. Cabaret Las Palmas
13. Centro Recreativo Cultural La Bolera

Transport:
1. Transtur
2. Busbahnhof

Bahía de Cárdenas

Rumfabrik
Arrechabala

Calle 2

★ Fahnenmast

Av. 23
Av. 21 (García)
Av. 19 (Refinería)
Av. 17 (Progreso)
Av. 15 (Phigney)
Av. 13 (Sáez)
Av. 11
Av. 9 (Línea)
Av. 7 (Souverville)
Av. 5 (Calvo)
Av. 3 (Ruiz)

Calle 4 (Héctor)
Calle 5 (Pinillos)
Calle 6 (Costo)

Bahnhof

← Varadero

3

$

3

Catedral de la
Immaculada
Concepción

Parque
Colón

1

★ Kutschmodell

Calle 14 (Velásquez)
Calle 15 (Cristina)
Calle 16

1 2 2
Plaza
Malacoff

Galería de
Cárdenas

4 3 $
5 6
8
7 6 9
5

Museo Casa Natal
José A. Echeverría

Plaza
Spriú

7

Museo a la
Batalla de Ideas

Museo Oscar
María de Rojas

Calle 7 (Jerez)
Calle 8 (Aranguren)
Calle 9 (Princesa)
Calle 10 (Obispo)
Calle 11 (Industria)

11

Av. 1 (Ayllón)
Av. Céspedes

Calle 17

10
12
Av. 2 (La Borde)

13, 2
Fahrradmodell

8

Av. 4 (Génez)
Av. 6 (Vives)
Av. 8 (Concha)
Av. 10 (San Juan de Dios)
Av. 12 (Anglona)
Av. 14 (Espíritus)
Av. 16 (San José)
Av. 18 (Caridad)
Av. 20 (Amistad)
Av. 22 (Neptuno)

Calle 12 (Coronel Verdugo)
Calle 13 (Calzada)

Calle 21
Calle 20
Calle 19
Calle 18

Jovellanos ↓

Cárdenas ist die Stadt der Kutschen und Fahrräder

fen seit 1878 produziert. Viele Bewohner verdienen ihre Brötchen in der „Weißen Industrie", sprich dem Tourismus, und pendeln täglich nach Varadero.

Cárdenas gilt als **Stadt der Kutschen und Fahrräder**. Die traditionellen Pferdefuhrwerke bekamen in den 1990er-Jahren Verstärkung durch die Drahtesel, als diese im Zuge der Energiekrise massenhaft importiert wurden. Seither sind auch vielversprechende ökologische Projekte in Gang gekommen, so versorgen sich zahlreiche Landwirtschaftskooperativen der Region mittlerweile über alternative Energiequellen wie Biogas.

Geschichte

Cárdenas wurde 1828 im Zuge des Zuckerbooms gegründet. Die günstige Lage an der Bucht machte sie zu einem der führenden Zuckerexporthäfen des Landes. Als die Stadt als eine der ersten ans Eisenbahnnetz angeschlossen wurde, gab ihr das einen weiteren Entwicklungsschub.

Auch politisch schrieb Cárdenas Schlagzeilen: 1850 wehte hier während eines lokalen Aufstandes unter Führung von General Narciso López zum ersten Mal in der kubanischen Geschichte die Nationalflagge. Man nennt die Stadt daher **Ciudad Bandera** (Fahnenstadt). Doch die Revolte schlug fehl, und ihr Anführer wurde hingerichtet.

Einer der berühmtesten Söhne der Stadt war Studentenführer José Antonio Echeverría, der 1957 von Batistas Schergen ermordet wurde. In jüngerer Vergangenheit geriet Cárdenas durch den Fall des von hier stammenden Flüchtlingsjungen Elián in die Aufmerksamkeit der Öffentlichkeit (s. Kasten).

Orientierung

Die von Nordwesten nach Südosten verlaufenden Straßen nennt man Calles (von Calle 1 am Hafen bis Calle 27 am westlichen Stadtrand) und die von Nordosten nach Südwesten Avenidas. Es gibt je eine Hauptstraße, die **Calle 13** und die **Av. Céspedes**.

Die meisten Sehenswürdigkeiten liegen in der Nähe dieser beiden Achsen. Die Straßenschilder tragen Nummern, doch die Bevölkerung benutzt oft noch die alten Straßennamen.

Sehenswertes

Die Museen der Stadt liegen an der idyllischen **Plaza de Spriú** in schön restaurierten Kolonialgebäuden. Auf dem Platz befindet sich die große **Statue von Echeverría** mit seiner in Stein gemeißelten politischen Botschaft an das kubanische Volk.

Das 1900 errichtete **Museo Oscar María de Rojas** ist das zweitälteste Museum Kubas. In den zahlreichen Ausstellungsräumen ist ein prächtiges Kutschenmodell zu sehen, daneben noch Insekten, Schmetterlinge, eine Münz- und Waffenabteilung sowie indianische Artefakte. ⊙ Di–Sa 10–18, So 10–13 Uhr, Eintritt 5 CUC inkl. Führung.

Das **Museo Casa Natal José A. Echeverría**, also das Geburtshaus des berühmten Studentenführers (1932–57), der bei einem Angriff auf Havannas Präsidentenpalast von Batistas Soldaten erschossen wurde, zeigt neben Dokumenten zur Person auch Ausstellungen zur Lokalgeschichte der Unabhängigkeitsbewegungen. Das Gebäude selbst stammt aus dem Jahr 1703. ⊙ Di–Sa 10–18, So 10–13 Uhr, Eintritt 1 CUC.

Im **Cuartel de Bomberos**, einem festungsartigen Gebäude von 1872, ist das zu Ehren des Flüchtlingsjungen Elián González (s. Kasten S. 354) errichtete **Museo a la Batalla de Ideas** untergebracht. Ausgestellt werden verschiedene Artikel und Bilder über seine Rückkehr sowie Briefe, die ihm von Schulkameraden zugeschickt wurden. Außerdem geht es um die Geschichte der US-kubanischen Beziehung. Die spanischsprachige Führung ist sehr ambitioniert und der Ausblick vom Dach lohnt sich. In einem Innenhof stehen Büsten der wichtigsten Helden der Unabhängigkeitskriege und der Revolution. ⊙ Di–Sa 9–17, So 9–13 Uhr, Eintritt 2 CUC.

Die **Catedral de la Inmaculada Concepción** aus dem Jahr 1846 besitzt schöne Buntglasfenster, ist aber meist geschlossen. Doch auch von außen gibt sie ein hübsches Fotomotiv ab.

Direkt davor steht die älteste **Kolumbus-Statue** in ganz Lateinamerika (1862), träumerisch den Blick in die Ferne gerichtet, die Weltkugel zu den erobernden Füßen.

Der **Fahnenmast** ist heute ein wichtiges historisches Monument. Hier wurde 1850 erstmals die kubanische Flagge gehisst. Am Hotel La Dominica erinnert eine Tafel an das Ereignis.

In der seit 1878 brauenden **Rumfabrik Arrechabala** wird der Ron Varadero hergestellt. Die im extrem verfallenen Hafenviertel gelegene Fabrik ist allerdings für Touristen nicht zu besichtigen.

Kurios ist das Gebäude an der **Plaza Malacoff**. Die zweistöckige Stahlkonstruktion mit einer 16 m hohen goldfarbenen Rundkuppel wurde 1859 in den USA errichtet und diente damals wie heute als Markthalle. Die **Galería de Cárdenas** zeigt Kunstausstellungen. ⊙ Di–Sa 10–18, So 9–14 Uhr.

Das **übergroße Fahrrad** ganz aus Eisen ziert den südwestlichen Ortseingang an der Av. Céspedes und das **Kutschenmodell** den nordwestlichen Ortseingang an der Calle 13.

Übernachtung

Das Hotel La Dominica am Parque Colón wartet noch auf seine Restauration.

Privatpensionen
Rolando, Av. 29 No. 553 e/12 y 13, ✆ 01-52703155 (mobil), ✉ rvaldez@yahoo.com. 2 kleine DZ mit AC, Ventilator, TV, Kühlschrank

Haus am Meer

Hostal El Italiano, am Strand Playa Larga No. 61, nahe der Rumfabrik, ✆ 0145-521879. Der freundliche Vermieter Manuel hat seine Casa so benannt, nachdem viele Gäste ihm sagten, dass er wie ein Italiener aussehe. Da passt es, dass er diese Sprache fließend spricht und längere Zeit dort gelebt hat. Das schöne moderne Apartment hat Meerblick und einen riesigen Garten mit Kokospalmen, Liegestühlen, Schaukeln, Hunden und Vögeln. Eigene Terrasse. 2 DZ mit AC, Ventilator, TV und Gemeinschafts-Bad. ❷

Shoppen statt beten: Cárdenas' Plaza Malacoff ziert keine Moschee, sondern eine alte amerikanische Markthalle mit riesiger Rundkuppel.

und Gemeinschafts-Bad. Terrasse mit Liegestühlen und schönem Ausblick. ❷
Lázara Galindo, Av. 5 No. 422 e/9 y 10, ✆ 0145-2686282. 2 DZ mit AC, Ventilator und Gemeinschafts-Bad. Großer schöner Aufenthaltsraum mit TV und Musikanlage. Ruhig gelegene Terrasse. ❷

Essen

Paladares gibt es nicht, aber einige ordentliche Peso-Restaurants:
Espriú, Plaza de Spriú. Gemütlich und empfehlenswert. Fleischgerichte für 2–4 CUC, günstige Getränke. Mit Musikbox. ⏰ tgl. 8–23 Uhr.
Dalia, Av. 13 esq. 13, gegenüber vom Kutschenmodell. Elegant (Ober im Anzug) und trotzdem günstig: z. B. Mojito, Cuba Libre, Cubanito 0,35 CUC, Steak 1,20 CUC, ,halbes Huhn mit Beilagen 1,20 CUC, Spaghetti 0,50 CUC. Außerdem auch Frühstücksangebote. ⏰ tgl. 7–24 Uhr.

Kan Cen, Plaza Malacoff (Treppe rauf). Chinesisch ist zwar nur der Name und die liebevolle Einrichtung, aber das Essen ist recht gut, und vor allem billig (in Moneda Nacional). ⏰ tgl. 11.30–21 Uhr.
Doña Yulla Sayonara, Av. Céspedes e/12 y 13. Ebenfalls ein China-Restaurant. Hier bekommt man für umgerechnet 1 CUC ordentliche Gerichte, die aber allenfalls chinesisch angehaucht sind. Die langen Schlangen zeigen, wie beliebt das Restaurant auch bei Kubanern ist.
El Colonial, gleich nebenan. Günstiges Essen in einem schönen, begrünten Hof. ⏰ tgl. 7–2 Uhr.
El Rápido, Parque Colón. Weitere Filiale an der Plaza Malacoff. ⏰ 24 Std.
Cafeteria Cubanita, Calle 13 esq. 3. Schönes Gebäude mit bewachsenem Innenhof, oft sehr lebhaft. Billige Snacks für 1–2 CUC. ⏰ 24 Std.
Pizzeria Boloñesa, Av. Céspedes esq. 19. Peso-Pizza. ⏰ tgl. 7–19 Uhr.

Nachtleben

Casa de la Cultura, Av. Céspedes No. 708 e/15 y 16. Traditioneller und afrokubanischer Tanz tgl. ab 21 Uhr.

Café Cárdenas, Av. Céspedes esq. Calzada (13). Am Wochenende ab 22 Uhr die angesagteste Disco. Eintritt 5 CUC.

La Plaza, Plaza Malacoff. Alk-Tankstelle mit lauter Musik und vielen jungen Kubanern. ⏲ 24 Std.

Open-Air-Bar, vor dem Fuerte Español beim Fahrradmodell.

Unterhaltung und Kultur

La Barra 1470, Av. 5 esq. 13. Der Laden tischt meistens als Restaurant auf, bietet aber jeden Mi eine Tanzshow und jeden Sa Karaoke (Beginn um 23 Uhr). Eintritt 8 CUC.

Centro Recreativo Cultural La Bolera, Av. Céspedes y 28. Spielhalle mit Billard und Bowlingbahn. Am Wochenende um 23 Uhr Live-Musik. Ansonsten Restaurant/Bar mit Snacks zu recht günstigen Preisen. ⏲ tgl. 13–2 Uhr.

Cine Cárdenas, Av. Céspedes No. 364 e/14 y 13.

Einkaufen

Librería La Concha de Venus, Av. Céspedes No. 561 esq. 12. ⏲ Mo–Fr 9–17, Sa 9–12 Uhr.

Librería, Av. Céspedes No. 506 e/11 y 12. Hier kann man toll nach Antiquitäten stöbern. Die durch die Buchberge streunenden Katzen verleihen dem ganzen zusätzlich Atmosphäre. Viele Schätze in Moneda Nacional. ⏲ tgl. 9–12, 14–19 Uhr.

Artex, Calle 12 e/Céspedes y 1. Wenige Souvenirs. ⏲ tgl. 9–21 Uhr.

Kunsthandwerksmarkt, Calle 13 e/Céspedes y 1. ⏲ Mo–Sa 8–16, So 8–12 Uhr.

Sonstiges

Apotheken
Farmacia, Calle 12 e/1 y 3. ⏲ 24 Std.

Auto- und Motorradverleih
Transtur, bei der Tankstelle, ☎ 0145-522623. Verleiht meist nur Mofas.

Cabaret Las Palmas, Av. Céspedes esq. 16. In einem der schönsten Gebäude liegt die Top-Adresse des cardenaischen Nachtlebens. Vor der Show kann man in stilvollem Ambiente speisen, danach und am Sonntagnachmittag gibt es Disco. ⏲ Di–So ab 22 Uhr, Eintritt 5 CUC.

Feste
Das **Festival Oloóy (Afrikafestival)** findet im Oktober statt.

Filme und Fotoarbeiten
Photo Service, Av. Céspedes e/12 y 13. ⏲ tgl. 9–21 Uhr.

Fotovideo, Av. 3 e/12 y 13. ⏲ Mo–Sa 9–17, So 9–13 Uhr.

Geld
Bandec, Av. 3 esq. 9.
Cadeca, Av. 1 esq. 12.

Medizinische Hilfe
Hospital Julio M. Aristegui, Calle 13 (2 km nordwestlich des Zentrums), ☎ 0145-522114. ⏲ tgl. 24 Std.

Krankenwagen: ☎ 0145-527640.

Post
Parque Colón. ⏲ Mo–Fr 8–18, Sa 8–16 Uhr.

Telefon
Etecsa, Av. Céspedes esq. 12. ⏲ tgl. 8–19 Uhr.

Transport

Pferdekutschen klappern beide Hauptstraßen ab, Touristen zahlen meist 1 CUC.

Selbstfahrer
Am Parque Colón passen Einheimische auf den Wagen auf (1 CUC). Die **Tankstelle** befindet sich im Nordwesten der Stadt auf der Calle 13 e/29 y 31.

Busse
Busbahnhof, Av. Céspedes esq. 22, ☎ 0145-521214.

Varadero und Umgebung

Der **Víazul**-Bus von Varadero kommt um ca.
21.45 Uhr an und fährt weiter nach SANTIAGO
DE CUBA (ca. 15 Std., 49 CUC), über COLÓN
(6 CUC), SANTA CLARA (11 CUC), SANCTI
SPÍRITUS (17 CUC), CIEGO DE ÁVILA (19 CUC),
CAMAGÜEY (25 CUC), LAS TUNAS (33 CUC),
HOLGUÍN (39 CUC) und BAYAMO (44 CUC).
Nach VARADERO geht es um 10.40 Uhr (6 CUC).
Gute Chancen hat man auf der Calle 13 esq. 13,
einen **Arbeiterbus** nach VARADERO zu
bekommen (1 CUC).

Eisenbahn

Bahnhof, Av. 8 esq. 5, ☎ 0145-521362 und
522562. Züge fahren theoretisch tgl. nach
LOS ARABOS, COLÓN, JOVELLANOS und
UNIÓN DE REYES, sind aber in einem
heruntergekommenen Zustand und fallen
oft aus.

Zentrale Südküste

Stefan Loose Traveltipps

Ciénaga de Zapata Abenteuer pur
auf Krokodilfarmen, ornithologischen
Exkursionen und den Spuren der
Schweinebucht-Invasion. S. 363

6 **Cienfuegos** Kubas einzige von
Franzosen gegründete Stadt hat ein
besonderes Flair und wird zu Recht als
„Perle des Südens" bezeichnet. S. 371

**Wasserfall El Nicho und Stausee
Hanabanilla** Abgelegene Naturidylle
mit viel Grün und zahlreichen
Wandermöglichkeiten. S. 384

7 **Trinidad** Das Freiluftmuseum bietet
neben einer kolonialen Zeitreise auch
Strände, historische Zuckerplantagen und
Gebirge. S. 386

8 **Topes de Collantes** Kubas
bekanntestes Anti-Stress-Zentrum
lockt mit Wanderungen durch dichten
Bergwald zu malerischen Wasserfällen.
S. 405

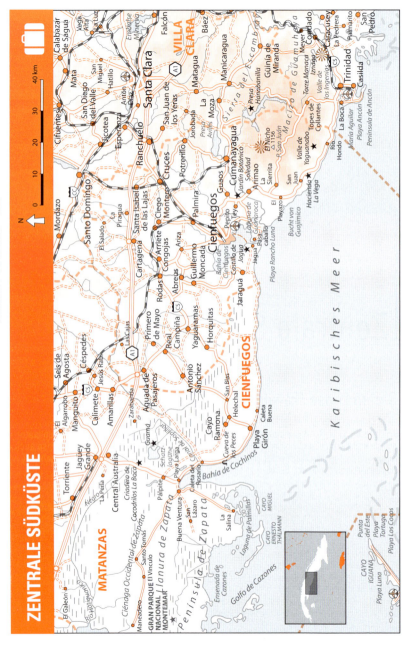

ZENTRALE SÜDKÜSTE

N

0 10 20 30 40 km

MATANZAS

VILLA CLARA

CIENFUEGOS

Karibisches Meer

El Galeón
Maneadero
Torriente
Jagüey Grande
La Peña
El Vínculo
Santo Tomás
GRAN PARQUE
NACIONAL
MONTEMAR
Criadero de
Cocodrilos La Boca
Central Australia
Palpite
Buena Ventura
San Lázaro
La Salina
Guamá
Playa Larga
Caleta del
Rosario

Ciénaga Occidental de Zapata
Llanura de Zapata
Península de Zapata

Cueva de
los Peces
Playa
Girón
Bahía de Cochinos

CAYO
ERNESTO
THALMANN
CAYO
MIGUEL
Laguna de Palmillas
La Salina
Ensenada de
Cazones
Golfo de Cazones

CAYO
IGUANA
Playa Luna
Playa Los Cocos
Punta
del Este
Playa
Tortuga

El
Algarrobo
Manguito
Calimete
Amarillas
Seis de
Agosta
Céspedes
Jesús Rabí
Zabalbarú
Las Lajas
Primero
de Mayo
Real
Campiña
Antonio
Sánchez
Aguada de
Pasajeros
Helechal
San Blas
Cayo
Ramona
Caleta
Buena
Yaguaramas
Horquitas
Jaraguá

Mordazo
Cifuentes
Mata
Calabazar
de Sagua
Vega
Alta
San
Miguel
Hatillo
San Diego
del Valle
Sitiecita
Esperanza
Santa Clara
Antón
Díaz
San Juan de
los Yeras
Falcón
VILLA CLARA
Báez
Manicaragua
Güinía de
Miranda
Matagua
Manaragua
A1

Santo Domingo
La
Piragua
El Salado
Ranchuelo
Cruces
Potrerillo
Jorobada
Presa
Hanabanilla
Cumanayagua
Santa Isabel
de las Lajas
Ciego
Montero
Palmira
Guaos
Jardín Botánico
Soledad
Arimao
San
Blas
La
Sierrita
El
Nicho
△1156
Valle de
Yaguanabo
Topes de
Collantes
Valle de
los Ingenios
Torre Manaca
Iznaga
San
Pedro
Caibarién
La Pedrera
San
Pedro
Palmarito
Meyer
Trinidad
Casilda
La Boca
María Aguilar
Playa Ancón
Península de Ancón

Cartagena
Arriete
Congojas
Ariza
Guillermo
Moncada
Rodas
Abreus
Cienfuegos
Pepito Tey
Laguna de
Guanaroca
Jagua
Cristóbal de
Joyua
caballo
San Juan
El
Playazo
Bucht von
Guajimico
Río
Hondo
Hacienda
La Vega
Playa Rancho Luna

Bahía de
Cienfuegos
Castillo de
Jagua

Das Gebiet der zentralen Südküste erstreckt sich von der Zapata-Halbinsel bis Trinidad und hat es wirklich in sich, denn hier konzentrieren sich sowohl kulturelle als auch ökologische Brennpunkte.

Trinidad ist als schönster Kolonialort Kubas so etwas wie das Mekka des Städtetourismus. Mehrere Jahrhunderte sind hier in Stein konserviert, und der auf Sklavenarbeit beruhenden Sozial- und Kulturgeschichte des Zuckers lässt sich sowohl in den Adelsbauten als auch im Valle de los Ingenios nachspüren.

Vor den kolonialen Stadttoren liegt **Playa Ancón**, der beste Strand der Südküste. **Cienfuegos**, die Hauptstadt der gleichnamigen Provinz hat einen neoklassizistisch geprägten Stadtkern und den größten botanischen Garten Lateinamerikas.

Die **Zapata-Halbinsel** ist nicht nur der Ort der berüchtigten Schweinebucht-Invasion, sondern auch das größte Sumpfgebietes der Karibik (Ciénaga de Zapata) mit der größten Krokodilfarm Kubas und guten Möglichkeiten zur Vogelbeobachtung.

Der hier liegende **Gran Parque Nacional Montemar** zählt zu den einsamsten und unberührtesten Naturregionen des Landes und entwickelt sich zum bedeutenden Ökotourismuszentrum; ein Status, dessen sich die nördlich von Trinidad gelegene Mittelgebirgsregion **Topes de Collantes** in der Sierra del Escambray schon länger erfreut.

El Nicho und der **Lago Hanabanilla**, ebenfalls im Herzen der Sierra del Escambray zu finden, liegen dagegen noch abseits der touristischen Hauptrouten. Bis heute bringt die Kaffeebohne hier mehr ein als der Fremdenverkehr. Um den Verkehrsknotenpunkt **Jagüey Grande** befinden sich riesige Zitrusplantagen, die 60 % der landesweiten Ernte einbringen und von ausländischen Firmen vermarktet werden. Weiter östlich, in der Provinz Cienfuegos erstrecken sich Zuckerrohrfelder und extensiv genutzte Viehweiden bis zum Horizont.

Weitere Quelle des relativen Wohlstands der Provinz ist im wahrsten Sinne des Wortes **Ciego Montero**, denn in diesem kleinen Ort sprudelt das berühmte Mineralwasser, das es landesweit zu kaufen gibt.

Zapata-Halbinsel

Auch wenn viele Orte in Kuba die Namen von Revolutionären tragen, verhält es sich hier mal anders. Die 5000 km^2 große Zapata-Halbinsel im Süden der Provinz Matanzas hat nämlich gar nichts mit dem mexikanischen Volkshelden Emiliano Zapata (1879–1919) zu tun. „Zapata" ist ganz einfach nur das spanische Wort für „Schuh" und somit die etymologische Konsequenz der tatsächlich latschenförmigen Gestalt des Gebietes. Es ist ein Muss sowohl für Naturbegeisterte als auch für geschichtlich Interessierte. Vor der Revolution war die extrem unterentwickelte Region in der Hand von nur 20 Großgrundbesitzern, die Köhler und Holzfäller gegen Hungerlöhne für sich schuften ließen. Erst nach 1959 profitierte die verarmte Bevölkerung von sozialen Einrichtungen und Verkehrswegen. In der sumpfigen **Schweinebucht** (Bahía de Cochinos) im Osten scheiterte am 17.4.1961 die Invasion der Exilkubaner.

Der **Nationalpark Montemar** umfasst mit über 4000 km^2 Fläche das größte Sumpfgebiet der Karibik und wurde 2001 von der Unesco als Biosphärenreservat ausgezeichnet. Ausgedehnte Sumpflandschaften mit Mangroven und dichten Wäldern mit über 900 Pflanzenarten, darunter zahlreiche endemische, bestimmen das Bild. Ornithologen können 203 Vogelarten wie z. B. Flamingos, Kraniche, Reiher, Ibisse, Pelikane, Spechte, Rebhühner und den Kubasittich beobachten. Insgesamt 18 Vogelarten kommen nur in diesem Refugium vor, z. T. begrenzt auf extrem kleine Habitate wie Santo Tomás und Las Salinas. Jedes Jahr von November bis März fliegen zusätzlich Tausende von Zugvögeln ins Vogelparadies ein. Außerdem umfasst die Fauna des Sumpfgebietes zwölf Säugetier-, 42 Reptilien- und elf Amphibienarten, darunter die vom Aussterben bedrohten *Manatis* (Seekühe) und das geschützte Krokodil *Crocodylos rhombifer*, das ausschließlich hier heimisch ist.

Playa Larga und **Playa Girón** sind recht attraktive Strände. Dazwischen erstrecken sich überflutete **Höhlen** *(Cenotes)* und bilden das größte zusammenhängende Unterwasser-Höhlensystem Lateinamerikas (ausgezeichnete Möglichkeiten zum Höhlentauchen).

Mit knapp 9000 Menschen (2 Einwohner/km^2) ist die Halbinsel die am dünnsten besiedelte Region Kubas. Die ökonomischen Tätigkeiten verteilen sich auf Holzwirtschaft, Fischfang und in zunehmendem Maße Tourismus. Exkursionen mit spezialisierten Führern bieten gute Einblicke in das Ökosystem.

Jagüey Grande

Die 2 km nördlich der Autobahn gelegene unspektakuläre Stadt wäre ein noch unbedeutenderes Nest, würde sie sich nicht an einem der wichtigsten Verkehrsknotenpunkte befinden (Entronque de Jagüey). Dadurch ist sie ein guter Zwischenstopp und idealer Ausgangspunkt für Exkursionen in die Zapata-Halbinsel.

Dafür sorgen auch die **Bank** in der Calle 11 No. 5408 e/54 y 56 sowie einige Casas Particulares.

Übernachtung und Essen

Lázaro Alayón González, Calle 17 No. 7402 e/74 C y 76, ✆ 0145-912668. Schönes großes Haus hinter dem Hospital. 2 DZ mit AC, Ventilator, Bad und Kühlschrank. Garage. ❶–❷

Maria Isabel Morejon, Calle 74 No. 1114 e/11 y 13, ✆ 0145-913119. 2 DZ (Doppelbett) mit AC, Ventilator und Bad. Dachterrasse, Innenhof, Garage. ❶–❷

Zuleida, Calle 15 A No. 7211 e/C 72 y 74, ✆ 0145-913208. 2 DZ (eins mit TV), AC, Ventilator, Gemeinschafts-Bad und Minibar. Garage. Vermieter Lázaro spricht Englisch und kann bei Exkursionen in die Ciénaga de Zapata behilflich sein. ❷

Kulinarisch versorgen ein **Café** am Parque Central (Calle 15) und **El Rápido** einige Blocks weiter.

Touren

Das **Centro Turístico La Finquita** liegt neben dem Schiffsbau an der Autopista esq. Carretera Jagüey-Australia, ✆ 0145-913224. Hier bekommt man Infomaterial über die Zapata-Halbinsel und kann Übernachtung auf der Finca Fiesta Campesina buchen, außerdem Ausflüge nach Guamá (10 CUC), Caleta Buena, Cueva de los Peces (Tauchen und Schnorcheln), zum Río Hatiguanico (Bootsausflug mit Führer für 15 CUC) und zum Vogelschutzgebiet Las Salinas (14 CUC). ⌚ Mo–Sa 9–17, Bar und Restaurant bis 20 Uhr.

Transport

Tankstellen liegen in der Calle 13 e/66 y 68 und an der Autopista KM 141.

Südlich des Ortes liegt der Verkehrsknotenpunkt **Entronque de Jagüey** mit vielen haltenden **Víazul**-Bussen:

HAVANNA (10.50 und 18.15 Uhr, 2 1/2 Std., 12 CUC). In der Hauptsaison evtl. weitere Busse um 10 und 19.25 Uhr (nachfragen).
SANTIAGO DE CUBA (11.35 Uhr, 13 Std., 40 CUC), nur Hauptsaison (nachfragen).
TRINIDAD (10.20 und 15.20 Uhr, 3 1/2 Std., 15 CUC), fährt über CIENFUEGOS (6 CUC).

Australia und Umgebung

Finca Fiesta Campesina

Rund 1 km südlich der Autopista sieht man rechts von der Carretera de la Ciénaga eine Art idealisierte Modellfarm für bäuerliches Leben in Kuba. Zigarren werden gerollt, *Guarapa* (Zuckerrohr-Saft) gepresst und im Garten befinden sich Gehege mit heimischen Tieren, die man auf der Halbinsel mit etwas Glück in freier Wildbahn antreffen kann. Man kann auch reiten (sogar auf dem Bullen der Farm). Nachmittags wälzen sich viele Tourbusgruppen durch das Gelände. ⌚ tgl. 9–18 Uhr, Eintritt 2 CUC.

Zum Verweilen laden das **Restaurant El Canelo** und das **Motel Batey Don Pedro** ein, ✆ 0145-912825 und 913324, 🖳 www.cubanacan.cu. Zehn große rustikale Bungalows mit Ventilator, TV und Bad. Restaurant, Bar, Laden. Bauernhof-Feeling inklusive Komfort. ❸

Ein tropisches Stück Deutschland?

Bei all den Diskussionen, ob Mallorca denn überhaupt noch eine spanische Insel ist oder nicht vielmehr bereits eine deutsche Kolonie, gerät ein anderes Inselchen völlig außer Acht: das **Cayo Ernesto Thälmann**. Dabei müsste dieses gar nicht mehr touristisch ausverkauft werden; es gehört Deutschland bereits! Das 15 km lange und 500 m breite Eiland im Süden der Zapata-Halbinsel wurde 1972 nach dem deutschen Kommunisten (1886–1944) benannt und der ehemaligen DDR als Zeichen der Völkerfreundschaft zum Geschenk gemacht. Doch trotz deutscher Gründlichkeit bei der Annektion der DDR findet die Insel im Einigungsvertrag keinerlei Erwähnung. Zwar ist ohnehin umstritten, ob es sich damals um eine rein symbolische oder tatsächliche Schenkung handelte. Doch scheint es auch so, als ob an einem Geschenk des sozialistischen Systemfeindes gar kein Interesse bestünde. Ein Organ des deutschen Blätterwaldes wetterte jedenfalls vor einigen Jahren überheblich: „Fidel – Deine Insel kannst Du behalten!" Dabei hätte unser teutonisches Regen- und Kältereal doch wahrlich einen Strand mit Sonnengarantie vertragen können! DDR-Schlager-Star Frank Schöbel schenkte dem Inselchen mit seinem Lied „Insel im Golf von Cazones" ein letztes Mal Aufmerksamkeit. Danach versank es in den Fluten der Vergessenheit, so dass bis heute die Büste von Thälmann am südlichen Playa de la República Democrática Alemania das einzige menschliche Antlitz auf dem Cayo bleibt. Wahrscheinlich ist es auch besser so …

Museo de la Comandancia

Das ehemalige Verwaltungsgebäude der Zuckerfabrik Australia diente Fidel Castro während der Schweinebucht-Invasion von 1961 als Hauptbasis, von dem aus er den Gegenschlag leitete. Das Flugzeug-Wrack vor dem Eingang wurde von revolutionären Streitkräften abgeschossen. Drinnen wartet der typisch kubanische Museums-Mix: ein paar Infos zur Invasion und sonstige Lokalgeschichte, dazwischen einige ausgestopfte Tiere. Wie so oft nichts Halbes und nichts Ganzes. ⏰ Di–Sa 10–17, So 8–12 Uhr, Eintritt 1 CUC (inkl. Führung).

Viel interessanter sind die Spuren des industriellen Strukturwandels, der hier vor einigen Jahren eingeleitet wurde (s. S. 150, Wirtschaft): Direkt gegenüber ragen die Reste der alten Zuckerfabrikhallen aus dem Jahre 1862, die im Zuge der Zuckerreform demontiert wurden, wie Skelette in die Höhe. Das Gelände verbreitet einen gewissen Industriebrachen-Charme.

Das **Restaurant Pío Cuá** liegt ca. 10 km südlich der Finca Fiesta Campesina. Geschmackvoll eingerichtetes rustikales Holzgebäude, aber recht teuer (Spezialität ist *Pulet de Cerdo* für 10 CUC). Fr und Sa Disco (Eintritt 5 CUC). ⏰ tgl. 10–17, Bar bis 23 Uhr.

Ein **Casa Particular** mit 2 DZ mit AC, Ventilator und Bad liegt im Ort Australia, Calle 20 No. 5, Barrio Nuevo, ☎ 0145-913275. ➊–➋.

Boca de Guamá und Umgebung

Ungefähr 20 km südlich der Autopista, auf halbem Weg zwischen Jagüey Grande und der Bahía de los Cochinos (Schweinebucht), liegt links der touristische Komplex Boca de Guamá mit riesigem Parkplatz. Massen von Touristen werden durch die beiden Hauptsehenswürdigkeiten (Krokodilfarm und Schatzlagune) geschleust. Trotzdem lohnt sich ein Stopp.

Criadero de Cocodrilos

Castro höchstpersönlich hatte kurz nach der Revolution das Ziel ausgegeben, Millionen Krokodile zu züchten, um eine „Kroko-Industrie" aufzubauen. So entstand die größte **Krokodilfarm** Kubas (40 000 Tiere) und die weltweit einzige mit Rhombifer-Krokodilen. Seit 1962 werden die vorher vom Aussterben bedrohten Arten *Rhombifer* (kubanisch) und *Acutus* (amerikanisch) gezielt gezüchtet und vermehren sich seither stark. Allerdings vermischten sie sich so sehr, dass sie getrennt voneinander gehalten werden mussten. Besucher bekommen demonstriert, wie Krokodile gefangen werden und können sich mit einem Jungtier um den Hals fotografieren lassen. Auch Babykrokodile, den Alligatorfisch *(Manjuari)*, Schildkröten und Jutias gibt es zu sehen. Ein Teil der Panzerechsen landet in den Souvenirshops oder in der Pfanne des angegliederten Restaurants (10 CUC); die meisten Tiere werden aber wieder ausgewildert. ☉ tgl. 9–16.30 Uhr, Eintritt 5 CUC.

In der **Keramikwerkstatt** nebenan, einer Mischung aus Produktionskomplex und Verkaufsraum, kann man bei der Fertigung zusehen und einen Blick in die Hochöfen werfen. ☉ Mo–Sa 7–16.30 Uhr.

Estación de Reproducción de Ictofauna

Die ökologische Station 5 km nördlich züchtet vor allem endemische Fische. Von Mai bis Oktober kann man hier kleine junge *Manjuaris* bestaunen. Die Angestellten führen einen gerne herum (Spende für das Projekt).

Laguna del Tesoro

Boote fahren von Boca de Guamá über den Canal de la Laguna zur **Schatzlagune**, in der noch der urzeitliche Fisch Manjuari schwimmt. Auf der Fahrt sieht man viele Vögel, mit etwas Glück sogar Fischadler. Präsident Fidel Castro verbrachte hier zahlreiche Wochenenden beim Fischen. Sechs künstliche Inseln im Schatzsee bilden die **Villa Guamá**, ein nachgebautes Dorf der Taíno-Indianer mit Skulpturen der kubanischen Künstlerin Rita Longa. Ein kleines **Museum** veranschaulicht die Kultur des Stammes. ☉ Mo–Sa 9–16 Uhr, Eintritt 1 CUC.

Es heißt, dass die Taínos ihre Schätze auf dem Grund des Sees versenkt hätten (wo sie immer noch auf ihre Entdeckung warten), damit sie nicht in die Hände der Spanier fielen. Legende hin oder her, Tatsache ist, dass die 16 km² große Karstsenke mit dem größten natürlichen Süßwassersee des Landes gefüllt ist.

Übernachtung und Essen

Villa Guamá, ☎ 0145-915551, 🖳 www.cubanacan.cu. 48 komfortable Pfahl-Hütten im Stile eines Taíno-Dorfes, mit Bad, AC, Kühlschrank und TV. Die Bungalows, von denen einige gerade aufgrund schwerer Hurricane-

An der Schatzlagune, Kubas größtem natürlichem Süßwassersee, kann man in rustikalen, aber komfortablen Hütten im Indio-Stil übernachten.

Schäden restauriert werden, verteilen sich auf 6 kleine Inseln und sind durch schwankende Holzbrücken miteinander verbunden. Bar (mit hervorragendem Mojito), Café, Restaurant, Pool, Disco. Bootsausflüge (2 CUC/Std.) zum Fischen oder zur Vogelbeobachtung (besonders gut am frühen Morgen). Ein idyllisches und sehr erholsames Plätzchen. ❹

Transport

Von La Boca fahren tgl. **Fähren** (10 und 12 Uhr, 10 CUC) sowie zahlreiche **Schnellboote** (gleicher Preis, mind. 2 Pers.) zur LAGUNA DEL TESORO. Wer nicht übernachtet, hat leider nur eine knappe Stunde Aufenthalt, es sei denn, er klärt frühzeitig, ob ihn die Arbeiter nach Feierabend mitnehmen.
Man kann evtl. mit den **Tourbussen** nach HAVANNA oder VARADERO mitfahren (rund 10 CUC, beim Fahrer fragen). Ansonsten bleiben nur Daumen oder die sporadischen Regionalbusse.

Playa Larga und Umgebung

Ca. 30 km südlich der Autopista und 13 km südlich von Guamá erstreckt sich die Schweinebucht mit dem kleinen Ort Playa Larga. Er eignet sich bedingt zum Baden und Tauchen, vor allem aber für Naturexkursionen (insbesondere Vogelbeobachtung) in den **Gran Parque Nacional Montemar** mit seinen endemischen 28 Fisch- und 82 Pflanzenarten.

Exkursionen

Für Ausflüge in das Naturschutzgebiet ist eine frühzeitige Anmeldung im **Oficina Parque Nacional**, ✆ 0145-987249, (begrenzte Anzahl von Tagesbesuchern) und ein Führer nötig (10 CUC p. P. nach Santo Tomás und Las Salinas und 15 CUC p. P. für den 2-stündigen Bootsausflug auf dem Río Hatiguanico). Man muss ein eigenes Fahrzeug stellen. ⏰ Mo–Sa 8–16.30 Uhr.
Das **Centro de Visitantes**, Carretera a Playa Larga KM 26 (4 km nördlich von Playa Larga Richtung Boca de Guamá), ✆ 0145-985539, ist eine weitere Anlaufstation. Für Vogelbeobachtungen schwärmt man am besten mit **Orestes**

Moskito-Alarm!

Fast überall auf der Halbinsel fallen besonders zur Dämmerung, in Sumpfgebieten auch tagsüber, oft Wolken von Moskitos über alles Lebendige her. Die Kubaner ertragen die Attacken mit stoischer Ruhe, doch Touristen können schnell eine Krise und extrem juckenden Ausschlag bekommen. Daher: Mückenschutz griffbereit haben!

Martínez García (El Chino) aus. Das kleine, aber ambitionierte und sehenswerte **Museum** des Zentrums veranschaulicht die verschiedenen Ökosysteme der Region. Danach geht es mit Führer auf den 800 m langen **Sendero Bosque Sonoro**. Man kann auch übernachten (s. S. 368). ⏰ tgl. 8–17 Uhr, Eintritt 3 CUC.
Die **Laguna de las Salinas** liegt 20 km südwestlich von Playa Larga und ist sowohl Vogel- als auch Angelparadies. Namensgeber waren die riesigen Salzvorkommen, die hier bis 1954 abgebaut und exportiert wurden. 18 der 22 endemischen Vogelarten Kubas schwirren durch diese Region, und viele Zugvögel machen hier von November bis April Station. Unter den 180 Vogelarten dominieren Kormorane, Pelikane, Rosa Löffler und Kraniche. Riesige Flamingokolonien bringen Farbe in das Landschaftsbild. Am Ziel, der Forschungsstation, legen Boote nach **Cayo Venado**, eine kleine Insel voller Iguanas, ab.
Das **Corral de Santo Tomás** ist ein dichtes Waldareal mitten im Sumpf. Hier bestehen gute Chancen, drei endemische Vogelarten (Zapata-Sperling, -Zaunkönig und -Ralle) zu sehen. Der Ort Santo Tomás wurde im 19. Jh. von spanischen Siedlern angelegt, die Holzkohle förderten und über zahlreiche Kanäle transportierten.
Der abgelegene **Río Hatiguanico** im Nordwesten der Halbinsel durchfließt eine der unberührtesten Mangrovenlandschaften Kubas und wirkt manchmal wie ein Mini-Amazonas. Hier kommen noch vom Aussterben bedrohte Tierarten wie die Manatí und der Manjuari vor, von den zahlreichen Vögeln (z. B. Fischadler, Zapata-Sperling oder Grünspecht) ganz zu schweigen. Unterwegs kann man an einer Quelle mit kristallklarem Wasser baden. Auf eigene Faust

Zentrale Südküste

fährt man von Jagüey Grande die Autobahn Richtung Havanna und erreicht nach 40 km ein Schild mit der Aufschrift „Sendero Ecoturístico Río Hatiguanico" (hinter dem Snack-Restaurant links abbiegen). Die befestigte Straße geht bald in eine Piste über, der man noch ca. 7 km bis zum Punto Náutico folgen muss.

Richtung Playa Girón

6 km südöstlich von Playa Larga befindet sich ein schönes **Centro Recreativo** direkt am Strand, leider nur für Kubaner. Man kann die netten Betreiber bitten, hier ein Stündchen Pause machen zu dürfen.

Auf halbem Wege zwischen Playa Larga und Playa Girón liegt die **Cueva de los Peces**, ein toller Platz zum Tauchen und Schnorcheln (viele Fische tummeln sich im glasklaren Wasser). Die mit mehr als 70 m tiefste überflutete Höhle des Landes ist Teil eines 60 km umfassenden Höhlensystems. Die umliegenden Wälder sind sehr vogelreich. Teures Restaurant. ⊙ 10–16 Uhr, Eintritt 1 CUC.

6 km weiter südöstlich Richtung Playa Girón liegt das **Restaurant Punta Perdiz**. Es ist sehr originell in der Form eines Schiffes gebaut und bietet Krokodilfleisch, Huhn, Languste und Fischgerichte an. Der Eintritt zu den Strandabschnitten vor dem Restaurant, wo man auch tauchen und schnorcheln kann, kostet 1 CUC. Zudem entsteht ein Tauchzentrum. ⊙ tgl. 10–16 Uhr.

Privatpensionen

Die Handvoll Casas Particulares sind von außen kaum gekennzeichnet. Am besten anrufen und sich vom Besitzer vor dem Oficina Parque Nacional abholen lassen.

Ortsteil Mario López

Villa Morena, Straße vor der Oficina Parque Nacional links abbiegen und dann rechts in die Seitenstraße, ☎ 0145-987131. DZ mit AC, Ventilator und Gemeinschafts-Bad. Kleiner Innenhof. Die Außenwand ziert ein Gemälde mit Flamingos und Delfinen. Vermieter Félix ist erfahrener Taucher. Gute Küche. ❷

Luis Cardoso Rodriguez, der Hauptstraße bis zum Ende folgen, ☎ 0145-987143. Schönes

Haus, DZ mit AC, Ventilator und Gemeinschafts-Bad. Innenhof, Parkplatz, Hantel und Boxsack. Luis kann Führer organisieren und bietet Fischjagden an. ❷

Villa Juana, direkt daneben, großes grün-weißes Haus mit 2 kleinen Delphinen auf dem Dach, ☎ 0145-987308 und 987143. DZ mit AC, Ventilator, Bad, Kühlschrank und Frühstück. Wäsche wird umsonst gewaschen. Busreisende können an der Autopista bei Jagüey Grande aussteigen und werden dann mit einem Oldtimer abgeholt. Schöner Innenhof. Das Ehepaar arbeitete früher im Hotel Playa Larga und bietet gutes Essen. Erfahrene Taucher. ❷

Ortsteil Caletón

Josefa, ☎ 0145-987133, ✉ yasvanyspcz@yahoo.es. Das Haus steht direkt am Meer mit tollem Ausblick auf die Bucht. 2 DZ mit AC, Ventilator, Bad und Terrasse. Das obere hat eine eigene Küche, das untere TV. Gutes Essen. ❷

Villa Nivaldo, vor der Oficina Parque Nacional links rein und der Straße ca. 1 km folgen, ☎ 0145-9873-54, -55, ✉ yosvany@cienaga1.mtz.jovenclub.cu. Großes Haus direkt am Strand. DZ mit AC, Ventilator und Bad, Terrasse, Küche im Stil einer Bar. Englisch. ❷

Villa Enrique, ganz in der Nähe, ☎ 0145-987178 und 987354, ✉ yosvanyps@correodecuba.com. DZ mit AC, Ventilator und Bad. Nette Leute mit Hund, die Hilfe bei Exkursionen anbieten. Großer Innenhof. Guter Mojito. ❷

Hospedaje El Caribeño, ☎ 0145-987359 und 987233, ✉ fidelsfcaribe@yahoo.es. Nachbar Fidel Silvestre Fuentes vermietet 2 kleine DZ mit AC, Ventilator und Gemeinschafts-Bad. Direkt am Strand gelegene Terrasse. Supernette und kommunikative Leute, die auch Englisch sprechen. Papagei, gutes Essen. ❷ – ❸

Hotels

Campismo Victoria de Girón, 7 km südöstlich von Playa Larga, ☎ 0145-915621. 25 Hütten mit 3–4 Betten für 6 CUC p. P. Voll am Wochenende. Viele Moskitos. ❶

Centro de Visitantes, 4 km nördlich in Richtung Boca de Guamá, ☎ 0145-985539. Vermietet 4 DZ mit AC, Bad, Kühlschrank und TV für insgesamt 12 Pers. für 22 CUC p. P. (inkl. Mahlzeiten). ❷

Zentrale Südküste

Als das Militär US-Präsident John F. Kennedy von der geplanten Invasion informierte, lehnte er zwar eine direkte Beteiligung von US-Truppen ab. Doch stellte die CIA den exilkubanischen Söldnern Trainingslager (in Guatemala und Nicaragua) und militärische Ausrüstung zur Verfügung. Als Ort der Invasion wurde die Schweinebucht auserkoren, da sie dünn besiedelt war und hier scheinbar gute Landungsmöglichkeiten bestanden (de facto bremste aber ein Korallenriff den Vorwärtsdrang der Invasoren erheblich). Sie sollten für eine aus reaktionären Exilkubanern gebildete Übergangsregierung ein Territorium erobern, damit diese in einem nächsten Schritt die Hilfe der US-Regierung erbitten konnte. Zwei Tage vor der Invasion schwärmten US-amerikanische Kampfflugzeuge mit kubanischen Piloten und Hoheitszeichen aus, um die Luftwaffenstützpunkte der Insel zu zerstören. Doch die kubanische Regierung hatte Wind von diesem Plan bekommen und die meisten Maschinen rechtzeitig in Sicherheit gebracht. Währenddessen war am 14. April 1961 eine mit 1500 exilkubanischen Söldnern bemannte Flotte von Nicaragua aus siegessicher in See gestochen. Diktator Somoza hatte ihnen noch hinterher gerufen, ihm einige Haare aus Castros Bart mitzubringen. In Unkenntnis und Fehleinschätzung der progressiven sozialen Entwicklungen auf der Insel glaubte man, durch einen militärischen Brennpunkt einen Volksaufstand entfachen und die kubanische Bevölkerung im Nu zum Überlaufen bewegen zu können. Doch ganz im Gegenteil konnte die Revolutionsregierung in Rekordzeit tausende von Soldaten und Bürgermilizangehörigen mobilisieren und die lokale Bevölkerung hielt bis zu deren Eintreffen mit minimaler Bewaffnung die Stellung. Vor allem die einsatzfähige kubanische Luftwaffe sollte sich als fatal für die Eindringlinge herausstellen, denn sie konnte deren Versorgungsschiffe zerstören oder zum Rückzug zwingen. Ohne militärischen Nachschub hatten die Söldner den sehr mobilen und disziplinierten kubanischen Streitkräften nichts entgegenzusetzen. Nach einem Tag waren sie völlig eingekreist, und weitere zwei Tage später mussten sie sich endgültig geschlagen geben. Bis dahin waren auf beiden Seiten über 100 Mann gefallen. Die fast 1200 Gefangenen tauschte die kubanische Regierung gegen Nahrungsmittel, Maschinen und Medikamente ein.

Villa Playa Larga, ✆ 0145-987119 und 987206, 🖥 www.cubanacan.cu. Kleine Bungalowanlage mit 68 einfachen DZ mit Bad, AC, TV und Kühlschrank. Tennisplatz, Pool, Laden, Restaurant, Bar, Reisebüro, Autoverleih. Unspektakulärer Strand. ❸–❹

Club Octopus International Diving Center, beim Hotel Playa Larga, ✆ 0145-983224. Ausflüge zu 12 Tauchstellen, besser geeignet zum Tauchen ist aber Playa Girón. ⏱ tgl. 10–17 Uhr.
Daneben bietet die **Bar Mirador** Krokodilfleisch (10 CUC), Languste (7,50 CUC), Fischfilet (6 CUC) und Camarones (8 CUC).

Zwischen Cienfuegos und Playa Larga gibt es keinen direkten **Busverkehr**, nur über den Umweg nach Jagüey Grande. Theoretisch fahren tgl. mehrere Busse von und nach JAGÜEY GRANDE und PLAYA GIRÓN.
Ein **Taxi Particular** nach PLAYA GIRÓN kostet 15 CUC hin und zurück, nach GUAMÁ 10 CUC. Für ein **Turistaxi** muss man das Doppelte berappen.

Playa Girón

Playa Girón, 35 km südöstlich von Playa Larga, wurde nach einem berüchtigten französischen Korsaren des 17. Jhs. benannt: Gilbert Girón. Er hinterließ bei seinen Überfällen in der Bucht aber keine nennenswerten historischen Spuren, ganz im Gegensatz zu den exilkubanischen Söldnern einige Jahrhunderte später. Ihre gescheiterte Schweinebucht-Invasion von

1961 wird im Museum dokumentiert. Entlang der Straße nach Playa Larga befinden sich Gedenksteine für die gefallenen Soldaten der Revolutionsarmee. Neben seiner historischen Bedeutung verfügt der Ort über einige schöne Strände und Buchten mit klarem Wasser zum Tauchen und Schnorcheln.

Museo Girón

Das kleine Museum dokumentiert die erfolgreich zurückgeschlagene Invasion in der Schweinebucht vom 17.4.1961 (s. Kasten). Ein im Kampf eingesetztes Flugzeug der kubanischen Luftwaffe bewacht den Eingang. Die ersten Ausstellungskästen verdeutlichen die sozioökonomischen Missstände vor der Revolution, als die Region infrastrukturell kaum erschlossen war. Weitere Tafeln berichten vom Aufbau von Straßen, Schulen und Polikliniken sowie der postrevolutionären Verstaatlichung und Alphabetisierung.

Herzstück des Museums sind die detaillierten Schlachtpläne, die den Verlauf des dreitägigen Kampfes minutiös veranschaulichen. Die Ausstellung endet mit Portraits und persönlichen Gegenständen der Gefallenen der Revolutionsarmee. Die Heldenverehrung erreicht ihren Gipfel in einem Foto eines jungen Kämpfers, der kurz vor dem Tod mit seinem eigenen Blut das Wort „Fidel" auf einen Stein geschrieben hatte. Zum Schluss sieht man einen interessanten 15-minütigen Film über die „erste Niederlage des US-Imperialismus in Amerika." ☉ Di–Sa 9–17, So 8–12 Uhr, Eintritt 2 CUC, Fotos 1 CUC.

Privatpensionen

Lorenzo y Zoila, Ortsausfahrt nach Cienfuegos linke Seite, ☎ 0145-984296. Kleines DZ mit AC, Ventilator und Bad. Parkplatz. Nette Leute. Große Essensportionen. ❶–❷

José García Mesa (Tito), direkt daneben, ☎ 0145-984182. Der nette Vermieter bietet ein kleines DZ mit AC, Ventilator und Bad. Großer Aufenthaltsraum. Terrasse. ❶–❷

Mario Garcia (Mayito), ebenfalls Nachbar, ☎ 0145-984138. DZ mit AC, Ventilator, Bad, Kühlschrank, Terrasse und eigenem Eingang. Die englischsprachigen Vermieter sind Geografie-Professoren und haben viele Regionalinfos parat. Gutes Essen. ❶–❷

Luis Garcia Padron, das erste Casa von Playa Larga kommend (gegenüber vom Spielplatz), 2 kleine Löwen am Eingangstor, ☎ 0145-984258. 2 etwas dunkle DZ mit Bad, Ventilator und AC. Luis hat als Wirt im Hotel gearbeitet und spricht Englisch. Terrasse, Parkplatz. ❷

Silvia Acosta, Ortsausfahrt nach Cienfuegos linke Seite, ☎ 0145-9842-49, -37. Komfortables großes Haus mit schöner Muschelfassade. Schönes DZ (Doppelbett) mit AC, Ventilator, Bad und Frühstück. Parkplatz. ❷

Ricardo Avella Hernandez, ☎ 0145-984241. DZ mit AC, Ventilator und Bad. Hat als Seemann und Küchenchef des Hotels gearbeitet und ist auf die Zubereitung von Fischgerichten spezialisiert. Englisch. ❷

Mercedes Blanco Pérez, Straße nach Caleta Buena, letztes gelbes Haus linke Seite, ☎ 0145-984226 und 984304. DZ mit AC, Ventilator, Kühlschrank und Bad. Garage. Schöner Garten, Hund, Terrasse. Hängematten unterstreichen das ruhige Ambiente. ❷

Hotel

Villa Playa Girón, ☎ 0145-9841-10, -18, ⌨ www.cubanacan.cu. Riesige Anlage mit Bungalows verschiedener Größen. 292 einfache DZ mit AC, Bad, Telefon und TV. Breite Infrastruktur inkl. Wassersport und Pferdeverleih. Das Essen genießt keinen guten Ruf. ❺

8 km östlich von Playa Girón kann man in dem kristallklaren Wasser der Bucht **Caleta Buena** hervorragend baden, abhängen und schnorcheln. Die kleinen felsigen Naturbecken sind voller Fische und Korallen, eine Tauchbasis bietet Schnorchelausrüstung und Ausflüge zu Korallenhügeln. Zudem gibt es Volleyball und Massagen (5–20 CUC). Der Wanderweg Mirador al Caribe führt durch dichten Wald und über spitze Felsen (gutes Schuhwerk). ☉ tgl. 10–17 Uhr, Eintritt 12 CUC (Essen und Trinken satt, Buffet-Restaurant von 12.30–15 Uhr). Ab 15 Uhr 6 CUC (dann allerdings „nur" noch all you can drink).

Die **Bar 24 Horas** am Ortsausgang nach
Caleta Buena hat einfache und günstige
Gerichte. Gegenüber vom Museum gibt es
Lebensmittelläden.
Im **Club Neptuno** an der Hauptstraße findet ab
und zu Live-Musik oder Disco statt. Ansonsten
bleibt zum Abhotten nur die Hoteldisco.

International Scuba Center, Hotel Playa Girón,
☎ 0145-984110. Es gibt 14 Tauchplätze,
sehenswert sind El Ebano (Korallengarten mit
Höhlen), Punta Perdiz (Wand mit Canyons und
Wrack) und El Tanque (bunte Korallen).

Playa Girón ist der einzige Ort der Region mit
Tankstelle. Wer nach Cienfuegos will, sollte die
katastrophale Küstenstraße meiden und lieber
über Yaguaramas und Rodas fahren.
Öffentlicher **Busverkehr** ist rudimentär, nach
PLAYA LARGA, JAGÜEY GRANDE und AGUADA
DE PASAJEROS. Evtl. kann man bei den
Tourbussen eine Mitfahrgelegenheit ergattern.
Ein **Taxi** nach Playa Larga kostet mind. 15 CUC.

6 HIGHLIGHT

Cienfuegos

Die Hauptstadt der gleichnamigen kleinsten Provinz Kubas hat 125 000 Einwohner und liegt am
Südrand der Ebene von Las Villas an der tiefen
und geschützten **Bahía de Cienfuegos**, mit 88 km^2
die drittgrößte Bucht in Kuba. Wegen der günstigen Lage verlieh man der Stadt den Namen
El gran puerto de las Américas. Eine der größten
Shrimps-Fischfangflotten läuft hier aus.
    Was man von Cienfuegos hört, lädt erstmal
nicht gerade zum Besuch ein. Die Stadt ist nicht
nur einer der industriellen Entwicklungspole der
Insel, sondern hat auch den größten **Zuckerexporthafen** der Welt. Zwölf Zuckerfabriken, die
größte Zementfabrik und Petroleumraffinerie in
Kuba sowie Produktionsanlagen für Düngemittel,

Garnelen und andere Meeresfrüchte versammeln sich rund um die Bucht. Von einigen Aussichtspunkten sind – zum Glück in weiter Ferne
– rauchende Schlote und Fabriken zu sehen, und
am Horizont ist sogar die Silhouette eines nicht
fertig gestellten Kernkraftwerkes auszumachen.
    Trotzdem ist die Stadt so schön, dass sie zu
Recht den Namen *Perla del Sur* trägt. Der wurde ihr in den wirtschaftlichen Boomzeiten des
19. Jhs. verliehen, als sie Trinidad den Rang als
größte Handelsmetropole der Region ablief und
eine kulturelle und bauliche Blüte erlebte. Der
Venezolaner Tomás Terry bestimmte die ökonomischen Geschicke maßgeblich, indem er einen
Großteil des Handels kontrollierte und der Aristokratie mit dem nötigen Finanzkapital aushalf. Mit
seinem enormen Vermögen ließ er Prachtbauten
wie das Teatro Terry errichten. Ansonsten bestimmen französische Einflüsse die Architektur
maßgeblich, denn Cienfuegos ist die einzige kubanische Stadt, die von französischen Siedlern
gegründet wurde. Auf dem **Parque Martí** errichteten sie zu Ehren der fernen Heimat einen in
Kuba einzigartigen Triumphbogen. Auch die zahlreichen Cafés strahlen französisches Flair aus.
Cienfuegos gilt mit seinem architektonischen
Stilmix aus Neoklassizismus, Art Nouveau und
Art Déco als eine der elegantesten Städte Kubas. Viele Gebäude sind heute noch wesentlich
besser in Schuss als in anderen kubanischen
Städten. Trotz einer Fülle von Sehenswürdigkeiten ist die Stadt bei weitem nicht so touristisch
wie Trinidad. Wie in Havanna erstrecken sich in
Cienfuegos ein **Prado** (die längste Allee Kubas)
und ein **Malecón**, beide abends sehr belebt.
Nach langer Verspätung wurde dieser kulturelle
Reichtum endlich auch von der Unesco erkannt,
die das historische Zentrum 2006 zum Kulturerbe
der Menschheit erklärte.
    Die Stadt brachte viele berühmte **Künstler
und Literaten** hervor. Son-Größe Benny Moré
wurde in der Provinz geboren (Santa Isabel de
las Lajas, s. S. 382) und hielt Cienfuegos für „die
Stadt, die mir am meisten gefällt." Die Band
Orquestra Aragón trug von hier aus den Cha-
Cha-Chá in die Welt, und auch Los Naranjos, die
älteste, vor 75 Jahren gegründete Musikgruppe
des Landes, ist hier heimisch. Bildhauer Mateo
Torriente wurde ebenfalls hier geboren.

Anti-AKW-Bewegung der anderen Art

1983 begann Kuba mit massiver sowjetischer Unterstützung den Bau seines einzigen **Atomkraftwerkes Juraguá** (auf der anderen Seite der Bucht von Cienfuegos). Doch 1992, nach dem Zusammenbruch der Sowjetunion, musste das weitgehend fertig gestellte Projekt wegen Devisenmangels eingestellt werden. Seit 1998 verhandeln Kuba und Russland über die Fortsetzung des Baus. Die USA behindern dieses Vorhaben, indem sie Russland drohen, Finanzhilfen zu streichen. Die offizielle Begründung lautet, man wolle kein zweites Tschernobyl direkt vor der Haustür. Da aber Studien ergaben, dass die geplanten Reaktoren wesentlich moderner und sicherer sind als jene von Tschernobyl, erscheint das wenig glaubhaft. Zudem lehnten die USA Kubas Angebot ab, sich an einem internationalen Konsortium zur Leitung des Baus der Anlage zu beteiligen.

Geschichte

Schon 1494 wurde die Cienfuegos-Bucht von Kolumbus entdeckt, blieb aber lange unbesiedelt. Weil hier immer mehr Schmuggler- und Piratennester entstanden, errichtete die spanische Kolonialmacht 1745 das Fort Nuestra Señora de los Angeles de Jagua, das seither den Eingang zur Bucht bewacht. Zur Stadtgründung kam es jedoch erst wesentlich später; zu übermächtig war die damalige Bedeutung Trinidads. Cienfuegos ist eine der jüngsten Städte Kubas. Erst im 19. Jh. ließen sich hier französische Siedler aus Bordeaux, New Orleans und umliegenden französischen Kolonien im Dienste der spanischen Krone nieder und gründeten unter Leitung von Don Luis D`Clouet am 22. April 1819 *Fernandina de Jagua*. Der heutige Name der Stadt, den sie bereits zehn Jahre später erhielt, stammt nicht etwa von dem berühmten Revolutionär und Volkshelden Camilo Cienfuegos, sondern vom damaligen spanischen General-Gouverneur José Cienfuegos.

Als Cienfuegos 1860 an das Eisenbahnnetz angeschlossen wurde, kam der auf Zucker gestützte wirtschaftliche Aufstieg in Fahrt, denn die Bucht war sehr gut für den Export geeignet. Trinidad konnte mit dieser hervorragenden infrastruk-turellen Anbindung nicht länger konkurrieren. 1881 wurde der „Boomtown" der Stadttitel verliehen. Französische Haut-Culture drückte sich in neoklassizistischen Prachtbauten aus. Der wirtschaftliche Aufstieg war begleitet von massiver Anwerbung weißer Einwanderer, um die zahlenmäßige Dominanz der schwarzen Bevölkerung auszugleichen. Damit kam auch eine gehörige Prise Kulturrassismus in die Region, und auf dem Prado flanierte die weiße Oberschicht, streng getrennt von der auf die linke Straßenseite verbannten schwarzen Bevölkerung. Am 5. September 1957 stand die Stadt kurz im Zentrum der Revolutionskämpfe, als Marineoffiziere, Matrosen und Studenten sich gegen Diktator Batista erhoben und für kurze Zeit die Kontrolle übernahmen. Doch bereits wenige Stunden später wurde die Rebellion von Batistas Soldaten in Blut erstickt.

Orientierung

Die Stadt wurde streng im Schachbrettgrundriss entworfen und hat daher absolut gradlinig verlaufende Straßen. Von Westen nach Osten erstrecken sich die geraden **Avenidas**, von Norden nach Süden die ungeraden **Calles**. Der **Boulevard** (Avenida 54) ist das Hauptgeschäftszentrum mit Kunstgalerien, Restaurants, Cafeterías und Geschäften und führt vom zentralen **Parque Martí** ca. 500 m nach Osten bis zum **Prado** (Calle 37). Die meisten Sehenswürdigkeiten befinden sich nicht mehr als drei Blocks vom Prado entfernt und ballen sich westlich davon um den Parque Martí. Dieses Zentrum, auch **Pueblo Nuevo** genannt, kann man bequem ablaufen. Vom Zentrum geht der Prado in den **Malecón** über. Diese Uferpromenade zieht sich über 3 km nach Süden zum ehemaligen Villenviertel auf der Halbinsel **Punta Gorda**, die wie ein Finger in die Bucht hineinragt.

Um den Parque Martí

Auf dem ehemaligen Exerzierplatz fand 1819 die Zeremonie der Stadtgründung statt. Ein *Majagua*-Baum diente als Mittelpunkt, von dem aus die Stadt schachbrettartig entworfen wurde. Heute zieren den Platz eine Nachbildung des Pariser **Triumphbogens** und eine Statue von José Martí. Um ihn herum gruppiert sich eine Reihe

Cienfuegos

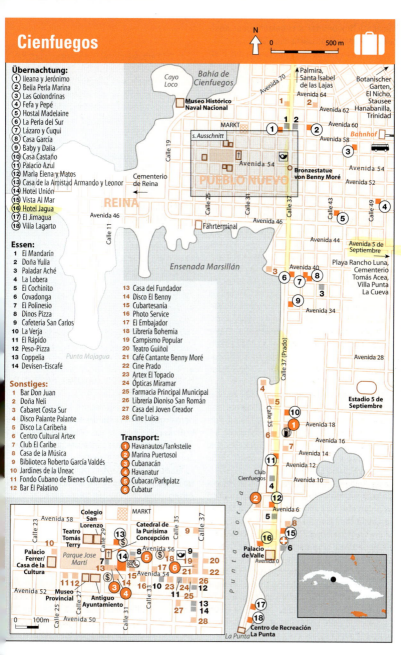

N 0 — 500 m

Übernachtung:
1. Ileana y Jerónimo
2. Bella Perla Marina
3. Las Golondrinas
4. Fefa y Pepé
5. Hostal Madelaine
6. La Perla del Sur
7. Lázaro y Cuqui
8. Casa García
9. Baby y Dalia
10. Casa Castaño
11. Palacio Azul
12. María Elena y Matos
13. Casa de la Amistad Armando y Leonor
14. Hotel Unión
15. Vista Al Mar
16. Hotel Jagua
17. El Jimagua
18. Villa Lagarto

Essen:
1. El Mandarín
2. Doña Yulla
3. Paladar Aché
4. La Lobera
5. El Cochinito
6. Covadonga
7. El Polinesio
8. Dinos Pizza
9. Cafetería San Carlos
10. La Verja
11. El Rápido
12. Peso-Pizza
13. Coppelia
14. Devisen-Eiscafé

13. Casa del Fundador
14. Disco El Benny
15. Cubartesanía
16. Photo Service
17. El Embajador
18. Librería Bohemia
19. Campismo Popular
20. Teatro Guiñol
21. Café Cantante Benny Moré
22. Cine Prado
23. Artex El Topacio
24. Ópticas Miramar
25. Farmacia Principal Municipal
26. Librería Dioniso San Román
27. Casa del Joven Creador
28. Cine Luisa

Sonstiges:
1. Bar Don Juan
2. Doña Neli
3. Cabaret Costa Sur
4. Disco Palante Palante
5. Disco La Caribeña
6. Centro Cultural Artex
7. Club El Caribe
8. Casa de la Música
9. Biblioteca Roberto García Valdés
10. Jardines de la Uneac
11. Fondo Cubano de Bienes Culturales
12. Bar El Palatino

Transport:
1. Havanautos/Tankstelle
2. Marina Puertosol
3. Cubanacán
4. Havanatur
5. Cubacar/Parkplatz
6. Cubatur

Bahía de Cienfuegos
Cayo Loco
Museo Histórico Naval Nacional
MARKT
s. Ausschnitt
PUEBLO NUEVO
Avenida 54
Bronzestatue von Benny Moré
Cementerio de Reina
REINA
Avenida 46
Fährterminal
Avenida 11
Ensenada Marsillán
Punta Majagua

Palmira, Santa Isabel de las Lajas
Botanischer Garten, El Nicho, Stausee Hanabanilla, Trinidad
Bahnhof
Avenida 70
Avenida 64
Avenida 62
Avenida 60
Avenida 58
Avenida 54
Avenida 52
Avenida 46
Avenida 44
Avenida 5 de Septiembre
Playa Rancho Luna, Cementerio Tomás Acea, Villa Punta La Cueva
Avenida 40
Avenida 34
Avenida 28
Estadio 5 de Septiembre
Avenida 18
Avenida 16
Avenida 14
Avenida 12
Avenida 10
Club Cienfuegos
Avenida 6
Punta Gorda
Calle 37 (Prado)
Calle 35

Colegio San Lorenzo
Teatro Tomás Terry
Catedral de la Purísima Concepción
Palacio Ferrer/ Casa de la Cultura
Parque José Martí
Museo Provincial
Antiguo Ayuntamiento
Avenida 58
Avenida 56
Avenida 54
Avenida 52
Avenida 50
MARKT
Palacio de Valle
Centro de Recreación La Punta
La Punta

Zentrale Südküste

französisch geprägter architektonischer Kostbarkeiten im neoklassizistischen Stil.

Das **Teatro Tomás Terry** im Norden des Platzes hat einen reich verzierten Innenraum mit goldenem Stuck und Deckenfresken von Camilo Salaya. In der Vorhalle steht eine vom Italiener Tomaso Solari gefertigte Marmor-Statue des venezolanischen Industriebarons Terry, der den Bau finanzierte. Es gehört zu Kubas schönsten Theatern und verfügt über 1200 Plätze auf drei Ebenen. Eine ausgefeilte Technik kann die Bühne auf das Niveau der Loge anheben. 1890 wurde der Kulturtempel mit der Oper *Aida* eingeweiht, es folgten triumphale Auftritte von Stars wie Enrico Caruso, Sarah Bernhardt und Ana Pavlova. ☉ tgl. 9–18 Uhr, Führung 1 CUC.

Das wuchtige **Colegio San Lorenzo** nebenan ist im griechisch-römischen Stil erbaut worden. In seinem Innern befindet sich heute eine Schule. Hier endete der Aufstand vom 5. September.

Die **Catedral de la Purísima Concepción** wurde 1869 im neoklassizistischen Stil erbaut und trägt bunte, aus Frankreich stammende Kirchenfenster mit den Bildnissen der zwölf Apostel. Den prunkvollen Altar dominiert eine Statue der Jungfrau Maria mit Schlange zu ihren Füßen, eingerahmt von einem blau-goldenen, auf Säulen gestützten kleinen Tempel. ☉ tgl. 7–12, Messe tgl. 7.30 und 10 Uhr.

Das **Museo Provincial** wurde 1894 im neoklassizistischen Stil errichtet und diente den Spaniern als Casino. Gemälde, alte Möbel, Porzellan und Skulpturen von Mateo Torriente bilden einen sehenswerten Mix. Eine Abteilung ist den Ureinwohnern gewidmet. ☉ Di–Sa 10–18, So 9–12 Uhr, Eintritt 2 CUC.

Der adlige **Palacio Ferrer** wurde im Neorokokostil mit Marmor und Mosaikverzierungen errichtet. Hier ist heute das **Casa de la Cultura Benjamin Duarte** untergebracht, benannt nach einem einheimischen Schriftsteller des 20. Jhs. 1920 quartierte sich der Opernsänger Caruso während seines Auftritts im Teatro Terry ein. Der Eintritt auf den **Aussichtsturm** kostet 0,50 CUC.

Vom neoklassizistischen Rathaus **Antiguo Ayuntamiento** aus hielt Fidel Castro am 6.1.1959 nach dem Sieg der Revolution eine Rede. Heute ist das imposante Gebäude Sitz der Provinzregierung (Poder Popular Provincial).

Ein arabisches Sommermärchen

Der 1913 erbaute ehemalige Sommerpalast **Palacio del Valle** eines reichen Spaniers könnte einem orientalischen Märchen entstammen, er vereint maurische, gotische, venezianische und barocke Baustile. Die detaillierten Mosaike und Verzierungen an Decken und Wänden machen ihn zum schönsten Gebäude der Stadt. Der italienische Architekt Alfredo Collí Fanconetti schuf das Kunstwerk zusammen mit Künstlern aus Kuba, Frankreich und aus dem arabischen Raum. Bis auf die wertvollen Holzverkleidungen wurden alle Baumaterialien aus Spanien, Italien und den USA importiert. Laut Legende soll an dieser Stelle schon zuvor durch Magie ein arabisches Haus entstanden sein, als sich ein Spanier aus Granada ein Stück Heimat wünschte. Einer seiner Söhne soll das Gebäude dann aus Angst vor der Inquisition zerstört haben. Im Innern befindet sich die nette Bar **El Bodegón** (große Weinauswahl) sowie ein elegantes und teures Restaurant, in dem die Pianistin Carmencita spielt. ☉ tgl. 10–22 Uhr, Eintritt 1 CUC (inkl. Drink auf dem Dach mit schönem Panoramablick).

Richtung Punta Gorda

Mitten auf dem Prado wurde kürzlich eine lebensgroße **Bronzestatue von Benny Moré** errichtet. Die Figur ist so detailliert, dass man meint, Kubas Musiklegende sei gerade auf einem Spaziergang unterwegs.

Ganz am Ende der Landzunge liegt das **Centro de Recreación La Punta**, ein schöner Ort zum Ausspannen und um den Sonnenuntergang zu beobachten. Man kann auch baden, Bar und Imbiss sorgen fürs leibliche Wohl. ☉ tgl. 10–23 Uhr, Eintritt 0,50 CUC.

Weitere Sehenswürdigkeiten

Im **Museo Histórico Naval Nacional**, 1 km nordwestlich des Parque Martí, wird neben wichtigen Epochen der Stadt- und Regionalgeschichte die Entwicklung der kubanischen Seefahrt do-

Zentrale Südküste

Im Haus des Bürgermeisters

Bella Perla Marina, Calle 39 No. 5818 esq. 60, ℡ 0143-518991, ✉ wrodriguezdelrey@yahoo.es. Großes Haus in zentraler Lage, das in den 1950er-Jahren für den Bürgermeister persönlich gebaut wurde und mit vielen Kolonialelementen bestückt ist (Kristallleuchter, prächtiges Geschirr, Porzellan, Möbel). Die religiösen Hausbesitzer sind sehr herzlich und hilfsbereit: Amileidis kocht hervorragend und Waldo ist eine gute Informationsquelle und verwöhnt Gäste mit selbstgemachten Mojitos und üppigem Frühstück. 2 große komfortable Zimmer (EZ und DZ) mit AC, Ventilator, schönem Bad, Kühlschrank, 220-Volt-Anschluss und unabhängigem Zugang zur Garage. Auf Wunsch wird ein TV ins Zimmer gebracht. Von der großen Terrasse hat man eine schöne Sicht auf die Stadt. Katze und 2 verspielte Hunde. Englisch, Italienisch und etwas Französisch. ❷

kumentiert. Eine Halle behandelt den „Levantamiento del 5 de Septiembre", als sich lokale Rebellen 1957 der nationalen Bewegung des 26. Juli anschlossen und von hier aus Verstärkung von Matrosen bekamen. Für ein paar Stunden konnten die Rebellen die Macht übernehmen, bis sie von Batistas Truppen besiegt wurden. Die Schlacht fand hauptsächlich am Parque Martí statt. ⊙ Di–Fr 10–18, Sa–So 9–12 Uhr, Eintritt 1 CUC.

Der älteste Friedhof Kubas, der **Cementerio La Reina**, 2 km westlich des Parque Martí, wurde 1839 gegründet und ist heute ein Nationaldenkmal. Hier sind neben vielen französischen Stadtgründern auch spanische Soldaten begraben, die in den Unabhängigkeitskriegen fielen (links vom Eingang). Auch Verwandte der Familie des Diktators Batista fanden hier ihre letzte Ruhe. Alle Gräber sind aus Marmor und zum Teil in einem Nischensystem angeordnet, das in Kuba einzigartig ist. Die größte Sehenswürdigkeit ist die **Skulptur von Bella Durmiente**, eine Dame, die 1907 mit 24 Jahren verstarb. Sie soll sich mit Opium umgebracht haben, nachdem sie ein Italiener geschwängert und dann sitzen gelassen hatte. In der rechten Hand hält sie einige Opiumpflanzen,

in der linken eine Schlange, die das Gift symbolisiert. ⊙ tgl. 8–18 Uhr, Eintritt frei (Trinkgeld).

Etwa 4 km außerhalb der Stadt, an der Av. 5 de Septiembre, liegt der monumentale Friedhof **Cementerio Tomás Acea**. Man betritt die riesige Parkanlage durch einen pompösen Pavillon im neoklassischen Stil, der von 64 dorischen Säulen umringt wird. Direkt gegenüber vom Eingang liegt das sehenswerte Mausoleum der Märtyrer des 5. September 1957. Daneben ragen in mächtigen Blöcken die Gräber der in Angola gefallenen Internacionalistas empor. Einige Friedhöfe dieser Art befinden sich im Nordosten der USA und man nimmt an, dass diese bei der Errichtung 1926 als Vorbild dienten. ⊙ tgl. 8–18 Uhr, Eintritt 1 CUC.

Übernachtung

Privatpensionen
Zentrum
Ileana y Jerónimo, Calle 35 No. 5806 e/58 y 60, ℡ 0143-516549, ✉ angela@fcee.ucf.edu.cu. DZ mit AC, Ventilator, Bad und Terrasse. Schöner Aufenthaltsraum im neoklassisch-französischen Kolonialstil (Säulen, Mosaikfußboden). Sehr nette Vermieter, gutes Essen (z. B. *Fricassee de pollo*), Cocktails auf Kosten des Hauses. Englisch. ❶–❷
Lázaro y Cuqui, Calle 39 No. 3818 e/38 y 40, ℡ 0143-519037. Sehr schönes Haus mit

Gastfreundliche Revolutionäre

Casa de la Amistad Armando y Leonor, Av. 56 No. 2927 e/29 y 31, ℡ 0143-516143, ✉ casamistad@correodecuba.cu. Schönes altes Kolonialhaus mit Mosaikfußboden, *Vitrales* und vielen Katzen und Vögeln. 2 große DZ mit Ventilator und Bad, riesige Dachterrasse mit schönem Ausblick. Man wird hier sehr herzlich begrüßt. Das ältere Ehepaar weiß viel über die Region und die Geschichte und Gegenwart Kubas zu berichten, insbesondere Armando ist ein wandelndes Kuba-Lexikon. Der überzeugte Kommunist hat in der Sierra de Escambray gegen Konterrevolutionäre gekämpft. Viele Gäste loben Leonors Kochkünste, ihre Spezialitäten *Pollo a la Cola* oder *Pescado gordon bleu* sind ein Gedicht. Englisch. ❷

Villa am Meer

Villa Lagarto, Calle 35 No. 4b e/0 y Litoral, ☎/☏ 0143-519966 und 558455, ✉ villalagarto2004 @yahoo.es. 2 DZ mit AC, Ventilator, Bad, Hängematten und großer Terrasse mit Meerblick. Kleiner Pool und schöner grüner Innenhof direkt am Wasser. Die sehr netten Vermieter begrüßen jeden Gast mit einem Willkommens-Cocktail und sprechen Englisch und Italienisch. ❷–❸

supernetten Vermietern. 2 große DZ mit AC, Ventilator und Bad. Gute kreolische Küche mit großen Portionen. Große Terrasse mit schönem Ausblick auf ganz Cienfuegos. Eigener Aufenthaltsraum mit TV, Bodybuilding-Bank. Französisch und ein bisschen Deutsch. ❶–❷

Las Golondrinas, Calle 47 No. 5613 e/56 y 58, ☎ 0143-515788, ✉ drvictor61@yahoo.es. Großes Haus, 2 komfortable DZ mit AC, Ventilator, Bad und großer Terrasse. Gutes Essen. Die Gäste dürfen sogar im Solarium nutzen! Vermieter Victor ist sehr hilfsbereit und spricht etwas Englisch. ❷

Hostal Madelaine, Av. 48 No. 4310 A (altos) e/43 y 45, ☎ 0143-525396 und 01-5275 7178 (mobil). Hübsch eingerichtetes modernes Häuschen. 2 schöne DZ mit AC, Ventilator und Bad. Gäste dürfen die Küche nutzen. Sehr nette Vermieterin. ❷

Fefa y Pepé, Av. 50 No. 4920 e/49 y 51, ☎ 0143-516613. 2 komfortable DZ mit AC, Ventilator und Bad. ❷

La Perla del Sur, Calle 37 No. 3806 e/38 y 40, ☎ 0143-516638. 2 DZ (EG und OG) mit AC, Ventilator und Bad. Terrasse mit Blick aufs Meer. Viele Informationen. Fließend Englisch. ❷

Baby y Dalia, Calle 37 No. 3402 e/34 y 36, ☎ 0143-556040. Modernes Haus mit viel Komfort, sehr elegant eingerichtet. 2 DZ (Doppelbett) mit AC, Ventilator, Radio, Bad und Kühlschrank. Garten, Garage. Etwas Englisch. ❷

Casa García, Av. 38 No. 3901 e/39 y 41, ☎ 01-5282 6869 (mobil). Schönes Apartment mit eigenem Eingang sowie DZ mit Kristallwand, AC, Ventilator und Bad. Große schöne Terrasse und Parkplatz. Gebildete, hilfsbereite Vermieter. ❷

Punta Gorda

Casa Castaño, Calle 37 No. 1824 esq. 20, ☎ 0143-525251. Schönes modernes Haus im Art-Déco-Stil mit großem Garten, Terrasse, 2 wunderschönen Innenhöfen, Bar und Cafetería. 2 DZ mit AC, Ventilator und Bad, gutes Essen, Parkplatz. Englisch. ❷

Maria Elena y Matos, Av. 6 No. 3509 e/35 y 37, ☎ 0143-516545. Schönes modernes Haus mit viel Komfort. 2 DZ (eins mit Balkon) mit AC, Ventilator und Bad. Große Terrasse, Garage und Hund. ❷

Vista Al Mar, Av. 37 No. 210 e/2 y 4, ☎ 0143-518378, ✉ gertrudis_fernandez@yahoo.es. Schön eingerichtetes Haus. DZ mit AC, Ventilator, Bad, eigenem Eingang und Terrasse direkt am Meer. Gutes Essen. ❷

El Jimagua, Calle 35 No. 24 e/Litoral y 0, ☎ 0143-511519. 2 DZ mit Apartmentcharakter in einem alten schlossähnlichen Gebäude mit AC, Ventilator, TV, Bad, Kühlschrank und eigenem Eingang. Kleiner Innenhof mit Blick aufs Meer. Terrasse mit Ausblick auf die Uferpromenade. ❷–❸

Hotels

Unión, Calle 31 esq. 54, ☎ 0143-551020, 🖥 www.cubanacan.cu. Edelstes Hotel der Stadt: schöner alter Kolonialbau mit bunten Glasfenstern und antiken Möbeln. 13 Suiten und 36 große DZ mit Blick auf schönen Innenhof, AC, Bad, TV, Kühlschrank, Telefon und Radio (die Zimmer zur Straße hin sind laut). Umfangreiche Infrastruktur, auch Sauna und schöne Dachterrassen-Bar. ❻

Jagua, Prado No. 1 e/0 y 2, am Ende der Halbinsel Punta Gorda, ☎ 0143-551003, 🖥 www.gran-caribe.com. Gehobener internationaler Standard mit kompletter Infrastruktur. Toller Ausblick auf die Bucht. 149 DZ (darunter 10 Suiten) mit AC, Bad, Telefon, Radio, TV und Balkon. Cabaret und Disco. ❻

Kleines Schmuckstück

Palacio Azul, Av. 37 No. 1291 esq. 12, ☎ 0143-555828, 🖥 www.cubanacan.cu. Prächtige blaue Kolonialvilla von 1920. 7 große DZ (5 mit Balkon und Meerblick, eins mit 3 Betten) mit AC, Bad, TV und Minibar. Restaurant. ❹

Villa Punta la Cueva, Carretera Rancho Luna KM 3,5 (südlich vom Cementerio Tomás Acea), ℡ 513956, 🖥 www.islazul.cu. 67 DZ in schönen Bungalows mit AC, TV, Telefon und Bad. Restaurant, Bar, Cafeteria, Pool, Laden und kleiner Sandstrand. ❷ – ❸

In Cienfuegos genießen Meeresfrüchte einen hohen Stellenwert. Eine lokale Spezialität ist die *Covadonga-Paella*.

Zentrum

El Polinesio, am Parque Martí. Das Interieur mit Masken erinnert an eine Ethnologieausstellung. Huhn und Schwein für 3–4 CUC. Abends manchmal Live-Musik. ☉ tgl. 12–15 und 18–22 Uhr.
La Verja, Av. 54 No. 3306 e/33 y 35. Elegantes Restaurant mit antikem Interieur aus dem 19. Jh. und Bar. Sogar Castro und andere berühmte Personen sollen hier gegessen haben. Das Ambiente (schöner Innenhof) ist besser als das überteuerte Essen (Fleischgerichte ab 10 CUC). ☉ tgl. 18–22 Uhr.
El Mandarín, Calle 37 No. 5813 esq. 60. Leicht chinesisch angehauchte Gerichte für Pesos. ☉ tgl. 18–21.30 Uhr.
Doña Yulla, gegenüber. Einfache Peso-Gerichte. ☉ tgl. 7–19 Uhr.
Cafeteria San Carlos, Calle 37 esq. 56. Mit dem Charme eines Fast-Food-Ladens nicht gerade gemütlich, aber gut für den späten Hunger. Die kleinen Snacks sind solide und günstig. ☉ tgl. 9–24 Uhr.
El Rápido, Av. 54 esq. 35. Fast-Food für wenig Geld. ☉ tgl. 9–21 Uhr.
In der Calle 37 e/52 y 54 gibt es einen Stand mit **Peso-Pizza** und leckeren **Batidos** (Milchshakes).

Der letzte „Gaumen"

Wenn in der Brieftasche keine chronische Ebbe herrscht und man sich mal was gönnen will, ist das letzte Privatrestaurant der Stadt eine gute Wahl: **Paladar Aché**, Av. 38 No. 4106 e/41 y 43, ℡ 0143-526173. Schöner überdachter Garten. Die leckeren Gerichte kosten rund 10 CUC. ☉ Mo–Fr 12–23 Uhr.

Für Italienisches (gute Pizzen ab 4 CUC) ist die Devisenkette **Dinos Pizza** zuständig, Calle 31 e/54 y 56. ☉ tgl. 12–15, 18–24 Uhr.
Café Teatro Terry, Parque Martí. Gemütlich mit schönem Innenhof.
Coppelia, Calle 37 esq. 52. Eisdiele. Wer nicht Schlange stehen will, findet daneben ein **Devisen-Eiscafé**. ☉ 24 Std.

Punta Gorda

La Lobera, im Club Cienfuegos. Schöner Blick von der Terrasse auf die Bucht. Auch Cafeteria und Bar.
Palacio de Valle, an der Landzunge. Lohnt sich mehr wegen des Ambientes als wegen der überteuerten Gerichte (15–25 CUC). Zu empfehlen ist die **Bar El Bodegón** mit großem Weinangebot.
El Cochinito, Prado No. 401 e/4 y 6. Günstigstes Restaurant dieser Gegend, aber begrenzte Auswahl (vor allem Schwein). Einheimische bringen viel Atmosphäre in den rustikalen Laden. ☉ tgl. 18–23 Uhr.
Covadonga, Prado e/0 y 2. Die hochgelobte Spezialität Paella (5 CUC) ist eher mäßig. ☉ tgl. 12.30–15.30, 18–22.30 Uhr.

Bars

El Palatino, Parque Martí. Snacks und Getränke in einem schönen alten Gebäude mit Gemälden. Kommt einer Traveller-Kneipe ziemlich nahe, zieht aber auch Busgruppen an.
Don Juan, Calle 37 esq. 62. Klein, dunkel und stimmungsvoll (viele Kubaner). Am Wochenende Live-Musik. ☉ 24 Std.
Das **Hotel Unión** (auf der Dachterrasse) und der **Club Cienfuegos** haben ebenfalls schöne Bars.

Live-Musik

Centro Cultural Artex, Av. 16 e/35 y 37. Am Wochenende traditionelle Live-Musik und Disco. Man kann schön unter Bäumen sitzen. ☉ Di–So 11–1 Uhr.
Club Cienfuegos, Calle 37 esq. 10. In der prächtigen weißen Villa mit grünen Kuppeln gibt es ein schönes, am Meer gelegenes Restaurant/ Café und regelmäßige Veranstaltungen wie Konzerte und Karaoke. Eintritt 3–5 CUC.

Zentrale Südküste

Sonnenuntergang im Adelspalast

Auf der **Dachbar des Palacio de Valle**, Calle 37 esq. 0, schmecken die Cocktails noch mal doppelt so gut. Von hier aus schweift der Blick über die ganze Bucht und den noblen Stadtteil Punta Gorda. Ein ideales Plätzchen, um den Sonnenuntergang zu genießen. ☺ tgl. 10–22 Uhr.

Café Cantante Benny Moré, Prado esq. 54. Ab 21 Uhr Live-Musik. ☺ Di–So.
Casa del Joven Creador, Av. 52 y 35. Hier treffen sich jüngere Kubaner, neben Literaturlesungen auch Hip-Hop- und Rock-Konzerte.
Die **Casa de la Cultura Benjamin Duarte** im Westen des Parque Martí hat ein Programm aushängen. Daneben laufen im netten Café **Jardines de la Uneac** Videofilme und manchmal Konzerte.

Discos

El Benny, Av. 54 e/29 y 31. Berühmtester und elegantester Tanztempel der Stadt. Die schöne Bar im 50er-Jahre-Stil hat ab 11 Uhr geöffnet (Di–So). Am Wochenende rappelvoll (sowohl Kubaner als auch Touristen). Tgl. um 23 Uhr gibt es eine Show. Tolle Stimmung. Eintritt 4 CUC.
La Caribeña, Calle 35 e/20 y 22. Leider reichen selbst die vielen Bäume auf dem parkähnlichen Open Air-Gelände nicht aus, um sich vor den Jineteras zu verstecken! Die Stimmung ist allerdings wirklich gut.
Palante Palante, Calle 35 esq. 22. Riesiges Freigelände mit Blick aufs Meer und angenehmen frischen Brisen.
Club El Caribe, Calle 37 esq. 14. Am Wochenende Disco, viele Kubaner. Die Bar hat rund um die Uhr geöffnet.
Casa de la Música, Calle 37 e/4 y 6. Fr–So Abend Disco (von Salsa bis Rap), Sa ist Konzerttag.

Unterhaltung und Kultur

Im eleganten **Teatro Tomás Terry** am Parque Martí hängt ein Programm aus. Eintritt 5 CUC.
Teatro Guiñol, Calle 37 e/54 y 56. Sa–So Vormittag Puppenspiele für Kinder.

Cine Prado, Prado No. 5402 e/54 y 56. Öfters Open Air-Vorführungen. ☺ Do–Di.
Cine Luisa, Prado No. 5001 e/50 y 52. ☺ Di–So.

Cabaret

Guanaroca, Hotel Jagua. Genießt einen guten Ruf und wurde vor kurzem renoviert. Nach der Show gibt es Disco-Musik. Eintritt 5 CUC.
Costa Sur, Av. 40 esq. 35. Show ab 21.30 Uhr (Mi–Mo).

Feste

Das **Fest der Stadtgründung** findet am 22. April statt. In der ersten Juliwoche wird bei der **Fiesta de los amigos del mar** eine internationale Segel-Regatta ausgetragen. Der **Karneval** wird im Juli/August gefeiert. Am 5. September wird den Helden des lokalen Aufstandes von 1957 gedacht, der blutig niedergeschlagen wurde. Der Feier im Parque Martí folgt eine **Parade** zum Friedhof Tomás Acea. Jedes ungerade Jahr findet im September das **Festival Internacional Benny Moré** statt.

Einkaufen

Fußgängerzone

Auf der **Av. 54 e/29 y 37** befindet sich die **Fußgängerzone** der Stadt. Devisenläden haben hier mittlerweile die meisten Peso-Geschäfte verdrängt.
Casa del Fundador, Av. 54 esq. 29. Rum, Tabak, Musik, Kunstgegenstände, T-Shirts. ☺ tgl. 9–19 Uhr.
Cubartesanía, Av. 54 esq. 31. Kunsthandwerk. ☺ Mo–Sa 9–17, So 9–12 Uhr.
El Embajador, Av. 54 esq. 33. Tabak, Rum und Kaffee.
Artex El Topacio, Av. 54 esq. 35. Musik, Kleidung, Getränke und Souvenirs. ☺ tgl. 9–18 Uhr.
Librería Dioniso San Román, Av. 54 esq. 37. Recht große Auswahl an Büchern für Devisen und Moneda Nacional.

Weitere Geschäfte

Neben dem Teatro Terry gibt es einen **Souvenirladen** mit Büchern, Musik, T-Shirts und Kunsthandwerk. Das Cine Luisa auf dem Prado esq. 50 verkauft **Filmplakate und Videos**. Auf

dem Prado e/42 y 46 gibt es einige kleine **Künstlerateliers**, einfach mal reinschauen. Die **Librería Bohemia**, Av. 56 e/33 y 35, beherbergt ein Antiquariat.
Fondo Cubano de Bienes Culturales, Parque Martí. Große Auswahl: Verkauft Gemälde, Trommeln, Zigarrenkisten und Poster und stellt lokale Kunstwerke aus. ⊙ Mo–Sa 9–18.30, So 9–13 Uhr.

Lebensmittel
Es gibt 2 **Bauernmärkte**, in der Av. 58 esq. 31 und in der Av. 64 esq. 59. ⊙ Di–Sa 7–17, So 7–12 Uhr.
Doña Neli, Calle 41 esq. 62, verkauft Brot und Gebäck. ⊙ tgl. 9–22 Uhr.
La Plaza del Mercado, Av. 58 esq. 31. Supermarkt. ⊙ tgl. 7–15 Uhr.

Aktivitäten

Wassersport und Schwimmen
Marina Puertosol, Av. 6 y 35, ✆ 0143-551241, 🖥 www.nauticamarlin.com. Katamaranausflüge (16 CUC p. P.), Tretboote (5 CUC/Std.) und Kajaks (3 CUC/Std.), zudem Jachtausflüge (wer ankern möchte, meldet sich unter VHF 16 und VHF 19A an). An der Tauchstelle Cable Inglés befindet sich Notre Dame, eine 5 m hohe Korallensäule.
Club Cienfuegos, Calle 37 esq. 10, ✆ 0143-526510. Ebenfalls Segel- und Katamaranausflüge.
Für 5 CUC können auch Nichtgäste den schönen **Pool** des Hotels Unión benutzen.

Touren

Programme und Preise der staatlichen Reisebüros sind weitgehend identisch. Manche Ausflüge finden nur bei einer Mindestanzahl von Personen statt (einen Tag vorher reservieren): Stadtrundgang oder Botanischer Garten (10 CUC), Laguna Guanaroca (Flamingo-Beobachtung, 7 CUC), Castillo de Jagua (15 CUC), El Nicho, Hanabanilla oder Topes de Collantes (30–39 CUC), Trinidad (17 CUC), Guamá/Playa Girón (27 CUC), Santa Clara (17 CUC).
Cubanacán, Av. 54 No. 2903 e/29 y 31, ✆ 0143-551680. Exkursionen und Hotelreservierung im ganzen Land, Taxiservice, Tauchen und Fischen. ⊙ Mo–Fr 8–17, Sa 8–12 Uhr.

Cubatur, Calle 37 No. 5399 e/54 y 56, ✆ 0143-551242. ⊙ tgl. 8–17 Uhr.
Havanatur, Av. 54 No. 2906 e/29 y 31, ✆ 0143-551393. ⊙ Mo–Fr 9–12, 13.30–17, Sa 9–12 Uhr.

Sonstiges

Apotheken
Farmacia Principal Municipal, Av. 54 e/35 y 37, und in der **Clínica Internacional**, Calle 37 e/0 y 1. ⊙ 24 Std.

Autovermietungen
Havanautos, Calle 37 e/16 y 18, ✆ 0143-551211 und 551154, sowie im Hotel Jagua.
Cubacar, Calle 31 e/54 y 56, ✆ 0143-551645.

Baseball
Estadio 5 de Septiembre, Av. 20 y 47, ✆ 0143-513644.

Bibliotheken
Biblioteca Roberto García Valdés, Calle 37 No. 561 e/56 y 58. ⊙ Mo–Fr 8–22, Sa 8–16 Uhr.

Fahrrad- und Motorradverleih
Der **Club Cienfuegos** verleiht Mofas. ✆ 0143-526510.

Filme und Fotoarbeiten
Photo Service, Av. 54 No. 3118 e/31 y 33.

Geld
Bandec, Av. 56 esq. 31. Mit Geldautomat.
BFI, Av. 54 esq. 29.
Cadeca, Av. 56 e/33 y 35. Mit Geldautomat.
Asistur, Calle 37 No. 1201 esq. 12 (Palacio del Turismo), ✆ 0143-513265 und 551624.

Informationen
Eine klassische Touristeninformation gibt es nicht. Die Reisebüros (s. Touren) verteilen Broschüren, die aber eher Reklamecharakter haben.
Campismo Popular, Calle 37 No. 5407 e/54 y 56, ✆ 0143-519423. ⊙ Mo–Fr 8–17, Sa 8–12 Uhr.

Internet
Etecsa, Calle 31 e/54 y 56. ⊙ tgl. 8.30–19 Uhr.

Zentrale Südküste

Medizinische Hilfe
Clínica Internacional, Prado No. 202 e/2 y 4,
✆ 0143-551622. Modern ausgestattet, rund um
die Uhr geöffnete Apotheke.
Ópticas Miramar, Av. 54 e/35 y 37.
Krankenwagen: ✆ 0143-513421.

Post
Av. 56 esq. 35. Auch Verkauf von Telefonkarten.
🕐 tgl. 8–20 Uhr.

Telefon
Etecsa, Calle 31 e/54 y 56. 🕐 tgl. 8.30–19 Uhr.
Kleine **Telefonzentren** befinden sich gegenüber
vom Hotel Jagua, von Servicupet und auf dem
Prado e/46 y 48.

Nahverkehr
Mit etwas Zeit kann man die Stadt problemlos
zu Fuß bewältigen.

Fähre
Von Cienfuegos zum CASTILLO DE JAGUA,
Muelle Real, Av. 46 esq. 25. Tgl. 3 Fähren
(8, 13 und 17.30 Uhr, 30 Min. Fahrt, 1 CUC;
Gegenrichtung 6.30, 10 und 15 Uhr).

Pferdewagen
Es fahren Kutschen den Prado entlang bis Punta
Gorda. Touristen bezahlen 1 CUC pro Fahrt.

Taxis
Vor dem Hotel Jagua befinden sich **Transtur**,
✆ 0143-551172, und **Panataxi**. Von Punta Gorda
bis zum Zentrum kostet es rund 3 CUC.

Transport
Von Cienfuegos sind es 60 km nach Santa Clara,
80 km nach Trinidad, 90 km nach Playa Girón,
118 km nach Playa Larga und 256 km nach
Havanna.

Selbstfahrer
Auf Cienfuegos Straßen fahren wenige Autos
und die Orientierung ist recht einfach. Man wird
den Wagen eher für Ausflüge in die Umgebung
als in der Stadt benötigen. Bewachte **Parkplätze**
gibt es gegenüber vom Hotel Unión, am Parque
Martí und vor dem Hotel Jagua. **Tankstellen**

befinden sich am Prado esq. 16 und an der
Straße nach Playa Rancho Luna KM 12
(Abzweigung nach San Antón).

Taxis
Preisbeispiele für eine Strecke
(Taxiunternehmen s. Nahverkehr):
JARDÍN BOTÁNICO oder PLAYA RANCHO
LUNA: 10 CUC
PLAYA GIRÓN: 30 CUC
SANTA CLARA: 30 CUC
TOPES DE COLLANTES oder TRINIDAD: 30 CUC

Busse
Terminal de Omnibus, Calle 49 e/56 y 58, 2 km
vom Zentrum, ✆ 0143-515720. Tickets für **Víazul**
verkauft das Büro im EG mit der Aufschrift
„Devisas". 🕐 tgl. 8–17 Uhr.
HAVANNA (9.05 und 16.25 Uhr, 4 Std., 20 CUC).
TRINIDAD (12.05 und 16.55 Uhr, 2 Std., 6 CUC).
VARADERO (10.30 Uhr, 3 1/2 Std., 16 CUC).

Eisenbahn
Bahnhof, gegenüber dem Busbahnhof,
✆ 0143-525495. Ticket mind. 1 Std. vor Abfahrt
kaufen. 🕐 Mo–Fr 8–16 Uhr. Die Verbindungen
sind unzuverlässig:
HAVANNA (alle 2 Tage, 5–10 Std., 11 CUC).
SANCTI SPÍRITUS (alle 2 Tage, 5 Std., 5,50 CUC).
SANTA CLARA (1x tgl., 2 1/2 Std., 2 CUC).

Die Umgebung von Cienfuegos

Die Umgebung von Cienfuegos bietet sich mit
Stränden, Festung und botanischem Garten für
Tagesausflüge an. An der Küste auf dem Weg
nach Trinidad kann man einige Stopps in reizvol-
ler Naturumgebung einlegen.

Nördlich von Cienfuegos

Palmira
Der kleine Ort liegt 15 km nordöstlich von Cienfuegos und gilt als Wiege afrokubanischer Kultur.

Mehrere *Santería-Cabildos* (s. S. 154) pflegen die alten synkretistischen Traditionen mit Trommelritualen. Vor allem das **Museo Municipal** in der Calle Viviendas No. 41 e/ Cisneros y Agramanto, dokumentiert die kulturhistorische Bedeutung der Santería. Jährlich am 4. Dezember gibt es ein **Fest** zu Ehren des afrokubanischen Gottes Changó, der der Heiligen Santa Bárbara entspricht. ☉ Di–Sa 10–18 Uhr, Eintritt 1 CUC.

Santa Isabel de las Lajas

In Benny Morés Geburtsstadt 38 km nordöstlich von Cienfuegos kann man auf den Spuren des berühmten Musikers wandeln. Im **Casino de los Congos San Antonio** in der Calle Heredia e/Labra y Ferrocarril begann Bennys Karriere. Heute finden hier afrokubanische Veranstaltungen statt. Vor allem lohnt das **Museo Municipal Benny Moré** in der Calle Dr. Machín No. 99 e/ Martí y Calixto García einen Besuch. Hier sieht man seine ersten selbstgebastelten Musikinstrumente und sein künstlerischer Aufstieg wird anhand von Partituren, Trophäen, Fotos und Zeitungsartikeln dokumentiert. Ein weiterer Raum ehrt den Star mit Kunstwerken. ☉ Di–Fr 10–18, Sa–So 9–13 Uhr, Eintritt 4 CUC. Auf dem **Cementerio Municipal** liegt Benny Moré begraben. Im schönen **Café Cuba** in der Calle Dr. Machín No. 69 esq. Goitizolo kreisen Geschichten über die Musiklegende, denn hier treffen sich noch heute Bennys Freunde und Fans.

Castillo de Jagua

Die 1745 errichtete Piratentrutzburg ist die drittgrößte Festung des Landes und liegt südlich der Stadt am Eingang der Bucht (Fährzeiten s. S. 381). Die Festung sollte damals die „Wölfe der Meere" wie Francis Drake, Jaques de Sores und Juan Morgan von der Bucht fernhalten und die Region vor einer Invasion der britischen Kriegsflotte schützen. Außerdem wollte man den Schmuggel in den Griff bekommen. Innerhalb der mächtigen Mauern befinden sich ein **Museum**, eine kleine Kapelle und ein mäßiges **Restaurant**. Vom Turm hat man einen guten Ausblick über die Bucht. Am Fuß der Festung liegt das malerische, von Franzosen Ende des 19. Jhs. gegründete

Um die Festung rankt sich eine geheimnisvolle und unheimliche Legende: Man sagt, dass jede Nacht ein schwarzer Vogel das Schloss von Nuestra Señora de los Ángeles de Jagua zu überfliegen pflegte. Und wenn er sich dessen überdrüssig war, ließ er sich irgendwo auf der Festung nieder und durchlief die Höfe, die Salons und engen Gänge. Aber nicht als Vogel, sondern als schöne Frau, die immer in Blau gekleidet war … Die Garnison mied ein Zusammentreffen mit ihr. Die Vorstellung ängstigte die Soldaten so sehr, dass keiner die Nachtwache übernehmen wollte. Eines Nachts jedoch erklärte sich einer dazu bereit. Er sagte, er glaube weder an Geister noch etwas Ähnliches, auch nicht an Vögel oder Frauen, die nicht vor seiner Schwertspitze umkehren würden. Am kommenden Morgen fand man ihn auf dem Boden liegend, umgeben von blauen Stofffetzen, und er brachte kein Wort heraus. Er verlor den Verstand, und niemand erfuhr, was in jener Nacht tatsächlich passiert war. Viele Cienfuegeros halten den schwarzen Vogel für die verstorbene Frau von Juan Castilla Cabeza de Vaca, dem ersten Kommandanten der Festung.

Fischerdorf El Perché. ☉ Mo–Sa 9–17, So 9–13 Uhr, Eintritt 1 CUC.

Playa Rancho Luna

18 km südlich von Cienfuegos, gegenüber vom Castillo de Jagua auf der anderen Seite der Bucht, liegt Rancho Luna, der Hausstrand von Cienfuegos. Der kleine Sandstrand ist schön, wenngleich nicht spektakulär, und von attraktiver Küstenlandschaft umgeben. Vor der Küste liegen einige gute Tauchstellen. Ein netter Ort, um ein bis zwei Tage zu relaxen.

Übernachtung und Essen

Privatpensionen
Neisy, Calle 2da No. 7, linke Seite der Straße Richtung Hotel Pasacaballo, Nähe Delfinario und Tauchzentrum, ✆ 0143-548129, ✉ carlos@

jagua.cfg.sld.cu. Die sehr netten Vermieter bieten 2 DZ mit AC, Ventilator, Bad, Kühlschrank, TV und Terrasse an. Gutes Essen, schöner Garten, Parkplatz, Katzen. ❷–❸

Manolo Busto Soliz, links an der Straße zum Hotel Faro Luna, direkt am Wasser, ☎ 01-5295 6991 (mobil), ✉ rancholunaroom@correosonline.co.cu. Das Casa mit dem besten Meerblick. Großes DZ mit Ventilator, Bad und Kühlschrank, etwas Englisch. ❷–❸

Hotels

Club Amigo Rancho Luna, ☎ 0143-5480-12, -20, 🖥 www.cubanacan.cu. Der 2-stöckige Bau ist keine Schönheit, liegt aber am besten Strandabschnitt. 225 verschachtelte DZ mit Bad, AC, Telefon und TV. Komplette Infrastruktur. ❺

Faro Luna, ☎ 0143-5480-12, -20, 📠 548131, ✉ comercial@ranluna.cfg.cyt.cu. Angenehmer Bau mit schönem Parkgelände. Nur Steinküste, aber der Strand ist nicht weit. 42 große, schöne DZ mit AC, Bad, TV, Telefon, Minibar, Safe und Terrasse. Restaurant, Bars, Pool (auch für Kinder), Laden, Geldwechsel, Auto- und Fahrradverleih, Reisebüro. ❺

Pasacaballo, 8 km nordwestlich von Rancho Luna, ☎ 0143-5480-13, -00, 🖥 www.islazul.cu. 6-stöckiger klotziger Hotelbau, dem man seine geschmackvolle Inneneinrichtung nicht zutrauen würde. 188 schöne große DZ mit AC, TV, Bad, Telefon und Radio, einige mit Balkon. Buffet-Restaurant, Bars, schöner großer Pool, Läden, Geldwechsel, Autoverleih und Disco. Das Beste ist der schöne Ausblick auf Bucht, Castillo und Fischerdorf. Gegenüber vom Hotel legen regelmäßig Fähren zum Castillo de Jagua und nach Cienfuegos ab. ❸

Hinter dem Hotel liegt das Restaurant **La Casa del Pescador** mit breiter Auswahl an Fisch und Meeresfrüchten (5–10 CUC) und schönem Ausblick auf die Bucht. ◷ tgl. 9–17 Uhr.

Aktivitäten

Centro de Buceo Faro Luna, beim Hotel Faro Luna ☎ 0143-548040, 🖥 www.nauticamarlin.com. 30 verschiedene Tauchstellen, unter denen das Korallenriff La Dama del Caribe hervorsticht. Auch Wracks kann man erkunden. ◷ tgl. 8–17 Uhr.

Komfortable Einsamkeit

Finca Los Colorados, erstes Haus hinter dem Leuchtturm Richtung Hotel Pasacaballo, ☎ 0143-548044 und 513808. Kann es an Komfort mit jedem guten Hotel aufnehmen. Riesiges Gelände mit Terrassen und Parkmöglichkeit. Sehr ruhig und wunderschön gelegen. 2 DZ mit AC, Bad und Aufenthaltsraum. Vermieter José hat in Hotels in Europa gearbeitet und versteht es, seine Gäste zu bewirten. Das Essen ist etwas teurer als gewöhnlich, aber jeden Cent wert. Schöner Innenhof und Open-Air-Bar. Englisch. ❷–❸

Whale Shark, Tauchzentrum des Club Amigo Rancho Luna, ☎ 0143-541275 und 547034. 46 Tauchstellen zu Unterwasserhöhlen und -tälern sowie Schiffwracks. El Coral bietet besonders spektakuläre Korallenformationen. Von Sep–Dez ziehen tatsächlich die riesigen, aber friedlichen Walhaie durch die hiesigen Meeresgründe.

Delfinario, Av. 6ta y 24, ☎ 0143-548120. Nach 500 m vom Club Amigo Rancho Luna auf der Straße Richtung Hotel Pasacaballo links abbiegen (leider kein Schild). Delphinshow um 10 und 14 Uhr. Für 33/50 CUC können Kinder bzw. Erwachsene mit Delphinen schwimmen. ◷ Do–Di 9.30–16.30 Uhr, Eintritt 10 CUC, Kinder 5 CUC, Fotos 1 CUC, Videos 2 CUC.

Transport

Selbstfahrer verlassen Cienfuegos auf der Av. 5 de Septiembre und folgen der Straße Richtung Süden. Auf dem Weg kommt man am **Friedhof Tomás Acea** (s. S. 376) vorbei, weiter südlich passiert man links nach ungefähr 13 km die **Laguna de Guanaroca**, ein Naturschutzgebiet mit Mangroven und einer 2000 Vögel umfassenden Flamingo-Kolonie.

Ein **Taxi** von Cienfuegos bis zum Strand kostet ca. 10 CUC (eine Strecke). Es fahren auch **Busse** vom Busbahnhof, allerdings ohne feste Zeiten.

Wasserfall El Nicho und Lago Hanabanilla

El Nicho besteht aus mehreren, bis zu 15 m hohen Wasserfällen, die in einem Kaskadensystem herunter stürzen und dabei Naturschwimmbecken bilden. Der wildromantische Ort liegt ca. 50 km östlich von Cienfuegos mitten im Herzen der Sierra del Escambray. In der reizvollen Umgebung wird Kaffee angebaut. ⏱ tgl. 9–18.30 Uhr, Eintritt 5 CUC.

Von einem Aussichtspunkt bei den Wasserfällen eröffnet sich ein toller Blick auf den 36 km^2 großen **Stausee Hanabanilla**, der als schönstes Gewässer der Insel gilt. Eingebettet in die majestätische Sierra del Escambray glänzt er wie ein Spiegel und seine zahlreichen Einbuchtungen verleihen ihm den Charakter einer Fjordlandschaft. Die einsame Gebirgsregion mit ihren Eukalyptuswäldern, Baumfarnen, Edelhölzern und Orchideen ist wie geschaffen für Wanderungen. Auch für Angler ist der fischreiche See ein Paradies.

Übernachtung und Essen

Hostal Las Palmas, Cumanayagua, Calle Cienfuegos No. 238 (von Cienfuegos kommend direkt links am Ortseingang), ☎ 0143-433594. Die nächstgelegene Pension zu den Wasserfällen. Kleine Villa mit großem Garten und 2 DZ mit eigenem Eingang, AC, Ventilator und Bad. Sehr freundliche und natürliche Vermieter. ❶–❷

Hotel Hanabanilla, nördliches Seeufer, ☎ 0142-208550 und 202399, 🖥 www.islazul.cu. Hässliches 4-stöckiges Hotel mit 125 DZ mit AC, Bad, TV, Radio und Balkon. Pool, Bar, Post, Restaurant. Wander-, Boots- und Reitausflüge. Angeltouren (ab 25 CUC). ❷–❸

Gleich beim Eingang von El Nicho gibt es ein relativ teures **Restaurant**.

Transport

Die wunderschöne Naturlandschaft ist auf eigene Faust schwer zu erreichen. **Öffentlichen Verkehr** gibt es nur bis **Cumanayagua**. Wer dort übernachtet, kann nachfragen, ob evtl. *Colectivos* nach El Nicho oder zum Stausee fahren. Alternativ bieten auch die Reisebüros von Trinidad oder Cienfuegos **Tagesausflüge** an (von Trinidad aus ist die Straße nach El Nicho übrigens in schlechtem Zustand).

Ansonsten ist man auf ein **eigenes Fahrzeug** angewiesen und muss sich wegen fehlender Ausschilderung selbst mit Karte durchfragen. Immerhin: Die Straße von Cienfuegos bis Cumanayagua ist inzwischen in gutem Zustand.

Nach El Nicho: 4 km hinter Cumanayagua biegt man rechts ab und folgt der zusehends schlechter und steiler werdenden Straße bis zum Ort **Crucecitas**. Hier links abbiegen und einige Kilometer später ist man am Ziel. Trotz aller Mühen, der Weg lohnt sich!

Zum Hanabanilla-Stausee: 15 km östlich von Cumanayagua, bei La Macagua, biegt man nach rechts (Süden) ab und folgt der Straße einige km bis zum Hotel Hanabanilla am nördlichen Seeufer.

Richtung Trinidad

An der Küstenstraße nach Trinidad (Circuito Sur) liegen eine Reihe schöner Orte, die allesamt einen Stopp, wenn nicht sogar eine Übernachtung wert sind. Die Fahrer des Víazul-Busses von Cienfuegos nach Trinidad lassen einen an den folgenden Orten aussteigen.

Jardín Botánico Soledad

Der **Botanische Garten**, ℡ 0143-545115 und 545326, liegt 15 km östlich von Cienfuegos. Insgesamt begrünen über 2000 subtropische und tropische Pflanzen die riesige Oase. Auf dem 94 Hektar großen Gelände befinden sich u. a. 300 Palmen-, 20 Bambus- und 400 Kakteenarten sowie 90 verschiedene Gummibäume. Angeblich handelt es sich um einen der größten Gärten Lateinamerikas; der mit der breitesten Sammlung tropischer Flora in Kuba ist es allemal. Die Palmensammlung zählt zu den zehn größten der Welt. Das grüne Refugium wurde 1901 vom reichen Amerikaner Edward F. Atkins gegründet, dem auch die Zuckerplantage Soledad gehörte, und ging danach in den Besitz der Harvard-Universität über. Zunächst wurden hier zu Studienzwecken Zuckerrohrsorten gezüchtet, später

> ### Luxus an der Bucht von Guajimico
>
> Die östlich von Cienfuegos an der Mündung des Flusses La Jutía gelegene **Villa Guajimico** ist ein gutes Beispiel für einen harmonisch in die Natur eingebetteten Bungalowkomplex. In der Nähe befinden sich mehrere kleine Strände und die Höhle La Vírgen. Das Hotel hat 54 Hütten mit Bad, AC, Telefon, Radio, TV und Safe sowie einen Pool auf einem Hügel mit Ausblick aufs Meer. Es gibt ein Restaurant mit Buffet, Bars, Laden, Geldwechsel, Autoverleih, Reisebüro und eine **Tauchbasis** mit Ausflügen zu 20 Stellen, z. B. zum sehenswerten El Naranjo (Labyrinth, Gorgonienwald). Schnorcheln kostet 5 CUC (7 CUC mit Bootsausflug), Massage 15–25 CUC. **Villa Guajimico**, Carretera a Trinidad KM 42, ℡ 0143-5409-47, -48, -59, 🖳 www.cubamar viajes.cu. ●

sprossen nach und nach immer mehr tropische Pflanzen und das Areal entwickelte sich zum botanischen Garten und wurde 1989 zum Nationalmonument erklärt. Es gibt auch eine Cafeteria. ⏲ tgl. 8–17 Uhr, Eintritt 2,50 CUC, Kinder 1 CUC.

Anfahrt: Die Stadt über die Av. 64 verlassen und ca. 2 km vor dem Ort Guaos rechts abbiegen (Richtung Pepito Tey). Ein Taxi kostet hin und zurück ungefähr 15 CUC, ein organisierter Ausflug 10 CUC (Touren, s. S. 380).

Hacienda La Vega

6 km östlich von der Villa Guajimico liegt eine ländliche Farm mit Restaurant, in dem einfache Gerichte in Bauernhof-Atmosphäre serviert werden. Man kann hier Melktechniken der Bauern beobachten, frische Milch und frischen Käse kosten und Pferdeausritte zum nahe gelegenen Strand unternehmen.

Der **Campismo Playa Inglés**, ℡ 0143-540901, liegt 6 km weiter östlich an einem kleinen unspektakulären Strand. Er hat 32 sehr einfache Bungalows für 4–6 Pers. (12 CUC/Pers.) und eine Cafetería.

Valle de Yaguanabo

In diesem Tal liegt die **Martin-Infierno-Höhle**, in der sich der mächtigste Stalagmit Lateinamerikas verbirgt – mit 67 m Höhe und 30 m Breite. Fünf verschiedene Komplexe erstrecken sich über eine Höhe von 190 m, mit seltenen mineralogischen Formationen wie „Gipsblumen" *(flores de yeso)* und „Mondmilch" *(leche de luna)*. Man kann sich in der Villa Yaguanabo oder bei den Reisebüros in Trinidad oder Cienfuegos erkundigen, ob mittlerweile Exkursionen angeboten werden.

Übernachtungsmöglichkeit bietet die an einer Bucht gelegene **Villa Yaguanabo**, 3 km östlich der Hacienda La Vega und 25 km vor Trinidad, ℡ 0143-540807 und 541905, 🖥 www.islazul.cu. 50 DZ mit AC, Bad, Radio und TV. Restaurant, Bar, Disco. Bootsausflüge. ➋

Trinidad

Malerisch eingebettet in die grüne Bergwelt der Sierra del Escambray liegt das **koloniale Freiluftmuseum** Trinidad (37 000 Einw.). Das ehemalige koloniale Juwel der Spanier strahlt seine Geschichte aus jeder Gesteinspore aus und vermittelt das Gefühl, als sei die Zeit stehen geblieben. Mit roten Ziegeln gedeckte Häuser säumen die engen Gassen, in denen noch die Atmosphäre vergangener Jahrhunderte schwebt. Wohin man auch schaut, überall scheinen die Uhren etwas langsamer zu ticken: Alte Menschen halten ein Schwätzchen, wiegen sich in ihren Schaukelstühlen oder dösen hinter geöffneten Fensterläden und beobachten das langsam dahin plätschernde Straßengeschehen. An einer Ecke bastelt jemand an seinem Oldtimer herum, an einer anderen schlummert ein Pferd im Schatten. Nach wie vor werden viele Lasten per Maultier transportiert. Hufeisen und Kutschen klappern allerorten über die Kopfsteinpflaster, die zur Mitte hin stets leicht abschüssig sind. Natürlich dient das dem besseren Abfluss des Wassers, doch viele Trinitarios behaupten, der erste Gouverneur der Stadt hätte aufgrund unterschiedlich langer Beine eine derartige Schiefe benötigt, um gerade gehen zu können.

Die Jahrhunderte sind in die alten Kolonialgebäude förmlich eingemeißelt. Über allem erhebt sich der barocke gelbe Kirchturm des **Klosters San Francisco**, das Wahrzeichen der Stadt. Sofort ins Auge springen die prächtigen Paläste an der **Plaza Mayor**, mit denen die Zuckerbaron-Familien ihren Hang zum Luxus austobten und den Reichtum in Stein konservierten, den ihnen die Ausbeutung der schwarzen Sklaven in der Blütezeit des 18. und 19. Jhs. bescherte. Die alten Statusbauten sind Stein gewordene Zeugen der Prunksucht der Kolonialzeit und werden heute in erster Linie als Museen genutzt. Bei all ihrem ästhetischen und architektonischen Wert sind es nicht nur romantische Bauwerke, sondern auch historische Zeugnisse einer äußerst brutalen und reaktionären Epoche (Geschichte, s. S. 110). Kein Ort in Kuba spiegelt diese Symbiose aus Glanz, Dekadenz und Herrschaft der Kolonialzeit so gut wieder wie Trinidad.

Die meisten **Wohnhäuser** können äußerlich trotz ihrer Säulenveranden und riesigen, mit Metallköpfen verzierten Holztüren nicht mit dieser Pracht mithalten. Fällt jedoch ein Blick durch die kunstvollen schmiedeeisernen Gitter *(rejas)* ins Innere, gibt es so manches Kleinod aus der Kolonialzeit zu entdecken. Antike Möbel aus edlen Hölzern, Vitrinen voller Porzellan und Silber, kristallene Kronleuchter, stuckverzierte Wände, Mosaik- und Marmor-Fußböden, verblichene Ölgemälde und grün bewachsene Innenhöfe erinnern auch hier an den Glanz vergangener Tage.

Die Kolonialarchitektur ist weitgehend erhalten geblieben, da viel Geld in die Restauration fließt. Schon 1950 kam Trinidad unter **Denkmalschutz**, und 1988 erklärte man die Stadt zusammen mit dem nahe gelegenen **Valle de los Ingenios** (Tal der Zuckermühlen) – dem bedeutendsten Zeugnis der Zuckerplantagenwirtschaft – zum **Weltkulturerbe** der Unesco. Bei einer derartigen Fülle von Sehenswürdigkeiten ist es kein Wunder, dass der Ort Touristen wie ein Magnet anzieht und täglich von Busladungen mit Tagesausflüglern aus Havanna und Varadero überflutet wird. Man trifft auf seinem Rundgang daher wohl ebenso viele Touristen wie Einheimische. Doch im Gegensatz zu den Piraten und spanischen wie amerikanischen Magnaten ziehen die heutigen Invasoren noch am selben Nachmittag wieder ab. Ein großer Teil der Bevölkerung ist direkt oder indirekt im boomenden Tourismus beschäftigt. Ansonsten bestimmen Zuckeranbau und Viehwirtschaft die regionale Wirtschaft.

Geschichte

Die alte Zuckeraristokratenstadt *La Santísima Trinidad* kann sich mit dem Titel der **drittältesten Siedlung Kubas** schmücken. Sie wurde nämlich bereits 1514 vom kubanischen Gouverneur Diego Velásquez als Stützpunkt für die Suche nach Gold gegründet und 1522 noch einmal an seine heutige Stelle, den Río Guaurabo, verlegt. Eine Menge Prominenz schaute vorbei: So hielt Pater Bartolomé de las Casas die Gründungsmesse, und **Hernan Cortés** fand hier von 1516–18 Zulauf für seinen Eroberungsfeldzug in Mexiko. Der Konquistador versuchte bis zur Einnahme von Tenochtitlan, den aztekischen Häuptlingen weiszumachen, dass die Spanier an einer Herzkrankheit litten, gegen die Gold das einzige Heilmittel sei.

In Trinidad machte sich das Edelmetall rar: Enttäuscht von der Mineralarmut verließen bis 1579 fast alle spanischen Familien die Stadt, die sich erst Jahrzehnte später von diesem Bevölkerungsverlust erholen konnte. Lediglich als **Schmuggelzentrum** erlangte die Region Ende des 16. Jhs. Bedeutung, was die spanische Krone erfolglos mit strikten Handelsregulationen einzudämmen versuchte. Im 17. Jh. avancierte Trinidad zum bedeutenden Viehzentrum und lebte vom Export von Leder, Fleisch und Tabak. Dies zog natürlich die Aufmerksamkeit vieler **Piraten** nach sich, unter ihnen Berühmtheiten wie Mansfield aus Jamaika und Legrand aus Tortuga. Ausgestattet mit Kaperbriefen zur Schädigung der spanischen Konkurrenz statteten sie der Stadt unter englischer, französischer und holländischer Flagge mehrfach Besuche ab. Daraufhin rüstete Trinidad auf und legte sich eine eigene Flotte zu, mit der man den Piraten empfindliche Niederlagen zufügte. Die zahlreichen Piratenlegenden, die sich um die Stadt ranken, gehen auf diese Zeit zurück.

So spärlich die Vorkommen das klassischen gelben Edelmetalles auch waren, umso mehr wucherte bald das „Weiße Gold": Eines der mit Trinidad am engsten verbundenen Symbole ist der **Zucker**. Bei näherer Betrachtung ihrer auf **Sklavenhandel** beruhenden Entstehungsgeschichte bekommt die „süße Macht" einen bitteren Geschmack: Schätzungsweise eine Million schwarze Sklaven wurden zwischen 1780 und 1880 dicht gedrängt in den Schiffsrümpfen nach Kuba verschleppt. In reduzierend-materialistischer und rassistischer Sicht handelten die Plantagenbesitzer ihre „Ware" – auch „schwarzes Ebenholz" genannt – auf den Sklavenmärkten wie Vieh: Man befühlte ihre Muskeln, betrachtete die Zähne und brandmarkte sie. In ihrem moralischen Rechtfertigung dieser Grausamkeiten waren sich Kolonisten, Kirche und Staat einig: Nur „Erziehung zur Arbeit" könne die unzivilisierten Ungläubigen zum christlichen Glauben bekehren und dadurch vor der ewigen Verdammnis retten.

Der alles verdrängende **Siegeszug des Zuckers** begann Ende des 18. Jhs., als geflohene französische Kolonisten aus der Nachbarinsel Haiti eintrafen. Sie ließen die Stadt mit seinem „Tal der Zuckermühlen" (Valle de los Ingenios) zum bedeutendsten Handelszentrum für Zucker aufsteigen. Die sich in prachtvollen Kolonialbauten manifestierende Prunksucht nahm derartige Ausmaße an, dass Banker Don Juán Guillermo Becquer sogar beabsichtigte, die Böden seiner Zimmer mit Goldmünzen auszulegen. Die spanische Krone schob dem jedoch einen Riegel vor, war es doch eine unerhörte Vorstellung, dass des Königs Konterfei mit Füßen getreten werden sollte. In dieser Zeit des Aufschwungs ließen zahlreiche Künstler und Händler, unter ihnen auch der deutsche Naturforscher Alexander von Humboldt, das kulturelle Leben aufblühen, und die Bevölkerungszahl wuchs schnell an auf 29 000.

Die zwischen 1838–40 kurz aufflammenden Sklavenaufstände konnten den Zuckerboom nicht stoppen. Bald wucherten die Plantagen bis über den Horizont hinaus, und **Guaimaro**, die **größte Zuckermühle der Welt**, galt als Symbol des enormen technischen Fortschritts. Doch die riesigen Mühlen verschlangen Unmengen an Feuerholz. Außerdem beruhte das Produktionswachstum auf dem stetigen Zustrom von Kapital, das vor allem aus den USA stammte.

In den beiden Unabhängigkeitskriegen wurden die meisten Plantagen dieser Region ver-

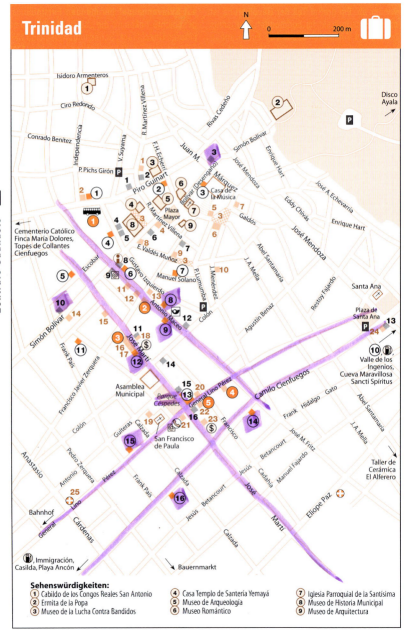

Trinidad

N

0   200 m

Zentrale Südküste

Isidoro Armenteros

Ciro Redondo

Conrado Benítez

Independencia

V. Suyama

P. Pichs Girón

Disco Ayala

R. Martínez Villena

F. H. Echerri

Rivas Cedeño

Juan M.

Simón Bolívar

Enrique Hart

José A. Echeverría

Piro Guinart

Bolívar (Desengaño)

Márquez

José Mendoza

Eddy Chivás

Enrique Hart

Casa de la Música

Galdós

José Mendoza

Plaza Mayor

R. Martínez Villena

Cementerio Católico
Finca María Dolores,
Topes de Collantes
Cienfuegos

E. Valdés Muñoz

Escobar

Gustavo Izquierdo

Manuel Solano

Abel Santamaría

J. A. Mella

P. Lumumba

J. Menéndez

Antonio Maceo

Colón

Agustín Benaz

Restoy Fajardo

Santa Ana

Plaza de Santa Ana

Simón Bolívar

Frank País

José Martí

Valle de los Ingenios,
Cueva Maravillosa
Sancti Spíritus

Francisco Javier Zerquera

Colón

Asamblea Municipal

Parque Céspedes

General Lino Pérez

Camilo Cienfuegos

Frank Hidalgo Gato

Abel Santamaría

J. A. Mella

Güiteras

Calzada

San Francisco de Paula

Francisco

Betancourt

José M. Fritz

Manuel Fajardo

Taller de Cerámica
El Alferero

Anastasio

Pedro Zerquera

Antonio

Pérez

Frank País

Calzada

Jesús

Cadahia

José

Bahnhof

Lino

General

Cárdenas

Jesús

Betancourt

Calzada

Martí

Eliope Paz

Immigración,
Casilda, Playa Ancón

Bauernmarkt

Sehenswürdigkeiten:
1 Cabildo de los Congos Reales San Antonio
2 Ermita de la Popa
3 Museo de la Lucha Contra Bandidos

4 Casa Templo de Santería Yemayá
5 Museo de Arqueología
6 Museo Romántico

7 Iglesia Parroquial de la Santísima
8 Museo de Historia Municipal
9 Museo de Arquitectura

Übernachtung:

1 Yolanda
2 Mercedes
3 Hostal Palacete Colonial
4 Casa Colonial Suárez del Villar Mauri
5 Casa Muñoz
6 Hostal Mireya
7 Bernaldo
8 Casa Arandia
9 Casa Santana
10 Hotel Las Cuevas
11 Bernardo y Sarahi
12 Casa Gil Lemes
13 Gran Hotel Trinidad
14 Hostal Las Mercedes
15 Aracely
16 María

Transport:

1 Cubataxi
2 Cubatur/Transtur
3 Cubanacán
4 Havanatur/Cubacar
5 Paradiso

Essen:

1 El Jigüe
2 Vía Reale
3 Paladar Estela
4 Don Antonio
5 Cafetería Ruinas de Lleonci
6 Mesón del Regidor
7 Plaza Mayor
8 Cremería Las Begonias
9 Cafetería Las Begonias
10 Paladar Sol y Son
11 Coppelia
12 Trinidad Colonial
13 Santa Ana
14 La Bodeguita Trinitaria
15 Pizzería Tosca
16 El Rápido

Sonstiges:

1 Bar La Canchánchara
2 Palacio de la Artesanía
3 Mercados Populares de Artesanía
4 Galería de Arte Universal
5 Palenque de los Congos Reales
6 Casa de la Trova
7 Bar Las Ruinas de Sagarte
8 Fondo de Bienes Culturales
9 Casa de la Cultura
10 Taller Instrumentos Musicales
11 Las Ruinas de Brunet
12 Bazar Trinidad
13 Mini Super Caracol
14 Supermercado TRD Caribe El Colonial
15 Casa del Joven Creador
16 Librería Ángel Guerra
17 Biblioteca Gustavo Izquierdo
18 Bar Bolera/Fresa y Chocolate
19 Cine Romelio Cornelio
20 Bar Daiquiri
21 Casa del Tabaco
22 Complejo Cultural Artex (Casa Fischer)
23 Photo-Service
24 Galería Plaza Santa Ana
25 Clínica Internacional

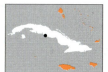

Neue (und koloniale) Straßennamen:

Abel Santamaría (Lirio Blanco)
Agustín Bernal (Paz)
Anastasio Cárdenas (Reforma)
Antonio Guiteras (Mercedes)
Antonio Maceo (Gutiérrez)
Camilo Cienfuegos (Santo Domingo)
Ciro Redondo (San José)
Ernesto Valdés Muñoz (Media Luna)
Fernando H. Echerrí (Cristo)
Fidel Claro (Angarilla)
Francisco Cadahía (Gracia)

Francisco Gómez Toro (Peña)
Francisco Javier Zerquera (Rosario)
Frank País (Carmen)
Lino Pérez (San Procopio)
Gustavo Izquierdo (Gloria)
Isidros Armenteros (San Antonio)
Jesús Betancourt (Angustia)
Jesús Menendez (Alameda)
José Martí (Jesús María)
Juan Marquez (Amargura)
José Mendoza (Santa Ana)

Julio Antonio Mella (Las Guásimas)
Manuel Fajardo (San Miguel)
Manuel Solano (Pimpollo)
Pablo Pichs Girón (Guaurabo)
Patricio Lumumba (Capada)
Piro Guinart (Boca)
Ruben Mártinez Villena (Real)
Santiago Escobar (Olvido)
Simón Bolívar (Desengaño)
Vicente Suyama (Encarnación)

wüstet, was Trinidads Ökonomie einen schweren Schlag versetzte. Doch vor allem war der grundlegende Strukturwandel für das abrupte **Ende des Goldenen Zeitalters** verantwortlich: Die Dampfmaschine ließ den Mechanisierungsgrad in die Höhe schnellen und die Bedeutung der Sklavenarbeit sank (1886 wurde die Sklaverei schließlich abgeschafft). Die neuen industriellen Plantagenkomplexe waren unersättlich in ihrem Hunger nach Land und Holz, und so fielen immer mehr Wälder dem „weißen Gold" zum Opfer und die natürlichen Ressourcen bluteten aus. Der Wettbewerb mit anderen Regionen nahm zu, verstärkt noch durch das Aufkommen des Rübenzuckers in Europa. Der **Invasion von ausländischem Kapital** konnten die strukturkonservativen kubanischen Pflanzer, die nicht viel vom kapitalistischen Wettbewerb verstanden, nicht standhalten. US-amerikanische Kompanien kauften die ruinierten kubanischen Plantagen billig auf und übernahmen bald die Regie im Zuckerhandel. Die Arbeitslosigkeit stieg rapide an und die Abwanderungsraten aus der Region zählten zu den höchsten Kubas. Der **Eisenbahnbau** verschärfte den interregionalen Wettbewerb noch, denn die Loks konnten das Rohr und das ihm ausgepresste weiße Gold schnell und in riesigen Mengen zu größeren Mühlenkomplexen bzw. bedeutenderen Exporthäfen mit besserer infrastruktureller Anbindung transportieren. Und da Trinidad im Gegensatz zu den neuen Zuckerzentren Cienfuegos und Matanzas bis Mitte des 20. Jhs. keinen Anschluss an das überregionale Schienen- und Straßennetz besaß, kam der Handel fast zwangsläufig zum Erliegen. Die Stadt geriet im 20. Jh. in Vergessenheit und fiel in einen langen Dornröschenschlaf, aus dem sie erst der „Prinz" des **Fremdenverkehrs** wieder erweckte. Seit den 1950er-Jahren wird die Stadt durch infrastrukturelle Anbindung an die Provinzhauptstädte Cienfuegos und Sancti Spíritus sowie den Ausbau des Tourismus wieder systematisch erschlossen.

In den ersten Jahren nach der Revolution war das umliegende Gebirge eine Hochburg für konterrevolutionäre Gruppen, die von den USA versorgt wurden. Es dauerte bis 1965, ehe das Gebiet vollständig befriedet werden konnte.

Orientierung

Um den Mittelpunkt der Stadt, die **Plaza Mayor**, gruppieren sich die wichtigsten historischen Gebäude. Alle Highlights kann man bequem zu Fuß ablaufen. Zwei der wichtigsten Straßen, die sich von Westen nach Osten durch das Zentrum ziehen, sind die **Calle Antonio Maceo** und **Calle José Martí**. Im Gegensatz zu anderen spanischen Kolonialstädten verlaufen die Straßen nicht immer gradlinig im Schachbrettmuster, sondern sind vor allem im historischen Zentrum oft gewunden. Dies sollte einst die Piraten verwirren und führt heute Touristen in die Irre, die auch am Namenssystem der Straßen verzweifeln: Die meisten haben nämlich sowohl einen alten als auch einen neuen Namen, und manche Stadtpläne beziehen sich noch auf die alten.

Im Norden gehen die Stadtausläufer direkt ins **Bergland** über und einige Hügel bieten eine tolle Aussicht (z. B. der Loma de la Vigía beim Sonnenuntergang).

Sehenswertes

Der mit eleganten Statuen geschmückte und von Palmen umrahmte **Plaza Mayor** gilt als schönster Platz Kubas und hat eine hohe Dichte an Adelsbauten, die heute Museen beherbergen. Beste Besuchszeit für die Paläste der Zuckerbarone ist der Vormittag, ehe die Invasion der Tourbusse beginnt.

Iglesia Parroquial de la Santísima

An dieser Stelle stand schon 1620 eine Kirche, die ein Sturm aber dem Erdboden gleich machte. Das neue Gotteshaus wurde 1892 nach 75-jähriger Bauzeit fertiggestellt und ist mit einer großartigen Akustik ausgestattet. Die elf kunstvollen Altäre wurden aus wertvollen Hölzern gefertigt, zum Großteil finanziert aus der Privatkasse des leitenden Priesters. Größte Sehenswürdigkeit ist die **Statue El Cristo de Veracruz**. Sie wurde vor rund 300 Jahren in Spanien gefertigt und sollte ursprünglich nach Mexiko gebracht werden. Doch nach einem kurzen Aufenthalt in Trinidad, das damals viele Schiffe als Zwischenstation anliefen, verhinderte ein Sturm das Auslaufen des Schiffes. Dies wurde als Zeichen Gottes gedeutet, die Statue hier zu lassen. ⏰ Mo–Sa 10.30–13, So 8.30–13 Uhr; Messe Mo–Fr 20, Sa 16, So 9 und 17 Uhr.

Palacio Brunet mit Museo Romántico

Das Haus gehörte einer der wohlhabendsten Zuckerpflanzerfamilien des 18. Jhs. und zählt mit seiner umfangreichen und prunkvollen Mobiliarsammlung und Gemäldegalerie zu den meistbesichtigten Museen Kubas. Schmuck, Kristall, Porzellan und Silber symbolisieren den privilegierten Status der adligen Oberschicht. ⏰ Di–So 9–17.45 Uhr, Eintritt 2 CUC, Fotos 2 CUC, Videos 5 CUC.

Palacio Padrón mit Museo de Arqueología

Der im 18. Jh. im Rokokostil erbaute Adelspalast beherbergt heute ein Museum, das einen historischen Streifzug vom Jahr 3500 v. Chr. bis zur Conquista bietet. Hernán Cortés soll in diesem Haus Quartier bezogen haben, bevor er nach Mexiko aufbrach, und 1801 hielt sich Alexander

von Humboldt hier auf. Viel mit Archäologie hat die Ausstellung aber nicht zu tun. Einige ausgestopfte einheimische Tierklassiker wie der Manjuari, die Santa Maria-Boa, der *cotorra* und die Jutia sowie Zeichnungen des soziokulturellen Lebens der Indígenas prägen das museale Bild. Keramikfundstücke aus verschiedenen Epochen sowie rund 1000 Jahre alte Skelettreste von Indígenas komplettieren den merkwürdig zusammengewürfelten Haufen von Ausstellungsstücken. ⏱ tgl. 9–17 Uhr, Eintritt 1 CUC, Fotos 1 CUC.

Casa de Sánchez-Iznaga mit Museo de Arquitectura

Im Osten des Platzes werden, chronologisch und thematisch geordnet, zwei Jahrhunderte Baukunst (18. und 19. Jh.) ausgestellt. Dabei lassen sich unterschiedliche Baumaterialien und Verarbeitungstechniken betrachten (z. B. geschnitzte Holzarbeiten, Rundbögen, schmiedeeiserne Gitter, aus Schlamm und Erde errichtete Wände, Jalousien). Außerdem gibt es eine Sammlung von Haustüren. Das Haus selber stammt aus dem Jahre 1738 und hat ein sehr kunstvolles Fachwerkdach. ⏱ tgl. 9–17 Uhr, Eintritt 1 CUC, Fotos 1 CUC.

Museo de Historia Municipal

Antike Möbel, Porzellan und Marmor: Der damalige protzige Lebensstil springt ins Auge. Der neoklassizistische Palast gehörte dem reichen Zuckerbaron Justo Germán Cantero, dessen Aufstieg zu Reichtum wie ein Intrigenspiel aus einer Seifenoper anmutet: Er soll nämlich einen Sklavenhändler vergiftet, dessen reiche Witwe geheiratet und diese dann ebenfalls zur Strecke gebracht haben. Vom Turm hat man einen guten Ausblick. ⏱ tgl. 9–17 Uhr, Eintritt 2 CUC, Fotos 1 CUC, Videos 5 CUC.

Museo de la Lucha Contra Bandidos

Das Museum ist im ehemaligen Kloster San Francisco de Asis aus dem Jahre 1741 untergebracht. Später ging das Gebäude von den Franziskanern an die spanische Regierung über, die es in den

Unabhängigkeitskriegen als Kaserne nutzte. Seit 1984 erzählt ein Museum die Geschichte des Kampfes der revolutionären Streitkräfte gegen die konterrevolutionären „Banditen", die ihre Hauptbasis bis Mitte der 1960er-Jahre in den Bergen der Sierra de Escambray hatten. Vom **Klosterturm**, der als Wahrzeichen Trinidads gilt, hat man einen tollen Ausblick. ⊙ Di–So 9–17.45 Uhr, Eintritt 1 CUC.

Casa Templo de Santería Yemayá

Hier lebten im 19. Jh. Sklaven und praktizierten die Religion der Santería. Auch heute führt der Santero Israel sowohl für Touristen als auch für Einheimische Zeremonien durch und beantwortet dabei wichtige Lebensfragen. Göttin Yemayá, die Schutzgöttin der Fischer, deren Pantheon das Wasser ist, wird ein eigener Altar gewidmet. Viele der dort liegenden Gegenstände haben eine besondere Bedeutung: Das Haar beispielsweise symbolisiert die Ewigkeit, da es nie stirbt, und wird daher zum Reinigen benutzt. Die Kokosschalen werden in einer Zeremonie auf den Boden geworfen, wobei jede Anordnung eine spezifische Aussage bedeutet. Vom Hinterhof ertönt oft Trommelmusik und besonders beim Fest zu Ehren Yemayas am 19. März geht es lebhaft zu. ⊙ tgl. 8–18 Uhr, Eintritt frei.

Weitere Sehenswürdigkeiten

Schon Humboldt widmete der stimmungsvollen Kirchenruine **Ermita de la Popa** aus dem 18. Jh. einige Zeilen in seinen Aufzeichnungen: „Aus allen Straßen, besonders aber von der Popa aus, hat man eine wunderschöne Aussicht auf das offene Meer, beide Häfen, das Palmengebüsch und das hohe Gebirge San Juan. Die ersten Bewohner haben diesen Ort für die Stadtgründung gewählt, weil die Küste damals von französischen und englischen Seeräubern belagert wurde. Von der Popa aus sah man aber von der Ferne die Gefahr, und die Seeräuber wagten es nicht, so tief ins Land einzudringen." Man muss ca. 15 Min. einen unbefestigten Weg zum Cerro de la Vigía hinaufgehen, vorbei an den nördlichen Randbezirken, die mit ihren heruntergekommenen Häusern aus einer ganz anderen Welt kommen als jene der Freiluftmuseumsbühne des historischen Zentrums. Trotzdem kommen zur

Freude der Händlerschar einige Touristen hierher, um den Sonnenuntergang zu betrachten.

Für die Einheimischen ist der **Parque Céspedes (Carillo)** das Zentrum der Stadt. Viele junge Kubaner versammeln sich hier und verleihen dem Platz ein lebhaftes Ambiente und viel mehr Authentizität als der musealen Plaza Mayor. Außerdem wird man hier kaum von Jineteros belästigt, ein idealer Ort zum Ausspannen also. Im Nordwesten liegt das Rathaus. Im Süden befindet sich die unspektakuläre **Iglesia de San Francisco de Paula** aus dem Jahre 1830. ⊙ meist abends.

Auf dem einst bedeutendsten Handelsplatz **Plaza Santa Ana** befindet sich die gleichnamige Kirchenruine und das ehemalige königliche Gefängnis, heute ein Restaurant mit Bar und Galerie.

Das kleine Zentrum für afrokubanische Religion **Cabildo de los Congos Reales San Antonio** in der Calle Isidro Armenteros No. 168 veranstaltet regelmäßig Zeremonien (einfach klopfen und nachfragen). Bedeutende Feiern finden am Tag des Heiligen San Antonio statt (13. und 21.6.).

Auf dem Friedhof **Cementerio Católico** haben einen besonders hohen „Prunkfaktor" die Gräber der Familie Iznaga (links vom Eingang) und vom Conde de Palmarito mit dem königlichen spanischen Wappen. ⏰ tgl. 8–12, 13–17 Uhr, kein Eintritt (Trinkgeld).

In der Werkstatt **Taller de Cerámica El Alferero**, 1 km östlich des Plaza Mayor, wird noch auf traditionelle Art und Weise Keramik hergestellt. Einige der Söhne des Fabrikgründers Moisés Santander haben sich unabhängig gemacht und verkaufen an verschiedenen Punkten ihre Erzeugnisse. ⏰ Mo–Fr 8–17 Uhr, Eintritt frei.

Die **Cueva Maravillosa** beim Hotel Las Cuevas erstreckt sich über 200 m. Ein kleines **Museum für Höhlenforschung** beschreibt, wie die indianischen Ureinwohner den Ort als Wohnstätte, Tempel und Friedhof genutzt haben. Außerdem werden paläontologische Fundstücke ausgestellt. ⏰ tgl. 9–13 Uhr, Eintritt 2 CUC.

In Trinidad gibt es erstaunlicherweise nur wenige Hotels, es ist aber eine Hochburg günstiger und guter Casas Particulares. Je mehr man sich dem Plaza Mayor nähert, desto mehr ziehen die Preise an. Günstiger ist die Gegend um den Parque Céspedes. Wegen der großen Konkurrenz lässt sich meist ein Preis von 15–20 CUC pro Übernachtung aushandeln.

Privatpensionen
Um die Plaza Mayor
Bernaldo, Calle M. Solano No. 24 e/F. J. Zerquera y P. Lumumba, ☎ 0141-992220. Eigenes Apartment mit Kochmöglichkeit. Vergleichsweise spartanische, aber saubere und billige Unterkunft. DZ (Doppelbett) mit Ventilator, AC und Bad. Der freundliche und lustige Vermieter spricht Englisch, hat in der Tabakfabrik gearbeitet und demonstriert, wie Zigarren geformt werden. Ein Abendessen kostet nur 5 CUC. ❶–❷
Yolanda, Calle Piro Guinart No. 227, ☎/✉ 0141-996381, ✉ yolimar56@yahoo.com, ayolanda_maria@hotmail.com. Riesiges, luxuriöses Kolonialhaus aus dem Jahr 1786. 2 DZ mit Bad, Ventilator, AC, Kühlschrank und TV. Am beeindruckendsten ist das riesige Zimmer im 1. OG mit eigener Terrasse, das man über eine prächtige Wendeltreppe erreicht. 2 Terrassen in 2. OG mit schönem Ausblick sowie Dachterrasse. Hund, Garage.

Dass Trinidad eines der touristischen Zentren des Landes ist, verdeutlicht schon bei der **Ankunft am Busbahnhof** das lautstarke Empfangskomitee der Vermieter, das Kärtchen und Fotos schwenkend seine Pensionen an den Mann bzw. die Frau bringen will. Darunter sind auch einige **Jineteros**, die mit Vermietern zusammen arbeiten und für die Vermittlung Kommission kassieren. Sie greifen tief in die Trickkiste und behaupten zum Beispiel, das gewünschte Casa sei schon voll oder führen einen scheinbar zur gewünschten Adresse, in Wirklichkeit aber zu einem vollkommen anderen Haus (was bei Neuankömmlingen, denen der Überblick über das Gassengewirr noch fehlt, recht gut funktioniert; daher sollte man sich stets die **Hausnummer** der gewünschten Adresse merken).

Auch einige **Taxifahrer** behaupten, dass ein Casa schon belegt sei bzw. sie die Adresse nicht kennen würden und bieten den Touristen stattdessen eine andere Pension an, wo sie Provision kassieren können. Also stets auf der eigenen Adresse beharren! Wen diese recht aufdringliche Atmosphäre stört, der behauptet am besten, er hätte schon eine **Reservierung** für eine Unterkunft (was man im Übrigen gerade in Trinidad dringend empfiehlt).

Bei **Restaurantangeboten** wirkt es Wunder, wenn man vorgibt, in seiner Privatunterkunft essen zu wollen.

Ausflüge und Transport können organisiert werden. ❷
Casa Colonial Suárez del Villar Mauri, Calle G. Izquierdo No. 119 e/Simón Bolívar y Piro Guinart, ☎ 0141-993763. Riesiges Kolonialhaus mit prächtigen Fliesen, großem Innenhof mit Garten, antiken Möbeln und Holzdecke sowie Dachterrasse. DZ mit Ventilator und Bad. Der nette Vermieter hat 2 Jahre in einem Luxushotel in Spanien gearbeitet. Hunde. Englisch. ❷
Mercedes, Calle F. H. Echerrí No. 57 e/Simón Bolívar y Piro Guinart, ☎ 0141-993113. 2 große DZ mit AC, Ventilator und Bad. Schöner, begrünter Innenhof. ❷

Casa Muñoz, Calle Martí No. 401 e/Fidel Claro y Santiago Escobar, ✆/🖂 0141-993673, 🖂 trinidadjulio@yahoo.com, 🖳 www.casa. trinidadphoto.com. Die Qualitäten dieser Casa sind einfach unübersehbar: 2 große DZ mit AC, Ventilator, Bad und 220 Volt-Anschluss. Das pompöse Kolonialhaus mit musealem Besichtigungswert wurde bereits von mehreren namhaften Magazinen abgelichtet. Es steht sogar ein Pferd in einem Stall beim Innenhof (Ausflüge in die umliegenden Berge und zum Valle de los Ingenios, 5–7 Std. für 20–25 CUC). Vermieter Julio kennt die Stadt wie seine Westentasche und kann seinen Gästen viele Orte zeigen sowie Fotofans praktische Tipps geben (er ist selber Fotograf und arrangiert Workshops). Eine gute Infobroschüre mit Stadtplan wird kostenlos verteilt. Kleine Bücherei, Hund, Terrasse mit Bar. Fließend Englisch. Fast immer ausgebucht, möglichst lange im Voraus reservieren! ❸

Hostal Palacete Colonial, Calle Simón Bolívar No. 518 e/F. H. Echerrí y J. M. Márquez, ✆ 01-5290 3791 (mobil), 🖂 ronniecuba200@yahoo.com. Prachtvolle alte Kolonialvilla aus dem Jahr 1740. Den Eingangsbereich bewacht ein ausgestopftes Krokodil. Das Haus ist von einigen Zeitschriften abgelichtet worden und hat dadurch Berühmtheit erlangt. So manche Tourgruppe schaut vorbei, aber nur, wenn die Mieter außer Haus sind. Doppelzimmer wie ein Apartment mit AC, Bad und Küche. Weiteres großes DZ mit zwei antiken Betten (Modell Ludwig XV.), Ventilator und fürstlichem Interior. Riesiger Parkplatz (2 CUC Parkgebühr), Terrasse, Billardtisch. Auf dem großen Hof stehen ein Oldtimer von 1928 und Käfige mit Kampfhähnen. Englisch. ❷

Bernardo y Sarahi, Calle F. Pettersen No. 179 e/F. J. Zerquera y M. Guerra, ✆ 0141-993543, 🖂 bernatdad@yahoo.com, 🖳 www.casabernardo.netfirms.com. Großes Kolonialhaus mit Innenhof, Terrasse inmitten der Dächer, vielen Pflanzen, wertvollen kolonialen Möbeln und Mosaikfußboden aus dem Jahr 1830. 2 DZ mit prächtigen Betten, AC, Ventilator und großem Bad mit Badewanne. Die sehr hilfsbereiten Vermieter stammen von der Adelsfamilie Bequel ab. Bernardo hat 10 Jahre im Hotel Ancón als Manager gearbeitet und kennt sich hervorragend im Tourismus aus. Sehr leckeres Essen. ❷

Hostal Mireya, Calle Antonio Maceo No. 472 e/ Simón Bolívar y F. J. Zerquera, ✆ 0141-993994, 🖂 miretrini@yahoo.es. 2 DZ mit AC, Ventilator, Bad und Kühlschrank. Die Vermieterin ist auch Tanzlehrerin und gibt Unterricht (5 CUC/Std.). ❷

Um den Parque Céspedes

Aracely, Calle Lino Pérez No. 207 e/Frank País y M. Calzada, ✆ 0141-993597, 🖂 bernatdad@yahoo.com. 2 DZ im 1. OG (unabhängig), AC, Bad, Ventilator und Aufenthaltsraum. Dach mit schönem Ausblick. Auf der großen Terrasse ranken sich die Äste eines riesigen 100-jährigen Mangobaumes. Leckere Mahlzeiten. Die freundlichen Vermieter sprechen fließend Englisch. ❷

Casa Gil Lemes, Calle Martí No. 263 e/Colón y F. J. Zerquera. ✆ 0141-993142, 🖂 carlos@restauro.co.cu. Prächtiges Kolonialhaus aus dem 19. Jh. Schöner Innenhof mit Garten.

Parkplatz. Großes DZ mit AC und Bad. Sohn Carlos spricht fließend Englisch und hat als Angestellter des Stadthistorikers viele interessante Infos parat. ❷

Hostal Las Mercedes, Calle C. Cienfuegos No. 272 e/Antonio Maceo y F. Cadahía, ✆ 0141-993107, 🖂 las_mercedes_2004@yahoo.es. Mit seinen Mosaikfußböden, Kronleuchtern und Baccara-Gläsern hat die Pension eine Menge aristokratisches Flair. DZ mit antiken Betten und Möbeln, Ventilator, AC und großem Bad mit Badewanne. Garage. Großer Innenhof mit schönen Pflanzen und riesigem Kaktus. Sehr hilfsbereite und herzliche Atmosphäre. Der Sohn spricht Englisch. Gutes Essen. ❷

María, Calle C. Cienfuegos No. 126 e/Frank País y M. Calzada, ✆ 0141-993725, 🖂 mariaelena@yahoo.com. Prächtiger kolonialer Adelspalast mit Antiquitäten, Mosaikfußboden und Pianos. Zum ehemaligen Besitzer Don Mario Borrell gibt

Zentrale Südküste

es eine interessante Geschichte: Nachdem seine Frau versucht hatte, ihn umzubringen, enterbte er sie und seine Söhne, vergrub seinen Schatz an einem unbekannten Ort und ließ die an der Aktion beteiligten Sklaven hinrichten. Der Schatz wurde nie gefunden. 2 große DZ mit AC, Ventilator, Bad, antiken Möbeln und großen Fenstern zum schönen Innenhof mit Garten. Gutes Essen. Die Vermieterin spricht Deutsch. ❷

Casa Santana, Calle Antonio Maceo No. 425 e/F.J. Zerquera y Colón, ☎ 0141-994372. Das Haus hat Mosaikfußboden, Piano und antike Möbel. DZ mit Bad, Ventilator, Bronzebett, eigenem Eingang und Aufenthaltsraum. Innenhof, Garage. Sehr nettes älteres Ehepaar. Englisch. ❷

Casa Arandia, Calle Antonio Maceo No. 438 e/ Colón y F. J. Zerquera, ☎ 0141-996613. 2 DZ mit Ventilator, AC, Bad, Kühlschrank und unabhängigem Eingang. Große Terrasse inmitten der Dächer. Großes koloniales Wohnzimmer, Parkplatz, Innenhof. Man speist unter einem grünen Blätterdach. ❷

Hotels

Las Cuevas, Calle Lino Pérez final (1 km nord-östlich der Stadt), ☎ 0141-9961-33, -34, -35, 🖥 www.cubanacan.cu. Zahlreiche Bungalows am Hügel, mit Ausblick bis zur Halbinsel Ancón (rechtzeitig reservieren!). Die 112 DZ haben AC, Bad, TV, Telefon, Safe und Terrasse. Moped-, Fahrrad- und Autoverleih, Reisebüro, Tennisplatz, kleiner Pool. Jeden Abend um 21.30 Uhr gibt es Shows. Eingangshalle und Restaurant in schöner Holzbauweise mit Schilfdach (Buffet 12 CUC), Bar. Museum für Höhlenforschung (s. S. 393). ❺–❻

Gran Hotel Trinidad, Calle Martí No. 262 esq. Lino Pérez, ☎ 0141-9960-70, -71, 🖥 www.iberostar.com. Kürzlich errichtetes Nobel-Hotel im Kolonialstil. 36 prächtige DZ und 4 Suiten mit Bad, TV, AC, Ventilator, Minibar und Balkon oder Terrasse. Buffet-Restaurant (Frühstück ab 10 CUC), Internet. ❼

Finca Maria Dolores, Carretera Circuito Sur (3 km Richtung Cienfuegos), ☎ 0141-996395, 🖥 www.cubanacan.cu. Das schöne Gelände der Farm ist 20 Hektar groß. 20 DZ und

25 Bungalows mit AC, Bad, TV, Telefon und kleiner Küche. Restaurant, Bar, Pool, Laden und Pferdeverleih. Für Tourgruppen werden hier *Guateques* (Bauernfeste) veranstaltet. Dann kann es laut werden. ❹

Gemessen an der Größe Trinidads gibt es jede Menge Restaurants, die zwar fast alle eine schöne koloniale Atmosphäre bieten, aber kulinarisch leider oft auf mäßigem Niveau dahin dümpeln. Außerdem schließen die meisten recht früh (gegen 22 Uhr, in der Nebensaison sogar schon gegen 18 Uhr). Eine Spezialität ist der Cocktail *Cancháchara*, eine Mischung aus Honig, Limone und Rum. Meeresfrüchte stehen auf der Speisekarte ganz oben.

In Moneda Nacional isst und trinkt man in der **Pizzeria Tosca** am Parque Céspedes, die billige und sehr mäßige Pizza und Spaghetti anbietet. Um den Park findet man **Stände** mit Pizza und belegten Brötchen.

Plaza Mayor, Calle R. M. Villena No. 15 esq. F. J. Zerquera. Im Innenhof speist es sich gediegen unter Avocadobäumen. Von 12 bis 15 Uhr gibt es Buffet (10 CUC, frühzeitig erscheinen, denn das Personal neigt zum frühen Abräumen). Ansonsten sind die Preise recht günstig (Fisch- und Fleischgerichte für 6–7 CUC). Viele Tourgruppen.

Don Antonio, Calle G. Izquierdo No. 118 e/Piro Guinart y Simón Bolívar. Die Spezialität dieses italienischen Restaurants

Kulinarische Spitzenreiter

Paladar Sol y Son, Calle Simón Bolívar No. 283 e/Frank País y Martí, ☎ 0141-992926. Schönes Kolonialgebäude mit Möbeln aus verschiedenen Epochen, hübscher Innenhof. Große Auswahl: Spaghetti für 5 CUC und Fisch-, Schwein- oder Hühnchen für 6–9 CUC. Gut und reichhaltig. ⏱ tgl. 12–14, 19–23 Uhr.

Paladar Estela, Calle Simón Bolívar No. 557, ☎ 0141-994329. Lamm, Huhn, Fisch oder Schwein für 8 CUC. Vom Essen und Ambiente ähnlich gut wie Sol y Son, schöner Innenhof. ⏱ tgl. 19–23 Uhr.

Zentrale Südküste

ist *Filet de Pescado Don Antonio* (7 CUC).
Spaghetti für 3–4 CUC. Große Auswahl.
⊕ tgl. 10–17 Uhr.
Santa Ana, Calle C. Cienfuegos e/José Mendoza
y R. Batista. Der stilvolle Innenhof strahlt jede
Menge Kolonialatmosphäre aus. Spezialität
Bistec Santa Ana mit Schinken und Käse
(5 CUC) und gegrilltes Fischfilet (6 CUC). Lecker
ist auch das *Bistec Montimer* mit Languste und
Krabben. Manchmal Live-Musik.
El Jigüe, Calle R. M. Villena No. 69 esq. Piro
Guinart. Recht preisgünstiges Restaurant mit
wunderschöner maurischer Fassade, das vor
allem das in Kuba so beliebte Federvieh in die
Pfanne haut. Spezialität des Hauses ist *Pollo al
Jigüe* (Huhn kombiniert mit Spaghetti und Käse)
für 6 CUC.
Vía Reale, Calle R. M. Villena No. 74 esq. P.
Pichs Girón. Italienische Küche: Pizza oder
Spaghetti für 3–4 CUC. Die Spezialität ist aber
gebratenes Rindfleisch (5 CUC). ⊕ tgl. 9–17 Uhr
(Mi und Fr bis 21 Uhr).
La Bodeguita Trinitaria, Calle Colón No. 264 esq.
Martí y F. Cadahía. Ab 21 Uhr Live-Musik.
Gerichte mit Beilagen ab 4–5 CUC.
Trinidad Colonial, Calle Antonio Maceo No. 402
esq. Colón. Im alten Kolonialgebäude landen
vor allem Meeresfrüchte auf dem Teller, vom
Fischfilet (7 CUC) bis zur Languste (16 CUC).
⊕ tgl. 18.30–22 Uhr.
Mesón del Regidor, Calle Simón Bolívar
No. 424 esq. F. G. Toro. Gute Schwein-,
Hühnchen- und Fischgerichte ab 8 CUC.
Languste ist ab 17 CUC zu haben. Das 1801
erbaute Gebäude wurde nach 1959 zuerst als
Museum, dann als Galerie und schließlich
als Restaurant genutzt.
El Rápido, Calle Martí esq. Lino Pérez. Fastfood.
Cafeteria Ruinas de Lleonci, Calle G. Izquierdo
No. 112 e/Simón Bolívar y Piro Guinart. Snacks
und einige Gerichte für 5–6 CUC. Im schönen
Innenhof wird oft Live-Musik gespielt. ⊕ tgl.
9–17 Uhr.
Cremería Las Begonias, Calle Antonio Maceo
No. 473 esq. Simón Bolivar. Eis in Devisen.
Gegenüber liegt die gleichnamige **Cafetería** mit
Snacks.
Coppelia, Calle Martí e/F. J. Zerquera y Colón.
Eisdiele.

Bars

La Canchánchara, Calle R. M. Villena e/Ciro
Redondo y P. Pichs Girón. Befindet sich in einem
alten Gebäude, das architektonische Elemente
vom 18.–20. Jh. vereint. Ab 18 Uhr oft Live-
Musik. Man sollte sich den Hauscocktail
Canchánchara genehmigen, den erstmals
kubanische Befreiungskämpfer im 19. Jh.
kredenzten. ⊕ tgl. 9–22 Uhr.
Las Ruinas de Sagarte, Calle J. Menéndez
e/J. M. Marquez y Galdós. In einer schönen
Hofruine. Oft Live-Musik. Snacks und Cocktails
zu annehmbaren Preisen. ⊕ 24 Std.
Daiquiri, Calle Lino Pérez No. 313 e/Martí y F.
Cadahía. Hier treffen sich Trinidads Jugendliche
und die Backpacker. Kleine laute Bar mit
Snacks. ⊕ tgl. 10–1 Uhr.
Bolera, Calle Martí e/F. J. Zerquera y Colón.
Billard und Shuffle Puck. Viele Kubaner.
⊕ 24 Std.

Live-Musik

Complejo Cultural Artex (Casa Fischer),
Calle Lino Pérez No. 306 e/Martí y F. Cadahía.
Jeden Abend ab 21.30 Uhr wechselnde
Veranstaltungen (von traditioneller Musik über
Noche Afrocubano und Humor-Shows bis zu
Karaoke). Schöner Innenhof mit Snack-Bar.
Neben Touristen gehen hier auch viele Kubaner
hin.
Casa de la Música, Calle J. M. Marquez e/
Simón Bolívar y Jesús Menéndez. Oft Live-
Musik (Salsa) und tgl. eine Show ab 21.30 Uhr.
Oben auf der Treppe, die neben der Kathedrale
hochführt, liegt eine **Bar**, wo es sich nett sitzt.
Casa de la Trova, Calle F. H. Echerrí No. 29 esq.
Jesús Menéndez. Hier spielen den ganzen Tag
über bekannte Bands älterer Musiker. ⊕ tgl.
9–16 und 21–2 Uhr.
Fresa y Chocolate (in der Coppelia). Der Laden
ist vor allem bei jungen Kubanern angesagt, die
nächtlich zu verschiedenen Musikstilen (Salsa,
Reggae, Rap) abhotten. Fr und Sa um 24 Uhr ist
Karaoke angesagt, und Sa um 23 Uhr gibt es
eine Show *afrocubano* oder eine Humor-Show.
Casa de la Cultura, Calle F. J. Zerquera
No. 406 e/E. V. Muñoz y P. Lumumba. Am
Wochenende ab 21 Uhr Tanz und Live-Musik.

Zentrale Südküste

Die **Disco Ayala**, ✆ 0141-996615, sollte man sich nicht entgehen lassen. Sie liegt oberhalb der Stadt hinter der Ruine Ermita de la Popa. In einer Grotte wird bis in die frühen Morgenstunden getanzt, vor allem am Wochenende. ◷ Di–So, Eintritt 3 CUC (inkl. Getränk).

Ansonsten Theater, Lesungen oder Kunstausstellungen. ◷ ab 14 Uhr.
Casa del Joven Creador, Calle Martí No. 321 e/F. J. Zerquera y Simón Bolívar. Kunstausstellungen, Lesungen und manchmal Konzerte (auch Rap und Rock).

Unterhaltung und Kultur
Cabaret
Las Ruinas de Brunet, Calle Antonio Maceo No. 461 e/Colón y F. J. Zerquera. Tgl. ab 21.30 Uhr afrokubanische Shows in einer kolonialen Hofruine. Gute Cocktails.
Auch das **Hotel Las Cuevas**, ✆ 0141-996133, bietet jeden Abend um 21 Uhr eine Cabaret-Show.
Casa del Campesino, in der Finca Maria Dolores, ✆ 0141-996395. Bei ausreichend Touristen werden nach dem ausgezeichneten Essen lokale traditionelle Tänze und Gesänge der Campesinos aufgeführt.
Palenque de los Congos Reales, Calle F. H. Echerrí No. 33 (bei der Casa de la Trova). Hier übt tgl. von 9–13 Uhr das *Conjunto Folclórico* von Trinidad, das seit über 30 Jahren eine berühmte Institution in Sachen afrokubanischer Musik ist. Touristen können zuschauen, mittanzen und sich an den Musikinstrumenten versuchen (z. B. Trommeln). Tgl. ab 22 Uhr präsentiert das Ensemble afrokubanische Shows.

Kino
Im **Cine Romelio Cornelio** am Parque Céspedes hängt das Programm meist aus.

Feste

Die **Semana de la Cultura Trinitaria** findet in der zweiten Januarwoche statt.

Im Februar wird auf der **Fiesta de la Danza** getanzt. Ende März/Anfang April ziehen die Festzüge der **Semana Santa** durch die Straßen. Der **Karneval** sorgt in der Woche um den 24.6. mit Tanzumzügen, Pferdewettrennen und Musikgruppen für Stimmung.

Einkaufen
Kunsthandwerk und Souvenirs
Trinidad ist für kubanische Verhältnisse gut mit Läden bestückt. In fast jedem Museum und Veranstaltungszentrum befindet sich ein Souvenirladen. Die meisten haben sogar tgl. von 9–17 Uhr geöffnet.

Mercados Populares de Artesanía (Kunsthandwerksmärkte) mit Puppen, Holzschnitzereien, Tücher, Kleidung u. ä. gibt es auf der Shopping-Straße Calle F. G. Toro südlich der Plaza Mayor, direkt neben der Casa de la Trova und in der Calle E. V. Muñoz.
Bazar Trinidad, Calle Antonio Maceo esq. F. J. Zerquera. Gemälde, T-Shirts und allerlei Kunsthandwerk. Gegenüber liegt **Caracol** (Rum und Tabak).
Casa del Tabaco, am Parque Céspedes. Zigarren und Zubehör, Rum und Kaffee. ◷ tgl. 10–20 Uhr.
Galería de Arte Universal, an der Plaza Mayor. Mal Ausstellungen, mal Verkauf von Bildern. ◷ Sa–Do 9–16 Uhr.
Palacio de la Artesanía, Calle Piro Guinart No. 221 esq. Independencia. Kunsthandwerk. ◷ Mo–Fr 9–17, Sa 9–12 Uhr.
Fondo de Bienes Culturales, Calle Simón Bolívar No. 418 e/E. V. Muñoz y F. G. Toro. Große Auswahl an Bildern, Kunsthandwerk, Kleidung und Lederwaren. Ein ähnliches Sortiment bietet die **Galería Plaza Santa Ana**.
CDs und Musikinstrumente bekommt man in der **Casa de la Música** am Plaza Mayor. ◷ tgl. 10–22 Uhr.
Taller Instrumentos Musicales, Calle Jesús Menéndez No. 127 A e/E. V. Muñoz y Colón. Handgefertigte Musikinstrumente.
Librería Ángel Guerra, Calle Martí No. 273 e/F. J. Zerquera y Colón. Kleines Sortiment mit einigen Büchern auf Englisch und Deutsch. ◷ Mo–Fr 8.30–17, Sa 8.30–20 Uhr.

Zentrale Südküste

Lebensmittel

Der **Bauernmarkt** liegt in der Calle F. J. Zerquera esq. M. Fajardo im Süden der Stadt.
Kleinere **Früchtestände** sorgen in der Calle Simón Bolívar südlich der Calle Martí fürs vitaminreiche leibliche Wohl.
Supermarkt El Colonial, Calle Simón Bolívar No. 284 e/Frank País y Martí. ⊙ Mo–Sa 9–18, So 9–13 Uhr.
Mini Super Caracol, Calle F. J. Zerquera esq. G. Izquierdo. ⊙ tgl. 9–20 Uhr.

Touren

Die Reisebüros bieten alle ähnliche Exkursionsprogramme und Preise. Manche Ausflüge finden nur bei einer Mindestteilnehmerzahl statt: Stadttour (12–15 CUC), Salto Caburní (29 CUC, inkl. Essen), Parque El Cubano (18 CUC, inkl. Essen), Parque Guanayara (43 CUC, inkl. Essen), El Nicho (30–40 CUC), Valle de los Ingenios mit Torre Manaca Iznaga mit alter Dampflok (*Tren turístico*, 15 CUC), Cienfuegos (34/43 CUC, ohne/mit Essen), Seafari Cayo Blanco (40 CUC, inkl. Essen), Schweinebucht (60–70 CUC), Santa Clara (45 CUC, inkl. Essen).
Paradiso, Calle Lino Pérez No. 306 e/Martí y F. Cadahía (in der Casa Fischer), ✆ 0141-996308. Gute Stadttouren. ⊙ tgl. 8–17 Uhr.
Cubanacán, Calle Martí e/F. J. Zerquera y Colón, ✆ 0141-996142. ⊙ tgl. 8.30–20 Uhr.
Cubatur, Calle Antonio Maceo No. 447 esq. F. J. Zerquera, ✆ 0141-9963-14, -15. Autoverleih Transtur, Hotelreservierung, Bustickets. ⊙ tgl. 9–20 Uhr. Weiteres Büro in der Cremería in der Calle Simón Bolívar esq. Antonio Maceo, ✆ 0141-996368.
Havanatur, Calle Lino Pérez No. 366 e/F. Cadahía y Antonio Maceo, ✆ 0141-996390. Transfer nach Cienfuegos und Havanna (Di, Fr und So): 20 bzw. 36 CUC, nach Varadero (Sa): 35 CUC. ⊙ Mo–Fr 8–12, 13.30–17, Sa 8–12 Uhr.

Sonstiges

Apotheken

Die **Clínica Internacional** in der Calle Lino Pérez No. 103 esq. A. Cárdenas hat eine Devisen-Apotheke. ⊙ 24 Std.

Autovermietungen

Transtur, Calle Antonio Maceo esq. F. J. Zerquera (bei Cubatur), ✆ 0141-996110.
Cubacar, Calle Lino Pérez e/Maceo y F. Cadahía, ✆ 0141-994753.
Außerdem bekommt man Leihwagen in den Hotels Costasur, Ancón, Trinidad del Mar und Las Cuevas.

Bibliotheken

Biblioteca Gustavo Izquierdo, Calle Martí No. 265 e/F. J. Zerquera y Colón. ⊙ Mo–Fr 8–21, Sa 8–17 Uhr.

Fahrrad- und Motorradverleih

Las Ruinas de Brunet, Calle Antonio Maceo No. 461 e/Simón Bolívar y F. J. Zerquera.

Filme und Fotoarbeiten

Photo-Service, Calle Martí No. 192 esq. Lino Pérez.

Geld

Bandec, Calle Martí No. 264 e/F. J. Zerquera y Colón.
Cadeca, Calle Martí No. 164 e/Lino Pérez y C. Cienfuegos.

Informationen

Infotur in der Calle Simón Bolívar esq. Antonio Maceo hat Broschüren, ✆ 0141-996257. ⊙ Mo–Sa 8.30–17 Uhr. Begrenztes Informationsmaterial haben auch die Reisebüros (s. Touren). Viele Souvenirläden verkaufen Stadtpläne und kleine Reiseführer (s. Einkaufen).

Internet

Café Las Begonias, Calle Simón Bolívar esq. Antonio Maceo (gegenüber von Infotur). ⊙ tgl. 9–21 Uhr.
Etecsa, Calle Lino Pérez esq. F. Pettersen. ⊙ tgl. 8–22 Uhr.

Medizinische Hilfe

Clínica Internacional, Calle Lino Pérez No. 103 esq. A. Cárdenas, ✆ 0141-996492. ⊙ 24 Std.
Krankenwagen: ✆ 0141-992362.

Post

Calle Antonio Maceo No. 418 e/F. J. Zerquera y Colón. ◷ tgl. 8–20 Uhr.

Sprachkurse

Bei genügend Teilnehmern bietet das Reisebüro **Paradiso**, Calle Lino Pérez No. 306 esq. F. Cadahía, Spanisch-Kurse an (10 CUC/Std.).

Tanz- und Musikunterricht

Professioneller Unterricht (Salsa, Cha Cha Cha, Rumba und Mambo) wird von Tänzerin Cristina Pérez Pablos vom **Palenque de los Congos Reales** angeboten (dort nachfragen, s. S. 397). Vermieterin und Tanzlehrerin **Mireya Medina Rodríguez**, Calle Antonio Maceo No. 472 e/ Simón Bolívar y F. J. Zerquera, gibt ebenfalls Tanzunterricht (5 CUC/Std.).
Las Ruinas de Brunet bietet Tanz- und Trommelkurse (5 CUC/Std.).
Das Reisebüro **Paradiso**, Calle Lino Pérez No. 306 esq. F. Cadahía, hat Gitarrenunterricht im Angebot (5 CUC/Std.).

Telefon

Etecsa, Calle Lino Pérez esq. F. Pettersen. ◷ tgl. 8–22 Uhr.
Ein kleines **Telefonzentrum** befindet sich beim Kino.

Visaangelegenheiten

Inmigración, Paseo Agramonte esq. Perseverancia, ✆ 0141-996650. ◷ Mo–Do 8–16 Uhr.

Nahverkehr

Trinidad ist sehr fußgängerfreundlich. Ein Taxi zu nehmen, wäre Geldverschwendung bei den kurzen Distanzen. Sollte man es doch einmal brauchen: **Transtur Taxi**, ✆ 0141-996110 und 996317.
Mit den **Cocotaxis** gegenüber von Cubatur kostet es hin und zurück nach PLAYA ANCÓN 10 CUC und zum VALLE DE LOS INGENIOS und TORRE MANACA IZNAGA 10–15 CUC.

Busse

Ein Bus (2 CUC p. P., hin und zurück) fährt 5x tgl. zum **Strand** (9, 11, 14, 16 und 18 Uhr), Rückfahrt um 10.15, 12.15, 15.15, 17.15 und 19.15 Uhr. **Haltestellen** in Trinidad: Calle Lino Pérez e/ Antonio Maceo y F. Cadahia, Cubatur und Calle Piro Guinart esq. Antonio Maceo. Es geht stadtauswärts und später die Küste entlang über die Finca Maria Dolores, Playa La Boca, Grill Caribe, Hotel Costa Sur, Hotel Trinidad del Mar und Hotel Ancón.

Transport

Von Trinidad sind es 60 km zum Stausee Hanabanilla, 70 km nach Sancti Spíritus, 80 km nach Cienfuegos, 153 km nach Santa Clara und 323 km nach Havanna.

Selbstfahrer

Bei den engen Gassen und der anfangs schwierigen Orientierung lässt man das Auto am besten stehen und erkundet die Stadt zu Fuß. **Parkplätze** befinden sich in der Calle V. Suyama esq. P. Pichs Girón in der Nähe des Busbahnhofs, in der Calle Colón esq. G. Izquierdo und bei der Plaza Santa Ana. Außerdem haben viele Casas particulares eine Parkmöglichkeit. **Tankstellen** befinden sich 500 m südlich der Stadt auf der Straße nach Casilda und am östlichen Ortsausgang Richtung Sancti Spíritus.

Busse

Busbahnhof, Calle Piro Guinart No. 224 e/ Antonio Maceo y G. Izquierdo, ✆ 0141-994448. ◷ tgl. 7.30–16.30 Uhr.

Verbindungen Víazul

HAVANNA (7.30 und 15.00 Uhr, 5 1/2 Std., 25 CUC). Fährt über CIENFUEGOS (6 CUC) und ENTRONQUE DE JAGÜEY (15 CUC), manchmal auch über PLAYA GIRÓN und PLAYA LARGA (nachfragen).
SANTIAGO DE CUBA (8 Uhr, 12 Std., 33 CUC). Fährt über SANCTI SPÍRITUS (6 CUC), CIEGO DE ÁVILA (9 CUC), CAMAGÜEY (15 CUC), LAS TUNAS (21 CUC), HOLGUÍN und BAYAMO (26 CUC).
VARADERO (9 und 15.30 Uhr, 6 Std., 20 CUC). Fährt über CIENFUEGOS (6 CUC) und SANTA CLARA (8 CUC).

Ferner gibt es in der Hauptsaison einen **Minibus-Transport**, ℘ 0141-994448, der die gleichen Preise wie Víazul berechnet (zusätzlich 5 CUC, wenn es zum Flughafen geht) und jeden Ort ansteuert. Man muss 24 Std. vorher reservieren und wird dann zwischen 8 und 8.30 Uhr vom Hotel oder Casa Particular abgeholt und direkt bei der Wunschadresse abgesetzt (spart Taxikosten).

Überlandtaxis

Das Büro von **Cubataxi**, ℘ 0141-992214, liegt direkt neben dem Busbahnhof und wird von Hector Chaviano Lorenzo geleitet, der Transporte zu verschiedenen Zielen recht günstig organisieren kann. Zudem spricht er fließend Englisch (℘ privat: 0141-993731). Preisbeispiele:
TOPES DE COLLANTES: 20–25 CUC (hin und zurück)
PLAYA GIRÓN: 50–60 CUC (einfache Fahrt)
SANCTI SPÍRITUS: 25 CUC (einfache Fahrt)

Eisenbahn

Bahnhof, Calle Cienfuegos Final, ℘ 0141-993348 und 994223. Von dort kommt man bequem zu Fuß ins Zentrum. ⏰ tgl. 8–16 Uhr.
Die nächstgelegene Stadt, die von überregionalen Zügen angesteuert wird, ist Guayos, 12 km nördlich von Sancti Spíritus.
Eine alte Lok aus dem Jahr 1919 fährt um 9.30 Uhr morgens zum VALLE DE LOS INGENIOS (dieser **Tren Turístico** ist über verschiedene Reisebüros zu buchen, 10 CUC). Ansonsten gibt es folgende billige aber unzuverlässige Lokalverbindungen (am besten vorher anrufen):
MEYER (über IZNAGA): 4x tgl.
CASILDA: 5x tgl.

Die Umgebung von Trinidad

Die Region ist nicht nur eine Hochburg des Städtetourismus. Trinidad bietet auch gute Möglichkeiten, Kultur mit Wanderungen und Baden zu verbinden. Das **Valle de los Ingenios** und der

Turm **Manaca Iznaga** erinnern an die Zeit der Sklavenhalteraristokratie mit den gewaltigen Zuckerplantagen. Im Hintergrund der Stadt thronen die bewaldeten Berge der **Sierra del Escambray**. Auch Erholungssuchende kommen auf ihre Kosten, liegt doch der schöne Strand **Playa Ancón** – einer der besten der Südküste – nur wenige km entfernt und drängt sich Erholungssuchenden geradezu auf. Die meisten Sehenswürdigkeiten der Umgebung sind in bequemer Tagesausflugs-Reichweite (Taxi oder Fahrrad). Für weiter entfernte Ziele wie **Topes de Collantes** und **El Nicho** bietet sich ein Leihwagen oder ein organisierter Ausflug an (Touren, s. S. 398).

Zum Valle de los Ingenios und Torre Manaca Iznaga

Das Tal der Zuckermühlen zählte einst zu Kubas wichtigsten **Zuckeranbauzentren** und schuf die Basis des Wohlstands der trinitarischen Oberschicht. Im 19. Jh. drehten sich hier die Räder von über 50 Mühlen, und noch heute lassen in den Feldern Zuckerrohrschneider ihre Macheten mit kraftvoll ausladenden Bewegungen durch die Luft wirbeln, geschützt vor den scharfkantigen Blättern durch Arbeitshandschuhe und Gummistiefel. Als historische Spuren findet man Ruinen von Zuckermühlen *(Ingenios)*, Sklavenunterkünften und Lagerhäusern (die meisten wurden in den Unabhängigkeitskriegen zerstört). Wer abseits der Hauptrouten einige der insgesamt über 70 archäologischen Stätten aufspüren will, braucht einen Führer.

Ca. 5 km östlich von Trinidad führt links ein kleiner Weg hoch zum **Mirador Loma del Puerto**. Von dort schweift der Blick auf das weite, landschaftlich reizvolle Tal der Zuckermühlen und lässt sich bei einem Drink an der Bar genießen. Im Hintergrund schimmert die Gebirgssilhouette der Sierra del Escambray.

14 km östlich von Trinidad wächst links der Straße nach Sancti Spíritus der Turm **Torre Manaca Iznaga** aus einem Meer von Zuckerrohrpflanzen empor. Mitten im Valle de los Ingenios stehend, ist dieses Gebäude das Wahrzeichen der Gegend. Wie so oft bei kubanischen Bauwerken gibt es auch hier eine legendäre Ent-

stehungsgeschichte: So waren die beiden Söhne des Zuckerbarons Pedro Iznaga in dieselbe Mulattin verliebt und veranstalteten einen Wettstreit. Derjenige sollte sie bekommen, der am höchsten baute oder am tiefsten grub. Der Kampf endete angeblich unentschieden. Den 1816 errichteten, 43 m hohen Wachturm, von dem aus die Sklaven beaufsichtigt wurden (man hatte eine 50 km weite Sicht), kann man über eine schwankende Holztreppe besteigen (☉ tgl. 9–17 Uhr, Eintritt 1 CUC). Von dem Brunnen jedoch fehlt jede Spur. Eine große Glocke liegt auf dem Boden vor dem Turm. Sie läutete Anfang und Ende des Arbeitstages ein und rief zum Essen. Eine andere Glocke schlug Alarm, um die Flucht von Sklaven an die *Rancheaderos* zu melden, die sogleich die Jagd eröffneten.

4 km nördlich vom Turm, direkt am Fluss und umgeben von schöner Landschaft, liegt das **Casa Guachinango**, eine alte Hacienda aus dem Ende des 18. Jhs. Der Zug von Trinidad nach Meyer hält direkt beim Haus, und bei einem Spaziergang entlang der Gleise zurück nach Manaca Iznaga (ca. 1 Std.) kommt echte Abenteuerromantik auf.

Essen

Um den Torre Manaca Iznaga befinden sich eine Bar, ein kleiner Laden und ein **Restaurant** (Spezialität *Punta de cerdo a la Iznaga* für rund 8 CUC). Auf dem Hof steht eine *Guarapera* (Zuckerpresse) aus dem Jahre 1884. Auch das **Casa Guachinango** tischt auf.

Transport

Auf den Spuren der „Süßen Macht" geht es in Trinidad die Calle Fausto Pelayo hinaus nach Osten in Richtung Sancti Spíritus. Ohne eigenen Wagen kommt man zum Valle de los Ingenios und Torre Manaca Iznaga am billigsten mit einem **Fahrrad** oder **Cocotaxi** (10 CUC hin und zurück, Platz für 2 Pers.). Man kann sich auch von einem **alten Zug** aus dem letzten Jh. ins Valle de los Ingenios schaukeln lassen (Touren, s. S. 398). Die Lok funktioniert allerdings des Öfteren nicht.

Playas La Boca, María Aguilar und Ancón

Nur 5 km westlich von Trinidad liegt der nächstgelegene Strand **Playa La Boca**. Er ist steinig (nur kleiner Sandabschnitt) und fest in der Hand der Einheimischen. Wesentlich schöner, aber auch viel touristischer, ist die **Península de Ancón** mit den beiden besten Stränden der Südküste, 15 km südlich der Stadt. Trinidads Hausstrände **Playa María Aguilar** und **Playa Ancón** (4 km) sind lang genug, um noch ein einsames Plätzchen zu finden.

Auf dem Weg liegt das heruntergekommene **Casilda**. Es gibt genau drei Gründe für einen Aufenthalt im Fischerdorf: die Kirchenruine Ermita de Santa Elena aus dem Jahre 1849, die Nähe zu Trinidad und den Stränden und die ausgelassene Fiesta de Santa Elena am 17. August.

Übernachtung

Privatpensionen

Hostal Vista al Mar (Manolo Menéndez), Calle Real No. 47 (La Boca), ☎ 0141-993716 und 994134, 🖳 www.geocities.com/playalaboca/index_english.html. Direkt am Strand. 2 hübsche kleine DZ mit Meerblick, Ventilator und Gemeinschafts-Bad. Parkplatz. Die Gäste haben nicht nur die große Veranda, sondern das ganze Haus für sich. ❷

Hostal Rancho Florida, Calle Real No. 78 (La Boca), ☎ 0141-993535, ✉ hostal ranchoflorida@yahoo.es. Am Meer gelegen. Doppelzimmer mit Klimaanlage, Ventilator, Bad und Kühlschrank. Gutes Essen. Terrasse. ❷

Ana y Jörg, Calle Real No. 145 (Casilda), ☎ 0141-995200, ✉ joergundana@gmx.net, 🖳 www.trinidadcuba.de.vu. DZ mit AC, Ventilator und Bad. Schönes Haus mit Garten und Pool. Internet-Service. Der Vermieter ist Deutscher. ❷

Vorsicht vor Seeigeln

So schön die Playa Ancón auch ist: Es gibt einige Seeigel. Deshalb nicht ohne Badeschuhe ins Wasser gehen.

Zentrale Südküste

Zentrale Südküste

Sin azúcar no hay país – Ohne Zucker gibt es kein Land: Schon dieses kubanische Sprichwort verdeutlicht, wie sehr diese Nutzpflanze die **Kultur- und Sozialgeschichte** der Insel geprägt hat.

Der lange Weg des Zuckers

Ursprünglich war das Zuckerrohr auf pazifischen Inseln beheimatet, ehe es im Zuge der arabischen Expansion im 8.–10. Jh. über Indien und Vorderasien westwärts in den Mittelmeerraum gelangte. Ab dem 16. Jh. kristallisierte sich nach und nach der lateinamerikanische Raum als **neues Zentrum der Zuckerproduktion** heraus, nachdem Kolumbus einige Stecklinge auf seinen ersten Reisen von den Kanarischen Inseln in die Neue Welt gebracht hatte. Nach weitgehend erfolgloser Suche nach Edelmetallen forcierten Spanier und Portugiesen den Aufbau großflächiger Plantagenökonomien, die auf der Ausbeutung zunächst indianischer, dann schwarzafrikanischer Arbeitskraft basierten. Was auf Kuba knapp 500 000 Sklaven Leid und Vernichtung brachte, war die Quelle unermesslichen Reichtums der spanischen Großgrundbesitzer.

Es dauerte jedoch länger als auf den Nachbarinseln, bis sich **neue Technologien** auf Kuba durchsetzten, den Produktionsprozess mechanisierten und die Produktivität erhöhten. Lange bremste das spanische Handelsmonopol jeglichen Drang zur Innovation. Mitte des 18. Jhs. hatte Zucker schließlich Tabak als wichtigstes Anbauprodukt abgelöst und aus vielen landwirtschaftlichen Gunsträumen verdrängt. Die Einführung der Dampfmaschine 1820 und der Eisenbahn 1837 leiteten die industrielle Revolution und damit einen riesigen Produktionszuwachs ein. Das stählerne Ross transportierte das Rohr in nie da gewesener Geschwindigkeit über große Distanzen und die Plantagen uferten aus bis an den Horizont. Die Wälder mussten dem hungrigen Gras aus zweierlei Gründen weichen: Zum einen wegen des immensen Platzbedarfes der modernen Plantagen, und zum anderen zum Befeuern der Mühlen. Nach der Revolution walzten riesige russische Erntemaschinen über die Felder, die ihre mechanischen Greifer wie Krakenarme ausfuhren, um das geschnittene Zuckerrohr aufzusammeln. Doch mit der **Wirtschaftskrise** der 1990er-Jahre feierten die Zuckerrohrschneider *(Macheteros)* ein Comeback und sind wieder unentbehrlich für die alljährlichen Produktionsschlachten geworden.

Die Ernte ist wie zur Kolonialzeit schwere, bis zu zwölfstündige körperliche Arbeit. Doch im Gegensatz zu den schwarzafrikanischen Sklaven, die als Sachgüter verheizt wurden, genießen die *Macheteros* heute **großes Ansehen** und werden als Helden der Nation gefeiert, denen bei Revolutionsparaden ein Platz in der ersten Reihe gebührt. Neben einem relativ hohen Verdienst versüßt ihnen eine Reihe von materiellen Anreizen, wie beispielsweise besserer Zugang zu Wohnungen und reichhaltiges Essen, ihren harten Arbeitstag.

Ernte und Verarbeitung

Die starke sozioökonomische Bindung des Landes an die zur Familie der Süßgräser gehörende Pflanze kommt nicht von ungefähr, denn sie findet auf Kuba **ideale Wachstumsbedingungen**

El Rubio, Calle Iznaga No. 125 e/Perla y Norte (Casilda), ✆ 0141-995386. 2 DZ mit AC, Ventilator, Bad und Kühlschrank. Schönes Haus. Auf Wunsch gibt es fangfrischen Fisch. ❷

Hotels

Costa Sur, Playa Maria Aguilar, ✆ 0141-9961-74, -78, ✆ 996173, ✉ gerente@costasur.hor.co.cu, 🖥 www.cubanacan.cu. Hässlicher 2- bis 3-stöckiger Hotelbau, aber viele Service-Einrichtungen für die Gäste. 131 DZ (davon 20 in Bungalows) mit Bad, AC, Telefon, TV und Terrasse. ❺

Ancón, ✆ 0141-9961-20, -23, -29, ✆ 996121, ✉ reservas@ancon.co.cu, 🖥 www.cubanacan.cu. Mehrstöckiger, nicht besonders attraktiver Plattenbau, der aber am schönsten Strandabschnitt der Halbinsel liegt. 279 verschachtelte DZ mit Meerblick mit Bad, AC, Telefon, Radio, TV, Safe, Kühlschrank, Balkon

vor. Dazu gehört ein ganzjährig humides Klima mit gleichmäßigen Temperaturen zwischen 26 und 28 °C. Die 2–6 cm dicken Halme recken sich bis zu 6 m hoch gen Himmel, gedeihen am besten auf stickstoffhaltigen Böden und können ein Jahr nach der Pflanzung, in der „Trockenzeit" von Januar bis Mai, geerntet werden. Im Idealfall dauert die **Ernte** 100 Tage. Dabei schlägt man die Stängel kurz über dem Erdboden mit der Machete ab, denn die größte Menge an *Saccharose* konzentriert sich im unteren Drittel des Rohres. Da es nachwächst, müssen die Felder theoretisch nur alle 15 Jahre neu bestellt werden. In der Praxis wird aber in kürzeren Abständen neu bepflanzt.

Das Mark der Halme ist für den **Verarbeitungsprozess** von entscheidender Bedeutung: Es enthält zwischen 10 und 20 % Zucker. Die Gewinnung dieses Zuckeranteils ist ein hochkomplexer chemisch-technischer Prozess: Nach dem Abschlagen werden die Stängel zunächst zerkleinert und in rostigen Zugwaggons und klapprigen LKWs zur Zuckerfabrik transportiert, wo ihnen Walzen den Saft auspressen. Dies muss sehr schnell geschehen, denn sonst verlieren die Stängel zu viel Saft und der Zuckergehalt sinkt. Diese Flüssigkeit (*Guarapa*) wird erhitzt zu einem dickflüssigen Sud und gefiltert, wodurch sich Zuckerkristalle ausscheiden. Eine Zentrifuge trennt die Kristalle dann von der sirupartigen *Melasse*. Als Brennmaterial dienten damals und teilweise noch heute die Rohrrückstände, die *Bagasse*. Die getrockneten Zuckerkristalle exportiert man entweder als braunen Rohrzucker oder raffiniert sie zu weißem Zucker.

Die *Melasse* dient als Futtermittel oder als Grundstoff zur Herstellung von Alkohol, z. B. Rum. Während der Verarbeitung fallen mehr als 100 Nebenprodukte ab: vom Viehfutter über Briketts, Medikamente, Düngemittel und Kunstfasern bis hin zu Papier.

Abhängigkeit vom Zucker

Marode Produktionsanlagen und Ersatzteilmangel verursachten in den letzten 20 Jahren einen massiven **Produktionsrückgang**. Viele der heute noch tätigen Zuckermühlen aus dem letzten Jahrhundert wären ein Prunkstück in jedem Industriemuseum. Hinzu kommt die Anfälligkeit der Zucker-Monokultur gegenüber Naturkatastrophen und schwankenden Weltmarktpreisen. Diese Krisenfaktoren setzten einen Rationalisierungsprozess und Strukturwandel in Richtung eines Ausbaus anderer Wirtschaftszweige in Gang (Wirtschaft, s. S. 150).

Trotzdem bleibt die Zuckerernte *(zafra)* ein bedeutendes **gesellschaftliches Ereignis**, und die kubanische Wirtschaft basiert noch immer stark auf dem süßen Gras. Fidel Castro brachte die zwiespältige Beziehung der Kubaner zu ihrer Zucker-Monokultur folgendermaßen zum Ausdruck: „Wir müssen immer wieder zum Zucker zurück des Geldes wegen. Wir sind nicht gern abhängig vom Zucker, aber dies ist die Realität." Jedem, der den riesigen, im Wind wogenden Zuckerrohrfelder sieht, die immer noch einen bedeutenden Teil der landwirtschaftlichen Nutzfläche einnehmen, wird diese Zwangsehe der Kubaner mit ihrem historischen Vermächtnis bewusst.

Zentrale Südküste

oder Terrasse. Vor kurzem hat das Hotel einen weitaus schöneren Gebäudekomplex mit großen, hübschen DZ angebaut. Umfangreiche Infrastruktur mit großem Sportangebot und All-Inclusive-System. Das Restaurant genießt keinen guten Ruf. ❼
Brisas Trinidad del Mar, ✆ 0141-9965-00, -01, -02, -03, -04, -05, -06, 🖥 www.cubanacan.cu. Gleich nebenan liegt dieser im Vergleich zu seinem Nachbarn attraktive Bau. Im Kolonialstil

errichtetes 3-stöckiges Hotel mit 241 DZ mit Bad, AC, Telefon, TV, Safe und Balkon/Terrasse. Ebenfalls komplette Infrastruktur mit gutem Sportangebot und All-Inclusive-System. ❼

Aktivitäten

Wenige 100 m nördlich des Hotels Ancón liegt das **Tauchzentrum Marina Cayo Blanco**, ✆/✆ 0141-996205, 🖥 www.nauticamarlin.com (Jachtanmeldung unter VHF 16 und VHF 67).

Letzte Rast auf dem Weg zum Salto de Caburní

Es gibt 21 Tauch- und Schorchelstellen, darunter eines der längsten Korallenriffe Kubas (einige Touristen berichteten jedoch, dass die Riffe ziemlich fischarm und unspektakulär seien). Als Tauch-Topspot gilt auch El Tunel Azul mit von Korallen überwucherten Tunnels und Canyons. Daneben werden noch Katamaranfahrten, Hochseefischen sowie Ausflüge nach Cayo Blanco und Las Mulatas, einem Riff schwarzer Korallen, angeboten. Am Jachthafen gibt es ein kleines **Café** mit günstigen Sandwiches und Cocktails unterm Palmendach sowie Infos über Bootsausflüge.

Transport

Selbstfahrer: Von Trinidad Richtung Strand geht es über den Paseo Agramonte. Nach 6 km Richtung Süden erreicht man Casilda. Kurz vor dem Ort rechts abbiegen und immer den Jineteros nach, die an der Straße Spalier stehen und einen zum Langustenessen „einladen" wollen. An der 4 km entfernten **Bar Las Caletas** (rund um die Uhr geöffnet) geht es links weiter bis zum **Grill Caribe**. Hier beginnen die ersten Strände von Maria Aguilar, und nach nur einem weiteren km kommen das Hotel Costasur und wenig später Playa Ancón in Sicht. Ein **Taxi** bis dahin kostet etwa 10 CUC (die gelben **Cocotaxis** berechnen nur 5 CUC pro Fahrt). Es gibt auch einen **Bus**, der zwischen Stadt und Strand pendelt (Nahverkehr, s. S. 399).

Richtung Topes de Collantes

Wer sich auf den Weg zum grünen Kurort und Anti-Stress-Zentrum Topes de Collantes macht, verlässt Trinidad westwärts über die Calle Piro Guinart und gelangt zu einer Brücke über den Fluss Guaurabo. Dieser war zu Cortés Zeiten noch schiffbar, so dass er von hier mit 500 Mann gen Mexiko aufbrach.

Parque El Cubano

Zu Trinidads „Hauspark" **Parque El Cubano**, ℘ 0141-996611, muss man rechts hinter der Brücke abbiegen und der Piste ungefähr 4 km folgen. Reisebüros bieten für rund 20 CUC Pferdeausflüge zu diesem schönen Camp mitten in der Natur an. Im Restaurant landet die Spezialität Katzenfisch *(Pez gato)* auf den Tellern, allerdings recht teuer. ⊙ tgl. von 8–17 Uhr. Und 1,5 km entfernt lockt der **Wasserfall Javira** mit einem erfrischenden Bad.

Finca Maria Dolores

Links hinter der Brücke wartet dieser schöne **Bauernhof** auf Besucher, ✆ 0141-996395. Das 20 ha große Gelände erstreckt sich entlang eines Flusses mit einigen Gehegen mit Jutías, Kaninchen und Vögeln. In diesem schönen Ambiente kann man auch übernachten (s. S. 395) und es gibt ein Restaurant mit vernünftigen Preisen sowie eine Bar, Pool und einen Laden. Finden sich mind. 20 Touristen ein, wird eine *Fiesta Campesina* mit traditioneller Bauernmusik veranstaltet. Pferde können für 4 CUC/Std., Ruderboote/Kajak oder Tretboote für 2 CUC/Std. gemietet werden. Bei mind. 5 Pers. sind auch Bootsausflüge zur Flussmündung (5 CUC p. P.) und zur Playa La Boca (Sonnenuntergang, 7 CUC p. P.) möglich.

Monumento de Alberto Delgado

4 km westlich von Trinidad, Richtung Cienfuegos, befindet sich das **Denkmal von Alberto Delgado**. Dieser CIA Revolutionär schleuste sich in eine von der CIA unterstützte konterrevolutionäre Bande ein, um diese auszuspionieren. Dank seiner Informationen konnte tatsächlich eine große Gruppe festgenommen werden. Kurz darauf wurde er jedoch entlarvt und in der Nähe des Denkmals an einem Baum aufgehängt. Ihm zu Ehren entstand der Film *El hombre de Maisinicú*.

8 **HIGHLIGHT**

Topes de Collantes

Kubas bekannter **Kurort** liegt auf 800 m Höhe und entwickelte sich zum ersten Zentrum für Gesundheitstourismus, spezialisiert auf Anti-Stress-Behandlungen. Der Ort selbst wirkt zwar etwas heruntergekommen, doch die umgebende

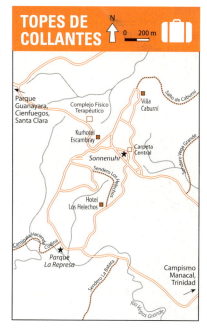

Natur gleicht das mehr als aus. Mit zahlreichen Wanderwegen ausgestattet, ist Topes de Collantes ein idealer Ausgangspunkt zum Eintauchen in die Gebirgswelt der **Sierra del Escambray**. In dem 110 km² großen Naturpark verstecken sich viele endemische Tier- und Pflanzenarten. Das regenreiche Mikroklima mit einer Durchschnittstemperatur von 21 °C lässt dichte Wälder (auch Pinien und Eukalyptus) sowie viele Baumfarn- und Orchideenarten gedeihen – eine schöne grüne Kulisse für die zahlreichen Wasserfälle mit Naturschwimmbecken.

Wanderungen

Bei der **Carpeta Central**, ✆ 0142-5402-28, -31 und 540180, gibt es mehrsprachige Führer für Ausflüge sowie Karten. Der Eintritt zum Salto de Caburní und zum Parque El Cubano kostet 6,50 CUC (inkl. Getränk). La Batata darf man für 3 CUC besuchen. Alle anderen Wanderungen sind für 5 CUC zu haben. Da die Wege zum Teil schlecht markiert sind, ist ein Führer anzuraten. ⊙ tgl. 8–17 Uhr.

Der beliebteste Wanderweg führt nach ca. einstündigem Fußmarsch (7 km Rundgang) durch dichte Wälder und an schönen Felsformationen vorbei zum beeindruckenden Wasserfall **Salto de Caburní**. Dieser ergießt sich aus 62 m in Kaskaden in die Tiefe und bildet am Fuß einige Becken, in denen man baden kann. In dieser Region haben Biologen sieben Arten von Baumfarnen und über 70 Farnarten bestimmt. Nach starkem Regenguss wird die steile Strecke allerdings zur gefährlichen Rutschpartie.

Der **Parque La Represa** direkt am Río Vegas Grande, südlich vom Hotel Los Helechos, ist nur mit Führer zu besuchen. Über 300 Baum- und Farnarten begrünen den 2 km langen Weg zum **Salto de Vegas Grande** mit Schwimmbecken. Es gibt auch ein Restaurant.

Eine andere Wanderung führt nach 2 km zur **Höhle La Batata**, die von einem unterirdischen Fluss durchflossen wird und einige Naturschwimmbecken hat, deren Wassertemperatur 20 °C nicht überschreitet. In der Umgebung befinden sich viele endemische Bäume und Heilpflanzen.

Die ehemalige Kaffeeplantage **Hacienda Codina**, 5 km südlich von Topes de Collantes, hat einen kleinen Orchideengarten mit 40 Arten, einen Bambushain, die Höhle **Cueva del Altar** und einen Aussichtspunkt mit Blick bis Trinidad und Playa Ancón zu bieten. Auch ein Bad in medizinischen Schlammbädern ist möglich. Führer empfohlen.

Etwa 15 km entfernt liegt der **Parque Guanayara** mit einem ehemaligen Bauernhaus galizischer Einwanderer, heute das **Restaurant Casa de la Gallega**. In der Umgebung locken Aussichtspunkte zum Pico San Juan, höchster Berg der Sierra de Escambray mit 1156 m, Lago Hanabanilla sowie der idyllische **Salto de Rocio**.

Übernachtung

Leider gibt es keine Casas Particulares in Topes de Collantes, was den Aufenthalt recht teuer macht.

Campismo Manacal, 15 km südlich an der Straße nach Trinidad, ☎ 0141-992168. Sehr einfache Unterkünfte für 5 CUC p. P. Cafetería. ❶

Hotel Los Helechos, ☎ 0142-540330 und 540180, 🖥 www.gaviota-grupo.com. Macht einen sehr angenehmen Eindruck, 74 DZ mit AC, Bad, Telefon und Kühlschrank. Restaurant, Bar, Cafetería, Thermalschwimmbad, Gymnastikhalle, Massage, Sauna, Dampfbäder, Bowling, Reisebüro, Taxistand, Autoverleih, Souvenirläden, Disco. ❸

Hotel Villa Caburní, ☎ 0142-540336 und 540180, 🖥 www.gaviota-grupo.com. Nette Anlage aus 29 Bungalows mit Bad, AC, TV, Küche und Safe. Restaurant, Bar. ❸

Kurhotel Escambray, ☎ 0142-540288, 🖥 www.gaviota-grupo.com. Der unübersehbare futuristische Hotelklotz mutet befremdlich an und könnte Orwells Roman *1984* entsprungen sein. Batista ließ das Monstrum 1954 als Sanatorium zur Behandlung von Lungenkrankheiten errichten. Nach der Revolution fungierte es zwischenzeitlich als Lehrerausbildungsstätte und ist seit 1989 wieder ein Hotel für Kurgäste. 210 DZ mit Bad, AC, Telefon, Kühlschrank und TV. Restaurants, Disco, Bars, Cafetería, Thermalschwimmbad, Gymnastikräume, Massagen, Dampfbäder, Taxistand, Autoverleih. ❸

Transport

Ein **Taxi** von Trinidad kostet 20–25 CUC (hin und zurück). Ansonsten ist man auf ein eigenes Transportmittel angewiesen: Einen Kilometer westlich vom Delgado-Denkmal kommt man zur Abzweigung nach Topes de Collantes (rechts abbiegen), hier befindet sich eine Bar. Die Straße schraubt sich ziemlich steile Serpentinen hinauf. Vorsichtig fahren, insbesondere bei Nässe! 6 km vor dem Ziel gibt es eine Bar mit Aussichtspunkt.

Zentralkuba

Stefan Loose Traveltipps

9 **Santa Clara** Pilgerstätte für Che-Guevara-Fans mit reichem Kulturangebot. S. 410

Remedios Koloniales Juwel mit viel Charme und Ruhe – außerhalb des Parrada-Feuerwerkspektakels. S. 420

Lagunen Redonda und Leche Naturfans entspannen inmitten wunderschöner Natur. Die Seen sind ein Paradies für Angler. S. 440

Cayo Coco und Cayo Guillermo Strand vom Allerfeinsten, umgeben von artenreichen Biotopen. S. 441 und S. 443

10 **Camagüey** In den verwinkelten Gassen ins lebhafte Nachtleben eintauchen und der bewegten Geschichte nachspüren. S. 445

Santa Lucía Das zweitgrößte Korallenriff der Welt lockt zu bunten Unterwasserabenteuern. S. 456

ZENTRALKUBA

Playa la Panchita · Bahía de Carahatas · Isabela de Sagua · CAYO LA VACA · Canal de San Nicolás
Quintín · Los Tubos · CAYOS DEL PAJONAL
Rancho · Banderas · Gaguaguas
Veloz · Playa Ubero · CAYO FRAGOSO
Quemado · Sagua la Grande · Playa Piñón
de Güines · Granadillo
Presa Alacranes · Perucho · Emilio · CAYO SANTA MARÍA · CAYO MEDIA LUNA
Mordazo · Rodrigo · Marina · Figueredo · Córdova · CAYO FRANCÉS · CAYO LAS BRÚJAS · Playa Pilar
Santo · Grajales · Cifuentes · Calabazar de · El Santo · Arroyo
Domingo · Mata · Sagua · Naranjo · CAYOS DE LA HERRADURA · PARQUE NACIONAL DE CAYO GUILLERMO · CAYO GUILLERMO
VILLA CLARA · San Miguel · Vega · San Antonio · Jinaguayabo · SANTA MARÍA · BAHÍA
El Salado · San Diego · Alta · de las Vueltas · Caibarién · BALIZA
La Piragua · del Valle · La Luz · Palenque · Bahía de · CAYO BOTELLA
Santa · Esperanza · Hatillo · Camajuaní · Remedios · Buena Vista · Máximo
Arriete · Isabel · Antón · José María · Dolores · PARQUE NACIONAL · Gómez
de las · Jicotea · Pérez · Zulueta · DE CAGUANES · Bahía de
Llajas · Ranchuelo · Santa Clara · CAYO LUCAS · Buena · Punta · Buena Vista · ISLA DE
Ciego · Cruces · San Juan de · Falcón · Buena · Obdulio · Somón · Aracelio · Los Perros · Vista · Alegre · TURIGUANO
Montero · los Yeras · Vista · Morales · Bolívar · Iglesias · Aridares
Palmira · Guaracabulla · Placetas · Centeno · Yaguajay · Mayajigua · Asiento · Punta
Potrerillo · Jorobada · Matagua · Báez · Manzanares · Meneses · San José · Chambas · Alegre de la Leche · Embarcadero
Pepito · Guaos · La · Jarahueca · del Lago · Perea · Piedra · Falla · Laguna
Tey · Arimao · Moza · Manicaragua · Agabama · Iguara · Perea · Florencia · Morón
Cumanayagua · Jardín Botánico Soledad · Fomento · La Redonda · Cabaiguán · La Rana · Venegas · Tamarindo · Ciro · Patria
La · El Nicho · Santa · Guayos · Los Ramones · Arroyo · 308 · Redondo
Sierrita · Presa · Güinía de · Lucía · Zaza del · Blanco · Loma del · Virginia · Villa
El Playazo · Hanabanilla · Miranda · Santa · Medio · Taguasco · Cacahual · Reforma Tres
Bucht von · San · Macizo de Guamuhaya · Rosa · Tuinicú · Majagua · Guayacanes · Ceballos
Guajimico · Juan · Loma la Gloria · △753 · Mamoncillo · Sergio · Jatibonico · Majagua
Hacienda · Valle de Yaguanabo · Topes de · Condado · Sancti · Gonzáles · Orlando Gonzáles · Ciego de Ávila · Colorado
La Vega · Collantes · Torre · Spíritus · △842 · Silveira
Río Hondo · Valle de · Manaca · Caracusey · Loma de Banao · El · Limones · Venezuela
La Boca · los Ingenios · Iznaga · Banao · Embalse · Patio · Palmero · Jagüeyal
CIENFUEGOS · María Aguilar · Palmarito · La · Zaza · Los · Moreno · Baraguá
Playa Ancón · Trinidad · Pedrera · Pojabo · Marañones · El Jíbaro
Península de Ancón · Casilda · San Pedro · Vallejo · Guasimal · Mapos · SANCTI SPÍRITUS · Júcaro
Caqueira · Paredes · Romero · El Cedro
Tunas de · CAYO
Zaza · FLAMENCO
El · Mégano · Golfo de · CAYO
Ana · ARENAS
María

K a r i b i s c h e s

M e e r · CAYO BRETÓN · CAYOS CINCO · CAYO
Punta Bretón · BALAS · CUERVO · CAYO SANTA MARÍA
PARQUE NACIONAL DE · CAYO ALGODÓN
JARDINES DE LA REINA · CAYO ALCATRAZ · GRANDE
Punta de · CAYO · CAYO MANUEL
Boca · GRANDE · GÓMEZ
CAYO
CABALLONES
Laguna · CAYO
Mangle · ANCLITAS
Alto · CAYO PIEDRA
GRANDE
PARQUE NACIONAL DE · CAYO
JARDINES DE LA REINA · CACHIBOCA
Archipiélago de los Jardines (Jardinillos) de la Reina · Laberinto de los Doce Leguas

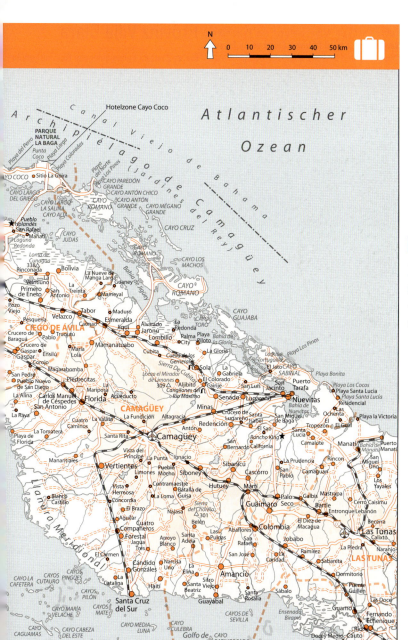

N

0 10 20 30 40 50 km

Atlantischer

Ozean

Archipiélago (Jardines del Rey)

Canal Viejo de Bahama

Hotelzone Cayo Coco

PARQUE
NATURAL
LA BAGA

Playa del Perro

Punta
Coco

Playa Larga

Playa Coloradas

CAYO COCO

Sitio La Güira

CAYO LARGO
DEL GRIEGO

Playa
del Norte

Playa Los Pinos

CAYO PARÉDÓN
GRANDE

CAYO ANTÓN CHICO

CAYO LARGO
LA SALINA
CAYO ALTA

CAYO
ROMANO

CAYO ANTÓN
GRANDE

CAYO MÉGANO
GRANDE

CAYO CRUZ

Pueblo
Holandés
San Rafael
Manatí

CAYO
JUDAS

Laguna
Redonda

CAYO
ROMANO

CAYO LOS
MACHOS

Loma de
Cunagua
338

Rinconada

Bolivia

La Nueve de
Manga Larda

Guaney

Bahía de
Jigüey

CAYO
ROMANO

La
Veintiuna

Primero
de Eneto

San
Antonio

La
Treinta

Mameyal

CAYO
GUAJABA

Pozo
Viejo

Tabor

Maduro

Velazco

CAYO
TORO

Pesquería

CIEGO DE ÁVILA

Ciénaga

Jiquí

Esmeralda

La
Redonda

CAYO
GUAJABA

Crucero de
Baraguá

Pablo

Truquitu

Alvarado
Jaronú

Palma
City

Playa
Piloto

Bahía de
la Gloria

Crucero de
Gaspar

Ensila
Gaspar

Maria
Lola

Mamanatuabo

Cubita

Cueva de los
Gemelos

La Gloria

Laguna
Tortuguilla

Playa Los Pinos

Corojo

Magarabomba

Sierra De Cubita

El Colorado

La Gabriela

El Jato

CAYO
SABINAL

Playa Bonita

San Pedro

Piedrecitas

Loma el Mirador
de Limones
309

Aljibito

Cairije

San Jacinto

Puerto
Tarafa

Playa Los Cocos

Pueblo Nuevo
de San Diego

La
Mariposa

Cangilones del
Río Máximo

Senado

San Luis

Lugareño

Nuevitas

Playa Santa Lucía
Playa Santa Lucía
Residencial

La Alina

Carlos Manuel
de Céspedes

Acueducto

Bahía de
Nuevitas

Las
Ochenta

La Raya

Florida

Minas

Crucero de
Lugareño

Santa
Isabel

San Miguel
de Baga

Playa la Victoria

San Antonio

CAMAGÜEY

La Fundición

Altagracia

Santa
Lucía

Tropezón

El Gual

Playa de
Florida

Cuatro
Caminos

La Vallita

Redención

El Sao

Camalote

Manatí

Bahía de
Manatí

Puerto
Manatí

La Tomatera

Santa Rita

Antón

San
Bernardo

California

Rancho King

San
Miguel
Uno

Manantiales

Camagüey

Vista del
Príncipe

La Punta

Ignacio

Sibanicú

La Prudencia

Rincón

Camaguarí

Los
Yayales

Vertientes

Limones

Pueblo
Mocho

Siboney

Cascorro

San
Pablo

Cerro Caisimu

Blanco
Castillo

Vista
Hermosa

Contramaestre

Batalla de
Guisa

Hutuey

Martí

Palo
Seco

Galbis

Mastrapa

Bartle

Entronque Lebanón

Becerra

Concordia

La Loma

Sierra
del Chorillo
301

Guáimaro

Colombia

El Diez de
Macagua

El Brazo

Najasa

Belén

Jobabo

Las Tunas

Aguilar

Cuatro
Compañeros

Abaflores

San
Rafael

Calixto

Forestal

Jagua
Tres

Arroyo
Blanco

Santa
Adela

Las
Pulgas

La
Caridad

Ramírez

La Piedra

Naranjo

El Carmen

San José

Sabanita

LAS TUNAS

Cándido
Gonzáles

Narcisa
Uno

La
Elina

Dormitorio

CAYO LA
CAFETERA

CAYOS
CUTARÚO

CAYOS
PINGUES

La
Catalina

Haití

Santa Viejo
Beatriz

Amancio

Santa
Rosalía

Sábalo

Puente
Guillén

Las Doce

CAYOS
PILÓN

Santa Cruz
del Sur

Guayabal

CAYOS DE
SEVILLA

Guamo

CAYO MARÍA
VELACHE

CAYOS
MATE

CAYO MEDIA
LUNA

CAYO
CULEBRA

Ensenada
Birapo

Fernando
Echenique

CAYO
CAGUAMAS

CAYO CABEZA
DEL ESTE

Golfo de

CAYO
RABIHORCADO

Golfo de

Doce Medio
de Ovejuela

Río

Cauto

Llanura Meridional

Kubas rustikale Mitte umfasst die Provinzen **Santa Clara**, **Sancti Spíritus**, **Ciego de Ávila** und **Camagüey** und ist stark ländlich geprägt. Riesigen Zuckerrohrfelder, Viehherden und Cowboys *(Vaqueros)* dominieren das Landschaftsbild. Die weiten tischebenen Flächen, aus denen sich nur wenige Höhenzüge wie die **Sierra del Escambray** und ein paar niedrige Hügelketten erheben, bieten gute Bedingungen für Ackerbau und Viehzucht.

Das Landleben hat auch die Kultur stark geprägt und kommt in der bäuerlichen Musikfolklore zum Ausdruck, wo im Gegensatz zum afrokubanischen Musikstil des Ostens spanische Einflüsse dominieren. Bis heute halten die *Campesinos* ihre musikalische Tradition mit Tänzen und Gitarrenstücken zu spontan ausgedachten Alltagstexten lebendig. Jeden Sonntagnachmittag lässt sich dies in der TV-Sendung *Sol y Caña* verfolgen.

Inmitten dieses träge und gemütlich plätschernden Lebensstroms, in dem auch Städte wie Sancti Spíritus, Ciego de Ávila und Morón langsam dahintreiben, brodeln mit **Santa Clara** und **Camagüey** zwei Kultur- und Partymetropolen. Beide zählen zu den größten Städten der Insel und haben touristisch dank ihrer bewegten Geschichte viel zu bieten: Während man in der Che-Stadt Santa Clara auf den Spuren der Revolution wandelt, versetzen einen Camagüeys verwinkelte Gassen in die Kolonialzeit zurück. Das gilt auch für **Sancti Spíritus** und vor allem für die koloniale Perle **Remedios** (alle drei zählen zu Kubas ältesten Städten).

Verarbeiten lassen sich die intensiven historischen Eindrücke in Naturidyllen wie den fischreichen Seen **Embalse Zaza**, **Laguna de Leche** und **Laguna Redonda** sowie den Cayos des **Sabana-Camagüey-Archipels**, der sich über 465 km parallel zur Küste erstreckt. Die dicksten Brocken dieser rund 2500 Inseln umfassenden Kette (Cayo Coco, Cayo Romano und Cayo Sabinal) sind sogar größer als einige Republiken der Kleinen Antillen. Zu den weißen Traumstränden kommen noch Tauchparadiese wie **Santa Lucía** und die **Jardines de la Reina**. Letztere bilden im Süden einen eigenen Archipel, der aufgrund seiner abgeschiedenen Lage bis heute touristisch nahezu unberührt ist.

Provinz Villa Clara

Die im Zentrum Kubas gelegene 8662 km² große Provinz Villa Clara hat 825 000 Einwohner, die von Viehweidewirtschaft, Zuckerrohranbau, Textil- und Elektroindustrie leben. Rund um die Stadt Manicaragua befindet sich das zweitgrößte Tabakanbaugebiet der Insel. Der Wirtschaftszweig Tourismus treibt dagegen gerade erst aus: In der dicht bewaldeten Idylle der Sierra del Escambray liegt Kubas schönster Stausee, der **Embalse Hanabanilla**. Das geschichtsträchtige **Remedios**, die achtälteste Stadt Kubas, bricht nur einmal jährlich zum tösenden Feuerwerksfest *(Parrada)* aus seiner kolonialen Ruhe aus. Im Norden ist **Cayo Santa María** noch weniger erschlossen als seine östlichen Nachbarn und hat zusammen mit seinen kleinen Schwestern **Cayo Las Brujas** und **Ensenachos** 17 km Sandstrand vom Allerfeinsten. Und was wäre die Provinz ohne ihre Hauptstadt **Santa Clara**, Stätte des wichtigsten Sieges der Revolution und Mekka für Che-Guevara-Fans aus aller Welt?

Santa Clara

Santa Clara ist mit über 200 000 Einwohnern die zweitgrößte Stadt und einer der wichtigsten Verkehrsknotenpunkte und Industriepole Zentral-Kubas. Eine der größten Universitäten des Landes und zahlreiche Forschungseinrichtungen machen sie zudem zum wichtigen Wissenschaftsstandort. Die vielen Studenten verleihen der Stadt ein junges Flair und der schöne Zentralpark Vidal, der als einer der lebhaftesten Kubas gilt, pulsiert Tag und Nacht vor Leben. Eine rege Kulturszene mit abwechslungsreichem Nachtleben lockt viele einheimische und auch zunehmend ausländische Besucher an.

Santa Clara strahlt trotz einer Reihe sehenswerter historischer Gebäude (z. B. das Teatro Caridad) zwar nicht den kolonialen Charme von Remedios aus. Den hat sie aber auch gar nicht nötig, denn als „Che-Stadt" besitzt sie ihre eigene historische Ausstrahlung mit einer starken

Aura der Revolution. Schließlich ist Santa Clara weltweit als Ort des größten Triumphes von Che Guevara bekannt, der hier mit einer strategischen Meisterleistung den letzten und entscheidenden Sieg über das Batista-Regime errang. Ein riesiges Monument Che Guevaras auf der Plaza de la Revolución und das Monumento Nacional del Tren Blindado verweisen darauf. Spätestens seit 1997, als Che Guevaras sterbliche Überreste von Bolivien hierher überführt wurden, ist Santa Claras Ruf als Kultstätte des Revolutionärs perfekt.

Geschichte

Santa Claras Geschichte beginnt in der Stadt Remedios. Der ständigen Piratenüberfälle überdrüssig, gründeten deren Bewohner 1689 diese weiter im Inland gelegene Siedlung. Kurze Zeit später hatte sie sich schon zum bedeutenden Viehzentrum gemausert. Santa Clara zählte zu den Städten mit der striktesten Rassentrennung: So durften die Schwarzen das Innere der Kirchen nicht betreten, damit sie ihre weißen Herren nicht niederknien sahen. Als das Eisenbahnnetz die Stadt 1873 mit Havanna verband, gab dies ihrer Ökonomie gewaltigen Auftrieb und bereits fünf Jahre später war sie zur Provinzhauptstadt aufgestiegen. Politisch blieb man eher konservativ und stand in den Unabhängigkeitskriegen in erster Linie auf Seite der spanischen Kolonialherren.

Che Guevara verdankt die Stadt ihr wohl bedeutendstes Geschichtskapitel, denn er schaffte es Ende Dezember 1958 mit nur 150 Mann, Santa Clara in die Gewalt der Guerilleros zu bringen und die Verbindungen zwischen dem West- und Ostteil der Insel zu kappen. Diese schwierige Aufgabe gelang ihm und seiner Kompanie nach zermürbendem Marsch über die halbe Insel. Einer von Ches Begleitern schrieb: „Wir hatten 554 Kilometer Luftlinie auf der Landkarte zurückgelegt, in Wirklichkeit waren es mehr. (...) In diesen 47 Tagen haben wir 15- bis 20-mal etwas in den Magen bekommen und zwei Zyklone überstanden." Entscheidend für den Sieg über die Garnisonstruppen war die Einnahme des bewaffneten Zuges, den Batista zur Verstärkung geschickt hatte. Denn dadurch erbeuteten die Guerilleros ein riesiges Waffenarsenal. Nach der Kapitulation von Santa Clara war der Weg nach Havanna frei.

Orientierung

Die urbanen Ausläufer werden von einer Ringstraße (Circunvalación) umschlossen. Die **Carretera Central** durchquert die ganze Stadt und geht in der Stadtmitte in die Calle Marta Abreu über, die direkt in den zentralen **Parque Vidal** mündet. Nördlich davon liegt die **Calle Independencia**. Zwischen den Straßen J. B. Zayas und Maceo ist sie eine Fußgängerzone (Boulevard), ostwärts führt sie über den Río Cubanicay am Tren Blindado vorbei Richtung Remedios. Gen Westen führt die **Calle Rafael Tristá** von der Südseite des Parque Vidal über den Río Belico zum Che-Monument. Über die westlich des Parque Vidal gelegene Calle Enrique Villuendas geht es südwärts Richtung Manicaragua. Die meisten Sehenswürdigkeiten, Unterkünfte, Restaurants und Geschäfte liegen direkt am oder im Umkreis von einem Kilometer um den lebhaften Parque Vidal. Dieser Stadtkern und touristisch interessante Bereich wird von den beiden Flüssen Bélico (im Westen) und Cubanicay (im Osten) umrahmt.

Sehenswertes
Che Guevara-Gedenkstätten

Das **Monumento Nacional del Tren Blindado** befindet sich im Osten der Stadt. In den gepanzerten Eisenbahnwaggons schickte Batista Ende 1958 Waffen und Truppen zur Verstärkung seiner Einheiten in Santa Clara. Der Zug wurde zunächst am Loma del Capiro am Rande der Stadt postiert. Die Guerilleros unter Che Guevara zerstörten die Gleise jedoch mit einem Raupenfahrzeug und schnitten ihm so den Rückzug in die Stadt ab. Dann warfen sie Molotow-Cocktails auf die Waggons, die daraufhin bei ihrem Rückzug entgleisten. Als die Soldaten aus dem zum Backofen werdenden Zug nach draußen taumelten, konnten sie schnell überwältigt werden. Wie sehr sich die Moral von Batistas Truppen bereits im Keller befand, zeigte das Verhalten des Anführers des Tren Blindado, der schon vor dem Kampf sein Kommando abgegeben hatte und nach Havanna geeilt war, um sich von dort nach Miami abzusetzen. Die Bevölkerung von Santa Clara blockierte derweil Verstärkungstruppen durch Straßenbarrikaden. In den Waggons erbeuteten die Rebellen ein riesiges Waffenarsenal, das sie gegen Batistas restliche Einheiten in

Santa Clara

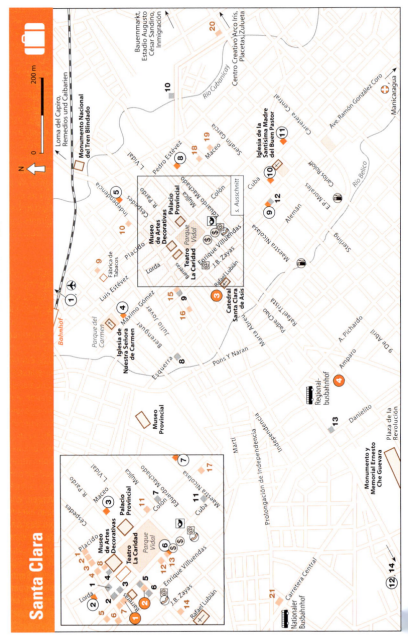

Santa Clara (Detailkarte)

- Cespedes
- R. Pardo
- L. Vidal
- Maceo
- Placido
- Museo de Artes Decorativas
- Palacio Provincial
- Eduardo Machado
- Mujica
- Colón
- Teatro La Caridad
- Parque Vidal
- Enrique Villuendas
- J. B. Zayas
- Rafael Lubián
- Lorda
- Barreras
- Maestra Nicolasa
- Cuba
- Museo Provincial

Santa Clara (Übersichtskarte)

- Loma del Capiro, Remedios und Caibarien
- Monumento Nacional del Tren Blindado
- Bauernmarkt, Estadio Augusto César Sandino, Inmigración
- Centro Creativo Arco Iris, Placetas, Zulueta
- Río Cubanicay
- Bahnhof
- Parque del Carmen
- Iglesia de Nuestra Señora de Carmen
- Fábrica de Tabacos
- Independencia
- Cespedes
- R. Pardo
- L. Vidal
- Pedro Estévez
- Serafín García
- Maceo
- Luis Estévez
- Máximo Gómez
- Berenguel
- Julio Jover
- Esquerra
- Placido
- Lorda
- Museo de Artes Decorativas
- Palacio Provincial
- Mujica
- Eduardo Machado
- Colón
- Cuba
- Iglesia de la Santísima Madre del Buen Pastor
- Carretera Central
- Ave. Ramón González Coro
- Manicaragua
- Carlos Roloff
- Río Belico
- E. P. Morales
- Alemán
- Maestra Nicolasa
- Sterling
- Rafael Trista
- Padre Chao
- Marta Abreu
- Pons Y Naran
- Teatro La Caridad
- Parque Vidal
- Enrique Villuendas
- J. B. Zayas
- Rafael Lubián
- Catedral Santa Clara de Asis
- Prolongación de Independencia
- Independencia
- Marti
- A. Pichardo
- 9 De Abril
- Amparo
- Danielito
- Regionalbusbahnhof
- Plaza de la Revolución
- Monumento y Memorial Ernesto Che Guevara
- Carretera Central
- Nationaler Busbahnhof
- s. Ausschnitt

200 m

N

Übernachtung:
1 Villa La Granjita
2 Casa Sarmiento
3 Casa Martínez
4 Hostal José Ramón
5 Elida Ramírez Herrera
6 Hostal Santa Clara Libre
7 Hotel Florida Center
8 Mary
9 Hostal/Paladar Soledad
10 Iris
11 Teresita Chaviano
12 Hotel Los Caneyes

Essen:
1 Sodería
2 Pizzería Pullmann
3 Colonial 1878
4 El Rápido
5 La Toscana
6 Dinos Pizza
7 Coppelia
8 Paladar Salón Tropical
9 Casa del Gobernador
10 Dimar
11 Doña Yulia Rincón Azul
12 Paladar Soledad
13 La Concha
14 Los Tainos

Sonstiges:
1 Casa del Joven Creador
2 Librería Viet Nam
3 Farmacia
4 Piano Bar El Dorado
5 Disco Salón Primavera
6 Farmacia
7 Fotoladen
8 Fondo Cubano de Bienes Culturales
9 La Veguita
10 Carishow
11 Librería y Proyecto Pepe Medina
12 Casa de la Cultura
13 Cine Camilo Cienfuegos
14 Club Mejunje
15 Cine Cubanacán
16 La Casa de la Ciudad
17 Óptica Miramar
18 Bäckerei Doña Neli
19 Oficina de Campismo
20 Centro Cultural El Bosque
21 Centro Comercial La Riviera

Transport:
1 Havanatur
2 Cubatur
3 Havanautos/Cubataxi
4 Cubacar

der Stadt einsetzen konnten und das ihnen zum letzten und entscheidenden Sieg der Revolution verhalf. In einem der Wagen sieht man Waffen und Fotos. Gegenüber steht der Bulldozer, der die Gleise zerstörte. Auf einem Obelisken ist diese aus Sicht vieler Kubaner heroische Tat (auf Spanisch) verewigt. ⏱ Mo–Sa 9–17.30 Uhr, Eintritt 1 CUC, Fotos 1 CUC.

Vom **Loma del Capiro** östlich des Río Cubanicay genießt man einen schönen Panoramablick über Santa Clara (ca. 1 Stunde Fußweg vom Zentrum). Hier fand Ches Kampf gegen die Wachposten des Tren Blindado statt. Vom Tren Blindado geht man fünf Blocks weiter nach Nordosten bis zur Calle Tomás Ruiz, biegt dann rechts ab und nach zwei Straßen wieder links in die Calle Félix Huergo, der man bis zum Ende folgt. Dort geht es rechts weiter bis zu den Treppen auf den Hügel.

1997 wurde Santa Clara zur Kultstätte Kubas und jährlich pilgern über 200 000 Besucher zum **Monumento Nacional y Memorial Ernesto Che Guevara**. Die riesige Gedenkstätte (rund 17 500 m²) wurde in 450 000 Stunden freiwilliger Arbeit errichtet und am 28.12.1988, dem dreißigsten Jahrestag des Beginns der Schlacht um Santa Clara, eingeweiht. Sie bietet 100 000 Menschen Platz. In ihrer Mitte thront auf einem Steinquader die 6,80 m hohe und 20 t schwere Bronzestatue des Revolutionshelden, geschaffen vom Bildhauer José Delarra. Auf dem Podest sind mehrere Zitate des Helden zu lesen. Auf die riesige Wandfläche zur Linken ist Ches Marsch von der Sierra Maestra und die Erstürmung des Batista-Zuges eingraviert, rechts stehen Worte des Abschiedsbriefes von Che an Fidel. Das sechsseitige Original befindet sich im darunter liegenden **Museum**. Die Ausstellung zeigt außerdem interessante Fotos aus Guevaras Biografie (u. a. von seiner Reise durch Lateinamerika) sowie andere Exponate (z. B. Original-Banknoten, die er als Präsident der Nationalbank unterschrieben hat). Gegenüber liegt die **Totenstätte** mit den sterblichen Überresten Ches und seiner Mitstreiter in Bolivien. Die Gebeine wurden 1997 in einem geheimen Massengrab in Bolivien gefunden und in einem feierlichen Umzug, an dem eine Million Kubaner teilnahmen, hierher überführt. Fidel Castro persönlich entzündete am 17.10.1997 eine ewige Flamme. Und diese bleibt nicht ohne Effekt: Es hat schon etwas Ehrfurcht einflößendes, wenn man den von Kerzenlicht beleuchteten Raum mit den Schreinen betritt. ⏱ Di–Sa 9–21, So 9–18 Uhr, Eintritt frei.

Parque Vidal

Der ehemalige Exerzierplatz trägt den Namen des Unabhängigkeitskämpfers Leoncido Vidal, der an dieser Stelle 1896 gegen die Spanier fiel. Er ist ein lebhafter Treffpunkt für Jung und Alt.

Der **Mythos Che Guevara** hat bis heute, über 40 Jahre nach der Ermordung des Revolutionsführers, nichts von seinem Glanz eingebüßt und die Ideen Guevaras spielen nach wie vor eine große Rolle in der kubanischen Gesellschaft. Von Jung und Alt wird er verehrt und seinem Abbild begegnet man an fast jedem Ort. Schon in der Schule wird Guevara den Kindern als großes Vorbild präsentiert und die Ziele hoch gesteckt: „Seamos como el Che - Seien wir wie Che". Wer war der charismatische Revolutionär?

Lateinamerika als Vaterland
Ernesto Guevara wurde am 14.6.1928 als Sohn eines Gutsbesitzers in **Argentinien** geboren und wuchs in wohlhabenden Verhältnissen auf. Eine schwere Asthmaerkrankung plagte ihn sein ganzes Leben lang. Er studierte in Argentinien Medizin und promovierte 1953. In den Jahren 1950 und 1953 bereiste Che per Fahrrad und Motorrad Südamerika und bekam die Armut seines Kontinents mit eigenen Augen mit. 2004 ist dies unter dem Titel *Die Reise des jungen Che (The Motorcycle Diaries)* verfilmt worden. In diesen Jahren festigte sich bei ihm die Überzeugung, dass man den Imperialismus beseitigen müsse, damit Lateinamerika zu Freiheit und Wohlstand gelangen könne. Ganz im Sinne von Martí bezeichnete er ganz Lateinamerika als sein Vaterland. In **Guatemala** bekam er 1954 den Sturz von Präsident Arbenz mit, dessen Bodenreform durch einen von

CIA und United Fruit Company unterstützten Militärputsch gestoppt wurde. Von nun an war Che davon überzeugt, dass der Imperialismus nur im bewaffneten Kampf zu besiegen sei. Marx und Lenin im Gepäck, reiste er weiter nach **Mexiko**, wo er Castro kennen lernte und sich 1955 den Guerilleros anschloss, die im Exil die kubanische Revolution vorbereiteten. Zunächst wirkte er in der Rebellenarmee als Arzt, wurde mit seiner engagierten medizinischen Betreuung schnell bei der Landbevölkerung beliebt und versorgte sogar verwundete Soldaten des Feindes. 1957 stieg Che zum Kommandanten und einem der engsten Vertrauten Fidel Castros auf und errang bedeutende militärische Erfolge, vor allem den entscheidenden Sieg in der Schlacht um Santa Clara, der ihn zum Volkshelden machte. Nach dem Sieg der Revolution verlieh ihm Fidel Castro die **kubanische Staatsbürgerschaft**.

Traum von der gerechten Gesellschaft
Che vertrat die Utopie vom „Neuen Menschen", der sich von moralischen statt von individuellen materiellen Ansprüchen leiten lässt und so, von selbstlosen Motiven angetrieben, eine **gerechte Gesellschaft** aufbaut. Dies sah er als einen langfristigen Prozess an, der von Fehlern und Rückschlägen begleitet werden würde. Die Abschaffung des kapitalistischen Wertgesetzes sei dabei entscheidende Voraussetzung. Die kubanische Gesellschaft sollte von den „Revolu-

Um den Platz herum gruppiert sich eine Reihe sehenswerter kolonialer Gebäude und im Süden erinnert ein Denkmal an die reiche Kulturförderin Marta Abreu de Estevez. Die breiten Seitenstraßen des Parks waren zur Kolonialzeit rassistisch unterteilt in eine innere Hälfte für Weiße und eine äußere für Schwarze.

Das imposante **Teatro La Caridad** wurde 1885 eingeweiht und ist bis heute eine wichtige Kulturstätte. Kulturliebhaberin Estevez ließ das Nationalmonument nicht nur erbauen, sondern spendete einen Teil ihrer Einnahmen sozialen Projekten und verlieh dem Theater so seinen Namen (Caridad bedeutet Wohltätigkeit). Im

Saal mit den prächtigen **Deckengemälden** von Camilo Salaya traten weltbekannte Künstler wie Enrico Caruso auf. ⏱ Di–So 9–18 Uhr, Eintritt 1 CUC, Fotos 1 CUC.

Das **Museo de Artes Decorativas** aus dem 18. Jh. zeigt Einrichtungs- und Kunstgegenstände eines typischen Herrenhauses aus der Blütezeit der Kolonialherrschaft. Große Porzellansammlung. ⏱ Mo, Mi, Do 9–18, Fr–Sa 13–22, So 18–22 Uhr, Eintritt 2 CUC, Fotos 2 CUC.

Der wuchtige **Palacio Provincial** (ehemaliges Rathaus) wurde Anfang des 20. Jhs. im neoklassizistisch-griechischen Stil erbaut und beherbergt die Bibliothek. Hier wurden Che Guevaras

tionären der Vorhut", u. a. Fidel Castro und ihm, angeleitet werden, um materiellen Verlockungen zu widerstehen. Ziel sei es, die Gesellschaft in eine Schule und die Wirtschaft in eine Fabrik zu verwandeln.

Bei dieser Umgestaltung getreu seinem Motto „Seien wir realistisch, versuchen wir das Unmögliche" hielt er **revolutionären Willen und Disziplin** für unerlässlich. Die strukturelle ökonomische Rückständigkeit sollte durch freiwillige Arbeitseinsätze überwunden werden, die er auch regelmäßig von der Bevölkerung einforderte. Dabei ging er oft selbst mit eigenem Beispiel voran, um die „heroische Haltung im alltäglichen Leben zu verankern." In seinem 1965 erschienenen Aufsatz *Der Sozialismus und der Mensch in Kuba*, der noch heute elementarer Bestandteil der Revolutionsideologie ist, forderte er die Überwindung des klassischen Individualismus dadurch, dass „der Individualismus ... in Zukunft der wirksame Einsatz des Einzelnen zum Wohle der Gemeinschaft sein (muss)."

Das Ende des Revolutionärs

Che bekleidete bald mehrere Ämter (Präsident der Nationalbank und Industrieminister), die er zwar mit großem Engagement anging, für die er aber kaum Fachwissen besaß, so dass die Wirtschaft hauptsächlich stagnierte oder schrumpfte (Geschichte, s. S. 122). Seine Reisen von 1960–65 führten ihn als **Außenminister** in viele sozialistische Länder (Tschechoslowakei, DDR, UdSSR, China, Nordkorea und Algerien). Dort warb er z. T. erfolgreich für die kubanische Revolution und tauschte Erfahrungen mit Vertretern anderer sozialistischer Länder aus. Sein Hauptinteresse galt jedoch einer **Revolution** auf kontinentaler bis hin zur Weltebene. Berühmt ist seine „Botschaft an die Völker der Welt: Schaffen wir zwei, drei, viele Vietnam."

Schließlich kam es zur **Trennung** von Castro und Guevara: Ob innere Differenzen zwischen den beiden oder Ches Vorhaben, die Revolution in die Welt zu exportieren (wie in seinem Abschiedsbrief geschrieben steht), dazu führten, bleibt ein Geheimnis. 1965 verließ Che Kuba und begann in **Bolivien** einen Guerillakampf. In Tagebucheinträgen klagte er des Öfteren über mangelnde Unterstützung der dortigen Bauern. Er hatte versucht, die Taktik der kubanischen Revolution zu übernehmen, dabei jedoch die landesspezifischen Besonderheiten zu wenig berücksichtigt (z. B. sprach keiner der Guerilleros Quechua, die Sprache der Indianer Boliviens, und es hatte schon einige Jahre zuvor eine Landreform gegeben).

So musste die bolivianische Revolution scheitern: Am 8.10.1967 wurde Che von der Armee gefangen genommen, einen Tag später ohne Gerichtsverhandlung erschossen und heimlich am Rande einer Flughafen-Landebahn vergraben.

Gebeine aufgebahrt, bevor sie in einem Festzug zum Memorial gelangten. ◷ Mo–Fr 9–20, Sa 9–16, So 9–12 Uhr, Eintritt frei.

Nördlich des Parque Vidal

Die ehemalige Militärkaserne wurde von Che Guevara und seinen revolutionären Mitstreitern am 1.1.1959 als letzte Bastion eingenommen. Das heutige **Museo Provincial** hat Ausstellungen zu jenen Ereignissen sowie zu den Unabhängigkeitskämpfen. ◷ Mo–Fr 9–17, Sa 9–13 Uhr, Eintritt 1 CUC.

In der großen **Fábrica de Tabacos** mit 300 Arbeitern besteht zwar Fotoverbot, sehenswert ist sie aber trotzdem. Die Region gilt neben Pinar del Río als Hochburg des Tabakanbaus. ◷ Mo–Fr 9–16 Uhr, Eintritt 3 CUC (Ticket von Havanatur besorgen, s. Touren).

Kirchen

Die **Catedral Santa Clara de Asís** hat schöne Buntglasfenster. Von einem Seitenaltar aus wacht die heilige Schutzpatronin Clara von Assisi über die Stadt. ◷ tgl. 9–12 Uhr.

Die **Iglesia de Nuestra Señora de Carmen** aus dem Jahr 1748 ist eine der ältesten Kirchen Santa Claras. Gegenüber steht eine Gedenktafel des Gründungsjahres der Stadt 1689, umgeben von 18 Säulen, die die Gründungsfamilien aus Remedios symbolisieren. An dieser Stelle soll auch die erste Messe stattgefunden haben. ☉ vormittags.

Ein weiteres koloniales Kirchengebäude ist die **Iglesia de la Santísima Madre del Buen Pastor**. ☉ tgl. 10–15 Uhr.

Zentralkuba

Übernachtung

Privatpensionen

Hostal Soledad, Calle Villuendas No. 264 e/Serafín García y 9 de Abril, ☎ 0142-275421. Die 2 kleinen EZ mit Ventilator und Bad sind einfach, aber rustikal gemütlich. Das billigere hat keine AC, beide keine Fenster. Das Wohnzimmer ist zugleich ein Paladar (s. Essen). ❶

Iris, Calle Serafín García No. 9 (Apto. 2) e/Cuba y Villuendas, ☎ 0142-203207. DZ und EZ mit AC, Ventilator, Kühlschrank und Gemeinschafts-Bad. Der Vermieter war als Veterinär in der Provinz unterwegs und kann Gästen viele Tipps geben. Seine Frau ist Künstlerin und hat das ganze Haus mit tollen Bildern ausgestattet. ❶–❷

Teresita Chaviano, Calle Carlos Roloff No. 5 e/Cuba y Colón, ☎ 0142-203619, ✉ terechaviano59@correosdecuba.cu. Hübsch eingerichtetes DZ im Kolonialhaus mit AC, Ventilator und Bad. Kleine Fenster. Die nette Vermieterin spricht etwas Englisch. Kleiner grüner Innenhof. ❶–❷

Elida Ramírez Herrera, Calle Independencia No. 266 e/Pedro Estévez y Miguel Gutiérrez (beim Tren Blindado), ☎ 0142-215914. Schönes großes DZ mit AC, Ventilator und Bad. Nettes junges Ehepaar. Kleine Dachterrasse. Englisch. ❶–❷

Koloniale Pracht

Hostal Florida Center, Calle Maestra Nicolasa No. 56 e/Colón y Maceo, ☎ 0142-208161 (frühzeitig reservieren). Das ganze Haus strahlt nur so vor kolonialer Pracht und zählt zu den schönsten Kubas. 2 große DZ mit AC, Bad, Antiquitäten, hoher Decke, Kühlschrank und TV. Üppig bewachsener Innenhof mit Obstbäumen und Vogelvoliere. Hund. Der Vermieter spricht Englisch und Italienisch und tischt ausgezeichnetes Essen auf. ❷

Casa Sarmiento, Calle Lorda No. 61 (Apto. 1) e/Boulevard y Martí, ☎ 0142-203510 und 01-5283 4721 (mobil), ✉ lorda61@yahoo.com, 🖥 www.geocities.com/paseovedado/sarmiento.html. 2 schöne helle DZ (eins oben) mit AC, Ventilator, Bad, Kühlschrank, 220 Volt-Anschluss und Balkon. Superschöne grüne Dachterrasse. Englisch, Internet (4 CUC/Std.). ❷

Casa Martínez, Calle Rolando Pardo No. 8 e/Maceo y Parque, ☎ 0142-217463. Haus im Kolonialstil mit vielen Antiquitäten und schön begrüntem Innenhof. 2 schöne große DZ mit AC, Ventilator, Bad und Kühlschrank. Sehr nette Vermieter. ❷

Hostal José Ramon, Calle Máximo Gómez No. 208 (altos) e/Berenguer y E. Carmen, ☎ 0142-207239 und 01-5281 4972 (mobil), ✉ joselystur@gmail.com. Eigenes Apartment (oben) mit DZ mit AC, Ventilator, Bad, TV, Kühlschrank und Kochgelegenheit. Symphatischer junger Architekt, der das Haus selbst mit viel Geschmack eingerichtet hat und Englisch spricht. Schöne Dachterrasse. ❷

Mary, Calle Eduardo Machado No. 118 e/Maceo y Pedro Estevez, ☎ 0142-206346. 2 DZ mit AC, Ventilator, schönem Bad und Kühlschrank. Schön begrünter Innenhof. Viele Aquarien, Vögel und Hund. ❷

Hotels

Santa Clara Libre, Parque Vidal No. 6 e/Tristá y Padre Chao, ☎ 0142-2075-48, -49, -50, 🖥 www.islazul.cu. 166 DZ mit Bad, AC, TV, Telefon und Minibar. Restaurant. Das hässliche 11-stöckige Hochhaus war eine der letzten Bastionen der Batista-Soldaten und ist noch gezeichnet von Einschusslöchern. Toller Ausblick von der Dachbar. ❹

Villa La Granjita, 6 km nordöstlich an der Carretera de Maleza KM 2, ☎ 0142-218190, 🖥 www.cubanacan.cu. Ruhig gelegene Bungalowanlage mit 75 Hütten mit AC, Bad und TV. Pool, Bar, Restaurant, Disco und Obstplantagen. ❹

Los Caneyes, Av. Eucaliptos esq. Circunvalación (ca. 3,5 km westlich des Zentrums), ☎ 0142-204512, 🖥 www.cubanacan.cu. 91 rustikale Bungalows mit AC, Bad, Kühlschrank und TV. Die attraktive Anlage im Stil eines Indio-Dorfes hat Pool, gutes Restaurant, Bar, Shop, Disco, Autoverleih, Post, Reisebüro und viele Eukalyptusbäume. ❺

Touristen wird trotz Schlangestehens auch in sehr mäßigen Peso-Restaurants zuerst eine Devisenkarte vorgelegt, zu 5–6-fachen und damit deutlich überhöhten Preisen. Am besten gleich auf die Peso-Karte bestehen.

Parque Vidal und Boulevard
Colonial 1878, Calle Máximo Gómez e/Marta Abreu y Boulevard. Schönes Kolonialgebäude mit Innenhof. Peso-Restaurant mit 4 schmackhaften Fleischgerichten (auch Rind) für je 45–60 CUP. ⏱ Di–So 18–22.45 Uhr.
Casa del Gobernador, Calle Independencia esq. J. B. Zayas. Serviert in einem schönen Kolonialgebäude. Normalerweise kosten die Gerichte nach vorheriger Absprache nicht mehr als 3 CUC (aber stets vorher klären, um keine böse Überraschung zu erleben).
Pizzería Pullmann, Boulevard esq. Máximo Gómez. Tagsüber gibt es zusätzlich zum Devisenrestaurant einen Pizzastand in Moneda Nacional.
Dinos Pizza, Calle Marta Abreu esq. Villuendas. Angesagter Laden mit guter Devisen-Pizza.
La Toscana, Parque Vidal. Schwer angesagte Peso-Pizzería, wie man an den langen Schlangen sieht. Der Geldbeutel freut sich mehr als der Magen. ⏱ tgl. 19–23 Uhr.
Doña Yulla Rincón Azul, Calle Cuba esq. Maestra Nicolasa. Einfaches und günstiges Essen in Moneda Nacional. ⏱ 24 Std.
El Rápido, Calle Lorda No. 8 e/Boulevard y Marta Abreu. ⏱ tgl. 9–3 Uhr.
Coppelia (Eisdiele), Calle Colón esq. Mujíca.
Sodería, Boulevard esq. Lorda. Ebenfalls Eis und Snacks (in Devisen).

Außerhalb des Zentrums
Dimar, Av. 9 de Abril esq. 1ra (am Río Cubanicay). Meeresfrüchte zu moderaten Devisenpreisen.
La Concha, Carretera Central esq. Danielito (beim Che-Monument). Elegantes Restaurant mit guter und günstiger Küche (um 5 CUC). Viele Fischgerichte.

Paladar Soledad, Calle Villuendas No. 264 e/ Serafín García y 9 de Abril, ✆ 0142-275421. Tischt im gemütlichen Wohnzimmer für 12–15 CUC auf. Die Wände sind bis an die hohe Decke (Leiter) von Gästen aus aller Welt beschrieben. ⏱ tgl. 13–17, 19–23 Uhr.

Paladar Salon Tropical, Calle Esquerra No. 157 e/Julio Jover y Berenguer, ✆ 0142-224279. Während Fleischgerichte ab 12 CUC zu haben sind, schlägt Fisch mit happigen 12–18 CUC zu Buche. Cocktails kosten 2,50 CUC. ⏱ 11–24 Uhr.
Los Tainos, Hotel Los Caneyes, ✆ 0142-204512. Genießt einen guten Ruf. Mit Buffet (12 CUC). ⏱ tgl. 12–14, 19.30–22 Uhr.

Casa de la Cultura, Parque Vidal. Neben Konzerten auch Kunstausstellungen.
La Casa de la Ciudad, Calle Independencia No. 102 esq. J. B. Zayas. Gemäldeausstellungen. Fr und Sa um 21 Uhr gibt es Live-Musik (Peña Folclórico oder Noche del Danzón) und So um 18.30 Uhr Peña de Bolero. ⏱ Mo–Do 9–17, Fr–So 13–23 Uhr.
Piano Bar El Dorado, Calle Luis Estevez No. 13 esq. Boulevard. Statt leisen Pianoklängen ertönen hier flotte Disco-Rhythmen.
Casa del Joven Creador, Boulevard esq. Plácido. Ab und zu Rock-Konzerte.

Club Mejunje, Calle Marta Abreu e/J. B. Zayas y Alemán. Das Äußere schreckt auf den ersten Blick mit schmuddeligen Graffitis und ruinösem Innenhof ab, aber das bunte, tgl. wechselnde Programm von Live-Musik verschiedenster Stilrichtungen bis hin zu Theater hat dem alternativen Kulturzentrum landesweit einen legendären Ruf eingebracht. Di Rockmusik, Do Nueva Trova, jeden Sa treffen sich die Homosexuellen. ⏱ tgl. ab 17 Uhr.

Zentralkuba

Prächtiger Kulturtempel

Teatro La Caridad, Parque Vidal. Allein das beeindruckende Interieur lohnt einen Besuch. Eine Übersicht der Vorstellungen hängt aus. Im Gebäude liegt auch die bei Einheimischen beliebte **Bar La Marquesina**, in der oft Live-Musik ertönt. ⊙ tgl. 10–2 Uhr.

Carishow, Calle Independencia No. 225 e/Maceo y Pedro Estevez. Nachtbar mit Live-Musik und variablem Kulturprogramm. ⊙ Di–So, Eintritt 3–5 CUC.

Disco Salon Primavera, Calle Máximo Gómez e/Boulevard y Martí.

Centro Cultural El Bosque, Carretera Central y Av. Augusto (am Río Cubanicay). Shows und Live-Musik in schönem Ambiente. ⊙ Mi–So 10–spät, Eintritt 5 CUC (inkl. Getränk).

Bar Terraza, Hotel Santa Clara Libre. Nette Atmosphäre, Snacks und tolle Aussicht vom 11. Stock. ⊙ tgl. 11–2 Uhr.

Einkaufen

Die Calle Independencia heißt **Boulevard** zwischen Calle Maceo und J. B. Zayas. Auf dieser Fußgängerzone befinden sich viele Geschäfte.

Fondo Cubano de Bienes Culturales, Calle Luis Estevez No. 9 e/Parque Vidal y Boulevard. Kunsthandwerk.

La Veguita (Casa del Tabaco, Ron y Café), Calle Maceo No. 176 A e/Julio Jover y Berenguer. Zigarrenliebhaber kommen voll auf ihre Kosten und können in netter Baratmosphäre auch Rum und Kaffee genießen. Fundierte Beratung auf Wunsch. ⊙ tgl. 9–17.30 Uhr.

Librería y Proyecto Pepe Medina, Parque Vidal. Dieser charmant unordentliche Buchladen ist gleichzeitig ein kleines Kulturzentrum mit regelmäßigen Lesungen.

Librería Viet Nam, Boulevard No. 106 e/Plácido y Luis Estevez. ⊙ Di–Fr 9–17 Uhr.

Centro Comercial La Riviera. Riesiges Einkaufszentrum gegenüber vom Nationalen Busbahnhof.

Lebensmittel

Bauernmarkt, Calle 9 de Abril esq. 3ra (1,5 km östlich des Parque Vidal beim Stadion). **Bäckerei Doña Neli**, Calle Maceo Sur esq. Av. 9 de Abril. ⊙ tgl. 8–18 Uhr.

Aktivitäten und Touren

Centro Recreativo Arco Iris, Carretera Central Placetas KM 1, ✆ 0142-209181. Freizeitpark mit Minigolf, Rodeo, Baden im Fluss mit Wasserfall und Imbissen (Devisen und Nationalwährung).

Cubatur, Calle Marta Abreu No. 10 e/Máximo Gómez y Villuendas, ✆ 0142-2089-80, -81. Ausflüge zum Embalse Hanabanilla (33 CUC), nach Remedios (37 CUC, inkl. Stadttour Santa Clara) und nach Cayo Las Brujas (40 CUC). ⊙ Mo–Fr 9–17, Sa 9–12 Uhr.

Havanatur, Calle Máximo Gómez No. 9 e/Boulevard y Barreras, ✆ 0142-2040-01, -02. ⊙ Mo–Fr 9–17.30, Sa 9–12 Uhr.

Sonstiges

Apotheken

Farmácias mit Naturarzneien befinden sich am Boulevard esq. Villuendas und esq. Luis Estevez. ⊙ tgl. 8–20 Uhr.

Autovermietungen

Cubacar, Calle Rafael Tristá esq. Amparo, ✆ 0142-202040 und 204100.

Havanautos, Calle Marta Abreu e/Alemán y J. B. Zayas, ✆ 0142-203358 und 208534.

Baseball

Estadio Augusto César Sandino, Av. Sandino esq. 6ta, ✆ 0142-224831.

Feste

Ein **Theaterfestival** findet im Januar im Club Mejunje statt (die Daten wechseln, daher nachfragen). Die **Fiesta Nacional de la Danza** sorgt Ende April für Stimmung. Das **Festival de Rock Metal** dröhnt Ende Oktober/Anfang November im Club Mejunje.

Fahrrad- und Motorradverleih

Havanautos, Calle Marta Abreu e/Alemán y J. B. Zayas, ✆ 0142-203358 und 208534. Verleiht Mofas.

Filme und Fotoarbeiten
Fotoladen, Boulevard No. 55 esq. Máximo Gómez.

Geld
Bandec, Calle Tristá esq. Cuba.
Cadeca, Calle Tristá esq. Cuba.

Informationen
Oficina del Campismo, Calle Maceo Sur No. 315 e/Av. 9 de Abril y Serafín Garcia, ✆ 0142-204905. ⏰ Mo–Fr 9–16 Uhr.

Kinos
Cine Camilo Cienfuegos, Parque Vidal oder **Cine Cubanacán**, Calle Independencia Oeste No. 60 e/Villuendas y J. B. Zayas.

Medizinische Hilfe
Hospital Arnaldo Milián Castro, Circunvalación y Av. Escambray, im Süden der Stadt. ✆ 0142-272016 und 271234.
Óptica Miramar, Calle Colón No. 106 e/9 de Abril y Maestra Nicolasa. ⏰ tgl. 10–18 Uhr.
Krankenwagen: 0142-203965.

Post
Calle Cuba e/Rafael Tristá y Eduardo Machado. Auch DHL-Service. ⏰ Mo–Sa 8–18, So 8–12 Uhr.

Telefon und Internet
Etecsa, Calle Cuba esq. Eduardo Machado. ⏰ tgl. 8–21 Uhr.
Telepunto, Calle Marta Abreu esq. Villuendas. Auch Internet. ⏰ tgl. 9–21 Uhr.

Visaangelegenheiten
Inmigración, Av. Sandino esq. 6ta (500 m östlich des Stadions). ⏰ Mo–Do 8–15 Uhr.

Nahverkehr
Von der Calle Marta Abreu fahren **Pferdekutschen** Richtung Regionaler Busbahnhof. **Bicitaxis** warten in der Calle Colón und Calle Cuba in Richtung Parque Vidal sowie auf der Calle Rafael Tristá zwischen Parque Vidal und Plaza de la Revolución. Zum Monumento Che Guevara kostet es vom Zentrum 1–2 CUC. In der Calle Marta Abreu

e/J. B. Zayas y Alemán gibt es einen **Cubataxi**-Stand, ✆ 0142-222555.

Transport
Santa Clara ist 50 km von Remedios, 60 km von Cienfuegos, 70 km von Topes de Collantes, 80 km vom Hanabanilla-Stausee, 85 km von Sancti Spíritus, 100 km von Trinidad und 110 km von Cayo Santa María entfernt.

Selbstfahrer
In der Innenstadt ist in den Morgen- und Nachmittagsstunden mit dichtem Verkehr zu rechnen. Der Parque Vidal ist für Autos gesperrt. In Richtung Plaza de la Revolución trifft man auf ein gut ausgebautes vierspuriges Straßennetz. **Tankstellen** liegen an der Carretera Central esq. 9. de Abril und esq. General Roloff.

Busse
Nationaler Busbahnhof, Carretera Central esq. Oquendo (3 km westlich vom Parque Vidal), ✆ 0142-222523 und 292114. Ein Taxi ins Zentrum kostet ca. 2 CUC.
Verbindungen Víazul
HAVANNA (3.10, 7.20 und 17.20 Uhr, 4 Std., 18 CUC).
In Richtung Osten geht es um 0.45, 1.45, 13.15 und 18.45 Uhr nach SANCTI SPÍRITUS (6 CUC), CIEGO DE ÁVILA (9 CUC), CAMAGÜEY (15 CUC), LAS TUNAS (22 CUC), HOLGUÍN (27 CUC), BAYAMO (27 CUC) bis SANTIAGO DE CUBA (33 CUC, 10–11 Std.).
Außerdem um 7.25 und 17.05 Uhr nach VARADERO für 12 CUC (3 1/2 Std.) und um 10.45 Uhr nach TRINIDAD für 9 CUC.
Der **Regionale Busbahnhof** liegt zentraler in der Calle Marta Abreu e/Carlos Pichardo y Raúl Sancho (1,5 km westlich vom Parque Vidal), ✆ 0142-203470. Von hier aus starten tgl. Busse nach REMEDIOS (1,50 CUC) und CAIBARIÉN (2 CUC). An den *Jefe de Turno* wenden.

Überlandtaxis und Camiones
Gegenüber vom Regionalen Busbahnhof starten **Privattaxis**. Nach REMEDIOS oder CAIBARIÉN kostet es 8–10 CUC. **Camiones** werden in Pesos bezahlt und sind günstiger. Wer ein staatliches **Überlandtaxi** sucht, ruft ✆ 0142-2020-20, -40.

Zulueta – die Wiege des Fußballs

In dieser Kleinstadt 45 km östlich von Santa Clara wurde 1913 der **Kubanische Fußballverband** gegründet, der auf der Insel ein Stiefkind-Dasein fristet. Denn in Kuba fliegt das runde Leder häufig in kleinerer Dimension und wird weniger von Füßen getreten als vielmehr von massigen Schlagstöcken malträtiert. Baseball *(Béisbol)* hat im Popularitätskampf eindeutig die Nase vorn und ist zusammen mit Boxen der Nationalsport. Ebenfalls sehr beliebt sind Volleyball *(Voleibol)* und Basketball *(Baloncesto)*. Erst dann folgt mit großem Abstand Fußball *(Fútbol)*, der aber langsam populärer wird. Es gibt ein Denkmal in Form eines großen **Betonballes** und einen **Friseursalon von Aury Gouit Hernandez**, dessen Laden über und über von Postern, Schals und Bildern von europäischen und kubanischen Teams behangen ist. Ein weiterer Grund für einen Besuch sind die **Parrandas**-Feiern am 31.12.

Eisenbahn

Bahnhof, Calle Luis Estevez Norte No. 323 (1 km nördlich vom Parque Vidal), ☏ 0142-202895. ⊙ Mo–Fr 7–15 Uhr. Züge fahren nach:
BAYAMO (1x tgl., 18 CUC)
CAIBARIÉN (2x tgl., 2 CUC)
CAMAGÜEY (1x tgl., 11 CUC)
CIENFUEGOS (1x tgl., 3 CUC)
HAVANNA (5x tgl., 12 CUC)
HOLGUÍN (1x tgl., 19 CUC)
MATANZAS (1x tgl., 10 CUC)
MORÓN (2x tgl., 5 CUC)
SANCTI SPÍRITUS (1x tgl., 4 CUC)
SANTIAGO DE CUBA (3x tgl., 26 CUC).

Flüge

Flughafen Abel Santamaría, Carretera Malezas KM 10 1/2, ☏ 0142-209138.

Remedios

Obwohl die 20 000 Einwohner zählende Stadt bereits 1524 gegründet wurde, spielt sie nicht mit im exklusiven Club der ersten sieben Städte und muss damit leben, nur die undankbare „achte Stadt" zu sein. Das tut ihrer Schönheit aber keinen Abbruch. Zweifellos ist Remedios eine der attraktivsten Städte Kubas, denn trotz eines Feuers Ende des 17. Jhs. hat sich ihr kolonialer Charme erhalten, und das gut restaurierte **historische Zentrum** wurde sogar zum Nationalmonument erklärt. Außerdem ist die Stadt bislang noch nicht vom Massentourismus überrollt wie Trinidad, auch wenn die Zeiten, als Remedios noch ein Geheimtipp war, inzwischen vorbei sind.

Nur einmal im Jahr, vom 22. bis 24. Dezember, bricht der Ort aus seiner kolonialen Beschaulichkeit aus und lässt es krachen: Dann toben hier die **Parrandas** (Feuerwerksumzüge) zwischen zwei konkurrierenden Stadtteilen. Ein Höllenspektakel, das man sich nicht entgehen lassen sollte.

Geschichte

Remedios stand in den ersten Jahren völlig unter der Regie des einflussreichen Konquistadors Vasco Porcallo de Figueroa. Da königliche Institutionen durch Abwesenheit glänzten, gehörte ihm praktisch das gesamte Dorf mitsamt Ländereien und er konnte schalten und walten, wie er wollte. Erst die Gründung eines Rathauses bot seiner Allmacht Einhalt und stärkte den Einfluss der spanischen Krone. Ständige Piratenüberfälle sorgten dafür, dass die Stadt 1544 weiter ins Inland verlegt wurde und 1689 sogar einige Familien ihre Siebensachen packten und noch weiter landeinwärts die Siedlung Santa Clara gründeten. Als dann 1692 auch noch ein Feuer wütete, fiel Remedios gegenüber Santa Clara mehr und mehr ins ökonomische Hintertreffen. Das ist bis heute so geblieben, auch wenn der touristische Prinz das koloniale Dornröschen langsam wachküsst.

Orientierung

Alle Sehenswürdigkeiten befinden sich am oder in der Nähe des **Parque Martí**. Von Santa Clara oder Caibarién kommend, führt die West-Ost-Achse Calle Andrés del Río jeweils zur Nordseite der zentralen Plaza Martí. Von der Südseite des Zentralparks führt die Calle Independencia nach Westen und die Calle José Antonio Peña nach

Osten. An der Westseite des Parks erstreckt sich die Calle Máximo Gómez gen Norden.

Sehenswertes

Die an der Plaza Martí gelegene **Catedral Parroquia de San Juan Bautista** aus dem Jahre 1550 zählt wegen ihres reich verzierten und vergoldeten Altars sowie der Mahagoni-Decke mit Blumenmuster zu den schönsten und prunkvollsten Kirchen Kubas. Millionär Bonet ließ Mitte des 20. Jhs. große Summen in die Restaurierung fließen. Links des Eingangs zieht eine ungewöhnliche Marienfigur die Blicke auf sich: Laut Einheimischen ist es die weltweit einzige Darstellung einer schwangeren Maria. Außerdem gibt es eine Nachbildung der Virgen de la Caridad del Cobre, der Schutzpatronin Kubas. ⊙ tgl. 9–12, 14–17 Uhr, Messe Mo–Mi 8.30, Sa 20, So 9 und 16 Uhr.

Gegenüber ragt die **Iglesia Buen Viaje** aus dem 18. Jh. empor. Davor steht eine indianische Marmor-Statue in Freiheitspose.

500 m südlich der Plaza Martí wird im **Museo de Historia**, Calle Maceo No. 56 e/Fe del Valle y General Carillo, die Geschichte der Stadt präsentiert. Führungen mit dem Stadthistoriker sind möglich. ⊙ Mo–Sa 8–17 Uhr, Eintritt 1 CUC.

Im **Museo de la Música Alejandro García Caturla** an der Ostseite des Parque Martí lebte der landesweit berühmte Komponist (1906–40), der verschiedene Musikstile beherrschte (von Stravinsky bis zu Rumba-Rhythmen) und diese auch mischte. Aufgrund seines Engagements für die Armen, seiner Hinwendung zum Afrocubanismus und seiner Heirat mit einer schwarzen Frau wurde er 1940 umgebracht. Eine Ausstellung dokumentiert sein Leben anhand von Fotos und persönlichen Gegenständen. Manchmal finden hier Kulturveranstaltungen statt. ⊙ Di–Sa 9–18, So 9–13 Uhr, Eintritt 1 CUC.

Nach 5 km in Richtung Caibarién stößt man auf eine stillgelegte Zuckerfabrik, die in das sehenswerte **Museo de Agroindustria Azucarera** umgewandelt wurde. Es veranschaulicht Kulturgeschichte und Herstellungsprozess von Kubas lange Zeit wichtigstem Exportgut. Die alten, noch funktionsfähigen Dampfloks begeistern nicht nur Technikfreaks und fahren Gruppen für 10 CUC p. P. bis zur Finca La Cabaña (s. S. 423). ⊙ Mo–Sa 8–16 Uhr, Eintritt 1 CUC, Fotos 3 CUC.

Zentralkuba

Parrandas

Die folkloristische Mischung aus Karneval und Feuerwerk reicht bis 1820 zurück und wird alljährlich in Camajuaní (Ende August), in Remedios und Placetas (22.–24. Dez.) sowie in Caibarién (26.–28. Dez.) gefeiert. Damals stachelte ein Priester einige Kinder an, mit gewaltigem Getöse durch die Straßen zu ziehen, um seine müden Schäfchen wachzuhalten und zum mitternächtlichen Weihnachtsgottesdienst zu bewegen. Nur zu gerne kamen die Kleinen dieser Aufforderung nach. Den Bewohnern schien das Lärm-Spektakel auch gefallen zu haben, denn seither treten die Stadtteile Barrio del Carmen und Barrio de San Salvador in einen Wettstreit, wer den größten Krach macht und die eindrucksvollsten Karnevalsbauten *(Trabajos de Plaza)* fertigt. Alles wird mit großer Hingabe monatelang vorbereitet. Die beiden Stadtteile kündigen sich mit bestimmten Erkennungsmelodien an und haben jeweils Umzüge mit charakteristischen Merkmalen entwickelt. Es heißt, „der Parrandero lebt 364 und einen halben Tag, um alles in zwölf Stunden zu verprassen." Schon ab Oktober spielen jede Woche Straßenorchester *(Repiques)* und kündigen mit Perkussionsinstrumenten die nahenden Parrandas an.

Wer mehr über das Höllenspektakel erfahren will, sollte 200 m nördlich des Parque Martí die sehenswerte Ausstellung des **Museo de Parrandas**, Calle Máximo Gómez No. 71 esq. Andrés del Río, besuchen: mit Fotos, Kostümen und Festwagenmodellen. ⊙ Di–Sa 9–17, So 9–13 Uhr, Eintritt 1 CUC.

Übernachtung

Privatpensionen

Casa La Paloma, Calle Balmaseda No. 4 (Nordseite der Plaza Martí), ✆ 0142-395490. Restauriertes Kolonialhaus mit Holzdecke, Marmorfußboden und Kacheln. 2 große DZ mit AC, Ventilator und Bad. Gutes Essen. Herzliche Gastgeber. Englisch. ❷

Hostal El Cubano, Calle Pi Margalis No. 20 e/Brigadier Gonzales y Gonzalo de Quesado (500 m westlich der Plaza Martí), ✆ 0142-396327.

Die Kolonialstadt Remedios bricht nur einmal jährlich zum großen Feuerwerksumzug aus ihrer kolonialen Beschaulichkeit aus.

Komfortables DZ mit AC, Ventilator, Bad und Terrasse. ❷

Hostal Aponte, Calle Brigadier González No. 32 (altos) e/Independencia y Pi Margalis (500 m westlich der Plaza Martí), ✆ 0142-395398. Die Vermieterin ist eine Santera und kann des Spanisch kundigen Gästen interessante Einblicke in die afrokubanische Religion bieten. DZ mit AC, Ventilator und Bad. ❷

La China y Richard, Calle Maceo No. 68 e/Fe del Valle y Cupertino García (800 m südlich der Plaza Martí), ✆ 0142-396649, ✉ boitel@cenit.

Eine gute Wahl

Hostal Las Chinitas, Calle Independencia No. 21 e/Brigadier Gonzales y Maceo (westlich der Plaza Martí), ✆ 0142-395784 und 395316. 2 große komfortable DZ mit AC, Ventilator und Bad. Sehr nette und hilfsbereite Vermieter. Garage. Super Essen (auch chinesisch). Englisch und Französisch. ❷

cult.cu. 2 DZ mit AC, Ventilator und Bad. Sehr nette junge Vermieter. ❷

Casona Cuerto, Calle Andrés del Río No. 72 esq. Enrique Malaret (an der Plaza Martí), ✆ 0142-395350, ✉ amarelys@capiro.vcl.sld.cu. Schönes Kolonialhaus voller Antiquitäten und idyllischem Innenhof. 2 DZ mit AC, Ventilator und Bad. Dachterrasse. ❷

Hotel

Mascotte, Plaza Martí, ✆ 0142-395467 und 395144, 🖳 www.cubanacan.cu. Das Kolonialgebäude eröffnete bereits 1874 als Hotel. Hier verhandelte General Máximo Gómez 1899 mit US-Generälen über die Auflösung der kubanischen Unabhängigkeitsarmee. 14 DZ mit AC, Mini-Bar, Safe, TV, Telefon und prächtigen Badezimmern. Manche haben auch Balkone. Bar, gutes Restaurant und Autoverleih. ❹

Essen

El Colonial, Calle Independencia No. 25 e/Brigadier Gonzales y Antonio Romero. Macht

seinem Namen einige Ehre. Günstige
Fleischgerichte für Peso Cubano. ⊙ tgl. 12–15
und 18–21 Uhr.

Las Arcadas, Hotel Mascotte. Hier speist es
sich am besten, aber auch am teuersten.

Cafetería El Louvre, Plaza Martí. Sitzplätze mit
Blick auf den Zentralpark. Geflügelgerichte oder
Sandwiches kosten rund 2 CUC. ⊙ tgl. 8–24 Uhr.

Finca La Cabaña, 2 km Richtung Caibarién,
✆ 0142-363305. Rustikales Bauernhaus mit
ebensolchem Essen (um 7 CUC) und
Pferdeausritten. ⊙ Di–So 11–17 Uhr.

Nachtleben

Bar Las Leyendas, Plaza Martí. Ist mit Parranda-
Schmuck verziert und liegt unter freiem Himmel.
Mi–So Shows oder Live-Musik.

Casa de la Cultura, Calle José A. Peña
No. 67 (an der Plaza Martí). Di–So ab 20 Uhr
traditionelle Live-Musik.

Bar Juvenil, Calle Andrés del Río No. 47 esq.
Jesús Crespo (an der Plaza Martí). Wird am
Wochenende zur Open-Air-Disco und lohnt
auch wegen des kolonialen Ambientes einen
Besuch.

Unterhaltung und Kultur

Teatro Ruben Mártinez, Calle Cienfuegos
No. 30 (200 m südlich der Plaza Martí). Die
Vorstellungen sind ausgehängt.

Galería de Arte Carlos Enriquez, Plaza Martí.
Interessante Ausstellungen. ⊙ tgl. 9–17 Uhr.
Anfang März wird die **Semana de la Cultura**
gefeiert.

Transport

Busbahnhof, Av. de Céspedes esq. Av. de los
Mártires, ✆ 0142-395185 und 395290. Es fahren
Busse nach CAIBARIÉN (4x tgl., 1 CUC),
HAVANNA (2x tgl., 14 CUC) und SANTA CLARA
(3x tgl., 3 CUC).

Zugstation, Calle Máximo Gómez esq. Capitan
Orestes Acosta, ✆ 0142-395129. Es fahren 1x tgl.
Züge nach SANTA CLARA (1,65 CUC) und
CAIBARIÉN (0,60 CUC).

An der Ausfahrt nach Caibarién liegt eine
Tankstelle mit **Leihwagenservice**.

Privattaxis nach CAIBARIÉN kosten rund 4 CUC,
nach SANTA CLARA mind. 10 CUC.

Caibarién

Caibarién ist eine kleine verträumte Küstenstadt (40 000 Einw.) 9 km östlich von Remedios
und rund 60 km nordöstlich von Santa Clara. Am
Ortseingang steht eine riesige **Krabbenskulptur**
von Florencio Gelabert. Der recht heruntergekommene Ort hat sich in den letzten Jahren etwas gemausert, vor allem um den restaurierten
Zentralplatz mit bunten Häusern und die komplett erneuerte Uferpromenade (**Malecón**), die
jetzt zur Rast mit Blick auf das Meer und das
7 km entfernte Cayo Conuco einlädt. Der relativ
saubere und große **Stadtstrand** mit Schatten
spendenden Palmdächern sowie die im Hafen
dümpelnden Boote der **Fischereiflotte** sind weitere Pluspunkte. Zudem locken Ende des Jahres
(26.–28. Dezember) die Feuerwerksspektakel
Parrandas. Immer mehr Touristen steigen in den
Privatpensionen ab und nutzen den Ort als Basis
für Tagesausflüge zu den teuren Stränden der
nördlichen Cayos.

Übernachtung

Pension Eladio y Evelin, Av. 35 No. 1016 B
e/10 y 12, ✆ 01-5295 0858 (mobil). Schöne
Wohnung mit 2 DZ mit AC, Ventilator, Bad,
Kühlschrank, TV, Wohnzimmer, Terrasse mit
Meerblick und Garage. ❷

Barbara y Orencio, Edificio A Apto. 3
(Reparto Mar Azul, nur 50 m vom Strand),
✆ 0142-364615. DZ mit AC, Ventilator und
Bad. ❷

Jorge Felix, Av. 7 No. 1815 e/18 y 20 (in der Nähe
des Parque Central), ✆ 0142-364277. DZ mit AC,
Ventilator und Bad. Garage. ❷

Hotel Brisas del Mar, Carretera Playa Final
(direkt am Stadtstrand), ✆ 0142-351699,
🖳 www.islazul.cu. 17 DZ mit AC, Bad und TV.
Restaurant, Pool. ❹

Essen und Nachtleben

Vicaria, Av. 9 esq. 10 (beim Zentralplatz).
Günstige Gerichte (ab 3 CUC) bis hin zu
Langusten (15 CUC). Die Spezialität ist Fischfilet
La Vicaria.

Cafetería Casa Blanca, Av. 9 e/18 y 20 (beim
Zentralplatz). Imbiss mit Geflügelgerichten und
Sandwiches für 0,50–1,50 CUC.

Zentralkuba

Auf dem Paseo Martí werden **Minutas** (Backfischbrötchen) für einige Pesos verkauft. **Pista de Baile**, Calle 4 esq. Paseo Martí (nahe dem Bahnhof). Am Wochenende gut besuchte Disco.
Cabaret La Ruina, Calle 6 esq. 15. Abendliche Show. Eintritt 10 CUC pro Paar.

Autovermietungen
Vía Rent a Car, Av. 9 e/2 y 4, ✆ 0142-351622.
Cubacar, Av. 11 e/6 y 8, ✆ 0142-351960.

Filme und Fotoarbeiten
Photo Service, am Zentralplatz. ⏲ tgl. 9–18 Uhr.

Geld
Cadeca, Calle 10 No. 907 e/9 y 11.

Post
Av. 10 esq. 11. ⏲ Mo–Sa 9–18 Uhr.

Touren
Havanatur, Av. 9 e/8 y 10, ✆ 0142-351171. Hier kann man die Hotels der Cayos etwas günstiger buchen. ⏲ Mo–Fr 9–12, 13–17, Sa 9–12 Uhr.

Tankstelle, Av. 9 Final (am Ortseingang bei der Krabbenstatue).
Bus- und Zugbahnhof, Calle 6 im Westen des Zentrums, ✆ 0142-363325 bzw. 363150. Es fahren tgl. (wenige) Busse und Züge nach REMEDIOS (1 CUC) und SANTA CLARA (3 CUC).

Cayo Santa María und Umgebung

Die dem Ort Caibarién vorgelagerten Inseln bilden das westliche Ende des riesigen Sabana-Camagüey-Archipels und locken Badefreunde mit 11 km langen, feinsandigen Stränden und vorgelagertem Riff, das den Wellengang bremst. Fidel Castro bescheinigte dem kleinen Archipel ein ähnlich hohes Potenzial wie Varadero. Die Hauptinsel **Cayo Santa María** ist 13 km lang und bis zu 2 km breit und liegt ganz im Norden. 3 km südwestlich befindet sich das kleinste

Abseits der Hotelstrände sind nur zwei Strände öffentlich zugänglich: der bei **Villa Las Brujas** (5 CUC p. P., inkl. Sandwich und Getränk) und die schöne, einsame **Playa Perlas Blancas** am östlichen Ende von Cayo Santa María (derzeit noch kostenlos).

erschlossene Inselchen, das hufeisenförmige **Cayo Ensenachos**. In einer Höhle findet man noch indianische Zeichnungen und Steinarbeiten. Auf kleinem Areal leben hier 22 endemische Flora- und 39 endemische Fauna-Arten. Das Eiland hat den schönsten Strand, der extrem flach ins Wasser führt. **Cayo Las Brujas** („Hexeninsel") befindet sich weitere 7 km südwestlich und ist mit 4 km Länge und bis zu 2 km Breite die kleine Schwester von Cayo Santa María. Laut Legende verbot hier einst ein Vater seiner Tochter die Liebe zu einem jungen Mann. Erst die Hilfe der Hexen und Geister ermöglichte das erste Rendezvous des Paares hinter dem Rücken des eifersüchtigen Familienoberhaupts.

Die ehemals hier lebenden Fischer und Köhler zogen nicht wegen der Spukgestalten ins nahe gelegene Caibarién um, sondern weil ihnen die Regierung nach dem Sieg der Revolution dort bessere Lebensbedingungen bot. Die folgenden vier Jahrzehnte war auf den Cayos Einsamkeit angesagt, bis Fidel Castro 1999 einen neuen Damm zum Festland einweihte. Dieser heimste sogar einen internationalen Umweltpreis ein, weil das Brückensystem den Wasseraustausch gewährleistet. Man hatte also aus den Fehlern des Dammbaus zum Cayo Coco gelernt (s. S. 441).

Bei lediglich fünf Hotels (drei davon auf Cayo Santa María) hat der Massentourismus hier bisher zum Glück noch nicht Fuß fassen können. Die Regierung plant allerdings, über 20 neue Hotels mit einer Kapazität von 10 000 Betten zu errichten. Es könnte also schon bald mit der beschaulichen Atmosphäre vorbei sein.

Die Hotels werden von Süd nach Nord aufgelistet:

Villa Las Brujas, auf einem Hügel, ℡ 0142-350199, 🖥 www.gaviota-grupo.com. Die 24 rustikalen und komfortablen Bungalows sind harmonisch in die Natur eingebettet (die meisten mit Meerblick) und haben AC, Bad, TV und Kühlschrank. Hier werden auch Tauch- und Angelkurse sowie Katamaranfahrten angeboten. Das Restaurant mit schöner Aussicht ist auch für Nichtgäste finanzierbar. ➎

Royal Hideaway Ensenachos, ℡ 0142-350300, 🖥 www.royalhideawayensenachos.com. Zählt zu den luxuriösesten und teuersten Hotels Kubas. 566 DZ mit allem erdenklichen Komfort. Komplette Infrastruktur. Liegt am einsamsten und schönsten Strandabschnitt. ➐

Meliá Cayo Santa María, ℡ 0142-350500, 🖥 www.solmeliacuba.com. 358 komfortable DZ. Mehrere Pools, Restaurants, Bars, Wassersport, Tauchbasis, Tennisplatz. Hier kann man in edlem Ambiente die Seele baumeln lassen. ➐

Sol Cayo Santa María, am Ende des Dammes, ℡ 0142-350200, 🖥 www.solmeliacuba.com. 300 DZ in schönen Bungalows mit AC, Bad, Kühlschrank, TV und Safe. Umfangreiche Infrastruktur. ➐

Meliá Las Dunas, ℡ 0142-350100, 🖥 www.solmeliacuba.com. Luxuriöse, etwas kitschige Hotelanlage mit kompletter Infrastruktur und 925 DZ.

Aktivitäten

Marina Las Brujas, bei der Villa Las Brujas, ℡ 0142-350013 und 350213, 🖥 www.gaviota-grupo.com. Ausflüge zu 24 Tauchstellen, u. a. zum Wrack des Tankers San Pascual westlich von Cayo Francés. Tagesausflüge mit Katamaran kosten 72 CUC. Wer in den Sonnenuntergang in See sticht, zahlt 49 CUC.

Tauchzentrum, Cayo Las Brujas. Exkursionen zu 24 Tauchstellen, ℡ 0142-204199.

Transport

Zu den Cayos gelangt man nur mit eigenem Wagen über eine 50 km lange Dammstraße (2 CUC Passiergebühr pro Strecke).

Der **Flughafen Cayo Santamaría Las Brujas** liegt auf dem gleichnamigen Cayo, 10 km südwestlich von Cayo Santa María, ℡ 0142-350009. Hier gibt es auch eine **Tankstelle**.

Provinz Sancti Spíritus

In Zentralkubas kleinster Provinz (6744 km²) mit 450 000 Einwohnern besteht touristisch gesehen ein Süd-Nord-Gefälle. Die Anziehungskraft des Unesco-Weltkulturerbes **Trinidad** (s. S. 386) ist derart groß, dass für den Rest der Provinz nicht viel übrig bleibt und die ebenfalls koloniale Provinzhauptstadt **Sancti Spíritus** bis heute relativ unbemerkt dahindämmert. Dabei rechtfertigt die Stadt mehr als nur einen kurzen Transitstopp auf dem Weg nach Osten bzw. Westen, nicht nur wegen des schönen **Stausees Zaza**.

Überwältigt von Trinidads kulturhistorischer Bedeutung, wird oft übersehen, dass auch der Norden der Provinz Geschichte geschrieben hat: Mit der Einnahme der Stadt **Yaguajay** stellte Camilo Cienfuegos Ende 1958 fast zeitgleich mit Che Guevaras Sieg in Santa Clara die Weichen für den Durchmarsch der Revolution nach Havanna. Trotzdem galt die Provinz lange Zeit als konservativ und war der Revolution gegenüber skeptisch eingestellt. In der Sierra del Escambray um Trinidad bildete sich eine Hochburg konterrevolutionärer Truppen, und erst 1965 konnte das Gebiet befriedet werden. Um das Misstrauen zu beseitigen, wurde die Theatergruppe Escambray gegründet, die noch heute durch die Ortschaften dieser und der Nachbarprovinzen zieht und über die sozialen Errungenschaften seit 1959 berichtet.

Auch die ökotouristische Brennpunkt der Provinz befindet sich im Südosten, im waldreichen Wanderparadies **Topes de Collantes** (s. S. 405) in den östlichen Ausläufern der Sierra del Escambray. Landschaftlich reizvoll ist auch die Strecke zwischen Trinidad und Sancti Spíritus. Richtung Norden kommt man ins kaum erschlossene touristische Niemandsland. Doch auch hier warten ungeschliffene Edelsteine darauf, entdeckt zu werden, z. B. der **Parque Nacional de Caguanes**, der aber derzeit noch keine touristische Infrastruktur besitzt.

Das agrarische Bild prägen wie zur Kolonialzeit Zuckerrohrfelder und Viehweiden. An den höher gelegenen Hängen der Sierra del Escambray sprießen Kaffeebohnen. In der Provinzhauptstadt befindet sich die größte Papierfabrik des Landes.

Zentralkuba

Sancti Spíritus

Die Hauptstadt der gleichnamigen Provinz (100 000 Einw.) besitzt ein ruhiges und angenehmes Flair und strahlt eine Menge Kolonialambiente aus. Sie hat nur ein Problem: die Nähe zu Trinidad. Denn während im historischen Zentrum von Sancti Spíritus gerade mal Funken kolonialen Charmes sprühen, brennt Trinidad ein Feuerwerk ab. Bei derartiger Konkurrenz konnte die Hauptstadt nie aus dem Schatten ihrer kleinen Schwester treten. Geben sich in Trinidad die Touristen die Museumsklinken in die Hand, bleibt Sancti Spíritus fest in der Hand der Einheimischen. Diese Authentizität macht vielleicht ihren größten Reiz aus. Und gemessen an weniger großen Maßstäben kann sich die Stadt mit ihrem historischen Stadtkern, der mit Kopfstein gepflasterten Calle Llano mit leuchtend bunten Häuschen, der alten Puente Yayabo, kolonialen Kirchen, interessanten Museen und dem hübschen Parque Serafín Sánchez durchaus sehen lassen.

Geschichte

1514 von Diego Velázquez gegründet, zählt die Stadt zu den sieben ältesten Stadtgründungen Kubas. 1522 wurde sie an ihren heutigen Standort verlegt. Während des Zuckerbooms entwickelte sich Sancti Spíritus zum bedeutenden Handelszentrum, ohne jedoch mit Trinidad mithalten zu können. In den Unabhängigkeitskriegen stellte die Stadt mit Serafín Sánchez einen bedeutenden General. Nach der Verwaltungsreform von 1975 wurde Sancti Spíritus zur Provinzhauptstadt ernannt.

Orientierung

Die **Carretera Central** durchquert den Osten der Stadt und wird zwischenzeitlich zur Calle Bartolomé Masó. Von hier aus führt die wichtigste Ost-West-Achse, die **Av. de los Mártires**, gen Westen zum Zentralpark Serafín Sánchez. Südlich davon tragen die Straßen den Zusatz „Sur", nördlich davon „Norte". Die Nord-Süd-Hauptachse ist die **Calle Independencia**, die südlich des Zentralparks zur schönen Fußgängerzone wird. Der Stadtkern mit den wichtigsten touristischen Infrastruktur liegt zwischen dem Parque Maceo im Norden und der Puente Yayabo im Süden.

Sehenswertes

Vom Parque Serafín Sánchez zum Fluss

Im **Museo Provincial** werden lokalgeschichtliche Epochen von der präkolumbischen bis zur heutigen Zeit veranschaulicht. ⊙ Di–Sa 9–17 Uhr, Eintritt 1 CUC.

Die pompöse **Biblioteca Rubén Martínez Villena** im französischen Renaissancestil beherbergte vor der Revolution den nur vermögenden Weißen zugänglichen Literaturzirkel *El Progreso*. Eine goldene Kuppel, goldene Wandornamente und eine prächtige Barocktreppe unterstreichen das elitäre Ambiente. ⊙ Mo–Fr 9–21, Sa 9–16, So 9–13 Uhr.

Das **Museo de Historia Natural** widmet sich der tropischen Flora und Fauna. Es gibt Sammlungen zu Mineralogie, Paläontologie, Zoologie und Botanik sowie einige Wandmalereien. ⊙ Di–Fr 9–17, Sa 9–22, So 9–12 Uhr, Eintritt frei.

Iglesia Parroquial Mayor del Espíritu Santo. Die ehemalige Holzkirche aus dem 16. Jh. wurde 1680 aus Stein rekonstruiert, hat aber noch eine sehr schöne Holzdecke. Kubas ältestes Gotteshaus gilt dank umfangreicher Restauration als eines der besterhaltenen kolonialen Zeugnisse auf der ganzen Insel. Pater Bartolomé de las Casas (Geschichte, s. S. 110) hat hier Predigten gehalten. ⊙ Di–Sa 9–11, 14–17 Uhr, Messen tgl. 17 Uhr.

Das prachtvolle Kolonialgebäude der Iznaga-Familie stammt aus dem 17. Jh. und ist heute das **Museo de Arte Colonial**. Ein Großteil der sehenswerten Einrichtung aus dem 19. Jh. stammt aus Europa, z. B. Porzellan aus Meißen und Sèvres, verschiedene Ölgemälde sowie eines der ältesten Pianos Kubas. ⊙ Di–Sa 9–17, So 9–13 Uhr, Eintritt 2 CUC.

Die im romanischen Stil erbaute Brücke **Puente Yayabo** über den gleichnamigen Fluss ist das Wahrzeichen der Stadt und Nationalmonument. Kubas einzige Steinbogenbrücke mutet mittelalterlich an, stammt aber aus dem Jahre 1815.

Nördlich des Parque Serafín Sánchez

Das **Museo Casa Natal Serafín Sánchez** widmet sich dem Leben des Generals (1846–96), der in der Schlacht Paso de Las Damas an der Mündung des Río Zaza fiel, und verdeutlicht die Rolle der

Sancti Spíritus

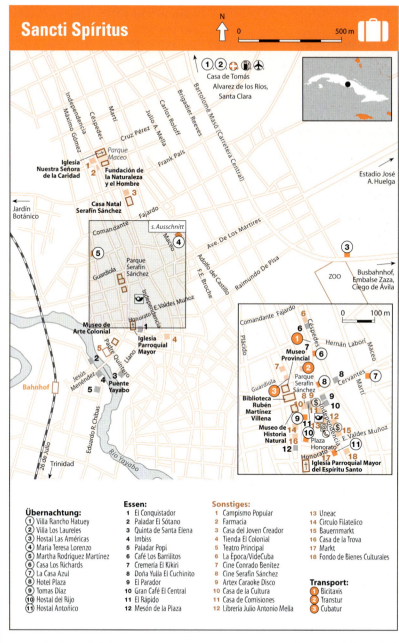

Übernachtung:
1. Villa Rancho Hatuey
2. Villa Los Laureles
3. Hostal Las Américas
4. Maria Teresa Lorenzo
5. Martha Rodríguez Martínez
6. Casa Los Richards
7. La Casa Azul
8. Hotel Plaza
9. Tomas Díaz
10. Hostal del Rijo
11. Hostal Antoñico

Essen:
1. El Conquistador
2. Paladar El Sótano
3. Quinta de Santa Elena
4. Imbiss
5. Paladar Popi
6. Café Los Barrilitos
7. Cremería El Kikiri
8. Doña Yulia El Cuchinito
9. El Parador
10. Gran Café El Central
11. El Rápido
12. Mesón de la Plaza

Sonstiges:
1. Campismo Popular
2. Farmacia
3. Casa del Joven Creador
4. Tienda El Colonial
5. Teatro Principal
6. La Época/VideCuba
7. Cine Conrado Benítez
8. Cine Serafín Sánchez
9. Artex Caraoke Disco
10. Casa de la Cultura
11. Casa de Comisiones
12. Librería Julio Antonio Mella
13. Uneac
14. Círculo Filatelico
15. Bauernmarkt
16. Casa de la Trova
17. Markt
18. Fondo de Bienes Culturales

Transport:
1. Bicitaxis
2. Transtur
3. Cubatur

Belesenes Haus

Die **Casa de Tomás Alvarez de los Ríos** liegt weit ab von Schuss, lohnt den Ausflug aber allemal. Der ehemals sehr kommunikative Hausherr geht schon auf die 90 Jahre zu und empfängt Gäste nur noch selten, aber von außen kann man – des Spanischen mächtig – viel Zeit mit dem Lesen von lustigen bis erhellenden Sprüchen verbringen. In jeden einzelnen der über 4000 Ziegelsteine des Hauses ist nämlich eine literarische Weisheit eingraviert, die aus allen Regionen der Welt stammen. Der Weg zur erhellenden Lesestunde führt über die Carretera Central nach Norden, vorbei an der Plaza de la Revolución bis zu einem Kreisel. Von dort geht es noch ca. 2 km weiter geradeaus, bis man rechts ein kleines Haus mit großen Lettern „Paz" am begrünten Eingang sieht (dort die Treppe heruntergehen).

Region in den Unabhängigkeitskriegen. ⊙ Di–Sa 9–17, So 9–13 Uhr, Eintritt 1 CUC. Getauft wurde Sánchez in der **Iglesia de Nuestra Señora de la Caridad** aus dem Jahre 1717.

Die interessante **Fundación de la Naturaleza y el Hombre** widmet sich dem berühmten kubanischen Geografen Antonio Núñez Jiménez (1923–98). Auf einer über 17 000 km langen Expedition folgte er über die Flüsse Amazonas und Orinoco der damaligen Migrationsroute der Indianer Südamerikas bis zur Bahamasinsel San Salvador, auf der Kolumbus erstmals die Neue Welt betrat. Eines der 13 m langen Holzkanus der Expedition steht im Eingangsbereich. Festgehalten hat Jiménez seine spannenden Reiseerlebnisse auf Fotos von Indianerstämmen sowie in dem Buch *En Canoa del Amazonas al Caribe*. ⊙ Mo–Fr 9–16, Sa 9–12 Uhr, Eintritt 1 CUC.

2001 öffnete der **Jardín Botánico**, 2 km nordwestlich des Zentrums, seine Pforten. Rundwege vermitteln Kubas vielfältige Flora, und ein Aussichtspunkt bietet eine schöne Sicht auf die Stadt und die umliegenden Berge. Beeindruckend ist der riesige Ceiba-Baum beim Eingang. Auf der Calle Frank País geht es nach Westen über die Eisenbahnschienen, von dort folgt man der Hauptstraße noch ca. 500 m und biegt dann

rechts ab. ⊙ tgl. 9–17 Uhr, Eintritt frei (Spenden gern gesehen).

Übernachtung
Privatpensionen

Hostal Antoñico, Calle Honorato No. 7 Sur e/Llano e Independencia, ☎ 0141-324185, ☐ www.antonicoguesthouse.page.tl. 2 DZ mit AC, Ventilator, Bad und 220 Volt-Anschluss. Viele kleine koloniale Details. Sehr freundliche Vermieter, die Englisch sprechen. Sehr gutes Essen. ❶ – ❷

Martha Rodríguez Martínez, Calle Placido No. 69 Norte e/Calderón y Tirso Martin, ☎ 0141-323556. 2 kleine DZ mit AC, Ventilator, Bad, TV, Kühlschrank und 220 Volt-Anschluss. Das größte Plus des schönen Hauses ist die tolle Dachterrasse mit viel Grün. ❷

Tomas Díaz, Calle Máximo Gómez No. 9 e/Parque Serafín Sánchez y Honorato, ☎ 0141-327626. Prächtiges Kolonialhaus mit edlem Interieur und großem Napoleon-Bild. 2 große DZ mit AC, Ventilator, Bad und TV. ❷

Maria Teresa Lorenzo, Calle Adolfo del Castillo No. 33 (altos) e/Isabel Maria de Valdivia y Av. de los Mártires, ☎ 0141-324733. 2 kleine DZ mit AC, Ventilator, Bad und TV. Schöne Terrasse. Sehr nettes Ehepaar. ❷

La Casa Azul, Calle Maceo No. 4 e/Av. de los Mártires y Doll, ☎ 0141-324336. 2 große DZ mit AC, Ventilator, Bad und schönen Möbeln. Schöne Dachterrasse. ❷

Hostal Las Américas, Carretera Central No. 157 Sur e/Cuba y Cuartel (nahe Busbahnhof), ☎ 0141-322984, ✉ hostallasamericas@yahoo.es. 2 riesige DZ mit AC, Ventilator, Bad, Safe, Kühlschrank, TV und Radio. Modernes Haus mit

Luxus für wenig Geld

Casa Los Richards, Calle Independencia No. 28 (altos) beim Parque Serafín Sánchez, ☎ 0141-323029 und 326745. Luxuriöses Kolonialhaus mit Mosaikfußböden, Kristalllampen und hohen Decken. 2 prächtige riesige DZ (wie Apartments) mit AC, Ventilator, Bad, Bar und Balkon mit Blick auf den Zentralpark. Große Dachterrasse. ❷

Hostal del Rijo, Plaza Honorato, ☎ 0141-328588, 🖥 www.cubanacan.cu. 16 schöne große DZ um einen kolonialen Innenhof mit AC, schickem Bad, Kühlschrank und TV. Manche Zimmer bieten Balkon mit Ausblick auf den Platz. Das Gebäude aus dem Jahr 1827 verströmt viel kolonialen Charme und sah bereits berühmte Gäste wie US-Schauspieler Danny Glover. Restaurant, Bar, Laden. ➍

viel Komfort und tollem Garten mit Obstbäumen und Springbrunnen. Garage. Englisch. ➋

Hotels

Villa Los Laureles, Carretera Central KM 383 (5 km nördlich des Zentrums), ☎ 0141-327016, 🖥 www.islazul.cu. 78 DZ mit AC, Bad, Kühlschrank und TV. Pool, Cabaret, Restaurant, Autoverleih und laute Bar. ➌

Plaza, Parque Serafín Sánchez, ☎ 0141-3271-02, -24, 🖥 www.cubanacan.cu. Schmuckes Hotel im Kolonialstil. 29 DZ mit AC, Bad und TV, manche mit Balkon. Restaurant, Bar. ➍

Villa Rancho Hatuey, 4 km nördlich des Zentrums, ☎ 0141-328315, 🖥 www.islazul.cu. 76 DZ mit AC, Bad und TV. Angenehme ländliche Umgebung mit Bungalows im mediterranen Stil. Restaurant, Bar, Pool, Disco. ➎

Es gibt einige schöne Peso-Restaurants mit kolonialer Einrichtung.

Um den Parque Serafín Sánchez

El Conquistador, Calle Llano esq. Agramonte. Schöne koloniale Einrichtung und begrünter Innenhof. Peso-Preise. ☉ tgl. 12–15, 18–21 Uhr.

Gran Café El Central, Parque Serafín Sánchez. Peso-Fleischgerichte mit Beilagen. Schon mittags ballen sich hier Trauben von Kubanern vor dem Tresen und ziehen sich frisch gezapftes Bier für nur 6 CUP rein.

Mesón de la Plaza, Plaza Honorato. Nicht billig (Fleisch- und Fischgerichte 6–10 CUC, Salat 1–2 CUC), aber wegen seines rustikalen Ambientes und der großen Auswahl empfehlenswert.

Doña Yulla El Cuchinito, Calle Av. de los Mártires esq. Céspedes Sur. Recht ordentliche Gerichte in Peso Cubano. Bier kostet 10 CUP. ☉ tgl. 18–22.45 Uhr.

Café Los Barrilitos, Calle Independencia e/ Laborní y Tirso Marín. Günstige Snacks und Getränke. ☉ tgl. 7–21.30 Uhr.

El Parador, Parque Serafín Sánchez. Hat auch einen Pizzastand.

El Rápido, Südseite des Platzes. ☉ tgl. 9–23 Uhr.

Cremería El Kikiri, Calle Independencia Norte esq. Laborní. Für Eis und Süßes.

Um die Puente Yayabo

Quinta de Santa Elena, Calle Padre Quintero No. 60 e/Llano y Manolo Díaz. Schöner Blick von der Terrasse über den Fluss. Snacks und Fleischgerichte (Spezialität Rindfleisch) für 3–10 CUC in eleganter Atmosphäre.

Paladar Popi, Calle Eduardo Chivás No. 10, ☎ 0141-324584. Kreolische Gerichte landen für rund 5 CUC auf dem Teller. ☉ tgl. 12–22 Uhr.

Imbiss, am südlichen Ufer des Río Yayabo, direkt an der Brücke. Hot Dogs in Moneda Nacional.

Casa de la Trova, Calle Máximo Gómez Sur No. 26 e/M. Solano y Honorato. Im schönen Hof ertönt am Wochenende ab 21 Uhr traditionelle Live-Musik. Lokale Größen sind die Bands *Septeto Tradicional Espirituano* und *Coro de Claves*.

Artex Caraoke Disco, Parque Serafín Sánchez. Zieht am Wochenende viele junge Kubaner an.

Casa del Joven Creador, Calle Céspedes Norte No. 118 esq. Frank País. Schönes Kolonialhaus.

Paladar El Sótano, Calle Eduardo R. Chivas No. 18 C e/Jesús Menéndez y Av. 26 de Julio, ☎ 0141-325654. Günstige und gute Gerichte (Schwein und Hühnchen um 3 CUC), alles inkl. schöner Terrasse mit Blick auf Fluss und Brücke. Viele Kubaner essen hier. ☉ tgl. 12–24 Uhr.

Zentralkuba

Ab und zu Rock-Konzerte auf der riesigen Dachterrasse.

Casa de la Cultura, Parque Serafín Sánchez, und **Uneac**, Calle Independencia Sur No. 10, bieten ab und zu Veranstaltungen. Auf Aushänge achten.

Einkaufen

Die Calle Independencia Sur ist vom Parque Serafín Sánchez bis zur Calle Agramonte eine schöne Fußgänger- und Einkaufszone.

Fondo de Bienes Culturales, Calle Independencia Sur No. 55 e/Ernesto Valdés y Agramonte. Kunsthandwerk. ⊙ Mo–Sa 9–18, So 9–12 Uhr.

Casa de Comisiones, Calle Independencia Sur No. 6. Interessanter Second-Hand-Laden, verkauft Bestände aus Haushaltsauflösungen. ⊙ tgl. 9–16 Uhr.

Tienda El Colonial, Calle Independencia esq. Agramonte. Wunderschönes Kolonialgebäude mit Bekleidung, Haushaltswaren und Lebensmitteln.

Auf der Calle Honorato gibt es einen **Markt** für Schuhe, Lederwaren und Schmuck. ⊙ tgl. 9–18 Uhr.

Circulo Filatelico, Calle Máximo Gómez e/Parque Serafín Sánchez y Plaza Honorato. Netter kleiner Laden, wo man Briefmarken, Münzen und alte Geldscheine bekommt.

Librería Julio Antonio Mella, Calle Independencia Sur No. 29. ⊙ Mo–Sa 9–17 Uhr.

Lebensmittel

Der **Bauernmarkt** liegt auf der Mitte der Fußgängerzone bei der Cadeca, am Ende einer kleinen Passage.

La Época, Calle Independencia Norte No. 50 e/ Laborní y Tirso Marín.

Touren

Kubas größter Stausee **Embalse Zaza** wurde 1970 errichtet und ist sehr fischreich. Die idyllische Umgebung bietet sich für Tagesausflüge mit dem Fahrrad an. Das schöne Gewässer liegt 10 km südöstlich von Sancti Spíritus (auf der Carretera Central gen Osten nach 6 km rechts abbiegen).

Angelausflüge und Bootstouren bietet das **Hotel Zaza** am nördlichen Seeufer an, ✆ 0141-325490 und 327015, 🖳 www.islazul.cu. 128 DZ mit TV, AC, Bad und Safe. Pool, Disco, Restaurant, Parkplatz, Taxistand, Geldwechsel und Laden. Dachbar mit schönem Blick auf den See. ❸

Sonstiges
Apotheken

Farmacia, Calle Independencia Norte No. 123 esq. Parque Maceo. ⊙ 24 Std.

Autovermietungen

Transtur, Parque Serafín Sánchez, ✆ 0141-328181.

Baseball

Estadio José A. Huelga, Circunvalación Norte e/Marcos García y Sobral, ✆ 0141-327747.

Feste

Der **Karneval** zieht Ende Juli eine Woche lang durch die Straßen.

Film und Fotoarbeiten

VideCuba, Calle Independencia Norte No. 50 e/Laborní y Tirso Marín. ⊙ Mo–Sa 9–20 Uhr.

Geld

BFI, Parque Serafín Sánchez.
Cadeca, Calle Independencia Sur No. 31 e/Parque Serafín Sánchez y Honorato.

Informationen

Campismo Popular, Parque Maceo, ✆ 0141-329082. ⊙ Mo–Fr 8–12, 13–16 Uhr.

Internet und Telefon

Etecsa, Calle Independencia Sur No. 14. ⊙ tgl. 8–20 Uhr.

Kino und Theater

Cine Serafín Sánchez und **Cine Conrado Benítez**, beide am Parque Serafín Sánchez.

Teatro Principal, Calle Jesús Menéndez No. 102 e/Puente Yayabo y Padre Quintero.

Medizinische Hilfe

Hospital Camilo Cienfuegos, Calle Bartolomé Masó ca. 1,5 km nördlich vom Zentrum, ✆ 0141-324017.
Krankenwagen: ✆ 0141-324462.

Post

Calle Independencia Sur No. 8 e/Parque Serafín Sánchez y Honorato. ⏱ Mo–Sa 8–18 Uhr.

Touren

Cubatur, Parque Serafín Sánchez, ✆ 0141-328518. ⏱ Mo–Sa 9–17 Uhr.

Nahverkehr

Der Stadtkern mit allen Sehenswürdigkeiten lässt sich locker zu Fuß bewältigen. Für entferntere Ziele gibt es **Kutschen**, die vom Parque Serafín Sánchez Richtung Busbahnhof sowie die Calle Bartholomé Masó am östlichen Stadtrand entlang fahren.
Bicitaxis stehen an der Calle Independencia esq. Laborní (nördlich Parque Serafín Sánchez).
Cubataxi, ✆ 0141-322133.

Transport

Nach Trinidad sind es 70 km, nach Ciego de Ávila 75 km und nach Santa Clara 85 km.

Selbstfahrer

Die geringe Größe der Stadt macht ein Auto überflüssig. **Parken** kann man am Parque Serafín Sánchez. Eine **Tankstelle** befindet sich ca. 2 km nördlich des Zentrums auf der Carretera Central in Richtung Santa Clara.

Busse

Busbahnhof, Carretera Central esq. Circunvalación (2 km östlich des Zentrums), ✆ 0141-324142. Hier warten Pferdekutschen. Ein Taxi ins Zentrum kostet um die 2 CUC.

Verbindungen Víazul

HAVANNA (1.50, 6.40 und 20.20 Uhr, 5 Std., 23 CUC). Fährt über SANTA CLARA (6 CUC). In der Hauptsaison gibt es evtl. einen weiteren Bus um 16.25 Uhr.
SANTIAGO DE CUBA (2.20, 3.05, 9.20, 15.10 und 20.45 Uhr, 8–9 Std., 28 CUC). Fährt über CIEGO

DE ÁVILA (6 CUC), CAMAGÜEY (10 CUC), LAS TUNAS (17 CUC), HOLGUÍN (21 CUC) und BAYAMO (21 CUC).
TRINIDAD (5.20 und 12.10 Uhr, 1 1/2 Std., 6 CUC).
VARADERO (5.50 und 15.40 Uhr, 5 Std., 16 CUC).

Überlandtaxis

Überlandtaxis *(Colectivos)* stehen in der Nähe des Busbahnhofs. Sie fahren Touristen für rund 30 CUC in die 70 km entfernte Kolonialstadt Trinidad.

Eisenbahn

Bahnhof, südlich der Puente Yayabo zwischen Av. Jesús Menédez und Calle 26 de Julio, ✆ 0141-327914. Man kommt bequem zu Fuß ins Zentrum. ⏱ Mo–Sa 8–16 Uhr.
Die Verbindungen sind unzuverlässig:
CIENFUEGOS (1x tgl., 7 CUC)
HAVANNA (1x tgl., 15 CUC)
SANTA CLARA (1x tgl., 5 CUC)
Wer nach Osten weiterreisen will, muss in GUAYOS 15 km nördlich einsteigen, da Sancti Spíritus nicht auf der Hauptroute liegt. Ein Taxi sollte 6–7 CUC kosten. Die Abfahrtszeiten von Guayos erfragt man am besten telefonisch: ✆ 0141-69181.

Der Norden

Yaguajay

Neben Che Guevaras Schlacht um Santa Clara gab es fast zeitgleich noch ein weiteres wichtiges Gefecht, das den Weg nach Westen frei machte und den Sieg der Revolution besiegelte: Die Einnahme der Batista-Garnison von Yaguajay (22.–31.12.59). Und dies war ebenfalls eine harte Aufgabe für Camilo Cienfuegos und seine 72 Guerilleros, verbunden mit einer mehrtägigen Belagerung und einem anstrengenden, 40-tägigen Marsch von der Sierra Maestra. Natürlich bekam ebenso wie Che auch der beliebte Camilo sein Denkmal direkt an der Stelle seines größten Triumphes.

Das **Museo Nacional Camilo Cienfuegos** dokumentiert die Schlacht und das Leben des Revolutionärs. Auf dem Platz thront eine fünf Meter hohe Bronzefigur des Volkshelden, der am

Zentralkuba

28.10.59 bei einem Flugzeugabsturz ums Leben kam. ☉ Di–Sa 8–16, So 9–13 Uhr, Eintritt 1 CUC.

Am einfachsten ist die Stadt von den Nachbarprovinzen über den Circuito Norte zu erreichen. Wer mit dem Leihwagen zwischen Morón und Remedios pendelt, sollte einen Stopp einplanen. Aus anderen Richtungen lohnt die Stadt die schwierige Anfahrt nicht.

San José del Lago

Östlich von Mayajigua liegt die schöne **Villa San José del Lago** an einem See, ☎ 0141-5561-08, -09, ⌨ www.islazul.cu. 46 DZ in einfachen Bungalows mit AC, Bad und TV. Restaurant, Pools (u. a. mit Thermalwasser), Kurbehandlungen. Am Wochenende viele Einheimische. ❸

Im Hotel kann man nach Ausflügen in den **Parque Nacional de Caguanes** fragen, einer artenreichen sumpfigen Küstenlandschaft mit Kubas größter Kranichkolonie und Höhlen mit indianischen Wandmalereien.

Provinz Ciego de Ávila

Die 6910 km² große Provinz besteht erst seit der Verwaltungsreform von 1976 und hat 410 000 Einwohner. Sie ist kulturhistorisch relativ unbedeutend und keine der beiden wichtigsten Städte (**Ciego de Ávila** und **Morón**) besitzt nennenswerte Kolonialdenkmäler. Dabei reichen die historischen Spuren weit zurück: „Ciego" heißt sinngemäß übersetzt „Landgut", und ein solches bekam Jácome de Ávila 1538 in dieser Region verliehen. Es trug zwar den Namen *San Antonio de la Palma*, doch der Volksmund bezeichnete es als *El Ciego de Ávila*. Von Morón bis Júcaro im Süden zog sich einst ein von den Spaniern errichteter Festungswall (s. Kasten), der das Heer der Unabhängigkeitskämpfer auf seinem Vormarsch gen Westen stoppen sollte.

Doch dies vermag Touristen weniger zu fesseln als die Jardines del Rey an der Nordküste, wo sich mit **Cayo Coco** und **Cayo Guillermo** zwei der bedeutendsten Strandzentren Kubas befinden, umgeben von artenreicher Flora und Fauna. Wesentlich unberührter, da kaum erschlossen, sind die **Jardines de la Reina** vor der

Historischer Festungswall

Leider ist von **La Trocha**, dem bedeutendsten spanischen Schutzwall der Karibik, nicht mehr viel erhalten. Entlang der Landstraße nach Júcaro stehen noch die meisten Überreste dieses einst 68 km langen Festungswalls, der sich von Morón bis Júcaro erstreckte. General Blas de Villate ließ ihn zwischen 1871–75 anlegen, um das Vordringen von Aufständischen in den „zahmen" Westteil der Insel zu verhindern. Dafür sollten bis zu 20 000 Soldaten sorgen, die am Wall patrouillierten und an zahlreichen Festungstürmen postiert waren. Trotzdem gelang es den Rebellen mehrfach, das Hindernis zu überwinden.

Südküste, die zu den besten Tauchgebieten der Welt zählen.

Weite Teile der Provinz sind dermaßen flach, dass Geodäten einen langweiligen Job hätten. Lediglich der schöne **Loma de Cunagua** (338 m) taucht aus dieser fast tischebenen Fläche wie eine Insel empor. Neben ausgedehnten Viehweiden bestimmen Zuckerrohrfelder, Zitrus-, Orangen- und Ananasplantagen das Landschaftsbild. Die Provinz ist der größte Ananasproduzent Kubas. Cowboy-Flair verströmen vor allem **Florencia** und das Rodeo auf der **Isla Turiguano** in Richtung der Cayos.

Ciego de Ávila

Die 1840 gegründete und rund 100 000 Einwohner zählende Stadt im Herzen Kubas wirkt wegen ihres ländlichen Charakters sehr ruhig, auf manche auch etwas langweilig. Arm an historischen und kulturellen Sehenswürdigkeiten, muss Ciego wohl oder übel mit dem Image leben, die Provinzhauptstadt mit dem geringsten Charme zu sein. Nur wenige Touristen verirren sich hierher, und wenn, dann nur für eine Pause auf ihrer Tour nach Westen oder Osten. Doch gerade dies verschafft der Stadt eine ganz besondere Stärke: Authentizität. Wer dem unverfälschten, ländlich geprägten Alltagsleben der Einheimischen auf die Spur kommen will, ist hier gut aufgehoben.

Denn die Bevölkerung ist sehr freundlich und Nepper gibt es kaum.

Orientierung

Die Sehenswürdigkeiten, Restaurants, Banken und Unterkünfte liegen im Umkreis des zentralen **Parque Martí** und lassen sich bequem zu Fuß erlaufen. Die **Calle Chicho Valdés**, die wichtigste West-Ost-Achse, verläuft südlich davon und mündet jeweils in die Carretera Central – ostwärts nach Camagüey und westwärts nach Sancti Spíritus, Santa Clara und Havanna. Von Norden nach Süden heißt die wichtigste Straße **Marcial Gómez**.

Sehenswürdigkeiten

Das 1927 erbaute **Teatro Principal** zählt mit seinen griechischen Eingangssäulen zu den schönsten Bauwerken der Stadt. Die Stücke des landesweit bekannten Ensembles können mit dem beeindruckenden kolonialen Stilmix im Innern durchaus mithalten.

Das **Museo de Artes Decorativas** beeindruckt mehr durch seine schön restaurierte Kolonialarchitektur als durch seine Sammlung aus der Kolonialepoche (Möbel, Kunsthandwerk etc.). ⊙ Mo–Sa 8–22, So 12–22 Uhr, Eintritt 1 CUC, Fotos 1 CUC.

Im ehemaligen Rathaus aus dem Jahr 1911 tagt heute das **Provinzparlament**. In der **Galería Raúl Martínez** kann man Kunsthandwerk besichtigen und kaufen. ⊙ Mo–Sa 8–22, So 8–16 Uhr, Eintritt frei.

Zwar spielt der Tabakanbau in dieser Provinz keine tragende Rolle, doch gibt es seit 1961 eine **Tabakfabrik**, wo über 100 Arbeiter die edlen Glimmstängel en masse rollen. ⊙ Mo–Fr 8–17 Uhr, Eintritt 2 CUC.

Im **Museo Provincial** werden das Interieur eines kolonialen Gutshauses und die Lokalgeschichte (u. a. die Unabhängigkeitskriege und der Widerstand gegen Batista) ausgestellt. ⊙ Di–Sa 8–17, So 8–12 Uhr, Eintritt 1 CUC.

Privatpensionen

Martha, Calle Agramonte No. 19 e/Independencia y J. Agüero, ✆ 01-5294 6041 (mobil). 2 kleine hübsche DZ mit AC,

Ventilator, Bad, Kühlschrank und TV. Schöne Terrasse. ❷

Villa O´Mari, Calle Máximo Gómez No. 352 e/4 y 5 este (beim Busbahnhof), ✆ 0133-223267. 2 DZ mit AC, Ventilator, Bad und Safe, von denen eines zusätzlich eigenen Eingang, Küche und TV und das andere eine eigene Terrasse hat. Grüner Innenhof mit prachtvollen Blumen. Parkplatz. ❷

Mayra Martínez Romero, Calle Libertad No. 161 e/Simón Reyes y Agramonte, ✆ 0133-223695. Sehr schönes Gebäude im Kolonialstil. Eine nette Frau vermietet DZ mit AC, Ventilator und Bad sowie ein Apartment mit AC, Ventilator, Bad, Vorzimmer, Küche und Terrasse. ❷

Wuilma, Calle Maceo No. 217 e/Bembeta y Eduardo Mármol, ✆ 0133-225477. 2 DZ mit AC, Ventilator, Bad, TV, Kühlschrank, Küche, Terrasse und eigenem Eingang. ❷

Hotels

Ciego de Ávila, Carretera a Caballos KM 2,5 (2 km nordwestlich vom Parque Martí), ✆ 0133-228013, ▭ www.islazul.cu. Hässlicher 70er-Jahre-Klotz. 142 DZ mit AC, Bad, TV, Telefon und Kühlschrank. Pool, Restaurant, Disco und Autoverleih. ❸

Santiago-Habana, Calle Chicho Valdés esq. H. Castillo, ✆ 0133-225703, ▭ www.islazul. cu. 76 DZ mit AC, TV und Bad. Autoverleih, Restaurant. ❸

Ein Pluspunkt der Stadt ist sein günstiges kulinarisches Angebot. Zumeist liegen die Preise für ein üppiges Gericht unter 3 CUC – sieht man mal vom einzigen Paladar der Stadt ab.

Am Parque Martí

La Confronta, Calle Marcial Gómez esq. J. Agüero, ✆ 0133-200931. Bricht mit supergünstigen Peso-Preisen alle Rekorde und ist dementsprechend beliebt bei Einheimischen. Cocktails zahlt man in CUC. ⊙ tgl. 12–2 Uhr.

La Fonda, Calle H. Castillo e/Libertad y Máximo Gómez. Das schmucke Haus lockt mit Menüs (Vorspeise und Hauptgericht) ab 1,50 CUC. Spezialität ist das leckere *Ropa Vieja* und

Kürbissuppe *(Sopa de Calabasa)*. Es gibt auch Paella. Eine gute Wahl.

Don Pepe, Calle Independencia Oeste No. 103 e/Simón Reyes y Maceo, ☎ 0133-223713. Schweineschinken *(Pierna de Cerdo)* und geschmorter Schweinebraten *(Cerdo asado)* für 2 CUC. Abends oft Live-Musik. Die Wände zieren Fotos von Künstlern und Intellektuellen. ☉ Mi–Mo 12–15, 19.30–23.30 Uhr.

El Colonial, Calle Independencia No. 110 e/Maceo y Simón Reyes, ☎ 0133-223595. Macht mit Statuen von Flamenco-Tänzern sowie dem schönen Innenhof seinem Namen Ehre. Schinken, Steak und Koteletts für 2–5 CUC füllen die Teller, dazu gibt es ein reichhaltiges Cocktailangebot. ☉ tgl. 18–24 Uhr.

Solaris, Hochhaus Doce Plantas (Parque Martí), ☎ 0133-222156. Das elegante Restaurant hat einen schönen Ausblick.

La Moderna, Calle H. Castillo e/J. Agüero e Independencia. Ciegos „Vegetarier" zu Peso-Preisen. ☉ tgl. 12–15 und 19–22 Uhr.

El Rápido, Calle Libertad esq. H. Castillo. Snacks für den späten Hunger. ☉ 24 Std.

Coppelia (Eisdiele), Calle Independencia Oeste esq. Simón Reyes.

Außerhalb des Zentrums

Vor der Zugstation gibt es Stände mit **Peso-Pizza**.

La Vicaria, Calle Chicho Valdés esq. Máximo Gómez (beim Busbahnhof). Spaghetti, Pizza, Schweinesteak, Salat oder Sandwichs für 0,80–3 CUC. ☉ tgl. 8–24 Uhr.

Paladar El Flamingo, Calle J. Agüero No. 234 e/Ramírez y Hernández, ☎ 0133-225429. Bietet gute kreolische Küche um 8 CUC. ☉ tgl. 12–24 Uhr.

Nachtleben

Artex El Patio, Calle Libertad No. 162 e/Maceo y H. Castillo. An Wochenenden Live-Konzerte. Der schöne und schattige Innenhof lädt zum Verweilen ein. ☉ tgl. 12–3 Uhr.

Disco El Colibrí, Calle Máximo Gómez esq. H. Castillo. Noch angesagter als die Disco im Hotel Ciego de Ávila. ☉ Di–Sa, So 16–22 Uhr (Matinee).

Teatro Principal, Calle J. Agüero e/H. Castillo y Marcial Gómez. Das Theater ist nicht nur architektonisch sehenswert. Auch seine Schauspieler haben ihm mit anspruchsvollen Aufführungen landesweit einen guten Ruf verschafft. Aushänge informieren über die Stücke. Eintritt 5 CUC.

Sala Fiesta Galaxia, Calle Chicho Valdés esq. Maceo. Freiluft-Tanztempel. So Nachmittag gibt es Rap-Konzerte. ☉ Di–So.

Casa de la Trova, Calle Libertad No. 130 esq. Simón Reyes und **Casa de la Cultura**, Calle Independencia No. 76 e/Maceo y H. Castillo. Beide bieten ab und zu traditionelle Live-Musik. Aushänge informieren über das aktuelle Programm.

Einkaufen

Devisenläden ballen sich auf der Haupteinkaufsstraße Calle Independencia.

Artex La Época, Calle Independencia e/H. Castillo y Maceo, hat Souvenirs. ☉ Mo–Sa 9–17 Uhr.

Librería Juan Antonio Márquez, Calle Independencia No. 153 esq. Simón Reyes, verkauft Zeitschriften, CDs und gebrauchte Bücher.

Lebensmittel

Bauernmarkt, Calle Chicho Valdés esq. Fernando Calleja.

Supermercado Cruz Verde, Calle Independencia esq. Máximo Gómez.

Bäckerei Doña Neli, am Parque Martí.

Sonstiges

Apotheken

Calle Máximo Gómez e/A. Ramirez y Cuarta (gegenüber vom Hospital General).

Autovermietungen

Havanautos, im Hotel Ciego de Ávila.

Cubacar, Calle Libertad e/H. Castillo y Maceo, ☎ 0133-203912 und 212570. Auch am **Flughafen**.

Ciego de Ávila

Transport:
1. Havanatur
2. Cubana

Morón

Übernachtung:
1. Hotel Ciego de Ávila
2. Wuilma
3. Mayra Martínez Romero
4. Martha
5. Hotel Santiago-Habana

Essen:
1. La Fonda
2. El Rápido
3. Solaris
4. El Colonial
5. Coppelia
6. Don Pepe
7. La Moderna
8. La Confronta

Sonstiges:
1. Disco El Colibrí
2. Casa de la Trova
3. Cine Carmen
4. Artex El Patio
5. Librería Juan Antonio Márquez
6. Casa de la Cultura
7. Artex La Época
8. Supermercado Cruz Verde
9. Photo Service
10. Cine Ririonda
11. Sala Fiesta Galaxia
12. Campismo Popular

Plaza de la Revolución

Chico Torres
Benavides
Eduardo Mármol
Bembeta
Serafín Sánchez
Máximo Gómez

Villa O'Mari, La Vicaria, Paladar El Flamingo

Libertad
Museo Provincial
Independencia
Joaquín Agüero

Tabakfabrik
Parque Martí
Museo de Artes Decorativos

Galería Raúl Martínez

Teatro Principal

Rathaus

Sancti Spíritus
BAUERN-MARKT

Chicho Valdés (Carretera Central)

Busbahnhof, Camagüey,

Embalse La Turbina

Fernando Callejas
José Antonio Echevarría
Calle 1
José M. Agramonte
Simón Reyes
Maceo
Honorato del Castillo
Marcial Gómez
A. Delgado

Bahnhof
Avenida Triondo
Júcaro

Zentralkuba

Baseball
Estadio José Ramón Cepero, bei der Plaza de la Revolución, ☎ 0133-228223.

Feste
Der **Carnaval de los Flores** wird Mitte Mai eine Woche lang gefeiert.

Film und Fotoarbeiten
Photo Service, Calle Maceo No. 9 esq. Independencia. ⏰ Mo–Sa 9–21, So 9–12 Uhr.

Geld
Bandec, Calle Independencia No. 152 esq. Simón Reyes.

BFI, Calle J. Agüero esq. H. Castillo.
Cadeca, Calle Independencia No. 118 e/Maceo y Simón Reyes.

Informationen
Infotur, Calle H. Castillo esq. Libertad (im Hochhaus Doce Plantas),
☎ 0133-209109, 🖥 www.infotur.cu.
⏰ Mo–Sa 9–17 Uhr.
Campismo Popular, Calle Chicho Valdés No. 111 e/Simon Reyes y Maceo, ☎ 0133-222501. Für Reservierungen des Campismo Cayo Coco. ⏰ Mo–Fr 8–17 Uhr.

25 km westlich von Ciego de Ávila liegt der Ort Majagua mit seiner alljährlichen **Fiesta de los bandos Rojo y Azul** in der zweiten Novemberwoche. Die Einwohner schmücken ihre Häuser in rot oder blau und treten in diesen Teamfarben zu Tanz- und Gesangswettbewerben gegeneinander an.

Internet und Telefon

Telepunto, Calle J. Agüero No. 64 e/Maceo y H. Castillo. ⊙ tgl. 9–19 Uhr.

Kinos

Cine Ririonda, Calle Agüero esq. Maceo und **Cine Carmen**, Calle Maceo No. 51 esq. Libertad.

Medizinische Hilfe

Krankenhaus, Calle Máximo Gómez e/A. Ramírez y Cuarta, ✆ 0133-224015. **Krankenwagen**: ✆ 0133-185.

Post

Calle Chicho Valdés esq. Marcial Gómez. ⊙ Mo–Fr 9–20 Uhr.

Touren

Havanatur, Calle Libertad No. 54 e/H. Castillo y Maceo, ✆ 0133-2663-39, -42. ⊙ tgl. 9–17 Uhr. **Cubatur**, im Hotel Ciego de Ávila.

Vor der Zugstation warten **Pferdekutschen** und manchmal Taxis. **Cubataxi** erreicht man unter ✆ 0133-266666.
Von Ciego de Ávila sind es 40 km nach Morón, 75 km nach Sancti Spíritus, 100 km nach Cayo Coco, 120 km nach Camagüey und 145 km nach Trinidad.

Selbstfahrer

Wegen des geringen Verkehrs ist Ciego de Ávila sehr autofahrerfreundlich. Den fahrbaren Untersatz kann man auf den bewachten **Parkplätzen** der Hotels lassen. **Tankstellen**

liegen an der Chicho Valdés esq. Independencia und esq. Martí und im Nordosten an der Circunvalación nach Morón.

Busse

Busbahnhof, Carretera Central 1,5 km östlich des Zentrums, ✆ 0133-2251-05, -09. Von hier fahren Bicitaxis und Kutschen ins Zentrum.

Verbindungen Víazul

HAVANNA (0.30, 1.45, 5.20 und 18.15 Uhr, 7 Std., 27 CUC). Fährt über SANCTI SPÍRITUS (6 CUC) und SANTA CLARA (9 CUC). HOLGUÍN (15.15 Uhr, 5 Std., 17 CUC). Fährt über CAMAGÜEY (6 CUC) und LAS TUNAS (13 CUC). SANTIAGO DE CUBA (3.40, 4.20, 10.40, 16.25 und 22.05 Uhr, 8–9 Std., 24 CUC). Fährt über CAMAGÜEY (6 CUC), LAS TUNAS (13 CUC), HOLGUÍN und BAYAMO (17 CUC). TRINIDAD (4 Uhr, 3 Std., 9 CUC). Fährt über SANCTI SPÍRITUS (6 CUC) VARADERO (4.35 Uhr, 6 1/2 Std., 19 CUC). Fährt über SANCTI SPÍRITUS (6 CUC) und SANTA CLARA (9 CUC).

Eisenbahn

Bahnhof, Calle Ciego de Ávila e/Fernando Callejas y Simón Reyes (500 m südlich vom Parque Martí), ✆ 0133-223313. BAYAMO (1x tgl., 12 CUC) CAMAGÜEY (1x tgl., 3 CUC) HAVANNA (2x tgl., 16 CUC) HOLGUÍN (1x tgl., 13 CUC) JÚCARO (2x tgl., 1 CUC) MATANZAS (3x tgl., 15 CUC) MORÓN (3x tgl., 1 CUC) SANTA CLARA (1x tgl., 5 CUC) SANTIAGO DE CUBA (1x tgl., 17 CUC)

Flüge

Flughafen Máximo Gómez, 25 km nördlich Richtung Morón, ✆ 0133-266003. Ein Taxi ins Zentrum oder nach Morón kostet ca. 15 CUC.
Cubana, Calle Chicho Valdés No. 83 e/Maceo y Honorato del Castillo, ✆ 0133-201117. Fliegt 2x wöchentl. nach HAVANNA (Hinflug 75 CUC). ⊙ Mo–Fr 9–15, Sa 8–12 Uhr.

Morón

Im Kampf um die Handvoll Touristen beginnt das 39 km nördlich von Ciego de Ávila gelegene Morón (60 000 Einw.) seinem großen Nachbarn das Wasser abzugraben. Denn es ist genauso entspannt und liegt näher an den Cayos, und wird so zu einer immer beliebteren Basis für Tagesausflügler.

Außerdem liegen noch einige andere reizvolle Ziele in Reichweite, beispielsweise die beiden Seen **Laguna de la Leche** und **Laguna Redonda**. 1643 gegründet, hat Morón rund 200 Jahre mehr auf dem Buckel als Ciego de Ávila. Dies drückt sich im Stadtbild in einigen sehenswerten Kolonialgebäuden aus. Besonders ins Auge fällt jedoch der riesige Bronzehahn, der der Stadt den Namen *Ciudad del Gallo* verliehen hat.

Sehenswürdigkeiten

Die riesige **Hahnenstatue** aus Bronze der bekannten Künstlerin Rita Longa kann dank eines eingebauten Lautsprechers sogar krähen (täglich um 6 und 18 Uhr). Sehenswert ist auch Moróns **Bahnhof** mit seinen Torbögen und der schmucken Fassade im eklektizistischen Stil. 1923 errichtet, gehört er zu den ältesten des Landes.

Das **Museo Municipal** hat eine archäologische Abteilung der präkolumbischen Kultur des kubanischen und mittelamerikanischen Raumes.

El Gallo de Morón

Das Wahrzeichen der Stadt wurde von Einwanderern aus dem spanischen Morón de Frontera importiert. Diese hatten nämlich im 16. Jh. ihren korrupten Bürgermeister, den „Hahn von Morón" aus dem Amt und aus der Stadt gejagt und ihm einen gerupften Hahn hinterhergeworfen. Den Kubanern gefiel die Geschichte so gut, dass sie dem Tier 1956 ein Denkmal widmeten. Nach der Revolution wurden viele Symbole der Batista-Diktatur und mit ihnen der Hahn zerstört. Erst 1979 besann man sich, dass es sich eigentlich um ein Symbol des sozialen Aufstands handelte und gab ein neues Modell in Auftrag.

Alleine das **Idolillo de Barro** – ein Jahrhunderte alter Tonkopf einer indianischen Gottheit – lohnt einen Besuch. Anderen Epochen der kubanischen Geschichte widmet sich die kleine Ausstellung im ersten Stock. Vom Dach bietet sich ein schöner Ausblick. ◷ Mo–Sa 9–17, So 8–12 Uhr, Eintritt 1 CUC.

Das **Museo de Azúcar**, ✆ 0133-505753, liegt 5 km im Südosten, bei der ehemaligen Zuckerfabrik Patria o Muerte. Es verdeutlicht den Zuckergewinnungsprozess, zudem sind viele alte Maschinen ausgestellt, u. a. einige Dampfloks, deren klapprige Motoren sogar noch für kleine Ausflüge angeschmissen werden (10 CUC p. P.). ◷ Mo–Fr 8–16.30, Sa 8–13 Uhr, Eintritt 3 CUC (inkl. eines Cocktails).

Privatpensionen

Hostal Vista al Parque, Calle Luz Caballero No. 49 d (altos) e/Libertad y Agramonte, ✆ 0133-504181, ✉ yio@moron.cav.sld.cu. Großes DZ mit eigenem Eingang, AC, Bad, Ventilator, Kühlschrank, Küche, Bar und Terrasse. Englisch und Italienisch. ❷

Casa Liberluz, Calle Libertad No. 148 e/Luz Caballero y Padre Cano, ✆ 0133-505054. 2 DZ mit AC, Ventilator und Kühlschrank. Gutes Essen. Parkplatz und Garten. ❷

Martha y Beto, Calle Callejas No. 99 e/Castillo y Luz Caballero, ✆ 0133-503507, ✉ betoo@enet.cu. 2 DZ mit AC, Ventilator, Bad und Kühlschrank. Wäscheservice. ❷

Gina, Calle Callejas No. 89 e/Martí y Castillo, ✆ 01-5295 6585 (mobil). 2 große DZ mit AC, Ventilator und Bad. Das Haus hat eine große Terrasse, antikes Interieur und ein Klavier, auf dem die Vermieterin manchmal klimpert. Parkplatz und schöner Innenhof. Englisch. ❷

Carmen, Calle Serafina No. 4 e/Dimas Daniel y Sergio Atuñas, ✆ 0133-505438. Schönes Haus mit DZ mit AC, Ventilator, Bad, Kühlschrank und TV. Englisch. ❷

Mirta, Calle Dimas Daniel No. 19 e/Castillo y Serafina, ✆ 0133-503036. 2 DZ mit AC, Ventilator, Bad, Kühlschrank und TV. Gute Küche. Englisch. ❷

Zentralkuba

Moróns Vorzeigepension

Maite, Calle Luz Caballero No. 40 B e/Libertad y Agramonte, ✆ 0133-504181, ✉ yio@moron. cav.sld.cu. Großes, unabhängiges Apartment mit AC, Ventilator, Bad, Kühlschrank, schöner Bar und TV sowie ein weiteres komfortables DZ. Schöne Terrasse mit Liegestühlen und Sonnenschirmen, 2 Garagen und hübscher Garten. Die nette Vermieterin spricht Englisch und Italienisch, bietet Massagen an, kann Tanzstunden arrangieren und hat viele Ausflugs-Tipps. Gutes Essen. ❷

Hotels

Morón, Av. Tarafa (südl. Stadteinfahrt), ✆ 0133-502230, 🖥 www.islazul.cu. Moderne Anlage mit 144 DZ mit AC, Bad, TV und Telefon. Pool, Restaurant, Reisebüro, Autoverleih, Geldwechsel und Disco. ❸
La Casona, Calle Cristobal Colón No. 41, ✆ 0133-502020 und 502584. Die schöne Villa (auch Centro de Caza y Pesca genannt) hat nur 7 DZ mit AC, Bad, Kühlschrank und TV. Pool, Disco, Restaurant. ❸

Essen

La Genovesa, Calle Martí No. 368 e/Enrique José Varona y Sergio Antuñas. Pizza, Nudelgerichte und ein paar günstige Kuba-Klassiker. ⏰ tgl. 18–23 Uhr.
Paraíso Palmeras, Calle Martí No. 382 e/ Sergio Antuñas y Dimas. Etwas höhere Preise (um 3 CUC), aber deutlich breitere Auswahl, bis hin zu Paella. ⏰ Di–So 12–14, 19–23 Uhr.
Las Fuentes, Calle Martí No. 169 e/Libertad y Agramonte. Recht günstige Gerichte (auch Fisch) in Devisen (ab 1,50 CUC) und schöner grüner Innenhof.
Rancho Palmas, 3 km östlich von Morón an der Straße nach Bolivia. Hier wandert rustikales kreolisches Essen auf die Teller, Bauernhof-Atmosphäre inklusive. ⏰ tgl. 8–17 Uhr.
Bäckerei Doña Neli, Calle Serafín Sánchez No. 86 e/Narciso López y Martí.
Coppelia, Calle Martí esq. Callejas. Versorgt Leckermäuler mit Eis.
Bauernmarkt, Calle Machado esq. Avellaneda.

Nachtleben

Discoteca La Casona, Calle Colón No. 43 (gegenüber vom Bahnhof).
Jardín Apolo, Calle Martí esq. Sergio Antuñas. Lebhafte Bar im Innenhof des gleichnamigen Theaters. ⏰ tgl. 24 Std.
Piano Bar, Calle Martí No. 111 e/Dimas Daniel y Sergio Antuñas. Wie der Name schon andeutet, ertönt ruhige Klaviermusik. ⏰ tgl. 10–24 Uhr.
Centro Cultural Artex, Calle Libertad esq. Narciso López. Wechselndes Kulturprogramm im Innenhof. ⏰ Di–So.
Casa de la Trova, Calle Libertad No. 74 e/Narciso López y Martí. ⏰ Di–So.

Sonstiges

Autovermietungen

Cubacar, im Hotel Morón und im Hostal La Casona. Letzteres vermietet auch **Mofas**.

Einkaufen

Artex, Calle Martí esq. Libertad. Das übliche Souvenirangebot.
Librería La Moderna Poesía, Calle Martí No. 314 e/Serafín Sánchez y Callejas. Weitere Läden findet man in der Hauptgeschäftsstraße Calle Martí.

Feste

In der ersten Junihälfte wird das **Festival del Bolero** gefeiert.

Geld

Cadeca, Calle Martí No. 348 e/Gonzalo Arena y Serafín Sánchez.

Karneval am Wasser

Morón ist die einzige Stadt Kubas mit einem „Wasserkarneval" *(Carnaval acuático)*. Dieser wird im August an der Laguna de la Leche mit festlich geschmückten Booten *(Carrozas náuticas)* gefeiert. Dabei wird die größte Paella Kubas zubereitet – für stolze 3000 Leute! Der normale Karneval folgt Mitte September.

Morón

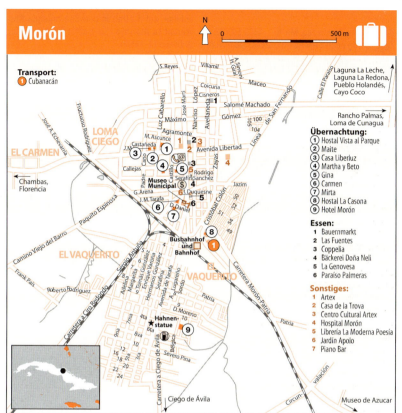

Transport:
① Cubanacán

Übernachtung:
① Hostal Vista al Parque
② Maite
③ Casa Liberluz
④ Martha y Beto
⑤ Gina
⑥ Carmen
⑦ Mirta
⑧ Hostal La Casona
⑨ Hotel Morón

Essen:
1 Bauernmarkt
2 Las Fuentes
3 Coppelia
4 Bäckerei Doña Neli
5 La Genovesa
6 Paraíso Palmeras

Sonstiges:
1 Artex
2 Casa de la Trova
3 Centro Cultural Artex
4 Hospital Morón
5 Librería La Moderna Poesía
6 Jardín Apolo
7 Piano Bar

Zentralkuba

Internet

Im **Hotel Morón** und bei **Telepunto**,
Calle Martí esq. Libertad. ⏱ tgl. 9–18 Uhr.

Medizinische Hilfe

Hospital Morón, Calle Zayas esq. Libertad.
✆ 0133-505011. Mit Apotheke.
Krankenwagen: 0133-185

Nahverkehr

Taxis warten vor dem Bahnhof.

Telefon

Etecsa, Calle Martí esq. Céspedes. ⏱ tgl.
9–18 Uhr.

Touren

Hostal La Casona arrangiert Angelausflüge,
✆ 0133-502236.
Cubanacán, Calle Cristóbal Colón No. 49
(direkt daneben), ✆ 0133-503168. ⏱ Mo–Fr
9–17 Uhr.

Transport

Selbstfahrer

Die **Tankstelle** liegt südlich des Hotels Morón.

Busse

Busbahnhof, Av. Tarafa esq. Martí (beim
Zugbahnhof), ✆ 0133-503774. Hier fahren
mehrmals tgl. Busse nach CIEGO DE ÁVILA.

Bahnhof, Av. Tarafa esq. Martí, ✆ 0133-503683. Züge fahren nach CAMAGÜEY, CIEGO DE ÁVILA, FLORENCIA, HAVANNA, NUEVITAS, SANTA CLARA und SANTIAGO DE CUBA.

Die Umgebung von Morón

Florencia

Der 45 km westlich von Morón gelegene Ort ist genau richtig, um entspanntes Landleben zu genießen und ein bisschen Cowboy-Flair zu schnuppern. Hier gibt es mehr Pferde als Autos auf den Straßen, dazu Ruhe und Zeit im Überfluss. Der nahegelegene Stausee des Río Chambas ist in eine idyllische Hügellandschaft eingebettet. Leider fehlt bisher jegliche touristische Infrastruktur. In der Cafetería Palmares gegenüber vom Bahnhof kann man sein Glück versuchen und nach **Pferdeausritten** in die Umgebung fragen. Möglich ist dies auch auf dem mitten im Grünen am Fluss gelegenen **Campismo Boquerón**, ca. 8 km nordwestlich, ✆ 0133-69318. Wenn die 22 einfachen Hütten nicht gerade nur Kubaner aufnehmen, kosten sie 5 CUC p. P.

Loma de Cunagua

An der Straße nach Bolivia hebt sich 20 km östlich von Morón dieser 364 m hohe Hügel mitten aus der flachen Landschaft empor. Das Naturschutzgebiet gilt nicht nur als Vogelparadies, sondern beherbergt auch seltene Reptilien wie Kubas größte Schlange, die Santa-Maria-Boa. Ein Führer am Eingangstor begleitet einen auf dem 3 km langen **Wanderweg**. ◷ tgl. 7–18 Uhr, Eintritt 1 CUC.

Laguna La Leche

Nur 6 km nördlich von Morón liegt in einer Karstsenke die „Milchlagune", deren milchig-trübe Farbe von den Kalkstein- und Gipsvorkommen auf seinem Grund stammt. Der mit 68 km² größte natürliche See des Landes ist ein **Angelparadies** (Forellen, Tarpune und Barsche) und beliebtes Naherholungsgebiet der Bewohner von Morón. Am Südufer des Sees befinden sich der **Complejo Náutico** (Bootsverleih für 2 CUC/Std.), die **Bar La Cueva** (Fr–Sa Kabarett und Disco) und das schöne, auf Stelzen in den See ragende **Restaurant La Atarraya** (Spezialität Fischgerichte). ◷ Di–So 12–18 Uhr.

Laguna La Redonda

Die deutlich kleinere „runde Lagune" 14 km nördlich von Morón soll sogar noch fischreicher sein als ihr großer Nachbar. **Bootsausflüge** kosten 16 CUC/Std. (4 Pers.). Vierstündige Angeltouren können in den Hotels in Morón für 35 CUC gebucht werden. Es gibt auch ein Restaurant.

Pueblo Holandés

4 km nördlich der Laguna La Redonda passiert man diese kleine Siedlung im holländischen Stil, die Celia Sánchez 1960 errichten ließ. Sie brachte damit ihre Sympathie für die niederländische Architektur zum Ausdruck, die sie bei einer Holland-Reise in den 50er-Jahren kennengelernt hatte. In der Umgebung wird eine eigene Rinderrasse gezüchtet. Kurz vor dem Damm zum Cayo Coco liegt ein **Rodeoplatz** mit Veranstaltungen am Wochenende um 14 Uhr. Der Weg führt weiter am **Loma de Turiguano** vorbei, einem Hügel mit schönem Blick auf den Meeresdamm.

Die Inseln vor der Küste

Die Provinz besitzt gleich zwei bedeutenden Archipele: Den Süden säumen die noch fast unerschlossenen **Jardines de la Reina** (Gärten der Königin), deren Name auf Kolumbus zurückgeht, der das Archipel bei seiner zweiten Reise der spanischen Königin zum Geschenk machte.

Touristisch erheblich bedeutender ist aber die größere Inselgruppe im Norden, die Diego Velásquez zu Ehren des spanischen Königs auf den Namen **Jardines del Rey** (Gärten des Königs) taufte. Schriften des 16. und 17. Jhs. belegen, dass sie wegen ihrer strategisch günstigen Lage Piraten wie Henry Morgan und Jacques de Sores als Unterschlupf dienten. Nach der Abolition im 19. Jh. wurden viele Sklaven über die Inseln ins Land geschmuggelt. Anfang des 20. Jhs. kamen die neuen „demokratischen" Eroberer aus den USA, und Cayo Coco wurde Eigentum von John Teophilus Hodge. Seit der

Revolution sind die Cayos wieder kubanisches Staatseigentum. In den folgenden vier Dekaden sagten sich auf den kaum bewohnten Inseln nur Flamingo und Pelikan gute Nacht, bis Anfang der 90er-Jahre die Baubrigaden anrückten und das zweitwichtigste Strandzentrum hinter Varadero hochzogen.

Cayo Coco

Seit 1988 führt eine 29 km lange Dammstraße über das weite Blau der Bahía de Perros vom Festland zum Cayo Coco. Gleich am Eingang gibt es eine Station mit Passkontrolle, die allen Kubanern (mit Ausnahme des Hotelpersonals) den Eintritt zum Paradies verwehrt. Das schafft natürlich gesellschaftspolitischen Zündstoff. Kubas viertgrößte Insel (370 km^2) begeistert durch üppige **Vegetation** (noch über 70 % sind bewaldet, darunter ausgedehnte Mangroven) und ihre schneeweißen, über 22 km langen **Sandstrände** an der Nordküste.

Zwar gibt es auf Kuba mehrere Strände dieser Qualität; einzigartig ist aber die Kombination mit dem biologischen **Artenreichtum** (rund 200 Tier- und 360 Pflanzenarten). 200 Vogelarten, darunter der weiße Ibis (Coco), dem die Insel ihren Namen verdankt, lassen das Herz jedes Ornithologen höher schlagen. Die rosaroten Flamingo-Kolonien wirken wie Farbtupfer am Horizont. Vor der Küste erstreckt sich das zweitlängste Korallenriff der Welt (nach dem Great Barrier Reef in Australien).

Um dieses ökologische Potenzial zu erhalten, hat man versucht, Pauschaltourismus und Naturschutz miteinander zu verbinden und bereits vor dem Bau des ersten Hotels 1993 viele ökologische Gutachten eingeholt.

Voll in die (Öko-)Hose gegangen ist jedoch die Dammkonstruktion, die den Wasseraustausch unterband und die Meeresfauna schädigte. Und ob das Ökosystem den geplanten Ausbau der derzeit rund 5000 Gästezimmer auf 22 000 verkraftet, bleibt abzuwarten.

Orientierung

7 km nachdem die Dammstraße auf die Südküste des Cayos trifft, stößt man auf einen Kreisel mit

Direkt vor den Hoteltüren lockt Mutter Natur mit zahlreichen Ausflugsmöglichkeiten: In Richtung Osten führt eine Trasse auf die Nachbarn **Cayo Romano** und **Cayo Parédon** mit dem alten Leuchtturm Faro Diego Velázquez von 1859. Schönster Strand ist die einsame **Playa Los Pinos** auf Cayo Romano.

5 km westlich des Kreisels an der Straße nach Cayo Guillermo befindet sich der **Sitio La Güira**, eine Nachbildung einer Köhlersiedlung mit palmstrohgedeckten Hütten. Hier lässt sich gut erspüren, unter welch einfachen Bedingungen die Menschen vor rund 100 Jahren auf dem Eiland lebten. Dazu gibt es Naturlehrpfade und Ausritte zu Mangrovenwäldern (5 CUC/Std.). Man kann hier sogar übernachten (s. S. 442). 🕓 tgl. 9–22 Uhr, Eintritt 2 CUC.

Mehrere Wanderwege führen durch den wald- und seenreichen **Parque Natural La Bagá**. Gehege mit Krokodilen, Schildkröten, Leguanen, Jutías und Wildschweinen vermitteln einen Eindruck der Vielfalt der Inselflora und -fauna. Zudem ist das Areal ein kleines Vogelparadies. Kultureller Kitsch ist jedoch der Nachbau eines kleinen Taino-Dorfes mitsamt peinlicher Folklore-Show. Seinen Namen hat der Park von der apfelförmigen Frucht *Bagá*, die in der Homöopathie Anwendung findet. 🕓 Mo–Sa 10–16.30 Uhr, Eintritt 5–10 CUC (je nach Wanderung).

Im **Centro de Investigaciones de las Ecosistemas Costeras**, neben dem Hotel Tryp Cayo Coco, ✆ 0133-301151, kann man sich über den ökologischen Zustand der Insel informieren.

Tankstelle. Hier geht es rechts weiter zum **Cayo Romano** und geradeaus noch 3 km zur Hotelzone, die sich über 6 km am Nordende des Cayos erstreckt. Die Abzweigung nach links führt zum Sitio La Güira (5 km), Parque Natural El Bagá (ca. 10 km) und schließlich zum benachbarten Cayo Guillermo (31 km).

Es überwiegen 4–5-Sterne-Hotels, die hauptsächlich von Pauschalreisenden mit

Zentralkuba

Campismo Cayo Coco, ca. 15 km westlich der Tankstelle (Richtung Cayo Guillermo), ☎ 0133-301105. 64 spartanische Bungalows in Strandlage für bis zu 4 Pers. Frühzeitig reservieren (nicht ganzjährig geöffnet). Einfaches Restaurant. ❶–❷

Sitio La Güira, 5 km westlich der Tankstelle, ☎ 0133-301208. 2 Hütten mit 4 einfachen DZ mit Ventilator und Gemeinschafts-Bad. Mückenschutz erforderlich. ❷

All-Inclusive-Paket besucht werden. Daneben gibt es zwei günstige Unterkünfte.
Die Hotels werden im Folgenden von Ost nach West aufgelistet. Alle haben komfortable Zimmer, Restaurants, Cafés, Bars, Geschäfte, Internet, Autovermietung, Reisebüro sowie Sport- und Freizeitangebot. Das All-Inclusive-Paket ist am günstigsten von Europa aus zu buchen.

Meliá Cayo Coco, ☎ 0133-301180, 🖥 www.solmeliacuba.com. Angenehme Anlage mit 53 hübschen Luxus-Bungalows (250 DZ) mit Balkon oder Terrasse. Einige liegen idyllisch an Stegen, die in eine Lagune hineinführen. Großer Pool, Wassersport, Tauchzentrum, Tennis, Sauna, Theater, Kinderbetreuung. ❼

Sol Club Cayo Coco, ☎ 0133-301280, 🖥 www.solmeliacuba.com. Ähnlich groß (270 DZ mit allem Komfort), breites Animationsprogramm (u. a. Theater und Disco), Massage, Sauna, Fitnessclub. ❼

NH Kristal Laguna, ☎ 0133-301070, 🖥 www.el-senador.com. Riesige Anlage mit 690 DZ in Bungalows. Komplette Infrastruktur. ❼

Tryp Club Cayo Coco, ☎ 0133-301300, 🖥 www.solmeliacuba.com. Gilt als bestes Hotel. Bunte Bungalows im Stil eines kolonialen Dorfes mit 508 DZ. Familienfreundlich. Viel Wassersport und riesige Pool-Landschaft. ❼

Blau Colonial Cayo Coco, ☎ 0133-301311, 🖥 www.blau-hotels.com. Wer den Stil eines Kolonialdorfes mag, ist hier gut aufgehoben, denn der Komfort lässt nichts zu wünschen übrig. 485 DZ entführen zahlungskräftige Gäste ins Paradies. ❼

Villa Gaviota Cayo Coco, ☎ 0133-302180, 🖥 www.gaviota-grupo.com. Nette kleine Anlage mit nur 48 schönen DZ. ❼

Playa Coco, ☎ 0133-302250, 🖥 www.gaviota-grupo.com. Die 306 DZ lassen wie die übrigen Einrichtungen der Anlage nichts zu wünschen übrig. Großes (Wasser-) Sportangebot. ❼

La Silla, direkt vor Cayo Coco am Ende der Dammstraße. Lockt mit Fischspezialitäten zu annehmbaren Preisen und Aussichtsturm mit schönem Meerblick. ⏱ tgl. 24 Std.

Rápido, neben der Tankstelle am Kreisel. Gut für den späten Hunger und schmalen Geldbeutel. ⏱ 24 Std.

Rocarena, am westlichen Ende der Hotelzone. Gute, aber teure Küche (vor allem Meeresfrüchte). Allein der Ausblick lohnt einen Besuch.

Sitio La Güira, 5 km westlich der Tankstelle. Traditionelle kreolische Gerichte in rustikaler Atmosphäre.

Baden

Nichtgäste können sich in den Hotels einen **Tagespass** kaufen (ab 30 CUC) und alle dortigen Einrichtungen nutzen. Wer sich auf eine Buffetmahlzeit sowie den Strand beschränken will, zahlt 15–25 CUC. Manche Hotels bieten Ermäßigungen für Kinder.

Fliegen und Fallschirmspringen

Aeroclub, neben dem Hotel Sol Cayo Coco, ☎ 0133-301431. Ein Sprung im Tandem kostet

Cueva del Jabalí, südlich des Westendes der Hotelzone, ☎ 0133-301206. Man speist mitten in der Wildschweinhöhle, wo sogar Bäume durch Spalten ans Tageslicht ragen. Die Spezialität ist – richtig geraten – Wildschwein. Di–So findet ab 22 Uhr eine Kabarettshow statt, Eintritt (fürs Kabarett) 5 CUC.

40 CUC und eine Runde im Segelflugzeug 30 CUC/10 Min.

Reiten
Reitausflüge werden vom **Sitio La Güira** angeboten (5 CUC/Std.).

Schnorcheln und Tauchen
Die 32 km langen Korallenbänke eignen sich hervorragend zum Schnorcheln und Tauchen (20 Tauchgründe).
Centro Internacional de Buceo, beim Hotel Tryp Cayo Coco, ✆ 0133-301376.
Tauchzentrum Blue Diving, Hotel Meliá Cayo Coco, ✆ 0133-3081-79, -80.

Sonstiges

Auto- und Motorradverleih
Alle Hotels vermieten Leihwagen und Mopeds.

Geld
BFI, am Kreisel und im Hotel Tryp Club Cayo Coco.

Informationen
Am Flughafen erteilt **Infotur** Auskünfte, ✆ 0133-309109. Informativ ist auch die Webseite 🖥 www.jardinesdelrey.cu.

Medizinische Hilfe
Clínica Internacional, Hotel Tryp Club Cayo Coco, ✆ 0133-3021-60, -61.

Nahverkehr
Tgl. von 9–19 Uhr pendeln **Busse** zwischen allen Hotels der Cayos Coco und Guillermo und halten dabei auch an der Cueva de Jabalí, dem Sitio La Güira und dem Parque Natural El Bagá. Die Tageskarte kostet 6 CUC.
Vor den Hotels und am Flughafen warten **Taxis** (0,40 CUC/km).

Touren
Cubatur, bei der Tankstelle, ✆ 0133-301236. 🕐 tgl. 9–17 Uhr. Weitere Reisebüros in den Hotels.

Transport
Einen öffentlichen Verkehr nach Cayo Coco gibt es leider nicht. Für das Befahren der Dammstraße fällt eine **Mautgebühr** von 2 CUC an. Eine **Tankstelle** befindet sich am Kreisel.
Flughafen Jardines del Rey, südöstlich des Kreisels (7 km von der Hotelzone), ✆ 0133-309165.

Cayo Guillermo

Cayo Cocos „kleiner Bruder" bietet noch mehr Einsamkeit und Erholung. Die im Westen angrenzende Insel ist nur 14 km^2 groß und durch einen Damm mit Cayo Coco verbunden. Vor den Küsten ging Hemingway im Zweiten Weltkrieg auf die Suche nach deutschen U-Booten und in den 50er-Jahren auf Merlin-Fang. Die Schönheit der Cayos inspirierte ihn zum Roman *Inseln im Strom*. Nach seiner Jacht ist der schönste Strand **Playa Pilar** ganz im Westen benannt. Hier türmen sich die mit über 15 m höchsten Dünen der Karibik, und es gibt eine riesige Flamingo-Kolonie bestehend aus über 10 000 Tieren.

Übernachtung
Die Hotelanlagen Cayo Guillermos sind ähnlich gestaltet wie auf Cayo Coco und werden von Ost nach West aufgelistet.
Villa Cojímar, ✆ 0133-301712, 🖥 www.gran-caribe.com. Anlage mit 220 DZ, Pool und Bungalow-Architektur. ❼
Iberostar Daiquirí, ✆ 0133-301650, 🖥 www.iberostar.com. Kunterbunte Anlage mit 312 komfortablen DZ. Sehr beliebt bei deutschen Gästen. Hat eine Bank und eines der besten Sportangebote (Wassersport, Tennis, Tischtennis, Billard und Beach-Volleyball). ❼
Meliá Cayo Guillermo, ✆ 0133-301680, 🖥 www.solmeliacuba.com. Gilt als bestes Hotel: 301 DZ, Sauna, Fitness-Studio,

Zentralkuba

Bei Cayo Coco und Cayo Guillermo fusioniert das Strandidyll mit artenreichen Naturschutzgebieten.

Wassersport, Tennisplätze, Disco und mehr lassen kaum Wünsche offen. ❼

Sol Club Cayo Guillermo, ☎ 0133-301760, 🖥 www.solmeliacuba.com. Weitläufige Anlage mit 268 DZ in zahlreichen Bungalows. Riesiger Pool, prächtige Gartenanlage. Familienfreundlich (mit Kinderclub). ❼

Touren und Aktivitäten

Marina Puertosol, eingangs des Cayos, ☎ 0133-301637 und 301738, 🖥 www. nauticamarlin.com. Tauchen und Bootstouren auf Hemingways Spuren sowie zum Cayo Media Luna, wo Diktator Batista eine Sommerresidenz hatte (49 CUC). Jachten melden sich unter VHF 16 oder VHF 19 an.

Jungle Tour, gegenüber der Marina, ☎ 0133-301515. Die 2-stündige Fahrt mit Motorbooten zu Mangrovenwäldern der Inseln kann vor Ort oder in allen Hotels gebucht werden und kostet 40 CUC. Allerdings werden dadurch die Vögel und Fische der Mangrovengürtel gestört.

Centro Bolera Cuba Libre, zwischen den Hotels Daiquirí und Melía Cayo Guillermo, ☎ 0133-301697. Bowlingbahn, Billard, Tischfußball, Minigolfplatz und Bar.

Jardines de la Reina

Die 650 Inselchen erstrecken sich rund 80 km vor der Südküste über 2500 km^2 und zählen zu den fünf größten Taucharealen der Welt. Vom besten Tauchgebiet der Karibik, wenn nicht sogar der Welt, zu sprechen, ist keineswegs übertrieben. Denn die abgelegenen und unbewohnten Jardines de la Reina konnten sich in den letzten Jahrzehnten völlig frei von menschlichen Einflüssen und schädlichen Umweltfaktoren entwickeln. Die schwierige Erreichbarkeit und der teure Spaß eines Aufenthalts sorgen dafür, dass dies auch in Zukunft so bleiben wird. Hinzu kommen strikte Umweltgesetze: So sind z. B. jährlich nur 300 Taucher zugelassen, und es herrscht Fischverbot in weitem Umkreis. Die Natur dankt es mit einer unglaublichen Artenvielfalt, die der Region den Namen „Galapagos der Karibik" eingebracht hat. Die insgesamt 50 Tauchstellen beeindrucken vor allem durch ihre Vielfalt an Großfischen, unter ihnen zahlreiche Haiarten (Seiden-, Riff-, Weißspitzen-, Bullen- und Hammerhaie). Beste Tauchgründe sind Pippin (Seidenhaie, Barrakudas) und Meseta de los Meros (Zackenbarsch-Schwärme, riesige Judenfische).

Von Júcaro aus starten Motorboote. Als einzige Übernachtungsmöglichkeit schwimmt die Plattform des **Hotel Tortuga** 90 km vor der kubanischen Küste. Es hat 8 Kabinen für bis zu 4 Pers., jeweils mit AC und Bad. Unterkunft ist nur im Paket möglich: Für einen einwöchigen Aufenthalt inklusive Transport, Vollpension und 15 Tauchgängen muss man stolze 1500 CUC berappen. Nur das **Diving Center Jardines de la Reina** (Joint Venture mit der italienischen Touristikfirma Avalon) auf dem Hotelschiff darf Tauchgänge anbieten. Mehr Infos bei **Avalon** in Júcaro, ☎ 0133-266879 und 98104, 🖥 www.divingincuba.com, www.avalons.net.

Provinz Camagüey

Camagüey hat rund 800 000 Einwohner und ist mit 15 900 km² die größte kubanische Provinz. Das Landschaftsbild prägen wie zur Kolonialzeit Zuckerrohrplantagen und vor allem riesige Weideflächen, denn hier schlägt Kubas Herz der Rinderwirtschaft mit einer Vielzahl staatlicher Ranches *(ganaderías)*. In der weiten Savanne kreuzen immer wieder Rinderherden, beaufsichtigt von kubanischen Cowboys *(vaqueros)*, den Weg der Touristen. Der ländliche Charakter der Provinz wird auch dadurch deutlich, dass sie die geringste Einwohnerzahl pro km² hat. Gut erspüren lässt sich das rurale Flair in der **Hacienda La Belén**, 50 km südöstlich von Camagüey.

Die Landesoberfläche ist größtenteils glatt wie ein Tischtuch, das nur an zwei Stellen kleine Falten wirft: Im Norden zieht sich die 260 km lange waldreiche Hügelkette der Sierra de Cubitas entlang und erreicht Höhen bis 330 m. Sie ist von kleineren Karstschluchten durchfurcht und hat einige Höhlen mit Zeichnungen der Ureinwohner. Die südliche Sierra de Najasa erhebt sich bis zu 301 m.

Keine andere Provinz kommt auf eine so hohe Kilometerzahl an Traumstränden. An der Nordküste befindet sich der 21 km lange Strand **Santa Lucía**, der mit relativ teuren 3–4-Sterne-Hotels hauptsächlich Pauschalreisende und Taucher anzieht, die sich an der fantastischen Unterwasserwelt des vorgelagerten Korallenriffes und an Haifütterungen ergötzen. Weiter westlich schließen sich die **Cayos Sabinal**, **Romano** und **Cruz** des Sabana-Camagüey-Archipels mit weiteren 40 km Sandstrand an. Diese unbewohnten Naturschutzgebiete bieten Wildnis pur (u. a. die größte Flamingoschar Kubas) und schaffen ein Gefühl von Einsamkeit, das manchen an Robinson Crusoe denken lässt. Bei einer derartigen Dominanz an Natur- und Agrarräumen würde man gar nicht vermuten, dass im Zentrum der Provinz mit **Camagüey** eine der wichtigsten Kulturmetropolen der Insel liegt.

Wie groß der Widerstandsgeist gegen die spanische Kolonialmacht in dieser Provinz war, zeigt die Tatsache, dass 23 Generäle der Unabhängigkeitskriege aus ihr stammten, unter ihnen Ignacio Agramonte, Ana Betancourt und Enrique Varona. Und diese Provinz war es auch, die 1869 in **Guáimaro** Kubas erste Verfassung hervorbrachte und Carlos Manuel de Céspedes zum ersten Präsidenten der Republik Kubas ausrief.

10 HIGHLIGHT

Camagüey

Wer die Insel durchquert, kommt um Camagüey nicht herum; und das nicht nur wegen ihrer geografischen Lage, sondern vor allem wegen ihres **kolonialen Charmes** und der entspannten Atmosphäre.

Die mit rund 300 000 Einwohnern drittgrößte Stadt des Landes zählt zu den sieben ältesten Stadtgründungen und lockt mit einer Vielzahl an kolonialen Plätzen und hübschen Häusern mit roten Ziegeldächern. Dazu kommt die höchste Dichte an **Kirchen** in Kuba, denn Camagüey gilt als Hochburg des Katholizismus. Das historische Zentrum zählt zu den besterhaltenen der Insel und wurde zum Nationalmonument erklärt,

Zentralkuba

Tinajones

Die riesigen Tonkrüge dienten ab dem 16. Jh. als Behälter für Flüssigkeiten, vor allem Regenwasser. Da das knappe Nass damals als kostbares Gut galt, waren sie so etwas wie die Statussymbole der Kolonialzeit: An der Menge und Qualität ihrer *Tinajones* zeigte sich der Reichtum einer Familie. Anfang des 20. Jhs. zählte man sage und schreibe 16 000 Tonkrüge in der Stadt! Heute sind es noch rund 2500. Die bauchigen Gefäße sind so groß (bis zu 2 m hoch und bis zu 4 m Umfang), dass ein Mensch darin in hockender Position Platz finden könnte, und angeblich bewiesen das auch mehrfach Widerstandskämpfer, die sich vor spanischen Soldaten verstecken mussten. Einer Legende zufolge verliebt sich jeder, der vom Wasser eines *Tinajones* trinkt, in die Stadt und bleibt für immer hier. Vielleicht sind daran aber eher die Camagüeyeras schuld, die als die schönsten Frauen Kubas gelten …

dementsprechend viel Geld fließt in die Restauration.

Selbst wer sich im labyrinthartigen Gassengewirr verläuft, was ohne guten Stadtplan gar nicht so unwahrscheinlich ist, stolpert an allen Ecken und Enden über Sehenswürdigkeiten – bei 4000 historischen Bauten kein Wunder. Zu den Zeugnissen der Stadtgeschichte zählt auch ihr Wahrzeichen, die riesigen bauchigen Tonkrüge *(tinajones)*. Wer des Spanischen mächtig ist – und hier im „Oxford Kubas" kann man es besonders gut trainieren – kann in Kubas „Hauptstadt der Legenden" eine Vielzahl interessanter Geschichten hören. Da trotz all dieser Pluspunkte immer noch relativ wenige Touristen hier hängenbleiben, verhalten sich die meisten Einheimischen Besuchern gegenüber freundlich und nicht aufdringlich. Die hohe Studentenzahl verleiht der Stadt zudem ein junges Flair und lässt das Nachtleben brummen.

Camagüeys Ruf als kulturelle Hochburg liegt nicht nur in der langjährigen Geschichte, sondern auch in der Vielzahl prominenter Kubaner begründet, die hier das Licht der Welt erblickten: Dazu zählen Philosoph Enrique José Varona (1849–1933), Dichter Emilio Ballagas (1908–54) und Kubas Nationaldichter Nicolás Guillén (1902–89), der seine Heimatstadt „Milde Gegend der Schäfer und Sombreros" nannte. Camagüey war auch der Geburtsort des Forschers Carlos J. Finlay (1833–1915), der den Überträger des Gelbfiebers entdeckte und die Grundlagen der Tropenmedizin schuf. Heute wird diese Wissenschaftstradition fortgesetzt durch Camagüeys große Universität.

Geschichte

Camagüey wurde 1514 unter dem Namen *Santa María del Puerto del Príncipe* als eine der ersten sieben Siedlungen vom Eroberer Diego Velázquez gegründet. In den folgenden Jahren musste die Stadt zweimal wegen Piratenüberfällen umgesiedelt werden und landete schließlich 1528 auf den Ländereien des Häuptlings Camagüebax. Das ungleichmäßig angelegte Straßennetz war kein Werk eines verwirrten Stadtplaners, sondern hatte durchaus System: Dadurch wollte man den Piraten, die die Stadt nach wie vor heimsuchten, die Orientierung erschweren. Viel half das nicht, denn sowohl Henry Morgan als auch dem französischen Freibeuter Gramont gelang es im 17. Jh., die Stadt zu erobern, deren Wohlstand vor allem auf den ökonomischen Zweigen Vieh- und Zuckerwirtschaft beruhte. Puerto Príncipe erhielt 1903 den heutigen indianischen Namen, dessen Ursprung von der hier ansässigen Baumart *Árbol de la camagua* herrührt.

Zwar sagt man der Stadt nach, sie sei sehr konservativ. Zumindest in zwei historischen Epochen brachen die Bewohner aber aus diesem Muster aus: Ihren Drang nach Unabhängigkeit hielten sie keinesfalls zurück, sondern gaben der Bewegung entscheidende Impulse, vor allem durch Persönlichkeiten wie Ignacio Agramonte, einem der wichtigsten Generäle der Unabhängigkeitskämpfe. Während der Diktaturen von Machado und Batista legten des Öfteren Streiks die gesamte Stadt lahm, und Che Guevara und Camilo Cienfuegos wurden bei der Einnahme der Stadt tatkräftig unterstützt.

Orientierung

Als eine von wenigen Städten Kubas ist Camagüey nicht im Schachbrettmuster, sondern unre-

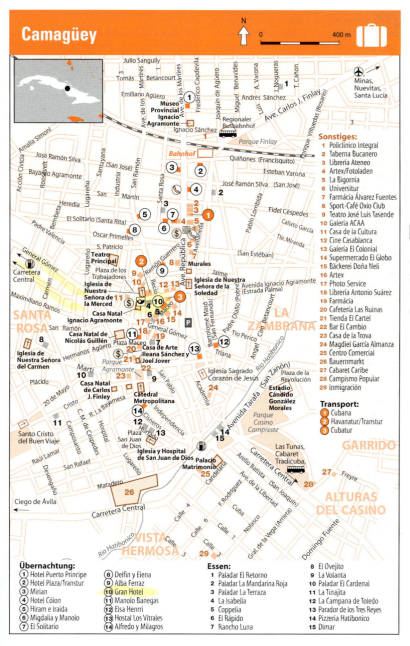

gelmäßig angelegt. Dies macht die Orientierung nicht einfach. Die meisten interessanten Punkte liegen aber an den Hauptachsen **Calle Repúbli-ca**, **Martí** und **General Gómez**. Der Stadtkern Camagüeys beginnt im Norden auf der Calle República Höhe Hauptbahnhof und endet im Süden beim Casino Campestre. In diesem Viertel, auch **América Latina** genannt, befinden sich die meisten Sehenswürdigkeiten, Restaurants, Unterkünfte und Geschäfte. Wichtigste Nord-Süd-Achse der Stadt ist die **Calle República**, die im Zentrum zur Fußgängerzone wird. Von hier zweigen in West-Ost-Richtung wichtige Straßen wie die Av. Agramonte und die Calle Martí ab. Südlich des Zentrums schließen sich der Río Hatibonico und die Carretera Central an.

Sehenswertes

An der Calle República

Das **Museo Provincial Ignacio Agramonte**, ehemalige Kaserne aus dem Jahre 1848, hat Exponate zur kubanischen Malerei, Regionalgeschichte und Naturkunde. Den Hof schmücken einige *Tinajones*. ☉ Di–Sa 10–17, So 10–13 Uhr, Eintritt 2 CUC, Fotos 1 CUC.

Die **Iglesia de Nuestra Señora de la Soledad** ist ein rotes Barockgebäude aus dem 18. Jh., deren Inneres mit barocken Fresken und Heiligenfiguren (u. a. Santa Barbara und Nuestra Señora de la Caridad del Cobre) geschmückt ist. Hier wurde Agramonte getauft und hier heiratete er. Im Klostergarten ruhen einige schöne Original-*Tinajones*. ☉ tgl. vormittags, Messen Di–So um 7 Uhr.

Das relativ junge Gotteshaus im gotischen Stil **Iglesia Sagrado Corazón de Jesús** datiert aus dem Jahr 1920 und lohnt wegen seiner schönen Kirchenfenster und dem prächtigen Altar einen kurzen Besuch. ☉ tgl. 9–12 Uhr, Messen Di–Sa 20, So 9 Uhr.

Sehenswert sind die **Murales** in der Calle Jaime e/República y Avellaneda. Hier hat die Künstlerin Ileana Sánchez auf der gesamten Wand der Gasse ihr Markenzeichen hinterlassen: witzige, bunte Figuren von Afrokubanern in verschiedenen Alltagssituationen. Dass diese stets dicklippig dargestellt werden, ist kein Zeichen von Rassismus, sondern soll im Gegenteil den Stolz auf Kubas afrokubanische Wurzeln ausdrücken.

Plaza de los Trabajadores

Die **Iglesia de Nuestra Señora de la Merced** aus der Mitte des 18. Jhs. zählte damals zu den größten Kirchen des Landes. Sie hat eine kleine Krypta und einen kunstvollen Hauptaltar. Eine Augenweide ist das Grab der Heiligen, ein reich verzierter **Silbersarg**, der aus über 20 000 eingeschmolzenen Münzen gegossen wurde. Im benachbarten Klosterhof ruhen einige Original-*Tinajones*. ☉ tgl. 9–12 Uhr, Messen Mo–Sa 17, So 9 Uhr.

Im heutigen **Museo Casa Natal Ignacio Agramonte** kam der spätere General als Sohn eines wohlhabenden Viehbesitzers auf die Welt. Agramonte (1841–73) hat entscheidend an der Ausarbeitung der ersten Verfassung von 1869 mitgewirkt und fiel drei Jahre später im Kampf gegen die Spanier. Im Museum sind neben historischen Dokumenten auch edle Möbel jener Epoche ausgestellt. Den Innenhof zieren einige *Tinajones*. ☉ Di–Sa 10–17.30, So 9–12 Uhr, Eintritt 2 CUC.

Das **Teatro Principal** glänzt sowohl mit seiner schönen Fassade mit Balkonen und bogenförmigen Portalen als auch mit Fenstermosaiken, Marmortreppen und Kronleuchtern. Seit 1850 finden hier Theater-, Tanz- und Musikveranstaltungen statt. Heute hat das Ballet de Camagüey, eines der besten Ensembles des Landes, umjubelte Auftritte. ☉ tgl. 8–18 Uhr.

Plaza del Carmen

Dieser bunte und charmante Kolonialplatz ist in den letzten Jahren stark aufgemotzt worden. Witzig sind die schönen **Bronze-Statuen** in Lebensgröße (drei tratschende Frauen, ein Zeitungsleser und ein alter Mann, der einen Karren mit Tonkrügen schiebt). Sie sind realen Personen nachgestaltet, die manchmal für ein Fotomotiv posieren.

Im Westen erhebt sich die **Iglesia de Nuestra Señora del Carmen** aus dem Jahr 1825. Das barocke Bauwerk hat als einzige Kirche Camagüeys zwei Türme und besitzt eine der schönsten Außenfassaden.

Parque Agramonte

Den ehemaligen Exerzierplatz dominiert eine **Reiterstatue** des Unabhängigkeitskämpfers, der

stolz die Machete gen Himmel reckt. Sie wurde vom italienischen Künstler Salvatore Buemi angefertigt. Die vier Königspalmen an den Eckpunkten des Platzes stehen für vier von den Spaniern hingerichtete Unabhängigkeitskämpfer.

Das schöne **Casa de Arte Ileana Sánchez y Joel Jover** ist eine absolut sehenswerte Fundgrube für Souvenirs. Das ganze Haus des Künstlerpaares wirkt wie ein Kunstmuseum, und die Gemälde sind ebenso exotisch wie der Schlittenhund von Herrn Jover, der sich nur bei voll aufgedrehter AC richtig wohlfühlt. Das Paar hat schon in mehreren Ländern Ausstellungen gehabt.

An der Stelle der **Catedral Metropolitana** stand schon 1530 eine Kirche. Das heutige Gotteshaus wurde im 17. Jh. errichtet, im 19. Jh. erweitert und 1998 zum Papstbesuch rundum saniert. Es ist Camagüeys heiliger Schutzpatronin Nuestra Señora de la Candelaria geweiht. Vom Turm aus hat man einen schönen Ausblick. ◷ tgl. vormittags, Messe So 9 Uhr.

Das **Casa Natal de Carlos J. Finlay** ist die Geburtsstätte des berühmten Naturwissenschaftlers. Finlay (1833–1915) entdeckte, dass Moskitos die Überträger des Gelbfiebervirus sind und schlug vor, diese Wirtstiere effektiv zu bekämpfen. Doch seine Forschungsergebnisse wurden von ignoranten Berufskollegen 20 Jahre lang in den Wind geschlagen. Dazu passt, dass der hochbegabte Forscher nie den verdienten Nobelpreis erhielt. ◷ Mo–Sa 9–17 Uhr, Eintritt 1 CUC.

Im Haus **Casa Natal Nicolás Guillén** kam der große kubanische Dichter, der in seinen Werken auf den harten Alltag der afrokubanischen Bevölkerung einging, 1902 zur Welt (Kunst und Kultur, s. S. 160). In dem heutigen Kulturzentrum gibt es Fotos, Schriftstücke, persönliche Gegenstände und manchmal Lesungen zu sehen und hören. ◷ Mo–Fr 9–16 Uhr, Eintritt frei.

Plaza de San Juan de Dios

Camagüeys ältester Platz wurde mit seinen bunten Kolonialgebäuden im Originalzustand zum Nationalmonument erklärt. Hier steht die **Iglesia y Hospital de San Juan de Dios** aus dem Jahre 1728 mit schönem maurischen Innenhof und mächtigen *Tinajones*. In der Kapelle thront ein

Hostal Los Vitrales, Calle Avellaneda No. 3 e/ General Gómez y Martí, ☎ 0132-295866. Das Haus strotzt vor kolonialen Elementen (u. a. 2 wunderschöne Buntglasfenster). 2 große DZ (Doppelbett) mit AC, Ventilator, großem Bad und Kühlschrank. Gutes Essen. Der nette Vermieter spricht Englisch. ❷

Altar aus wertvollem Holz, in den ein menschliches Abbild des Heiligen Geistes eingraviert ist – als eines der beiden einzigen derartigen Motive in Lateinamerika. Im Hospital verbargen die spanischen Kolonialherren Ignacio Agramontes Leiche vor der Bevölkerung. Es fungierte bis 1991 als Ausbildungsstätte für Krankenschwestern und -pfleger und ist heute sowohl Museum (Fotos zur Stadtgeschichte) als auch Sitz des Centro Provincial de Patrimonio, das für die Restauration der Kolonialbauten zuständig ist. Der Turm bietet einen schönen Ausblick. ☉ Mo–Sa 9–16.30 Uhr, Eintritt 1 CUC.

Casino Campestre und Umgebung

Das **Casino Campestre** ist seit 1860 die grüne Lunge Camagüeys und hat einen kleinen zoologischen Garten, Denkmäler und günstige Imbiss-Stände. Abends sollte man den Park aber meiden. ☉ Di–Fr 9–16, Sa–So 9–17 Uhr, Eintritt frei.

Unmittelbar daneben befindet sich die **Plaza de la Revolución** mit dem gigantischen **Monumento Ignacio Agramonte**. Auf dem Relief am Sockel sind u. a. die Revolutionshelden Fidel Castro, Che Guevara und Camilo Cienfuegos eingraviert.

In dem prächtigen **Palacio Matrimonio** im eklektizistischen Stil mit Art-Déco-Fassade heiraten die Camagüeros, vor allem am Wochenende.

Privatpensionen

Delfin y Elena, Calle San Ramón No. 171 e/El Solitario y Oscar Primelles, ☎ 0132-297268. Modernes Haus mit 2 großen DZ mit AC, Ventilator und Gemeinschafts-Bad. Terrasse und schöner Innenhof. Parkplatz. Delfin kennt viele Legenden der Stadt und spricht Englisch. ❶–❷

Migdalia y Manolo, Calle Solitario No. 18 e/República y Santa Rosa, ☎ 0132-294403. Schönes und gepflegtes Haus mit erfahrenen und sehr freundlichen Vermietern. Kleines EZ mit AC, Ventilator und Bad sowie DZ mit AC, Ventilator, großem Bad und Kühlschrank. Leider gibt es keine Fenster, aber eine große Tür zum schön begrünten Flur. ❶–❷

Elsa Henrri, Calle Bartolomé Masó No. 62 e/Tio Perico y Triana, ☎ 0132-298104. Wunderschönes Kolonialhaus mit Innenhof und Garten. 2 DZ mit AC, Ventilator und Bad. Ruhige Lage. Parkplatz. ❶–❷

Mirian, Calle República No. 505 e/Quiñones y José Ramón Silva, ☎ 0132-293811. DZ mit AC, Ventilator, Bad, Kühlschrank und Radio/MP3. Schönes Kolonialhaus. Der Vater spricht gut Englisch und hat viel historisches Wissen über die Stadt. ❶–❷

Hiram e Iraida, Calle San Ramón No. 216 e/Solitario y San Martin, ☎ 0132-241662. Wunderschön erhaltenes Kolonialhaus aus dem 19. Jh. mit tropischem Garten. 2 schöne DZ mit AC, Ventilator, großem Bad, Kühlschrank und TV. Keine Fenster, aber große Tür zum Garten. Garage. ❷

El Solitario, Calle Solitario No. 2 esq. República. ☎ 0132-293003. Riesiges DZ mit großem Bad, AC und Ventilator. Nette Vermieter in einem schönen Kolonialhaus mit Gemälden und hoher Decke. Dachterrasse. ❷

Manolo Banegas, Calle Independencia No. 251 (altos) e/Hermanos Agüero y General Gómez (am Plaza Maceo), ☎ 0132-294606. Kolonialhaus mit schönen antiken Möbeln. 2 große DZ mit AC, Ventilator und Gemeinschafts-Bad (eines mit Balkon zum Plaza Maceo). Parkplatz. ❷

Colón, Calle República No. 472 e/José Ramón Silva y San Martin, ☎ 0132-283368 und 251520, 🖥 www.islazul.cu. Kleines schmuckes Hotel im neoklassizistischen Stil. 48 DZ mit AC, Bad, TV, Kühlschrank und Radio. Schöner Innenhof. Restaurant. ❸

Gut und günstig

Ganz auf kreolische Küche spezialisiert und bei Einheimischen sehr beliebt ist der rustikale **Paladar La Terraza** in der Calle Santa Rosa No. 8 e/El Solitario y San Martín, nahe der Calle República, ☎ 0132-298705. Die Gerichte (auch Lamm) kosten nicht mehr als 3,50–4 CUC. Manchmal spielt ein Gitarrist leise Klänge. ⏰ tgl. 12–0.30 Uhr.

Alfredo y Milagros, Calle Cisneros No. 124 esq. Raúl Lamar (bei der Plaza San Juan de Dios), ☎ 0132-297436, ✉ allan.carnot@gmail.com. Schönes Kolonialhaus mit Terrasse und kunstvoll gestaltetem Innenhof. 2 DZ mit AC, Ventilator und großem Bad. Hund. Parkplatz. Englisch. ➋

Alba Ferraz, Calle Ramón Guerrero No. 106 e/General Espinoza y Oscar Primelles, ☎ 0132-283030, ✉ misleydis2000@yahoo.com. 2 DZ mit AC, Ventilator und Gemeinschafts-Bad. Schöner kolonialer Innenhof und Dachterrasse. Die Vermieterin kann Musik- und Tanzkurse organisieren (5 CUC/Std.). ➋

Hotels

Plaza, Calle Van Horne No. 1 e/República y Avellaneda (direkt am Bahnhof), ☎ 0132-2824-35, -57, 🖥 www.islazul.cu. 67 einfache DZ mit AC, Ventilator, Bad und TV. Das Hotel stammt aus dem letzten Jh. und strahlt viel Charme aus. Ein Nachteil ist allerdings der recht hohe Lärmpegel (nach hinten rausgehende Zimmer sind okay). Autoverleih. Empfehlenswerte Snack-Bar. ➌

Puerto Príncipe, Av. de los Mártires No. 60 esq. Andrés Sánchez, ☎ 0132-2824-69, -03, 🖥 www.islazul.cu. 77 kleine DZ mit AC und Bad. Dachbar und Cabaret. ➌

Gran Hotel, Calle Maceo No. 67 e/República y Gómez, ☎ 0132-2920-93, -94, 🖥 www.islazul.cu. Antike Möbel im Eingangsbereich. 72 schicke Doppelzimmer mit AC, Bad, Telefon, TV, Kühlschrank und Radio. Pool. Elegantes Restaurant im 5. OG, darüber eine Dachbar. Das koloniale Ambiente wird mit einer Piano-Bar abgerundet. ➍

Essen

Calle República und Umgebung

Paladar La Mandarina Roja, Calle Avellaneda e/J. Ramón Silva y San Martín, ☎ 0132-292067. Einfach, aber gemütlich eingerichtet. Asiatisch angehauchte Gerichte um 2 CUC. Freundliche Bedienung. ⏰ Fr–So 12–15, 19–22 Uhr.

Snack Bar Hotel Plaza, direkt am Bahnhof. Recht gute und günstige Kleinigkeiten (Sandwiches, *Tortillas* etc.). ⏰ 24 Std.

Plaza de los Trabajadores

Coppelia (Eisdiele), Calle Independencia e/Av. Agramonte y General Gómez.

Plaza Maceo und Parque Agramonte

Rancho Luna, am Plaza Maceo. Gute und preiswerte Küche, z. B. *Cordon Bleu* mit Beilagen für 3 CUC.

La Volanta, am Parque Agramonte, ☎ 0132-291974. Im Kolonialgebäude gibt es ordentliche und günstige kreolische Küche in Moneda Nacional. Reservierung empfohlen.

El Rápido, Calle General Gómez esq. Maceo. ⏰ tgl. 9–21 Uhr.

Am und um den Plaza del Carmen

El Ovejito, Plaza del Carmen. Wegen der noblen Kolonialatmosphäre und schönen Innendekoration sehr beliebt bei Touristen.

Ein Meisterkoch führt Regie

La Isabella, Av. Agramonte esq. Independencia, Plaza de los Trabajadores. Wow, endlich mal ein echtes kulinarisches Highlight zum kleinen Preis! Das schicke Restaurant ist Camagüeys Schauspielerin Isabel Santos gewidmet und ganz im Stil einer Filmkneipe eingerichtet: Poster und Fotos berühmter kubanischer Produktionen, Filmrollen etc. Die Stühle tragen auf den Rückenlehnen Namen weltberühmter Schauspieler und Regisseure, und sogar die Speisekarte ist wie eine Szenen-Klappe gestaltet. Pizza und andere Nudelgerichte kosten um 3 CUC und sind ein Gedicht. ⏰ tgl. 12–16, 18.30–22 Uhr.

Zentralkuba

Die Spezialität Lamm wird ab 7 CUC serviert.
⊙ Di–So.
Paladar El Cardenal, Calle Martí e/San Antonio y Hospital, ☎ 0132-296925. Wenige günstige Gerichte (2–3 CUC) der typisch kreolischen Machart (vor allem Schwein). Große Portionen. ⊙ tgl. 11–24 Uhr.

Plaza San Juan de Dios

La Campana de Toledo, Kolonialambiente pur und wunderschöner grüner Innenhof mit witzigen Figuren. Die namensgebende Glocke befindet sich auch hier. Umfangreiche Wein- und Speisekarte (auch Rind). All das rechtfertigt Preise zwischen 6–10 CUC.
Parador de los Tres Reyes. Für 4–7 CUC kann man Fleischgerichte an Holztischen in Kolonial-ambiente mit Keramikdekoration verspeisen.

Außerhalb des Zentrums

Paladar El Retorno, Calle Jaime Nogueras No. 115 e/Adrés Sánchez y Betancourt. Familiäre Atmosphäre und gemütliche Inneneinrichtung mit Bar. Die fleischlastigen, typisch kreolischen Gerichte landen für wenig Geld auf dem Teller, denn bezahlt wird in Moneda Nacional. ⊙ tgl. 12–24 Uhr.
Dimar, direkt am Casino Campestre. Fisch und Meeresfrüchte. ⊙ 24 Std.
Pizzeria Hatibonico, direkt daneben. Pizzen und Pollo Frito in Moneda Nacional. Viele Kubaner, Wartezeit einplanen.
La Tinajita, Calle Cristo No. 77 e/Santa Catalina y Benbeta. Peso-Gerichte (Spezialität ist *Aporreado*, eine Art Roulade). Hier treffen sich viele Kubaner, um Bier in Strömen fließen zu lassen (10 CUP). Allein schon die künstlerische Gestaltung des Innenhofs lohnt einen Besuch: In eine Wandkeramik sind die Straßennamen der Stadt eingraviert.
Auf dem Bauernmarkt südlich der Plaza San Juan de Dios gibt es **Stände mit Pizza und Batidos** (Milchshakes).

Nachtleben

Discos und Live-Musik

Das Straßenfest **Sábado de Camagüey** mit Live-Bands sowie Speisen und Getränken unter freiem Himmel tobte früher jeden Sa ab

Angesagtester Laden

El Colonial, Calle Ignacio Agramonte No. 406 e/República y Recio. Im beliebtesten Laden der Stadt ertönt tgl. ab 17.30 Uhr Live-Musik. Am Wochenende folgen um 22 Uhr Cabaret und Disco. Fürs leibliche Wohl sorgt ein Snack-Restaurant. Eintritt 3 CUC.

18 Uhr auf der Calle República esq. Agramonte, findet jetzt aber nur noch 1–2x monatl. statt. Schade!
In der beliebten **Casa de la Trova** am Parque Agramonte treten Di–So Musiker auf. Lohnt schon wegen des kolonialen Gebäudes und Innenhofs einen Besuch.
Casa de la Cultura, Plaza de los Trabajadores. Im schönen Haus gibt es Live-Konzerte und andere Veranstaltungen. Auf Aushang achten.

Bars

Bar El Cambio, am Parque Agramonte. Camagüeys Antwort auf Havannas Bodeguita del Medio. Kleine Bar mit nettem Ambiente. Überall zieren Graffitis, Sprüche und Namen von Besuchern die Wände. Cocktails wandern für 2–3 CUC über die Theke. ⊙ tgl. 11–24 Uhr.
Las Ruinas, Plaza Maceo. Die Bar macht ihrem Namen alle Ehre. Trotzdem hat das leicht marode Ambiente viel Charme, und es sitzt sich gemütlich unter freiem Himmel. ⊙ 24 Std.
La Bigornia, Calle República esq. El Solitario. Netter Platz für einen Drink oder Snack (1–3 CUC). Abends wird es rappelvoll, vor allem, wenn am Wochenende die Musiker ihre Instrumente auspacken.
Taberna Bucanero, Calle República No. 420 esq. San Martín. In der gemütlichen Kneipe grüßen schon am Eingang witzige Piratenfiguren. Hier fließt das kubanische „Piraten"-Bier in Strömen. ⊙ tgl. 14–23 Uhr.
Piano-Bar, im Gran Hotel. Elegant und stimmungsvoll.

Unterhaltung und Kultur

Cabaret

Caribe, Calle General de la Vega esq. Freyre (am Park Casino Campestre), ☎ 0132-298112. Die

Show ist sehenswert und stadtbekannt. Nebenan gibt es eine Piano-Bar. ⏱ tgl. ab 21 Uhr, Eintritt 10 CUC pro Paar (inkl. Getränke für 6 CUC).

Tradicuba, Carretera Central esq. C (rund 6 km südöstlich des Zentrums beim derzeit geschlossenen Hotel Camagüey). Open-Air-Show nach Tropicana-Motto: „unter den Sternen" *(„bajo de las estrellas")*. Qualitativ kann sie der Show aus Havanna zwar nicht das Wasser reichen, ist aber deutlich billiger (wie das Cabaret Caribe). ⏱ tgl. ab 21 Uhr.

Theater und Kino

Teatro José Luis Tasende, Calle Ramón Guerreo e/Padre Valencia y San Ramón (bei der Plaza de los Trabajadores). Am Wochenende Stücke für Kinder und Erwachsene.
Cine Casablanca, Av. Agramonte e/República y San Rámon.

Feste

Anfang bis Mitte Februar gibt es Festivitäten zur **Gründung der Stadt**.
Das **Festival San Juan** wird vom 24.–29. Juni gefeiert. Eine bunte Conga-Parade, Musiker und Akrobaten begeistern die Menge. Überall wird der ortstypische Eintopf *(ajiaco)* gekocht.
Das Internationale **Musikfestival Luis Casas Romero** findet Mitte Juli statt.
Das **Festival de Teatro** lockt vom 26.9.–4.10. Besucher an.
Weiter geht es vom 29.10.–4.11. mit kulturellen Aktivitäten der **Fiesta del Tinajón**.
Das **Festival de La Danza** im Dezember rundet das Jahr mit nationalen und internationalen Interpreten ab.

Elegante Abendunterhaltung

Teatro Principal, Calle Padre Valencia No. 64 (nahe Plaza de los Trabajadores). In diesem wunderschönen Gebäude treten das populäre Ballet de Camagüey mit klassischen und modernen Stücken sowie das Symphonische Orchester der Provinz auf. ⏱ Fr–Sa ab 19.30, So ab 16 Uhr, Eintritt 5 CUC.

Shoppen im Kunstmuseum

Eine tolle Souvenirquelle ist das **Casa de Arte Ileana Sánchez y Joel Jover** am Parque Agramonte (Sehenswürdigkeiten, s. S. 449). Das Angebot reicht von bunten Gemälden bis hin zu Kunsthandwerk verschiedenster Art.

Einkaufen

Die Fußgängerzone der **Calle República** und die **Calle Maceo** sind die Haupteinkaufsstraßen.
Artex, Calle República No. 381 esq. El Solitario und Calle Maceo e/Agramonte y General Gómez. Postkarten, T-Shirts und CDs. ⏱ Mo–Sa 9–17, So 9–12 Uhr.
Galería Colonial, Av. Agramonte e/República y San Ramón. Hier gibt es Zigarren, Kaffee und Rum. ⏱ Mo–Sa 10–18, So 10–14 Uhr.
Magdiel García Almanza, Calle Padre Olallo No. 304 e/Francisco Villardel y Ramón Guerra, ✆ 0132-293454, ✉ mag@pprincipe.cult.cu. Bekannter Skulpteur, dessen Ausstellungen es bis nach Deutschland geschafft haben. Seine aus Edelhölzern gefertigten Kunstwerke sind nicht billig, aber hochwertig.
Galeria ACAA, Plaza de los Trabajadores. Kunsthandwerk.
Tienda El Cartel, Calle Cisneros e/Hermanos Agüero y Martí. Musikartikel. ⏱ tgl. 9–18 Uhr.
Librería Antonio Suárez, Calle Maceo e/General Gómez y República.
Librería Ateneo, Calle República No. 418 e/El Solitario y San Martín.

Lebensmittel

Der riesige **Bauernmarkt**, Calle Matadero (am Río Hatibonico südlich der Plaza San Juan de Díos) wirkt heruntergekommen, hat aber für kubanische Verhältnisse eine große Auswahl. Marktschreier *(Pregones)* preisen ihre Waren an.
Supermercado El Globo, Calle Maceo e/República y General Gómez. ⏱ Mo–Sa 9–18, So 9–13 Uhr.

Zentralkuba

Centro Comercial, Carretera Central esq. Cuba. Großes Einkaufszentrum. ⏰ Mo–Sa 9–17, So 9–13 Uhr.
Bäckerei Doña Neli, Calle Maceo e/República y General Gómez. ⏰ tgl. 8–22 Uhr.

Aktivitäten und Touren

Sport-Café Oxio Club, Calle República No. 175 e/Oscar Primelles y Finlay. Bowling, Billard und Computerspiele. Der kleine Pool kann für 5 CUC benutzt werden (bis 18 Uhr, inkl. Getränke für 3 CUC). ⏰ tgl. 10–22 Uhr.
Cubatur, Av. Agramonte e/República y San Ramón, ✆ 0132-2847-85. -86. Größtes Ausflugsprogramm. ⏰ Mo–Fr 9–17, Sa 9–13 Uhr.
Havanatur, Av. Agramonte esq. Independencia, ✆ 0132-285327. ⏰ Mo–Fr 9–16.30, Sa 8–12 Uhr.
Im Hotel Plaza und am Flughafen gibt es weitere Reisebüros.

Sonstiges

Apotheken
Farmácia Álvarez Fuentes, Calle Avellaneda esq. Oscar Primelles. ⏰ 24 Std.
Eine weitere liegt in der Calle Maceo e/Gómez y Hermanos Agüero (beim Plaza Maceo). ⏰ Mo–Sa 9–17 Uhr.

Autovermietungen
Havanautos, Flughafen, ✆ 0132-287067.
Transtur, Hotel Plaza, ✆ 0132-282413, und bei Havanatur, ✆ 0132-285327.

Baseball
Estadio Cándido González Morales, Av. 26 de Julio y Cornelio Porro, ✆ 0132-293140.

Fahrrad- und Motorradverleih
Transtur, Hotel Plaza, ✆ 0132-282413. Verleiht Mofas.

Filme und Fotoarbeiten
Photo Service, Calle General Gómez e/Maceo e Independencia. ⏰ tgl. 9–20 Uhr.
Ein weiterer **Fotoladen** ist bei Artex in der Calle República No. 381 esq. El Solitario. ⏰ Mo–Sa 9–17, So 9–12 Uhr.

Geld
BFI, Calle Independencia (Plaza Maceo).
Bandec, Calle Cisneros esq. Agramonte (Plaza de los Trabajadores).
Cadeca, Calle República e/Oscar Primelles y El Solitario.

Informationen
Campismo Popular, Calle 1 e/Carretera Central y Freyre (am Casino Campestre), ✆ 0132-296855. ⏰ Mo–Fr 9–16.30 Uhr.

Internet
Hotel Colón, Calle República No. 472 esq. José Ramón Silva. ⏰ tgl. 9–22 Uhr.
Etecsa, Calle Avellaneda e/El Solitario y Oscar Primelles. ⏰ tgl. 9–21 Uhr.

Medizinische Hilfe
Policlínico Integral, Calle Andrés Sánchez esq. Joaquín de Agüero (beim Zugbahnhof), ✆ 0132-281481. ⏰ tgl. 24 Std.
Krankenwagen: ✆ 0132-281279 und 256938.

Post
Calle Agramonte esq. Cisneros (Plaza de los Trabajadores). Auch DHL-Service. ⏰ tgl. 8–18 Uhr.

Sprachkurse
Universitur, Calle Avellaneda No. 281 e/Oscar Primelles y El Solitario, ✆ 0132-292561. Organisiert Spanisch-Kurse an der Uni. ⏰ Mo–Sa 9–17 Uhr.

Telefon
Etecsa, Calle Avellaneda e/Oscar Primelles y El Solitario. ⏰ tgl. 9–21 Uhr.
Telepunto, Calle República e/San Martín y José Ramón Silva.

Visaangelegenheiten
Inmigración, Calle 3ra No. 156 e/8 y 10. ⏰ Mo–Fr 8–15 Uhr.

Nahverkehr

Bicitaxis stehen in der Nähe des Zugbahnhofs und am Parque Agramonte (je nach Distanz 1–3 CUC). **Pferdekutschen** fahren vom Zugbahnhof Richtung Süden zum Casino Campestre und von

Zentralkuba

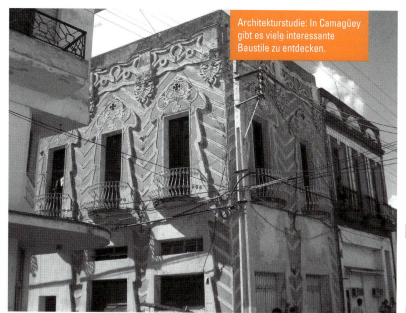

dort die Carretera Central Richtung Busbahnhof. **Cubataxis**, ℘ 0132-281247 und 298721, warten am Zugbahnhof und in der Nähe der Hotels.

Transport

Camagüey liegt 85 km von Nuevitas und Santa Cruz del Sur, 110 km von Playa Santa Lucía, 120 km von Ciego de Ávila und Las Tunas und 155 km von Morón entfernt.

Selbstfahrer

Autofahrer sollten die verwirrenden Gassen und Einbahnstraßen der Innenstadt meiden. Ein bewachter **Parkplatz** liegt in der Calle República südl. der Av. Agramonte. **Tankstellen** finden sich in der Carretera Central esq. Puente La Caridad sowie esq. General Gómez (Richtung Ciego de Ávila).

Busse

Nationaler Busbahnhof, Carretera Central ca. 3,5 km südöstlich vom Zentrum, ℘ 0132-270396. Ein Taxi in die Innenstadt kostet ca. 3 CUC.

Verbindungen Víazul

HAVANNA (0.05, 3.25, 12.20, 16.10 und 22.40 Uhr, 8–9 Std., 33 CUC). Fährt über CIEGO DE ÁVILA (6 CUC), SANCTI SPÍRITUS (10 CUC) und SANTA CLARA (15 CUC).
HOLGUÍN (17 Uhr, 3 Std., 11 CUC). Fährt über LAS TUNAS (7 CUC).
SANTIAGO DE CUBA (5.30, 6.10, 13.15, 18.15 und 23.55 Uhr, 6–7 Std., 18 CUC). Fährt über LAS TUNAS (7 CUC), HOLGUÍN und BAYAMO (11 CUC).
TRINIDAD (2.10 Uhr, 4 1/2 Std., 15 CUC). Fährt über CIEGO DE ÁVILA (6 CUC) und SANCTI SPÍRITUS (10 CUC).
VARADERO (2.45 Uhr, 8 Std., 26 CUC). Fährt über CIEGO DE ÁVILA (6 CUC), SANCTI SPÍRITUS (10 CUC), SANTA CLARA (15 CUC), COLÓN (19 CUC) und CÁRDENAS (24 CUC).
Von hier fahren auch **Camiones** nach LAS TUNAS und nach CIEGO DE ÁVILA. Morgens gegen 6 Uhr hat man die besten Chancen auf einen Platz.
Vom **Regionalen Busbahnhof**, Av. Carlos J. Finlay (gleich neben dem Zugbahnhof),

℡ 0132-281525, fahren 2x tgl. Busse nach SANTA CRUZ DEL SUR und NUEVITAS. Wer einen Platz bekommt, zahlt in Moneda Nacional.

Taxis
Ein Touristentaxi erreicht man unter ℡ 0132-281247 und 298721.

Eisenbahn
Zugbahnhof, Calle Avellada esq. Av. Carlos J. Finlay, ℡ 0132-2926-22, -33. ⊙ tgl. 8–16 Uhr. Züge fahren nach:
BAYAMO (1x tgl., 7 CUC)
GUANTÁNAMO (1x tgl., 13 CUC)
HAVANNA (5x tgl., 22–30 CUC)
HOLGUÍN (1x tgl., 8 CUC)
LAS TUNAS (1x tgl., 4–10 CUC)
MANZANILLO (1x tgl., 9 CUC)
MATANZAS (alle 2 Tage, 18 CUC)
MORÓN und CIEGO DE ÁVILA (2x tgl., 7 CUC)
SANTA CLARA (1x tgl., 9 CUC)
SANTA CRUZ DEL SUR (2x tgl., 3 CUC)
SANTIAGO DE CUBA (5x tgl., 11–16 CUC)

Flüge
Flughafen Ignacio Agramonte, ca. 10 km nördlich in Richtung Playa Santa Lucía, ℡ 0132-261010. Ein Taxi ins Zentrum kostet ca. 5 CUC. **Cubana**, Calle República No. 400 e/El Solitario y San Martín, ℡ 0132-291338. Flüge nach HAVANNA für 90 CUC (Hinflug). ⊙ Mo–Fr 9–16 Uhr.

Von Camagüey nach Santa Lucía

Minas und Umgebung
35 km nordöstlich von Camagüey liegt die Kleinstadt Minas (20 000 Einw.). In der **Fábrica de Instrumentos Musicales** fertigen Arbeiter per Hand Violinen und Gitarren und können sich im Musikparadies Kuba vor Aufträgen kaum retten. Auch Touristen können günstig Instrumente kaufen. ⊙ Mo–Fr 8–11, 13–17 Uhr, Eintritt 2 CUC.

Inmitten der malerischen Hügellandschaft der Sierra de Cubitas liegen die **Cangilones del**

Río Máximo. Der Fluss hat im Laufe der Zeit Naturschwimmbecken in den Kalkstein gegraben. Ein Campismo nimmt Gäste auf. Man fährt von Minas 7 km nach Norden bis Senado und von dort weitere 6 km nordöstlich bis Cairije. Hier geht es links ab auf eine unbefestigte Piste und dann 10 km bis zum Ziel (keine Schilder, daher im Zweifel durchfragen).

Ingenio Santa Isabel
40 km östlich von Minas kommt man an den Ruinen der Zuckermühle von Santa Isabel vorbei. Der alte Kamin und das gigantische Räderwerk versprühen Industriebrachen-Romantik.

King Ranch
4 km hinter San Miguel de Baga und 35 km südwestlich von Santa Lucía liegt diese Ranch, die einem texanischen Großgrundbesitzer gehörte, ehe er nach der Revolution enteignet wurde. Heute gibt es hier Rodeo, Pferdeverleih, ein rustikales Restaurant und viel Bauernhofatmosphäre.

Playa Santa Lucía

Der Sandstrand zieht sich scheinbar endlos über 20 km dahin und zählt damit zu den längsten Kubas. Das flache, kaum bewachsene Hinterland wirkt dagegen mit seinen Viehweiden und Salzwiesen etwas öde und langweilig. Unter Wasser jedoch taucht man in ein Paradies ein: Das 40 km lange Korallenriff direkt vor der Küste sichert Santa Lucía mit seinem Artenreichtum einen Spitzenplatz unter Kubas Tauchgebieten.

Ansonsten mangelt es im Vergleich zu anderen Strandresorts – abgesehen von einer Handvoll Hotels – an touristischen Einrichtungen. Staatliche Entwicklungspläne sehen für die Zukunft 12 000 weitere Hotelzimmer vor Ort und auf dem benachbarten Cayo Sabinal vor.

Übernachtung
Die All-Inclusive-Hotels ziehen sich 6 km nordwestlich der Einfahrt den Strand entlang und werden von Südosten nach Nordwesten aufgelistet:

Ruhiges Eckchen

8 km westlich der Hotelzone liegt der einsamste Strand, **Playa Los Cocos**, dessen weißer Sand von Kokospalmen beschattet wird. Ruhe und Entspannung sind Trumpf, und zwei Restaurants sorgen fürs leibliche Wohl. Ein Touristenzug fährt mehrmals tgl. von und zu den Hotels.

Campismo Punta Ganado, ca. 4 km östlich des Ortseingangs, ℡ 0132-336448. Die 38 einfachen Cabañas können über Campismo Popular, ℡ 0132-298837, in Camagüey reserviert werden. ❶

Brisas Santa Lucía, ℡ 0132-336317 und 335120, 🖳 www.hotelescubanacan.com. Das mit 400 komfortablen DZ größte Hotel zieht für seine Gäste das volle All-Inclusive-Verwöhnprogramm durch. Komplette Infrastruktur. ❼

Gran Club Santa Lucía, ℡ 0132-336148, ✆ 365153, ✉ aloja@clubst.stl.cyt.cu. Große, behindertengerechte Anlage mit stattlichem Pool. 252 DZ in hübschen 2-stöckigen Gebäuden in schöner Gartenlage. Infrastruktur sowie Sport- und Animationsprogramm lassen nichts zu wünschen übrig. ❼

Club Amigo Caracol, ℡ 0132-365167, 🖳 www.hotelescubanacan.com. Die 150 verstreuten Bungalows mit Balkon oder Terrasse schaffen eine intime Atmosphäre. Komplette Infrastruktur mit breitem Sportprogramm. ❻–❼

Club Amigo Mayanabo, ℡ 0132-3651-68, -69, -70, 🖳 www.cubanacan.cu. 225 DZ in 2-stöckigen Gebäuden. Pool, Sport- und Wassersportangebote. ❻

Hotel Escuela, ℡ 0132-336310 und 336410, ✆ 365166, ✉ ariel@ehtstl.co.cu. Günstigstes Hotel vor Ort (kein All-Inclusive). 30 einfache DZ mit Klimaanlage, Bad und TV. Bar und Restaurant. ❺

Essen und Nachtleben

Alfonsina, beim Gran Club Santa Lucía. Fischgerichte ab 10 CUC aufwärts bis zur Languste für 24 CUC.

El Rápido, gegenüber vom Hotel Escuela am nordwestlichen Ende der Hotelzone. Günstigste Verpflegungsmöglichkeit.

Bocana, Playa Los Cocos (Westende). Rustikales Ambiente und recht günstige Gerichte ab 3 CUC.

Disco La Jungla, im Gran Club Santa Lucía. Eintritt 5 CUC (inkl. Getränke).

Club Mar Verde, neben dem Hotel Mayanabo. Nette Bar, Kabarett und Live-Musik.

Aktivitäten und Touren

Tauchzentrum Shark´s Friends, beim Brisas Santa Lucía, ℡ 0132-365182. Die 35 Tauchstellen bieten über 60 m lange Schiffswracks, die versunkenen Überreste eines spanischen Forts (bei Las Anforas), Unterwasserhöhlen und -tunnel und eine große Kolonie von Stierkopfhaien und Rochen. Hauptattraktion sind die **Haifütterungen** per Hand (65 CUC).

Marlin Náutico, Westende der Hotelmeile, ℡ 0132-336404 und 336223. Katamaranfahrten nach Cayo Sabinal (69 CUC inkl. Essen) und in den Sonnenuntergang (25 CUC).

Sonstiges

Autovermietungen
In den Hotels.

Geld
Bandec, südöstlicher Ortseingang.

Medizinische Hilfe
Clínica Internacional, südöstlicher Ortseingang, ℡ 0132-336294. ⏰ 24 Std.

Telefon
Etecsa, beim Hotel Brisas Santa Lucía.

Transport

Zur An- und Abreise ist man auf ein eigenes Fahrzeug angewiesen. **Tankstellen** befinden sich am südöstlichen Ortseingang und vor dem Hotel Brisas Santa Lucía.

Cayo Sabinal

Das benachbarte Cayo im Nordwesten zählt zu den schönsten und größten des Sabana-Camagüey-Archipels und gilt als Naturparadies. Die Strände an der Nordküste sind menschenleer und von einem 30 km langen Korallenriff gesäumt. Sümpfe und niedrige Buschvegetation, durchsetzt von Lagunen, bedecken das Hinterland und bieten Lebensraum für Hirsche, Wildschweine und vor allem Vögel. Angeblich soll hier die größte Flamingo-Kolonie der Karibik leben. Zudem lassen es sich zahlreiche Moskitos gut gehen (Mückenschutz mitnehmen). Wahrscheinlich bekommt Robinson schon bald Gesellschaft, denn die Pläne für erste Hotelbauten liegen bereits in der Schublade.

Übernachtung und Essen

Restaurante y Cabañas Playa Los Pinos, ℡ 0132-42201 und 44754. Liegt am schönsten Strand. Snacks und Getränke sowie 5 rustikale Holzhütten mit Ventilator und Bad (nur kaltes Wasser). ❷

Sollte kein Zimmer mehr frei sein, bleibt als Alternative das unspektakuläre Städtchen Nuevitas mit einigen Privatpensionen und dem **Hotel Caonaba**, Calle Martí esq. Albaisa, ℡ 0132-44803, ✉ recepcion@caonaba.co.cu. 46 einfache Doppelzimmer mit Klimaanlage und Bad. ❸

Transport

Zum Cayo Sabinal kommt man am besten vom 22 km südöstlich gelegenen **Nuevitas**. Die Straße ist nicht befestigt und in schlechtem Zustand. Eine 2 km lange Trasse führt auf das Eiland (5 CUC Eintritt, Pass vorzeigen und auf Wagendurchsuchung einstellen).

Südlich von Camagüey

Hacienda La Belén

Das Naturreservat liegt rund 50 km südöstlich von Camagüey und 2 km südlich des Ortes El Pilar. Öffentliche Verkehrsmittel gibt es nicht. Nicht einheimische Tiere wie Zebras, Antilopen, Zebus und Stiere verleihen der Farm den Charakter eines Safari-Parks. Das rustikale **Motel La Belén**, ℡ 0132-34249, hat 5 DZ mit AC und Bad. Pool, Restaurant, Vogelbeobachtungstouren (10 CUC) und Pferdeverleih (3 CUC/Std.). ❷

Guáimaro

Der kleine Ort (35 000 Einw.) an der Grenze zur Provinz Las Tunas hat sich ein wichtiges Kapitel in Kubas Geschichtsbüchern gesichert: Hier rief die „Republik in Waffen" nämlich während des Ersten Unabhängigkeitskrieges im April 1869 eine Versammlung ein und verabschiedete Kubas erste Verfassung. Die Unabhängigkeitskämpfer erklärten zudem die Sklaverei für abgeschafft und wählten Carlos Manuel de Céspedes zum Präsidenten. Am zentralen **Parque Constitución** weist ein mit Porträts der wichtigsten Figuren der Unabhängigkeit verziertes Denkmal auf die bewegenden Ereignisse hin. Die Versammlung tagte im Gebäude in der Calle Constitución No. 83 e/Libertad y Máximo Gómez, heute ein **Museum** mit Ausstellungen zur Regionalgeschichte.

Am Ortsausgang nach Camagüey liegen **Tankstelle** und das Schnellrestaurant **Rápido**. Es gibt auch ein paar Privatvermieter, z. B. **Casa Magalis**, Calle Olimpio No. 5 e/Carretera Central y Benito Morell, ℡ 0132-82891. Riesiges DZ im 1. Stock mit AC, Ventilator und großem Bad. ❷

Nördlicher Oriente

Stefan Loose Traveltipps

Holguín Die entspannte Provinzhauptstadt lockt mit schönen Parks und viel Kultur. S. 467

11 **Gibara** Die „weiße Stadt" strahlt vor kolonialem Charme und wirkt wie ein Freiluftmuseum des Neoklassizismus. S. 475

12 **Guardalavaca** Malerische Buchten mit Traumstränden und historischer Boden ist nur einen Katzensprung entfernt. S. 478

13 **Baracoa** Kubas älteste Stadt verbreitet viel Kolonialatmosphäre inmitten fantastischer Natur und ist Zentrum des Ökotourismus. S. 490

14 **Parque Nacional Alejandro de Humboldt** Das „Galapagos der Karibik" lockt mit Artenvielfalt und einem der letzten Regenwälder Kubas. S. 499

Boca de Yumurí Kubas schönster Fluss windet sich durch eine traumhafte Schlucht, eingerahmt von dichten Wäldern und hohen Felsen. S. 500

NÖRDLICHER ORIENTE

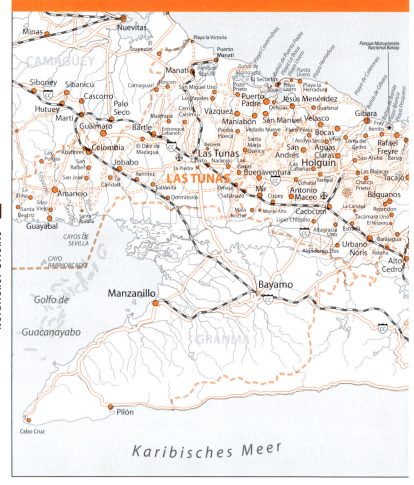

Der nördliche Oriente spielt in Kubas touristischer Oberliga und kann mit so einigen Superlativen aufwarten. Da ist zunächst einmal **Baracoa**, die älteste Stadt Kubas, die vor Kolonialambiente nur so strotzt. Kaum ein Ort im Land hat zudem so viele reizvolle Ausflugsziele direkt vor der Haustür. Allein schon die Anfahrt über die steile Passstraße **La Farola** ist einer der intensivsten und schönsten landschaftlichen Eindrücke einer Kubareise.

Zusätzlich gibt es den **Humboldt-Nationalpark**, artenreichstes Schutzgebiet mit dem größten Regenwaldareal der Insel, den dicht bewaldeten Tafelberg **El Yunque**, den „Mini-Amazonas" **Río Toa** und den idyllischen Flusscanyon **Boca de Yumurí**.

Weniger bekannt, aber nicht minder reizvoll ist die abgelegene Mittelgebirgsregion **Pinares de Mayarí** mit ihren dichten Kiefernwäldern und mächtigen Wasserfällen. Sie gehört zum Gebirgsmassiv Nipe-Sagua-Baracoa, das sich von Holguín bis Baracoa erstreckt und beide Provinzen zu den gebirgigsten der Insel macht.

An den Küsten liegen einige Traumstände. Am bekanntesten ist **Playa Guardalavaca**, das zu den wichtigsten Strandresorts Kubas zählt. Doch bei keinem anderen liegen so viele Ausflugsziele in so gut erreichbarer Nähe. An anderen Stränden wie **Cayo Saetia** und **Playa Covarrubias** ist dagegen vor allem Einsamkeit Trumpf.

Das zweite Kleinod der Kolonialarchitektur neben Baracoa ist **Gibara**, das mit seinen neo-klassizistischen Bauten zu Kubas schönsten Städten zählt. Ganz in der Nähe betrat Kolumbus zum ersten Mal kubanischen Boden. Doch reichen die historischen Spuren noch weiter zurück, denn nirgendwo auf der Insel hat man so viele Zeugnisse **indianischer Kultur** gefunden wie um Baracoa und Guardalavaca, und nirgendwo wurden sie interessanter zur Besichtigung aufbereitet.

Auch zur jüngeren Geschichte finden sich wichtige Stätten. Denn in der Provinz Holguín, beim **Sitio Histórico Birán**, wurde die Ikone der Revolution, der langjährige Präsident Fidel Castro, geboren. Und in **Guantanamo-Base** halten die USA bis heute am letzten Relikt ihrer neokolonialen Herrschaft fest.

Provinz Las Tunas

Die 6589 km² große und 500 000 Einwohner zählende Provinz, die ihren Namen der hier sprießenden Kakteenart Tunas verdankt, hat die typisch kubanische Agrarstruktur: Rinderzucht und Zuckerrohranbau. Touristisch gilt sie als Niemandsland und graue Maus Ostkubas. Denn während die Nachbarprovinzen Highlights im Überfluss bieten, hat Las Tunas kaum nennenswerte Sehenswürdigkeiten. So verlieren sich hier nur ein paar Abenteurer, die den unverfälschten Alltag der Menschen miterleben oder die wenigen Traumstrände der Nordküste entdecken möchten, die bisher noch nahezu unerschlossen und menschenleer sind (**Playas Covarrubias** und **Herradura**). Leider wütete Hurricane Ike 2008 hier besonders stark und zerstörte die ersten aufkeimenden touristischen Pflänzchen (Privatpensionen).

Las Tunas

Die 1752 gegründete Provinzhauptstadt zählt 120 000 Einwohner und blickt auf eine umkämpfte Vergangenheit zurück, wie schon ihr kolonialer Name La Victoria de Las Tunas ausdrückt.

Doch spiegelte sich darin keineswegs der weit verbreitete Nationalstolz wider, im Gegenteil: Namensschöpfer waren die Spanier, die in den Unabhängigkeitskämpfen trotz einiger Niederlagen zumeist die militärische Oberhand behielten. In einer dieser Auseinandersetzungen wurde die Stadt bis auf die Grundmauern niedergebrannt. So ist heute vom kolonialen Erbe leider nur noch wenig zu spüren. Dafür hat die „**Hauptstadt der Skulpturen**" jede Menge künstlerisches Ambiente. Und eine ruhige und angenehme Atmosphäre, wo sich die Einheimischen über jeden Touristen wundern und freuen, der sich hierher verirrt. Als 1976 das Provinzsystem neu gegliedert wurde, stieg Las Tunas zur Provinzhauptstadt auf. Ökonomische Bedeutung verleiht der Stadt vor allem ihre Glas-, Keramik- und Stahlindustrie.

Orientierung

Das Zentrum ist sehr übersichtlich. Vom **Parque Vicente García** aus gehen die Hauptstraßen Vicente García (nach Westen), Angel Guardia (nach Nordosten) und Francisco Varona (nach Südosten) ab. Erstere und letztere münden am Stadtrand jeweils in die Carretera Central. Um den Park befinden sich auch die meisten Restaurants, Banken, Unterkünfte und Sehenswürdigkeiten.

Sehenswertes

Das **Memorial Vicente García** von 1800 ist das Geburtshaus des Generals. Als die Spanier Las Tunas einzunehmen drohten, brannte er die Stadt lieber bis auf den Grund nieder, als sie dem Feind zu überlassen. Die Ausstellung widmet sich in vier Räumen dem Leben Garcías und den Unabhängigkeitskriegen. ⏰ Di–Fr 9–17, Sa 11–19, So 8–12 Uhr, Eintritt 1 CUC.

Das **Museo Provincial** im ehemaligen Rathaus zeigt neben Exponaten zur Lokalgeschichte eine Ausstellung über den Dichter Juan Cristóbal Nápoles Fajardo (s. Kasten). ⏰ Di–Do 9–17, Fr–Sa 13–21, So 8–12 Uhr, Eintritt 1 CUC.

An ein tragisches Ereignis erinnert das **Memorial a los Mártires de Barbados**. Es gedenkt der Opfer eines Terroraktes von Exilkubanern. Als 1976 eine Cubana-Maschine in Barbados startete, detonierte kurz darauf eine Bombe, die alle Insassen tötete, unter ihnen auch Kubas

Las Tunas

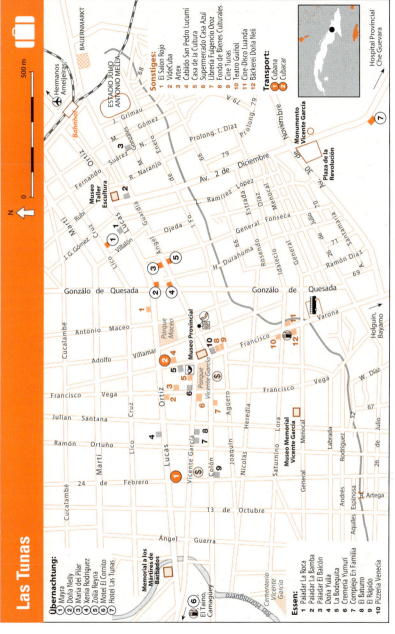

Übernachtung:
1. Mayra
2. Doña Nelly
3. María del Pilar
4. Xenia Rodríguez
5. Zoila Reyna
6. Motel El Cornito
7. Hotel Las Tunas

Essen:
1. Paladar La Roca
2. Paladar La Bamba
3. Paladar El Balcón
4. Doña Yulla
5. La Bodeguita
6. Cremería Yumurí
7. Complejo En Familia
8. El Baturro
9. El Rápido
10. Pizzería Venecia

Sonstiges:
1. El Salón Rojo
2. VideCuba
3. Artex
4. Cabildo San Pedro Lucumí
5. Casa de la Cultura
6. Supermercado Casa Azul
7. Librería Fulgencio Oroz
8. Fondo de Bienes Culturales
9. Cine Tunas
10. Teatro Guiñol
11. Cine-Disco Luanda
12. Bäckerei Doña Neli

Transport:
1. Cubana
2. Cubacar

olympische Fechtmannschaft. Bilder zeigen die Passagiere, die ums Leben kamen. ⏱ tgl. 9–19 Uhr, Eintritt frei.

An der Plaza de la Revolución wächst aus dem **Monumento Vicente García** die Figur des Generals empor, ein Schwert kampfeslustig in die Höhe reckend. Der **Salón de los Generales** zeigt die bronzenen Büsten der acht Generäle der Unabhängigkeitskriege, die aus dieser Region stammten.

Die Stadt der Skulpturen braucht natürlich auch ein **Museo Taller Escultura** mit Ausstellungsstücken regionaler Künstler. ⏱ tgl. 8–17 Uhr, Eintritt 1 CUC.

Privatpensionen

Maria del Pilar, Calle Ángel Guardia No. 82 A e/G. de Quesada y H. Durañoma, ✆ 0131-344027. DZ mit AC, Bad, Kühlschrank und TV. Sehr nette und ruhige Familie. Garage. ❶ – ❷

Xenia Rodriguez, Calle Ángel Guardia No. 8 e/G. de Quesada y H. Durañoma, ✆ 0131-343067. DZ mit AC, Ventilator und Bad. Englisch. ❶ – ❷

Hospedaje Doña Nelly, Calle Lucas Ortíz No. 101 e/G. de Quesada y Coronel Fonseca, ✆ 0131-342526. Schönes Haus mit Kolonialambiente, Piano und Innenhof. DZ mit AC, Ventilator und Bad. ❶ – ❷

Mayra, Calle Lico Cruz No. 93 e/Villalón y Gómez, ✆ 0131-343868. 2 gemütliche, mit Kunstwerken geschmückte DZ mit AC, Ventilator und Bad. ❷

Zoila Reyna, Calle Ángel Guardia No. 85 e/G. de Quesada y H. Durañoma, ✆ 0131-342886. DZ mit AC, Ventilator und Bad. Geeignet für Kleingruppen, da der Bruder im selben Haus ein weiteres Zimmer vermietet. ❷

Hotels

Motel El Cornito, südlich der Carretera Central nach Camagüey, ✆ 0131-345015. Schöne große Anlage mit Garten. Günstige DZ mit AC, Bad und TV in einfachen kleinen Bungalows. ❷

Las Tunas, Av. 2 de Diciembre (1,5 km südöstlich des Zentrums), ✆ 0131-345014, 🖥 www.islazul.cu. Hässlicher Plattenbau-Klotz. 142 DZ mit AC, Bad, TV und Kühlschrank.

Großer Pool, Restaurant, Disco und Autoverleih. ❷ – ❸

Paladar La Roca, Calle Lucas Ortíz No. 108 e/Villalón y J. G. Gómez. Üppige kreolische Speisen für 5 CUC. ⏱ tgl. 11–1 Uhr.

Paladar La Bamba, Av. Frank País esq. 2 de Diciembre. Deftige Fleischgerichte *a lo cubano*. Mit 2–3,50 CUC wird der Magen voll. ⏱ tgl. 12–22 Uhr.

Paladar El Balcón, Calle Fernando Suárez No. 14 e/Frank País y Aurora, ✆ 0131-349312. Solide Küche und ähnlich günstige Preise. ⏱ tgl. 9–24 Uhr.

El Baturro, Av. Vicente García No. 35 e/J. Santana y Ortuño. Hier speist man in rustikal-spanischem Ambiente. Paella sowie Pasta-, Fleisch und Fischgerichte mit großer Preisspannbreite: 2–13 CUC (Languste). Wein und Cocktails kosten 1,50–2 CUC.

La Bodeguita, Calle F. Varona No. 293 e/Lucas Ortíz y Vicente García. Reichhaltiges Angebot: Spaghetti, Tortillas, Schweinesteak, Pollo und Salate zu günstigen Devisenpreisen.

Complejo En Familia, Av. Vicente García e/J. Santana y Ortuño. Mehrere Ketten unter einem Dach: Dinos Pizza, Dimar (Meeresfrüchte) und Alondra (Eis).

Pizzeria Venecia, Parque Vicente García. Im schönen Gebäude mit Parkblick gibt es Pizza für den kleinen Geldbeutel.

Doña Yulla, Calle Lucas Ortíz e/J. Santana y Ortuño. Schweinesteak, Schnitzel oder Pollo Frito in Moneda Nacional.

El Rápido, Calle Colón esq. 24 de Febrero. Günstiges Fast-Food.

Cremería Yumurí, Parque Vicente García. Eis für Moneda Nacional.

Cine-Disco Luanda, Calle F. Varona, bei der Tankstelle. Witzige Idee: zuerst einen Kinofilm schauen und danach im gleichen Gebäude abtanzen.

Casa de la Cultura, Parque Vicente García. Wechselndes Programm (s. Aushang).

Bar El Salon Rojo, Calle Lucas Ortíz e/G. de Quesada y Maceo. Gemütliche Bar mit lauter Musik, die viele Einheimische anlockt. ☺ Di–So.

Unterhaltung und Kultur

Cabildo San Pedro Lucumí, Calle F. Varona e/ Lucas Ortíz y Vicente García. Sitz der Companía Folklórica Onilé. Fr und Sa Abend afrokubanische Vorführungen.
El Taíno, Av. Vicente García esq. A. Cabrera, ☎ 0131-343832. Cabaret, Eintritt 10 CUC pro Paar (inkl. einer Flasche Rum). ☺ Di–So 21–2 Uhr.
Cine Tunas, Calle F. Varona No. 288 esq. J. Agüero.
Teatro Guiñol, Calle F. Varona, bei der Tankstelle. Am Wochenende vormittags Stücke für Kinder.

Feste

Jeden Samstag wird der **Sábado de Las Tunas** zelebriert. Rund um den Parque Vicente García und auf der gleichnamigen Hauptstraße gibt es Essens- und Getränkestände, ein nettes Ambiente. Der **Karneval** tobt Mitte September. Mitte November zeigen Zauberkünstler ihr Können auf dem **Festival de Magia Anfora**.

Einkaufen

Fondo de Bienes Culturales, Parque Vicente García. Kunsthandwerk. ☺ Mo–Fr 9–16.30 Uhr.
Artex, Calle F. Vega e/Lucas Ortíz y Vicente García. Souvenirs. ☺ Mo–Sa 9–17, So 9–12 Uhr.
Librería Fulgencio Oroz, Calle Colón No. 151 e/F. Vega y 24 de Febrero.

Lebensmittel

Bauernmarkt, Av. Camilo Cienfuegos (beim Baseball-Stadion).
Supermercado Casa Azul, Parque Vicente García. ☺ Mo–Sa 9–18, So 9–12 Uhr.
Bäckerei Doña Neli, Calle F. Varona, nach der Tankstelle. ☺ Mo–Sa 9–21 Uhr.

Sonstiges

Autovermietungen

Havanautos, Hotel Las Tunas, und
Cubacar, Calle F. Varona esq. Lucas Ortíz, ☎ 0131-371505.

Baseball

Estadio Julio Antonio Mella, beim Hauptbahnhof, ☎ 0131-348403.

Fahrrad- und Motorradverleih

Mofas werden vor dem **Cine-Disco Luanda** vermietet, ☎ 0131-348678 und 349011.

Filme und Fotoarbeiten

VideCuba, Calle Lucas Ortíz esq. F. Vega. ☺ Mo–Sa 9–21 Uhr.

Geld

BFI, Av. Vicente García esq. 24 de Febrero.
Cadeca, Parque Vicente García.

Internet und Telefon

Etecsa, Calle Angel Guardia e/F. Varona y G. de Quesada. ☺ tgl. 8–23 Uhr.

Medizinische Hilfe

Hospital Provincial Che Guevara, stadtauswärts am Ende der Av. 2 de Diciembre (bei der Plaza de la Revolución), ☎ 0131-345012.
Krankenwagen: ☎ 0131-342073.

Post

Parque Vicente García. ☺ Mo–Fr 9–18 Uhr.

Nahverkehr

Taxis stehen am Parque Vicente García und vor dem Hotel Las Tunas. **Cubataxi** ruft man unter

Nördlicher Oriente

Dichterfest

Jedes Jahr Ende Juni findet im Motel El Cornito (7 km Richtung Camagüey) das **Cucalambé-Festival** statt, das landesweit größte Fest ländlicher Folklore-Musik. Der aus Las Tunas stammende Dichter Juan Cristóbal Nápoles Fajardo (1829–62) trug den Spitznamen El Cucalambé und schuf Mitte des 19. Jhs. die Versform *décimas*, auf denen die Liedtexte ländlicher Son-Musik basierten. Sie berichten von Alltag und Sorgen der Campesinos und von nationaler Identität. Theater, Lesungen und Kunsthandwerksmärkte vervollständigen das Ambiente.

☎ 0131-348945. **Pferdekutschen** warten in der Nähe des Hauptbahnhofs.

Selbstfahrer

Die Innenstadt kann locker zu Fuß bewältigt werden. Vorm Hotel Las Tunas gibt es bewachte **Parkplätze. Tankstellen** befinden sich in der Av. F. Varona y Lora und auf der Carretera Central in westlicher Richtung.

Busse

Busbahnhof, Calle F. Varona (1 km südöstlich des Parque Vicente García), ☎ 0131-343060. **Verbindungen Viazul:**
HAVANNA (1.25, 13.40, 19.55 und 22.10 Uhr, 10–11 Std., 40 CUC). Fährt über CAMAGÜEY (7 CUC), CIEGO DE ÁVILA (13 CUC), SANCTI SPÍRITUS (17 CUC) und SANTA CLARA (22 CUC).
HOLGUÍN (5.50 und 19 Uhr, 1 Std., 6 CUC).
SANTIAGO DE CUBA (1.55, 7.45, 8.25, 15.15 und 20.55 Uhr, 4 Std., 11 CUC). Fährt über HOLGUÍN und BAYAMO (6 CUC).
TRINIDAD (0.10 Uhr, 6 1/2 Std., 22 CUC). Fährt über CAMAGÜEY (7 CUC), CIEGO DE ÁVILA (13 CUC) und SANCTI SPÍRITUS (17 CUC).
VARADERO (0.50 Uhr, 10 Std., 34 CUC). Fährt über CAMAGÜEY (7 CUC), CIEGO DE ÁVILA (13 CUC), SANCTI SPÍRITUS (17 CUC), SANTA CLARA (22 CUC), COLÓN (29 CUC) und CÁRDENAS (33 CUC).

Camiones

Camiones fahren nach BAYAMO, CAMAGÜEY oder HOLGUÍN und warten frühmorgens am Hauptbahnhof.

Eisenbahn

Bahnhof, Av. Camilo Cienfuegos (2 km nordöstlich des Zentrums), ☎ 0131-348146. Züge fahren nach:
CAMAGÜEY (1x tgl., 5 CUC)
HAVANNA (2x tgl., 25 CUC)
HOLGUÍN (1x tgl., 5 CUC)
SANTIAGO DE CUBA (2x tgl., 9 CUC)

Flüge

Flughafen Hermanos Ameijeiras, 4 km nördlich vom Zentrum, ☎ 0131-346873. Ein Taxi ins Zentrum kostet 2–3 CUC.
Cubana, Calle Lucas Ortíz esq. 24 de Febrero, ☎ 0131-342702, hat 2x wöchentl. Flüge nach HAVANNA (Hinflug 90 CUC).

Die Nordküste

Die abgelegenen Strände der Nordküste sind schön und wirklich noch ein Geheimtipp. Einsamkeit und Entspannung werden hier groß geschrieben. Touristische Infrastruktur ist allerdings nur in Ansätzen vorhanden.

Playa Covarrubias

Etwa 80 km nördlich von Las Tunas, in der Bahía de Malagueta, liegt diese Taucherenklave mit 4 km langem Traumstrand und Korallenriffen. Der Ort ist nur per Leihwagen oder Taxi erreichbar. Einzige Übernachtungsmöglichkeit ist die **Villa Covarrubias**, ☎ 0131-515530, 🖳 www.hotel escubanacan.com, eine hübsche und luxuriöse All-Inclusive-Einrichtung mit 180 komfortablen DZ. Wassersport, Tauchgänge, Restaurant, Disco, Autoverleih und Reisebüro. ❼

Playa Herradura

Dieser schöne, hufeisenförmige Strand am gleichnamigen Dorf liegt 82 km nordöstlich von Las Tunas und 50 km nordwestlich von Holguín und wurde durch Hurricane Ike Ende 2008 schwer verwüstet. Das gilt auch für die wenigen Privatpensionen, z. B. **Villa Rocío**, Playa Herradura No. 185, und **Casa Casero**, Playa Herradura No. 99. Beide ❶–❷ Daher sollte man sich vor der beschwerlichen Anfahrt in Las Tunas oder Holguín nach dem aktuellen Stand erkundigen.

Provinz Holguín

Die viertgrößte Provinz Kubas (9300 km², über 1 Million Einw.) brennt ein touristisches Feuerwerk ab: Von Naturschönheiten über Traumstrände bis hin zu kulturhistorischen Sehens-

466 Las Tunas   www.stefan-loose.de/kuba

würdigkeiten wird alles abgedeckt, was das Herz des Reisenden begehrt. Die idyllische und buchtenreiche **Playa Guardalavaca** zieht als eine der wichtigsten All-Inclusive-Hochburgen Pauschaltouristen geradezu magnetisch an. Schade nur, dass den derart abgeschotteten Touristen viele andere Orte verborgen bleiben. Die entspannte und elegante Provinzhauptstadt **Holguín** zum Beispiel, mit ihren guten Museen, schönen Parks und viel Nachtleben. Oder die Hafenstadt **Gibara** mit viel Kolonialambiente. Oder die Spuren indianischer Kultur, die nirgendwo so sichtbar sind wie im **Museo Indocubano** in Banes oder in **Chorro de Maita**, dem größten indianischen Friedhof der Antillen. Als Kolumbus in **Bariay** zum ersten Mal kubanischen Boden betrat, leitete dies den Untergang ihrer Kultur ein.

Weitere Geschichtslektionen gibt es auf der **Finca Las Manacas**, wo Kubas langjähriger Präsident Fidel Castro das Licht der Welt erblickte. Wenn der Bildungshunger gestillt ist, bieten grüne Zentren des Ökotourismus Erholung, z. B. das dicht bewaldete und einsame **Cayo Saetia** sowie die artenreichen Berglandschaften **Sierra de Cristal** (mit der höchsten Erhebung der Provinz, dem 1231 m hohen Pico Cristal) und **Pinares del Mayarí** mit Pinienwäldern, Wasserfällen und einem der wichtigsten Kaffeeanbauzentren Kubas. Sie gehören zu Kubas zweitgrößtem Gebirgszug Nipe-Sagua-Baracoa, der sich in der Provinz Guantánamo fortsetzt.

Neben all diesen Schönheiten zeigt sich aber auch Kubas industrielle Seite nirgendwo eindrucksvoller und auch hässlicher als in dieser Provinz: Stadt und Umland von Moa, eines der bedeutendsten Nickelabbaugebiete der Welt, gehören zu den am stärksten verschmutzten Regionen der Insel und erinnern an eine Mondlandschaft.

Die **Zuckerfabriken** und -plantagen gehen auf US-Kapital zurück, das nach den Unabhängigkeitskriegen ins Land strömte und die verwüsteten Ländereien extrem günstig aufkaufte. Noch heute zählen sie zu den größten des Landes. Erstaunlicherweise liegt die Wiege der **Tabakkultur** in dieser Provinz und nicht in der Hochburg des Westens. Denn hier entdeckte ein Begleiter von Kolumbus die Tabakpflanze erstmals bei den Indianern und brachte sie nach Spanien.

Holguín

Holguín ist mit 240 000 Einwohnern die viertgrößte Stadt Kubas und wird auch „Stadt der Parks" genannt. Vom Aussichtspunkt des Loma de la Cruz sieht man besonders gut, wie diese schönen Anlagen wie Perlen an einer Schnur aufgereiht sind. Sie sind nicht nur grüne Inseln, sondern auch wichtige soziale Treffpunkte. Zwar hat Holguín nicht den kolonialen Charme einiger älterer Städte, verfügt aber über eine Reihe sehenswerter Bauwerke und ist neben Santiago de Cuba größte Kulturhochburg des Ostens. Sie brachte den Trovador Faustino Oramas (1911–2007) hervor, der seine Kompositionen mit einer großen Prise Humor würzte, oder den Maler Cosme Proenza (1948). Hauptakteure im Kulturprogramm der Stadt sind die Tanztruppe Codanza, das Teatro Lírico Rodrigo Prats mit eigenem Chor, Ballett, Schauspielern und Sängern, sowie das Ensemble La Campana, das sowohl indianische und afrokubanische Tänze als auch Bauernfolklore im Repertoire hat. Alle treten im Teatro Eddy Suñol auf, erstere manchmal auch direkt im Parque Calixto García. Seit der Revolution hat sich Holguín zur reichen Industriestadt gemausert, u. a. mit Brauereien der wichtigsten Biermarken Cristal, Bucanero und Mayabe.

Geschichte

1523 erhielt Hauptmann Garcia Holguín hier eine Landschenkung vom Gouverneur Diego Velás-

> ### Den Überblick behalten
>
> Vom 458 Stufen und 275 m hohen Hügel **Loma de la Cruz** hat man einen herrlichen Blick auf die Stadt und ihre vielen Parkanlagen. Schon die Spanier benutzten während der Unabhängigkeitskriege diesen Aussichtspunkt. Eine Statue veranschaulicht, wie Franziskanerpater Francisco Antonio de Alegría das Kreuz am 3. Mai 1790 persönlich auf den Hügel trug. Bis heute pilgern jedes Jahr am 3. Mai während des Volksfestes Romería del Mayo Katholiken hierher (s. Feste). Nicht nur der fantastische Ausblick, auch das gute Restaurant lohnt den mühsamen Aufstieg.

quez. Bereits 20 Jahre später hatten seine Leute alle Indianer der Region vertrieben. Erst nach 200 Jahren gewann die Siedlung an ökonomischer Bedeutung, blieb jedoch im Schatten des Hafen- und Handelsortes Gibara. Der Zuckerboom sorgte für weiteren Auftrieb, und 1752 stieg Holguín in den Rang einer Stadt auf. In den Unabhängigkeitskriegen war sie sehr umkämpft und konnte phasenweise von den aufständischen Generälen Peralta und Calixto García eingenommen werden. Nach der Revolution leitete die Regierung eine umfassende Industrialisierung ein und nahm 1976 eine neue Aufteilung des Oriente in fünf Provinzen vor. Seitdem ist Holguín Provinzhauptstadt.

Orientierung

Aus Westen kommend mündet die Carretera Central in die Calle Frexes, die zum Zentrum und von dort ostwärts weiter Richtung Guardalavaca führt. Das Zentrum mit den meisten Sehenswürdigkeiten, Restaurants, Geschäften und Privatunterkünften wird von drei Parks geprägt, dem nördlichen **Parque Céspedes**, dem zentralen **Parque Calixto García** und dem südlichen **Parque Peralta**. Flankiert werden sie von den beiden wichtigsten Nord-Süd-Achsen **Calle Maceo** und **Calle Manduley**, die gen Norden zum Loma de la Cruz führen, wobei erstere die Av. Cajigal Richtung Gibara kreuzt und im Süden in die Carretera Central Richtung Flughafen und Bayamo übergeht. Die Calle Manduley mündet im Süden in die Carretera de Mirador de Mayabe. Die Calle Martí an der Südseite des Zentralplatzes stößt ostwärts auf die Av. de los Libertadores Richtung Pinares de Mayarí.

Sehenswertes
Zentrale Parkachse

Das **Museo de Historia Provincial** zählt zu den schönsten Gebäuden der Stadt und war im 19. Jh. Sitz des spanischen Militärs. Im Volksmund wird es „Papageienkäfig" *(Periquera)* genannt, weil sich hier die bunt gekleideten spanischen Soldaten verschanzten, als *Mambises* die Stadt angriffen. Die Ausstellung behandelt die präkolumbische Kultur, die spanische Kolonialzeit und die Unabhängigkeitskriege. Prunkstück der Sammlung ist die 1860 entdeckte Hacha de

Holguín, eine verzierte zeremonielle Axt, die den indianischen Widerstand gegen die Spanier symbolisiert. Heute ist sie das Wahrzeichen der Provinz. ◐ Mo–Fr 9–17, Sa 9–13 Uhr, Eintritt 1 CUC, Fotos 1 CUC.

Das **Casa Natal Calixto García** ist das Geburtshaus des Unabhängigkeitsgenerals (1839–98), der in beiden Kriegen gegen die Spanier eine zentrale Rolle spielte. Zu sehen gibt es Kriegsdokumente und persönliche Gegenstände, u. a. seinen Protestbrief an US-General Shafter. ◐ Di–Sa 9–21 Uhr, Eintritt 1 CUC, Fotos 1 CUC.

Die Renovierung der **Plaza de la Marqueta** sollte bis Ende 2009 abgeschlossen sein. Geplant

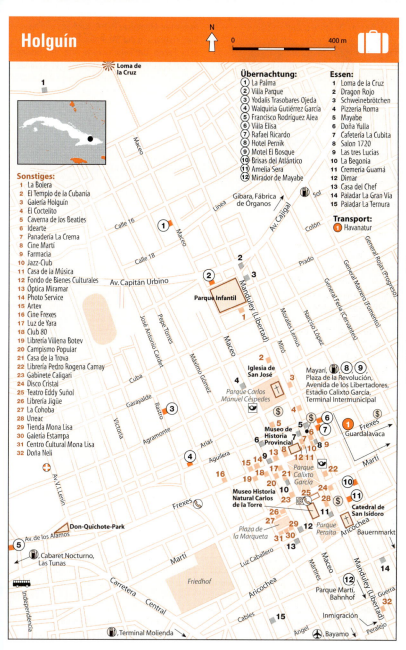

Mirador de Mayabe

Etwa 10 km südöstlich von Holguín liegt dieser herrliche Aussichtspunkt (Mirador), die Anfahrt per Taxi kostet rund 8 CUC. Außer dem tollen **Panorama** kann man hier eine lustige Touristenattraktion bewundern. Berühmt ist Pancho, der **Bier trinkende Esel**, der aber nur dann trinkt, wenn er zuvor ein Brot essen darf. Also ein schlaues Tier, das auf nüchternen Magen keinen Alkohol zu sich nimmt. Sein trinkfester Vorgänger hat es auf stolze 29 Jahre und 50 000 Liter Bier gebracht! Es gibt auch einen **Bauernhof** mit vielen Tieren. Das **Restaurant**, ✆ 0124-468581, mit schönem Ausblick serviert leckere Hähnchenbrust aus dem Steinofen. ☉ tgl. 11–15 Uhr.

war, die ehemalige Markthalle in der Mitte zum Konzertsaal umzubauen. Drumherum sind bereits ein Kulturzentrum, Läden und Bars entstanden. Viel Kolonialambiente und schicke Bronzestatuen bis hin zu einer eingefrorenen Katze auf dem (Kolonial)dach locken viele Einheimische und Touristen an.

Das **Museo Historia Natural Carlos de la Torre** ist schon seiner neoklassizistischen Architektur wegen sehenswert. Es zeigt ausgestopfte Vögel, Meerestiere und Säuger. Highlights sind die 4000 Schneckenhäuser, darunter wunderschöne Exemplare der *Polymita Picta*, sowie der kleinste Frosch der Welt, ein *Almiquí* (Schlitzrüssler), Elfenbeinspecht, Hummelkolobri und eine Seekuh. ☉ Di–So 9–17 Uhr, Eintritt 1 CUC.

Die **Catedral de San Isidoro** wurde 1815 erbaut. Zuvor waren an dieser Stelle schon mehrere Kirchengebäude aus schlechtem Baumaterial zusammengefallen. Heute wird das gut restaurierte Gebäude im Innern von einer schönen Holzdecke geziert. Im Ersten Unabhängigkeitskrieg

besetzten *Mambises* das Gotteshaus und hissten hier erstmals in der Stadtgeschichte die kubanische Fahne. Der sehenswerte Altar des Heiligen Isidor, Schutzpatron der Stadt, soll von Sklaven vor den Flammen des niedergebrannten Bayamo gerettet und zu Fuß hierher transportiert worden sein. Draußen steht eine lebensgroße Statue von Papst Johannes Paul II. ☉ tgl. 9–12, 16–18 Uhr.

Die **Iglesia de San José** aus dem Jahre 1820 ziert ein schöner neoklassizistischer Uhrenturm mit Kuppel. Das Innere ist von ausladendem Barockstil dominiert. ☉ morgens.

Weitere Sehenswürdigkeiten

Die **Plaza de la Revolución** liegt ca. 2 km vom Zentrum am östlichen Stadtrand. Ein gewaltiges Monument stellt die Kämpfer dar, die für Kubas Unabhängigkeit stritten. Im **Bosque de los Héroes** gibt es Denkmäler für Jesús Menéndez, den Führer der Zuckergewerkschaft, sowie für 23 von der Batista-Diktatur ermordete Revolutionäre und die Patriotin Lucía Íñiguez, Mutter von Calixto García. Ihr Kopfschleier läuft nach außen in eine kubanische Landschaft aus. Vor allem aber liegt hier das **Mausoleum von Calixto García**, eines der berühmtesten Generäle der Unabhängigkeitskämpfer. Ein Stern am Grabmal steht für seine Schusswunde an der Stirn, da er es vorzog, sich zu erschießen, anstatt den Spaniern in die Hände zu fallen. Eintritt 1 CUC, Fotos 1 CUC.

Kubas einzige **Fábrica de Órganos (Orgelfabrik)** liegt in der Av. Cajigal am nördlichen Stadtausgang Richtung Gibara. Manchmal kommen die Rieseninstrumente, die manuell gefertigt werden, bei einem Straßenkonzert am Parque Céspedes zum Einsatz. ☉ Mo–Fr 8–15.30 Uhr, Eintritt frei.

Am **Don-Quichote-Park** befindet sich eine schöne große **Bronze-Statue** des Romanhelden, die Windmühle darf natürlich auch nicht fehlen.

Die Avenida de los Libertadores ist gesäumt von **Denkmälern** bedeutender kubanischer und lateinamerikanischer Patrioten (von Westen nach Osten): Simón Bolívar, Máximo Gómez, Antonio Maceo und natürlich Che Guevara.

Übernachtung

Privatpensionen

Villa Elisa, Calle Aguilera No. 205 e/Miró y Morales Lemus, ✆ 0124-423376 und 426401,

✉ elisahostal@gmail.com. Nette Vermieterin, die beim lokalen TV-Sender arbeitet und umfangreiches Wissen über die Region besitzt. Ihr Mann ist witzig und kommunikativ und spricht Englisch, Französisch und Russisch. Nette Einrichtung mit selbstgemalten Bildern und riesiger Schildkröte. 2 kleine DZ im OG mit AC, Ventilator, Bad, Kühlschrank, TV und 220 Volt-Anschluss. Katze. ❶–❷

Walquiria Gutiérrez García, Calle Aguilera No. 210 e/Rastro y Cardet, ✆ 0124-462800. Nette Vermieterin, schöne Einrichtung. 2 DZ (Doppelbett) mit AC, Ventilator, Bad, Kühlschrank und TV. Nur kleine Fenster. ❶–❷

Amelia Sera, Calle Miro No. 179 e/Martí y Luz Caballero, ✆ 0124-425552. DZ mit AC, Ventilator und Bad. Garage. ❶–❷

Brisas del Atlántico, Calle Morales Lemus No. 148 (3. OG) e/Luz Caballero y Martí, ✆ 0124-427275. Großes DZ (Doppelbett) mit AC, Ventilator, Bad, Kühlschrank und Radio. Nette Leute, die Nichte spricht Deutsch. Terrasse. Im 4. OG vermietet die Schwester, ✆ 0124-429548, ein großes DZ mit AC, Ventilator und Bad. Dort riesige Terrasse mit tollem Ausblick. ❷

Rafael Ricardo, Calle Miró No. 125 A e/Frexes y Aguilera, ✆ 0124-422657 und 422090. 2 hübsche kleine DZ um den Innenhof mit AC, Ventilator und Bad. Sehr freundliche und kommunikative Besitzer. Ausgezeichnetes Frühstück. Leider liegt das Haus an einer stark befahrenen Straße. ❷

Yodalis Trasobares Ojeda, Calle Rastro No. 37 e/Agramonte y Garayalde, ✆ 0124-425229. Sehr nette Vermieterin. Ruhige Gegend. 2 DZ (Doppelbett) mit AC, Ventilator, Bad, Kühlschrank und TV. Leckeres Essen. ❷

Villa Parque, Av. Cajigal No. 578 e/Maceo y Manduley, ✆ 0124-423261 und 01-5263 8624 (mobil), ✉ luz@fcm.hlg.sld.cu. 2 kleine DZ (Doppelbett) mit AC, Ventilator, Bad und Kühlschrank. Eines hat eine kleine Terrasse. Garage. Die Vermieterin ist Englischlehrerin. ❷

Francisco Rodríguez Alea, Av. Los Alamos No. 41 e/Independencia y 20 de Mayo, ✆ 0124-423466. 2 DZ mit AC, Ventilator, Bad, Kühlschrank und TV. Nur kleine Fenster. Kleiner Innenhof, Garage. ❷

Hospedaje La Palma, Calle Maceo No. 52 A e/16 y 18, ✆ 0124-424683, ✉ mar070855@yahoo.com.mx. Villa im neokolonialen Stil mit schönem Garten. Im Haus beeindrucken die Kunstwerke des Sohnes: ein großes Gemälde von Jesus Abendmahl, direkt neben einer Che Guevara-Skulptur. Kein Widerspruch, wie der nette und kommunikative Vermieter Enrique betont, denn beide hätten auf ihre Art für soziale Ideale gekämpft. Auf dem schönen, riesigen Innenhof gibt es sogar ein Volleyball- und Badmintonfeld und eine Hundezucht. 2 große DZ mit AC, Ventilator, Bad, Kühlschrank und alten Möbeln. In der Nähe liegen weitere Pensionen. ❷

Hotels

Pernik, Av. Jorge Dimitrov y Plaza de la Revolución (3 km östlich des Zentrums), ✆ 0124-481011, 🖥 www.islazul.cu. Die 200 DZ haben TV, Radio, Bad und AC. Der kastenförmige Hotelbau ist nicht gerade eine Schönheit, hat aber umfangreiche Infrastruktur (inkl. lauter Disco). ❹

Villa El Bosque, Av. Jorge Dimitrov esq. 9 (4 km östlich des Zentrums), ✆ 0124-481012, 🖥 www.islazul.cu. 69 Bungalows mit Kühlschrank, TV, Bad und AC. Pool, Restaurant. ❹

Villa Mirador de Mayabe, Alturas de Mayabe KM 8 (10 km südlich des Zentrums), ✆ 0124-425498, 🖥 www.islazul.cu. Kürzlich renoviertes Hotel mit schöner Parklage und tollem Ausblick. 24 schöne DZ mit AC, Bad und TV. Restaurant, Pool. ❹

Essen

Die meisten Restaurants, Cafés und Imbisse befinden sich zwischen Parque Céspedes und Parque Peralta.

Paladar La Ternura, Calle José Antonio Cardet No. 293 (altos) e/Cables y A. Guerra, ✆ 0124-421223. Gute und recht günstige kreolische Gerichte (3–5 CUC, auch Lamm). ⏱ tgl. 18–24 Uhr.

Paladar La Gran Vía, Calle Cables No. 77 e/Morales Lemus y Miró, ✆ 0124-465965. Huhn und Schwein kosten 6–8 CUC und Cocktails 2 CUC. ⊙ tgl. 18–22.30 Uhr.

Salon 1720, Calle Frexes No. 190 esq. Miró, ✆ 0124-468150. Eines der besten Restaurants der Stadt. Hier speist es sich in prunkvoller Einrichtung gediegen und gut, bei akzeptablen Preisen (um 8 CUC). Die Auswahl ist für kubanische Verhältnisse erstaunlich groß, und auf der Dachterrasse kann man den Sternenhimmel bewundern.

Loma de la Cruz, auf gleichnamigem Hügel, ✆ 0124-464821. Traumhafter Ausblick und günstige und schmackhafte Gerichte in Moneda Nacional und Bar. ⊙ tgl. 12–21 Uhr.

Dragon Rojo, Calle Manduley esq. Carretera Gibara. Holguíns Chinese serviert in hübschem Ambiente in Moneda Nacional Klassiker wie Chop Suey mit Schweinefleisch. Empfehlenswerte Beilage sind die leckeren Käsebällchen. Bier gibt es für 18 CUP, andere Getränke für 10 CUP. Wer der eisigen AC entfliehen will, kann auch im grünen Innenhof speisen.

Dimar, Calle Mártires No. 133 esq. Luz Caballero. Fischspezialitäten (gegrillte Fischfilets, Krabben, Langusten) für 3–11 CUC.

Mayabe, Calle Aguilera esq. Manduley. Schickes Interieur und Peso-Preise. ⊙ tgl. 18–23 Uhr.

Casa del Chef, Calle Luz Caballero No. 93 esq. Mártires. Kreolische Spezialitäten für 1–3 CUC. ⊙ Mo–Sa 12–21 Uhr.

Pizzeria Roma, Parque Céspedes. Gängige Pizzeria, häufig lange Warteschlangen.

Doña Yulla, Calle Aguilera No. 249 esq. Mártires. Nettes Ambiente und ordentliches Essen. ⊙ tgl. 17–22 Uhr.

Cafeterías und Snacks

La Begonia, Parque Calixto Garcia. Beliebter Touri-Treffpunkt. Hier gibt es in gemütlicher Biergartenatmosphäre unter schattigem Blätterdach Milchkaffee, Erfrischungsgetränke, Bier, Cocktails und Snacks. Recht günstige Devisenpreise. ⊙ tgl. 24 Std.

Las tres Lucias, Calle Mártires esq. Frexes. Verströmt mit seinen Foto-Wänden (vor allem aus dem Filmmetier) den Charme einer Künstlerkneipe. Kaffee und kleine Snacks.

Die lokale Rumsorte Bariay hat die Bar fest im Griff. ⊙ tgl. 8–1 Uhr.

Cafetería La Cubita, Calle Manduley e/Frexes y Aguilera. Nettes Ambiente, günstig. ⊙ tgl. 24 Std.

Cremería Guamá, Parque Peralta. Günstiger und beliebter Eistempel mit langen Schlangen. Schweinebrötchen, den Döner *a lo cubano*, gibt es in der Calle Manduley e/Prado y Av. Cajigal.

Bars

El Coctelito, Calle Manduley No. 153 e/Aguilera y Arias. Wie der Name schon sagt, strömen in dieser netten Peso-Kneipe Cocktails und auch sonst allerhand Alkoholisches.

Uneac, Calle Manduley No. 148 e/Martí y Luz Caballero. Der Schriftstellerverband befindet sich in einem der schönsten Häuser der Stadt. In der Bar des Innenhofs trifft sich oft die Künstlerszene. Konzerte wechseln mit Lesungen.

Terraza, Calle Frexes No. 190 esq. Miró. Von der Dachterrasse des Salon 1720 lässt sich das noble Ambiente bei einem Cocktail gut genie-ßen, manchmal bei Live-Musik. ⊙ tgl. 20–2 Uhr.

Discos

Casa de la Música, Parque Calixto García. Angesagter Tanztempel mit schöner Dachbar unter freiem Himmel. Eintritt 5 CUC.

Club 80, Calle Mártires esq. Frexes. Angesagter Peso-Club, wo sich Live-Musik und Disco abwechseln und oft bis in die frühen Morgenstunden was los ist.

Disco Cristal, Parque Calixto García, im Edificio Cristal. 5 CUC Eintritt pro Paar. ⊙ Di–So 21 Uhr bis Open-End.

Liverpool meets Cuba

Caverna de los Beatles, Calle Maceo No. 107 esq. Aguilera. Der Laden ist eine Hommage an die britischen Musiklegenden, deren Statuen einen der Tische belegen. Ältere Rockmusik und kubanische Rhythmen wechseln sich ab, und die Preise sind *a lo cubano*. ⊙ tgl. 16–2 Uhr.

Live-Musik

Casa de la Trova, Parque Calixto García. Wechselndes Musikprogramm, s. Vorschau im Eingang. ⊘ Di–So. Eine gute Alternative ist das **Casa de la Cultura** direkt daneben.

Centro Cultural Mona Lisa, Plaza de la Marqueta. Ab 22 Uhr Live-Musik im schönen Innenhof. Nette Bar. ⊘ Di–So 20–24 Uhr.

Jazz-Club, Parque Calixto García. Do–So ab 21 Uhr Live-Musik, an den anderen Tagen ist der Laden eine (etwas sterile) Kneipe.

El Templo de la Cubanía, Calle Manduley e/Agramonte y Garayalde. Eigentlich ein Kino, aber mit regelmäßigen Live-Konzerten, z. B. Do Rock und So Rap (jeweils ab 21.30 Uhr).

Gabinete Caligari, Parque Calixto García. Dachterrasse mit breitem Musikprogramm (von Salsa über Hip Hop zu Rock).

Unterhaltung und Kultur

Teatro Eddy Suñol, Parque Calixto García. Wechselndes Programm (auch Kindertheater und Komödien, s. Vorschau).

Nocturno, Carretera Central KM 2,5 (Richtung Las Tunas), ☎ 0124-429345. Holguíns vergleichsweise abgespeckte Version des Cabaret Tropicana. ⊘ Di–So ab 20, Show ab 23 Uhr (nicht bei Regen), danach Disco. 15 CUC Eintritt pro Paar.

Cine Martí, Parque Calixto García.

Cine Frexes, Calle Frexes esq. Pepe Torres.

Feste

Mitte Januar steht die **Semana de la Cultura** auf dem Programm. Bei den **Romerías de Mayo** in der ersten Maiwoche gibt es viele Kulturveranstaltungen. Am 3. Mai pilgern viele Kubaner auf den Loma de la Cruz und feiern die katholische Prozession laut und lebendig auf den Straßen. Ende Oktober findet das **Iberoamerikanische Festival** mit Workshops, Konzerten und Ausstellungen über die spanischen Wurzeln der kubanischen Kultur statt. Zu guter Letzt kann man im November das **Ballett-Festival** besuchen.

Einkaufen

Zwischen den Parks Calixto García und Peralta liegt die Fußgängerzone der Calle Manduley, wo sich die Läden ballen. Auch die Plaza de la Marqueta entwickelt sich zu einem kleinen Shopping-Zentrum.

Souvenirs und Kunsthandwerk

Artex, Calle Frexes esq. Máximo Gomez. CDs, Kassetten u. a. ⊘ Mo–Fr 9–17, Sa 9–13 Uhr.

Fondo de Bienes Culturales, Parque Calixto García, und **Galería Holguín**, Parque Céspedes, verkaufen Kunsthandwerk.

Idearte, Calle Manduley e/Frexes y Aguilera. Gemälde und Kunstgegenstände. ⊘ tgl. 10–18 Uhr.

Galería Estampa, Plaza de la Marqueta. Kunstgegenstände.

Tienda Mona Lisa, Plaza de la Marqueta. Breites Angebot von Kunsthandwerk über Musikinstrumente bis hin zu CDs und T-Shirts. ⊘ Mo–Sa 9–17, So 9–14 Uhr.

La Cohoba, Plaza de la Marqueta. Lässt die Herzen der Zigarrenliebhaber höher schlagen und hat auch Kaffee und Rum im Angebot.

Bücher

Librería Pedro Rogena Camay, Parque Calixto García. Auch englischsprachige Literatur.

Librería Jigüe, Calle Martí esq. Mártires.

Librería Villena Botev, Calle Frexes No. 151 esq. Máximo Gómez.

Lebensmittel

Bauernmarkt, Calle Morales Lemus esq. Calle 17 B.

Doña Neli, Calle Manduley No. 287 e/Ángel Guerra y General Vásquez, und **Panadería La Crema**, Calle Manduley No. 140 e/Frexes y Aguilera, verkaufen Backwaren. ⊘ tgl. 8–23 Uhr.

Luz de Yara, Parque Calixto García. Großes Kaufhaus. ⊘ Mo–Sa 9–19, So 9–12 Uhr.

Sonstiges

Aktivitäten

La Bolera, Calle Maceo e/Habana y Cajigal. Bowling, Tischfußball, Billard und Shuffle-Puck. ⊘ tgl. 10–2 Uhr.

Apotheken

Farmacia, Calle Miró esq. Frexes und Parque Calixto García. ⊘ Mo–Sa 9–22 Uhr.

Autovermietungen

Auf dem **Flughafen**, im **Hotel Pernik** und im **Hotel El Bosque**.

Baseball

Estadio Calixto García, Av. Libertadores esq. XX Aniversario, ℘ 0124-462014. Mit kleinem Sportmuseum.

Filme und Fotoarbeiten

Photo Service, Calle Frexes e/Máximo Gómez y Mártires. ☉ Mo–Fr 9–17, Sa 9–12 Uhr.

Geld

Bandec, Parque Céspedes. Mit Geldautomat. **BFI**, Calle Manduley No. 167 e/Frexes y Aguilera. **Cadeca**, Calle Manduley No. 205 e/Martí y Luz Caballero und Calle Frexes e/Cervantes y Narciso López.

Informationen

Campismo Popular, Calle Mártires No. 87 e/ Frexes y Martí, ℘ 0124-422881. ☉ Mo–Fr 9–18, Sa 9–12 Uhr.

Internet

Etecsa, Parque Calixto García. ☉ tgl. 9–19 Uhr.

Medizinische Hilfe

Hospital Lenin, Av. VI Lenin, ℘ 0124-462011. Mit Apotheke.
Óptica Miramar, Calle Frexes No. 212 e/Maceo y Mártires. ☉ tgl. 10–18 Uhr.
Krankenwagen: ℘ 0124-104

Post

Parque Calixto García (mit DHL) und Parque Céspedes. ☉ Mo–Sa 10–18 Uhr.

Telefon

Etecsa, Calle Frexes esq. Rastro und Parque Calixto García. ☉ tgl. 7–21 Uhr.

Touren

Cubatur, im Café La Begonia, ℘ 0124-421679. Exkursionen nach Havanna und Santiago (jeweils mit Übernachtung), Cayo Saetia, Gibara und Guardalavaca.

Havanatur, Calle Frexes No. 172 e/Morales Lemus y Narciso López, ℘ 0124-4683-31, -32. ☉ Mo–Fr 8–17 Uhr.

Visaangelegenheiten

Inmigración, Calle General Vázquez esq. General Marrero. ☉ Mo–Fr 9–12, 14–16 Uhr.

Transport

Von Holguín sind es 27 km nach Gibara, 50 km zur Playa Herradura, 60 km nach Guardalavaca, 75 km nach Banes oder Bayamo, 78 km nach Mayarí, 80 km nach Las Tunas, 120 km nach Cayo Saetia und 132 km nach Moa.

Selbstfahrer

Die Innenstadt lässt sich gut zu Fuß erkunden. Zudem werden die Hauptstraßen von **Bicitaxis** und **Kutschen** frequentiert. Ein Wagen empfiehlt sich nur bei einem Ausflug zum Mirador de Mayabe. **Parkplätze** gibt es vorm Hotel Pernik oder Motel El Bosque. **Tankstellen** liegen an der Carretera Central stadtauswärts in südliche und westliche Richtung, an der Av. de los Libertadores südlich der Plaza de la Revolución und im Norden, an der Av. Cajigal esq. General Marrero.

Busse

Busbahnhof, Carretera Central No. 19 esq. Independencia, ℘ 0124-461046 und 422111. Von hier fahren Bicitaxis, Kutschen oder Taxis ins Zentrum.

Verbindungen Víazul

HAVANNA (9.20, 12.25, 18.40 und 21 Uhr, 12–13 Std., 45 CUC). Hält meistens (nachfragen) in LAS TUNAS (6 CUC), CAMAGÜEY (11 CUC), CIEGO DE ÁVILA (17 CUC), SANCTI SPÍRITUS (21 CUC) und SANTA CLARA (26 CUC).
SANTIAGO DE CUBA (3.10, 9 und 16.30 Uhr, 3 1/2 Std., 11 CUC), über BAYAMO (6 CUC).
TRINIDAD (22.55 Uhr, 8 Std., 27 CUC). Fährt über LAS TUNAS (6 CUC), CAMAGÜEY (11 CUC), CIEGO DE ÁVILA (17 CUC) , SANCTI SPÍRITUS (21 CUC).
VARADERO (23.35 Uhr, 11 1/2 Std., 39 CUC). Fährt über LAS TUNAS (6 CUC), CAMAGÜEY (11 CUC), CIEGO DE ÁVILA (17 CUC), SANCTI SPÍRITUS (21 CUC), SANTA CLARA (26 CUC), COLÓN (32 CUC) und CARDENAS (37 CUC).

Camiones und Privattaxis

Beim **Terminal Intermunicipal** an der Av. de los Libertadores gegenüber vom Baseballstadion oder am **Terminal Molienda** an der Carretera Central No. 46 esq. Angel Guerra warten Camiones oder Privatchauffeure auf Fahrgäste. Ein Tagesausflug mit dem Taxi zur Playa Guardalavaca oder Playa Herradura kostet ca. 50 CUC (hin und zurück), nach Gibara rund 30 CUC. **Camiones** fahren tgl. am frühen Morgen günstig nach LAS TUNAS, BAYAMO, BANES, GIBARA und MOA.

Eisenbahn

Bahnhof, Calle Vidal Pita No. 3 e/Maceo y Manduley, ✆ 0124-422331. Fahrkarten verkauft der Ladis-Schalter auf der gegenüberliegenden Seite. ☾ tgl. 8–15 Uhr.
CAMAGÜEY (1x tgl., 11 CUC)
CIEGO DE ÁVILA (1x tgl., 15 CUC)
GUANTÁNAMO (1x tgl, 10 CUC)
HAVANNA (2x tgl., 33 CUC)
LAS TUNAS (1x tgl., 6 CUC)
MATANZAS (1x tgl., 26 CUC)
SANTA CLARA (1x tgl., 22 CUC)
SANTIAGO DE CUBA (3x tgl., 7 CUC)

Flüge

Flughafen Frank País, 10 km vom Zentrum Richtung Bayamo, ✆ 0124-462512. Hier landen die Pauschaltouristen, bevor sie in die Ferienresorts nach Playa Guardalavaca gebracht werden. Ein Taxi ins Zentrum kostet ca. 8 CUC. **Cubana** sitzt im Edificio Cristal am Parque Calixto García, ✆ 0124-4681-48, -49. Fliegt tgl. nach HAVANNA für 100 CUC (Hinflug) und 3x wöchentl. nach SANTIAGO DE CUBA für 30 CUC (Hinflug).

`11` HIGHLIGHT

Gibara

Die 20 000 Einwohner zählende Stadt lockt mit engen, von Kolonialbauten gesäumten Gassen und der malerischen Buchtlage, umrahmt von den sanften Maniabón-Hügeln. Sie gilt als Freiluftmuseum des Neoklassizismus, eines prunkvollen Baustils des 19. Jhs. Dies hat sich allerdings bereits herumgesprochen, so dass Gibara längst kein Geheimtipp mehr ist. Dennoch konnte sich der Ort, dessen Name von der hier wachsenden Pflanze Jiba stammt, bisher eine entspannte und authentische Atmosphäre bewahren. Von ihrer schönsten Seite zeigt sich die Villa Blanca, wie die Stadt wegen ihrer weiß gestrichenen Gebäude auch genannt wird, am Zentralpark Calixto García und bei einem Bummel entlang der Uferpromenade, wo man die bunten Boote der Fischereiflotte in der Bucht schaukeln sieht. Leider richtete Hurricane Ike 2008 vor allem in Ufernähe schwere Schäden an.

Geschichte

Als Kolumbus unweit von Gibara bei Bariay das erste Mal Land betrat, nannte er die Region *Río de Mares*, denn in die hiesige Bucht münden zwei Flüsse. Und eben jene heute Bahía de Gibara genannte Bucht sorgte mit ihrer Größe und guten Schiffbarkeit auch für den wirtschaftlichen Aufschwung des kleinen Hafenortes, der erst 1817 während des Zuckerbooms entstand, dann aber rasant zu einem der wichtigsten Handelshäfen des nördlichen Ostkubas aufstieg. Ihr zunehmender Wohlstand trug Gibara den Namen *Perla del Oriente* ein und manifestierte sich in zahlreichen Kolonialbauten. Auch hier schützten Festungen den Reichtum, jedoch nicht mehr gegen Überfälle von Piraten, sondern vor Unabhängigkeitskämpfern. Trotzdem gelang Calixto García 1895 die Einnahme der Stadt. Als der Schienen- und Straßenverkehr eine immer wichtigere Rolle im Gütertransport zu spielen begann, verlor die abseits der Hauptrouten gelegene Stadt an Bedeutung. Vor dem Sieg der Revolution konnte Gibara nur per Schiff oder Bahn erreicht werden. Eine Zubringerstraße entstand erst in den 1950er-Jahren, und so hat man trotz des zunehmenden Tourismus immer noch das Gefühl, hier sei die Zeit stehen geblieben.

Sehenswertes

El Cuartelón ist eine alte spanische Festungsruine auf dem Hügel Los Caneyes mit tollem Panoramablick auf die Stadt bis hin zum sattelförmigen **Silla de Gibara**. Schon Kolumbus beschrieb ihn in den Tagebuchaufzeichnungen seiner ersten Landung. Noch besser ist die Aussicht von der 200 m höher gelegenen Bar El Mirador.

Der schöne Zentralpark strahlt viel Kolonialambiente aus und wird von der **Iglesia de San Fulgencio** von 1852 mit zwei Kuppeltürmen dominiert. In seiner Mitte befindet sich eine **Freiheitsstatue** *a lo cubano*, in der Hand eine Schriftrolle mit dem Datum 25. Juli 1898: dem Tag, als die Unabhängigkeitsarmee die Stadt eroberte.

Ebenfalls am Platz zeigt das neoklassizistische **Museo de Historia Natural**, ehemaliger Club der Weißen, Ausstellungen zur kubanischen Fauna. Neben einem Zwittertier, das gleichzeitig Henne und Hahn war, gibt es eine umfangreiche Sammlung von Tages- und Nachtfaltern. ⊙ Di–Sa 9–17, So 9–12 Uhr, Eintritt 1 CUC, Fotos 1 CUC.

Ganz in der Nähe, auf der Calle Independencia No. 19 liegt die prunkvolle ehemalige Residenz des wohlhabenden Händlers José Beola, die heute das **Museo de Arte Colonial** beherbergt. Er soll hier rauschende Feste gefeiert und in seiner Badewanne mit zahlreichen Mätressen Weinbäder genommen haben. Über 14 elegante Räume verteilen sich koloniale Stilmöbel (u. a. aus Frankreich, England und Deutschland), Porzellan und Gemälde. Die wunderschönen Buntglasfenster *(vitrales)* sorgen für zusätzliches Flair. ⊙ Mo–Sa 8–17, So 8–12 Uhr, Eintritt 2 CUC, Fotos 1 CUC.

Das **Museo Municipal** im selben Gebäude veranschaulicht die Stadtgeschichte seit der präkolumbischen Zeit. Hier bezog General Calixto García 1895 während des Unabhängigkeitskrieges Quartier. ⊙ Di–Sa 9–17, So 9–12 Uhr, Eintritt 1 CUC, Fotos 1 CUC.

Der 18 km westlich von Gibara gelegene Strand **Playa Caletones** wurde von den letzten Hurricanes verwüstet und ist bisher nicht wieder hergerichtet worden. Nach dem aktuellen Stand erkundigen.

Übernachtung

Estancia Cocomar, Calle J. Agüero No. 116 e/J. Mora y M. Grajales, ℡ 0124-844203, ✉ sales@cristal.hlg.sld.cu. Der nette Vermieter Omar verweist stolz auf sein Koch-Diplom und vermietet 2 kleine DZ mit AC, Ventilator und großem Bad. Schöner verwilderter Garten und viel Kunsthandwerk im Haus. Etwas Englisch. ❶–❷

Hostal Vitral, Calle Independencia No. 36 e/J. Peralta y Calixto Garcia, ℡ 0124-844469, ✉ escalona@gibara.hlg.sld.cu. Schönes Kolonialgebäude mit edler Einrichtung, herrlichen Buntglasfenstern *(Vitrales)* und Terrasse inmitten der Dächer. 2 schöne Zimmer (EZ mit AC, Bad und TV und DZ mit Ventilator). ❷

Hostal Las Brisas, Calle J. Peralta No. 61, ℡ 0124-845134, ✉ hostallasbrisas.gibara@ yahoo.fr, 🖥 www.roomforrent.travelblog.fr. 2 elegante EZ mit AC, Ventilator und großem Bad. Schöner Innenhof mit Wandgemälden, Dachterrasse mit Meerblick. Der nette Vermieter spricht Englisch, Französisch und Holländisch. ❷

Angel e Isabel, Calle Independencia No. 107 e/Agramonte y Cavada, ℡ 0124-844495, ✉ 5352713504@sms.cubacel.com. 2 DZ mit AC, Ventilator, Bad, Radio und Kühlschrank. Kleine Küche für Gäste. Garage und Terrasse mit Meerblick. ❷

Villa Caney, Calle Sartorio No. 36 e/J. Peralta y Luz Caballero, ℡ 0124-844552. Schönes Kolonialhaus mit Garage. DZ (Doppelbett) mit AC, Ventilator und Bad. Englisch. ❷

Besser geht's kaum

Casa de los Amigos, Calle Céspedes No. 15 e/ J. Peralta y Luz Caballero, ℡ 0124-844115, ✉ lacasadelosamigos@yahoo.fr. Riesiger Innenhof mit viel Grün, Bar, Hängematten, Papageien, Gemälden und allerhand Kunsthandwerk (u. a. einer lebensgroßen Don Quichote-Statue). 2 schöne DZ (Doppelbett) mit AC, Ventilator und Bad. Von einer Französin geführt. ❷
Direkt daneben liegt das fast ebenso tolle **Hostal Los Hermanos**, Calle Céspedes No. 18 e/ Luz Caballero y J. Peralta, ℡ 0124-844542. Kolonialhaus mit schöner Einrichtung und großem Innenhof. Viele Bilder und Wandgemälde. 2 Zimmer (EZ und DZ) mit AC, Ventilator und Bad. ❷

Gibara gilt wegen seiner schönen Bauten aus dem 19. Jahrhundert als Perle des Neoklassizismus.

Das kulinarische Angebot ist mager, und wenn man das nicht ebenfalls werden will, speist man am besten in seiner Pension.

El Faro, Parque de las Madres. Fischlastiges Devisen-Restaurant mit Meerblick.

El Caribe, Parque Calixto García. Pizzas in Moneda Nacional.

Bar El Mirador, Av. Lenin No. 94. Einfache Open-Air-Bar mit toller Aussicht. ⏱ 24 Std.

Casa de la Cultura, Calle Joaquín Agüero No. 105 e/Independencia y Sartorio. Schönes Gebäude mit wechselnden Veranstaltungen (s. Aushänge).

Centro Cultural El Colonial, Calle Independencia esq. Luz Caballero. Abends Live-Musik.

Feste

Anfang oder Mitte April können Filmfans das **Internationale Amateurkino-Festival** besuchen, 🖳 www.cubacine.cu/cinepobre. Ende Oktober findet das **Festival del Mar** statt. In der Nacht vom 27.–28.10. gehen die jungen Kommunisten (UJC) zum Gedenken an den Todestag von Camilo Cienfuegos von Holguín nach Gibara und streuen Blumen ins Meer.

Sonstiges

Einkaufen

Asociación de Artesanos Artistas, Calle Independencia No. 53. Kunsthandwerk. ⏱ Mo–Fr 8–17 Uhr.

Librería, Calle Independencia No. 35. Gutes Zeitschriftenangebot in Moneda Nacional.

La Victoria, Calle Independencia No. 21. Lebensmittel. ⏱ Mo–Sa 9–17, So 9–13 Uhr.

Geld

Bandec, Calle Independencia No. 26.

Post

Calle Independencia No. 15. ⏱ Mo–Sa 9–20 Uhr.

Achtung: Die Straße von Floro Pérez bis Rafael Freyre ist in katastrophalem Zustand, d. h. es gibt keine direkte Verbindung von Gibara nach Guardalavaca. Über den Umweg nach Holguín ist man schneller.

Transport

Zwar fährt 2x tgl. ein Astro-**Bus** von Gibara nach Holguín und zurück, doch nimmt dieser normalerweise keine Touristen mit (nachfragen beim Terminal Intermunicipal in der Av. de los Libertadores, 2 km östlich des Zentrums, ☎ 0124-844215). Eine **Tankstelle** befindet sich am Ortseingang. Ein Tagesausflug von Holguín kostet mit **Taxi** 30–40 CUC (hin und zurück).

12 | HIGHLIGHT

Guardalavaca und Umgebung

Bis Fidel Castro Anfang der 1980er-Jahre den Startschuss für den touristischen Ausbau gab, war das Gebiet von Viehzucht geprägt. Davon zeugt noch der Name, der übersetzt „Pass auf die Kuh auf" bedeutet. Bei den zahlreichen Piratenüberfällen der letzten Jahrhunderte sicher eine angebrachte Warnung. Heute überfallen nicht mehr Piraten, sondern sonnenhungrige Touristen den 1,5 km langen Sandstrand, die eingebettet in eine leicht hügelige Landschaft mit kleinen Steilküsten und umgeben von üppiger strandnaher Vegetation zu den schönsten des Landes zählt. Intensive Grün- und Blautöne fließen hier ineinander über. **Playa Guardalavaca** ist neben Varadero eine der bekanntesten und besterschlossenen Touristenhochburgen. Sie bietet Postkartenidyll inklusive aller Karibik-Klischees, jedoch keine authentischen Kontakte mit Einheimischen.

Entlang der buchtenreichen Küste ziehen sich gen Westen weitere Traumstrände mit vorgelagerten Korallenriffen, die für ruhiges Wasser sorgen: 6 km entfernt liegt die **Playa Esmeralda** (1000 m) mit ihrem intensiven Farbspiel des Wassers. Die hoteleigenen Strände dürfen Nichtgäste aber nur mit einem Tagespass für 40 CUC aufsuchen (inkl. Essen, Getränke und Nutzung aller Einrichtungen). Noch abgelegener sind die kleinen **Playas Yuraguanal** (600 m) und **Pesquero** (1500 m), 18 km westlich von Guardalavaca. So kann jeder wählen zwischen Einsamkeit und großem Angebot an Aktivitäten und Ausflugsmöglichkeiten.

Ausflugsziele in der Umgebung
Sendero Las Guanas

Der **archäologische Naturpfad** startet vom Hotel Sol Río Luna-Mares an der Playa Esmeralda und endet nach 1,5 km an einem schönen Aussichtspunkt. Er bekam seinen Namen von der hier wachsenden Baumart verliehen und führt an einer **Höhle** mit Nachbildungen indianischer Malereien und Bestattungen vorbei. Ursprünglich sollte die artenreiche Natur, die auf Lehrtafeln veranschaulicht wird, einem zusätzlichen Hotel weichen. Mückenschutz nicht vergessen! ⊙ tgl. 8–18 Uhr, Eintritt 6 CUC.

Parque Rocazul

Der schöne Naturpark liegt an der Straße zur Playa Pesquero und misst 5 km². Zwei Wanderwege von 3 km Länge durchkreuzen das Terrain. Der erste führt auf den **Loma del Templo**, während der **Sendero Rocazul** am **Playa Lancone** endet. Außerdem gibt es eine schöne **Finca** mit Straußen, einen Kakteengarten sowie Verleih von Fahrrädern, Pferden und Ruderbooten. All das ist schön, aber auch teuer. ⊙ tgl. 9–17 Uhr, Eintritt 10 CUC (inkl. Wanderung) oder 20 CUC (inkl. Reiten).

Parque Bahía de Naranjo

Das **Aquarium mit Seelöwen- und Delphinshow** liegt auf der Insel Cayo Naranjo. Dorthin fahren Motorboote von der **Marina Bahía de Naranjo**, 4 km südlich von Playa Esmeralda und 8 km südwestlich von Playa Guardalavaca, ☎ 0124-430132 und 430434. Außerdem starten hier ganztägige Katamaranfahrten (69–79 CUC) und Sonnenuntergangstrips (52 CUC). ⊙ tgl. 9–16.30, Show um 12 Uhr, Eintritt 40 CUC (Kinder die Hälfte, inkl. Getränk und Überfahrt). Das Schwimmen mit Delphinen kostet zusätzlich 60/30 CUC.

Übernachten bei den Delphinen

Wer das Aquarium auf Cayo Naranjo besuchen will, kann gleich auf dem Inselchen übernachten in den kleinen **Bungalows Birancito** (2 schöne DZ). Der Preis beträgt dann inkl. Überfahrt, Show, Schwimmen mit den Meeressäugern und Vollpension 150 CUC pro Paar. Gemessen an den üblichen Resort-Preisen fast schon ein Schnäppchen. Reservieren unter ☎ 0124-430132 und 430446.

Parque Monumento Nacional Bariay

Ein historisches Datum ist mit der Region verknüpft: Am 28. Oktober 1492 betrat Kolumbus am Westufer der Bucht von Bariay (4 km nördlich von Fray Benito) zum ersten Mal kubanischen Boden. Zwar nimmt auch Baracoa das tourismusfördernde Privileg in Anspruch, Ort des ersten Landgangs des Admirals gewesen zu sein. Doch beschreiben dessen Tagebuchaufzeichnungen einen sattelförmigen Berg, den es nur in dieser Region gibt, den **Silla de Gibara**. 1992 wurde zum 500-jährigen Jahrestag der Entdeckung Amerikas ein **Denkmal** von Künstlerin Caridad Mosquera eröffnet: Weiße griechische Säulen flankieren rote indianische Götterfiguren. Das Ganze hat seinen ästhetischen Schauwert, eine kritische Geschichtslektion bekommt man hier aber nicht. Dazu gibt es die rekonstruierten Taínobauten **Punta del Gato** und eine kleine **archäologische Sammlung**. ⏰ tgl. 9–17 Uhr, Eintritt 8 CUC (Kinder 4 CUC), Fotos 1 CUC, Videos 2 CUC.

12 km nördlich von Rafael Freyre und 37 km westlich von Guardalavaca liegt an der Bahía de Bariay die einsame und schöne **Playa Blanca**. 2 km östlich liegt die **Villa Don Lino**, Carretera Playa Blanca KM 7, ☎ 0124-430308, 🖥 www. islazul.cu. 36 DZ in einfachen Bungalows mit AC, Bad und TV. Restaurant, Bar, Pool und Laden. ❹–❺

Campismo Silla de Gibara, 7 km westlich von Fray Benito und 35 km südöstlich von Gibara, ☎ 0124-421586. Am besten über Campismo Popular in Holguín (s. S. 474) reservieren. Die schwierige Pistenanfahrt gleicht der tolle Ausblick aus. 12 einfache Cabañas mit AC oder Ventilator und Bad für je 4 Pers. kosten 8 CUC p. P. Restaurant, Pool und Cafetería. ❶

Aldea Taína und Chorro de Maíta

Das detailliert und authentisch nachgestellte Indianerdorf **Aldea Taína** befindet sich 6 km südöstlich von Guardalavaca. Plastiken verdeutlichen Arbeitsalltag und religiöse Rituale der Ureinwohner, die hier siedelten. ⏰ Di–So 10–17 Uhr, Eintritt (inkl. Führung) 3 CUC, Fotos 1 CUC, Videos 5 CUC.

Gegenüber liegt **Chorro de Maíta**, der bedeutendste indianische Friedhof der Karibik. Derartig viele Gräber hat man nirgendwo sonst in Kuba entdeckt. Die meisten der 108 Skelette wurden in traditioneller Fötushaltung gefunden. Doch bei einem handelt es sich um einen Europäer, der wahrscheinlich als spanischer Missionar bei den Indígenas gelebt hat und tatsächlich einige bekehren konnte. Denn auch andere Skelette sind wie er nach christlicher Sitte mit über der Brust gekreuzten Armen bestattet. Schaukästen zeigen Grabschmuck, Zeremoniengegenstände und Werkzeuge. ⏰ Di–So 10–17 Uhr, Eintritt 2 CUC, Fotos 1 CUC, Videos 5 CUC.

Übernachtung

Leider sind Privatpensionen verboten. Eine Alternative zu den hohen Hotelpreisen sind Tagesausflüge von Holguín oder Banes. Die All-Inclusive-Hotels werden von Ost nach West aufgezählt.

Playa Guardalavaca

Villa Brisas, ☎ 0124-430218, 🖥 www. cubanacan.cu. Nobelstes Hotel mit 437 DZ (verteilt auf mehrstöckiges Haupthaus und Bungalows) in schöner Anlage im Kolonialstil. Gutes Sportangebot. Familienfreundlich. ❼

Club Amigo Atlántico, ☎ 0124-430180, 🖥 www. cubanacan.cu. Älteste Hotelanlage im Plattenbaustil mit 747 DZ im unattraktiven Haupthaus sowie in weit verteilten, schöneren (und teureren) Nebengebäuden. Das Angebot an Aktivitäten lässt kaum Wünsche offen. ❻–❼

Villa Cabañas, ☎ 0124-430314, 🖥 www.islazul. cu. Deutlich günstiger, aber weniger Komfort. 31 DZ in Bungalows mit AC, Bad und TV. ❺

Playa Esmeralda

Paradisus Río de Oro, ℡ 0124-430090, 🖥 www.solmeliacuba.com. Der Name Oro (Gold) ist berechtigt, denn schon die Eingangshalle blendet vor Glanz. Auch der Preis des besten Hotels Ostkubas lässt einen schwindlig werden. Die Infrastruktur spielt in der Luxus-Liga, schöne Gartenlandschaft, 292 luxuriöse DZ in 2-stöckigen Gebäuden mit Balkon oder Terrasse. ❼

Sol Club Río Luna-Mares, ℡ 0124-430060, 🖥 www.solmeliacuba.com. Ebenfalls höchst luxuriös. Große Anlage im griechisch-römischen Stil inmitten eines großen Parks. 467 komfortable DZ. Großer Pool und Garten, Sauna, Massage. Breites Sportangebot inkl. Wassersport. Kinderfreundlich. ❼

Playa Yuraguanal

Occidental Grand Playa Turquesa, ℡ 0124-433540, www.gaviota-grupo.com. 500 DZ in Bungalows mit Balkon oder Terrasse in einer harmonisch in die Natur eingebetteten Anlage. Kleine Wasserfälle verbinden die 7 Pools. Kinderfreundlich. ❼

Playa Pesquero

Playa Costa Verde, ℡ 0124-433520, 🖥 www.gaviota-grupo.com. 480 DZ in 31 schönen 2-stöckigen Bungalows mit Balkon oder Terrasse. Breites Sportprogramm. ❼

Blau Costa Verde, ℡ 0124-433510, 🖥 www.gaviota-grupo.com. Schöne Anlage mit riesigen Pools, 307 DZ und kompletter Infrastruktur. ❼

Playa Pesquero, ℡ 0124-433530, 🖥 www.gaviota-grupo.com. Riesige Anlage mit 912 DZ in 2-stöckigen Bungalows und ebenso großem Freizeitprogramm, inkl. Angebot für Kinder. ❼

Essen und Nachtleben

Playa Guadalavaca

Pizza Nova, beim Hotel Guadalavaca. Preiswerte italienische Küche. 🕐 tgl. 12–21 Uhr.

Club La Roca, neben der Villa Cabañas. Tolle Klippenlage, Terrasse mit Meerblick. Solide Preise ab 4 CUC. Abends gibt es Shows und Disco unterm Sternenhimmel mit Blick aufs Meer (Do–So). Eintritt 6 CUC/Paar.

Euro-Zone

In Guardalavaca und den anderen Resort-Stränden kann man direkt mit Euros bezahlen.

El Ancla, 1 km westlich der Villa Cabañas. Teure Fischspezialitäten und gegrillte Langusten (25 CUC).

El Cayuelo, 1 km östlich des Hotel Las Brisas. Teure Fischgerichte werden auf der Terrasse mit Meerblick aufgetischt.

Vicaría, beim Hotel Guardalavaca. Relativ günstige Snack-Bar (Pollo frito, Spaghetti, Hot Dog u. a.). 🕐 24 Std.

El Rápido, Centro Comercial Los Flamboyanes. Günstiges Fast-Food. 🕐 tgl. 24 Std.

Playa Esmeralda

El Conuco de Mongo Viñas, an der Bahía de Naranjo (2 km südlich vom Sol Club Río-Mares). Im rustikalen Bauernflair werden kreolische Gerichte serviert, die auch schmalere Brieftaschen nicht sprengen. 🕐 tgl. 9–17 Uhr.

Aktivitäten

Tauchschule Eagle Ray, Westende von Playa Guardalavaca, ℡ 0124-430316, und **Coral Reef Center**, neben Hotel Brisas Guardalavaca, ℡ 0124-430774, bieten Tauchen und Schnorcheln am küstennahen Riff mit 26 Tauchstellen und interessanten Unterwasserformationen.

Recreación aería-terrestria, beim Centro Comercial, ℡ 0124-430267. Reiten (5 CUC/Std.) und Parasailing (15 CUC). 🕐 tgl. 9–17 Uhr.

Tagespässe zur Nutzung der Infrastruktur in den Hotels kosten ab 25 CUC.

Touren

Ausflüge (inkl. Essen) gehen nach Holguín (44 CUC), Cayo Bariay (59 CUC, inkl. Katamaranfahrt und Schnorcheln), Bioparque Rocazul (40 CUC), Birán (49 CUC), Jeep Safari Cayo Saetia (86 CUC), Gibara (74 CUC, inkl. Ausritt und Bootstour) und Pinares de Mayarí (78 CUC).

Nördlicher Oriente

Touristische **Ausflugsbusse** fahren tgl. von 9–19 Uhr über die Hotels der Playa Guardalavaca, Esmeralda und Pesquero zum Bioparque Rocazul, Acuario und zur Aldea Taína. Ein Tagesticket kostet 5 CUC.

Havanatur, ℘ 0124-430260, und **Cubatur**, ℘ 0124-430171, liegen im bzw. beim Centro Comercial Los Flamboyanes. ⊕ tgl. 9–20 Uhr.

Sonstiges
Die hier gelistete Infrastruktur befindet sich in Guardalavaca.

Apotheken
Farmacia Internacional, bei der Klinik. ⊕ tgl. 24 Std.

Autovermietungen
Havanautos, Centro Comercial Los Flamboyanes, ℘ 0124-430223.

Einkaufen
Im **Centro Comercial Los Flamboyanes** gibt es Zigarren, Souvenirs und Lebensmittel sowie einen **Photo-Service**. ⊕ tgl. 9–20 Uhr.
Feria Artesanal del Bulevar, neben dem Club Amigo Atlántico. Kunsthandwerk und Souvenirs. ⊕ tgl. 9–17 Uhr.

Fahrrad- und Motorradverleih
In allen Hotels.

Geld
BFI, Centro Comercial Los Flamboyanes.

Medizinische Hilfe
Clínica Internacional, neben Villa Cabañas, ℘ 0124-430312. ⊕ 24 Std.

Transport
Eine **Tankstelle** liegt an der Straße von Guardalavaca nach Esmeralda. Ein Taxi nach Holguín kostet 40 CUC (**Cubataxi**, ℘ 0124-430490, **Transtur** ℘ 0124-430243). Die Reisebusse bieten manchmal dieselbe Strecke für 10 CUC an.

Die **Marina Gaviota Puerto de Vita** liegt 1 km westlich der Playa Pesquero, ℘ 0124-30445, 🖳 www.gaviota-grupo.com. Jachten melden sich unter VHF 16 und 77 an.

Banes

Die 35 000 Einwohner zählende Stadt wäre wohl ein noch verschlafeneres Nest, wenn sich hier nicht einer der Brennpunkte indianischer Kultur befände: das **Museo Indocubano**. In dieser Region, die wahrscheinlich schon seit 6000 v. Chr. besiedelt war, stieß man auf 96 Fundstätten (mehr als ein Drittel aller im Land bekannten). Dies macht Banes zur **archäologischen Hauptstadt** der Insel. Die Stadt befand sich vor der Revolution fest in der Hand der United Fruit Company, wovon noch einige schöne US-Villen in Holzbauweise zeugen. Sie lassen das ehemalige amerikanische Viertel wie eine **Westernstadt** erscheinen.

Nur 30 km südöstlich von Guardalavaca bietet Banes gute Einblicke in die Welt von „Cuba real" und einen eindrucksvollen Kontrast zum Luxus der Resorts. Eine Handvoll Privatpensionen machen die sympathische Kleinstadt zur idealen Basis für Tagesausflüge zum Traumstrand. Die malerische Landschaft der Maniabón-Hügel gibt es gratis dazu.

Sehenswertes
Das **Museo Indocubano**, Calle General Marrero No. 305 esq. Av. José Martí, besitzt mit über 22 000 Stücken die landesweit bedeutendste archäologische Sammlung indianischer Kultur. Die ausgestellten Funde dokumentieren deren Lebensweise und reichen von Schmuck über Keramikgefäße und Werkzeuge bis hin zu Skeletten. Das Highlight ist die kleine Goldstatue **Ídolo de Oro** eines Fruchtbarkeitsgotts, eines der wenigen gefundenen Goldschmuck-Stücke. Draußen steht noch eine alte **US-Lokomotive** von 1888, die von der United Fruit Company zum Bananentransport eingesetzt wurde. ⊕ Di–Sa 9–17 Uhr, Eintritt 1 CUC, Fotos 1 CUC.

Die **Iglesia de Nuestra Señora de la Caridad** am Parque Martí lohnt nur deswegen einen Besuch, weil hier Fidel Castro am 12. Oktober 1948 seine erste Frau Mirta Díaz Balart geheiratet hat.

Kubas ehemaliger Präsident wird von Anhängern wie Gegnern gleichermaßen als starke Persönlichkeit beschrieben und ist ohne Frage auf der internationalen Bühne einer der charismatischsten Politiker der letzten Jahrzehnte.

Biographische Etappen

Fidel wurde am 13.8.1926 (das Geburtsjahr ist umstritten) als eines von fünf unehelichen Kindern des galicischen Einwanderers Ángel Castro Argiz geboren, der sich aus ärmlichen Verhältnissen zum Großgrundbesitzer hochgearbeitet hatte. Trotz des familiären Reichtums kam Fidel als Junge viel mit der Armut der Bauern in Berührung und solidarisierte sich mit ihnen. So soll er schon mit 13 Jahren versucht haben, einen Streik unter den Plantagenarbeitern seines Vaters zu organisieren. Seine Eltern finanzierten seinem Bruder Raúl und ihm eine gute Ausbildung und schickten beide aufs **Jesuitenkolleg** in Santiago de Cuba. Dort haben sich laut Fidels eigener Aussage seine Selbstdisziplin und sein Gerechtigkeitssinn herausgebildet. Lehrern und Vater gegenüber galt er als widerspenstig und rebellisch. 1942 wechselte er auf das Jesuitenkolleg in Havanna und fiel durch überdurchschnittliche schulische und sportliche Leistungen, aber auch durch zornige Ausbrüche auf.

1945 begann Castro mit dem **Jurastudium**. Schnell leitete er die Vereinigung der Jurastudenten, organisierte Demonstrationen und setzte sich vehement für ärmere Bevölkerungsschichten ein. 1947 wurde er Gründungsmitglied der Orthodoxen Partei und nahm am Vorhaben teil, Diktator Trujillo der Dominikanischen Republik zu stürzen. Als die kubanische Küstenwache das Boot der Aufständischen stoppte, sprang Castro über Bord und schwamm zurück zum Ufer, um der Verhaftung zu entgehen. Als frischgebackener Anwalt vertrat er ab 1950 vorwiegend ärmere Klienten und geriet dadurch selbst in finanzielle Nöte.

Nach dem Scheitern seiner Verfassungsklage gegen Batistas Putsch entschloss er sich zum **bewaffneten Widerstand**. Sein großes Vorbild war José Martí, den er als geistigen Urheber des Moncada-Aufstandes bezeichnete. Dieser scheiterte, machte Castro aber trotzdem zu einer bekannten und vielgeachteten Person. Trotz zwischenzeitlicher Rückschläge im bewaffneten Kampf blieb sein Optimismus ungebrochen. Stets hielt er an seinen Zielen mit hohem Durchhaltevermögen fest.

Dieses setzte sich auch nach dem Sieg der Revolution fort. Der zähe Castro überlebte elf US-Präsidenten und allein in den ersten vier Jahren seiner Regierungszeit geschätzte 600 **Attentatsversuche**, viele geplant durch das CIA. Neben Mordversuchen reichte die Bandbreite der Anschläge von LSD-Sprays, um ihn vor öffentlichen Auftritten zu verwirren bis hin zu in die Schuhe gestreutes Enthaarungsmittel, das ihn mit seinem Bart das Symbol der Revolution verlieren lassen sollte. Selbst die Idee, eine Zigarre in seinem Mund explodieren zu lassen, spukte durch die Köpfe einiger Geheimdienstagenten.

Das Paar ließ sich bereits 1954 scheiden und hat einen gemeinsamen Sohn.

Ein beliebtes Ausflugsziel der Einheimischen ist die schöne **Playa Morales**, 12 km östlich der Stadt, wo man Unterkünfte und Restaurants jedoch vergeblich sucht.

Übernachtung und Essen

Evelyn, Calle Bruno Merino No. 3401 A e/Delfín Pepo y Heredía, ✆ 0124-83150. 2 DZ im OG mit AC, Ventilator, Bad und Terrasse. ❶–❷

Nancy, Calle Robles No. 85 e/7 y 8, ✆ 0124-83243. Schönes DZ mit AC, Ventilator und Bad. Sehr nette Vermieterin, gutes Essen. ❶–❷

Campismo Puerto Rico Libre, 13 km östlich am gleichnamigen Strand, ✆ 0124-96918. 6 Cabañas für 4 Pers. mit Ventilator und Bad für 5 CUC p. P. Zuvor unbedingt bei Campismo Popular in Holguín reservieren (s. S. 474). Cafetería, Restaurant. ❶

El Latino, Av. Martí e/General Marrero y Cárdenas. Kreolische Küche für 2–4 CUC.

Zum Teil fühlt man sich an James Bond-Filme erinnert. Castro selbst behauptete sarkastisch, dass er, gäbe es die Disziplin der überlebten Attentate, darin wohl die Weltmeisterschaft gewonnen hätte.

Charakter und Talente

Anhänger wie Gegner bescheinigen dem *Máximo Líder* enorme charismatische **Ausstrahlung** und ausgefeilte **Rhetorik**. Damit gelang es ihm immer wieder, die Menschen zu begeistern. Mit ausgeprägtem Sinn für Dramaturgie, unterstrichen durch lebhafte Gestik, kunstvoll eingeschobene Pausen und spontane Wechsel der Tonlage fesselte er seine Zuhörer stets aufs Neue. Seine Ansprachen waren stets ein gesellschaftliches Ereignis, auch wenn die früher üblichen siebenstündigen Mammutreden in den letzten Jahren seltener wurden. Es heißt, dass sich Castro vor seiner Erkrankung jeden Morgen einen Überblick über die Weltpolitik verschaffte und dabei 200 Seiten internationaler Presse las. Er speicherte eine Vielzahl von Informationen und Statistiken in seinem fotografischen Gedächtnis ab, um diese in seine Reden einfließen zu lassen. Vom **Fachwissen** her kann er auf vielen Gebieten mit Experten mithalten, und selbst bei komplexen Zusammenhängen gelingt es ihm zumeist, diese allgemeinverständlich auszudrücken, in letzter Zeit vor allem in Artikeln für die Parteizeitung Granma. Seine Kritik an binnenwirtschaftlichen und innenpolitischen Verhältnissen geht aber nie so tief wie die der äußeren Weltordnung.

Bis heute gilt der ehemalige Staatschef in Kuba als integere und moralisch vorbildliche Figur. Kritik an Bürokratie, Ineffizienz und Korruption wurde oft mit der Hoffnung verbunden, dass Fidel den ganzen Filz beseitigt und den Apparat wieder in Gang bringt. Im Laufe der Zeit entstand zwischen ihm und dem kubanischen Volk ein **väterlich-autoritäres Verhältnis**. Fidels Wort ist Gesetz, und sein ozeanisches Wissen und seine scharfen Analysen werden allgemein geachtet bis verehrt und so gut wie nie in Frage gestellt. Es hatte lange den Anschein, als organisiere Castro alles und sei überall gleichzeitig. Es gibt wohl kein anderes Land, dessen Politik so sehr von der Persönlichkeit eines Mannes geprägt worden ist. Nicht umsonst spricht man auch vom *Castrismo*.

Castro galt als einer der bescheidensten Staatschefs der Welt; Luxus war für ihn nebensächlich. Nicht so die Macht. Getreu seinem Motto: „Revolutionäre gehen nicht in Rente, wenn das Volk sie braucht", hielt er 47 Jahre an ihr fest, bis ihn Ende Juli 2006 eine schwere Erkrankung zur Aufgabe seiner Ämter zwang (Geschichte, s. S. 130). Die **rekordverdächtige Amtszeit** verdankte er immer wieder seinem taktischen Geschick. Nur zwei von zahlreichen Beispielen: Um 1960 die Ablösung von Präsident Urrutia zu erzwingen, legte er z. B. selbst die Ämter nieder und ließ sich vom Volk bitten, sie wieder aufzunehmen. Bei der Balsero-Krise 1994 ließ er den unzufriedensten Teil der Bevölkerung ziehen und setzte dabei gleichzeitig die USA massiv unter Druck.

La Vicaria, Calle General Marrero No. 730. Snacks und einfache Gerichte um 3 CUC. ⏰ tgl. 24 Std.
El Rápido, Calle General Marrero No. 322. Fast-Food. ⏰ tgl. 24 Std.

Sitio Histórico Birán

In der eleganten **Finca Las Manacas** wurde Fidel am 13. August 1926 geboren. Umgeben von üppigem Grün, steht sie auf dem riesigen Gelände der ehemaligen Zuckerplantage seines Vaters Ángel. Auf einer Führung können das Haupthaus mit Original-Interieur, Fotos und persönlichen Gegenständen, die Gräber von Castros Eltern und das Schulhaus, wo Fidel die Bank drückte, besichtigt werden. ⏰ Di–Sa 8–16 Uhr, Eintritt 10 CUC, Fotos 5 CUC, Videos 10 CUC, ✆ 0124-286114.

Zu diesem abgelegenen Ort kommt man nur mit Leihwagen oder -moped. 50 km südöstlich von Holguín liegt der Ort Loynaz Hechevarría. Von hier aus geht es 7 km gen Osten nach Birán und dann 3 km nach Norden.

Pinares de Mayarí

Die abgelegene Region im **Parque Nacional La Mensura** liegt auf rund 600 m Höhe inmitten der Hochebene von Nipe und gilt als eines der Haupt-Kaffeeanbaugebiete Kubas. Sie ist mit ihrem Bergregenwald, ausgedehnten Pinienwäldern, Flusslandschaften und Naturpools ein Paradies für Trekker und Ökotouristen.

Ein Highlight sind die zwei Wasserfälle Saltos Guayabo, 12 km südlich der Stadt Mayarí. Der größere der beiden ist der höchste Katarakt Kubas und stürzt über 104 m in die Tiefe. Von der Aussichtsplattform führt ein Wanderweg zum Fuß der Wassermassen (ca. 1 Std.). ☉ tgl. 7–16 Uhr, Eintritt 3 CUC, Wanderung 8 CUC. Auf der Finca Los Exóticos leben Wapitis, Damwild und Antilopen (Eintritt 5 CUC).

Villa Pinares de Mayarí, 23 km südwestlich von Mayarí, ☎ 0124-503308, 🖥 www.gaviota-grupo.com. Inmitten wunderschöner Berglandschaft, 36 komfortable DZ in schönen rustikalen Holzhütten mit AC, Bad, TV und Kühlschrank. Pool, Restaurant, Pferde- und Fahrradverleih sowie Wanderungen zum Wasserfall Guayabo und Höhlensystem Farallones de Seboruco. ➌

Transport

Öffentlichen Verkehr gibt es nicht. Mit eigenem Fahrzeug gelangt man über die Stadt Mayarí, wo es auch eine Tankstelle gibt, auf einer schlechten Straße bis zur Villa Pinares de Mayarí.

Cayo Saetia

120 km östlich der Provinzhauptstadt Holguín und 20 km nordöstlich von Mayarí liegt an der Bahía de Nipe – der größten Bucht Kubas – das 42 km² große Cayo Saetia. Diese idyllische waldreiche Insel überrascht mit importierten **exotischen Tieren** wie Aras, Zebras, Antilopen, Straußen, Büffeln und Wildschweinen. Von Felsen umgebene Sandbuchten laden zum Baden ein. Ursprünglich war das Eiland verdienten

Parteifunktionären als Jagdrevier vorbehalten. Heute hat es sich zu einer **Strandenklave mit Öko-Safaripark** entwickelt. Am Kontrollpunkt zahlt man 10 CUC Eintritt.

Übernachtung und Essen

Hacienda Cayo Saetia, 8 km nördlich des Kontrollpunktes an der Strandbucht El Cristo, ☎ 0124-516900, 🖥 www.gaviota-grupo.com. Bei nur 12 Bungalows mit AC, Bad, TV und Kühlschrank kommt viel Privatsphäre auf. Restaurant mit Wildgerichten, Bars, Laden. Safaris (9 CUC/Std.) und Pferde- und Bootsausflüge (5 CUC/Std.). Gute Schnorchel- und Tauchgebiete. ➊

Provinz Guantánamo

Kubas östlichste Provinz ist 6186 km² groß und hat 520 000 Einwohner. Sie gilt als **ökologische Schatzkammer** Kubas: Hier liegen die schönsten und abwechslungsreichsten Naturräume, und keine andere Provinz ist gebirgiger. Auf 75 % ihrer Fläche ragt Berg- und Hügelland empor, und das nördliche Nipe-Baracoa-Gebirge zählt zu den bedeutendsten Gebirgsmassiven der Insel.

Guantánamos Klima- und Vegetationszonen könnten kaum vielfältiger sein: Im Süden herrscht arides Klima. Dornensträucher und Kakteen, die bis zu 5 m hoch und 1500 Jahre alt werden können, wachsen in steppenartiger Landschaft. Man fühlt sich an Nordafrika erinnert. Der Norden ist dagegen die regenreichste Region Kubas. Jährlich prasseln rund 3000 mm Niederschlag herab und lassen neben dichten Wäldern tropische Früchte wie Bananen, Kokosnüsse, Kakao und Kaffee sprießen. Über die Hälfte dieser Gegend ist noch von Kiefernwäldern, immergrünen Feuchtwäldern, Bergnebelwäldern und Mangroven bedeckt. Neben Baumfarnen stechen Edelhölzer wie Teakholz oder Mahagoni, Epiphyten und über 300 Palmenarten aus dem üppigen Pflanzenkleid hervor. Hier liegen die Zentren mit der größten Artenvielfalt der karibischen Inseln, wie der **Parque Nacional Alejandro de Humboldt.**

Mikroklima: An der Südküste der Provinz Guantánamo erstrecken sich Steppen und Halbwüsten.

Der Tafelberg **El Yunque** oder der Flusscanyon **Boca de Yumurí** sind weitere Perlen der Natur.

Kein Wunder, dass bereits Kolumbus von der landschaftlichen Schönheit schwärmte, als er bei Baracoa zum zweiten Mal kubanischen Boden betrat. Historisch blickt Kubas äußerster Osten auf viele bedeutende Ereignisse zurück. Kazike Hatuey errichtete hier Zentren des indianischen Widerstands. Eroberer Diego Velásquez gründete mit **Baracoa** die erste Siedlung Kubas, heute das wichtigste touristische Zentrum der Provinz. Aus Haiti geflohene französische Pflanzer brachten der Region Anfang des 19. Jhs. starken Aufschwung. Ihre mitgebrachten Sklaven schufen eigene Kulturformen wie den regionalen Musikstil Changüí, eine Kombination von Son und afrokubanischen Rhythmen. 1895 landeten an den Provinzküsten bedeutende Figuren des Zweiten Unabhängigkeitskrieges (José Martí, Máximo Gómez und Antonio Maceo) und leiteten das Ende der spanischen Kolonialherrschaft ein. Die übernahm dafür die USA: Bis heute hinterließen sie mit **Guantánamo-Base** ein Zeugnis der neokolonialen Ära (s. Kasten S. 489).

Guantánamo

Die 1822 gegründete Provinzhauptstadt zählt rund 200 000 Einwohner und wurde durch das **Lied Guantanamera** weltberühmt (Musik, s. S. 167). Sie ist nicht gerade eine Schönheit und sieht touristisch gegen ihre kleine Nachbarstadt Baracoa keinen Stich. Trotzdem lohnt es sich, hier ein oder zwei Tage zu verweilen. Denn neben der entspannten Atmosphäre hat Guantánamo auch kulturell einiges zu bieten. Migranten aus Haiti und den kleinen englischsprachigen Antillen machen sie zu einer Hochburg **afrokubanischer Musik** und verleihen ihr mit eigenen Stilformen ein multikulturelles Flair.

Orientierung

Guantánamo ist eine relativ große Stadt, doch alles für Touristen Interessante konzentriert sich um den zentralen **Parque Martí**. 5 km westlich liegt der Busbahnhof, 1 km nördlich der

Zugbahnhof. Die Carretera Central mündet im Südwesten in die Stadt. Von ihr zweigen die Av. Camilo Cienfuegos und der Paseo als wichtigste Straßen westwärts zum Zentrum ab. Die Calle 5 del Prado nördlich des Parque Martí mündet im Osten in die Straße nach Baracoa.

Sehenswertes

Die **Catedral Santa Catalina de Ricci** aus dem Jahr 1863 ist angeblich die kleinste Kathedrale der Welt. Erst 1998 wurde das erstaunlich schlichte Gotteshaus während des Papstbesuches in diesen Rang erhoben. ⏲ tgl. 8–12 Uhr.

Das neoklassizistische **Museo Provincial** von 1862 war einst ein Gefängnis. Neben einer präkolumbischen Abteilung gibt es Antiquitäten, ein Motorrad, das während der Revolution Nachrichten schmuggelte und historische Fotos von der US-Basis (auf einem streckt ein GI den kubanischen Wachen sein bloßes Hinterteil entgegen). ⏲ Di–Sa 8.30–12, 15–18 Uhr, Eintritt 1 CUC, Fotos 2 CUC, Videos 4 CUC.

Der **Palacio Salcines** im Neorokoko-Stil zählt zu den schönsten Gebäuden der Stadt. Die Spitze seines Turmes ziert die Figur **La Fama**, das Wahrzeichen der Stadt. Man sagt, ihre Trompete verkünde sowohl Gutes als auch Schlechtes. Im Innern befindet sich das **Museo de Artes Decorativas** mit Möbeln und Porzellan. ⏲ Di–Sa 8–12, 14–17 Uhr, Eintritt 1 CUC, Fotos 2 CUC, Videos 4 CUC.

Der Bauernmarkt **Plaza del Mercado** liegt in einem maroden, aber stimmungsvollen Kolonialgebäude.

Übernachtung

Privatpensionen

Lissett Foster Lara, Calle Pedro A. Pérez No. 761 e/Jesús del Sol y Prado, ☎ 0121-325970. 2 DZ mit AC, Ventilator und Bad. Terrasse. Englisch. ❶–❷
Villa Reve, Calle Pedro A. Pérez No. 670 A e/Paseo y Narciso López, ☎ 0121-322159, ✉ reve@infosol.gtm.sld.cu. Kolonialhaus mit Innenhof. 2 DZ (EG und OG) mit AC, Ventilator, Bad und TV. ❶–❷
Elsye Castillo Osoria, Calle Calixto García No. 766 e/Prado y Jesús del Sol, ☎ 0121-323787, ✉ homeo@infosol.gtm.sld.cu. Riesiges

Guantánamo

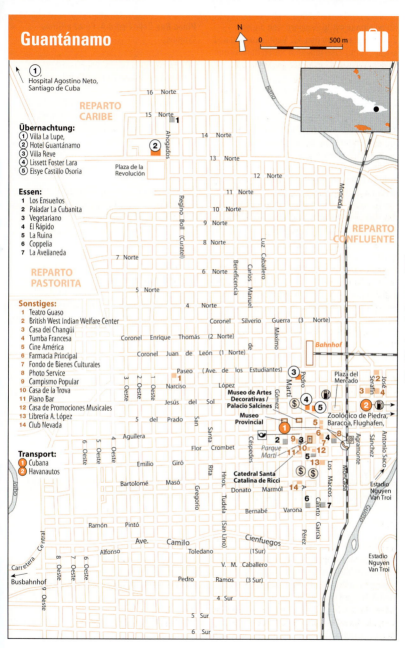

N

0   500 m

Hospital Agostino Neto, Santiago de Cuba

REPARTO CARIBE

Übernachtung:
1. Villa La Lupe,
2. Hotel Guantánamo
3. Villa Reve
4. Lissett Foster Lara
5. Elsye Castillo Osoria

Essen:
1. Los Ensueños
2. Paladar La Cubanita
3. Vegetariano
4. El Rápido
5. La Ruina
6. Coppelia
7. La Avellaneda

REPARTO PASTORITA

Sonstiges:
1. Teatro Guaso
2. British West Indian Welfare Center
3. Casa del Changüí
4. Tumba Francesa
5. Cine América
6. Farmacia Principal
7. Fondo de Bienes Culturales
8. Photo Service
9. Campismo Popular
10. Casa de la Trova
11. Piano Bar
12. Casa de Promociones Musicales
13. Librería A. López
14. Club Nevada

Transport:
1. Cubana
2. Havanautos

Plaza de la Revolución

16 Norte
15 Norte
14 Norte
13 Norte
12 Norte
11 Norte
10 Norte
9 Norte
8 Norte
7 Norte
6 Norte
5 Norte
4 Norte
Coronel   Silverio   Guerra   (3 Norte)
Coronel Enrique Thomás (2 Norte)
Coronel Juan de León (1 Norte)
Paseo (Ave. de los Estudiantes)
Narciso   López
Jesús   del   Sol
5 del Prado
Aguilera
Flor   Crombet
Emilio   Giró
Bartolomé   Masó
Ramón   Pintó
Ave.   Camilo
Alfonso   Toledano
Pedro   Ramos
4 Sur
5 Sur
6 Sur

REPARTO CONFLUENTE

Bahnhof

Plaza del Mercado

Zoológico de Piedra, Baracoa, Flughafen,

Museo de Artes Decorativas / Palacio Salcines
Museo Provincial
Parque Martí
Catedral Santa Catalina de Ricci

Cienfuegos (1Sur)
V. M. Caballero (3 Sur)

Estadio Nguyen Van Troi
Estadio Nguyen Van Troi

Nördlicher Oriente

Busbahnhof
Carretera Central

Kolonialhaus mit 13 Zimmern, von denen 2 vermietet werden (mit AC, Ventilator, Bad und antikem Bett). Den Innenhof zieren Ranken aus wildem Wein und ein mächtiger Kaktus. ❷

Hotels

Guantánamo, Calle 13 Norte e/Ahogados y 2 de Octubre (2 km nördlich vom Zentrum direkt an der Plaza Grajales), ☎ 0121-3810-15, -90, 🖥 www.islazul.cu. Hässlicher Plattenbau mit breiter Infrastruktur. 127 DZ mit AC, Bad und TV. ❷–❸

Villa La Lupe, Carretera El Salvador KM 3 (4 km nördlich des Zentrums), ☎ 0121-3826-02, -68, 🖥 www.islazul.cu. Kleiner und schöner als das Hotel Guantánamo. 50 DZ mit AC, Bad und TV. Pool, Restaurant. ❷–❸

Essen

Paladar La Cubanita, Calle Martí esq. Crombet, ☎ 0121-327923. Gemütlich, schöne Wandgemälde. Große Portionen mit Schweinefleisch für 3 CUC, Camarones 6 CUC. ⏱ tgl. 11–23 Uhr.

La Ruina, Calle Calixto García esq. Giro. Schönes rustikales Ambiente. Für 2–5 CUC gibt es viel Fleischiges, aber auch Fisch. Wird abends zur Kneipe mit Live-Musik. ⏱ tgl. 10–1 Uhr.

Los Ensueños, Calle Ahogado esq. 16 Norte. Elegantes Restaurant mit Gerichten bis 3 CUC, z. B. *Bistec de Pollo Gordon Blue*.

La Avellaneda, Calle Varona esq. Calixto García. Wie so oft dominieren Huhn und Schwein die günstige Speisekarte. ⏱ Mi–Mo 12–15, 18–23 Uhr.

Vegetariano, Parque Martí. In Moneda Nacional. ⏱ tgl. 12–15, 17–22 Uhr.

El Rápido, Av. Los Maceos esq. Crombet. Fastfood.

Coppelia, Calle Pedro A. Pérez esq. Varona. Eisdiele.

Nachtleben

Club Nevada, Calle Pedro A. Pérez No. 1008 esq. Bartolomé Masó. Populärste Disco.

Casa de Promociones Musicales, Calle Calixto García No. 904 e/Crombet y Giro, und **Casa de la Trova**, Parque Martí. Traditionelle Klänge.

Casa del Changüi, Calle Serafín Sánchez No. 710 e/Jesús del Sol y Narciso López. ⏱ Di–So.

Piano Bar, Calle Pedro A. Pérez e/Giro y Crombet.

Unterhaltung und Kultur

British West Indian Welfare Center, Calle Serafín Sánchez e/Paseo y Narciso López. Hält mit Musik- und Tanzveranstaltungen das kulturelle Erbe der schwarzen Migranten aus den englischsprachigen Antillen hoch.

Tumba Francesa, Calle Serafín Sánchez No. 715 e/Jesús del Sol y Narciso López. Di, Do und Sa Vormittag folklorischer Tanz haitischen Ursprungs.

Teatro Guaso, Paseo esq. Ahogados. ⏱ Di–So.

Cine América, Calle Calixto Garcia e/5 del Prado y Aguilera.

Feste

Die **Literaturtage** finden Anfang Juni statt. **Karneval** wird im August gefeiert. Bei der **Fiesta Guantanamera** gibt es in der ersten Dezemberwoche diverse kulturelle Aktivitäten. Auf dem **Festival del Changüi Elio Reve** vom 21.–25.12. werden lokale Tanz- und Musikstile wie Changüi, Nengón, Kiribá und Tumba Francesa präsentiert.

Sonstiges

Apotheken

Farmacia Principal, Parque Martí. ⏱ 24 Std.

Autovermietung

Transtur, Hotel Guantánamo, ☎ 0121-355515; **Havanautos**, Calle 5 del Prado esq. 6, ☎ 0121-355405.

Baseball

Estadio Nguyen Van Troi, KM 4 y La Avenida, ☎ 0121-327113.

Einkaufen

Fondo de Bienes Culturales, Parque Martí. Kunsthandwerk. ⏱ Mo–Fr 9–16, Sa 9–13 Uhr. **Librería A. López**, Calle Calixto García No. 951 esq. Giro.

Bauernmarkt, Av. Los Maceos esq. 5 del Prado.

Filme und Fotoarbeiten

Photo Service, Av. Los Maceos e/Aguilera y Flor Crombet.

Seit über 100 Jahren okkupieren die USA eine Militärbasis mitten auf dem Territorium ihres Klassenfeindes. Dieses Relikt ihrer neokolonialen Herrschaft geht auf das Platt-Amendment von 1901 zurück (Geschichte, s. S. 115). Vor der Revolution prägte die Basis die Lokalökonomie stark: Nachtclubs, Bordelle und Casinos boomten. Ihr 118 km² großes Territorium ist mit Zäunen und Wachttürmen abgeriegelt und die Demarkationslinie gilt als das am stärksten verminte Gebiet der Welt. Die Basis verstößt gegen internationales Recht und wird von Kuba vehement abgelehnt (Castro verweigert seit Jahrzehnten die Annahme der Pachtzahlungen). Anfang der 60er-Jahre schnitten die Kubaner Guantánamo-Base vom Strom- und Wassernetz ab. Die USA bauten daraufhin ein Elektrizitätswerk und eine Meerwasserentsalzungsanlage und versorgen ihre Basis regelmäßig aus der Luft und per Schiff. 2002 lief der Pachtvertrag zwar aus, doch besagt ein Zusatz, dass beide Seiten dem zustimmen müssen, was die USA natürlich nicht taten. Bis heute ist ihnen ihre Provokation jährlich 40 Mill. US$ wert.

Während der **Flüchtlingswelle** von 1994 (Balseros, s. S. 128) kam Guantánamo in die Schlagzeilen. Als den USA der Zustrom über den Kopf wuchs, fingen sie über 30 000 Flüchtlinge auf hoher See ab und brachten sie zur Basis. Den Kubanern blühte damit das gleiche Schicksal, das die Flüchtlinge aus Haiti schon länger kannten. Von dort aus kam der größte Teil, in Übereinstimmung mit der Castro-Regierung, zurück in ihre kubanischen Heimatorte. Ab 2002 wurde das historisch überholte Relikt umfunktioniert zu einem **rechtsfreien Gefangenenlager** für vorgebliche afghanische Taliban-Kämpfer und islamische Al Kaida-Terroristen. Die USA passten es ihrem Paradigma des „Kampfes gegen den Terrorismus" an und inhaftierten rund 800 Gefangene (derzeit noch 250) unter teils unmenschlichen und völkerrechtswidrigen Bedingungen (ohne Rechtsbeistand und Verfahren, Folter und Erniedrigungen ausgesetzt). Nicht nur vor diesem Hintergrund stellt sich die Frage, ob die US-Vorwürfe von Menschenrechtsverletzungen der kubanischen Regierung nicht in erster Linie instrumentellen Charakters sind. Unter dem neuen US-Präsidenten Obama bahnt sich derzeit zumindest eine Aufgabe des Gefangenenlagers an. In Kuba hofft man auch auf einen Abzug der US-Truppen.

Touristen erhalten keinen Einlass zur Militärbasis. 2008 waren auch die kubanischen Aussichtspunkte in Caimanera und vom Mirador Malones nicht zugänglich. Infos über den aktuellen Stand erhält man in Santiago de Cuba bei Gaviota in der Av. Manduley No. 502, Vista Alegre, ✆ 0122-641370. Eine gute Chronologie des Lagers liefert www.amnesty.de.

Geld
Cadeca, Calle Calixto García No. 881 esq. 5 del Prado und Calle Pedro A. Pérez e/Bartolomé Masó y Giro.
Bandec, Calle Calixto García esq. Bartolomé Masó.

Informationen
Campismo Popular, Calle Flor Crombet e/Pedro A. Perez y Jose Martí, ✆ 0121-327356. ◷ Mo–Fr 9–16 Uhr.

Internet und Telefon
Etecsa, Calle Aguilera esq. Los Maceos. ◷ tgl. 9–18 Uhr.

Medizinische Hilfe
Hospital Agostino Neto, Carretera El Salvador KM 1, ✆ 0121-355450. ◷ 24 Std.
Krankenwagen: ✆ 0121-104

Post
Parque Martí. Mit DHL-Express. ◷ Mo–Sa 8–19 Uhr.

Transport
Von Guantánamo sind es 86 km nach Santiago de Cuba, 132 km nach Holguín, 153 km nach Baracoa und 177 km nach Bayamo.

Nördlicher Oriente

Selbstfahrer

Das kurze Autobahnstück beginnt am Stadtrand und mündet 25 km weiter westlich in die Carretera Central. **Tankstellen** liegen in der Av. Los Maceos esq. Mariana Grajales und an der Calle 5 del Prado esq. 6.

Busse

Busbahnhof, Av. Camilo Cienfuegos, 5 km westlich des Zentrums, ✆ 0121-323713 und 325364. Von hier fahren auch **Camiones**.
Verbindungen Víazul
BARACOA (9.25 Uhr, 3 Std., 10 CUC)
SANTIAGO DE CUBA (17.20 Uhr, 2 Std., 6 CUC)

Eisenbahn

Bahnhof, Calle Pedro A. Pérez esq. Narciso López, ✆ 0121-327189.
HAVANNA (1x tgl., ab 32 CUC). Hält in CAMAGÜEY (13 CUC), CIEGO DE ÁVILA (16 CUC), SANTA CLARA (22 CUC) und MATANZAS (29 CUC).

Flüge

Flughafen Mariana Grajales, 12 km östlich an der Carretera Paraguay, ✆ 0121-355912.
Cubana, Parque Martí, ✆ 0121-325453, bietet 5x wöchentl. Flüge nach HAVANNA (Hinflug 118 CUC).

Umgebung von Guantánamo

25 km nordöstlich von Guantánamo bei Boquerón (nicht zu verwechseln mit dem gleichnamigen Ort bei der Militärbasis) liegt der **Zoológico de Piedra**, der weltweit einzige seiner Art. Dutzende von Tierarten, die zum Teil Fabelwesen ähneln, wurden hier vom Bildhauer Ángel Iñigo in Stein verewigt. Über 400 Skulpturen stehen, umgeben von tropischer Vegetation, in einem riesigen Park mit Rundweg. ◑ Mo–Sa 9–18 Uhr, Eintritt 1 CUC, Fotos 2 CUC, Videos 4 CUC. Es gibt auch ein Restaurant.

Auf dem Weg von Guantánamo nach Baracoa kann man an zwei schön gelegenen Campingplätzen pausieren (zuvor bei Campismo Popular in Guantánamo reservieren, s. S. 489). Der **Campismo Yacabo** liegt ca. 15 km östlich des

Die Passstraße La Farola schraubt sich bei Cajobabo über 50 km hinauf in die zerklüfteten, üppig bewaldeten Berge der Sierra de Purial und Cuchillas de Baracoa und bietet immer wieder traumhafte Ausblicke. Doch ist sie eine der steilsten und kurvenreichsten Straßen des Landes (über 300 Kurven) und daher nicht ganz ungefährlich. Vorsichtig fahren!

Ortes San Antonio an der gleichnamigen Playa. 18 Cabañas für 4–6 Pers. für 6 CUC p. P. ❶ Die **Cabañas Playa Imías** liegen 2 km östlich des Ortes Imías. 15 Bungalows für 5 CUC p. P. ❶

An dem von mächtigen Felsen eingerahmten Strand **Playitas de Cajobabo** landeten am 11.4.1895 José Martí und Máximo Gómez.

13 HIGHLIGHT

Baracoa

Der kleine Küstenort mit 42 000 Einwohnern, auch *Primera Villa* genannt, wirkt noch heute wie eine der letzten zeitlosen Inseln im Meer der Moderne. Das liegt nicht nur an seiner Abgeschiedenheit, sondern vor allem an den **kolonialen Gassen**, in denen lange vergangene Epochen noch zu schweben scheinen. Baracoa ist ein kolonialer Traum! Das Wort ist indianischen Ursprungs und bedeutet „hohes Land". Denn die Stadt ist umgeben von den Gebirgszügen der Cuchillas de Baracoa und Cuchillas de Toa. In der Nähe ragt der **Tafelberg El Yunque** in die Höhe, das Wahrzeichen der Stadt. Von seinem Gipfelplateau schweift der Blick über eine fantastische tropische Berglandschaft und eine wunderschöne Bucht. Bis zu 3000 mm Niederschlag nähren eine der grünsten und **waldreichsten Regionen** Kubas, in der ein Drittel der endemischen Inselfauna sprießt. Dies birgt viel Potential für den zukünftigen Ausbau des Ökotourismus, der schon heute ein wichtiger Wirtschaftszweig ist. Bekannt ist der Ort auch für den Kakaoanbau (80 % werden hier geerntet), seine Schokoladenherstellung und sein entwickeltes Handwerk, wovon zahlreiche Künstlerateliers ein Zeugnis ablegen. Kein Wunder, dass sich all diese Qualitäten bereits rumgesprochen haben und Baracoa längst kein touristischer Geheimtipp mehr ist.

Geschichte

Wo landete Kolumbus zuerst? In Bariay (Provinz Holguín) oder hier in Baracoa? Die hiesigen Einwohner behaupten steif und fest letzteres, doch spielt dabei wohl auch der Lokalpatriotismus eine gewisse Rolle. Denn der Admiral beschrieb zwar ein Landschaftsszenario, das auf beide Orte zutrifft, und erwähnte in seinen Aufzeichnungen auch einen Tafelberg. Doch die beschriebene Form eines Reitsattels hat nur der Silla de Gibara bei Bariay und nicht der ambossförmige Yunque Baracoas. So war diese Region wahrscheinlich nicht die erste, sondern erst die zweite, die Kolumbus betrat. Diese kleine Ernüchterung bricht der Stadt aber keinen Zacken aus der Krone, denn sie kann mit anderen Superlativen aufwarten: älteste Stadt Kubas, erste Hauptstadt der Insel und einziger Ort eines erhaltenen Kreuzes von Kolumbus' Landgängen.

Baracoas' Geschichte reicht aber noch viel weiter zurück: Bereits ab 500 v. Chr. lag hier eines der Hauptsiedlungsgebiete indianischer Ureinwohner. Daher gibt es in der Region eine der höchsten Dichten an archäologischen Fundstätten. 1511 ließ sich der spanische Conquistador Diego Velásquez mit 300 Landsleuten hier nieder und kürte seine erste Siedlung zur Hauptstadt, zumindest für vier Jahre. Schon 1515 zog er nach Santiago de Cuba um, das strategisch und naturräumlich wesentlich günstiger lag. Zudem waren die von Häuptling Hatuey angeführten Indianer besonders rebellisch. Auch Kazike Guamá ergab sich keineswegs kampflos. Baracoa galt als Hauptzentrum indianischen Widerstands. Mindestens einmal ließen sie die Stadt in Flammen aufgehen, ehe die Aufstände niedergeschlagen werden konnten.

Es folgte eine lange Phase der Isolation, wodurch eine starke eigenständige Lokalkultur entstand. Schmuggelzentren blühten auf, die Hölzer, Vieh, Honig und Kakao zu den Bahamas und der Dominikanischen Republik lieferten. Erst ab dem 18. Jh. wurde die strategische Position Baracoas entlang der Handelswege wiederentdeckt. Drei Festungen mussten erbaut werden, um die Stadt vor Piratenangriffen zu schützen und dem Schmuggel zu Leibe zu rücken. Die aus Haiti geflohenen Franzosen investierten nach 1791 in Kaffee- und Zuckerplantagen und verpassten der rückständigen Ökonomie einen Schub und der Kultur einen kräftigen französischen Einschlag. Im 19. Jh. ergänzten Bananen und Kokosnüsse die breiter werdende Exportpalette. Doch der ökonomische Aufschwung war nur relativ und wurde durch Preiseinbrüche nach dem Zweiten Weltkrieg jäh gestoppt. Die Krise erschütterte die Stadt und ließ sie stagnieren – bis 1965 die Passstraße La Farola fertiggestellt wurde. Erst jetzt konnte Baracoa erstmals auch auf dem Landweg erreicht werden. Nach der Revolution gewann die strukturschwache Stadt durch weitere infrastrukturelle Maßnahmen stark an Bedeutung.

Orientierung

Der Ort zieht sich über 3 km an der Bahía de Miel entlang. Rund um den **Plaza Martí** und entlang der Hauptstraßen Calle Martí und Calle Maceo befinden sich die meisten Geschäfte, Restaurants, Unterkünfte und Sehenswürdigkeiten. Die nordwestlich gelegene Zubringerstraße Av. 1 de

Legende zur Bahía de Miel

Lange vor Kolumbus' Ankunft gab es eine schöne indianische Frau, deren Haut und Augen golden glänzten. Bei ihrem Bad im Fluss sah sie ein Mann, der von ihrer Schönheit derart bezaubert war, dass er ihr sogleich den Hof machte. Auch Miel verliebte sich und bekam Angst, ihr neuer Geliebter könne sie eines Tages verlassen. Also fing sie an, zu weinen. Ihre Tränen machten das Wasser frischer und weniger salzig. Der Mann badete immer häufiger, blieb schließlich und heiratete Miel. Seitdem heißt es, jeder, der im Wasser des Flusses bade, würde bald heiraten und nie mehr von hier fortgehen. Bei der schmutzigen Brühe in Baracoas Bucht fällt es allerdings schwer, diese romantische Phantasie aufrechtzuerhalten! Da gibt es doch weit bessere Gründe, sich hier niederzulassen.

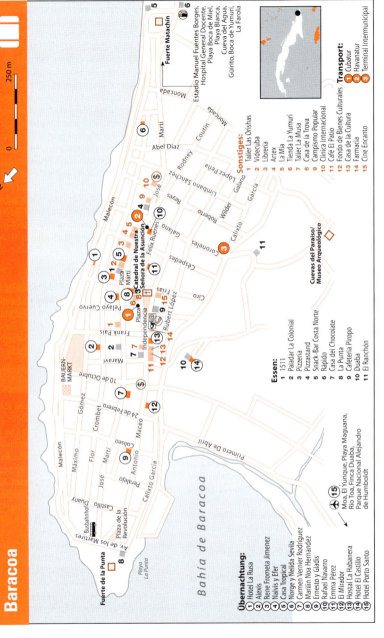

Abril führt in Richtung Moa und Flughafen. Im Südosten geht es über die Calle Martí in Richtung La Farola.

Sehenswertes

In der maroden **Catedral de Nuestra Señora de la Asunción** aus dem Jahre 1805 steht eine der wertvollsten historischen Hinterlassenschaften der Kolonisatoren: das silberverzierte **Cruz de la Parra**. Kolumbus höchstpersönlich soll es in den Strand der Bucht gesteckt haben, um die Region für Spanien und das Christentum in Besitz zu nehmen. Altersmessende Radiokarbonmethoden scheinen dies zu bestätigen; sie bescheinigen dem Kreuz stolze 500 Jahre. Damit ist es nicht nur das älteste katholische Relikt in ganz Lateinamerika, sondern auch das einzig erhaltene der 29 Kreuze, die Kolumbus bei Landgängen hinterließ. Lange Zeit brachen Pilger kleine Stückchen als persönliches Amulett aus dem Heiligtum. Schließlich schob man dem im wahrsten Sinne des Wortes einen Riegel vor. Die Enden des Kreuzes wurden zunächst in Silber eingefasst und dann kam es in eine Glasvitrine. Natürlich stattete auch Papst Johannes Paul II. der heiligen Reliquie einen Besuch ab. Vor dem Eingang befindet sich eine **Büste vom Häuptling Hatuey**, der 1512 in dieser Gegend gefangen genommen wurde (Geschichte, s. S. 110). ◷ Di–Sa 9–12, 14–16 Uhr, Messen Di–Fr 18, Sa 20, So 9 Uhr.

Im **Museo Municipal** erfährt man einiges über die Stadtgeschichte (z. B. präkolumbische Kultur, Piraterie, Sklaverei und Unabhängigkeitskriege) und kann eine Sammlung der schönen Gehäuse der Polymita-Schnecken bewundern. Es befindet sich im **Fuerte Matachín**, das zunächst der Abwehr von Piraten diente und Mitte des 19. Jhs. zur spanischen Kaserne umfunktioniert wurde. ◷ Mo–Sa 9–18 Uhr, Eintritt 1 CUC, Fotos 2 CUC, Videos 4 CUC.

Das kleine **Fuerte de la Punta** ist ein Fort aus dem Jahre 1803. In den Gemäuern befindet sich ein nettes Restaurant mit täglichem Cabaret ab 21 Uhr. Auf der benachbarten Plaza de la Revolución steht eine imposante **Hatuey-Statue**.

Das **Castillo de Seburoco** aus dem Jahre 1739 wird heute als Hotel genutzt und liegt auf einem Hügel mit fantastischer Aussicht.

Privatpensionen

El Mirador, Calle Maceo No. 86 (altos) e/24 de Febrero y 10 de Octubre, ✆ 0121-642647 und 643671. Schönes Kolonialhaus, das seinen Namen zu Recht trägt. Das OG lässt mit seiner schönen Einrichtung, dem riesigen Balkon mit Blick auf die Straße und den hohen Decken nichts zu wünschen übrig. Vom hinteren Fenster kann man die Bucht überblicken. 2 große DZ (eines mit AC und Bad, das andere nur mit Ventilator und Bad auf dem Flur, dafür aber Kühlschrank). Ein kleiner Nachteil ist die stark befahrene Straße. Englisch. ❶ – ❷

Carmen Vernier Rodríguez, Calle Martí No. 98 e/10 de Octubre y 24 de Febrero, ✆ 0121-642531. Schönes, ruhig gelegenes Kolonialhaus mit freundlicher Familie. DZ mit AC, Ventilator und Bad. Rustikaler Innenhof mit Hühnern. Der Sohn spricht Englisch. ❶

Rene Frometa Jimenez, Calle Ciro Frias No. 3 esq. Flor Crombet, ✆ 0121-643272. Der Vermieter ist Maler und Historiker und besitzt fundiertes Wissen über die Geschichte Baracoas. Sein mit Büchern und Bildern gefülltes Arbeitszimmer nennt er stolz Museo de la Rusa (Spezialgebiet ist das Leben der Russin Magdalena Rovieskuya). DZ mit AC, Ventilator und Bad. ❶

Emma Pérez (La Rubia), Calle Félix Ruena No. 16 e/Céspedes y Ciro Frias, ✆ 0121-641300. Schmuckes und modernes Haus. Nette und lustige Vermieterin, die schon mal auf der Dachterrasse einen mit ihren Gästen hebt. DZ mit AC, Ventilator und Bad. ❶

Info- und Futterquelle

Rafael Navarro, Calle Félix Ruenes No. 29 e/ Coroneles Galano y Céspedes, ✆ 0121-643441, ✉ rada@bca.edusol.rimed.cu. Großes DZ im OG (unabhängig) mit AC, Bad sowie Terrasse mit Meerblick. Die netten Vermieter sind Lehrer für Englisch und Geografie, haben viele Infos zur Region parat und servieren sehr leckere regionale Spezialitäten. ❶ – ❷

Nördlicher Oriente

In den ehemaligen Indio-Wohnstätten der **Cuevas del Paraíso** auf dem Loma del Paraíso ist heute ein **archäologisches Museum** untergebracht. Die stattliche Sammlung an Werkzeugen und Reliquien stammt aus der Zeit der Taíno um 1100 n. Chr. und wurde in der Umgebung gefunden. Neben Götzenfiguren gehören Fruchtbarkeitssymbole (Penisse) und die Begräbnisstätte mit dem Skelett des bedeutenden **Kaziken Guama** zu den Highlights. Prunkstück der Sammlung ist die Replik des **Ídolo de Tabaco**, eines der wichtigsten Zeugnisse der Taíno-Kultur in der Karibik (das Original befindet sich im ethnologischen Museum in Paris). Über abenteuerliche Leitern geht es zu einem tollen **Aussichtspunkt** inmitten tropischer Vegetation. Von dort schweift der Blick über die ganze Stadt und Bucht. Das Personal kann Wanderungen zu archäologischen Stätten arrangieren. ⊙ Mo–Fr 8.30–17, Sa 8.30–13 Uhr, Eintritt 3 CUC, Fotos 1 CUC.

Alexis, Calle Flor Crombet No. 115 e/Maravi y Frank País, ✆ 0121-643820 (Alexis verlangen). Kleines und recht einfaches DZ mit AC, Ventilator, Bad und Kochgelegenheit. Unabhängiger Bereich im OG (über Wendeltreppe). Schöne Dachterrasse. Gutes Essen. Freundlicher Vermieter, der Deutsch spricht. ❶

Ernesto y Gladis, Calle Coliseo No. 34 e/Martí y Maceo, ✆ 0121-642276. Hübsches rosafarbenes Häuschen. Sehr nettes und humorvolles älteres Ehepaar. DZ mit AC, Ventilator und Bad. Viele Tipps. Leckeres Essen. ❶ – ❷

Casa Tropical, Calle Martí No. 175 e/Céspedes y Ciro Frias, ✆ 0121-643688 und 643437. Hübscher Innenhof und sehr gutes Essen. Der freundliche, ehemalige Betreiber eines Paladares vermietet 2 DZ mit AC, Ventilator und Bad. ❶ – ❷

Nalvis y Efer, Calle Martí No. 147 e/Pelayo Cuervo y Ciro Frías, ✆ 0121-643715, ✉ info@casabaracoa.com. 2 große DZ mit AC, Ventilator und Bad in Kolonialhaus mit Innenhof. Dachterrasse mit Meerblick. Nette Vermieter, gute Küche, Parkplatz. ❶ – ❷

Marilin Noa Hernandez, Calle Ciro Frias No. 18 e/Martí y Maceo, ✆ 0121-643427. Begrünter Innenhof mit Papagei und Dachterrasse. DZ mit AC, Ventilator, Bad und Frühstück. ❶ – ❷

Hotels

Hostal La Habanera, Calle Maceo No. 126 esq. Frank País, ✆ 0121-6452-73, -74, ▭ www.gaviota-grupo.com. Frisch restauriertes schönes Kolonialhaus mit gutem Restaurant, Café und Reisebüro. 10 DZ mit AC, Bad, Kühlschrank, TV und Telefon. ❸ – ❹

La Rusa, Malecón esq. Ciro Frias, ✆ 0121-643011, ▭ www.gaviota-grupo.com. Dieses kleine Hotel (12 einfache DZ mit AC, Bad, TV und Meerblick) hat eine besondere Geschichte: Es wurde 1953 von der russischen Tänzerin Magdalena Rovieskuya eröffnet, die den Dichter Alejo Carpentier zu seinem Roman *La Consagración de Primavera* inspirierte. Hier nächtigten schon Fidel Castro und Che Guevara. ❹

El Castillo, Loma del Paraíso, ✆ 0121-6451-64, -65, ▭ www.gaviota-grupo.com. Wunderschöne Unterkunft im ehemaligen Festungsgebäude mit dem besten Panoramablick. 34 DZ mit AC, Bad, Telefon und TV. Pool, Restaurant (gute Fischgerichte), Leihwagen- und Taxi-Service. ❹

Porto Santo, direkt an der Bucht nahe Flughafen, ✆ 0121-645163, ▭ www.gaviota-grupo.com. Kleine Villenanlage mit Pool, Laden, Restaurant, Bar, Autoverleih. 36 DZ und 24 Bungalows mit AC, Bad, TV, Telefon und Terrasse. ❹

Essen

Einer der vielen Gründe nach Baracoa zu kommen ist die hervorragende Küche. Zahlreiche lokale Spezialitäten brechen aus dem ständigen Einheitsbrei aus. Unbedingt probieren sollte man die in Blätter verpackten Speisen **Bacán** (Banane, Kokosmilch und Schweinefleisch) und **Cucuruchu** (Brei aus Kokosraspeln, Zucker, Honig, Mandeln und Früchten). **Chorote** ist eine leckere Mischung aus Kakao- und Bananenpulver. Weitere Spezialitäten sind **Fisch oder Palmherzen in Kokosmilch** und **Tetí**, kleine Fische, die von August bis Dezember in Massen den Río Toa flussaufwärts wandern und gemäß einer alten mystischen Tradition vor allem nachts gefangen werden.

La Punta, Av. Los Mártires e/Malecón y García. Tolles Ambiente. Man speist im alten Festungsgemäuer. An Wochenenden abends Live-Musik und Kabarett. Pollo Frito und Schwein für 2–6 CUC. ⏱ Di–Sa 10–22.45, Bar bis 2 Uhr.

Duaba, im Hotel El Castillo. Hat dank variantenreicher Speisekarte und lokaler

Norge y Nelida Sevila, Calle Flor Crombet No. 265 A e/Glicerio Blanco y Abel Díaz, ✆ 0121-643218. Wunderschönes Haus mit Holzbalustrade, Mosaikfußboden und holzgetäfelten Wänden. 2008 wurde die Dachterrasse ausgebaut. Schönes Apartment mit unabhängigem Eingang, AC, Ventilator, gekacheltem Bad, Kühlschrank, Essraum und Balkon mit Meerblick. ❶ – ❷

Nördlicher Oriente

Rustikale Raffinessen

Paladar La Colonial, Calle Martí No. 123 e/ Maraví y Frank País, ℡ 0121-645391. Gute Küche in schönem altem Holzhaus. Schwein, Huhn und Fischgerichte samt Beilagen kosten 8 CUC. Meeresfrüchte wie z. B. Camarones sind teurer (12–15 CUC). Außerdem gibt es einige lokale Raffinessen. ⏰ tgl. 10–23 Uhr.

Spezialitäten wie Fisch in Kokosmilch (8 CUC) einen sehr guten Ruf. Grandioser Ausblick.
El Ranchón, am westlichen Ende der Calle Coroneles Galano. Das schöne Holzrestaurant liegt auf einem Hügel mit Blick über die Bucht.
La Habanera, Calle Maceo No. 134 e/Maraví y País. Hotelrestaurant mit guter Küche.
Pizzeria, Plaza Independencia. Pizzas für den kleinen Geldbeutel. ⏰ tgl. 11.45–18.45 Uhr.
1511, Plaza Marti. Sehr günstige Speisen in Peso Cubano.
Cafetería Piropo, Calle Maceo No. 142. Nette Snack-Bar unter freiem Himmel. Tagsüber ruhig, nachts wird das Lokal zum Treffpunkt junger Leute, wobei Musik und Tanz nicht fehlen dürfen. ⏰ tgl. 10–2 Uhr.
Snack-Bar Costa Norte, Ostende des Malecóns. Ein schöner Ort unter freiem Himmel an der Bucht. Ideal für ein Getränk oder Pollo frito (20 CUP) . Abends wird der Laden zum beliebten Treffpunkt und Musik dröhnt aus großen Boxen. ⏰ 24 Std.
Rápido, Calle Martí, südlicher Ortseingang. Kleiner Imbiss, dem manchmal das Angebot ausgeht.
Pizzastand, Calle Martí e/Coroneles Galano y Roberto Reyes.

Nachtleben

Casa de la Trova, Plaza Independencia. Live-Gruppen und (zumeist ältere) Einzelinterpreten zeigen hier ab 21 Uhr ihr Können, begleitet von einem begnadeten Entertainer, der allen Gästen Spitznamen verleiht. Programmvorschau im Eingang.
Café El Patio, Calle Maceo No. 129 (altos) esq. Maraví. Open-Air-Disco, in der am Wochenende der Bär los ist.

El Ranchón, westliches Ende der Calle Coroneles Galano. Am Wochenende angesagte Disco.
Casa de la Cultura, Calle Maceo No. 124 e/Frank País y Maraví. Bietet auch Tanz- und Trommelkurse für 5 CUC/Std. an.
Cine Encanto, Plaza Independencia.

Feste

Jeden Samstag verwandelt sich die Calle Maceo in eine **Open-Air-Disco** mit Rum, Bier und gebratenem Schweinefleisch. Der **Karneval** wird Anfang oder Mitte April mit lauter Musik und viel Tam Tam am Malecón gefeiert. Die **Fiesta del Agua** findet am 15. August statt, dem Jahrestag der Gründung Baracoas.

Einkaufen

Taller Las Orishas (Luis Eliades R. Martinez), Calle Martí e/Frank País y Pelayo Cuervo, ℡ 0121-643761, ⌨ www.luiseliades.com. Tolle Gemälde, die sich den Themen Erotik und afrokubanische Religion widmen.
Taller La Musa, Calle Maceo No. 124 e/Maraví y Frank País. Ausstellungsstücke lokaler Künstler. ⏰ tgl. 9–22 Uhr.
Fondo de Bienes Culturales, Calle Maceo No. 120 e/Maraví y Frank País. Im gleichen Gebäude liegt die **Tienda de Arte**. ⏰ Mo–Sa 8–18 Uhr.
Artex, Calle Martí esq. Céspedes. T-Shirts und CDs. ⏰ Mo–Sa 9–17, So 9–12 Uhr.
Librería, Calle Martí esq. Céspedes.

Lebensmittel
Bauernmarkt, Malecón esq. 24 de Febrero.

Süße Spezialitäten

Casa del Chocolate, Calle Maceo No. 121 e/Maraví y Frank País. Die Spezialität dieser hübsch eingerichteten Cafetería ist eine leckere Tasse Kakao, aber auch andere Getränke und Kuchen sind für Moneda Nacional zu haben. Ein Knüller ist das Eis (Schoko und Kokos) – unbedingt probieren! ⏰ tgl. 7–23 Uhr.

Tienda La Yumurí, Plaza Independencia.
⏰ Mo–Sa 9–12, 13.30–17, So 9–12 Uhr.
Panadería La Mia, Calle Martí e/Céspedes y
Coroneles Galano. Backwaren.

Touren

Cubatur, Plaza Independencia, ☎ 0121-645306.
Die folgenden Ausflüge finden je nach Ziel
bei mind. 2–6 Pers. statt: El Yunque (16 CUC),
Humboldt-Nationalpark (24–36 CUC),
Boca de Yumurí (22–32 CUC),
Río Toa (16–18 CUC),
Playa Maguana (15 CUC).
⏰ tgl. 8–12, 14–17 Uhr.
Havanatur, Calle Martí e/Céspedes y Coroneles
Galano, ☎ 0121-645358. ⏰ Mo–Sa 8–12, 14–17,
So 9–12 Uhr.
Führer zur Playa Blanca und zur Cueva del
Agua (Region mit der höchsten Dichte an
indianischen Felsmalereien in Kuba) warten
oft morgens vor dem Baseballstadion auf
Kundschaft. Einer der besten ist Raudeli
Delgado.

Sonstiges
Apotheken
Farmacia, Plaza Independencia, sowie im
Hostal La Habanera. ⏰ tgl. 24 Std.

Autovermietungen
In den Hotels La Habanera, El Castillo und Porto
Santo sowie am Flughafen.

Baseball
Estadio Manuel Fuentes Borges, Calle José
Martí, am östlichen Stadtausgang.

Fahrrad- und Motorradverleih
Cafetería Piropo, Plaza Independencia, sowie
Hotel El Castillo.

Filme und Fotoarbeiten
Videcuba, Plaza Martí.

Geld
Bandec, Calle Maceo No. 99 esq. 10 de
Octubre.
Cadeca, Calle Martí No. 241 e/Roberto Reyes y
Limbano Sánchez.

Informationen
Campismo Popular, Calle Martí No. 225 e/
Coroneles Galano y Roberto Reyes, ☎ 0121-
642776. Hier fragen, ob der Campismo El Yunque
auch Touristen aufnimmt. ⏰ Mo–Fr 9–16 Uhr.

Internet und Telefon
Etecsa, Plaza Independencia. ⏰ tgl. 7–19 Uhr.

Medizinische Hilfe
Clínica Internacional, Calle Martí No. 237 esq.
Reyes, ☎ 0121-6410-37, -38. ⏰ tgl. 24 Std.
Hospital General Docente, 2 km stadtauswärts
Richtung Guantánamo, ☎ 0121-6425-46, -68, -02.
Krankenwagen: ☎ 0121-104.

Post
Plaza Independencia. ⏰ Mo–Sa 9–20 Uhr.

Nahverkehr

Baracoa ist so klein, dass man alles bequem zu
Fuß erkunden kann. Um die Plaza
Independencia warten **Cuba-Taxi**, ☎ 0121-
643737, und **Bicitaxis** (3 km: 1–2 CUC).

Transport

Von Baracoa sind es 25 km zur Playa Maguana,
30 km zum Parque Nacional Alejandro de
Humboldt oder zum Boca de Yumurí, 150 km
nach Guantánamo und 234 km nach Santiago
de Cuba.

Selbstfahrer
Man kann Baracoa über die Farola in
Richtung Guantánamo und Santiago de Cuba
oder gen Westen in die Provinz Holguín
verlassen. Während erstere Strecke sehr steil
und kurvenreich ist, setzt einem bei letzterer die

Mobil für 5 CUC

Täglich von 9–17.45 Uhr klappert die **Baracoa
Bus Tour** folgende Route ab: Parque Central,
Museo Matachín, Hostal La Rusa, La Punta,
Hotel Porto Santo, El Yunque, Rancho Toa und
Playa Maguana. Das Tagesticket kostet 5 CUC.
In der Nebensaison wird der Verkehr bei zu
wenigen Fahrgästen eingestellt.

Nördlicher Oriente

enorme Schlaglochdichte zu. In Baracoa selbst wird man den Wagen nicht brauchen und kann ihn im Hotel El Castillo de Seboruco **parken**. Am südöstlichen Orteingang gibt es eine **Tankstelle**.

Busse
Busbahnhof, Av. Los Mártires esq. Martí, ✆ 0121-643880 und 642367. ☉ tgl. 8–16 Uhr.
Verbindungen Víazul
Tgl. um 14.15 Uhr geht es über GUANTÁNAMO (10 CUC) nach SANTIAGO DE CUBA (15 CUC, 5 Std.).
Cubatur bietet Mo und Fr einen Minibus nach HOLGUÍN (35 CUC, nur in der Hauptsaison).

Camiones
Vom **Terminal Intermunicipal**, Calle Coroneles Galano esq. Calixto García, fahren morgens günstige Lastwagen nach GUANTÁNAMO und MOA.

Flüge
Flughafen Gustavo Rizo, 4 km westlich der Stadt, ✆ 0121-645376.

Umgebung von Baracoa

Playa Blanca
Der schöne weiße Sandstrand ist von Felsen eingerahmt und liegt 5 km südöstlich der Stadt, ungefähr eine Stunde Fußmarsch entfernt. Zuerst geht es am Stadion vorbei immer den Strand an der Bahía de Miel entlang. Nach einer kurzen Fährüberfahrt überquert man eine recht desolate Holzbrücke. Im malerischen **Fischerdorf** hält man sich links und kommt nach 15 Minuten zum Strand (im Zweifel nachfragen). Im Dorf lebt auch Raudeli Delgado, der Wanderungen durch die dichte Vegetation zu Aussichtspunkten und Höhlensystemen anbietet, z. B. zur **Cueva del Agua** (ca. 5 CUC p. P.).

Finca Duaba
6 km westlich von Baracoa kann man in typischer Bauernhofatmosphäre ein üppiges kreolisches Mahl zu sich nehmen (12 CUC), Pferde leihen und in den **Naturbecken** des Flusses ba-

den. An der nahe gelegenen **Playa Duaba** landete General Antonio Maceo 1895 zu Beginn des Zweiten Unabhängigkeitskrieges.

Tafelberg El Yunque
Das **Informationszentrum** direkt am Campismo, ✆ 0121-645262, bietet zwei Ausflüge: die zweistündige, 8 km lange **Besteigung** des 575 m hohen Berges durch Kakaoplantagen und dichte Wälder (13 CUC p. P.) oder eine kürzere Wanderung zu **Kaskaden** mit glasklarem Wasser zum Baden (8 CUC p. P.). Es kann auch beides miteinander kombiniert werden. Für den anstrengenden Aufstieg sollte man wegen der steilen und rutschigen Passagen Wanderschuhe anziehen. Auf der isolierten, flachen Oberfläche wachsen einige endemische Pflanzenarten wie der Korbblütler *Vernonia yunquensis* oder die *palma yunquera*.

Anfahrt: Der Tafelberg liegt ca. 10 km westlich von Baracoa. Südwärts geht es die Calle 10 de Octubre raus, bis zur an der Bucht entlang führenden Av. Primera de Abril. Vorbei an der Schokoladenfabrik, die sich bereits durch ihren Geruch ankündigt, kommt man bald zu einem Schild zum Campismo El Yunque und folgt der Schotterpiste ca. 5 km (bei der nicht ausgeschilderten Gabelung links halten).

Río Toa
Der Río Toa liegt 10 km nordwestlich von Baracoa und ist mit über 50 Nebenflüssen der wasserreichste Fluss Kubas. Der aquatische Charakter wird linguistisch noch unterstrichen, denn „Toa" bedeutet in indianischer Sprache „Frosch." Bei einer Flussfahrt fühlt man sich wie zu Kolumbus Zeiten (8 CUC p. P.). Weiter westlich liegt das **Biosphärenreservat Cuchillas de Toa** mit mehr als 900 endemischen Arten. Es ist das größte Regenwaldareal Kubas, in dessen Kernzone man 1997 den **Humboldt-Nationalpark** (s. S. 499) errichtete.

Im **Restaurant Rancho Toa** an der Flussmündung gibt es gebratenes Schwein am Spieß mit Beilagen, Salat, Nachtisch, Kaffee und Getränk für 9 CUC. ☉ tgl. 9–19 Uhr.

Playa Maguana
Der schönste Strand der Region liegt 25 km nordwestlich der Stadt und ist recht einsam. Fischer

bereiten für ca. 3 CUC eine Mahlzeit zu. Am günstigsten gelangt man mit der Baracoa Bus Tour (s. Nahverkehr) hin. Ausflüge mit Cubatur kosten 15 CUC.

Übernachtung bietet **Villa Maguana**, ✆ 0121-6412-04, -05, 🖳 www.gaviota-grupo.com. Schöne rustikale Bungalows. 16 DZ mit AC, Bad, TV, Safe und Balkon mit Meerblick. Restaurant, Bar. ❺

HIGHLIGHT

Parque Nacional Alejandro de Humboldt

Das mit knapp 60 000 ha bedeutendste Ökosystem Ostkubas beginnt 30 km westlich von Baracoa und zählt zu den „Hot Spots". So bezeichnen Ökologen Regionen mit außergewöhnlich großer **Artenvielfalt** und hohem Grad an **Endemismus** (nur in einem begrenzten Areal vorkommende Arten). Die Unesco bescheinigt dem Areal sogar eine der größten Diversitäten aller tropischen Inseln weltweit. Dabei wäre diese Arten-Schatzkammer um ein Haar zugunsten eines riesigen Staudammprojektes vernichtet worden. Dem beherzten Kampf einiger Wissenschaftler und dem Engagement der Tropenwaldstiftung Oro Verde ist es zu verdanken, dass sich schließlich Fidel Castro höchstpersönlich einschaltete und das Projekt abblies. 2001 wurde der Park von der Unesco zum **Welterbe** erklärt.

So überlebten hier einzigartige Tiere wie der kubanische Schlitzrüssler (*Solenodon cubanus*) und seltene Arten wie die Seekuh (*Trichechus manatus*), Cuba-Amazone (*Amazona leucocephale*), Kuba-Sittich (*Aratinga euops*) und die Boa „Maja de Santa Maria". Bis Mitte der 1980er-Jahre wurden sogar noch einige der als ausgestorben geltenden Elfenbeinspechte (*Campephilus principalis bairdii*) gesichtet (seitdem nur noch gehört). Weiterer spektakulärer Vertreter der Fauna ist die Landschneckengattung *Polymita* mit ihren wunderschönen Gehäusen. Das grüne Pflanzenkleid setzt sich aus über 2000 Arten zusammen. Allein 400 Farnarten, unter ihnen die beeindruckenden Baumfarne (*Cyathea spec.*), überwuchern die Region. Außerdem sprießen Teakhölzer (*Tectona grandis*), Mahagoni (*Swietenia macrophylla*), Korallenbäume (*Erythrina spec.*), Regenbäume (*Samanea saman*), Würgefeigen (*Clusia rosea*) und Drachenbäumchen (*Dracena cubensis*). Man vermutet in dem noch kaum erforschten Gebiet weitere bisher unentdeckte Arten, insbesondere Reptilien, Amphibien und Insekten.

Touren

Von Baracoa aus werden Tagesausflüge für 24/36 CUC angeboten (ohne/mit Bootsfahrt, mind. 4 Pers.), die neben der 3-4-stündigen Wanderung in der Regel noch eine Stunde Aufenthalt in Playa Maguana beinhalten. Die abenteuerliche Anfahrt erfolgt auf einem Kleinlaster 42 km gen Westen Richtung Moa. Auf den Wanderungen, die von hochspezialisierten Führern geleitet werden, müssen mehrere Flüsse durchwatet werden (Trekkingsandalen und Mückenschutz mitnehmen).

Vor Ort bietet das **Besucherzentrum** an der Bahía de Taco, ✆ 0121-381431, folgende Touren für je 8 CUC an:

Sendero Balcón de Iberia: Vorbei an einer Ebene mit Obstbäumen geht es durch dichten Regenwald mit Wasserfällen und Naturpools

Die Legende zur Polymita-Schnecke

Als ein indianischer Mann um die Liebe seiner Traumfrau werben wollte, stellte er fest, dass er keine wertvollen Steine besaß. Also entschloss er sich, auf anderem Weg Eindruck zu machen und zog hinaus in die Welt. Auf seiner Reise sammelte er die prächtigsten Farben: den goldgelben Schein der Sonne, die grüne Decke der Berge, das Rosa der Blumen und das Weiß der Meeresgischt. Doch als er schließlich das Blau des Himmels hinzufügen wollte, ging die Sonne unter, und er musste sich mit dem Schwarz der Nacht begnügen. Eine schöne und charmant unwissenschaftliche Erklärung, warum es keine Polymita-Schnecken mit blauer Färbung gibt.

Nördlicher Oriente

auf den 740 m hohen Monte de Iberia (5 km, 5 Std.). Recht anstrengend.

Riberas del Río Jiguaní: Wanderung durch wunderschöne Landschaft, dann Bootstour im Flusstal (3 km, 5 Std.)

Bahía de Taco: Bootstour und 2 km lange Wanderung.

Sendero El Recreo: Gemütliche Wanderung 3 km am Fluss entlang zur Bahía de Taco. Mit Bad in Naturpools.

El Copal: Durch verschiedene Vegetationszonen geht es zu einer Quelle. Besuch einer Kokosnussplantage.

Boca de Yumurí

Der winzige Ort liegt 30 km östlich von Baracoa. Auf dem Weg kommt man am Dorf **Güirito** vorbei, das berühmt für seine Son-Tänze Kiribá und Nengón ist. Direkt vor der Ankunft geht es unter einem schön bewachsenen Felsbogen, dem **Túnel de los Alemanes**, hindurch. In Boca

de Yumurí mündet der gleichnamige Fluss ins Meer, nachdem er sich kilometerlang durch eine traumhaft schöne **Schlucht** gewunden hat, deren Kalkfelsen bis zu 180 m hoch empor ragen. Die Bootsfahrt kostet 3 CUC p. P.

Die Ostspitze bei Punta Maisí kann man leider nicht besuchen. Sie liegt im militärischen Sperrgebiet.

Transport

Von Baracoa kommend folgt man der Straße Richtung Guantánamo und biegt hinter den letzten Häusern links ab. Ein Taxi hierher kostet hin und zurück 20–30 CUC. Cubatur bietet Ausflüge ab 22 CUC an.

Nördlicher Oriente

Südlicher Oriente

Stefan Loose Traveltipps

Parque Nacional Desembarco del Granma   Inmitten der Mangroven legte hier die *Granma* an und Fidel und seine Rebellen starteten den zweiten Revolutionsanlauf. S. 513

15 **Gran Parque Nacional Sierra Maestra**   Kubas höchste und urwüchsigste Bergkette bietet eine prächtige Kulisse für Trekkingtouren auf den Spuren der Guerilleros. S. 514

16 **Santiago de Cuba**   Die geschichtsträchtige Kulturmetropole gilt als Wiege des Son und lässt ihrem Temperament nicht nur in Kubas wildestem Karneval freien Lauf. S. 517

Gran Piedra   Santiagos „Hausberg" ist einer der größten Granitbrocken der Welt. S. 537

Basílica El Cobre   Das „Mekka" kubanischer Katholiken und Santería-Anhänger birgt die meistverehrte Marienfigur des Landes. S. 539

Küstenstraße zwischen Santiago und Pilón   Die karibische See und die steil aufragende Sierra Maestra flankieren eine der schönsten Panoramarouten Kubas. S. 541

Südlicher Oriente

Kubas südlicher Oriente ist eine Region der Extreme: klimatisch, historisch und geografisch. Nirgendwo steigt die Quecksilbersäule des Thermometers höher, und nirgendwo ragen die Berge höher empor als hier. Über 130 km zieht sich der mächtige Grat der **Sierra Maestra** an der Südküste der Provinzen Santiago de Cuba und Granma entlang. In diesem wilden Gebirgsmassiv befindet sich Kubas wohl schönster Nationalpark mit einem der letzten Regenwald- und Nebelwaldareale.

Die dichte Vegetation bot den Guerilleros um Fidel Castro sicheren Unterschlupf, als sie von Batistas Armee gejagt wurden. Davon zeugt noch heute deren tief in den Bergen gelegene ehemalige Basis Comandancia de la Plata. Hier entfachte der revolutionäre Funke das Feuer, das sich immer schneller über das Land ausbreiten sollte.

Auch im **Parque Nacional Desembarco del Granma** fusioniert Natur mit bewegender Geschichte. Mitten im Mangrovengürtel von Las

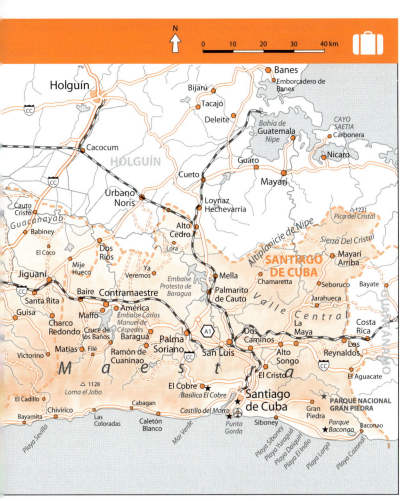

Coloradas an Granmas Südwestküste strandete Fidels gleichnamige Jacht zu Beginn der Revolution. Auf dem archäologischen Naturpfad **Sendero El Guafe** gleich um die Ecke verstecken sich indianische Besiedlungsspuren in Trockenwäldern mit mächtigen uralten Kakteen. Nur mit Traumstränden ist die Region nicht gesegnet, jedenfalls gemessen an kubanischen Maßstäben. Dafür liegen überall schöne Badebuchten an der südlichen Küstenstraße zwischen Santiago de Cuba und Pilón. Eingerahmt von der steil aufragenden Sierra Maestra ist sie eine der landschaftlich schönsten Strecken Kubas.

Doch nicht nur Öko- und Revolutionstouristen kommen voll auf ihre Kosten. Es gibt weitere **historische Spuren** zu entdecken. Denn die Provinzen Granma und Santiago de Cuba blicken auf die stärkste Widerstandstradition in ganz Kuba zurück. Hier tobten die meisten Unabhängigkeitskämpfe, die Carlos Manuel de Céspedes auf seiner Plantage La Demajagua 1868 in Gang setzte. Auch das spanische Kolonialerbe ist hier mit zwei der sieben ältesten Stadtgründungen (Bayamo und Santiago de Cuba) stark vertreten. Vor allem Kubas Metropole des Ostens ist bis heute eine wahre Schatzkammer prächtiger Kolonialelemente. Neben Havanna ist **Santiago de Cuba** die unbestrittene Kulturhauptstadt Kubas, was sich vor allem in der regen Musikszene und dem temperamentvollsten Karneval der Insel ausdrückt. Kein Wunder, dass sich das Sprichwort: „Oriente, tierra caliente" (Oriente, heiße Erde) nicht nur auf das heiße Klima bezieht.

Provinz Granma

In der 8372 km² großen Provinz leben ca. 830 000 Einwohner. Geografisch zählt sie damit zur mittelgroßen Kategorie, historisch aber ist sie ein Riese. Das beginnt schon beim Namen: *Granma* hieß die Jacht der Guerilleros, die im Dezember 1956 an der südwestlichen Küste bei der **Playa Las Coloradas** strandete (s. Geschichte, S. 119). Dieses Mekka für Pilger auf den Spuren der Revolution liegt mitten im **Nationalpark Desembarco del Granma**, der auch mit dem **Wanderweg El Guafe** mit riesigen Kakteen und Fundstücken indianischer Kultur aufwarten kann. Aus diesem Gebiet flohen die Guerilleros in Kubas höchstes Gebirge, die Sierra Maestra. Vom Ausgangspunkt **Alto de Naranjo** bestehen die besten Möglichkeiten für Trekkingtouren, z. B. auf den höchsten Berg **Pico Turquino** (1974 m) oder zur ehemaligen Guerilla-Basis **Comandancia de la Plata**.

Doch der revolutionäre Kampf macht nur einen Teil des dicken Geschichtskapitels aus, das die Provinz geschrieben hat. Denn Granma hat eine lange rebellische Tradition. Hier fanden die wichtigsten Ereignisse der Unabhängigkeitskriege statt: In **La Demajagua** leitete Carlos Manuel de Céspedes 1868 den Kampf gegen die Spanier ein, und in Bayamo ertönte 1868 erstmals Kubas heutige Nationalhymne *La Bayamesa*. In **Dos Ríos** erlitten die Mambises durch José Martís Tod einen schweren Rückschlag. Die schöne Provinzhauptstadt **Bayamo** hat trotz Kriegszerstörungen noch viel Kolonialambiente. Auch der unbekannte Küstenort **Manzanillo** besticht mit

kolonialem Stadtkern mit beeindruckenden maurischen Elementen.

Bei all ihrem Reichtum an Natur und Kultur ist es erstaunlich, dass der Massentourismus die Provinz noch nicht entdeckt hat. So spielt der agrarische Sektor ökonomisch nach wie vor die größte Rolle, vor allem die Zucker- und Viehweidewirtschaft. In der Sierra Maestra wird Kaffee angebaut. Im Mündungsgebiet des längsten kubanischen Flusses Río Cauto erstreckt sich das zweitgrößte Reisanbaugebiet der Insel. Hier liegen auch die bisher unerschlossenen **Birama-Sümpfe** mit großer Flamingo-Kolonie. Granma wurde erst 1976 mit der Verwaltungsreform zur eigenständigen Provinz.

Bayamo

Die 130 000 Einwohner zählende Provinzhauptstadt strahlt eine ruhige Atmosphäre aus und liegt idyllisch am gleichnamigen Fluss. Dass die Stadt noch abseits der wesentlichen Touristenrouten liegt, ist eigentlich merkwürdig, denn neben freundlichen, unaufdringlichen Menschen hat sie einiges zu bieten: Die **Plaza del Himno** und der **Parque Céspedes** wecken mit ihren schönen, z. T. geschichtsträchtigen Bauten noch Erinnerungen an die Kolonialzeit. Leider überstand nur ein kleiner Teil der Bauten das Feuer von 1869 und blieb im Originalzustand erhalten. Dies tut der historischen Ausstrahlung aber keinen Abbruch. Zudem wirkt Bayamo recht wohlhabend und elegant und viel weniger verfallen als andere Provinzhauptstädte. Glanz verleiht ihr vor allem die blitzsaubere, künstlerisch gestaltete **Fußgängerzone**, die zu den schönsten Kubas zählt und mit vielen guten Peso-Restaurants bestückt ist.

Geschichte

Bayamo wurde 1513 gegründet und ist nach Baracoa Kubas zweitälteste Siedlung. Bis Ende des 16. Jhs. stieg der Ort zum wichtigen Zuckerzentrum auf, dessen Reichtum sich in zahlreichen Adelsbauten manifestierte. Vor allem aber blickt die Stadt auf eine lange kämpferische Tradition zurück: Schon die hiesigen Indianer schlossen sich zu Aufständen zusammen. Als der Pirat Girón Anfang des 17. Jhs. Bayamos Bischof entführte,

Bayamo

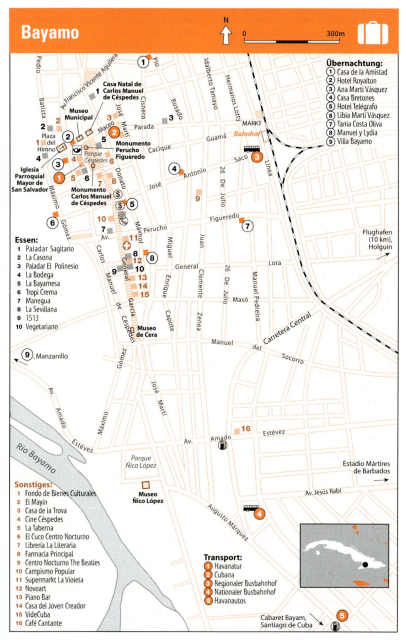

N

0   300m

Übernachtung:
1 Casa de la Amistad
2 Hotel Royalton
3 Ana Marti Vásquez
4 Casa Bretones
5 Hotel Telégrafo
6 Libia Marti Vásquez
7 Tania Costa Oliva
8 Manuel y Lydia
9 Villa Bayamo

MARKT
Bahnhof

Flughafen
(10 km),
Holguín

Essen:
1 Paladar Sagitario
2 La Casona
3 Paladar El Polinesio
4 La Bodega
5 La Bayamesa
6 Tropi Crema
7 Manegua
8 La Sevillana
9 1513
10 Vegetariano

Casa Natal de
Carlos Manuel
de Céspedes

Museo
Municipal

Plaza
del
Himno

Iglesia
Parroquial
Mayor de
San Salvador

Monumento
Perucho
Figueredo

*Parque
Céspedes*

Monumento
Carlos Manuel
de Céspedes

Museo
de Cera

, Manzanillo

Sonstiges:
1 Fondo de Bienes Culturales
2 El Mayín
3 Casa de la Trova
4 Cine Céspedes
5 La Taberna
6 El Cuco Centro Nocturno
7 Librería La Literaria
8 Farmacia Principal
9 Centro Nocturno The Beatles
10 Campismo Popular
11 Supermarkt La Violeta
12 Novoart
13 Piano Bar
14 Casa del Joven Creador
15 VideCuba
16 Café Cantante

*Parque
Nico López*

Museo
Nico López

Estadio Mártires
de Barbados

Transport:
1 Havanatur
2 Cubana
3 Regionaler Busbahnhof
4 Nationaler Busbahnhof
5 Havanautos

Cabaret Bayam,
Santiago de Cuba

Südlicher Oriente

jagten ihn die Städter, enthaupteten ihn und stellten seinen Kopf als Siegestrophäe öffentlich auf. Als der spanische Gouverneur den Schmuggel zu unterdrücken versuchte, regte sich dagegen erfolgreicher Widerstand. Mit dem größten Stolz aber erfüllt die Bayameser, dass der „Vater des Vaterlandes" Carlos Manuel de Céspedes hier geboren wurde. Er ließ 1868 die Sklaven seiner nahe gelegenen Plantage La Demajagua frei und rief zum Aufstand auf, der in den Ersten Unabhängigkeitskrieg mündete. Nur zehn Tage später wurde die Stadt eingenommen und zur Hauptstadt der „Aufständischen Republik" erklärt. Vor seiner Kirche ertönte 1868 zum ersten Mal die Nationalhymne *La Bayamesa*. Zwar konnte Bayamo nicht lange gehalten werden, doch bewiesen die Bayameser ihre Solidarität mit der Aufstandsbewegung, indem sie ihre eigene Stadt vor dem Einmarsch der verhassten Spanier in Brand steckten. Kein Wunder also, dass Bayamo noch heute zusammen mit Santiago de Cuba zu den Zentren des kubanischen Nationalismus zählt. Trotz ihrer großen historischen Bedeutung stieg die Stadt erst 1976 im Zuge der neuen Provinzgliederung zur Provinzhauptstadt auf.

Orientierung

Im kleinen Zentrum um den **Parque Céspedes**, die **Calle General García** (Fußgängerzone) und den **Plaza del Himno** trifft man auf Restaurants, Geschäfte und Sehenswürdigkeiten. Am östlichen Stadtrand führt die **Carretera Central**, ebenfalls von wichtigen Gebäuden gesäumt, südwärts nach Santiago de Cuba und gen Nordosten zum Flughafen und nach Holguín. Die Av. Perucho Figueredo zweigt westwärts Richtung Parque Céspedes ab. Die Av. Amado Estevez läuft nach Süden Richtung Manzanillo aus.

Sehenswertes

Der schöne **Parque Céspedes** verströmt ein sehr angenehmes Flair. Einheimische versammeln sich zum Plausch und lauschen dem stimmgewaltigen Konzert der Vogelscharen in den grünen Baumkronen, während ihre Kinder in kleinen Ziegenkarren Runden drehen. Ein **Denkmal** ist dem Lokalpatrioten Carlos Manuel de Céspedes gewidmet, ein anderes dem Poeten Perucho Figueredo, der Ende des 19. Jhs. das Lied La Ba-

yamesa (die heutige Nationalhymne) verfasste. Auf einer Tafel ist ihr Text zu lesen.

Vor der **Iglesia Parroquial Mayor de San Salvador** auf der **Plaza de Himno** wurde die Nationalhymne La Bayamesa 1868 zum ersten Mal gesungen – damals ein Akt ungeheurer Provokation. Ein Teil des Gebäudes, die **Capilla de la Dolorosa**, überlebte den Brand Bayamos. Der Altar und die Figur Virgen de los Dolores stammen aus dem Jahr 1740. Schöne Wandmalereien stellen die Segnung der Unabhängigkeitskämpfer und ihrer Fahne dar. ☉ Mo–Fr 9–17, Sa 9–12 Uhr.

In der **Casa Natal de Carlos Manuel de Céspedes** wurde einer von Kubas wichtigsten Nationalhelden am 18. April 1819 geboren. Das Gebäude und das koloniale Mobiliar der Familie sind komplett erhalten, denn es zählt zu der Handvoll von Häusern, die das Feuer aus dem Jahr 1869 überlebten. ☉ Di–Sa 9–17, So 9–12 Uhr, Eintritt 1 CUC, Fotos 1 CUC.

Daneben liegt das **Museo Municipal** mit Exponaten zur Kolonialzeit und zu den Unabhängigkeitskriegen. ☉ Di–Sa 8–18, So 9–13 Uhr, Eintritt 1 CUC.

Wächst mit dem **Museo de Cera (Wachsfigurenkabinett)** mitten in der fernen Karibik ein neues Madame Toussaud's heran? Gemessen an der geringen Größe wohl doch eher nicht. Doch die Handvoll Figuren (darunter bekannte Musiker wie Compay Segundo, Carlos Puebla, Polo Montañez, Sindo Garay und Benny Moré) können sich durchaus sehen lassen. ☉ Di–Fr 10–18, Sa–So 10–13, 18–22 Uhr, Eintritt 1 CUC, Fotos 5 CUC.

Das **Museo Ñico López** liegt in Bayamos ehemaliger Kaserne. Diese griff Revolutionär Ñico López 1953 zeitgleich mit Fidels Sturm auf die Moncada-Kaserne in Santiago an, ebenfalls ohne Erfolg. Doch López konnte fliehen, lernte in Mexiko Che Guevara kennen und machte ihn später mit Castro bekannt. Nach der Landung der *Granma* kam López in den ersten Kämpfen ums Leben. Das Museum erzählt alle diese Ereignisse detailliert. ☉ Di–Sa 9–12, 14–17.30, So 9–13 Uhr, Eintritt 1 CUC.

Übernachtung

Privatpensionen

Tania Costa Oliva, Calle Figueredo No. 410 A e/26 de Julio y Manuel Pedreira, ☏ 0123-424914.

2 kleine DZ mit AC, Ventilator und Gemeinschafts-Bad (eines hat zusätzlich Kühlschrank und TV). Gemütlicher eigener Aufenthaltsraum mit TV und Kochgelegenheit. Kleiner Innenhof. Terrasse. ❶–❷

Casa de la Amistad, Calle Pío Rosado No. 60 e/Narciso López y Rámirez, ☎ 0123-425769, ✉ gabytellez2003@yahoo.es. Eigenes Apartment mit Wohnzimmer, AC, Ventilator, Bad, Küche und Dachterrasse. Englisch. ❷

Casa Bretones, Calle José A. Saco No. 275 e/Pío Rosado y Capotico, ☎ 0123-426216, ✉ joseluisgb56@yahoo.es, 🖥 www.autosalon-schoepf.de/casa. Großes DZ mit AC, Ventilator, Bad und TV. Die netten Vermieter haben viele Tipps und sprechen Englisch und etwas Deutsch. Grüner Innenhof mit Fischbecken. Garage. ❷

Libia Marti Vázquez, Calle Maximo Gómez No. 56 (Hinterhaus) e/Saco y León, ☎ 0123-425671, ✉ lmartivazque@yahoo.es. Schönes DZ mit AC, Ventilator, Bad, Kühlschrank und Balkon (herrlicher Blick auf den Río Bayamo). Schön begrünte Terrasse. ❷

Manuel y Lydia, Calle Donato Mármol No. 323 e/Figueredo y Lora, ☎ 0123-423175. Schönes Haus mit kolonialem Ambiente und großem, aber etwas dunklem Innenhof mit Papagei und Hängematte. Kleines DZ mit eigenem Eingang, AC, Ventilator, Bad, Aufenthaltsraum und Kochmöglichkeit. Nette Vermieter. Parkplatz. ❷

Ana Marti Vázquez, Calle Céspedes No. 4 e/Maceo y Canducha Figueredo, ☎ 0123-425323, ✉ marti@enet.cu. Prächtiges Kolonialhaus mit Antiquitäten, Kronleuchter und wunderbar kitschigem Porzellan. Sehr nette und vornehme Vermieterin, die mit ihrer adligen Ausstrahlung der kubanischen Telenovela entsprungen sein könnte. Von der Dachterrasse sieht man die Plaza del Himno. 2 komfortable große DZ mit AC, Ventilator, Bad, TV, Video, Kühlschrank und Radio. Der Wermutstropfen: Wegen der Nähe zur Kirchturmuhr, die oft auch nachts stündlich schlägt, braucht man einen festen Schlaf oder Ohropax. ❷–❸

Hotels

Telégrafo, Calle José A. Saco No. 108 esq. General García, ☎ 0123-4273-72, -73, -74,

🖥 www.ehtgr.co.cu. Gute Option, sehr nettes Personal. 12 schöne DZ mit Ventilator, Bad (kein Warmwasser) und TV. Restaurant, Disco. ❷

Royalton, Parque Céspedes, ☎ 0123-422246, 🖥 www.islazul.cu. Hübsches Haus mit Restaurant und schönem Terrassencafé mit Parkblick. 33 DZ mit AC, Bad, Kühlschrank, TV und Balkon. ❸

Villa Bayamo, Carretera Central, ca. 3,5 km südwestlich des Zentrums, ☎ 0123-423146, 🖥 www.islazul.cu. 32 DZ (darunter 10 Bungalows) mit AC, Bad, TV und Kühlschrank. Restaurant, Pool. ❸

Essen

Das Angebot an schönen Peso-Restaurants ist im Zentrum erstaunlich groß. Hieran sollten sich andere Städte ein Beispiel nehmen!

Paladar Sagitario, Calle Marmol No. 107 e/Av. Castro y Maceo, ☎ 0123-422449. Gut, aber etwas teurer (6–10 CUC). ⏱ Di–So 12–23 Uhr.

La Bodega, Plaza del Himno. Schöner Terrassenblick auf den Río Bayamo. Große Gerichteauswahl (auch Rindfleisch) um 5 CUC. ⏱ Di–So.

La Casona, Plaza del Himno. Pizza und Spaghetti (um 1 CUC) im rustikalen Ambiente. Erstere sind zwar nicht lecker, aber magenfüllend. Die weichgekochten Nudeln sind dagegen zum Abgewöhnen. Cocktails gibt es schon ab 5 CUP. ⏱ Di–So.

La Bayamesa, Parque Céspedes. Sehr schicke Einrichtung und ordentliche kreolische Küche in Moneda Nacional, aber in den Schlangen kann man alt werden.

La Sevillana, Calle General García e/P. Figueredo y Lora, ☎ 0123-421472 (reservieren). Sehr elegantes und günstiges spanisches Restaurant (sogar Rindfleisch und

Gut essen zu fairen Preisen

Paladar El Polinesio, Calle Parada No. 125 e/Pío Rosado y Capotico, ☎ 0123-423860. Schmackhafte kreolische Gerichte für 4–8 CUC, guter Salat für 1 CUC. Schöne luftige Terrasse. ⏱ Di–So 10–22 Uhr.

Südlicher Oriente

Paella für umgerechnet weniger als 1 CUC).
Die mäßige Qualität des Essens ist bei den
Preisen allemal okay, aber Finger weg von den
grottigen Cocktails, die in Devisen berechnet
werden. ⊙ tgl. 12–15, 18–22 Uhr.

1513, Calle General García esq. Lora. Günstiges
Essen für Peso Cubano, aber lange Schlangen.
⊙ tgl. 12–15, 18–22 Uhr.

Vegetariano, gegenüber. Soja-Burger, Salate
und Co. zu supergünstigen Preisen. Pollo Frito
(20 CUP) darf selbst hier nicht fehlen. ⊙ tgl. 7–9,
12–14, 18–22 Uhr.

Manegua, Calle P. Figueredo e/General García y
C. M. de Céspedes. Rustikal und günstig. Des
Öfteren mexikanische Live-Musik.

Tropi Crema, Parque Céspedes. Kuba, wie
es leibt und lebt! Wer sich in die Schlange
nach dem leckeren und superbilligen Eis reiht,
bringt gleich einen großen Topf zum Vollfüllen
mit, damit sich das Warten auch lohnt. Nicht
ohne Behälter anstellen, denn Waffeln gibt es
nicht!

Nachleben
Bars
Piano Bar, Calle General García No. 205
e/Lora y Masó. Sehr elegant und stimmungsvoll.
Oft Live-Musik der leiseren Art.

La Taberna, Calle Céspedes e/Maceo y
Canducha, und **El Cuco Centro Nocturno**,
Calle Donato Marmol e/Maceo y
Cacique Guamá, sind rustikale und günstige
Kneipen.

Beatlemania in Bayamo

Centro Nocturno The Beatles, Calle Juan
Clemente Zenea e/José A. Saco y P. Figueredo.
Kubas noch kleine Beatles-Welle ist immerhin
schon bis Bayamo vorgedrungen. Lebensechte
Statuen der vier Pilzköpfe grüßen Besucher
schon am Eingang. Di–So Abend gibt es im
schönen Innenhof mit den poppig bemalten
Wänden unter freiem Himmel Live-Musik der
rockigeren Art oder Disco (Mix aus Salsa,
Reggaeton, Rap und Rock der 70er-Jahre).
Außerdem fließt der Alkohol schon für Peso
Cubano.

El Mayín, Plaza del Himno. Sehr lebhaft, viele
Einheimische. Ein Cuba Libre (oft der einzige
Cocktail) kostet nur 10 CUP.

Discos und Live-Musik
Casa de la Trova, Calle Maceo No. 111 esq.
Martí. Schönes altes Gebäude mit traditioneller
Live-Musik (Fr–So). Auch nachmittags sitzt es
sich bei einem Drink nett im schattigen
Innenhof.

Casa del Joven Creador, Calle General
García e/Lora y Masó. Hier trifft sich Fr–So
Abend Bayamos aktive und sehr nette
Rockerszene.

Unterhaltung und Kultur
Cabaret Bayam, Carretera Central, ca. 3 km
südöstlich des Zentrums, ☎ 0123-485215 und
481698. Ein Besuch der mäßigen, einstündigen
Show (ab 23 Uhr) lohnt sich vor allem wegen
der supergünstigen Kombipakete (55–109 CUP
pro Paar), die neben dem Eintritt auch ein
Essen, Getränke und die Disco danach
beinhalten. ⊙ Fr–So ab 21 Uhr.

Café Cantante, Calle Amado Estevez e/Carretera
Central y Av. Frank País. Von Fr–So Cabaret ab
21 Uhr.

Cine Céspedes, Parque Céspedes.

Feste
Incendio de Bayamo ist ein Fest zum Gedenken
an das Protestfeuer, mit dem die Bayameser
ihre Stadt in den Unabhängigkeitskriegen
in Brand setzten. Zum Jahrestag am 12. Januar
finden am Zentralplatz ein Feuerwerk und
danach ein Straßenfest statt. Auf dem
Encuentro de Bandas de Concierto
spielen Mitte Juni Livebands. Die große
Fiesta de la Cubanía findet vom 17. –20. Oktober
statt.

Einkaufen
Kunsthandwerk gibt es beim **Fondo de Bienes
Culturales**, Plaza del Himno, und bei **Novoart**,
Calle General García e/P. Figueredo y Lora.
⊙ Mo–Fr 9–17, Sa 10–14 Uhr.

Librería La Literaria, Parque Céspedes.
Bücher (in Devisen) und Postkarten. ⊙ Mo–Fr
9–16.30 Uhr.

Lebensmittel

Supermarkt La Violeta, Calle General García esq. P. Figueredo. ◷ Mo–Sa 9–18, So 9–12 Uhr.
Bauernmarkt, Calle Línea esq. Parada (neben der Zugstation, hier auch viele **Essensstände** mit Snacks für Moneda Nacional).

Sonstiges

Apotheken

Farmacia Principal, Parque Céspedes. ◷ tgl. 24 Std.

Autovermietungen

Havanautos, Carretera Central esq. 10, ca. 2 km südöstlich vom Zentrum, ✆ 0123-427375.
Transtur, Hotel Royalton, ✆ 0123-427970.

Baseball

Estadio Mártires de Barbados, Av. Granma y 11, ✆ 0123-481609.

Filme und Fotoarbeiten

VideCuba, Calle General García No. 223 e/Lora y Masó. ◷ tgl. 8–22 Uhr.

Geld

Bandec, Calle General García esq. Jose A. Saco.
Cadeca, Calle Saco No. 101 e/General García y Mármol.

Informationen

Campismo Popular, Calle General García No. 112 e/José A. Saco y P. Figueredo, ✆ 0123-424200. Reserviert Campinghütten im Gebiet der Sierra Maestra. ◷ Mo–Fr 9–16 Uhr.

Internet und Telefon

Etecsa, Calle General García e/José A. Saco y P. Figueredo. ◷ tgl. 9–22 Uhr.

Medizinische Hilfe

Clínica Internacional, Calle General García e/P. Figueredo y Lora, ✆ 0123-429596. ◷ Mo–Fr 8–17, Sa–So 8–12 Uhr.
Krankenwagen: ✆ 0123-104

Post

Parque Céspedes. ◷ Mo–Fr 9–20 Uhr.

Touren

Havanatur, Parque Céspedes, ✆ 0123-427662.

Nahverkehr

Bicitaxis fahren vom Busbahnhof ins Zentrum (1–2 CUC). **Pferdekutschen** pendeln zwischen Bus- und Zugbahnhof. Ansonsten wartet **Cubataxi**, ✆ 0123-424313, auf Kundschaft.

Transport

Von Bayamo sind es 45 km nach Dos Ríos, 56 km nach Bartolomé Masó, 60 km nach Manzanillo, 95 km nach Holguín und 130 km nach Santiago de Cuba.

Selbstfahrer

Die Stadt ist so klein, dass die Strecken für alles Sehenswerte nicht mehr als 2–3 km betragen. Das Auto stellt man entweder bei Privatvermietern oder vor dem Hotel Sierra Maestra ab. **Tankstellen** liegen an der Carretera Central esq. Av. Amado Estevez und am südlichen Stadtausgang, ca. 2 km vom Zentrum.

Busse

Nationaler Busbahnhof, Carretera Central esq. Av. Jesús Rabí (ca. 1,5 km südöstlich vom Zentrum), ✆ 0123-424036.
Verbindungen Víazul:
HAVANNA (11.05, 17.20 und 0.05 Uhr, 13–14 Std., 44 CUC). Fährt über HOLGUÍN (6 CUC), LAS TUNAS (6 CUC), CAMAGÜEY (11 CUC), CIEGO DE ÁVILA (17 CUC), SANCTI SPÍRITUS (21 CUC) und SANTA CLARA (26 CUC).
SANTIAGO DE CUBA (4.30, 9.45, 10.20, 17.50 und 22.20 Uhr, 2 Std., 7 CUC).
TRINIDAD (21.35 Uhr, 9 1/2 Std., 26 CUC), über HOLGUÍN (6 CUC), LAS TUNAS (6 CUC), CAMAGÜEY (11 CUC), CIEGO DE ÁVILA (17 CUC) und SANCTI SPÍRITUS (21 CUC).

Südlicher Oriente

VARADERO (22.20 Uhr, 13 Std., 42 CUC), über HOLGUÍN (6 CUC), LAS TUNAS (6 CUC), CAMAGÜEY (11 CUC), CIEGO DE ÁVILA (17 CUC), SANCTI SPÍRITUS (21 CUC), SANTA CLARA (26 CUC), COLÓN (36 CUC) und CÁRDENAS (41 CUC).

Vom Regionalen Busbahnhof gegenüber vom Zugbahnhof fahren früh morgens Busse und **Camiones** nach MANZANILLO.

Eisenbahn

Bahnhof, Calle Saco esq. Linea (ca. 1 km östlich des Zentrums), ℘ 0123-423056. Züge fahren nach:
CAMAGÜEY (1x tgl., 9 CUC)
HAVANNA (1x tgl., 28 CUC)
MANZANILLO (1x tgl., 4 CUC)
SANTIAGO DE CUBA (1x tgl., 6 CUC).

Überlandtaxis

Überlandtaxis (colectivos) fahren ab regionalem Busbahnhof nach HOLGUÍN (5 CUC p. P.), MANZANILLO (5 CUC p. P.) und SANTIAGO DE CUBA (9 CUC p. P.). **Privattaxis** nach SANTO DOMINGO (Sierra Maestra) veranschlagen rund 50 CUC (hin und zurück) für einen Tagesausflug.

Flüge

Flughafen Carlos Manuel de Céspedes, 4 km nordöstlich des Zentrums, ℘ 0123-427514. **Cubana**, Calle Martí No. 58 esq. Parada, ℘ 0123-427507, fliegt 2x wöchentl. nach HAVANNA (103 CUC).

Manzanillo

Die 1784 gegründete Küstenstadt am Golf von Guacanayabo war zu Kolonialzeiten wegen ihrer Abgeschiedenheit ein wichtiges Schmuggelzentrum. Diese Tradition der Heimlichkeit setzte sich während der Revolutionskämpfe fort, als von hier aus Castros Truppen versorgt wurden. Heute hat Manzanillo rund 100 000 Einwohner und einen wichtigen Fischereihafen. Touristen finden einen unspektakulären, aber angenehmen Ort vor. Hier gibt es kaum Sehenswürdigkeiten, aber ein ruhiges Ambiente ohne jegliche Anmache. Beeindruckend ist die stark

maurisch geprägte Architektur einiger Gebäude. Ansonsten kann nur der aus Manzanillo stammende Musiker Carlos Puebla, einer der bedeutendsten Vertreter der **Nueva Trova**, dem Ort etwas Prominenz verleihen. So waren es Manzanillos Gassen, wo die bis heute beliebte Musikrichtung Ende der 1960er-Jahre erstmals erklang. Ein weiterer Grund, sich hierher zu verirren und seine Basis hier aufzuschlagen ist die geschichtsträchtige Umgebung in Reichweite eines Tagesausflugs.

Orientierung

Aus Bayamo kommend gelangt man über die Av. Rosales in die Stadt. Von ihr zweigt die Calle Martí links zum zentralen **Parque Céspedes** ab. Geradeaus geht es zur Küstenstraße Av. 1ra de Mayo, die im Südwesten in den Malecón übergeht. Südwestlich des Zentrums führt die Av. Jesús Menéndez stadtauswärts Richtung Niquero. Im Süden umschließt die Av. Camilo Cienfuegos die Stadt halbkreisförmig.

Sehenswertes

Der zentrale **Parque Céspedes** ist mit seinen andalusisch-maurischen Bauten eine der schönsten Ecken der Stadt. Dazu zählt vor allem der prächtige Musikpavillon, **Glorieta** genannt. Außerdem ragt hier die barocke **Iglesia de la Purísima Concepción** aus dem Jahr 1830 in die Höhe. Im Innern befindet sich ein schöner vergoldeter Altar. Das **Museo Histórico Municipal** zeigt eine Ausstellung von der Kolonialzeit bis zu den Unabhängigkeitskriegen. ⊙ Di–Sa 9–18, So 8–12 Uhr, Eintritt frei.

Das **Teatro Manzanillo** aus dem Jahr 1856 ist nach seiner Restaurierung eine Augenweide. Im aristokratisch-pompösen Eingangsbereich wird seine Geschichte auf Bildern dargestellt. Carlos Manuel de Céspedes hatte hier eine Privatloge. Heute finden sehenswerte Vorführungen statt (siehe Aushänge im Theater).

Mit dem **Monumento Celia Sánchez** hat man der „Blume der Revolution", die bis zu ihrem Tod 1980 enge Vertraute und Lebensgefährtin Castros war, ein schönes Denkmal gesetzt. Fast den ganzen Abschnitt der Calle Caridad zwischen Calle Martí und Calle Luz Caballero zieren bunte Keramikwände. Auf der bunten Keramik am Ende

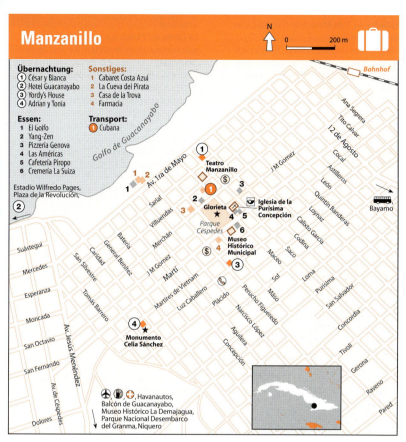

Übernachtung:
1. César y Blanca
2. Hotel Guacanayabo
3. Yordy's House
4. Adrian y Tonia

Essen:
1. El Golfo
2. Yang-Zen
3. Pizzería Genova
4. Las Américas
5. Cafetería Piropo
6. Cremería La Suiza

Sonstiges:
1. Cabaret Costa Azul
2. La Cueva del Pirata
3. Casa de la Trova
4. Farmacia

Transport:
1. Cubana

Estadio Wilfredo Pages,
Plaza de la Revolución,

Golfo de Guacanayabo

Teatro Manzanillo

Glorieta

Parque Céspedes

Iglesia de la Purísima Concepción

Museo Histórico Municipal

Monumento Celia Sánchez

Bahnhof

Bayamo

, Havanautos,
Balcón de Guacanayabo,
Museo Histórico La Demajagua,
Parque Nacional Desembarco
del Granma, Niquero

---

der Treppe prangen Sonnenblumen und Vögel,
man hat zudem eine schöne Aussicht.

Übernachtung

Privatpensionen

Adrian y Tonia, Calle Mártires de Viet Nam
No. 49 e/Caridad y San Silvestre, ✆ 0123-573028.
Sehr freundliche Vermieter. Apartment mit
eigenem Eingang, AC, Ventilator, Bad,
Kühlschrank und Terrasse mit Meerblick.
Gutes Essen. ❷
Yordy's House, Calle Pedro Figueredo
No. 121 e/Luz Caballero y Mártires de Viet Nam,
✆ 0123-572127. Schönes DZ mit AC, Ventilator
und Bad. ❷

César y Blanca, Calle Sariol No. 245 e/Saco y
Dr. Codina, ✆ 0123-578218 und 573131. Schönes
Kolonialhaus. DZ im OG mit AC und Bad. ❷

Hotel

Guacanayabo, Circunvalación Camilo
Cienfuegos, ✆ 0123-574012, 🖳 www.islazul.cu.
Hässlicher Klotz mit 108 DZ mit AC, Bad,
Kühlschrank und TV. Disco, Pool, Restaurant,
Bar, Autoverleih. ❷–❸

Essen

Yang-Zen, Parque Céspedes. Schöne
Einrichtung. Einfache, chinesisch angehauchte
Gerichte für Moneda Nacional.

El Golfo, Av. 1 de Mayo esq. Narciso López.
Begeistert mehr wegen seiner Lage direkt am
Meer als durch seine mäßige, fischlastige
Küche, die aber billig ist (kein Gericht über
1 CUC). Am Wochenende voll, da gleich
daneben das Cabaret Costa Azul und die Bar La
Cueva del Pirata liegen. ☉ tgl. 12–15, 18–21 Uhr.
Pizzeria Genova, Calle J. M. Gomez (Boulevard)
e/Dr. Codina y Saco. Hier gibt es für 10 CUP die
beste Pizza am Ort. Außerdem Pasta und Pollo
Frito.
Las Américas, Parque Céspedes.
Schweinefleisch und Fisch. ☉ tgl. 12–14, 19–22
Uhr.
Cafetería Piropo, Calle Martí e/Maceo y Saco.
Snacks zu günstigen Devisenpreisen.
Cremería La Suiza, Parque Céspedes. Gutes Eis
für Moneda Nacional.

Manzanillo überrascht
Besucher mit seiner schönen
maurischen Architektur.

Nachtleben und Kultur

La Cueva del Pirata, Av. 1ra de Mayo
e/Aguilera y López. Nette Bar, die abends zur
Disco wird.
Casa de la Trova, Parque Céspedes. Di ist
Bolero-Nacht. ☉ tgl. ab 20 Uhr.
Cabaret Costa Azul, Av. 1ro de Mayo esq.
Narciso Lopez. Beliebte Show mit Musik, Magie
und Humor. Eintrittspreis, Speisen und Getränke
sind spottbillig. ☉ Fr–So 20–2 Uhr.
Balcón de Guacanayabo, Circunvalación,
ca. 1 km östlich vom Hotel Guacanayabo.
Cabaret mit Disco, das am Wochenende bis in
die frühen Morgenstunden geöffnet hat.

Sonstiges

Apotheken
Farmacia, Calle Martí esq. Masó. ☉ tgl. 24 Std.

Autovermietungen
Havanautos, an der Circunvalación neben der
Tankstelle, ✆ 0123-577736.

Baseball
Estadio Wilfredo Pages, Plaza de la Revolución,
✆ 0123-573637.

Feste
Vom 29. Nov. bis 2. Dez. wird das Festival de la
Trova Carlos Puebla gefeiert.

Geld
Bandec, Calle Merchán esq. Saco.
Cadeca, Calle Martí No. 184 e/Narciso López y
Pedro Figueredo.

Medizinische Hilfe
Hospital Celia Sánchez, Av. Camilo Cienfuegos
esq. Carretera Campechuela, ✆ 0123-574011.
☉ tgl. 24 Std.
Krankenwagen: ✆ 0123-104.

Post
Calle Martí e/Dr. Codina y Saco.
☉ Mo–Sa 9–17 Uhr.

Telefon
Etecsa, Calle Narciso López esq. Luz Caballero.
☉ tgl. 9–19 Uhr.

Von Manzanillo sind es 10 km nach La Demajagua, 45 km nach Media Luna, 60 km nach Bayamo und 85 km zum Parque Nacional Desembarco del Granma.

Busse

Busbahnhof, Av. P. Rosales, 2 km östlich des Zentrums, ℡ 0123-577212. Manzanillo liegt abseits der Víazul-Route. Wer den *Jefe de turno* nett bittet, kriegt vielleicht einen Platz in einem der Astro-Busse nach BAYAMO, CAMAGÜEY, HAVANNA, HOLGUÍN, PILÓN, SANTIAGO DE CUBA und YARA.

Eisenbahn

Bahnhof, Plaza Jesús Menéndez e/J. M. Gómez y Villuendas, ℡ 0123-577216. Züge fahren nach:
BAYAMO (1x tgl., 2 CUC)
HAVANNA (1x tgl., 28 CUC)
SANTIAGO DE CUBA (1x tgl., 6 CUC).

Flüge

Flughafen Sierra Maestra, Av. de Céspedes, 8 km südöstlich der Stadt, ℡ 0123-577460.
Cubana, Calle Maceo No. 70 e/Merchán y Villuendas, ℡ 0123-577558, verkauft Flüge nach HAVANNA (1x wöchentl., 105 CUC).

Parque Nacional Desembarco del Granma

Der geschichtsträchtige Nationalpark liegt in Reichweite eines Tagesausflugs von Manzanillo. Unterwegs bieten sich noch einige Stopps an:
Das **Museo Histórico La Demajagua** ist ein Symbol für die Sklavenbefreiung und den kubanischen Unabhängigkeitskampf, es liegt 10 km südlich von Manzanillo auf der ehemaligen Plantage des „Vaters der Unabhängigkeit" Carlos Manuel de Céspedes. Hier ließ er im Oktober 1868 seine eigenen Sklaven frei und rief zum Aufstand auf. Namensgeber des Museums ist die Demajagua-Glocke, die die Sklaven zur Arbeit rief und heute noch zu sehen ist, ebenso wie die aus Kleidungsstücken zusammengenäh-

te erste kubanische Fahne. ⏲ Mo–Sa 8–17, So 8–12 Uhr, Eintritt 1 CUC, Fotos 1 CUC.
In dem Ort Media Luna, 50 km südwestlich von Manzanillo, liegt das **Museo Celia Sánchez** in der Calle Raúl Podio No. 111. Das Geburtshaus der berühmten Guerillera (1920–80) zeigt wichtige Etappen ihres Lebens. Sie war eine von Castros engsten Verbündeten und versorgte Fidels Rebellen mit Nahrungsmitteln und Informationen. ⏲ Di–Sa 9–17, So 9–13 Uhr, Eintritt 1 CUC.

Der Nationalpark

Der Park erhielt seinen Namen nach der legendären Landung der kleinen Jacht *Granma*, die hier am 2. Dezember 1956 von einem Sturm an die Küste geschleudert wurde. Neben seiner historischen Brisanz hat der über 27 500 ha große Nationalpark, der 1999 zum Unesco-Welterbe erklärt wurde, auch über **500 Pflanzenarten**, darunter Kakteen, die Jahrhunderte überdauert haben. In seinen Trockenwäldern tummeln sich zudem viele Vogelarten, Reptilien und Säugetiere. Entlang der Südküste erstrecken sich schöne Meeresterrassen auf mehreren Niveaus. ⏲ tgl. 8–17 Uhr, Eintritt 5 CUC plus zusätzlich 3 CUC für den Sendero El Guafe.
Nahe dem Eingang versteckt sich in einer riesigen Kokosplantage das **Museo Las Coloradas**, das die Landung der *Granma* und die Flucht der Rebellen in die Sierra Maestra vor den Truppen Batistas dokumentiert. Von einer Wand prangen Castros berühmte Worte: „Wenn wir aufbrechen, werden wir ankommen. Wenn wir ankommen, werden wir eindringen. Und wenn wir eindringen, werden wir siegen!" Nebenan stehen die Hütte des ersten Bauers, der sich den Revolutionären anschloss, sowie eine **Nachbildung der Jacht** (das Original befindet sich in Havanna, s. S. 200). Ein 2 km langer Steg führt zur **Landungsstelle der Granma**. Ursprünglich sollte sie schon zwei Tage früher direkt an der nahen Playa Las Coloradas landen, wo Celia Sánchez mitsamt Verstärkung wartete. Doch setzte ein Sturm dem Schiff und der Mannschaft arg zu. Ein Großteil der 82 Guerilleros soll die meiste Zeit der einwöchigen Überfahrt von Mexiko aus über die Reling gegangen haben. Ein Mann wurde sogar über Bord gerissen und konnte erst nach längerer Suche wieder geborgen werden.

Südlicher Oriente

Als der *Granma* dann auch noch der Treibstoff ausging, wurde sie vollends zum Spielball der Elemente. Das Kentern des Rettungsbootes mit einem Großteil der Munition machte das Chaos perfekt. Nun mussten sich die total erschöpften Guerilleros 2 km durch dichte Mangrovengürtel und messerscharfes Riedgras kämpfen. Auf der Wanderung den Steg entlang durch die dichte Vegetation bekommt man eine gute Vorstellung von den ungeheuren Strapazen. Zum Glück hatten sie das Gebiet bereits hinter sich gelassen, als es von einem Kriegsschiff Batistas unter Beschuss genommen wurde. Trotzdem überlebte ein Großteil der 82 Besatzungsmitglieder die folgenden Scharmützel mit Batistas Truppen nicht. Nur 16 konnten sich dank der Hilfe einiger Bauern in die Sierra Maestra absetzen. Nach dem Sieg der Revolution nahm Castro demonstrativ die Tortur des Landganges ein weiteres Mal auf sich.

8 km südlich des Museums trifft man auf den 3 km langen, markierten Rundweg **Sendero Arqueológico Natural El Guafe**. Er führt durch ein Karstgebiet, auf dem ein Trockenwald mit vielen Kakteen und Bromelien wächst. Am beeindruckendsten ist der 8 m hohe und 500 Jahre alte Kaktus **Viejo Testigo**. In den Höhlen auf dem Weg befinden sich indianische Besiedlungsspuren, u. a. von einem heiligen Symbol, dem **Ídolo de Agua** (Gottheit des Wassers). Auf Wunsch wird man von einem sachkundigen Parkwächter begleitet. Noch etwas weiter gen Südwesten erreicht man Cabo Cruz, den südlichsten Punkt Kubas.

Übernachtung

Campismo Las Coloradas, vor dem Parkeingang, ☎ 0123-578256, 🖥 www.cubamarviajes.cu. 8 einfache Cabañas mit Ventilator und Bad für 11/16/21 CUC (Moskitonetz erforderlich). Restaurant, Cafetería, Disco. Ruhiger und schöner Sandstrand. Wegen der vielen kleinen Sandfliegen *(jejenes)* braucht man aber Mückenschutz. In Bayamo bei Campismo Popular nach saisonbedingten Öffnungszeiten erkundigen. ❷

Hotel Niquero, Zentrum von Niquero, Calle Martí No. 100, ☎ 0123-5923-67, -68, 🖥 www.islazul.cu. 26 schöne DZ mit AC, Bad, TV und

Radio. Die nette Dachbar ist leider nur sporadisch geöffnet. Der Ort selbst macht mit seinen Baumalleen mit vielen Essensständen einen angenehmen Eindruck. ❷ – ❸

Transport

Mit viel Zeit und Geduld ist es möglich, von Manzanillo aus mit Bussen oder Lastwagen bis Belic (5 km nördlich des Parkeingangs) zu kommen. Ansonsten braucht man einen Leihwagen. In Manzanillo und Pilón befinden sich die einzigen Tankstellen der Region.

15 | HIGHLIGHT

Gran Parque Nacional Sierra Maestra

Kubas mächtigste **Gebirgskette** zieht sich von Santiago de Cuba bis Cabo Cruz über 130 km die Südküste entlang und ist ein Naturparadies. Nirgendwo auf der Insel wuchert Mutter Natur wilder und üppiger als hier: Die Regen- und Nebelwälder mit dichtem Bromelienkleid quellen über vor endemischer Artenvielfalt und bilden ein Mosaik aus Grüntönen. Meterhohe Baumfarne sprießen in dem grünen Dickicht empor. Von vielen Bäumen baumeln grauweiße Flechten herab, die wie Bärte der Guerilleros wirken. Diese zogen sich vor Batistas Truppen genau in diese unwegsame, zerklüftete Bergregion zurück und errichteten mitten in den dichten Wäldern ihre Basis Comandancia de la Plata. Hier im armen Osten, der auf eine lange Widerstandstradition zurückblickt, fiel ihr revolutionärer Kampf auf besonders fruchtbaren Boden, und schnell gewannen die Rebellen die benötigte Unterstützung der Landbevölkerung. Der Rest ist Geschichte, der man hier auf Schusters Rappen nachspüren kann.

Wanderungen

Führer bekommt man im 20 km südlich von Bartolomé Masó gelegenen Ort **Santo Domingo**, im Büro von Flora y Fauna neben dem Hotel (Pass vorzeigen). Empfehlenswert ist der mehrsprachi-

ge und unterhaltsame Raúl Piñeiro. Es werden
zwei Wanderungen angeboten: zur **Comandancia de la Plata** (8 km, 12 CUC p. P.) und auf den
Pico Turquino, dem mit 1974 m höchsten Berg
Kubas (18 km, 33 CUC p. P. inkl. einer Übernachtung). Dazu kommt noch ein Trinkgeld für den
Führer (gern gesehen sind z. B. auch Autan oder
kleine Ferngläser).

Die beste Aufbruchszeit ist morgens um
5 Uhr. Von der Villa Santo Domingo muss man
sich die steilste Straße Kubas bis zum Aussichtspunkt **Alto del Naranjo** (950 m) herauf
kämpfen. Auf diesen 5 km sind bereits rund
700 Höhenmeter zu bewältigen! Da es erst ab Alto del Naranjo in die Wälder geht, legt man diesen anstrengenden Teil besser per Auto zurück
(bis auf die letzten 500 m ist die Steigung auch
ohne Allrad-Antrieb zu bewältigen).

Comandancia de la Plata

Nach einer leichten Wanderung durch den Bergwald erreicht man nach 3 km die Comandancia
de la Plata (nur bis 14 Uhr möglich). Das revolutionäre Hauptquartier Fidel Castros konnte 1957
errichtet werden, nachdem die Guerilleros Teile
des Gebirges unter Kontrolle gebracht hatten.
Bis 1958 konnten sie das befreite Territorium stetig vergrößern. Nach der Hälfte des Weges lädt
eine kleine **Finca** zur Pause ein und bietet Kaffee
und Obst zur Stärkung sowie eine tolle Aussicht.

An einem schönen Hochplateau gibt es ein
kleines **Museum** mit historischen Fotos und
einem Modell der Basis. Die Hütten des Muse-
umsdorfes verstecken sich mitten im Wald. Die
wichtigsten Gebäude sind **Che Guevaras Feld-
lazarett**, **Fidel Castros spartanische Hütte** und
der Sender *Radio Rebelde*, der von hier aus Batistas kontrolliertem Medienapparat dazwischen
funkte und revolutionäre Botschaften an die
kubanische Bevölkerung sendete. Erst 2008 hat

man das bis dahin rigide Fotoverbot aufgehoben
(die Fotoerlaubnis kostet zusätzlich 5 CUC).

Pico Turquino

Die zweite Wandertour führt vom Ausgangspunkt Alto del Naranjo zum Pico Turquino und
kann auf Wunsch auch bis Las Cuevas an der
Karibikküste in der Provinz Santiago de Cuba
ausgedehnt werden (s. S. 542). Diese sehr anstrengende Wanderung dauert 2–3 Tage, und
man braucht warme Kleidung, Regenschutz,
genug Wasser und Proviant sowie gutes Schuhwerk. Von Alto de Naranjo bis zum Gipfel sind
es 13 km (ca. 8 Std.). Bereits nach 1 km erreicht
man die **Ökokommune La Platica** mit mehr als
100 Einwohnern und Übernachtungsmöglichkeit.
Danach geht es hinein in die dichte tropische
Bergvegetation mit meterhohen Baumfarnen
und zahlreichen Vögeln, unter ihnen der Tocororo, Cartacuba und Kolibri. Unterwegs passiert
man den Aussichtspunkt **Teatro de las Nubes**
(Wolkentheater) und den **Loma del Leon** (Hügel
des Löwen, er ist mit einem Kraut überzogen,
das wie ein nasses Tierfell riecht).

Die Plätze Palma Mocha (nach 2 km) und
Lima (nach 5 km) bieten Zeltmöglichkeiten. Die
wichtigste Übernachtungsbasis ist aber nach
8 km der **Campamento Joaquín** mit 2 Holzhütten
mit je 8 Betten, warmen Decken, Wasser, einem
Plumpsklo, Essen und Getränken und solarbe-
triebenem Fernseher. Hier liegt ein kleiner Wald-
abschnitt mit über 30 Orchideenarten.

Vom Campamento sind es noch 5 km
(ca. 2 Std.) bis zum Gipfel. Zunächst kommt ein
sehr steiler Anstieg bis zum **Manto Verde** (grüner Mantel), einer Stelle mit moosbewachsenem
Boden. Vorbei am **Pico Joaquín** geht es zu einem
der steilsten Abstiege, dem **Paso de los Monos**
(Pass der Affen). Dieser bekam seinen Namen,
weil hier früher kein Weg existierte und der Abstieg daher fast am einfachsten durch Klettern
von Baum zu Baum zu bewältigen war. Dann
geht es wieder bergauf, und kurz vor dem Gipfel
bietet **La Piedra Grande**, ein großer Felsbrocken,
eine spektakuläre Aussicht, die man unbedingt
genießen sollte, denn vom Gipfel des Pico Turquino schränkt ein dichter Vegetationsgürtel die
Sicht stark ein. Selbst dort steht eine Büste des
Nationalhelden José Martí.

Südlicher Oriente

Campismo La Sierrita, 8 km südlich von Bartholomé Masó an der Straße nach Santo Domingo, ☎ 0123-565584. Idyllische Lage. 27 Bungalows für 11/15 CUC, bei Campismo Popular in Bayamo reservieren, ☎ 0123-424200. Mit Restaurant. ❶

Casa La Esperanza (Ulises Ramírez Junco), ☎ 0123-565568 (Hotel). Rustikales, blauweißes Holzhaus mit großem Garten und Bauernhofatmosphäre. 2 DZ mit AC, Ventilator und Bad. Gutes Essen für 7 CUC (wohl die beste Option im Ort). Man geht zunächst vom Hotel zum Fluss runter, hüpft dort über die Steine (Vorsicht, ein paar wackeln ein bisschen) und geht dann links den Weg hoch (abends Taschenlampe mitnehmen). ❶–❷

Villa Santo Domingo, 20 km südlich von Bartholomé Masó, ☎ 0123-565568 und 565613, 🖳 www.islazul.cu. Schön in die Natur eingebettete Hütten mit 20 DZ mit AC, Bad, Kühlschrank und TV. Restaurant, Bar. ❸

Balcón de la Sierra, Av. Masó, 1 km südlich von Bartholomé Masó, ☎ 0123-565535, 🖳 www.islazul.cu. 19 Cabañas mit AC, Bad, Kühlschrank und TV. Bar mit schöner Aussicht, Pool, Restaurant. ❸

Man fährt von Bayamo zunächst ca. 60 km gen Südwesten nach Bartolomé Masó und dann noch 20 km weiter südlich bis zum winzigen Ort Santo Domingo. Ab Bartholomé Masó gibt es keine öffentlichen Verkehrsmittel mehr und die Straße wird deutlich steiler. Einzige Alternative zum Leihwagen ist ein **Taxi**, das von Bayamo bis Santo Domingo mind. 25 CUC berechnet (einfache Fahrt).

Marea del Portillo

Die hübsche kleine Hotelenklave an der Südküste besticht weniger durch die Qualität ihres Strandes – auch wenn dessen dunkle Farbe auf Kuba einzigartig ist – als vielmehr durch die wundervolle Lage am Fuß der Sierra Maestra.

Villa Punta Piedra, Carretera Granma (zwischen Pilón und Marea del Portillo), ☎ 0123-597062. Schönes Hotel, 13 DZ mit AC, Bad und Meerblick. Restaurant, Pool, Disco. ❸

Club Amigo Marea del Portillo, Carretera Granma KM 12,5, ☎ 0123-597008, 🖳 www. cubanacan.cu. 283 DZ (darunter 56 Bungalows) mit AC, Bad, Kühlschrank, TV und Meerblick. Bars, Restaurants, Autoverleih, Tauchzentrum, Schnorchelausflüge (10 CUC) und „Seafaris" (ab 25 CUC).

Club Amigo Farallón del Caribe, Carretera Granma KM 12, ☎ 0123-5970-81, -82, 🖳 597080, ✉ comercial@hfarcar.cyt.cu. Tolle Hügellage mit Blick auf die Sierra Maestra. Restaurants, Bars, Pool. 140 DZ mit AC, Bad, Kühlschrank und TV. ❺–❻

Wenn man nicht beim Warten auf die sporadischen Busse festwachsen will, bleibt für die Anfahrt nur ein Leihwagen (in Pilón volltanken).

Dos Ríos

45 km nordöstlich von Bayamo an der Carretera Jiguaní, KM 21, liegt eine der wichtigsten Pilgerstätten für José-Martí-Fans. An diesem Ort fiel der Nationalheld (s. S. 196/197) während des Zweiten Unabhängigkeitskrieges am 19. Mai 1895 in seinem ersten Gefecht gegen die Spanier, nur gut einen Monat, nachdem er aus dem US-Exil nach Kuba zurückgekehrt war. Manche Historiker nehmen an, dass Martí bewusst einen Heldentod wählte, denn trotz fehlender militärischer Ausbildung und entgegen der Anweisung von General Gómez, sich im Hintergrund zu halten, stürzte er sich vorneweg in ein Gefecht mit zahlenmäßig deutlich überlegenen spanischen Truppen. Heute reckt auf dem schönen Platz ein weißer Marmorobelisk empor, umgeben von weißen Rosen und Königspalmen.

Villa El Yarey, ☎ 0123-429402, 🖳 www. hotelescubanacan.com. Mit seiner idyllischen

Lage mit Blick auf die Sierra Maestra ist dieses schöne Hotel einen Abstecher wert. 14 hübsche DZ mit AC, Bad und TV. Pool, Restaurant, Bar. Man erreicht das Hotel von Dos Ríos, indem man zunächst gen Südwesten Richtung Jiguaní fährt und dann kurz hinter dem Ort Mije Hueco links abbiegt. Alternativ biegt man von der Carretera Central Richtung Santiago de Cuba 7 km östlich von Jiguaní nach Norden ab. ❹ – ❺

Provinz Santiago de Cuba

Die 6170 km² große Provinz hat rund 1 Mill. Einwohner und ist außerhalb ihrer industriellen Hauptstadt stark agrarisch geprägt (vor allem Zuckerrohr und Viehzucht). Wie ihr Nachbar Granma ist Santiago de Cuba sehr gebirgig: Beide teilen sich den höchsten Gebirgszug, die Sierra Maestra. Hier hat der Kaffeeanbau noch eine größere Bedeutung als der Ökotourismus, der aber langsam auf Touren kommt. Der **Wasserfall El Saltón** ist eines der schönsten Ziele in der grünen Bergwelt. Und natürlich der höchste Berg **Pico Turquino** (1974 m), der hier sogar direkt von der Küste aus bestiegen werden kann: ein echtes Highlight für Trekker mit guter Puste. Weitaus weniger anstrengend, aber ebenfalls ein intensives Naturerlebnis, ist die Wanderung zum **Gran Piedra** (1234 m) nahe der Provinzhauptstadt, ein riesiges Felsmassiv mit schöner Aussicht, umgeben von dichter Vegetation. Wer es gemütlicher mag, genießt die Gebirgskulisse der Sierra Maestra einfach von der paradiesischen **Küstenstraße** aus, die sich bis Pilón in der Provinz Granma erstreckt und viele Badebuchten bietet.

Auch einige **historische Stätten** liegen entlang der Küstenstraße, so z. B. in **Uvero**, wo Fidels Rebellen ihren ersten militärischen Sieg feierten. Ebenso wie in Granma fanden sie auch in dieser Provinz viel Rückhalt in der Landbevölkerung. Noch länger zurück liegt die Schlacht zwischen der spanischen und US-amerikanischen Flotte, die hier während des Zweiten Unabhängigkeits-

krieges tobte. Zahlreiche Wracks legen davon ein Zeugnis ab und können tauchend näher in Augenschein genommen werden. Noch weiter zurück geht die Zeitreise bei **El Cobre**, wo die Kolonialherren eines der wenigen großen Rohstoffgebiete der Insel entdeckten und das erste Kupferbergwerk der Neuen Welt gründeten.

Heute steht hier, umrahmt von den Bergen der Sierra Maestra, die bedeutendste **Kirche** des Landes, die sowohl katholische als auch afrokubanische Anhänger in Massen anzieht. Denn gerade in der Provinz Santiago de Cuba entstand ein ethnokultureller Schmelztiegel, in dem ihre ereignisreiche Geschichte gut zum Ausdruck kommt. Zum einen schlug hier das Herz des Sklavenhandels, weshalb heute kaum eine andere Stadt so stark von der **afrokubanischen Kultur** (Tänze und Musik) geprägt ist. Und zum anderen zog es Ende des 18. Jhs. die aus Haiti geflohenen Franzosen hierher, die neben Sklaven und Know-How auch ihre Kultur importierten. Sie brachten in den hiesigen Gebirgen den Kaffeeanbau auf Touren, was sich gut an den Ruinen der **Kaffeeplantage La Isabelica** nachvollziehen lässt. Ihre liberalen Ideen der Französischen Revolution stießen bei Kubas aufstrebendem Bürgertum auf offene Ohren und trugen dazu bei, die Provinz zu einer Hochburg der Unabhängigkeitsbewegung gegen die spanische Kolonialherrschaft zu machen. So entstand eine Mentalität des Nationalstolzes und Widerstands, von der später auch Fidel Castro profitierte. Vor allem in der Provinzmetropole **Santiago de Cuba** befindet sich ein überwältigendes Potpourri aus kulturellen Einflüssen und historischen Stätten unterschiedlicher Epochen.

16 HIGHLIGHT

Santiago de Cuba

Die Provinzhauptstadt ist mit rund 500 000 Einwohnern die zweitgrößte Stadt Kubas und liegt sehr reizvoll an einer natürlichen Bucht an den Ausläufern der Sierra Maestra. Die „Perle des Oriente" hat Besuchern so viel Sehenswertes zu bieten, dass man gar nicht weiß, wo man an-

Südlicher Oriente

fangen soll. Vielleicht mit der **Casa de Diego Ve-lázquez**, dem ältesten Kolonialgebäude Kubas? Oder dem neoklassizistischen **Museo Emilio Bacardí Moreau**, das mit seinem breiten Kultur-Mix zu den besten Museen Kubas zählt? Ein Muss ist auch der **Cementerio Santa Ifigenia**, wo José Martí, der größte Nationalheld der Insel, begraben liegt. Und natürlich die **Moncada-Kaserne**, wo am 26.7.1953 die Revolution ihren ersten Anlauf nahm.

Man könnte auch einfach nur von der historischen Treppe **Padre Pico** oder dem **Castillo El Morro**, einer der stimmungsvollsten Anti-Piraten-Trutzburgen der Insel, den Blick über die Stadtsilhouette bzw. die malerische Bucht schweifen lassen. Oder durch das elegante Villenviertel **Vista Alegre** schlendern und in der **Casa de las Religiones Populares** in die Religion der Santería eintauchen. Wer sich von dem Schwall an Eindrücken oder von den Jineteros – die in keiner anderen Stadt so zahlreich und aufdringlich sind – erholen will, hat dazu reichlich Gelegenheit: Der Natur- und Freizeitpark **Parque Baconao**, Santiagos schöner Hausstrand **Playa Siboney**, der gewaltige Monolith **Gran Piedra** oder die **Basílica El Cobre**, sie alle liegen in Reichweite eines Tagesausflugs.

Für Musikliebhaber ist die **Casa de la Trova** ein Muss, einer der heiligen Tempel traditioneller kubanischer Rhythmen. Viele bekannte Gruppen sind in Kubas Musikmetropole groß geworden und nirgendwo kann man Kubas musikalischer Seele besser nachspüren als in Santiago, der „Wiege des Son". Nur in Havanna pulsiert das Nachtleben ähnlich stark.

Dass Kuba nirgendwo karibischer und heißer ist als hier, bezieht sich nicht nur auf das Klima: Santiago ist die unbestrittene **Hauptstadt des Karnevals**, dessen *Congas* im Juli lauter, bunter und leidenschaftlicher durch die Straßen ziehen als in jeder anderen Stadt. Das liegt daran, dass hier der Anteil schwarzer Menschen besonders hoch und das afrokubanische Erbe besonders stark ist (s. Geschichte). Santiago de Cuba gilt als die ethnisch vielfältigste Stadt der Karibik. Und nicht nur darauf sind die Santiagueros besonders stolz. Mentalitätsunterschiede zu Westkuba und starker Lokalpatriotismus finden ihren Ausdruck in der traditionellen Rivalität mit den

Habaneros. Man sieht sich als heimliche Hauptstadt an und hält die Bewohner Havannas für arrogant. Diese wiederum erklären ihre östlichen Landsleute für ungezügelt und wild.

In beiden Metropolen ist das Stadtbild stark durch die Industrie geprägt. Zement- und Textilfabriken, Zucker- und Ölraffinerien, Elektrizitätswerke, Nahrungsmittelindustrien sowie eine Rumfabrik und chemische Fabriken sind in Santiago vor allem im Gebiet um den Hafen angesiedelt.

Geschichte

Santiagos Geschichte ist eine der spannendsten in ganz Kuba und füllt locker mehrere Kapitel dicker Wälzer. Es begann alles im Jahre 1514, als die Stadt vom spanischen Eroberer Don Diego Velázquez gegründet wurde. Von dieser Militärbasis aus nahm er schnell ganz Kuba ein. Von 1524–53 kürte er Santiago de Cuba, wie die Stadt in Anlehnung an den spanischen Heiligen Sankt Jakobus genannt wurde, sogar zur **Hauptstadt** der Insel. Die günstige Lage an einem der besten Naturhäfen der Karibik ließ sie zum Handelszentrum und Sammelpunkt der Silberflotte aufsteigen. Hernán Cortés nutzte Santiago als Sprungbrett für seinen Eroberungsfeldzug in Mexiko. 1522 stiegen die ersten 3000 afrikanischen Sklaven von den Schiffen herab. Sie wurden ebenso wie die Indianer im damals weltgrößten Kupferbergwerk El Cobre bis zum Tode ausgebeutet.

Vom 16. bis Ende des 17. Jhs. entwickelte sich neben dem Wohlstand auch die **Piraterie**. Bekannte Korsaren und Piraten wie Jaques de Sores, Gilberto Girón, Henry Morgan und Christopher Myngs griffen Santiago an und plünderten sie mehrfach. Ab 1643 sorgte die Festung Castillo de San Pedro de la Roca (El Morro) für Schutz.

1662 konnten die **Engländer** die Stadt kurzzeitig erobern. Doch durch spanischen Guerillakrieg, Moskitos, Wassermangel und Krankheiten geschwächt, mussten sie Santiago bald wieder aufgeben. Die Santiagueros starteten einen erfolg- und beutereichen Rachefeldzug gegen die englische Kolonie der Bahamas. Deswegen verlieh die spanische Krone der Stadt den Titel „Muy noble y muy leal" (edelmütig und treu).

Gut 100 Jahre später bekam man ein zweites Mal Besuch, diesmal in freundlicher Absicht:

Santiago de Cuba gehört
zu den sieben ältesten
Stadtgründungen und war einst
die Hauptstadt der Insel.

Südlicher Oriente

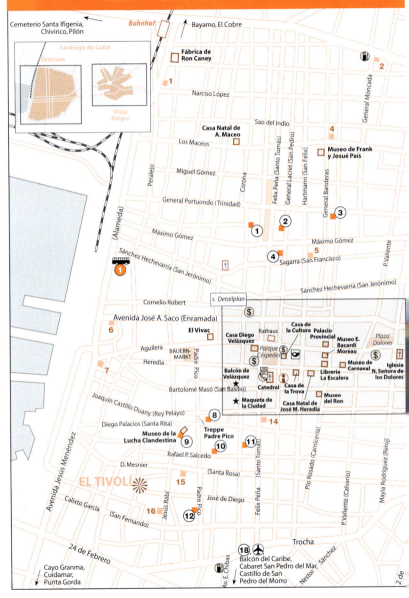

Cemeterio Santa Ifigenia, Chivirico, Pilón

Bahnhof

Bayamo, El Cobre

Santiago de Cuba
Zentrum

Vista Alegre

Fábrica de Ron Caney

1

Narciso López

2

General Moncada

Casa Natal de A. Maceo

Sao del Indio

4

Los Maceos

Museo de Frank y Josué País

Peralejo

Miguel Gómez

Corona

Felix Peña (Santo Tomás)

General Lacret (San Pedro)

Hartmann (San Félix)

General Banderas

General Portuondo (Trinidad)

3

Máximo Gómez

1

2

Máximo Gómez

5

P.Valiente

(Alameda)

Sánchez Hechevarría (San Jerónimo)

1

4

Sagarra (San Francisco)

Sánchez Hechevarría (San Jerónimo)

Cornelio Robert

s. Detailplan

Avenida José A. Saco (Enramada)

6

El Vivac

Casa de la Cultura

Palacio Provincial

Museo E. Bacardí Moreau

Plaza Dolores

Aguilera

BAUERN-MARKT

Casa Diego Velázquez

Rathaus

Parque Céspedes

Museo de Carnaval

Iglesia N. Señora de los Dolores

Heredia

Padre Pico

Balcón de Velázquez

Librería La Escalera

Bartolomé Masó (San Basilio)

Catedral

Casa de la Trova

Museo del Ron

Joaquín Castillo Duany (Rey Pelayo)

★ Maqueta de la Ciudad

Casa Natal de José M. Heredia

Diego Palacios (Santa Rita)

8

Museo de la Lucha Clandestina

9

Treppe Padre Pico

10

14

11

Rafael P. Salcedo

Santo Tomás

Felix Peña

Pío Rosado (Carnicería)

P.Valiente (Calvario)

Mayía Rodríguez (Reloj)

D. Mesnier

(Santa Rosa)

EL TIVOLÍ

15

Padre Pico

José de Diego

Calixto García

(San Fernando)

16

Jesús Rabí

12

24 de Febrero

Trocha

Cayo Granma, Cuidamar, Punta Gorda

18

Balcón del Caribe, Cabaret San Pedro del Mar, Castillo de San Pedro del Morro

Av. E. Chibas

Nestor Sánchez

2 de

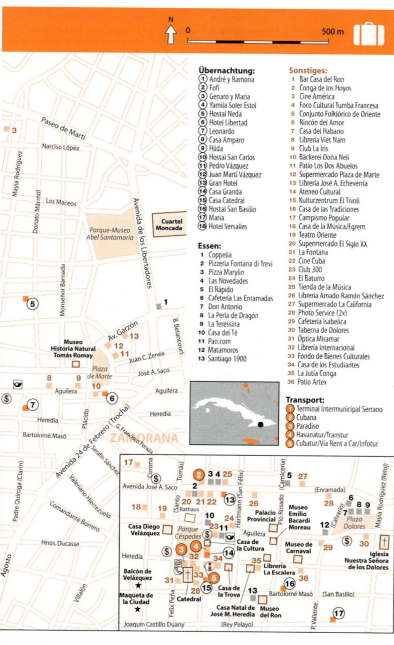

Übernachtung:
1. André y Ramona
2. Fofi
3. Genaro y Maria
4. Yamila Soler Estol
5. Hostal Neda
6. Hotel Libertad
7. Leonardo
8. Casa Amparo
9. Hilda
10. Hostal San Carlos
11. Pedro Vázquez
12. Juan Martí Vázquez
13. Gran Hotel
14. Casa Granda
15. Casa Catedral
16. Hostal San Basilio
17. Maria
18. Hotel Versalles

Essen:
1. Coppelia
2. Pizzeria Fontana di Trevi
3. Pizza Marylin
4. Las Novedades
5. El Rápido
6. Cafetería Las Enramadas
7. Don Antonio
8. La Perla de Dragón
9. La Teressina
10. Casa del Tè
11. Pan.com
12. Matamoros
13. Santiago 1900

Sonstiges:
1. Bar Casa del Ron
2. Conga de los Hoyos
3. Cine América
4. Foco Cultural Tumba Francesa
5. Conjunto Folklórico de Oriente
6. Rincón del Amor
7. Casa del Habano
8. Librería Viet Nam
9. Club La Iris
10. Bäckerei Doña Neli
11. Patio Los Dos Abuelos
12. Supermercado Plaza de Marte
13. Librería José A. Echeverría
14. Ateneo Cultural
15. Kulturzentrum El Tivoli
16. Casa de las Tradiciones
17. Campismo Popular
18. Casa de la Música/Egrem
19. Teatro Oriente
20. Supermercado El Siglo XX
21. La Fontana
22. Cine Cuba
23. Club 300
24. El Baturro
25. Tienda de la Música
26. Librería Amado Ramón Sánchez
27. Supermercado La California
28. Photo Service (2x)
29. Cafetería Isabelica
30. Taberna de Dolores
31. Óptica Miramar
32. Librería Internacional
33. Fondo de Bienes Culturales
34. Casa de los Estudiantes
35. La Jutía Conga
36. Patio Artex

Transport:
1. Terminal Intermunicipal Serrano
2. Cubana
3. Paradiso
4. Havanatur/Transtur
5. Cubatur/Vía Rent a Car/Infotur

Südlicher Oriente

Tausende von französischen Großgrundbesitzern mussten vor der erfolgreichen **Sklavenrevolte in Haiti** fliehen und hier um Aufnahme bitten. Mit ihrem Kapital und Know-How bauten sie neue Zucker- und Kaffeeplantagen in der Region auf und sorgten für einen Wirtschaftsboom, auch weil die haitianische Konkurrenz im Zuckerhandel weggefallen war. Französischer Lebensstil floss nun in die kreolische Kultur ein, während die aus Haiti mitgebrachten Sklaven die afro-kubanischen Facetten erweiterten. Ende des 18. Jhs. wurde Santiago zum wichtigsten **Zentrum des Sklavenhandels** in Kuba. Nun dockten auch Schiffsladungen mit Sklaven aus Jamaika und anderen Nachbarinseln an.

Mit seinen regen Außenkontakten war Santiago vielen prägenden Einflüssen der Nachbarregionen ausgesetzt. Die erfolgreiche Sklavenrevolte in Haiti ermunterte die Schwarzen hier ebenfalls zu **Aufständen**, die jedoch niedergeschlagen wurden. Doch auch Teile des wohlhabenden Bürgertums entdeckten ihr rebellisches Potential, angestachelt durch die Ideen der Französischen Revolution und die erfolgreichen Unabhängigkeitsbewegungen auf dem lateinamerikanischen Festland. So entstand hier ein besonders starker Kampfeswille, der in den **Unabhängigkeitskriegen** gegen die spanische Kolonialmacht explodierte und von zahlreichen „Söhnen der Stadt" angeführt wurde (u. a. General Antonio Maceo, Guillermón Moncada, Quintin Banderas und Flor Crombet).

Nach jahrelangen Kämpfen empfanden es die Santiagueros als große Demütigung, als **US-Truppen** 1898 der spanischen Armee den Rest gaben – den Sieg also sozusagen „abstaubten" – und dann den bis dahin verbündeten kubanischen *Mambises* den Einzug in die Stadt verweigerten und nicht die kubanische Fahne, sondern ihr Sternenbanner hissten.

Dieses nationale Trauma brachte letztlich der Revolution jene Unterstützung, ohne die sie wohl kaum gesiegt hätte. Deshalb und wegen ihrer starken Tradition des Widerstands wird Santiago heute mit dem Titel „heroische Stadt" geehrt. Der Angriff auf Santiagos **Moncada-Kaserne** am 26. Juli 1953 gilt trotz des Fehlschlags (Geschichte, s. S. 118) als Beginn der Revolution. Als Castro von der Nachbarprovinz Granma aus

Ende 1956 seinen zweiten Anlauf startete, wurde er von Frank País unterstützt, der hier den städtischen Aufstand initiierte. Dieser scheiterte zwar, doch trotzdem konnte Fidel Castro am 2. Januar 1959 vom Balkon des Rathauses die erste **Siegesrede** der Revolution halten und verkünden: „Dieses Mal werden die Mambises in Santiago de Cuba Einzug halten!"

Orientierung

Die meisten Sehenswürdigkeiten, Geschäfte und Restaurants ballen sich in der zentralen **Altstadt** zwischen Parque Céspedes, Plaza Dolores und Plaza de Marte. Südlich vom Parque Céspedes befindet sich das lebhafte Viertel **El Tivolí**. Von der Plaza de Marte geht es Richtung Nordosten über die Av. de los Libertadores in den Stadtteil **Reparto Sueño** zur Moncada-Kaserne, Plaza de la Revolución und schließlich stadtauswärts nach El Cobre und Bayamo. Gen Westen führt der Paseo de Martí zum Cementerio Santa Ifigenia und raus auf die Küstenstraße nach Chivirico.

Die wichtigste und längste Straße, die **Calle Aguilera**, erstreckt sich vom Zentrum westwärts zur Bucht von Santiago und nach Osten an allen drei Plätzen vorbei bis in den Stadtteil **Vista Alegre** mit weiteren Sehenswürdigkeiten und einigen guten Hotels. Dessen Hauptstraße heißt Av. Manduley und das Herz ist der **Parque Ferreiro**, der durch die Av. Victoriano Garzón mit der Plaza de Marte verbunden ist. Von hier führt die Autobahn rund 45 km nach Nordwesten, ehe sie bei Palma Soriano endet und auf die Carretera Central trifft. Gen Osten geht es über die Av. Raúl Pujol zum Flughafen und nach El Morro, Playa Siboney, Gran Piedra und Parque Baconao.

Sehenswertes

Bei wenig Zeit sollte man die restaurierten Kolonialbauten um den Parque Céspedes besuchen und die Calles Aguilera und Heredía Richtung Plaza de Marte entlang schlendern. Ein Rundgang kann ziemlich anstrengend werden. Man merkt schnell, warum Santiago auch als „hügeligste Hafenstadt der Welt" bezeichnet wird!

Parque Céspedes

Am **Parque Céspedes** schlägt das Herz der Stadt. Er wurde bereits Anfang des 16. Jhs. als Exer-

Als Wahrzeichen Santiagos ragt am Parque Céspedes die **Catedral de Nuestra Señora de la Asunción** mit ihren zwei Türmen in die Höhe. Die erste Kathedrale Kubas wurde hier bereits 1520 errichtet, doch haben die ursprüngliche Konstruktion und seine Nachfolger dem Zahn der Zeit, den Piraten-Plünderungen und mehreren Erdbeben nicht standgehalten und wurden durch die jetzige aus dem Jahre 1922 ersetzt. Architektonisch sticht sie durch die Basilika mit ihren fünf Schiffen, den reichverzierten Altären und dem Chor aus wertvollen Hölzern hervor. Den Eingangsbereich schmücken schicke Säulen und Statuen von Christoph Kolumbus und Bartolome de las Casas. Im Innern stellt eine prächtige Rokokodecke Posaunenengel dar. Rechterhand ragt ein schöner Altar mit der Virgen de la Caridad, Schutzpatronin Kubas, empor. Imposant ist auch die riesige, aber nicht mehr erklingende Orgel mit den golden glänzenden Pfeifen. Laut Legende soll Diego Velázquez hier irgendwo begraben sein, doch ein konkretes Anzeichen hat man bisher nicht entdeckt. ⏰ tgl. 8–12, 17–19 Uhr, Messen Mo–Fr 18.30, Sa 17, So 9 Uhr.

zierplatz (Plaza de Armas) angelegt und versammelt um sich gleich mehrere geschichtsträchtige Gebäude. Heute scheint hier Tag und Nacht das Leben zu pulsieren und man erhält den Eindruck, dass die Bewohner niemals schlafen gehen. Besonders schön ist der Platz am Abend, wenn ihn die Laternen in goldenes Licht tauchen.

Das **Casa de Diego Velázquez** ist Kubas ältestes Gebäude (1519 erbaut) und eines der ältesten spanischen Zeugnisse in ganz Lateinamerika. Das einstöckige Haus mit den holzverzierten Balkonen war Sitz des spanischen Gouverneurs Diego Velázquez. Hier begann die Korrespondenz zwischen den ersten Kolonialherren und der spanischen Krone. Auch Cortéz, der erste Bürgermeister von Santiago und spätere Eroberer von Mexiko, lebte hier eine Zeitlang. Das **Museo de Ambiente Histórico Cubano** im Innern zeigt die originalgetreue koloniale Lebensart vom 16. –19. Jh. und ist eines der sehenswertesten in

ganz Kuba. Neben prachtvollen Kolonialmöbeln aus Edelhölzern, Gemälden, Buntglasfenstern, Kristallen und Keramiken kann man alte Goldschmelzöfen *(hornos)* und einen *tinajero* (poröser Stein zum Filtern des Wassers) bewundern. ⏰ Mo–Sa 9–17, So 9–13 Uhr, Eintritt 2 CUC, Fotos 1 CUC, Videos 5 CUC.

Das **Rathaus (Ayuntamiento)** mit den schönen blauen Balkonen stammt von 1950 und wurde der Architektur des 18. Jhs. nachgestaltet. Vom Balkon aus hielt Fidel Castro nach dem Sieg der Revolution am 2. Januar 1959 die erste Rede.

Die **Casa de la Cultura** ist ein mit Ornamenten verziertes, neoklassizistisches Gebäude mit Säulen im korinthischen, ionischen und dorischen Stil. Es wurde 1854 von französischen Emigranten errichtet. Große Künstler wie der spanische Poet und Dramaturg Frederico García Lorca traten hier auf. Nebenan steht das Hotel **Casa Granda**, das ein wichtiger Schauplatz in Graham Greenes Roman *Unser Mann in Havanna* ist. Von der schönen Dachterrasse aus hat man den besten Blick über das lebhafte Treiben auf dem Parque Céspedes. ⏰ tgl. 7–22 Uhr, Eintritt 2 CUC.

Nähere Umgebung des Parque Céspedes

Im ehemaligen Provinz-Gefängnis **El Vivac** aus dem Jahre 1845 saßen viele gefangen genommene Unabhängigkeitskämpfer des 19. Jhs. vor ihrer Hinrichtung ein. Fidel Castro wurde nach dem Sturm auf die Moncada-Kaserne 1953 hier verhört. Davon zeugen heute einige historische Fotos. ⏰ tgl. 8–17 Uhr, Eintritt frei.

Von der Plattform des **Balcón de Velázquez** hat man eine tolle Sicht auf die Bucht, wo 1898 die gesamte spanische Flotte von den US-Amerikanern versenkt wurde. ⏰ tgl. 9–18 Uhr, Eintritt 1 CUC. In der **Maqueta de la Ciudad** daneben ist die Stadt in einem detailgetreuen Modell im Maßstab 1:1000 nachgebildet. ⏰ Di–So 9–21 Uhr, Eintritt 1 CUC.

Die schöne **Casa de la Trova** ist einer der bedeutendsten Musiktempel Kubas (s. Nachtleben). Unzählige Stars haben hier schon gespielt.

In der **Casa Natal José María Heredia** wurde einer der größten Poeten Lateinamerikas geboren (1803–39). Obwohl er hier nur seine ersten beiden Lebensjahre verbrachte (die Familie wan-

Südlicher Oriente

derte in die USA aus), feiern ihn die Santiagueros als ihren Helden. Die Werke des romantischen Dichters, der sich stark für die nationale Unabhängigkeit einsetzte, waren unter der Herrschaft der Spanier verboten und nach einem vierjährigen Aufenthalt in Matanzas musste er 1824 den Rest seines Lebens im US-Exil verbringen. Auf der Wand des Hauses ist sein berühmtestes Gedicht *Ode a Niagara* eingraviert. Manchmal finden hier Dichterlesungen statt. ☉ Di–So 9–19 Uhr, Eintritt 1 CUC, Fotos 1 CUC.

Die Ausstellung des **Museo de Ron** verdeutlicht die verschiedenen Herstellungsschritte von Kubas berühmtestem Getränk, wirkt aber im Vergleich zu ihrem Pendant in Havanna recht mickrig. Neben den Schautafeln gibt es ein paar brüchige Maschinen des letzten Jahrhunderts und eine Vitrine mit zig Rumsorten aus Kuba und aller Welt. Am Ende serviert der Bar-Shop eine kleine Kostprobe. ☉ tgl. 9–17 Uhr, Eintritt 2 CUC inkl. Führung.

Die **Librería La Escalera** ist ein tolles, kleines Buchantiquariat mit einem wilden Mix aus alten Wälzern, Zeitschriften, Postern, Rumflaschen, einem alten Plattenspieler sowie Fotos und Visitenkarten von Besuchern aus aller Welt. Oft verleiht ein Gitarrentrio dem Laden noch mehr Charme. ☉ tgl. 10–22 Uhr.

Das interessante **Museo de Carnaval** zeigt historische Fotos der Umzüge sowie traditionelle Kostüme, Masken und geschmückte Umzugsbauten der Conga Santiaguera. Eine sehr bunte, aber leider kleine Ausstellung. Daher sollte man eine Besichtigung mit der täglichen Folklore-Show um 16 Uhr verbinden. Am Sonntag um 11 Uhr findet der Domingo de la Rumba statt. ☉ Di–So 9–18 Uhr, Eintritt 1 CUC, Fotos 1 CUC.

El Tivolí

In diesem Viertel südwestlich des Parque Céspedes ließen sich die französischen Siedler Ende des 18. Jhs. nieder. Heute hat es viel von seinem einstigen Glanz verloren. Vom oberen Ende der historischen **Treppe Padre Pico**, die wegen der Steilheit des Hügels errichtet werden musste, schweift der Blick über das Häusermeer bis zum Hafen.

Das **Museo de la Lucha Clandestina** beschreibt den städtischen Untergrundkampf

Das neoklassizistische **Museo Emilio Bacardí Moreau** in der Calle Pío Rosado esq. Aguilera entstand 1899 als erstes Museum Kubas. Heute zählt es zu den besten. Der kulturell sehr interessierte Rummagnat Don Emilio (1844–1922), der auch Bürgermeister Santiagos war, sammelte leidenschaftlich nationale und internationale Kunstgegenstände aus verschiedenen Epochen.

Die **Sala de Conquista** im Erdgeschoss füllen zahlreiche spanische Waffen und Uniformen von den Eroberern bis zu den Unabhängigkeitskämpfern sowie Foltergeräte zur Bestrafung der Sklaven. Daneben gibt es persönliche Gegenstände von José Martí, Antonio Maceo, Carlos Manuel de Céspedes und Máximo Gómez. Im **Keller** grüßen eine rund 3000 Jahre alte ägyptische und zwei peruanische Mumien. Die Schrumpfköpfe und Artefakte eines Indianerstamms vom Amazonas passen zum leicht schaurigen Ambiente. Im **ersten Stock** gibt es dann mit einer sehenswerten Gemäldesammlung aus dem 19. Jh. (u. a. auch Werke von Bacardí selbst) ästhetischere Kost. ☉ Di–So 9–17, So 8–12 Uhr, Eintritt 2 CUC, Fotos 1 CUC. Gegenüber vom Museum befindet sich der neoklassizistische **Palacio Provincial** im monumental-griechischen Stil. Das Gebäude wurde 1926 vom Architekten Carlos Serguera fertiggestellt und war zeitweise auch Wohnort des damaligen Gouverneurs. Leider müssen Touristen mit der äußeren Pracht vorlieb nehmen, denn sie haben keinen Zugang zum heutigen Sitz der Provinzregierung.

gegen Batista auf zwei Etagen. Die ehemalige Polizeistation wurde am 30. November 1956 von Frank País angegriffen und niedergebrannt, um von der Landung der Jacht *Granma* abzulenken. Viele Ausstellungsstücke dokumentieren die Entwicklung der Widerstandsbewegung M-26-7. Vom Balkon des 1. Stocks hat man einen tollen Ausblick auf die Bucht von Santiago. ☉ Di–So 9–17 Uhr, Eintritt 1 CUC. Im gelben Haus gegenüber lebte Fidel Castro von 1931–33 während seiner Schulzeit in Santiago.

Von der Plaza Dolores zur Plaza de Marte

Der im 18. Jh. erbaute ehemalige Marktplatz **Plaza Dolores** ist von zahlreichen Bars und Restaurants umgeben. In seiner Mitte steht eine überlebensgroße **Bronzestatue** von Francisco Vicente Aguilera (1821–77), Kämpfer des Ersten Unabhängigkeitskrieges. Auf der Ostseite ragt die **Iglesia Nuestra Señora de los Dolores** aus dem 17. Jh. in die Höhe, die in den 1970er-Jahren rekonstruiert wurde und heute am Wochenende als Konzertsaal für das namhafte Orquesta Sinfónica de Oriente dient.

Die große Ausstellung des **Museo Historia Natural Tomás Romay** zeigt zahlreiche präparierte Vertreter der kubanischen Fauna. ⊙ Di–Sa 9–17, So 9–12 Uhr, Eintritt 1 CUC.

Am Ostende der Altstadt liegt die **Plaza de Marte**, die als Exerzierplatz genutzt wurde. Bis Ende des 19. Jhs. ließ man hier noch Straftäter am Galgen baumeln. In der Mitte steht **El Gorro Frigio**, ein Denkmal zu Ehren der Veteranen der Unabhängigkeitskriege, mit einer Phrygischen Mütze (Kopfbedeckung französischer Revolutionäre) an der Spitze und vier Bronzekanonen an den Seiten. In der südwestlichen Ecke des Platzes liegt die **Peña Deportiva**. Hier treffen sich die Einheimischen, um über sportliche Wettkämpfe, vor allem den kubanischen Nationalsport Pelota (Baseball), zu diskutieren.

Nördlich des Zentrums

Der **Parque Histórico Abel Santamaría** ist dem zweiten Befehlshaber des Angriffs auf die Moncada-Kaserne gewidmet, der an dieser Stelle ein Krankenhaus besetzte, um von dort aus den Kasernenhof unter Beschuss zu nehmen. Ein gigantischer Steinwürfel zeigt die Gesichter von Santamaría und José Martí. Im Nordwesten erinnert das **Museo Abel Santamaría** an den kubanischen Volkshelden, der nicht mehr fliehen konnte. Nach seiner Festnahme wurden ihm die Augen ausgestochen, bevor er kurz darauf unter den Qualen der Folter starb. Zahlreiche Dokumente verdeutlichen das Leben des Revolutionärs sowie den Ablauf des Überfalls. Im nicht mehr existierenden Krankenhaus fand Fidel Castros Anklage statt und dort hielt er seine berühmte Verteidigungsrede „Die Geschichte wird mich freisprechen". ⊙ Mo–Sa 9–17 Uhr, Eintritt 1 CUC.

Das **Cuartel Moncada**, Av. de los Libertadores esq. General Portuondo, ist einer der heiligen Schreine der kubanischen Geschichte. Ihren Namen bekam der 1850 von den Spaniern erbaute Militärkomplex von Unabhängigkeitskämpfer Guillermón Moncada (1840–95) verliehen, der hier 1874 in Haft saß. Auf diese damals zweitgrößte Kaserne des Landes startete Fidel Castro 1953 zusammen mit 131 Mitstreitern den ersten Versuch einer Revolution. Castro wählte den 26. Juli als Angriffstag, weil er glaubte, die Soldaten seien noch angeschlagen von den Karnevalsfeiern und daher leichter zu überraschen.

Doch ließ eine Verkettung unvorhergesehener Ereignisse und organisatorischer Mängel den Plan scheitern. Eine Schießerei machte das Überraschungsmoment zunichte. Viele Rebellen starben beim Kampf oder später unter grausamer Folter. Nur 32, unter ihnen Raúl und Fidel Castro, gelang die Flucht, doch auch sie wurden einige Tage später gefasst. Diese kleine Zeitverzögerung rettete ihnen allerdings das Leben und bescherte ihnen einen gerichtlichen Prozess, denn inzwischen war die öffentliche Empörung angesichts der grausamen Hinrichtungen des Militärs massiv gewachsen.

Das **Museum** dokumentiert den Verlauf des Angriffs genauestens und zeigt außerdem, wie sich die kubanische Revolution seit 1953 entwickelte und in welch desolaten gesellschaftlichen Verhältnissen viele Kubaner vor dem Sieg der Revolution lebten. Neben zahlreichen Kommentaren von Fidel Castro sieht man auch Fotos von den zu Tode gefolterten Kämpfern. Das Museum ist sicher keine leichte Kost, zählt aber zu den beeindruckendsten und detailliertesten in Kuba. Eindrucksvoll sind auch die Einschusslöcher in der Außenfassade. Batista hatte sie nach dem Angriff zuspachteln lassen und erst Fidel ließ die Kampfspuren anhand von Fotos wieder rekonstruieren. Heute ist die ehemalige Kaserne eine Schule. ⊙ Mo–Sa 9–17, So 9–13 Uhr, Eintritt 2 CUC, Fotos 1 CUC, Videos 5 CUC.

Südlicher Oriente

Das **Museo de Frank y Josue País** erzählt die Lebensgeschichte der beiden Anführer des städtischen Untergrundkampfes von Castros Bewegung M-26-7. Sie wurden 1957 von Batistas Polizei ermordet, nachdem sie am 30.11.56 den städtischen Aufstand initiiert hatten, der von Castros Landung mit der Jacht *Granma* ablenken sollte. ☉ Mo–Sa 9–17 Uhr, Eintritt 1 CUC.

In der **Casa Natal de Antonio Maceo** wurde Santiagos großer General am 14. Juni 1845 geboren (er starb 1896 in Westkuba während des Zweiten Unabhängigkeitskriegs). Das Museum zeigt seine wichtigsten kämpferischen Lebensetappen. Maceos Spitzname „Bronze-Titan", den er aufgrund seiner mulattischen Abstammung erhielt, drückt den Respekt aus, den die Kubaner einem ihrer berühmtesten Widerstandskämpfer entgegenbringen. ☉ Mo–Sa 9–17 Uhr, Eintritt 1 CUC. Noch größer ist die Heldenverehrung am imposanten und martialischen, 16 m hohen **Monumento Antonio Maceo** an der Plaza de la Revolución, der zweitgrößten des Landes mit Platz für 200 000 Menschen. Eine Wand von Macheten breitet sich vor dem General und seinem sich aufbäumenden Pferd aus und symbolisiert Mut und Widerstandswillen. Ein kleines Museum befindet sich auch hier. ☉ Di–Sa 9–17 Uhr, Eintritt 1 CUC.

Die **Fábrica de Ron Caney** stammt aus dem Jahr 1838 und ist die älteste Rumfabrik der Insel. Einst gehörte sie dem Bacardi-Clan. Heute wird in der Fabrik, die leider nicht zu besichtigen ist, der lokale Ron Caney produziert. An einer Wand entlang zieht sich ein über 200 m langes **Revolutions-Gemälde** mit dem Spruch „Rebelde ayer, hospitalaria hoy, heroica siempre" (Gestern rebellisch, heute gastfreundlich, immer heldenhaft). Gegenüber der Fabrik kann man in der schönen **Bar Casa del Ron** viele Marken (auch lokale) probieren und kaufen. Oft spielt eine Live-Band. ☉ tgl. 9–17 Uhr.

Der Friedhof **Cementerio Santa Ifigenia** liegt 3 km nordwestlich des Zentrums. Er entstand 1868, als der Erste Unabhängigkeitskrieg die Zahl der Toten sprunghaft ansteigen ließ. Heute gilt das riesige Meer aus 9000 Gräbern als Nationalmonument, denn hier liegt viel Prominenz begraben, u. a. José Martí (1853–95), der geistige Führer der Unabhängigkeitsbewegung

(Havanna, s. S. 196/197). Das monumentale, 22 Meter hohe **Mausoleum von José Martí** ist so konstruiert, dass sein Standbild immer von Sonnenstrahlen beleuchtet wird. Damit zollte man Martís Wunsch Respekt, mit dem Gesicht zur Sonne sterben zu wollen. Außen symbolisieren sechs Statuen die damaligen Provinzen Kubas. In der Krypta steht der bronzene Sarkophag, in dem sich neben Martís Gebeinen auch Erde aus allen lateinamerikanischen Ländern sowie alle Wappen des Kontinents befinden. Alle 30 Minuten findet die sehenswerte Zeremonie der Wachablösung der Ehrengarde statt. Neben Martí fanden hier der Anführer des Ersten Unabhängigkeitskrieges Carlos Manuel de Céspedes (1819–74), 31 Generäle der Unabhängigkeitskriege, Antonio Maceo (1845–96), die Angreifer auf die Moncada-Kaserne, die Revolutionäre Frank und Josue País, die spanischen Gefallenen der Schlacht um den San Juan-Hügel und Emilio Bacardi, Gründer der Rumfabrik, ihre letzte Ruhe. Seit 2003 ergänzt das Grab der Buena-Vista-Legende Compay Segundo die prominente Runde. ☉ tgl. 8–18 Uhr, Eintritt 1 CUC inkl. Führung, Fotos 1 CUC, Videos 5 CUC.

Vista Alegre

In diesem noblen Stadtteil mit seinen breiten Alleen residierte vor der Revolution die High Society Santiagos. Viele der neokolonialen Bauten sind seitdem zu Kulturzentren, Regierungsgebäuden, Schulen und Krankenhäusern umfunktioniert worden.

Das **Centro Cultural Africano Fernando Ortiz** ist voll von afrikanischen Masken, Figuren und Musikinstrumenten aus der Privatsammlung von Kubas berühmtesten Ethnologen. Manchmal ertönt afrokubanische Live-Musik auf dem Hinterhof. ☉ Mo–Sa 9–17 Uhr, Eintritt 1 CUC.

Etwas weiter südlich entführt das **Museo de la Imagen** in Kubas Geschichte von TV, Kino und Fotografie. Es wurde vom berühmten Kameramann Bernabá Muñiz errichtet, der u. a. Batistas Staatsstreich und Fidels Triumphzug von Santiago nach Havanna gefilmt hatte. Das Museum zeigt neben historischen Fotos Hunderte von Kameras, darunter Raritäten, Modelle vom Ende des 19. Jhs. und von der CIA eingesetzte Spionageapparate. ☉ Mo–Sa 9–17 Uhr, Eintritt 1 CUC.

Südlicher Oriente

Santiago de Cuba Vista Alegre

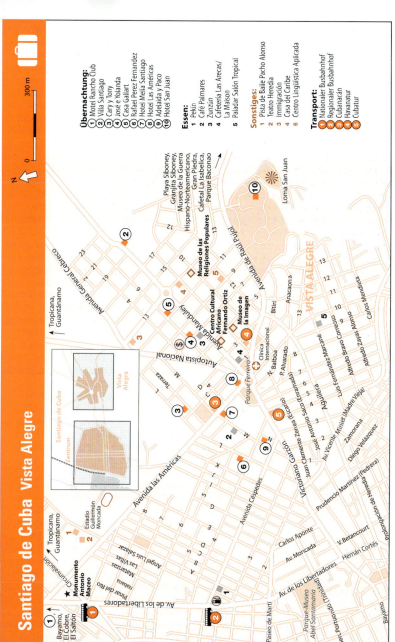

Übernachtung:
1 Motel Rancho Club
2 Villa Santiago
3 Cary y Tony
4 José e Yolanda
5 Casa Gallart
6 Rafael Perez Fernandez
7 Hotel Melia Santiago
8 Hotel Las Américas
9 Adelaida y Paco
10 Hotel San Juan

Essen:
1 Pekin
2 Café Palmares
3 Zunzún
4 Cafetería Las Arecas/
   La Maison
5 Paladar Salón Tropical

Sonstiges:
1 Pista de Baile Pacho Alonso
2 Teatro Heredia
3 Immigración
4 Casa del Caribe
5 Centro Lingüística Aplicada

Transport:
1 Nationaler Busbahnhof
2 Regionaler Busbahnhof
3 Cubanacán
4 Havanatur
5 Cubatur

Südlicher Oriente

www.stefan-loose.de/kuba

In dem exotischen **Museo de las Religiones Populares** erfährt man auf einer (spanischsprachigen) Führung einiges über die synkretistische Religion der Santería (s. S. 154/155) sowie den Palo Monte-Kult. Mehrere Altäre und Heiligenfiguren schmücken die Räume und rätselhafte Zeichnungen und religiöse Formeln zieren die Wände. Ab und zu finden Zeremonien statt. Für 5 CUC sagen die Priester die Zukunft voraus. ☉ Mo–Fr 9–17 Uhr, Eintritt 1 CUC.

Am **Loma San Juan** fand am 1. Juli 1898 die entscheidende Schlacht des Zweiten Unabhängigkeitskrieges statt. Hier fügten die US-amerikanischen „Rough Riders" unter Führung des späteren US-Präsidenten Teddy Roosevelt den Spaniern eine empfindliche Niederlage zu, von der sie sich nicht mehr erholten. Zwei Wochen später mussten sie kapitulieren. Noch heute zeugen auf dem schönen Parkgelände einige Wachtürme, Monumente, Kanonen und Schützengräben von der Schlacht. Eintritt frei.

Übernachtung

Privatpensionen

Zentrum (Karte S. 520)

André y Ramona, Calle Mariano Corona No. 371 (altos) e/Máximo Gómez y General Portuondo, ✆ 0122-654349. Auf der Terrasse speist man mitten in den Dächern der Stadt, gute Küche. DZ mit AC, Ventilator, Bad, TV und kleinem Esszimmer mit Kühlschrank. Nette Vermieter. **❶ – ❷**

Pracht und Panorama

Casa Catedral, Calle General Lacret No. 703 (altos) e/Heredia y Bartolomé Masó, Zentrum, ✆ 0122-653169 und 01-5281 1522 (mobil). Die beiden prächtigen, riesigen Apartments in einem marmorgeschmückten Kolonialhaus haben eigenen Eingang, AC, Ventilator, riesiges gekacheltes Bad mit Badewanne und Fitnesstrainer, Kühlschrank, 220 Volt-Anschluss und einen kleinen Balkon mit schönem Blick auf den Parque Céspedes. Geschmackvolle Gemälde und edle Möbel gehören ebenfalls zur Zimmerausstattung, eines hat auch eine kleine Küchenecke. **❷ – ❸**

Yamila Soler Estol, Calle General Lacret No. 402 e/Máximo Gómez y Juan Bautista Sagarra, ✆ 0122-654106. Schönes DZ mit AC, Ventilator, Bad und TV. Nette Familie mit siamesischen Katzen. **❶ – ❷**

Genaro y Maria, Calle General Portuondo No. 552 e/General Banderas y Pío Rosado, ✆ 0122-629974. Großes DZ mit AC, Ventilator, Bad, Kühlschrank und großem Balkon mit Blick auf die Straße. **❶ – ❷**

Hostal Neda, Calle Sagarra No. 524 e/Donato Mármol y Mayía Rodríguez, ✆ kein Telefon. Schönes Kolonialhaus mit üppig begrüntem Innenhof. 2 DZ mit AC, Ventilator und Bad. Die beiden Vermieter, zwei Brüder, sind sehr nett und hilfsbereit. **❶ – ❷**

Leonardo, Calle Padre Quiroga No. 9 e/Aguilera y Heredia, ✆ 0122-623574. Schönes altes Haus mit viel Komfort. Leonardo arbeitet im Büro des Stadthistorikers und hat viele Infos zu Santiago. DZ mit AC, Ventilator und Bad. Grüner Innenhof, Parkplatz. **❷**

Fofi, Calle General Lacret No. 356 1/2 e/Máximo Gómez y General Portuondo, ✆ 0122-656623 und 01-5283 5684 (mobil), ✉ fofi24rodolfo@yahoo.es. DZ mit AC, Ventilator, Bad und Kühlschrank. Nette Leute, gutes Essen, Internet (3 CUC/Std.). **❷**

Maria, Calle Joaquín Castillo Duany No. 83 e/Mayía Rodríguez y Porfirio Valiente, ✆ 0122-622152, ✉ hospedajemaria@yahoo.com. 2 schöne DZ mit AC, Ventilator Bad und Terrasse. Tanz- und Trommelkurse können arrangiert werden. **❷**

El Tivolí (s. Karte Zentrum S. 520)

Hilda, Calle Jesus Rabí No. 3 (altos) e/San Carlos y Santa Rita, ✆ 0122-694638, ✉ katia@film.cineclubes.com. Größter Pluspunkt des schönen, auf einem Hügel gelegenen Kolonialgebäudes ist der riesige Balkon mit Blick auf die Bucht. Das DZ (kleines Doppelbett) mit AC, Ventilator und kleinem Bad ist spartanisch, aber günstig, und die Vermieter sind sehr nett. Die Dachterrasse mit Brieftaubenzucht sollte ausgebaut werden. Der Bruder der Vermieterin hat 20 Jahre in den USA gelebt und sein

Gediegen und gut

Juan Martí Vázquez, Calle Padre Pico No. 614 e/José de Diego y Calixto García, El Tivolí, ✆ 0122-622917 und 620101, ✉ juan.film.cineclubes.com. Das ganze Haus strahlt mit seiner schönen Einrichtung mit Bildern und Antiquitäten viel Geschmack aus. 2 kleine DZ mit AC, Ventilator, Kühlschrank und großem, schön gefliestem Bad. Üppig begrünter Innenhof mit Aquarium, Brunnen, Krafttrainer und vielen Vögeln (sogar Pfauegehege). Dachterrasse. Sehr nette Vermieter. ❷

witziges Sonnyboy-Verhalten von dort mitgebracht. ❶
Casa Amparo, Calle Diego Palacios No. 161 e/ Mariano Corona y Padre Pico, ✆ 0122-656351, ✉ amparohl@yahoo.es, amparo@soldivexpro.com. Großes DZ im OG mit Ventilator, AC, Bad und Kühlschrank und ein kleines DZ im EG (ohne Kühlschrank). Beide haben eine Terrasse. Schöne Dachterrasse. Englisch und Französisch. ❶–❷
Hostal San Carlos, Calle Rafael P. Salcedo No. 163 e/Mariano Corona y Padre Pico, ✆ 0122-652031, ✉ support@hostelmania.com, 🖥 www.angelsancarlos.com. 2 DZ mit AC, Ventilator, Bad und Kühlschrank. Riesiger Garten, Innenhof mit Liegestühlen. An der Bar gibt es Mojitos für 1,50 CUC. Parkplatz. ❷
Pedro Vázquez, Calle Mariano Corona No. 805 e/Rafael P. Salcedo y Diego Palacios, ✆ 0122-620101, ✉ juan@film.cineclubes.com.

Gute Wahl

Adelaida y Paco, Calle N No. 4 e/Av. Céspedes y Calle 4, Reparto Sueño, ✆ 0122-625328, ✉ casascu@yahoo.com, 🖥 www.geocities.com/casascu. Sympathische Hausherrin, die in der DDR studiert hat, gut Deutsch spricht, viele Tipps hat und Tanz- und Sprachkurse organisieren kann. 2 DZ mit AC, Ventilator, Bad, Kühlschrank und 220 Volt-Anschluss. Dachterrasse, Bar mit guten Cocktails. ❷

Wunderschönes Kolonialhaus mit Antiquitäten, Kronleuchtern, Marmor, Mosaik-Fußboden und kleinem Innenhof. 2 DZ mit AC, Ventilator, Bad und TV, aber ohne Fenster. ❷

Reparto Sueño und Vista Alegre (Karte S. 527)
Rafael Perez Fernandez, Calle L No. 213 (altos) e/4 y 5, ✆ 0122-654632. DZ mit separatem Eingang, AC, Ventilator, Bad und Terrasse. Vollpension für günstigen Aufpreis. ❷
Cary y Tony, Calle Terraza No. 101 e/C y 5ta, ✆ 01-5294 8689 (mobil). 2 DZ mit AC, Ventilator, Bad, Kühlschrank und TV. Ruhige Wohngegend. ❷
José e Yolanda, Calle 6 esq. 7, ✆ 0122-644272, ✉ josemanzano_22@yahoo.com. Hübsches neokoloniales Haus mit schönem Garten. 2 kleine DZ (Doppelbett) mit AC, Ventilator, Bad und Kühlschrank. ❷
Casa Gallart, Calle 6 No. 302 esq. 11, ✆ 0122-643307. Schicke Villa mit edler Einrichtung und schönem Garten. 2 große DZ (Doppelbett) mit AC, Ventilator und großem gekacheltem Bad mit Badewanne. Sehr nette Vermieter. Speisen kann man im hübschen Innenhof. ❷

Hotels
Zentrum (Karte S. 520)
Gran Hotel, Calle José A. Saco No. 312 esq. Hartmann, ✆ 0122-628435. Charmantes Hotel, das aber seine besten Zeiten schon hinter sich hat und nach Renovierung lechzt. 40 DZ mit AC und Bad. Relativ laut. ❸
Libertad, Plaza de Marte, ✆ 0122-628360 und 627710, 🖥 www.islazul.cu. 17 z. T. dunkle und spartanische DZ mit AC, Bad und TV. Ordentliches Restaurant. ❸
Casa Granda, Parque Céspedes, ✆ 0122-6530-21, -22, -23, 🖥 www.gran-caribe.com. Schönes Hotel im Kolonialstil mit toller Dachterrasse. 58 komfortable DZ mit AC, Bad, Kühlschrank, Telefon, Safe und TV. ❻–❼

Vista Alegre (Karte S. 527)
Villa Santiago, Av. Manduley No. 502 e/19 y 21, ✆ 0122-641368, 🖥 www.gaviota-grupo.com. Schicker, aber recht abgelegener

Hostal San Basilio, Calle Bartolomé Masó No. 403 e/Porfirio Valiente y Pío Rosado, Zentrum, ☎ 0122-651702 und 651887, 🖥 www.cuba nacan.cu. Das schöne Kolonialgebäude mit den 8 hübschen DZ um den grünen Innenhof strömt viel Flair für wenig Geld aus. Gutes Restaurant. ❹

Bungalowkomplex. 49 DZ mit AC, Bad, TV und Küche. Restaurant, Pool, Disco. ❹
Las Américas, Av. Las Américas y General Cebreco, ☎ 0122-642011, 🖥 www.islazul.cu. Hässlicher Plattenbau, der aber Pool, Cabaret und auch sonst allerhand zu bieten hat. 70 DZ mit AC, Bad, Kühlschrank und TV. ❹–❺
San Juan, Carretera a Siboney KM 1 1/2, ☎ 0122-687200, 🖥 www.islazul.cu. 111 Bungalows mit AC, Bad, Telefon, TV und Balkon oder Terrasse. Schöne Gartenanlage mit Pool, Restaurant, Bar, Taxistand, Reisebüro und Autoverleih. Eine gute Wahl, wenn man motorisiert ist. ❹–❺
Meliá Santiago, Av. Las Américas e/4 y M, ☎ 0122-687070, 🖥 www.meliasantiagodecuba. solmelia.com. Viel Komfort. Die interessante Architektur des gläsernen Ungetüms mit seiner knallig bunten Fassade erinnert an ein Lego-Baukastenset. 268 DZ und 34 Suiten mit AC, Bad (einige mit Whirlpool), TV, Telefon, Radio, Safe und Balkon. Komplette Infrastruktur mit angesagter Disco und Bar im 15. OG (tolle Aussicht). ❺–❻
Motel Rancho Club, Altos de Quintero, 4 km nördlich, ☎ 0122-633202, 🖥 www.islazul. cu. 30 DZ mit AC, Bad und TV. Schöner Ausblick auf die Stadt. Gutes Restaurant, Pool und Cabaret. ❸

Essen

Zentrum
Karte S. 520
Don Antonio, Plaza Dolores. Elegantes und schönes Ambiente (vor allem draußen), vernünftige Preise (z. B. 8 CUC für die Spezialität Fischfilet Don Antonio). Manchmal Live-Musik.

La Perla de Dragón, Plaza Dolores. Etwas preisgünstigerer „Chinese" mit schmackhaften Gerichten.
La Teressina, Plaza Dolores. „Italiener" mit Pizza, Fleisch- und Fischgerichten. Gutes Preis-Leistungs-Verhältnis.
Matamoros, Plaza Dolores. Gemütlich, rustikale kreolische Küche um 5 CUC.
Pizzeria Fontana di Trevi, Calle José A. Saco No. 260 e/General Lacret y Félix Peña. Satt machende Pizzas und Spaghetti für unter 1 CUC. Die Qualität reicht aber nicht über den Straßenverkauf hinaus.
Las Novedades, Calle José A. Saco e/Hartmann y General Lacret. Einfache Gerichte für Moneda Nacional. ⏱ tgl. 18–22 Uhr.
Casa del Té, Parque Céspedes. Schönes Ambiente, breite Auswahl an Tees und anderen Heiß- sowie Erfrischungs-getränken. Kleine Snacks gegen Devisen. ⏱ Di–So 9–21 Uhr.
Hotel Casa Granda (Dachterrasse), Parque Céspedes. Von hier aus kann man gemütlich das bunte Treiben auf dem Platz beobachten. Kleine Snacks und gute Mojitos. ⏱ tgl. 7–22 Uhr, Eintritt 2 CUC.
Pan.com, Calle Aguilera e/General Lacret y Hartmann. Santiagos „Subway" hat leckere Sandwiches.
El Rápido, Calle José A. Saco esq. Pío Rosado. Beliebter Fast-Food-Laden. Manchmal Schlangen. ⏱ tgl. 8–24 Uhr.
Cafetería Las Enramadas, Plaza Dolores. Einziger nicht so touristischer Laden am Platz. Günstige Snacks unter freiem Himmel.
Pizza Marylin, Calle General Lacret esq. José A. Saco. Stand mit großen, recht guten Pizzas

Edel, günstig, gut

Santiago 1900, Calle Bartolomé Masó No. 354 e/Hartmann y Pio Rosado, Zentrum. Prachtvoller Kolonialbau mit kostbaren Vasen, Vitrales, Kronleuchtern, antikem Flügel und Marmorsäulen. Bei diesem adligen Ambiente verwundern die niedrigen Preise. Viele Kubaner speisen hier. Dachterrasse und Innenhof, und auch das Essen ist gut.

Südlicher Oriente

Paladar Salón Tropical, Calle Luis Fernández Marcané No. 310 e/9 y 10, Santa Barbara, ☎ 0122-641161. Hübsch begrünte Dachterrasse, gutes und günstiges Essen, dazu aufmerksamer Service und Live-Musik. Die sehr variationsreichen Gaumenfreuden sind für 5–6 CUC (Fisch 7,50 CUC, leckere Beilagen und Salat für unter 1 CUC, Mojito 1,50 CUC) zu haben und lohnen den weiten Weg zum östlichen Stadtbezirk Santa Barbara.

für 10 CUP. Dementsprechend lang sind die Schlangen.

Reparto Sueño und Vista Alegre

Karte S. 527

Zunzún, Av. Manduley No. 159 esq. 7, ☎ 0122-641528. Neben ein paar kreolischen Klassikern ab 7 CUC eher hohe Preise (um 20 CUC) – für das Ambiente des eleganten Landhauses zahlt man mit. Auswahl und Qualität des Essens zählen zu den besten der Stadt.

Pekín, Av. de Céspedes esq. A. Sehr günstige, chinesisch angehauchte Gerichte (z. B. Chop Suey). ⊙ tgl. 12–15, 18–22 Uhr.

Café Palmares, gegenüber vom Hotel Meliá Santiago. Hier lässt es sich nett im Grünen sitzen. Günstige Snacks. ⊙ tgl. 24 Std.

Cafetería Las Arecas, Av. Manduley No. 52 e/1 y 3. Erstaunlich günstige Snacks auf der Terrasse des schicken Veranstaltungszentrums La Maison.

Coppelia, Av. de los Libertadores esq. Victoriano Garzón. Eistempel mit langen Schlangen.

Eine Menge **Peso-Snacks** (Pizza, Cajitas, Sandwiches) säumen die Av. Libertadores um den Nationalen Busbahnhof und die Av. Victoriano Garzón.

Nachtleben

Santiago de Cuba ist nach Havanna die Stadt mit dem reichhaltigsten Nachtleben, doch scheint es hier in der Hochburg der modernen und auch traditionellen Musik sogar noch eine Spur lebendiger zuzugehen.

Bars

Santiago 1900, Calle Bartolomé Masó e/Hartmann y Pío Rosado. Das schöne Kolonialgebäude hat auch zwei stilvolle Bars.

El Baturro, Calle Aguilera esq. Hartmann. Nette Kneipe mit Snacks und abendlichen Son-Combos.

Cafetería Isabelica, Calle Aguilera No. 552 esq. Porfirio Valiente. Diese dunkle, urige Taverne ist Kuba pur. Zu Son- und Salsa-Klängen fließt reichlich Alkohol (Peso Cubano). ⊙ tgl. 7–23 Uhr.

Taberna de Dolores, Plaza de Dolores. Das schöne Kolonialgebäude aus dem 18. Jh. wussten schon die spanischen Gouverneure zu schätzen, die hier residierten. Stimmungsvoll und beliebt bei Kubanern. Snacks, billiges Bier und viel Live-Musik.

La Jutía Conga, Calle Heredia e/Hartmann y Pío Rosado. Die Bar des Uneac liegt im kolonialen Innenhof, wo manchmal Dichter und Musiker ihr Können zum Besten geben. Abends oft voll.

La Fontana, Calle General Lacret esq. José A. Saco. Kleine, lebhafte und angenehme Kneipe.

Discos und Live-Musik

Club 300, Calle Aguilera No. 302 e/General Lacret y Hartmann. Gemütlicher Laden mit schöner Innendekoration. Viele Kubaner. Eintritt 5 CUC pro Paar. ⊙ Di–So.

Club La Iris, Calle Aguilera No. 617 e/Monseñor Barnada y Serafín Sánchez. Ab 22 Uhr wird zu gemischter Musik getanzt. Eine der angesagtesten Discos. ⊙ tgl. 9–3 Uhr, Eintritt 3 CUC.

Pista de Baile Pacho Alonso, beim Teatro Heredia. Tgl. Disco und Sa–So zusätzlich Live-Musik (s. Programmtafel). Eintritt 5 CUC.

Casa de la Música, Calle Mariano Corona e/Aguilera y José A. Saco. Jeden Abend ab 22 Uhr heizt Live-Musik das Publikum an, das sich danach bei gemischter Disco abreagiert. Eintritt 5–10 CUC.

Casa de las Tradiciones, Calle Jesús Rabí No. 154 e/José de Diego y Calixto García. Nettes Ambiente, viele Fotos an den Wänden. ⊙ tgl. ab 21 Uhr Live-Musik, z. B. Boleros, Sa um 17 Uhr afrokubanischer Tanz, So Nachmittag Matineen.

Südlicher Oriente

Pilgerstätte für Buena-Vista-Fans

Casa de la Trova, Calle Heredia No. 208 e/ General Lacret y Hartmann. Viele Musiker zieht es in den berühmtesten Musiktempel Kubas. Sie drehen besonders abends richtig auf. Ein Besuch ist vor allem am Wochenende ein Muss. Allerdings trifft man hier überwiegend Touristen an und nur wenige Einheimische. Das Programm steht auf einer Tafel am Eingang. ⏰ Di–So 12–15, 20–23 Uhr, Eintritt 3–10 CUC.

Casa de los Estudiantes, Calle Heredia e/General Lacret y Hartmann. Traditionelle kubanische Musik, mehr Kubaner als in der Casa de la Trova. ⏰ Mi–So ab 21 Uhr.

Patio Artex, Calle Heredia No. 304 e/Porfirio Valiente y Pío Rosado. Ebenfalls ein netter Ort, um bei Cocktails und kleinen Snacks Son-Klängen zu lauschen.

Patio Los Dos Abuelos, Plaza de Marte. Neben Dichterlesungen geben die „Großväter" im Innenhof tgl. ab 22 Uhr ihr Können zum Besten.

Casa de la Cultura, Parque Céspedes. Mehrmals pro Woche Live-Musik, Theater und Lesungen. Programmtafel am Eingang.

Ateneo Cultural, Calle Félix Peña e/Castillo Duany y Diego Palacios. Im maroden und stimmungsvollen Kolonialgebäude fließen reichlich Getränke für Pesos. Manchmal Hip-Hop-Konzerte. ⏰ Do–So ab 21 Uhr.

Rincón del Amor, Calle José A. Saco e/Av. Jesus Menéndez y Cuba. Die Gegend und der Laden sind recht heruntergekommen, aber dafür Kuba pur: Im Innenhof tanzen nur Einheimische. Bier für Pesos und günstige Gerichte. Abends manchmal Live-Musik.

Sala de Conciertos Dolores, Plaza Dolores. Hier liegt die Hochburg der klassischen Musik. Am Wochenende spielt in der Iglesia Nuestra Señora de los Dolores das Orquestra Sinfónica del Oriente.

Unterhaltung und Kultur

Cabaret und Tanz

Teatro Oriente, Calle Aguilera e/Mariano Corona y Félix Peña. Das **Ballet Folklórico Cutumba** tritt

hier jeden Sa Abend und So Vormittag auf. Eintritt 3 CUC.

Museo de Carnaval, Calle Heredia e/Pío Rosado y Porfirio Valiente. Di–Sa von 16–18 und So um 10.30 Uhr gibt es eine afrokubanische Folkloreshow.

Foco Cultural Tumba Francesa, Calle Los Maceos No. 501 esq. General Banderas. Das Ensemble wurde 1852 von Einwanderern aus Haiti gegründet und verwendet bei seinen Auftritten Originalinstrumente aus dem ehemaligen Dahome (heute Benin).

Die **Conga de los Hoyos**, Paseo esq. General Moncada, und das **Conjunto Folklórico de Oriente**, Calle Hartmann No. 407 esq. Sagarra, üben in unregelmäßigen Abständen für die Karnevalsauftritte und organisieren am Wochenende afrokubanische Feiern.

Casa del Caribe, Calle 13 No. 154 esq. 8, ☎ 0122-642285 und 642387. Betreibt soziokulturelle Studien über den karibischen Raum und veranstaltet das Festival der karibischen Kultur. Am Wochenende afrokubanische Musik und Tanz, z. B. So um 15 Uhr die Peña de la Rumba.

Theater und Kino

Teatro Heredia, Plaza de la Revolución, ☎ 0122-643156 und 643228. Breites Programm von Klassik- und Rockkonzerten bis hin zu Dichterlesungen (s. Aushang). Eintritt 5 CUC. Das **Cine Cuba**, Calle José A. Saco No. 304 esq. General Lacret, und **Cine América**, Calle Porfirio Valiente No. 64 e/Narciso López y General Quesada, zeigen Filme.

Show-Spektakel

Tropicana Santiago, Autopista Nacional KM 1,5 (nordöstlich der Plaza de la Revolución), ☎ 0122-642579. Pompöse Show mit 200 Tänzern und Tänzerinnen, die mehr Federschmuck als Textil tragen. Wen die Rhythmen so richtig in Fahrt gebracht haben, der kann nach der Show in der Disco selbst das Tanzbein schwingen. Samstag ist der beste, aber auch vollste Tag. ⏰ tgl. 21–2 Uhr, Eintritt ab 30 CUC (inkl. Getränk). Die Reisebüros verkaufen Tickets und bieten Transportservice.

Der **Karneval**, das größte Fest Santiagos, geht einher mit dem Gedenktag des Sturms auf die Moncada-Kaserne. Nach einer Kundgebung wird vom 26. Juli an fünf Tage lang durchgefeiert. Dabei geht es heiß her: Sowohl Stimmung als auch Quecksilbersäule erreichen fast den Siedepunkt! Kein Wunder, dass die wilden Paraden landesweit einen legendären Ruf haben. Die Wurzeln des Karnevals reichen bis in die Kolonialzeit zurück: Nach der abgeschlossenen Zuckerrohrernte ließ man die Sklaven zehn Tage lang rauschhaft feiern. Heute ziehen mehrere Trommlergruppen mit bunt geschmückten Wagen (*Congas*) durch die Straßen und wettefern um die Gunst des Publikums. Die festlichen Aktivitäten ballen sich in der Av. Victoriano Garzón und in der Av. Jesús Menéndez.

Feste

In Santiago wird fast das ganze Jahr gefeiert (s. auch 🖥 www.cultstgo.cult.cu). Mehr Festivals hat nur Havanna. Mitte März geht es los mit dem **Festival de la Trova „Pepe Sánchez"**. Mitte Mai tobt das **Festival del Baile** in den Straßen. Ende Juni kommt dann das Fest **Boleros de Oro**. Anfang oder Mitte Juli ist das **Festival der karibischen Kultur** (Fiesta del Fuego) eine große Nummer. Nach dem Karneval (s. Kasten) geht es im August mit dem **Bolero Song Festival** weiter.

Am 8. September, dem heiligen Tag von Nuestra Señora de la Caridad del Cobre (Ochún), finden **Wallfahrten nach El Cobre** statt (s. S. 539). Anfang Oktober dreht sich beim **Festival Matamoros Son** im Teatro Heredia alles rund um die populäre Musikrichtung. Ende November schließt das **Festival del Coros** (Chorfestival) in der Iglesia de Nuestra Señora de los Dolores den Festkalender ab.

Einkaufen

Die meisten Geschäfte befinden sich auf der Achse zwischen Parque Céspedes und Plaza de Marte, vor allem auf der Calle José A. Saco.

Kunsthandwerk und Souvenirs

Auf der Calle Heredia östlich des Parque Céspedes verkaufen **Straßenhändler** Souvenirs. **Fondo de Bienes Culturales**, Parque Céspedes. Breite Auswahl an Kunsthandwerk. ⊙ tgl. 8–18 Uhr.
Patio Artex, Calle Heredia No. 304 e/Pío Rosado y Porfirio Valiente. CDs und andere Souvenirs. ⊙ tgl. 9–22 Uhr.
Tienda de la Música, Calle José A. Saco e/General Lacret y Hartmann. ⊙ Mo–Sa 9–17 Uhr.
Egrem, Calle Mariano Corona No. 564 e/Saco y Aguilera. Große Auswahl an CDs.

Zigarren und Rum

Casa del Habano, Av. Jesús Menéndez No. 703 esq. Aduana, und im Hotel Santiago.
Casa del Ron, Av. Peralejo No. 103 e/Narciso López y Gonzalo de Quesada. Diverse Rumsorten. ⊙ tgl. 9–17 Uhr.

Bücher

Librería Amado Ramón Sánchez, Calle José A. Saco No. 356 e/Hartmann y Pío Rosado. ⊙ Mo–Sa 9–16 Uhr.
Librería Internacional, Parque Céspedes. Postkarten, CDs und einige englischsprachige Bücher. ⊙ tgl. 10–18 Uhr.
Librería Viet Nam, Calle Aguilera No. 567 e/Donato Mármol y Monseñor Barnada. Viel sozialwissenschaftliche Literatur. ⊙ Mo–Fr 9–17 Uhr.
Librería José A. Echeverría, Av. Victoriano Garzón No. 18, nahe Plaza de Marte. ⊙ Mo–Fr 9–16 Uhr.
Librería La Escalera, Calle Heredia No. 265 e/Pío Rosado y Hartmann. Charmanter Second-Hand Buchladen (s. S. 524). ⊙ tgl. 10–22 Uhr.

Mode

La Maison, Av. Manduley No. 52 e/1 y 3, Vista Alegre, ✆ 0122-643449. Veranstaltungszentrum mit Cafetería, exquisitem Kleiderladen, Modenschauen und Kabarett. ⊙ tgl. 11–2 Uhr.

Lebensmittel

Bauernmarkt, Calle Aguilera esq. Padre Pico. **Bäckerei Doña Neli**, Plaza de Marte. ⊙ tgl. 8–20 Uhr.

Südlicher Oriente

Der **Supermercado Plaza de Marte** hat eine
große Auswahl. Etwas kleiner sind
Supermercado La California, Calle José A.
Saco e/Pío Rosado y Porfiro Valiente, und
Supermercado El Siglo XX, Calle José A. Saco
e/Félix Peña y General Lacret. ⊙ Mo–Sa 9–17,
So 9–12 Uhr.

Touren

Die Klassiker sind neben den Stadttouren auch
Ausflüge zur Basílica del Cobre (19 CUC), Gran
Piedra/Parque Baconao (65 CUC mit Essen) und
El Saltón (77 CUC).
Havanatur, Parque Céspedes, ✆ 0122-686107,
und Calle 8 No. 56 e/1 y 3, ✆ 0122-641237.
⊙ Mo–Fr 9–17, Sa 9–12 Uhr.
Cubatur, Parque Céspedes, ✆ 0122-687096, und
Av. Victoriano Garzón No. 364 e/3 y 5, ✆ 0122-
687072. ⊙ Mo–Fr 9–17, Sa 9–12 Uhr.
Cubanacán, Av. Las Américas esq. M,
✆ 0122-642202 und 641752. ⊙ Mo–Fr 9–17,
Sa 9–12 Uhr.
Paradiso, Parque Céspedes, ✆ 0122-627037.
Marina Santiago de Cuba, Calle 1ra A No. 4
(Punta Gorda, nördlich von Cayo Granma),
✆ 0122-691446. Einstündige Segeltörns
in der Bucht für 12 CUC und fünfstündige
Ausflüge zu Riffen entlang der Südküste für
45–50 CUC. Jachten melden sich unter VHF 16
oder 19 an.

Sonstiges

Apotheken
Clínica Internacional, Av. Raúl Pujol esq. 10.
⊙ tgl. 8–20 Uhr.
Weitere Apotheken haben die Hotels
Las Américas und Meliá Santiago.
⊙ tgl. 24 Std.

Autovermietungen
Transtur, Parque Céspedes (bei Havanatur),
✆ 0122-686107. Außerdem in den Hotels Las
Américas und Meliá Santiago.
Vía Rent a Car, Parque Céspedes (bei Cubatur),
✆ 0122-624646.

Baseball
Estadio Guillermón Moncada, Av. Las Américas
esq. Reparto Sueño, ✆ 0122-641078 und 642655.

Filme und Fotoarbeiten
Photo Service, Calle General Lacret
e/Bartolomé Masó y Heredia, Calle José A.
Saco e/Pío Rosado y Porfiro Valiente und
Av. Victoriano Garzón esq. 4. ⊙ tgl. 9–18 Uhr.

Geld
Bandec, zwei Filialen am Parque Céspedes und
eine in der Calle José A. Saco esq. Mariano
Corona. Mit Geldautomaten.
Banco Popular, Plaza Dolores. Geldautomat.
Cadeca, Calle Aguilera No. 508 e/Mayía
Rodríguez y Padre Quiroga, und Calle 7 e/4 y 6,
Vista Alegre.

Informationen
Infotur, Parque Céspedes (bei Cubatur),
✆ 0122-687096. ⊙ Mo–Fr 9–17, Sa 9–12 Uhr.
Campismo Popular, Calle Cornelio Robert
No. 163 e/Padre Pico y Mariano Corona,
✆ 0122-629000. ⊙ Mo–Fr 8–16.30, Sa 8–13 Uhr.

Internet und Telefon
Etecsa, Parque Céspedes. ⊙ tgl. 9–21 Uhr.

Kunstgalerien
Galeria Oriente, Parque Céspedes. Werke
berühmter kubanischer Künstler stehen neben
Arbeiten von Universitätsstudenten. ⊙ Di–So
9–17 Uhr.

Medizinische Hilfe
Clínica Internacional, Av. Raúl Pujol esq. 10,
✆ 0122-642589. Spezialisiert auf die Behandlung
von Touristen. ⊙ tgl. 24 Std.
Óptica Miramar, Calle Félix Peña e/Bartholomé
Masó y Heredia. ⊙ tgl. 9–17 Uhr.

Post
Calle Aguilera No. 519 e/Mayía Rodríguez y
Donato Mármol.
DHL, Calle Aguilera No. 310 esq. Hartmann.
⊙ tgl. 9–19 Uhr.

Sprach- und Tanzkurse
Centro Lingüística Aplicada, Calle 9 No. 253
e/10 y 12, ✆ 0122-656141 (Dr. Leonel Ruíz
Miyares verlangen). Sprachschule, die vom
deutschen Reisebüro Aventoura betrieben wird.

Der Unterricht umfasst 4 Std./Tag und kostet 5 CUC/Std. Im **Kulturzentrum El Tivoli**, Calle Desiderio Mesnier No. 208 e/Padre Pico y Jesús Rabí, bietet derselbe Veranstalter Tanzkurse an. Anmeldung über das Büro in Havanna, ☎ 07-861 5629, wo auch Deutsch gesprochen wird.

Casa del Caribe, Calle 13 No. 154 e/Manduley y 8, ☎ 0122-642285. Tanzkurse und Seminare zu verschiedenen kulturellen Schwerpunkten. Viele **Casas Particulares** können Tanzlehrer organisieren.

Visaangelegenheiten

Inmigración, Calle 13 e/4 y Av. General Cebreco, ☎ 0122-641983. ⊙ Mo–Fr 8–12, 14–16 Uhr.

Nahverkehr

Wer Santiago auf Schusters Rappen erkunden möchte, sollte sich auf anstrengende Steigungen gefasst machen. Für größere Distanzen bieten sich **Taxi** oder **Bicitaxi** an. Sammelpunkte sind rund um den Parque Céspedes, am Hotel Meliá Santiago, am Nationalen Busbahnhof und am Zugbahnhof. **Cuba-Taxi** ruft man unter ☎ 0122-6510-38, -39. **Pferdedroschken** fahren vom Zugbahnhof in verschiedene Stadtteile. **Camiones** steuern vom Parque Ferreiro aus Playa Siboney an. Viele innerstädtische Verkehrsmittel sammeln sich auch um die Plaza de Marte.

Transport

Von Santiago de Cuba sind es 18 km bis Playa Siboney, 20 km bis El Cobre, 28 km bis Gran Piedra, 50 km bis Baconao (Ostrand des Parks), 60 km bis Cruce de los Baños, 70 km bis Chivirico, 86 km bis Guantánamo, 127 km bis Bayamo, 134 km bis Holguín und 203 km bis Las Tunas.

Selbstfahrer

Santiago strotzt vor engen und sehr belebten Einbahnstraßen, so dass man das Auto lieber am Parque Céspedes oder an der Plaza Dolores parkt (2 CUC/Tag). **Tankstellen** befinden sich am Paseo de Martí esq. General Moncada, in der Av. de los Libertadores esq. Céspedes und in der Av. 24 de Febrero esq. Carretera del Morro.

Busse

Nationaler Busbahnhof, Av. de los Libertadores esq. 9, ☎ 0122-628484 (Víazul). Von hier fahren Taxis und Bicitaxis zum ca. 3 km entfernten Zentrum.

Verbindungen Víazul

BARACOA (7.45 Uhr, 5 Std., 15 CUC). Fährt über GUANTÁNAMO (6 CUC).
HAVANNA (9, 15, 18 und 22 Uhr, 16 Std., 51 CUC). Hält meistens (nachfragen) in BAYAMO (7 CUC), HOLGUÍN (11 CUC), LAS TUNAS (11 CUC), GUÁIMARO (14 CUC), CAMAGÜEY (18 CUC), FLORIDA (20 CUC), CIEGO DE ÁVILA (24 CUC), SANCTI SPÍRITUS (28 CUC), SANTA CLARA (33 CUC) und ENTRONQUE DE JAGÜEY (39 CUC).
TRINIDAD (19.30 Uhr, 11 1/2 Std., 33 CUC). Fährt über BAYAMO, HOLGUÍN, LAS TUNAS, CAMAGÜEY, CIEGO DE ÁVILA und SANCTI SPÍRITUS.
VARADERO (20.15 Uhr, 15 Std., 49 CUC). Fährt über BAYAMO, HOLGUÍN, LAS TUNAS, CAMAGÜEY, CIEGO DE ÁVILA, SANCTI SPÍRITUS, SANTA CLARA, COLÓN und CÁRDENAS.

Regionaler Busbahnhof, Av. de los Libertadores esq. Céspedes, ☎ 0122-624329. Busse und Lastwagen nach EL COBRE.
Terminal Intermunicipal Serrano, Av. Jesús Menéndez esq. Sánchez Hechavarría, ☎ 0122-624325. Von hier fahren früh morgens Busse und Lastwagen nach CHIVIRICO und GUANTÁNAMO.

Taxis

Privattaxis warten vor dem Nationalen Busbahnhof und an der Plaza de Marte. Sie verlangen 40–50 CUC für einen Tagesausflug zur Gran Piedra und 40 CUC für den gesamten Parque Baconao (jeweils hin und zurück).

Eisenbahn

Bahnhof, Av. Jesús Menéndez esq. Paseo de Martí, ☎ 0122-622836 und 654435. ⊙ tgl. 9–17 Uhr. Züge fahren nach:
BAYAMO (1x tgl., 6 CUC)
GUANTÁNAMO (1x tgl., 5 CUC)

Südlicher Oriente

HAVANNA (4x tgl., 30–70 CUC), über
COMBINADO, CACOCUM, LAS TUNAS,
CAMAGÜEY, CIEGO DE ÁVILA, GUAYOS,
SANTA CLARA und MATANZAS.
HOLGUÍN (1x tgl., 7 CUC)
MANZANILLO (2x tgl., 7 CUC)
SANTA CLARA (1x tgl., 20 CUC), über
LAS TUNAS, CAMAGÜEY und CIEGO DE ÁVILA.

Flüge

Flughafen Antonio Maceo, Carretera Morro,
7 km südlich, ℡ 0122-6986-12, -14. Santiago wird
von Deutschland, der Schweiz oder Österreich
aus nicht angeflogen. Ein Taxi ins Zentrum
kostet ca. 5 CUC.
Cubana, Calle José A. Saco No. 253 esq.
General Lacret, ℡ 0122-6515-78, -79, verkauft
Flüge nach HAVANNA (1x tgl.,
90 CUC). ⏲ Mo–Fr 8.30–16 Uhr.

Castillo de San Pedro del Morro

Das Castillo de San Pedro de la Roca, auch
El Morro genannt, liegt 10 km südwestlich von
Santiago de Cuba und thront direkt an der Hafeneinfahrt auf einem Kalkfelsen, der fantastische Ausblicke auf die Bucht und die umgebende Berglandschaft ermöglicht. Die fünfstöckige
Festung wurde 1643 vom italienischen Ingenieur
Juan Bautista Antonelli (der auch den Namensvetter in Havanna entwarf) zum Schutz vor Kor-
sarenangriffen konstruiert. Bis 1662 konnte der
steinerne Anti-Piraten-Koloss diesen Zweck erfüllen, ehe ihn Cristopher Myngs überwand und
die Stadt einnahm. Die Militäringenieure Juan de
Ciscara Ilbanez und Francisco Perez rüsteten die
Festung daraufhin noch weiter auf. Bis Ende des
19. Jhs. entstand eine Kapazität für 300 Kanonen,
die Feinde von verschiedenen Ebenen aus unter
Beschuss nehmen konnten und die Kugeln mittels eines ausgeklügelten Holzrampensystems
direkt ans Rohr transportiert bekamen.

Derart modernisiert, zählte die wuchtige
Festung zu den sichersten in der Neuen Welt.
Außerdem befand sich innerhalb der unein-
nehmbaren Mauern ein Gefängnis mit unter-
irdischen Kerkern, darunter die sogenannte
Todeszelle. Laut Legende soll sie eine Öffnung

zum Meer gehabt haben, so dass sich Haie die
dort hinab gelassenen Leichen holen konnten.
Im Innern befinden sich u. a. ein **Piratenmuseum**
und eine Ausstellung zur Seeschlacht vom
3. Juli 1898 zwischen Spanien und den USA, die
mit einer vernichtenden Niederlage für die Iberer
endete. 1997 wurde das Castillo von der Unesco
zum Weltkulturerbe erklärt. Jeden Abend zum
Sonnenuntergang findet eine Kanonenschuss-
Zeremonie statt. ⏲ tgl. 9–19 Uhr, Eintritt 4 CUC.

Gegenüber, in der Bucht von Santiago de Cuba, liegt das kleine Inselchen **Cayo Granma** mit
einem hübschen Dorf. Das ruhige Ambiente lässt
sich gut im **Restaurant El Cayo**, ℡ 0122-690109,
genießen. ⏲ tgl. 12–17 Uhr.

Balcón del Caribe, Carretera del Morro,
KM 7,5 (ca. 10 km südwestlich des Zentrums),
℡ 0122-6910, -11, -20, 🖥 www.islazul.cu.
Liegt direkt bei der Festung. 75 DZ und
20 Bungalows mit AC, Bad, Kühlschrank und TV.
Pool, Restaurantterrasse mit Meerblick. ❹
Hotel Versalles, Carretera del Morro
(ca. 4 km südlich), ℡ 0122-691016,
🖥 www.cubanacan.cu. Umfangreiche
Infrastruktur samt Pool und 72 DZ mit AC, Bad,
TV, Telefon und Safe. ❺
El Morro, Carretera del Morro, KM 8,5 (neben
der Festung), ℡ 0122-691576. Vor allem der tolle
Ausblick direkt von der Steilküste lockt. Aber
auch die Gerichte können sich sehen lassen
(um 10 CUC). Der Laden kann mit Stolz
behaupten, schon Paul McCartney bedient zu
haben (sein Teller hängt eingerahmt an der
Wand). ⏲ tgl. 11–19 Uhr.

Unterhaltung und Kultur

Cabaret San Pedro del Mar, Carretera del
Morro, KM 7,5 (ca. 10 km südwestlich), ℡ 0122-
692373. Um 22 Uhr Show, gefolgt von Disco-
Musik. ⏲ Mi–Mo, Eintritt 10 CUC.

Transport

Ein **Cuba-Taxi** kostet vom Parque Céspedes
rund 5 CUC (einfache Fahrt). Nach
Cayo Granma schippern **Fähren** von Cuidamar
(1 km nördlich vom Castillo) oder Punta Gorda
(stündl., 3 CUC).

Playa Siboney und Umgebung

Santiagos „Hausstrand" **Playa Siboney** liegt nur 18 km östlich des Zentrums an einer sehr schönen und grünen Bucht. Er ist noch erfrischend untouristisch und fest in der Hand der Einheimischen. Während junge Kubaner die Rumflasche kreisen lassen, entspannen sich Familien vom Großstadtstress.

Nett ist auch das kleine Dorf mit einer Handvoll Privatpensionen und dem Geburtshaus von Compay Segundo. Der Strand selbst ist recht schmal und spielt in einer anderen Liga als Kubas Traumstrände an der Nordküste: Der Sand ist eher Hellbraun als Weiß und im Wasser befinden sich viele Steine.

2 km nordwestlich Richtung Santiago befindet sich das Nationalmonument **Granjita Siboney**. Auf den ersten Blick wirkt der Ort wie ein typischer kubanischer Bauernhof, doch hier wurde Geschichte geschrieben. Denn es war diese Farm, von wo aus der Sturm auf die Moncada-Kaserne startete. Abel Santamaría, nach Castro der stellvertretende Anführer des Angriffs, hatte das Gelände gekauft und als Hühnerfarm getarnt, um nicht das Aufsehen von Batistas Geheimdienst zu erregen. Im Brunnen versteckten die Rebellen Waffen und Armeeuniformen. Am frühen Morgen des 26. Juli 1953 setzte sich ein Autokorso von 26 Wagen mit 132 Mann Richtung Kaserne in Bewegung. Knapp die Hälfte von ihnen überlebte die Aktion nicht. Das Museum dokumentiert die Tage und Stunden vor dem Angriff anhand von Fotos, Uniformen und Waffen. Entlang der Straße nach Santiago erinnern Gedenktafeln an die Gefallenen. ⊙ Di–So 9–17 Uhr, Eintritt 1 CUC, Fotos 1 CUC, Videos 5 CUC.

Das **Museo de la Guerra Hispano-Norteamericano** liegt gleich um die Ecke. Die informative und sehenswerte Sammlung über den Spanisch-Amerikanischen Krieg von 1898 zeigt Fotos, Waffen und detaillierte Schlachtmodelle. ⊙ Mo–Sa 9–17 Uhr, Eintritt 1 CUC.

Im Dorf Siboney gibt es einige Privatpensionen, die nicht schwer zu finden sind:
Evaristo Cabrera, Av. Serrano No. 1 (am Ortseingang), ✆ 0122-359248. Schönes Kolonialhaus mit Terrasse. DZ mit AC, Ventilator und Bad. ❶–❷
Ángel Figuredo Zolórzano, Av. Serrano No. 63, ✆ 0122-359181. Schönes DZ mit AC, Ventilator und Bad. Innenhof. ❶–❷
Casa Millares, Av. Serrano No. 47, ✆ 0122-359434. Schönes Apartment mit Bad, AC, Küche und Terrasse. ❷
La Rueda, an der Hauptstraße oberhalb des Strandes. Compay Segundo verbrachte in diesem Haus seine Kindheit. Heute verspeisen hier Touristen Meeresfrüchte und kreolische Gerichte (um 10 CUC). ⊙ tgl. 9–18 Uhr.

Gran Piedra und Umgebung

Rund 30 km östlich der Provinzhauptstadt liegt auf 1234 m Höhe der **Gran Piedra** (großer Stein). Mit 75 000 t Gewicht, 50 m Länge und 25 m Höhe zählt die gigantische geologische Formation zu den größten Monolithen der Welt. Schon die Anfahrt ist ausgesprochen reizvoll, denn die steile Straße windet sich durch üppige Bergvegetation. Am Hotel angekommen, geht es auf einem kurzen Wanderweg durch den mit riesigen Baumfarnen bestückten Dschungel über 456 Stufen hinauf auf den Brocken. Von dort aus breitet sich ein wunderbares Panorama aus (man sollte möglichst vormittags kommen, denn am Nachmittag liegt der Berg oft in den Wolken). Eintritt 2 CUC.

3 km westlich lohnt ein Abstecher zum **Jardín Botánico** mit schönen Orchideenarten. Eine besondere Attraktion ist die Blume *Ave de paraiso* (Paradiesvogel). ⊙ Di–So 9–17 Uhr, Eintritt 3 CUC.

Das **Cafetal La Isabelica** liegt ca. 2 km östlich der Gran Piedra und wurde als eine der am besten rekonstruierten französischen Kaffeeplantagen von der Unesco zum Weltkulturerbe erklärt. Sogar das Originalmobiliar des Gutsbesitzers ist noch erhalten.

Anfang des 19. Jhs. ließen sich in dieser Region zahlreiche der 30 000 aus Haiti geflohenen französischen Pflanzer nieder und errichteten über 90 Cafetales (Kaffeeplantagen). ⊙ tgl. 8–16 Uhr, Eintritt 2 CUC.

Südlicher Oriente

Villa Gran Piedra, Carretera Gran Piedra, KM 14, ☎ 0122-686147, 🖥 www.islazul.cu. 22 von üppiger Vegetation umgebene Hütten mit Bad, Ventilator, TV, Safe und Kühlschrank. Disco, Restaurant, Laden, Reisebüro (Wandertouren). ❸ – ❹

Ohne Leihwagen kommt man nur mit einem **Taxi** hin (Tagesausflug für mind. 40 CUC). Von Santiago aus fährt man bis zur Ortschaft Las Guásimas, wo sich die Straße serpentinenmäßig die Berglandschaft hochwindet.

Parque Baconao

Obwohl die Unesco den 800 km² großen Parque Baconao östlich von Santiago de Cuba wegen seiner Vielfalt endemischer Pflanzen zum **Biosphärenreservat** auszeichnete, hat er eher den Charakter eines **Freizeitparks**. Wild ist nicht die Natur, sondern der chaotische Mix aus z. T. skurrilen Touristenattraktionen, Stränden und Hotels. Eingerahmt von prächtiger Gebirgskulisse bietet sich der Park für einen schönen Tagesausflug an.

Sehenswertes

Kaum zu glauben, aber auch Kuba hat seinen Jurassic Park! Im riesigen **Valle de la Prehistoria** fletschen über 200 Beton-Dinosaurier und andere Urviecher in Lebensgröße die Zähne. Manche wirken unfreiwillig komisch, andere recht realistisch – auch wenn das die unmittelbar daneben grasenden Schafe und Pferde nicht stört. Für Kinder eine tolle Sache. ⏰ tgl. 8–18 Uhr, Eintritt 1 CUC, Fotos 1 CUC.

Im **Museo Nacional de Transportes** kann man auf Hochglanz polierte US-Oldtimer von 1929 bis zu den 50er-Jahren bewundern, u. a. die Gefährte von Benny Moré und Raúl Castro. Dazu gibt es eine riesige Sammlung von 2000 Miniatur-Autos. ⏰ tgl. 9–17 Uhr, Eintritt 1 CUC, Fotos 1 CUC.

Weiter gen Osten ziert ein riesiges **Mosaik eines Tocororo** (kubanischer Nationalvogel) den Hügel. Die **Comunidad Artística Verraco** ist ein

kleines Künstlerdorf, wo man Gemälde Skulpturen und Töpferwaren kaufen oder den Künstlern bei der Arbeit zuschauen kann. Etwas weiter südlich liegt der mäßige Strand **Playa Verraco**.

Im riesigen **Jardín de Cactus** recken rund 200 einheimische Kakteenarten ihre Stacheln empor. ⏰ tgl. 9–17 Uhr, Eintritt 1 CUC.

Das **Acuario** verschafft Einblicke in die Meeresfauna (inkl. Haie, Meeresschildkröten und Seelöwen). Um 10.30 und 15 Uhr hüpfen die Delphine aus dem Wasser und führen Kunststücke auf. Erwachsene und Kinder können für 40 bzw. 25 CUC mit ihnen schwimmen. ⏰ Di–So 9–16 Uhr, Eintritt 7 CUC.

Die **Playa Cazonal** ist der schönste Strand des Parks. Leider gehört der sauberste und beste Abschnitt zum Hotelterrain und ist nur mit einem Tagespass (25 CUC) zugänglich, der aber auch Essen und Nutzung aller Anlagen einschließt.

Umgeben von Kakteen steht in den Ausbuchtungen einer schönen Klippenformation die **Exposición Mesoamericana**, mehrere Azteken- und Maya-Rekonstruktionen. Das Ganze ist zwar nett anzusehen, wirkt kulturell jedoch recht deplatziert. ⏰ tgl. 9–17 Uhr, Eintritt frei.

In der 15 km² großen **Laguna Baconao** sollen noch Krokodile und Delphine leben. Ein paar Panzerechsen vegetieren in einer Zuchtstation dahin. Man sollte einen Besuch meiden, denn das Personal hat sich die Unsitte angewöhnt, die Tiere gegen Aufpreis zu reizen, damit Touristen dramatische Fotos schießen können. Die Lagune selbst ist sehr idyllisch in die Hügellandschaft eingebettet. Das Ambiente lässt sich am besten im schönen Restaurant oder bei einer Lagunenfahrt genießen (8 CUC). ⏰ tgl. 9–17 Uhr.

Die folgende Infrastruktur wird von West nach Ost aufgelistet:

Coralia Club Bucanero, 25 km östlich von Santiago, ☎ 0122-686363, 🖥 www.gran-caribe. com. Komfortable Hütten an einer schönen kleinen Bucht, eingerahmt von Hügeln. Der beste Sandstrand liegt 2 km östlich in der Bucht von Juraguá. 200 DZ mit AC, TV, Telefon, Bad und Terrasse. Breites Sportprogramm, großer Pool, Auto- und Fahrradverleih. ❻ – ❼

Südlicher Oriente

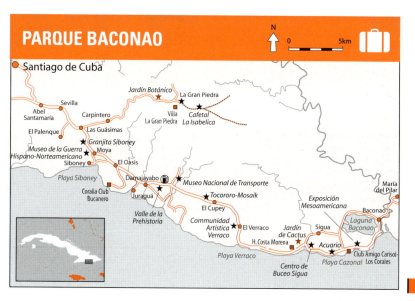

N 0 5km

Santiago de Cuba

Sevilla
Abel Santamaría
Carpintero
El Palenque
Las Guásimas
Museo de la Guerra Hispano-Norteamericano
Granjita Siboney
Moya
Siboney
El Oásis
Playa Siboney
Coralia Club Bucanero
Juraguá
Valle de la Prehistoria
Jardín Botánico
La Gran Piedra
Villa La Gran Piedra
Cafetal La Isabelica
Damajayabo
Museo Nacional de Transporte
Tocororo-Mosaik
El Cupey
Comunidad Artística Verraco
El Verraco
H. Costa Morena
Exposición Mesoamericana
Jardín de Cactus
Sigua
Acuario
Playa Verraco
Centro de Buceo Sigua
Playa Cazonal
Laguna Baconao
Baconao
María del Pilar
Club Amigo Carisol-Los Corales

Enrique y Rosa, Carretera de Baconao, KM 17,5 (Künstlergemeinde Verraco), ℡ 0122-356205. Die netten Vermieter sind selbst Künstler, was sich auch in der Wohnungseinrichtung widerspiegelt. Großes DZ mit AC, schönem Bad und Kühlschrank. Den Garten zieren Skulpturen. ❷

Hotel Costa Morena, 43 km östlich von Santiago, ℡ 0122-356127, 🖥 www.islazul.cu.115 DZ mit AC, Bad, TV und Balkon oder Terrasse. Pools, Taxistand, Reisebüro, Auto- und Fahrradverleih, Restaurants, Bars. ❹–❺

Centro de Buceo Sigua, 44 km östlich von Santiago, ℡ 0122-356165 und 691446. Hier gibt es 24 Tauchstellen, u. a. zum Schiffswrack Guarico.

Club Amigo Carisol-Los Corales, 49 km östlich von Santiago, ℡ 0122-3561-21, -22, 🖥 www.cubanacan.cu. 310 komfortable DZ. Liegt am schönsten Strand des Parks, der Playa Cazonal. All-Inclusive mit breiter Infrastruktur: umfangreiches Sport- und Wassersportangebot, großer Pool, schöne Grünanlage. Tagespässe für 25 CUC bieten Tagesausflüglern die Möglichkeit, am Luxus teilzuhaben. ❻–❼

Transport

Einige Privatchauffeure bieten **Tagesausflüge** an (mind. 40 CUC). Wegen der vielen Stopps, die sich unterwegs anbieten, ist aber ein Leihwagen oder -moped die beste Option. Eine **Tankstelle** liegt 25 km östlich von Santiago.

Basílica El Cobre

Kubas Zentrum des Katholizismus schmiegt sich 20 km westlich von Santiago de Cuba in die bewaldeten Hänge der Sierra Maestra. Das schöne Gotteshaus verdankt seine Entstehung der wichtigsten religiösen Kultfigur Kubas. Laut Legende sahen Fischer in der Bucht von Nipe 1608 in unruhiger See eine hölzerne schwarze Marienfigur treiben. Sie trug die Inschrift „Yo soy la Virgen de la Caridad" (Ich bin die Jungfrau der Barmherzigkeit). Nachdem sie die Figur aus dem Wasser gefischt hatten, beruhigte sich das Meer und sie erreichten ohne Probleme das rettende Ufer. An Land stellten sie die Figur auf einem Hügel auf und errichteten einen Schrein. In Zukunft häuften sich in der Region die Wunder, sodass die Figur Heilkräfte zugesprochen bekam,

Südlicher Oriente

Nessie würde sich wohlfühlen in Kubas Jurassic Park.

auch von Santería-Anhängern, die die Jungfrau mit der afrokubanischen Göttin Ochún gleichsetzten. 1916 erklärte sie Papst Benedikt XV. zur Schutzheiligen Kubas. Spenden von Wallfahrern aus der ganzen Welt häuften sich zu einem derart großen Geldbetrag, dass der Bau der Basilika begonnen und 1927 fertiggestellt werden konnte.

Die schöne **Figur** mit goldenem Mantel und Kind im Arm steht in einer Glasvitrine und ziert einen prächtigen weißen Hochaltar aus Marmor (die Treppe hinauf). Vor ihren Füßen erstreckt sich ein Blumenmeer. In der Eingangshalle stapeln sich Geschenke vor einem Schrein. Mit ihren Gaben erbitten sowohl Christen als auch Santería-Anhänger Hilfe in schwierigen Situationen. Fidel Castros Mutter bedankte sich für die Rückkehr ihrer Söhne aus dem Guerillakrieg mit einer kleinen Goldfigur und Internacionalistas brachten Erde aus Angola mit. Der berühmteste Gegenstand ist die goldene Nobelpreismedaille von Ernest Hemingway, die er dem kubanischen Volk stiftete. Da sie schon einmal

gestohlen wurde, hält man sie jetzt unter Verschluss. Am **8. September**, dem Namenstag der Heiligen, wird die Virgen de la Caridad del Cobre in einer Prozession durch die Straßen getragen. Der Papst höchstpersönlich besuchte diese heilige Stätte 1998 und sprach ihr seinen Segen zu. Entlang der Straße zur Basilika verkaufen Händler Blumenkränze und kleine Marienfiguren. ⊕ tgl. 8–18 Uhr, Messen Mo–Sa um 8, So um 8 und 16 Uhr.

Ihren Namen bekam die Basilika von den gegenüberliegenden **Kupferminen** verliehen, die bereits 1558 als erste der Neuen Welt errichtet wurden und bis ins 19. Jh. zu den größten der Welt zählten. Danach ging ihr Fördervolumen zurück, so dass sie 2001 geschlossen werden mussten. Knapp die Hälfte der Einwohner des kleinen Ortes lebte direkt oder indirekt vom Bergbau. Jetzt soll das Areal aufgeforstet und in einen Freizeitpark mit Unterkünften für Besucher der Kapelle umgewandelt werden. Zudem ist geplant, Teile der Mine zum Museum auszubauen.

Übernachtung

Hospedaria El Cobre, hinter der Kirche. Schöner Bau mit spartanischen Zimmern und Mahlzeiten. Bei dem geringen Übernachtungspreis von 40 CUP (knapp 2 CUC) sollten einige Peso Convertible in den Spendenbeutel wandern. **❶**

Transport

Vom Regionalen Busbahnhof in Santiago fahren tgl. Busse und Camiones nach El Cobre. Ein Taxi kostet 25 CUC (hin und zurück). Selbstfahrer folgen der Carretera Central Richtung Bayamo ca. 15 km bis zum Ort Melgarejo und biegen dort links ab.

El Saltón

Rund 50 km westlich von El Cobre in Richtung Cruce de los Baños sprudelt inmitten der dichten Wälder der Sierra Maestra der 30 m hohe **Wasserfall El Saltón**. Einige natürliche Pools, die der Wasserfall entstehen ließ, laden zum Baden ein.

Die **Villa El Saltón**, Carretera a Filé, Tercer Frente (8 km westlich von Cruce de los Baños), ☎ 0122-656495, 🖳 www.cubanacan.cu, ist ein Eldorado der Einsamkeit und Entspannung. 24 komfortable Bungalows mit AC, Bad, Kühlschrank, TV und Balkon. Restaurant, Sauna und Massage, Reitausflüge, Wanderungen. **❹**

Küstenstraße gen Westen

Mit ihren Klippen, felsigen Buchten und bis ans Meer reichenden Steilhängen der Sierra Maestra zählt die Küstenstraße zwischen Santiago de Cuba und Pilón zu den schönsten Landschaften Kubas. Hier gibt es einige einsame Strände zu entdecken.

In Uvero, 22 km westlich von Chivirico, gewannen Castros Rebellen am 28. Mai 1957 ihre erste Schlacht und nahmen eine kleine Garnison ein. Dort steht **El Monumento Nacional El Uvero**.

Rund 6 km westlich von Las Cuevas liegt das **Museo de la Plata**. Den letzten Kilometer muss man wegen der schlechten Wegstrecke zu Fuß gehen. Hier fand am 17. Januar 1957 der erste Kampf zwischen den Rebellen und Batistas Soldaten statt, festgehalten in Karten, Fotos, Uniformen und Waffen. ⊙ Di–Sa 9–17, So 9–12 Uhr, Eintritt 1 CUC.

Übernachtung und Aktivitäten

Campismo Caletón Blanco, ca. 30 km westlich von Santiago de Cuba, ☎ 0122-326126. 22 einfache Cabañas mit Ventilator und Bad. Dieser Küstenabschnitt ist mit den in den Unabhängigkeitskriegen versenkten Schiffen der spanischen Flotte auch bei Tauchern beliebt. Viele Kubaner. Restaurant, TV-Saal, Disco. **❷–❸**

Hotel Brisas Sierra Mar, ca. 10 km östlich von Chivirico, ☎ 0122-3291-10, -12, 🖳 www.cubanacan.cu. 200 DZ mit Bad, AC und TV. Die landschaftliche Kulisse aus Meer und den Ausläufern der Sierra Maestra ist unschlagbar und ideal zum Entspannen. Breite Infrastruktur inkl. Auto- und Radverleih, Wanderungen, Reitausflüge. Schönes Ökorestaurant, das wie ein kleiner botanischer Garten wirkt. Mit einem Tagespass für 25 CUC (10–17 Uhr, plus 3 CUC für jede weitere Std.) wird man in den exquisiten Club aufgenommen und kann den 4 km langen braunen Sandstrand sowie alle Einrichtungen des Hotels nutzen. **❼**

Tauchzentrum, Hotel Sierra Mar. 24 Tauchstellen, u. a. zum Wrack Cristóbal Colón aus dem Spanisch-Amerikanischen Krieg. Katamaran-Tour für 55 CUC (inkl. Getränke und Essen), „Seafari" zum Cayo Damas (36 CUC) und Sunset-Tour (16 CUC).

Motel Guamá, 3 km östlich von Chivirico, ☎ 0122-26127 (Reservierung empfohlen). Wunderschöne rustikale Hütten mit Holzdach, Ventilator, Terrasse und bunten Fenstern (manche mit TV und AC). Ab und zu gibt es kein Wasser (stets Wassereimer auffüllen), doch das

Besteigung des Pico Turquino

Der **Pico Turquino**, der mit 1974 m höchste Berg Kubas, kann vom **Besucherzentrum Las Cuevas** (7 km westlich von Ojucal) von Meereshöhe aus bestiegen werden. Die sehr steile und anstrengende Wanderung setzt gute Kondition voraus und dauert rund 10 Std. (Auf- und Abstieg). Die Tour ist nur in Begleitung eines Führers möglich (15 CUC p. P. plus 5 CUC für die Kamera). Es geht ungefähr 7 km fast stetig bergauf, vorbei an der Hütte La Esmajagua (600 m), dem Pico Cardero (1265 m), einem Unterstand (1650 m), dem Pico Cuba (1872 m, mit Übernachtungsmöglichkeit) bis zum Pico Turquino (1974 m). Die Wanderung kann auch bis Alto Naranjo und zur Comandancia de la Plata fortgesetzt werden (Granma, s. S. 515). Gutes Schuhwerk, warme Kleidung, Vorräte und Regenschutz gehören zur Pflichtausrüstung.

wird durch die fantastische Lage an einer Bucht mit kleinen Inselchen und Bergkuppen am Horizont mehr als ausgeglichen. Die beste

Aussicht bieten die Hütten C2–C4 und H4. Ruhige Lage. Mäßiges Restaurant, Bar mit guten Mojitos. ❷

Hotel Brisas Los Galeones, kurz vor Chivirico, ✆ 0122-326160, 🖥 www.hotelescubanacan. com. 34 komfortable DZ. Die Hügellage des Komplexes bietet tolle Ausblicke. ❼

Campismo La Mula, 5 km östlich von Ojucal und 12 km östlich der Pico-Turquino-Wanderung, ✆ 0122-326262, 🖥 www.cubamarviajes.cu. 66 einfache Hütten. Restaurant, Pferdeverleih. Reservieren über Campismo Popular in Santiago de Cuba. ❶–❷

Man kann sein **Zelt** auch beim Centro de Informaciones in Las Cuevas aufstellen.

Transport

Einige Passagen der Küstenstraße sind in einem katastrophalen Zustand (schneller als 30 km/h kann man nicht fahren). Wer keinen eigenen Wagen hat, ist auf die wenigen Lastwagen nach Chivirico angewiesen, die in Santiago vom Terminal Intermunicipal Serranos am Hafen abfahren. Von Chivirico fahren tgl. einige Busse weiter westwärts nach Las Cuevas.

Anhang

Bücher

Über die Karibikinsel gibt es jede Menge spannenden und interessanten Lesestoff, der helfen kann, die hochkomplexe Realität dieses Landes besser zu verstehen.

Belletristik

Mehr über die folgenden kubanischen Schriftsteller im Kapitel „Kunst und Kultur", s. S. 160

Arenas, Reinaldo, *Bevor es Nacht wird*, Dtv 2002. Die leidenschaftliche homosexuelle Autobiographie ist ein Klassiker und wurde mit Javier Bardem und Johnny Depp verfilmt.

Arenas, Reinaldo, *Engelsberg*, Ammann 2006. Mit Sprachgewalt erzählt Arenas den bekannten Roman *Cecilia Valdés* von seinem großen Vorbild Cirilo Villaverde auf äußerst fantasiereiche und amüsante Weise neu.

Baquero, Joaquin, *Cuba. Cha-cha-cha der Götter*, Distel 1992. Literarische Reise in die magische Welt der Santería und ihre Funktion als Lebensstütze im Alltag des „einfachen" Kubaners.

Barnet, Miguel, *Alle träumten von Kuba*, Suhrkamp 2003. Erzählt gefühlvoll die Geschichte eines galizischen Auswanderers auf der Suche nach einem besseren Leben in der Karibik.

Barnet, Miguel, *Der Cimarron. Die Lebensgeschichte eines entflohenen Negersklaven aus Cuba, von ihm selbst erzählt*, Suhrkamp 2005. Dieser weltbekannte und fesselnde Zeitzeugenbericht, in dem ein Plantagensklave von seiner Flucht und anderen Erlebnissen zur Zeit des ausgehenden 19. Jhs. berichtet, begründete den Erfolg der ethnologischen Literatur.

Cabrera Infante, Guillermo, *Rauchzeichen*, Insel 2009. Das Kultbuch über das Rauchen behandelt in szenischen Geschichten das Alltagsleben verschiedener Raucher (vom Arbeiter bis zum Polit- und Hollywoodstar) und lässt so die Sozial- und Kulturgeschichte des Rauchens lebendig werden.

Cabrera Infante, Guillermo, *Drei traurige Tiger*, Suhrkamp 2003. Die Protagonisten der humorvollen Geschichten tauchen in die dekadente, sich bereits auflösende Welt von Havannas Nachtleben am Vorabend der Revolution ein und verstecken ihre Probleme hinter wortreichen Lügenkonstrukten.

Carpentier, Alejo, *Explosion in der Kathedrale*, Suhrkamp 1999. Spannender historischer Roman mit bildreicher Sprache: Ein Beauftragter der französischen Revolutionsregierung soll die Ideen von Freiheit und Gleichheit in Kuba umsetzen und kommt dort mit einem Dekret zur Aufhebung der Sklaverei und einer Guillotine an. Letztlich entfesselt er die negativen Kräfte der Revolution und wendet in einer Orgie der Gewalt nur das Tötungsinstrument an.

Carpentier, Alejo, *Die verlorenen Spuren*, Suhrkamp 2001. Ein Musikwissenschaftler entdeckt bei seiner Suche nach archaischen Instrumenten im venezolanischen Regenwald eine lebendige, aber verwirrende Gegenwelt zu seinem überzivilisierten und -disziplinierten Leben in einer US-amerikanischen Großstadt.

Carpentier, Alejo, *Das Reich von dieser Welt*, Suhrkamp 2005. Der Roman spielt zur Zeit der Sklavenaufstände auf den Antillen, die am Ende in eine neue Despotie unter einem schwarzen König münden. In seiner Erzählung wechselt der Autor ständig die Realitätsebenen, indem er atmosphärische Beschreibungen der magisch-mythologischen Welt der afrikanischen Sklaven in reale historische Szenarien einbettet.

Carpentier, Alejo, *Die Harfe und der Schatten*, Suhrkamp 1998. Die Geschichte der „etwas anderen" Entdeckung Amerikas durch Kolumbus strotzt vor Ironie und springt ebenfalls zwischen Mythologie und historischer Realität hin und her.

Carpentier, Alejo, *Barockkonzert*, Suhrkamp 2006. Ein Mexikaner und sein schwarzer kubanischer Diener unternehmen zu Beginn des 18. Jhs. eine wilde musikalische Welt- und Zeitreise auf den Spuren von Wagner, Händel, Stravinsky und Vivaldi, und bringen mit eigenen Kompositionen Schwung in die barocken europäischen Musikstile. Auf witzige Art übt Carpentier Kritik am Eurozentrismus und dekadenter Kultur des Bürgertums und thematisiert das Verhältnis zwischen Lateinamerika und Europa.

Castillo, Daisy Rubiera, *Ich, Reyita. Ein kubanisches Leben*, Rotpunktverlag 2000. Die spannende Lebensgeschichte einer Afrokubanerin macht den von Ungleichheit und Rassismus geprägten Alltag im Kuba Anfang des 20. Jhs. plastisch.

Díaz, Jesús, *Erzähl mir von Kuba*, Piper 2008. Ein kubanischer Zahnarzt leidet unter seiner untreuen Gattin und mangelhaften Arbeitsbedingungen. Als er per Zufall auf einer entführten Fähre nach Miami gelangt, wird er zum politischen Helden stilisiert, weigert sich aber aus persönlichen Gründen, Asyl zu beantragen. Zurück in Kuba beginnt das gleiche Spiel auf kubanischer Seite. Schließlich verlässt er die Insel doch und gelangt auf Umwegen nach Miami, wo er mit Hilfe seines Bruders zum Bootsflüchtling gemacht werden muss, um nicht an den Einwanderungsbehörden zu scheitern.

Díaz, Jesús, *Die Haut und die Maske*, Piper 1999. Der Roman schildert die Geschichte von Familien, die aus politischen Gründen auseinander brechen, und vermittelt dabei interessante Einblicke ins Schauspielermilieu.

Greene, Graham, *Unser Mann in Havanna*, Dtv 1998. Chaotisch-amüsanter Klassiker über einen Staubsaugervertreter, der im Havanna Ende der 50er-Jahre zum Agenten wider Willen wird und die Geheimdienste mit erfundenen Geschichten auf Trab hält.

Guillén, Nicolás, *Gedichte*, Suhrkamp 1997. Die besten lyrischen Ergüsse von Kubas „Nationaldichter".

Hemingway, Ernest, *Der alte Mann und das Meer*, Rowohlt 1999. In diesem spannenden Klassiker geht es um die ewige Auseinandersetzung zwischen Mensch und Natur, die ein alter Fischer zunächst für sich entscheidet, ehe Mutter Natur grausam zurückschlägt und ihn um die Früchte seines harten Kampfes bringt.

Hemingway, Ernest, *Inseln im Strom*, Rowohlt 2004. Der Roman trägt bemerkenswerte Parallelen zu Hemingways Leben: Seine Abschnitte handeln vom Hochseefischen, der Jagd nach einer gestrandeten deutschen U-Boot-Besatzung im 2. Weltkrieg und der Frage nach dem Sinn des Überlebenskampfes in einem von Schicksalsschlägen gezeichneten Leben.

Martí, José, *Mit Feder und Machete*, Rütten & Loening 1986. Gedichte, Prosa und Tagebuchaufzeichnungen von einem der größten Denker Lateinamerikas.

Paz, Senel, *Erdbeer und Schokolade*, Ammann 1996. Mit der Erzählung einer zaghaft wachsenden Freundschaft zwischen einem Homosexuellen und einem überzeugten Jungkommunisten plädiert der Autor für mehr Toleranz. Auf dieser Vorlage basiert der gleichnamige Kinoerfolg.

Politycki, Matthias, *Herr der Hörner*, Goldmann 2007. In einem dicken Schinken bringt der Autor seine eigene Zivilisationsmüdigkeit und -kritik zum Ausdruck. Mit wortgewaltiger Sprache schildert er, wie ein deutscher Banker immer tiefer in den Sog der fremden und faszinierenden, aber auch archaischen und gefährlichen Welt der afrokubanischen Santería gerät und dabei immer mehr die Kontrolle verliert.

Strausfeld, Michi, *Cubanísimo. Junge Erzähler aus Kuba*, Suhrkamp 2000. Lebendig geschriebene Erzählungen über den kubanischen Alltag und seine zahlreichen Widersprüche.

Valdés, Zoé, *Das tägliche Nichts*, Goldmann 1998. Der erfolgreiche Roman einer außerhalb der Gesellschaft lebenden jungen Kubanerin spielt im Kuba der Sonderperiode der 90er-Jahre, trägt stark erotische Züge und geizt nicht mit Gesellschaftskritik.

Vitier, Cintio, *Eine Straße in Alt-Havanna*, Pahl-Rugenstein 1987. Der historische Roman vermittelt anhand von Erlebnissen unterschiedlichster sozialer Akteure atmosphärische Einblicke ins Havanna von 1895–1970.

Reiseberichte und Landeskunde

Carpentier, Alejo, *Mein Havanna. Geschichten über die Liebe zur Stadt*, Ammann 2000. Der Autor beschreibt den Alltag seiner Stadt und ihrer Bewohner im Wandel von fünf Jahrzehnten.

Creutzmann, Sven; Hentschel, Henky, *Salsa einer Revolution. Eine Liebeserklärung an Kuba zum 40. Geburtstag*, Zweitausendeins 2000. Toller Mix aus stimmungsvollen Fotos, Anekdoten und Infokapiteln über die historische Entwicklung und wichtige gesellschaftliche Themen. Von zwei in Havanna lebenden Deutschen verfasst.

Eser, Arno Frank, *Gebrauchsanweisung für Kuba*, Piper 2002. Interessant geschriebene

Begleitlektüre zur Kubareise, die verschiedene Einblicke in den facettenreichen Alltag abseits der Hauptrouten und Klischees bietet.

Geo Special, *Kuba* (Gruner & Jahr 2009). Gute Mischung von Reportagen, die politische, historische, gesellschaftliche und kulturelle Themen behandeln. Ebenfalls lesenswert sind in dieser Hinsicht: **ADAC-Reisemagazin**, *Kuba. Im Rhythmus der Karibik*, München 2002; **Merian**, *Kuba*, Hoffmann und Campe 2000; **Sympathie-Magazin**, *Kuba verstehen*, zu bestellen unter ☎ 08177-1783.

Guevara, Ernesto Che, *The Motorcycle Diaries*, Kiepenheuer & Witsch 2004. Das inzwischen erfolgreich verfilmte Tagebuch von Ches Motorrad-Reisen von 1951/52 durch Lateinamerika bietet detaillierte Beschreibungen über den von Armut gezeichneten Alltag der meisten Bewohner Lateinamerikas und macht deutlich, wie diese Erlebnisse begannen, das politische Bewusstsein des späteren Revolutionärs herauszubilden.

Hoffmann, Bert, *Kuba*, Becksche Reihe Länder 2000. Die beste und thematisch breiteste Landeskunde über die Karibikinsel.

Izquierdo, Lázara, *Viva Cuba – Von Salsa bis Mojito*, Gräfe & Unzer 2001. Kulturgeschichtliches Kochbuch mit schönen Fotos.

Lobo, Eric, *Die Seele Cubas. Havanna und Musik*, Media Service Stuttgart 2004. Guter Mix aus Beschreibungen, wie kubanische Musik den Alltag prägt (mit Fotos und Demo-CD). Eine poetische Note bringen kurze Texte und Gedichte von kubanischen Schriftstellern.

Mejides, Miguel, *Insel der Musik. Eine Reise auf den Spuren des „Son Cubano"*, Atlantik 2003. Die Reiseerzählung verfolgt an authentischen Orten die Spuren der kubanischen Musik. Mit schönen Fotos und CD.

Niess, Frank, *20mal Kuba*, Piper 1991. Sehr gutes Buch über die Kultur-, Sozial- und Wirtschaftsgeschichte der Insel – von Kolumbus bis 1989.

Sobisch, Jens, *Kulturschock Cuba*, Reise Know-How 2008. Sehr gute Einführung in die fremde Kultur der Insel. Mit vielen Hintergrundinfos zeichnet der Autor ein detailliertes Bild der kubanischen Gesellschaft jenseits der verbreiteten Stereotype und lässt in Exkursen auch Kubaner zu Wort kommen. Dazu gibt es schöne Fotos.

Viett, Inge, *Kuba libre bittersüß*, Edition Nautilus 1999. Lebendiger Reisebericht für politisch Interessierte von der ehemaligen RAF-Aktivistin.

Weiss, Hans, *Märchen von Kuba. Insel zwischen Lüge und Wahrheit*, Nomen 2008. Der Autor beschreibt kenntnisreich die realen Lebensbedingungen im Alltag des Mangels und kritisiert die verzerrte Darstellung der Karibikinsel in hiesigen Medien

Bildbände

Hauser, Tobias, *Magisches Cuba*, Bruckmann 2000. Tolle Bilder über das Land und seine Menschen von dem wohl besten deutschen Kuba-Fotografen.

Hauser, Tobias; Köthe, Friedrich; Schetar, Daniela, *Bruckmanns Länderportraits Cuba*, Bruckmann 2001. Bietet zusätzlich einige landeskundliche Beschreibungen.

Polidori, Robert, *Moods of La Habana*, Edel Records 2005. Zeigt die ungeschminkte Schönheit von Havannas morbide-melancholischer Architektur jenseits der Hochglanzwelt der Touristenbroschüren. Als atmosphärische Begleitung gibt es vier Musik-CDs.

Salas, Osvaldo und Roberto, *Eine Revolution in Bildern*, Rütten & Loening 2004. Eindrucksvolle Menschenportraits von den Ikonen der Revolution bis hin zu einfachen Arbeitern und Bauern. Dazu gibt es interessante Anekdoten von Roberto Salas.

Biografien

Anderson, John Lee, *Che. Die Biographie*, Econ 2001. Die wohl beste Che-Biographie ist nicht nur sehr detailliert und lebendig geschrieben, sondern bezieht auch neues Material ein, darunter Gespräche mit Zeugen des Mordes in Bolivien sowie mit Ches Witwe Aleida March und anderen Che nahe stehenden Personen.

Ramonet, Ignacio, *Fidel Castro. Mein Leben*, Rotbuch-Verlag, 2008. Der ehemalige Chefredakteur von Le Monde Diplomatique hat zahlreiche Interviewstunden mit Fidel Castro als Buch herausgebracht. In einer Art Autobiografie mit journalistischen Nach- und Zwischenfragen erzählt Fidel Castro seine Lebensgeschichte und legt ein politisches Testament ab, das seine wichtigsten Ansichten zu Globalisierung, weltpolitischen Ereignissen der Vergangenheit und Gegenwart, Revolution, Kapitalismus, Sozialismus, Demokratie und Menschenrechten enthält. Sehr lesenswert!

Skierka, Volker, *Fidel Castro. Eine Biographie*, Rowohlt 2002. Der Autor bezieht in seine kenntnisreiche Darstellung der komplexen Persönlichkeit des Máximo Líder auch weniger bekannte Quellen ein.

Taibo II, Paco Ignacio, *Che. Die Biographie des Ernesto Guevara*, Edition Nautilus 2002. Fast ebenso dick und informativ wie das Werk von Anderson, nur noch lebendiger, weil der Autor Che selbst in Form von Tagebuchaufzeichnungen und Artikeln zu Wort kommen lässt.

Geschichte

Bitterli, Urs, *Die Entdeckung Amerikas. Von Kolumbus bis Alexander von Humboldt*, C. H. Beck 2006. Hochinteressantes und vor Informationen strotzendes Standardwerk der überseeischen Expansion Europas in die Neue Welt von den Eroberern zu den Entdeckern.

Cordingly, David, *Unter schwarzer Flagge*, Dtv 2001. Der Klassiker bietet eine Fülle von interessanten Informationen jenseits der verbreiteten Klischees und zeichnet ein detailliertes Bild der realen Lebensumstände der Piraten des 17. und 18. Jhs.

Enzensberger, Magnus (Hrsg.), *Bartholomé de las Casas. Kurzgefasster Bericht von einer Verwüstung der Westindischen Länder*, Insel 2005. 1522 verfasste aufrüttelnde Anklage des berühmten Dominikanerpriesters gegen den Völkermord der Konquistadoren.

Mintz, Sidney W., *Die süße Macht. Kulturgeschichte des Zuckers*, Campus 1996. Das Buch thematisiert den Zusammenhang zwischen karibischem Plantagensystem und steigendem Zuckerkonsum in Europa sowie die Bedeutung der süßen Kristalle für die Gesellschaftssysteme beider Kontinente.

Niess, Frank, *Der Koloss im Norden. Geschichte der Lateinamerikapolitik der USA*, Pahl-Rugenstein 1986. Zeigt kritisch auf, wie rücksichtslos die USA seit der Monroe-Doktrin in ihrem „Hinterhof" schalten und walten.

Niess, Frank, *Am Anfang war Kolumbus*, Piper 1992. Schildert die Entstehung der Unterentwicklung Lateinamerikas von 1492 bis heute. Außerdem beleuchtet der Autor die Mentalität von Kolumbus und den Konquistadoren und macht deutlich, wie die Länder Lateinamerikas noch heute von ihrem gewalttätigen historischen Erbe geprägt sind.

Schwartz, Rosalie, *Pleasure Island: Tourism and Temptation in Cuba*, University of Nebraska Press 1999. Beschreibt die Entwicklung des Tourismus nach Kuba seit Anfang des 20. Jhs. unter besonderer Berücksichtigung von Exotismus und Prostitution.

Zeuske, Max, *Die Conquista*, Edition Leipzig 1992. Nett aufgemachte und gut verständliche Abhandlung über die Eroberung und Unterwerfung der indianischen Kultur in Lateinamerika (mit vielen historischen Stichen).

Zeuske, Michael, *Kleine Geschichte Kubas*, C. H. Beck 2002. Das wohl beste Buch über die Grundzüge der kubanischen Geschichte von Kolumbus bis zur Jahrtausendwende liest sich spannend.

Zeuske, Michael, *Insel der Extreme. Kuba im 20. Jahrhundert*, Rotpunktverlag 2004. Geht aus historischer Perspektive der Frage auf den Grund, was die Brüche und die Stabilität der kubanischen Gesellschaft ausmacht und nach Castro kommen könnte. Dabei werden auch die kulturellen und mentalitätsgeschichtlichen Besonderheiten der Karibikinsel berücksichtigt.

Politik, Kultur und Soziologie

Barnet, Miguel, *Afrocubanische Kulte*, Suhrkamp 2000. Gute wissenschaftliche Einführung in die Thematik.

Betto, Frei, *Nachtgespräche mit Fidel*, Edition Exodus 1987. Interessantes Gespräch zwischen Fidel Castro und dem bekannten katholischen Priester und Anhänger der Theologie der Befreiung, das Fidels Einstellung zu Religion und die religiösen Elemente seiner Erziehung deutlich macht.

Anhang

Burchardt, Hans-Jürgen, *Kuba – der lange Abschied von einem Mythos*, Schmetterling 1996. Gut geschriebene und verständliche Erklärung über die Entstehung und Auswirkung der Wirtschaftskrise der 1990er-Jahre.

Burchardt, Hans-Jürgen, *Kuba im Herbst des Patriarchen*, Schmetterling 1999. Kritisch-solidarische Auseinandersetzung mit den sozio-politischen und -kulturellen Entwicklungen der 1990er-Jahre mit interessanten Ausblicken auf mögliche zukünftige Machtkonstellationen.

Castro, Fidel, *Capitalism in Crisis. Globalization and world politics today*, Ocean Press 2000. Einige von Castros Reden vor internationalen Foren seit 1998, in denen der Máximo Líder radikale Kapitalismus- und Globalisierungskritik übt und sich zur Sonderperiode und den US-kubanischen Beziehungen äußert.

Ette, Ottmar; Franzbach, Martin, *Kuba heute. Politik, Wirtschaft, Kultur*, Vervuert 2001. In dem dicken Schinken behandeln Kubanologen die wichtigsten gesellschaftlichen Themen, sodass kaum eine Frage unbeantwortet bleibt.

Fürntratt-Kloep, Ernst F., *Unsere Herren seid ihr nicht. Das politische Denken des Fidel Castro*, Papyrossa 2000. Anhand einer akribischen Auswertung zahlreicher Reden und Interviews fasst der Autor erstmals die wichtigsten politischen Ansichten des Máximo Líders zu Sozialismus, Demokratie und Menschenrechten, Staat und Revolution zusammen.

Galeano, Eduardo, *Die offenen Adern Lateinamerikas*, Hammer 2004. Tolles Buch über die sozialgeschichtliche Entwicklung des Kontinents. Ein Klassiker!

Guevara, Ernesto Che, *Ausgewählte Werke in Einzelausgaben*, Pahl-Rugenstein Nachfolger. In sechs Büchern hat der Revolutionär sein politisches Denken festgehalten. Besonders interessant sind Band 2: *Cubanisches Tagebuch*, 2003, und Band 6: *Der Neue Mensch. Entwürfe für das Leben in der Zukunft*, 2002.

Lang, Miriam (Hrsg.), *Salsa Cubana – Tanz der Geschlechter. Emanzipation und Alltag auf Kuba*, Konkret 2004. Die gut lesbare Aufsatzsammlung beleuchtet die realen Lebensbedingungen von Frauen seit 1959 sowie die innergeschlechtlichen Beziehungen im Kontext der gesellschaftlichen Entwicklungen seit der Revolution.

Martí, José; Shnookal, Deborah, *José Martí Reader: Writings on the Americas*, Ocean Press 2007. Sammlung der bedeutendsten politischen Aufsätze und Gedichte Martís.

Mejides, Miguel; Rodríguez, Juan Carlos; Rojas, Marta u. a., *Narben in der Erinnerung. Erzählungen über vier Jahrzehnte terroristischer Aggressionen gegen Kuba*, Atlantik 2005. 36 kubanische Autoren empören sich in Kurzgeschichten über die Chronologie des US-Terrorismus in Kuba.

Ospina, Hernando Calvo, *Salsa. Havanna Heat – Bronx Beat*, Schmetterling 1997. Interessantes Buch über die kulturhistorischen und sozialen Ursprünge der Salsa.

Palmié, Stefan, *Das Exil der Götter. Geschichte und Vorstellungswelt einer afrokubanischen Religion*, Suhrkamp 1991. Das dicke wissenschaftliche Buch beschreibt die historische Vermischung des Katholizismus mit afrokubanischen Kulten im Zuge des transatlantischen Sklavenhandels und taucht danach in die mystische Vorstellungswelt der Santería ein.

Ridenour, Ron, *Kuba. Ein Yankee berichtet*, Papyrossa 1997. Ein mit Kuba sympathisierender US-Amerikaner schildert eigene Reiseeindrücke und lässt in Interviews Einheimische zu Wort kommen. So entsteht eine gelungene Mischung aus wirtschaftspolitischen Fakten und Berichten über das schwierige Alltagsleben der Kubaner.

Schneider, Wolfgang (Hrsg.), *Kuba libre. Eine Insel spielt nicht mit*, Konkret 2003. Die Aufsatzsammlung befasst sich mit der kubanischen Revolution in der Geschichte und der Gegenwart, und wie sie möglicherweise in der Zukunft aussehen könnte.

Sieker, Ekkehard; Buchholz, Lothar, *Rendezvous mit der Quote. Wie die ARD Kennedy durch Castro umbringen ließ*, Marketing Service Buchholz 2006. Mit seriöser und gründlicher Recherche demontieren die Autoren die lückenhafte Argumentationskette und zweifelhaften Fakten der hoch gelobten ARD-Fernsehdokumentation *Rendezvous mit dem Tod* und entlarven so die oft tendenziöse, unseriöse und sensationsheischende Berichterstattung hiesiger Mainstream-Medien über Kuba.

Sprache

Sehr zu empfehlen sind die beiden kleinen Sprachführer aus der Kauderwelsch-Reihe von Reise Know-How: **Hernandez, Alfredo L.**, *Spanisch für Kuba Wort für Wort*, 2006, und **Sobisch, Jens**, *Cuba Slang. Das andere Spanisch*, 2004.

Sprache

Einige Kubaner waren als Gastarbeiter in der DDR tätig und sprechen noch ganz gut Deutsch, zudem ist Englisch mittlerweile an weiterführenden Schulen Unterrichtsfach. Dennoch wird man vor allem außerhalb der großen Städte und Touristenzentren um etwas Spanisch nicht herumkommen. Die Grundzüge der Sprache sind für Reisende aus dem deutschen Sprachraum auch ohne Vorkenntnisse relativ schnell zu erlernen. Wer schon öfter in Spanien war oder sogar Spanisch an der Schule oder in Abendkursen gelernt hat, wird sich auch mit dem kubanischen Spanisch schnell zurechtfinden. Auf jeden Fall kann nur dazu geraten werden, sich vor der Reise so gut wie möglich mit der Sprache vertraut zu machen, und wenn es sich nur um die wichtigsten Redewendungen handelt. Denn je besser man sich sprachlich mit den Kubanern verständigen kann, umso intensiver werden die Kontakte, umso schöner und bereichernder der Aufenthalt und umso tiefer werden die Einblicke, die man in das Land und seine Kultur bekommt. Denn die zahlreichen Facetten des Landes, die seine Faszination ausmachen, erschließen sich nur demjenigen, der mit den Einheimischen kommunizieren kann (oder es wenigstens probiert).

Aussprache

Die Aussprache der **Vokale** entspricht dem Deutschen.

c – vor **e**, **i** mit stimmlosen „s" wie in Bus: *Centro, cinco.* Vor **a**, **o**, **u** wie „K" in Kind: *Cola, casa.*

ch – stimmlos wie in Qua**tsch**: *Cheque, cucaracha.*

g – vor **a**, **o**, **u** wie deutsches „G" in Gans: *Ganso, golpe, gusano.* Vor **e**, **i** wie deutsches „ch" in Fach: *Genio, gigante.*

gu – wie „g", vor **a** wird das **u** ausgesprochen: *Guardia.*

h – ist immer stumm (z. B. wird Hotel zu „*otel*").

j – wie „ch" in Fach: *Junta, japón.*

ll – Einheitslaut von „l" und „j" wie in Familie: *Llamada, pollo.*

n – am Wortende wie „ng" in Hang: *Solución, Revolución.*

ñ – wird „nj" gesprochen wie im französischen Champa**gn**er: *Campaña, mañana.*

qu – vor den Vokalen **e** und **i** wird **qu** wie in **K**eil (ohne „u") ausgesprochen: *quema, quien.* Ansonsten wie im Deutschen.

r – gerolltes Zungenspitzen-r: *Carril, tigre, tragar.*

s – besonders zwischen den Vokalen scharf wie in „besser": *Grasa.* Weiche Aussprache vor den Konsonanten **b**, **d**, **g**, **l**, **m**, **n**, **r** und **v**: *Asma, ósmosis.*

ü – wird nach **g** wie u ausgesprochen: *Cigüeña.*

v – wie ein schwaches „b": *vaya, venado.*

x – vor Vokalen meist wie „gs": *Exacto.* Vor Konsonanten meist wie ein scharfes „s": *Experto.*

y – am Wortende wie „i": *hay.* Sonst wie „j": *Coyote.*

z – stimmloses „s" wie „ß": *Plaza.*

Betonung

- Im Spanischen wird die **vorletzte Silbe** betont, wenn das Wort auf einen **Vokal**, **n** oder **s** endet: *Vaso, Farmacia, joven, Honduras.*
- Alle anderen mehrsilbigen Wörter werden auf der **letzten Silbe** betont: *cantar, juventud, catedral.*
- Ein **Akzent** kennzeichnet die Ausnahmen der beiden o. g. Regeln: *Día, Revolución.*
- Zur Unterscheidung von gleichen Wörtern werden einige Wörter mit Akzent versehen: *está (er, sie ist) – esta (diese), sí (ja) – si (wenn), tú (Du) – tu (Dein).*
- Fragewörter schreibt man mit Akzent: *quién? cuándo? cómo?*

Rechtschreibung

Im Spanischen werden grundsätzlich alle Wörter klein geschrieben. Ausnahmen: der Satzanfang,

Eigennamen und Titel, Namen von öffentlichen Gebäuden, Plätzen, Gott und verwandte Begriffe sowie Haupt- und Eigenschaftswörter in Überschriften und Buchtiteln. Manche Wörter können auf „o" oder „a" enden (z. B. *amigo* oder *amiga*); die Endung „o" steht dann für die männliche Version des Wortes, die Endung „a" für die weibliche.

Besonderheiten

Das kubanische Spanisch weist einige Eigenheiten auf, die es von dem im Spanien gesprochenen Spanisch unterscheiden. Dazu zählen etwa die Überbleibsel der Indio-Sprache, z. B. *guagua* für Stadtbus, *bohío* (Bauernhaus), *canoa* (Kanu), *maíz* (Mais), *manatí* (Seekuh), *maní* (Erdnuss), *tabaco* (Tabak) und *yuca* (Maniok).

Hinzu kommt die Neigung der Kubaner, Wortschöpfungen aus der Alltagssprache heraus zu kreieren und rasend schnell zu sprechen, wobei sie gerne die letzten Silben verschlucken. Dies kann einen Anfänger manchmal zur Verzweiflung bringen, doch die Geduld und Freundlichkeit der Gesprächspartner sowie deren Bereitschaft, zur Not auch in Zeichensprache zu kommunizieren, gleicht das mehr als aus.

Eine angenehme Seite des lateinamerikanischen Spanisch ist, dass es nur **fünf Konjugationsformen** gibt. Die in Spanien übliche zweite Person Plural *(vosotros)* wird durch *ustedes* ersetzt und wie die dritte Person Plural konjugiert.

Wie fast überall in Lateinamerika sind Verkleinerungs- und Verniedlichungsformen sehr beliebt, d. h. an viele Worte wird ein „ito" oder „ita" angehängt (z. B. „mi angelito" – „mein Engelchen"). Da zudem gerne mit Superlativen um sich geschmissen wird, finden auch die Endungen „ísimo" oder „ísima" häufig Gebrauch (z. B. „bellísima" – „wunderschön").

Sprachführer

Das Allerwichtigste

ja, nein *sí, no*
bitte, danke *por favor, gracias*
Entschuldigung *perdón*
Verzeihung *disculpa*
Darf ich? *Con permiso?*
Tut mir Leid. *Lo siento.*

Herr, Frau *Señor, Señora*
Ich weiß nicht. *No sé.*
Ich verstehe nicht. *No entiendo.*
Ich spreche kein Spanisch. *No hablo español.*
Sprechen Sie Deutsch/Englisch? *Habla alemán/ inglés?*
Können Sie langsamer sprechen? *Puede hablar más despacio?*
Was heißt … auf Spanisch? *Cómo se dice … en español?*
ich, du, er, sie *yo, tú, él, ella*
wir, ihr, sie *nosotros, usted(es), ellos/ellas*
der/die/das *el, la*
die (Mehrzahl) *los (männl.), las (weibl.)*
dies(es) *esto/a*
und, oder *y, o*
gut, schlecht *bueno, malo*
groß, klein *grande, pequeño*
viel, wenig *mucho, poco*
mit, ohne *con, sin*
mehr oder weniger *más o menos*
offen, geschlossen *abierto, cerrado*
verboten *prohibido*

Fragewörter

wer, wie, was, wo, warum *quién, cómo, qué, dónde, por qué*
welche/r *cuál*
woher *de dónde*
wann *cuándo*
wie viel *cuánto*
Gibt es …? *Hay …?*
Haben Sie …? *Tiene …?*
Ist es möglich …? *Es posible …?*

Small Talk

Hallo! *Hola!*
Willkommen! *Bienvenidos!*
Guten Morgen! (bis mittags) *Buenos días!*
Guten Tag/Abend! *Buenas tardes/noches!*
Treten Sie ein. *Pase adelante.*
Bitte setzen Sie sich. *Siéntese por favor.*
Wie geht´s? *Qué tal? Como está?*
gut, sehr gut, mäßig, schlecht *bien, muy bien, regular, mal*
Sehr erfreut! *Encantado! Mucho gusto!*
Das Vergnügen ist ganz meinerseits. *El gusto es mío.*
Wie heißen Sie? *Cómo se llama usted?*

Ich heiße … *Me llamo …*
Woher kommst du? *De dónde eres?*
Ich bin Deutsche(r), Schweizer(in). *Soy alemán(a), suizo/a.*
Ich bin Österreicher(in) *Soy austríaco/a.*
Möchten Sie etwas essen/trinken? *Quiere comer/tomar algo?*
Sehr liebenswürdig. *Muy amable.*
Sehr lecker/köstlich. *Muy rico.*
Freund/in *el/la amigo/a*
Vater, Mutter *el padre, la madre*
Sohn, Tochter *el/la hijo/a*
Bruder, Schwester *el/la hermano/a*
Opa, Oma *el/la abuelo/a*
Ehemann, Ehefrau *el/la esposo/a*
Auf Wiedersehen *adios, chao*
Bis dann. Bis morgen. *Hasta luego. Hasta mañana.*
Alles Gute! *Qué te vaya bien!*
Gute Reise! *Buen viaje!*

Slang und Redewendungen

Was geht ab? *Qué bolá?*
Kumpel *socio, compay*
Wirklich? *De verdad?*
Unvorstellbar! *Increíble!*
Was du nicht sagst! *No me digas!*
Das ist ja ′n Ding! *Qué cosa más grande!*
Mach dir keine Sorgen. *No te preocupes.*
Das interessiert mich nicht. *Eso no me importa nada.*
Ist mir einerlei. *Me da igual.*
So ein Pech! *Qué mala suerte!*
Der/die Ärmste! *Pobrecito/a!*
toller Kerl *bárbaro*
Verdammt! *Coño!*
Halt die Klappe! *Cállate!*
pleite sein *estar seco*
Hier ist tote Hose. *Aquí hay cuatro gatos.*
sich den Bauch vollschlagen *llenarse la barriga*
einen Kater haben *tener resaca*

Zahlen (Números)

In der ersten Zehnerreihe sind die Zahlen Elf bis Fünfzehn unregelmäßig, ab 21 wird jeweils die entsprechende Ziffer angehängt (ventiuno, ventidos, ventitres usw.).

0 *cero*
1 *un/uno/una*
2 *dos*
3 *tres*
4 *cuatro*
5 *cinco*
6 *seis*
7 *siete*
8 *ocho*
9 *nueve*
10 *diez*
11 *once*
12 *doce*
13 *trece*
14 *catorce*
15 *quince*
16 *dieciséis*
17 *diecisiete*
18 *dieciocho*
19 *diecinueve*
20 *veinte*
30 *treinta*
40 *cuarenta*
50 *cincuenta*
60 *sesenta*
70 *setenta*
80 *ochenta*
90 *noventa*
100 *cien/ciento*
200 *doscientos*
500 *quinientos*
1000 *mil*

Ordnungszahlen

Die männliche Bezeichnung endet wie so oft auf „o", die weibliche auf „a".

erste/r *primero/a*
zweite/r *segundo/a*
dritte/r *tercero/a*
vierte/r *cuarto/a*
fünfte/r *quinto/a*
sechste/r *sexto/a*
siebte/r *séptimo/a*
achte/r *octavo/a*
neunte/r *noveno/a*
zehnte/r *décimo/a*

Wochentage (días de semana)

Montag *lunes*
Dienstag *martes*
Mittwoch *miércoles*

Donnerstag *jueves*
Freitag *viernes*
Samstag *sábado*
Sonntag *domingo*

Monate (meses)

Januar *enero*
Februar *febrero*
März *marzo*
April *abril*
Mai *mayo*
Juni *junio*
Juli *julio*
August *agosto*
September *septiembre*
Oktober *octubre*
November *noviembre*
Dezember *diciembre*

Zeit, Datum

Monat, Woche, Tag, Stunde *el mes, la semana, el día, la hora*
Datum *la fecha*
Wie spät ist es? *Qué hora es?*
Es ist ein Uhr. *Es la una.*
Es ist drei Uhr. *Son las tres.*
Es ist fünf vor sieben. *Son las cinco para las siete.*
Es ist viertel nach zwei. *Son las dos y cuarto.*
Es ist halb vier. *Son las tres y medio.*
Es ist viertel vor fünf. *Son las cinco menos cuarto.*
Um wie viel Uhr? *A qué hora?*
heute, morgen, übermorgen *hoy, mañana, pasado mañana*
gestern, vorgestern *ayer, anteayer*
morgens *por la mañana*
mittags *al mediodía*
nachmittags/abends *por la tarde/noche*
manchmal, oft *a veces, muchas veces*
immer, nie *siempre, nunca*
sofort *en seguida*
vorher, nachher *antes, después*
früh, spät *temprano, tarde*
jetzt, später *ahora, más tarde*

Verkehr (tráfico) und Orientierung

Entschuldigung, wo ist die Straße Martí? *Permiso, dónde está la Calle Martí?*

Wo ist das Museum? *Dónde está el museo?*
Könnten Sie es mir auf der Karte zeigen? *Podría mostrármelo en el mapa?*
Ist das die Straße nach …? *Esta es la carretera para …?*
Es ist die zweite Straße links/rechts. *Es la segunda calle a la izquierda/derecha.*
Wann kommt der Bus? *Cuándo llega la guagua?*
Wo kann ich die Tickets kaufen? *Dónde puedo comprar los boletos?*
Ich möchte eine Fahrkarte nach … *Quiero un boleto a …*
Hin- und Rückfahrt *ida y vuelta*
jeden zweiten Tag *días alternos*
Um wieviel Uhr fährt der nächste Zug nach Santiago de Cuba? *A qué hora sale el próximo tren a Santiago de Cuba?*
Wo ist die nächste Bushaltestelle? *Dónde está la próxima parada?*
Wo ist der Hauptbahnhof (Busbahnhof)? *Dónde está la estación de ferrocarril/el terminal de ómnibus)?*
Ich möchte aussteigen. *Quiero bajar.*
Wie viel Kilometer sind es bis …? *A cuántos kilómetros está …?*
Wo kann ich ein Auto mieten? *Dónde puedo rentar un carro?*
Mofa *el moto*
Zug *el tren*
Flughafen, Flugzeug *el aeropuerto, el avión*
Lastwagen *el camión*
Fahrrad, Fahrradtaxi *la bicicleta, el bicitaxi*
Schiff, Fähre *el barco, la lancha*
Autobahn, Landstraße *la autopista, la carretera*
Schlagloch *el bache*
mieten *alquilar*
per Anhalter fahren *coger botella*
Ampel *el semáforo*
Kreuzung *el cruce*
Vorfahrt gewähren *ceda el paso*
Gefahr *el peligro*
Stop *Pare*
Führerschein *la licencia de conducir*
Unfall *el accidente*
Reparaturwerkstatt *el garage*
Reifenreparaturstelle *la ponchera*
Werkzeug *la herramienta*
Ich brauche einen Mechaniker. *Necesito un mecánico.*

Anhang

Devisentankstelle *la gasolinera*
Benzin, Diesel *la gasolina, el petroleo*
Öl *el aceite*
Luft *el aire*
Reifen *las gomas, los neumáticos*
Bremsen, Bremsflüssigkeit *los frenos, el líquido de frenos*
Parkplatz *el parqueo*
abbiegen *doblar*
nach links, rechts, geradeaus *a la izqierda, a la derecha, recto*
um die Ecke, zurück *a la vuelta, atrás*
Norden, Süden, Westen, Osten *norte, sur, oeste, este*
in Richtung *en dirección*
neben, gegenüber *al lado de, enfrente de*
vor, hinter *delante de, detrás de*
unterhalb, oberhalb *abajo de, arriba de*
hier, dort *aquí, allá*
Das Restaurant befindet sich zwei (Straßen)-Blocks von hier. *El restaurante está a dos cuadras de aquí.*
Es ist nah, weit. *Está cerca, lejos.*
Straße *la calle*
Hauptstraße, Allee *la avenida*
Stadt *la ciudad*
Dorf *el pueblo*
Viertel *el barrio*
Blocks *las cuadras*
Platz *la plaza*
Ecke *la esquina*
Stadtzentrum *el centro*
Stockwerk *el piso*
Gebäude *el edificio*
Keller *el sótano*

Unterkunft (alojaminento)

Wo gibt es ein Hotel, eine Privatunterkunft? *Dónde hay un hotel, una casa particular?*
Haben Sie ein Zimmer frei? *Hay cuartos, tiene habitaciónes?*
… mit Einzelbett *… con cama sencilla*
… mit zwei Betten *… con dos camas*
… mit einem breiten Bett für zwei Personen *… con una cama matrimonial*
… mit Privatbad, Gemeinschaftsbad *… con baño privado, colectivo*
alles belegt, alles voll *todo ocupado, todo lleno*
Ja, es gibt noch Platz. *Sí, hay espacio.*

… für eine Nacht *… para una noche*
Wie teuer ist die Übernachtung? *Cuánto cuesta la noche?*
Ist Frühstück inbegriffen? *Incluye el desayuno*
Kann ich das Zimmer sehen? *Puedo ver el cuarto?*
Könnten Sie mir ein anderes Zimmer zeigen? *Me podría enseñar otra habitación?*
Das Zimmer ist nicht gereinigt worden. *No arreglaron el cuarto.*
Die Toilette, die Dusche funktioniert nicht. *El baño, la ducha no funciona.*
Es gibt kein heißes Wasser. *No hay agua caliente.*
Rezeption *la carpeta*
Schlüssel *la llave*
Ventilator, Klimaanlage *el ventilador, el aire acondicionado*
Handtuch *la toalla*
Bettlaken *la sábana*
Kissen *la almohada*
Bettdecke *la cubrecama*
Fernseher *el televisor*
Moskitonetz *el mosquitero*
Pool *la piscina*
Terrasse *la terraza*
ruhig *tranquilo*

Im Restaurant

Die Karte, bitte. *La carta, por favor.*
Die Preise sind in Pesos Cubanos, oder? *Los precios son en moneda nacional, verdad?*
Gibt es ein Tagesgericht? *Hay un menu del día?*
Einen Tisch für vier Personen, bitte. *Una mesa para cuatro personas, por favor.*
Ich möchte ein Bier trinken. *Quiero tomar una cerveza.*
Ich esse kein Fleisch. *No como carne.*
Nur eine Portion Reis, bitte. *Una orden de arroz solamente, por favor.*
Ist das alles? *Solamente, es todo?*
Noch einen Orangensaft ohne Eis, bitte. *Otro jugo de naranja sin hielo, por favor.*
Gibt es Nachtisch? *Hay postre?*
Prost! *Salud!*
Guten Appetit! *Buen provecho!*
Die Rechnung, bitte. *La cuenta, por favor.*
Trinkgeld inbegriffen *servicio incluido*
Kellner/in *el/la camarero/a*
Messer *el cuchillo*

Gabel *el tenedor*
Löffel *la cuchara*
Teller *el plato*
Glas *el vaso*
Flasche *la botella*
Tasse *la taza*
Serviette *la servilleta*
Wo ist die Toilette, bitte? *Dónde está el baño, por favor?*
Es gibt kein Toilettenpapier. *Se acabó el papel higiénico.*
Es gibt keine Seife. *No hay jabón.*

Einkaufen (hacer compras)

kaufen, verkaufen *comprar, vender*
billig, teuer *barato, caro*
Wie viel kostet das? *Cuánto vale esto?*
Das ist zu teuer. *Es demasiado caro.*
handgemacht *hecho a mano*
Sonderangebot *la oferta especial*
Preisnachlass *la rebaja*
Qualität *la calidad*
Menge *la cantidad*
Kann ich dieses Hemd, Hose, Rock anprobieren? *Puedo probar esta camisa, pantalón, falda?*
tauschen, wechseln *cambiar*
Barzahlung *en efectivo*
Geschäft/Laden *la tienda*
Supermarkt *el supermercado*
Bauernmarkt *el agromercado*
Flohmarkt (Kunsthandwerk) *la feria de artesanía*
Kleidung *la ropa*
Schuhe *los zapatos*
Tuch *el pañuelo*
Schmuck *las joyas*
CD *el disco compacto*
Buch *el libro*
Batterien *las pilas*
Farbfilm *la película en color*
Parfüm *el perfume*
Zigaretten *los cigarillos*
Zigarren *los habanos, los puros*

Polizei, Bank, Post, Telefon und Behörden

Man hat mich überfallen. *Me asaltaron.*
Man hat mir mein Geld und mein Gepäck gestohlen. *Me han robado mi dinero y mi equipaje.*

Ich habe meinen Reisepass verloren. *Perdí mi pasaporte.*
Ich brauche eine Bescheinigung für meine Versicherung. *Necesito una constancia para mi seguro.*
Dieb *el ladrón*
Polizei *la policía*
Bank *el banco*
Geld *el dinero*
Geldwechsel *el cambio de dinero*
Bargeld *dinero en efectivo*
Reisescheck *el cheque de viaje*
Kreditkarte *la tarjeta de crédito*
Bankautomat *el cajero automático*
Devisenwährung *divisas/pesos convertibles (CUC)*
Nationalwährung *moneda nacional/pesos cubanos (CUP)*
Wechselkurs *la tasa de cambio*
Ich möchte bitte Euros in Pesos Convertibles wechseln. *Quiero cambiar Euros por Pesos Convertibles, por favor.*
Konto *la cuenta*
Überweisung *la transferencia*
Schalter *la ventanilla*
Münze *el menudo*
Schein *el billete*
Post *los correos*
Brief, Postkarte *la carta, la tarjeta postal*
Wieviel kostet das Versenden der Postkarte nach Deutschland? *Cuánto cuesta enviar esta carta para Alemania?*
Briefumschlag *el sobre*
Briefkasten *el buzón*
Paket *el paquete*
Gewicht *el peso*
Briefmarke, Stempel *el sello*
Telefonzentrale *el centro de llamadas*
Telefonbuch *el directorio telefónico*
Telefonanruf *la llamada telefónica*
R-Gespräch *la llamada por cobrar*
Kann ich mit ... sprechen? *Puedo hablar con ...?*
wählen *marcar*
auflegen *colgar*
besetzt *ocupado*
E-Mail *el correo electrónico*
senden *mandar*
Dokument *el documento*
Visum *la visa*
Reisepass *el pasaporte*

An h a n g

Name, Vorname, Geburtsdatum *el nombre, el apellido, la fecha de nacimiento*
Unterschrift *la firma*
Botschaft *la embajada*

Beim Arzt

Ich fühle mich schlecht. *Me siento mal.*
Ich hatte einen Unfall. *Tuve un accidente.*
Hier tut es mir sehr weh. *Aquí me duele mucho.*
Ich brauche ein Medikament. *Necesito un medicamento.*
Ich brauche einen Arzt. *Necesito un médico (doctor).*
Wo ist das Krankenhaus? *Dónde está el hospital (la clínica)?*
Gibt es hier eine Devisenklinik? *Hay una clínica internacional por aquí?*
Wo gibt es eine Apotheke? *Dónde hay una farmacia?*
Fieber *el fiebre, la temperatura*
Durchfall *la diarrea*
Kopfschmerzen *el dolor de cabeza*
Bauchschmerzen *dolor de estómago*
Zahnschmerzen *dolor de dientes*
Infektion *la infección*
Schwangerschaft *el embarazo*
Erkältung, Schnupfen *el resfrio*
Husten *la tos*
sich übergeben *vomitar*
Ich benötige eine ärztliche Bescheinigung für meine Versicherung. *Necesito un informe para mi seguro.*

Kulinarisches Lexikon

el desayuno, el almuerzo, la cena
Frühstück, Mittag-, Abendessen
la entrada, el postre Vorspeise, Nachtisch
la merienda Zwischenmahlzeit
el paladar Privatrestaurant (wörtlich Gaumen)
la panadería Bäckerei
el plato fuerte Hauptgericht

Vorspeisen

el bocadito *Brötchen/Sandwich*
la ensalada Salat
los huevos revueltos, fritos Rühreier, Spiegeleier
la sopa Suppe

los tamales gefüllte Maistaschen
la tortilla Omelette

Fisch/Meeresfrüchte

el atún Thunfisch
los calamares Tintenfische
los camarones Garnelen
el cangrejo Krebs
el filete de pescado Fischfilet
la langosta Languste
los mariscos Meeresfrüchte
la merleza Seehecht
el pargo roter Seelachs
la trucha Forelle

Fleischgerichte

el ajiaco, la caldosa Eintopf
el bistec Steak
la cabra Ziege
la carne Fleisch
el cerdo Schwein
los chorizos Würstchen
la chuleta Kotelett
el conejo Kaninchen
el cordero Lamm
el jamón Schinken
el lechón asado gegrilltes Spanferkel
el lomo ahumado Kasseler
el picadillo Hackfleisch
el pollo frito/asado Hähnchen gebraten/geschmort
la res Rind
la ropa vieja geschnetzeltes Rindfleisch mit Tomaten und Zwiebeln

Beilagen (guarnición)

el arroz con frijoles Reis mit Bohnen
los chatines frittierte Bananenscheiben
el chicharrón frittierte Schweineschwarte
los espaguetis Spaghetti und Pasta
moros y cristianos Reis mit schwarzen Bohnen (übersetzt Mauren und Christen, bezieht sich auf die spanischen Kolonialherren)
el pan Brot
las papas fritas Pommes frites
el potaje Bohnensuppe
el queso Käse
la salsa Soße
los tostones Bananenchips

Anhang

Gemüse (verduras)

las aceitunas Oliven
el aguacate Avocado
el aji Paprika, Peperoni
el boniato Süßkartoffel
la calabaza Kürbis
la cebolla Zwiebel
el col Weißkohl
los frijoles schwarze Bohnen
los garbanzos Kichererbsen
las habichuelas grüne Bohnen
los hongos Pilze
la lechuga Kopfsalat
la malanga, la yuca tropisches Wurzelgemüse
la papa Kartoffel
el pepino Gurke
el plátano Koch- oder Mehlbanane
el tomate Tomate
la zanahoria Mohrrübe

Gewürze (condimientos)

el aceite Öl
el ajo Knoblauch
el azúcar Zucker
la hierbabuena Pfefferminz
el orégano Oregano
el picante Tabasco, Chili
la pimienta Pfeffer
la sal Salz
el vinagre Essig

Nachtisch (postre)

el arroz con leche Milchreis
el chicle Kaugummi
el dulce Süßspeise
dulce de coco gesüßte Kokosraspeln
dulce de fruta bomba gesüßte Papaya
la ensalada de frutas Obstsalat
el flan, la natilla Pudding
la galleta Keks
el helado Eiscreme
el maní Erdnussriegel
la mermelada Marmelade
la miél Honig
el pastel Kuchen

Früchte (frutas)

la carambola Sternfrucht
la cereza Kirsche
el coco Kokosnuss
la fresa Erdbeere
la fruta bomba Papaya
la guayaba Guave
el limón Limette
el mango Mango
la manzana Apfel
el melocotón Pfirsich
el melón Honigmelone
la mora Brombeere
la naranja Orange
la pera Birne
la piña Ananas
el plátano Banane
la toronja Grapefruit
la uva Weintraube

Getränke (bebidas)

el aguardiente Rumschnaps
el agua mineral (con gas) Mineralwasser (mit Kohlensäure)
el batido Milchshake
el café con leche Milchkaffee
el café negro schwarzer Kaffee
la cerveza Bier
el chocolate caliente heißer Kakao
en botella/lata in der Flasche/Dose
el guarapo Zuckerrohrsaft
el jugo de fruta bomba Papayasaft
jugo de naranja Orangensaft
jugo de piña Ananassaft
jugo de toronja Grapefruitsaft
la malta Malzbier
el refresco Limonade
el ron Rum
el té Tee
Tropi Cola/Tucola kubanische Cola
el vino (blanco, rosado, tinto) Wein (weiß, rosé, rot)

Zubereitung

a la parilla gegrillt
al horno gebacken
asado, frito gebraten
cocido gekocht
crudo roh
empanizado paniert
picante scharf

Reisemedizin zum Nachschlagen

Die im Folgenden genannten Krankheiten klingen dramatisch, betreffen jedoch die wenigsten Reisenden. Es lohnt sich dennoch, diese Hinweise zu lesen, da es lebensrettend sein kann, bestimmte Symptome rechtzeitig zu erkennen.

Aids

Kubas staatliche Aids-Politik folgt seit Anfang der 80er-Jahre einem radikalen Weg (vorgeschriebener HIV-Test für alle Kubaner, Isolierung aller Infizierten in Sanatorien), um ein Ausweiten der Krankheit auf die Bevölkerung zu verhindern. 2006 waren nur rund 8000 Personen mit dem Virus infiziert, was im Verhältnis zur Gesamtbevölkerung einer der weltweit niedrigsten Infektionsraten entspricht. Die meisten Aidskranken wurden mittlerweile als sexuell verantwortungsbewusst eingestuft und dürfen die Sanatorien verlassen und unter familiärer Aufsicht leben. Doch viele haben es sogar vorgezogen, freiwillig zu bleiben, weil dort überdurchschnittlich gute Versorgungsbedingungen herrschen. Fraglich ist, ob Kuba mit zunehmendem Sextourismus seine niedrige Aidsrate halten kann.

Bilharziose

Diese Wurmerkrankung wird durch eine Infektion mit so genannten Pärchenegeln (Schistosomen) hervorgerufen. Dessen Larven befallen bestimmte Süßwasserschnecken und wachsen dort zu Zerkarien heran, ehe sie ins Wasser gelangen. Von dort können sie sich unbemerkt durch die Haut (insbesondere die Fußsohlen) bohren und in inneren Organen (Leber, Blase und Darm) zu erwachsenen Würmern heranreifen. Die produzierten Eier gelangen dann durch Urin oder Stuhl wieder in Gewässer mit entsprechenden Wasserschnecken, womit der Zyklus von Neuem beginnt. Gelegentlich zeigen sich innerhalb von 24 Stunden erste Symptome an der Eintrittsstelle (Hautausschlag, Juckreiz). Wochen später kann es zu hohem Fieber, Verdauungsbeschwerden, Leibschmerzen und blutigem Urin oder Durchfall kommen. Bei Reisen in abgelegene Gebiete und länger anhaltendem Durchfall sollte man den Stuhl auf Würmer untersuchen lassen. Bei frühzeitiger Behandlung sind die Therapieaussichten gut. Am besten schützt man sich, indem man stehende und langsam fließende Binnengewässer meidet oder zumindest vor dem Baden Einheimische fragt. Meerwasser und gechlorte Schwimmbäder sind ungefährlich.

Denguefieber

Diese Viruskrankheit wird durch tagaktive *Aedes aegypti*-Mücken übertragen und kann sich in bestimmten Regionen zu Epidemien ausweiten (meist saisonal begrenzt in der Regenzeit). Inzwischen gelingt es aber, die Verbreitung der Moskitos mit regelmäßigem Ausräuchern von Wohnungen erfolgreich einzudämmen. Die mildere Form, das so genannte Fünf-Tage-Fieber, äußert sich nach einer bis zu einwöchigen Inkubationszeit durch plötzliches Fieber, Kopf- und Gliederschmerzen, Übelkeit und Anschwellen der Lymphknoten. Nach ca. einer Woche klingen die Symptome unter einem Hautausschlag wieder ab. Zurück bleibt jedoch ein längere Zeit anhaltendes Schwächegefühl. Sehr viel seltener tritt die schwerere Form mit Blutungen auf, die tödlich enden kann. Reisende, die sich nur eine gewisse Zeit im gefährdeten Gebiet aufhalten, werden von ihr aber fast nie betroffen. Ein prophylaktischer Schutz (Reduktion der Stiche durch Tragen von langer heller Kleidung und durch DEET-haltige Mückenmittel) ist umso wichtiger, da es bisher keine wirksame Therapie, sondern nur eine medikamentöse Symptombehandlung gibt. Keinesfalls sollten ASS, Aspirin oder andere acetylsäurehaltige Medikamente eingenommen werden, da diese einen lebensgefährlichen Verlauf herausfordern können.

Durchfälle und Verstopfung

„Montezumas Rache" ist die häufigste Reisekrankheit, und fast jeden erwischt es wohl irgendwann auf der Reise mal. Die Bandbreite der Erreger ist groß und reicht von Amöben und Bakterien bis hin zu Salmonellen und Viren. Übertragungsmedium sind verunreinigte Lebensmittel und Getränke. Bei manchen Peso-Restaurants, Straßenständen und Fast-Food-Läden sind die hygienischen Verhältnisse nicht die besten. Wer das schon auf den ersten Blick bemerkt, sollte sich lieber eine Alternative suchen. Bei Fleisch, Fisch, Eiern, Obst und Gemüse ist stets die alte Traveller-Regel „Boil it, cook it, peel it or leave it" zu beherzigen. Leitungswasser ist tabu und sollte durch Mineralwasser aus den Devisenläden ersetzt werden.

Wenn man Durchfall hat, ist es wichtig, den Flüssigkeits- und Mineralstoffverlust auszugleichen, z. B. durch Mineralstofftabletten und große Mengen an Fruchtsäften, Brühen und gezuckertem Tee. Bananen, Kekse und Cola sollten dann auf dem Speiseplan an vorderster Stelle stehen. Unbedingt meiden sollte man fettige Speisen, Milchprodukte und Alkohol. Eine Elektrolytlösung (z. B. Elotrans) ersetzt bei leichten Durchfällen die verlorene Flüssigkeit und Salze (auch bei körperlich anstrengenden Tätigkeiten zu empfehlen). Man kann auch improvisieren mit 4 Teelöffeln Zucker oder Honig, 1/2 Teelöffel Salz und 1 l Orangensaft oder abgekochtem Wasser. Vor längeren Fahrten hilft Imodium recht zuverlässig, sollte aber nur in geringen Mengen eingenommen werden. Geht der Durchfall mit Fieber und Blut im Stuhl einher oder hält länger als drei Tage an, ist ein Arzt aufzusuchen, da es sich auch um eine bakterielle (Shigellose) oder eine Amöben-Ruhr (Dysentrie) handeln kann.

Bei Verstopfung bewähren sich große Portionen geschälter Früchte (z. B. Ananas, Avocados und Papayas). Ein Glas Sodawasser mit etwas Salz und dem Saft von zwei ausgedrückten Limonen hilft gegen Magendrücken und Übelkeit.

Erkältungen

Trotz Hitze ist man auch in den Tropen nicht gegen Erkältungen gefeit. Schnell ist man nass geschwitzt, und Ventilatoren und Klimaanlagen sorgen für starke Temperaturschwankungen. Deshalb zieht man in klimatisierten Räumen und Bussen und nachts im Gebirge besser lange Kleidung über.

Gelbsucht (Hepatitis)

Bei Gelbsucht handelt es sich um eine Leberentzündung, die meistens von einer Virusinfektion hervorgerufen wurde (es gibt die Typen A–G).

Hepatitis A wird durch infiziertes Wasser und Lebensmittel übertragen. Anfangs treten grippeähnliche Symptome wie Fieber, Bauch-

schmerzen, Appetitlosigkeit und Übelkeit auf. Im weiteren Verlauf können sich Stuhl grau und Urin dunkel färben. Insbesondere um die Augen herum kommt es zu einer Gelbfärbung.

Hepatitis B, die häufigste Form, wird ähnlich wie Aids übertragen, kommt jedoch häufiger vor, da schon geringere Mengen an Körperflüssigkeiten zu einer Infektion führen können. Gefahr geht in erster Linie von ungeschütztem Sexualverkehr und verunreinigten Nadeln aus. Die Symptome ähneln denen einer Hepatitis A, jedoch kann eine Hepatitis B in 5–10 % aller Fälle chronisch werden. Im schlimmsten Fall führt sie nach einigen Jahren zu einer schweren Leberzirrhose und zum Tod. Zum Glück kann die Krankheit durch eine Antikörperuntersuchung im Blut leicht festgestellt und mit Hilfe von Interferonen geheilt werden. Wirksamster Schutz ist wie bei Aids das Benutzen von Kondomen. Eine zweimalige Impfung mit dem Impfstoff Havrix bietet für fünf Jahre Schutz, der kombinierte Impfstoff Twinrix schützt gleichzeitig gegen Hepatitis A.

Hepatitis C und D werden auf demselben Weg übertragen wie Hepatitis B und können zu gefährlichen Langzeitschäden führen.

Sonnenbrand und Hitzschlag

Selbst bei bedecktem Himmel ist die Sonneneinstrahlung viel intensiver als in Mitteleuropa und bei tropischen Temperaturen fließt der Schweiß schnell in Strömen. Daher sind Sonnenschutzmittel, Sonnenbrille, Kopfbedeckung und regelmäßiges Trinken ebenso wichtig wie zahlreiche Pausen. Ernst zu nehmende Signale sind Schwindelgefühl und Kopfschmerzen, die schließlich in Krämpfe sowie Orientierungs- und Bewusstlosigkeit münden können. Spätestens nach den ersten Anzeichen ist ein schattiges Café, wenn nicht sogar das Bett aufzusuchen und viel zu trinken (kein Kaffee oder Alkohol, weil dies dem Körper noch mehr Wasser entzieht). Wenn der Betroffene bereits zusammengebrochen ist, muss ein Arzt konsultiert und bis dahin Schatten aufgesucht werden, am besten mit einem Ventilator und einem feuchten Tuch um den Kopf.

Kinderlähmung (Polio)

Eine Schluckimpfung gegen Polio ist grundsätzlich anzuraten, da die Krankheit auch in Europa noch vorkommt. Wer als Kind geimpft wurde, benötigt alle zehn Jahre eine Auffrischung.

Stiche und Bisse

Die meisten der zahlreichen Tropeninsekten sind ungefährlich. Einige können jedoch ärgerliche Stiche und Verletzungen herbeiführen. Dazu gehören **Sandfliegen**, die an manchen Stränden zur Plage werden. **Flöhe und Wanzen** können in heruntergekommenen Unterkünften, z. B. einigen Campismos mit schmutzigem Bettzeug und alten Matratzen vorkommen. Eine Salbe mit antiallergischer Rezeptur hilft (nicht kratzen).

Bienen- und andere **Insektenstiche** sollte man sofort mit Eis kühlen und anschließend eine spezielle Salbe auftragen; ggf. müssen Antihistamin-Tabletten genommen werden. **Zecken** sind Überträger von Infektionskrankheiten und sollten schnell und vorsichtig mit einer Pinzette aus dem Körper herausgezogen werden, so dass keiner ihrer Haken im Fleisch zurückbleibt (nicht drehen). Nicht mit Öl oder Ähnlichem ersticken, sonst können Krankheitserreger in die Wunde gelangen.

Von den wenigen **Schlangenarten** Kubas ist zum Glück keine einzige giftig. Der Stich eines **Skorpions** ist zwar schmerzhaft, jedoch selten gefährlich und klingt bei ausreichender Ruhe von selbst ab. Allergische Reaktionen bis hin zu Schockzuständen sind möglich und sollten behandelt werden.

Tollwut

Vorsicht ist bei Hunden, Katzen und Fledermäusen geboten, da diese durch Bisse und Kratzwunden Tollwut übertragen können. Nach einem Biss muss die Wunde sofort desinfiziert und ein Arzt aufgesucht werden. Krämpfe, Erregungszustände, Atemnot und Lähmungen zählen zu den ersten Symptomen. Die Infektion führt innerhalb von zwei Wochen zum Tod, wenn keine Impfung stattfindet. Leider ist die vorbeugende Impfung sehr teuer und bietet nur für kurze Zeit Schutz. Da man den Kontakt mit freilaufenden Tieren meiden kann, ist diese nur bei längeren Aufenthalten in ländlichen Gebieten sinnvoll.

Typhus

Typhus ist nach Hepatitis A die häufigste Tropenkrankheit. Typhusbakterien (Salmonellen) werden mit verunreinigter Nahrung und Trinkwasser aufgenommen. Erste Krankheitssymptome treten nach 14 Tagen auf und äußern sich in Fieber, Übelkeit, Kopfschmerzen, langsamem Puls und Schüttelfrost. Die Impfung erfolgt entweder als Schluckimpfung oder als Spritze und gewährt bis zu drei Jahre Schutz (Spritze). Sie ist bei langen Reisen in ländliche Gebiete zu empfehlen.

Wundstarrkrampf (Tetanus)

Die Impfung gegen Tetanus wird generell für alle Länder empfohlen, da Verletzungen nie auszuschließen sind. Sämtliche Wunden daher sorgfältig reinigen. Die bakteriellen Erreger sondern ein Gift ab, das nach einer Inkubationszeit von ein bis zwei Wochen zu schweren Muskelkrämpfen und Lähmungen führen kann. Wer noch keine Impfung hatte, benötigt zwei Impfungen im vierwöchigen Abstand, die nach einem Jahr aufgefrischt werden müssen. Danach genügt eine Auffrischung alle 10 Jahre.

Wundinfektion

Unter unhygienischen Bedingungen können sich bereits aufgekratzte Moskitostiche zu beträchtlichen Infektionen auswachsen, wenn sie unbehandelt bleiben. Es ist daher wichtig, jede noch so kleine Wunde sauber zu halten, zu desinfizieren und evtl. mit Pflaster zu schützen. Auch eine Antibiotika-Salbe für den Notfall gehört ins Gepäck.

Anhang

Glossar

amarillo – gelb uniformierte Person, die das Trampen regelt

apagón – Stromausfall

artesanía – Kunsthandwerk

azotea – Dachterrasse

babalawo – Santería-Priester

balneario – Kurort

balseros – Bootsflüchtlinge, zumeist auf selbstgebauten Flößen

barrio – Stadtviertel, Häuserblock

bloqueo – Ausdruck für das US-Embargo

bodega – staatliches Geschäft für rationierte Waren auf Zuteilungsheft

bohío – Strohdachhütte im Stil der indianischen Ureinwohner

bolsa negra – Schwarzmarkt

CADECA /casa de cambio – Wechselstube für den Umtausch von „harten" Pesos Convertibles CUC in die Nationalwährung Pesos Cubanos CUP (und umgekehrt)

cajita – Pappschachtel mit einer Mittagsmahlzeit

cambio – Geldwechsel

camello – Sattelschlepper-Bus mit zwei kamelartigen Höckern

camión – private LKWs, die den Busverkehr zwischen den Provinzen ergänzen

campesino – Bauer

campismo – Campingplatz mit Hütten, aber ohne Zelte und Wohnmobile

cayo – Koralleninsel vor der Küste

CDR – *Comité de Defensa de la Revolucíon* bzw. Komitee zur Verteidigung der Revolution; Nachbarschaftsvereinigung zur Durchführung sozialer Aufgaben und Kontrolle konterrevolutionärer Aktionen

chino/a – Anrede für Personen mit (leicht) asiatischen Gesichtszügen

cimarrón – entflohener Sklave

circunvalación – Ringstraße um Städte

coco-taxis – kleine, eiförmige Taxis

cola – Warteschlange

colectivo – Sammeltaxi für überregionale Strecken

conga – Karnevalsparade

conquista – Eroberung Amerikas durch die Spanier

coppelia – große Eisdiele

criolla/a – kreolisch, bezeichnet traditionelles kubanisches Essen oder in Kuba geborene Spanier während der Kolonialzeit

c/u – cada uno, bezeichnet auf Bauernmärkten den Stückpreis

cuenta propista – freiberuflich Tätiger

divisa – harte Währung

embalse – Stausee

encomienda – durch die spanische Krone an verdiente Eroberer erteiltes Recht, in einem festgelegten Gebiet frei über die indianischen Arbeitskräfte zu verfügen und von diesen Tribute einzufordern. Im Gegenzug war der *encomendero*, der Besitzer dieses Rechts, verpflichtet, die ihm zugeteilten Indígenas zu zivilisieren und christianisieren

endemisch – nur in einem bestimmten Gebiet beheimatet

en efectivo – Barzahlung

ETECSA – staatliche Telefongesellschaft

finca – Bauernhof, Landgut

fula, verdes – US-Dollar

guagua – Nahverkehrsbus

guajiro/a – Landbewohner, manchmal abwertend benutzt

guardabolsa – Taschenaufbewahrung am Eingang von Geschäften

guayabera – leichtes Hemd, oft weiß und mit vier Taschen

habanero/a – Bewohner Havannas

habanos/puros – kubanische Zigarren

humidor – kleine Kiste zum Konservieren von Zigarren

ingenio – Zuckermühle, -raffinerie

jejénes – stechende Sandfliegen

jinetera – Touristenanmacherin, Prostituierte

jinetero – Touristenanmacher

kazike – Anführer eines indianischen Stammes

libreta – Bezugsheft für rationierte Waren

machetero – Zuckerrohrschneider

malecón – Uferpromenade

mambí, mambises – Mitglied der Rebellenarmee in den Unabhängigkeitskriegen des 19. Jhs.

máquina – US-Oldtimer

mercado agropecuario – Bauernmarkt, wo Obst, Gemüse und Fleisch in Nationalwährung angeboten wird

mirador – Aussichtspunkt

mogote – Felskegel des Tropenkarsts (vor allem in der Provinz Pinar del Río)

moneda nacional – Nationalwährung Peso Cubano

muelle – Anlegesteg

municipio – Gemeindebezirk, Landkreis

M 26 – Castros revolutionäre Bewegung des 26. Juli

organopónico – städtischer Gemüsegarten

oriente – der Osten Kubas

orisha – Gottheit der afrokubanischen Religionen

paladar – kleines Privatrestaurant mit maximal zwölf Plätzen

palenque – versteckte Siedlung entflohener Sklaven in der Kolonialzeit

parada – Bushaltestelle

parranda – Feuerwerksumzug

patio – kolonialer Innenhof

pedraplén – Dammstraße

península res – in Spanien geborene Führungselite zur Kolonialzeit

periodo especial – Sonderperiode zu Zeiten der schweren Wirtschaftskrise der 1990er-Jahre

posada – Stundenhotel

rancheador – Sklavenjäger

reparto – Stadtteil

santería – afrokubanische Religion, in der sich Elemente aus dem afrikanischen Yoruba-Kult und dem Christentum vermischen

sendero – Wanderpfad

taller – Werkstatt

telenovela – Seifenoper

trapiche – Zuckerrohrpresse

UNEAC – kubanischer Künstler- und Schriftstellerverband

vaquero – Cowboy

veguero – Tabakbauer

vitrales – halbrunde Buntglasfenster

zafra – Zuckerernte

Index

Anhang

Anhang

Anhang

¡HOLA CUBA!

Lernen Sie Cuba ganz individuell kennen – zum Beispiel auf einer unserer Rundreisen. Oder Sie stellen Ihre Lieblingsroute selbst zusammen: Unter **www.palmisol.com** können Sie Mietwagen, Sprachkurse, Tauchgänge und vieles mehr bei uns buchen. Oder gehen Sie tanzen: Ritmo Cubano heißt unser Angebot für diejenigen, die zwei Wochen karibische Rhythmen genießen und dabei das Land von Havanna bis Trinidad kennen lernen wollen. Natürlich kommen die Naturliebhaber auch nicht zu kurz: Trekkingtouren über die Sierra Maestra, zu den schönsten Lagunen und durch den Dschungel. Und immer bleibt genügend Zeit für eigene Erkundungen und Entspannung an den wunderbar feinen Sandstränden. **Fordern Sie unseren kostenlosen Katalog an!**

Palmisol Reisen GmbH
Königsbrückerstr. 59
01099 Dresden
Fon: 0351-563 92 0
Fax: 0351-563 92 11
E-Mail: info@palmisol.com

www.palmisol.com

Anhang

Anhang

Anhang

W

X/Y/Z

Anhang

Danksagung

Ein herzliches *mil gracias* an alle Kubaner, denen ich auf meinen Reisen begegnet bin und die mich mit ihrer Gastfreundschaft und Hilfsbereitschaft sehr beeindruckt haben, insbesondere an Leonor und Armando, Waldo Sosa Rodríguez del Rey, Lazaro Galarraga, Maite Valor Morales, Rafael Navarro, Bernardo Irarragorri Reboso, Julio Muñoz, Pedro David Pérez, Juan Carlos Otaño und Carlos Luis Valderrama Moré.

Ein großes Dankeschön geht an Birgit Carls für ihr zur Verfügung gestelltes Bild- und Textmaterial sowie an Hans-Jürgen Burchardt, Lázara Izquierdo, Knut Henkel, Sönke Widderich und Daniela Kälber, die das Buch mit ihren Gastartikeln bereichert haben.

Chefredakteurin Maria Anna Hälker danke ich dafür, dass sie mich mit dieser spannenden Aufgabe betraut hat. Meinem Lektor Nicolas Stockmann danke ich für die angenehme und fruchtbare Zusammenarbeit und für seine Geduld, wenn sich die Kapitel mal wieder als langwieriger als erwartet entpuppten. Vielen Dank auch an das gesamte Bintang-Team, insbesondere an Jan Düker, der sich stark für das Zustandekommen des Projektes eingesetzt hat und mich in der ganzen Entstehungsphase ausgezeichnet betreut hat.

Für Fotomaterial danke ich besonders dem Kubanischen Fremdenverkehrsamt sowie Frank Radzioch, Fidan Carpar, Katrin Philippar und Nils Küster.

Vielen Dank auch an Jens Gnutzmann und Martin Schlüter, die bei allen Fragen ein offenes Ohr hatten und sich mit wichtigen Anregungen einbrachten. Ein großer Dank gebührt nicht zuletzt meinem Bruder Jens Krüger und meinen Eltern, die mich stets mit aufmunternder Hilfestellung unterstützt haben.

Anhang

Bildnachweis

Anhang

Impressum

Kuba
Stefan Loose Travel Handbücher
1. Auflage **2010**
© DuMont Reiseverlag, Ostfildern

Gesamtredaktion und -herstellung
Bintang Buchservice GmbH
Zossener Str. 55/2, 10961 Berlin
www.bintang-berlin.de
Redaktion: Nicolas Stockmann, Jan Düker
Karten: Katharina Grimm, Anja Krapat, Klaus Schindler
Grafisches Konzept: Groschwitz, Hamburg
Layout und Herstellung: Gritta Deutschmann, Jan Düker
Farbseitengestaltung: Anja Linda Dicke
Umschlaggestaltung: Gritta Deutschmann

Printed in China

Kartenverzeichnis

Anhang